Direito Processual do Trabalho
Constituição e Reforma Trabalhista

Luiz Ronan Neves Koury
Carolina Silva Silvino Assunção

Coordenadores

Direito Processual do Trabalho Constituição e Reforma Trabalhista

EDITORA LTDA.
© Todos os direitos reservados

Rua Jaguaribe, 571
CEP 01224-003
São Paulo, SP – Brasil
Fone (11) 2167-1101
www.ltr.com.br
Agosto, 2018

Produção Gráfica e Editoração Eletrônica: LINOTEC
Projeto de Capa: FABIO GIGLIO
Impressão: BOK2

Versão impressa: LTr 6102.2 — ISBN: 978-85-361-9770-8
Versão digital: LTr 9443.1 — ISBN: 978-85-361-9812-5

Dados Internacionais de Catalogação na Publicação (CIP)
(Câmara Brasileira do Livro, SP, Brasil)

Direito processual do trabalho : Constituição e reforma trabalhista / Luiz Ronan Neves Koury, Carolina Silva Silvino Assunção, coordenadores. -- São Paulo : LTr, 2018.

Vários autores.
Bibliografia.

1. Direito processual do trabalho - Brasil 2. Justiça do trabalho - Brasil 3. Reforma constitucional - Brasil 4. Trabalho - Leis e legislação - Brasil I. Koury, Luiz Ronan Neves. II. Assunção, Carolina Silva Silvino.

18-18196   CDU-347.9:331(81)

Índice para catálogo sistemático:
1. Brasil : Direito processual do trabalho 347.9:331(81)
Maria Paula C. Riyuzo - Bibliotecária - CRB-8/7639

Sumário

PREFÁCIO 09
   Lucia Massara

O ACESSO À JUSTIÇA COMO DIREITO HUMANO 11
   Cleber Lúcio de Almeida e Wânia Guimarães Rabêllo de Almeida

ANÁLISE DA REFORMA DO ART. 8º DA CLT PELA LEI ORDINÁRIA FEDERAL N. 13.467/2017 SOB A ÉGIDE DA TRINTENÁRIA CONSTITUIÇÃO DA REPÚBLICA DE 1988 17
   Luciana Cristina de Souza

A UNIFORMIZAÇÃO DE JURISPRUDÊNCIA E A EDIÇÃO OU A REVISÃO DE PRECEDENTES PELOS TRIBUNAIS TRABALHISTAS APÓS A REFORMA TRABALHISTA DA LEI N. 13.467/2017 (ART. 702, I, "F" E §§ 3º E 4º DA CLT) 25
   José Roberto Freire Pimenta

INTERPRETAÇÃO JURÍDICA PELA JUSTIÇA DO TRABALHO. UM ESTUDO À LUZ DA INCLUSÃO DO § 2º AO ART. 8º DA CLT PELA LEI N. 13.467/2017 44
   Natália Xavier Cunha

MINISTÉRIO PÚBLICO DO TRABALHO NOS 30 ANOS DA CONSTITUIÇÃO (2018): BREVES TRAÇOS DE SUA ORGANIZAÇÃO INTERNA E ALGUMAS PERSPECTIVAS PARA OS PRÓXIMOS ANOS 51
   Ana Cláudia Nascimento Gomes

A ARBITRAGEM À LUZ DA REFORMA TRABALHISTA: UM ESTUDO SOBRE A INTRODUÇÃO DESSA FORMA DE RESOLUÇÃO DE CONFLITOS NOS DISSÍDIOS INDIVIDUAIS 57
   Maria Júlia Bravieira Carvalho e Sônia Carolina Romão Viana Perdigão

A (IN)CONSTITUCIONALIDADE DAS ALTERAÇÕES PROMOVIDAS PELA LEI N. 13.467/2017 NA GRATUIDADE DA JUSTIÇA 75
   Anna Caroline Gomes de Azevedo

OS HONORÁRIOS ADVOCATÍCIOS À LUZ DO CPC/15 E DA LEI N. 13.467/2017 87
   Rafael Dias Medeiros

HONORÁRIOS ADVOCATÍCIOS DE SUCUMBÊNCIA E O ACESSO À JUSTIÇA: DIÁLOGO ENTRE O CPC E O PROCESSO DO TRABALHO 106
   Neiva Schuvartz e Luiz Antônio da Silva Bittencourt

CABIMENTO DOS HONORÁRIOS ADVOCATÍCIOS NO PROCESSO DE EXECUÇÃO TRABALHISTA: PRIMEIRAS IMPRESSÕES 117
    Raphael Miziara

CUSTAS PROCESSUAIS E DEPÓSITO RECURSAL: MUDANÇAS PROMOVIDAS PELA LEI N. 13.467/2017 126
    Thais de Souza Parentoni

DANO PROCESSUAL E LITIGÂNCIA DE MÁ-FÉ SOB A PERSPECTIVA DA LEI N. 13.467/2017 134
    Luiza Otoni

REFLEXOS DA REFORMA TRABALHISTA NO COMPORTAMENTO DAS PARTES EM JUÍZO À LUZ DAS VERTENTES DA BOA-FÉ OBJETIVA 149
    Antonio J. Capuzzi

A INDICAÇÃO DE VALORES NA INICIAL TRABALHISTA E SEU REFLEXO NO ACESSO À JUSTIÇA 156
    Luiz Ronan Neves Koury e Neiva Schuvartz

A INDICAÇÃO DO VALOR DOS PEDIDOS NAS AÇÕES SUJEITAS AO RITO ORDINÁRIO 162
    Júlia Figueiredo Junqueira

REQUISITOS DO PEDIDO NA PETIÇÃO INICIAL TRABALHISTA: ALTERAÇÕES PROMOVIDAS PELA LEI N. 13.467/2017 169
    Taissa Pereira Silva da Costa

AUDIÊNCIA TRABALHISTA: PREPOSTO E REVELIA À LUZ DA REFORMA (LEI N. 13.467/2017) 176
    Lorena Luiza Oliveira Mayrink

RESPOSTAS DO RECLAMADO NO PROCESSO DE CONHECIMENTO TRABALHISTA 184
    Jorge Cavalcanti Boucinhas Filho

O NOVO PROCEDIMENTO DA EXCEÇÃO DE INCOMPETÊNCIA TERRITORIAL NO PROCESSO DO TRABALHO 197
    Carolina Silva Silvino Assunção

O PROCESSO DO TRABALHO, AS HORAS EXTRAS E A REFORMA TRABALHISTA: ANÁLISES A PARTIR DA SÚMULA N. 338 DO TRIBUNAL SUPERIOR DO TRABALHO 205
    Valdete Souto Severo e Cláudio Jannotti da Rocha

AÇÃO CIVIL PÚBLICA CONTRA O FIM DA OBRIGATORIEDADE DE RECOLHIMENTO DO IMPOSTO SINDICAL 223
    Leonardo Tibo Barbosa Lima

PROCESSO DE JURISDIÇÃO VOLUNTÁRIA: A HOMOLOGAÇÃO DE ACORDO EXTRAJUDICIAL 230
    Aline Braga de Castro

TUTELA EXECUTIVA TRABALHISTA APÓS A LEI N. 13.467/2017: PONDERAÇÕES SOBRE A NOVA REDAÇÃO DO ART. 878 DA CLT 237
    Clarissa Valadares Chaves

A REGULAMENTAÇÃO DA DESCONSIDERAÇÃO DA PERSONALIDADE JURÍDICA NA CLT 245
    Luiz Ronan Neves Koury

A PRESCRIÇÃO INTERCORRENTE NA REFORMA TRABALHISTA INTRODUZIDA PELA LEI N. 13.467/2017 251
    Ben-Hur Silveira Claus

A PRESCRIÇÃO INTERCORRENTE NO PROCESSO DO TRABALHO: ASPECTOS CONTROVERTIDOS 271
    Ricardo Wagner Rodrigues de Carvalho e Nathalia da Silva França de Oliveira

O INSTITUTO DA PRESCRIÇÃO INTERCORRENTE NO PROCESSO DO TRABALHO APÓS A REFORMA TRABALHISTA PROMOVIDA PELA LEI N. 13.467/2017.. 278
    Debora Penido Resende

A RESPONSABILIDADE DO SÓCIO RETIRANTE 288
    Iuri Pinheiro e Raphael Miziara

O PROTESTO DE DECISÃO JUDICIAL TRABALHISTA TRANSITADA EM JULGADO, A REFORMA TRABALHISTA E A BUSCA PELA MÁXIMA EFETIVIDADE DA TUTELA JURISDICIONAL 293
    Isabela Márcia de Alcântara Fabiano

O RECURSO DE REVISTA DE ACORDO COM A REFORMA TRABALHISTA 305
    João Humberto Cesário

RECURSO DE REVISTA – ALTERAÇÕES DECORRENTES DA REFORMA TRABALHISTA (LEI N. 13.467/2017) 320
    Rafael Drumond Pires Viana

O CRITÉRIO DA TRANSCENDÊNCIA COMO REQUISITO PARA O PROCESSAMENTO DO RECURSO DE REVISTA 328
    Patrícia Ferreira Muzzi

TRANSCENDÊNCIA NO RECURSO DE REVISTA 336
    Élisson Miessa

A CELEUMA DA CORREÇÃO MONETÁRIA DOS CRÉDITOS TRABALHISTAS 342
    Carolina Silva Silvino Assunção e Maria Júlia Bravieira Carvalho

COMENTÁRIOS À INSTRUÇÃO NORMATIVA N. 41 DO TRIBUNAL SUPERIOR DO TRABALHO 350

Prefácio

O Grupo de Estudos em Direito do Trabalho e Direito Processual do Trabalho, sob a coordenação do Professor Luiz Ronan Koury, vem se dedicando, com empenho, ao exame sistemático da legislação trabalhista, direcionando suas atividades, mais recentemente, ao texto legislativo que se convencionou denominar "reforma trabalhista".

Já na fase dos trabalhos legislativos sobre a proposta de reforma, quando a matéria provocava debates acalorados na comunidade nacional, o Grupo se empenhou na produção de textos, elaborados por professores, magistrados, advogados, alunos de graduação e de pós-graduação da Faculdade de Direito Milton Campos, os quais, reunidos, integram o primeiro volume de sua obra, denominado "O Direito Processual do Trabalho na perspectiva do Código de Processo Civil e da Reforma Trabalhista", editado logo após o início da vigência da Medida Provisória n. 808, de 14 de novembro de 2017.

A qualidade daqueles textos alcançou repercussão altamente positiva na comunidade jurídica mineira e nacional, vindo a lume, logo a seguir, em 2018, o presente livro. Na esteira da anterior, a obra apresenta sustentação técnico-científica incomparável, constituindo fonte indispensável de pesquisa para os que se dedicam ao Direito do Trabalho.

A consistência dos objetivos do Grupo de Estudos e o empenho com que seus componentes se dedicam aos temas estudados se refletem neste volume, ora apresentado à comunidade jurídica, sob o título Direito Processual do Trabalho: Constituição e Reforma Trabalhista.

Na nova obra, mais uma vez, a preocupação com a fundamentação científica é evidente, sem deixar de lado, por indispensável, a análise das repercussões que a reforma vem produzindo na atuação do Poder Judiciário e no ensino do Direito do Trabalho e do Processo do Trabalho. Os textos que compõem este volume revelam a busca de diretrizes seguras para o estudioso e o aplicador do Direito, sem deixar de lado as preocupações com o Trabalhador – sujeito de uma relação jurídica que, em constante mutação, vem produzindo controvérsias profundas.

Assim, ao apresentar esta obra à comunidade jurídica, consigno meus cumprimentos e meu incentivo ao Grupo de Estudos, na pessoa de seu Coordenador, e aos autores dos textos que a integram, na certeza de que a continuidade de seu trabalho se fortalece a cada publicação, trazendo para estudiosos e profissionais uma contribuição altamente valiosa.

Lucia Massara
Diretora da Faculdade de Direito Milton Campos

O Acesso à Justiça como Direito Humano

Cleber Lúcio de Almeida[1]
Wânia Guimarães Rabêllo de Almeida[2]

> "[...] La vida continuará, lo queramos o no, después de nuestro paso por ella. Los bosques seguirán produciendo oxígeno y frutos. Los mares continuarán aportándonos lluvia y sal. La gente que amamos, seguirá amándonos, quizá aún más que cuando estábamos aquí con ellos. El árbol, la gota de agua, el sentimiento de amor estarán siempre ahí coloreando la vida con todos los colores del arco iris y con todas las miserias de nuestras necesidades. Nada es más alto o más pequeño. Todo es lo vivo, lo que perdura, lo que nos acoge y lo que nos recoge." (Joaquín Herrera Flores).

1. INTRODUÇÃO

A denominada *reforma trabalhista*, que foi realizada, principalmente, por meio da Lei n. 13.467/2017, adotou soluções que traduzem inegável restrição ao acesso à justiça.

Neste sentido, vale mencionar, por exemplo, a inclusão na CLT da possibilidade de punição da litigância de má-fé. É certo que toda litigância de má-fé deve ser punida. No entanto, a inclusão desta possibilidade na CLT deve ser examinada em conjunto com outras medidas adotadas pela *reforma trabalhista*. Vale lembrar, neste contexto, da previsão no sentido de que a responsabilidade pelo pagamento dos honorários periciais é da parte sucumbente na pretensão objeto da perícia, **ainda que beneficiária da justiça gratuita**. Assim, a simples *improcedência do pedido* foi considerada fato suficiente para o trabalhador seja condenado a pagar honorários periciais, mesmo que beneficiário da justiça gratuita e que não tenha litigado de má-fé.

Em suma, a *reforma* adota a *punição da litigância* como forma de criar embaraços para o acesso dos trabalhadores à justiça, observando-se que, ao mesmo tempo, a *reforma* facilita o acesso dos empregados à justiça, permitindo, por exemplo, que a exceção de incompetência seja apresentada no foro que o reclamado entender competente para a demanda. Mais do que isto, a *reforma* cria embaraços à própria satisfação dos créditos reconhecidos em juízo quando trata da configuração do grupo econômico.

Diante deste fato, é indispensável estabelecer a natureza do direito de acesso à justiça e, principalmente, o seu significado.

É nesta perspectiva que se insere o presente ensaio, que pretende verificar se o acesso à justiça constitui um direito humano e, em especial, qual é o alcance deste direito.

Na primeira parte do ensaio será demonstrada a existência de direitos humanos processuais; contendo a sua segunda parte, a definição de quais são estes direitos, visando verificar se dentre eles está o acesso à justiça. Ao final, será definido o alcance o direito de acesso à justiça.

2. DIREITOS HUMANOS PROCESSUAIS. O ACESSO À JUSTIÇA COMO DIREITO HUMANO PROCESSUAL

O Direito Internacional dos Direitos Humanos constitui resultado da luta pela tutela e promoção da dignidade humana e nele é reconhecida as todas as pessoas a titularidade de direitos materiais inerentes à dignidade humana.

Para J. Castán Tobeñas, direitos humanos "são aqueles direitos fundamentais da pessoa humana – considerada tanto no seu aspecto individual como comunitário – que lhe correspondem em razão de sua própria natureza (de essência ao mesmo tempo corpórea, espiritual e social) e que devem ser reconhecidos e respeitados por todo Poder ou autoridade e toda norma jurídica positiva, cedendo, não obstante, em seu exercício, ante as exigências do bem comum." (TOBEÑAS, 1962, p. 15)

Anote-se que, quando se fala em direitos humanos como direitos inerentes à dignidade humana, o que se tem em vista é que os direitos humanos constituem uma condição para a vida conforme a dignidade humana.

---

1. Pós-doutor em Direito pela Universidade Nacional de Córdoba. Doutor em Direito pela Universidade Federal de Minas Gerais. Mestre em Direito pela Pontifícia Universidade Católica de São Paulo. Professor dos cursos de graduação e pós-graduação (mestrado e doutorado) da Pontifícia Universidade Católica de Minas Gerais. Juiz do Trabalho junto ao TRT da 3ª Região.
2. Pós-doutora em Direito pela Universidade Nacional de Córdoba Doutora e mestra em Direito Privado pela PUC-Minas. Professora da Faculdade de Direito Milton Campos. Advogada.

Direitos humanos são direitos inerentes à dignidade humana, ou, na dicção da *Declaração e Programa de Ação de Viena*, de 1993, que *"têm origem na dignidade e valor inerente à pessoa humana"*. Não se trata, contudo, de direitos cujo exercício decorre do simples fato de ser o seu titular um ser humano. Com efeito, como adverte Joaquim Herrera Flores:

> Falar de dignidade humana não implica falar de um conceito ideal ou abstrato. **A dignidade humana é um fim material. Um objetivo que se concretiza no acesso igualitário e generalizado aos bens que fazem com que a vida seja 'digna' de ser vivida [...]. A dignidade consiste na obtenção de acesso igualitário aos bens tanto materiais como imateriais que se foram conseguindo no constante processo de humanização do ser humano** [...]. Viver com dignidade [...] em termos materiais significa gerar processos igualitários de acesso aos bens materiais e imateriais que conformam o valor da 'dignidade humana'. (FLORES, Disponível em: <http:www.juragentium.unifi.it/es/surveys/rights/herrera/indez.htm>. Acesso em: 29 abr. 2016)

Nas palavras de Fernando Jayme: "os direitos humanos são concebidos na dimensão mais abrangente possível do seu significado: **o caminho a seguir na busca da felicidade, direito de todos os seres humanos, reconhecido pioneiramente na Constituição dos Estados Unidos [...]**. Assegurado o respeito à pessoa humana, assegura-se, por conseguinte, sua existência digna, capaz de propiciar-lhe o desenvolvimento de sua personalidade e de seus potenciais, para que possa alcançar o sentido da sua própria existência. Isso significa conferir liberdade no desenvolvimento da própria personalidade", concluindo que "respeitar os direitos humanos significa conferir condições mínimas, necessárias para o indivíduo desenvolver seus potenciais com o máximo de liberdade possível". (JAYME, 2005, p. 1 e 2)

Para Joaquín Herrera Flores, os direitos humanos são "processos – normativos, sociais, políticos, econômicos – que abrem ou consolidem espaços de lutas pela dignidade humana", ou, em outros termos, "conjuntos de práticas que potenciem a criação de dispositivos e de mecanismos que permitam a todas e a todos poder fazer suas próprias histórias". (FLORES, 2009, p. 11)

Além dos *direitos humanos materiais*, existem as garantias processuais aptas a assegurar a plena fruição destes direitos, isto é, *direitos humanos processuais*.

Direitos humanos processuais são os direitos que cabem a todas as pessoas no contexto do processual judicial, como tais reconhecidos pelo Direito Internacional dos Direitos Humanos.

Direitos humanos, materiais ou processuais, são direitos inerentes à dignidade humana, no sentido de que o seu gozo efetivo é uma *exigência* da dignidade humana.

O reconhecimento da existência de direitos processuais inerentes à condição humana decorre do fato, realçado por J. J Gomes Canotilho, de que "qualquer direito material postula uma dimensão procedimental/processual, e, por isso, reconhecer um direito material constitucional implica necessariamente reconhecer um direito subjetivo do procedimento/processo indispensável para garantir a eficácia do direito material". (CANOTILHO, 2004, p. 78)

Para a proteção integral do ser humano "não basta o reconhecimento da titularidade de direitos materiais (tutela jurídica). A proteção do ser humano, para ser integral, exige a criação de instrumentos adequados à realização prática dos direitos humanos materiais (tutela jurisdicional dos direitos). A essencialidade dos direitos materiais torna essencial a sua tutela jurisdicional e os instrumentos adequados à sua realização quando não respeitados espontaneamente". (ALMEIDA, 2013, p. 156)

Ireneu Cabral Barreto adverte, com razão, que, para uma efetiva proteção dos direitos do homem, não basta a sua consagração substantiva, sendo "necessário estabelecer garantias fundamentais de processo, de modo a reforçar os mecanismos de salvaguarda daqueles direitos". (BARRETO, 2005, p. 113)

Os direitos humanos processuais compõem, ao lado dos direitos fundamentais processuais, o denominado *mínimo existencial processual*. (ALMEIDA, 2013, p. 156)

O conjunto dos direitos humanos processuais forma o que Vittorio Denti denomina "núcleo irrenunciável" do justo processo. (DENTI, 1989, p. 82)

3. DIREITOS HUMANOS PROCESSUAIS EM ESPÉCIE. O ACESSO À JUSTIÇA COMO DIREITO HUMANO

Afirmada a existência de direitos humanos processuais, cumpre definir quais são estes direitos.

Neste sentido, vale anotar que: a *Declaração Universal dos Direitos Humanos* a todos reconhece o direito de receber dos tribunais competentes recurso efetivo para os atos que violem os direitos fundamentais reconhecidos pela Constituição ou pela lei (art. 8º); o *Pacto Internacional sobre Direitos Civis e Políticos* consigna o compromisso dos Estados dele signatários de garantir que toda pessoa cujos direitos e liberdades nele reconhecidos tenham sido violados possa dispor de um recurso efetivo, mesmo que a violência tenha sido perpetrada por pessoas que agiam no exercício de funções oficiais (art. 2º, n. 3, a); a *Declaração e Programa de Ação de Viena* dispõe, na Parte I, n. 27, que "cada Estado deve ter uma estrutura eficaz de recursos jurídicos para reparar infrações ou violações de direitos humanos"; a *Declaração Americana dos Direitos e Deveres do Homem* prevê que "toda pessoa pode recorrer aos tribunais para fazer respeitar os seus direitos" (art. XVII).

A *Declaração Universal dos Direitos Humanos* estabelece que toda pessoa tem direito, em plena igualdade, a uma audiência justa e pública por parte de um tribunal independente e imparcial (art. 10).

O *Pacto Internacional sobre Direitos Civis e Políticos* prevê, no art. 14, 1, que todas as pessoas são iguais perante os Tribunais e as Cortes de Justiça e que toda pessoa terá direito de ser ouvida publicamente e com as devidas garantias por um tribunal competente, independente e imparcial, estabelecido por lei, na apuração de qualquer acusação de caráter penal formulada contra ela ou na determinação de seus direitos e de suas obrigações de caráter civil. De acordo com o art. 14,3, do Pacto Internacional sobre Direitos Civis e Políticos, toda pessoa tem direito às seguintes garantias processuais mínimas: a) de ser informada, sem demora, em língua que compreenda e de forma minuciosa, da natureza e dos motivos da demanda contra ela formulada; b) a tempo e meios necessários à preparação da defesa e a comunicar-se com defensor de sua escolha; c) de ser julgada sem dilações indevidas; d) de estar presente no julgamento e defender-se pessoalmente ou por intermédio de defensor de sua escolha; ser informada, caso não tenha defensor, do direito que lhe assiste de tê-lo, e sempre que o interesse da justiça assim exija, a ter um defensor designado *ex officio* gratuitamente, se não tiver meios para remunerá-lo; e) de interrogar ou fazer interrogar as testemunhas de acusação e a obter o comparecimento e o interrogatório das testemunhas de defesa nas mesmas condições de que disponham as de acusação; f) de ser assistida gratuitamente por um intérprete, caso não compreenda ou não fale a língua empregada durante o julgamento; e, g) de não ser obrigada a depor contra si mesma, nem a confessar-se culpada.

A *Declaração Americana dos Direitos e Deveres do Homem* prevê que toda pessoa "deve poder contar, outrossim, com processo simples e breve" (art. XVII).

A *Convenção Americana sobre Direitos Humanos* prevê, no art. 8º, sob o título "garantias processuais", que toda pessoa tem direito de ser ouvida dentro de prazo razoável por um juiz ou tribunal estabelecido anteriormente por lei, na apuração de qualquer acusação penal formulada contra ela, ou na determinação de seus direitos e de suas obrigações de caráter civil, trabalhista, fiscal ou de qualquer outra natureza, e que, durante o processo, toda pessoa tem direito, em plena igualdade, às seguintes garantias mínimas: a) de ser assistida gratuitamente por um tradutor ou intérprete, caso não compreenda ou não fale a língua do juízo ou tribunal; b) de comunicação prévia e pormenorizada da acusação formulada; c) de inquirir as testemunhas presentes no Tribunal e obter o comparecimento, como testemunhas ou peritos, de outras pessoas que possam lançar luz sobre os fatos; e, d) à impugnação das decisões judiciais mediante recurso.

O art. 25.1 da Convenção *Americana sobre Direitos Humanos* também estabelece que "toda pessoa tem direito a um recurso simples e rápido ou a qualquer outro recurso efetivo, perante os juízes ou tribunais competentes, que a proteja contra atos que violem seus direitos fundamentais reconhecidos pela constituição, pela lei ou pela presente Convenção, mesmo quando tal violação seja cometida por pessoas que estejam atuando no exercício de suas funções oficiais."

A *Convenção Europeia dos Direitos do Homem* reconhece, no art. 6º, o direito a um processo equitativo, estabelecendo que: "Qualquer pessoa tem direito a que a sua causa seja examinada, equitativa e publicamente, num prazo razoável por um tribunal independente e imparcial, estabelecido por lei, o que decidirá, quer sobre a determinação dos seus direitos e obrigações de caráter civil, quer sobre o fundamento de qualquer acusação em matéria penal dirigida contra ela. O julgamento deve ser público, mas o acesso à sala de audiência pode ser proibido à imprensa e ao público durante a totalidade ou parte do processo, quando a bem da moralidade, da ordem pública ou da segurança nacional numa sociedade democrática, quando os interesses de menores e a proteção da vida privada das partes no processo o exigirem, ou, na medida julgada estritamente necessária pelo tribunal, quando, em circunstâncias especiais, a publicidade pudesse prejudicar os interesses da justiça."

Dispõe a *Convenção Europeia dos Direitos do Homem*, no art. 6º, que o acusado tem, como mínimo, os seguintes direitos: ser informado no mais curto prazo, em língua que entenda e de forma minuciosa, da natureza e da causa da acusação contra ele formulada; dispor de tempo e dos meios necessários para a preparação da sua defesa; defender-se a si próprio ou ter assistência de um defensor da sua escolha e, se não tiver meios para remunerar um defensor, poder ser assistido gratuitamente por um defensor oficioso, quando os interesses da justiça o exigirem; interrogar ou fazer interrogar as testemunhas de acusação e obter a convocação e o interrogatório das testemunhas de defesa nas mesmas condições que as testemunhas de acusação; fazer-se assistir por intérprete, se não compreender ou falar a língua usada no processo.

Ainda de acordo com a *Convenção Europeia dos Direitos do Homem* (art. 13), "qualquer pessoa cujos direitos e liberdades reconhecidos na presente Convenção tiverem sido violados tem direito a recurso perante uma instância nacional, mesmo quando a violação tiver sido cometida por pessoas que atuem no exercício das suas funções oficiais".

A *Carta Africana dos Direitos Humanos e dos Povos* assegura a toda a pessoa o direito de recorrer aos tribunais competentes contra qualquer ato que viole os direitos fundamentais que lhe são reconhecidos e garantidos pelas convenções, pelas leis, pelos regulamentos e pelos costumes em vigor, o direito de defesa e o direito de ser julgado em prazo razoável por um tribunal competente (art. 7º).

Do exame das citadas normas de Direito Internacional dos Direitos Humanos resulta que constituem direitos humanos processuais: jurisdição; acesso à justiça; efetividade da jurisdição e do processo; igualdade concreta de armas; decisão justa do conflito de interesses; publicidade do processo; juiz natural, independente e imparcial; oportuna citação para a demanda; defesa útil, com tempo razoável para a sua preparação; duração razoável do processo; participação útil no processo e com real possibilidade de influência na formação do provimento jurisdicional; assistência judiciária gratuita; inquirir testemunhas indicadas à oitiva pela parte contrária ou ouvidas por determinação judicial e obter o comparecimento de testemunhas, peritos e outras pessoas que possam lançar luz sobre os fatos (direito à prova); assistência por intérprete e/ou tradutor, quando necessário; n) não ser obrigado a depor contra si ou confessar; motivação das decisões judiciais; impugnação das decisões judiciais mediante recurso; eficácia das decisões judiciais.

Portanto, o Direito Internacional dos Direitos Humanos a todos reconhece direitos processuais e dentre estes direitos está o acesso à justiça.

Já foi afirmado, inclusive, que o acesso à justiça constitui "requisito fundamental – o mais básico dos direitos humanos – de um sistema jurídico moderno e igualitário, que pretenda garantir, e não apenas proclamar, os direitos de todos" (CAPPELLETTI; GART, 1998, p. 11-12).

Em voto fundamentado na decisão proferida pela *Corte Interamericana de Direitos Humanos* no caso *López Álvares vs. Honduras* (sentença de 1º de fevereiro de 2006), Antônio Augusto Cançado Trindade assinalou que

> [...] Uma das disposições mais relevantes da Declaração Universal de 1948 se encontra em seu art. 8, de acordo com o qual toda pessoa tem direito a um recurso efetivo perante os tribunais nacionais competentes contra os atos violatórios dos direitos fundamentais reconhecidos pela Constituição ou pela lei. O referido art. 8 consagra, em última análise, o *direito de acesso à justiça* (no plano do direito interno), elemento essencial em toda sociedade democrática (...). A disposição do art. 8 da Declaração Universal de 1948 se inspirou, com efeito, na disposição equivalente do art. XVIII da Declaração Americana dos Direitos e Deveres do Homem de oito meses antes (abril de 1948) (...). A consagração original do direito a um recurso efetivo perante os juízes ou tribunais nacionais competentes na Declaração Americana (art. XVIII) foi transplantada para a Declaração Universal (art. 8), e, desta última, para as Convenções Europeia e Americana sobre Direitos Humanos (arts. 13 e 25, respectivamente), bem como para o Pacto sobre Direitos Civis e Políticos das Nações Unidas (art. 2(3)). O art. 8 da Declaração Universal, e as disposições correspondentes nos tratados de direitos humanos vigentes, como o art. 25 da Convenção Americana, estabelecem o dever do Estado de prover recursos internos adequados e eficazes; sempre argumentei que este dever constitui efetivamente um pilar básico não apenas de tais tratados como do próprio Estado de Direito em uma sociedade democrática, e sua aplicação correta tem o sentido de aperfeiçoar a administração da justiça (material e não somente formal) no âmbito nacional (...) Esta disposição-chave se encontra intimamente vinculada à obrigação geral dos Estados, consagrada também nos tratados de direitos humanos, de *respeitar* os direitos nestes consagrados, e *assegurar* o livre e pleno exercício dos mesmos a todas as pessoas sob suas respectivas jurisdições. Encontra-se também vinculada às garantias do devido processo legal (art. 8 da Convenção Americana), na medida em que assegura o acesso à justiça. Desse modo, através da consagração do direito a um recurso efetivo perante os juízes ou tribunais nacionais competentes, das garantias do devido processo, e da obrigação geral de *garantia* dos direitos protegidos, a Convenção Americana (arts. 25, 8 e 1(1)), e outros tratados de direitos humanos, atribuem funções de proteção ao direito interno dos Estados Partes. (Jurisprudência da Corte Interamericana de Direitos Humanos. Direito à Liberdade Pessoal. Brasília: Ministério da Justiça, 2014, p. 39).

4. ALCANCE DO DIREITO DE ACESSO À JUSTIÇA COMO DIREITO HUMANO

A todos é reconhecido, como direito humano, o acesso à justiça.

Qual é o alcance deste direito?

Para responder a esta indagação, cumpre salientar, primeiro, que se trata de um direito voltado à realização concreta dos direitos materiais assegurados pela ordem jurídica. Assim, o acesso à justiça não tem um fim em si mesmo: ele é assegurado como garantia de efetividade dos direitos materiais assegurados pela ordem jurídica.

Tanto isto é verdade, que as normas de Direito Internacional dos Direitos Humanos realçam, em mais de uma oportunidade, a necessidade de que a jurisdição seja *efetiva*. Isto significa que o acesso à justiça não é apenas a mera possibilidade de apresentar uma demanda perante os órgãos do Poder Judiciário, ou seja, não se resume ao *acesso formal à justiça*.

Mauro Cappelletti e Bryant Garth assinalam, inclusive, que, nos estados liberais burgueses,

> [...] direito de acesso à proteção judicial significava essencialmente o direito formal do indivíduo agravado de propor ou contestar uma ação. A teoria era a de que, embora o acesso à justiça pudesse ser um 'direito natural', os direitos naturais não necessitavam de uma ação do Estado para sua proteção. Esses direitos eram considerados anteriores ao Estado; sua preservação exigia apenas que o Estado não permitisse que eles fossem infringidos por outros. O Estado, portanto, permanecia passivo, com relação a problemas tais como a aptidão de uma pessoa para reconhecer seus direitos e defendê-los adequadamente na prática. Afastar a 'pobreza no sentido legal' – a incapacidade que muitas pessoas têm de utilizar plenamente a justiça e suas instituições – não era preocupação do Estado. A justiça, como outros bens, no sistema *laissez-faire*, só podia ser obtida por aqueles que pudessem enfrentar seus custos; aqueles que não pudessem fazê-lo eram considerados os únicos responsáveis por sua sorte. O acesso formal, mas não efetivo à justiça, correspondia à igualdade, apenas formal, mas não efetiva. (CAPPELLETTI; GARTH; 1998, p. 9)

Ainda consoante Mauro Cappelletti e Bryant Garth, "a titularidade de direitos é destituída de sentido, na ausência de mecanismos para sua efetiva reivindicação". (CAPPELLETTI; GARTH; 1998, p. 11)

Tal fato ganha especial relevo quando se trata de direitos inerentes ao trabalho humano.

É que os direitos inerentes ao trabalho são dotados de essencialidade, na medida em que

> [...] é essencial todo direito voltado à garantia do atendimento das necessidades básicas do trabalhador e sua família (*caráter existencial dos direitos inerentes ao trabalho*) e de condições dignas de trabalho (*essencialidade qualificada dos direitos inerentes ao trabalho*, na medida em que, muito mais do que garantir o atendimento de necessidades básicas, o que se pretende é garantir uma vida em sintonia com a dignidade humana). Ademais, a essencialidade dos direitos trabalhistas também decorre do seu estreito vínculo com a justiça social, cidadania e democracia (*essencialidade social e política dos direitos inerentes ao trabalho*)." (ALMEIDAc; ALMEIDAw, 2017, p. 141)

Cumpre acrescentar que: "a) os direitos humanos são assegurados a todos os seres humanos, inclusive os trabalhadores, como forma de enfrentar a globalização desenfreada e inescrupulosa; b) os direitos humanos são direitos que atuam como resistência a toda forma de arbitrariedade no exercício de poder e as relações entre capital e trabalho e entre empregado e empregador são relações de poder." (ALMEIDAw, 2017, p. 252)

O que a todos é assegurado é o acesso efetivo ou substancial à justiça.

O acesso efetivo ou substancial à justiça pressupõe:

a) competência previamente estabelecida, independência, imparcialidade do julgador: é vedada a instituição de tribunal de exceção, ao passo que o julgador deve ser independente e imparcial;

b) a simplificação das formas e procedimentos; somente é efetivo o instrumento ao qual se tem fácil acesso e que cujo manuseio seja o mais simples possível;

c) a utilidade da participação das partes no processo: quando se fala em acesso à justiça, cumpre ter em mente que se trata de acesso útil à justiça.

A participação das partes no processo tem que ser útil, no sentido de que a parte deve ter real possibilidade de exercer influência na formação da decisão sobre os seus direitos e obrigações.

Neste sentido, inclusive, o art. 9º do CPC de 2015 estabelece que não se proferirá decisão contra uma das partes sem que ela seja previamente ouvida, o que não se aplica, no entanto, à tutela provisória de urgência, à hipótese de tutela de evidência prevista no art. 311, incisos I e II, à sentença prevista no art. 701 (decisão sobre a expedição de mandado de pagamento, de entrega de coisa ou para execução de obrigação de fazer ou de não fazer, na ação monitória) e às decisões por meio das quais são aplicadas às partes penalidades de natureza processual (o CPC não exige a prévia oitiva da parte como condição para a aplicação da penalidades decorrentes da litigância por má-fé, por exemplo). De outro lado, consoante o art. 10 do CPC de 2015, "o juiz não poderá decidir, em grau algum de jurisdição, com base em fundamentos a respeito dos quais não tenha dado às partes oportunidade de se manifestar, ainda que se trate de matéria sobre a qual deva decidir de ofício";

d) ampla defesa, no sentido de que às partes deve ser assegurado o acesso a todos os meios de defesa que a ordem jurídica coloca à sua disposição;

e) igualdade, no sentido de que, na disciplina legal do processo deve ser evitado tratamento diferenciado sem justificativa objetiva, razoável e suficiente, assim como devem ser adotadas técnicas que corrijam desigualdades entre os litigantes, ao passo que no curso do processo concreto as partes têm direito de participar, em simétrica paridade, da construção da decisão judicial a respeito dos seus direitos e deveres (*paridade de armas*) e de receber do juiz igual tratamento (*paridade de tratamento*: aos iguais deve ser dispensado tratamento igual e, aos desiguais, tratamento desigual, na medida da sua desigualdade;

f) fundamentação das decisões na medida em que ao juiz cumpre especificar os motivos ou razões da decisão que proferir, justificando as suas conclusões sobre os fatos narrados pelas partes e as suas consequências à luz do ordenamento jurídico, assim como a possibilidade de sendo atendidos os pressupostos e limites estabelecidos pelo ordenamento jurídico, requerer o exame da causa por órgão do Poder Judiciário distinto daquele que proferiu a decisão;

g) a duração razoável do processo: as partes têm direito à tempestiva resposta ao pedido de tutela jurisdicional.

Conforme decidiu a Corte Interamericana de Direitos Humanos no caso López Álvares *vs.* Honduras (sentença de 1º de fevereiro de 2006, item X, n. 131), "O direito de acesso à justiça implica que a solução da controvérsia se produza em tempo razoável; uma demora prolongada pode chegar a constituir, por si mesma, uma violação das garantias judiciais" (Jurisprudência da Corte Interamericana de Direitos Humanos. Direito à Liberdade Pessoal. Brasília: Ministério da Justiça, 2014, p. 39);

h) eficácia das decisões judiciais, na medida em que o acesso útil ou substancial à justiça somente se verificará quando a decisão judicial for plenamente eficaz, ou seja, tornar concreto o direito nela eventualmente reconhecido;

i) o respeito às condições econômicas das partes, posto que o processo não pode ser dispendioso a ponto de impedir a defesa em juízo dos direitos assegurados pela ordem jurídica.

Não se pode olvidar, ainda, que os direitos humanos visam construir "condições reais e concretas que permitam aos seres humanos poder levar adiante suas vidas acedendo igualitariamente aos bens necessários para viver uma vida digna de ser vivida", como preconizado por Joaquín Herrera Flores (FLORES, 2009, p. 55). E que, "os direitos trabalhistas e os direitos humanos "têm a dignidade como ponto de partida (o *reconhecimento do valor inerente a toda pessoa humana*) e de chegada (a *realização de condições materiais e processuais* sem as quais este valor não se apresentará na realidade concreta). (ALMEIDAw, 2017, p. 252)

Anote-se que, sendo o acesso, substancial, à justiça um direito humano, deve ser submetido a rigoroso controle de convencionalidade toda e qualquer medida legislativa que implique restrição ao acesso à justiça, notadamente porque o Brasil adota como princípio da prevalência dos direitos humanos (art. 4º da Constituição) e assumiu perante a comunidade internacional a obrigação de fazer valer os direitos desta natureza. Neste sentido, vale lembrar, por exemplo, que: a Declaração Universal dos Direitos do Homem estabelece a obrigação de não exercer atividade ou praticar qualquer ato destinado à destruição dos direitos e liberdades nela estabelecidos (art. XXX); a Convenção de Viena sobre o Direito dos Tratados dispõe que os tratados obrigam as partes e deve ser cumprido de boa-fé (art. 2º) e que o Estado é obrigado a abster-se da prática de atos que frustrariam o objeto e a finalidade de um tratado (art. 18); o Pacto Internacional dos Direitos Econômicos, Sociais e Culturais impõe aos Estados a obrigação de adotar medidas que visem assegurar, progressivamente, por todos os meios apropriados, o pleno exercício dos direitos nele reconhecidos).

5. ANOTAÇÕES CONCLUSIVAS

O Direito Internacional dos Direitos Humanos a todos reconhece, ao lado de direitos materiais, direitos processuais. Daí a afirmação da existência de direitos humanos processuais.

Dentre os direitos humanos processuais está o direito de acesso à justiça.

O que a todos é assegurado é o *acesso efetivo ou substancial à justiça*.

O acesso efetivo ou substancial à justiça pressupõe: competência, independência e imparcialidade do julgador, simplificação das formas e procedimentos; utilidade da participação das partes no processo, ampla defesa, paridade de armas e de tratamento, fundamentação das decisões judiciais e possibilidade de, sendo atendidos os pressupostos e limites estabelecidos pelo ordenamento jurídico, requerer o exame da causa por órgão do Poder Judiciário distinto daquele que proferiu a decisão, duração razoável do processo, eficácia das decisões judiciais e respeito às condições econômicas das partes.

O acesso à justiça não é um fim em si mesmo.

O acesso à justiça constitui um valioso instrumento de acesso aos direitos assegurados pela ordem jurídica, dentre os quais aqueles inerentes ao trabalho, cuja relevância é inegável, por serem direitos de dignidade humana, justiça social, cidadania e democracia.

Como o acesso, substancial, à justiça é um direito humano, deve ser submetido a rigoroso controle de convencionalidade toda e qualquer medida legislativa que crie embaraços para o seu exercício.

6. REFERÊNCIAS BIBLIOGRÁFICAS

ALMEIDA, Cleber Lúcio; ALMEIDA, Wânia Guimarães Rabêllo. *Direito do Trabalho e Constituição*: a constitucionalização do Direito do Trabalho no Brasil. São Paulo: LTr, 2017.

ALMEIDA, Cleber Lúcio. *Elementos da teoria geral da prova*: a prova como direito humano e fundamental das partes do processo judicial. São Paulo: LTr, 2013.

ALMEIDA, Wânia Guimarães Rabêllo de. A tutela jurisdicional dos direitos humanos trabalhistas por meio das ações coletivas. In: *Direito material e processual do trabalho*. V Congresso Latino-Americano de Direito Material e Processual do Trabalho. TEODORO, Maria Cecília Máximo et al (Coords.). São Paulo: LTr, 2017. p. 251-256.

BARRETO, Ireneu Cabral. *A convenção europeia dos direitos do homem anotada*. 3. ed. Coimbra: Coimbra Editora, 2005.

CANOTILHO, J.J. Gomes. O ónus da prova na jurisdição das liberdades: para uma teoria do direito constitucional à prova. In: *Estudos sobre direitos fundamentais*. Coimbra: Coimbra Editora, 2004.

CAPPELLETTI, Mauro; GART, Bryant. *Acesso à justiça*. Porto Alegre: Sergio Antonio Fabris Editor, 1998.

DENTI, Vittorio. *La giustizia civile*. Bolonha: Il Mulino, 1989.

FLORES, Joaquín Herrera. *La complejidad de los derechos humanos*. Bases teóricas para una definición crítica. 2007. Disponível em: <http://www.juragentium.org/topics/rights/es/herrera.htm>. Acesso em: 29 abr. 2016.

_____. *Teoria crítica dos direitos humanos*. Os direitos humanos como produtos culturais. Rio de Janeiro: Lumen Juris, 2009.

INTERNACIONAL. *Jurisprudência da Corte Interamericana de Direitos Humanos. Direito à Liberdade Pessoal*. Brasília: Ministério da Justiça, 2014.

JAYME, Fernando G. *Direitos humanos e sua efetivação pela Corte Interamericana de Direitos Humanos*. Belo Horizonte: Del Rey, 2005.

TOBEÑAS, J. Castán. *Humanismo y Derecho*. Madrid: Editorial Reus, 1962.

Análise da Reforma do Art. 8º da CLT pela Lei Ordinária Federal n. 13.467/2017 sob a Égide da Trintenária Constituição da República de 1988

Luciana Cristina de Souza[1]

1. INTRODUÇÃO

A história recente do Brasil tem revelado um esforço conjunto de muitos setores da Sociedade para implementar um paradigma de democracia que supere a trajetória de desequilíbrios sociais e econômicos que prejudicaram o desenvolvimento do país ao longo de anos. Vencida a ilusão dos anos de 1970 de que haveria "um bolo a crescer e ser dividido", bem como o padrão exploratório e desumano imposto ao Brasil na década de 1980 pelo Fundo Monetário Internacional (FMI), os anos de 1990 surgiram com uma proposta concreta de remodelar as estruturas nacionais de governo e de representação política em decorrência da então recém-promulgada Constituição Cidadã de 1988, que neste ano de 2018 completa trinta anos de vigência.

Contrariando, contudo, o que se esperava de data tão importante dentre os marcos da história pátria, vislumbra-se atualmente o desrespeito aos valores que este documento traduz, vez que seus princípios fundamentais têm sido mitigados pelo Poder Legislativo em detrimento do compromisso democrático que esta Constituição propôs em 1988. Em vez de celebrarmos este trigésimo aniversário com a demonstração clara de fortalecimento do texto elaborado e promulgado no momento de redemocratização do país, o que se observa é a tentativa de seu enfraquecimento perante objetivos setorizados que não representam a qualidade dos cidadãos nacionais.

Neste cenário, traz-se para reflexão a minirreforma trabalhista ocorrida em 2017 e, mais especificamente, a alteração feita pela Lei ordinária federal n. 13.467/2017 no art. 8º da Consolidação das Leis do Trabalho (CLT). As alterações feitas pela norma infraconstitucional na CLT devem ser aplicadas muito cautelosamente visto que podem conflitar e até mesmo ofender a norma fundamental, uma vez que foram escritas pautadas no arcabouço conceitual de outro ramo, distinto daquele para o qual se destinavam.

Tais modificações tiveram por base repertório do direito civil, que embora seja suplementar aos demais ramos do direito em alguns assuntos, não tem poder ou competência de área científica jurídica para substituir o quadro conceitual próprio do direito do trabalho. Da mesma forma que o processo civil não pode se sobrepor ao processo penal, não pode a área civilista sobrepujar outro ramo do Direito.

Assim, vê-se que a tentativa de alterar a CLT e de restringir a atuação da Justiça do Trabalho para assemelhá-la ao campo empresarial e civil feita pela Lei ordinária federal n. 13.467/2017, na verdade confronta a Constituição de 1988 pelos seguintes motivos: a) desrespeita os princípios fundamentais formulados e inseridos no texto magno brasileiro pelos representantes políticos que erigiram o vigente paradigma democrático; b) afeta o equilíbrio entre os Poderes ao tentar impedir um deles de exercer seu papel fiscalizador quanto à função social dos contratos; c) permite indevidamente a ingerência de um ramo do direito sobre outro.

Na análise que se segue, empreendida sob a perspectiva do direito constitucional e da sociologia jurídica, optou-se por primeiramente descrever o cenário de representação política atual para explicar porque a atual composição legislativa federal insta em contrariar e enfrentar os valores constitucionalmente consignados pelos legisladores constituintes originários e assegurados aos cidadãos que deles têm (ou deveriam ter) a fruição. Em seguida, analisa-se por tópicos as partes que a minirreforma alterou na redação do art. 8º da CLT, apontando os motivos pelos quais o problema discutido neste artigo merece ser enfrentado pelos juristas brasileiros com urgência, de modo a se evitar o perecimento de direitos fulcrais para a consecução da dignidade da pessoa humana, garantida no art. 1º da Constituição ainda vigente. Tais reflexões são significativas para o atual momento, pelas razões que se explanará a seguir.

---

1. Doutora em Direito pela PUC Minas. Mestre em Sociologia pela UFMG. Pesquisadora FAPEMIG. Professora de DireitoConstitucional do Mestrado em Direito nas Relações Econômicas e Sociais, da Faculdade Milton Campos, Nova Lima-MG. Professora da Faculdade de Políticas Públicas, da Universidade do Estado de Minas Gerais. Coordenadora do Núcleo de Estudos sobre Gestão de Políticas Públicas – registrado no CNPq.

2. O PERFIL DO LEGISLATIVO NACIONAL

As alterações na legislação trabalhista que ocorreram em 2017 no Brasil revelaram uma tendência do parlamento nacional em comprometer-se com uma política econômica de fulcro liberal a partir da qual a função social do Estado deve ser reduzida ao mínimo e a autonomia da vontade privada deva prevalecer. Em um cenário de maior igualdade concreta este seria um diálogo minimamente viável, mas considerando-se que a manifestação da vontade entre as partes nos acordos e convenções coletivos sob a perspectiva atual da reforma desconsidera a diferença de forças entre os contratantes, vê-se claramente o prejuízo que a aplicação de pressupostos do direito comercial e da teoria geral dos contratos podem causar na área trabalhista devido à especificidade desta, a qual não admite contrato trabalhista "por adesão" à semelhança do que ocorre no direito privado, que é o que ocorrerá nestes casos em razão da disparidade de poder econômico entre os envolvidos na hora de se determinar quais serão as cláusulas do pacto que a ambos obrigará.

Tal ação do legislativo nacional foi feita sem compromisso com o lado hipossuficiente da relação jurídica e desconsiderando a predominância do direito constitucional quanto aos direitos fundamentais, visto que na tradição liberal a norma máxima do país fica muitas vezes subssumida aos pactos privados, o que reduz a eficácia da Constituição da República brasileira promulgada em 1988 como Constituição Cidadã em pleno período de "celebração" de seu trigésimo aniversário. Este posicionamento do parlamento nacional é compreensível se observadas as características de sua composição. Segundo análise do jornal Valor Econômico à época da posse dos atuais representantes federais, esta é a composição política mais conservadora desde 1964, o que evidencia como é grave o distanciamento dos atuais mandatários em relação aos direitos elaborados e redigidos na vigente Constituição durante a redemocratização na década de 1980[2], quando o perfil destas Casas era bem mais progressista. Pode-se observar essa tendência por meio dos dados consolidados pelo Departamento Intersindical de Assessoria Parlamentar (DIAP) quanto ao perfil das votações que esta Legislatura tem realizado[3].

Não tem sido demonstrada preocupação com direitos fundamentais assegurados no cenário pró-democracia social de 1988 e com a história pós-ditadura que se procurou construir no país nas primeiras décadas da atual Constituição da República. Na verdade, tem havido significativos e prejudiciais retrocessos em relação ao que foi arduamente conquistado nos anos anteriores em debates públicos. Isto pode ser explicado se analisado o perfil socioeconômico do parlamento nacional. De acordo com o documento produzido pelo DIAP, os cargos do Congresso na última eleição federal (2014) foram ocupados em 36,65% por empresários; considerando-se que outros são profissionais liberais de estratos mais altos na sociedade como advogados (11,31%) e médicos (5,85%), além de pecuaristas, produtores rurais do segmento do agronegócio e os que se declaram comerciantes.

Vê-se que mais da metade das vagas está nas mãos de pessoas cujo perfil social dista muito da realidade cotidiana de quem é trabalhador, o que se agrava com o fato de que muitos destes políticos são uma continuação do controle familiar no Legislativo, reforçando o patrimonialismo brasileiro[4]. Para piorar a crise de representatividade nacional, apenas 35 deputados foram eleitos com votos próprios (atingiram o quociente eleitoral de 2014). Os demais não receberam suficiente apoio popular mas obtiveram um cargo parlamentar por meio do partido pelo qual se candidataram. E apenas 14 dos 27 estados brasileiros tiveram deputados eleitos desta forma.

Portanto, considerando a diferença significativa entre o Congresso da fase de redemocratização do Brasil e o Congresso atual (de perfil próximo ao de 1964), é possível compreender – sem, contudo, concordar – com o perfil de reforma de direitos trabalhistas por estes parlamentares apresentada, visto que ela se coaduna perfeitamente com a proposta econômica destes para com seus negócios particulares. Votaram segundo os interesses que defendem, que não são aqueles promulgados há trinta anos, quando a Constituição Cidadã entrou em vigor. Diante deste contrassenso, é preciso avaliar a legitimidade de tais medidas legislativas quanto à sua constitucionalidade, uma vez que o direito de reforma do texto constitucional pelo Congresso não é absoluto e, tampouco, pode ser exercido contra os cidadãos e de modo a diminuir o compromisso da Constituição da República brasileira promulgada em 1988.

Essa postura política ofende o princípio da representação política democrática, posto que em virtude de se ter adotado no país o sistema de eleições proporcionais para a Câmara dos Deputados, o mandato político obriga os eleitos a defenderem os direitos de todos e não apenas de seus segmentos sociais específicos, porque a composição de votos que os alça ao cargo parlamentar resulta da soma de os votos muitos vezes não dirigidos a eles especificamente, mas a uma proposta de defesa da Constituição que se tem

---

2. VALOR ECONÔMICO. Nova composição do Congresso é a mais conservadora desde 1964. Seção Política, 05 de janeiro de 2015. Disponível em: <http://www.valor.com.br/politica/3843910/nova-composicao-do-congresso-e-mais-conservadora-desde-1964>. Acesso em: 25 abril 2018.
3. DIAP – Departamento Intersindical de Assessoria Parlamentar. **Mapa de votações** – Câmara dos Deputados e Senado Federal, 2015 a 2019, 55ª Legislatura. Brasília: DIAP, 2018. Disponível em: <http://www.diap.org.br/index.php/publicacoes/viewcategory/97-mapa-de-votacoes-camara-dos-deputados-e-senado-federal-2015-a-2019-55-legislatura>. Acesso em: 25 abril 2018.
4. DIAP – Departamento Intersindical de Assessoria Parlamentar. **Radiografia do Novo Congresso** – Legislatura 2015 a 2019. Brasília: DIAP, 2014. Disponível em: <http://www.diap.org.br/index.php/publicacoes/finish/41-radiografia-do-novo-congresso/2883-radiografia-do-novo-congresso-legislatura-2015-2019-dezembro-de-2014>. Acesso em: 25 abril 2018. p. 20-21 e 114-128 (lista dos parentes).

por legítima. Como os deputados não se elegem sem estes votos de outros segmentos, e em função do compromisso com o Estado Democrático amplamente considerado, ficam obrigados a prestarem serviços de natureza política a toda população contemplada pelo texto constitucional e não apenas para seu estrato social. O cargo parlamentar é um serviço público de natureza política; não consiste em "prêmio" particular resultante de competição mercadológica, embora a prática mais recente tenha, talvez, levado a vislumbrar uma realidade parecida com esta.

Nesse cenário adverso à Constituição da República de 1988, cabe avaliar se o Poder Legislativo tem poderes legítimos de representação popular (e não apenas "segmentar") de reduzir direitos protegidos sob a égide do texto magno e do espírito democrático em que esta Carta foi promulgada, outrora por outra composição de Congresso, mais propícia ao diálogo com os demais segmentos sociais. É preciso evitar que o Estado se torne refém de particularidades, quando, em verdade, cumpre-lhe atender ao conjunto de cidadãos e estratos sociais, posto que o orçamento que mantém e provê de recursos a estrutura política parlamentar advém de eleitores cujos interesses os mandatários possam estar a contrariar. Eticamente, não pode o parlamentar eleito agir em detrimento daqueles que o elegeram aproveitando-se, para isso, do mau uso do aparato estatal.

O cargo político não pertence à pessoa física candidata e eleita, tampouco ao partido; pertence ao conjunto de cidadãos que por meio da Constituição vigente estruturaram uma forma de exercício do poder pela qual todos os segmentos pudessem debater, pela via indireta, os temas relevantes para toda a Sociedade. Quando eleitos, aqueles servidores políticos e suas agremiações deterão provisoriamente o exercício da cadeira parlamentar para promover tópicos elegidos como relevantes para os eleitores e em nome destes. Contrariar interesses dos cidadãos consiste em quebra de confiança na relação temporária – durante o mandato – que entre mandatários e mandantes de estabeleceu. Como especifica o Código Civil de 2002, muito citado durante a reforma trabalhista por seus defensores, o mandatário não pode trair a confiança e a boa fé daquele que o estabeleceu como representante (art. 653), devendo ser diligente e responder pelos prejuízos que causar (art. 667). Como contrato político entre representantes – aqui também os Senadores – e eleitores, cumpre aos eleitos não agirem contra seus mandantes, o que vicia os atos realizados e permite exigir-se responsabilidade ética, constitucional, civil e, por vezes, penal dos envolvidos.

Se este compromisso de boa-fé entre os integrantes do pacto é sagrado entre contratantes privados, maior ainda deve ser o compromisso do mandatário que serve a um mandante em assuntos de ordem pública e no tocante a direitos e garantias fundamentais que foram assegurados constitucionalmente por uma Constituição elaborada por processo constituinte originário inclusivo e democrático. Não pode agir personalisticamente e em prejuízo daqueles que constituíram o seu mandato. Tal comportamento ofende os princípios basilares de qualquer relação contratual, além de ferir frontalmente os princípios de caráter público pactuados pelos cidadãos que efetivamente detêm o poder jurídico sobre o cargo no qual, a título precário, exerce-se o mandato.

Considerando as reflexões aqui apontadas e o cenário brasileiro atual, entende-se serem inconstitucionais quaisquer interpretações de caráter privado que diminuam direitos sociais garantidos pelo pacto de 1988, visto que a temporariedade dos mandatos políticos e a falta de interesse púbico vinculado aos interesses dos reais detentores dos cargos políticos presente neste item da reforma ferem a trintenária Constituição da República de 1988 por carecerem de legitimidade jurídico-social. Este é um presente de aniversário de péssima qualidade: diminuir sua intensidade e os valores democráticos ali consignados no processo de sua elaboração por um Congresso com perfil muito mais representativo da população pátria do que o de agora. Não se pode atribuir à norma infraconstitucional maior relevância do que aos valores constitucionais, especialmente quando a alteração legislativa promovida por interesses especificamente no âmbito do atual perfil econômico do Congresso em nada revela conexão eleitoral com os cidadãos que serão afetados pela norma que se pôs em vigor.

Tal postura torna o mandato espúrio e excessivo quanto aos atos realizados em prejuízo dos mandantes, os eleitores e a população. Assim como na área cível não se admite relação jurídica constituída diante da ausência de boa fé e na qual haja a quebra do vínculo de confiança entre os pactuantes, a seguir-se a régua estabelecida pelos defensores deste item da reforma de comparar o direito do trabalho com o Código Civil de 2002, a população deve ter defesa jurídica contra os mandatários que não se portarem eticamente nos limites dos atos que deles eram esperados e cujas ações tenham prejudicado seus mandante. No exercício do serviço político de caráter temporário prestado à população, os parlamentares devem lembrar-se de que a Constituição está acima de todas as demais normas, o Código Civil inclusive.

3. A REFORMA DO ART. 8º DA CLT SOB A PERSPECTIVA CONSTITUCIONAL

Passa-se a analisar, então, o impacto da reforma trabalhista de 2017 quanto às alterações feitas no texto original do art. 8º da Consolidação das Leis do Trabalho (CLT) pela Lei ordinária federal n. 13.467/2017. Após a aprovação desta legislação a redação do citado dispositivo ficou da seguinte forma:

> Art. 8º – As autoridades administrativas e a Justiça do Trabalho, na falta de disposições legais ou contratuais, decidirão, conforme o caso, pela jurisprudência, por analogia, por equidade e outros princípios e normas gerais de direito, principalmente do direito do trabalho, e, ainda, de acordo com os usos e costumes, o direito

comparado, mas sempre de maneira que nenhum interesse de classe ou particular prevaleça sobre o interesse público.

§ 1º O direito comum será fonte subsidiária do direito do trabalho.

§ 2º Súmulas e outros enunciados de jurisprudência editados pelo Tribunal Superior do Trabalho e pelos Tribunais Regionais do Trabalho não poderão restringir direitos legalmente previstos nem criar obrigações que não estejam previstas em lei.

§ 3º No exame de convenção coletiva ou acordo coletivo de trabalho, a Justiça do Trabalho analisará exclusivamente a conformidade dos elementos essenciais do negócio jurídico, respeitado o disposto no art. 104 da Lei n. 10.406, de 10 de janeiro de 2002 (Código Civil), e balizará sua atuação pelo princípio da intervenção mínima na autonomia da vontade coletiva.

Antes da reforma, os § 2º e § 3º não existiam. E o atual §1º era o parágrafo único do artigo com a seguinte redação: "O direito comum será fonte subsidiária do direito do trabalho, naquilo em que não for incompatível com os princípios fundamentais deste.". Pela modificação feita neste primeiro parágrafo já se percebe o problema apontado de desrespeito ao compromisso da constituinte de 1988, pois os princípios fundamentais deixam de ser parâmetro de avaliação para se verificar a incompatibilidade dos atos originados na seara privada frente aos valores constitucionais. Todavia, ainda que os legisladores do atual Congresso intentassem retirar do ordenamento jurídico a possibilidade de aplicação desses princípios, estes ainda são aplicáveis, pois quando a Constituição da República de 1988 foi promulgada ela recepcionou a CLT como *Lei complementar* (CR/1988, art. 59, parágrafo único: "Parágrafo único. Lei complementar disporá sobre a elaboração, redação, alteração e consolidação das leis."), situação semelhante ao Código Tributário Nacional (CTN). Logo, ainda que a CLT não previsse essa parte do parágrafo único do art. 8º, ela seria aplicável em razão da própria Carta Magna brasileira e não pelo poder normativo da norma infraconstitucional ordinária.

E, ainda que o novo Código Civil tenha sido publicado na vigência da Constituição de 1988, sob nenhuma circunstância pode ele ser interpretado no sentido de sobrepôr-se à norma constitucional como parâmetro de comparação com o direito do trabalho no campo da autonomia da vontade de modo a diminuir a incidência dos princípios desta área específica que é o ramo trabalhista: possui objeto próprio de estudo; aplica à sua prática metodologia diferenciada e específica a seu objeto; possui teorias jurídicas também próprias; e vincula-se a princípios constitucionais distintivos de sua área de atuação. Assim, a análise da *incompatibilidade das regras e acordos privados oriundos do direito comum com os princípios fundamentais da Constituição de 1988 não pode ser retirada do ordenamento jurídico pelo legislador infraconstitucional e, portanto, permanece vigente.* O ramo privado possui especificidade científica e de objeto não transacionável com o direito do trabalho, motivo pelo qual sempre foi meramente suplementar a ele.

Pode-se, igualmente, afirmar que, conquanto no direito comercial os usos e costumes da praça possam ser fonte legítima de direito empresarial (art. 620 e art. 750, Lei n. 556/1850 – Código Comercial) e direito civil (art. 111, art. 113, art. 429, art. 628, entre outros Lei 10.406/2002 – Código Civil), essa premissa econômica privada não se aplica no campo dos princípios econômicos sociais, tanto pelo interesse público a eles vinculado, quanto em razão de:

a) Pertencem à área específica fora do campo privado e sob proteção constitucional, não se podendo aplicar diretamente categorias conceituais empresariais e civilísticas a outro ramo do direito porque a metodologia de construção de objeto, sujeitos e interrelação entre o repositório doutrinário é completamente distinta;

b) Sua diminuição afeta outros direitos não econômicos, como a dignidade da pessoa, ao afetarem a qualidade de vida aferida pelo Índice de Desenvolvimento Humano[5], padrão mundial de referência para medir o desenvolvimento de um país e sua redução provocar desequilíbrio nas relações de poder contratual dos empregados na pactuação de novos acordos e novas convenções coletivas de trabalho, ferindo também o princípio da isonomia entre os contratantes;

c) Estão sob a égide do Poder Público e não dos setores privados, logo, não podem os pactos particulares se sobreporem à esfera estatal de regulação prevista pelo poder constituinte democrático de 1988, posto não poder haver renúncia de função pelo Estado, visto que este papel lhe foi atribuído pelo conjunto dos cidadãos e não apenas por alguns segmentos, os quais pelas vigentes regrar eleitorais não foram bem representados no Congresso Nacional, órgão emissor da norma reformadora.

Quanto ao § 2º do art. 8º da CLT, ao proclamar que as Súmulas e os enunciados de tribunais superiores trabalhistas "não poderão restringir direitos legalmente previstos nem criar obrigações que não estejam previstas em lei", considere-se que nenhuma interpretação inconstitucional perante a Constituição da República de 1988, ainda em vigor, pode ser proferida. Logo, há de se analisar os seus dois aspectos.

Primeiramente, a restrição de direitos não é, por si só, definível de modo vago e *omnia serviliter pro dominatione* por um segmento específico em nome de uma coletividade que sub-representa. A função constitucional das Cortes é

---

5. PROGRAMA DAS NAÇÕES UNIDAS PARA O DESENVOLVIMENTO – PNUD. **Desenvolvimento humano e IDH**. Disponível em:<http://www.br.undp.org/content/brazil/pt/home/idh0.html>. Acesso em: 27 abril 2018.

exercer controle sobre abusos de outros Poderes e de particulares. A independência entre Poderes constitucionalmente prevista no art. 2º do documento constitucional de 1988 significa exercício de atribuições próprias, mas, com certeza, dentro de um sistema de pesos e contrapesos[6] para evitar que o predomínio de um segmento específico no âmbito de um dos braços do Estado prejudique o texto constitucional e a garantia de cidadania que o modelo democrático de 1988 ainda defende. A divisão de Poderes foi proposta por Montesquieu exatamente para evitar novas formas de absolutismo[7]. E sua aplicação na época contemporânea foi reforçada e reinterpretada segundo os valores da democracia social ao longo do século XX para corrigir os males causados pelo liberalismo no período anterior.

Dessa forma, a análise sobre a necessidade de restrição de direitos deve ser analisada sob a perspectiva da proteção a direitos fundamentais e do equilíbrio entre os Poderes. Assim como ativismos judiciais podem prejudicar a segurança jurídica, abusos legislativos que contradigam os princípios constitucionais igualmente retiram a legitimidade dos atos praticados por mandatários infiéis às propostas firmadas pelo texto constitucional para com os cidadãos que os elegeram. Não pode o Judiciário prejudicar direitos; também não o pode fazer o Poder Legislativo; por isso se diz que os Poderes são constitucionalmente iguais – em direitos e deveres, inclusive o de não prejudicar o cidadão. Assegurar o cumprimento dos princípios constitucionais é papel do Poder Judiciário como determina a Constituição da República e o Poder Legislativo infraconstitucional não tem atribuições constitucionais para revogar norma fundamental criada pelo poder originário nesse sentido.

Em segundo lugar, afirmar que Súmulas e enunciados de tribunais superiores não podem "criar" direito não "previsto em lei" possui, também, dois aspectos. Por um lado, seguindo-se a linha de reflexão anterior, o Poder Legislativo não possui atribuições constitucionais para dizer ao Poder Judiciário se este pode, ou não, reconhecer direitos. E, por outro lado, a Lei nem sempre atende ao cidadão. Portanto, uma vez que o Poder Legislativo sofre de problemas graves de sub-representação de alguns segmentos sociais como acima referido, a ação do Judiciário *no sentido de reconhecer sujeitos olvidados pelos representantes políticos omissos em atendê-los é ato de correção e adequação do mandato temporário atribuído em favor dos mandantes prejudicados por ato dos mandatários que inibiu a confiança e a boa-fé na sua relação com aqueles que representam.*

Para isto existe a separação de poderes, para evitar que algum deles, mesmo o Legislativo, exerça o poder contra os cidadãos ofendendo frontalmente a Constituição da República. Restaurar o equilíbrio entre Poderes é assegurar, constitucionalmente, que nenhum deles esteja a desserviço da Sociedade para a qual e por meio da qual este texto fundamental foi escrito em 1988. Desse modo, o reconhecimento de direitos pode e deve ser promovido pelo sistema jurisdicional, tanto no sentido de atender aos que foram escritos expressamente em lei, quanto aqueles que podem ser depreendidos dos princípios constitucionais[8], já que: não pode o Poder Legislativo "legislar em causa própria" e em prejuízo daqueles que representa; tampouco abusar do poder em confiança que lhe foi atribuído pelos cidadãos e utilizá-lo para reduzir a esfera de atuação de outros Poderes independentes e, ainda, declarar a inexistência de direitos fundamentais contra os interesses dos seus mandantes políticos, a Sociedade brasileira.

Por fim, quanto ao § 3º do art. 8º da CLT, observa-se que a redação inserida na legislação trabalhista propõe a aplicação do princípio civilista da autonomia da vontade privada aos acordos e convenções coletivas de trabalho. Sobre esta proposta, uma análise à luz da Constituição ainda vigente de 1988 revela o que a seguir se explica. *Ab initio, não há defesa na Constituição de 1988 para a modalidade de contrato coletivo trabalhista "por adesão" que possa excluir a participação da Justiça do Trabalho*, pois mesmo na seara cível, da qual se origina, a presença de autoridade competente neutra para regular a relação de poder entre partes economicamente desiguais é imprescindível. Ainda mais no caso específico de relações de trabalho, as quais em muito se diferem das relações materiais de consumo, porque das primeiras depende a subsistência humana e, em diversos casos, de um grupo familiar.

Ergo, não podem os sindicatos e outras organizações de setores privados, ou mesmo um órgão administrativo gerencial do Estado, substituir aqueles a quem a Carta Constitucional imputa o dever de zelar pelos direitos fundamentais sociais de cunho trabalhista visando, nestas situações fáticas, garantir a proteção da dignidade da pessoa humana e a manutenção da qualidade mínima exigida pelo IDH. E a determinação de análise "exclusiva" de elementos civilistas do negócio jurídico para avaliar a nulidade ou anulabilidade dos acordos e convenções coletivas de trabalho fere tanto a autonomia de ramo científico jurídico do direito do trabalho, quanto exclui da apreciação do Poder Judiciário outros atos que podem justificar a sua anulação, o que é proibido pela Constituição da República de 1988 em seu art. 5º, cláusula pétrea. Vê-se que está fora da esfera de atuação legislativa dos parlamentares do Congresso Nacional votar tal dispositivo, visto que somente podem

---

6. HAMILTON, Alexander; JAY, John; MADISON, James. O Federalista. In: *Os Pensadores*. São Paulo: Victor Civita Editor, 1979; SILVA, José Afonso da. *Curso de Direito Constitucional Positivo*. 40. ed. São Paulo: Malheiros, 2017.
7. MONTESQUIEU, Charles de; SECONDAT, Baron de. *Do Espírito das Leis*. São Paulo: Saraiva, 2000.
8. SOUZA, Luciana Cristina de. Peso político das decisões judiciais estruturantes: o Poder Judiciário como agente para implementação de políticas públicas. In: BUSTAMANTE, Thomás et al. (Org.). *Anais do II Congresso Internacional de Direito Constitucional e Filosofia Política* – Precedentes judiciais, judicialização da política e ativismo judicial. v.3. 2015. Belo Horizonte: Initia Via, 2016. p. 18-31.

propor alterações no art. 5º pela via de emenda constitucional e – aqui, sim – *exclusivamente* para melhorá-lo em prol da Sociedade.

Portanto, é vedado que o desequilíbrio de poder econômico entre as partes contratantes seja fator de estipulação potestativa – visto que uma das partes depende da outra para sobreviver – de cláusulas que gerem obrigações ou reduzam direitos constitucionalmente assegurados. Mesmo no direito civil, ramo específico no qual a paridade dos contratos pode ser diminuída, deve ser aplicado o princípio da função social do contrato, além da boa-fé. Assim, não se pode aplicar o princípio da autonomia da vontade civilista por mera transposição para o direito do trabalho, sem considerar os princípios e objeto próprio deste outro ramo próprio do direito.

Some-se a isso o fato claro de que autonomia da vontade privada é conceito distinto de autonomia da "vontade coletiva", como a nova redação descreve, pois a primeira pactua a respeito de liberdades individuais e a segunda quanto a direitos de um grupo. Na primeira há um nível de verificação da livre manifestação do contratante, pois ele atua diretamente na pactuação. Na segunda, há dois níveis de verificação, posto que há a manifestação dos representantes do grupo de modo direto, mas é preciso certificar-se de que esta representação é legítima e respeita a autonomia interna dos associados quanto aos seus interesses no contrato sob deliberação. Logo, antes de tudo é mister verificar-se: se a representatividade do grupo não foi imposta legislativamente e é meramente formal; se houve suficiente espaço de deliberação para que os associados daquele grupo possam contestar e analisar as cláusulas propostas; se os instrumentos de defesa quanto às cláusulas abusivas são acessíveis para a parte de menor poder econômico.

Autonomia da "vontade coletiva" trabalhista não é o mesmo instituto que autonomia da vontade privada contratual civilista, tampouco pode ser a esta última associada por mera alusão, visto que contratos privados permitem um nível de "adesão" vedado quando o assunto são direitos sociais porque estes devem ser sempre deliberados, o que precisa ser atentamente verificado nas convenções e acordos. Também não se pode transformar o sindicato em mandatário "autômato" de seus mandantes, sob o risco de se repetir o que hoje ocorre no Congresso Nacional. A autoridade competente da Justiça do Trabalho cumpre função social constitucional inafastável por legislação infraconstitucional. Ela é responsável por exercer o necessário contrapeso a possíveis abusos nos acordos e convenções redigidos na autonomia da "vontade coletiva", por isso lhe compete garantir o equilíbrio previsto no art. 2º da Constituição da República de 1988 e atuar para a promoção de ações de direitos humanos nas áreas de *business*[9].

Quanto à alusão da nova redação aos "elementos essenciais do negócio jurídico", vê-se dois equívocos. Primeiro, e muito grave, relação de trabalho e subsistência não são mero "negócio", como ocorre no direito empresarial e no comércio, mas um acordo de vontades – conceito mais amplo – no qual um dos pactuantes contrata esforço físico ou intelectual do outro, que em troca perceberá um valor pelo serviço prestado, o qual lhe permita manter o nível de dignidade indicado pelo IDH como aceitável para um país cujo lema seja genuinamente desenvolvimento[10]. Segundo, se o acordo de vontades trabalhista deve respeitar tais elementos essenciais, estes são aqueles que lhe são próprios e específicos, determinados na seara do direito do trabalho e não do direito civil, que é ramo jurídico suplementar ao trabalhista e não *alma mater* deste.

Sobre a parte final "a Justiça do Trabalho... balizará sua atuação pelo princípio da intervenção mínima na autonomia da vontade coletiva", procede que o Poder Judiciário respeite a vontade das partes. Todavia, isto não se confunde e nem impede que a Justiça do Trabalho exerça o seu papel de garantir a função social dos contratos, o equilíbrio entre os contratantes, especialmente em pactos "por adesão". Não se admite sob a égide da Constituição de 1988 o "*laissez faire, laissez aller, laissez passer*" do liberalismo francês dos séculos XVIII e XIX[11], pois a vigente norma fundamental cidadã pautou sua redação na garantia dos direitos fundamentais, tanto que estes, assim como o princípio da dignidade da pessoa humana[12], vêm escritos logo no início de seu texto para, dessa forma, basilarem todas as demais decisões políticas e jurídicas.

Sendo o Código Civil estranho e suplementar ao ramo do direito do trabalho, assim como infraconstitucional, bem como a legislação que reformou o art. 8º da CLT, nenhum dos dois possui autoridade constitucional para impor-se sobre os vínculos de autonomia de vontade trabalhista, principalmente se o fizerem com o intuito de diminuir direitos materiais ou mesmo de defesa processual dos envolvidos no acordo de vontades. Isso porque a Constituição de 1988 assegura em seu art. 5º, que é cláusula pétrea (art. 60, §4º, IV CR/1988): "XXXV – a Lei não excluirá da apreciação do Poder Judiciário lesão ou ameaça a direito".

Portanto, a validade da manifestação autônoma da "vontade coletiva" depende da prova de existência da equiparação

---

9. BUSINESS & HUMAN RIGHTS RESOURCE CENTER. Brasil. Disponível em: <https://www.business-humanrights.org/pt/brasil-0>. Acesso em: 27 abril 2018.
10. O Índice de *Desenvolvimento Humano* (IDH) foi elaborado na década de 1990 pelos economistas Mahbub ul Haq e por *Amartya Sen*. *Para maior compreensão das ideias de Sen a respeito do desenvolvimento dos países ler as obras deste autor "Desenvolvimento como liberdade" e "A ideia de Justiça"*.
11. KEYNES, John Maynard. O fim do "laissez-faire" (1926). In: SZMRECSÁNYI, Tamás (Org.). *Keynes*. São Paulo: Ática, 1983. p. 106-126.
12. SARLET, Ingo Wolfgang. *Dignidade da pessoa humana e direitos fundamentais na Constituição Federal de 1988*. 9. ed. Porto Alegre: Livraria do Advogado, 2012.

de forças no processo deliberativo do qual resultou a convenção ou acordo para indicar que os sujeitos atuantes no pacto efetivamente dispunham de condições materiais e acesso à informação suficiente para que tomassem sua decisão. *A autonomia há de ser garantida no sentido de que ambos os lados do pacto tiveram igualdade de oportunidades e de influenciar a redação das cláusulas às quais se submeterão.* Não existe "autonomia potestativa", o que ocorre sempre que um dos lados contratantes puder dispor de maior força contra o outro. Nestes casos, pela estipulação da própria Constituição da República de 1988, compete à Justiça do Trabalho corrigir os desequilíbrios para que a liberdade de decisão possa ser usufruída por empregadores e empregados (art. 114, CR/1988). Somente quando esta equação está equilibrada é que se poderá efetivamente reconhecer a manifestação livre de um acordo de vontades autônomo e coletivo.

Pode-se, ainda, fazer a seguinte reflexão: a função social do contrato precisa ser garantida especialmente quando a liberdade de ação de um dos contratantes não é plena, visto que existe desequilíbrio na relação criada pelo *pacta sunt servanda*. Isto ofende o princípio da boa-fé porque não se pode permitir o locupletamento indevido de um dos pactuantes em detrimento do outro, mormente quando deste acordo de vontades depende a sobrevivência da parte hipossuficiente, que pode ter suas oportunidades de manifestação da vontade extremamente reduzidas por decorrência da dependência financeira. Nesses casos, a intervenção da Justiça do Trabalho é aceitável e plenamente constitucional para assegurar que ambos os lados participantes do acordo ou convenção coletiva trabalhista tenham igual força na definição das cláusulas do pacto.

Logo, o novo parágrafo do art. 8º não pode afastá-la, apenas esclarece que se respeite a liberdade entre os contratantes, desde que em igualdade de condições e de exercício de sua liberdade. Há níveis aceitáveis de intervenção destinados a corrigir situações em que a liberdade, efetivamente, não exista, porque as partes do pacto não são, naquele momento, sujeitos em igualdade de condições. Se mesmo na concepção menos protecionista há espaço para enxergar-se as falhas que os desequilíbrios entre os contratantes possam causar – motivo pelo qual existem institutos como *rebus sic stantibus*[13] – maior deve ser o compromisso daqueles a quem se imputa o dever de observância do que preceitua a Constituição da República promulgada em 1988 e dos limites do mandato recebido dos cidadãos. Assim, para respeitar o texto magno brasileiro e reverenciá-lo devidamente em seu trigésimo aniversário, é mister cumprir o que determina o princípio constitucional da igualdade e proteger os hipossuficientes nas relações em que o poder econômico de uma das partes possa diminuir a eficácia constitucional.

4. CONSIDERAÇÕES FINAIS

Diante das reflexões ora apresentadas, conclui-se que não é permitido ao legislador infraconstitucional desrespeitar os princípios fundamentais vigentes em prol dos cidadãos, notadamente *in casu*, pois dependem do trabalho para sua subsistência e, de modo ainda mais desejável, por meio dele pretendem alcançar qualidade de vida para si e seu grupo familiar. É preciso recordar que a trintenária Constituição da República foi promulgada em um contexto pós-1964, de redemocratização e no qual os representantes da assembleia constituinte buscaram tornar efetivo e acessível o paradigma democrático e de direitos fundamentais nela consignados em consonância com o que desejava a Sociedade brasileira que lutou no movimento das Diretas Já. Para assegurar que estes direitos e valores continuem a ser respeitados, a Justiça do Trabalho possui uma função constitucional e social imprescindível, igualmente, inafastável pelo Poder Legislativo, visto que o compromisso do jurista trabalhista é para com a Constituição e para com os cidadãos que esperam ser protegidos pela CLT. *Ergo*, defendê-los e evitar que os mandatários políticos legislem em prejuízo de seus mandantes é parte da atuação jurisdicional de manter o equilíbrio entre os Poderes, nesta situação, destes em relação à Sociedade, coibindo abusos contra os cidadãos para os quais se deve legislar, destarte servido a justiça laboral como contrapeso ao legislador infraconstitucional que tente mitigar prerrogativas constitucionais.

Além disso, como mencionado, a função social dos contratos permite intervenção estatal que tenha por escopo, a partir do princípio da boa fé, assegurar o justo equilíbrio entre os contratantes. Nesse sentido, a atuação da Justiça do Trabalho é constitucionalmente bem-vinda para efetivar o que assevera o disposto no *caput* do art. 8º da CLT quanto à sua atuação: "sempre de maneira que nenhum interesse de classe ou particular prevaleça sobre o interesse público". Por interesse público, aqui, entenda-se o dos cidadãos que ao elegerem representantes políticos não esperavam ver o texto magno ser por eles confrontado e seus direitos, de defesa inclusive, serem diminuídos por norma infraconstitucional. Espera-se que os próximos anos sejam mais favoráveis à realização das disposições da Constituição de 1988 e novos rumos conduzam o debate político e jurídico brasileiro ao respeito democrático.

5. REFERÊNCIAS BIBLIOGRÁFICAS

BRASIL. Constituição da República Federativa do Brasil, promulgada em 05 de outubro de 1988. *Presidência da República*, Casa Civil, Subchefia de Assuntos Jurídicos. Disponível em: <http://www.planalto.gov.br/ccivil_03/constituicao/constituicaocompilado.htm>. Acesso em: 25.04.2018.

BRASIL. Decreto-Lei n. 5.452, promulgado em 1º de maio de 1943 – Consolidação das Leis do Trabalho. *Presidência da República*, Casa Civil, Subchefia de Assuntos Jurídicos. Disponível em: <http://www.planalto.gov.br/ccivil_03/decreto-lei/Del5452.htm>. Acesso em: 25.04.2018.

---

13. RODRIGUES JUNIOR, Otavio Luis. *Revisão judicial dos contratos*: Autonomia da vontade e teoria da imprevisão. 2. ed. São Paulo: Atlas, 2006.

BRASIL. Lei 13.467, promulgado em 13 de julho de 2017. *Presidência da República*, Casa Civil, Subchefia de Assuntos Jurídicos. Disponível em: <http://www.planalto.gov.br/ccivil_03/_ato2015-2018/2017/lei/l13467.htm>. Acesso em: 25.04.2018.

BRASIL. Lei 10.406, promulgado em 10 de janeiro de 2002 – Código Civil Brasileiro. *Presidência da República*, Casa Civil, Subchefia de Assuntos Jurídicos. Disponível em: <http://www.planalto.gov.br/ccivil_03/leis/2002/l10406.htm>. Acesso em: 25.04.2018.

BUSINESS & HUMAN RIGHTS RESOURCE CENTER. Brasil. Disponível em: <https://www.business-humanrights.org/pt/brasil-0>. Acesso em: 27.04.2018.

DIAP – Departamento Intersindical de Assessoria Parlamentar. *Mapa de votações* – Câmara dos Deputados e Senado Federal, 2015 a 2019, 55ª Legislatura. Brasília: DIAP, 2018. Disponível em: <http://www.diap.org.br/index.php/publicacoes/viewcategory/97-mapa-de-votacoes-camara-dos-deputados-e-senado-federal-2015-a-2019-55-legislatura>. Acesso em: 25.04.2018.

DIAP – Departamento Intersindical de Assessoria Parlamentar. *Radiografia do Novo Congresso* – Legislatura 2015 a 2019. Brasília: DIAP, 2014. Disponível em: <http://www.diap.org.br/index.php/publicacoes/finish/41-radiografia-do-novo-congresso/2883-radiografia-do-novo-congresso-legislatura-2015-2019-dezembro-de-2014>. Acesso em: 25.04.2018.

HAMILTON, Alexander; JAY, John; MADISON, James. *O Federalista*. São Paulo: Victor Civita Editor, 1979. Coleção: Os Pensadores.

KEYNES, John Maynard. O fim do "laissez-faire" (1926). In: SZMRECSÁNYI, Tamás (Org.). *Keynes*. São Paulo: Ática, 1983. p. 106-126.

MONTESQUIEU, Charles de; SECONDAT, Baron de. *Do Espírito das Leis*. São Paulo: Saraiva, 2000.

PROGRAMA DAS NAÇÕES UNIDAS PARA O DESENVOLVIMENTO – PNUD. *Desenvolvimento humano e IDH*. Disponível em: <http://www.br.undp.org/content/brazil/pt/home/idh0.html>. Acesso em: 27.04.2018.

RODRIGUES JUNIOR, Otavio Luis. *Revisão judicial dos contratos*: Autonomia da vontade e teoria da imprevisão. 2. ed. São Paulo: Atlas, 2006.

SARLET, Ingo Wolfgang. *Dignidade da pessoa humana e direitos fundamentais na Constituição Federal de 1988*. 9. ed. Porto Alegre: Livraria do Advogado, 2012.

SEN, Amartya. *Desenvolvimento como liberdade*. São Paulo: Companhia das Letras, 2010.

SILVA, José Afonso da. *Curso de Direito Constitucional Positivo*. 40. ed. São Paulo: Malheiros, 2017.

SOUZA, Luciana Cristina de. Peso político das decisões judiciais estruturantes: o Poder Judiciário como agente para implementação de políticas públicas. In: BUSTAMANTE, Thomás *et al.* (Org.). *Anais do II Congresso Internacional de Direito Constitucional e Filosofia Política* – Precedentes judiciais, judicialização da política e ativismo judicial. v.3, p. 18-31, 2015. Belo Horizonte: Initia Via, 2016.

VALOR ECONÔMICO. Nova composição do Congresso é a mais conservadora desde 1964. Seção Política, 05 de janeiro de 2015. Disponível em: <http://www.valor.com.br/politica/3843910/nova-composicao-do-congresso-e-mais-conservadora-desde-1964>. Acesso em: 25.04.2018.

A Uniformização de Jurisprudência e a Edição ou a Revisão de Precedentes pelos Tribunais Trabalhistas Após a Reforma Trabalhista da Lei n. 13.467/2017 (Art. 702, I, "f" e §§ 3º e 4º da CLT)

José Roberto Freire Pimenta[1]

1. CONSIDERAÇÕES INTRODUTÓRIAS

O Direito do Trabalho e a própria Justiça do Trabalho brasileiros, frutos de décadas de construção coletiva em prol da concretização dos direitos sociais em nosso país, passam, nestes anos de 2017 e 2018, por um momento de grande crise e transformação.

Se a consagração dos direitos sociais trabalhistas na Constituição Democrática de 1988 como importante vertente dos direitos fundamentais que passaram a figurar no centro do ordenamento jurídico vigente e a significativa ampliação da competência da Justiça do Trabalho pela Emenda Constitucional n. 45/2004 pareceram indicar uma crescente valorização dessa disciplina e desse ramo do Poder Judiciário, a profunda crise institucional, política, econômica e social ocorrida no Brasil a partir de 2014 colocou em xeque, na prática, a centralidade do valor trabalho proclamada no próprio Texto Constitucional e fez nascer, de forma surpreendente, insistentes e despropositadas propostas de extinção dessa Justiça Especial[2]. E isso apesar do inegável sucesso de sua atuação, ao longo de sete décadas de existência, em prol da concretização dos direitos dos trabalhadores consagrados na Constituição, nas leis e nas normas coletivas de trabalho em vigor que, no entanto, também se refletiu em uma exponencial e crescente explosão no número de reclamações anualmente ajuizadas.

É nesse quadro que deve ser compreendida e situada a polêmica "reforma trabalhista" promovida pela Lei n. 13.467/2017, que, em tempo recorde, alterou ou acrescentou mais de duzentos dispositivos da Consolidação das Leis do Trabalho, com os declarados propósitos de modernizar a legislação do trabalho, promover a inclusão de amplos setores da população ativa antes excluídos da proteção das normas laborais e diminuir o número considerado excessivo de demandas trabalhistas, por meio do combate à denominada "litigância irresponsável". A profundidade das modificações nas regras e nos princípios juslaborais foi enorme, exigindo de todos os operadores do Direito do Trabalho um grande esforço para bem compreendê-las, interpretá-las e aplicá-las, de maneira coerente e sistemática, em conformidade com a Constituição, com as normas internacionais de direitos humanos e da Organização Internacional do Trabalho ratificadas pelo Brasil e com o conjunto do ordenamento jurídico infraconstitucional em vigor.

Em momento tão delicado, é imprescindível discutir, com as necessárias profundidade e amplitude, uma matéria que diz respeito à própria razão de ser e aos limites do papel constitucional e legal dos tribunais trabalhistas brasileiros, em cumprimento a seu dever de manter estável, íntegra e coerente sua jurisprudência uniforme, na expressa dicção do art. 926 do Código de Processo Civil de 2015, supletiva e subsidiariamente aplicável à esfera trabalhista por força dos arts. 15 do referido diploma processual comum e 769 da Consolidação das Leis do Trabalho.

2. O SISTEMA DE EDIÇÃO DE PRECEDENTES OBRIGATÓRIOS E O MICROSSISTEMA DE LITIGIOSIDADE REPETITIVA INTRODUZIDOS PELA LEI N. 13.015/2014 E PELA APLICAÇÃO SUBSIDIÁRIA E SUPLETIVA DO CÓDIGO DE PROCESSO CIVIL DE 2015 NO DIREITO PROCESSUAL DO TRABALHO BRASILEIRO, PARA UNIFORMIZAÇÃO DA JURISPRUDÊNCIA, EDIÇÃO DE PRECEDENTES E JULGAMENTO EM MASSA DOS PROCESSOS REPETITIVOS PELOS TRIBUNAIS LABORAIS

Duas das mais profundas e significativas inovações introduzidas pelo novo Código de Processo Civil brasileiro

---

1. Ministro do Tribunal Superior do Trabalho, Doutor em Direito Constitucional pela UFMG, Professor Titular do Centro Universitário do Distrito Federal – UDF, nas áreas de Direito do Trabalho e Direito Processual do Trabalho, e integrante do Conselho Consultivo da Escola Nacional de Formação e Aperfeiçoamento dos Magistrados do Trabalho – ENAMAT.

2. Para uma resposta densa, apropriada e definitiva contrária a tais propostas, veja-se, por todos, VEIGA, Aloysio Corrêa da. Uma retórica maçante e desagradável. In: *Revista do Tribunal Superior do Trabalho*. Brasília: v. 83, n. 4, p. 28-30, out.-dez. 2017.

(aprovado pela Lei n. 13.105, de 16.03.2015, alterado pela Lei n. 13.256, de 04.02.2016, e que entrou em vigor, depois de uma *vacatio legis* de um ano, em 18.03.2016) foram a adoção do *sistema de edição precedentes judiciais obrigatórios* e do denominado *microssistema de litigiosidade repetitiva* (composto pelos incidentes de assunção de competência, de resolução de demandas repetitivas e de julgamento dos recursos de natureza extraordinária repetitivos).

Tais inovações, na verdade, em boa parte já haviam sido antecipadas na esfera processual trabalhista pelas alterações no sistema recursal disciplinado pelos arts. 893 a 901 da Consolidação das Leis do Trabalho promovidas pela Lei n. 13.015, de 21.07.2014[3] e por sua regulamentação no âmbito do Tribunal Superior do Trabalho.[4]

A questão que de imediato se colocou na data da vigência do novo CPC foi se esses *sistemas* seriam ou não aplicáveis ao processo do trabalho e, em caso afirmativo, se integralmente ou apenas parcialmente, na medida em que seu art. 15 (que não revogou os arts. 769 e 889 da CLT) reafirma que, na ausência de normas de Direito Processual do Trabalho, suas disposições ser-lhes-ão aplicadas não só de forma subsidiária (como já ocorria, por força dos referidos preceitos consolidados) mas também *supletiva*. Foi esse o problema fundamental que se procurou equacionar na Instrução Normativa n. 39/2016, aprovada pela Resolução n. 203, de 25.03.2016, do Órgão Especial do TST.

Como ficou expresso em seus *consideranda* e em sua exposição de motivos, para atender à exigência de transmitir segurança jurídica aos jurisdicionados e órgãos da Justiça do Trabalho e com o escopo de prevenir nulidades processuais em detrimento de desejável celeridade, nela pretendeu-se identificar apenas questões polêmicas e algumas das mais importantes inovações do novo Código de Processo Civil. Para tanto, buscou expressar, *ainda que de forma não exaustiva*, o posicionamento do Tribunal Superior do Trabalho sobre os preceitos do referido Código considerados *não aplicáveis* (art. 2º da IN 39), os *aplicáveis* (art. 3º) e os *aplicáveis em termos*, isto é, com as necessárias adaptações (os demais referidos na IN a partir de seu art. 4º). Como não poderia deixar de ser, o fio condutor dessa norma foi somente admitir a invocação subsidiária ou supletiva do novo CPC se houver, de forma cumulativa, omissão (total ou parcial) das normas processuais trabalhistas sobre a matéria e também compatibilidade das normas processuais do novo CPC com as normas e princípios do Direito Processual do Trabalho.

Especificamente com relação aos temas da uniformização da jurisprudência e da edição de precedentes (persuasivos ou obrigatórios) pelos tribunais trabalhistas, pretendeu-se "transpor para o processo do trabalho as inovações relevantes que valorizam a jurisprudência consolidada dos tribunais" (exposição de motivos da IN 39, *in fine*), o que fez de maneira expressa ao proclamar *aplicáveis por inteiro* ao processo do trabalho, em face de omissão e compatibilidade, os preceitos do novo Código que regulam os temas da *fundamentação da sentença* (art. 489, com as adaptações previstas no art. 15 da referida IN), da *força da jurisprudência dos tribunais* (arts. 926 a 928), do *incidente de assunção de competência* (art. 947 e parágrafos), da *reclamação* (arts. 988 a 993) e, com as necessárias adaptações e restrições desde logo explicitadas nos arts. 7º e 8º da IN n. 39, do *julgamento de improcedência liminar do pedido* (art. 332 do CPC, em parte) e do *incidente de resolução de demandas repetitivas* (arts. 976 a 986 do CPC, com as adaptações dos §§ 1º a 3º do referido art. 8º).

É ainda importante observar que os próprios artigos 896-B e 896-C da CLT (introduzidos pela Lei n. 13.015/2014 em data anterior à promulgação do CPC de 2015) já haviam disciplinado, na esfera recursal trabalhista, o *incidente de recursos de revista repetitivos*, com expressa determinação, no primeiro desses preceitos consolidados, de aplicação, no que couber, das normas processuais civis relativas aos recursos extraordinário e especial repetitivos.[5]

Conforme já tivemos a oportunidade de afirmar em trabalhos anteriores,[6] a intensa e efetiva aplicação, no processo do trabalho, deste novo paradigma, que visou assegurar

---

3. Sobre o tema, vejam-se DALAZEN, João Oreste. *Apontamentos sobre a Lei n. 13.015/2014 e impactos no sistema recursal trabalhista*. In: *Revista do Tribunal Superior do Trabalho*. Brasília: v. 80, n. 4, p. 204-263, out.-dez. 2014; PIMENTA, José Roberto Freire. *A reforma do sistema recursal trabalhista pela Lei n. 13.015/2014 e o novo papel dos precedentes judiciais na Justiça brasileira: contexto, premissas e desafios*. In: BELMONTE, Alexandre Agra (Org.). *A nova Lei de recursos trabalhistas: Lei n. 13.015/2014*. São Paulo: LTr, p. 25-70, 2015; e In: *Revista do Tribunal Superior do Trabalho*. Brasília: v. 80, n. 4, p. 95-162, out.-dez. 2014; PIMENTA, José Roberto Freire. *A força dos precedentes judiciais, o novo sistema recursal trabalhista e a função constitucional do Tribunal Superior do Trabalho*. In: DELGADO, Gabriela Neves, PIMENTA, José Roberto Freire; VIEIRA DE MELLO FILHO, Luiz Philippe; LOPES, Othon de Azevedo (Orgs). *Direito Constitucional do Trabalho: princípios e jurisdição constitucional do TST*. São Paulo: LTr, 2015. p. 225-267.
4. Vejam-se o Ato n. 401/SEGJUD.GP, de 23.09.2014, da Presidência do TST, e a Resolução n. 38/2015, aprovada pela Resolução n. 201 do Órgão Especial do TST, de 10.11.2015, publicada no DEJT de 17.11.2015.
5. Embora o art. 896-B da CLT, como não poderia deixar de ser, tenha feito referência expressa às normas da Lei n. 5.869, de 11 de janeiro de 1973 (o Código de Processo Civil em vigor na data da promulgação da Lei n. 13.015/2014 que o introduziu), o art. 1.046, § 4º, do novo CPC estabelece expressamente que "as remissões a disposições do Código de Processo Civil revogado, existentes em outras leis, passam a referir-se às que lhes são correspondentes neste Código", o que equivale a dizer que, no caso do *incidente dos recursos de revista e embargos repetitivos* (regulamentado no âmbito do Tribunal Superior do Trabalho, repita-se, pela sua Instrução Normativa n. 38/2015), ser-lhe-ão aplicáveis, no que couber, os arts. 1.036 a 1.041 do novo diploma processual comum.
6. PIMENTA, José Roberto Freire. *O sistema de precedentes judiciais obrigatórios e o microssistema de litigiosidade repetitiva no processo do trabalho*. In: *Revista do Tribunal Superior do Trabalho*. Brasília: v. 82, n. 2, p. 176-235, abr.-jun. 2016; *A reforma do sistema recursal trabalhista pela Lei n.*

e reforçar a função uniformizadora da jurisprudência dos tribunais (para mantê-la estável, íntegra e coerente, na dicção expressa do art. 926, *caput*, do novo Código de Processo Civil) e introduzir, no direito brasileiro, a denominada *teoria dos precedentes*, tem o potencial de ser uma solução poderosa e eficaz contra um dos principais fatores que, nas últimas décadas, tem contribuído para o inaceitável aumento crescente do número de demandas trabalhistas individuais e repetitivas, que gradativamente tem tornado inefetiva a tutela jurisdicional prestada pela Justiça do Trabalho, em todos os seus graus e instâncias: a *instabilidade excessiva da jurisprudência sobre o real sentido das normas de Direito Material*, por sua vez causada pela inevitável variação dos entendimentos adotados pelos diferentes juízes e tribunais no *julgamento dos milhares de processos repetitivos decorrentes da chamada litigiosidade em massa ou de alta intensidade* (a qual tem por objeto a defesa, em juízo, dos direitos individuais homogêneos ameaçados ou lesados)[7].

Também como ali já salientamos, o juiz dos dias atuais é obrigado a desempenhar função judicante muito diferente, em sua substância e em seus limites, daquela tradicionalmente desempenhada pelo juiz do Estado Liberal de Direito, na medida em que, hoje, ele tem que aplicar diretamente a Constituição (em grande parte principiológica, sem necessidade da intermediação das normas editadas pelo legislador infraconstitucional e, muitas vezes, por meio do uso *da técnica de concretização*)[8] e as leis com redação aberta (que contam, cada vez mais, com *cláusulas gerais* e *conceitos jurídicos indeterminados*), as quais exigem sua complementação pelo aplicador para criar a *norma do caso concreto*. Cada vez mais e em decorrência de tudo isso, o julgador contemporâneo tem que atuar como *legislador intersticial* sempre que o Poder Legislativo não edita regra jurídica completa e bastante para regular o conflito intersubjetivo de direitos e de interesses submetido ao julgamento do Poder Judiciário.

Um sistema jurídico que, ao exigir do juiz que aplique normas constitucionais com a natureza de princípios para concretizar direitos fundamentais e leis contendo *conceitos jurídicos indeterminados* e *cláusulas gerais ou abertas*, na verdade lhe confere e reconhece o poder e a responsabilidade de criar novas normas jurídicas para os casos concretos que completem o sentido das normas constitucionais e legais. Se assim é, isso não acarreta obrigatoriamente que, para hipóteses iguais, haja uma multiplicidade de normas jurídicas individuais de diferentes significados, geradas apenas pela natural variação de entendimentos de numerosos e distintos julgadores.

Se hoje a vinculação estrita dos juízes à letra da Lei já não é aceitável nem desejável, a abertura desse amplo espaço de atuação e de interpretação aos juízes traz, inevitavelmente, *um perigo muito grande: a possibilidade de que as mesmas normas jurídicas sejam interpretadas e aplicadas de modo diferente por juízes diversos*, trazendo um grau enorme de insegurança jurídica e impedindo que os atores sociais pautem sua conduta e façam suas escolhas de vida com base naquilo que eles razoavelmente considerem ser determinado pela ordem jurídica em vigor. Com isso, o Direito como um todo deixa de ser capaz de desempenhar sua função precípua: a de ordenar e regular as relações sociais.

Outro perigo correlato é a consagração do chamado "*decisionismo judicial*" que o pospositivismo abomina, proclamando, ao contrário, que, em qualquer conflito de interesses submetido à decisão judicial, só pode haver *uma única solução justa*, à luz dos princípios constitucionais aplicáveis ao caso específico, tais como compreendidos em determinado momento histórico. Como compatibilizar essa concepção com a possibilidade de cada juiz de uma determinada causa livremente interpretar e aplicar as normas que regulam aquele litígio de acordo com o seu próprio e livre convencimento pessoal acerca de seus significado e alcance, sem sequer cogitar de observar o distinto entendimento jurisprudencial já pacificado acerca da questão?

É aqui que entra a jurisprudência como um mecanismo a um só tempo *flexibilizador da letra fria da Lei* (permitindo sua aplicação mais justa a um sem número de situações diversas que nenhum legislador pode prever ao editar uma norma, como sempre foi o seu papel tradicional nos sistemas de direito romano-germânicos) por meio da utilização de mecanismos para sua uniformização e para a observância dos entendimentos daí resultantes, e também *estabilizador do conteúdo das normas jurídicas em vigor*, definindo

---

13.015/2014 e o novo papel dos precedentes judiciais na Justiça brasileira: contexto, premissas e desafios. In: BELMONTE, Alexandre Agra (Org.). *A nova Lei de recursos trabalhistas: Lei n. 13.015/2014*. São Paulo: LTr, 2015. p. 25-70; e In: *Revista do Tribunal Superior do Trabalho*. Brasília: v. 81, n. 3, p. 95-162, jul.-set. 2015; PIMENTA, José Roberto Freire. *A força dos precedentes judiciais, o novo sistema recursal trabalhista e a função constitucional do Tribunal Superior do Trabalho*. In: DELGADO, Gabriela Neves, PIMENTA, José Roberto Freire; VIEIRA DE MELLO FILHO, Luiz Philippe; LOPES, Othon de Azevedo (Orgs.). *Direito Constitucional do Trabalho*: princípios e jurisdição constitucional do TST. São Paulo: LTr, 2015. p. 225-267.

7. Para o exame dos três tipos de litigiosidade que hoje assoberbam o Poder Judiciário em nosso país (*a litigiosidade individual ou de varejo, a litigiosidade coletiva ou metaindividual e a litigiosidade em massa ou de alta intensidade*), vejam-se THEODORO JÚNIOR, Humberto; NUNES, Dierle; BAHIA, Alexandre. Breves considerações sobre a politização do Judiciário e sobre o panorama de aplicação no direito brasileiro – Análise da convergência entre o civil law e o common law e dos problemas da padronização decisória. In: *Revista de Processo*. São Paulo: Revista dos Tribunais. v. 189, p. 24, novembro 2010.

8. "Densificar uma norma" significa *preencher, complementar e precisar* o espaço normativo de um preceito constitucional que seja demasiado genérico para ser diretamente aplicado, para que se torne possível a sua utilização para a solução de determinado problema concreto. A concretização das normas constitucionais é um trabalho técnico-jurídico diverso da simples interpretação do texto da norma: é, sim, *a construção de uma norma jurídica*. (CANOTILHO, J. J. Gomes. *Direito constitucional*. 6. ed. rev. Coimbra: Livraria Almedina, 1993. p. 201-204, texto e nota 2).

em um precedente, para casos concretos substancialmente iguais ao que foi decidido no *leading case, o sentido* único *de uma norma jurídica* que hoje é, na maioria das vezes, genérica, principiológica e que exige complementação mediante uma *interpretação concretizadora* do Poder Judiciário.[9]

3. A EVOLUÇÃO DA JURISPRUDÊNCIA UNIFORMIZADA DO TST NAS PRIMEIRAS DÉCADAS DO SÉCULO XXI, E SUA RECENTE POTENCIALIZAÇÃO PELO NOVO SISTEMA DE PRECEDENTES OBRIGATÓRIOS COMO INSTRUMENTO DE COMBATE EFETIVO CONTRA OS DESCUMPRIDORES CONTUMAZES E EM MASSA DA LEGISLAÇÃO TRABALHISTA

Ao contrário do que se passou a proclamar recentemente, não foi apenas nas duas últimas décadas que o Tribunal Superior do Trabalho desempenhou de forma ativa o seu papel de consolidar seu entendimento majoritário acerca das questões altamente controvertidas em seu próprio âmbito e no âmbito dos Tribunais Regionais do Trabalho, por meio da edição de enunciados de jurisprudência uniforme (súmulas, orientações jurisprudenciais e precedentes normativos).

Basta lembrar o enorme efeito transformador nas relações trabalhistas que, sem que tivesse havido nenhuma alteração na Constituição ou nas leis aplicáveis que justificasse a sua edição, produziram as Súmulas ns. 198 e 294 do TST, editadas, respectivamente, em 1985 e em 1989 (e que cancelaram a Súmula n. 168 que, até a aprovação da primeira destas, proclamava ser sempre parcial a prescrição na lesão de direito que atingisse prestações periódicas, contada do vencimento de cada uma delas e não do direito do qual se origina), a Súmula n. 330 (que, em 1994, promoveu ampla revisão do entendimento até então consagrado na Súmula n. 41 do Tribunal para proclamar que a quitação passada pelo empregado, com assistência da entidade sindical de sua categoria, tem eficácia liberatória em relação às *parcelas* expressamente consignadas no recibo – e não mais apenas aos *valores*, como consagrado no verbete jurisprudencial anterior) e a Súmula n. 331 (que, também em 1994, por igual revisou radicalmente o teor da Súmula n. 256 do TST – que só admitia como legal a contratação de trabalhadores por empresa interposta nos casos de trabalho temporário e de serviço de vigilância, proclamando a ilegalidade de toda e qualquer outra terceirização de serviços – para admitir como legal a terceirização não apenas dos serviços de vigilância e de conservação e limpeza, mas também, e principalmente, de todos e quaisquer serviços especializados ligados à atividade-meio do tomador – e isto sem nenhuma Lei que regulasse em geral a terceirização).

E, em todas essas hipóteses, o Tribunal Superior do Trabalho não foi acusado de "ativismo judicial" ou de que estaria "legislando"... Tais acusações só começaram a ser feitas quando ocorreram as revisões mais recentes de sua jurisprudência (não por acaso, no momento em que a composição deste Tribunal passou por uma profunda alteração) e, não por coincidência, justamente pelos setores econômicos e pelos litigantes habituais que tiveram seus interesses jurídicos e econômicos afetados pelos novos entendimentos que, a partir de então, predominaram na jurisprudência uniforme.

Com efeito, a partir do início deste século XXI, o Tribunal Superior do Trabalho pouco a pouco modificou-se no tocante a seus integrantes, tanto pelo natural decurso do tempo quanto pela ampliação do número de seus Ministros togados, decorrente da incidência combinada da Emenda Constitucional n. 24, de 9 de dezembro de 1999 (que extinguiu os juízes classistas em todos os graus de jurisdição da Justiça do Trabalho e então reduziu o número de seus componentes de 27 para 17 Ministros) e da Emenda Constitucional n. 45, de 30 de dezembro de 2004 (que restabeleceu o número de 27 Ministros componentes do Tribunal, mas desta vez todos togados). O resultado dessas modificações, como não poderia deixar de ser, foi o surgimento de gradativas e importantes mudanças na jurisprudência deste Órgão, o que se refletiu mais intensamente nas denominadas "Semanas do TST" de maio de 2011 e de setembro de 2012.

Como se sabe, estes dois eventos, frutos da histórica e louvável iniciativa do então Presidente do Tribunal Superior do Trabalho, Ministro João Oreste Dalazen, nasceram da constatação de que parte importante dos verbetes de sua jurisprudência uniforme (súmulas, orientações jurisprudenciais e precedentes normativos) já não refletiam, naquelas datas, o pensamento majoritário dessa Corte Superior (como demonstrava grande número de decisões de seus órgãos colegiados, algumas simplesmente contrárias a esses enunciados e muitas com ressalva do entendimento pessoal em contrário da maioria de seus componentes), indicando a necessidade de uma revisão global de toda a jurisprudência uniformizada em reuniões do conjunto dos integrantes do Tribunal, de forma colegiada e democrática.

Os resultados dessas "Semanas" – além de revelarem o acerto desse diagnóstico, que se refletiu na ampla maioria que, na votação do Pleno do Tribunal, obtiveram as

---

9. Lucas Buril de Macêdo, depois de observar que os precedentes judiciais são importantíssimos para garantir razoabilidade ao direito, considera-os de modo expresso *uma forma de contenção ou de fechamento do processo criativo do juiz como seu aplicador*, significativamente acrescido, na atualidade, pelo desenvolvimento dos princípios como normas, evitando o que denomina "uma produção irresponsável de direito jurisprudencial". E acrescenta, de forma incisiva:
"Isso mesmo: *os precedentes são uma forma de garantir limites à atividade criativa dos juízes, e não de reforçar a criatividade ou de dar mais poderes aos magistrados*." (MACÊDO, Lucas Buril de. O regime jurídico dos precedentes judiciais no Projeto do Novo Código de Processo Civil. In: *Revista de Processo*, v. 237, p. 373-374, novembro 2014).

propostas de alterar ou de cancelar vários dos enunciados jurisprudenciais existentes – mostraram-se altamente positivos, tanto pela aceitação que os enunciados de súmulas e outros verbetes de jurisprudência uniforme tiveram no primeiro e no segundo graus de jurisdição (embora meramente persuasivos, cumpre relembrar) quanto por claramente sinalizarem o novo e mais intenso compromisso do TST (e da Justiça do Trabalho como um todo) com a concretização dos direitos fundamentais constitucionalmente consagrados, com o reforço do caráter protecionista do Direito do Trabalho brasileiro e com o aumento da efetividade da tutela jurisdicional trabalhista.

Em outras palavras, o claro posicionamento que a jurisprudência do Tribunal Superior do Trabalho passou a adotar diante do fenômeno da inegável explosão de demandas trabalhistas ocorrida nas primeiras duas décadas deste século XXI (que, em si mesma, também pode ser vista sob um viés positivo, como reflexo do elevado grau de confiança que esse ramo do Judiciário ainda desperta nos jurisdicionados que a ele recorrem) foi de enfrentar o problema pela raiz.

E o verdadeiro problema, pura e simplesmente, é que o Direito Material do Trabalho brasileiro ainda tem um baixo índice de cumprimento espontâneo pelos destinatários de seus comandos normativos, muito menor do que qualquer ordenamento jurídico admite como tolerável e este descumprimento ocorre em frequência muito maior do que seria razoável em qualquer sociedade capitalista do século XXI.[10]

Nessa perspectiva, chega a ser elementar a causa fundamental de tão elevado número de litígios trabalhistas (sendo relevante observar que sua grande maioria termina, na fase de cognição, com uma sentença de procedência integral ou parcial dos pedidos iniciais dos reclamantes, próxima dos 80% nos anos de 2015, 2016 e 2017[11]). Esse descumprimento generalizado e consciente das normas que regem o trabalho obriga os beneficiários dos direitos por elas instituídos a escolher entre conformar-se com essa lesão (o que, como é de conhecimento geral, costuma ocorrer em boa parte dos casos, caracterizando o fenômeno que os processualistas contemporâneos denominam de *litigiosidade contida*) ou recorrer à Justiça, em busca da tutela jurisdicional a todos constitucionalmente prometida, como contrapartida da proibição estatal da autotutela. Deve-se concluir, portanto, a quantidade excessiva de reclamações é simples efeito, e não a verdadeira causa do problema.

As empresas razoavelmente organizadas sempre fazem uma análise global da *relação custo-benefício*, sabendo muito bem quando lhes é vantajoso, ou não, cumprir a Lei trabalhista.[12] Isso não ocorre apenas no Brasil: nos países desenvolvidos, os agentes econômicos e institucionais também atuam movidos por objetivos similares e com base em considerações da mesma natureza. A diferença fundamental é que naqueles, em última análise, é mais vantajoso (ou melhor, menos desvantajoso) para os empregadores, como regra habitual de conduta, cumprir a legislação trabalhista do que descumpri-la. *Essa é, a nosso ver, a questão essencial.*

Como já afirmamos reiteradamente em trabalhos anteriores,[13] hoje, o verdadeiro problema do Direito do Trabalho em nosso país é *a falta de efetividade da tutela jurisdicional trabalhista* (que, reitere-se, torna vantajoso, do ponto de

---

10. Todo e qualquer sistema jurídico só será operacional e funcional se as normas jurídicas que o integrarem forem, em sua grande maioria, espontaneamente observadas por seus destinatários. Luís Roberto Barroso. In: *Interpretação e aplicação da Constituição* – fundamentos de uma dogmática constitucional transformadora. 3. ed. São Paulo: Saraiva, 1999. p. 239-240) nos adverte exatamente para isto:

    "De regra, como já referido, um preceito legal é observado voluntariamente. As normas jurídicas têm, por si mesmas, uma eficácia 'racional ou intelectual', por tutelarem, usualmente, valores que têm ascendência no espírito dos homens. Quando, todavia, deixa de ocorrer a submissão da vontade individual ao comando normativo, a ordem jurídica aciona um mecanismo de sanção, promovendo, por via coercitiva, a obediência a seus postulados. Mas essa é a exceção. Como bem intuiu André HAURIOU, se não houvesse, em grande parte, uma obediência espontânea, se fosse necessário um policial atrás de cada indivíduo e, quem sabe, um segundo policial atrás do primeiro, a vida social seria impossível."

11. Segundo os dados da Tabela 1 – Índice por Região Judiciária. 2015-2017 da Coordenadoria de Estatística e Pesquisa do TST de 19.04.2018. Disponível em: <http://www.tst.jus.br/estatística>. Consulta no Sistema e-Gestão em 18.04.2018.

12. O que, embora insustentável do ponto de vista jurídico, é até compreensível na estrita ótica empresarial, movida essencialmente por considerações de natureza econômica e administrativa, com vistas à maximização da citada *relação custo-benefício*. A responsabilidade maior pela manutenção desse lamentável estado das coisas, evidentemente, é daqueles operadores do Direito que, tendo ou devendo ter noção disso, nada fazem para inverter essa equação, de modo a tornar essa relação desvantajosa na prática, mediante plena e efetiva aplicação das normas jurídicas materiais em vigor, com a rigorosa aplicação de todas as sanções materiais e processuais legalmente previstas para a hipótese de seu descumprimento.

13. PIMENTA, José Roberto Freire. O sistema de precedentes judiciais obrigatórios e o microssistema de litigiosidade repetitiva no processo do trabalho. In: *Revista do Tribunal Superior do Trabalho*. Brasília: v. 82, n. 2, p. 183-187, abr.-jun. 2016; *Tutelas de urgência no processo do trabalho: o potencial transformador das relações trabalhistas das reformas do CPC brasileiro*. In: *Direito do Trabalho*: evolução, crise, perspectivas. Op. cit., p. 340-343; *Revista do TRT da 15. Região*. Op. cit., p. 201-202; e *Revista da Faculdade Mineira de Direito*. Op. cit., p. 102-104; A tutela metaindividual dos direitos trabalhistas: uma exigência constitucional. In: *Tutela metaindividual trabalhista*: a defesa coletiva dos direitos dos trabalhadores em juízo. Op. cit., p. 25-26; A conciliação na esfera trabalhista – função, riscos e limites. In: PIMENTA, Adriana Campos de Souza Freire; LOCKMANN, Ana Paula Pellegrina (Coords.). *Conciliação judicial individual e coletiva e formas extrajudiciais de solução dos conflitos trabalhistas*. São Paulo: LTr, 2014. p. 22-24.

    No mesmo sentido, veja-se ainda PIMENTA, José Roberto Freire e PIMENTA, Adriana Campos de Souza Freire. Uma execução trabalhista efetiva como meio de se assegurar a fruição dos direitos fundamentais sociais. In: ÁVILA, Ana; RODRIGUES, Douglas Alencar; PEREIRA, José Luciano de Castilho (Orgs). *Mundo do trabalho – atualidades, desafios e perspectivas*. São Paulo: LTr, 2014. p. 247-254.

vista econômico e para grande número de empregadores, descumprir, de forma deliberada e massiva, as mais elementares obrigações trabalhistas), criando, por uma decisão estratégica empresarial, uma verdadeira *cultura do inadimplemento*, em flagrante concorrência desleal com a parcela ainda significativa dos empregadores que cumprem com rigor suas obrigações legais e convencionais.

O efeito negativo desse estado de coisas, porém, não incide apenas no Direito Processual, com o comprometimento da eficiência da máquina judiciária. No Direito Material, as generosas promessas da Assembleia Nacional Constituinte relativas aos *direitos constitucionais sociais*, que se consubstanciaram na Constituição Democrática de 1988, acabam não se concretizando no dia a dia e no campo decisivo da realidade empírica de cada um dos cidadãos e jurisdicionados. É esta, afinal, a maior demonstração prática da validade da concepção que a mais moderna e autorizada doutrina do direito processual convencionou chamar, sinteticamente, de a *instrumentalidade do processo*.

Se a Justiça do Trabalho se mostra cada vez menos capaz de assegurar aos trabalhadores beneficiados pelas normas constitucionais e legais trabalhistas, a tempo e a modo, o mesmo e específico resultado útil que lhes teria sido proporcionado caso essas normas houvessem sido cumpridas por inteiro por seus empregadores e destinatários no momento devido, tal situação, além de configurar o já denunciado incentivo ao descumprimento massivo e deliberado dessas normas, acarretará, na prática, um indevido rebaixamento do patamar mínimo desses direitos materiais e do próprio Direito do Trabalho em nosso país. Este, na esfera do *ser*, não corresponderá àquilo que está normativamente assegurado ao conjunto dos trabalhadores brasileiros, na esfera do *dever-ser*.

Essa situação, assim, configurará a existência de duas *ofensas à Constituição* que se interpenetram: em primeiro lugar, no Direito Material, uma grave e direta violação dos direitos fundamentais dos trabalhadores, pelo flagrante desrespeito *a seus direitos sociais constitucionalmente assegurados*; em segundo lugar e ao mesmo tempo, no Direito Processual, uma não menos grave afronta ao *princípio constitucional da efetividade da tutela jurisdicional*, também estabelecido em favor de todos os jurisdicionados, em contrapartida à genérica proibição estatal da autotutela.

A contrario sensu, quanto mais efetiva for a atuação da Justiça do Trabalho ao proferir suas decisões e assegurar a sua aplicação integral e em tempo oportuno, mais poderosa será sua atuação como instrumento indutor do futuro cumprimento, pleno e espontâneo, das normas trabalhistas por seus destinatários, com a previsível diminuição significativa do número excessivo de demandas judiciais (como já aconteceu nos outros países mais desenvolvidos), quebrando-se esse verdadeiro *círculo vicioso* que, nas últimas décadas, tem aprisionado tanto os trabalhadores quanto os operadores do Direito do Trabalho comprometidos com a sua efetividade.[14]

No entanto, em vez de procurar reforçar a efetividade da tutela jurisdicional trabalhista e tornar jurídica e economicamente desvantajoso o descumprimento massivo e reiterado das normas trabalhistas pelos denominados *litigantes habituais*,[15] gerador dos numerosíssimos processos repetitivos com idêntico objeto que permeiam a Justiça do Trabalho brasileira em todas as suas instâncias, o caminho adotado pelo legislador ordinário, ao aprovar a reforma trabalhista instituída pela Lei n. 13.467/2017, foi outro, com base em três, e cumulativas, premissas, todas equivocadas.

De um lado, culpou por esse estado de coisas o excesso da intervenção da legislação nas relações de trabalho e, contra isso, instituiu a denominada *prevalência do negociado sobre o legislado* (conforme o novo art. 611-A da CLT), sob a égide do *princípio da intervenção mínima na autonomia da vontade coletiva* (expressamente consagrado no novo § 3º do art. 8º da Consolidação Laboral).[16]

---

14. Esta situação, na qual os direitos humanos de segunda geração (ou os direitos sociais constitucionalmente assegurados), assim como os demais direitos em abstrato consagrados nas normas infraconstitucionais trabalhistas (legais e coletivas), são reduzidos à triste condição de meras promessas demagógicas feitas pelos legisladores às grandes massas, caracteriza aquilo que os constitucionalistas da atualidade, como por exemplo, Luís Roberto Barroso (In: *Interpretação e aplicação da Constituição* – fundamentos de uma dogmática constitucional transformadora. 3. ed. São Paulo: Saraiva,1999, p. 280), têm, de forma incisiva, denominado de *hipocrisia constitucional e legal*.

    Este fenômeno, que consiste na criação e na ampliação de direitos materiais apenas no campo legislativo, mas desacompanhadas da paralela e indispensável instituição de garantias e de mecanismos instrumentais capazes de assegurar aos seus titulares a fruição dos correspondentes bens da vida, nos casos de seu não cumprimento espontâneo, pelos destinatários dos comandos normativos, é também conhecido na doutrina como a busca da *legitimação pela mera promessa*. CAPPELLETTI & GARTH citam manifestação do professor norte-americano HANDLER, de que "Símbolos (tais como... novas leis...) são utilizados pelos adversários para pacificar grupos dissidentes, dando-lhes a sensação de que cumpriram seus objetivos, quando, de fato, resultados mais tangíveis são retardados" (*Acesso à justiça*. Porto Alegre. Sérgio Antônio Fabris Editor, p. 68, nota 138, 1998).

15. Para o conceito de *litigantes habituais*, consulte-se CAPPELLETTI, Mauro & GARTH, Bryant. *Acesso à justiça*, Porto Alegre, Sérgio Antônio Fabris Editor, 1988, p. 25 e ss. e 132 e ss., GALANTER, "Why the 'Haves' come out ahead: speculations on the limits of legal changes" (Por que só os que têm são beneficiados? Especulações sobre os limites das reformas judiciárias), "Law and Society Review", v. 9, p. 95, 1974; e PIMENTA, José Roberto Freire. A conciliação judicial na Justiça do Trabalho após a Emenda Constitucional n. 24/99: aspectos de direito comparado e o novo papel do juiz do trabalho. *Revista LTr*. São Paulo, v. 65, n. 2, p. 151-162, 2001; e In: *Trabalhos da Escola Judicial do TRT da Terceira Região*. Belo Horizonte, 2001; *Anais dos Trabalhos da Escola Judicial do Tribunal Regional do Trabalho da Terceira Região*. Belo Horizonte: Escola Judicial do TRT – 3ª Região, p. 305-334, 2001.

16. Chegando, inclusive, a limitar a atuação dos juízes e tribunais do Trabalho no julgamento das causas que versem sobre o conteúdo das cláusulas das convenções e dos acordos coletivos de trabalho, expressamente restrita à análise da conformidade dos elementos essenciais

De outro lado, também considerou como causa dessa explosão de demandas a existência da denominada *litigância irresponsável* por parte expressiva dos reclamantes e de seus advogados, adotando, para coibi-la, várias medidas destinadas a tornar mais oneroso o exercício do direito constitucional de ação trabalhista.[17]

Ao mesmo tempo, o outro erro de perspectiva e eixo central da reforma trabalhista configurou-se quando o legislador procurou combater o mal denominado "ativismo judicial", restabelecendo o ultrapassado e inadequado paradigma do juiz *bouche de la loi* dos primórdios do Estado Liberal de Direito e limitando significativamente a atuação jurisdicional dos tribunais trabalhistas brasileiros, tanto no julgamento dos casos individuais quanto na formação, atualização e revisão de seus precedentes e enunciados de jurisprudência uniforme (súmulas, orientações jurisprudenciais e precedentes normativos).

4. A HOSTILIDADE DO LEGISLADOR DA REFORMA TRABALHISTA CONTRA O MAL DENOMINADO "ATIVISMO JUDICIAL" E SUA TENTATIVA DE RETORNAR AO PARADIGMA DO JUIZ BOUCHE DE LA LOI: AS LIMITAÇÕES DA NOVA CLT CONTRA A ATUAÇÃO JURISDICIONAL DOS JUÍZES E TRIBUNAIS TRABALHISTAS E CONTRA A AUTONOMIA, CONSTITUCIONALMENTE A ESTES ÚLTIMOS ASSEGURADA, PARA UNIFORMIZAR SUA JURISPRUDÊNCIA E EDITAR PRECEDENTES JURISPRUDENCIAIS

Como já se acentuou anteriormente, o juiz dos dias de hoje é, antes de tudo, o concretizador das normas constitucionais diretamente aplicáveis (sem a necessidade da intermediação do legislador infraconstitucional) e dos direitos fundamentais das três dimensões (nos litígios laborais, os direitos fundamentais sociais e trabalhistas, com *eficácia horizontal*), bem como o aplicador das normas internacionais de direitos humanos e da Organização Internacional do Trabalho ratificadas pelo Brasil (com *status de supralegalidade*, como já é jurisprudência pacífica do Supremo Tribunal Federal). Ademais, e principalmente, é ele obrigado, na solução dos casos concretos, a adotar, cada vez mais, normas-princípio (e não apenas normas-regra) constitucionais e legais, bem como regras legais com natureza de normas abertas e de tessitura flexível, que se utilizam de *conceitos vagos e juridicamente indeterminados*.

A necessidade de aplicação das leis contendo conceitos jurídicos indeterminados e cláusulas gerais às lides submetidas à apreciação e ao julgamento dos juízes, dá-lhes, como é óbvio, um espaço de atuação e, correspondentemente, um papel constitucional e um grau de responsabilidade bem maiores do que aqueles tradicionalmente atribuídos ao juiz que atuava no Estado Liberal de Direito.[18] Nos casos em que não ocorra o cumprimento pleno e espontâneo das normas de Direito Material aplicáveis por seus destinatários e, em decorrência do princípio da demanda, o dissídio correspondente seja regularmente submetido ao Poder Judiciário, se essas normas não tiverem a natureza de *regra* completa e suficiente para regular, por si só, o litígio, a integral e específica realização da vontade concreta da Lei apenas ocorrerá depois da atuação *criativa*, em última análise, dos juízes de cada causa (ou seja, do Estado-juiz), ainda que só para *complementar*, na estrita medida do necessário, o sentido dessas normas constitucionais e legais aplicáveis.

Resumindo tudo o que até aqui se disse, hoje o ordenamento jurídico dos Estados Democráticos de Direito opera e é aplicado em etapas escalonadas de normas jurídicas (de forma semelhante à operação da pirâmide normativa pioneiramente descrita por Kelsen): em primeiro lugar, parte-se da *Constituição* (que precisa ser interpretada e aplicada pelo *método da concretização*, com técnicas específicas e mais refinadas de hermenêutica constitucional, e não mais por mera *subsunção*); em segundo lugar, interpreta-se e aplica-se *a Lei* respectiva, mas apenas como a seguinte das duas primeiras etapas escalonadas de normas de regulação

---

desses negócios jurídicos com o disposto no art. 104 do Código Civil (art. 611-A, § 1º, c/c o art. 8º, § 3º, da CLT), bem como das cláusulas dos contratos e ajustes individuais celebrados pelos denominados "empregados hipersuficientes", assim definidos aqueles que percebam salário mensal igual ou superior a duas vezes o limite máximo dos benefícios do Regime Geral da Previdência Social (novo parágrafo único do art. 444 da CLT).

17. Como, entre outras medidas, a consagração da sucumbência, como regra geral no processo trabalhista, inclusive parcial e sempre recíproca, abrangendo, inclusive, a parte beneficiada pela justiça gratuita e os créditos obtidos em outro processo judicial capazes de suportar a despesa (art. 791-A da CLT), o pagamento dos honorários periciais pela parte sucumbente no objeto da perícia, salvo se beneficiária de justiça gratuita e não tiver obtido em juízo créditos capazes de suportar essa despesa (art. 790-B, *caput* e seu § 3º), a responsabilização do reclamante injustificadamente ausente pelo pagamento das custas em caso de arquivamento da reclamação, sendo essa quitação condição para a propositura de nova demanda (art. 844, §§ 2º e 3º), a intensificação das sanções contra as partes que praticarem atos considerados caracterizadores de litigância de má-fé, aí também incluída a testemunha que intencionalmente alterar a verdade dos fatos ou omitir fatos essenciais ao julgamento da causa (arts. 793-A a 793-D da CLT).

    Quanto a esta segunda vertente, pronunciou-se com propriedade a Procuradora do Trabalho Camila Holanda Mendes da Rocha:
    "Em verdade, a Lei n. 13.467/2017 pretende reduzir o elevado número de ações que tramitam perante a Justiça do Trabalho como consequência do excessivo descumprimento da legislação trabalhista. Ocorre que a estratégia adotada não foi pugnar pela observância das normas, mas obstaculizar o acesso à Justiça." (A Justiça do Trabalho como órgão homologador: afronta ao direito constitucional de acesso à justiça. In: *Reforma trabalhista na visão de Procuradores do Trabalho*. Salvador: JusPodivm, p. 630).

18. Na feliz e expressiva síntese de Marinoni (In: *Precedentes obrigatórios*. São Paulo: Revista dos Tribunais, 2010. p. 88), "o juiz que trabalha com conceitos indeterminados e regras abertas está muito longe daquele concebido para unicamente aplicar a lei".

dos fenômenos sociais; em terceiro lugar e só quando isso não é suficiente (o que ocorre com frequência cada vez maior, como já salientado), passa-se à sua incidência aos casos específicos, quando só então as normas constitucionais e legais principiológicas e abertas serão *concretizadas e completadas*, no momento de sua interpretação e de sua aplicação – isto se fará de modo espontâneo pelas próprias partes interessadas (como ocorre na imensa maioria das vezes, na normalidade das relações sociais) ou pelo juiz, em substituição da vontade destas (quando, nos casos de conflitos intersubjetivos de interesses, surgir a lide posta em juízo, que exigirá do Estado-juiz a prestação da tutela jurisdicional efetiva, constitucionalmente prometida).[19]

Na feliz observação de Marinoni, e aplicando o que se acabou de acentuar, "se um juiz se vale da cláusula geral para chegar na regra adequada à regulação do caso concreto, a cláusula geral é norma legislativa incompleta e a decisão é a verdadeira norma jurídica do caso concreto."[20]

Note-se que, em momento algum, o pospositivismo proclama ou admite que o juiz da causa, ao exercer a sua função jurisdicional, pode ignorar ou contrariar aquilo que está claramente estabelecido como *normas-princípio* ou *como normas-regra* nos dispositivos constitucionais ou infraconstitucionais. Em tais casos, o princípio de hermenêutica constitucional da *supremacia da Constituição*[21] ou os princípios da *separação de poderes* e *da legalidade*, igualmente consagrados na Norma Fundamental, incidirão com toda a sua força e plenitude, de modo a impedir que o Poder Judiciário profira uma decisão aplicando, no caso concreto, uma *norma de decisão* exclusivamente por ele produzida mas frontalmente contrária aos ditames dos normas-*princípio* ou das *normas-regra* constitucionais e legais aplicáveis.[22]

Em outras palavras, somente nessas hipóteses em que o ordenamento constitucional e legal mostra-se insuficiente para regular determinada relação social, o Poder Judiciário pode atuar para *completar* o sentido final e concreto da norma constitucional ou infraconstitucional que o próprio Poder Legislativo, expressa ou implicitamente, decidiu deixar incompleta – sua atuação, portanto, é a de um *legislador intersticial* que, na feliz colocação de Teresa Arruda Alvim Wambier,[23] atua apenas nos *poros* por meio dos quais a realidade social pode penetrar, que mitigam o excessivo apego à letra da Lei e permitem ao Poder Judiciário adaptar o direito a mudanças e também a particularidades do caso concreto.

O que hoje se reconhece como legítimo e não só admissível, mas também exigido pela própria Constituição, é que esse julgador, quanto não houver regra clara capaz de, por si só, solucionar a lide e em que tenha que aplicar *normas-princípio* constitucionalmente consagradas ou *conceitos jurídicos indeterminados* ou *cláusulas gerais* de que se valeu o legislador, não se abstenha de *completar* o sentido das normas aplicáveis ao litígio editadas pelo Poder Constituinte ou pelo Poder Legislativo, *construindo* a norma que, ao final de todo esse processo hermenêutico, irá regular a controvérsia, à luz das suas circunstâncias fáticas peculiares.

Em tais situações, a decisão judicial única (que configura um *precedente*) ou o conjunto de decisões judiciais em determinado sentido predominante proferidas pelos tribunais constitucionalmente competentes para firmar *a melhor interpretação* para determinada norma constitucional ou legal aplicável a certa *questão de direito* (que é o que hoje se entende por *jurisprudência uniforme ou dominante*) torna-se, sim, *fonte primária do Direito*.

Por tudo isso é que se afiguram descabidas as acusações genéricas de que a jurisprudência dos Tribunais Regionais do Trabalho e, principalmente, do Tribunal Superior do Trabalho das duas primeiras décadas deste século XXI teriam caracterizado indevido "*ativismo judicial*", no sentido pejorativo da expressão, sendo tais acusações o produto de desconhecimento dos avanços e do que hoje já se tornou absolutamente pacífico na ciência jurídica contemporânea mais autorizada, ou, simplesmente, da intenção dos setores interessados, prejudicados pela atuação mais intensa e efetiva do Poder Judiciário trabalhista, de neutralizá-la ou de desqualificá-la.

---

19. Como bem observa o mesmo Marinoni: "Para Kelsen, todo ato jurídico constitui, em um só tempo, aplicação e criação do direito, com exceção da Constituição e da execução de sentença, pois a primeira seria só criação e a segunda pura aplicação do direito. Por isso, o legislador aplica a Constituição e cria a norma geral e o juiz aplica a norma geral e cria a norma individual. (...) A norma individual faria parte do ordenamento, ou teria natureza constitutiva, apenas por individualizar a norma superior para as partes." (MARINONI, Luiz Guilherme. *Precedentes obrigatórios*. Op. cit., p. 91, nota 130).
20. MARINONI, Luiz Guilherme. *Precedentes obrigatórios*. Op. cit., p. 154.
21. Sobre o princípio de interpretação constitucional da *supremacia da Constituição*, vejam-se, por todos, BARROSO, Luís Roberto. *Interpretação e aplicação da Constituição* – fundamentos de uma dogmática constitucional transformadora. 3. ed. São Paulo: Saraiva, 1999. p. 156-167; e CANOTILHO, J. J. Gomes. *Direito constitucional*. 6. ed. Coimbra: Livraria Almedina, 1993. p. 229-230.
22. É o que também salienta de forma incisiva e com propriedade Humberto ÁVILA, ao relembrar que as regras não se submetem ao mesmo processo discursivo, argumentativo e justificativo para a sua aplicação que os princípios:
    "Quando a Constituição contém um dispositivo que privilegia o caráter descritivo da conduta, ou a definição de um âmbito de poder, há, nesse contexto e nesse aspecto, a instituição de uma regra que não pode ser simplesmente desprezada pelo legislador, ainda que haja internamente alguma margem de indeterminação para a definição de seu sentido. Assim, se a Constituição estabelece regras que proíbem a utilização de prova ilícita ou garantem a presunção de inocência, não cabe ao intérprete desconsiderar essa rigidez e flexibilizar o comando normativo como se ele fora um conselho descartável ou afastável diante de outros elementos" (In: *Teoria dos princípios* – da definição à aplicação dos princípios jurídicos. 15. ed. rev. atual. e ampl. São Paulo: Malheiros Editores, 2014. p. 160).
23. WAMBIER, Teresa Arruda Alvim. Estabilidade e adaptabilidade como objetivos do direito: civil law e common law. In: *Revista de Processo*. São Paulo: Revista dos Tribunais, v. 172, p. 137-139, junho 2009.

Em ambas as hipóteses, a tentativa foi de fazer regredir os juízes e os tribunais trabalhistas ao ultrapassado papel de julgador *bouche de la loi*, preconizado no século XVIII por Montesquieu, hoje absolutamente incompatível com o relevantíssimo papel constitucional reservado ao Poder Judiciário nos Estados de Direito do mundo contemporâneo.

Um dos mais significativos exemplos dessa tentativa – de limitar de forma intensa o exercício da função jurisdicional pelos juízes e tribunais do trabalho – foi, em seu conjunto, a alteração promovida pelo legislador da reforma trabalhista nos arts. 8º, 611-A e 444, parágrafo único, da CLT.

Com efeito, o novo § 2º do art. 8º da Consolidação Laboral surpreendentemente assim está redigido:

> Art. 8º (...)
>
> § 2º Súmulas e outros enunciados de jurisprudência editados pelo Tribunal Superior do Trabalho e pelos Tribunais Regionais do Trabalho não poderão restringir direitos legalmente previstos nem criar obrigações que não estejam previstas em lei.

Esse dispositivo, por um lado, infelizmente traz embutida, em sua redação desnecessariamente agressiva, uma ofensa implícita e gratuita ao Tribunal Superior do Trabalho e aos Tribunais Regionais do Trabalho[24], que, na verdade, nunca fizeram isso, não passando tal acusação, além de tecnicamente incorreta, de mero e repetitivo lamento das partes cujos interesses foram afetados pelos entendimentos consagrados nos referidos verbetes jurisprudenciais e uma recorrente alegação defensiva de nenhuma credibilidade e de baixíssima eficiência no âmbito jurisdicional.

Por outro lado, se a intenção desse preceito foi realmente cercear o exercício, pelos tribunais trabalhistas, de seu *poder-dever* de uniformizar seus entendimentos, seu efeito será mais ilusório que real: se os tribunais trabalhistas considerarem necessário aplicar diretamente as normas-princípio constitucionais, suprir as lacunas reais ou ontológicas da legislação para concretizar os direitos fundamentais sociais constitucionalmente previstos e produzir jurisprudencialmente as normas dos casos concretos repetitivos (sob a forma de *precedentes obrigatórios*), com toda a certeza eles, para bem exercerem sua competência constitucional e legal, continuarão a fazer exatamente tudo isso, sem que se possa entender descumprida a regra em exame, cabendo exclusivamente ao Poder Judiciário a palavra final se, em cada caso, terá sido ou não descumprido o disposto no referido § 2º do art. 8º da CLT.

Paralelamente, a reforma trabalhista pretendeu, por meio do citado § 2º do art. 8º (reforçado pelos § 3º do mesmo dispositivo, § 1º do art. 611-A e parágrafo único do art. 444 da CLT), limitar decisivamente o poder e o âmbito decisório dos juízes do trabalho em geral para, no julgamento das demandas individuais a eles distribuídas, examinar o conteúdo das cláusulas das convenções e dos acordos coletivos de trabalho e dos acordos individuais celebrados pelos denominados "empregados hipersuficientes". Ao assim proceder, não levou em conta a competência do Poder Judiciário trabalhista para exercer o controle difuso de constitucionalidade e o controle de convencionalidade dessas cláusulas (inclusive sua razoabilidade e proporcionalidade, sob a ótica do devido processo legal substancial), e, contraditoriamente, a possibilidade de essas cláusulas versarem sobre algumas matérias capituladas nos incisos do art. 611-B da CLT, que a própria Lei n. 13.467/2017 proibiu expressamente serem objeto de negociação coletiva. Além disso, também pareceu ignorar a possibilidade de o juiz da causa aplicar os arts. 5º e 17 da Lei de Introdução às Normas do Direito Brasileiro, que determina que, "na aplicação da lei, o juiz atenderá aos *fins sociais a que ela se dirige e às exigências do bem comum*" e que "quaisquer *declarações de vontade* não terão eficácia no Brasil quando ofenderem *a soberania nacional, a ordem pública e os bons costumes*". [25,26]

---

24. Confira-se a justificativa de mérito relativa a esse dispositivo do relator do projeto da reforma trabalhista na Câmara dos Deputados, Deputado Rogério Marinho (PSDB-RN), *in verbis*:

    O art. 8º da CLT é de fundamental importância para o Direito do Trabalho, estabelecendo a hierarquia que deve ser obedecida para a aplicação da norma jurídica. A expressão "na falta de" constante do "caput" indica que a principal fonte de direitos é a Lei para, em seguida, disciplinar as demais fontes. Nesse contexto, o contrato, a jurisprudência, a analogia só poderiam ser usados no vazio da lei. Todavia não é isso que temos visto. Os tribunais em nosso País, em especial, as cortes trabalhistas, têm se utilizado da edição de súmulas e de outros enunciados de jurisprudência para legislar, adotando, algumas vezes, até mesmo um entendimento contrário à norma vigente. (Disponível em: <http://www.camara.gov.br>. Acesso em: 09.06.2017).

25. Quanto à inconstitucionalidade do art. 8º, § 3º, e do art. 611-A. § 1º, da CLT, vejam-se SILVA, José Antônio Ribeiro de Oliveira. Comentários ao art. 8º da CLT e DIAS, Carlos Eduardo Oliveira. *Comentários ao art. 611-A da CLT*. Ambos In: DIAS, Carlos Eduardo Oliveira, FELICIANO, Guilherme Guimarães, SILVA, José Antônio Ribeiro de Oliveira e TOLEDO FILHO, Manoel Carlos Toledo Filho. *Comentários à Lei da reforma trabalhista – dogmática, visão crítica e interpretação constitucional*. São Paulo: LTr, 2018. p. 28-30 e p. 153-155, respectivamente; FREIRE E SILVA, Bruno. A reforma processual trabalhista e o acesso à justiça. In: *Revista de Processo*, v. 278, abril 2018. São Paulo: Revista dos Tribunais, p. 394-396; DELGADO, Mauricio Godinho e DELGADO, Gabriela Neves. *A reforma trabalhista no Brasil – com os comentários à Lei n. 13.467/2017*. São Paulo: LTr, 2017, p. 305-307; SOUZA JÚNIOR, Antônio Humberto de; SOUZA, Fabiano Coelho de; MARANHÃO, Ney e AZEVEDO NETO, Platon Teixeira de. *Reforma trabalhista – análise comparativa e crítica da Lei n. 13.467/2017 e da Med. Prov. n. 808/2017*. 2. ed., rev., atual. e ampl. São Paulo: Rideel, 2018. p. 18-20 e 355; SILVA, Homero Batista Mateus da. *Comentários à reforma trabalhista*. 2. ed. rev. e atual. São Paulo: Revista dos Tribunais, 2017. p. 26-29; CORREIA, Henrique e MIESSA, Élisson. *Manual da reforma trabalhista*. Salvador: JusPodivm, 2018. p. 71-80; ALVES, Amauri César. Comentários à CLT, Art. 8º. In: ALVES, Amauri César e LEITE, Rafaela Fernandes (Orgs.). *Reforma trabalhista – comentários à Lei n. 13.467/2017*. Belo Horizonte: Conhecimento Jurídica, 2018. p. 26-29.

26. Também nesse sentido, pronuncia-se, sem caráter vinculativo mas com fundamentação densa e persuasiva, o Enunciado n. 2 da 2ª Jornada de Direito Material e Processual do Trabalho realizada nos dias 9 e 10.10.2017, organizada pela Associação Nacional dos Magistrados da Justiça do Trabalho – ANAMATRA, *in verbis*:

É exatamente dentro desse contexto que deve ser entendido e analisado o novo art. 702, I, *f*, e seus §§ 3º e 4º, da CLT também editado pela reforma trabalhista, que teve a mesma finalidade de restringir a atividade de uniformização de jurisprudência dos Tribunais Regionais do Trabalho e do Tribunal Superior do Trabalho. Isto, porém, entrou em contradição frontal com o Código de Processo Civil de 2015 que veio justamente reforçar esta importantíssima faceta da sua função jurisdicional, ao adotar o *sistema de precedentes obrigatórios* e, simultaneamente, o denominado *microssistema de litigiosidade repetitiva*, destinado ao julgamento dos incidentes de resolução de demandas repetitivas, de julgamento de recursos repetitivos e de assunção de competência. Assim, infelizmente, refletiu a mesma concepção ultrapassada quanto ao papel e aos limites no exercício da função jurisdicional nos dias atuais, causando graves dúvidas quanto à sua constitucionalidade e à sua conveniência, como será examinado a seguir.

5. O NOVO PROCEDIMENTO INTRODUZIDO PELO ART. 702, I, F, E SEUS §§ 3º E 4º, DA CLT, PARA A EDIÇÃO DE SÚMULAS E DE OUTROS ENUNCIADOS DE JURISPRUDÊNCIA DOMINANTE PELOS TRIBUNAIS TRABALHISTAS E A ARGUIÇÃO DA INCONSTITUCIONALIDADE DESSE NOVO DISPOSITIVO LEGAL NO ÂMBITO DO TRIBUNAL SUPERIOR DO TRABALHO, PELA VIA DIFUSA

O artigo consolidado em epígrafe dispunha simplesmente, em seu inciso I, alínea "f", que competia ao Tribunal Pleno do Tribunal Superior do Trabalho "estabelecer súmulas de jurisprudência uniforme, na forma prescrita no Regimento Interno".

No entanto e como se sabe, sempre foi entendimento pacífico, em sede doutrinária e jurisprudencial, que o art. 702 da CLT, em sua redação original, foi tacitamente revogado pela ainda vigente Lei n. 7.701, de 21.12.1988, que promoveu profunda reformulação da organização interna até então existente do Tribunal Superior do Trabalho, criando as suas seções especializadas para o julgamento dos dissídios individuais e dos dissídios coletivos (sendo a gênese das atuais Seções Especializadas em Dissídios Coletivos – SDC e em Dissídios Individuais – esta dividida nas Subseções I e II por seu Regimento Interno, como autorizado no parágrafo único do art. 1º desta lei).

Porém, o legislador da reforma trabalhista não levou tal revogação em conta e limitou-se a "dar nova redação" aos dispositivos em tela, nos seguintes termos:

> Art. 702. Ao Tribunal Pleno compete:
>
> I – em única instância:
>
> (...)
>
> f) estabelecer ou alterar súmulas e outros enunciados de jurisprudência uniforme, pelo voto de *pelo menos dois terços de seus membros, caso a mesma matéria já tenha sido decidida de forma idêntica por unanimidade em, no mínimo, dois terços das turmas em pelo menos dez sessões diferentes em cada uma delas*, podendo, ainda, *por maioria de dois terços de seus membros*, restringir os efeitos daquela declaração ou decidir que ela só tenha eficácia a partir de sua publicação no Diário Oficial;
>
> (...)
>
> § 3º *As sessões* de julgamento sobre estabelecimento ou alteração de súmulas e outros enunciados de jurisprudência *deverão ser públicas, divulgadas com, no mínimo, trinta dias de antecedência*, e deverão possibilitar a sustentação oral pelo Procurador-Geral do Trabalho, pelo Conselho Federal da Ordem dos Advogados do Brasil, pelo Advogado-Geral da União e por confederações sindicais ou entidades de classe de âmbito nacional.
>
> § 4º O estabelecimento ou a alteração de súmulas e outros enunciados de jurisprudência pelos Tribunais Regionais do Trabalho deverão observar o disposto na alínea *f* do inciso I e no § 3º deste artigo, com rol equivalente de legitimados para sustentação oral, observada a abrangência de sua circunscrição judiciária.

Como se depreende da simples leitura desses preceitos, o legislador ordinário estipulou novas exigências procedimentais extremamente rigorosas para o estabelecimento ou para a alteração das súmulas e outros enunciados de jurisprudência uniforme do Tribunal Superior do Trabalho e dos Tribunais Regionais do Trabalho, quanto ao quórum de votação (que passa a ser o qualificado de dois terços, em vez de maioria simples ou absoluta),

---

"ENUNCIADO n. 2. INTERPRETAÇÃO E APLICAÇÃO DA LEI n. 13.467/2017

Os Juízes do Trabalho, à maneira de todos os demais magistrados, em todos os ramos do Judiciário, devem cumprir e fazer cumprir a constituição e as leis, o que importa no exercício do controle difuso de constitucionalidade e no controle de convencionalidade das leis, bem como no uso de todos os métodos de interpretação/aplicação disponíveis. Nessa medida:

I. Reputa-se autoritária e antirrepublicana toda ação política, midiática, administrativa ou correicional que pretender imputar ao juiz do trabalho o "dever" de interpretar a Lei n. 13.467/2017 de modo exclusivamente literal/gramatical.

II. A interpretação judicial é atividade que tem por escopo o desvelamento do sentido e do alcance da Lei trabalhista. É função primordial do poder judiciário trabalhista julgar as relações de trabalho e dizer o direito no caso concreto, observando o objetivo da República Federativa do Brasil de construir uma sociedade mais justa e igualitária. Exegese dos arts. 1º, 2º, 3º, 5º, inciso XXXV, 60 e 93, IX e 114 da CRFB;

III. Inconstitucionalidade do § 2º e do § 3º do art. 8º da CLT e do art. 611-A, § 1º, da CLT. Será inconstitucional qualquer norma que colime restringir a função judicial de interpretação da Lei ou imunizar o conteúdo dos acordos e convenções coletivas de trabalho da apreciação da justiça do trabalho, inclusive quanto à sua inconstitucionalidade, convencionalidade, legalidade e conformidade com a ordem pública social. Não se admite qualquer interpretação que possa elidir a garantia de inafastabilidade da jurisdição, ademais, por ofensa ao disposto no art. 114, I, da CF/88 e por incompatibilidade com os princípios da separação dos poderes, do acesso à justiça e da independência funcional."

à necessidade da existência de um número expressivo de precedentes unânimes (e não apenas por maioria) de suas Turmas em pelo menos dez sessões diferentes *em cada uma delas* e à exigência de que a decisão de aprovação desses enunciados seja proferida em sessões públicas de julgamento, convocadas com a antecedência mínima de trinta dias e na qual seja permitida a sustentação oral das autoridades e entidades nomeadas.

Esses novos dispositivos da CLT claramente revelaram o receio do legislador da reforma de que a jurisprudência dos tribunais trabalhistas (tanto dos Regionais quanto do TST) venha a adotar entendimentos contrários à literalidade das numerosas alterações por ele promovidas nas esferas do Direito Material e do Direito Processual do Trabalho, pela maioria simples ou absoluta de seus integrantes, dificultando sobremodo — se não tornar impossível — o desempenho desta importantíssima função uniformizadora do sentido da legislação nacional trabalhista.

A esse respeito, é lapidar a manifestação doutrinária do i. Professor da USP e magistrado do trabalho, Titular da 88ª Vara do Trabalho de São Paulo, Homero Batista Mateus da Silva:

"Uma das tônicas da reforma trabalhista foi enquadrar o TST, cujas súmulas devem ter causado muito desconforto para alguns setores da sociedade. Ao longo desse livro, citamos numerosos entendimentos da instância máxima da Justiça do Trabalho que foram contrariados ou suavizados pelo legislador, em inequívoco esforço de esvaziar o acervo conceitual elaborado ao longo de décadas. (...) Ao mesmo tempo em que as súmulas recebem o dardo envenenado disparado pelo legislador, o art. 702 é reescrito para tentar fechar o cerco e inibir a formação de novos entendimentos sumulados. Por extensão, também foram enquadrados os TRTs. Se nós lembrarmos que os recursos de revista praticamente desaparecem no oceano da transcendência (nova redação ao art. 896-A), não está errada a afirmação de que a edição de súmulas no TST está com os dias contados. Será isso realmente desejável?"[27]

A situação aqui descrita suscitou sérias e fundadas dúvidas quanto à sua constitucionalidade, na medida em que a reforma trabalhista claramente restringiu, de maneira acentuada, o papel cumprido pelo Tribunal Superior do Trabalho (e, por extensão, pelos Tribunais Regionais do Trabalho) de uniformização da jurisprudência trabalhista. Além de instituir, para o estabelecimento ou a alteração dos seus enunciados de jurisprudência uniforme, a exigência extremamente elevada de votos de dois terços dos membros do Tribunal (quando, para todas as demais Cortes Superiores da República, a exigência para tanto é de maioria absoluta de seus integrantes, com a exceção expressa do quórum de dois terços para a edição de súmulas vinculantes estabelecida pelo art. 103-A da CF), ainda fixou outros requisitos formais e procedimentais que tornam a relevante atividade jurisdicional burocratizada, lenta, difícil de atender e, na prática e como consequência, extremamente restrita.

Além de a inconstitucionalidade desses dispositivos já haver sido sustentada recentemente, de forma persuasiva e consistente, por várias e substanciosas obras doutrinárias sobre a reforma trabalhista,[28] foi ela pioneiramente suscitada, no âmbito do Tribunal Superior do Trabalho, de início, por pareceres de sua Comissão de Jurisprudência e de Precedentes Normativos (em sua composição anterior, que perdurou até 05.03.2018), da lavra dos Ministros Walmir Oliveira da Costa, então seu Presidente, Maurício Godinho Delgado e Delaíde Alves Miranda Arantes, cuja fundamentação foi reiterada pelo primeiro no âmbito da SbDI-1 (Subseção Especializada I em Dissídios Individuais) do TST no Processo E-RR-696-25.2012.5.05.0463 (no qual a Subseção, por maioria de votos, inclinou-se por proferir decisão contrária à Súmula n. 254 do TST, tendo sido necessária, nos termos dos arts. 72 e 171, *caput* e seu § 1º, do Regimento Interno do TST, a remessa dos autos à apreciação do Tribunal Pleno para revisão, cancelamento ou manutenção

---

27. SILVA, Homero Batista Mateus da. *Comentários à reforma trabalhista* – análise da Lei 13.467/2017 – artigo por artigo. 2. ed. rev. e atual. São Paulo: Revista dos Tribunais, 2017. p. 151.
28. DELGADO, Maurício Godinho e DELGADO, Gabriela Neves. *A reforma trabalhista no Brasil* – com os comentários à Lei n. 13.467/2017. São Paulo: LTr, 2017. p. 317-319; SOUZA JÚNIOR, Antônio Humberto de; SOUZA, Fabiano Coelho de; MARANHÃO, Ney e AZEVEDO NETO, Platon Teixeira de. *Reforma trabalhista* – análise comparativa e crítica da Lei n. 13.467/2017 e da Med. Prov. n. 808/2017. 2. ed., rev., atual. e ampl. São Paulo: Rideel, 2018. p. 421-427; TOLEDO FILHO, Manoel Carlos. Comentários ao art. 702, I, "f" e seus §§ 3º e 4º da CLT. In: DIAS, Carlos Eduardo Oliveira; FELICIANO, Guilherme Guimarães; SILVA, José Antônio Ribeiro de Oliveira e TOLEDO FILHO, Manoel Carlos Toledo Filho. *Comentários à Lei da reforma trabalhista* – dogmática, visão crítica e interpretação constitucional. São Paulo: LTr, 2018. p. 169-171; SILVA, Homero Batista Mateus da. *Comentários à reforma trabalhista* – análise da Lei n. 13.467/2017 – artigo por artigo. 2. ed. rev. e atual. São Paulo: Revista dos Tribunais, 2017. p. 155-156; CORREIA, Henrique e MIESSA, Élisson. *Manual da reforma trabalhista. Op. cit.*, p. 638-643; XAVIER, Gisela Carla Rodrigues e LEITE, Rafaela Fernandes. Comentário à CLT, art. 702. In: ALVES, Amauri César e LEITE, Rafaela Fernandes (Orgs.). *Reforma trabalhista* – comentários à Lei n. 13.467/2017. Belo Horizonte: Conhecimento Jurídica, 2018. p. 186-187. Também nesse sentido se pronuncia, sem caráter vinculativo, o Enunciado n. 111 da 2ª Jornada de Direito Material e Processual do Trabalho realizada nos dias 9 e 10.10.2017, organizada pela Associação Nacional dos Magistrados da Justiça do Trabalho – ANAMATRA, *in verbis*:
"ENUNCIADO 111. SÚMULAS E ENUNCIADOS DE JURISPRUDÊNCIA. EDIÇÃO E ALTERAÇÃO. REQUISITOS. INCONSTITUCIONALIDADE.
São inconstitucionais os requisitos do art. 702, I, "f", e § 4º, da CLT, introduzidos pela Lei n. 13.467/2017, para a edição ou alteração de súmulas e outros enunciados de jurisprudência, por violação aos arts. 2º, 5º, LIV, 93, 96, I e 113 da CF."

desse enunciado), em que, como matéria prejudicial, foi suscitado, pela via do controle difuso de constitucionalidade e nos termos dos arts. 274 a 279 do Regimento Interno do Tribunal, o Incidente de Arguição de Inconstitucionalidade do novo art. 702, I, *f*, e seus §§ 3º e 4º, da CLT, na presente data ainda pendente de julgamento.

Os fundamentos da referida arguição de inconstitucionalidade foram, em síntese, os seguintes:

a) o novo art. 702, I, *f*, e seus §§ 3º e 4º, da CLT não se harmoniza com o princípio da autonomia dos tribunais, consagrado nos arts. 96, I, e 99 da Constituição Federal [29] – com base nesse princípio, compete privativamente ao próprio tribunal consagrar, em seus Regimentos Internos, com observância das normas de processo e das garantias processuais das partes, os critérios e o procedimento a serem adotados para a edição, a alteração e o cancelamento de suas súmulas, orientações jurisprudenciais e precedentes normativos, afigurando-se *inconstitucional* o dispositivo editado pelo Poder Legislativo que estipule regras sobre o funcionamento interno do TST e dos TRTs, inclusive sobre a uniformização de sua jurisprudência, que sejam contrárias às suas normas regimentais[30];

b) as enormes e inevitáveis dificuldades causadas pelo rigor das exigências instituídas por esse novo dispositivo da CLT (especialmente quanto ao quórum de dois terços e quanto ao grande número de precedentes unânimes em pelo menos dois terços das turmas do Tribunal) tendem a inibir a formação ou a alteração de entendimentos jurisprudenciais uniformizados, o que por sua vez tornará provável o surgimento de uma situação de forte fragmentação do Direito do Trabalho, com a subsistência de entendimentos pulverizados, dispersos e regionalizados a respeito das normas trabalhistas de âmbito nacional, aumentando a insegurança jurídica e ferindo o caráter nacional das mesmas, consagrado no art. 22, I, da Constituição Federal[31];

c) a afronta direta ao princípio da legalidade consagrado no art. 5º, II, da Constituição pela existência *autônoma* da alínea *f* do inciso I do art. 702 e de seus §§ 3º e 4º, o que caracteriza flagrante desrespeito às regras atinentes à elaboração das leis, na medida em que, como já apontado anteriormente, o dispositivo ora em exame foi editado no lugar de preceito que incontroversamente já havia sido revogado tacitamente desde 21.12.1988, data da edição da referida Lei n. 7.701, em uma espécie de *repristinação tácita* desse preceito legal que, no entanto, é expressamente vedada pelo art. 2º, § 3º, da Lei de Introdução às Normas do Direito Brasileiro (Decreto-Lei n. 4.657/1942, na redação dada pela Lei n. 12.376/2010), sendo, ademais, proibido pelo art. 12, III, *c*, da Lei Complementar n. 95/1998 o simples aproveitamento do número do dispositivo revogado, como aqui ocorreu;

d) ao estabelecer exigências de quórum e de procedimento muito mais rigorosas para os tribunais trabalhistas uniformizarem a sua jurisprudência do que aquelas exigidas para os outros tribunais integrantes dos distintos ramos do Poder Judiciário brasileiro (com exceção da aprovação de súmulas com efeito vinculante pelo STF, mas aqui com regras diferenciadas estabelecidas pela própria Constituição, em seu art. 103-A)[32] sem nenhuma justificativa plausível para

---

29. "Art. 96. Compete *privativamente*:
    I – *aos tribunais*:
    a) eleger seus órgãos diretivos e *elaborar seus regimentos internos, com observância das normas de processo e das garantias processuais das partes, dispondo sobre a competência e o funcionamento dos respectivos órgãos jurisdicionais e administrativos;*"
    "Art. 99. Ao Poder Judiciário é assegurada *autonomia administrativa* e financeira."

30. Em suporte a este fundamento, invocou-se expressamente o importante precedente do Supremo Tribunal Federal, considerado similar à questão ora em exame, quando, examinando a arguição de inconstitucionalidade do inciso IX do art. 7º da Lei n. 8.906/1994 em medida cautelar que foi acolhida para, em caráter liminar, suspender a norma até o julgamento da ação direta de sua inconstitucionalidade que foi confirmada (ADI 1.105 MC, Tribunal Pleno, julgado em 03.08.1994, DJ 27.04.2001, PP. 00057 EMENT VOL 02028-02 PP-00208), o Ministro Paulo Brossard, na qualidade de Relator, assentou em sua ementa que "O ato do julgamento é o momento culminante da ação jurisdicional do Poder Judiciário e há de ser regulado em seu regimento interno, com exclusão da interferência dos demais Poderes". E assim completou, de forma incisiva:
    "A Constituição subtraiu ao legislador a competência para dispor sobre a economia dos tribunais e a estes imputou, em caráter exclusivo. Em relação à economia interna dos tribunais a Lei é o seu regimento. O regimento interno dos tribunais é Lei material. Na taxinomia das normas jurídicas o regimento interno dos tribunais se equipara à lei. A prevalência de uma ou de outro depende da matéria regulada, pois são normas de igual categoria. Em matéria processual prevalece a lei, no que tange ao funcionamento dos tribunais o regimento interno prepondera."
    A esse respeito pronunciam-se incisivamente SOUZA JÚNIOR, Antônio Humberto *et alli*, nos seguintes e persuasivos termos:
    " É evidente que os procedimentos de elaboração ou alteração de súmula não induzem a noção de garantia processual da parte nem tratam de norma pertinente a contraditório, devido processo legal, direitos e ônus que constituam a relação processual ou mesmo ato destinado à realização da jurisdição. Por outro lado, não há dúvida de que o estabelecimento ou a alteração de súmula ou enunciado de jurisprudência uniforme diz respeito ao funcionamento interno do Tribunal, não se tratando de norma processual que justifique a interferência do legislador." (*Reforma trabalhista – análise comparativa e crítica da Lei n. 13.467/2017 e da Med. Prov. n. 808/2017. Op. cit.*, p. 424).

31. "Art. 22. *Compete privativamente à União legislar sobre*:
    I – *direito* civil, comercial, penal, processual, eleitoral, agrário, marítimo, aeronáutico, espacial e *do trabalho*;" (...)

32. Bastando lembrar que, nos termos do § 1º do art. 926 do Código de Processo Civil, os Tribunais da Justiça Comum e Federal editarão enunciados de súmula correspondentes a sua jurisprudência dominante *na forma estabelecida e segundo os pressupostos fixados no regimento interno*,

esta diferenciação, o legislador ordinário incorreu em duas outras inconstitucionalidades: a primeira, uma visível *ofensa aos princípios constitucionais da razoabilidade e da proporcionalidade*, configurando claro *desvio de finalidade*; a outra, uma inequívoca afronta ao *princípio da isonomia*, por tratar de forma agressivamente discriminatória os tribunais trabalhistas em relação aos demais tribunais que integram o Poder Judiciário nacional, no que se refere ao desempenho da função uniformizadora da jurisprudência.

Tais alegações, conforme se pode ver, são bastante consistentes, devendo ser, em breve, objeto de julgamento pelo Tribunal Pleno do TST, nos termos e para os efeitos dos arts. 97 da Constituição Federal, 948 a 950 do CPC e 274 a 279 do seu Regimento Interno. Naturalmente, se a arguição de inconstitucionalidade desses dispositivos for acolhida em definitivo (inclusive pelo Supremo Tribunal Federal, se a questão chegar a seu exame pela via recursal ou, eventualmente, por meio do controle concentrado de constitucionalidade), todas essas objeções e dificuldades estarão resolvidas.

Como, no entanto, não se pode afirmar com certeza qual será o desfecho da arguição de inconstitucionalidade em tela, é preciso agora ainda examinar outras questões e dúvidas suscitadas pelo multicitado art. 702, I, *f*, e seus §§ 3º e 4º, da CLT, que apontam no sentido de sua absoluta inconveniência.

6. AS IMPROPRIEDADES E A INCONVENIÊNCIA DO ART. 702 DA CLT À LUZ DA LEI N. 13.015/2014 E DO CÓDIGO DE PROCESSO CIVIL DE 2015, NA HIPÓTESE DE NÃO SER DECLARADA SUA INCONSTITUCIONALIDADE. DÚVIDAS, PERPLEXIDADES E POSSÍVEIS SOLUÇÕES

Se não forem acolhidas as apontadas inconstitucionalidades do dispositivo em exame, ainda assim subsistirão graves defeitos técnicos e contradições por ele provocadas com o sistema processual comum e trabalhista, exigindo de todos os operadores do Direito (magistrados, procuradores do trabalho e advogados) um esforço enorme de aplicá-lo em conjunto com as demais normas processuais que regem o funcionamento dos tribunais brasileiros. Serão examinadas, a seguir, as demais impropriedades em que essa inovação da reforma trabalhista incorreu, os problemas e dúvidas daí decorrentes e suas eventuais soluções.

Salta aos olhos, em primeiro lugar, a falta de qualquer menção, por parte do legislador da reforma, à possibilidade de serem utilizadas, como pressuposto da edição ou da alteração de súmulas ou de outros enunciados de jurisprudência uniforme do tribunal, as decisões de seus órgãos de uniformização jurisprudencial interna, instituídos por força da aplicação combinada da já citada Lei n. 7.701/1988 e dos correspondentes dispositivos do seu Regimento Interno.[33] Resta saber se isso foi intencional ou se foi fruto de impropriedade técnica da emenda que, uma vez aprovada, resultou no dispositivo em exame.

Homero Batista Mateus da Silva bem observa a esse respeito:

"(...) a norma ignora a existência das seções especializadas, que são tão caras à estrutura do TST; há evidente contrassenso neste particular, porque as decisões de turmas, utilizadas com suporte para as súmulas pelo art. 702, podem ter sido revistas pelo órgão de hierarquia superior, que é a SDI 1 do TST, em julgamento de recurso de embargos; a pressa com que a reforma trabalhista foi aprovada não permitiu ao legislador observar que este será um raro caso de formação de súmula com julgados de hierarquia inferior; (...)"[34]

São ainda mais incisivos em sua crítica Henrique Correia e Élisson Miessa, *in verbis*:

"Além disso, ao colocar entre seus critérios tão somente decisões das turmas, o legislador demonstrou verdadeiro desconhecimento da estrutura do C. TST, vez que se esqueceu das Seções Especializadas existentes neste Tribunal.

Da SDI-I, porque pode acontecer de modificar decisão de turma por meio dos embargos de divergência, mas seguindo o critério utilizado pelo legislador, valerá o acórdão substituído para a criação da súmula, e não a decisão da SDI-1.

Da SDI-II, porque os processos de sua competência não passam pelas turmas do TST, vez que são as matérias de competência originária dos tribunais. Desse modo, por exemplo, os temas relacionados a ação rescisória e mandado de segurança não poderão ser sintetizados em súmulas, já que não possuem julgados pelas turmas.

Da SDC, pelas mesmas razões do parágrafo anterior, ou seja, os dissídios coletivos não se submetem a julgamento pelas turmas do TST." [35]

---

preceito, aliás, em perfeita consonância com a autonomia administrativa e procedimental assegurada aos tribunais brasileiros em geral pelos já citados arts. 96, I, e 99 da Constituição Federal.

33. No caso do Tribunal Superior do Trabalho, a sua Seção Especializada em Dissídios Coletivos (SDC – art. 2º da Lei n. 7.701/88 c/c os arts. 65, III, e 70 do RITST) e a sua Seção Especializada em Dissídios Individuais (SDI – art. 3º da Lei n. 7.701/88 c/c os arts. 65, IV, e 71, *caput* e seu § 1º, do RITST), por sua vez dividida em Subseção I da Seção Especializada em Dissídios Individuais (SbDI-1 – art. 71, §§ 2º e 3º, do RITST) e Subseção II da Seção Especializada em Dissídios Individuais (SbDI-2 – art. 71, § 4º). Como se sabe, a Lei n. 11.496/2007 tornou exclusivo esse papel uniformizador da jurisprudência interna das Turmas do TST, o que foi reforçado e mantido pela Lei n. 13.015/2014.

34. SILVA, Homero Batista Mateus da. *Comentários à reforma trabalhista*. São Paulo: Revista dos Tribunais. Op. cit., p. 152.

35. CORREIA, Henrique e MIESSA, Élisson. *Manual da reforma trabalhista*. Op. cit., p. 641-642.

São igualmente contundentes as observações feitas a esse respeito por Antônio Humberto de Souza Júnior, Fabiano Coelho de Souza, Ney Maranhão e Platon Teixeira de Azevedo Neto:

"Em nossa avaliação, o texto da Lei é pobre, mal redigido, revelando verdadeira indigência científica, o que é resultado da falta de amplo debate e da preocupação de ouvir especialistas, no intuito de construir um conjunto tão profundo de mudanças com a responsabilidade e o cuidado que a sociedade brasileira merece.

A alteração do art. 702 da CLT é símbolo da mal arranjada tentativa de amordaçar a jurisprudência trabalhista.

O equívoco técnico é tão grave que os descuidados redatores e artífices da reforma limitaram-se a prever a uniformização de jurisprudência por meio de coletâneas de julgamentos unânimes das Turmas do TST. Trata-se de equívoco grave e, quiçá, desconhecimento técnico de noções básicas de processo do trabalho.

A título de exemplo envolvendo a fragilidade da regulamentação do art. 702, I, ƒ, da CLT, lembramos que o TST tem 29 súmulas (...) e 51 Orientações Jurisprudenciais da Subseção 2 de Dissídios Individuais (...) que versam sobre ação rescisória, nos seus mais diversos aspectos. A prevalecer a nova redação trazida com a Reforma Trabalhista, e considerando que as Turmas do TST jamais julgam ações rescisórias, nem originárias nem na fase recursal, tais verbetes estariam eternizados. Isso ocorre porque a esdrúxula alínea ƒ do art. 702 só menciona julgamentos de turmas como precedentes a serem utilizados na elaboração ou alteração de verbetes.

Assim, não haverá a possibilidade de reunir precedentes de turmas que possam embasar qualquer alteração. (...) Da mesma forma, os precedentes normativos, e orientações jurisprudenciais da Seção de Dissídios Coletivos – SDC, não mais poderão ser revistos, porque as matérias veiculadas em tais verbetes, em geral, não passam por julgamento nas Turmas."[36]

Em segundo lugar, há outro paradoxo, decorrente do problema aqui apontado: como, pela definição expressa do art. 182 do Regimento Interno do TST, as orientações jurisprudenciais e os precedentes normativos expressam a jurisprudência prevalecente das respectivas Subseções, a obrigatória aplicação dos novos requisitos para a edição ou para a alteração não só das súmulas mas também de todos e quaisquer outros "enunciados de jurisprudência uniforme" deste Tribunal tornarão praticamente inviável a aprovação de novas orientações jurisprudenciais e precedentes normativos no âmbito do TST, como bem acentuam Maurício Delgado e Gabriela Neves Delgado.[37]

Em terceiro lugar, ainda que não se entenda rigorosamente inconstitucional o estabelecimento de exigências tão rigorosas e difíceis de atender para que os tribunais trabalhistas possam desempenhar sua relevante função uniformizadora de jurisprudência, a ponto de inviabilizá-la na prática, é fácil prever as consequências daí advindas, principalmente em relação aos casos mais complexos e difíceis (os *hard cases*, na consagrada expressão de Ronald Dworkin) em que será quase impossível a formação da necessária maioria de dois terços dos membros do Tribunal e a prévia existência de pelo menos dez precedentes unânimes em cada uma de dois terços de suas Turmas.

Nesse sentido, aliás, é extremamente crítico o Desembargador e Diretor da Escola Judicial do TRT15 Manoel Carlos Toledo Filho:

"Quando do advento do CPC/2015, debateu-se, à exaustão, acerca da necessidade de os Tribunais uniformizarem sua jurisprudência, em ordem a propiciar maior previsibilidade ao conteúdo de suas decisões e, como corolário, maior segurança jurídica para os jurisdicionados. No campo trabalhista, este anseio havia ademais sido já previamente externado pela Lei n. 13.015/2014.[38] Vem agora o legislador reformista e, tomado por uma sorte de *arroubo vingativo* que talvez somente a psicologia explique, coloca, aparentemente, todo esse esforço abaixo, na medida em que, na prática, impede aos Tribunais do Trabalho a uniformização de sua jurisprudência.

Como advertem Mauricio Godinho Delgado e Gabriela Neves Delgado (2017, 317), "o novo critério restritivo irá permitir, ao longo do tempo, a pulverização da jurisprudência trabalhista em um universo de ilhas interpretativas, formadas por 24 Tribunais Regionais do Trabalho e, aproximadamente 1600 Varas do Trabalho (em que atuam em torno de 3600 Magistrados, titulares, auxiliares e/ou substitutos)."[39]

---

36. SOUZA JÚNIOR, Antônio Humberto de; SOUZA, Fabiano Coelho de, MARANHÃO, Ney e AZEVEDO NETO, Platon Teixeira de. *Reforma trabalhista – análise comparativa e crítica da Lei n. 13.467/2017 e da Med. Prov. n. 808/2017. Op. cit.*, p. 427.

37. DELGADO, Mauricio e DELGADO, Gabriela Neves. *A reforma trabalhista no* Brasil – com os comentários à Lei n. 13.467/2017. *Op. cit.*, p. 318.

38. O que levou a mais autorizada doutrina processual civil a elogiar fortemente a iniciativa pioneira do Direito Processual do Trabalho, ao tempo da promulgação da referida Lei que modificou o capítulo da CLT que versa sobre os recursos trabalhistas antes mesmo da aprovação e da vigência do Código de Processo Civil de 2015, que, logo depois, implantou de forma abrangente e definitiva o novo paradigma, fundado no dever geral de uniformização da jurisprudência pelos Tribunais e na adoção de um novo paradigma, por sua vez baseado na adoção da denominada *teoria dos precedentes* e do *microssistema de litigiosidade repetitiva*. Por todos, vejam-se DIDIER JR, Fredie e MACEDO, Lucas Buril de. O julgamento de recursos de revista repetitivos e a IN n. 39/2016 do TST: o processo do trabalho em direção aos precedentes obrigatórios. In: *Revista do Tribunal Superior do Trabalho*. Brasília: v. 82, n. 3, p. 188-214, jul.-set. 2016.

39. TOLEDO FILHO, Manoel Carlos. Comentários ao art. 702, I, "f" e seus §§ 3º e 4º da CLT. In: DIAS, Carlos Eduardo Oliveira, *et alli*. *Comentários à Lei da reforma* trabalhista – dogmática, visão crítica e interpretação constitucional. *Op. cit.*, p. 170.

A esse respeito também se posiciona com muita propriedade Homero Batista Mateus da Silva:

"O TST, com seus erros e acertos, é um tribunal de âmbito nacional que tenta impedir que o direito do trabalho seja concretizado de formas diferentes entre as 27 unidades da federação. Há expressa promessa constitucional no sentido de que o direito do trabalho seja monopólio da União e seja uno (art. 22, I), evitando lutas fratricidas e tratamento discriminatório entre os cidadãos pelo singelo fato de atuarem em Estados e regiões distintas do país. Como o direito não é formado apenas pela produção das normas, mas, sobretudo, pela aplicação delas no tempo e no espaço, a promessa somente poderá ser cumprida se, além da produção ficar concentrada apenas nas leis federais, sua concretização for supervisionada por um órgão central. Bater forte no TST, como fez a reforma de 2017, tende a debilitar a legislação trabalhista e abre a perspectiva de proliferação de entendimentos pulverizados, disformes e regionalizados, aumentando a insegurança jurídica. Empresa de atuação de âmbito nacional deverá sofrer muito com essa inibição jurisprudencial do TST, ao passo que os trabalhadores provavelmente receberão valores distintos por trabalho igual, dentro da mesma nação. Demonstramos, assim, nossa preocupação com a obsessão do legislador em restringir a atuação do TST."[40]

Por fim, acrescente-se que todas essas imensas dificuldades irão se repetir no âmbito de cada Tribunal Regional do Trabalho por força do novo § 4º do art. 702 da CLT, também introduzido pela reforma, e serão ainda maiores no contexto das grandes cortes regionais, como também bem pontuam Mauricio Godinho Delgado e Gabriela Neves Delgado, que registram que "será simplesmente impossível para os grandes TRTs do País realizar a uniformização de sua jurisprudência pelo caminho dos verbetes sumulares – o mais democrático dos caminhos existentes, a propósito."[41]

Além das graves impropriedades ora apontadas, a apressada e tecnicamente imprecisa redação do art. 702, I, *f*, da CLT ainda suscita outras dúvidas de difícil solução.

Cumpre indagar, inicialmente: na medida em que esse dispositivo somente se refere aos casos de estabelecimento ou de alteração de súmulas e outros enunciados de jurisprudência uniforme, as exigências e os requisitos por ele instituídos também serão aplicáveis para os casos de simples cancelamento de verbetes jurisprudenciais já existentes, especialmente no que se refere ao quórum de dois terços dos membros do Tribunal?

A resposta não é simples, a nosso ver. Se é bem verdade que, na literalidade desse novo dispositivo da CLT, só estão previstas as hipóteses de estabelecimento ou de alteração de súmulas e outros enunciados de jurisprudência uniforme, por outro lado os regimentos internos do TST anteriores ao atual sempre exigiram, para o cancelamento desses verbetes jurisprudenciais, o mesmo número de votos exigido para sua edição ou alteração, ou seja, a maioria absoluta dos membros do Tribunal.[42]

Além disso, é preciso também considerar que o simples cancelamento de um verbete jurisprudencial já existente não significa necessariamente uma tomada de posição definitiva da maioria (absoluta ou qualificada) do Tribunal a respeito de uma questão que, pelas mais variadas razões, voltou a ser controvertida em seu âmbito, quer no sentido já preconizado pelo enunciado existente ou naquele a ele diametralmente oposto. Nessa perspectiva, o Tribunal Pleno estará decidindo simplesmente reabrir a discussão acerca da matéria por suas Turmas e demais órgãos fracionários, para permitir o amadurecimento a seu respeito antes de uma deliberação final do Plenário de editar nova súmula, orientação jurisprudencial ou precedente normativo sobre o tema. Seria esse, então, um caminho intermediário para os rigores do art. 702 da CLT, que dispensaria a necessidade de já existirem os numerosos precedentes unânimes em pelo menos dois terços das Turmas do TST no sentido oposto ao consagrado naquele verbete jurisprudencial controvertido.[43]

Mantendo a mesma simetria de tratamento, os arts. 172 a 184 do Regimento Interno do Tribunal Superior do Trabalho em vigor tratam de forma absolutamente conjunta e sem distinção as hipóteses de edição, de revisão ou de

---

40. SILVA, Homero Batista Mateus da. *Comentários à reforma trabalhista* – análise da Lei 13.467/2017 – artigo por artigo. Op. cit., p. 151-152.
41. DELGADO, Maurício e DELGADO, Gabriela Neves. *A reforma trabalhista no Brasil* – com os comentários à Lei n. 13.467/2017. Op. cit., p. 319.
    O magistrado do trabalho e professor paulista Homero Batista Mateus da SILVA demonstra de forma ainda mais gráfica e expressiva a enorme dificuldade com a qual Tribunais Regionais de grande porte, como o é o da 2ª Região, irão se defrontar caso seja preservado o artigo em exame: "O legislador coloca os TRTs numa situação dificílima. Se forem seguir à risca o manual de elaboração de súmulas e enunciados, nunca mais vão processar recursos de revista, que ficarão todos à espera da formação do caldo de cultura para o embasamento dos novos verbetes. Se não forem seguir à risca o procedimento, poderão ser acusados de usurpação de poderes e de produção de súmulas ao arrepio da lei. Como afirmam alguns doutrinadores, as súmulas são mais perenes e vinculativas (...). Tudo isso era realmente dispensável, ficando difícil esconder o caráter retaliativo da reforma." (SILVA, Homero Mateus Batista da. *Comentários à reforma trabalhista*. 2. ed. rev. e atual. São Paulo: Revista dos Tribunais, 2017. p. 154)
42. Art. 166 do anterior Regimento Interno do TST.
43. Outra séria dificuldade lógica e procedimental decorre da contradição entre as exigências rigorosas do art. 702 da CLT e a sistemática hoje estabelecida no art. 72 do RITST para os casos em que haja uma única decisão do Órgão Especial ou das Seções ou Subseções Especializadas do Tribunal que se inclinar por contrariar súmula, orientação jurisprudencial e precedente normativo, a qual deverá ser suspensa, sem proclamação do resultado, com o encaminhamento dos autos ao Tribunal Pleno, para deliberação sobre a questão controvertida. Se, nesses casos, simplesmente não existirem, no mínimo, as 10 decisões unânimes em pelo menos 2/3 das Turmas do Tribunal proferidas em 10 sessões diferentes, nem mesmo com a votação favorável de pelo menos 2/3 do Tribunal Pleno será possível alterar o verbete jurisprudencial contra-

cancelamento de súmula, de orientação jurisprudencial e de precedentes normativos.

Por outro lado, é de se reconhecer que o art. 75, inciso VII, do Regimento Interno vigente só prevê expressamente a aplicação do disposto no artigo em exame, inclusive quanto ao voto de pelo menos dois terços de seus membros, aos casos de edição ou de alteração de súmulas e outros enunciados de jurisprudência uniforme. Porém, o § 2º do inciso IV do art. 68 do mesmo Regimento, fazendo remissão expressa ao art. 702 da CLT, estabelece ser necessário o número de pelo menos dois terços dos votos não só para a edição e a revisão de súmula, de orientação jurisprudencial e de precedente normativo, mas também para *o seu cancelamento*.[44]

No âmbito doutrinário, parece claro para Maurício Delgado e Gabriela Neves Delgado que essas exigências do novo art. 702 da CLT para a formulação e/ou alteração de súmulas, orientações jurisprudenciais e precedentes normativos no âmbito do Tribunal Superior do Trabalho também se aplicam às hipóteses de seu cancelamento.[45]

Outra questão conexa à antes examinada consiste nas situações paradoxalmente provocadas pelas numerosas e profundas alterações das normas de Direito Material do Trabalho efetuadas pela própria reforma trabalhista, que tornarão contrárias aos novos dispositivos da CLT várias súmulas, orientações jurisprudenciais e precedentes normativos hoje em vigor.[46]

Se não for possível ao Tribunal Superior do Trabalho alterar ou ao menos cancelar, mesmo que por unanimidade dos membros do seu Plenário, esses enunciados de jurisprudência uniforme contrários à nova Lei sem levar em conta as exigências do art. 702 da CLT quanto à existência prévia de pelo menos dez decisões unânimes de cada uma de seis de suas Turmas (os dois terços que a Lei exige) no sentido oposto aos referidos verbetes, não haverá como eliminar do mundo jurídico estas súmulas, orientações jurisprudenciais e precedentes normativos superados pela alteração legal. E essa situação será ainda mais grave nas hipóteses, que certamente serão numerosas, em que a incompatibilidade entre esses enunciados e os novos dispositivos legais não for tão clara, impedindo a renovação da jurisprudência uniforme do TST com a flexibilidade e a rapidez que seriam necessárias, mesmo que para compatibilizá-la com o sentido e o teor da própria reforma implementada.

Em outras palavras, caberá à jurisprudência, a despeito da tentativa do legislador reformista de reduzir os magistrados do trabalho à mera "boca da lei", não aplicar literalmente o disposto no novo art. 702, I, *f*, consolidado quanto à exigência da existência prévia dos numerosos precedentes de Turmas do próprio TST em sentido contrário aos enunciados agora superados, para que o Tribunal Pleno, se for o caso, possa alterá-los ou cancelá-los, adequando-os à legislação ordinária superveniente.

Mais um aspecto muito relevante levantado pela recente doutrina acerca do referido art. 702 da CLT consiste em determinar se ele também será aplicável à edição de precedentes (inclusive aqueles porventura contrários a súmulas, orientações jurisprudenciais ou precedentes normativos preexistentes) por meio dos novos incidentes de litigiosidade repetitiva e de padronização de jurisprudência instituídos pelo CPC de 2015, aplicáveis ao direito processual do trabalho por força dos arts. 769 e 896-B da CLT e do art. 15 do referido diploma processual comum.

Aqui, os doutrinadores dividem-se. Do lado daqueles que entendem ser inaplicável o art. 702 da CLT a esta nova sistemática, podemos citar, em primeiro lugar, Homero Batista Mateus da Silva, que, de forma concisa, assim pontua:

> "E ainda há mais um grão de sal: o art. 702 não poderá ser aplicado tampouco às novas figuras processuais de padronização de jurisprudência previstas pelo NCPC, a saber, o incidente de resolução de demandas repetitivas (art. 976) e o incidente de assunção de competência (art. 947). Ambas figuras possuem regramento próprio do NCPC, que colidem com o engessamento da nova redação do art. 702 da CLT."[47]

Na mesma linha, Henrique Correia e Élisson Miessa pronunciam-se de maneira incisiva, nos seguintes termos:

---

riado. Nesse caso, seu cancelamento (por maioria qualificada ou absoluta do Tribunal Pleno) talvez possa ser considerado o único caminho viável restante para a solução desse impasse.

44. Sendo evidente a contradição do inciso IV do § 1º do mesmo art. 68 (que refletiu a redação do projeto de novo Regimento Interno do TST anterior à edição da reforma trabalhista pela Lei n. 13.467/2017) com esses outros dispositivos regimentais, ao exigir apenas a maioria absoluta dos membros do Tribunal Pleno para tais hipóteses. Mesmo com esse manifesto equívoco, é revelador que, também para a hipótese de *cancelamento*, continuou a ser exigida, de forma absolutamente simétrica, a mesma votação mínima exigida para os casos de edição ou de revisão de súmula, de orientação jurisprudencial e de precedente normativo.

45. DELGADO, Mauricio Godinho e DELGADO, Gabriela Neves. *A reforma trabalhista no Brasil* – com os comentários à Lei n. 13.467/2017. *Op. cit.*, p. 317. No mesmo sentido parece inclinar-se Homero Batista Mateus da SILVA, ao pronunciar-se no sentido de ser aplicável o disposto no novo art. 702 da CLT aos casos de aprovação, de revisão e de *cancelamento* das orientações jurisprudenciais (OJs) do TST (In: *Comentários à reforma trabalhista*. São Paulo: Revista dos Tribunais. *Op. cit.*, p. 153-154).

46. Homero Batista da SILVA elenca, apenas exemplificativamente, várias súmulas e orientações jurisprudenciais do TST que, na sua expressiva formulação, "terão que ser revistas, moduladas ou canceladas, pela pressão contrária exercida pelo legislador de 2017" (In: *Comentários à reforma trabalhista* – análise da Lei 13.467/2017 – artigo por artigo. *Op. cit.*, p. 152-153).

47. SILVA, Homero Batista Mateus da. *Comentários à reforma trabalhista* – análise da Lei 13.467/2017 – artigo por artigo. *Op. cit.*, p. 154-155.

"Inicialmente, cumpre registrar que a expressão **enunciados de jurisprudência é entendida como as atuais orientações jurisprudenciais**, não alcançando, evidentemente, o incidente de resolução de demandas repetitivas, a assunção de competência ou o recurso de revista repetitivo, que seguem disciplina constante, respectivamente, dos arts. 976 a 987 do NCPC, 947 do NCPC e 896-C da CLT. (...)"

De qualquer maneira e como já dito, o legislador desatualizado preocupou-se com as súmulas e orientações jurisprudenciais (outros enunciados), mas se esqueceu de que o Novo CPC introduziu outros mecanismos eficazes de uniformização de jurisprudência, como é o caso do incidente de resolução de demandas repetitivas, da assunção de competência ou do recurso de revista repetitivo, que não se submetem ao art. 702, I, *f*, da CLT."[48]

Também entendem nesse sentido Antônio Humberto de Souza Júnior, Fabiano Coelho de Souza, Ney Maranhão e Platon Teixeira de Azevedo Neto, afirmando que a fixação de tese jurídica em caso concreto por meio desses três incidentes de litigiosidade repetitiva não atrai a incidência do art. 702, I, *f*, da CLT, "porque as decisões resultantes de tais institutos processuais não se enquadram no conceito de enunciados de jurisprudência", acentuando ainda que as normas do novo Regimento Interno do Tribunal Superior do Trabalho aprovado em 20.11.2017, após a entrada em vigor da reforma trabalhista, nada mencionam sobre a aplicação desse dispositivo consolidado ao julgamento desses incidentes.[49]

Em sentido contrário, posiciona-se Manoel Carlos Toledo Filho, divergindo expressamente dos últimos autores acima citados:

"Embora, como visto, a Lei esteja esdruxulamente mal feita, seu objetivo é claro: qualquer intento de uniformizar ou padronizar o entendimento jurisprudencial dos tribunais do trabalho somente se poderá ultimar mediante o alcance de um consenso ou quórum especial. É o que facilmente se extrai da expressão *outros enunciados de jurisprudência uniforme*. Não haveria como, a nosso sentir, excluir o IRDR deste âmbito, ilação que se reforça por conta da *expressa* revogação dos §§ 3º e 4º do art. 896 da CLT."[50]

Não se pode negar, de início, ter sido a clara intenção do legislador da reforma impedir que a jurisprudência dos tribunais trabalhistas seja uniformizada em matérias altamente controvertidas, em que a decisão prevalecente resulte de maiorias apertadas, ainda que por maioria absoluta (o que costuma ser a situação mais frequente no julgamento dos *hard cases* que são característicos dos IRRs, IRDRs e IACs). Além disso, não seria possível exigir, para esses julgamentos, a existência prévia de pelo menos dez precedentes unânimes de Turmas no sentido afinal prevalecente (até porque, logo após a sua instauração, o respectivo Relator, em regra, determina a suspensão do andamento dos processos repetitivos com o mesmo objeto).

Como é evidente, isso simplesmente vai impedir que o *microssistema de litigiosidade repetitiva* instaurado pelos arts. 896-B e 896-C da CLT (acrescentados a esta Consolidação pela Lei n. 13.015/2014) e pelo novo Código de Processo Civil de 2015 opere no âmbito trabalhista, sem que se possa razoavelmente afirmar que este foi objeto de revogação tácita ou expressa pela Lei n. 13.467/2017.

Paralelamente, se é bem verdade que o novo Regimento Interno do TST, aprovado por seu Tribunal Pleno em 20.11.2017, após a entrada em vigor da reforma trabalhista, foi expresso em estabelecer que a uniformização de jurisprudência por meio de súmulas, orientações jurisprudenciais e precedentes normativos, no âmbito do TST, deve observar o disposto no art. 702, I, *f*, da CLT (arts. 169, 172, 177 e 179 do RITST),[51] todos os dispositivos regimentais que disciplinam esses incidentes (IAC, IRDR e IRR) nesta Corte Superior não determinaram, nesses casos, a observância deste dispositivo consolidado.

Para concluir, basta observar que a aplicação desse artigo da CLT ao julgamento desses incidentes vai impedir que eles se deem por maioria simples ou absoluta do órgão julgador (passando a ser necessária a maioria qualificada de dois terços), inviabilizando, de forma automática e absoluta, o julgamento dos incidentes de recursos repetitivos (IRRs) pela própria SbDI-1.

Além disso, como se depreende da simples leitura do *caput* do art. 896-C da CLT, que disciplina o IRR no âmbito do Tribunal Superior do Trabalho, sua instauração necessariamente deverá ser aprovada pela própria SbDI-1, quando esta também deverá decidir se o incidente tramitará e

---

48. CORREIA, Henrique e MIESSA, Élisson. *Manual da reforma trabalhista. Op. cit.*, p. 640 e 642.
49. SOUZA JÚNIOR, Antônio Humberto de; SOUZA, Fabiano Coelho de; MARANHÃO, Ney e AZEVEDO NETO, Platon Teixeira de. *Reforma trabalhista – análise comparativa e crítica da Lei n. 13.467/2017 e da Med. Prov. n. 808/2017. Op. cit.*, p. 428.
50. TOLEDO FILHO, Manoel Carlos. Comentários ao art. 702, I, "f" e seus §§ 3º e 4º da CLT. In: DIAS, Carlos Eduardo Oliveira, FELICIANO, Guilherme Guimarães, SILVA, José Antônio Ribeiro de OLIVEIRA e TOLEDO FILHO, Manoel Carlos Toledo Filho. *Comentários à Lei da reforma trabalhista – dogmática, visão crítica e interpretação constitucional.* São Paulo: LTr, 2018, p. 171.
51. É preciso esclarecer que o Tribunal Superior do Trabalho, ao aprovar o seu novo Regimento Interno em 20.11.2017, poucos dias depois da data em que entrou em vigor a Lei n. 13.467/2017, que promoveu a reforma trabalhista, optou por não suscitar a questão altamente controvertida aqui longamente exposta e que, naquele momento, impediria que o longo e democrático processo de construção das suas novas normas regimentais se visse paralisado, justo ao seu final. Como é evidente, a evolução do debate doutrinário e jurisprudencial quanto à inconstitucionalidade e à inconveniência do procedimento implantado pelo referido art. 702 da CLT poderá, no futuro, levar à alteração dos dispositivos regimentais que, em princípio, estabeleceram a sua aplicabilidade para a edição, a alteração e o cancelamento de súmulas, orientações jurisprudenciais e precedentes normativos do TST.

será julgado em seu próprio âmbito ou no âmbito do Tribunal Pleno. Só que a exigência do art. 702 consolidado de que seja alcançada a votação de pelo menos dois terços dos membros do Tribunal Pleno no sentido prevalecente do enunciado de jurisprudência uniforme (ou seja, dezoito votos, no total de vinte e sete Ministros) não será alcançada nunca por um órgão fracionário que é composto de quatorze integrantes.

Essa elementar constatação, associada ao reconhecimento de que a ideia da "existência de entendimentos divergentes entre os Ministros dessa Seção ou das Turmas do Tribunal" (que é a própria razão de ser da instauração do IRR, na expressa dicção do mesmo caput do citado art. 896-C) também entra em contradição frontal com o já apontado requisito da existência prévia de pelo menos dez precedentes unânimes de pelo menos dois terços das Turmas do Tribunal no sentido da tese afinal prevalecente, forçam-nos a concluir, pedindo todas as vênias aos entendimentos em contrário, no sentido da inaplicabilidade das exigências e restrições do novo art. 702 da CLT aos incidentes de julgamento de processos repetitivos em tela.

Ainda que se conclua na forma aqui preconizada, restará um sério impasse a ser superado: mesmo que, em matérias novas, não objeto de súmulas, orientações jurisprudenciais e precedentes normativos já existentes, seja razoável admitir a aprovação de teses configuradoras de precedentes, no âmbito dos incidentes em tela, sem a obrigatoriedade de posterior edição, pelo Tribunal Pleno, de um desses enunciados de jurisprudência uniforme (caso em que não seria mesmo necessária a observância das exigências do art. 702 da CLT quanto ao quórum favorável de pelo menos dois terços do Tribunal Pleno e da existência de precedentes anteriores das Turmas no mesmo sentido), a questão será tormentosa para os casos em que as teses firmadas nos julgamentos desses incidentes, principalmente se julgadas em um dos órgãos fracionários do Tribunal, forem contrárias a algum dos enunciados jurisprudenciais já existentes[52].

Nesses casos, por força do disposto no já citado art. 72 e no art. 171, caput e seu § 1º, do Regimento Interno, será necessário suspender a proclamação do resultado do julgamento e encaminhar os autos ao Tribunal Pleno, para sua deliberação sobre a questão controvertida, momento em que necessariamente incidirá o disposto no multicitado art. 702 da CLT para a revisão ou o cancelamento do verbete jurisprudencial respectivo.[53]

7. CONSIDERAÇÕES PROSPECTIVAS E CONCLUSIVAS

De tudo o que foi até aqui exposto, verifica-se que a edição do novo art. 702, I, *f*, e seus §§ 3º e 4º, da CLT pela reforma trabalhista implantada pela Lei n. 13.467/2017 trouxe muito mais problemas, dúvidas e perplexidades do que benefícios. A maneira apressada e superficial com que a discussão a seu respeito foi travada no Congresso Nacional, permeada por preconceitos e má vontade contra a atuação da Justiça do Trabalho e de seus magistrados e sem o contraditório, a maturação e a prudência que a relevância da matéria exigiam, produziu um dispositivo que restringiu de forma exacerbada e irrazoável o exercício da elevada função uniformizadora de sua jurisprudência pelo Tribunal Superior do Trabalho e pelos Tribunais Regionais do Trabalho. Suas possíveis inconstitucionalidades e sua clara inconveniência, em muitos e importantes aspectos, foram aqui salientadas.

Se o referido preceito consolidado acabar por ser declarado inconstitucional pela via difusa hoje já instaurada, no âmbito do TST ou, eventualmente, em controle concentrado que seja adotado no futuro, a questão estará encerrada, retornando a matéria à normalidade, pela aplicação combinada das regras dos Regimentos Internos desses Tribunais, dos dispositivos do CPC e do próprio capítulo da CLT que disciplina os recursos trabalhistas.

Se, no entanto, essa inconstitucionalidade não for declarada e o Poder Legislativo não se dispuser a revogar, ele próprio, esse dispositivo da CLT (o que, apesar de improvável, a nosso ver seria o ideal), restará aos magistrados do trabalho que atuam nos Tribunais Regionais e no Tribunal Superior do Trabalho aplicar as novas regras processuais em tela *cum grano salis*, na forma preconizada neste trabalho, de modo a assegurar o adequado e indispensável desempenho da função uniformizadora dos tribunais trabalhistas dentro de desejáveis e indispensáveis padrões e critérios de razoabilidade e eficiência, sempre sob a ótica da preservação de sua competência constitucional e legal e da concretização do princípio da efetividade da tutela jurisdicional, infelizmente desconsiderados e até mesmo combatidos, nesse aspecto, pelo legislador da reforma.

8. REFERÊNCIAS BIBLIOGRÁFICAS

ALVES, Amauri César. Comentários à CLT, Artigo 8º. In: ALVES, Amauri César e LEITE, Rafaela Fernandes (Orgs.). *Reforma trabalhista* – comentários à Lei n. 13.467/2017. Belo Horizonte: Conhecimento Jurídica, 2018.

ÁVILA, Humberto. *Teoria dos princípios* – da definição à aplicação dos princípios jurídicos. 15. ed. rev., atual. e ampl. São Paulo: Malheiros Editores, 2014.

---

52. Como já aconteceu anteriormente nos julgamentos de IRRs pela SbDI-1 nos casos que tinham por objeto a Súmula n. 124 e a Orientação Jurisprudencial 191 da SbDI-1.
53. O que já ocorreu recentemente na sessão da SbDI-1, realizada em 14.12.2017, de julgamento do IRR 10169-57.2013.5.05.0024, em que, por ampla maioria, prevaleceu tese contrária ao entendimento consagrado na Orientação Jurisprudencial n. 394 da SbDI-1, suspendendo-se a proclamação do resultado para que, após a oitiva da Comissão de Jurisprudência e Precedentes Normativos do TST, a matéria da revisão ou cancelamento, se for o caso, da referida orientação jurisprudencial seja submetida ao Tribunal Pleno. A questão está suspensa na presente data, aguardando a decisão do Plenário do Tribunal sobre a arguição de inconstitucionalidade do art. 702, I, *f* e seus §§ 3º e 4º, da CLT.

BARROSO, Luís Roberto. *Interpretação e aplicação da Constituição* – fundamentos de uma dogmática constitucional transformadora. 3. ed., São Paulo: Saraiva, 1999.

CANOTILHO, j. J. Gomes. *Direito constitucional.* 6. ed. rev. Coimbra: Livraria Almedina, 1993.

CAPPELLETTI, Mauro & GARTH, Bryant. *Acesso à justiça.* Porto Alegre: Sérgio Antônio Fabris Editor, 1988.

CORREIA, Henrique e MIESSA, Élisson. *Manual da reforma trabalhista.* Salvador: JusPodivm, 2018.

DALAZEN, João Oreste. Apontamentos sobre a Lei n. 13.015/2014 e impactos no sistema recursal trabalhista. In: *Revista do Tribunal Superior do Trabalho.* Brasília: v. 80, n. 4, p. 204-263, out.-dez. 2014.

DELGADO, Mauricio Godinho e DELGADO, Gabriela Neves. *A reforma trabalhista no Brasil* – com os comentários à Lei n. 13.467/2017. São Paulo: LTr, 2017.

DIAS, Carlos Eduardo Oliveira; FELICIANO, Guilherme Guimarães; SILVA, José Antônio Ribeiro de Oliveira e TOLEDO FILHO, Manoel Carlos Toledo Filho. *Comentários à Lei da reforma trabalhista* – dogmática, visão crítica e interpretação constitucional. São Paulo: LTr, 2018.

DIDIER JR, Fredie e MACEDO, Lucas Buril de. *O julgamento de recursos de revista repetitivos e a IN n. 39/2016 do TST*: o processo do trabalho em direção aos precedentes obrigatórios. In: Revista do Tribunal Superior do Trabalho. Brasília: v. 82, n. 3, p. 188-214, jul.-set. 2016.

FREIRE E SILVA, Bruno. A reforma processual trabalhista e o acesso à justiça. In: *Revista de Processo.* v. 278. São Paulo: ed. Revista dos Tribunais. p. 393-410, abril 2018.

MACÊDO, Lucas Buril de. O regime jurídico dos precedentes judiciais no Projeto do novo Código de Processo Civil. In: *Revista de Processo.* v. 237, novembro 2014, p. 369-401.

MARINONI, Luiz Guiherme. *Precedentes obrigatórios.* São Paulo: Revista dos Tribunais, 2010.

PIMENTA, José Roberto Freire. *A reforma do sistema recursal trabalhista pela Lei n. 13.015/2014 e o novo papel dos precedentes judiciais na Justiça brasileira*: contexto, premissas e desafios. In: BELMONTE, Alexandre Agra (Org.). *A nova Lei de recursos trabalhistas*: Lei n. 13.015/2014. São Paulo: LTr, 2015. p. 25-70; e In: *Revista do Tribunal Superior do Trabalho.* Brasília: v. 80, n. 4, p. 95-162, out.-dez. 2014.

_____. A força dos precedentes judiciais, o novo sistema recursal trabalhista e a função constitucional do Tribunal Superior do Trabalho. In: DELGADO, Gabriela Neves; PIMENTA, José Roberto Freire; VIEIRA DE MELLO FILHO, Luiz Philippe; LOPES, Othon de Azevedo (Org.). *Direito Constitucional do Trabalho*: princípios e jurisdição constitucional do TST. São Paulo: LTr, 2015. p. 225-267.

_____. O sistema de precedentes judiciais obrigatórios e o microssistema de litigiosidade repetitiva no processo do trabalho. In: *Revista do Tribunal Superior do Trabalho.* Brasília: v. 82, n. 2, p. 176-235, abr.-jun. 2016.

_____. A conciliação judicial na Justiça do Trabalho após a Emenda Constitucional n. 24/99: aspectos de direito comparado e o novo papel do juiz do trabalho. In: *Revista LTr.* São Paulo, v. 65, n. 2, p. 151-162, 2001; e In: *Trabalhos da Escola Judicial do TRT da Terceira Região.* Belo Horizonte: 2001; *Anais dos Trabalhos da Escola Judicial do Tribunal Regional do Trabalho da Terceira Região.* Belo Horizonte: Escola Judicial do TRT – 3ª Região, p. 305-334, 2001.

_____. Tutelas de urgência no processo do trabalho: o potencial transformador das relações trabalhistas das reformas do CPC brasileiro. In: PIMENTA, José Roberto Freire; RENAULT, Luiz Otávio Linhares; VIANA, Márcio Túlio; DELGADO Mauricio Godinho; BORJA, Cristina Pessoa Pereira (Coords.). *Direito do Trabalho*: evolução, crise, perspectivas. São Paulo: LTr, 2004. p. 337-399; *Revista do TRT da 15ª* Região. São Paulo: LTr, n. 24, p. 199-255, jun.-2004; e *Revista da Faculdade Mineira de Direito.* v. 6, n.s 11 e 12, p. 100-153, 1º e 2º semestre de 2003.

_____. *A tutela metaindividual dos direitos trabalhistas: uma exigência constitucional.* In: *Tutela metaindividual trabalhista: a defesa coletiva dos direitos dos trabalhadores em juízo.* PIMENTA, José Roberto Freire; BARROS, Juliana Augusta Medeiros de; FERNANDES, Nadia Soraggi. São Paulo: LTr, 2009, p. 9-50.

_____. A conciliação na esfera trabalhista – função, riscos e limites. In: PIMENTA, Adriana Campos de Souza Freire; LOCKMANN, Ana Paula Pellegrina (Coords.). *Conciliação judicial individual e coletiva e formas extrajudiciais de solução dos conflitos trabalhistas.* São Paulo: LTr, 2014. p. 22-73.

PIMENTA, José Roberto Freire; PIMENTA, Adriana Campos de Souza Freire. Uma execução trabalhista efetiva como meio de se assegurar a fruição dos direitos fundamentais sociais. In: ÁVILA, Ana; RODRIGUES, Douglas Alencar e PEREIRA, José Luciano de Castilho (Orgs.). *Mundo do trabalho* – atualidades, desafios e perspectivas. São Paulo: LTr, 2014. p. 247-269.

ROCHA, Camila Holanda Mendes da. A Justiça do Trabalho como órgão homologador: afronta ao direito constitucional de acesso à justiça. In: *Reforma trabalhista na visão de Procuradores do Trabalho.* Salvador: JusPodivm. p. 619-631.

SILVA, Homero Batista Mateus da. *Comentários à reforma trabalhista.* 2. ed. rev. e atual. São Paulo: Revista dos Tribunais, 2017.

SOUZA JÚNIOR, Antônio Humberto de; SOUZA, Fabiano Coelho de; MARANHÃO, Ney e AZEVEDO NETO, Platon Teixeira de. *Reforma trabalhista* – análise comparativa e crítica da Lei n. 13.467/2017 e da Med. Prov. n. 808/2017. 2. ed. rev., atual. e ampl. São Paulo: Rideel, 2018.

THEODORO JÚNIOR, Humberto; NUNES, Dierle; BAHIA, Alexandre. Breves considerações sobre a politização do Judiciário e sobre o panorama de aplicação no direito brasileiro – Análise da convergência entre o civil law e o common law e dos problemas da padronização decisória. In: *Revista de Processo.* São Paulo: Revista dos Tribunais, v. 189, nov. 2010, p. 9-52.

VEIGA, Aloysio Corrêa da. Uma retórica maçante e desagradável. In: *Revista do Tribunal Superior do Trabalho*, Brasília: v. 83, n. 4, p. 28-30, out.-dez. 2017.

WAMBIER, Teresa Arruda Alvim. Estabilidade e adaptabilidade como objetivos do direito: civil law e common law. In: *Revista de processo.* São Paulo: Revista dos Tribunais. v. 172, jun. 2009. p. 121-174.

Interpretação Jurídica pela Justiça do Trabalho. Um estudo à luz da inclusão do § 2º ao art. 8º da CLT pela Lei n. 13.467/2017

Natália Xavier Cunha[1]

1. INTRODUÇÃO

O presente artigo tem como objetivo analisar a atividade interpretativa do Judiciário Trabalhista, à luz da inclusão do § 2º ao art. 8º da CLT pela Lei n. 13.467/2017 – Reforma Trabalhista, que proibiu a restrição de direitos e criação de obrigações pela jurisprudência consolidada das Cortes Trabalhistas.

A alteração legislativa induz à reflexão sobre a separação dos poderes e o papel do judiciário na consecução do direito, sobretudo no que tange a função interpretativa e hermenêutica, assim como a importância da jurisprudência consolidada como fonte integradora e garantidora da mais justa e célere prestação jurisdicional.

Para analisar referida alteração legislativa, imperiosa se faz a compreensão da função jurisdicional e, sobretudo, interpretativa do judiciário, que deve atender aos fins sociais e às exigências do bem comum, resguardando e promovendo a dignidade da pessoa humana. Ademais, deve ser observada a proporcionalidade, a razoabilidade, a legalidade, a publicidade e a eficiência, nos termos em que preconizado como norma fundamental pelo atual Código de Processo Civil (art. 8º), aplicável à seara trabalhista.

Nesse contexto expõe Mauro Schiavi:

> A doutrina tem destacado importante papel do Judiciário Trabalhista na concretização e efetivação dos direitos fundamentais do trabalhador, não sendo este apenas a chamada "boca da lei", mas livre para realizar interpretações construtivas e evolutivas do direito, a partir dos princípios constitucionais, com a finalidade de encontrar equilíbrio entre a livre iniciativa e a dignidade da pessoa humana do trabalhador.

Assim, diante de um cenário pós-positivista, que vai além da legalidade estrita, ao serem invocados a tutelar os fatos da vida, não podem os julgadores absterem-se da importante função jurisdicional, ainda que desamparados por uma legislação específica. Nesse cenário são chamados a subsumir todo o conjunto normativo e principiológico existente e, por meio de técnicas hermenêuticas, proferir uma decisão que promova justiça, sendo vedada a *non liquet*[2].

O art. 8º, *caput,* da CLT, cuja redação permanece a mesma desde a aprovação da Consolidação das Leis do Trabalho, dispõe exatamente nesse sentido ao aduzir que na ausência de disposições legais ou contratuais, as decisões judiciais e administrativas serão tomadas conforme as fontes do Direito do Trabalho, nos seguintes termos:

> As autoridades administrativas e a Justiça do Trabalho, na falta de disposições legais ou contratuais, decidirão, conforme o caso, pela jurisprudência, por analogia, por equidade e outros princípios e normas gerais de direito, principalmente do direito do trabalho, e, ainda, de acordo com os usos e costumes, o direito comparado, mas sempre de maneira que nenhum interesse de classe ou particular prevaleça sobre o interesse público.

A leitura do *caput* nos leva a crer que, ainda que os magistrados se deparem com lacunas e omissões nas Leis, é inequívoco o dever de apreciar e julgar o litígio, fazendo a devida integração do direito por meio de todas as suas fontes, valendo-se de métodos hermenêuticos juridicamente aceitos, bem como de uma interpretação constitucional e principiológica do direito.

Para Teoria Pura do Direito, ao exercer sua função jurisdicional o juiz está automaticamente criando uma norma para o caso concreto, pois a aplicação do direito implicaria, simultaneamente, na sua produção. Não obstante, essa "criação" não pode ser confundida com a função legislativa, que efetivamente formula novas normas gerais e abstratas.

---

1. Mestranda em Direito Privado pela Pontifícia Universidade Católica de Minas Gerais (Bolsista FAPEMIG). Especialista em Direito do Trabalho pela Universidade Cândido Mendes/RJ (2015). Graduada em Direito pela Faculdade de Direito Milton Campos (2013). Membro do Grupo de Pesquisa e de Estudos Retrabalhando o Direito – RED. Membro da Oficina de Estudos Avançados 'As interfaces entre o Processo Civil e o Processo do Trabalho' – IPCPT. Advogada.
2. Expressão em latim que se refere aos casos em que o juiz não encontrava claramente a resposta jurídica a ser aplicada ao caso concreto e, por esse motivo, deixava de julgar.

Para Kelsen, a "norma jurídica geral é sempre uma simples moldura dentro da qual há de ser produzida a norma jurídica individual"[3]. Assim, a atividade hermenêutica-interpretativa dos Magistrados constitui o direito aplicável ao caso concreto, observando os limites e fundamentos traçados por todo o ordenamento jurídico.

Na doutrina de Luís Roberto Barroso tem-se :

> Com o avanço do direito constitucional, as premissas ideológicas sobre as quais se erigiu o sistema de interpretação tradicional deixaram de ser integralmente satisfatórias. Assim: (i) quando ao *papel da norma*, verificou-se que a solução dos problemas jurídicos nem sempre se encontra no relato abstrato do texto normativo. Muitas vezes só é possível produzir a reposta constitucionalmente adequada à luz do problema, dos fatos relevantes, analisados tipicamente; (ii) quanto ao *papel do juiz*, já não lhe caberá apenas uma função de conhecimento técnico, voltando para revelar a solução contida no enunciado normativo. O intérprete torna-se co-participante do processo de criação do Direito, completando o trabalho do legislador, ao fazer valorização de sentido para as cláusulas abertas e ao realizar escolhas entre soluções possíveis[4].

Nessa toada, tem-se que as decisões judiciais são constitutivas, fruto de interpretações aceitas e pautadas em todo o ordenamento jurídico, o que não fere o princípio da separação dos poderes. Outrossim, uma vez fundamentadas, as decisões tornam-se precedentes a serem utilizadas em casos futuros idênticos e, se reiteradas, consolidam a jurisprudência dos Tribunais, podendo ser transformadas em súmulas, que não criam efetivamente, mas integram e aperfeiçoam o direito.

Não obstante, a Lei n. 13.467/2017, conhecida como Reforma Trabalhista, introduziu ao supracitado artigo o parágrafo segundo, cuja essência será objeto central do presente estudo, assim dispondo:

> § 2º Súmulas e outros enunciados de jurisprudência editados pelo Tribunal Superior do Trabalho e pelos Tribunais Regionais do Trabalho não poderão restringir direitos legalmente previstos nem criar obrigações que não estejam previstas em lei.

Diante da criação legislativa, diversas questões vêm sendo levantadas: A jurisprudência consolidada dos tribunais cria ou restringe direitos? Como deve ser a atividade interpretativa do judiciário? Há contradição entre o *caput* do art. 8º e seu parágrafo segundo? Qual a real intenção do legislador reformista com a alteração legislativa? Como essa alteração deve ser interpretada pelos operadores do direito?

Para tanto, destacam-se duas vertentes: a que sustenta que a norma apenas veio consolidar a já existente hermenêutica jurídica e o poder interpretativo do judiciário de forma equilibrada e razoável, que não cria ou restringe direitos, ao lado daquela que defende que a Reforma Trabalhista pretendeu limitar a função judicial, reduzindo os juízes à *boca da Lei*, além de mitigar a utilização da jurisprudência como fonte integradora e de evolução do direito, o que é corroborado pela inclusão do art. 702, f, à CLT.

2. A FUNÇÃO JURISDICIONAL

O art. 2º da Constituição Federal preceitua que os poderes estatais estão divididos em Legislativo, Executivo e Judiciário. Nesse cenário, cada poder possui funções precípuas e subsidiárias, de modo que nenhum se sobrepõe ao outro, mantendo a sua independência e harmonia.

A função basilar do Poder Judiciário consiste na prestação jurisdicional por meio da aplicação da norma ao caso concreto. Essa função é inderrogável, nos termos do art. 5º, XXXV da Constituição Federal, que dispõe que "a Lei não excluirá da apreciação do Poder Judiciário lesão ou ameaça de direito" e do art. 140 do CPC que preceitua: "O juiz não se exime de decidir sob a alegação de lacuna ou obscuridade do ordenamento jurídico". Assim, sempre que invocado, o Judiciário, por meio de seus magistrados, tem o dever constitucional de prestar a tutela jurisdicional invocada.

Ao estabelecer que a função primordial do Judiciário é aplicar as normas ao caso concreto, imperioso se faz perquirir como essa subsunção é realizada, sobretudo porque as leis não são capazes de prever a universalidade de fatos da vida, sendo evidente o surgimento de fenômenos imprevistos e inexistentes a época de sua criação. Como esclarece Max Gmür, "A letra permanece: apenas o sentido se adapta às mudanças que a evolução opera na vida social"[5], o que é realizado pela atividade judicante interpretativa.

Nesse sentido preceitua a Lei de Introdução às normas do Direito Brasileiro – LINDB, ao dispor em seus arts. 4º e 5º, que "Quando a Lei for omissa, o juiz decidirá o caso de acordo com a analogia, os costumes e os princípios gerais de direito" (complementado pelo art. 8º, *caput* da CLT, que incluiu a jurisprudência, a equidade e direito comparado como fontes integradoras das Leis) e que "Na aplicação da lei, o juiz atenderá aos fins sociais a que ela se dirige e às exigências do bem comum".

De Page afirma que "(...) a Lei é uma roupa feita que serve a todos porque não assenta bem em ninguém (...)" e que "(...) a justiça exige uma roupa sob medida"[6]. Ao refletir sobre essa

---

3. KELSEN, Hans. *Teoria Pura do Direito*. São Paulo: WMF Martins Fontes, 2009. p.171.
4. BARROSO. Luís Roberto. *Neoconstitucionalismo e constitucionalização do direito. O trinfo tardio do direito constitucional no Brasil*. Disponível em: <https://jus.com.br/artigos/7547/neoconstitucionalismo-e-constitucionalizacao-do-direito>. Acesso em: 11 maio 2018.
5. GMÜR, Max. Die Anwendund des Rechts nach. 1908. p.73. *Apud* MAXIMILIANO, Carlos. *Hermenêutica e aplicação do direito*. 16. ed. Rio de Janeiro: Editora Forense, 1996. p. 12.
6. DE PAGE. *Apud.* CASSAR, Vólia Bomfim. *Reforma Trabalhista. Comentários ao substitutivo do projeto de Lei n. 6.787/2016*. Disponível em: <http://www.migalhas.com.br/arquivos/2017/5/art20170503-01.pdf>. Acesso em: 14 mar. 2018.

afirmativa é possível perceber o quão importante é a função jurisdicional, pois cabe ao juiz, exatamente, "ajustar essa roupa" de maneira particular e o mais justa para cada caso.

Em igual sentido, Luís Roberto Barroso sustenta que "como a solução não se encontra integralmente no enunciado normativo, sua função não poderá limitar-se à revelação do que lá se contém; ele terá de ir além, integrando o comando normativo com sua própria avaliação"[7].

Pode-se dizer que aos Magistrados cabe também a função de atualização da norma posta a fim de adequá-la a realidades ainda não reguladas especificamente. Como exemplo disso, na seara trabalhista, têm-se a edição da Súmula n. 331 pelo C. TST que balizou os parâmetros mínimos acerca da terceirização de serviços no Brasil, sem, contudo, criar obrigações ou restringir direitos.

Conforme analisa Homero Batista, a referida Súmula:

"(...) está longe de ter sido uma legislação forçada pelo TST ou uma criação de obrigações": antes era uma interpretação do art. 455 da CLT (sobre empreiteiro e subempreiteiro) combinada com a Lei n. 6.019/1974 (trabalho temporário), para, a partir desse raciocínio, levar-se analogicamente a solução para os demais casos de aplicação do regime de terceirização".

2.1. Atividade Hermenêutica

Estabelecida a função precípua de julgar, percebe-se que essa apenas é possível através da hermenêutica jurídica[8], uma vez que não é possível a imediata e objetiva subsunção dos fatos da vida às normas postas, sobretudo quando essas se confrontam. Assim, faz-se necessário analisar especificamente o trabalho interpretativo e ponderado dos magistrados e eventuais limitações inerentes a essa atividade.

Como já exposto, as leis são normas abstratas que precisam ser analisadas e interpretadas para fazer sentido no mundo dos fatos. Essa interpretação é primordial para evolução do direito, haja vista que o mundo está em constante transformação, deixando, muitas vezes, a legislação precária e obsoleta.

Para tanto, os magistrados valem-se de técnicas clássicas de interpretação – literal, gramatical, histórica, teleológica, sistemática e outras, que possibilitem a mais correta aplicação da norma ao caso concreto. Nas palavras de Carlos Maximiliano:

O Magistrado não procede como insensível e frio aplicador mecânico de dispositivos; porém como órgão de aperfeiçoamento destes, intermediário entre a letra morta dos Códigos e a vida real, apto a plasmar, com a matéria prima da lei, uma obra de elegância moral e útil a sociedade[9].

Nessa toada, é justamente o olhar do juiz que, a partir do direito posto, irá, por meio de métodos hermenêuticos juridicamente aceitos, decidir conforme as peculiaridades do caso concreto e suas circunstâncias, revelando o real sentido e extensão da norma. Assim, cabe aos Magistrados, conforme proposta lançada por Vitor Salino:

(...) considerar com sensibilidade e muito critério o método de proporcionalidade preconizado por Alexy, para quem a interpretação (para nós a decisão judicial) deve sopesar a adequação, a necessidade e a proporcionalidade, a fim de identificar a norma aplicável ao caso concreto.

(...) cabe ao intérprete eleger a norma aplicável a partir de argumentação lógico-normativa, ou seja, partindo de um ideal de justiça consagrado em determinado sistema normativo, o julgador busca no sistema positivado aquela mais apropriada. E se não a encontrar, volta sua pesquisa ao conjunto normativo, ficando autorizado a decidir segundo a principiologia axiológica[10].

Igualmente, conforme já exposto, ao se deparar com lacunas ou omissões da lei, os magistrados têm a prerrogativa legal de integrá-la por outras fontes do direito, o que não afronta o princípio da legalidade (art. 5º, II da CR/88).

Conforme preceitua Élisson Miessa:

A norma tem no texto o seu ponto de partida, mas vai muito além dele, decorrendo da interpretação do texto, que pode gerar diversos significados e não somente o literal descrito no texto. Tanto é assim que o art. 489, § 1º, I, do NCPC, aplicável ao processo do trabalho (TST-IN 39, art. 3º, IX), impede que o julgador simplesmente indique, reproduza ou parafraseei o ato normativo, impondo sua explicitação com a causa ou questão decidida, por meio da fundamentação. Desse modo, o Judiciário, ao julgar, necessariamente interpreta o dispositivo a ser aplicado, delimitando seu alcance[11].

Apesar de muitas vezes a função judicante parecer criativa, conforme já exposto, efetivamente, o que ocorre é a

---

7. BARROSO. Luís Roberto. *Neoconstitucionalismo e constitucionalização do direito. O trinfo tardio do direito constitucional no Brasil.* Disponível em: <https://jus.com.br/artigos/7547/neoconstitucionalismo-e-constitucionalizacao-do-direito>. Acesso em: 11 maio 2018.
8. A Hermenêutica Jurídica tem por objeto o estudo e a sistematização dos processos aplicáveis para determinar o sentido e o alcance das expressões do Direito. (...) Hermenêutica é a teoria científica da arte de interpretar. MAXIMILIANO, Carlos. *Hermenêutica e aplicação do direito.* 16. ed. Rio de Janeiro: Editora Forense, 1996. p. 1.
9. MAXIMILIANO, Carlos. *Hermenêutica e aplicação do direito.* 16. ed. Rio de Janeiro: Editora Forense, 1996. p. 59.
10. EÇA, Vitor Salino de Moura. A função do magistrado na direção do processo no Novo CPC e as repercussões no processo do trabalho. In: Carlos Henrique Bezerra Leite. (Org.). *CPC Repercussões no Processo do Trabalho.* 2. ed. São Paulo: Saraiva, 2016. v., p. 31-61, p.38.
11. MIESSA, Elisson. *A reforma trabalhista e o juiz como boca da lei.* Disponível em: <http://www.granadeiro.adv.br/destaque/2017/05/22/reforma--trabalhista-juiz-boca-da-lei>. Acesso em: 05 mar. 2018.

aplicação de técnicas interpretativas aptas a ampliar ou restringir a norma posta, conforme as circunstâncias, lacunas eventualmente existentes e métodos de integração, objetivando sempre a mais justa e eficiente aplicação. Conforme dispõe Maximiliano, a jurisprudência "não cria, reconhece o que existe; não formula, descobre e revela o preceito em vigor e adaptável à espécie"[12].

Assim, a atividade do magistrado torna-se essencial na efetividade da prestação jurisdicional, pois é a partir dela que se perfaz a interpretação concreta do caso[13] e aplicação justa do direito, que não se resume ao plano jurídico.

2.1.1. Aplicação do § 2º do art. 8º da CLT

Diante das constatações acerca da função interpretativa do judiciário questiona-se o que pretendeu o legislador ao incluir o parágrafo segundo ao art. 8º da CLT: Legitimar a função judicante ou suprimir a forma pela qual a conhecemos?

Parte da doutrina entende que o legislador, ao incluir o parágrafo segundo ao artigo 8º da CLT, ignorou a atividade hermenêutica dos magistrados, deduzindo, genericamente, que a atividade judicante e, sobretudo, a edição de súmulas e a uniformização de jurisprudência pelos Tribunais têm, de fato, restringido direitos e criado obrigações. Nesse sentido, a inclusão do parágrafo serviria para tentar deslegitimar o Poder Judiciário Trabalhista e "frear" a sua construção jurisprudencial.

A aplicação do parágrafo segundo sob essa perspectiva, contudo, deve ser cautelosa, sendo considerado por muitos[14], inclusive, inconstitucional. Isso porque, como já exposto, a atividade judicante interpretativa não cria ou restringe efetivamente direitos, mas, por meio de técnicas científicas de hermenêutica ampliam ou restringem as normas a fim de adequá-las as circunstâncias e peculiaridades dos fatos da vida.

Trata-se de função legítima e de necessidade imperiosa, sobretudo em razão das legislações que padecem de lacunas que precisam ser preenchidas pelo judiciário, o que vai de encontro à pretendida interpretação estritamente gramatical e literal do § 2º do art. 8º da CLT.

Nesse mesmo sentido é o Enunciado 2 da 2ª Jornada de 2ª Jornada de Direito Material e Processual do Trabalho da ANAMATRA:

> ENUNCIADO 2 – ANAMATRA
>
> INTERPRETAÇÃO E APLICAÇÃO DA LEI N. 13.467/2017
>
> OS JUÍZES DO TRABALHO, À MANEIRA DE TODOS OS DEMAIS MAGISTRADOS, EM TODOS OS RAMOS DO JUDICIÁRIO, DEVEM CUMPRIR E FAZER CUMPRIR A CONSTITUIÇÃO E AS LEIS, O QUE IMPORTA NO EXERCÍCIO DO CONTROLE DIFUSO DE CONSTITUCIONALIDADE E NO CONTROLE DE CONVENCIONALIDADE DAS LEIS, BEM COMO NO USO DE TODOS OS MÉTODOS DE INTERPRETAÇÃO/APLICAÇÃO DISPONÍVEIS. NESSA MEDIDA: I. REPUTA-SE AUTORITÁRIA E ANTIRREPUBLICANA TODA AÇÃO POLÍTICA, MIDIÁTICA, ADMINISTRATIVA OU CORREICIONAL QUE PRETENDER IMPUTAR AO JUIZ DO TRABALHO O "DEVER" DE INTERPRETAR A LEI N. 13.467/2017 DE MODO EXCLUSIVAMENTE LITERAL/GRAMATICAL; II. A INTERPRETAÇÃO JUDICIAL É ATIVIDADE QUE TEM POR ESCOPO O DESVELAMENTO DO SENTIDO E DO ALCANCE DA LEI TRABALHISTA. É FUNÇÃO PRIMORDIAL DO PODER JUDICIÁRIO TRABALHISTA JULGAR AS RELAÇÕES DE TRABALHO E DIZER O DIREITO NO CASO CONCRETO, OBSERVANDO O OBJETIVO DA REPÚBLICA FEDERATIVA DO BRASIL DE CONSTRUIR UMA SOCIEDADE MAIS JUSTA E IGUALITÁRIA. EXEGESE DOS ARTS. 1º, 2º, 3º, 5º, INCISO XXXV, 60 E 93, IX E 114 DA CRFB; III. INCONSTITUCIONALIDADE DO § 2º E DO § 3º DO ART. 8º DA CLT E DO ART. 611-A, § 1º, DA CLT. SERÁ INCONSTITUCIONAL QUALQUER NORMA QUE COLIME RESTRINGIR A FUNÇÃO JUDICIAL DE INTERPRETAÇÃO DA LEI OU IMUNIZAR O CONTEÚDO DOS ACORDOS E CONVENÇÕES COLETIVAS DE TRABALHO DA APRECIAÇÃO DA JUSTIÇA DO TRABALHO, INCLUSIVE QUANTO À SUA CONSTITUCIONALIDADE, CONVENCIONALIDADE, LEGALIDADE E CONFORMIDADE COM A ORDEM PÚBLICA SOCIAL. NÃO SE ADMITE QUALQUER INTERPRETAÇÃO QUE POSSA ELIDIR A GARANTIA DA INAFASTABILIDADE DA JURISDIÇÃO, ADEMAIS, POR OFENSA AO DISPOSTO NO ART. 114, I, DA CF/88 E POR INCOMPATIBILIDADE COM OS PRINCÍPIOS DA SEPARAÇÃO DOS PODERES, DO ACESSO A JUSTIÇA E DA INDEPENDÊNCIA FUNCIONAL[15].

Assim, conforme dispôs Vólia Bomfim, muitas vezes as leis se tornam obsoletas e desatualizadas, carecendo de interpretação evolutiva e até constitucional. Nesse sentido, cabe ao juiz humanizar a lei, adaptando-a a cada caso, o que

---

12. MAXIMILIANO, Carlos. *Hermenêutica e aplicação do direito*. 16. ed. Rio de Janeiro: Editora Forense, 1996. p. 80.
13. ALBERGARIA. Jason. ANDRADE, Lívia Maria de. LASMAR, Gabriela. *A função hermenêutica do juiz no processo*. Disponível em: <http://www.publicadireito.com.br/conpedi/manaus/arquivos/anais/bh/gabriela_lasmar.pdf>. Acesso em: 05 abr. 2018.
14. A exemplo de Vólia Bomfim, Elisson Miessa e Mauro Schiavi, que por sua vez dispõe: "De nossa parte, o § 2º do art. 8º, da CLT é manifestamente inconstitucional, por impedir a livre interpretação e aplicação do direito pelos Tribunais Trabalhistas, inibir a eficácia dos direitos fundamentais, bem como dos princípios constitucionais. Além disso, impede a evolução da jurisprudência e restringe o acesso à justiça (art. 5º, XXXV, da CF)". SCHIAVI, Mauro. *A Reforma Trabalhista e o Processo do Trabalho*. São Paulo: 2017. p. 58.
15. JORNADA DE DIREITO MATERIAL E PROCESSUAL DO TRABALHO DA ANAMATRA. 2. 2017, Brasília/DF. *Enunciados Aprovados*. Disponível em: < http://www.jornadanacional.com.br/listagem-enunciados-aprovados-vis1.asp>. Acesso em: 01 maio 2018.

faz da jurisprudência uma atividade integradora[16] e atualizadora da legislação[17].

No mesmo sentido fundamenta Gustavo Filipe Barbosa Garcia, ao dispor que:

> (...) deve-se reconhecer a função da jurisprudência de ajustar a ordem jurídica em consonância com a evolução social, não podendo ficar aprisionada à aplicação literal e isolada de preceitos legais que não considerem o Direito de forma global e sistemática[18].

Percebe-se que o próprio *caput* do art. 8º, combinado com o art. 5º, XXXV, da CR/88, vai de encontro a reserva contida no parágrafo segundo. Ora, se a Lei não excluirá da apreciação do judiciário lesão ou ameaça de direito, e nas hipóteses de omissão ou lacunas da Lei é autorizada a utilização da jurisprudência e outras fontes do direito, conclui-se que a prestação jurisdicional efetiva não se perfaz apenas com base no prescrito na Lei posta e aparentemente segura.

Assim, o direito é apreendido pelo julgador com base em todas as suas fontes (não apenas as exemplificativamente constantes da CLT) e por meio de técnicas interpretativas aceitas.

Nessa toada, a alteração legislativa não pode ser interpretada no sentido de restringir a atuação dos magistrados, sob pena de patente inconstitucionalidade, por violar a separação dos poderes (art. 2º da CR/88) e limitar indevidamente a função típica do judiciário, que é julgar.

Toda a tentativa de restringir o papel do judiciário deve ser combatida, sendo certo que as decisões judiciais e as consequentes jurisprudências dominantes e uniformizadas exercem papel de suma importância como fonte integradora e garantidora da mais justa prestação jurisdicional.

Não obstante, deve-se ter em mente que a interpretação deve ser feita por meio de técnicas hermenêuticas aceitas, não podendo atingir um resultado absurdo, desarrazoado, nem criar efetivamente obrigações, sob pena de violar o princípio da legalidade e da separação dos poderes, por meio de um ativismo judicial não legitimado. Nesse sentido, o exegeta deve exercer uma postura moderada, que não afronte arbitrariamente a Lei posta.

Ressalte-se, ao final, que parte da doutrina entende que a inserção do § 2º ao art. 8º da CLT, não pretendeu formular resistência à hermenêutica jurídica e a atividade judicante, mas apenas enfatizou que a interpretação realizada pelo judiciário deve ser razoável e observando os critérios científicos da hermenêutica.

Nesse sentido dispõem Mauricio Godinho Delgado e Gabriela Neves Delgado:

> Não cabe ao Poder Judiciário, evidentemente, em sua dinâmica interpretativa, diminuir, de maneira arbitrária, irracional e inadequada, direitos previstos em lei; nem cabe a ele, de maneira irracional, arbitrária e inadequada, criar obrigações não previstas em lei. Isso não quer dizer, é claro, que não deva exercer a sua função judicial, mediante o manejo ponderado e razoável das técnicas científicas da Hermenêutica Jurídica, tais como os métodos de interpretação denominados de lógico-racional, sistemático e teleológico, cumprindo também, no que for pertinente, as denominadas interpretações extensivas, restritivas e/ou literais[19].

Em idêntico sentido é o pensamento exarado por Homero Batista da Silva:

> (...) o § 2º diz mais ou menos o óbvio, no sentido de que as súmulas nunca podem restringir direitos nem criar obrigações. Na verdade, sumulas realmente não criam nem abafam direitos, apenas os interpretam. Ocorre que, na maioria das vezes, há espanto quando uma súmula é editada em torno de largos vazios legislativos, forçando o tribunal trabalhista a fazer uma construção jurídica para tentar equacionar uma realidade cotidiana desprovida de regulamentação à vista[20].

Apesar de não se saber qual a intenção legislativa ao incluir o parágrafo em questão, interpretá-lo sob as perspectivas anteriormente apresentadas revela-se equilibrado, sobretudo por preservar a separação dos poderes e a importante função judicante do judiciário trabalhista.

3. A LEGITIMIDADE DA JURISPRUDÊNCIA DOS TRIBUNAIS TRABALHISTAS

Nos termos em que exposto nos tópicos anteriores, restou evidente a função hermenêutico-interpretativa conferida ao poder judiciário, que não pode ser restringida pela nova legislação trabalhista. Assim, a melhor interpretação a ser conferida ao § 2º do art. 8º da CLT é no sentido de resguardar a função judicante realizada dentro dos parâmetros legais, porquanto controlada pelo próprio judiciário.

Nesse cenário, as decisões proferidas pelo judiciário continuarão se pautando na interpretação da Lei posta, de acordo com as peculiaridades do caso concreto, levando

---

16. Nas palavras de Carlos Henrique Bezerra Leite, "a integração, pois, constitui uma autorização do sistema jurídico para que o intérprete possa valer-se de certas técnicas a fim de solucionar um caso concreto, no caso de lacuna". LEITE, Carlos Henrique Bezerra. *Manual de processo de trabalho*. São Paulo: Atlas, 2014. p. 29.
17. CASSAR, Vólia Bomfim. *Reforma Trabalhista. Comentários ao substitutivo do projeto de Lei n. 6.787/2016*. Disponível em: < http://www.migalhas.com.br/arquivos/2017/5/art20170503-01.pdf>. Acesso em: 14 mar. 2018.
18. GARCIA, Gustavo Filipe Barbosa. *Reforma trabalhista restringe aplicação da jurisprudência dos tribunais*. Disponível em: <https://www.conjur.com.br/2017-jul-27/gustavo-garcia-reforma-trabalhista-restringe-aplicacao-jurisprudencia>. Acesso em: 04 abr. 2018.
19. DELGADO, Mauricio Godinho. DELGADO, Gabriela Neves. *A reforma trabalhista no Brasil. Com os comentários à Lei n. 13.467/2017*. São Paulo: LTr, 2017. p. 104.
20. SILVA, Homero Batista Mateus da. *Comentários à Reforma Trabalhista*. São Paulo: Revista dos Tribunais, 2017. p.126.

também em consideração todas as fontes do direito, o que inclui o controle de constitucionalidade, convencionalidade e observância dos princípios que regem o direito material e processual do trabalho.

Nesse processo de interpretação, as decisões reiteradas sobre determinada matéria continuarão fomentando a jurisprudência dos Tribunais, que deve ser uniformizada por meio de Súmulas e Orientações, o que, nas palavras de Élisson Miessa, corresponde ao processo lógico e evolutivo decorrente da atuação jurisdicional[21].

Como expõe José Miguel Garcia Medina:

(...) a norma jurídica, geral e abstrata, pode dar ensejo ao surgimento de duas ou mais interpretações diversas, sobre um mesmo assunto (...) A súmula, assim, desempenha função importantíssima, pois registra qual interpretação da norma seria a correta, que, uma vez revelada, irá instruir julgamentos posteriores sobre o mesmo tema[22].

A jurisprudência revela-se, pois, como fonte integradora da norma, adaptando a Lei – muitas vezes obsoleta ou lacunosa, às necessidades contemporâneas. Sua consolidação e uniformização ganha espaço cada vez mais expressivo no ordenamento jurídico brasileiro, sobretudo no âmbito trabalhista, revelando uma postura mais ativa dos julgadores.

Por meio da valorização da jurisprudência, as lides passam a ser resolvidas de maneira mais célere, justa e equânime, atendendo aos "fins sociais a que ela se dirige e às exigências do bem comum"[23]. Nesse sentido, legítima é jurisprudência produzida e pacificada pelos Tribunais Trabalhistas, que deve ser prestigiada.

A expansão do papel do judiciário também se encontra alinhada aos novos valores insculpidos no Código de Processo Civil de 2015 (em grande parte aplicável no Direito Processual do Trabalho) que, diante da instabilidade e imprevisibilidade de decisões judiciais sobre uma mesma situação, concedeu caráter vinculante às súmulas, jurisprudências e precedentes (art. 489, VI do NCPC). Ademais, consagrou a obrigatoriedade de uniformização de jurisprudência dos Tribunais por meio de seu art. 926[24].

Essa nova realidade coloca em evidência o Princípio da Segurança Jurídica, porquanto a observância dos precedentes e da jurisprudência consolidada garantem ao jurisdicionado maior previsibilidade quanto as consequências de determinada conduta e quanto ao posicionamento do órgão judicial acerca desta.

Não obstante, em total desencontro à valorização dos precedentes e da jurisprudência no ordenamento jurídico brasileiro, a Lei n. 13.467/2017 – Reforma Trabalhista, revogou os §§ 3º a 6º do art. 896 da CLT que dispunham sobre a obrigatoriedade e o procedimento para uniformização de jurisprudência no âmbito dos Tribunais Regionais do Trabalho. Lado outro, inseriu a alínea "f" ao art. 702, que estabelece critérios muito mais rigorosos para criação e/ou alteração de súmulas e enunciados de jurisprudência uniforme[25].

Referida alteração gerou muito debate e severas críticas, que incluem a suscitação de inconstitucionalidade[26], o que merece um estudo aprofundado a parte. Contudo, imperioso trazer a alteração a lume, nessa oportunidade, no intuito de demonstrar como ela interage com o § 2º do art. 8º, na tentativa do legislador de frear o protagonismo do judiciário, o que deve ser combatido.

Nesse mesmo sentido expõe Homero Batista, "Ao mesmo tempo em que as súmulas recebem o dardo envenenado disparado pelo legislador, o art. 702 é reescrito para tentar fechar o cerco e inibir a formação de novos entendimentos sumulados"[27].

A reforma tal como realizada coloca a jurisdição trabalhista à margem do Sistema de Precedentes e Uniformização de Jurisprudência utilizado nas demais áreas do direito.

4. CONCLUSÃO

Neste trabalho foi possível analisar a inovação legislativa operada pela introdução do § 2º ao art. 8º da CLT, sob a perspectiva da interpretação jurídica pela Justiça do Trabalho.

Ao compreender a função judicante precípua do Poder Judiciário e o importante papel de sua atividade interpretativa-hermenêutica na subsunção da norma ao caso concreto

---

21. MIESSA, Elisson. *A reforma trabalhista e o juiz como boca da lei.* Disponível em: <http://www.granadeiro.adv.br/destaque/2017/05/22/reforma--trabalhista-juiz-boca-da-lei>. Acesso em: 05 abr. 2018.
22. MEDINA, José Miguel Garcia. *Novo Código de Processo Civil comentado.* São Paulo: RT, 2015. p. 1244.
23. Art. 5º, LINDB. Na aplicação da lei, o juiz atenderá aos fins sociais a que ela se dirige e às exigências do bem comum.
24. Art. 926 do NCPC: "Os tribunais devem uniformizar sua jurisprudência e mantê-la estável, íntegra e coerente. § 1º. Na forma estabelecida e segundo os pressupostos fixados no regimento interno, os tribunais editarão enunciados de súmula correspondentes a sua jurisprudência dominante. § 2º. Ao editar enunciados de súmula, os tribunais devem ater-se às circunstâncias fáticas dos precedentes que motivaram sua criação"
25. Art. 702, f) estabelecer ou alterar súmulas e outros enunciados de jurisprudência uniforme, pelo voto de pelo menos dois terços de seus membros, caso a mesma matéria já tenha sido decidida de forma idêntica por unanimidade em, no mínimo, dois terços das turmas em pelo menos dez sessões diferentes em cada uma delas, podendo, ainda, por maioria de dois terços de seus membros, restringir os efeitos daquela declaração ou decidir que ela só tenha eficácia a partir de sua publicação no Diário Oficial;
26. ENUNCIADO 111 DA 2ª JORNADA DE DIREITO MATERIAL E PROCESSUAL DO TRABALHO DA ANAMATRA. SÚMULAS E ENUNCIADOS DE JURISPRUDÊNCIA. EDIÇÃO E ALTERAÇÃO. REQUISITOS. INCONSTITUCIONALIDADE. São inconstitucionais os requisitos do art. 702, I, 'f' e § 4º da CLT, introduzidos pela Lei n. 13.467/2017, para a edição ou alteração de súmulas e outros enunciados de jurisprudência, por violação aos arts. 2º, 5º, IV, 93, 96, I, 'a' e 113 da CF.
27. SILVA, Homero Batista Mateus da. *Comentários à Reforma Trabalhista.* São Paulo: Revista dos Tribunais, 2017. p. 129.

e na justa prestação jurisdicional é possível concluir que a jurisprudência consolidada não cria, de fato, obrigações ou restringe direitos. Contrariamente, a atividade do exegeta, tão somente, alarga ou restringe o alcance da norma posta e integra suas lacunas por meio de técnicas científicas hermenêuticas amplamente aceitas, considerando a integralidade das fontes do direito e as peculiaridades dos fatos concretos.

Recolocar o magistrado no papel de mero aplicador da Lei é retroceder à Escola da Exegese[28], voltando aos ideais do Estado Liberal e fechando os olhos para o fato de que a norma posta jamais conseguirá abranger e resguardar todos os fatos da vida, sendo de suma importância a função do intérprete e da jurisprudência dela decorrente.

Nesse cenário, compreender e aplicar o § 2º do art. 8º da CLT, no sentido de restringir a atividade jurisdicional em sua completude, "freando" a criação e uniformização de jurisprudência dos tribunais, mostra-se desarrazoada e contrária a separação dos poderes e ao aperfeiçoamento e consecução do direito material e processual do trabalho, o que pode levar a declaração de sua inconstitucionalidade.

A construção do Direito se faz por meio da atividade judicante e, por óbvio, das decisões judiciais, cuja uniformização e observância proporciona estabilidade e segurança jurídica, o que deve ser prestigiado.

Não obstante o exposto, não se pode perder de vista o princípio constitucional da separação dos poderes, não se considerando legítima a atividade judicante fora dos limites dos critérios científicos da hermenêutica jurídica em detrimento do disposto em lei.

5. REFERÊNCIAS BIBLIOGRÁFICAS

ALBERGARIA. Jason; ANDRADE, Lívia Maria de; LASMAR, Gabriela. *A função hermenêutica do juiz no processo*. Disponível em: <http://www.publicadireito.com.br/conpedi/manaus/arquivos/anais/bh/gabriela_lasmar.pdf>. Acesso em: 05 abr. 2018.

BARROSO. Luís Roberto. *Neoconstitucionalismo e constitucionalização do direito. O trinfo tardio do direito constitucional no Brasil*. Disponível em: <https://jus.com.br/artigos/7547/neoconstitucionalismo-e-constitucionalizacao-do-direito>. Acesso em: 11 abr. 2018.

BRASIL. *Constituição da República Federativa do Brasil de 1988*. Disponível em: <http://www.planalto.gov.br/ccivil_03/constituicao/constituicaocompilado.htm>. Acesso em: 01 abr. 2018.

BRASIL. *Decreto-Lei n. 4.657 de 4 de setembro de 1942*. Lei de Introdução as Normas do Direito Brasileiro. Disponível em: <http://www.planalto.gov.br/ccivil_03/decreto-lei/Del4657compilado.htm>. Acesso em: 05 abr. 2018.

BRASIL. *Decreto-Lei n. 5.452 de 1º de maio de 1943*. Aprova a Consolidação das Leis do Trabalho. Disponível em: <http://www.planalto.gov.br/ccivil_03/decreto-lei/Del5452.htm>. Acesso em: 20 jan. 2017.

BRASIL. *Lei n. 13.467 de 13 de julho de 2017*. Altera a Consolidação das Leis do Trabalho (CLT). Disponível em: <http://www.planalto.gov.br/ccivil_03/_ato2015-2018/2017/lei/l13467.htm>. Acesso em: 05 mar. 2018.

BRASIL. *Lei n. 13.105 de março de 2015*. Código de Processo Civil. Disponível em: <http://www.planalto.gov.br/ccivil_03/_ato2015-2018/2015/lei/l13105.htm>. Acesso em: 18 jan. 2017.

CASSAR, Vólia Bomfim. *Reforma Trabalhista*. Comentários ao Substitutivo Projeto de Lei 6.787/2016. Disponível em: <http://www.migalhas.com.br/arquivos/2017/5/art20170503-01.pdf>. Acesso em: 05 mar. 2018.

DE PAGE. Apud CASSAR, Vólia Bomfim. *Reforma Trabalhista*. Comentários ao substitutivo do projeto de Lei n. 6.787/2016. Disponível em: <http://www.migalhas.com.br/arquivos/2017/5/art20170503-01.pdf>. Acesso em 14 mar. 2018.

DELGADO, Mauricio Godinho; DELGADO, Gabriela Neves. *A reforma trabalhista no Brasil*. Com os comentários à Lei n. 13.467/2017. São Paulo: LTr, 2017.

EÇA, Vitor Salino de Moura. A função do magistrado na direção do processo no Novo CPC e as repercussões no processo do trabalho. In: Carlos Henrique Bezerra Leite (Org.). *CPC Repercussões no Processo do Trabalho*. 2. ed. São Paulo: Saraiva, 2016. v., p. 31-61.

GMÜR, Max. Die Anwendund des Rechts nach, 1908. Apud MAXIMILIANO, Carlos. *Hermenêutica e aplicação do direito*. 16. ed. Rio de Janeiro: Forense, 1996.

GARCIA, Gustavo Filipe Barbosa. *Reforma trabalhista restringe aplicação da jurisprudência dos tribunais*. Disponível em: <https://www.conjur.com.br/2017-jul-27/gustavo-garcia-reforma-trabalhista-restringe-aplicacao-jurisprudencia>. Acesso em: 04 abr. 2018.

JORNADA DE DIREITO MATERIAL E PROCESSUAL DO TRABALHO DA ANAMATRA. 2. 2017, Brasília/DF. *Enunciados Aprovados*. Disponível em: <http://www.jornadanacional.com.br/listagem-enunciados-aprovados-vis1.asp>. Acesso em: 01 maio 2018.

KELSEN, Hans. *Teoria Pura do Direito*. São Paulo: WMF Martins Fontes, 2009.

LEITE, Carlos Henrique Bezerra. *Manual de processo de trabalho*. São Paulo: Atlas, 2014.

MAXIMILIANO, Carlos. *Hermenêutica e aplicação do direito*. 16. ed. Rio de Janeiro: Forense, 1996.

MEDINA, José Miguel Garcia. *Novo Código de Processo Civil comentado*. São Paulo: RT, 2015.

MIESSA, Elisson. *A reforma trabalhista e o juiz como boca da lei*. Disponível em: <http://www.granadeiro.adv.br/destaque/2017/05/22/reforma-trabalhista-juiz-boca-da-lei>. Acesso em: 05 abr. 2018.

MELO. Liana Holanda de. *Hermenêutica jurídica: a escola da exegese e o mito da neutralidade*. Disponível em: <http://www.ambitojuridico.com.br/site/index.php?n_link=revista_artigos_leitura&artigo_id=9031>. Acesso em: 05 abr. 2018.

SCHIAVI, Mauro. *A Reforma Trabalhista e o Processo do Trabalho*. São Paulo: LTr, 2017.

SILVA, Homero Batista Mateus da. *Comentários à Reforma Trabalhista*. São Paulo: Revista dos Tribunais, 2017.

---

28. "O modo de interpretação da Escola da Exegese era reduzido e superficial. A ideia desse corpo de normas era suprimir o máximo possível a obscuridade e a ambiguidade. O juiz não cabia nenhuma outra função que não fosse aplicar a Lei pautado na suposta neutralidade e objetividade, a vontade do intérprete e do legislador era a mesma". MELO. Liana Holanda de. *Hermenêutica jurídica: a escola da exegese e o mito da neutralidade*. Disponível em: <http://www.ambitojuridico.com.br/site/index.php?n_link=revista_artigos_leitura&artigo_id=9031>. Acesso em: 05 abr. 2018.

Ministério Público do Trabalho nos 30 anos da Constituição (2018): Breves Traços de sua Organização Interna e Algumas Perspectivas para os Próximos Anos

Ana Cláudia Nascimento Gomes[1]

1. APRESENTAÇÃO DO TEMA

Honrou-nos o convite que partiu do Desembargador do Trabalho do TRT da 3ª Região, Dr. Luiz Ronan Neves Koury, para integrar essa obra coletiva, pelo quilate pessoal, institucional e acadêmico deste douto anfitrão. Desde logo, agradecemos a distinção de nosso nome.

O tema que escolhemos para esse breve artigo relaciona com a nossa atividade institucional como Procuradora do Trabalho da Procuradoria Regional do Trabalho da 3ª Região/Minas Gerais (MPT).

Com efeito, em uma obra que procura festejar o aniversário da agora "balzaquiana" Constituição da República, e antever os seus desafios nos próximos anos, será adequado que se apresente o atual Ministério Público do Trabalho: uma instituição especialmente vocacionada à defesa da ordem jurídico trabalhista.

Assim, se é indiscutível que o perfil do Ministério Público brasileiro alterou-se com a promulgação da Constituição da República de 1988, deixando o vetusto papel de "advogado do Estado" para exclusivo "advogado da sociedade"[2], vejamos, em termos latos, como hoje se estrutura e se articula o ramo do Ministério Público da União (MPU) voltado às questões trabalhistas. É esse o nosso escopo.

2. ESTRUTURAÇÃO INTERNA DO MPT: ATUAÇÃO INSTITUCIONAL, SEUS ÓRGÃOS E SUAS COORDENADORIAS TEMÁTICAS NACIONAIS

Como aduzido, o Ministério Público do Trabalho (doravante apenas MPT) é um dos quatro ramos do MPU, conforme constante do art. 128, I-*b*) da Constituição da República (doravante apenas CR/88). O norte de todo Ministério Público brasileiro é "*a defesa da ordem jurídica, do regime democrático e dos interesses sociais e individuais indisponíveis*", conforme o preceito que encabeça o art. 127 da Carta.

Todavia, apenas em 1993, com a edição da Lei Orgânica do Ministério Público da União (LOMPU), a Lei Complementar n. 75, de 20 de maio, houve a estruturação interna pós-constitucional do MPT, com a específica previsão de seus órgãos internos e de suas especiais atribuições. Mesmo com essa característica pós-constitucional, essa Lei ainda se apresenta na atualidade bastante lacunosa, o que impõe a diuturna complementação da legislação processual em geral (CLT, CPC, CDC, Lei de Ação Civil Pública, Resoluções do Conselho Nacional do Ministério Público etc.), mormente em face da grande evolução do processo coletivo dos últimos tempos.

Contudo, vejamos o que dispõe a LOMPU, em seus principais dispositivos que tratam do MPT:

> Art. 83. Compete ao Ministério Público do Trabalho o exercício das seguintes atribuições junto aos órgãos da Justiça do Trabalho:
>
> I – promover as ações que lhe sejam atribuídas pela Constituição Federal e pelas leis trabalhistas;
>
> II – manifestar-se em qualquer fase do processo trabalhista, acolhendo solicitação do juiz ou por sua iniciativa, quando entender existente interesse público que justifique a intervenção;

---

1. Doutora em Direito Público (2015) e Mestre em Ciências Jurídico-Políticas (2001), títulos concedidos pela Universidade de Coimbra (Faculdade de Direito). Pós-Graduada em Direito do Consumidor e Direito do Trabalho. Procuradora do Trabalho em Minas Gerais (Ministério Público do Trabalho/PRT 3ª Região), aprovada em 1º Lugar Geral (em Provas e em Provas e Títulos, 2005). Professora Concursada da Faculdade de Direito da PUCMINAS/Belo Horizonte (2002). Atualmente, Membro Auxiliar em matéria trabalhista da Procuradoria-Geral da República.
2. Também reflexo do novo modelo constitucional de MP. V: MAZZILLI, Hugo Nigro. *O Acesso à Justiça e o Ministério Público*. 5. ed. São Paulo: Saraiva, 2007; tb. do Autor, *Introdução ao Ministério Público*. São Paulo: Saraiva, 2005; ALVES RIBEIRO, Carlos Vinícius (Org.). *Ministério Público – Reflexões sobre os Princípios e Funções Institucionais*. São Paulo: ed. Atlas, 2010; CASTRO COURA, Alexandre de; BORGES DA FONSECA, Bruno Gomes. *Ministério Público Brasileiro – Entre Unidade e Independência*. São Paulo: LTr, 2015; LEITE SAMPAIO, José Adércio. Comentários ao art. 129. In: j. J. GOMES CANOTILHO e Outros. *Comentários à Constituição do Brasil*. São Paulo: Saraiva-Livraria Almedina, 2013. p. 1531 e seg. Para uma breve análise do MPT antes da CR/88, v. MERCÊS CARNEIRO, Ricardo José das. *Manual do Procurador do Trabalho – Teoria e Prática*. Salvador: JusPodivm, 2017.

III – promover a ação civil pública no âmbito da Justiça do Trabalho, para defesa de interesses coletivos, quando desrespeitados os direitos sociais constitucionalmente garantidos;

IV – propor as ações cabíveis para declaração de nulidade de cláusula de contrato, acordo coletivo ou convenção coletiva que viole as liberdades individuais ou coletivas ou os direitos individuais indisponíveis dos trabalhadores;

V – propor as ações necessárias à defesa dos direitos e interesses dos menores, incapazes e índios, decorrentes das relações de trabalho;

VI – recorrer das decisões da Justiça do Trabalho, quando entender necessário, tanto nos processos em que for parte, como naqueles em que oficiar como fiscal da lei, bem como pedir revisão dos Enunciados da Súmula de Jurisprudência do Tribunal Superior do Trabalho;

VII – funcionar nas sessões dos Tribunais Trabalhistas, manifestando-se verbalmente sobre a matéria em debate, sempre que entender necessário, sendo-lhe assegurado o direito de vista dos processos em julgamento, podendo solicitar as requisições e diligências que julgar convenientes;

VIII – instaurar instância em caso de greve, quando a defesa da ordem jurídica ou o interesse público assim o exigir;

IX – promover ou participar da instrução e conciliação em dissídios decorrentes da paralisação de serviços de qualquer natureza, oficiando obrigatoriamente nos processos, manifestando sua concordância ou discordância, em eventuais acordos firmados antes da homologação, resguardado o direito de recorrer em caso de violação à Lei e à Constituição Federal;

X – promover mandado de injunção, quando a competência for da Justiça do Trabalho;

XI – atuar como árbitro, se assim for solicitado pelas partes, nos dissídios de competência da Justiça do Trabalho;

XII – requerer as diligências que julgar convenientes para o correto andamento dos processos e para a melhor solução das lides trabalhistas;

XIII – intervir obrigatoriamente em todos os feitos nos segundo e terceiro graus de jurisdição da Justiça do Trabalho, quando a parte for pessoa jurídica de Direito Público, Estado estrangeiro ou organismo internacional.

Art. 85. São órgãos do Ministério Público do Trabalho:

I – o Procurador-Geral do Trabalho;

II – o Colégio de Procuradores do Trabalho;

III – o Conselho Superior do Ministério Público do Trabalho;

IV – a Câmara de Coordenação e Revisão do Ministério Público do Trabalho;

V – a Corregedoria do Ministério Público do Trabalho;

VI – os Subprocuradores-Gerais do Trabalho;

VII – os Procuradores Regionais do Trabalho;

VIII – os Procuradores do Trabalho.

Assim, faltando-lhe atribuição na esfera penal, por consequência do entendimento quanto à competência material da Justiça do Trabalho[3], o MPT caracteriza por ser um Ministério Público peculiar em termos de Direito Comparado, justamente por estar exclusivamente vocacionado a sua atuação na esfera *não-penal*: lides individuais e coletivas do trabalho, em termos genéricos.[4] Ainda de modo excepcional, porém, cada dia mais recorrente, verifica-se atuação articulada de Ministérios Públicos (MPT, Ministério Público Federal e/ou Estadual) em questões que carecem de enfrentamento em várias searas da Justiça, como foi recentemente o caso relacionado ao acidente da barragem da Samarco Mineradora, em Mariana/MG (e como é muito usual, por exemplo, no combate ao trabalho escravo contemporâneo e à exploração do trabalho infantil).[5]

Usual e basicamente, a atuação extrajudicial do MPT inicia-se mediante uma denúncia (Notícia de Fato) e se realiza num procedimento investigatório, o Inquérito Civil. Segundo conceito doutrinário de IC, bastante difundido: "O IC é um procedimento administrativo investigatório a cargo do Ministério Público; seu objeto é a coleta de elementos de convicção que sirvam de à propositura de uma ação civil pública para a defesa de interesses transindividuais – ou seja, destina-se a colher elementos de convicção para que, à sua vista, o Ministério Público possa *identificar ou não* a hipótese em que a Lei exige sua iniciativa na propositura de alguma ação civil pública"[6]. Ainda, em traços grossos, atuação extrajudicial do MPT ultima-se com o ajuizamento de uma ação coletiva (ação civil pública e/ou ação civil coletiva) ou mesmo individual (ação para defesa de direitos individuais indisponíveis na Justiça do Trabalho).

Também em termos funcionais, a atuação judicial do MPT pode desenvolver-se como autor de ações coletivas ou individuais ou, por outra banda, como órgão interveniente,

---

3. V. ADI 3684, Rel. Min. Cezar Peluso, Tribunal Pleno, *DJ-e* n. 72, de 03.08.2007: "EMENTA: COMPETÊNCIA CRIMINAL. Justiça do Trabalho. Ações penais. Processo e julgamento. Jurisdição penal genérica. Inexistência. Interpretação conforme dada ao art. 114, incs. I, IV e IX, da CF, acrescidos pela EC n. 45/2004. Ação direta de inconstitucionalidade. Liminar deferida com efeito ex tunc. O disposto no art. 114, incs. I, IV e IX, da Constituição da República, acrescidos pela Emenda Constitucional n. 45, não atribui à Justiça do Trabalho competência para processar e julgar ações penais."
4. V. BEZERRA LEITE, Carlos Henrique. *O Ministério Público do Trabalho:* Teoria e Prática. 8. ed. São Paulo: Saraiva, 2017.
5. A atuação extrajudicial articulada de Ministérios Públicos e o listisconsórcio ativo de Ministérios Públicos é autorizada pela Lei de Ação Civil Pública (LACP, Lei n. 7.347/1985, art. 5º- § 5º).
6. Cf. MAZZILLI, Hugo Nigro. Pontos Controvertidos sobre o Inquérito Civil. In: MILARÉ, Édis (Coord.). *Ação Civil Pública*. 2. ed. São Paulo: Revista dos Tribunais, 2002. p. 310.

em processos coletivos ou individuais com presença de interesse público por ele tutelável.

Estruturalmente, o Ministério Público do Trabalho organiza-se da seguinte forma: (i) Procuradoria-Geral do Trabalho (PGT, em Brasília), onde oficiam o Procurador-Geral do Trabalho e os Subprocuradores-Gerais do Trabalho, estes cargos máximos da carreira do membro do MPT, com atuação judicial perante o Tribunal Superior do Trabalho; (ii) Procuradorias-Regionais do Trabalho (PRT's, via de regra, nas capitais dos Estados da federação), onde oficiam os Procuradores Regionais do Trabalho (cargos intermediários da carreira, com atuação prioritária junto aos Tribunais Regionais do Trabalho) e os Procuradores do Trabalho (cargos iniciais da carreira, com atuação prioritária junto às Varas do Trabalho). Após a interiorização do MPT, iniciada em 2004, temos ainda: (iii) Procuradorias do Trabalho nos Municípios (as PTM's), onde oficiam Procuradores do Trabalho e que ficam responsáveis por uma dada jurisdição, normalmente abrangendo outros vários municípios (uma vez que o MPT não é tão capilarizado como a própria Justiça do Trabalho).

O Procurador-Geral do Trabalho é o chefe institucional, competindo-lhe funcionar junto ao Pleno do Tribunal Superior do Trabalho, além da própria representação externa da instituição (perante outros órgãos de soberania do Estado e no estrangeiro) – art. 91 da LOMPU. Segundo o art. 88 da LOMPU: "O Procurador-Geral do Trabalho será nomeado pelo Procurador-Geral da República, dentre integrantes da instituição, com mais de trinta e cinco anos de idade e de cinco anos na carreira, integrante de lista tríplice escolhida mediante voto plurinominal, facultativo e secreto, pelo Colégio de Procuradores para um mandato de dois anos, permitida uma recondução, observado o mesmo processo. Caso não haja número suficiente de candidatos com mais de cinco anos na carreira, poderá concorrer à lista tríplice quem contar mais de dois anos na carreira". Normalmente apresentam-se para disputar o cargo de Procurador-Geral do Trabalho membros que já são Subprocuradores-Gerais do Trabalho, em função da experiência adquirida pelo maior tempo de atividade institucional; não obstante não seja defesa a eleição e a nomeação de Procuradores Regionais e de Procuradores do Trabalho.

Interessante notar que, a despeito da previsão de lista tríplice para a escolha e nomeação do Procurador-Geral do Trabalho pelo Procurador-Geral da República, a mesma exigência inexiste para este cargo máximo do MPU, nos termos do § 1º do art. 128 da CR/88 c/c art. 25 da LOMPU, indicando estar aquele potencialmente dotado de maior legitimidade interna (frente aos seus próprios pares) do que esta autoridade, cuja lista tríplice não é uma imposição constitucional ou legal e que tem sido formulada em termos associativos, a fim de vincular extrajuridicamente a opção do Presidente da República nesta escolha.

Ao MPT não tem sido reconhecida a atribuição para atuar, nessa qualidade, diretamente junto ao Supremo Tribunal Federal, nem por seu chefe institucional. Afirmou o STF, que "incumbe ao Procurador-Geral da República, na condição de *custos legis* ou na hipótese em que o Ministério Público da União seja parte, atuar perante este Supremo Tribunal Federal, consoante entendimento jurisprudencial consagrado à luz dos arts. 128, § 1º, da Constituição da República e 46, *caput*, da Lei Complementar n. 75/93"[7]. A despeito das críticas pessoais que temos à esta posição da Corte Constitucional, principalmente em ações em que o próprio MPT atuou como parte ativa, é fato que essa inviabilidade processual perante o STF acaba por dificultar a defesa da posição institucional em ações do controle concentrado que questionam atos normativos de Direito do Trabalho; o que, todavia, pode ser superado mediante uma prévia articulação entre o Procurador-Geral do Trabalho e o(a) Procurador(a)-Geral da República, com o respeito à independência funcional desta autoridade.

O Colégio de Procuradores do Trabalho, não obstante o nome, é integrado por todos os membros ativos do MPT (art. 93 da LOMPU). É chamado a externar opinião nas eleições de membros para os órgãos superiores da instituição[8], por voto secreto e individual, e em questões outras, quando convocado (o que hodiernamente tem sido implementado por meio de plataforma eletrônica ou por mensagens de *e-mails*). Na última lista de antiguidade aprovada

---

7. Cf. RCL 6239 AgR-AgR/RO, Rel. Min. Luiz Fux, Relator para Acórdão, Min. Rosa Weber, Tribunal Pleno, DJ-e n. 211, de 24.10.2013: EMENTA DIREITO PROCESSUAL CIVIL E ADMINISTRATIVO. ATUAÇÃO PERANTE O SUPREMO TRIBUNAL FEDERAL. ATRIBUIÇÃO DO PROCURADOR-GERAL DA REPÚBLICA. ILEGITIMIDADE DO MINISTÉRIO PÚBLICO DO TRABALHO. Incumbe ao Procurador-Geral da República, na condição de custos legis ou na hipótese em que o Ministério Público da União seja parte, atuar perante este Supremo Tribunal Federal, consoante entendimento jurisprudencial consagrado à luz dos arts. 128, § 1º, da Constituição da República e 46, caput, da Lei Complementar n. 75/93. Ausência de legitimidade do Ministério Público do Trabalho para recorrer de decisão proferida no âmbito desta Suprema Corte. Precedentes. Agravo regimental conhecido e não provido.

8. Trata-se de uma nota de peculiar democraticidade da instituição. Diversamente, portanto, do que ocorre junto aos Tribunais, nos quais são chamados a eleger os órgãos diretivos apenas os seus desembargadores (mas, não, os juízes de primeiro grau), conforme a previsão literal art. 96 da CR/88 e a interpretação (literal) do STF. v. ADI 2012/SP, Rel. Ricardo Lewandowski, Tribunal Pleno, DJ-e n. 225, de 28.11.2011: "Ementa: AÇÃO DIRETA DE INCONSTITUCIONALIDADE. ELEIÇÕES PARA OS ÓRGÃOS DIRETIVOS DO TRIBUNAL DE JUSTIÇA DO ESTADO DE SÃO PAULO. Art. 62 DA CONSTITUIÇÃO DO ESTADO DE SÃO PAULO, NA REDAÇÃO DADA PELA EMENDA n. 7/1999. ESCOLHA POR DESEMBARGADORES E JUÍZES VITALÍCIOS. IMPOSSIBILIDADE. OFENSA AO Art. 96, I, A, DA CONSTITUIÇÃO FEDERAL. ADI JULGADA PROCEDENTE. I – A escolha dos órgãos diretivos compete privativamente ao próprio tribunal, nos termos do art. 96, I, a, da Carta Magna; II – Tribunal, na dicção constitucional, é o órgão colegiado, sendo inconstitucional, portanto, a norma estadual possibilitar que juízes vitalícios, que não apenas os desembargadores, participarem da escolha da direção do tribunal; III – Ação direta julgada procedente."

pelo Conselho Superior do MPT (Resolução n. 150/2017, de 22.02.2018), retrata, para a data de 31.12.2017, a seguinte composição do Colégio de Procuradores: 35 Subprocuradores-Regionais do Trabalho; 127 Procuradores Regionais do Trabalho e 610 Procuradores do Trabalho.

O Conselho Superior do MPT (CSMPT) exerce basicamente funções normativas e administrativas (inclusive edita resoluções para vinculação interna de seus membros), nos termos do art. 98 da LOMPU. Por sua vez, a Câmara de Coordenação e Revisão do MPT (CCR) realiza as funções de coordenação e revisionais, exercendo como o "segundo grau" da instituição, principalmente homologando (ou não) arquivamentos de procedimentos investigatórios (art. 99 da LOMPU). Além disso, a CCR deve se orientar à articulação da atuação institucional, por meio de posicionamentos que favoreçam a unidade institucional[9]. Finalmemte, a Corregedoria do MPT exerce as funções de fiscalização das atividades dos membros, tendo destaque os procedimentos disciplinares em desfavor destes.

Não obstante esse órgãos internos, legais e "permanentes" do MPT, nas últimas duas décadas, a sua atuação tem sido articulada e desenvolvida em termos estratégicos, basicamente com a afirmação de áreas consideradas de "tutela prioritária"[10]. Essas áreas possuem uma "coordenadoria temática nacional" que articula programas de atuação (ex: minutas de ações coletivas e termos de ajustamento de condutas; ajuizamento simultâneo de ações, eleição de programas nacionais *etc.*) e, respeitada a independência funcional dos membros, debatem internamente questões temáticas para a edição de *orientações*.[11] Tais orientações servem, em termos macros, como parâmetro *interno* do "pensamento institucional" sobre uma determinada matéria (não obstante, frise-se, sempre considerando o complexo de membros dotados de independência funcional)[12]. Além disso, podem ainda editar Notas Técnicas para o público externo e o poder público[13]. Atualmente, as coordenadorias temáticas nacionais são reguladas pela Resolução n. 137 do CSMPT, de 15.12.2016[14]. São as atuais 8 (oito) coordenadorias temáticas nacionais:

A) Coordinfância: Coordenadoria Nacional de Combate à Exploração do Trabalho da Criança e do Adolescente, criada pela Portaria n. 299 do PGT, em 10 de novembro de 2000;

B) Conaete: A Coordenadoria Nacional de Erradicação do Trabalho Escravo, criada pela Portaria n. 231 do PGT, de 12 de setembro de 2002;

C) Coordigualdade: Coordenadoria Nacional de Promoção de Igualdade de Oportunidades, criada pela Portaria n. 273 do PGT, de 28 de outubro de 2002;

---

9. Ex.: ENUNCIADO n. 22/CCR (255ª Sessão Ordinária, realizada em 15.12.2017 – DOU Seção 1 – 30.01.2018 – p. 75-76) INDEFERIMENTO OU ARQUIVAMENTO LIMINAR DAS NOTÍCIAS DE FATO. REMESSA AO ÓRGÃO REVISIONAL. INTELIGÊNCIA DAS RESOLUÇÕES NS. 69/2007 DO CSMPT E 174/2017 DO CNMP. IDENTIFICAÇÃO DAS LESÕES OU AMEAÇAS DE LESÕES AOS INTERESSES E DIREITOS TUTELÁVEIS PELO MINISTÉRIO PÚBLICO DO TRABALHO. PROPOSIÇÃO DE UMA ATUAÇÃO ESTRATÉGICA ALINHADA COM AS METAS INSTITUCIONAIS. HARMONIA DOS PRINCÍPIOS DA UNIDADE E DA INDEPENDENCIA FUNCIONAL. 1. O membro, ao utilizar o permissivo do indeferimento ou arquivamento liminar de Notícia de Fato, observada a independência funcional, deve verificar a pertinência das metas institucionais ao caso concreto, preservando-se, assim, a unidade institucional, visando um contemporâneo Ministério Público do Trabalho pró ativo e resolutivo; 2. As metas institucionais do Ministério Público do Trabalho são identificadas no planejamento estratégico nacional e nas agendas estratégicas locais, bem como nas orientações, projetos, resultados dos grupos de trabalho e conclusões dos grupos de estudos das Coordenadorias Nacionais Temáticas, e, ainda, nos enunciados e na jurisprudência da Câmara de Coordenação e Revisão; 3. A reforma trabalhista compõe elemento novo, que pode ensejar violações a direitos sociais fundamentais dos trabalhadores. A interpretação e o controle de constitucionalidade ou convencionalidade das novidades introduzidas pela Lei n. 13.467/2017 devem ser também objeto da atividade de coordenação, integração e revisão da CCR, tratando-se de matéria com relevância estratégica no atual cenário jurídico; 4. As Notícias de Fato indeferidas ou arquivadas com fundamento na aplicação e interpretação de dispositivos das Leis ns. 13.429/2017 e 13.467/2017 e nos atos normativos subsequentes, bem como as relativas às metas mencionadas no item 2, não traduzem evidência da inexistência de lesão aos interesses tuteláveis pelo MPT, motivo pelo qual devem ser encaminhadas à Câmara de Coordenação e Revisão para exercício do seu papel uniformizador da atividade finalística.

10. A Resolução n. 76 do CSMPU, de 24.04.2008, "cria o Temário Unificado do MPT". Neste, as primeiras oito "Áreas Temáticas" (Áreas 1 a 8) são consideradas de atuação prioritária da instituição. A área 9 ("Temas Gerais") não tem correspondência com nenhuma prioridade institucional ou coordenadoria temática. v. KALIL, Renan Bernardi (e outra). *Temas Relevantes de Atuação do Ministério Público do Trabalho*. Brasília: ESMPU, 2017; MIESSA, Élisson (e outro). *Estudos Aprofundados* – Ministério Público do Trabalho. v. 2. Salvador: JusPodivm, 2015.

11. V. PEREIRA, Ricardo José Macedo de (e outro). *Ministério Público do Trabalho – Coordenadorias Temáticas*. Brasília: MPT, 2006.

12. Ex., da Coordigualdade: ORIENTAÇÃO n. 06. Elaboração dos termos de ajuste de conduta, acordos judiciais e ações civis públicas. Art. 93 da Lei n 8.213/1991. "1. Na elaboração dos termos de ajuste de conduta, acordos judiciais e ações civis públicas que versem sobre o cumprimento do art. 93 da Lei n. 8.213/1991, deverá ser considerado o número total de empregados da empresa, não devendo ser inserida cláusula que excepcione qualquer função ou atividade. 2. Os casos de impossibilidade de inclusão de pessoas com deficiência e reabilitadas devem ser analisados quando da verificação do cumprimento dos acordos e das decisões judiciais". (Aprovada na III Reunião Nacional da Coordigualdade, dias 26 e 27.04.04. Atualizada na XXIV Reunião Nacional da Coordigualdade, dias 15 e 16 de junho de 2016). Disponível em: <https://intranet.mpt.mp.br/pgt/coordenadorias-nacionais/coordigualdade/orientacoes>. Acesso em: 10.07.2018.

13. Ex., da Coordinfância: Nota Técnica n. 01/2018: Trabalho infantil artístico e projetos de Lei em tramitação no Congresso Nacional. Abordagem a partir das propostas constantes dos PLs 231/2015 (Senado Federal), 3.974/2012 e 5.867/2009 (Câmara dos Deputados). Disponível em: <https://intranet.mpt.mp.br/pgt/coordenadorias-nacionais/coordinfancia/notas-tecnicas/2018>. Acesso em: 10.07.2018.

14. Dispõe sobre a criação, composição, atribuições e funcionamento das Coordenadorias Temáticas Nacionais.

D) Conafret: Coordenadoria Nacional de Combate às Fraudes nas Relações de Trabalho, criada pela Portaria n. 386 do PGT, de 30 de setembro de 2003;

E) Conap: Coordenadoria Nacional de Combate às Irregularidades Trabalhistas na Administração Pública, criada pela Portaria n. 409 do PGT, de 14 de outubro de 2003, por meio da Portaria 409, do Procurador-Geral do Trabalho;

F) Conatpa: Coordenadoria Nacional do Trabalho Portuário e Aquaviário, criada pela Portaria n; 385, de 30 de setembro de 2003;

G) Codemat: Coordenadoria Nacional de Defesa do Meio Ambiente de Trabalho, criada pela Portaria n. 410, de 14 de outubro de 2003; e

H) Conalis: Coordenadoria Nacional de Promoção da Liberdade Sindical, criada pela Portaria 211, de 28 de maio de 2009.

Além das coordenadorias temáticas nacionais e, visando uma atuação ainda mais especializada e afinada com a atualidade das questões, sejam controvertidas ou de grande relevância judicial, o MPT tem instituído vários Grupos de Trabalho (GT) e/ou Grupos de Estudo (GE), cujas conclusões podem ser nacionalmente aplicadas por seus membros. Via de regra, tais conclusões redundam em atuações coordenadas e ações judiciais consectâneas no setor econômico respectivo, ampliando o impacto da tutela do MPT. São exemplos, da Conafret, os GT's "Estagiários" (Portaria n. 1.972/2017 do PGT) e "Facções de Vestiários" (Portaria n. 2.142/2017 do PGT); e, da Codemat, os GT's dos "Agrotóxicos" (Portaria n. 2.098/2017 do PGT) e de "Apoio às Ações Regressivas" do INSS decorrentes de acidentes do trabalho e doenças profissionais (Portaria n. 2.089/2017 do PGT); dentre vários outros.

Finalmente, em termos tecnológicos, o MPT também tem acompanhado a revolução processual. Todos os procedimentos administrativos e investigatórios da atividade-fim do MPT são integralmente eletrônicos desde 2014 (pelo *MPT Digital*), o mesmo ocorrendo com os procedimentos da área meio, implementados mais recentemente (pelo *MPT Administrativo* e outras plataformas). Além disso, existe uma grade articulação do MPT com outros órgãos públicos, especialmente da esfera federal, para compartilhamento de informações e banco de dados. Assim, por exemplo, com a Receita Federal, Ministério do Trabalho, COAF (Conselho de Controle de Atividades Financeiras), INSS, dentre outros vários. Não suficiente, MPT tem ainda desenvolvido plataformas digitais para análise desses dados públicos, através de "Observatorios Digitais", inclusive com geomapeamento dos problemas que carecem de atuação ou onde já houve atuação (para avaliar os seus efeitos). Assim, já é mesmo possível instruir procedimentos investigatórios com provas públicas colhidas integralmente pelas tecnologias de informação. Ademais, com a Justiça do Trabalho, tem empreendido a interoperatibilidade entre os sistemas *MPT Digital* e o *PJ-e*, resultando em celeridade processual e diminuição de gastos públicos no recebimento e reenvio de autos judiciais.

3. ALGUMAS PERSPECTIVAS PARA OS PRÓXIMOS ANOS "DE VIDA" DO MPT

Nesses 30 (trinta) anos de vigência da CR/88, o MPT transmutou-se de um perfil mais interveniente (de *custos legis*) para um perfil mais agente (de autor das ações coletivas).[15] Alterou-se de curador prioritário do *interess público* em geral para o *"promotor dos direitos fundamentais"* dos trabalhadores[16]. Ainda, transmutou-se de um perfil de intervenção mais judicial (com uma atuação quase que exclusivamente nas esferas da Justiça do Trabalho) para um perfil menos judicial e mais resolutivo e colaborativo[17] (com uma vasta atuação extrajudicial, em procedimentos investigatórios, e com articulação com os demais Poderes do Estado e com a sociedade, para políticas públicas; resultando numa atuação judicial tendencialmente subsidiária).[18] Não suficiente, percebe-se ainda que a vetusta atuação individual do membro, com grande soberania do princípio da indepência funcional, passa a ser paulatinamente substituída por uma atuação mais institucional e coletiva, mediante a estipulação de metas e a coordenação de ações.[19] Essa articulação de atuação de membros passa a ser facilitada pela aproximação das distâncias pelo mundo virtual, haja vista se tratar de uma instituição nacional cuja interiorização não está ainda aperfeiçoada. Ademais, uma atuação que era antes basicamente repressiva, em busca de ações reparatórias, converte-se em uma atuação prioritariamente – ou principalmente – preventiva, mais consectânea com a envergadura dos direitos de natureza extrapatrimonial e de personalidade que incumbe tutelar na seara das relações individuais e coletivas de trabalho (donde os usuais pedidos naa ações civis públicas de condenação em obrigações de fazer e não fazer, a despeito dos pleitos de condenação em dano moral coletivo que normalmente acompanham os primeiros).

---

15. V. MENDES, Daniela Ribeiro. Vinte anos do Novo Perfil do Ministério Público: Deficiências, Avanços e Desafios. In: CORDEIRO, Juliana Vignoli (e outro). *Vinte Anos da Constituição Cidadão*. São Paulo: LTr, 2009. p. 109-111; *Diagnóstico Ministério Público do Trabalho*, Ministério da Justiça, Secretaria da Reforma do Judiciário, Brasília, 2006.
16. V. CORDEIRO, Juliana Vignoli (e outro) (Coord.)., *O MPT como Promotor dos Direitos Fundamentais*, ANPT. São Paulo: LTr, 2006.
17. V. DINIZ, José Janguiê Bezerra. *Atuação do Ministério Público do Trabalho como Árbitro*. São Paulo: LTr, 2005.
18. V. CARELLI, Rodrigo de Lacerda (Coord.). *Ministério Público do Trabalho e Tutela Judicial Coletiva*. Brasília: ESMPU, 2007.
19. V. CARELLI, Rodrigo de Lacerda. *O Mundo do Trabalho e os Direitos Fundamentais* – O Ministério Público do Trabalho e a Representação Funcional dos Trabalhadores. Porto Alegre: SAFE, 2011.

Para os próximos anos "de vida" do MPT, anunciam-se grandes causas e duras batalhas. A começar, em curto prazo, pela Reforma Trabalhista de 2017 (Lei n. 13.467/2017). O MPT tem sido reconhecido por encabeçar uma dura resistência ao acolhimento da Reforma Trabalhista, tal como aprovada pelo Poder Legislativo e sancionada pelo Presidente da República; sendo que o PGT editou nesse sentido oito Notas Técnicas desde o ínicio do processo legislativo.[20] Não suficiente, ainda constituiu internamente GE's para análise da nova legislação e proposição de conclusões em termos de hermêutica jurídica, (in)constitucionalidade e compatibilidade com as convenções internacionais (convencionalidade), cujos relatórios já estão sendo utilizados nos casos práticos que ensejam potencialmente a aplicação da nova lei, a fim de que seja devidamente enquadrada e conformada na Ordem Jurídica[21]. Aliás, já existem mais de duas dezenas de Ações Diretas de Inconstitucionalidade em trâmite no STF em face da Lei 13.467/2017[22], a despeito do debate ir além da conformidade constitucional e necessariamente ter que incluir todas as instâncias da Justiça do Trabalho.

Ainda, para além da Reforma Trabalhista, a médio e longo prazo, o MPT terá que enfrentar os profundos impactos da recente crise econômica do Brasil em seu mercado de trabalho, com milhares de brasileiros sem ocupação e em busca do "pleno emprego", considerado o emprego na plenitude de seus direitos, e de *trabalho decente*. Não suficiente, simultaneamente, o MPT terá que lidar com os efeitos da revolução tecnológica no mundo do trabalho (robotização, uberização, teletrabalho, globalização da mão de obra *etc.*) e sobre ela garantir que todos tenham acesso à sua subsistência e autossuficiência por meio de seu próprio trabalho e que tenham respeitada a sua dignidade enquanto pessoa humana. Será, com certeza, uma batalha dura a fim de realizar a compatibilização dos princípios da liberdade econômica, por um lado, e da função social da propriedade e da valorização do trabalho humano, por outro. E isto, não obstante ainda não tenham sido eliminados do mapa brasileiro as nódoas do trabalho em condições análogas à de escravo e do trabalho infantil, na pauta "de alerta permanente" do MPT. Agregue-se a isto tudo o fato de que, a cada dia, as relações individuais de trabalho têm se tornado mais êfemeras, necessitando uma tutela jurídica menos subjetiva e mais célere; o que demanda do MPT uma grande necessidade de rapidez e eficácia na apreciação das questões que lhe são colocadas, apesar de, paradoxalmente, mais complexas e tormentosas.

A extensão e a profundidade dos problemas jurídicos e sociais que se anunciam para o MPT para os próximos anos (consequências dos próprios e atuais dramas pelos quais atravessa o Direito do Trabalho, em geral) dão conta da proporcial responsabilidade constitucional e legal que continuará a pesar sobre os ombros da instituição. Afinal, homens e mulheres são (e devem ser) em primeiro momento *trabalhadores*, destinatários de proteção juridica e salário; e, apenas num segundo momento, consumidores, usuários e/ou beneficiários de parcelas sociais. Essa, imagino, deverá ser a bandeira futura do MPT. O seu *munus* constitucional será enorme. E suas costas largas.

É o que pensamos (e ansiamos), na qualidade de Procuradora do Trabalho.

---

20. V. Disponível em: <http://portal.mpt.mp.br/wps/portal/portal_mpt/mpt/publicacoes/notas-tecnicas/>. Acesso em: 10.07.2018.
21. Há também trabalhos doutrinários variados. v. COSTA, Ângelo Fabiano Farias da. *Reforma Trabalhista na Visão de Procuradores do Trabalho*. Salvador: JusPodivm, 2018.
22. A ADI 5794, Rel. Min. Edson Fachin, inclusive recentemente julgada pelo STF: "Decisão: O Tribunal, por maioria e nos termos do voto do Ministro Luiz Fux, que redigirá o acórdão, julgou improcedentes os pedidos formulados nas ações diretas de inconstitucionalidade e procedente o pedido formulado na ação declaratória de constitucionalidade. Vencidos os Ministros Edson Fachin (Relator), Rosa Weber e Dias Toffoli. Ausentes, justificadamente, os Ministros Celso de Mello, Ricardo Lewandowski e Luiz Fux. Presidiu o julgamento a Ministra Cármen Lúcia. Plenário, 29.06.2018".

A Arbitragem à Luz da Reforma Trabalhista: Um estudo sobre a Introdução dessa forma de Resolução de Conflitos nos Dissídios Individuais

Maria Júlia Bravieira Carvalho[1]
Sônia Carolina Romão Viana Perdigão[2]

1. INTRODUÇÃO

A Reforma Trabalhista, como se convencionou tratar a Lei n. 13.467, de 13 de julho de 2017, é responsável por acrescentar e alterar diversos dispositivos da Consolidação das Leis do Trabalho (CLT). Destaca-se, neste trabalho, a possibilidade de resolução dos conflitos individuais trabalhistas por meio da arbitragem, conforme consta do artigo 507-A da CLT. Trata-se de uma inovação na medida em que a arbitragem era permitida apenas para dirimir conflitos no âmbito dos direitos coletivos trabalhistas.

Com o objetivo de identificar a conformidade do procedimento arbitral no que se refere aos dissídios individuais trabalhistas, analisar-se-ão os princípios que norteiam o Processo do Trabalho, previstos tanto no regramento legal próprio da seara trabalhista quanto no Código de Processo Civil de 2015 (CPC/15), sempre sob a égide dos princípios constitucionais. Ressalte-se que o CPC/15 é fonte subsidiária e supletiva do Processo do Trabalho, sendo a este aplicável sempre que compatível for.[3]

Para tanto, utilizar-se-á o método dedutivo a partir do qual serão elaboradas conclusões com base em premissas que norteiam o processo do trabalho. Como o ordenamento apenas admitia a arbitragem nos dissídios coletivos, necessária se faz a construção de hipóteses a fim de permitir seu estudo no âmbito dos conflitos individuais.

Inicialmente, apresentar-se-á a arbitragem como uma forma alternativa de solução de controvérsias e o contexto histórico de seu surgimento. Em seguida, analisar-se-ão o conceito de arbitragem, os requisitos para a instalação do procedimento arbitral e os princípios a ele aplicáveis.

Após, serão feitas breves considerações acerca da arbitragem como forma de resolução de conflitos nos dissídios coletivos trabalhistas.

Por fim, será feita uma análise crítica acerca da utilização da arbitragem como forma de solução de controvérsias nos dissídios individuais do trabalho. Trata-se de uma construção teórica e principiológica na medida em que tem como base os princípios aplicáveis ao processo do trabalho.

2. ARBITRAGEM

2.1. A Arbitragem como forma alternativa de solução de controvérsias

É certo que a vida nos núcleos sociais demandou estratégias para dirimir os conflitos que, naturalmente, dela emanavam. Ao longo do tempo, o homem desenvolveu diversas formas de sanar essas dissidências. É possível classificar os tipos de resolução de conflitos em três categorias: autotutela, autocomposição e heterocomposição.

A autotutela teve origem nos primórdios da humanidade ante a ausência de um Poder Estatal forte o suficiente para impedir que os indivíduos impusessem sua vontade uns aos outros. A satisfação das pretensões, dessa forma, ocorria mediante a sobreposição de forças. Note-se que a autotutela se caracteriza pela imposição da vontade de uma das partes.

Embora não nos mesmos termos de seu surgimento, a autotutela ainda vigora, como exceção, no ordenamento jurídico moderno. No direito do trabalho é possível apontar a greve como exemplo, conforme preceitua Mauricio Godinho Delgado (2016, p. 1588). Ressalte-se que, segundo o autor, no caso da greve, o ciclo de autotutela não se completa, uma vez que não se impõe, propriamente, à outra parte a solução do conflito. Essa funciona como mecanismo de pressão para se encontrar soluções favoráveis.

---

1. Mestranda em Direito nas Relações Econômicas e Sociais pela Faculdade Milton Campos. Pós-graduanda em Direito Empresarial pela Fundação Getúlio Vargas (FGV). Membro dos Grupos de Estudos "As interfaces entre o Processo Civil e o Processo do Trabalho" e GERT (Grupo de Estudos sobre a Reforma Trabalhista). Membro da Oficina de Estudos Avançados da Faculdade de Direito Milton Campos. Advogada.
2. Mestranda em Direito nas Relações Econômicas e Sociais pela Faculdade Milton Campos. Membro dos Grupos de Estudos "As interfaces entre o Processo Civil e o Processo do Trabalho" e GERT (Grupo de Estudos sobre a Reforma Trabalhista). Membro da Oficina de Estudos Avançados da Faculdade de Direito Milton Campos. Advogada.
3. Assim está disposto nos arts. 15 do CPC/15 e 769 da CLT.

Já autocomposição é considerada uma solução consensual de conflitos, tendo em vista que "uma das partes em conflito ou ambas abrem mão do interesse ou de parte dele" (CINTRA, DINAMARCO, GRINOVER; 2014, p. 39). No direito do trabalho são exemplos de autocomposição a renúncia, a aceitação, a transação e a negociação coletiva. (DELGADO, 2016, p. 1589)

Por sua vez, a heterocomposição consiste na imposição da decisão de um terceiro imparcial às partes. Esse método se consagrou, sobretudo, com o fortalecimento do Estado no exercício da jurisdição.

Destacam os autores Antônio Carlos de Araújo Cintra, Ada Pellegrini Grinover e Cândido Rangel Dinamarco (2014, p. 31) um curioso fato acerca do surgimento da jurisdição estatal nos moldes contemporâneos:

> Antes de o Estado conquistar para si o poder de declarar qual o direito no caso concreto e promover a sua realização prática (jurisdição), houve três fases distintas: a) autotutela; b) arbitragem facultativa; c) arbitragem obrigatória. A autocomposição, forma de solução parcial de conflitos, é tão antiga quanto a autotutela. O processo surgiu com a arbitragem obrigatória. A jurisdição estatal, só depois (no sentido que a entendemos hoje).

No cenário hodierno é possível observar que já não mais se exalta o monopólio estatal no que se refere às resoluções das lides. O objetivo principal está na conquista da pacificação.

> Vai ganhando corpo a consciência de que, se o que importa é pacificar, torna-se irrelevante que a pacificação venha por obra do Estado ou por outros meios, desde que eficientes. Por outro lado, cresce também a percepção de que o Estado tem falhado muito sem sua missão pacificadora, que ele tenta realizar mediante o exercício da jurisdição estatal e através das formas do processo civil, penal ou trabalhista. (CINTRA; GRINOVER; DINAMARCO, 2014, p. 44)

Dentre as formas de soluções alternativas de conflitos, pontue-se a mediação, a conciliação e a arbitragem. De fato, a resolução dos conflitos não é uma atividade exclusiva do Estado. Em consonância com o exposto acima, está o art. 3º e seus parágrafos do CPC/15, os quais dispõem que:

> Art. 3º Não se excluirá da apreciação jurisdicional ameaça ou lesão a direito.
>
> § 1º É permitida a arbitragem, na forma da lei.
>
> § 2º O Estado promoverá, sempre que possível, a solução consensual dos conflitos.
>
> § 3º A conciliação, a mediação e outros métodos de solução consensual de conflitos deverão ser estimulados por juízes, advogados, defensores públicos e membros do Ministério Público, inclusive no curso do processo judicial.

Levando-se em conta as três categorias supramencionadas, é possível afirmar que "[...] a mediação e a conciliação são formas autocompositivas de resolução de litígios extrajudiciais enquanto que a arbitragem e a jurisdição são formas heterocompositivas". (MOREIRA, 2017, p. 1132)

A arbitragem é considerada como heterocomposição por ser o árbitro juiz de fato e de direito que impõe sua decisão por sentença, reconhecida como título executivo judicial, valendo-se da coerção do Estado para exigir o seu cumprimento.

De acordo com Cândido Dinamarco e Bruno Lopes (2017, p. 31) "são crescentes a valorização e o emprego dos meios não judiciais de solução de conflitos, ditos meios alternativos (ou paralelos à atuação dos juízes), como a arbitragem, a conciliação e a mediação (...)".

2.2. Breves considerações acerca do contexto histórico

A mais antiga das arbitragens teria ocorrido no início de 740 a.C entre em Messênia e Esparta. Nas Cidades-Estado aparece a figura do árbitro que, primeiramente, empenhava-se para alcançar a conciliação e, restando esta frustrada, proclamava a sentença. A arbitragem ocorria também entre as próprias Cidades-Estado, conforme Tratado firmado entre Atenas e Esparta em 445 a.C.

Em Roma, a arbitragem tem sua origem atrelada ao próprio Estado, como uma espécie de concessão. Isso porque os juízes estendiam seus poderes aos árbitros.

Durante a Idade Média, no século XII, a arbitragem ressurge na Europa. Com o desenvolvimento do conceito de Estado e as modificações legislativas, porém, ela perde realce. Entretanto, as Ordonnances de 1510, 1535 e 1560 reforçaram o seu papel. (CRETELLA NETO, 2004, p. 6-9)

Com a Revolução Francesa (1789), a arbitragem ganha destaque novamente. A assembleia constituinte estabelece sua obrigatoriedade, contudo, por ser um contrassenso às suas próprias regras, essa imposição não perdura. A arbitragem, então, permanece como uma faculdade.

Em 1876, a Bélgica adotou a arbitragem, agora respeitando seus traços característicos, como o da autonomia da vontade das partes para instituí-la e, a partir de então, esta disseminou-se na Europa e nas Américas, especialmente nos EUA. (CRETELLA NETO, 2004. p. 11)

No Brasil, a arbitragem foi utilizada desde a colonização portuguesa. A Constituição do Império de 1824 previa, no art. 160[4], o juízo arbitral.

Outra legislação que previu o uso da arbitragem foi o Código Comercial de 1850, dispondo em seu art. 294 que "todas as questões sociais que se suscitarem entre sócios durante a existência da sociedade ou companhia, sua liquidação ou

---

4. Art. 160. Nas cíveis, e nas penaes civilmente intentadas, poderão as Partes nomear Juizes Árbitros. Suas Sentenças serão executadas sem recurso, se assim o convencionarem as mesmas Partes.

partilha, serão decididas em juízo arbitral". O Regulamento n. 737, de 1850, também prescreveu para as causas comerciais a necessidade do juízo arbitral, conforme art. 411[5.].

A Lei n. 1.350 de 1866, porém, acabou colocando a arbitragem em desuso após revogar os dispositivos que tratavam da solução arbitral. (GUILHERME, 2007. p. 34)

Já em 1923 o Brasil aderiu ao Protocolo de Genebra, que foi incorporado ao ordenamento jurídico pelo Decreto n. 21.187, em 1932. Foi estabelecido o uso do juízo arbitral entre Estados para tratar sobre divergências comercias. (GUILHERME, 2007. p. 34-35)

O Código de Processo Civil (CPC) de 1939 já previa a possibilidade de adoção do juízo arbitral, da mesma forma o fez o CPC de 1973. O Brasil ratificou, ainda, em 1975, a Convenção Interamericana sobre Arbitragem Comercial Internacional.

Não obstante estivesse presente em diversos dispositivos legais, a arbitragem ainda encontrava muita resistência no Brasil. Conforme expõe Arnoldo Wald (2016, p. 60):

> Por muito tempo, a sociedade brasileira não conheceu a arbitragem e a considerava um instituto 'exótico' e de pouco uso, que não adiantava importar para o Brasil, pois havia uma alergia cultural que impedia a sua aceitação. Embora prevista pela Constituição de 1824, pelo Código Comercial de 1850 e pelos Códigos de Processo Civil de 1939 e 1973, só foi utilizada, pontualmente, até 1950, em alguns poucos casos, tanto no direito interno como nas relações internacionais. Podemos dizer que era um instituto praticamente desconhecido pelos magistrados, pelos advogados e pelos meios comerciais. Tinha, na realidade, pouca eficiência por ser considerada um pacto preliminar e depender de homologação judicial.

Com a edição de legislação específica sobre o tema (Lei n. 9.307), em 1996, o instituto foi ganhando realce no Brasil. Destaca-se que essa Lei foi declarada constitucional em 2001, momento em que a arbitragem, de fato, ganhou notoriedade no território brasileiro.

A constitucionalidade da Lei n. 9.307/1996 foi questionada incidentalmente na Homologação de Sentença Estrangeira n. 5.206. Em suma, alegava-se a vedação ao acesso ao Poder Judiciário (art. 5º, XXXV, CR/88) e ser a cláusula compromissória uma renúncia abstrata ao exercício do direito de ação, já que dispõe sobre eventuais lides futuras (não havia óbice em relação ao compromisso arbitral). O Supremo Tribunal Federal declarou a constitucionalidade[6] da Lei de Arbitragem.

Ainda, o Decreto n. 4.311, de 23 de julho de 2002, incorporou a Convenção sobre o Reconhecimento e a Execução de Sentenças Arbitrais Estrangeiras no ordenamento jurídico brasileiro. A referida convenção é também conhecida como Convenção de Nova York e dentre as inovações legislativas reconheceu a execução de sentenças arbitrais estrangeiras[7].

---

5. Art. 411. O Juizo arbitral ou é voluntario ou necessario:
   § 1º E' voluntario, quando é instituido por compromisso das partes.
   § 2º E' necessario, nos casos dos arts. 245, 294, 348, 739, 783 e 846 do Codigo Commercial, e em todos os mais, em que esta fórma de Juizo é pelo mesmo Codigo determinada.
6. EMENTA: 1.Sentença estrangeira: laudo arbitral que dirimiu conflito entre duas sociedades comerciais sobre direitos inquestionavelmente disponíveis – a existência e o montante de créditos a título de comissão por representação comercial de empresa brasileira no exterior: compromisso firmado pela requerida que, neste processo, presta anuência ao pedido de homologação: ausência de chancela, na origem, de autoridade judiciária ou órgão público equivalente: homologação negada pelo Presidente do STF, nos termos da jurisprudência da Corte, então dominante: agravo regimental a que se dá provimento, por unanimidade, tendo em vista a edição posterior da L. 9.307, de 23.09.1996, que dispõe sobre a arbitragem, para que, homologado o laudo, valha no Brasil como título executivo judicial. 2. Laudo arbitral: homologação: Lei da Arbitragem: controle incidental de constitucionalidade e o papel do STF. A constitucionalidade da primeira das inovações da Lei de Arbitragem – a possibilidade de execução específica de compromisso arbitral – não constitui, na espécie, questão prejudicial da homologação do laudo estrangeiro; a essa interessa apenas, como premissa, a extinção, no direito interno, da homologação judicial do laudo (arts. 18 e 31), e sua conseqüente dispensa, na origem, como requisito de reconhecimento, no Brasil, de sentença arbitral estrangeira (art. 35). A completa assimilação, no direito interno, da decisão arbitral à decisão judicial, pela nova Lei de Arbitragem, já bastaria, a rigor, para autorizar a homologação, no Brasil, do laudo arbitral estrangeiro, independentemente de sua prévia homologação pela Justiça do país de origem. Ainda que não seja essencial à solução do caso concreto, não pode o Tribunal – dado o seu papel de "guarda da Constituição" – se furtar a enfrentar o problema de constitucionalidade suscitado incidentemente (v.g. MS 20.505, Néri). 3. Lei de Arbitragem (L. 9.307/1996): constitucionalidade, em tese, do juízo arbitral; discussão incidental da constitucionalidade de vários dos tópicos da nova lei, especialmente acerca da compatibilidade, ou não, entre a execução judicial específica para a solução de futuros conflitos da cláusula compromissória e a garantia constitucional da universalidade da jurisdição do Poder Judiciário (CF, art. 5º, XXXV). Constitucionalidade declarada pelo plenário, considerando o Tribunal, por maioria de votos, que a manifestação de vontade da parte na cláusula compromissória, quando da celebração do contrato, e a permissão legal dada ao juiz para que substitua a vontade da parte recalcitrante em firmar o compromisso não ofendem o art. 5º, XXXV, da CF. Votos vencidos, em parte – incluído o do relator – que entendiam inconstitucionais a cláusula compromissória – dada a indeterminação de seu objeto – e a possibilidade de a outra parte, havendo resistência quanto à instituição da arbitragem, recorrer ao Poder Judiciário para compelir a parte recalcitrante a firmar o compromisso, e, conseqüentemente, declaravam a inconstitucionalidade de dispositivos da Lei 9.307/96 (art. 6º, parágrafo único; 7º e seus parágrafos e, no art. 41, das novas redações atribuídas ao art. 267, VII e art. 301, inciso IX do C. Pr. Civil; e art. 42), por violação da garantia da universalidade da jurisdição do Poder Judiciário. Constitucionalidade – aí por decisão unânime, dos dispositivos da Lei de Arbitragem que prescrevem a irrecorribilidade (art. 18) e os efeitos de decisão judiciária da sentença arbitral (art. 31).
   (SE 5206 AgR, Relator(a): Min. SEPÚLVEDA PERTENCE, Tribunal Pleno, julgado em 12.12.2001, DJ 30-04-2004 PP-00029 EMENT VOL-02149-06 PP-00958)
7. Artigo III. Cada Estado signatário reconhecerá as sentenças como obrigatórias e as executará em conformidade com as regras de procedimento do território no qual a sentença é invocada, de acordo com as condições estabelecidas nos artigos que se seguem. Para fins de reconhecimento

A convenção de Nova York, de 1958, ou Convenção sobre o Reconhecimento e Execução de Sentenças Arbitrais Estrangeiras, é um importante diploma internacional de caráter multilateral em matéria de arbitragem. Sua ratificação pelo Brasil deu-se em 2002, e mostrou-se um importante marco, com o grande foco de garantir aos signatários a efetividade de decisões arbitrais. Apesar de toda sua im- portância, a Convenção não trouxe maiores alterações no ordenamento jurídico, visto que a Lei n. 9.307/96 trazia dispositivos que tratavam da homologação de sentenças arbitrais estrangeiras, porém conferiu maior segurança ao procedimento homologatório. Assim, é pertinente a afirmação de que não houve mudanças práticas no ordenamento jurídico nacional, contudo, foi significativa a primazia dada à aplicação da Convenção conferida pelo art. 34 da referida lei, pois admite o reconheci- mento da Convenção como ato eficaz no ordenamento jurídico interno. (CARVALHO; LOPES, 2013, p. 17)

Convém acrescentar que a legislação arbitral foi, recentemente, alterada pela Lei n. 13.129, de 26 de maio de 2015. Dentre as principais modificações destacam-se a força obrigatória e vinculante para a cláusula compromissória; a equiparação da sentença arbitral à sentença judicial e a supressão da necessidade de dupla homologação e citação por carta rogatória da parte domiciliada no Brasil. Ademais, o CPC/15 também prevê o exercício da arbitragem na forma da legislação específica[8].

2.3. Definição de Arbitragem

A arbitragem pode ser conceituada como:

> (...) o meio privado, jurisdicional e alternativo de solução de conflitos decorrentes de direitos patrimoniais e disponíveis por sentença arbitral, definida como título executivo judicial e prolatada pelo árbitro, juiz de fato e de direito, normalmente especialista na matéria controvertida. (SCAVONE JUNIOR, 2015, p. 2)

Para Mauricio Godinho Delgado (2016, p. 1593), a arbitragem é o procedimento de "[...] solução de conflitos mediante o qual a decisão, lançada em um laudo arbitral, efetiva-se por um terceiro árbitro, estranho à relação entre os sujeitos em controvérsia e, em geral, por eles escolhido".

Nos termos do art. 1º da Lei de Arbitragem, "as pessoas capazes de contratar poderão valer-se da arbitragem para dirimir litígios relativos a direitos patrimoniais disponíveis". Nesse sentido, a arbitragem somente pode ser usada como solução de conflitos entre as partes que são consideradas capazes pelo Código Civil.

A capacidade das partes adquire fundamental relevância no que tange a esse assunto na medida em que constitui elemento básico para a livre manifestação da vontade. É imprescindível que o sujeito tenha capacidade para que sua vontade seja expressa de forma eficaz.

A arbitragem funda-se na autonomia da vontade e prima pela simplicidade, economia e sigilo, podendo o árbitro, o que é aconselhável, ser técnico especializado na área do conhecimento pertinente ao tema objeto da arbitragem. (VELLOSO, 2013)

Quanto à possibilidade de representação e assistência em caso de incapacidade absoluta e relativa, Luiz Antônio Scavone Júnior (2015, p. 14-15) sustenta que

> Com respeito a posições em sentido contrário, nada obsta que, circunscritos aos limites de mera administração impostos à representação, tutela e curatela, os pais, tutores ou curadores possam representar ou assistir os incapazes, firmando cláusulas ou compromissos arbitrais que versem sobre direitos patrimoniais disponíveis desses mesmos incapazes.

É claro que não restam dúvidas quanto ao particular, seja pessoa física ou jurídica. Muito se discutiu, porém, acerca da possibilidade de ser a Administração Pública legítima para convencionar a arbitragem. Com a edição da Lei n. 13.129/2015, tal questão restou pacificada. Isso em razão de autorização expressa no art. 1º, § 1º: "a administração pública direta e indireta poderá utilizar-se da arbitragem para dirimir conflitos relativos a direitos patrimoniais disponíveis."

A Lei n. 13.129/2015 reformou a Lei de Arbitragem que passou a "admitir, de forma ampla, a submissão da Administração Pública a tribunais arbitrais. Trata-se de um reconhecimento explícito, por parte do Legislativo, de que a opção pela arbitragem não apenas pode ser útil e vantajosa para o Poder Público, mas serve também para desafogar o Judiciário e contribuir para a célere resolução de conflitos que dependem do Estado-juiz." (TIBURCIO; PIRES, 2016, p. 432)

Além da capacidade das partes, a referida Lei prevê como requisito uma limitação quanto ao objeto: direitos patrimoniais disponíveis. Os direitos patrimoniais são aqueles ligados às relações jurídicas de obrigações e passíveis de alienação e transação. (SCAVONE JUNIOR, 2015)

No que tange à disponibilidade, o direito é considerado disponível quando "ele pode ser exercido livremente pelo seu titular, sem que haja norma cogente impondo o

---

ou de execução das sentenças arbitrais às quais a presente Convenção se aplica, não serão impostas condições substancialmente mais onerosas ou taxas ou cobranças mais altas do que as impostas para o reconhecimento ou a execução de sentenças arbitrais domésticas.

8. Art. 3º Não se excluirá da apreciação jurisdicional ameaça ou lesão a direito.
　§ 1º É permitida a arbitragem, na forma da lei.
　§ 2º O Estado promoverá, sempre que possível, a solução consensual dos conflitos.

cumprimento do preceito, sob pena de nulidade ou anulabilidade do ato praticado com sua infringência." (CARMONA, 2009, p. 38)

O direito indisponível compreende toda a gama de direitos que não são passíveis de alienação ou de transação. De acordo com Bernardo Fernandes (2017, p. 343), a "indisponibilidade surgiria apenas para os direitos à vida, bem como os direitos à saúde, à integridade física e às liberdades pessoais (liberdade ideológica e religiosa, liberdade de expressão, direito de reunião)".

Portanto, a arbitragem não pode versar sobre direitos não patrimoniais e/ou indisponíveis, como "questões penais, aquelas referentes ao estado das pessoas, matéria tributária e direitos pessoais concernentes ao direito de família, como, por exemplo, filiação e poder familiar". (SCAVONE JUNIOR, 2015, p. 19)

Dispõe o art. 2º da Lei de Arbitragem que esta pode ser de direito ou de equidade, a depender da vontade das partes. Ressalte-se que sendo parte a Administração Pública somente poderá a arbitragem ser de direito.[9]

O § 1º do dispositivo supramencionado confere às partes, ainda, a faculdade quanto às regras de direito a serem utilizadas na arbitragem, exceto aquelas que violem os bons costumes e a ordem pública. Isso quer dizer que as normas de direito material a serem aplicadas podem ser definidas pelas partes. Assim, elas poderiam escolher entre o direito material brasileiro, "leis internacionais de comércio; *lex mercatoria*; leis internacionais; leis corporativas; equidade e princípios gerais do direito". (SCAVONE JUNIOR, 2015, p. 11)

Convenção de arbitragem é gênero do qual são espécies a cláusula arbitral ou compromissória e o compromisso arbitral. Por meio de uma cláusula compromissória as partes estabelecem que eventuais conflitos oriundos da relação jurídica existente entre elas serão, obrigatoriamente, submetidos à arbitragem.

Ordinariamente, essa cláusula é definida no contrato, porém nada impede que seja acordada posteriormente. É necessário pontuar que a cláusula compromissória é considerada pela Lei como autônoma em relação ao contrato objeto do conflito[10].

Conforme o art. 4º, *caput* e § 1º da Lei n. 9.307/1996,

> Art. 4º A cláusula compromissória é a convenção através da qual as partes em um contrato comprometem-se a submeter à arbitragem os litígios que possam vir a surgir, relativamente a tal contrato.
>
> § 1º A cláusula compromissória deve ser estipulada por escrito, podendo estar inserta no próprio contrato ou em documento apartado que a ele se refira.

A cláusula arbitral pode ser classificada, doutrinariamente, como cheia ou vazia. Considera-se cheia aquela na qual estão indicados requisitos mínimos para a instalação do procedimento arbitral. As partes podem elaborar uma cláusula arbitral cheia em que constem todas as condições[11], como o lugar e a indicação dos árbitros, ou uma cláusula em que indiquem uma entidade especializada em que serão usadas as regras estipuladas por ela. (SCAVONE JUNIOR, 2015)

Em contrapartida, a cláusula vazia é aquela em que as partes não ajustam as condições para o procedimento, apenas se obrigam a resolver o conflito mediante a arbitragem. Ante a ausência da estipulação das condições, será necessário que as partes celebrem um compromisso arbitral, nos termos do art. 10 da Lei n. 9.307/1996.

Compromisso arbitral pode ser definido, nos termos do art. 9º, *caput*, da Lei n. 9.307/1996, como "[...] a convenção através da qual as partes submetem um litígio à arbitragem de uma ou mais pessoas, podendo ser judicial ou extrajudicial".

Desse modo, será judicial quando as partes firmarem o compromisso durante o curso do processo judicial. E extrajudicial quando for realizado o compromisso antes do ajuizamento da ação judicial.

A importância da convenção de arbitragem é que, após firmá-la, as partes são obrigadas a submeter o conflito a este procedimento. Diante de um desrespeito ao compromisso firmado, no processo judicial, o réu pode alegar antes de discutir o mérito a existência da convenção de arbitragem[12].

Caso o réu não alegue a existência da referida convenção, haverá aceitação da jurisdição do Estado e renúncia ao juízo arbitral, seguindo o processo de forma judicial[13]. Do contrário, diante da alegação de convenção de arbitragem e acolhimento pelo juízo ou, ainda, quando o juízo arbitral reconhecer sua competência, o processo será extinto sem resolução de mérito[14].

Dessa forma, a convenção de arbitragem entre as partes é imprescindível para instauração do procedimento arbitral.

---

9. Art. 2º, § 3º da Lei de Arbitragem: "A arbitragem que envolva a administração pública será sempre de direito e respeitará o princípio da publicidade."
10. Art. 8º da Lei n. 9.307/1996: "A cláusula compromissória é autônoma em relação ao contrato em que estiver inserta, de tal sorte que a nulidade deste não implica, necessariamente, a nulidade da cláusula compromissória".
11. O art. 10 da Lei n. 9.307/96 estabelece requisitos que são obrigatórios. Dessa forma, o artigo dispõe que: Art. 10. Constará, obrigatoriamente, do compromisso arbitral: I – o nome, profissão, estado civil e domicílio das partes; II – o nome, profissão e domicílio do árbitro, ou dos árbitros, ou, se for o caso, a identificação da entidade à qual as partes delegaram a indicação de árbitros; III – a matéria que será objeto da arbitragem; e IV – o lugar em que será proferida a sentença arbitral.
12. De acordo com o art. 337, *caput* e inciso X do CPC/15: "Incumbe ao réu, antes de discutir o mérito, alegar: [...] X – convenção de arbitragem;"
13. Segundo ao art. 337, § 6º do CPC/15: "A ausência de alegação da existência de convenção de arbitragem, na forma prevista neste Capítulo, implica aceitação da jurisdição estatal e renúncia ao juízo arbitral".
14. Dessa forma, dispõe o art. 485, *caput* e inciso VII do CPC/15 que: "O juiz não resolverá o mérito quando: [...] VII – acolher a alegação de existência de convenção de arbitragem ou quando o juízo arbitral reconhecer sua competência;"

É necessário, ainda, que elas estipulem as condições necessárias para tanto. Frise-se que, diante do ajuizamento de eventual ação perante o Poder Judiciário em desrespeito à convenção, deve haver alegação expressa pela parte, sob pena de preclusão e renúncia ao seu direito.

Na arbitragem, o papel do árbitro é suma importância. Ele é considerado juiz de fato e de direito, conforme disposto no art. 18 da Lei de Arbitragem. Em seu art. 13, *caput*, bem como nos §§ 1º e 6º, constam os requisitos necessários para atuar como árbitro, devendo este ser pessoa capaz e possuir a confiança das partes. As partes devem nomear um ou mais árbitros, sempre em número ímpar e o árbitro deve atuar com imparcialidade, independência, competência, diligência e discrição.

Luiz Antônio Scavone Júnior (2015, p. 115), sustenta que o árbitro pode ser pessoa natural ou jurídica, desde que esta última esteja "representada e de acordo com os seus atos constitutivos".

Ser o árbitro especialista na matéria é apenas uma recomendação legal, não há qualquer obrigatoriedade. Ressalte-se a importância da especialização para as próprias partes no momento da escolha do árbitro, já que, por certo, lhes garantirá maior segurança na decisão. Não há qualquer exigência legal, inclusive, de que seja ele advogado ou bacharel em direito.

Uma distinção notável entre os processos estatal e arbitral, pauta-se no poder de decisão do árbitro. Isso porque em se tratando do processo estatal tem-se a projeção da vontade do Estado enquanto no arbitral evidencia-se a vontade das partes. (DINAMARCO; LOPES, 2016)

A sentença arbitral é a decisão prolatada pelo árbitro com natureza jurídica de título executivo judicial, nos termos do art. 515, inciso VII do CPC/15. Assim, a sentença arbitral equipara-se à sentença judicial. Nos termos do art. 31 da Lei n. 9.307/1996, "a sentença arbitral produz, entre as partes e seus sucessores, os mesmos efeitos da sentença proferida pelos órgãos do Poder Judiciário e, sendo condenatória, constitui título executivo". Por isso, produz entre as partes os mesmos efeitos que uma sentença judicial, não necessitando de homologação[15] pelo Poder Judiciário.

Ainda, de acordo com o art. 18 dessa lei, a sentença proferida pelo árbitro não está sujeita a recurso e, conforme preceitua o art. 515, inciso VII do CPC/15, não necessita de homologação do Poder Judiciário.

É importante ressaltar, porém, que não foi conferido ao juízo arbitral o poder de polícia (ou poder de coação), exclusivo do Poder Judiciário. Logo, o árbitro, muito embora tenha o poder de decidir, não possui poder de executar as suas decisões, tanto em caráter de execução da sentença definitiva quanto em caso de tutela provisória e de evidência. (SCAVONE JUNIOR, 2015)

Assim, por exemplo, caso uma testemunha não compareça a uma audiência no processo arbitral, o juízo arbitral poderá solicitar, por carta arbitral, ao juiz estatal que conduza coercitivamente a testemunha à próxima sessão em que será ouvida (art. 22, § 2º, da Lei n. 9.307/1996 – Lei de Arbitragem). Outras medidas coercitivas, assim como medidas de tutela de urgência, igualmente poderão ser determinadas pelo juízo arbitral, que solicitará, por carta arbitral, a cooperação do juiz estatal competente para a efetivação da medida tomada (art. 22, § 4º, da Lei de Arbitragem), notadamente em caso de resistência. (DIDIER, 2013, p. 75)

O CPC/15 inovou ao dispor sobre a carta arbitral. Isso porque nem a Lei de Arbitragem, tampouco o CPC/73, disciplinavam a relação entre o árbitro e o juiz. Nos termos do inciso IV do art. 237 do CPC/15, "será expedida carta: [...] arbitral, para que órgão do Poder Judiciário pratique ou determine o cumprimento, na área de sua competência territorial, de ato objeto de pedido de cooperação judiciária formulado por juízo arbitral, inclusive os que importem efetivação de tutela provisória." "O propósito da carta arbitral, portanto, é ser um instrumento de cooperação entre a jurisdição arbitral e a jurisdição estatal para primordialmente conferir efetividade às decisões proferidas pela primeira." (DIDIER, 2013, p. 75)

Não há dúvidas de que tal inovação será de bom grado para que as partes tenham uma forma mais segura, concreta e célere para que tenham condições de ver as decisões favoráveis para si cumpridas através do poder de império do Estado. (BIANCHI, 2016, p. 420)

2.4. Princípios da Arbitragem

Princípios informativos do procedimento arbitral estão expressamente mencionados no art. 21, § 2º da Lei n. 9.307/1996. Este dispositivo não esgota, porém, a axiologia arbitral, conforme será exposto.

> Art. 21. A arbitragem obedecerá ao procedimento estabelecido pelas partes na convenção de arbitragem, que poderá reportar-se às regras de um órgão arbitral institucional ou entidade especializada, facultando-se, ainda, às partes delegar ao próprio árbitro, ou ao tribunal arbitral, regular o procedimento.
>
> [...]
>
> § 2º Serão, sempre, respeitados no procedimento arbitral os princípios do contraditório, da igualdade das partes, da imparcialidade do árbitro e de seu livre convencimento.
>
> [...]

---

15. Exceção apenas para sentença arbitral estrangeira, que conforme o art. 35 da Lei n. 9.307/1996 prevê que "para ser reconhecida ou executada no Brasil, a sentença arbitral estrangeira está sujeita, unicamente, à homologação do Superior Tribunal de Justiça."

Frise-se que esses princípios são comuns à jurisdição estatal. É possível inferir dos art. 13, § 6º[16] e 38, III[17] da Lei de Arbitragem outras garantias processuais, como os princípios do devido processo legal e da ampla defesa.

O princípio do devido processo legal é considerado "[...] um supra-princípio, um princípio base, norteador de todos os demais que devem ser observados no processo." (NEVES, 2017, p.173)

De acordo com Humberto Theodoro Júnior (2017, p. 49)

há, de tal sorte, um aspecto procedimental do devido processo legal que impõe a fiel observância do contraditório e da ampla defesa, decorrência obrigatória da garantia constitucional do princípio da igualdade; e, há, também, um aspecto substancial, segundo o qual a vontade concretizada pelo provimento jurisdicional terá de fazer prevalecer, sempre, a supremacia das normas, dos princípios e dos valores constitucionais.

Desse modo, se atendidas as disposições contidas no direito processual, garantindo que não sejam violados os direitos fundamentais das partes, de forma que o procedimento seja compatível com as normas constitucionais, considera-se cumprido o princípio do devido processo legal. Isso significa que a sua observância é fundamental em todas as esferas processuais: no juízo arbitral, no processo do trabalho, penal e cível, por exemplo.

O princípio do contraditório é um princípio constitucional[18]. Segundo Carlos Alberto Carmona (2009, p. 295), quando se refere especificamente quanto aos seus efeitos na arbitragem, esse princípio "permite que, durante todo o arco do processo arbitral, as partes possam produzir suas provas, aduzir suas razões em prol de seus direitos, fazendo com que suas razões sejam levadas em conta pelo julgador ao decidir".

O princípio da igualdade deve garantir o tratamento isonômico das partes.

A igualdade deve ser entendida como a equiparação de todos os homens no que diz respeito à fruição e ao exercício de direitos, assim como à sujeição a deveres e obrigações. Não consiste em uma igualdade de tratamento apenas perante o Direito, mas de uma igualdade real e efetiva perante os bens da vida. (CRETELLA NETO, 2004, p. 95)

Relaciona-se, pois, ao princípio da isonomia processual. "Ou seja, às partes e a seus procuradores é garantido tratamento igualitário, sem que se concedam privilégios a quaisquer deles, de forma a assegurar que as razões de ambos sejam deduzidas perante o juiz." (CRETELLA NETO, 2004, p. 95)

É importante destacar que, no que tange ao direito processual do trabalho, o princípio da igualdade está estritamente relacionado ao princípio da proteção. Isso porque "o princípio da proteção está para o processo do trabalho, assim como o devido processo legal está para o processo em geral. É o princípio básico, que sustenta a ideologia do processo do trabalho." (LIMA, 2017, p. 44)

Note-se que o princípio da proteção adquire diferentes significados nos âmbitos material e processual do trabalho. No que tange à esfera processual, a sua aplicação se mostra de forma mais atenuada, até mesmo em função da imparcialidade inerente à jurisdição.

O princípio da proteção, quando aplicado às relações processuais trabalhistas, tem vida autônoma em relação ao princípio da proteção do direito material. No processo, o princípio da proteção atua como uma espécie de filtro, pelo qual devem passar todos os princípios do direito processual comum. (LIMA, 2017, p. 45)

A função primordial desse princípio é, pois, equilibrar uma relação naturalmente desigual: a relação de trabalho. A disparidade entre empregado e empregador se dá, sobretudo, em razão da subordinação. Não raras vezes, têm reflexos sociais, econômicos e culturais.

O princípio da proteção processual, portanto, deriva da própria razão de ser do processo do trabalho, o qual foi concebido para efetivar o direito do trabalho, sendo este ramo da árvore jurídica criado exatamente para compensar ou reduzir a desigualdade real existente entre empregado e empregador, naturais litigantes do processo laboral. (LEITE, 2016, p. 101)

Outro princípio típico do processo do processo do trabalho é o princípio da finalidade social do processo. Este se direciona para a atuação do juiz, nesse caso, do árbitro. Exige, assim, uma postura mais ativa no sentido de garantir a igualdade entre as partes. Conforme salienta Carlos Henrique Bezerra Leite (2016, p. 104)

A diferença básica entre o princípio da proteção processual e o princípio da finalidade social do processo é

---

16. Art. 13. Pode ser árbitro qualquer pessoa capaz e que tenha a confiança das partes.
    [...]
    § 6º No desempenho de sua função, o árbitro deverá proceder com imparcialidade, independência, competência, diligência e discrição.
17. Art. 38. Somente poderá ser negada a homologação para o reconhecimento ou execução de sentença arbitral estrangeira, quando o réu demonstrar que:[...]
    III – não foi notificado da designação do árbitro ou do procedimento de arbitragem, ou tenha sido violado o princípio do contraditório, impossibilitando a ampla defesa; [...]
18. A Constituição Federal em seu artigo 5º, inciso LV dispõe que "aos litigantes, em processo judicial ou administrativo, e aos acusados em geral são assegurados o contraditório e ampla defesa, com os meios e recursos a ela inerentes".

que, no primeiro, a própria Lei confere a desigualdade no plano processual; no segundo, permite-se que o juiz tenha uma atuação mais ativa, na medida em que auxilia o trabalhador, em busca de uma solução justa, até chegar o momento de proferir a sentença.

Desse modo, em se tratando de questão processual, a fim de atender ao princípio da igualdade entre as partes, deve o árbitro considerar também os princípios próprios do processo do trabalho. Isso em razão das peculiaridades da relação trabalhista que demanda uma atuação mais ativa a fim de suprir a desigualdade que lhe é peculiar.

> Não se trata de agir com desigualdade, mas, sim, de corrigi-la. É justamente para garantir a isonomia processual que a Lei *protege o trabalhador*. Não fosse assim, as causas trabalhistas somente teriam um vencedor: o capital. É para promover justiça que o direito processual do trabalho compensa a desigualdade da relação de trabalho, sendo, por exemplo, mais simples que a Justiça comum. (LIMA, 2017, p. 45)

É importante ressaltar que o princípio da igualdade, por pressupor também o tratamento isonômico pelo julgador, seja ele juiz ou árbitro, está intimamente relacionado ao princípio da imparcialidade.

> Com efeito, o dever de imparcialidade do julgador obriga-o a ouvir ambas as partes litigantes: uma delas apresentará a sua visão, necessariamente facciosa, dos fatos e do direito (tese), e a outra, visão contrária à primeira (antítese), num procedimento dialético, que levará o julgador a realizar uma síntese, para poder decidir. (CRETELLA NETO, 2004, p. 94)

Conforme preceituam Suzana Cremasco e Telder Lage (2010, p. 20), "os princípios inerentes à jurisdição estatal são nominalmente os mesmos que os que incidem na jurisdição arbitral, certo é que não têm a mesma tonalidade numa e noutra (...)".

O princípio da investidura, por exemplo, no que tange à jurisdição estatal, indica que o processo deve ser julgado apenas por aquele que foi investido de poderes pelo Estado. Já no que se refere ao processo arbitral, a legitimidade advém da vontade das partes. (CREMASCO; LAGE, 2010, p. 21)

Destaca-se o princípio da *kompetenz-kompetenz*, próprio do procedimento arbitral e que garante ao árbitro autonomia para decidir acerca da controvérsia[19]. De origem alemã, tal princípio da competência-competência (Kompetenz-Kompetenz), quer significar que cabe ao(s) próprio(s) árbitro(s) a decisão acerca de eventual invalidade da cláusula arbitral e/ou do respectivo contrato. (RABAY, p.09)

A regra da *Kompetenzkompetenz* é mais que isso: é um reconhecimento normativo por parte do Estado de que a jurisdição, em tese sob seu monopólio, pode ser exercida prioritariamente por agentes privados em algumas circunstâncias. Assim, essa regra é uma declaração estatal de reconhecimento do direito da arbitragem como conjunto normativo em que está contido um método jurisdicional privado para solução de um determinado litígio envolvendo direitos com conteúdo preponderantemente econômico. (DIDIER, 2013, p. 79)

No que tange ao princípio da aderência ao território, enquanto na jurisdição estatal os limites são fixados pela lei, no juízo arbitral podem as partes escolherem a sede da arbitragem.

O princípio da indelegabilidade sustenta que, em regra, o juiz estatal não pode delegar o exercício da jurisdição estatal, exceto se hipótese legal de impedimento ou de suspeição. Do mesmo modo, deve o árbitro conduzir o procedimento arbitral pessoalmente. (CREMASCO; LAGE, 2010, p. 22)

O princípio do juiz natural garante que o processo, tanto arbitral quanto estatal, deve sempre ser presidido por julgador independente, imparcial e desinteressado na causa.

O princípio da indeclinabilidade, por sua vez, representa uma limitação, já que, em regra, impede que o juiz se recuse a julgar uma causa. O árbitro, porém, pode se recusar a julgar determinada controvérsia. Somente não poderá fazê-lo depois de se comprometer a atuar em uma demanda.

Finalmente, o princípio da inércia da jurisdição sustenta que o processo se inicia por iniciativa de uma das partes, havendo exceções no processo civil, como "possibilidade da abertura de procedimento de inventário e partilha de ofício pelo juiz, caso as pessoas de direito não o façam dentro do prazo legal" (CREMASCO; LAGE, 2010, p.23). Em contrapartida, na jurisdição arbitral esse princípio é absoluto, não havendo qualquer exceção. Assim, será sempre instaurado por iniciativa das partes.

3. A ARBITRAGEM COMO FORMA DE SOLUÇÃO DE DISSÍDIOS INDIVIDUAIS TRABALHISTAS

É importante mencionar que a arbitragem nas relações de trabalho já constava do ordenamento jurídico brasileiro antes mesmo da Reforma Trabalhista. O art. 114 da Constituição Federal de 1988 (CR/88), em seus parágrafos, alterado pela Emenda Constitucional n. 45 de 2004, prevê a possibilidade de as partes elegerem essa modalidade de solução de conflitos nos dissídios coletivos de trabalho.

---

19. Conforme consta do art. 8º, parágrafo único da Lei de Arbitragem:

    Art. 8º A cláusula compromissória é autônoma em relação ao contrato em que estiver inserta, de tal sorte que a nulidade deste não implica, necessariamente, a nulidade da cláusula compromissória.

    Parágrafo único. Caberá ao árbitro decidir de ofício, ou por provocação das partes, as questões acerca da existência, validade e eficácia da convenção de arbitragem e do contrato que contenha a cláusula compromissória. (grifo nosso)

Art. 114. Compete à Justiça do Trabalho processar e julgar:

[...]

§ 1º Frustrada a negociação coletiva, as partes poderão eleger árbitros.

§ 2º Recusando-se qualquer das partes à negociação coletiva ou à arbitragem, é facultado às mesmas, de comum acordo, ajuizar dissídio coletivo de natureza econômica, podendo a Justiça do Trabalho decidir o conflito, respeitadas as disposições mínimas legais de proteção ao trabalho, bem como as convencionadas anteriormente.

Nos dissídios coletivos, os sindicatos possuem o intuito de tutelar interesses gerais e abstratos de determinadas categorias profissionais. Não raras vezes, almejam melhores condições de trabalho e elevação de salários. Em regra, são pleiteados direitos passíveis de negociação. Viável, assim, a arbitragem, sobretudo, por estarem as partes em inegável condição de igualdade – empregados e empregadores representados por seus respectivos sindicatos.

[...] a arbitragem no Direito Coletivo resulta de deliberação das partes coletivas trabalhistas, no contexto da negociação coletiva. Autorizado pela negociação coletiva, esse tipo de laudo arbitral (que não se confunde com o produzido no âmbito das relações meramente bilaterais de trabalho) dá origem a regras jurídicas, isto é, dispositivos gerais abstratos, impessoais e obrigatórios no âmbito das respectivas bases coletivas representadas. (DELGADO, 2013, p. 1487)

A adoção da arbitragem como meio de solução de conflito nos dissídios coletivos é medida facultativa, resultante da deliberação das partes. Nesse caso,

[...] o laudo arbitral (que não se confunde com o produzido no âmbito das relações meramente bilaterais de trabalho) dá origem a regras jurídicas, isto é, dispositivos gerais, abstratos, impessoais e obrigatórios no âmbito das respectivas bases coletivas representadas. (DELGADO, 2016, p. 1601)

Cabe pontuar que a Lei n. 10.101, de 19 de dezembro de 2000, dispõe que a arbitragem poderá ser utilizada como mecanismo de solução de conflitos relativos à participação nos lucros ou resultados da sociedade se a negociação resultar num impasse, conforme consta do art. 4º[20].

A Lei n. 12.815/2013, que regulamenta o trabalho portuário, também prevê a arbitragem como forma de resolução de conflitos, nos termos do art. 37[21].

Ainda, a Lei Complementar n. 75/1993, em seu art. 83, *caput* e inciso XI prescreve que "compete ao Ministério Público do Trabalho o exercício das seguintes atribuições junto aos órgãos da Justiça do Trabalho: [...] árbitro, se assim for solicitado pelas partes, nos dissídios de competência da Justiça do Trabalho". Dessa forma, autoriza-se a participação do MPT como árbitro.

Por sua vez, a Lei n. 9.615/1998, conhecida como Lei Pelé, foi alterada pela Lei n. 12.395/2011, passando a conter o art. 90-C que versa sobre a possibilidade de aplicação da arbitragem para dirimir eventuais conflitos, desde que prevista em instrumento de negociação coletiva.

Art. 90-C. As partes interessadas poderão valer-se da arbitragem para dirimir litígios relativos a direitos patrimoniais disponíveis, vedada a apreciação de matéria referente à disciplina e à competição desportiva. (Incluído pela Lei n. 12.395, de 2011).

Parágrafo único. A arbitragem deverá estar prevista em acordo ou convenção coletiva de trabalho e só poderá ser instituída após a concordância expressa de ambas as partes, mediante cláusula compromissória ou compromisso arbitral. (Incluído pela Lei n. 12.395, de 2011).

Frise-se que a Justiça do Trabalho também faz uso de outras formas alternativas de solução de controvérsias. A resolução n. 174 de 2016 do Conselho Superior da Justiça do Trabalho trata da mediação e da conciliação no âmbito

---

20. Art. 4º Caso a negociação visando à participação nos lucros ou resultados da empresa resulte em impasse, as partes poderão utilizar-se dos seguintes mecanismos de solução do litígio:

    I – mediação;

    II – arbitragem de ofertas finais, utilizando-se, no que couber, os termos da Lei n. 9.307, de 23 de setembro de 1996. (Redação dada pela Lei n. 12.832, de 2013)

    § 1º Considera-se arbitragem de ofertas finais aquela em que o árbitro deve restringir-se a optar pela proposta apresentada, em caráter definitivo, por uma das partes.

    § 2º O mediador ou o árbitro será escolhido de comum acordo entre as partes.

    § 3º Firmado o compromisso arbitral, não será admitida a desistência unilateral de qualquer das partes.

    § 4º O laudo arbitral terá força normativa, independentemente de homologação judicial.

21. Art. 37. Deve ser constituída, no âmbito do órgão de gestão de mão de obra, comissão paritária para solucionar litígios decorrentes da aplicação do disposto nos arts. 32, 33 e 35.

    § 1º Em caso de impasse, as partes devem recorrer à arbitragem de ofertas finais.

    § 2º Firmado o compromisso arbitral, não será admitida a desistência de qualquer das partes.

    § 3º Os árbitros devem ser escolhidos de comum acordo entre as partes, e o laudo arbitral proferido para solução da pendência constitui título executivo extrajudicial.

    § 4º As ações relativas aos créditos decorrentes da relação de trabalho avulso prescrevem em 5 (cinco) anos até o limite de 2 (dois) anos após o cancelamento do registro ou do cadastro no órgão gestor de mão de obra.

trabalhista, cabendo pontuar que houve a imposição aos Tribunais Regionais do Trabalho para incluir o Núcleo Permanente de Métodos Consensuais de Solução de Disputas – NUPEMEC-JT e o Centro Judiciário de Métodos Consensuais de Solução de Disputas – CEJUSC-JT[22].

Com a modificação da legislação trabalhista por meio da Lei n. 13.467/2017, houve a extensão da jurisdição arbitral para além dos dissídios coletivos. De acordo com o art. 507-A da CLT, a arbitragem passa a ser cabível também para dirimir os conflitos individuais na seara trabalhista.

Antes de adentrar na análise propriamente dita do dispositivo legal é necessário mencionar que o contrato de trabalho pode ser considerado por alguns autores como contrato de adesão. Ocorre que é um equívoco, porém, supor que essa natureza seja, por si só, um óbice à arbitragem como forma de solução de conflitos. A partir da análise da aplicabilidade da Lei de Arbitragem aos contratos de adesão, regidos pelo direito do consumidor, será possível traçar algumas considerações.

O art. 4º, § 2º[23] da Lei de Arbitragem considera que a cláusula compromissória somente terá eficácia nos contratos de adesão se o aderente propuser a instituição da arbitragem ou concordar, expressamente, com a estipulação.

Assim como o direito do trabalho, o direito do consumidor deve levar em conta a vulnerabilidade e a hipossuficiência, já que ampliar as possibilidades de fixação da arbitragem sem os cuidados necessários pode "significar um retrocesso e ofensa ao princípio norteador de proteção do consumidor." (RAGAZZI; LASMAR, 2016, p. 499) E, no direito do trabalho, uma ofensa à proteção do trabalhador.

Diante da expressa autorização legal quanto aos contratos de adesão, desde que preenchidos os seus requisitos, resta comprovado que o mero enquadramento do contrato de trabalho no campo dos contratos de adesão não é suficiente para afastar a arbitragem como forma de solução de controvérsias.

Cabe ressalvar, ainda, a discussão sobre a compatibilidade entre a Lei de Arbitragem e o princípio constitucional do amplo acesso à justiça. Isso porque a Lei n. 9.307/1996 eleva a sentença arbitral ao *status* de sentença judicial, conforme explicitado anteriormente. Assim, as partes ficam impedidas de utilizar a via judicial como recurso em caso de inconformismo diante da decisão proferida pelo árbitro. A via judicial fica adstrita às eventuais limitações do procedimento arbitral.

Mauricio Godinho Delgado (2016, p.1598) aponta clara incompatibilidade entre os arts. 18[24] e 31[25] da Lei de Arbitragem e o princípio constitucional, uma vez que "de fato, a Lei n. 9.307 parece querer conferir qualidades de coisa julgada material à decisão arbitral, mesmo em conflitos meramente interindividuais, excluindo, em consequência, da apreciação judicial lesão ou ameaça a direitos trabalhistas que poderiam estar nele embutidas."

Essa questão, porém, já encontra resposta na jurisprudência. O Supremo Tribunal Federal (STF) julgou constitucional os referidos dispositivos da Lei de Arbitragem, concluindo que não há que se falar em afronta à CR/88.

> EMENTA: 1.Sentença estrangeira: [...] 2. Laudo arbitral: [...] 3. Lei de Arbitragem (L. n. 9.307/1996): constitucionalidade, em tese, do juízo arbitral; <u>discussão incidental da constitucionalidade de vários dos tópicos da nova lei, especialmente acerca da compatibilidade, ou não, entre a execução judicial específica para a solução de futuros conflitos da cláusula compromissória e a garantia constitucional da universalidade da jurisdição do Poder Judiciário (CF, art. 5º, XXXV)</u>. Constitucionalidade declarada pelo plenário, considerando o Tribunal, por maioria de votos, que a manifestação de vontade da parte na cláusula compromissória, quando da celebração do contrato, e a permissão legal dada ao juiz para que substitua a vontade da parte recalcitrante em firmar o compromisso não ofendem o art. 5º, XXXV, da CF. Votos vencidos, em parte – incluído o do relator – que entendiam inconstitucionais a cláusula compromissória – dada a indeterminação de seu objeto – e a possibilidade de a outra parte, havendo resistência quanto à instituição da arbitragem, recorrer ao Poder Judiciário para compelir a parte recalcitrante a firmar o compromisso, e, consequentemente, declaravam a inconstitucionalidade de dispositivos da Lei n. 9.307/1996 (art. 6º, parágrafo único; 7º e seus parágrafos e, no art. 41, das novas redações atribuídas ao art. 267, VII e art. 301, inciso IX do C. Pr. Civil; e art. 42), por violação da garantia da universalidade da jurisdição do Poder Judiciário. <u>Constitucionalidade – aí por decisão unânime, dos dispositivos da Lei de Arbitragem que prescrevem a irrecorribilidade (art. 18) e os efeitos de decisão judiciária da sentença arbitral (art. 31).</u>

---

22. Art. 2º. Fica instituída a Política Judiciária Nacional de tratamento das disputas de interesses trabalhistas para assegurar a todos o direito à solução das disputas por meios adequados à sua natureza, peculiaridade e características socioculturais de cada Região. Parágrafo único. Para o adequado cumprimento do presente artigo, bem como para a implementação da Política Pública de Tratamento Adequado das Disputas de Interesses no âmbito da Justiça do Trabalho, deverão os Tribunais Regionais do Trabalho instituir um Núcleo Permanente de Métodos Consensuais de Solução de Disputas – NUPEMEC-JT, assim como instituir Centro(s) Judiciário(s) de Métodos Consensuais de Solução de Disputas – CEJUSC-JT.

23. § 2º Nos contratos de adesão, a cláusula compromissória só terá eficácia se o aderente tomar a iniciativa de instituir a arbitragem ou concordar, expressamente, com a sua instituição, desde que por escrito em documento anexo ou em negrito, com a assinatura ou visto especialmente para essa cláusula.

24. Art. 18. O árbitro é juiz de fato e de direito, e a sentença que proferir não fica sujeita a recurso ou a homologação pelo Poder Judiciário.

25. Art. 31. A sentença arbitral produz, entre as partes e seus sucessores, os mesmos efeitos da sentença proferida pelos órgãos do Poder Judiciário e, sendo condenatória, constitui título executivo.

> (SE 5206 AgR, Relator(a): Min. SEPÚLVEDA PERTENCE, Tribunal Pleno, julgado em 12.12.2001, DJ 30-04-2004 PP-00029 EMENT VOL-02149-06 PP-00958, grifo nosso)

A arbitragem somente pode ser aplicada para dirimir conflitos que versem sobre direito patrimonial disponível. Trata-se de uma condição fundamental constante da própria lei, conforme explicitado anteriormente. Diante disso, faz-se necessário entender a natureza dos direitos trabalhistas. Ainda que, atualmente, haja previsão legal expressa, a divergência acerca da disponibilidade ou não desses direitos é bastante considerável.

Segundo Mauricio Godinho Delgado e Gabriela Neves Delgado (2017), esse instituto é inconciliável com o direito individual, apesar da sua compatibilidade com o direito coletivo do trabalho. Isso se daria, de acordo com os autores, em razão da indisponibilidade dos direitos trabalhistas.

A respeito dos direitos individuais, Vólia Bomfim Cassar (2017, p. 260) os considera "irrenunciáveis e intransacionáveis pela sua característica pública, logo, são direitos indisponíveis"[26] e, por isso, incompatíveis com o exposto no § 1º do art. 1º da Lei n. 9.307/1996.

O Enunciado n. 56 da II Jornada de Direito Material e Processual do Trabalho da ANAMATRA (Associação Nacional dos Magistrados da Justiça do Trabalho) versou sobre a impossibilidade de instituir cláusula compromissória de arbitragem em razão da indisponibilidade e da inderrogabilidade dos direitos trabalhista. Nesse mesmo sentido é a Proposta n. 4, da Comissão Temática n. 6, da I Jornada sobre a Reforma Trabalhista do TRT 4ª Região, de 10 de novembro de 2017:

> Cláusula compromissória de arbitragem. Art. 507-a da CLT. Impossibilidade de ser instituída em se tratando de créditos decorrentes da relação de trabalho, à luz do artigo 1º da Lei 9.307/96, art. 100 da CF/88, art. 1707 do CC e art. 844, § 4º, II da CLT. Caráter alimentar do crédito trabalhista. Indisponibilidade e inderrogabilidade dos direitos trabalhistas.
>
> PROPOSTA 4:
>
> Art. 507-A da CLT
>
> Cláusula compromissória de arbitragem para os altos empregados. Impossibilidade de ser instituída em se tratando de créditos decorrentes da relação de trabalho. Caráter alimentar do crédito trabalhista. Não possibilidade de tarifação para o acesso à Justiça. Irrenunciabilidade dos direitos trabalhistas.
>
> Aprovada por maioria.

Em contrário, de forma enfática, argumentam Antônio Álvares da Silva e George Augusto Mendes e Silva (2017) que o "empregado é capaz de contratar e os direitos trabalhistas, nas relações de emprego concretas, são patrimoniais e disponíveis. Caso contrário teríamos que anular todas as conciliações feitas anos a fio na Justiça do Trabalho."

Selma Lemes (2003) afirma que "podem ser submetidas à arbitragem as matérias laborais pecuniárias, com exceção às que se referem às normas de segurança e medicina do trabalho, que envolvam o trabalhador menor e outras áreas sensíveis."

Para Luiz Antônio Scavone Júnior (2015), o fato dos direitos trabalhistas serem irrenunciáveis não é argumento para a inaplicabilidade da arbitragem, uma vez que essa característica impossibilitaria qualquer tipo de acordo nas ações trabalhistas. Corriqueiros, porém, são os acordos homologados na Justiça do Trabalho.

Homero Batista da Silva esclarece que os direitos trabalhistas são irrenunciáveis, não indisponíveis.

> O entendimento majoritário do âmbito trabalhista vai no sentido de que os créditos dos empregados são irrenunciáveis – e, portanto, imunes a atos unilaterais dos empregados ou a acordos unilaterais não revestidos de formalidades – mas não chegam ao patamar do indisponível – pois, do contrário, nem ao menos poderia haver prescrição trabalhista ou acordo judicial, com ou sem concessões recíprocas. É como se a irrenunciabilidade, tão estudada pelos tratadistas juslaborais, estivesse num grau abaixo ou numa dimensão de menor densidade da indisponibilidade, muito cara aos direitos da personalidade, por exemplo. (SILVA, 2017, p. 98)

Adotamos aqui o entendimento de que, seja qual for a natureza dos direitos trabalhistas – se disponíveis, indisponíveis ou irrenunciáveis –, a ausência de igualdade entre as partes é suficiente para afastar a arbitragem como forma adequada de resolução dos conflitos oriundos das relações individuais de trabalho. Logo, a incompatibilidade será demonstrada a partir da desigualdade entre as partes e sua repercussão na livre manifestação de vontade.

> ARBITRAGEM. DISSÍDIOS INDIVIDUAIS TRABALHISTAS. INCOMPATIBILIDADE. *Nos dissídios coletivos, os sindicatos representativos de determinada classe de trabalhadores buscam a tutela de interesses gerais e abstratos de uma categoria profissional, como melhores*

---

26. O Superior Tribunal de Justiça (STJ) proferiu decisão nesse sentido, pautando-se na indisponibilidade dos direitos trabalhistas:
ADMINISTRATIVO. FGTS. DEMISSÃO SEM JUSTA CAUSA. LEVANTAMENTO DOS DEPÓSITOS. ARBITRAGEM. DIREITO TRABALHISTA. 1. Configurada a demissão sem justa causa, não há como negar-se o saque sob o fundamento de que o ajuste arbitral celebrado é nulo por versar sobre direito indisponível, o princípio da indisponibilidade dos direitos trabalhistas milita em favor do empregado e não pode ser interpretado de forma a prejudicá-lo, como pretende a recorrente. 2. Descabe examinar se houve ou não a despedida sem justa causa, fato gerador do direito ao saque nos termos do art. 20, I, da Lei 8.036/90, pois, conforme a Súmula 7/STJ, é vedado o reexame de matéria fática na instância especial. 3. Recurso especial improvido.
(STJ – REsp: 635354 BA 2004/0005151-8, Relator: Ministro CASTRO MEIRA, Data de Julgamento: 28.06.2005, T2 – SEGUNDA TURMA, Data de Publicação: DJ 22.08.2005 p. 210, grifo nosso)

condições de trabalho e remuneração. Os direitos discutidos são, na maior parte das vezes, disponíveis e passíveis de negociação, a exemplo da redução ou não da jornada de trabalho e de salário. Nessa hipótese, como defende a grande maioria dos doutrinadores, <u>a arbitragem é viável, pois empregados e empregadores têm respaldo igualitário de seus sindicatos</u>. No âmbito da Justiça do Trabalho, em que se pretende a tutela de interesses individuais e concretos de pessoas identificáveis, como, por exemplo, o salário e as férias, <u>a arbitragem é desaconselhável, porque outro é o contexto: aqui, imperativa é a observância do princípio protetivo, fundamento do direito individual do trabalhador, que se justifica em face do desequilíbrio existente nas relações entre trabalhador – hipossuficiente – e empregador</u>. Esse princípio, que alça patamar constitucional, busca, efetivamente, tratar os empregados de forma desigual para reduzir a desigualdade nas relações trabalhistas, de modo a limitar a autonomia privada. Imperativa, também, é a observância do princípio da irrenunciabilidade, que nada mais é do que o desdobramento do primeiro. São tratados aqui os direitos do trabalho indisponíveis previstos, quase sempre, em normas cogentes, que confirmam o princípio protetivo do trabalhador. Incompatível, portanto, o instituto da arbitragem nos dissídios individuais trabalhistas. Recurso de revista não conhecido.

(TST–RR: 5760420105090022 576-04.2010.5.09.0022, Relator: José Roberto Freire Pimenta, Data de Julgamento: 04.09.2013, 2ª Turma, Data de Publicação: DEJT 13.09.2013, grifo nosso)

A isonomia entre as partes é um princípio da arbitragem. Em se tratando de um instituto cujo fundamento se pauta no exercício livre e autônomo da vontade, a igualdade torna-se indispensável.

Sabe-se que a relação de emprego é marcada pela disparidade de condições entre as partes. Desse modo, o princípio da proteção que alcança tanto o direito material quanto o processual do trabalho tem o condão de garantir o reequilíbrio, conferindo meios de "compensar a desigualdade existente na realidade socioeconômica (entre empregado e empregador) com uma desigualdade jurídica em sentido oposto" (RODRIGUEZ[27], 1992 *apud* LEITE, 2014, p. 81).

Carlos Henrique Bezerra Leite esclarece a necessidade de transferir ao processo do trabalho o mesmo princípio protetivo que permeia as relações no direito material:

> A desigualdade econômica, o desequilíbrio para a produção de provas, a ausência de um sistema de proteção contra a despedida imotivada, o desemprego estrutural e o desnível cultural entre empregado e empregador, certamente, são realidades transladadas para o processo do trabalho, sendo, portanto, imprescindível a existência de um princípio de proteção ao trabalhador, que é destinatário de direitos humanos sociais e fundamentais. Na verdade, o princípio da proteção visa salvaguardar direitos sociais, cujos titulares são juridicamente fracos e, por isso, dependem da intervenção do Estado-Juiz para o restabelecimento dos postulados da liberdade e da igualdade das partes dentro do processo. (LEITE, 2014, p. 83)

Deve-se considerar que a efetivação do princípio da proteção no âmbito trabalhista reflete, diretamente, na consolidação do princípio constitucional da dignidade humana. Imprescindível, assim, mencionar a norma fundamental prevista no art. 8º do CPC/15. Luiz Ronan Neves Koury (2017, p. 140) ressalta que tal dispositivo

> [...] apresenta os princípios/fundamentos impostos ao juiz na aplicação do ordenamento jurídico que, independente da previsão legal, deverão sempre ser observados, porquanto neles figuram as normas de sobre direito, representados pelo atendimento aos fins sociais e exigências do bem comum; o mais importante fundamento republicano e constitucional, que é o princípio da dignidade da pessoa humana; regras de interpretação das normas, bem como princípios constitucionais da Administração Pública.

A constitucionalização do processo traça diretrizes tanto para a interpretação quanto para a aplicação das normas. É, pois, norma fundamental, prevista no art. 1º do CPC/15 e compatível com o Processo do Trabalho.

> O processo constitucionalizado tem a sua mais elevada e definitiva expressão na forma em que se encontra regido o art. 1º do Novo CPC. Trata-se do processo civil prestando seu tributo à Constituição e normas processuais nela inscritas, pois prevê que o processo civil será ordenado, disciplinado e interpretado conforme os valores e as normas fundamentais fixadas na Constituição da República. (KOURY, 2017, p. 136)

O art. 507-A da CLT, não autoriza de plano a arbitragem nos dissídios individuais do trabalho, uma vez que, para que haja possibilidade de sua aplicação, é necessário o cumprimento de alguns requisitos. Por se tratar de um método privado de solução de controvérsias e por ter como pressuposto a igualdade entre as partes, essas condições devem – ou deveriam – ter como objetivo equilibrar a relação de emprego.

> Art. 507-A Nos contratos individuais de trabalho cuja remuneração seja superior a duas vezes o limite máximo estabelecido para os benefícios do Regime Geral de Previdência Social, poderá ser pactuada cláusula compromissória de arbitragem, desde que por iniciativa do empregado ou mediante a sua concordância expressa, nos termos previstos na Lei n. 9.307, de 23 de setembro de 1996.

---

27. RODRIGUEZ, Américo Plá. Visión crítica de derecho procesal del trabajo. In: GIGLIO, Wagner (Coord.). *Processo do Trabalho na América Latina*: estudos em homenagem a Alcione Niederauer Corrêa. São Paulo: LTr, 1992. p. 243-254.

Observam-se os seguintes requisitos: a) o contrato de trabalho individual deve estabelecer uma remuneração superior ao dobro do limite máximo dos benefícios do Regime Geral de Previdência Social, o que corresponde atualmente a R$11.291,60[28] de salário; b) a pactuação da arbitragem deverá ser por cláusula compromissória; c) a iniciativa deve ser do empregado ou, caso contrário, deve conter sua concordância expressa.

Primeiramente, no que tange à remuneração, é possível perceber que o legislador inferiu que, aqueles empregados contemplados com uma maior quantia monetária, estariam aptos a manifestar a sua vontade de forma livre e autônoma. Não resta claro, porém, os motivos que o levaram a traçar o dobro do limite máximo dos benefícios do Regime Geral de Previdência Social como parâmetro.

Nota-se que Mauro Schiavi (2017) já considerava a convenção arbitral inviável em razão da hipossuficiência econômica do empregado. Ressalva, porém, a sua aplicabilidade quando a hipossuficiência se mostrar menos expressiva, citando como exemplo os altos empregados. É possível perceber que mensurar a capacidade econômica do empregado não é algo que se faça em abstrato, devendo a análise ser feita no caso concreto. É pouco provável que um valor estabelecido *a priori* esteja apto a garantir que o empregado não seja, de fato, hipossuficiente.

O referido autor (2017, p. 71) aponta, ainda, que o valor estipulado no artigo 507-A da CLT para afastar a jurisdição estatal é baixo e que sendo o processo arbitral de alto custo se torna inacessível ao trabalhador que, na maioria das vezes, se encontra desempregado.

Extremamente relevante é o fato de a pactuação ocorrer, forçosamente, mediante cláusula compromissória. A restrição a esse tipo de convenção arbitral não aparenta ser mero descuido do legislador. Conforme já explicitado, a cláusula compromissória é aquela anterior ao conflito, definida previamente entre as partes.

Note-se que, nesse caso, o compromisso ocorrerá, necessariamente, quando da contratação ou durante a vigência do contrato de trabalho. Nas palavras de Vólia Bomfim Cassar (2017, p. 261), permitir isso na admissão ou durante o contrato, "é fechar os olhos para o medo do desemprego que qualquer trabalhador tem, inclusive os altos empregados, que facilmente se submeterão às cláusulas impostas pelo patrão como mero contrato de adesão."

Para Mauro Schiavi (2017, p. 71), a arbitragem, nesses termos, também se revela inadequada já que a legislação "[...] fixa a possibilidade de cláusula de arbitragem na contratação do empregado, ou durante a vigência do vínculo de emprego, quando presente o estado de subordinação".

Nos termos do Parecer n. 34 de 2017 da Comissão de Assuntos Econômicos, no que se refere ao art. 507-A da CLT, trata-se de "acordo individual e arbitragem para a pessoa hiperssuficiente."

Consideram-se "hiperssuficientes" aqueles "profissionais disputados no mercado de trabalho que, por possuírem considerável poder de veto e poder de barganha [e que] podem negociar com autonomia as condições de seu contrato, sem a tutela do sindicato [...]".

[...]

Este trabalhador de altíssima produtividade é a exceção, e não a regra. Ilustrativamente, este limite corresponde atualmente a uma renda de 12 salários mínimos. Portanto, são incompreensíveis os argumentos contrários apresentados de que inovação viola o princípio da proteção ao hipossuficiente ou de que o estado de vulnerabilidade permanecer independentemente do valor auferido. Não é lógico supor que este trabalhador concordará com qualquer condição que lhe seja oferecida, por ser supostamente vulnerável ou, nos termos do apresentado ao longo desta tramitação, 'depender do emprego para sobreviver'. (BRASIL, 2017, p. 19)

O legislador parece desconsiderar que mesmo os altos empregados estão adstritos ao poder diretivo do empregador e podem ser, de fato, hipossuficientes na relação contratual. Como afirma Laura Tostes, (2017, p. 38)

O díspare poder econômico e social verificado nas relações empregatícias justifica a vinculação das ações privadas – ressaltando que o poder de uma das partes pode se apresentar tão superior ao da outra que a eficácia se apresenta em toda a verticalidade de sua extensão. Trata-se, portanto, de uma defesa ao entrelaçamento de toda ação ou omissão dos empregados ou empregadores às normas fundamentais previstas na Constituição da República.

Constatada a subordinação jurídica, dificilmente haverá capacidade de o empregado negociar com autonomia as condições de seu contrato ou poder de barganha, conforme disposto no Parecer n. 34/2017 acima referido . É importante considerar que aquele empregado que recebe maiores salários, não raras vezes, tem um padrão de vida mais elevado. Portanto, maior será o seu receio de ficar desempregado. Daí infere-se que ele estaria ainda mais adstrito às condições impostas do empregador.

Luiz Antônio Scavone Júnior (2015, p. 40) sustenta a impossibilidade de aplicação da jurisdição arbitral diante

---

28. De acordo com o art. 2º da Portaria MF n. 15, de 16 de janeiro de 2018, o teto previdenciário foi reajustado em R$ 5.645,80 (cinco mil seiscentos e quarenta e cinco reais e oitenta centavos), do que resulta a remuneração mínima de R$ 11.291,60 para que o empregado possa ter acesso ao procedimento arbitral.
Art. 2º A partir de 1º de janeiro de 2018, o salário de benefício e o salário de contribuição não poderão ser inferiores a R$ 954,00 (novecentos e cinquenta e quatro reais), nem superiores a R$ 5.645,80 (cinco mil seiscentos e quarenta e cinco reais e oitenta centavos).

da situação de vulnerabilidade do empregado, tanto no momento em que é contratado quanto durante a vigência do contrato. Entretanto, defende que não há empecilho para o compromisso arbitral – firmado a partir da existência do litígio – geralmente, após a cessação do vínculo empregatício. Isso se justifica em razão de o empregado já ter adquirido os seus direitos e saber de antemão a controvérsia existente, podendo optar entre acionar a jurisdição estatal ou a arbitral para buscar a solução. "Nessas condições, não haverá, em regra, vulnerabilidade e admitimos que qualquer empregado pode firmar compromisso com o fim do contrato de trabalho."

Nesse sentido é o acordão proferido pelo TST:

> RECURSO DE REVISTA – DISSÍDIO INDIVIDUAL – SENTENÇA ARBITRAL – EFEITOS – EXTINÇÃO DO PROCESSO SEM RESOLUÇÃO DO MÉRITO – Art. 267, VII, DO CPC. I – É certo que o art. 1º da Lei n. 9.307/1996 estabelece ser a arbitragem meio adequado para dirimir litígios relativos a direitos patrimoniais disponíveis. Sucede que a irrenunciabilidade dos direitos trabalhistas não é absoluta. Possui relevo no ato da contratação do trabalhador e durante vigência do pacto laboral, momentos em que o empregado ostenta nítida posição de desvantagem, valendo salientar que o são normalmente os direitos relacionados à higiene, segurança e medicina do trabalho, não o sendo, em regra, os demais, por conta da sua expressão meramente patrimonial. Após a extinção do contrato de trabalho, a vulnerabilidade e hipossuficiência justificadora da proteção que a Lei em princípio outorga ao trabalhador na vigência do contrato, implica, doravante, a sua disponibilidade, na medida em que a dependência e subordinação que singularizam a relação empregatícia deixam de existir. II – O art. 114, § 1º, da Constituição não proíbe o Juízo de arbitragem fora do âmbito dos dissídios coletivos. Apenas incentiva a aplicação do instituto nesta modalidade de litígio, o que não significa que sua utilização seja infensa à composição das contendas individuais. III – Para que seja consentida no âmbito das relações trabalhistas, a opção pela via arbitral deve ocorrer em clima de absoluta e ampla liberdade, ou seja, após a extinção do contrato de trabalho e à míngua de vício de consentimento. IV – Caso em que a opção pelo Juízo arbitral ocorreu de forma espontânea e após a dissolução do vínculo, à míngua de vício de consentimento ou irregularidade quanto à observância do rito da Lei n. 9.307/1996. Irradiação dos efeitos da sentença arbitral. Extinção do processo sem resolução do mérito [...] II – Recurso conhecido e provido.
> (TST – RR: 1799006620045050024 179900-66.2004.5.05.0024, Relator: Antônio José de Barros Levenhagen, Data de Julgamento: 03.06.2009, 4ª Turma, Data de Publicação: 19.06.2009, grifo nosso)

Carlos Alberto Carmona (2009, p. 43), por sua vez, argumenta ser a arbitragem aplicável tanto ao final do contrato de trabalho quando durante a sua vigência. Ele afirma que "[...] mesmo em sede de relações de trabalho em curso há largo espaço para atuação da vontade dos contratantes, revelando-se aqui também a disponibilidade do direito."

Admitindo-se a inserção da cláusula arbitral no contrato de trabalho em curso é importante analisar a possibilidade desse tipo de aditivo contratual, em contrato cujo início se deu em momento anterior à vigência da Lei n. 13.467/2017. De acordo com Barbosa e Pires (2017, p. 60), essa questão deve ser submetida às mesmas regras que versam sobre a validade das alterações contratuais do contrato de trabalho[29].

Adriano Moreira (2017, p. 1133) traz à tona um posicionamento relevante. Segundo o autor, outro requisito apto a garantir a aplicabilidade da arbitragem seria a exigência de diploma em nível superior. Logo, seria possível "[presumir] que o indivíduo nesta situação [seria] hipersuficiente, estando em igualdade com o empregador para as devidas negociações."

Ocorre que essa exigência se restringe ao parágrafo único[30] do art. 444 da CLT. O diploma de ensino superior é, nos termos da lei, requisito garantidor da livre estipulação de cláusulas entre empregados e empregadores, desde que não sejam contrárias aos dispositivos de proteção ao trabalho, aos contratos coletivos e às decisões de autoridades competentes. Não há essa ressalva no que tange à cláusula arbitral. Dessa forma, segundo Homero Batista Mateus da Silva, (2017, p. 98) "por ora, é suficiente reter que a cláusula compromissória de arbitragem pode ser firmada por empregado desprovido de ensino superior".

Em decisão proferida pelo Tribunal Regional do Trabalho (TRT) da 15ª Região é possível perceber, tanto a formação superior como fator de elevação da posição do empregado, quanto o receio do julgador no que se refere à estipulação da arbitragem como forma de solução de controvérsias mediante cláusula arbitral. Restam, pois, evidentes a subordinação e a vulnerabilidade do empregado.

> ARBITRAGEM. DISSÍDIO INDIVIDUAL. CABIMENTO. Na seara coletiva, sem dúvida alguma, a arbitragem é um procedimento altamente salutar, reconhecido, inclusive, pela CF (art. 114, § 1º). A questão, contudo, merece maiores reflexões no que se refere ao dissídio individual. O art. 1º da Lei n. 9.307/1996 é explícito ao afirmar

---

29. Essa questão nos remete ao art. 468, caput e § 2º da CLT. "Nos contratos individuais de trabalho só é lícita a alteração das respectivas condições por mútuo consentimento, e ainda assim desde que não resultem, direta ou indiretamente, prejuízos ao empregado, sob pena de nulidade da cláusula infringente desta garantia." E de acordo com o § 2º, introduzido pela Lei n 13.467/2017, "a alteração de que trata o § 1º deste artigo, com ou sem justo motivo, não assegura ao empregado o direito à manutenção do pagamento da gratificação correspondente, que não será incorporada, independentemente do tempo de exercício da respectiva função."

30. Parágrafo único. A livre estipulação a que se refere o caput deste artigo aplica-se às hipóteses previstas no art. 611-A desta Consolidação, com a mesma eficácia legal e preponderância sobre os instrumentos coletivos, no caso de empregado portador de diploma de nível superior e que perceba salário mensal igual ou superior a duas vezes o limite máximo dos benefícios do Regime Geral de Previdência Social." (NR)

que a arbitragem somente é cabível para dirimir litígios relativos a direitos patrimoniais disponíveis. *Nesse diapasão, a doutrina e a jurisprudência têm se dividido entre aqueles que repelem totalmente o instituto, em razão da irrenunciabilidade e, consequente, indisponibilidade dos direitos trabalhistas; aqueles que o aceitam em termos e, por fim, outros que querem aplicá-lo na sua forma mais ampla. <u>A arbitragem no campo individual trabalhista só deve ser admitida em casos excepcionalíssimos, quando envolvidos empregados graduados, executivos etc., e estabelecida por compromisso arbitral,</u> após a eclosão do conflito, mas <u>nunca por cláusula compromissória,</u> quando da realização do contrato de trabalho, que é <u>um contrato de adesão,</u> em que o trabalhador não tem condições de negociar em condições de igualdade o que entende correto.* Tais disposições não se chocam com o estatuído pelo princípio da inafastabilidade do Poder Judiciário para a lesão de qualquer direito, como preceituado no inciso XXXV, do art. 5º da CF, visto que o Poder Judiciário poderá rever a questão, desde que haja evidências da nulidade da sentença arbitral (art. 33 da Lei n. 9.307/1996)

(TRT – 15ª R. – Proc. 1048- 2004-032-15-00-0-RO – Ac. 9503/06 – 11ª C – Rel. Flávio Nunes Campos – DOESP 03.03.06, grifo nosso)

Por fim, o art. 507-A da CLT determina que a estipulação da arbitragem deve ser por iniciativa do próprio empregado ou mediante seu consentimento expresso. No entanto, uma manifestação de vontade que não seja livre e autônoma não gera efeitos legítimos. "Dificuldades com a recolocação no mercado, pressa para o recebimento de seus haveres ou simplesmente pressão exercida pelo empregador evidentemente serão gatilhos simples para ele pedir a instalação do procedimento de arbitragem." (SILVA, 2017, p. 97)

De plano, o legislador registra que a deflagração do procedimento arbitral deve ser feita por iniciativa do empregado, mas ninguém duvida da vulnerabilidade a que ele estará exposto durante e, sobretudo, após a vigência do contrato de trabalho. Dificuldades como a recolocação no mercado, pressa para o recebimento de seus haveres ou simplesmente pressão exercida pelo empregador evidentemente serão gatilhos simples para ele pedir a instalação de procedimento de arbitragem. Processos trabalhistas com alegação de vício de consentimento na fixação da cláusula ou, depois, no acionamento do procedimento, não causarão espanto. (SILVA, 2017, p. 97)

Ressalte-se que a ausência de cultura social arbitral também constitui um estorvo à implementação da arbitragem na seara laboral. Afirma Homero Batista da Silva (2017, p. 98-99) que:

A experiência traumática das Comissões de Conciliação Prévia deixa no ar a dúvida se a nossa sociedade realmente terá condições de desenvolver câmaras de arbitragem idôneas e imparciais. [...] O Ministério Público do Trabalho chegou a montar operações especiais de combate a fraudes de câmaras arbitrais, tendo obtido êxito no fechamento, via judicial, de várias delas. [...] Aflige saber que pouca coisa mudou no país em termos de ética e de transparência nesses anos que se passaram desde os malogros das CCPS – Comissões de Conciliações Prévias, de sorte que, afora os temas da aplicação da arbitragem sobre o direito individual do trabalho, também será importante acompanhar o grau de maturidade e de profissionalismo dos espaços abertos – e certamente muitos serão inaugurados – para o desenvolvimento da arbitragem trabalhista.

Embora a arbitragem tenha suas ressalvas quanto à aplicação ao Processo do Trabalho, convém destacar a sua importância no que tange à promoção de soluções pacíficas de controvérsias. Além de proporcionar uma resposta, não raras vezes, mais satisfatória às partes, já que tem como propósito a sua própria vontade; a arbitragem desafoga o Poder Judiciário, o que resulta na celeridade e na prolação de decisões judiciais de maior qualidade. Consta, inclusive, das normas fundamentais do CPC/15, elevada ao mesmo patamar da jurisdição.

Nos demais parágrafos do art. 3º do Novo CPC, encontram-se equivalentes jurisdicionais, como a arbitragem, a conciliação e a mediação, esse dois últimos conhecidos como métodos consensuais de soluções de conflitos. Nesse passo, considerou-se de forma definitiva, a arbitragem, a conciliação, a mediação ou outro método consensual como equivalentes jurisdicionais, e mais do que isso, em nível de importância semelhante à jurisdição e no mesmo patamar de relevância. (KOURY, 2017, p. 137)

Não obstante ser o art. 3º do CPC/15 aplicável ao Processo do Trabalho – inclusive, por força de norma expressa – apontamos como necessária a observância do caso concreto a fim de inferir a compatibilidade de princípios.

Convém acrescentar alguns pontos determinantes para distinguir a arbitragem do procedimento judicial. Diferentemente da solução judicial, a solução arbitral admite a convenção de cláusula de confidencialidade entre as partes. Nos atos judiciais a publicidade é quase irrestrita. Nesse ponto, sob a perspectiva do empregado, a arbitragem pode ser tão benéfica quanto prejudicial. Em primeiro lugar porque garante a discrição: a informação, inclusive, acerca da existência do litígio se reserva às partes e ao árbitro. Em segundo lugar porque o sigilo é um fator que dificulta a fiscalização quanto à integridade do procedimento.

A adesão espontânea das partes ao procedimento arbitral se debitaria à sua notória celeridade na entrega da solução buscada pelos litigantes, à sua transparência, à sua confidencialidade, à sua maior informalidade, à contribuição do procedimento à manutenção da paz industrial, à possibilidade de escolha do árbitro que vai dirimir o litígio e, sobretudo, à surpreendente simplicidade do procedimento arbitral.

A arbitragem preza pela celeridade e possibilita que seja pactuada a vedação de recurso contra a sentença arbitral [...] Como se não bastasse, a judicialização do conflito faz das partes inimigas e a eternização do conflito acaba sendo inevitável. (YOSHIDA, 2017, p. 60)

Outro fator que deve ser levado em conta são os custos. Antes da entrada em vigor da Reforma Trabalhista, os custos judiciais eram, praticamente, inexistentes. Agora, o empregado pode ser condenado ao pagamento de custas e honorários sucumbenciais. Não obstante, os custos com a arbitragem podem se revelar ainda maiores, a depender do caso concreto. Isso porque se trata de um serviço particular cujo objetivo é auferir lucro e, por isso, os custos são altos e a CLT não deixa claro quem arcará com eles.

No que tange ao tempo de duração, a arbitragem está, sem sombra de dúvidas, em consonância com o princípio da celeridade que norteia o processo do trabalho. Quanto a esse quesito a arbitragem se mostra favorável ao empregado, uma vez que o processo judicial costuma ser longo se esgotadas as instâncias recursais. Tanto o é que a celeridade é um forte argumento dos autores adeptos à arbitragem nos dissídios individuais.

> Na realidade, é público e notório que a morosidade da Justiça constitui importante fator de pressão para renúncia de direitos perante o processo judiciário. Por essa razão, não há justificativas para se negar ao empregado a possibilidade de, por intermédio de manifestação de vontade isenta de vício ou coação, optar por meios alternativos à Jurisdição do Estado, potencialmente mais céleres e eficientes. (SILVA; SILVA, 2017)

Cabe mencionar, ainda, que "o juiz, via de regra, está distrito à Lei e aos pedidos, ao passo que o árbitro pode se valer amplamente da equidade e propor solução fora ou além do postulado." (SILVA, 2017, p. 99)

Por fim, dentre os benefícios da arbitragem há quem destaque a especialidade da decisão proferida. Porém, conforme já explicitado, a especialidade técnica do árbitro não é uma imposição legal, trata-se de mera indicação. Assim, é facultado às partes elegerem os árbitros que considerarem ter maior habilidade para julgar a questão. Destaca-se a imparcialidade do árbitro como princípio que rege a arbitragem.

Não se pode olvidar que a Justiça do Trabalho é, de fato, especializada para julgar as demandas trabalhistas. Assim, não há qualquer excelência quanto à eleição de um ou outro método, nesse aspecto.

Sérgio Pinto Martins (2016, p.122) faz uma interessante proposta ao dispor que:

> O Ministério Público do Trabalho poderia muito bem cumprir a função de árbitro, sem que as partes tivessem que pagar honorários, pois os procuradores do trabalho já são remunerados pelos cofres públicos. O procurador do Ministério Público do Trabalho é uma pessoa especializada em questões trabalhistas e tem isenção para analisar o caso. Se a arbitragem desafogasse a Justiça do Trabalho, as decisões dos juízes trabalhistas seriam mais rápidas e de melhor qualidade.

A despeito de todas as reservas aqui citadas acerca da arbitragem nos dissídios individuais do trabalho, tem-se, em vigor, o dispositivo 507-A da CLT. Resta, pois, interpretá-lo e, mais que isso, aplicá-lo à luz dos princípios do direito processual do trabalho, das normas fundamentais previstas no CPC/15 e dos preceitos constitucionais.

> Neste cenário, os particulares, cujas vidas são reguladas pelo Direito, não podem nortear o seu caminho por normas dissonantes ao ideal do próprio Estado em que inseridos. E o Estado Democrático de Direito, no Brasil, tem a sua regulação erigida na Constituição da Republica de 1988, morada dos direitos fundamentais do homem. (TOSTES, 2017, p. 41)

Até mesmo porque, como afirmam Arnoldo Wald e Ives Gandra Martins, é imprescindível que as decisões sejam, sobretudo, eficientes, justas e éticas:

> O século XXI se caracteriza pela velocidade. Em virtude das novas tecnologias e da globalização, a solução dos litígios não pode demorar e muito menos eternizar-se. Mas é preciso que as decisões dos conflitos não sejam tão somente rápidas, sendo imprescindível que também sejam eficientes e justas. Num mundo conturbado, com tribunais sobrecarregados, a arbitragem não é uma panaceia, mas alternativa para determinados casos nos quais pode-se obter soluções eficientes, justas e éticas. (WALD; MARTINS[31] apud WALD, 2016, p. 77)

4. CONSIDERAÇÕES FINAIS

Resta claro a distinção entre o papel exercido pela arbitragem nos dissídios coletivos do trabalho e nos individuais. Naqueles há nítida igualdade entre as partes em razão da atuação dos sindicatos, nestes mantém-se a desigualdade própria da relação trabalhista.

Destaca-se que permitir a utilização da arbitragem como meio de solução de controvérsias no direito processual do trabalho não representou, de fato, um proveito ao empregado. A imposição da cláusula arbitral como forma de constituição do contrato evidencia subordinação, vulnerabilidade e hipossuficiência do empregado. Além disso, se nem todos os direitos trabalhistas são indisponíveis, já que irrenunciáveis, podem ser eles objeto de arbitragem.

Note-se que os requisitos elencados no art. 507-A da CLT não são passíveis de garantir a proteção ao empregado, motivo pelo qual ainda vigora a desigualdade típica da relação trabalhista.

---

31. WALD, Arnoldo; MARTINS, Ives Gandra da Silva. Dez anos da Lei de Arbitragem. In: BOMFIM, Ana Paula Rocha do; MENEZES, Hellen Monique Ferreira de (Coord.). *Dez anos da Lei de Arbitragem*: aspectos atuais e perspectivas para o instituto. Rio de Janeiro: Lumen Juris, 2007.

Em face de dispositivo legal expresso, adotamos o entendimento de que, no que versa sobre dissídios individuais, a arbitragem deve ser aplicada de modo a resguardar o princípio da proteção, norteador do Processo do Trabalho, no caso concreto.

Assim, a solução que se propõe é a aplicação do art. 507-A da CLT com observância dos princípios do processo do trabalho, das normas fundamentais do CPC/15 e dos preceitos constitucionais, com o fito de coibir ao máximo qualquer violação aos direitos trabalhistas.

A Reforma Trabalhista, de certo, exigirá criatividade e maleabilidade dos aplicadores do direito. Como nunca antes ocorreu, será necessário um processo trabalhista demasiadamente colaborativo.

5. REFERÊNCIAS BIBLIOGRÁFICAS

ANAMATRA. *Enunciados aprovados na 2ª Jornada*: APLICAÇÃO SUBSIDIÁRIA DO DIREITO COMUM E DO DIREITO PROCESSUAL COMUM. PRINCÍPIO DA INTERVENÇÃO MÍNIMA. PRESCRIÇÃO TRABALHISTA E PRESCRIÇÃO INTERCORRENTE. GRUPO ECONÔMICO E SUCESSÃO DE EMPRESAS. Brasília, DF, 2017. Disponível em: <http://www.jornadanacional.com.br/listagem-enunciados-aprovados-vis1.asp>. Acesso em: 26 fev. 2018.

BARBOSA, Arnaldo Afonso; PIRES, Rosemary de Oliveira. *O direito intertemporal e a reforma trabalhista*: questões de direito material e processual a serem enfrentadas com o advento da Lei n. 13.467/2017. Belo Horizonte: RTM, 2017.

BIANCHI, Bruno Guimarães. Arbitragem no novo código de processo civil: aspectos práticos. *Revista de Processo*. vol. 255/2016, p. 413-432, mai. 2016. Revista dos Tribunais online, DTR/2016/4683.

BRASIL. Art. 507-A da Lei n. 13.467/2017 (Reforma da Lei Trabalhista): propõe o uso da arbitragem para disputas entre empresas e funcionários. *Revista de Arbitragem e Mediação*. v. 54. ano 14.. São Paulo: Ed. RT, jul.-set. 2017. p. 17-20

BRASIL. Código de Processo Civil. Lei n. 13.105, de 16 de março de 2015. *Diário Oficial da União*, Brasília, DF, 17 mar. 2015. Disponível em: <http://www.planalto.gov.br/ccivil_03/_ato2015-2018/2015/lei/l13105.htm>. Acesso em: 03 mar. 2018.

BRASIL. Lei n. 9.307, de 23 de setembro de 1996. Dispõe sobre a arbitragem. *Diário Oficial da União*, Brasília, DF, 24 set. 1996. Disponível em: <http://www.planalto.gov.br/ccivil_03/Leis/L9307.htm>. Acesso em: 07 fev. 2018.

BRASIL. Lei n. 13.129, de 26 de maio de 2015. Altera a Lei n. 9.307, de 23 de setembro de 1996, e a Lei n. 6.404, de 15 de dezembro de 1976, para ampliar o âmbito de aplicação da arbitragem e dispor sobre a escolha dos árbitros quando as partes recorrem a órgão arbitral, a interrupção da prescrição pela instituição da arbitragem, a concessão de tutelas cautelares e de urgência nos casos de arbitragem, a carta arbitral e a sentença arbitral, e revoga dispositivos da Lei n. 9.307, de 23 de setembro de 1996. *Diário Oficial da União*, Brasília, DF, 27 mai. 2015. Disponível em: <http://www.planalto.gov.br/ccivil_03/_Ato2015-2018/2015/Lei/L13129.htm#art2>. Acesso em: 07 fev. 2018.

BRASIL. Lei n. 13.467, de 13 de julho de 2017. Altera a Consolidação das Leis do Trabalho (CLT), aprovada pelo Decreto-Lei n. 5.452, de 1º de maio de 1943, e as Leis n. 6.019, de 3 de janeiro de 1974, 8.036, de 11 de maio de 1990, e 8.212, de 24 de julho de 1991, a fim de adequar a legislação às novas relações de trabalho. *Diário Oficial da União*, Brasília, DF, 14 jul. 2017. Disponível em: <http://www.planalto.gov.br/ccivil_03/_ato2015-2018/2017/lei/l13467.htm>. Acesso em: 07 fev. 2018.

BRASIL, Portaria MF n. 15, de 16 de janeiro de 2018. Dispõe sobre o reajuste dos benefícios pagos pelo Instituto Nacional do Seguro Social – INSS e dos demais valores constantes do Regulamento da Previdência Social – RPS. *Diário Oficial da União*, Brasília, DF, 17 jan. 2018, seção 1, p. 28. Disponível em <http://normas.receita.fazenda.gov.br/sijut2consulta/link.action?visao=anotado&idAto=89503>. Acesso em: 18 mar. 2018.

BRASIL. Resolução CSJT n. 174, de 30 de setembro de 2016. Dispõe sobre a política judiciária nacional de tratamento adequado das disputas de interesses no âmbito do Poder Judiciário Trabalhista e dá outras providências. *Resolução CSJT n. 174, de 30 de Setembro de 2016*. Disponível em: <http://www.csjt.jus.br/c/document_library/get_file?uuid=235e3400-9476-47a0-8bbb-bccacf94fab4&groupId=955023>. Acesso em: 26 fev. 2018.

CARMONA, Carlos Alberto. *Arbitragem e processo*: um comentário à Lei n. 9.307/1996. 3. ed. São Paulo: Atlas, 2009.

CARVALHO, Erick Leonardo Freire; LOPES, Marcelo Leandro Pereira. A Lei da Arbitragem e a Convenção de Nova Iorque à luz do STJ: efeitos da Emenda Constitucional n. 45. *Revista CEJ*, Brasília. ano XVII. n. 60. p. 16-28, maio-ago. 2013. Disponível em: <http://www.cjf.jus.br/ojs2/index.php/revcej/article/viewFile/1694/1750>. Acesso em: 03 mar. 2018.

CASSAR, Vólia Bomfim (Org.). *CLT comparada e atualizada: com a reforma trabalhista*. São Paulo: Método, 2017.

CINTRA, Antonio Carlos de Araújo; DINAMARCO, Cândido Rangel; GRINOVER, Ada Pellegrini. *Teoria Geral do Processo*. 30. ed. São Paulo: Malheiros, 2014.

CREMASCO, Suzana Santi; LAGE, Telder Andrade. *A arbitragem*: interna e internacional. Belo Horizonte: Del Rey, 2010.

CRETELLA JUNIOR, José. *Curso de arbitragem*. Rio de Janeiro: Forense, 2004.

DELGADO, Mauricio Godinho. *Curso de Direito do Trabalho*. 15. ed. São Paulo: LTr, 2016.

_____. *Curso de Direito do Trabalho*. 12. ed. São Paulo: LTr, 2013.

DELGADO, Mauricio Godinho; Delgado, Gabriela Neves. *A reforma trabalhista no Brasil*: com os comentários à Lei n. 13.467/2017. São Paulo: LTr, 2017.

DIDIER JUNIOR, Fredie. A arbitragem no novo código de processo civil (versão da Câmara dos Deputados – dep. Paulo Teixeira). *Revista TST*. Brasília. v. 79. n. 4. out.-dez. 2013.

DINAMARCO, Cândido Rangel; LOPES, Bruno Vasconcelos Carrilho. *Teoria Geral do Novo Processo Civil*. São Paulo: Malheiros, 2016.

FERNANDES, Bernardo Gonçalves. *Curso de Direito Constitucional*. 9. ed. Salvador: JusPodivm, 2017.

GUILHERME, Luiz Fernando do Vale de Almeida. *Manual de arbitragem*. 2. ed. São Paulo: Método, 2007.

KOURY, Luiz Ronan Neves. Normas Fundamentais do Processo Civil: desdobramentos no Processo do Trabalho. *In*: FARIA, Fernanda Nigri ... [et al.] (Coord.) *Direito do trabalho e direito processual do trabalho*: Estudos avançados. São Paulo: LTr, 2017.

LEITE, Carlos Henrique Bezerra. *Curso de Direito Processual do Trabalho*. 12. ed. São Paulo: LTr, 2014.

_____. *Curso de Direito Processual do Trabalho*. 14. ed. São Paulo: Saraiva, 2016.

LEMES, Selma Ferreira. O uso da arbitragem nas relações trabalhistas. *Jornal Valor Econômico*. Legislação & Tributos, 15 ago. 03, p. E- 2. Disponível em: <http://selmalemes.adv.br/artigos/artigo30.pdf>. Acesso em: 03 mar. 2018.

LIMA, Leonardo Tibo Barbosa. *Lições de Direito Processual do Trabalho*: teoria e prática. 4. ed. rev. e atual. São Paulo: LTr, 2017.

MARTINS, Sérgio Pinto. *Direito Processual do Trabalho*. 38. ed. São Paulo: Saraiva, 2016.

MINAS GERAIS. TJMG. *Conciliação, Mediação e Cidadania*: Alternativa eficaz e humana na solução de conflitos entre cidadãos que buscam a justiça.. 2017. Disponível em: <http://www.tjmg.jus.br/portal-tjmg/acoes-e-programas/conciliacao-mediacao-e-cidadania.htm#.WpQSebynFdh>. Acesso em: 26 fev. 2018.

MOREIRA, Adriano Jannuzzi. A mediação e a arbitragem como meios extrajudiciais de resolução de conflitos trabalhistas na vigência da Lei n. 13.467/2017 – Reforma Trabalhista. *Revista LTr*. ano 81. n. 09. set. 2017. São Paulo, Brasil. p. 1131-1135.

NEVES, Daniel Amorim Assumpção. *Manual de Direito Processo Civil*. 9. ed. Salvador: JusPodivm, 2017.

RABAY, Arthur. Princípios da Arbitragem. Disponível em: <www.agu.gov.br/page/download/index/id/20999214>. Acesso em: 03 mar. 2018.

RAGAZZI, José Luiz; LASMAR, Érika Tayer. O instituto da arbitragem no Novo Código de Processo Civil e em relação ao Direito do Consumidor. *Revista Jurídica Cesumar*. maio-ago. 2016. v. 16. n. 2. p. 487-502. Disponível em: DOI: <http://dx.doi.org/10.17765/2176-9184.2016v16n2p487-502>.

SCAVONE JUNIOR, Luiz Antonio. *Manual de Arbitragem*: mediação e conciliação. 6. ed. Rio de Janeiro: Forense, 2015.

SCHIAVI, Mauro. *A reforma trabalhista e o processo do trabalho*: aspectos processuais da Lei n. 13.467/2017. 1. ed. São Paulo: LTr, 2017.

_____. *Manual de Direito Processual do Trabalho*. 5. ed. São Paulo: LTr, 2012.

SILVA, Antônio Álvares da; SILVA, George Augusto Mendes e. Arbitragem nos dissídios individuais de trabalho dos altos empregados. *Revista LTr* 81-07/775. v. 81. n. 07. jul. 2017. LTr, São Paulo: 2017.

SILVA, Homero Batista Mateus da. *Comentários à Reforma Trabalhista*: Análise da Lei 13.467/2017 – artigo por artigo. São Paulo: Editora Revista dos Tribunais, 2017.

THEODORO JÚNIOR, Humberto. *Curso de Direito Processual Civil*: Teoria geral do direito processual civil, processo de conhecimento e processo comum. v. 1. 58. ed. Rio de Janeiro: Forense, 2017.

TIBURCIO, Carmen; PIRES, Thiago Magalhães. Arbitragem envolvendo a Administração Pública: notas sobre as alterações introduzidas pela Lei n. 13.129/2005. *Revista de Processo*. v. 254-2016. p. 431-462. abr. 2016. Revista dos Tribunais online, DTR/2016/19697.

TOSTES, Laura Diamantino Ferreira. Apontamentos sobre a eficácia horizontal dos direitos fundamentais nas relações de emprego. *In*: FARIA, Fernanda Nigri ... [et al.] (Coord.). *Direito do trabalho e direito processual do trabalho*: Estudos avançados. São Paulo: LTr, 2017.

VELLOSO, Carlos Mário da Silva. Arbitragem – Indispensabilidade do compromisso arbitral. *Revista Brasileira de Direito Processual*. RBDPro, Belo Horizonte: ano 21. n. 84, out.-dez. 2013.

WALD, Arnoldo. Arbitragem: passado, presente e futuro. *Revista de Arbitragem e Mediação*. v. 50. ano 13. p. 59-78. São Paulo: Ed. RT, jul.-set. 2016.

YOSHIDA, Márcio. A arbitragem e a Reforma Trabalhista. *Revista de Arbitragem e Mediação*. v. 55. ano 14. p. 57-71. São Paulo: Ed. RT, out.-dez. 2017.

A (in)Constitucionalidade das Alterações Promovidas pela Lei n. 13.467/2017 na Gratuidade da Justiça

Anna Caroline Gomes de Azevedo[1]

1. INTRODUÇÃO

O pretexto de litigiosidade excessiva, que justifica a Lei n. 13.427/2017, conhecida como a Reforma Trabalhista, trouxe várias alterações impactantes acerca do tema da concessão dos benefícios da justiça gratuita.

A assistência jurídica integral e gratuita é direito fundamental previsto na Constituição Federal, que garante àqueles com insuficiência de recursos a possibilidade de ingressar em juízo sem arcar com a onerosidade advinda do processo. O instituto previsto no texto constitucional abrange a assistência judiciária prestada por profissional legalmente habilitado, bem como a dispensa das custas e despesas pelos serviços jurídicos relacionados ao processo.

Conforme exposição de motivos da Comissão Especial destinada a proferir parecer ao Projeto de Lei n. 6.787/2016 do Poder Executivo, que alterou a Consolidação das Leis do Trabalho, Decreto-Lei n. 5.452/4, a Reforma visa a reduzir o número de demandas ajuizadas perante a Justiça do Trabalho. Para alcançar tal objetivo a Lei n. 13.467/2017 inovou em vários temas processuais, entre os quais, o objeto do presente trabalho, o relacionado à condenação do beneficiário da justiça gratuita em custas, honorários periciais e advocatícios sucumbenciais.

O tema gera várias discussões de inconstitucionalidade, inclusive cabe mencionar a Ação Direita de Inconstitucionalidade 5.766, proposta pela Procuradoria-Geral da República, que suscita a inconstitucionalidade parcial dos 790-B, *caput* e § 4º, 791-A, § 4º e 844, § 2º da CLT sob o fundamento de que violam direito fundamental dos trabalhadores necessitados à assistência jurídica integral e gratuita.

O presente trabalho busca questionar a constitucionalidade das alterações promovidas pela Lei n. 13.467/2017 de tal modo que para a consecução de tal objetivo, procurou-se fazer uma distinção entre os termos "assistência jurídica", "assistência judiciária" e "benefício da justiça gratuita" a fim de mencionar o instituto da assistência jurídica gratuita.

Outrossim, abordam-se as principais alterações na regulamentação da justiça gratuita promovidas pela Lei n. 13.467/2017, uma vez que modificou a abrangência objetiva da assistência jurídica, bem como o regramento da condenação do beneficiário da justiça gratuita em custas, honorários periciais e honorários advocatícios de sucumbência.

Para realizar essa análise, ter-se-á por foco a Lei n. 13.467/2017, o Código de Processo Civil, bem como as justificações exaradas no parecer da Comissão Especial da Reforma.

2. O ASSISTÊNCIA JURÍDICA GRATUITA – ASSISTÊNCIA JUDICIÁRIA – JUSTIÇA GRATUITA

A legislação e a jurisprudência frequentemente confundem e utilizam com sinônimos as denominações: assistência jurídica; assistência judiciária; e benefício da justiça gratuita de tal modo que a Lei da Assistência Judiciária (Lei n. 1.060/1950) utiliza diversas vezes a expressão assistência judiciária ao referir-se, na verdade, à justiça gratuita.

Desse modo, antes de adentrar no instituto da assistência jurídica gratuita, especialmente nas alterações trazidas pela Lei n. 13.467/2017, é necessário fazer uma distinção entre as expressões supracitadas.

A "assistência jurídica integral e gratuita", sinônimo de gratuidade no acesso à justiça, é direito fundamental previsto na Constituição Federal[2]. A assistência jurídica gratuita garante aos economicamente necessitados dispensa provisória de despesas do processo, consequentemente favorecendo o ingresso em juízo. Além disso, representa um direito amplo, englobando serviços jurídicos não relacionados ao processo, como esclarecimento de dúvidas, orientações individuais ou coletivas e programas de informações a toda a sociedade.

A Carta Magna objetiva permitir aos necessitados fazerem uso do Poder Judiciário para a defesa dos seus interesses, de modo que garante aos que comprovarem insuficiência de recursos a assistência jurídica universal e

---

1. Graduanda em Direito pela Faculdade de Direito Milton Campos. Membro da Oficina de Estudos "As interfaces do Processo Civil com o Processo do Trabalho" da FDMC.
2. Art. 5º, inciso LXXIV. "o Estado prestará assistência jurídica integral e gratuita aos que comprovarem insuficiência de recursos".

gratuita, cumprindo fielmente o princípio constitucional do acesso à justiça[3].

Quanto à distinção entre assistência judiciária e benefício de justiça gratuita, Anselmo Prieto Alvarez, visando diferenciar as duas denominações, cita Pontes de Miranda em seu artigo "Uma Moderna Concepção de Assistência Jurídica" (2000, grifo nosso):

> Assistência judiciária e benefício da justiça gratuita não são a mesma coisa. O benefício da justiça gratuita é <u>direito à dispensa provisória de despesas, exercível em relação jurídica processual, perante o juiz que promete a prestação jurisdicional. É instituto de direito pré-processual</u>. A assistência judiciária é a organização estatal, ou paraestatal, que <u>tem por fim, ao lado da dispensa provisória das despesas, a indicação de advogado. É instituto de direito administrativo</u>. Para deferimento ou indeferimento do benefício da justiça gratuita é competente o juiz da própria causa.

Leonardo Tibo Barbosa Lima (2017) reforça a ideia de que assistência judiciária e justiça gratuita não se confundem. O autor assevera que a assistência judiciária é gênero, pois compreende a gratuidade de advogado e de despesas processuais. O benefício da justiça gratuita, por sua vez, é espécie, abrange somente as despesas processuais. Lima distingue os dois institutos e ainda os compara com a Justiça comum e a Justiça do Trabalho da seguinte forma (p. 147):

> 1. Gratuidade de advogado. Na Justiça comum, a parte que não pode pagar por um advogado tem à sua disposição a Defensoria Pública. Na Justiça do Trabalho essa função caberia à Defensoria Pública da União (arts. 14 e 20 a 222 da LC 80/19). Todavia, essa função tem sido atribuída aos sindicados, por força do art. 14, da Lei n. 5.584/70).
>
> Cabe, pois, ao sindicato, contratar um advogado para atuar na defesa dos empregados da categoria, inclusive daqueles que não sejam filiados (art. 18 da Lei n. 5.584/1970). É que a remuneração do advogado contratado pelo sindicato será feita pela parte vencida, por meio de honorário assistenciais, como será visto mais adiante (art. 16 da Lei n. 5.584/1970).
>
> 2. Gratuidade da Justiça. A gratuidade de justiça refere-se à isenção quanto ao pagamento de despesas processuais (custas, emolumentos e honorários periciais). (...)
>
> Calha dizer que a Lei n. 13.467/2007 (reforma trabalhista) estabelece que a justiça gratuita não mais isenta seu beneficiário do pagamento de honorários periciais, quando ele for sucumbente no objeto da perícia (art. 790-B da CLT).

Percebe-se, assim, que a assistência judiciária e o benefício da justiça gratuita são institutos distintos, ainda que correlatos. Pode um litigante, não obstante, ser beneficiário da justiça gratuita, isto é, demandar sem pagar as despesas processuais decorrentes da demanda e, ainda assim, contratar um advogado particular para defender seus interesses, nos termos do § 4º do art. 99 do CPC[4].

Gustavo Filipe Barbosa Garcia contribui com a distinção terminológica das expressões ao afirmar o seguinte (2013, p. 265-266):

> Na realidade, a concessão da assistência judiciária abrange a justiça gratuita. Vale dizer, o trabalhador que goza da assistência judiciária (prestada pelo sindicato da categoria profissional) também usufruiu dos benefícios da justiça gratuita, de modo que está isento do pagamento das custas e demais despesas processuais. No entanto, pode perfeitamente ocorrer a hipótese em que o trabalhador não usufrua da assistência judiciária prestada pelo sindicato da categoria profissional, mas goze, apenas, da justiça gratuita, por preencher os requisitos do § 3º do art. 790 da CLT (...). A justiça gratuita, portanto, deve ser concedida pelo juiz, se presentes os requisitos legais, mesmo que o trabalhador tenha advogado constituído nos autos.

Conclui-se, dessa forma, que a assistência judiciária abrange as duas modalidades de gratuidade: assistência técnica gratuitamente prestada por profissional legalmente habilitado e a dispensa das custas e despesas oriundas do processo.

Por outro lado, a assistência judiciária, quando prestada por advogado, é regulamentada, ordinariamente, pelos arts. 98 a 102 da Lei n. 13.105/2015[5] (Código de Processo Civil).

Sob essa perspectiva, cumpre mencionar que nos casos omissos no texto celetista[6], o direito processual civil será fonte subsidiária do direito processual do trabalho, salvo naquilo que for incompatível.

No tocante ao processo do trabalho, a assistência judiciária, para além da mera dispensa das custas e demais despesas, ou seja, benefício da justiça gratuita, foi regulada pela Lei n. 5.584/1980, a qual estabeleceu que a assistência judiciária deveria ser prestada pelo sindicato da categoria, por intermédio de advogado recrutado e indicado por este, tendo como direito de remuneração os honorários assistenciais a serem fixados pelos juízes nas ações em que patrocinar, sendo que apenas na ausência do advogado do

---

3. O art. 5º, inciso XXXV da Constituição Federal estabelece que "a Lei não excluirá da apreciação do Poder Judiciário lesão ou ameaça a direito".
4. Art. 99, § 4º. "A assistência do requerente por advogado particular não impede a concessão de gratuidade da justiça".
5. Antes do advento do Código de Processo Civil de 2015, a assistência judiciária, quando prestada por advogado, era regulada integralmente pela Lei n. 1.060/1950.
6. Art. 769. "Nos casos omissos, o direito processual comum será fonte subsidiária do direito processual do trabalho, exceto naquilo em que for incompatível com as normas deste Título".

sindicato é que atuaria de forma complementar a Defensoria Pública e os serviços dos escritórios-modelo das instituições de ensino superior[7] (MOLINA, 2017, p. 226).

Como regra geral, nos termos do art. 82, *caput* do CPC, incumbe às partes custear as despesas das atividades processuais provenientes dos atos que realizam ou querem realizar. O autor da ação, por sua vez ainda tem o ônus de adiantar as despesas dos atos processuais determinados pelo magistrado de ofício ou a requerimento do Ministério Público, quando este atua como fiscal da ordem jurídica.

Observe-se, todavia, que exigir esse encargo como pressuposto indispensável para o amplo acesso ao processo seria privar os hipossuficientes da apreciação do Poder Judiciário, direito fundamental de todo cidadão brasileiro[8].

Revela-se oportuno destacar que a prestação de serviço público jurisdicional possui várias etapas de organização e funcionamento. A resolução formal de litígios, especialmente nos tribunais, é muito onerosa de tal modo que requer a colaboração de inúmeros servidores públicos.

Além do custo da manutenção dos funcionários do Estado no exercício das funções ordinárias, podem surgir outras funções, ditas eventuais, como nos casos em que um conhecimento técnico é imprescindível para prestar a jurisdição efetivamente, sendo certo que o parecer de um perito é fundamental para auxiliar o juiz na solução do litígio.

Nesse sentido, o Estado exige o pagamento de taxas a fim de possibilitar a movimentação da máquina judiciária no serviço prestado ao cidadão, que teve seu direito lesado ou ameaçado. Assim, via de regra, os custos do serviço de postulação em juízo são arcadas pelo próprio usuário, ou seja, o jurisdicionado.

Conclui-se, por conseguinte, que o instituto da assistência jurídica integral e gratuita visa garantir aos necessitados a possibilidade de provocar o Poder Judiciário a fim de obter uma tutela jurisdicional, sem arcar com o ônus da prestação jurisdicional.

3. PRINCIPAIS ALTERAÇÕES NO REGRAMENTO DA JUSTIÇA GRATUITA PROMOVIDAS PELA LEI N. 13.467/2017

Com o advento da Lei n. 13.427/2017, várias alterações impactantes foram promovidas acerca do tema do regramento do benefício da justiça gratuita. O tema em análise gera várias discussões de inconstitucionalidade de tal modo que a Ação Direita de Inconstitucionalidade 5.766, proposta pela Procuradoria-Geral da República, suscita a inconstitucionalidade parcial dos arts. 790-B, *caput* e § 4º, 791-A, § 4º e 844, § 2º da CLT sob o fundamento de que violam direito fundamental dos trabalhadores necessitados à assistência jurídica integral e gratuita.

Os arts. 790-B e 791-A versam sobre o pagamento de honorários periciais e advocatícios de sucumbência, ainda que a parte seja beneficiária da justiça gratuita, bem como preveem a quitação de tais parcelas por meio da compensação dos créditos obtidos em juízo, ainda que em outro processo. Enquanto o §3º do art. 844 dispõe sobre os efeitos processuais do não comparecimento do autor à audiência inaugural, de modo que exige o pagamento das custas e das despesas processuais para o ajuizamento de uma nova ação trabalhista, novamente "ainda que beneficiário de justiça gratuita".

Cabe registrar que a Lei n. 13.467/2017 alterou também a redação do art. 790 da CLT, que dispõe acerca da concessão do benefício da justiça gratuita. A nova lei, a despeito de modificar a redação do § 3º, também acrescentou o §4º mantendo integralmente a redação original do *caput* e dos §§ 1º e 2º.

A redação original do § 3º estabelecia que o beneficiário da justiça gratuita seria aquele que percebesse até dois salários mínimos ou quem declarasse, sob as penas da lei, que não estava em condições de pagar as custas do processo sem prejuízo do sustento próprio ou de sua família. Assim, se essa redação ainda estivesse em vigor, para ser beneficiário da justiça gratuita, o trabalhador poderia auferir, no máximo, R$1.908,00 ou qualquer valor, desde que declarasse que não tinha condições de arcar com os custos do processo.

Diante dessa perspectiva, tem-se o § 3º do art. 790 da CLT, com a redação dada pela Lei n. 13.467/2017:

> § 3º É facultado aos juízes, órgãos julgadores e presidentes dos tribunais do trabalho de qualquer instância conceder, a requerimento ou de ofício, o benefício da justiça gratuita, inclusive quanto a traslados e instrumentos, àqueles que perceberem salário igual ou inferior a 40% (quarenta por cento) do limite máximo dos benefícios do Regime Geral de Previdência Social. (grifo nosso)

Primeiramente, critica-se o uso da expressão "facultado aos juízes" ao se tratar da concessão dos benefícios da justiça gratuita, pois conforme a Constituição Federal o direito à gratuidade no acesso à justiça é direito fundamental do cidadão e não uma opção dada ao magistrado (OLIVEIRA, 2016, p. 148). É preciso ressaltar, todavia, que essa expressão é usada pelo legislador desde 1946.

O novo texto do dispositivo condiciona a concessão da benesse à comprovação de percepção salarial igual ou inferior a 40% do limite máximo dos benefícios do Regime Geral de Previdência Social (RGPS), ou seja, hoje o trabalhador teria que perceber no máximo R$ 2.258,32 para ser beneficiário da justiça gratuita.

---

7. Honorários de sucumbência são devidos à instituição mantenedora do escritório-modelo.
8. O Art. 5º, inciso XXIV da Constituição Federal estabelece que "a Lei não excluirá da apreciação do Poder Judiciário lesão ou ameaça a direito".

O § 4º[9], inserido no mesmo dispositivo pela Lei n. 13.467/2017, acrescenta que a gratuidade da justiça será concedida, da mesma forma, à parte que comprovar insuficiência de recursos para o pagamento das custas no processo, mesmo que receba salário superior aos 40% do limite máximo dos benefícios do RGPS, desde que comprove frágil situação econômica.

A prova efetiva de insuficiência econômica imposta pelo § 4º, em tese, deve ser conjugada com a declaração de hipossuficiência econômica firmada pela própria parte ou, então por seu advogado, desde que munido de procuração com poderes específicos para esse fim, nos termos da Súmula n. 463, I, do TST[10].

Oportuno analisar a abrangência objetiva da justiça gratuita na forma do CPC. Enquanto a CLT determina um critério numérico para a concessão da benesse, o Código de Processo Civil não faz menção a qualquer parâmetro do tipo. Nos termos do *caput* do art. 1º da Lei n. 7.115/1983[11] e do § 3º[12] do art. 99 do Código de Processo Civil, a declaração de insuficiência de recurso firmada pelo próprio interessado ou por procurador, sob as penas da lei, presume-se verdadeira de tal modo que é considerada prova de hipossuficiência econômica da pessoa física. Nota-se, assim, que na Justiça Comum basta uma mera declaração de miserabilidade para a concessão de plano do benefício da justiça, sem depender de prévia manifestação da parte contrária.

Diferentemente da Justiça do Trabalho, a justiça gratuita na Justiça Comum não está condicionada ao salário percebido pela parte que a requer. Cabe à parte adversa, contudo, após o deferimento, oferecer impugnação à decisão na primeira oportunidade em que tiver para falar nos autos, ou, nos casos de pedido superveniente, no prazo de quinze dias a contar da ciência do deferimento.

Sob essa perspectiva, Charles da Costa Bruxel (2018) cita Felipe Bernardes:

> Isso não significa, entretanto, que o princípio da proteção haja sido extirpado do Processo do Trabalho: como se trata de concretização do princípio constitucional da isonomia, o legislador ordinário não poderia mesmo fazê-lo. A interpretação dos dispositivos que regulamentam o Processo do Trabalho, portanto, deve ser feita à luz do princípio da isonomia.

Tal observação justifica, por exemplo, o deferimento da gratuidade de justiça a partir da mera declaração de hipossuficiência quando o reclamante estiver desempregado, ainda que recebesse – quando ainda estava vigente o contrato de trabalho – valor superior a 40% (quarenta por cento) do limite máximo dos benefícios do Regime Geral da Previdência Social, a despeito da nova redação do art. 790, §§ 3º e 4º, da CLT. Mesmo que o reclamante esteja empregado quando do ajuizamento e tramitação da reclamação trabalhista, a conclusão deve ser idêntica.

Ora, se, no Processo Civil (que regula lides entre pessoas que estão em plano de igualdade), a declaração de hipossuficiência feita por pessoa física se presume verdadeira (independentemente do salário recebido pelo requerente, conforme art. 99, § 3º, do CPC), com muito mais razão a mera declaração do reclamante terá o mesmo efeito no Processo do Trabalho (no qual há, em princípio, proeminência do empregador).

Nesse sentido, o Tribunal Regional do Trabalho da 10ª Região aprovou o Enunciado n. 3, que representa o entendimento majoritário dos magistrados da Corte no tocante ao acesso à justiça e honorários (BRUXEL, 2018):

> Enunciado n. 03 – JUSTIÇA GRATUITA. COMPROVAÇÃO DE HIPOSSUFICIÊNCIA ECONÔMICA. O benefício da Justiça Gratuita a que se refere o art. 790, §§ 3º e 4º, da CLT pode ser concedido a qualquer parte e, na hipótese de pessoa natural, a prova da hipossuficiência econômica pode ser feita por simples declaração do interessado ou afirmação de seu advogado (art. 1º da Lei n. 7.115/1983 e art. 99, § 3º, do CPC).
>
> Infere-se, dessa forma, que a mera declaração de hipossuficiência é prova hábil capaz de comprovar insuficiência de recursos para o pagamento das custas do processo, nos termos do § 4º do art. 790 da CLT.

Nesse ínterim, cumpre registrar que os benefícios da justiça gratuita, previstos nos §§ 3º e 4º, também alcançam as pessoas jurídicas. Em relação à Justiça Comum, antes do CPC de 2015 entrar em vigor, a jurisprudência do Superior Tribunal de Justiça já havia firmado entendimento nesse sentido com a edição da Súmula n. 481 em 2012[13].

Nos limites do processo do trabalho, a princípio, havia divergência entre a doutrina e a jurisprudência no tocante à extensão do benefício ao empregador, geralmente réu da ação trabalhista. Em um segundo momento, tanto o Tribunal Superior do Trabalho (TST), com o advento

---

9. O § 4º do art. 790 da CLT, incluído pela Lei n. 13.467/2017, dispõe que "o benefício da justiça gratuita será concedido à parte que comprovar insuficiência de recursos para o pagamento das custas do processo".
10. Súmula n. 463 do TST. ASSISTÊNCIA JUDICIÁRIA GRATUITA. COMPROVAÇÃO. I – A partir de 26.06.2017, para a concessão da assistência judiciária gratuita à pessoa natural, basta a declaração de hipossuficiência econômica firmada pela parte ou por seu advogado, desde que munido de procuração com poderes específicos para esse fim (art. 105 do CPC de 2015);
11. Art. 1º "A declaração destinada a fazer prova de vida, residência, pobreza, dependência econômica, homonímia ou bons antecedentes, quando firmada pelo próprio interessado ou por procurador bastante, e sob as penas da Lei, presume-se verdadeira".
12. O § 3º do art. 99 do CPC afirma que "presume-se verdadeira a alegação de insuficiência deduzida exclusivamente por pessoa natural".
13. "Faz jus ao benefício da justiça gratuita a pessoa jurídica com ou sem fins lucrativos que demonstrar sua impossibilidade de arcar com os encargos processuais

da Resolução n. 66 do CSJT em 2010[14], quanto a doutrina passaram a admitir a possibilidade de conceder a benesse ao empregador pessoa natural, desde que comprovada a situação de carência. Atualmente, com a vigência do art. 98 do CPC/15 e da Súmula n. 463, II, do TST[15], o empregador, pessoa jurídica ou natural, terá acesso ao benefício legal, desde que haja demonstração robusta de insuficiência de recursos.

André Araújo Molina ressalva que para as pessoas jurídicas não há presunção legal de miserabilidade, nem a possibilidade de emissão da mera declaração de hipossuficiência, uma vez que devem comprovar objetivamente nos autos a situação excepcional de insuficiência de recurso, por qualquer meio probatório idôneo (2017, p. 227).

Com isso, verifica-se que o § 4º do mesmo dispositivo, sem correspondência na antiga redação, relativiza o conteúdo do § 3º de tal modo que prevê a concessão do benefício da justiça gratuita à parte que mediante pedido expresso, conjugado com a declaração de miserabilidade, comprovar a insuficiência de recursos para o pagamento das custas do processo, ou seja, é possível o trabalhador que aufere mais que 40% do teto dos benefícios da Previdência gozar da justiça gratuita.

3.1. Análise crítica dos §§ 3º e 4º do art. 790 da CLT, com a redação dada pela Lei n. 13.467/2017

Em um momento anterior às efetivas alterações e inovações promovidas pela Lei n. 13.467/2017, Comissão Especial da Reforma Trabalhista foi criada a fim de proferir parecer ao Projeto de Lei n. 6.787/2016, do Poder Executivo.

O relator Deputado Rogério Marinho defendeu a nova redação do § 3º e a inserção do § 4º no texto celetista em seu parecer exarado no Projeto de Lei n. 6.787/2016, que posteriormente foi aprovado pela Comissão Especial da Reforma Trabalhista (2017, p. 67-68, grifo nosso):

> Um dos problemas relacionados ao excesso de demandas na Justiça do Trabalho é a falta de onerosidade para se ingressar com uma ação, com a ausência da sucumbência e o grande número de pedidos de justiça gratuita. Essa litigância sem risco acaba por estimular o ajuizamento de ação trabalhista.
>
> A assistência jurídica integral e gratuita é um direito assegurado constitucionalmente, porém o texto da Constituição Federal garante essa assistência "aos que comprovarem insuficiência de recursos" (art. 5º, LXXIV).
>
> A redação sugerida aos §§ 3º e 4º do art. 790 da CLT visa justamente a dar efetividade ao princípio da gratuidade, transcrevendo os termos da Constituição no § 4º, enquanto o § 3º exclui a presunção de insuficiência de recursos, admitida na parte final da redação atual.
>
> Ressalte-se que <u>o objetivo não é dificultar o acesso à Justiça, mas, pelo contrário, torná-la efetiva, evitando-se as ações em que se solicita, e muitas vezes é concedida, a justiça gratuita para pessoas que dela não poderiam usufruir, mediante mero atestado de pobreza. Com essa medida, afastam-se as pessoas que não se enquadram nos requisitos de "pobreza" e se garante que o instituto seja utilizado por aqueles que realmente necessitam.</u>

Percebe-se que a intenção do legislador é efetivar o princípio constitucional da assistência jurídica através da modificação dos parâmetros objetivos que condicionam a concessão da assistência àqueles que realmente necessitam do instituto.

Enquanto a ADI 5766 questiona a constitucionalidade somente dos arts. 790-B, *caput* e § 4º, 791-A, § 4º e 844, § 2º da CLT, há aqueles que também defendem a inconstitucionalidade do § 4º do art. 790 da CLT.

Nessa linha de pensamento, Sandoval Alves da Silva (2018, p. 1092), argumenta que a Reforma Trabalhista dificultou o acesso à justiça gratuita ao limitar a benesse àqueles que percebem salário igual ou inferior a 40% do limite máximo do RGPS para fins de parâmetro da presunção de pobreza.

Silva sustenta que o governo foi incoerente ao fixar a presunção de pobreza em R$ 2.000,00 (aproximadamente 40% do teto máximo do benefício da Previdência em 2017), uma vez que em 2017 o salário mínimo necessário, segundo o Departamento Intersindical de Estatística e Estudos Socioeconômicos (Dieese), era o valor de R$ 3.668,55, enquanto em abril desse ano era R$ 3.899,66 e, em outubro de 2016, R$ 4.016,27, tendo em vista que o salário mínimo em 2017 era $ 937,00 e R$ 880,00 em 2016.

De acordo com o Dieese é necessário um valor aproximadamente quatro vezes maior que o valor do salário mínimo legal, ou seja, 80% superior à presunção legal de miserabilidade trazida pela Lei n. 13.467/2017, para suprir as necessidades vitais básicas do trabalhador e de sua família, como moradia, alimentação, educação, saúde, lazer, vestuário, higiene, transporte e previdência social, nos termos do art. 7º, inciso IV, da CR/88.

Oportuno observar que a redação original do texto celetista também condicionava a jurídica gratuita ao valor do salário percebido pelo trabalhador. Anteriormente à nova Lei o beneficiário da justiça gratuita seria conferido àquele que auferisse no máximo dois salários mínimos (hoje, R$

---

14. O §1º do art. 2º da Resolução n. 66/10 do CSJT estabelece que "a concessão da justiça gratuita a empregador, pessoa física, dependerá da comprovação de situação de carência que inviabilize a assunção dos ônus decorrentes da demanda judicial".

15. II – No caso de pessoa jurídica, não basta a mera declaração: é necessária a demonstração cabal de impossibilidade de a parte arcar com as despesas do processo.

1.908,00) ao passo que a nova redação determina que o benefício será concedido àqueles que perceberem salário igual ou inferior a 40% do teto máximo do Regime Geral da Previdência Social (hoje, R$ 2.258,32).

Note-se que o parâmetro numérico adotado pela nova redação da CLT não é inovação, de tal modo que a Justiça do Trabalho adota critérios mais onerosos quanto à condição objetiva do trabalhador que deseja ingressar em juízo, em comparação à Justiça comum, desde a antiga redação.

Diante dessas manifestações, questiona-se a presunção de pobreza fixada pelo legislador no texto celetista. O parâmetro adotado pela legislação parece inadequado na medida que não corresponde a atual situação financeira no Brasil, ainda mais diante tempos de crise econômica no Brasil.

Nesse sentido, Silva conclui pela inconstitucionalidade da nova redação do §3º, em virtude da realidade econômica em que se encontra o país, bem como pela ilegalidade da inserção do § 4º ante o seguinte argumento (2018, p. 1093):

> O § 4º do art. 790 também padece de inconstitucionalidade porque submete, por exemplo, à comprovação de pobreza aqueles que ganham entre R$2.000,00 (dois mil reais) e R$3.668,55 (três mil, seiscentos e sessenta e oito reais e cinquenta e cinco centavos), que foi o mínimo necessário para setembro de 2017, quando este último valor deveria ser considerado como parâmetro para definir a gratuidade da justiça, por ser o mínimo necessário para atingir a constitucionalidade desse direito trabalhista.

Questiona-se o critério adotado pela Lei n. 13.467/2017, que condiciona a concessão do benefício da justiça gratuita ao valor do salário percebido pelo trabalhador, uma vez que na Justiça Comum basta uma declaração de miserabilidade.

Ainda que a Lei n. 13.467/2017 busque alcançar um contingente maior de jurisdicionados ao elevar o valor atrelado à presunção de miserabilidade, o processo do trabalho continua adotando critérios mais onerosos quanto à concessão da benesse em relação ao processo civil, sem pretexto plausível. A concessão do referido benefício é indispensável ao acesso à justiça trabalhista, principalmente em virtude da natureza alimentar e o caráter salarial das verbas trabalhistas. Qual o motivo da Justiça do Trabalho impor uma barreira a mais ao acesso à justiça em relação a Justiça comum.

O legislador objetiva delinear a tentativa de desencorajar o obreiro a postular em juízo, conforme o parecer do relator Deputado Rogério Marinho. Percebe-se, entretanto, que mediante tal esforço o efetivo acesso à ordem jurídica é obstado.

Dessa forma, ainda que a nova Lei pretenda atingir a grande maioria dos litigantes nos processos trabalhistas ao aumentar o requisito numérico da presunção de insuficiência de recursos, o critério ainda precisa ser revisto, pois é substancialmente mais gravoso em relação ao regramento dado ao instituto no processo civil.

O critério numérico, adotado na CLT, que gera a presunção de miserabilidade para arcar com despesas processuais é incoerente diante a realidade econômica em que se encontra o país, sendo certo que a mera declaração de insuficiência de recursos seria suficiente, podendo a parte contrária impugnar a concessão do benefício.

Conclui-se que os §§ 3º e 4º do art. 790 da CLT impedem a igualdade de armas processuais entre os sujeitos envolvidos no processo trabalhista, motivo pelo qual devem ser revistos a fim de adequar os requisitos para a concessão da benesse à atual realidade econômica do país.

3.2. Alterações promovidas pela Lei n. 13.467/2017 com a inclusão dos arts. 790-B, *caput* e § 4º, 791-A, § 4º e 844, § 2º da CLT

Os dispositivos em epígrafe são objeto da Ação Direta de Inconstitucionalidade (ADI) 5.766. A ADI 5.766 foi proposta pela Procuradoria-Geral da República sob o fundamento de que os arts. 790-B, *caput* e § 4º, 791-A, § 4º e 844, § 2º da CLT, com as alterações promovidas pela reforma trabalhista, violam direito fundamental dos trabalhadores necessitados à assistência jurídica integral e gratuita.

A Procuradoria-Geral da República pugna pela declaração de inconstitucionalidade do art. 790-B da CLT, *caput* e § 4º, que responsabiliza a parte vencida pelo pagamento de honorários periciais, "ainda que beneficiária da justiça gratuita", além de autorizar a quitação de tais honorários através do uso de créditos trabalhistas percebidos em qualquer processo pela parte beneficiada pela justiça gratuita.

A ADI também defende a inconstitucionalidade do art. 791-A, § 4º do texto celetista, que permite o pagamento dos honorários advocatícios sucumbenciais pelo beneficiário da justiça gratuita, também por meio dos créditos obtidos em juízo, ainda adquiridos em outro processo.

Argumenta, ainda, a mesma inconstitucionalidade da Lei n. 13.467/2017 ao inserir. no § 2º do art. 844 da CLT, a previsão de condenação do beneficiário de justiça gratuita ao pagamento das custas quando não comparecer à primeira assentada, acarretando no arquivamento da ação trabalhista, o que se agrava diante da inclusão do § 3º do mesmo dispositivo que condiciona a propositura de nova demanda mediante pagamento das custas que se refere o § 2º.

Importante ressaltar que na sessão no Plenário do Supremo Tribunal Federal (STF), do dia 10 de maio de 2018, os ministros Luís Roberto Barroso e Edson Fachin divergiram sobre as modificações promovidas pela Reforma acerca das regras de acesso à justiça gratuita.

O Ministro Relator Luís Roberto Barroso defendeu a constitucionalidade parcial dos dispositivos da Lei n. 13.467/2017 que modificaram os requisitos para a concessão da justiça gratuita em reclamações trabalhistas. Para o ministro, as alterações promovidas têm o objetivo de reduzir o excesso de demandas e possibilitar melhor prestação jurisdicional na seara trabalhista.

Decisão: Após o voto do Ministro Roberto Barroso (Relator), julgando parcialmente procedente a ação direta de inconstitucionalidade, para assentar interpretação conforme a Constituição, consubstanciada nas seguintes teses: "1. O direito à gratuidade de justiça pode ser regulado de forma a desincentivar a litigância abusiva, inclusive por meio da cobrança de custas e de honorários a seus beneficiários. 2. A cobrança de honorários sucumbenciais do hipossuficiente poderá incidir: (i) sobre verbas não alimentares, a exemplo de indenizações por danos morais, em sua integralidade; e (ii) sobre o percentual de até 30% do valor que exceder ao teto do Regime Geral de Previdência Social, mesmo quando pertinente a verbas remuneratórias. 3. É legítima a cobrança de custas judiciais, em razão da ausência do reclamante à audiência, mediante prévia intimação pessoal para que tenha a oportunidade de justificar o não comparecimento, e após o voto do Ministro Edson Fachin, julgando integralmente procedente a ação, pediu vista antecipada dos autos o Ministro Luiz Fux. Ausentes o Ministro Dias Toffoli, neste julgamento, e o Ministro Celso de Mello, justificadamente. Presidência da Ministra Cármen Lúcia. Plenário, 10.5.2018.

O Ministro Edson Fachin, por sua vez, argumenta que os novos critérios são absolutamente inconstitucionais, pois ferem a proteção integral ao acesso à Justiça e aos necessitados em relação ao direito de ter direitos (2018, p. 12-13).

As limitações impostas pela Lei 13.467/2017 afrontam a consecução dos objetivos e desnaturam os fundamentos da Constituição da República de 1988, pois esvaziam direitos fundamentais essenciais dos trabalhadores, exatamente, no âmbito das garantias institucionais necessárias para que lhes seja franqueado o acesso à Justiça, propulsor da busca de seus direitos fundamentais sociais, especialmente os trabalhistas.

O julgamento da ADI 5677 encontra-se atualmente suspenso pelo pedido de vista do Ministro Luiz Fux.

3.2.1. Honorários periciais e advocatícios sucumbenciais

A Lei n. 13.467/2017 modificou significativamente o regramento de pagamento dos honorário periciais e advocatícios. As alterações promovidas acerca aos honorários geraram várias controvérsias por serem um dos aspectos mais impactantes da reforma, sob o aspecto processual (DELGADO, 2017, p. 329).

No tocante aos honorários periciais a nova legislação remodelou a redação do *caput* do art. 790 e inseriu o § 4º ao dispositivo. Via de regra a responsabilização pelo pagamento dos honorários periciais, nos termos do *caput* do art. 790-B, é da parte sucumbente na pretensão objeto da perícia.

A redação original do art. 790-B previa, como responsabilidade da parte sucumbente, o pagamento dos honorários periciais, "salvo se beneficiária da justiça gratuita". A nova redação, todavia, prevê a responsabilidade da parte sucumbente para quitação das despesas periciais, "ainda que beneficiária da justiça gratuita".

A inovação trazida no § 4º do mesmo dispositivo, por sua vez, estabelece que *"somente no caso em que o beneficiário da justiça gratuita não tenha obtido em juízo créditos capazes de suportar a despesa referida no caput, ainda que em outro processo, a União responderá pelo encargo"*.

Cumpre elucidar que na sistemática da redação original do art. 790-B da CLT, bem como da Súmula n. 457 do TST[16], a União responde pelas despesas dos honorários do perito quando a parte sucumbente no objeto da perícia for beneficiária da justiça gratuita.

Observa-se, todavia, que mediante a nova redação "apenas na insuficiência de recursos e em sede de *ultima ratio* atribui-se ao Estado o múnus do pagamento" (LEITE; XAVIER. 2018, p. 195, grifo do autor).

O novo texto do *caput* do art. 790-B da CLT, portanto, destaca-se pela incoerência da nova redação com o próprio conceito de justiça gratuita, além do próprio entendimento consolidado do TST na Súmula n. 457.

Quanto aos honorários advocatícios sucumbenciais, o maior ponto de desavença foi o contido no § 4º do art. 791-A, senão veja:

> § 4º <u>Vencido o beneficiário da justiça gratuita, desde que não tenha obtido em juízo, ainda que em outro processo, créditos capazes de suportar a despesa</u>, as obrigações decorrentes de sua sucumbência ficarão sob condição suspensiva de exigibilidade e somente poderão ser executadas se, nos dois anos subsequentes ao trânsito em julgado da decisão que as certificou, o credor demonstrar que deixou de existir a situação de insuficiência de recursos que justificou a concessão de gratuidade, extinguindo-se, passado esse prazo, tais obrigações do beneficiário. (grifo nosso)

Nos termos do *caput* do novo artigo haverá a fixação de honorários advocatícios de sucumbência na Justiça do Trabalho, ainda que o advogado atue em causa própria, fixados em, no mínimo 5% e, no máximo 15% sobre o valor da causa que resultar da liquidação da sentença, do proveito econômico obtido, ou não sendo possível mensurá-lo sobre o valor atualizado da causa.

---

16. Súmula n. 457 do TST. HONORÁRIOS PERICIAIS. BENEFICIÁRIO DA JUSTIÇA GRATUITA. RESPONSABILIDADE DA UNIÃO PELO PAGAMENTO. RESOLUÇÃO n. 66/2010 DO CSJT. OBSERVÂNCIA. A União é responsável pelo pagamento dos honorários de perito quando a parte sucumbente no objeto da perícia for beneficiária da assistência judiciária gratuita, observado o procedimento disposto nos arts. 1º, 2º e 5º da Resolução n. 66/2010 do Conselho Superior da Justiça do Trabalho – CSJT.

Revela-se oportuno relembrar que a redação original da CLT não trazia qualquer menção sobre honorários advocatícios. A Súmula n. 219 do TST, a qual terá que ser revisada pelo Tribunal Superior do Trabalho, diante da sua incompatibilidade com o art. 791-A da CLT, dispõe que os honorários advocatícios são devidos somente quando o trabalhador estiver assistido por sindicato da categoria profissional e comprovar a percepção de salário inferior ao dobro do salário mínimo ou encontrar-se em situação econômica em que lhe permita demandar sem prejuízo do próprio sustento ou da sua família. O art. 5º da Instrução Normativa n. 27 do TST, por sua vez, estipula que os honorários advocatícios são devidos pela mera sucumbência, exceto nas lides decorrentes da relação de emprego.

Observa-se que "não havia a condenação ao pagamento de honorários sucumbenciais quando o empregado contratava um advogado particular para atuar em sua causa, entendimento contrário ao trazido pela Lei n. 13.467/2017 (...)" (PIVATTO, 2018, p. 1025).

Diante de tais considerações, passa-se à análise do § 4º do art. 791-A na nova redação do texto celetista, que trata da hipótese em que a parte que se beneficiou da justiça gratuita é vencida e não possui créditos suficientes para suportar a despesa, seja no processo em que a parte foi sucumbente seja em outros processos.

Nesses casos, o novo dispositivo estabelece que a obrigação de arcar com os honorários advocatícios de sucumbência fica sob condição suspensiva de exigibilidade e somente será executada se, nos dois anos subsequentes ao trânsito em julgado da decisão que as certificou, o credor demonstrar que deixou de existir a situação de miserabilidade que justificou a concessão da gratuidade.

Esgotado o prazo de dois anos sem que o credor obtenha êxito em comprovar que deixou de subsistir a situação de insuficiência de recursos, que justificou a assistência jurídica gratuita, extingue-se a obrigação de pagamento dos honorários sucumbenciais pelo beneficiário da gratuidade da justiça.

Na Justiça Comum, nos termos do § 2º, art. 98 do CPC, a concessão da gratuidade da justiça também não afasta a responsabilidade do beneficiário pelas despesas processuais e honorários advocatícios decorrentes de sua sucumbência. Todavia, de forma semelhante ao art. 791-A da CLT, o processo civil prevê que a exigibilidade de referidas custas ficará sob condição suspensiva de exigibilidade e somente poderão ser executadas se, nos cinco anos subsequentes ao trânsito em julgado da decisão as que certificou, o credor demonstrar que deixou de existir a condição de miserabilidade que justificou a concessão da benesse, extinguindo-se, passado esse prazo, tais obrigações do beneficiário.

Sob essa perspectiva, nota-se que a polêmica do § 4º do art. 791-A da CLT diz respeito à expressão que estabelece que o beneficiário da justiça gratuita, não obstante a sua condição, deverá arcar com o encargo da sucumbência quando houver obtido em juízo, ainda que em outro processo, créditos capazes de suportar a despesas dos honorários sucumbenciais.

Diante dessa exposição, percebe-se que as alterações introduzidas pela reforma acerca dos honorários periciais e advocatícios geram as mesmas controvérsias, sendo que criam barreiras ao acesso à justiça.

Conforme Mauricio Godinho Delgado e Gabriela Neves Delgado (2017, p. 325), a maior mudança ao instituto da justiça gratuita na seara trabalhista foi a restrição de sua extensão dos benefícios da justiça gratuita, na perspectiva do trabalhador reclamante. Afirmam que, ao manter a responsabilidade pelo pagamento dos honorários à parte beneficiária da justiça gratuita sucumbente na pretensão objeto da perícia ou nos pedidos, a reforma trabalhista comprometeu substancialmente "o comando constitucional do art. 5º, LXXIV, da CF (que enfatiza a "assistência jurídica integral e gratuita" ao invés de meramente parcial), além do comando constitucional relativo ao amplo acesso à jurisdição (art. 5º, XXXV, CF).

Nessa linha de pensamento, critica-se essa nova roupagem processual, uma vez que os honorários periciais ou advocatícios devidos pela parte beneficiária da justiça gratuita sucumbente serão quitados por meio de créditos obtidos em juízo que, na maioria das vezes, são verbas trabalhistas de natureza alimentar e de caráter urgente.

Oportuno registrar que o trabalhador ingressa em juízo para ter algum direito trabalhista reconhecido judicialmente, assim

> Ao estabelecer que qualquer crédito recebido possa ser abatido a título de honorários sucumbenciais, estar-se-ia colocando em risco pessoas de boa-fé que acessam a Justiça do Trabalho com pedidos fundamentos razoáveis e que de fato são dubitáveis da relação de trabalho/emprego, tornando o acesso ao Judiciário, ao invés de um mecanismo de justiça, um mecanismo que fomenta injustiças (PIVATTO, 2018, p. 1033).

Ao impor o pagamento de honorários periciais e advocatícios de sucumbência ao trabalhador que não possui recursos suficientes para pagar eventual crédito, sem prejudicar a sua vida pessoal e seu sustento, bem como o da sua família, cria-se um receio, ou um medo de ingressar com ação judicial, ainda que ciente de que tem boas chances do pedido ser julgado procedente. cumprindo lembrar que a máxima processual de que "não existe causa ganha" é conhecida por todos que atuam em processos judiciais (PIVATTO, 2018, p. 1031).

Diante de tais visões, registre-se que o trabalho serve para que as pessoas consigam obter recursos econômicos a fim ter uma vida digna. Assim, o labor não só permite a interação social, mas também possibilita para o trabalhador e sua família a alimentação, a moradia, a educação, a segurança, o lazer, a saúde, dentre outros elementos, devendo-se, dessa forma, respeitar a função social do trabalho, que é um dos elementos fundantes da República (art. 1º IV CR/88).

Constata-se que o salário é meio de sobrevivência do trabalhador empregado de tal modo que a Constituição Federal elevou o salário a direito fundamental e estabeleceu garantias para a sua proteção. Além de ser protegido constitucionalmente, o salário é impenhorável. Neste sentido Gelson Amaro de Souza (2012) explicita a importância do salário do empregado:

> Uma das mais importantes providências protetivas do salário está em sua impenhorabilidade. Ensina NASCIMENTO (2007, p. 349) que a impenhorabilidade visa à preservação do salário como meio de subsistência do empregado. É exatamente essa necessidade de subsistência do empregado e o interesse da sociedade moderna em proteger a vida e a dignidade humana do empregado, que fizeram surgir normas protetivas em relação ao salário.
>
> A impenhorabilidade do salário do trabalhador representa uma das mais relevantes garantias à sobrevivência deste. Sabe-se, sem muito esforço, que o credor tem direito ao recebimento de seu crédito, mas também, que o trabalhador tem direito à vida e à dignidade pessoal. São, em verdade, direitos em confronto e que há necessidade de equação. (grifo nosso)

Seria, portanto, incompreensível descontar dos créditos recebidos em juízo pelo trabalhador, beneficiário da justiça gratuita, os honorários periciais e advocatícios.

O relator, Deputado Rogério Marinho, entretanto, defende tais alterações e, em seu parecer ao projeto de Lei n. 6.787, expôs os seguintes motivos das mudanças promovidas pela Lei n.13467/2017 acerca da responsabilidade do pagamento dos honorários periciais pelo beneficiário da justiça, sucumbente no objeto da perícia (2017, p. 68-69, grifo nosso):

> Segundo Valentin Carrion, em seus Comentários à CLT, esse dispositivo "coloca o juiz entre dois princípios: não obstaculizar a pretensão do reclamante, de um lado, e, de outro, não sucumbir ao abuso dos que pedem caprichosamente, sem se importar com o prejuízo alheio". De fato, é superlativo o número de ações em que a parte requer a realização de perícia sem fundamento, apenas por que não decorrerá, para ela, quaisquer ônus.
>
> No entanto o perito que realizou a perícia não fica sem seus honorários, o que implica dizer que alguém a custeará. O fato é que, hoje, a União custeia, a título de honorários periciais, valores entre dez a vinte milhões de reais por ano, para cada um dos vinte e quatro Tribunais Regionais do Trabalho, somente em relação a demandas julgadas improcedentes, ou seja, demandas em que se pleiteou o que não era devido.
>
> Na medida em que a parte tenha conhecimento de que terá que arcar com os custos da perícia, é de se esperar que a utilização sem critério desse instituto diminua sensivelmente.
>
> Cabe ressaltar que o objetivo dessa alteração é o de restringir os pedidos de perícia sem fundamentação, uma vez que, quando o pedido formulado é acolhido, é a parte sucumbente que arca com a despesa, normalmente, o empregador. Assim, a modificação sugerida não desamparará o trabalhador cuja reclamação esteja fundamentada.
>
> Além de contribuir para a diminuição no número de ações trabalhistas, a medida representará uma redução nas despesas do Poder Judiciário, que não mais terá que arcar com os honorários periciais.

No tocante aos honorários advocatícios sucumbenciais, o relator defende a inclusão do § 4º sob o fundamento de que a inovação a vista inibir a propositura de demandas baseadas em direitos ou fatos inexistentes (2017, p. 69-70, grifo nosso):

> O entendimento corrente no TST é o de que não são admissíveis os honorários de sucumbência na Justiça do Trabalho, nos termos da Súmula n. 219, em face do *jus postulandi*, ou seja, o direito de as partes ajuizarem reclamação sem a assistência de advogado.
>
> A ausência histórica de um sistema de sucumbência no processo do trabalho estabeleceu um mecanismo de incentivos que resulta na mobilização improdutiva de recursos e na perda de eficiência da Justiça do Trabalho para atuar nas ações realmente necessárias.
>
> A entrega da tutela jurisdicional consiste em dever do Estado, do qual decorre o direito de ação. Todavia trata-se de dever a ser equilibrado contra o impulso da demanda temerária.
>
> Pretende-se com as alterações sugeridas inibir a propositura de demandas baseadas em direitos ou fatos inexistentes. Da redução do abuso do direito de litigar advirá a garantia de maior celeridade nos casos em que efetivamente a intervenção do Judiciário se faz necessária, além da imediata redução de custos vinculados à Justiça do Trabalho.
>
> Além disso, o estabelecimento do sistema de sucumbência coaduna-se com o princípio da boa-fé processual e tira o processo do trabalho da sua ultrapassada posição administrativista, para aproximá-lo dos demais ramos processuais, onde vigora a teoria clássica da causalidade, segundo a qual quem é sucumbente deu causa ao processo indevidamente e deve arcar com os custos de tal conduta.

Note-se que o legislador objetiva a redução de demandas temerárias e, por via de consequência, o aumento da celeridade processual ao mesmo tempo que visa à redução das despesas do Poder Judiciário, uma vez que não terá que arcar com os honorários periciais ou advocatícios.

Sob essa visão, são compreensíveis as exposições dos motivos das alterações promovidas pela reforma trabalhista, contudo não há como negar que o legislador não previu as consequências resultantes dessas mudanças. Nesse caso, questionam-se os valores, pois o que vale mais: o direito ao acesso à justiça por meio da concessão dos benefícios da justiça gratuita ou a redução do número "de pedidos periciais desnecessários, de demanda trabalhista e da oneração do Poder Judiciário" (LEITE; XAVIER, 2018, p.195)

O direito fundamental da inafastabilidade do livre acesso à jurisdição, viabilizado pela concessão do benefício da justiça gratuita, exarado expressamente na Constituição Federal, deve prevalecer de tal modo que não há como desconsiderar a condição de miserabilidade que justificou a concessão da benesse.

A inversão da ordem de justiça gratuita promovida pelo *caput* e § 4º do art. 790-B e § 4º do art. 791-A da CLT significa tornar a justiça trabalhista pelo menos duas vezes mais onerosa para o trabalhador.

> Para os patrões que são detentores de recursos financeiros, litigantes habituais e conhecedores dos meandros do sistema judicial, a medida não tem tanto impacto. Porém, para o trabalhador, essa medida é uma inibição processual da fruição dos demais direitos sociais do trabalhador (2018, p. 1095).

Vale lembrar que o Ministro Relator Luís Roberto Barroso defende que "o direito à gratuidade de justiça pode ser regulado de forma a desincentivar a litigância abusiva". Percebe-se, todavia, que o ministro olvidou que o ordenamento jurídico brasileiro já possui um mecanismo para combater a litigância de má-fé, não sendo necessário desencorajar a litigância abusiva por meio da vedação ao direito fundamental do acesso à justiça.

Bruno Tauil Pivatto defende que a sucumbência não é um abuso praticado pela parte, não devendo este deixar de receber o que lhe é devido porque foi julgado improcedente alguma outra pretensão.

> Em princípio, não se trata de um abuso cometido pelo(a) trabalhador(a) ter feito pedido que foi julgado improcedente, especialmente porquanto muitas vezes tem o direito, mas não consegue comprová-lo nos autos (a verdade processual prevalece sobre a verdade real; ou seja, aquilo que está demonstrado nos autos é tido como verdade em detrimento do que realmente aconteceu)" (PIVATTO, 2018, p. 1032).

Por todas essas razões, os honorários periciais e advocatícios sucumbenciais, a princípio, não devem ser cobrados do beneficiário da justiça gratuita. O simples fato de ter um pedido julgado improcedente ou ser sucumbente no objeto da perícia não deve ser um ônus ao autor da reclamação trabalhista, posto que não representam por si só um uso abusivo do processo (PIVATTO, 2018, p. 1033).

O ideal seria, nos termos do art. 80 e seguintes do CPC, a parte adversa requerer a aplicação de multa por litigância de má-fé ao verificar que o pedido ou o objeto da perícia é manifestamente improcedente, uma vez que a parte não agiu com lealdade processual e boa-fé ao realizar o pleito, devendo o juiz, nesta circunstância, deferir o requerimento.

Infere-se, dessa forma, pela inconstitucionalidade do trecho do *caput* do art. 790-B, que determina ser responsável o beneficiário da justiça gratuita sucumbente na pretensão objeto da perícia, bem como o § 4º do mesmo dispositivo e § 4º do art. 791-A que trazem a possiblidade de compensação dos créditos alimentares advindos de relações trabalhistas do trabalhador beneficiário da justiça gratuita, ainda que em outro processo.

Essas alterações mostram-se como medidas em direta violação ao direito fundamental do acesso à justiça e a função social do trabalho, dificultando que a parte hipossuficiente possa adquirir recursos financeiros e desenvolver-se socialmente violando consequentemente os objetivos da República Federativa do Brasil, contidos no art. 3º, inciso I a IV da CR/88. Se isso não bastasse, os honorários (periciais ou advocatícios de sucumbência) não podem ser descontados do beneficiário da justiça gratuita sucumbente, na medida em que o salário recebido em decorrência de demandas trabalhistas é constitucionalmente protegido.

3.2.2. Arquivamento da ação por ausência do reclamante à audiência inaugural. Beneficiário da justiça gratuita

O art. 844 da CLT, que dispõe sobre os efeitos processuais do não comparecimento do autor e do réu à audiência inaugural, também foi alterado pela Lei n. 13.467/2017. A nova redação do texto celetista converteu o parágrafo único do art. 844 no § 1º do mesmo artigo e, assim, promoveu uma alteração meramente formal em relação a sua redação anterior.

A nova Lei ainda inseriu os novos §§ 2º, 3º, 4º e 5º ao art. 844. O que interessa, porém, acerca do tema da gratuidade da justiça foi a inclusão dos §§ 2º e 3º, pois, conforme se verá, a conjunção dos dois preceitos cria uma barreira ao acesso à justiça aos trabalhadores no País.

O § 2º prevê que, na hipótese de ausência do autor na primeira assentada, será condenado ao pagamento das custas, ainda que beneficiário da justiça gratuita, salvo se comprovar, no prazo de quinze dias, que a ausência ocorreu por motivo legalmente justificável (art. 473, da CLT) enquanto o §3º condiciona a proposição de nova ação ao pagamento das custas a que se refere o § 2º.

Importante distinguir as hipóteses do § 3º do art. 844 entre as do § 2º do art. 486 do CPC, senão veja a explicação do André Araújo Molina.

(...) [O art. 486 do CPC] exige que nas ações repropostas, a petição inicial deverá trazer o pagamento das custas e das despesas da ação anterior, arquivada, mas cuja exigência não alcança os beneficiários da gratuidade, justamente porque a exigência, na prática, inviabiliza o acesso à jurisdição dos comprovadamente carentes de recursos quando a diretriz constitucional é a de que a assistência jurídica será integral aos necessitados. Para os que não são beneficiários da gratuidade, tanto para o processo civil quanto agora para o do Trabalho, a cobrança antecipada das custas e despesas, relacionadas à ação anterior já extinta e reproposta, não viola o núcleo essencial do direito, pois a parte tem condições de pagar as despesas e tão logo acessar a jurisdição.

Percebe-se que o obstáculo do acesso à justiça imposto pelo § 3º não é a exigência do pagamento das custas uma vez que a ação foi arquivada, mas sim a determinação de tal imposição aos economicamente necessitados.

O grave no preceito introduzido na CLT consiste na apenação do beneficiário da justiça gratuita. Essa medida desponta como manifestamente agressora da Constituição a República, por ferir o art. 5º, LXXIV, da CF/88, que assegura *assistência jurídica integral e gratuita aos que comprovarem insuficiência de recursos* – instituto da justiça gratuita. Conforme se sabe, não pode a Lei acanhar ou excluir direito e garantia fundamentais assegurados enfaticamente pela Constituição da República.

Pontue-se que determinar o pagamento das custas pelo trabalhador faltoso à audiência inaugural relativa a processos em que figura como reclamante é, sem dúvida, um dispositivo, em si válido, regra geral. O que não se mostra válido, porquanto manifestamente inconstitucional, é a extensão desse encargo para o beneficiário da justiça gratuita, pois este está protegido por um direito e garantia de natureza e autoridade constitucionais (DELGADO, 2018, p. 345, grifo do autor)

O legislador, entretanto, defende as inovações inseridas no art. 844 da CLT, de tal modo que o tratamento dado ao tema pela redação original incentivava o descaso da parte autora com o processo, pois sabia que poderia ajuizar a ação trabalhista mesmo se arquivada em duas oportunidades. Sob essa perspectiva, o relator Deputado Rogério Marinho afirmou que (2018, p. 74, grifo nosso)

Esse descaso, contudo, gera ônus para o Estado, que movimenta a estrutura do Judiciário para a realização dos atos próprios do processo, gera custos para a outra parte que comparece à audiência na data marcada, e caracteriza um claro tratamento não isonômico entre as partes.

A regra geral do caput do art. 844 é mantida, ou seja, arquivamento, no caso de não comparecimento do reclamante, e revelia e confissão, caso o reclamado não compareça.

Todavia, para desestimular a litigância descompromissada, a ausência do reclamante não elidirá o pagamento das custas processuais, se não for comprovado motivo legalmente justificado para essa ausência. E mais, nova reclamação somente poderá ser ajuizada mediante a comprovação de pagamento das custas da ação anterior.

Não se discute a exigência do pagamento das custas e das despesas processuais para o ajuizamento de uma nova ação trabalhista. A questão é exigir a quitação de tais encargos do beneficiário da justiça gratuita.

Adotando tais medidas a fim de desencorajar o obreiro a postular em juízo com descaso, a Lei n. 13.467/2017 obsta o efetivo acesso à ordem jurídica aos necessitados. Em outras palavras, impede a igualdade de armas processuais entre os sujeitos envolvidos no processo.

Acerca do tema, Gisela Carla Rodrigues Xavier e Rafaela Fernandes Leite expressaram a importância da concessão, desobstruída, da benesse do acesso à jurisdição trabalhista (2018, p. 192):

A concessão do referido benefício é elemento indispensável ao acesso à justiça, principalmente na seara trabalhista pela natureza alimentar e o caráter inadiável das verbas trabalhistas. Neste prisma, se o trabalhador precisar optar entre garantir a sua subsistência ou a de sua família e demandar perante o poder judiciário, sua decisão tenda à segunda, pela simples linha do óbvio. O trabalhador tende a buscar a justiça trabalhista para o reconhecimento e recebimento de verbas inadimplidas, geralmente, apenas quando do término do contrato de emprego ante o receio de possível dispensa motivada pelo ajuizamento de reclamatória. Por consequência, o aumento do número de desempregados tende a aumentar o de demandas trabalhistas.

Ao incluir a expressão "ainda que beneficiário da justiça gratuita" no 2º do art. 844 da CLT, além de obstruir o acesso efetivo à justiça por aquele que não possui recursos suficientes para arcar com o ônus oriundo do processo, o legislador desvirtuou o instituto do instituto da justiça gratuita.

Dessa forma, a inclusão dos beneficiários da justiça gratuita no dispositivo deverá ser declarada inconstitucional e, por via de consequência, excluída do texto celetista, pois se trata de uma barreira imposta pela reforma trabalhista que torna inacessível a apreciação dos direitos dos necessitados pelo Poder Judiciário.

4. CONCLUSÕES

1) A assistência jurídica gratuita é gênero de tal modo que engloba a assistência técnica gratuitamente prestada por profissional legalmente habilitado e a dispensa das custas e despesas oriundas do processo. Logo, ainda que associadas, as expressões: assistência

jurídica integral e gratuita; assistência judiciária; e benefício da justiça gratuita são distintas.

2) Via de regra incumbe às partes custear as despesas das atividades processuais provenientes dos atos que realizam ou querem realizar, sendo que o instituto da assistência jurídica integral e gratuita, todavia, é exceção à onerosidade do processo.

3) Sob o pretexto de litigiosidade excessiva, a Lei n. 13.427/2017 trouxe várias alterações impactantes acerca do tema da concessão do benefício da justiça gratuita, relacionados com a condenação do beneficiário da justiça gratuita em custas, honorários periciais e advocatícios sucumbenciais.

4) A ADI 5766, proposta pela Procuradoria geral da República, pugna pela inconstitucionalidade dos artigos 790-B, *caput* e § 4º, 791-A, § 4º e 844, § 2º da CLT com as alterações promovidas pela reforma trabalhista, pois violam direito fundamental dos trabalhadores economicamente necessitados, qual seja à assistência jurídica integral e gratuita.

5) Os §§ 3º e 4º do art. 790 da CLT, que modificaram os parâmetros objetivos que condicionam a concessão da assistência àqueles que realmente necessitam do instituto, devem ser revistos de modo a adequar os requisitos para a concessão da benesse à atual realidade econômica do país, pois impedem a igualdade de armas processuais entre os sujeitos envolvidos no processo trabalhista.

6) Impõe-se o reconhecimento da inconstitucionalidade do *caput* do art. 790-B, que determina ser responsável, pelos honorários periciais, o beneficiário da justiça gratuita sucumbente na pretensão objeto da perícia, bem como o § 4º do mesmo dispositivo e § 4º do art. 791-A, que trazem a possibilidade de compensação dos créditos alimentares advindos de relações trabalhistas do trabalhador beneficiário da justiça gratuita. São medidas que violam o direito fundamental do acesso à justiça e a função social do trabalho, pois, em tese, o trabalhador não deveria deixar de receber qualquer verba trabalhista em razão de uma outra pretensão que não foi acolhida, principalmente se esse montante não puder tirá-lo da condição de miserabilidade financeira. Se isso não bastasse, essa previsão de compensação de créditos obtidos em juízo não se sustenta, uma vez que o salário é constitucionalmente protegido.

7) A expressão "ainda que beneficiário da justiça gratuita" inserida no § 2º do art. 844 da CLT, que dispõe sobre os efeitos processuais do não comparecimento do autor e do réu à audiência inaugural, também deve ser julgada inconstitucional, consequentemente excluída do texto celetista, pois cria uma barreira ao acesso à justiça para os litigantes hipossuficientes financeiramente, na medida em que o § 3º do mesmo dispositivo condiciona a proposição de nova ação ao pagamento das custas a que se refere o § 2º.

5. REFERÊNCIAS BIBLIOGRÁFICAS

ALVAREZ, Anselmo Pietro. Uma Moderna Concepção de Assistência Jurídica Gratuita. In: *Revista da Procuradoria Geral do Estado de São Paulo*. São Paulo: IMESP-Imprensa Oficial do Estado de São Paulo, v. 53, 2000. Disponível em: <http://www.pge.sp.gov.br/centrodeestudos/revistaspge/revista53/moderna.htm>. Acesso em: 14 maio 2018.

BRUXEL, Charles da Costa. *A reforma trabalhista e a justiça gratuita: soluções interpretativas para garantir o acesso à jurisdição laboral após a Lei n. 13.467/2017*. 2018. Disponível em: <http://ostrabalhistas.com.br/reforma-trabalhista-e-justica-gratuita-solucoes-interpretativas-para-garantir-o-acesso-jurisdicao-laboral-apos-lei-13-4672017/>. Acesso em: 28 maio 2018.

DELAGDO, Mauricio Godinho; DELGADO, Gabriela Neves. *Reforma Trabalhista no Brasil:* com os comentários à Lei n. 13.467/2017. São Paulo: LTr, 2017.

FACHIN, Edson. *ADI 5677:* Voto vogal. Disponível em: <https://www.jota.info/wp-content/uploads/2018/05/bd1539f90ca810e-d6145b4ff7b7f0803.pdf?>. Acesso em: 01 jun. 2018.

GARCIA, Gustavo Filipe Barbosa. *Curso de direito processual do trabalho*. 2. ed. Rio de Janeiro: Forense, 2013.

LEITE, Rafaela Fernandes. ALVES, Amauri Cesar. (Orgs.) *Reforma Trabalhista:* comentário à Lei n. 13.467/2017. Belo Horizonte: Conhecimento Jurídica, 2018.

LIMA, Leonardo Tiba Barbosa. *Lições de direito processual do trabalho:* teoria e prática. 4. ed. São Paulo: LTr, 2017.

MARINHO, Rogério. *Comissão Especial destinada a proferir parecer ao Projeto de Lei no 6.787, de 2016*. Disponível em: <http://www.camara.gov.br/proposicoesWeb/prop_mostrarintegra?codteor=1544961>. Acesso em: 10 maio 2018.

MINISTÉRIO PÚBLICO FEDERAL. *ADI 5677*. Procuradoria-Geral da República. Disponível em: <http://www.stf.jus.br/portal/geral/verPdfPaginado.asp?id=12627377&tipo=TP&descricao=ADI%2F5677>. Acesso em: 12 maio 2018.

MOLINA, André Araújo. Justiça Gratuita. In: FELICIANO, Guilherme Guimarães; FONTES, Saulo Tarcísio de Carvalho; TREVISO, Marco Aurélio Marsiglia. *Reforma Trabalhista: Visão, Compreensão e Crítica*. São Paulo: LTr, 2017. p. 225-227.

OLIVEIRA SILVA, José Antônio Ribeiro de (Coord.); DIAS, Oliveira Carlos Eduardo; FELICIANO, Guilherme Guimarães; TOLEDO FILHO, Manoel Carlo. *Comentários ao Novo CPC e sua aplicação ao processo do trabalho* – parte geral – arts. 1º ao 317 – atualizado conforme a Lei n. 13.256. São Paulo: LTr, 2016, v. 1.

PIVATTO, Bruno Tauil. Honorários Advocatícios. In: MIESSA, Élisson. CORREIA, Henrique. (Orgs.). *A Reforma Trabalhista e seus impactos*. Salvador: JusPodivm, 2017. p. 1023-1055.

SILVA, Sandoval Alves da. O (In)acesso à Justiça Social com a Demolidora Reforma Trabalhista. In: MIESSA, Élisson; CORREIA, Henrique. (Orgs.). *A Reforma Trabalhista e seus impactos*. Salvador: JusPodivm, 2017. p. 1075-1103.

SOUZA, Gelson Amaro de. *O Salário como Direito Fundamental:* revisitação. 10 abr. 2012. Disponível em: <http://www.egov.ufsc.br/portal/conteudo/o-salário-como-direito-fundamental-—-revisitação>. Acesso em: 02 jun. 2018.

Os Honorários Advocatícios à luz do CPC/15 e da Lei n. 13.467/2017

Rafael Dias Medeiros[1]

1. INTRODUÇÃO

A Constituição Federal de 1988 consagrou o advogado como indispensável à administração da justiça (art.133). Em regra[2], no direito brasileiro, exige-se a representação por advogado para se postular em juízo (art. 104 CPC/15). A parte deve ter, além da capacidade processual (aptidão para exercitar direitos em juízo), a capacidade postulatória (aptidão técnica de pleitear algo).

Vale destacar que a materialização do direito da parte, por meio da relação jurídica processual, ficaria prejudicada caso as partes não fossem representadas por alguém tecnicamente habilitado, o que colocaria em risco a prestação jurisdicional justa e efetiva, afastando as garantias constitucionais processuais.

É oportuno dizer que no Processo do Trabalho[3] asseguram-se às partes, desde o advento da CLT, sem qualquer alteração em sua redação até os dias atuais, a liberalidade de reclamar pessoalmente perante a Justiça do Trabalho, sem a presença de advogado. Nesse contexto, de afirmação do *jus postulandi,* o TST editou a Súmula n. 425[4], que estabeleceu limites quanto à possibilidade de sua admissão, ou seja, somente nas Varas do Trabalho e nos Tribunais Regionais do Trabalho.

Registre-se que no TST prevalecia o entendimento restritivo acerca da condenação dos honorários advocatícios na Justiça Especializada, não sendo devidos pela mera sucumbência, exigindo a presença cumulativa de requisitos para sua concessão. Por outro lado, o mesmo Tribunal entendia que era cabível a condenação em honorários advocatícios pela mera sucumbência na ação rescisória e nas lides que não derivassem da relação de emprego (IN 27/05), bem como nas hipóteses de substituição processual pelo ente sindical. (Súmulas ns. 219 e 329 TST)

Por sua vez, com tramitação em velocidade muito superior a de praxe do funcionamento das casas legislativas, foi aprovada a Lei n. 13.467/17 que, seguindo a linha delineada no CPC, trouxe inovações quanto à possibilidade de condenação de honorários advocatícios, o que será objeto de análise no presente artigo.

No tocante às inovações da norma processual laboral, ponto que merece destaque é a possibilidade de condenação ao pagamento de honorários advocatícios de sucumbência, o que acarretará o cancelamento das Súmulas ns. 219 e 329 do TST.

Neste sentido, é importante destacar que tanto o CPC como a reforma trabalhista, advinda da Lei n. 13.467/2017, conferiram devida importância à advocacia, buscando valorizar a profissão, reconhecendo natureza salarial à parcela deferida em juízo.

Assim, sob o paradigma do Estado Democrático de Direito, a presença do advogado combativo, diligente e atuante é indispensável para o devido processo democrático e a resolução dos conflitos.

Outro ponto que merece ser destacado refere-se à alteração promovida pela Lei n. 13.467/17, que prevê a possibilidade do litigante sucumbente, mesmo que beneficiário da justiça gratuita, arcar com as despesas processuais, tais como os honorários advocatícios sucumbenciais, honorários periciais, entre outras despesas.

A garantia constitucional da assistência jurídica gratuita (art. 5º, LXXIV, da CRFB) atrelada ao direito de acesso à justiça (art. 5º, XXXV, da CRFB) constituem direito fundamental do jurisdicionado, que visa conformar e concretizar os fundamentos e os objetivos fundamentais previstos na Constituição Federal de 1988 (art. 1º, III e IV, da CRFB; art. 3º, I e III, da CRFB).

---

1. Mestrando em Direito Público pela Universidade Fumec. Pós-graduado em Direito do Trabalho e Processual do Trabalho. Advogado.
2. Excepcionalmente, o sistema processual brasileiro admite a prática de atos processuais por pessoas que não são advogado, tais como nas hipóteses de Juizado Especiais Cíveis, causas trabalhistas e *habeas corpus.*
3. Art. 791 da CLT. Os empregados e os empregadores poderão reclamar pessoalmente perante a Justiça do Trabalho e acompanhar as suas reclamações até o final.
4. O *jus postulandi* das partes, estabelecido no art. 791 da CLT, limita-se às Varas do Trabalho e aos Tribunais Regionais do Trabalho, não alcançando a ação rescisória, a ação cautelar, o mandado de segurança e os recursos de competência do Tribunal Superior do Trabalho.

A Procuradoria Geral da República, na ADI 5.766, sustenta que os dispositivos inseridos pela Lei n.13.467/2017 (arts.790-B, *caput* e § 4º; 791-A, § 4º, e 844, § 2º, da CLT), padecem de inconstitucionalidade material, pois impõem restrições inconstitucionais às garantias fundamentais de assistência jurídica integral e gratuita e do acesso à justiça.

O plenário do Supremo Tribunal Federal (STF) iniciou o debate sobre o tema, no julgamento da referida ADI, em sessão que foi realizada em maio de 2018, julgamento suspenso pelo pedido de vista do Ministro Luiz Fux.

No contexto social de desemprego que assola o país, aliado ao contumaz descumprimento da legislação laboral, é necessário avaliar, sob a ótica dos princípios constitucionais afetos ao acesso à justiça efetiva, se a restrição promovida pelo legislador ordinário é legítima.

O presente artigo, com a finalidade de se entender melhor as alterações promovidas na CLT, bem como os efeitos que a decisão do STF poderá acarretar nas relações laborais, questiona: a possibilidade de pagamento de honorários advocatícios sucumbenciais, ainda que beneficiário da justiça gratuita, acarreta aos cidadãos uma limitação do acesso à justiça?

É importante dizer, também, que a CLT, formulada sob a ótica do *jus postulandi*, não contém dispositivos que cuidam da representação do advogado de maneira exaustiva, sendo perfeitamente aplicável ao Processo do Trabalho o sistema delineado no CPC, que disciplinou a matéria de modo satisfatório.

2. HONORÁRIOS ADVOCATÍCIOS

A importância da presença do advogado na resolução de conflitos foi destacada na obra de Cappelletti e Garth (1988), ao discorrer acerca da terceira onda renovatória do processo:

> Essa 'terceira onda' de reforma inclui a advocacia, judicial ou extrajudicial, seja por meio de advogados particulares ou públicos, mas vai além. Ela centra sua atenção no conjunto geral de instituições e mecanismos, pessoas e procedimentos utilizados para processar e mesmo prevenir disputas nas sociedades modernas. Nós o denominamos " o enfoque do acesso à Justiça" por sua abrangência. Seu método não consiste em abandonar as técnicas das duas primeiras ondas de reforma, mas em tratá-las como apenas algumas de uma série de possibilidades para melhoras acesso. (CAPPELLETTI, GARTH, 1988, p. 204-205)

Os honorários são a parcela salarial paga ao advogado, visando a retribuir o trabalho realizado, constituindo-se, neste caso, a remuneração do profissional.

Tradicionalmente, a doutrina elenca duas espécies de honorários: 1) os contratuais ou convencionais; 2) os sucumbenciais. Os contratuais são aqueles estabelecidos consensualmente entre as partes, normalmente fixados por contrato escrito entre o advogado e o cliente. Os honorários sucumbenciais são constituídos pela obrigação fixada pelo magistrado na sentença, levando em consideração os critérios legais estabelecidos na legislação.

A Lei n. 13.467/2017, incluindo o art. 791-A na CLT, promoveu uma profunda alteração no Processo do Trabalho quanto ao tema dos honorários advocatícios.

Nos termos do mencionado dispositivo, o magistrado fixará honorários advocatícios, inclusive para o advogado que atue em causa própria, no percentual de 5% a 15% sobre o valor que: 1) resultar da liquidação; 2) do proveito econômico obtido; 3) não sendo possível mensurá-lo, sobre o valor atualizado da causa.

Observe-se que a legislação celetista não cuidou da matéria de modo exaustivo como fez o CPC. Neste caso, será necessário que os profissionais que atuem na seara laboral recorram aos dispositivos do modelo processual civil vigente, através da aplicação supletiva.

Por se tratar de alteração profunda no sistema trabalhista, pretende-se realizar uma abordagem do instituto sob o enfoque dos dois modelos de processo, tanto o Processo Civil como o Processo do Trabalho, respeitada a autonomia científica de ambos.

Além disso, considerando que o CPC possui maior tempo de vigência, tanto a doutrina como a jurisprudência já pôde analisar diferentes questões controvertidas da legislação, podendo servir de subsídio jurídico para as controvérsias que irão surgir no Processo do Trabalho.

É de se notar que o CPC alocou que dentre os gastos compreendidos no custo do processo, também os honorários advocatícios, espécie do gênero das despesas processuais.

Para Humberto Theodoro Júnior a inclusão dos honorários advocatícios nas despesas processuais fundamenta-se:

> A concepção clássica da inclusão dos honorários de advogado dentro das despesas processuais que o vencido deve repor ao vencedor se fundamentou, sempre, na injustiça que representaria fazer recair sobre o titular do direito reconhecido em juízo gastos despendidos na obtenção da respectiva tutela. Assim, na velha lição de Chiovenda, relembrada por Cândido Dinamarco: "tudo quanto foi necessário ao seu reconhecimento concorreu para diminuí-lo e deve ser reintegrado ao sujeito do direito, de modo que este não sofra prejuízos em razão do processo (JUNIOR, 2016, p. 306).

É inegável que a Lei n.13.467/17 bem como o CPC trouxeram diversas novidades acerca do instituto dos honorários advocatícios, muitas delas extremamente comemoradas pela advocacia nacional. Dentre as novidades, destaca-se a regulamentação dos honorários de sucumbência, conferindo ao profissional da advocacia remuneração mais condizente ao exercício da função indispensável para o acesso à justiça.

Como regra geral, é importante destacar que somente a sentença impõe ao vencido o encargo do pagamento dos honorários advocatícios[5].

Imperioso registrar que, mesmo antes da legislação processual vigente, já predominava na jurisprudência o entendimento quanto à natureza remuneratória dos honorários advocatícios, o que foi confirmado expressamente pelo CPC, assumindo o status de nítido crédito de natureza alimentar.[6]

Por fim, vale destacar que muitos dispositivos do CPC, que cuidam da matéria, poderão ser perfeitamente aplicados ao Processo do Trabalho.

3. HONORÁRIOS ADVOCATÍCIOS ANTES DA REFORMA TRABALHISTA

Revela-se oportuno dizer que a CLT, antes da vigência da Lei n. 13.467/17, não trazia qualquer menção sobre os honorários advocatícios no Processo do Trabalho.

Cumpre esclarecer, que vigorou por muitos anos na jurisprudência trabalhista, o entendimento consubstanciado nas Súmulas ns. 219 e 329 e das Orientações Jurisprudenciais ns. 304 e 305 do TST, utilizando-se como fonte normativa a Lei n. 5.584/1970. A regra geral consistia na inexistência de pagamento de honorários advocatícios na Justiça do Trabalho, salvo algumas exceções previstas na Súmula n. 219 do TST.[7]

Os honorários advocatícios seriam devidos, caso observados os requisitos cumulativos: a) a parte estar assistida por sindicato; b) ser beneficiária da justiça gratuita.

É importante destacar que, em decorrência da ampliação da competência da Justiça do Trabalho, por meio da Emenda Constitucional n. 45/2004, o Tribunal Superior do Trabalho instituiu a Instrução Normativa n. 27/2005, dispondo que, à exceção das lides decorrentes da relação de emprego, os honorários advocatícios são devidos pela mera sucumbência.

Considerando que, em regra, era indevida a condenação ao pagamento de honorários sucumbenciais, no Processo do trabalho prevalecia que, quando a parte contratava um advogado particular para atuar na sua causa, a restituição deste valor gasto com o procurador não deveria ser suportado pela parte contrária. Neste sentido, partindo da ideia que o obreiro não contava com a restituição integral do prejuízo suportado, tem-se que o acesso à justiça não era efetivo.

Neste sentido, em que pese a Constituição Federal de 1988 prever, expressamente, acerca da indispensabilidade do advogado para administração da justiça, prevalecia na jurisprudência laboral, sob a leitura do *jus postulandi,* a dispensabilidade do profissional da advocacia.

É importante registrar que, antes da vigência da Lei n. 13.467/2017, algumas decisões minoritárias reconheciam o direito aos honorários advocatícios sucumbenciais. Neste aspecto, vale a pena transcrever trecho de acórdão do Tribunal Regional da 15ª Região, da lavra do magistrado Jorge Luiz Souto Maior que elencou argumentos contrários ao indeferimento dos honorários:

> Afinal, não se pode esquecer que o direito do trabalho, embora ramo específico do conhecimento jurídico integra-se a um ordenamento, que, no todo, regula o conjunto das relações jurídicas que se perfazem na sociedade. A incoerência que se criaria com tal entendimento, consiste em que do ordenamento jurídico, aplicado como um todo, seriam extraídas duas conclusões altamente contraditórias: a primeira, já consagrada, no sentido de ser o crédito trabalhista privilegiado, tendo preferência sobre qualquer outro; a segunda, de que o inadimplemento de uma obrigação de pagar um crédito quirografário, quase sempre de natureza negocial, imporia ao devedor juros, correção monetária e honorários advocatícios, enquanto que o descumprimento das obrigações trabalhistas, previstas em leis de ordem pública, resultaria a quem comete o ato ilícito apenas uma obrigação adicional restrita a juros e correção monetária. Desse modo, um trabalhador que não recebesse seus direitos não teria direito às perdas e danos de forma integral, mas, se por conta de não ter recebido seus direitos descumprisse alguma obrigação de natureza civil, arcaria com as perdas e danos,

---

5. Há situações excepcionais em que a fixação dos honorários poderá ocorrer por meio de decisão interlocutória, como por exemplo, nos casos em que o litisconsorte ou terceiro interveniente tem sua defesa acolhida, em preliminar, portanto, excluídos do processo antes da sentença. Neste caso, o requerente da intervenção indevida será condenado ao pagamento da verba advocatícia do vencedor no incidente.
6. Art. 85. § 14. Os honorários constituem direito do advogado e têm natureza alimentar, com os mesmos privilégios dos créditos oriundos da legislação do trabalho, sendo vedada a compensação em caso de sucumbência parcial.
7. Súmula n. 219 do TST. HONORÁRIOS ADVOCATÍCIOS. CABIMENTO (alterada a redação do item I e acrescidos os itens IV a VI em decorrência do CPC de 2015) – Res. 204/2016, DEJT divulgado em 17, 18 e 21.03.2016) I – Na Justiça do Trabalho, a condenação ao pagamento de honorários advocatícios não decorre pura e simplesmente da sucumbência, devendo a parte, concomitantemente: a) estar assistida por sindicato da categoria profissional; b) comprovar a percepção de salário inferior ao dobro do salário mínimo ou encontrar-se em situação econômica que não lhe permita demandar sem prejuízo do próprio sustento ou da respectiva família. (art.14,§ 1º, da Lei n. 5.584/1970). (ex-OJ n. 305da SBDI-I). II – É cabível a condenação ao pagamento de honorários advocatícios em ação rescisória no processo trabalhista. III – São devidos os honorários advocatícios nas causas em que o ente sindical figure como substituto processual e nas lides que não derivem da relação de emprego. IV – Na ação rescisória e nas lides que não derivem de relação de emprego, a responsabilidade pelo pagamento dos honorários advocatícios da sucumbência submete-se a disciplina do Código de Processo Civil (arts. 85, 86, 87 e 90). V – Em caso de assistência judiciária sindical ou de substituição processual sindical, excetuados os processos em que a Fazenda Pública for parte, os honorários advocatícios são devidos entre o mínimo de dez e o máximo de vinte por cento sobre o valor da condenação, do proveito econômico obtido ou, não sendo possível mensurá-lo, sobre o valor atualizado da causa (CPC de 2015, art. 85, § 2º). VI – Nas causas em que a Fazenda Pública for parte, aplicar-se-ão os percentuais específicos de honorários advocatícios contemplados no Código de Processo Civil.

integralmente. Evidente que esta "lógica" não pode ser produzida pelo ordenamento jurídico, que tem por base o valor social do trabalho. Reforce-se este argumento com a observação de que as perdas e danos, nos termos do artigo 404, em casos de obrigações de pagar em dinheiro (caso mais comum na realidade trabalhista) abrangem atualização monetária, juros, custas e honorários, sem prejuízo de pena convencional que se não houver e não sendo os juros suficientes para suprir o prejuízo dão margem ao juiz para conceder indenização suplementar. Por todos estes argumentos, é forçoso concluir que já passou da hora do Judiciário trabalhista reformular o entendimento, inconstitucional e ilegal, de que na Justiça do Trabalho só incide o pagamento de honorários ao reclamante quando este estiver assistido por sindicato, negando a aplicação do princípio da sucumbência no processo do trabalho. Ora, quando o reclamante é perdedor no objeto que exige perícia este arca com os honorários do perito, o que implica dizer que o princípio da sucumbência foi acatado. <u>O entendimento de que no processo do trabalho não há condenação em honorários advocatícios trata-se, portanto, de posicionamento que fere diversos preceitos jurídicos e atenta contra a própria função da Justiça do Trabalho de recompor integralmente, a autoridade do ordenamento jurídico trabalhista.</u> ACÓRDÃO – PROCESSO TRT/15 a. No. 02197-1995-109-15-00-5 – EMBARGOS DE DECLARAÇÃO – EMBARGANTE: BANCO DO ESTADO DE SÃO PAULO S/A – EMBARGADO: FERNANDO DOMINGOS DE CAMPOS e OUTROS – ORIGEM: VARA DO TRABALHO DE SOROCABA – 3ª (sem destaque no original).

Vale dizer que, em março de 2016, a SDI-1 acolheu o processamento de Incidente de Recurso de Revista Repetitivo[8], suscitada de ofício pelo Relator, Ministro José Roberto Freire Pimenta , levando em consideração a edição de súmula pelo Tribunal Regional da 4ª Região, em sentido contrário a orientação do TST:

RECURSO DE REVISTA INTERPOSTO NA VIGÊNCIA DA Lei 13.015/2014. 1. **QUESTÃO JURÍDICA DEBATIDA: HONORÁRIOS ADVOCATÍCIOS. MATÉRIA UNIFORMIZADA PELO TRIBUNAL REGIONAL DO TRABALHO DA 4ª REGIÃO. SÚMULA REGIONAL DISSONANTE DA JURISPRUDÊNCIA ITERATIVA DO TST**. QUESTÃO DE ORDEM SUSCITADA DE OFÍCIO PELO RELATOR: INSTAURAÇÃO DO INCIDENTE DE RESOLUÇÃO DE RECURSOS REPETITIVOS. Lei 13.015/2014. NECESSIDADE DE TUTELA DA SEGURANÇA JURÍDICA, DA CELERIDADE PROCESSUAL E DA IGUALDADE PERANTE A LEI. 1. Unificando seu entendimento acerca dos honorários assistenciais, a Corte de origem, em sessão plenária, editou a Súmula n. 61, com o seguinte teor: "<u>HONORÁRIOS ASSISTENCIAIS Atendidos os requisitos da Lei n. 1.060/50 são devidos os honorários de assistência judiciária gratuita, ainda que o advogado da parte não esteja credenciado pelo sindicato representante da categoria profissional</u>." Muito embora o procedimento adotado pela Corte de origem revele-se louvável, na perspectiva da superação do dissenso interno até então verificado, é certo que a tese consagrada contraria a jurisprudência iterativa e notória desta Corte Superior, segundo a qual são pressupostos para o deferimento dos honorários advocatícios: a assistência pelo sindicato da categoria e a percepção de salário inferior ou igual à dobra do salário mínimo ou a prova da situação econômica insuficiente ao sustento próprio ou de sua família (Súmulas ns. 219, I, e 329, do TST). Por isso, ao deferir honorários advocatícios ante a mera declaração de pobreza da Reclamante, na forma da Lei n. 1.060/1950, o Tribunal Regional contrariou as Súmulas n. 219, I, e 329, do TST. 2. Com o escopo de preservar a segurança jurídica, a celeridade processual e a igualdade perante a lei, e antecipando-se ao sistema de julgamento de recursos repetitivos consagrado no novo Código de Processo Civil (Lei n. 13.105/2015), a Lei n. 13.015/2014 impôs nova sistemática para o processamento dos recursos no âmbito desta Justiça do Trabalho. A nova disciplina reafirma o dever de os tribunais regionais uniformizarem sua jurisprudência por meio do incidente de que trata o CPC (CLT, art. 896, § 3º) e que pode ser suscitado no âmbito de um de seus órgãos fracionários (CPC, art. 476) ou instaurado por determinação de seus Presidentes (CLT, art. 896, § 5º) ou ainda por ordem do Tribunal Superior do Trabalho – TST (CLT, art. 896, § 4º). Por imperativo lógico, ético e jurídico ditado pela própria natureza orgânica e sistêmica do Poder Judiciário – composto por órgãos posicionados em graus hierárquicos distintos, cada qual com papéis e funções específicas e previamente definidos pela ordem jurídica –, a súmula ou a tese prevalecente no julgamento dos referidos incidentes de uniformização deve se conformar, necessariamente, à diretriz editada pelo TST. 3. Em face da relevância da matéria debatida e da persistência de insegurança em relação às situações em que são devidos honorários assistenciais nesta Justiça do Trabalho, mostra-se conveniente suscitar o incidente para resolução de demandas repetitivas, a fim de submeter a questão ao crivo do Tribunal Pleno desta Corte, com fundamento nos arts. 896-B e 896-C, § 1º, ambos da CLT. Tal procedimento se mostra necessário, em face da edição das Súmulas ns. 219 e 329, do TST, ter ocorrido em momento anterior ao advento da Lei n. 13.015/2014, razão pela qual a aplicação da nova sistemática dos recursos repetitivos (Lei n. 13.015/2014 c/c a Lei n. 13.105/2015 – NCPC) exige, como condição prévia de legitimação das decisões lavradas sob o paradigma do denominado "direito jurisprudencial", nova manifestação desta Corte sobre as questões jurídicas gravadas de significativo dissenso jurisprudencial, o que apenas pode ocorrer após esgotadas todas as etapas procedimentais previstas, nas quais prevista a possibilidade de participação dos demais ministros da Corte (que poderão afetar outros processos

---

8. IRR – 341-06.2013.5.04.0011. Número no TRT de Origem: RO-341/2013-011-04. Órgão Judicante: Subseção I Especializada em Dissídios Individuais. Relator: Ministro José Roberto Freire Pimenta. Revisor: Ministro Hugo Carlos Scheurmann. A última movimentação do processo foi aos 08/08/2017: Conclusos para voto/decisão (Gabinete do Ministro José Roberto Freire Pimenta).

sobre a questão para julgamento conjunto, a fim de conferir ao órgão julgador visão global da questão – § 2º do art. 896-C da CLT), de todos os tribunais regionais do trabalho (com a prestação de informações e a seleção de recursos representativos da controvérsia – §§ 4º e 7º), de terceiros com interesse na controvérsia (§ 8º do art. 896-C da CLT) e do Ministério Público (§ 9º do art. 896-C da CLT). 4. Questão de ordem suscitada para a instauração do incidente de resolução de recurso repetitivo, com a determinação de submissão do feito ao Excelentíssimo Senhor Presidente desta Corte, para fins de submissão deste feito à Egrégia Subseção I Especializada desta Corte, em conformidade com os arts. 896-B e 896-C da CLT, com a redação dada pela Lei n. 13.015/2014, c/c o art. 2º, § 2º, da IN 38/2015, aprovada pela Resolução 201, de 10.11.2015, a fim de que seja equacionada a questão relativa ao direito aos honorários assistenciais em reclamações trabalhistas típicas, envolvendo trabalhadores e empregadores, consideradas as disciplinas das Leis ns. 1.060/1950 e 5.584/1970, do art. 5º, LXXIV, da CF, e o teor das Súmulas ns. 219 e 329 deste TST.

Feitas essas breves considerações do momento anterior à vigência da Lei n. 13.467/2017, é possível vislumbrar que já havia vários questionamentos quanto ao posicionamento prevalecente no âmbito do Tribunal Superior do Trabalho.

4. HONORÁRIOS ADVOCATÍCIOS APÓS A REFORMA TRABALHISTA

A Lei n. 13.467/2017, que passou ter vigência em novembro de 2017, inseriu dispositivo inovador na Justiça laboral[9] no tocante à aplicação dos honorários advocatícios. Pela simples leitura do dispositivo, percebe-se que a alteração trazida pelo mencionado artigo é diametralmente oposta àquilo que era aplicado no Direito Processual do Trabalho.

Neste sentido, pode-se dizer que o tema em comento, diante de tais inovações, é um dos mais controvertidos da reforma trabalhista no campo processual, o que faz necessário um estudo aprofundado sobre o instituto por parte dos operadores do Direito.

Oportuno dizer que a regulamentação dos honorários advocatícios na Justiça do Trabalho, é uma bandeira encampada muitos anos pelos advogados que militam no ramo laboral, em razão da distinção indevida em relação aos profissionais da advocacia.

Com efeito, vigente o novo dispositivo da CLT, não restará alternativa que não seja o cancelamento da Súmula n. 219 do TST, considerando que os advogados que militam na Justiça do Trabalho fazem jus aos honorários advocatícios de sucumbência, que serão fixados de 5% a 15%, sobre o valor que resultar da liquidação da sentença, do proveito econômico obtido ou, não sendo possível mensurá-lo, sobre o valor atualizado da causa.

De início, cabe notar que o percentual aplicado ao Processo Civil (10% a 20%) é diferente do critério adotado ao Processo do Trabalho, o que provoca um questionamento lógico. Qual a razão do legislador diferenciar a atuação do advogado trabalhista da atuação dos demais advogados?

Não é possível vislumbrar, respeitado entendimento em sentido contrário, qualquer causa legítima que não seja mesmo o desprestígio do advogado que milita na justiça laboral.

Vale frisar que, assim como adotado no CPC, o juiz do trabalho fixará os honorários advocatícios, observando: a) o grau de zelo do profissional; b) o lugar de prestação do serviço; c) a natureza e a importância da causa; d) o trabalho feito pelo advogado e o tempo exigido para o seu serviço.

Em se tratando de procedência parcial, o juízo arbitrará honorários de sucumbência recíproca, sendo vedada a compensação entre os honorários por se tratar de parcela devida ao profissional da advocacia.

Imperioso registrar que, caso a parte vencida seja beneficiária da justiça gratuita e não tenha condições de arcar com as despesas processuais decorrentes da sucumbência, os honorários advocatícios poderão ser cobrados pela parte vencedora no prazo de até dois anos do trânsito em julgado da decisão, devendo comprovar a alteração da situação de insuficiência de recursos que justificou a concessão da gratuidade.

Quanto à reconvenção, em se tratando de relação jurídica processual distinta, a Lei n. 13.467/2017 também regulamentou a questão, autorizando o deferimento de honorários advocatícios.

---

9. Art. 791-A da CLT. Ao advogado, ainda que atue em causa própria, serão devidos honorários de sucumbência, fixados entre o mínimo de 5% (cinco por cento) e o máximo de 15% (quinze por cento) sobre o valor que resultar da liquidação da sentença, do proveito econômico obtido ou, não sendo possível mensurá-lo, sobre o valor atualizado da causa. (Incluído pela Lei n. 13.467, de 13.07.2017) § 1º Os honorários são devidos também nas ações contra a Fazenda Pública e nas ações em que a parte estiver assistida ou substituída pelo sindicato de sua categoria. (Incluído pela Lei n. 13.467, de 13.07.2017) § 2º Ao fixar os honorários, o juízo observará: (Incluído pela Lei n. 13.467, de 13.7.2017) I – o grau de zelo do profissional; (Incluído pela Lei n. 13.467, de 13.07.2017) II – o lugar de prestação do serviço; (Incluído pela Lei n. 13.467, de 13.07.2017) III – a natureza e a importância da causa; (Incluído pela Lei n. 13.467, de 13.07.2017) IV – o trabalho realizado pelo advogado e o tempo exigido para o seu serviço. (Incluído pela Lei n. 13.467, de 13.07.2017) § 3º Na hipótese de procedência parcial, o juízo arbitrará honorários de sucumbência recíproca, vedada a compensação entre os honorários. (Incluído pela Lei n. 13.467, de 13.07.2017) § 4º Vencido o beneficiário da justiça gratuita, desde que não tenha obtido em juízo, ainda que em outro processo, créditos capazes de suportar a despesa, as obrigações decorrentes de sua sucumbência ficarão sob condição suspensiva de exigibilidade e somente poderão ser executadas se, nos dois anos subsequentes ao trânsito em julgado da decisão que as certificou, o credor demonstrar que deixou de existir a situação de insuficiência de recursos que justificou a concessão de gratuidade, extinguindo-se, passado esse prazo, tais obrigações do beneficiário. (Incluído pela Lei n. 13.467, de 13.07.2017)

§ 5º São devidos honorários de sucumbência na reconvenção. (Incluído pela Lei n. 13.467, de 13.07.2017)

Feitas essas breves considerações sobre o tema, que permitem a compreensão das alterações trazidas pela Lei n. 13.467/2017, passa-se a analisar a sucumbência recíproca.

4.1. Sucumbência recíproca no processo do trabalho

Os honorários advocatícios sucumbenciais passam a ser disciplinados expressamente no art. 791-A da CLT. Como seu próprio nome indica, estes honorários decorrem da derrota da parte, ou seja, o vencido ficará responsável pelo pagamento dos honorários do vencedor.

Se a ação trabalhista for julgada parcialmente procedente, sendo autor e réu, ao mesmo tempo, vencedor e vencido, haverá obrigação de ambos pagarem honorários advocatícios à parte contrária, com relação aos pedidos em que forem sucumbentes, cabendo ao magistrado arbitrar tais valores.

Vale destacar que, por se tratar de parcela salarial exclusiva do advogado, inclusive aquele que atua em causa própria, o mencionado dispositivo não autoriza a compensação dos honorários advocatícios sucumbenciais.

Inúmeras questões na prática trabalhista suscitarão dúvidas quanto aos honorários advocatícios de sucumbência, especialmente em relação aos pedidos que não forem julgados procedentes em sua integralidade, cabendo aos operadores do Direito buscar um caminho que ofereça resposta razoável para tais questionamentos.

A jurisprudência da Justiça Comum, sob a égide do CPC/15, tem enfrentado alguns questionamentos que certamente deverão ser debatidos pela Justiça do Trabalho, servindo tais decisões de subsídio jurídico para eventual fundamentação no mesmo sentido.

Neste aspecto, cite-se como exemplo, o critério para fixação de honorários sucumbenciais com relação ao pedido de dano moral, consubstanciado na Súmula 326 do STJ[10]. É de se destacar que a mencionada Súmula poderá, por enquanto, servir como parâmetro para a seara laboral, inclusive em se tratando de outros pedidos.

Por essa linha interpretativa, tem-se que o enfoque da sucumbência recíproca deve ser o pedido julgado, levando em conta, se há ou não o reconhecimento do direito. O *quantum* vindicado pelo autor da demanda e o valor efetivamente deferido pelo juízo são questões acessórias e não devem servir de critério para fixação dos honorários advocatícios de sucumbência.

À guisa de exemplos, dentre os típicos pedidos trabalhistas, citem-se as horas extras, intervalos, equiparação salarial e, adicional de insalubridade. É natural que tais pedidos sejam acolhidos parcialmente, em percentual diverso do pleiteado pelo autor, em extensão temporal menor, entre outras situações.

Neste sentido, caso a Justiça Especializada adote o mesmo entendimento cristalizado no STJ, é possível concluir que não serão devidos honorários à parte contrária em se tratando de sucumbência parcial do pedido. O reclamante apenas seria devedor da verba sucumbencial caso restasse integralmente vencido no pedido.

Para Rodrigo Dias da Silveira, os critérios fixados para o deferimento dos honorários de sucumbência não devem ser utilizados de modo que subverta os critérios de justiça.

> Breve relato de um advogado, que muito bem exemplifica a questão: deduz-se pedido de reparação por danos morais, atribuindo-se a ele o valor de R$ 100.000,00 (cem mil reais). Suponhamos que o juiz acolha o pedido em parte, condenando o reclamado a pagar indenização fixada em R$ 10.000,00 (dez mil reais). Nesse caso, queixava-se o causídico, o réu teria de pagar de R$ 500,00 a R$ 1.500,00 de honorários advocatícios ao autor, calculados sobre o valor da indenização. Ocorre que, argumentava ele, sobre os R$ 90.000,00 do pedido que não foram acolhidos, seriam devidos honorários advocatícios pelo reclamante, que poderiam chegar a até R$ 13.500,00 (treze mil e quinhentos reais), se fossem fixados em 15%. Dessa forma, concluiu, o autor sairia devendo, pois nem mesmo o valor da indenização bastaria para pagar os honorários da parte contrária. Ora, essa interpretação é claramente equivocada. Isso é muito claro se tomarmos por norte a Súmula n. 326 do STJ: "Na ação de indenização por dano moral, a condenação em montante inferior ao postulado na inicial não implica sucumbência recíproca." Ou seja: no caso de acolhimento parcial do valor da indenização postulada, não são devidos honorários à parte contrária. Portanto, o reclamante apenas seria devedor da verba sucumbencial se restasse integralmente vencido nesse pedido. Pois bem, chego então ao ponto central deste texto: essa interpretação restritiva do pagamento de honorários advocatícios, a depender da interpretação que seja conferida pela jurisprudência, pode se estender a qualquer pedido na Justiça do Trabalho, em vista de suas peculiaridades. Nas ações trabalhistas, como regra quase absoluta, o autor formula pedidos cumulados, ou seja, em uma mesma ação apresenta diversos pedidos, não necessariamente dependentes ou vinculados entre si. A cumulação é igualmente possível no processo civil, naturalmente, mas naquela seara isso ocorre com frequência bem inferior ao que se passa no processo do trabalho. Dentre os típicos pedidos trabalhistas temos, ilustrativamente, os de horas extras, intervalos, equiparação salarial, que são apresentados em uma mesma ação. E quanto a estes, é ordinário que sejam acolhidos apenas em parte. Por exemplo, postulam-se horas extras, que são deferidas, porém em proporção inferior à

---

10. Súmula n. 326 do STJ – 18.12.2017. **Responsabilidade civil. Dano moral. Honorários advocatícios. Condenação em montante inferior ao pedido. Sucumbência recíproca. Inexistência.** CPC, arts. 20 e 21. CF/88, art. 5º, V e X. Na ação de indenização por dano moral, a condenação em montante inferior ao postulado na inicial não implica sucumbência recíproca.

requerida. O mesmo em relação a intervalos e diferenças oriundas de equiparação salarial. Em todos esses casos, conferindo uma interpretação extensiva do que dispõe a referida súmula do STJ, os honorários advocatícios somente seriam devidos pelo autor quando o pedido fosse integralmente rejeitado. Por consequência, apenas se um pedido for indeferido, na íntegra, o reclamante será devedor dos respectivos honorários à contraparte, tentando-se evitar com isso o ajuizamento de ações descabidas. (Silveira, 2017)

O Enunciado n. 99 da 2ª Jornada de direito material e processual do trabalho aponta o acolhimento da tese sumulada pelo STJ:

> O juízo arbitrará honorários de sucumbência recíproca (art. 791-A, § 3º, da CLT) apenas em caso de indeferimento total do pedido específico. O acolhimento do pedido, com quantificação inferior ao postulado, não caracteriza sucumbência parcial, pois a verba postulada restou acolhida. Quando o legislador mencionou "sucumbência parcial", referiu-se ao acolhimento de parte dos pedidos formulados na inicial.

Outra questão importante à luz do art. 791-A da CLT, com redação dada pela Lei n.13.467/2017, é a hipótese de o magistrado fixar honorários advocatícios em percentuais diferentes aos procuradores das partes.

Neste sentido, considerando os critérios elencados na legislação, tais como o grau de zelo do profissional, o lugar da prestação do serviço, a natureza e importância da causa, o trabalho realizado pelo advogado e o tempo exigido para o seu serviço, o juiz, na análise do caso concreto, baseando-se nos princípios de justiça e equidade, poderá estabelecer percentuais de honorários advocatícios distintos.

É importante destacar que, a princípio, a imposição da condenação de honorários de sucumbência poderá servir como um fator para diminuir as reclamações trabalhistas temerárias, além de valorizar os profissionais da advocacia que militam na seara laboral.

Não se deve deixar de lado que toda demanda judicial oferece riscos naturais ao requerente, seja pelas provas produzidas nos autos e o convencimento do magistrado sobre elas, seja pelo entendimento de cada juízo sobre determinada matéria, o que deve ser sopesado pelo magistrado na condenação da verba honorária, sob pena de dificultar o acesso à justiça.

4.2. Pagamento de honorários sucumbenciais pelo beneficiário de gratuidade de justiça. Acesso à justiça

Por força do art. 791-A, § 4º da CLT, até mesmo o vencido beneficiário da justiça gratuita poderá arcar com os honorários de sucumbência.

Vale registrar que, caso o beneficiário da justiça gratuita não obtenha nenhum crédito na ação judicial ou em outro processo, o credor da verba honorária poderá pesquisar se a condição de insuficiência de recursos do devedor se alterou. Neste caso, será possível a penhora de bens no prazo de dois anos do trânsito em julgado da decisão, que certificou a ausência de crédito capaz de suportar as despesas processuais.

É pertinente destacar os critérios estabelecidos pela legislação laboral, com redação dada pela Lei n. 13.467/17, para os beneficiários da justiça gratuita: salário igual ou inferior a 40% do limite máximo dos benefícios do Regime Geral da Previdência Social.

A Procuradoria Geral da República ajuizou ADI 5766[11], requerendo a declaração de inconstitucionalidade da expressão "desde que não tenha obtido em juízo, ainda que em outro processo, créditos capazes de suportar as despesas", do § 4º do art. 791-A da CLT, alterado pela Lei n. 13.467/2017.

O Procurador Geral da República sustenta que os dispositivos celetistas em comento violaram direitos fundamentais dos trabalhadores, restringindo o acesso à jurisdição aos trabalhadores pobres, violando, inclusive, normas internacionais, pois dificulta a efetivação de direitos humanos.

> Constituição de 1988 consagra a garantia de amplo acesso à jurisdição no art. 5, XXXV e LXXIV, que tratam dos direitos a inafastabilidade da jurisdição e a assistência judiciária integral aos necessitados. <u>Na contramão dos movimentos democráticos que consolidaram essas garantias de amplo e igualitário acesso a justiça, as normas impugnadas inviabilizam ao trabalhador economicamente desfavorecido assumir os riscos naturais de demanda trabalhista e impõe-lhe pagamento de custas e despesas processuais de sucumbência com uso de créditos trabalhistas auferidos no processo, de natureza alimentar, em prejuízo do sustento próprio e do de sua família.</u> Com isso, atentam contra o mais elementar mecanismo de ampliação das garantias jurisdicionais que, na clássica obra de MAURO CAPPELLETTI e BRYANT GARTH, constituiu a primeira das três ondas renovatórias de acesso à justiça no século XX: a assistência judiciária integral e gratuita aos necessitados, em superação ao obstáculo econômico de acesso à justiça, especialmente para tutela de direitos econômicos e sociais. Mais grave é isso ocorrer na Justiça do Trabalho, constitucionalmente vocacionada ao atendimento de demandas da grande massa trabalhadora em busca de solução de conflitos decorrentes da violação (não raro sistemática) de seus direitos laborais. <u>A legislação impugnada investe contra garantia fundamental da população trabalhadora socialmente mais vulnerável e alveja a tutela judicial de seus direitos econômicos e sociais trabalhistas, que integram o Conteúdo mínimo existencial dos direitos fundamentais, na medida de sua indispensabilidade ao provimento das condições materiais mínimas de vida do trabalhador pobre.</u> Ao

---

11. A ADI 5.766, de relatoria do Ministro Roberto Barroso foi incluída no calendário para julgamento pelo Presidente, pautada para julgamento aos 03.05.2018.

impor maior restrição à gratuidade judiciária na Justiça do Trabalho, mesmo em comparação com a Justiça Comum, e ao desequilibrar a paridade de armas processuais entre os litigantes trabalhistas, as normas violam os princípios constitucionais da isonomia (art. 5º, *caput*), da ampla defesa (art. 5º, LV), do devido processo legal (art. 5º, LIV) e da inafastabilidade da jurisdição (art. 5º, XXXV). Em face da intensidade dos obstáculos econômicos impostos aos direitos fundamentais dos demandantes pobres, as normas impugnadas ainda incorrem em inconstitucionalidade por violação aos princípios da proporcionalidade e da proibição de excesso, configurando desvio de finalidade legislativa.
(sem destaque no original)

É importante registrar que toda demanda judicial envolve riscos naturais, tais como o convencimento do juiz quanto à prova ou o seu entendimento no tocante à determinada matéria discutida na demanda.

Neste aspecto, vale destacar que, em princípio, não caracteriza qualquer abuso de direito do obreiro o simples de fato da improcedência do pedido. Poderá haver situações em que o autor detém o direito à determinada parcela, mas não consegue comprová-lo nos autos, bem como poderá haver outras situações em que a improcedência ocorrerá pelo entendimento divergente dos magistrados acerca da interpretação jurídica do Direito.

A norma desconsidera a condição de insuficiência de recursos da parte ao impor, à beneficiária da justiça gratuita, o pagamento das despesas processuais de sucumbência até com empenho de créditos auferidos no mesmo processo ou em outro processo, sem que tenha havido alteração substancial da condição de pobreza, em total desconformidade com o art. 5°, LXXIV, da Constituição Federal.

No mesmo sentido, a Procuradoria Geral da República sustentou na ADI 5.766:

> Concessão de justiça gratuita implica reconhecimento de que o beneficiário não dispõe de recursos para pagar custas e despesas processuais sem prejuízo de seu sustento e de sua família, na linha do art. 14, § 1º, da Lei n. 5.584/1970. **Essa premissa se ancora nas garantias Constitucionais de acesso à jurisdição e do mínimo material necessário à proteção da dignidade humana (CR, arts. 1º, III, e 5º, LXXIV). Por conseguinte, créditos trabalhistas auferidos por quem ostente tal condição não se sujeitam a pagamento de custas e despesas processuais, salvo se comprovada perda da condição.** Relativamente aos honorários advocatícios de sucumbência, o novo art. 791-A da CLT, inserido pela legislação reformista, prevê suspensão de exigibilidade de seu pagamento, em favor do beneficiário de justiça gratuita, pelo prazo de dois anos, sob condição de cobrança se o credor demonstrar que deixou de existir a situação de insuficiência de recursos que justificou a gratuidade. Nessa suspensão de exigibilidade não reside inconstitucionalidade. Disposição idêntica encontra-se no art. 98, § 3º, do CPC de 2015, que disciplina a justiça gratuita relativamente a cobrança de despesas processuais decorrentes da sucumbência (sem destaque no original): § 3º Vencido o beneficiário, as obrigações decorrentes de sua sucumbência ficarão sob condição suspensiva de exigibilidade e somente poderão ser executadas se, nos 5 ([...]) anos subsequentes ao trânsito em julgado da decisão que as certificou, o credor demonstrar que **deixou de existir a situação de insuficiência de recursos que justificou a concessão de gratuidade**, extinguindo-se, passado esse prazo, tais obrigações do beneficiário. **Na hipótese, a obrigação somente se torna exigível se no prazo da suspensão obrigacional o credor demonstrar perda da situação de insuficiência de recursos, o que se alinha ao art. 5º, LXXIV, da Constituição.** Nesse sentido pronunciou-se o Supremo Tribunal Federal no julgamento do recurso extraordinário 249.003/RS. Reputou compatível com o art. 5º, LXXIV, da CR, o art. 12 da Lei n. 6.050/1950 e, por equivalência, o art. 98, § 3º, do CPC, que o derroga e substitui com idêntica disposição. O problema aqui reside em que o art. 791-A, § 4º, da CLT condiciona a própria suspensão de exigibilidade dos honorários advocatícios de sucumbência a inexistência de crédito trabalhista capaz de suportar a despesa. Contraditoriamente mais restritiva à concessão de gratuidade judiciária do que a norma processual civil, dispõe a norma reformista que a obrigação de custear honorários advocatícios de sucumbência ficará sob condição suspensiva de exigibilidade, "desde que [o beneficiário de justiça gratuita] não tenha obtido em juízo, ainda que em outro processo, créditos capazes de suportar a despesa". **A norma desconsidera a condição econômica que determinou concessão da justiça gratuita e subtrai do beneficiário, para pagar despesas processuais, recursos econômicos indispensáveis à sua subsistência e à de sua família, em violação à garantia fundamental de gratuidade judiciária (CR, art. 5º, LXXIV).** (sem destaque no original).

O plenário do Supremo Tribunal Federal (STF) iniciou o debate sobre o tema em sessão que foi realizada em maio de 2018, julgamento suspenso pelo pedido de vista do Ministro Luiz Fux.

O Relator, Ministro Roberto Barroso, julgou parcialmente procedente a ADI, assentando como técnica de julgamento a interpretação conforme a Constituição. No início de seu voto, o Ministro pregou que esta discussão não é ideológica.

> "Eu aprendi a separar o que é ser de esquerda do que é ser progressista. Ser progressista é defender aquilo que produz o melhor resultado para as pessoas, para a sociedade e para o país, sem dogmas, sem superstições, e sem indiferença à realidade. Portanto, este não é um debate entre direita e esquerda, e sim sobre o que é melhor para os trabalhadores, para a sociedade e para o país. Quero deixar claro: ninguém aqui está do lado dos mais ricos ou do lado da injustiça. Todo mundo aqui está querendo produzir a solução que seja capaz de melhor distribuir a justiça, de trazer melhores resultados para a sociedade e para o país".

Apesar de o Ministro Luiz Fux ter feito o pedido de vista antecipado, o Ministro Edson Fachin resolveu adiantar seu voto, julgando pela procedência da ADI, conforme se vê da conclusão do julgamento publicada aos 14.05.2018.

Decisão: Após o voto do Ministro Roberto Barroso (Relator), julgando parcialmente procedente a ação direta de inconstitucionalidade, para assentar interpretação conforme a Constituição, consubstanciada nas seguintes teses: "1. O direito à gratuidade de justiça pode ser regulado de forma a desincentivar a litigância abusiva, inclusive por meio da cobrança de custas e de honorários a seus beneficiários. 2. A cobrança de honorários sucumbenciais do hipossuficiente poderá incidir: (i) sobre verbas não alimentares, a exemplo de indenizações por danos morais, em sua integralidade; e (ii) sobre o percentual de até 30% do valor que exceder ao teto do Regime Geral de Previdência Social, mesmo quando pertinente a verbas remuneratórias. 3. É legítima a cobrança de custas judiciais, em razão da ausência do reclamante à audiência, mediante prévia intimação pessoal para que tenha a oportunidade de justificar o não comparecimento, e após o voto do Ministro Edson Fachin, julgando integralmente procedente a ação, pediu vista antecipada dos autos o Ministro Luiz Fux. Ausentes o Ministro Dias Toffoli, neste julgamento, e o Ministro Celso de Mello, justificadamente. Presidência da Ministra Cármen Lúcia. Plenário, 10.05.2018. (sem destaque no original)

No contexto social de desemprego que assola o país, aliado ao contumaz descumprimento da legislação laboral, é necessário avaliar, sob a ótica dos princípios constitucionais afetos ao acesso à justiça efetiva, se a restrição promovida pelo legislador ordinário é legítima.

É por óbvio que não se deve deixar de lado que a prática trabalhista já demonstrou alguns abusos por parte dos autores, como ocorre com as famosas demanda judiciais com pedidos de letra "a" a "z".

Para estas situações em que ocorre o abuso de direito por parte do reclamante, o próprio sistema processual, tanto laboral[12] como processual civil, possui meios para coibir tal prática, não podendo a legislação tratar situações excepcionais como regra geral.

Imperioso registrar que em relatório da Justiça em Números, divulgado pelo CNJ no ano de 2017, constatou-se que um dos pedidos mais recorrente apresentado na Justiça do Trabalho envolve o tema das verbas rescisórias, parcela elementar decorrente da ruptura contratual.

Ora, pelos números divulgados no mencionado Relatório, é possível concluir que diferentemente do que se divulga, a maioria esmagadora das demandas trabalhistas diz respeito às verbas rescisórias.

Outro aspecto que merece ser levantado, como reforço argumentativo, é a quantidade enorme de acidentes do trabalho ocorridos no país, que ultrapassam os 700.000 acidentes por ano, segundo dados levantados pela Previdência Social e o Ministério do Trabalho nos anos de 2012 a 2016, fazendo o Brasil ocupar a quarta posição mundial em número de acidentes.

Neste sentido, em uma análise perfunctória dos dados mencionados acima, sem prejuízo de posterior evolução do pensamento quanto ao tema, o número de demandas ajuizadas envolvendo as parcelas mais básicas da relação contratual laboral, bem como as inúmeras demandas judiciais envolvendo acidente do trabalho por culpa da empresa, remete uma ideia que, em regra, as demandas judiciais são manejadas para obter algum direito trabalhista violado. Assim, respeitado entendimento em sentido contrário, pode-se dizer que na relação contratual trabalhista há um descumprimento contumaz das disposições legais ou contratuais, o que justifica o número elevado de processos.

Partindo dessa premissa, considerando que alguns destes direitos trabalhistas são constantemente violados, a interpretação de qualquer dispositivo legal que dificulte o acesso à justiça deve ser rechaçada veementemente pela Justiça Especializada.

Dessa maneira, caso prevaleça o entendimento de que qualquer crédito recebido pelo autor possa servir para o pagamento dos honorários advocatícios de sucumbência, o Poder Judiciário estará fomentando a criação de injustiças, pois irá conferir o mesmo tratamento às pessoas de boa-fé, que ingressam na Justiça do Trabalho, com aquelas que utilizam de práticas eivadas de má-fé.

Por fim, a condenação de honorários de sucumbência pelo beneficiário da justiça gratuita deve ser feita com muita cautela pelos magistrados, evitando excessos nas condenações sob pena de caracterizar restrição indevida de acesso ao Poder Judiciário.

5. HONORÁRIOS SUCUMBENCIAIS E O DIREITO AUTÔNOMO DO ADVOGADO

A titularidade dos honorários sucumbenciais é do advogado, ainda que esteja atuando em causa própria[13], considerados, portanto, créditos de natureza alimentar.

---

12. Art. 793-A. Responde por perdas e danos aquele que litigar de má-fé como reclamante, reclamado ou interveniente. (Incluído pela Lei n. 13.467, de 2017) Art. 793-B. Considera-se litigante de má-fé aquele que: I – deduzir pretensão ou defesa contra texto expresso de Lei ou fato incontroverso. II – alterar a verdade dos fatos. III – usar do processo para conseguir objetivo ilegal. IV – opuser resistência injustificada ao andamento do processo. V – proceder de modo temerário em qualquer incidente ou ato do processo. VI – provocar incidente manifestamente infundado. VII – interpuser recurso com intuito manifestamente protelatório. Art. 793-C. De ofício ou a requerimento, o juízo condenará o litigante de má-fé a pagar multa, que deverá ser superior a 1% (um por cento) e inferior a 10% (dez por cento) do valor corrigido da causa, a indenizar a parte contrária pelos prejuízos que esta sofreu e a arcar com os honorários advocatícios e com todas as despesas que efetuou.
13. Art. 85 § 17. Os honorários serão devidos quando o advogado atuar em causa própria.

Por sua vez, muito se indaga de quem é a legitimidade para impugnar ou executar o capítulo acessório da decisão que condena a parte vencida ao pagamento dos honorários advocatícios.

Cumpre destacar que o art. 23 do Estatuto da OAB já disciplinava a questão ao prever que pertence ao advogado, e não à parte, os honorários advocatícios arbitrados em razão da sucumbência, tratando-se, neste caso, de parte legítima para promover a execução de tal capítulo da decisão.

O CPC[14], alinhado a linha jurisprudencial majoritária, não só reconheceu a legitimidade do advogado para pleitear, recorrer e executar a sua verba honorária, como também conferiu a possibilidade de manejar ação autônoma para efetivar a referida cobrança.

Vale dizer que, por se tratar de direito autônomo do advogado, constituído por título executivo judicial, a verba honorária poderá ser executada em nome próprio nos mesmos autos da ação em que o patrono tenha atuado.

Outro destaque importante que o modelo processual vigente inovou, acerca do instituto dos honorários advocatícios, diz respeito à possibilidade de deferimento da parcela remuneratória *ex oficio* pelo magistrado. Percebe-se que a ausência do pedido de honorários na peça processual não obsta o seu reconhecimento, permitindo concluir que a referida parcela recebeu o mesmo tratamento dos demais pedidos implícitos (os juros moratórios e a correção monetária), o que, a nosso ver, é perfeitamente aplicável ao Processo do Trabalho.

Assim, por se tratar de pedido implícito, mesmo operando o trânsito em julgado de decisão que omitiu a condenação dos honorários advocatícios, o CPC conferiu à parte o direito de ajuizar ação autônoma para definição e condenação da parte vencida, perfeitamente aplicável ao processo laboral, respeitando opiniões em sentido contrário.

No que se refere ao processo do trabalho, a mencionada ação autônoma, a meu juízo, será de competência da Justiça do Trabalho, uma vez que decorrente de decisão proferida pela própria Justiça Especializada. Vale dizer que se a Justiça do Trabalho detém competência para apreciar o pedido de honorários advocatícios, consequentemente, deverá manter essa competência para apreciar ação autônoma acessória à demanda principal.

É importante dizer que os mencionados dispositivos do CPC/15 refletiram uma superação legislativa ao entendimento consubstanciado na Súmula n. 453/STJ[15].

Outra novidade significativa para os advogados refere-se ao disposto no art. 791-A da CLT, com redação dada pela Lei n.13.467/2017, vedando expressamente a compensação dos honorários advocatícios em caso de sucumbência recíproca, o que já constava expressamente no art. 84, § 14 do CPC.

Vale frisar que o CPC/73[16] autorizava expressamente a compensação de honorários sucumbenciais entre as partes, uma vez que considerava que os sujeitos processuais eram credores e devedores uns dos outros. A Súmula n. 306 do STJ[17] também encampava este entendimento.

Daniel Amorim Assumpção Neves sustentava argumentos contrários à interpretação conferida pelos tribunais ao dispositivo revogado, como se percebe do trecho destacado abaixo:

> Sempre lamentei profundamente o entendimento consagrado por desrespeitar de forma direta e inadmissível a própria essência da compensação. Segundo o art. 368 do Código Civil, só haverá compensação se duas pessoas forem ao mesmo tempo credor e devedor uma da outra, sendo tal exigência pacificada na doutrina e jurisprudência. E esse indispensável requisito só estaria preenchido se os créditos referentes aos honorários advocatícios fixados em decisão judicial fossem de titularidade das partes, o que contraria o art. 23 do Estatuto da Ordem dos Advogados do Brasil. Os advogados que participaram do processo são os credores na hipótese de sucumbência recíproca, sendo devedores a parte contrária. Há, portanto, diferença entre credores e devedores, o que deveria ser o suficiente para inviabilizar a satisfação das obrigações de pagar quantia certa na hipótese ora analisada (NEVES, 2016, p. 223).

Nesse sentido, mais uma vez, percebe-se que as modificações introduzidas pelo CPC e pela Lei n. 13.467/2017 consistiram em reação legislativa ao entendimento jurisprudencial predominante, sendo considerada pela classe dos advogados como grande avanço, reconhecendo a importância do exercício da profissão[18](art. 133 da CF).

---

14. Art. 85. § 18. Caso a decisão transitada em julgado seja omissa quanto ao direito aos honorários ou ao seu valor, é cabível ação autônoma para sua definição e cobrança.
15. Súmula n. 453 do STJ: Os honorários sucumbenciais, quando omitidos em decisão transitada em julgado, não podem ser cobrados em execução ou em ação própria.
16. Art. 21 do CPC/73. Se cada litigante for em parte vencedor e vencido, serão recíproca e proporcionalmente distribuídos e compensados entre eles os honorários e as despesas. Parágrafo único. Se um litigante decair de parte mínima do pedido, o outro responderá, por inteiro, pelas despesas e honorários.
17. Súmula n. 306/STJ – 18.12.2017. **Honorários advocatícios. Sucumbência recíproca. Compensação. Admissibilidade.** Lei n. 8.906/94, art. 23. CPC, art. 21. Os honorários advocatícios devem ser compensados quando houver sucumbência recíproca, assegurado o direito autônomo do advogado à execução do saldo sem excluir a legitimidade da própria parte.
18. Art.133 da CF/88. O advogado é indispensável à administração da justiça, sendo inviolável por seus atos e manifestações no exercício da profissão, nos limites da lei.

Por fim, respeitando entendimento em sentido contrário, entendo que poderão ser aplicados ao Processo do Trabalho os demais dispositivos mencionados no presente tópico, tais como a legitimidade do advogado trabalhista para discutir na Justiça Especializada e, nos mesmos autos do processo, a sua verba honorária, ou até mesmo o deferimento de ofício pelo magistrado quanto à condenação da referida parcela.

5.1. Hipóteses de cabimento dos honorários advocatícios

Segundo as disposições do CPC[19], ainda que o título judicial transitado em julgado seja omisso com relação aos honorários advocatícios, a parcela honorária poderá ser pleiteada por ação autônoma.

A legislação processual trabalhista, com redação dada pela Lei n. 13.467/2017, foi silente quanto ao tema, inclusive não havendo previsão expressa quanto à possibilidade de majoração dos honorários na esfera recursal.

No tocante ao cabimento dos honorários advocatícios, o CPC, levando em consideração a existência de relações processuais distintas na instauração dos incidentes processuais, ampliou as hipóteses de cabimento previstas em comparação ao CPC/73.

Neste aspecto, vale dizer que a legislação processual civil vigente estabeleceu uma completa alteração do instituto, prevendo a possibilidade de condenação na ação principal, reconvenção, no cumprimento de sentença, provisório ou definitivo, na execução (resistida ou não) e nos recursos[20].

Neste sentido, Daniel Amorim Assumpção Neves pontua algumas críticas quanto ao entendimento da impossibilidade de deferimento dos honorários advocatícios no cumprimento voluntário de sentença:

> Segundo o tribunal, como executar provisoriamente é uma faculdade do exequente, quando este opta por iniciá-la, dá causa à existência da execução, de forma que não pode pretender receber honorários advocatícios. Se a facultatividade da execução fosse realmente um argumento aplicável ao afastamento dos honorários do patrono do exequente provisório, nunca mais os teríamos na execução definitiva, já que essa também é uma faculdade do exequente. Como sabido, não existe dever de ação, e sim direito, de natureza disponível. Outro fundamento de duvidosa pertinência utilizado pelo tribunal traçava uma semelhança entre não ser cabível a aplicação da multa do art. 475-J, *caput*, do CPC/1973 na execução provisória e o afastamento da condenação a pagamento de honorários advocatícios. A natureza dessas duas medidas foi aparentemente desprezada pelo Superior Tribunal de Justiça, porque, sendo a primeira uma medida de execução indireta e a segunda uma medida de remuneração pelo trabalho desenvolvido pelo advogado, jamais poderia ser aplicada a ambas a mesma justificativa de afastamento. E, para encerrar a crítica ao posicionamento adotado pelo Superior Tribunal de Justiça quanto ao tema, não parece adequada a afirmação de que o direito ao recebimento dos honorários advocatícios não existe enquanto o direito da parte não for certo, o que não ocorre em razão da existência de recurso pendente de julgamento. Desde os estudos de Liebman sobre o tema, é bastante clara a distinção entre a imutabilidade e eficácia da decisão. Da forma como foi posta a fundamentação, o capítulo principal da decisão tem eficácia mesmo sem ser imutável, mas o capítulo acessório que fixa os honorários advocatícios só passa a ser eficaz quando se torna imutável. A regra de que o acessório segue o principal parece não ter influenciado o Tribunal em sua decisão. (NEVES, 2016, p. 218)

O sistema processual comum inovou, inclusive contrariando entendimento jurisprudencial predominante do STJ, no que se refere ao cabimento dos honorários no cumprimento voluntário de sentença, o que deverá ser enfrentado pela jurisprudência trabalhista.

Outra questão que merecerá atenção da jurisprudência trabalhista, considerando que a legislação foi omissa no ponto, diz respeito à majoração da verba remuneratória do advogado em decorrência da sucumbência recursal.

O diploma processual civil vigente prevê que, se o processo estiver em grau de recurso, o tribunal poderá majorar os honorários, levando-se em consideração o trabalho adicional realizado na fase recursal[21]. A referida regra processual visa remunerar o trabalho adicional do advogado que, em se tratando de relação jurídica processual distinta, deverá acompanhar o processo perante os tribunais, o que poderia ser aplicado, em tese, ao processo do trabalho.

Elisson Miessa sustenta que o dispositivo do CPC não deve ser aplicado ao processo do Trabalho:

> "Disso resulta a seguinte indagação: aplica-se ao processo do trabalho o art. 85 § 1º, do CPC? Para uns, a resposta será afirmativa, sob o argumento de que a CLT foi omissa quanto ao tema. Para outros, houve silêncio

---

19. Art. 85 § 18. Caso a decisão transitada em julgado seja omissa quanto ao direito aos honorários ou ao seu valor, é cabível ação autônoma para sua definição e cobrança.
20. Art. 85. A sentença condenará o vencido a pagar honorários ao advogado do vencedor. § 1º São devidos honorários advocatícios na reconvenção, no cumprimento de sentença, provisório ou definitivo, na execução, resistida ou não, e nos recursos interpostos, cumulativamente.
21. Art. 85. § 11. O tribunal, ao julgar recurso, majorará os honorários fixados anteriormente levando em conta o trabalho adicional realizado em grau recursal, observando, conforme o caso, o disposto nos §§ 2º a 6º, sendo vedado ao tribunal, no cômputo geral da fixação de honorários devidos ao advogado do vencedor, ultrapassar os respectivos limites estabelecidos nos §§ 2º e 3º para a fase de conhecimento.

eloqüente na CLT, impedindo a incidência do CPC no caso. Aliás, quando a CLT quis tratar do tema, o fez de forma expressa no § 5º do art. 791-A da CLT. A nosso juízo, deverá prevalecer a segunda corrente, afastando a aplicação do art. 85, § 1º do CPC. Seja pelo silêncio eloqüente, seja porque o legislador prezou o princípio da simplicidade, facilitando a definição dos honorários advocatícios. Apenas previu os honorários de reconvenção, porque esta tem natureza de ação." (MIESSA, 2018, p. 338)

Como apontado por parcela doutrinária, a possibilidade de majorar os honorários advocatícios pela sucumbência recursal poderá servir como desestímulo a interposição de recursos protelatórios, tendo em vista que cada nova relação jurídica processual será adicionado um novo custo ao processo para a parte sucumbente.

Neste aspecto, respeitando entendimento em sentido contrário, entendo que o mencionado dispositivo poderia contribuir com a celeridade no Processo do Trabalho, possibilitando a prestação jurisdicional efetiva e concreta.

É importante dizer que a majoração dos honorários em sede recursal não pode ultrapassar os limites elencados na legislação processual, ou seja, o percentual de até 20%, havendo possibilidade de tal verba ser acumulável com multas e outras sanções processuais[22]. Em se tratando da legislação processual trabalhista o limite legal é de 15%.

Quanto à possibilidade de condenação dos honorários advocatícios no que se refere à interposição de Recurso Especial e Extraordinário, ou até mesmo de Recurso de Revista, em se tratando da seara laboral, Humberto Theodoro Junior assevera que os honorários advocatícios sucumbenciais recursais não deverão ser deferidos apenas pelos tribunais de segundo grau:

Essa nova regra de sucumbências será observada tanto nos recursos interpostos para os tribunais de Segundo Grau (TJ e TRF) como naqueles endereçados aos Tribunais Superiores (STJ e STF), inclusive nos recursos internos processados e julgados no seio do próprio Tribunal (JUNIOR, 2016, p. 314).

Por se tratar de alteração na legislação processual, com grande repercussão na relação jurídica processual, inclusive podendo trazer alterações na relação entre o advogado e cliente, é certo que as hipóteses de cabimento dos honorários recursais necessitarão de grande reflexão por parte dos operadores do direito, principalmente no Processo do Trabalho.

Respeitada a autonomia científica dos ramos processuais, destacam-se alguns enunciados doutrinários[23] sobre o assunto, que poderão servir de norte interpretativo para o Processo do Trabalho.

No âmbito jurisprudencial, as cortes superiores já sinalizam alguns entendimentos sobre a matéria, conforme se verá abaixo.

O STF, inicialmente, firmou entendimento que, para a majoração dos honorários advocatícios, seria indispensável a apresentação das contrarrazões[24].

Imperioso registrar que a própria Primeira Turma do Excelso Pretório reviu seu posicionamento, vencido o Ministro Marco Aurélio, relator da decisão abaixo mencionada, assentando não ser necessário para fixação dos honorários advocatícios recursais a apresentação de resposta ao apelo.[25]

Neste sentido, em recente decisão, também entendeu a Segunda Turma do Supremo Tribunal Federal[26].

No tocante às espécies recursais, a jurisprudência começou a fixar algumas premissas sobre quais recursos serão cabíveis os honorários sucumbenciais.

---

22. Art. 85 § 12. Os honorários referidos no § 11 são cumuláveis com multas e outras sanções processuais, inclusive as previstas no art. 77.
23. **Enunciado 241-FPPC**: Os honorários de sucumbência recursal serão somados aos honorários pela sucumbência em primeiro grau, observados os limites legais. **Enunciado 242-FPPC**: Os honorários de sucumbência recursal são devidos em decisão unipessoal ou colegiada. **Enunciado 243-FPPC**: No caso de provimento do recurso de apelação, o tribunal redistribuirá os honorários fixados em primeiro grau e arbitrará os honorários de sucumbência recursal. **Enunciado 16-ENFAM**: Não é possível majorar os honorários na hipótese de interposição de recurso no mesmo grau de jurisdição (art. 85, § 11, do CPC/2015).
24. RECURSO EXTRAORDINÁRIO – MATÉRIA FÁTICA E LEGAL. O recurso extraordinário não é meio próprio ao revolvimento da prova, também não servindo à interpretação de normas estritamente legais. RECURSO – HONORÁRIOS ADVOCATÍCIOS. Ante o disposto no art. 85, § 11, do Código de Processo Civil de 2015, fica afastada, no julgamento de recurso, a imposição de honorários advocatícios quando o recorrido não apresenta contrarrazões ou contraminuta. (ARE 958468 AgR, Relator(a): Min. MARCO AURÉLIO, Primeira Turma, julgado em 02.08.2016) (sem destaque no original)
25. EMENTA: AGRAVO REGIMENTAL NO RECURSO EXTRAORDINÁRIO COM AGRAVO. RECURSO INTERPOSTO APÓS O NOVO CÓDIGO DE PROCESSO CIVIL. MÉRITO. INCIDÊNCIA DE MULTA. JULGAMENTO POR UNANIMIDADE. MAJORAÇÃO DE HONORÁRIOS ADVOCATÍCIOS. JULGAMENTO POR MAIORIA, VENCIDO O RELATOR ORIGINÁRIO. AGRAVO REGIMENTAL DESPROVIDO. MÉRITO RECURSAL. NECESSIDADE DE REVOLVIMENTO DE MATÉRIA FÁTICA E INTERPRETAÇÃO DE NORMAS LEGAIS. IMPOSSIBILIDADE NA ESTRITA SEARA DO RECURSO EXTRAORDINÁRIO. MULTA. Art. 1.021, § 4º, CÓDIGO DE PROCESSO CIVIL. AGRAVO. CABIMENTO. INTERPOSIÇÃO DE RECURSO MANIFESTAMENTE INFUNDADO. MAJORAÇÃO DE HONORÁRIOS ADVOCATÍCIOS EM 1/4 (UM QUARTO). Art. 85, § 11, CÓDIGO DE PROCESSO CIVIL. AUSÊNCIA DE RESPOSTA AO RECURSO. IRRELEVÂNCIA. MEDIDA DE DESESTÍMULO À LITIGÂNCIA PROCRASTINATÓRIA. CABIMENTO. VENCIDO O RELATOR ORIGINÁRIO, NO PONTO. (AI 864689 AgR/MS e ARE 951257 AgR/RJ, rel. orig. min. Marco Aurélio, red. p/ o ac. min. Edson Fachin, Primeira Turma, 27.09.2016) (sem destaque no original)
26. Ementa: AGRAVO REGIMENTAL NO RECURSO EXTRAORDINÁRIO COM AGRAVO. REEXAME DO CONJUNTO FÁTICO-PROBATÓRIO. SÚMULA 279/STF. MAJORAÇÃO DOS HONORÁRIOS. AUSÊNCIA DE APRESENTAÇÃO DE RESPOSTA A RECURSO. CABIMENTO.

É importante destacar que o Superior Tribunal de Justiça[27], em decisão proferida no ano de 2016, entendeu não ser cabível a aplicação dos honorários sucumbenciais recursais em se tratando de recurso oriundo de decisão interlocutória, o que poderia ser aplicado perfeitamente ao Processo do Trabalho considerando a irrecorribilidade das decisões interlocutórias, via de regra[28].

O STF posicionou acerca da matéria com entendimentos distintos nos julgamentos proferidos pela Primeira Turma[29].

O STJ, por sua vez, possui jurisprudência alinhada ao entendimento mais recente do Supremo Tribunal Federal, entendendo pelo descabimento do arbitramento dos honorários em recursos interpostos perante o mesmo grau de jurisdição, como embargos de declaração e agravo interno.[30]

Vale destacar que o STF entende ser descabida a fixação de honorários recursais na hipótese de recurso formalizado, no curso de processo, cujo rito os exclua[31].

Cabe mencionar que o instituto da Reclamação, que ganhou destaque com o CPC, bem como com a EC/92, que inseriu como competência do TST a apreciação da referida manifestação processual.

O instituto possui natureza jurídica controversa na doutrina e jurisprudência, sendo que os tribunais superiores já sinalizam alguns encaminhamentos jurisprudenciais acerca do tema.

Em que pese parcela doutrinária defender a natureza de ação da Reclamação, entendia o STF se tratar do exercício do direito de petição, razão pela qual não lhe seriam exigíveis custas, tampouco cabível a condenação em honorários advocatícios. A jurisprudência do STF desenvolveu-se no sentido de que a reclamação, antes de atender a direitos subjetivos, buscava preservar a competência e a autoridade das decisões do STF. Desse modo, considerava que o contraditório, embora possível, não constituía requisito de validade das decisões finais.

AGRAVO A QUE SE NEGA PROVIMENTO, COM APLICAÇÃO DE MULTA. I – Para se chegar à conclusão contrária à adotada pelo acórdão recorrido, seria necessário o reexame do conjunto fático-probatório constante dos autos, o que atrai a incidência da Súmula n. 279/STF. II – **É cabível a majoração dos honorários recursais, ainda que não apresentada resposta a recurso**. Precedentes. III – Majorada a verba honorária fixada anteriormente, nos termos do art. 85, § 11, do CPC, observados os limites legais dos § 2° e § 3°, do mesmo artigo. IV – Agravo regimental a que se nega provimento, com aplicação da multa prevista no art. 1.021, § 4°, do CPC. (ARE 1028419 AgR/RN – **Relator(a): Min. RICARDO LEWANDOWSKI, Segunda Turma. Julgamento: 11.09.2017**) (sem destaque no original)

27. EMBARGOS DE DECLARAÇÃO NO AGRAVO INTERNO NO RECURSO ESPECIAL. ALEGAÇÃO DE OMISSÃO. INEXISTÊNCIA. FIXAÇÃO DE HONORÁRIOS ADVOCATÍCIOS RECURSAIS EM SEDE DE AGRAVO INTERNO. NÃO CABIMENTO. INEXISTÊNCIA DE CARÁTER AUTÔNOMO. 1. Inexistência do vício tipificado no art. 1.022, inciso II, do Código de Processo Civil, a inquinar a decisão embargada. 2.**Não cabe a majoração dos honorários advocatícios, nos termos do § 11 do art. 85 do CPC/2015, quando o recurso é oriundo de decisão interlocutória sem a prévia fixação de honorários**. 3. O agravo interno não possui caráter de recurso independente ou autônomo, capaz de possibilitar a abertura de nova instância recursal. 4. EMBARGOS DE DECLARAÇÃO REJEITADOS.(EDcl no AgInt no REsp 1456140/SP, Rel. Ministro PAULO DE TARSO SANSEVERINO, TERCEIRA TURMA, julgado em 04.10.2016, DJe 14.10.2016) (sem destaque no original)

28. SÚMULA n. 214 – DECISÃO INTERLOCUTÓRIA. IRRECORRIBILIDADE. Na Justiça do Trabalho, nos termos do art. 893, § 1º, da CLT, **as decisões interlocutórias não ensejam recurso imediato**, salvo nas hipóteses de decisão: a) de Tribunal Regional do Trabalho contrária à Súmula ou Orientação Jurisprudencial do Tribunal Superior do Trabalho; b) suscetível de impugnação mediante recurso para o mesmo Tribunal; c) que acolhe exceção de incompetência territorial, com a remessa dos autos para Tribunal Regional distinto daquele a que se vincula o juízo excepcionado, consoante o disposto no art. 799, § 2º, da CLT.

29. Ementa: EMBARGOS DE DECLARAÇÃO NO AGRAVO REGIMENTAL NO RECURSO EXTRAORDINÁRIO. ADMINISTRATIVO. AÇÃO COLETIVA. EXECUÇÃO PROPORCIONAL DE HONORÁRIOS SUCUMBENCIAIS ORIUNDOS DE SENTENÇA PROFERIDA EM PROCESSO COLETIVO. POSSIBILIDADE. OMISSÃO, CONTRADIÇÃO OU OBSCURIDADE. INEXISTÊNCIA. ERRO MATERIAL. INOCORRÊNCIA. EFEITOS INFRINGENTES. IMPOSSIBILIDADE. **RECURSO INTERPOSTO SOB A ÉGIDE DO NOVO CÓDIGO DE PROCESSO CIVIL. APLICAÇÃO DE NOVA SUCUMBÊNCIA. EMBARGOS DE DECLARAÇÃO DESPROVIDOS**. (RE 919048 AgR-ED/RS. Relator(a): Min. LUIZ FUX Julgamento: 31.05.2016. Órgão Julgador: Primeira Turma (sem destaque no original). EMBARGOS DECLARATÓRIOS – INEXISTÊNCIA DE VÍCIO – DESPROVIMENTO. Uma vez voltados os embargos declaratórios ao simples rejulgamento de certa matéria, inexistindo, no acórdão proferido, qualquer dos vícios que os respaldam – omissão, contradição e obscuridade –, impõe-se o desprovimento. EMBARGOS DECLARATÓRIOS – RECURSO – HONORÁRIOS ADVOCATÍCIOS. **Descabe a fixação de honorários recursais previstos no art. 85, § 11, do Código de Processo Civil de 2015, em sede de declaratórios, considerada a finalidade destes – aperfeiçoamento da prestação jurisdicional**. ARE 895770 AgR-ED, Relator(a): Min. MARCO AURÉLIO, Primeira Turma, julgado em 21/06/2016) (sem destaque no original)

30. PREVIDENCIÁRIO E PROCESSUAL CIVIL. AGRAVO INTERNO NOS EMBARGOS DE DECLARAÇÃO NO RECURSO ESPECIAL. APRECIAÇÃO DE ALEGADA VIOLAÇÃO A DISPOSITIVOS CONSTITUCIONAIS. INVIABILIDADE, NA VIA DE RECURSO ESPECIAL. PRECATÓRIO COMPLEMENTAR. JUROS DE MORA. PERÍODO COMPREENDIDO ENTRE A ELABORAÇÃO DA CONTA DE LIQUIDAÇÃO E A EXPEDIÇÃO DE PRECATÓRIO/RPV. INCLUSÃO. DESCABIMENTO. PRECEDENTE DA CORTE ESPECIAL DO STJ (Art. 543-C DO CPC). AGRAVO INTERNO IMPROVIDO. V. **Na linha do decidido pelo STJ**, "deixa-se de aplicar honorários sucumbenciais recursais nos termos do enunciado 16 da ENFAM: 'Não é possível majorar os honorários na hipótese de interposição de recurso no mesmo grau de jurisdição (art. 85, § 11, do CPC/2015)' (...)" (STJ, AgInt no AgRg no REsp 1.200.271/RS, Rel. Ministro MARCO BUZZI, QUARTA TURMA, DJe de 17.05.2016) (AgInt nos EDcl no REsp 1586389/PR, Rel. Ministra ASSUSETE MAGALHÃES, SEGUNDA TURMA, julgado em 04.10.2016, DJe 14.10.2016)

31. RECURSO EXTRAORDINÁRIO – MATÉRIA FÁTICA E LEGAL. O recurso extraordinário não é meio próprio ao revolvimento da prova, também não servindo à interpretação de normas estritamente legais. RECURSO – HONORÁRIOS ADVOCATÍCIOS. **Descabe a fixação de honorários recursais, preconizados no art. 85, § 11 do Código de Processo Civil de 2015, quando tratar-se de extraordinário formalizado no curso de processo cujo rito os exclua**. (ARE 948578 AgR, Relator(a): Min. MARCO AURÉLIO, Primeira Turma, julgado em 21.06.2016) (Info 831).

Por sua vez, ao tratar do instituto, o CPC[32] promoveu alteração substancial em seu procedimento, uma vez que instituiu o contraditório prévio à decisão final. Vale destacar que o beneficiário do ato impugnado passa a figurar na Reclamação efetivamente como parte, com a respectiva obrigatoriedade de se lhe oportunizar a defesa do seu direito. Nesse contexto, o STF[33] passou a atribuir à Reclamação a natureza jurídica de ação.

Assim, a observância do princípio da causalidade impõe a condenação da parte sucumbente ao pagamento dos respectivos honorários[34].

Por fim, vale registrar que, por se tratar de novidade, tanto na esfera processual civil como na esfera processual laboral, o cabimento dos honorários advocatícios, envolvendo diversas modalidades recursais, ou até mesmo a reclamação constitucional, merece maiores reflexões acerca do instituto.

Neste sentido, as conclusões aqui ensaiadas são provisórias, sendo que objetivo do presente tópico foi possibilitar a análise do entendimento jurisprudencial recente sobre a questão, podendo ser aplicado no Processo do Trabalho, respeitadas algumas peculiaridades do ramo laboral.

6. SUCUMBÊNCIA E CAUSALIDADE

Pelo princípio da sucumbência todos os gastos do processo devem ser atribuídos à parte vencida quanto à pretensão deduzida em juízo. A responsabilidade financeira decorrente da sucumbência é objetiva, ou seja, independe da culpa do litigante.

Em se tratando de sucumbência recíproca, as despesas e os honorários serão distribuídos recíproca e proporcionalmente entre as partes litigantes[35]. Caso haja litisconsorte, seja pelo autor, seja pelo réu, as despesas processuais e os honorários serão rateadas proporcionalmente[36].

Por outro lado, considerando que a regra seja a adoção da sucumbência, vale dizer que o referido modelo não é suficiente para resolver as inúmeras questões enfrentadas pelo Poder Judiciário. O diploma processual vigente adota, excepcionalmente[37], o critério da causalidade para o pagamento das despesas processuais e os honorários advocatícios, dispositivo omitido na legislação laboral[38].

Elisson Miessa sustenta a compatibilidade dos ramos processuais em que pese a CLT ter sido omissa quanto ao ponto:

"Analisando tais dispositivos, parte da doutrina tem anunciado que o legislador trabalhista não previu na CLT, de forma proposital (silêncio eloquente), a condenação dos honorários advocatícios nas hipóteses de extinção do processo sem resolução do mérito, de modo que não deverá ser aplicado o CPC nessa particularidade. Para outros, com os quais pensamos estar a razão, a CLT de fato foi omissa sobre o tema, mas não existe diferença substancial entre os ramos processuais

---

32. Art. 989. Ao despachar a reclamação, o relator: I – **requisitará informações** da autoridade a quem for imputada a prática do ato impugnado, que as prestará no prazo de 10 (dez) dias; II – se necessário, ordenará a suspensão do processo ou do ato impugnado para evitar dano irreparável; III – determinará a citação do beneficiário da decisão impugnada, que terá prazo de 15 (quinze) dias para apresentar a sua **contestação**.
33. AGRAVO INTERNO EM RECLAMAÇÃO. DIREITO ADMINISTRATIVO E DO TRABALHO. REMUNERAÇÃO. SÚMULAS VINCULANTES NS. 37 E 42. HONORÁRIOS ADVOCATÍCIOS EM RECLAMAÇÃO. NOVO REGIME PROCESSUAL. CABIMENTO. 1. Não viola as Súmulas Vinculantes ns. 37 e 42 decisão que, com base no Decreto n. 41.554/97 e Lei n. 8.898/94, ambos do Estado de São Paulo, garante a empregada pública cedida da Fundação Municipal de Ensino Superior de Marília para a Faculdade de Medicina de Marília – FAMENA o percebimento de remuneração conforme índices estabelecidos pelo Conselho de Reitores das Universidades Estaduais de São Paulo – CRUESP. Precedentes. <u>2. O CPC/2015 promoveu modificação essencial no procedimento da reclamação, ao instituir o contraditório prévio à decisão final (art. 989, III). Neste novo cenário, a observância do princípio da causalidade viabiliza a condenação da sucumbente na reclamação ao pagamento dos respectivos honorários, devendo o respectivo cumprimento da condenação ser realizado nos autos do processo de origem, quando se tratar de impugnação de decisão judicial. 3. Agravo interno a que se nega provimento"</u> (Rcl n. 24.417/SP-AgR, Rel. Min. Roberto Barroso, DJe de 24.04.2017).
34. AGRAVO INTERNO EM RECLAMAÇÃO. DIREITO ADMINISTRATIVO E DO TRABALHO. REMUNERAÇÃO. SÚMULAS VINCULANTES NS. 37 E 42. HONORÁRIOS ADVOCATÍCIOS EM RECLAMAÇÃO. NOVO REGIME PROCESSUAL. CABIMENTO. 1. Não viola as Súmulas Vinculantes n. 37 e 42 decisão que, com base no Decreto n. 41.554/97 e Lei n. 8.898/94, ambos do Estado de São Paulo, garante a empregada pública cedida da Fundação Municipal de Ensino Superior de Marília para a Faculdade de Medicina de Marília – FAMENA o percebimento de remuneração conforme índices estabelecidos pelo Conselho de Reitores das Universidades Estaduais de São Paulo – CRUESP. Precedentes. <u>2. O CPC/2015 promoveu modificação essencial no procedimento da reclamação, ao instituir o contraditório prévio à decisão final (art. 989, III). Neste novo cenário, a observância do princípio da causalidade viabiliza a condenação da sucumbente na reclamação ao pagamento dos respectivos honorários, devendo o respectivo cumprimento da condenação ser realizado nos autos do processo de origem, quando se tratar de impugnação de decisão judicial. 3. Agravo interno a que se nega provimento"</u> (Rcl n. 24.417/SP-AgR, Rel. Min. Roberto Barroso, DJe de 24.04.2017).
35. Art. 86. Se cada litigante for, em parte, vencedor e vencido, serão proporcionalmente distribuídas entre eles as despesas. Parágrafo único. Se um litigante sucumbir em parte mínima do pedido, o outro responderá, por inteiro, pelas despesas e pelos honorários.
36. Art. 87. Concorrendo diversos autores ou diversos réus, os vencidos respondem proporcionalmente pelas despesas e pelos honorários. § 1º A sentença deverá distribuir entre os litisconsortes, de forma expressa, a responsabilidade proporcional pelo pagamento das verbas previstas no caput. § 2º Se a distribuição de que trata o § 1º não for feita, os vencidos responderão solidariamente pelas despesas e pelos honorários.
37. Art. 90. Proferida sentença com fundamento em desistência, em renúncia ou em reconhecimento do pedido, as despesas e os honorários serão pagos pela parte que desistiu, renunciou ou reconheceu.
38. No âmbito laboral, a adoção do critério da causalidade, em tese, poderá ser aplicado nos casos de desistência, bem como nas hipóteses de arquivamento.

para afastar os honorários advocatícios nos processos extintos sem resolução de mérito, especialmente na desistência. Do mesmo modo, houve omissão quanto à renúncia e o reconhecimento jurídico do pedido, devendo incidir as regras de processo civil, ante a compatibilidade com a seara laboral." (MIESSA, 2018, p. 338)

Adotando o critério da causalidade, aquele que deu causa à propositura da demanda ou à instauração de incidente processual deverá responder pelas despesas decorrentes[39]. Neste sentido, nos casos de perda de objeto, a fixação da responsabilidade pelo pagamento das despesas processuais e os honorários serão devidos por quem deu causa ao processo e não pela parte que sucumbiu.

Vale destacar que o Superior Tribunal de Justiça, antes mesmo do CPC, já adotava o critério da causalidade.[40]

Neste sentido, também é o entendimento consubstanciado na súmula 303 do STJ[41].

Importante registrar outra decisão do STJ, ainda sob a leitura do CPC/73, adotando o princípio da causalidade, o tribunal não identificou quem deu causa à ação, determinando que as custas e os honorários fossem rateados entre as partes[42].

Desse modo, em linhas gerais, infere-se que as despesas processuais e os honorários devem ser suportados pela parte vencida (art. 85 do CPC/15), sucedendo a mesma regra em se tratando das despesas que tiverem sido antecipadas pelo vencedor (art. 82, §2º).

Para Humberto Theodoro Junior, o CPC fixou alguns parâmetros para sucumbência no que se refere ao pagamento das despesas processuais e honorários advocatícios:

> Se as partes transigirem, extinguindo o litígio, a sucumbência seguirá os termos do acordo celebrado. Contudo, se as partes não dispuserem sobre as despesas na transação, deverão elas ser divididas igualmente (art. 90, § 2º). O NCPC inovou ao dispor que, sendo a transação realizada antes da sentença, as partes ficarão dispensadas do pagamento das custas processuais remanescentes, se houver (art. 90, § 3º). Prestigiando os princípios da boa-fé e da cooperação processual, o NCPC determinou, ainda, que se o réu reconhecer a procedência do pedido e, simultaneamente, cumprir, de forma integral e espontânea, a prestação reconhecida, os honorários advocatícios serão reduzidos pela metade (art. 90, § 4º). Não basta, portanto, que o réu dê sua adesão ao pedido do autor. Para que os encargos dos honorários sejam reduzidos, é indispensável que se proceda ao mesmo tempo ao reconhecimento do direito e ao imediato pagamento, espontâneo e integral, da prestação reconhecida (JUNIOR, 2016, p. 302).

---

39. Art. 85. A sentença condenará o vencido a pagar honorários ao advogado do vencedor. § 10. Nos casos de perda do objeto, os honorários serão devidos por quem deu causa ao processo.
40. PROCESSUAL CIVIL. TRIBUTÁRIO. RECURSO ESPECIAL. EMBARGOS DE TERCEIRO. PENHORA DE BEM IMÓVEL. ANTERIOR CONTRATO DE PROMESSA DE COMPRA E VENDA NÃO REGISTRADO. HONORÁRIOS ADVOCATÍCIOS. PRINCÍPIOS DA SUCUMBÊNCIA E DA CAUSALIDADE. INAPLICABILIDADE, IN CASU, DO ENUNCIADO SUMULAR n. 303/STJ. RESISTÊNCIA AO PEDIDO DE DESFAZIMENTO DA CONSTRIÇÃO. RESPONSABILIDADE DO EXEQÜENTE PELOS ÔNUS SUCUMBENCIAIS. 1. Os embargos de terceiro não impõem ônus ao embargado que não deu causa à constrição imotivada porquanto ausente o registro da propriedade. 2. A *ratio essendi* da Súmula n. 303/STJ conspira em prol da assertiva acima, *verbis*: "Em embargos de terceiro, quem deu causa à constrição indevida deve arcar com os honorários advocatícios". 3. É que a imposição dos ônus processuais, no Direito Brasileiro pauta-se pelo princípio da sucumbência, norteado pelo princípio da causalidade, segundo o qual aquele que deu causa à instauração do processo deve arcar com as despesas dele decorrentes. 4. Deveras, afasta-se a aplicação do Enunciado Sumular n. 303/STJ quando o embargado (exequente) opõe resistência às pretensões do terceiro embargante, desafiando o próprio mérito dos embargos, hipótese que reclama a aplicação do princípio da sucumbência para fins de imposição da condenação ao pagamento da verba honorária (Precedentes: REsp n. 777.393/DF, Corte Especial, Rel. Min Carlos Alberto Menezes Direito, DJU de 12.06.2006; REsp n. 935.289/RS, Primeira Turma, Rel. Min. José Delgado, DJU de 30.08.2007; AgRg no AG n. 807.569/SP, Quarta Turma, Rel. Min. Hélio Quaglia Barbosa, DJU de 23.04.2007; e REsp n. 627.168/PR, Rel. Min. João Otávio de Noronha, DJU de 19.03.2007). 5. *In casu*, apesar de a embargante, não ter providenciado o registro do contrato de promessa de compra e venda do imóvel objeto da posterior constrição, deve suportar o embargado o ônus pelo pagamento da verba honorária, vez que, ao opor resistência a pretensão meritória deduzida na inicial, atraiu a aplicação do princípio da sucumbência. 6. Recurso especial provido. (STJ, Resp 805.415/RS, 1 Turma, Rel. Min. Luiz Fux, Dje 12.05.2008) (sem destaque no original)
41. Súmula n. 303 do STJ: EM EMBARGOS DE TERCEIRO, QUEM DEU CAUSA À CONSTRIÇÃO INDEVIDA DEVE ARCAR COM OS HONORÁRIOS ADVOCATÍCIOS.
42. DIREITO PROCESSUAL CIVIL. RECURSO ESPECIAL. AÇÃO DE COBRANÇA. PAGAMENTO DO DÉBITO POR TERCEIRO. EXTINÇÃO DO PROCESSO, SEM RESOLUÇÃO DO MÉRITO, POR PERDA SUPERVENIENTE DE INTERESSE PROCESSUAL. CONDENAÇÃO AO PAGAMENTO DOS ÔNUS DA SUCUMBÊNCIA. 1. Ação ajuizada em 19.12.2012. Recurso especial concluso ao gabinete em 25.08.2016. Julgamento: CPC/73. 2. Cinge-se a controvérsia em determinar se a recorrente deve ser condenada ao pagamento dos ônus da sucumbência quando a ação de cobrança na qual figura como ré foi julgada extinta, sem resolução de mérito, em virtude de pagamento efetuado por terceiro. 3. Em função do princípio da causalidade, nas hipóteses de extinção do processo sem resolução de mérito, decorrente de perda de objeto superveniente ao ajuizamento da ação, a parte que deu causa à instauração do processo deverá suportar o pagamento das custas e dos honorários advocatícios. Precedentes. 4. Sendo o processo julgado extinto, sem resolução de mérito, cabe ao julgador perscrutar, ainda sob a égide do princípio da causalidade, qual parte deu origem à extinção do processo sem julgamento de mérito, ou qual dos litigantes seria sucumbente se o mérito da ação fosse, de fato, julgado. Precedentes. 5. A situação versada nos autos demonstra que é inviável imputar a uma ou a outra parte a responsabilidade pelos ônus sucumbenciais, mostrando-se adequado que cada uma das partes suporte os encargos relativos aos honorários advocatícios e às custas processuais, rateando o quantum estabelecido pela sentença. 6. Recurso especial parcialmente conhecido e, nessa parte, parcialmente provido.

Para o Elisson Miessa a aplicação do dispositivo do CPC é perfeitamente aplicável no processo do trabalho:

> "O art. 90, § 2º, do CPC/15 declina que nas hipóteses de transação, ou seja, nos acordos judiciais, caso as partes não disponham sobre as despesas, elas serão divididas igualmente. Esse dispositivo é aplicável ao processo do trabalho, tendo em vista a omissão na CLT a respeito do tema e sua compatibilidade com essa seara processual." (MIESSA, 2018, p. 338)

As despesas processuais correspondem a todos os gastos que as partes têm com o processo. Entretanto, os honorários advocatícios assumem um caráter distinto das demais despesas processuais por terem o advogado como titular do direito e não a parte. Assim, considerando que os honorários advocatícios constituem a remuneração do advogado, estes não podem ser transacionados sem a presença dos próprios patronos.

Nesse contexto, em se tratando de acordo judicial com participação do advogado, caso não haja qualquer ressalva com relação à verba honorária, presume-se que cada parte arcará com os honorários do seu advogado[43].

O art. 855-B da CLT[44], acrescentado pela Lei n. 13.467/2017, prevê que é obrigatória a representação das partes por advogado nos casos de homologação de acordo extrajudicial. Em se tratando de jurisdição voluntária, a verba honorária deverá ser suportado por cada interessado, seguindo a linha do art. 88 do CPC, uma vez que não há sucumbência.[45]

Por fim, é importante destacar, conforme elencado neste tópico, que apesar de ter consagrado a regra da sucumbência como caráter geral, o CPC não excluiu totalmente o princípio da causalidade, consagrando-o expressamente em alguns dispositivos[46].

7. DIREITO INTERTEMPORAL

Discutir os efeitos temporais da sucessão legislativa é o objeto do direito intertemporal. O direito intertemporal cuida dessa transição legislativa, permitindo que haja uma comunicação entre os modelos normativos, evitando-se o completo rompimento das regras jurídicas, o que certamente contribuiria para insegurança jurídica.

A máxima *tempus regit actum* perdura quando se cogita da aplicação temporal do direito, baseado na ideia de estabilidade e segurança. O sistema jurídico brasileiro aponta, como regra, a eficácia imediata da nova lei, vedando a sua incidência em situações pretéritas.

Quanto à aplicação do direito no tempo, não há muito que se preocupar com os processos já encerrados, uma vez que foram integralmente regulados pela legislação revogada, nem tampouco com os processos futuros, tendo em vista que serão regulados pela legislação nova. A aplicação do direito aos honorários advocatícios, entre inúmeras outras perspectivas, deve ser analisada, também, sob o viés temporal. A questão a ser debatida quanto ao tema diz respeito à incidência ou não da Lei no curso de relações continuadas, como é o caso da relação jurídica processual.

A Lei n. 13.467/2017, em vigência desde o dia 11.11.2017, estabeleceu inúmeras alterações em matéria processual, sobretudo quanto ao instituto dos honorários advocatícios.

Para o problema teórico sobre os conceitos de irretroatividade, processo pendente e relação não consumada, algumas teorias foram desenvolvidas, não ocupando o presente trabalho em aprofundar quanto ao tema, valendo citar apenas as três principais: sistema da unidade processual, sistema das fases processuais, sistema do isolamento dos atos processuais.

O CPC adotou o critério do isolamento dos atos processuais, como se infere pela leitura do art. 14 [47]. A Lei nova alcançará o processo no estado em que se encontra no momento da entrada em vigor do instrumento normativo, respeitados os efeitos dos atos já praticados.

A teoria prevalecente, designada como isolamento dos atos processuais, considera que é o ato processual individualizado a grande referência para a aplicação da nova regra. Assim, infere-se que a fase decisória deve observar o procedimento iniciado à época da fase postulatória, sendo a prolação da sentença a referência temporal para fins de entendimento do conceito de situação jurídica consolidada.

Em uma primeira análise, o STJ adotou entendimento que, em se tratando dos honorários de sucumbência, o marco temporal a ser utilizado é a sentença:

---

43. Art. 789 § 3º da CLT. Sempre que houver acordo, se de outra forma não for convencionado, o pagamento das custas caberá em partes iguais aos litigantes. Art. 90 § 2º do CPC/15. Havendo transação e nada tendo as partes disposto quanto às despesas, estas serão divididas igualmente.
44. Art. 855-B. O processo de homologação de acordo extrajudicial terá início por petição conjunta, sendo obrigatória a representação das partes por advogado.§ 1º As partes não poderão ser representadas por advogado comum. § 2º Faculta-se ao trabalhador ser assistido pelo advogado do sindicato de sua categoria. (Incluído pela Lei n. 13.467, de 2017)
45. Art. 88. Nos procedimentos de jurisdição voluntária, as despesas serão adiantadas pelo requerente e rateadas entre os interessados.
46. Art. 90. Proferida sentença com fundamento em desistência, em renúncia ou em reconhecimento do pedido, as despesas e os honorários serão pagos pela parte que desistiu, renunciou ou reconheceu. § 1º Sendo parcial a desistência, a renúncia ou o reconhecimento, a responsabilidade pelas despesas e pelos honorários será proporcional à parcela reconhecida, à qual se renunciou ou da qual se desistiu. § 2º Havendo transação e nada tendo as partes disposto quanto às despesas, estas serão divididas igualmente. § 3º Se a transação ocorrer antes da sentença, as partes ficam dispensadas do pagamento das custas processuais remanescentes, se houver.
47. Art. 14. A norma processual não retroagirá e será aplicável imediatamente aos processos em curso, respeitados os atos processuais praticados e as situações jurídicas consolidadas sob a vigência da norma revogada.

PROCESSUAL CIVIL. AGRAVO INTERNO NO RECURSO ESPECIAL. ENUNCIADO ADMINISTRATIVO n. 3/STJ. HONORÁRIOS ADVOCATÍCIOS. MARCO TEMPORAL PARA A APLICAÇÃO DO CPC/2015. PROLAÇÃO DA SENTENÇA. PRECEDENTE. IMPUGNAÇÃO DO VALOR FIXADO A TÍTULO DE VERBA HONORÁRIA. MAJORAÇÃO. ÓBICE DA SÚMULA 7/STJ. AGRAVO NÃO PROVIDO. 1. O recorrente alega que não há falar em direito adquirido a fim de conclamar incida o Novo Código de Processo Civil apenas às demandas ajuizadas após a sua entrada em vigor (conforme decidido pelo Tribunal *a quo*), porquanto, <u>consoante estabelecido no artigo 14 do NCPC, o novel diploma normativo processual incidirá imediatamente aos processos em curso. 2. A jurisprudência desta Corte tem entendido que o marco temporal que deve ser utilizado para determinar o regramento jurídico aplicável para fixar os honorários advocatícios</u> é <u>a data da prolação da sentença, que, no caso, foi na vigência do Código de Processo Civil de 1973</u>. Precedente: REsp 1.636.124/AL, Rel. Ministro HERMAN BENJAMIN, SEGUNDA TURMA, julgado em 06.12.2016, DJe 27.04.2017 (AgInt no REsp 1657177 / PE AGRAVO INTERNO NO RECURSO ESPECIAL 2017/0045286-7. Ministro MAURO CAMPBELL MARQUES (1141). 2A. TURMA. DJe 23.08.2017. (sem destaque no original).

AGRAVO DE INSTRUMENTO EM RECURSO DE REVISTA INTERPOSTO NA VIGÊNCIA DA LEI N. 13.015/2014. PRECEDÊNCIA DAS NORMAS DO CPC DE 1973 FRENTE AO CPC DE 2015. INCIDÊNCIA DA REGRA DE DIREITO INTERTEMPORAL SEGUNDO A QUAL *TEMPUS REGIT ACTUM*. I – O agravo de instrumento foi interposto em 23.03.2016 contra decisão que denegara seguimento a recurso de revista manejado em face de acórdão proferido na sessão de julgamento ocorrida em 25.11.2015. II – Não obstante a vigência do novo Código de Processo Civil tenha iniciado no dia 18/03/2016, conforme definido pelo plenário do Superior Tribunal de Justiça, aplicam-se ao presente feito as disposições contidas no CPC de 1973. III – É que embora as normas processuais tenham aplicação imediata aos processos pendentes, não têm efeito retroativo, por conta da regra de direito intertemporal que as preside, segundo a qual *tempus regit actum*. IV – Esse, a propósito, é o posicionamento consagrado no artigo 14 do CPC de 2015 de que "a norma processual não retroagirá e será aplicável imediatamente aos processos em curso, respeitados os atos processuais praticados e as situações jurídicas consolidadas sob a vigência da norma revogada". V – <u>Como a Lei processual superveniente deve respeitar os atos praticados sob o domínio da Lei revogada, a indagação que se põe, em sede recursal, diz respeito ao marco a partir do qual se aplicará a Lei revogada ou a Lei revogadora, propendendo a doutrina pela data da sessão em que proferida a decisão objeto do apelo</u>. Precedentes do STJ [...]". (AIRR – 1760-90.2013.5.10.0012, Relator Desembargador Convocado: Roberto Nobrega de Almeida Filho, Data de Julgamento: 23.08.2017, 5ª Turma, Data de Publicação: DEJT 25.08.2017). (sem destaque no original)

Fixadas as premissas acima, através da leitura das decisões judiciais, passa-se à análise das circunstâncias específicas que justificam ou não a incidência do regramento processual, especialmente no tocante aos honorários advocatícios, tema que sofreu profundas alterações no Processo do Trabalho, com redação dada pela Lei n.13.467/2017.

Naturalmente é na sentença em que será reconhecida a procedência dos pedidos, arbitrando o valor condenatório dos honorários, ou seja, o momento definidor da sucumbência é a sentença. Por outro lado, observa-se que a obrigação de pagar os honorários advocatícios decorre do descumprimento de norma jurídica, relacionando-se diretamente ao direito material. o que caracteriza a natureza híbrida do instituto.

Elisson Miessa, considerando a natureza híbrida dos honorários advocatícios, destacou:

> Pensamos, contudo, que no direito processual do trabalho não havia expectativa de direito ao recebimento e condenação aos honorários sucumbenciais, pois, como regra, eles não eram devidos. Assim, diante da expressiva alteração na sistemática dos honorários sucumbenciais, acreditamos que o marco temporal deve ser o ajuizamento da reclamação trabalhista ou aditamento desta para incluir os honorários, sob pena de causar surpresa às partes. Queremos dizer: os riscos e os ônus decorrentes do ajuizamento da reclamação devem ser delimitados nesse momento, pois, como dito, os honorários também atuam no âmbito do direito material. (MIESSA, 2018)

Cláudio Jannotti da Rocha estabeleceu restrição quanto à aplicação imediata da Lei n. 13.467/2017 quanto ao tema, seguindo a premissa da existência de ônus inicialmente não previsto para parte:

> A incidência de legislação superveniente aos processos em curso impõe ônus não inicialmente previsto para aqueles que optaram por litigar, que não puderam inserir este curso adicional em sua avaliação inicial, viola o preceito constitucionalmente garantido da segurança jurídica enquanto previsibilidade. [...] Disso se conclui, pela atenção às premissas apresentadas como fundamento lógico da aplicação da Lei processual no tempo, tanto pela imprescindibilidade de preservação da segurança e da previsibilidade, que passa a existir, no momento da propositura da demanda, situação jurídica consolidada acerca da possibilidade ou impossibilidade de condenação em honorários advocatícios de sucumbência. Em derradeiro, por inexistir possibilidade ampla de condenação em honorários advocatícios na normatização processual trabalhista antes da reforma, qualquer demanda iniciada antes da vigência da Lei reformadora não deverá sofrer incidência da Lei nova neste ponto. (JANNOTTI, 2018)

Seguindo as premissas adotadas pelos autores acima citados, é possível identificar que o nascedouro da obrigação sucumbencial se dá com a propositura da ação.

Convém registrar que o próprio STJ, em decisões posteriores às transcritas acima, vem recusando a aplicação imediata de honorários advocatícios recursais nos processos, cujo recurso tenha sido interposto anteriormente a vigência do CPC.

Nesta senda, vale destacar o Enunciado Administrativo n. 7 do próprio tribunal, que assim dispõe:

> Somente nos recursos interpostos contra decisão publicada a partir de 18 de março de 2016, será possível o arbitramento de honorários sucumbenciais recursais, na forma do art. 85, § 11, do novo CPC.

Diante de tal premissa, vale dizer que inexistente norma processual que autorize a condenação em honorários sucumbenciais no momento do ajuizamento da ação, não há que se falar em nascimento desta obrigação para aquela parte que deu causa à demanda. Como consta no precedente judicial do STJ, a questão dos honorários advocatícios, inclusive pela sua natureza jurídica bifronte, deverá ser examinada ao tempo da postulação.

Ademais, a depender do estágio do processo, seria flagrante decisão surpresa tomar como referência novas regras processuais, notadamente àquelas de natureza punitiva, sem qualquer contraditório prévio das partes[48].

Dessa maneira, respeitando entendimento em sentido contrário, aplicar as regras processuais da Lei n. 13.467/2017 aos feitos já instruídos configuraria ofensa direta ao devido processual legal substancial (Inciso LV do art. 5º da CRFB) e colisão com as regras dos arts. 9º e 10 do CPC, perfeitamente aplicáveis ao Processo do Trabalho.

Vale dizer que a incidência de legislação superveniente aos processos em curso, que impõe ônus não previsto inicialmente para os litigantes, viola frontalmente o postulado da segurança jurídica, bem como os princípios da confiança e boa fé processual. Isto porque o feito vem transcorrendo sob a égide das regras processuais anteriores ao modelo normativo vigente, sendo impossível às partes, pela temporalidade das mudanças, anteverem quais as regras processuais vigentes à época da prolação da decisão.

Nesse sentido, o Enunciado n. 98 da Jornada de Direito Material e Processual do Trabalho:

> HONORÁRIOS DE SUCUMBÊNCIA. INAPLICABILIDADE DOS PROCESSOS EM CURSO. EM RAZÃO DA NATUREZA HÍBRIDA DAS NORMAS QUE REGEM HONORÁRIOS ADVOCATÍCIOS (MATERIAL E PROCESSUAL), A CONDENAÇÃO À VERBA SUCUMBENCIAL SÓ PODERÁ SER IMPOSTA NOS PROCESSOS INICIADOS APÓS A ENTRADA EM VIGOR DA LEI N. 13.467/2017, <u>HAJA VISTA A GARANTIA DE NÃO SURPRESA, BEM COMO EM RAZÃO DO PRINCÍPIO DA CAUSALIDADE, UMA VEZ QUE A EXPECTATIVA DE CUSTOS E RISCOS É AFERIDA NO MOMENTO DA PROPOSITURA DA AÇÃO</u>. (sem destaque no original) O Supremo Tribunal Federal, em recente decisão da lavra do Ministro Alexandre de Morais acolheu a tese contrária, estabelecendo a sentença como marco para fixação da sucumbência:

> AGRAVO INTERNO. RECURSO EXTRAORDINÁRIO COM AGRAVO. HONORÁRIOS ADVOCATÍCIOS NO PROCESSO DO TRABALHO. Art. 791-A DA CONSOLIDAÇÃO DAS LEIS DO TRABALHO, INTRODUZIDO PELA LEI N. 13.467/2017. INAPLICABILIDADE A PROCESSO JÁ SENTENCIADO.
>
> 1. A parte vencedora pede a fixação de honorários advocatícios na causa com base em direito superveniente – a Lei n. 13.467/2017, que promoveu a cognominada "Reforma Trabalhista". 2. <u>O direito aos honorários advocatícios sucumbenciais surge no instante da prolação da sentença. Se tal crédito não era previsto no ordenamento jurídico nesse momento processual, não cabe sua estipulação com base em Lei posterior, sob pena de ofensa ao princípio da irretroatividade da lei</u>. 3. Agravo interno a que se nega provimento. (STF, 1ª Turma, ARE 1014675 AGR / MG, rel. Min. Alexandre de Moraes, j. 23.03.2018, negaram provimento.) (sem destaque no original)

Em que pese o entendimento adotado pelo Excelso Tribunal, entendo que as alterações processuais promovidas pela Lei n. 13.467/2017, que introduziu o instituto dos honorários advocatícios, completamente novo no Processo do Trabalho, deve ser interpretada em consonância aos valores constitucionais da segurança jurídica e estabilidade das relações, razão pela qual não devem ser aplicadas aos feitos em andamento.

8. CONSIDERAÇÕES FINAIS

Como qualquer novidade legislativa, a efetividade do novo sistema de despesas processuais, especialmente as alterações promovidas nos honorários advocatícios, tanto no CPC como na Lei n.13.467/2017, necessitarão de um tempo maior para a correta interpretação dos institutos, razão pela qual as reflexões ensaiadas neste artigo são provisórias sem prejuízo de posterior evolução do pensamento.

Percebe-se que os honorários advocatícios sucumbenciais foram alterados fundamentalmente na Justiça do Trabalho em virtude da nova redação do art. 791-A da CLT, o que deverá provocar o cancelamento da Súmula n. 219 do TST.

Destaca-se como ponto elogiável na reforma trabalhista, quanto à inclusão de honorários advocatícios de sucumbência, é o reconhecimento da importância do advogado no processo do trabalho, conferindo ao procurador que atua na seara laboral remuneração condizente com atuação jurídica ofertada.

---

48. Art. 10. O juiz não pode decidir, em grau algum de jurisdição, com base em fundamento a respeito do qual não se tenha dado às partes oportunidade de se manifestar, ainda que se trate de matéria sobre a qual deva decidir de ofício.

Em que pese ter por objetivo a redução do número de ações temerárias, a imposição de honorários sucumbenciais na Justiça do Trabalho não podem servir de restrição do acesso dos trabalhadores à justiça [49].

O plenário do Supremo Tribunal Federal (STF) iniciou o debate sobre o tema, no julgamento da referida ADI, em sessão que foi realizada em maio de 2018, que foi suspenso pelo pedido de vista do Ministro Luiz Fux. O Relator, Ministro Roberto Barroso julgou parcialmente procedente a ADI, assentado como técnica de julgamento a interpretação conforme à Constituição. Apesar de o Ministro Luiz Fux ter feito o pedido de vista antecipado, o Ministro Edson Fachin resolveu adiantar seu voto, julgando pela procedência da ADI.

O critério para aferição da sucumbência, respeitando opiniões em sentido contrário, deve levar em consideração o pedido julgado totalmente improcedente e não para a sucumbência parcial constante do mesmo pedido.

Outro ponto que merece destaque é a distinção dos percentuais de honorários advocatícios para os advogados que atuam na Justiça Comum, previsto no CPC, e os advogados que atuam na Justiça do Trabalho, previsto no art. 791-A da CLT, não havendo qualquer legitimidade para distinção, o que poderia ensejar questionamentos judiciais acerca do tema.

A nova roupagem legal dos honorários advocatícios, especialmente prevista no CPC, veio suprir importante lacuna na legislação, uma vez que criou mecanismos seguros para que o magistrado possa, tanto nas causas em que figure réu comum, como nas causas em que litigue com a Fazenda Pública, fixar verba honorária do advogado condizente com o exercício da profissão, o que poderá ser perfeitamente aplicável no Processo do Trabalho.

Vale destacar que a alteração promovida quanto aos honorários sucumbenciais recursais serve como desestímulo à interposição de recursos protelatórios, permitindo que a parte vencedora tenha acesso à entrega do bem da vida pleiteado, o que pode ser aplicado, com certas ressalvas na Justiça Especializada, respeitando opiniões em sentido contrário.

Neste aspecto, em se tratando dos beneficiários da justiça gratuita, é oportuno ressaltar que os magistrados dos Tribunais, ao analisar o apelo recursal do beneficiário da justiça gratuita, deverão adotar certa cautela no que atine à fixação dos honorários sucumbenciais, sob pena de obstaculizar o acesso da parte à justiça, o que atinge Direitos Humanos previstos em inúmeros documentos internacionais.

Neste sentido, percebe-se que as alterações promovidas pelo CPC, de um modo geral, vão ao encontro dos princípios processuais constitucionais, tais como acesso à justiça, devido processo legal, celeridade, boa fé processual, entre outros.

Com supedâneo nos princípios da segurança jurídica, confiança, boa fé, lealdade processual, decisão não surpresa, entre outros, não se deve aplicar os dispositivos da Lei n. 13.467/2017 aos processos iniciados anteriormente a sua vigência.

9. REFERÊNCIAS BIBLIOGRÁFICAS

BRASIL. Lei n. 13.105, de 16 de março de 2015. Código de Processo Civil.

Disponívelem:<http://www.cnj.jus.br/files/conteudo/arquivo/2017/12/b60a659e5d5cb79337945c1dd137496c.pdf. PG 176>.

Disponívelem:<http://www.previdencia.gov.br/wp-content/uploads/2018/01/AEPS-2016.pdf>.

Disponívelem:<http://www.previdencia.gov.br/wp-content/uploads/2018/04/AEAT-2016.pdf>.

BUENO, Cassio Scarpinella. *Novo código de processo civil anotado*. São Paulo: Saraiva, 2016.

DIDIER JR, Fredie; BRAGA, Paula Sarno; OLIVEIRA, Rafael Alexandria de. *Curso de Direito Processual Civil*. v. 1. 18. ed. Salvador: JusPodivm, 2016.

DONIZETTI, Elpídio. *Curso Didático de Direito Processual Civil*. São Paulo: Atlas. 2016.

DONIZETTI, Elpídio. *Expressa Constitucionalização do direito processual civil (positivação do "totalitarismo constitucional")*. Disponível em: <https://elpidiodonizetti.jusbrasil.com.br/artigos/121940194/expressa-constitucionalizacao-do-direito-processual-civil-positivacao-do-totalitarismo-constitucional>. Acesso em: 28 maio 2018.

FONSECA, Rodrigo Dias de. *Honorários advocatícios sucumbenciais na justiça do trabalho após a reforma a reforma trabalhista*. Uma tentativa de interpretação equânime. Disponível em: <https://ostrabalhistas.com.br>. Acesso em: 28 maio 2018.

GONÇALVES, Marcelo Barbi. *Honorários Advocatícios e Direito intertemporal*. Disponível em: <https://jota.info/artigos/honorarios-advocaticios-e-direito-intertemporal-04032016>. Acesso em: 04 jan. 2018.

JANNOTTI DA ROCHA, Cláudio; MARZINETTI, Miguel. *Honorários advocatícios sucumbenciais, a reforma trabalhista, a sua inconstitucionalidade e o direito intertemporal*. O Direito Processual do Trabalho na perspectiva do Código de Processo Civil e da reforma trabalhista. São Paulo: LTr, 2018.

MATEUS DA SILVA, Homero Batista. *Comentários à Reforma Trabalhista*. São Paulo: Revista dos Tribunais, 2017.

MIESSA, Elisson. *Processo do Trabalho*. ed. Juspodivm, 2018.

NEVES, Daniel Amorin de Assunção. *Novo Código de Processo Civil*: inovações, alterações e supressões comentadas. São Paulo: Método, 2015.

PIVATTO, Bruno Tauil. *Honorários advocatícios*. A reforma trabalhista e seus impactos. Salvador: Juspodivm, 2017.

ROCHA, Cláudio Jannotti. *Honorários advocatícios sucumbenciais, a reforma trabalhista, a sua inconstitucionalidade e o direito intertemporal*. O Direito Processual do Trabalho na perspectiva do Código de Processo Civil e a Reforma Trabalhista. São Paulo: LTr, 2017.

SCALERCIO, Marco. *Honorários advocatícios na justiça do trabalho e a reforma trabalhista – Lei 13.467/2017*. A reforma trabalhista e seus impactos. Salvador: JusPodivm, 2017.

THEODORO JÚNIOR, Humberto. *Curso de direito processual civil – teoria geral do direito processual civil e processo de conhecimento*. v. I, Rio de Janeiro: Forense, 2016.

---

49. Julgamento pendente. ADI 5.766.

Honorários Advocatícios de Sucumbência e o Acesso à Justiça: Diálogo entre o CPC e o Processo do Trabalho

Neiva Schuvartz[1]
Luiz Antônio da Silva Bittencourt[2]

1. INTRODUÇÃO

A Lei n. 13.416, de 11 de novembro de 2017, mais conhecida como a "lei da reforma trabalhista", alterou significativamente a Consolidação das Leis do Trabalho – CLT. Pode-se afirmar que pouco restou do texto original da CLT. A reforma não pode ser analisada apenas pelo grande número de artigos alterados, mas, notadamente, pela mudança substancial na estrutura do procedimento justrabalhista, que atinge diretamente o direito ao livre acesso ao Poder Judiciário como uma garantia constitucional.

Nesse artigo vamos nos deter especificamente aos honorários sucumbenciais na Justiça do Trabalho após a reforma e a justiça gratuita no CPC.

O diálogo entre os dois diplomas é de fundamental importância, uma vez que o CPC prevê, em seu art. 98, § 3º, a suspensão da exigibilidade dos honorários da parte beneficiaria da justiça gratuita. Tal suspensão deve permanecer (prazo da suspensão 5 anos) até que o credor demonstre que a parte sucumbente não se encontra mais em condições de hipossuficiência que justifiquem a concessão da justiça gratuita.

Assim, faremos um paralelo entre os dois diplomas acima citados de forma a demonstrar que através da aplicação do princípio da norma mais favorável e do princípio *pro homine* poderemos garantir o direito fundamental do livre acesso à justiça ao trabalhador na busca pelo seu direito que foi lesado durante o contrato de trabalho.

2. ACESSO À JUSTIÇA COMO UM DIREITO FUNDAMENTAL PARA O EXERCÍCIO DOS DEMAIS DIREITOS

O acesso à justiça é um direito fundamental que garante a todos os nacionais ou estrangeiros o direito a uma prestação efetiva pelo Estado por meio do livre acesso ao Poder Judiciário. Segundo Capelletti, o "acesso" deve ser o ponto central da moderna processualística e, portanto, não deve ser considerado apenas como "[...] um direito social fundamental reconhecido". (CAPPELLETTI; GART, 1988, p. 12)

Essa prestação pelo Estado é indispensável no momento em que ele passou a regulamentar as relações sociais e retirou do indivíduo o poder de autotutela (FUX, 2004). Assim, o acesso irrestrito à justiça é fundamental, sendo essa a forma principal de proteção dos demais direitos fundamentais garantidos constitucionalmente.

De acordo com Wambier (2007), ao Estado cabe a função tutelar jurisdicional, mas esse somente poderá agir se for provocado pelo indivíduo que tem um direito subjetivo violado.

Nesse sentido, o indivíduo deve requerer ao Estado, de forma expressa, uma deliberação acerca de suas pretensões, pois a ele é facultado "[...] a tarefa de provocar (ou invocar) a atividade estatal que, via de regra, remanesce inerte inativa, até que aquele que tem a necessidade da tutela estatal quanto a isso se manifeste [...]". (WAMBIER, 2007, p. 125)

Segundo Cappelletti (1988), a expressão acesso à justiça não é de fácil definição, mas ajuda na determinação de duas finalidades básicas que devem ter o sistema jurídico. Uma delas é a de permitir que o indivíduo reivindique os seus direitos subjetivos e a outra é solucionar as lides. Assim, o sistema deve ser acessível a todos de forma igual e "[...] deve produzir resultados que sejam individual e socialmente justos". (CAPPELLETTI; GART, 1988, p. 13)

No Estado liberal todos são considerados iguais perante a lei. A rigor, não seria necessária uma ação positiva do

---

1. Mestra em Direito do Trabalho pela Faculdade de Direito da Universidade de Coimbra (diploma reconhecido pela Universidade de São Paulo-USP.); especialista em Direito do Trabalho pela Faculdade Milton Campos; especialista em Negócios Internacionais pela Faculdade PUC Minas; graduada em Direito pelo Centro Universitário de Belo Horizonte; e graduada em Psicologia pelo Centro Universitário Newton Paiva. Atualmente é coordenadora do curso de pós-graduação em Direito do Trabalho do Centro Universitário Newton Paiva. Atua como membro consultivo da Revista de Iniciação Científica Newton Paiva. É sócia – Calazans, Luz, Pereira & Schuvartz sociedade de Advogados.
2. Mestrando em Direito Privado pela Pontifícia Universidade Católica de Minas Gerais; especialista em Ensino de Filosofia; especialista em Derechos Humanos Laborales y Derecho Transnacional del Trabajo pela Universidade de Castilla-La Mancha, Espanha; revisor do periódico da UNIFOR; advogado.

Estado para promover o acesso à justiça, pois se todas as pessoas são iguais, dispõem das mesmas oportunidades; portanto, estão aptas a defender seus interesses. Desse modo, não era percebida a diferença que havia entre os litigantes no efetivo acesso ao sistema. (CAPPELLETTI; GART, 1988)

Como essa ideia de igualdade e de liberdade, na concepção liberal, era meramente formal, sua operacionalidade não resultava sempre eficaz, uma vez que materialmente havia uma grande desigualdade entre as partes. Assim, a realidade contradiz a paridade entre os particulares, visto que o poder não está mais concentrado apenas no Estado, e sim disperso na sociedade devido ao desenvolvimento de grandes grupos econômicos.

É na comprovada desigualdade material entre os particulares que, segundo Abrantes, "[...] se radica a necessidade de assegurar um efectivo exercício das liberdades nas próprias relações entre particulares" (ABRANTES, 2005, p. 23). Essa necessidade de assegurar materialmente as liberdades individuais decorre notadamente do aumento das forças dos grupos sociais que, segundo o mesmo autor, têm um poder, no mínimo, igual ao do Estado. Exercem, portanto, uma grande influência sobre a vida privada, que é constitucionalmente consagrada.

Com o advento do Estado social, torna-se necessária a atuação positiva do Estado na promoção do acesso à justiça, visando garantir aos indivíduos o gozo dos direitos sociais. (CAPPELLETTI; GART, 1988)

Souto Maior e Severo (2017, p. 300) ensinam sobre as "[...] três ondas de movimentos do acesso à justiça".

A primeira onda está relacionada às questões econômicas que obstam aos mais débeis defender seus direitos. Nesse caso, os problemas por eles enfrentados são tanto extrajudiciais como judiciais.

No primeiro caso, o extrajudicial, tais indivíduos encontram-se diante das dificuldades de informação sobre seus direitos e poucos conseguem uma prestação de assistência jurídica para buscar a solução de um conflito (pobreza jurídica). Por outro lado, na questão judicial, analisa-se a forma de acesso dos pobres a uma adequada defesa de seus direitos (pobreza econômica).

Como vencer tais obstáculos? No caso da pobreza jurídica, segundo o autor mencionado, o ideal seria a criação de órgãos que possibilitassem informar os indivíduos sobre os seus direitos sociais. Por sua vez, a forma de vencer os obstáculos referentes à pobreza econômica deveria ocorrer por meio da "[...] eliminação ou minimização dos custos do processo, inclusive quanto aos honorários de advogado". (MAIOR, 2017)

A segunda onda, por seu turno, tem por objetivo "[...] examinar as adequações das instituições processuais especialmente no que se refere à legitimidade para a ação". (MAIOR, 2017)

A terceira onda visa à construção de um "[...] sistema jurídico e procedimental mais humano" (MAIOR, 2017), mediante a simplificação dos procedimentos.

Boaventura (2018, p. 21-22), ao discorrer sobre os obstáculos sociais e culturais ao efetivo acesso à justiça, afirma que os estudos revelam, "[...] em primeiro lugar, os cidadãos de menores recursos tendem a conhecer pior os seus direitos e, portanto, a ter mais dificuldades em reconhecer um problema que os afeta como sendo um problema jurídico". O autor afirma, ainda, que, mesmo quando o cidadão reconhece que o problema é jurídico e, portanto, ocorreu a violação de um direito, "[...] é necessário que a pessoa se disponha a interpor a acção". As pessoas de classes mais baixas hesitam ainda mais na procura do Estado-Juiz para solucionar uma lide. E, por fim, o autor assevera que, quanto mais inferior for a classe social, tanto maior será a dificuldade de acesso a bons advogados.

O direito de acesso à justiça tem previsão nos documentos internacionais, como na Declaração Universal dos Direitos Humanos (DUDH), no art. 8º, que garante a todos o direito de recurso perante um tribunal competente contra a violação de direitos fundamentais previstos na constituição ou na lei. O art. 10[3] do mesmo diploma também garante o julgamento das causas em plena igualdade. A Convenção Americana dos Direitos Humanos (CADH) também dispõe sobre as garantias de acesso à justiça no art. 8º[4].

A Constituição federal de 1988, considerada a "Constituição Cidadã", elenca um grande número de direitos fundamentais, entre os quais vamos destacar os incisos XXXV e LXXIV do art. 5º, os quais, respectivamente, garantem que "a lei não excluirá da apreciação do Poder Judiciário lesão ou ameaça a direito" e que o "Estado prestará assistência jurídica integral e gratuita aos que comprovarem insuficiência de recursos".

Almeida nos ensina que "O acesso à justiça se justifica, destarte, pela sua condição de instrumentalidade de acesso aos direitos assegurados pela ordem jurídica, dentre os quais aqueles inerentes ao trabalho". (ALMEIDA, 2017)

Para que o indivíduo tenha o efetivo acesso à justiça não é suficiente que o Estado garanta que toda lesão ou ameaça

---

3. Art. 10 (DUDH) Toda pessoa tem direito, em plena igualdade, a que a sua causa seja equitativa e publicamente julgada por um tribunal independente e imparcial que decida dos seus direitos e obrigações ou das razões de qualquer acusação em matéria penal que contra ela seja deduzida. Disponível em: <http://www.ohchr.org/EN/UDHR/Documents/UDHR_Translations/por.pdf>. Acesso em: 10 abr. 2018.
4. CADH art. 8º 1. Toda pessoa tem direito a ser ouvida, com as devidas garantias e dentro de um prazo razoável, por um juiz ou tribunal competente, independente e imparcial, estabelecido anteriormente por lei, na apuração de qualquer acusação penal formulada contra ela, ou para que se determinem seus direitos ou obrigações de natureza civil, trabalhista, fiscal ou de qualquer outra natureza. Disponível em: <https://www.cidh.oas.org/basicos/portugues/c.convencao_americana.htm>. Acesso em: 13 abr. 2018.

ao direito serão apreciadas pelo Poder Judiciário – princípio da inafastabilidade da tutela jurisdicional (LEITE, 2017), o qual garante a todos a possibilidade de provocar o órgão estatal.

O Estado deve também garantir que todos tenham acesso ao Poder Judiciário e, para tanto, proporcionar aos que não têm condições financeiras o mesmo acesso dos que podem pagar – custas, honorários de sucumbência –, pois, somente com um amplo acesso à justiça, serão cumpridas as garantias constitucionais, bem como as garantias previstas nos tratados internacionais. Nesse sentido, as leis infraconstitucionais não podem limitar o acesso à justiça por meio de mecanismos que, conquanto legais, obstam o acesso à justiça, a exemplo dos honorários de sucumbência introduzidos pela Lei n. 13.467/2017, mais conhecida como a "lei da reforma trabalhista", que serão discutidos nos próximos tópicos.

3. HONORÁRIOS DE SUCUMBÊNCIA NO CPC E NO PROCESSO DO TRABALHO. JUSTIÇA GRATUITA

É cediço que o processo é instrumento pelo qual é possível efetivar o direito material. Por isso, há inúmeros trabalhos jurídicos que repensam o tema da efetividade do processo, como em Souto Maior (1994), Dinamarco (1994), Pimenta (2015), Marinoni (2008), Moreira (1984), entre tantos juristas.

O direito processual, conforme afirma Dinamarco (1994, p. 11), é "[...] aquele conjunto de princípios e regras que regulam o exercício da jurisdição, da ação, da defesa e do processo [...]", ou seja, é no direito processual que se insere a forma de como se dá o exercício do direito material, o mecanismo de exigência e efetividade de tais direitos.

Nesse aspecto, repensando o direito material existente no nosso ordenamento jurídico, nas mais diversas áreas, percebe-se que é necessária a existência de inúmeras regras de exercício dos aludidos direitos, havendo, por isso, a necessidade de diálogo entre os mais diversos diplomas processuais.

O Código de Processo Civil, nessa seara, apresenta-se como um diploma subsidiário à CLT, tendo em vista que esta última é bem sucinta, não conseguindo abarcar as mais diversas realidades processuais de efetivação do direito material, principalmente no uso de instrumentos de efetivação dos direitos garantidos.

Nesse sentido, a própria CLT, no art. 769[5], deixou a abertura para que o processo civil comum fosse fonte supletiva e subsidiária para o processo do trabalho quando as normas não fossem contraditórias ou ferissem algum princípio próprio do processo do trabalho. No CPC houve previsão expressa no art. 15[6] de que o diploma será utilizado como como fonte subsidiária e supletiva.

Mauro Schiavi, ao comentar as duas modalidades, assim leciona:

a) supletivamente: significa aplicar a CPC quando, apesar da lei processual trabalhista disciplinar o instituto processual, não for completa. Nesta situação, o Código de Processo Civil será aplicado de forma complementar, aperfeiçoando e propiciando maior efetividade e justiça ao processo do trabalho.

b) subsidiariamente: significa aplicar o CPC quando a CLT não disciplina determinado instituto processual. Exemplos: tutelas provisórias (urgência e evidência), ação rescisória; ordem preferencial de penhora, hipóteses legais de impenhorabilidade etc.

Quando se fala de acesso à justiça neste nosso trabalho, é trazido à baila a questão da justiça gratuita. É consenso de grande parte da doutrina que, na reforma trabalhista, houve uma tentativa de limitação do direito ao acesso à justiça tendo em vista a forma como o legislador ordinário tratou do tema da gratuidade judiciária e dos honorários de sucumbência.

Muitos dos que se socorrem da justiça do trabalho buscam ser efetivados direitos mínimos constitucionais infringidos pelo empregador, como horas extras, saldo de salário e férias não gozadas. São verbas que fazem diferença na vida do trabalhador, pois garantem o próprio sustento e o de sua família.

A reforma trabalhista, ao tratar do tema da gratuidade da justiça, na realidade dificultou o acesso à justiça, impondo uma penalidade desproporcional ao trabalhador.

Aqui a proposta é pensar os honorários de sucumbência previstos no CPC, mas em diálogo com o dispositivo concernente à justiça gratuita.

O art. 85 do CPC traz a figura dos honorários de sucumbência: "Art. 85. A sentença condenará o vencido a pagar honorários ao advogado do vencedor". Esse artigo, em seus 19 parágrafos, apresenta, de forma bem discriminada, as situações em que serão devidos honorários, valores e percentuais em cada situação.

O referido dispositivo, entretanto, deve ser analisado em diálogo com o art. 98[7] do mesmo diploma legal, tendo em vista que é expresso ao afirmar que a pessoa natural ou a jurídica, brasileira ou estrangeira, que forem pobres

---

5. Art. 769. Nos casos omissos, o direito processual comum será fonte subsidiária do direito processual do trabalho, exceto naquilo em que for incompatível com as normas deste Título.
6. Art. 15. Na ausência de normas que regulem processos eleitorais, trabalhistas ou administrativos, as disposições deste Código lhes serão aplicadas supletiva e subsidiariamente.
7. Art. 98. A pessoa natural ou jurídica, brasileira ou estrangeira, com insuficiência de recursos para pagar as custas, as despesas processuais e os honorários advocatícios tem direito à gratuidade da justiça, na forma da lei.

no sentido legal, com insuficiência de recursos, são beneficiárias da justiça gratuita, estando isentas de pagar custas judiciárias, honorários de perito e de sucumbência. Essa assistência judiciária é concedida não somente a pessoas físicas, na ótica do CPC, mas também a pessoas jurídicas que provarem os requisitos para a concessão de tal benefício.

Tendo em vista que no CPC a figura da justiça gratuita é instrumento para assegurar o acesso à justiça do cidadão e que o dispositivo processual previsto é aplicado no processo do trabalho de forma subsidiária e suplementar, em consonância com os princípios *pro homine* e da norma mais favorável ao trabalhador, necessário será fazer um diálogo entre as duas fontes processuais para chegar a uma conclusão que mais amplie o direito do trabalhador.

É necessário perceber que, no CPC, os honorários de sucumbência só serão exigíveis se a parte sucumbente não for beneficiária da justiça gratuita, visto que esta abrange a isenção de todas as custas, sejam processuais, sejam periciais.

Nos temos do art. 98, § 3º, do estatuto adjetivo, em caso de sucumbência do beneficiário da justiça gratuita, os honorários de sucumbenciais ficam suspensos por até 5 anos e cabe ao credor, nesse período de suspensão, demonstrar que o devedor não se encontra mais na situação de insuficiência de recursos que justificou a concessão de gratuidade.

Como veremos a seguir, a reforma trabalhista inseriu o art. 791-A no texto da CLT, que dispõe sobre os honorários de sucumbência, mas sem a ressalva da previsão do beneficiário da justiça gratuita, que ficará isento até que a situação de miserabilidade se altere.

É importante destacar que o fato de o reclamante obter êxito em alguns dos pedidos não o retira da condição de hipossuficiência de recursos. E mais, as verbas por ele recebidas em decorrência da procedência dos pedidos são de caráter alimentar, e não podem, portanto, ser descontadas para o pagamento de honorários de sucumbência.

Nesse sentido, podemos afirmar que o tratamento dado pela lei aos hipossuficientes na Justiça Comum e na Justiça do Trabalho é discriminatório. A discriminação fica ainda mais acentuada porque no processo comum as partes são consideradas iguais e, ainda assim, a que estiver sob o pálio da justiça gratuita não está obrigada ao pagamento dos referidos honorários.

Apesar de a reforma trabalhista se encontrar há pouco tempo em vigor, já existem algumas decisões judiciais no sentido de aplicação do art. 98, § 3º do CPC ao processo do trabalho, visando, assim, garantir o amplo acesso à justiça. *In verbis*

> Em que pese o novo dispositivo da CLT e o CPC se equiparam quanto à **responsabilidade** da parte sucumbente pelos honorários sucumbenciais, ainda que beneficiaria da justiça gratuita (art. 791-A,§ 4º, primeira parte CLT e ar. 98, § 2º, CPC), diferem quanto à **exigibilidade** e é nesse ponto que se verifica o tratamento processual discriminatório, caso seja dada interpretação literal ao dispositivo. Diversamente do CPC, o legislador reformista(art. 791-A,§ 4º, da CLT), introduziu a exigibilidade dos honorários sucumbenciais os quais ficaram em condição suspensiva, "**desde que** não obtido em juízo, ainda que em outro processo, créditos capazes de suportar a despesa" impondo, assim, condicionante processual mais danosa e de injustificável discriminação, com claro efeito mitigador do direito fundamental de acesso à ordem jurídica justa via Poder Judiciário Trabalhista. [...]
>
> A intepretação literal do dispositivo levaria à **ofensa á garantia fundamental de gratuidade judiciária** à parte que não pode arcar com despesas processuais sem comprometer o seu sustento e de sua família e **ao direito ao amplo acesso a jurisdição**. (arts. 5º, XXXV, LXXIV, CF e art. 8º, 1, do pacto de São José da Costa Rica)
>
> A norma desconsidera que o mero fato de o trabalhador ter percebido crédito trabalhista em ação judicial **não elide, de forma genérica e por si só, a situação de miserabilidade jurídica**. Não se pode concluir que o trabalhador, ao perceber verbas trabalhistas devidas pela parte ré por inadimplemento decorrente do contrato de trabalho, tenha passado a ter condições financeiras de suportar o encargo relativo aos honorários [...] (grifos no original) Processo n. 0011113-212017.503.0074. Vara do Trabalho de Ponte Nova. Publicação em 16 fev. 2018

Por isso, é necessário haver o diálogo entre as fontes do direito como forma de ampliação de direitos do trabalhador, que vai ao judiciário a fim de que tenha assegurado os seus direitos infringidos, que são de natureza alimentícia, necessários para uma sobrevivência digna.

3.1. Honorários advocatícios de sucumbência – sistemática anterior à Lei n. 13.467/2017

Os honorários de sucumbência na Justiça do Trabalho, antes da reforma trabalhista, tinham previsão na Lei n. 5.583/1970 e Súmula n. 219 do C. TST.

A Lei n. 5.583/1970 dispõe, no art. 14[8], *caput* sobre a assistência judiciária trabalhista que deve ser prestada pelo

---

§ 2º A concessão de gratuidade não afasta a responsabilidade do beneficiário pelas despesas processuais e pelos honorários advocatícios decorrentes de sua sucumbência.

§ 3º Vencido o beneficiário, as obrigações decorrentes de sua sucumbência ficarão sob condição suspensiva de exigibilidade e somente poderão ser executadas se, nos 5 (cinco) anos subsequentes ao trânsito em julgado da decisão que as certificou, o credor demonstrar que deixou de existir a situação de insuficiência de recursos que justificou a concessão de gratuidade, extinguindo-se, passado esse prazo, tais obrigações do beneficiário.

8. Art. 14. Na Justiça do Trabalho, a assistência judiciária a que se refere a Lei n. 1.060, de 5 de fevereiro de 1950, será prestada pelo Sindicato da categoria profissional a que pertencer o trabalhador.

sindicato da categoria do trabalhador. Já o § 1º[9] do mesmo artigo estabelece os requisitos para a concessão desse benefício.

Nos termos do item I da Súmula n. 219 do C.TST[10], na Justiça do Trabalho os honorários sucumbenciais eram devidos não em decorrência da simples sucumbência, pois a parte deveria preencher alguns requisitos essenciais para sua percepção, quais sejam: a parte deveria estar assistida pelo sindicato de sua categoria e comprovar que sua renda era inferior ao dobro do salário mínimo legal, ou que não tinha possibilidade econômica de demandar em juízo sem prejuízo do sustento do próprio ou da respectiva família. Tais requisitos eram cumulativos; logo, se não provasse os dois conjuntamente, não teria direito aos honorários sucumbenciais.

Os honorários de sucumbência, segundo inteligência dos itens II e II da referida súmula[11], eram cabíveis também nas ações rescisórias e nas causas em que o sindicato atuava como substituto processual nas demandas relativas à relação de emprego. Contudo, no item IV[12] da súmula, havia a previsão de que, nas ações rescisórias e nas lides que não decorriam das relações de emprego, os honorários de sucumbência estavam submetidos às disposições do CPC.

No que tange ao percentual devido, nas hipóteses de assistência judiciária sindical ou de substituição processual sindical, esse variava de 10% a 15%, que poderia incidir sobre o valor da condenação ou do proveito obtido[13].

No enunciado da Súmula n. 219 do C. TST não havia a previsão de cobrança de honorários de sucumbência do reclamante, o que se coaduna com previsão do livre acesso à justiça, que é um direito fundamental previsto na Constituição Federal, bem como em documentos internacionais dos quais o Brasil é signatário. É importante frisar que a imposição de honorários de sucumbência ao reclamante, que é a parte hipossuficiente (ROCHA; MARZINETTI, 2017)[14] na relação capital trabalho, é impor uma barreira quase intransponível ao acesso à justiça.

3.2. Honorários de sucumbência nos termos da Lei n. 13.467/2017 e a justiça gratuita no CPC

Na Justiça do Trabalho, até 10 de novembro de 2017, eram cabíveis honorários sucumbenciais apenas nos termos da Lei n. 5.583/1970 e da Súmula n. 219 do C. TST, como visto no item anterior, considerando-se sucumbente apenas o empregador, se vencido.

A Lei n. 13.467/2017 alterou substancialmente a previsão de cabimento dos honorários de sucumbência ao inserir o art. 791-A, que trata especificamente desse tema.

Nesse sentido, o art. 791-A *caput*[15] CLT estabelece que, mesmo que o advogado atue em causa própria, tem direito à percepção dos honorários advocatícios sucumbenciais no importe de 5% a 15%, e será calculado sobre o valor da liquidação de sentença ou sobre o proveito econômico obtido; e, se houver a impossibilidade de mensurar tal valor, o referido percentual será sobre o valor da causa atualizado.

O percentual a que se refere o *caput* do artigo supracitado, nos termos do § 2º[16], incisos I, II, III, IV do mesmo artigo, será definido pelo juiz, o qual deverá levar em consideração a dedicação do advogado, o local onde o serviço

---

9. Art. 14, § 1º. A assistência é devida a todo aquele que perceber salário igual ou inferior ao dobro do mínimo legal, ficando assegurado igual benefício ao trabalhador de maior salário, uma vez provado que sua situação econômica não lhe permite demandar, sem prejuízo do sustento próprio ou da família. Art. 16. Os honorários do advogado pagos pelo vencido reverterão em favor do Sindicato assistente.
10. Súmula n. *219 do TST* honorários advocatícios. I – Na Justiça do Trabalho, a condenação ao pagamento de honorários advocatícios não decorre pura e simplesmente da sucumbência, devendo a parte, concomitantemente: a) estar assistida por sindicato da categoria profissional; b) comprovar a percepção de salário inferior ao dobro do salário mínimo ou encontrar-se em situação econômica que não lhe permita demandar sem prejuízo do próprio sustento ou da respectiva família. (art. 14, § 1º, da Lei n. 5.584/1970). (ex-OJ n. 305 da SBDI-I).
11. Súmula n. *219 do TST* honorários advocatícios. II – É cabível a condenação ao pagamento de honorários advocatícios em ação rescisória no processo trabalhista. III – São devidos os honorários advocatícios nas causas em que o ente sindical figure como substituto processual e nas lides que não derivem da relação de emprego.
12. Súmula n. *219 do TST* honorários advocatícios. IV – Na ação rescisória e nas lides que não derivem de relação de emprego, a responsabilidade pelo pagamento dos honorários advocatícios da sucumbência submete-se à disciplina do Código de Processo Civil (arts. 85, 86, 87 e 90).
13. Súmula n. *219 do TST* honorários advocatícios V – Em caso de assistência judiciária sindical ou de substituição processual sindical, excetuados os processos em que a Fazenda Pública for parte, os honorários advocatícios são devidos entre o mínimo de dez e o máximo de vinte por cento sobre o valor da condenação, do proveito econômico obtido ou, não sendo possível mensurá-lo, sobre o valor atualizado da causa (CPC de 2015, art. 85, § 2º).
14. "Pensar na possibilidade do empregado/reclamante ser condenado ao pagamento dos honorários advocatícios sucumbenciais, significa dizer para ele não questionar seus direitos trabalhistas judicialmente, afinal ela já é a parte hipossuficiente da relação jurídica e seu salário via de regra não lhe permite pagar nem seu advogado, muito menos o advogado da parte contrária no caso de ter o seu pedido julgado improcedente."
15. Art. 791- A *Caput* – Ao advogado, ainda que atue em causa própria, serão devidos honorários de sucumbência, fixados entre o mínimo de 5% (cinco por cento) e o máximo de 15% (quinze por cento) sobre o valor que resultar da liquidação da sentença, do proveito econômico obtido ou, não sendo possível mensurá-lo, sobre o valor atualizado da causa *(Incluído pela Lei n. 13.467, de 13.07.2017).*
16. Art. 791-A § 2º – Ao fixar os honorários, o juízo observará: *(Incluído pela Lei n. 13.467, de 13.07.2017)* I – o grau de zelo do profissional; *(Incluído pela Lei n. 13.467, de 13.07.2017)* II – o lugar de prestação do serviço; *(Incluído pela Lei n. 13.467, de 13.07.2017)* III – a natureza e a importância da causa; *(Incluído pela Lei n. 13.467, de 13.07.2017)* IV – o trabalho realizado pelo advogado e o tempo exigido para o seu serviço *(Incluído pela Lei n. 13.467, de 13.07.2017).*

está sendo prestado, a natureza da causa, bem como a sua importância e, por fim, o trabalho realizado pelo advogado.

O § 3º[17] do art. 791-A CLT prevê que, havendo procedência parcial, será arbitrado pelo juiz a sucumbência recíproca, sendo vedada a compensação entre os honorários.

O artigo dispõe, ainda, no § 4º[18], que o empregado/reclamante, mesmo que seja beneficiário da justiça gratuita, deverá arcar com os honorários de sucumbência em caso de improcedência. Dispõe também que a condição de cobrança ficará suspensa caso ele não tenha obtido êxito, ainda que em outros processos, para efetivar o pagamento.

Após a análise do art. 791-A da CLT, podemos perceber que a nova sistemática dos honorários de sucumbência na Justiça do Trabalho teve alterações significativas, notadamente no que se refere à possibilidade de cobrança dos honorários do reclamante, mesmo que ele seja beneficiário da justiça gratuita.

4. PRINCÍPIO DA NORMA MAIS FAVORÁVEL

No Direito Comum, a hierarquia das normas segue regras rígidas. De acordo com Delgado e Delgado (2018), o sistema é composto por um conjunto de normas, algumas das quais consideradas superiores e outras inferiores e, diante de um exame formal dos instrumentos normativos, sempre estará no grau mais elevado do sistema a norma superior. Segundo Bobbio (1999), no ordenamento jurídico as normas são posicionadas hierarquicamente de tal forma que encontraremos, no topo da pirâmide, a norma fundamental, das quais as demais normas deverão retirar sua eficácia e validade; temos, portanto, uma hierarquia rígida e inflexível.

No Direito do Trabalho não aplicamos uma hierarquia rígida das normas tal como no Direito Comum. No ramo justrabalhista, segundo Delgado, a hierarquia não deve ser analisada entre os diplomas normativos (lei em sentido formal) de forma rígida, e sim entre as normas jurídicas heterônomas e autônomas. Nesse sentido, "[...] a pirâmide normativa constrói-se de modo plástico e variável, elegendo para seu vértice dominante a norma que mais se aproxima do caráter teleológico do ramo justrabalhista". (DELGADO, 2017, p. 208/209)

Tal interpretação faz-se necessária, pois no Direito do Trabalho as fontes autônomas são extremamente relevantes e a Constituição Federal dispõe sobre a importância e validade dos acordos e convenções coletivas do trabalho que, em sua maioria, agregam direitos para além dos previstos no art. 7º[19] da Constituição de 1988, bem como da CLT.

Se nesse ramo especializado, a hierarquia das normas é flexível, como podemos eleger a norma que deve estar no vértice da pirâmide? Tal escolha decorre da aplicação do princípio da norma mais favorável.

O princípio[20] da norma mais favorável, em uma das suas dimensões, qual seja, princípio orientador do processo de hierarquização das normas trabalhistas, determina que, diante de uma multiplicidade de normas (heterônomas e autônomas), deve ser aplicada ao caso concreto aquela que, no conjunto, beneficie o trabalhador, ou seja, é a norma mais benéfica que irá para o topo da pirâmide[21]. Contudo, essa prevalência não vai promover a derrogação permanente das demais normas preteridas, porquanto apenas no caso específico é que elas não serão aplicadas.

Impende observar que, se a norma mais favorável for uma norma autônoma, ou seja, não estatal, deveremos analisar sua amplitude. Se estivermos diante de uma convenção coletiva de trabalho, esta vai alcançar a categoria específica dentro de uma determinada região. Todavia, se estivermos diante de um acordo coletivo de trabalho, o seu alcance se atém aos empregados de uma determinada empresa. (DELGADO; PEREIRA, 2017)

Nesse sentido, entre as normas que dispõem sobre a justiça gratuita no processo do trabalho e no CPC será aplicada a que mais favorece ao trabalhador, sendo essa a que mais tutela os direitos. Lado outro, além do princípio da norma mais favorável, tem-se o princípio *pro homine*, que se encontra insculpido em diplomas internacionais, tendo ainda maior alcance protetivo do trabalhador, como se verá.

---

17. Art. 791-A § 3º – Na hipótese de procedência parcial, o juízo arbitrará honorários de sucumbência recíproca, vedada a compensação entre os honorários *(Incluído pela Lei n. 13.467, de 13.07.2017)*.

18. Art. 791-A § 4º – Vencido o beneficiário da justiça gratuita, desde que não tenha obtido em juízo, ainda que em outro processo, créditos capazes de suportar a despesa, as obrigações decorrentes de sua sucumbência ficarão sob condição suspensiva de exigibilidade e somente poderão ser executadas se, nos dois anos subsequentes ao trânsito em julgado da decisão que as certificou, o credor demonstrar que deixou de existir a situação de insuficiência de recursos que justificou a concessão de gratuidade, extinguindo-se, passado esse prazo, tais obrigações do beneficiário *(Incluído pela Lei n. 13.467, de 13.07.2017)*.

19. Art. 7º CF/1988 – São direitos dos trabalhadores urbanos e rurais, além daqueles que visem à melhoria de sua condição social.

20. "A valorização dos princípios, sua incorporação, explícita ou implícita, pelos textos constitucionais e o reconhecimento pela ordem jurídica de sua normatividade fazem parte desse ambiente de reaproximação entre Direito e Ética. Nesse sentido, os princípios foram conduzidos ao centro do sistema, conquistando o status de norma jurídica, apta a dar validade e aplicabilidade ao Direito. São, portanto, espécies normativas que se ligam de modo mais direto ao ideal de justiça, oferecendo melhores condições para que esta seja alcançada". PEREIRA, Vany Leston Pessione. *Os direitos humanos na corte interamericana*: o despertar de uma consciência jurídica universal. Disponível em: <http://revistaliberdades.org.br/_upload/pdf/2/2009_02_artigo2.pdf>. Acesso em: 15 maio 2017.

21. "O vértice da pirâmide normativa, variável e mutável – ainda que apreendido segundo um critério permanente –, não será a Constituição Federal ou a lei Federal necessariamente, mas a norma mais favorável ao trabalhador." DELGADO, Mauricio Godinho. *Curso Direito do Trabalho.* 16. ed. São Paulo: LTr, 2017. p. 194.

5. PRINCÍPIO *PRO HOMINE*

Antes de discorrer sobre o princípio *pro homine*, é necessário tecer uma reflexão sobre a incorporação dos tratados internacionais de direitos humanos no ordenamento interno, pois, para que o indivíduo goze da proteção prevista no Direito Internacional, é imperioso que os referidos tratados sejam devidamente assinados e ratificados para produzir efeitos no ordenamento jurídico interno. Essa discussão é relevante porque o referido princípio tem previsão em tratados internacionais. Também insta destacar que o Brasil, de acordo com o art. 4º, inciso II, pelo menos em termos de idealização, rege-se nas suas relações internacionais pela prevalência dos direitos humanos.

A Emenda Constitucional n. 45/2004 incluiu o § 3º[22] no art. 5º da CF/1988 e passou a prever a possibilidade de os tratados de direitos humanos serem submetidos aos mesmos procedimentos necessários para a aprovação das emendas constitucionais, a saber: aprovação em dois turnos, nas duas Casas, por três quintos dos votos. Sendo aprovado o acordo com esse rito, o tratado de direitos humanos passa a ter *status* equivalente ao de emenda constitucional.

O princípio *pro homine* encontra-se insculpido em diversos diplomas internacionais, a saber: no art. 29, *b*[23] da Convenção Americana de Direitos Humanos (CADH), no art. 4º[24] do Protocolo de San Salvador, entre outros. Esse princípio institui um postulado em matéria de direitos humanos e tem duas dimensões: uma interpretativa e a outra normativa.

Quando se fala da preferência interpretativa, esta se subdivide em interpretativa extensiva e interpretativa restritiva. Na interpretação extensiva, as normas serão interpretadas de forma a ampliar ao máximo os direitos dos indivíduos. E, se estiver diante de um caso em que a norma comporta mais de uma interpretação, então deve-se utilizar aquela que mais amplie o exercício do direito. E, por fim, se a norma que deve ser aplicada ao caso for contrária aos direitos humanos previstos no tratado da CADH, de acordo com o princípio *pro homine*, ela não poderá ser aplicada. Contudo, se estiver diante de normas que restrinjam direitos, dever-se-á utilizar a interpretação restritiva no sentido de que deverá aplicar a interpretação que imponha a menor limitação possível ao exercício do direito. (ALCALÁ, 2015)

A segunda dimensão é marcada pela denominada preferência normativa, segundo a qual, diante de um conflito de normas, ainda que aparente, deve ser aplicada aquela que promova a maior proteção (ALBANESE, 2007)[25].

Clément (2015) assevera que a essência do princípio *pro homine*, seja na interpretação das normas, seja na escolha normativa, é assegurar maior proteção à pessoa humana.

O homem tutelado na perspectiva do princípio *pro homine* é aquele que tem a garantia de proteção integral no âmbito trabalhista, uma vez que, por meio da hermenêutica interpretativa ampliativa, buscará, com base na legislação vigente, reconhecer o homem na sua dimensão totalizante, retirando o aspecto econômico.

Por força do princípio interpretativo *pro homine* cabe enfatizar: quando se tratar de normas que asseguram um direito, vale a que mais amplia esse direito; quando, ao contrário, estamos diante de restrições ao gozo de um direito, vale a norma que faz menos restrições (em outras palavras: a que assegura de maneira mais eficaz e mais ampla o exercício de um direito) (GOMES, 2007, [s.p]).

É nessa seara que o princípio *pro homine* vem como caminho de tutela integral do ser humano, pois orienta na aplicação de normas que têm maior alcance protetivo na relação de trabalho, tomando o homem não como um mero trabalhador, mas como aquele que, na relação de trabalho, se desenvolve como ser humano e, por isso, a proteção deve ser integral.

Cleber Lúcio de Almeida e Wânia Guimarães Rabêllo de Almeida (2017, p. 141) lecionam que, pelo princípio *pro homine*, quando se estiver num impasse ou para solução a uma lide, seja na esfera legislativa, na administrativa ou na judicial, "[...] que prestigie o capital e, outra, que prestigie a melhoria da condição humana do trabalhador, é esta que deve prevalecer".

Nesse sentido, o princípio *pro homine* eriça a matriz de proteção integral do ser humano sempre em detrimento ao capital. O homem que trabalha é colocado no vértice central do Direito do Trabalho, pois, como ser finalístico e como pessoa, deve ser considerado pelo Direito sempre em primeiro plano.

Com a limitação ou ampliação, o princípio *pro homine*, por estar eriçado em tratados internacionais de direitos humanos, no plano interno tem aplicação imediata tendo

---

22. Art. 5º, § 3º CF/1988 – Os tratados e convenções internacionais sobre direitos humanos que forem aprovados, em cada Casa do Congresso Nacional, em dois turnos, por três quintos dos votos dos respectivos membros, serão equivalentes às emendas constitucionais.

23. Art. 29 – Normas de interpretação – Nenhuma disposição da presente Convenção pode ser interpretada no sentido de: b) limitar o gozo e exercício de qualquer direito ou liberdade que possam ser reconhecidos em virtude de leis de qualquer dos Estados-partes ou em virtude de Convenções em que seja parte um dos referidos Estados. Disponível em: <http://www.pge.sp.gov.br/centrodeestudos/bibliotecavirtual/instrumentos/sanjose.htm>. Acesso em:15 jun. 2017.

24. Art. 4º – Não admissão de restrições – Não se poderá restringir ou limitar qualquer dos direitos reconhecidos ou vigentes num Estado em virtude de sua legislação interna ou de convenções internacionais, sob pretexto de que este Protocolo não os reconhece ou os reconhece em menor grau. Disponível em: <https://www.cidh.oas.org/basicos/portugues/e.Protocolo_de_San_Salvador.htm>. Acessado em: 15 abr. 2018.

25. "*En caso de que las normas internacionales y nacionales difieran entre si, deberán aplicarse siempre aquellas normas que otorguen el nivel más alto de protección, en concordancia con diversas normas internacionales y con la Corte Interamericana de Derechos Humanos*".

força vinculante, inclusive. Como afirma Trindade (2003, p. 542), "Os tratados de Direitos humanos beneficiam diretamente indivíduos e grupos protegidos".

A reflexão sobre a tutela do trabalhador numa perspectiva totalizante objetiva traçar o caminho da proteção do homem num direito ao trabalho digno. De um lado, o princípio *pro homine* busca ampliar a tutela ao trabalhador, analisando-o de forma integral, não somente na sua dimensão de produção, mas principalmente na perspectiva de ser humano, que precisa de tutela especial do Estado. Em consequência desse primado, o homem como pessoa e fim em si mesmo tem o direito ao trabalho digno.

Conforme lecionam Luiz Antônio da Silva Bittencourt e Neiva Schuvartz (2017, p. 256), "[...] pensar no direito ao trabalho digno como máxima expressão da tutela ao trabalhador é reconhecer que o homem, na qualidade de ser humano, deve ser respeitado em sua totalidade, pois, no Estado Democrático de Direito, o homem é ápice de proteção".

Assim, a aplicação de forma irrestrita do princípio *pro homine* é medida que precisa ser adotada pelos tribunais, sendo também dever dos operadores do direito do trabalho para buscar aprofundamento na legislação e doutrina. Os princípios da proteção, da dignidade da pessoa humana, da vedação ao retrocesso, se conjugados com o *pro homine*, ampliarão consideravelmente os direitos fundamentais trabalhistas previstos na Constituição Federal de 1988.

O que se precisa, como leciona Valério de Oliveira Mazzuoli (2016, p. 169), é superar dois grandes problemas no âmbito interno, principalmente o que assola o poder judiciário.

> Ao que parece, são dois fatores. Primeiro, a falta de coragem. Teme-se estar cometendo algum grande equívoco e que a lei interna, de uma forma ou de outra, cuidaria da mesma matéria (ao que não se precisaria recorrer ao Direito Internacional, tendo a lei interna a disciplinar a mesma questão). Segundo, a falta de conhecimento, especialmente no mosaico normativo convencional concluído fora do nosso entorno geográfico.

A superação do medo e o desconhecimento da legislação deve ser superado para ampliar a aplicação do princípio *pro homine*. Ainda na lição de Mazzuoli (2016), por esse princípio, deve-se buscar o diálogo das fontes normativas, sejam quais forem as esferas, objetivando mais amplitude de incidência dos direitos humanos.

Nessa perspectiva, percebendo esse princípio como instrumento de ampliação dos direitos fundamentais do trabalhador, aliado ao princípio da aplicação da norma mais favorável, a reforma trabalhista deve ser analisada em conjunto com outros dispositivos legais recepcionados pelo processo do trabalho no sentido de ampliação da tutela de direitos. Esses dois princípios, encarados como forma interpretativa do constituto legislativo nacional, são um remédio eficaz contra as mazelas trazidas pela reforma trabalhista.

Ademais, insta ainda trazer à reflexão um ponto importante na discussão sobre o direito ao acesso à justiça, o que foi obstado pela reforma trabalhista no sentido de limitar o alcance da justiça gratuita, concedendo inclusive a compensação. Aqui se traz à discussão o Tratado Internacional de Direitos Econômicos, Sociais e Culturais.

6. TRATADO INTERNACIONAL DE DIREITOS ECONÔMICOS, SOCIAIS E CULTURAIS

O Brasil, em face do Pacto Internacional de Direitos Econômicos, Sociais e Culturais, assumiu um compromisso de assegurar o respeito universal e efetivo dos direitos e liberdades do homem.

Em suma, três são as responsabilidades adotadas pelo Brasil ante o pacto: respeitar, proteger e realizar.

Gialdino (2003, p. 94) comenta:

> *La dignidad de todos los miembros de la familia humana mencionada dos numeros antes[26], por ser "inherente" a éstos, tal como señala el proprio PIDESC recogiendo la impronta de la Declaración Universal, nos formula dos mensajes, entre muchos otros.*
>
> *Por el primero, nos dice que los derechos y liberdades de nuestro tratado, al derivar de una condición intrínseca de ser humano, la dignidad son anteriores a su texto. [...]*
>
> *El segundo mensaje da cuenta de una realidad incontrastable. Hablar de derechos económicos, sociales y culturales, no es hacerlo de lo que concierne a una "parte" o "seccion" del individuo. El PIDESC tratará sólo algunos derechos, si, pero de una persona humana considerada en su integridade.*

O art. 2º[27] do PIDESC traz tanto os compromissos dos países para a efetivação dos direitos humanos quanto alguns princípios que foram adotados em diversos outros tratados, inclusive na Constituição Federal, tais como os da progressividade, vedação à inação, vedação ao retrocesso.

---

26. No tópico a que o autor faz referência, ele trata do tema da dignidade intrínseca à liberdade da pessoa humana, sendo, por isso, o compromisso estatal ante as políticas positivas do Pacto Internacional de Direitos Econômicos, Sociais e culturais.

27. 1. Cada Estado Parte do presente Pacto compromete-se a adotar medidas, tanto por esforço próprio como pela assistência e cooperação internacionais, principalmente nos planos econômico e técnico, até o máximo de seus recursos disponíveis, <u>que visem a assegurar, progressivamente,</u> por todos os meios apropriados, o pleno exercício dos direitos reconhecidos no presente Pacto, incluindo, em particular, a adoção de medidas legislativas.

2. Os Estados Partes do presente Pacto comprometem-se a garantir que os direitos nele enunciados e exercerão em discriminação alguma por motivo de raça, cor, sexo, língua, religião, opinião política ou de outra natureza, origem nacional ou social, situação econômica, nascimento ou qualquer outra situação.

O Brasil, ao ratificar o Pacto Internacional de Direitos Econômicos, Sociais e Culturais, assumiu, nacional e internacionalmente, o compromisso de proteger, respeitar e efetivar os direitos previstos no pacto. O art. 2º é de uma clareza e riqueza de obrigações assumidas pelos Estados contratantes. "*La naturaleza de las obrigaciones previstas en el PIDESC há dado lugar a una elaboración que las ordena bajo três tipos, viz, obligaciones de respetar, deproteger y de realizar los derechos (1)*". (GIALDINO, 2003, p. 95)

Quando se fala da obrigação de respeitar, Gialdino (2003) afirma que o Estado deve abster-se de intervir nas atividades privadas das pessoas, grupos, famílias, no sentido de limitar o gozo dos direitos constitucionalmente garantidos e os previstos nos tratados internacionais, adotando inclusive medidas que permitam o acesso a esses direitos.

Pela obrigação de proteger, o Estado tem a incumbência de adotar medidas legislativas que não limitem o gozo dos direitos de liberdades, devendo adotar medidas de proteção social e proteger os cidadãos do livre mercado. O Estado tem a obrigação de "'[...] *a procurar la vigencia y observancia de los derechos reconocidos en este pacto*'". (GIALDINO, 2003, p. 102)

Por fim, na obrigação de realizar, para Gialdino (2003), o Estado deve garantir o gozo dos direitos reconhecidos no pacto. O primeiro ponto é garantir que todos os cidadãos tenham acesso à justiça para reclamar a inobservância de seus direitos. Nesse sentido, o Estado permitirá o livre acesso e gozo de todos os direitos enunciados no pacto, bem como a obrigação de aplicar recursos públicos para que as pessoas tenham uma condição de vida adequada à condição de pessoa humana.

O que se pode perceber é que, ante o pacto, os estados assumiram compromissos importantes nos âmbitos legislativo e executivo. Os princípios erigidos no pacto, o da progressividade, da vedação à inação e da vedação ao retrocesso, somados ao princípio *pro homine*, terão uma função basilar.

Tais princípios, em consonância, afirmam que, quando da ratificação do pacto pelo Brasil, tacitamente existia um mínimo de direitos assegurados. Ou seja, a Constituição de 1988 já assegurava um rol exemplificativo de direitos trabalhistas aos cidadãos, já que o pacto fora ratificado em 1992. Nesse sentido, o Brasil assumiu o compromisso de adotar medidas legislativas, principalmente políticas, que ampliassem a proteção dos direitos trabalhistas e sociais, pois o princípio da progressividade dita tal obrigação.

O princípio da vedação à inação obriga o Brasil a tomar medidas de proteção progressiva uma vez que não pode se quedar-se inerte. Por fim, o princípio da vedação ao retrocesso estabelece que as políticas a serem adotadas devem ser ampliativas, não podendo ser tomadas aquelas que retiram ou limitam o gozo ou mesmo direitos até então consagrados.

Entretanto, verifica-se que, com a reforma trabalhista ocorrida em 2017, foram violados frontalmente os ditames do pacto, visto que se tomaram medidas legislativas que afrontaram o princípio da vedação ao retrocesso e da progressividade, principalmente com a alteração dos requisitos para concessão da justiça gratuita e dos honorários de sucumbência.

7. CONSIDERAÇÕES FINAIS

Após esse caminho traçado, percebeu-se que o acesso à justiça é um direito humano fundamental que se afigura como condição *sine qua non* para o exercício dos demais direitos.

O direito do trabalho é construído diariamente, sendo produto de lutas sociais e interpretações doutrinárias. É, portanto, papel de cada operador do direito a construção de um processo do trabalho que respeite a pessoa humana.

Conhecer o Direito do Trabalho de forma mais ampla, principalmente tendo em mente que é um produto social de luta de classe, fazendo uma leitura integralizada dos mais diversos institutos processuais existentes, é um caminho necessário para combater as mazelas processuais instauradas pelas reformas existentes.

O Direito do Trabalho tem que ser analisado sob a ótica de um direito que foi constitucionalizado e se abriu para o diálogo entre as fontes, tendo sempre princípios basilares e norteadores.

Verificou-se que o CPC trata da matéria de acesso à justiça mediante a concessão da justiça gratuita e de honorários de sucumbência de forma mais ampla, não limitando o exercício deste direito humano e fundamental. Esse diploma é muito claro no sentido de que a justiça gratuita tem um alcance amplo, estando suspensa a exigibilidade das custas processuais, honorários periciais, honorários advocatícios.

O processo do trabalho, ao contrário, buscou limitar o alcance da justiça gratuita, permitindo inclusive a compensação de valores que o reclamante possa vir a receber no próprio processo ou mesmo em outro processo.

Assim, verificando o disposto nos dois diplomas e repensando o Direito do Trabalho como um produto social e no diálogo entre as fontes, os princípios da norma mais favorável e o princípio *pro homine* se apresentam como o remédio eficaz para a solução dessa celeuma deixada pelo legislador.

O Brasil assumiu diversos compromissos internacionais ao ratificar os tratados de direitos humanos. O PIDESC, em seu art. 2º, trouxe expressamente alguns compromissos

---

3. Os países em desenvolvimento, levando devidamente em consideração os direitos humanos e a situação econômica nacional, poderão determinar em que garantirão os direitos econômicos reconhecidos no presente Pacto àqueles que não sejam seus nacionais (grifo nosso).

que foram infringidos pela reforma trabalhista. Sendo assim, com a interpretação dada pelo STF em relação à hierarquia das normas internacionais como supralegal, bem como o disposto no art. 4º, inciso II, que prevê "a prevalência dos direitos humanos", o acesso à justiça deve ser amplo, usando o CPC como norma mais favorável e que mais amplia os direitos do trabalhador em detrimento da aplicação da legislação relativa à reforma trabalhista.

Alternativa existe, basta que os operadores do direito tenham consciência de seu papel de artífice social na construção de um verdadeiro direito do trabalho humano, sendo o homem vértice central de interpretação das normas legais.

8. REFERÊNCIAS BIBLIOGRÁFICAS

ABRANTES, José João. *Contrato de trabalho e direitos fundamentais*. Coimbra: Coimbra Editora, 2005.

ALBANESE, Susana. *Garantías judiciales*. 2. ed. Buenos Aires: Ediar, 2007.

ALCALÁ, Humberto Nogueira. *El principio pro homine o favor persona en el derecho internacional y en el derecho interno como regla de interpretación y regla preferencia normativa 1/33*. Disponível em: <http://cmjusticiaconstitucional.com/wp-content/uploads/2015/08/Principio-favor-persona-o-pro-homine-2015_-13-agosto-2015.-Humberto-Nogueira-Alcala-.pdf>. Acesso em: 10 abr. 2018.

ALMEIDA, Cleber Lúcio. A reforma Trabalhista e o acesso à justiça. In: FELICIANO, Guilherme Guimarães; TREVISO, Marco Aurélio Marsiglia; FONTES, Saulo, CARVALHO, Tarciso de (Org.). *Reforma trabalhista*: visão, compreensão e crítica. São Paulo: LTr, 2017.

ALMEIDA, Guilherme. Acesso à Justiça, direitos humanos e novas esferas da justiça. *Contemporânea*, v. 2, n. 1, jan./jun. 2012. p. 83-102. Disponível em: <http://www.contemporanea.ufscar.br/index.php/contemporanea/article/viewFile/61/34>. Acesso em: 10 abr. 2018.

BITTENCOURT, Luiz Antônio da Silva; SCHULVARTZ, Neiva. Direito ao trabalho digno: uma releitura dos direitos fundamentais. In: TEODORO, Maria Cecília Máximo et al. *Tópicos contemporâneos de Direito do Trabalho*: reflexões e críticas. v. 2. Belo Horizonte: RTM, 2017. p. 247-258.

BOAVENTURA, Sousa Santos. *Introdução à sociologia da administração da justiça*. Disponível em: <http://www.boaventuradesousasantos.pt/media/pdfs/Introducao_a_sociologia_da_adm_justica_RCCS21.PDF>. Acesso em: 6 abr. 2018.

BRASIL. Constituição (1988). *Constituição [da] República Federativa do Brasil*. Brasília: Senado Federal, 1988.

BRASIL. *Decreto n. 591, de 6 de julho de 1992*. Atos Internacionais. Pacto Internacional sobre Direitos Econômicos, Sociais e Culturais. Promulgação. Brasília: Senado Federal, 1992.

BRASIL. *Decreto-lei n. 5.452, de 1º de maio de 1943*. Aprova a Consolidação das Leis do Trabalho. Rio de Janeiro,1944.

BRASIL. *Lei n. 5. 583 de 1970*. Retifica dispositivos da Lei n. 5.869, de 11 de janeiro de 1973, que instituiu o Código de Processo Civil. Brasília, Senado Federal, 1970.

BRASIL. *Lei n. 13.105, de 16 de março de 2015*. Código de Processo Civil. Brasília, Senado Federal, 2015.

BRASIL. *Lei n. 13.467 de 2017*. Altera a Consolidação das Leis do Trabalho (CLT), aprovada pelo Decreto-Lei n. 5.452, de 1º de maio de 1943, e as Leis ns. 6.019, de 3 de janeiro de 1974, 8.036, de 11 de maio de 1990, e 8.212, de 24 de julho de 1991, a fim de adequar a legislação às novas relações de trabalho. Brasília: Senado federal, 2017.

BRASIL. Tribunal Superior do Trabalho. *Instrução normativa 39 do TST*. Disponível em: <http://www.tst.jus.br/documents/10157/429ac88e-9b78-41e5-ae28-2a5f8a27f1fe>. Acesso em: 24 fev. 2018.

BRASIL. Tribunal Superior do Trabalho. *Súmulas*. Disponível em: <http://www3.tst.jus.br/jurisprudencia/Sumulas_com_indice/Sumulas_Ind_201_250.html#SUM-219>. Acesso em: 15 abr. 2018.

CAPPELLETTI, Mauro, GART, Bryant. *Acesso a Justiça*. Tradução Ellen Gracie Northfleet. Porto Alegre: Sergio Antônio Fabris Editor, 1988.

CLÉMENT, Zlata Drnas de. *La complejidad del principio pro homine*. Buenos Aires, 2015. p. 98/111.

CONVENÇÃO AMERICANA SOBRE DIREITOS HUMANOS. Disponível em: <https://www.cidh.oas.org/basicos/portugues/c.convencao_americana.htm>. Acesso em: 13 abr. 2018.

DECLARAÇÃO UNIVERSAL DOS DIREITOS HUMANOS. Disponível em: <http://www.ohchr.org/EN/UDHR/Documents/UDHR_Translations/por.pdf>. Acesso em: 10 abr. 2018.

DELGADO, Mauricio Godinho. *Curso de direito do Trabalho*. Obra revista atualizada e ampliada, conforme Lei n. 13.467/2017 e MPr. n. 808/2017. 17. ed. São Paulo: LTr, 2018.

DINAMARCO, Cândido Rangel. *Nova era do Processo Civil*. São Paulo: Malheiros, 1994.

FABIANO, Isabela Márcia de Alcântara; BENEVIDES, Sara Costa. Justiça Gratuita, honorários periciais e honorários de sucumbência na Lei n. 13.467/2017: possíveis soluções em caso de improcedência do pedido formulado na ADI5766. In: HORTA, Denise Alves et al. (Coord.). *Direito do Trabalho e processo do Trabalho*. Direito do Trabalho e Processo do Trabalho: reforma trabalhista principais alterações. Atualizada de acordo com a MP n. 808, de 14 de nov. de 2017. São Paulo: LTr, 2018. p. 325-340.

FUX, Luiz. *Curso de direito processual civil*. Rio de Janeiro: Forense, 2004.

GIALDINO, Rolando E. Obligaciones del Estado ante el pacto Internacional de Derechos Económicos, Sociales y Culturales. *Revista do Instituto Interamericano de Derechos Humanos*. São Jose da Costa Rica, 2013.

LEITE, Carlos Henrique Bezerra. *Curso de Direito Processual do Trabalho*. 15. ed. São Paulo: Saraiva, 2017.

KOURY, Luiz Ronan Neves; ASSUNÇÃO, Carolina Silva Silvino. A gratuidade da justiça no processo do trabalho: reflexos à luz do CPC e da Lei n. 13.467/2017. In: KOURY, Luiz Ronan Neves; ALMEIDA, Wânia Guimarães Rabêllo; ASSUNÇÃO Carolina Silva Silvino (Coord.). *O Direito Processual do Trabalho na perspectiva do Código de processo civil e da Reforma Trabalhista*. Atualizada de acordo com a MP n. 808, de 14 de novembro de 2017. São Paulo: LTr, 2017. p. 49-58.

MAIOR, Jorge Luiz Souto; SEVERO, Valdete Souto. Acesso a Justiça sob a mira da reforma trabalhista – ou como garantir o acesso à justiça diante da reforma trabalhista. *Revista do Tribunal Regional da 3ª Região*, edição especial, nov. 2017. p. 289-332.

MARINONI, Luiz Guilherme. *Teoria geral do processo*. 3. ed. São Paulo: Revista dos Tribunais, 2008.

MAZZUOLI, Valério de Oliveira. Incorporação e aplicação das convenções internacionais da OIT no Brasil. *Revista de Direito do Trabalho*, v. 167, jan./fev., 2016. p. 169-182.

MIRANDA, Jorge. *Manual de Direito Constitucional*. Tomo IV. Direitos fundamentais. 4. ed. Coimbra: Coimbra Editora, 2008.

MIZIARA, Raphael. Novidades em torno da justiça gratuita na CLT reformada e o ônus financeiro do processo. In: KOURY, Luiz Ronan Neves; ALMEIDA, Wânia Guimarães Rabêllo; ASSUNÇÃO, Carolina Silva Silvino (Coord.). *O Direito Processual do Trabalho na perspectiva do Código de processo civil e da Reforma Trabalhista*. Atualizada de acordo com a MP n. 808, de 14 de novembro de 2017. São Paulo: LTr, 2017. p 59-67.

MOREIRA, José Carlos Barbosa. *Temas de Direito Processual*. São Paulo: Saraiva, 1984.

PEREIRA, Vany Leston Pessione. *Os direitos humanos na corte interamericana*: o despertar de uma consciência jurídica universal. Disponível em: <http://revistaliberdades.org.br/_upload/pdf/2/2009_02_artigo2.pdf>. Acesso em: 15 abr. 2018.

PIMENTA, José Roberto Freire. A reforma do sistema recursal trabalhista pela Lei n. 13.015/2014 e o novo papel dos precedentes judiciais na justiça brasileira: contexto, premissa e desafios. *Rev. TST*, n. 6, v. 81, Brasília, jul./set. 2015.

ROCHA, Cláudio Jannotti; MARZINETTI, Miguel. Honorários advocatícios sucumbenciais, a reforma trabalhista, a sua inconstitucionalidade e o direito temporal. In: KOURY, Luiz Ronan Neves; ALMEIDA, Wânia Guimarães Rabêllo; ASSUNÇÃO Carolina Silva Silvino (Coord.). *O Direito Processual do Trabalho na perspectiva do Código de processo civil e da Reforma Trabalhista*. Atualizada de acordo com a MP n. 808, de 14 de novembro de 2017. São Paulo: LTr, 2017. p. 68-73.

SILVA, Ticiano Alves. *O benefício da justiça gratuita no novo Código de Processo Civil*. Disponível em: <https://revista.jfpe.jus.br/index.php/RJSJPE/article/viewFile/137/130>. Acesso em: 6 abr. 2018.

TRINDADE, Antônio Augusto Trindade. *Tratado de Direito Internacional dos Direitos Humanos*. Porto Alegre: Sérgio Antônio Fabris Editor, 2003.

VITOVSKY, Vladimir Santos. Acesso a justiça em Boaventura de Souza Santos. Disponível em: <http://www.faa.edu.br/revistas/docs/RID/2016/FDV_2016_11.pdf>. Acesso em: 2 mar. 2018.

WAMBIER, Luiz Rodrigues. *Curso Avançado de Processo Civil*. Volume 1: teoria geral do processo de conhecimento. 9. ed. rev., atual. e ampl. São Paulo: Revista dos Tribunais, 2007.

Cabimento dos Honorários Advocatícios no Processo de Execução Trabalhista: Primeiras Impressões

Raphael Miziara[1]

1. INTRODUÇÃO

A partir da entrada em vigor da Lei n. 13.467 de 13 de julho de 2017 o processo do trabalho passou a conviver, em maior extensão, com a figura dos honorários advocatícios em razão da mera sucumbência. Assim se afirma, porque a novidade legislativa rompe com a sistemática anterior, pela qual não eram devidos honorários advocatícios nas lides decorrentes da relação de emprego (art. 5º, da Instrução Normativa n. 27 de 2005 do TST; Súmulas ns. 219 e 329 do TST).

O entendimento que predominava anteriormente fundamentava-se na ideia de que não eram admissíveis os honorários de sucumbência na Justiça do Trabalho em razão da figura do "jus postulandi", ou seja, o direito de as partes ajuizarem a ação sem a assistência de advogado (Súmulas ns. 219[2] e 329[3] do TST), tanto é que os honorários eram cabíveis nas lides que não decorriam da relação de emprego.

Com a Reforma Trabalhista, o entendimento jurisprudencial contido nos verbetes sumulares acima citados está, ao menos parcialmente, superado[4], de modo que, de acordo com o novo art. 791-A da CLT, incluído pela Lei n. 13.467/2017, *"ao advogado, ainda que atue em causa própria, serão devidos honorários de sucumbência, fixados entre o mínimo de 5% (cinco por cento) e o máximo de 15% (quinze por cento) sobre o valor que resultar da liquidação da sentença, do proveito econômico obtido ou, não sendo possível mensurá-lo, sobre o valor atualizado da causa"*.

Segundo os artífices da Reforma, a previsão de honorários advocatícios sucumbenciais na Justiça do Trabalho teve por desiderato i) combater a litigância irresponsável, assim entendida como aquela desprovida de razão, bem como ii) tirar o processo do trabalho da sua ultrapassada posição administrativa.[5]

---

1. Mestrando em Relações Sociais e Trabalhistas pela UDF. Advogado. Professor em cursos de graduação e pós-graduação em Direito. Autor de livros e artigos jurídicos.
2. **Súmula n. 219 do TST – Honorários advocatícios. Cabimento.** (alterada a redação do item I e acrescidos os itens IV a VI na sessão do Tribunal Pleno realizada em 15.03.2016)

    I – Na Justiça do Trabalho, a condenação ao pagamento de honorários advocatícios não decorre pura e simplesmente da sucumbência, devendo a parte, concomitantemente: a) estar assistida por sindicato da categoria profissional; b) comprovar a percepção de salário inferior ao dobro do salário mínimo ou encontrar-se em situação econômica que não lhe permita demandar sem prejuízo do próprio sustento ou da respectiva família (art.14, § 1º, da Lei n. 5.584/1970).

    II – É cabível a condenação ao pagamento de honorários advocatícios em ação rescisória no processo trabalhista.

    III – São devidos os honorários advocatícios nas causas em que o ente sindical figure como substituto processual e nas lides que não derivem da relação de emprego.

    IV – Na ação rescisória e nas lides que não derivem de relação de emprego, a responsabilidade pelo pagamento dos honorários advocatícios da sucumbência submete-se à disciplina do Código de Processo Civil (arts. 85, 86, 87 e 90).

    V – Em caso de assistência judiciária sindical ou de substituição processual sindical, excetuados os processos em que a Fazenda Pública for parte, os honorários advocatícios são devidos entre o mínimo de dez e o máximo de vinte por cento sobre o valor da condenação, do proveito econômico obtido ou, não sendo possível mensurá-lo, sobre o valor atualizado da causa (CPC de 2015, art. 85, § 2º).

    VI – Nas causas em que a Fazenda Pública for parte, aplicar-se-ão os percentuais específicos de honorários advocatícios contemplados no Código de Processo Civil.
3. **Súmula n. 329 do TST – Honorários advocatícios. Art. 133 da CR/88.** Mesmo após a promulgação da CF/1988, permanece válido o entendimento consubstanciado na Súmula n. 219 do Tribunal Superior do Trabalho.
4. MIZIARA, Raphael; NAHAS, Theresa. *Impactos da reforma trabalhista na jurisprudência do TST*. São Paulo: Revista dos Tribunais, 2017. p. 173.
5. Consta do Parecer da Comissão Especial do PL n. 6.787/2016 os seguintes fundamentos para sustentar a aplicação dos honorários advocatícios na Justiça do Trabalho: *"A ausência histórica de um sistema de sucumbência no processo do trabalho estabeleceu um mecanismo de incentivos que resulta na mobilização improdutiva de recursos e na perda de eficiência da Justiça do Trabalho para atuar nas ações realmente necessárias. A entrega da tutela jurisdicional consiste em dever do Estado, do qual decorre o direito de ação. Todavia trata-se de dever a ser equilibrado contra o impulso da demanda temerária. Pretende-se com as alterações sugeridas inibir a propositura de demandas baseadas em direitos ou fatos inexistentes. Da redução do abuso do direito de litigar advirá a garantia de maior celeridade nos casos em que efetivamente a intervenção do Judiciário se faz necessária, além da imediata redução de custos vinculados à Justiça do Trabalho. Além disso, o estabelecimento do sistema de sucumbência coaduna-se com o princípio da boa-fé processual e tira o processo do trabalho da sua ultrapassada posição administrativista, para aproximá-lo dos demais ramos processuais, onde vigora a teoria clássica da causalidade, segundo a qual quem é sucumbente deu causa ao processo indevidamente e deve arcar com os custos de tal conduta"*.

Claro que, como se verá, a fonte material que impulsionou a previsão de honorários advocatícios na Justiça do Trabalho vai muito mais além do que o anunciado pelo legislador e não se resume, de maneira simplista, ao previsto e anunciado no Parecer Final proferido pela Comissão Especial do PL n. 6.787/2016. Outras razões, inclusive mais importantes, justificaram a previsão dos honorários na Justiça do Trabalho, como será demonstrado ao longo do presente trabalho.

Fato é que, a despeito da previsão legal acima mencionada, alguma controvérsia, pelo menos no campo doutrinário, tem surgido acerca da aplicação dos honorários advocatícios na fase executiva.[6]

O art. 791-A, § 5º, da CLT, incluído pela Reforma Trabalhista, se limitou a dispor que *"São devidos honorários de sucumbência na reconvenção"*. Por sua vez, o art. 85, § 1º, do CPC prevê que *"são devidos honorários advocatícios na reconvenção, no cumprimento de sentença, provisório ou definitivo, na execução, resistida ou não, e nos recursos interpostos, cumulativamente"*.

Do cotejo entre os dois dispositivos indaga-se: *trata-se de omissão deliberada, ou seja, cuida-se de silêncio eloquente do legislador reformista ou omissão pura e simples a permitir a aplicação supletiva do processo comum?*

O objetivo do presente artigo é justamente enfrentar o cabimento ou não dos honorários advocatícios na execução. Em outras palavras, almeja-se responder a seguinte questão: *aplica-se ao processo do trabalho os dispositivos do processo comum relativos aos honorários advocatícios de sucumbência na fase de execução, notadamente o art. 85, § 1º, do CPC?*

Para o alcance desse intento, será necessário um estudo prévio acerca das razões que levaram a instituição dos honorários advocatícios na jurisdição civil. Ainda, mister que se faça um resgate histórico dos motivos que levaram a edição normas inscritas nos arts. 769 e 889 da CLT para, depois, perpassar pela problemática da inefetividade da execução forçada no Processo do Trabalho, que atualmente é palco de uma taxa de congestionamento de 70% (setenta por cento) em seus processos. Demonstrar-se-á, ainda, a partir do cotejo com o direito processual comum, a necessidade de se repensar as bases do processo trabalhista em torno do diálogo entre os sistemas processuais.

Advirta-se, por fim, que o objeto do presente estudo se circunscreve tão somente à análise do cabimento dos honorários advocatícios no processo de execução, razão pela qual não se enfrentará, ao menos nesse momento, as situações de cabimento dos honorários em caso de acolhimento da exceção de pré-executividade, procedência e improcedência dos embargos à execução, embargos de terceiro, entre outras.

2. HONORÁRIOS ADVOCATÍCIOS NA JURISDIÇÃO CIVIL EXECUTIVA: BREVES RAZÕES DE SUA EXISTÊNCIA

Vaticina o art. 85, *caput*, do CPC que a sentença condenará o vencido a pagar honorários ao advogado do vencedor, bem como, em seu parágrafo primeiro, que esses honorários serão devidos na reconvenção, no *cumprimento de sentença*, provisório ou definitivo, na *execução*, resistida ou não, e nos recursos interpostos, cumulativamente.

Sabe-se que existem técnicas para o desenvolvimento da execução, que pode se dar *a)* por sub-rogação (direta) ou *b)* por coerção (indireta). Na primeira, o Estado utiliza-se de atos materiais, fazendo, com o uso da força, substituir a vontade do devedor pela vontade concreta da lei, como, por exemplo, por meio da penhora e consequente expropriação. Na segunda, por sua vez, o Estado se vale de meios indiretos para convencer o devedor a, por vontade própria, satisfazer o direito do exequente, mediante uma ameaça de piora ou uma possibilidade de melhora da situação do devedor.

Especificamente em relação à execução indireta o sistema prevê a possibilidade de piora da situação do devedor, como, por exemplo, com a previsão das "astreintes", multas, prisão civil, honorários etc.; ou, ainda, possibilidade de melhora da situação do devedor, a exemplo do que ocorre no art. 827, § 1º, do CPC, que prevê um desconto de 50% (cinquenta por cento) no valor dos honorários advocatícios se a parte faz o pagamento da dívida no prazo de três dias a contar da citação.[7] Aqui, a lei prevê uma espécie de prêmio ao devedor que cumpre espontaneamente a obrigação.

De igual modo, são devidos honorários advocatícios *no cumprimento de sentença*, haja ou não impugnação, depois de escoado o prazo de 15 (quinze) dias para pagamento voluntário (Súmula n. 517 do STJ). É o que também se depreende do art. 523 do CPC que, ao tratar do *"cumprimento definitivo da sentença que reconhece a exigibilidade de obrigação de pagar quantia certa"*, prevê que o débito será acrescido de multa de dez por cento e, também, de honorários de advogado de dez por cento, em caso de não pagamento voluntário no prazo de 15 (quinze) dias.

Vê-se, assim, que a possibilidade de condenação em honorários advocatícios na execução e no cumprimento de sentença é típica medida de execução indireta (ou por coerção), pois é uma forma de indução do devedor ao cumprimento da obrigação, que terá uma piora de sua situação caso não efetue o pagamento a tempo e modo.

Outro motivo que justifica a fixação de honorários na fase de cumprimento de sentença consiste no fato de que a verba honorária fixada na fase de cognição leva em consideração apenas o trabalho realizado pelo advogado até então, sendo extremamente injusto com o advogado não

---

6. O mesmo debate tem sido levantado em relação aos honorários recursais. No entanto, em razão do desiderato ora proposto, o trabalho se limitará a enfrentar a aplicabilidade ou não dos honorários na fase executiva.

7. Art. 827 do CPC – Ao despachar a inicial, o juiz fixará, de plano, os honorários advocatícios de dez por cento, a serem pagos pelo executado. § 1º No caso de integral pagamento no prazo de 3 (três) dias, o valor dos honorários advocatícios será reduzido pela metade.

haver condenação em verbas honorárias no cumprimento de sentença, já que será obrigado a prosseguir com o processo após a condenação, o que naturalmente lhe exigirá mais trabalho e que, por certo, deve ser recompensado.

Com efeito, como bem pontua Araken de Assis, a execução é atividade autônoma, relativamente à pretensão a condenar, e a necessidade de o advogado deduzir a pretensão a executar, elaborando peças técnicas próprias da sua atribuição. Eventual cumprimento que desatendesse semelhante despesa dificilmente se estimaria satisfatório e completo.[8]

Diante do até aqui exposto, pode-se afirmar que são previstos honorários advocatícios de sucumbência na fase executiva, pelo menos, pelos seguintes motivos: *i)* é uma forma de execução indireta ou por coerção, servindo para estimular o devedor ao pagamento do valor exequendo sob pena de piora de sua situação, tornando, assim, a execução *mais efetiva*; *ii)* o trabalho do advogado realizado na fase de cumprimento de sentença ou no processo autônomo de execução deve ser remunerado.

3. CABIMENTO DOS HONORÁRIOS ADVOCATÍCIOS NA JURISDIÇÃO TRABALHISTA EXECUTIVA

3.1. Subsidiariedade e supletividade procedimental no processo de execução: uma releitura necessária dos arts. 769 e 889 da CLT

O Brasil é um país que conta com uma Justiça do Trabalho autônoma e independente, mas que, desafortunadamente, não possui um Código de Processo do Trabalho, a exemplo do que sucede em outros países como, por exemplo, Portugal. Em verdade, há um diminuto número de leis processuais tipicamente trabalhistas na CLT e em legislações esparsas. Em relação a execução, a situação é ainda pior, pois o sistema processual celetista conta com apenas dezesseis artigos (arts. 876 a 892 da CLT).

Diante desse cenário, é inegável a necessidade que o processo do trabalho tem de se socorrer, de forma subsidiária e supletiva, da legislação processual comum, notadamente do Código de Processo Civil e da Lei de Executivos Fiscais, quando se trata de execução trabalhista.

Ocorre que a transposição de normas do processo comum ao processo do trabalho não se faz de maneira automática, devendo o intérprete perquirir acerca da presença de dois requisitos: *a)* omissão e *b)* compatibilidade normativa (regras e princípios) (art. 15 do CPC[9] c/c arts. 769 e 889 da CLT).

Assim, regra geral, nos casos omissos, o direito processual comum será fonte subsidiária do direito processual do trabalho, exceto naquilo em que for incompatível com as regras e princípios do processo do trabalho, nos termos do art. 769 da CLT.

Por sua vez, aos trâmites e incidentes do processo da execução são aplicáveis, naquilo em que não contravierem ao Título X da CLT (Do Processo Judiciário do Trabalho), os preceitos que regem o processo dos executivos fiscais para a cobrança judicial da dívida ativa da Fazenda Pública Federal (art. 889 da CLT).

O grande debate, no entanto, consiste em saber de qual tipo de omissão trata a CLT. Trata-se de omissão normativa ou, também, de omissão axiológica e/ou ontológica. Em outros termos, analisados os requisitos para importação de normas processuais do processo comum, indaga-se: *qual a extensão da omissão de que tratam os arts. 769 e 889 da CLT?* Seria a mera ausência de norma (lacuna *normativa*), ou também seria omissão o caso em que existe uma norma, porém a sua aplicação causa uma situação de injustiça (lacuna *axiológica*) ou inadequada ante ao caso concreto, como, por exemplo, ante ao seu ancilosamento (lacuna *ontológica*).[10]

Para responder tal indagação é preciso ter em mente a *mens legis* dos art. 769 e 889 da CLT, ou seja, seu objetivo, sua teleologia, sua *ratio*.

Em primeiro lugar, os dispositivos foram elaborados à época para reafirmar a autonomia do direito processual do trabalho. Havia, assim, um valor simbólico na norma que previa a subsidiariedade.

Pretendia a norma em comento afastar a larga supletividade do direito processual comum ao direito processual do trabalho, como forma de tentar solidificar sua autonomia, o que não mais se justifica nos dias atuais, embora se justifique historicamente. Pelo contrário, como se verá, é preciso trilhar caminho inverso, pois a evolução do processo comum tem contrastado com a estagnação, até involução (como, em boa parte, pela Lei n. 13.467/2017) do processo do trabalho, de modo que as regras processuais comuns precisam ser aproveitadas de alguma maneira no processo do trabalho, como o fito último e maior da incessante busca da eficiência processual.[11]

Nesta mesma linha de pensamento manifesta-se Wolney de Macedo Cordeiro, para quem:

> A estrutura normativa das regras de subsidiariedade, portanto, foi edificada no âmbito de uma postura defensiva da autonomia do direito processual trabalhista e de um processo mais eficaz para a materialização das garantias do direito material respectivo. Ao se utilizar a expressão "[...] exceto naquilo em que for incompatível com as normas deste Título" (CLT, art. 769, parte final), buscou o legislador preservar os elementos pontuais de otimização do processo e evitar uma invasão do formalismo típico do direito comum. Ora, cotejando o tradicional direito processual civil com o direito processual do trabalho, podem verificar que essa preocupação era procedente. Os

---

8. ASSIS, Araken de. *Manual da execução*. 19. ed. São Paulo: Revista dos Tribunais, 2017. p. 820.
9. Art. 15 do CPC – Na ausência de normas que regulem processos eleitorais, trabalhistas ou administrativos, as disposições deste Código lhes serão aplicadas supletiva e subsidiariamente.
10. DINIZ, Maria Helena. *As lacunas no direito*. 9. ed. São Paulo: Saraiva, 2009. p. 95.
11. COSTA, Marcelo Freire Sampaio. *Reflexos da reforma do CPC no processo do trabalho*: princípio da subsidiariedade – leitura constitucional (conforme e sistemática). 2. ed. Rio de Janeiro: Forense, 2013. p. 28.

institutos trabalhistas apresentaram-se ao longo de décadas bem mais efetivos que os instrumento processuais contemplados pelos Códigos de Processo Civil de 1939 e de 1973, e a intromissão de direito processual, eivado de formalismo, certamente implicaria em um retrocesso incomensurável para o processo laboral. [...] A **defesa da 'purificação' do direito processual do trabalho apresentava-se, portanto, justificada na** época, e a inserção das normas de direito processual civil não teria o condão de acelerar ou simplificar o trâmite processual. (grifou-se)[12]

Em segundo lugar, necessário saber que o direito material exerce forte influência sobre o processo, sendo que uma das razões de ser do direito processual, além de seu aspecto garantista, está no direito material, pois seu objetivo é também assegurar, mediante a tutela jurisdicional, a integridade do ordenamento e dos interesses juridicamente protegidos. Em outras palavras, para conferir tutela efetiva, o sistema processual deve ser organizado *em função das situações tutelandas* e, por isso, regras específicas de determinados procedimentos *levam em conta elementos da relação substancial*.[13]

Logo, é preciso ter em mente que a relação substancial trabalhista é, em sua essência, estruturalmente assimétrica, marcada pelo elemento subordinação, no qual o empregado é pessoa que depende exclusivamente de seu salário para viver, já que desprovido de riqueza material acumulada. É evidente, assim, que a instrumentalização desse direito material violado prime pela maior relevância ao valor celeridade, pois, como bem adverte Russomano, *"na jurisdição do trabalho, todas as medidas dilatórias injustificadas são imperdoáveis, porque a fome não respeita os prazos do processo"*.[14]

Nessa ordem de ideias, partindo-se da premissa de que o direito material exerce influência sobre o direito material, o processualista do trabalho deve orientar-se pela ideia de que todo o sistema processual trabalhista precisa ser criado e interpretado em função da relação de direito material que visa realizar/efetivar.

Com efeito, leciona Coqueijo Costa que desde o nascimento da jurisdição especial trabalhista, mitiga-se o princípio teórico da igualdade das partes, básico do processo comum. No processo do trabalho há a inversão para a desigualdade ou desequilíbrio dos sujeitos processuais na lide trabalhista, imposto por razões sociológicas e econômicas de ordem substantiva, pois uma das partes da relação detém os meios de produção, dos quais depende a outra. É o que Trueba Urbina denomina de princípio da disparidade social, que tutela o trabalhador.[15]

Ainda, o processo do trabalho absorve em seu âmago, o permanente e geral desequilíbrio econômico, probatório e de informação entre as partes. Econômico, em razão da urgência da prestação debatida no litígio trabalhista, no temor de o empregado perder seu emprego ou entrar nas famosas "listas negras", bem como na dificuldade de enfrentar os gastos do processo. Probatório, pois o trabalhador tem de arrancar a prova do ambiente patronal, quase sempre hostil e do qual sofre natural pressão. Por fim, de informação, dada a carência de meios econômicos e culturais do empregado para obter uma defesa adequada.[16]

Como decorrência lógica dessa realidade fática é que o processo do trabalho possui características próprias que o individualizam e o autonomizam. Com razão, Manuel Alonso Olea lembra que

"todos estes caracteres configuran um proceso sumamente abierto, ágil y rápido, que realmente viene exigido en la gran mayoría de las ocasiones por la perentoriedad en la decisión sobre los derechos materiales fundantes de las pretensiones debatidas en los procesos de trabajo".[17]

Portanto, o desequilíbrio dos sujeitos no campo substancial é circunstância que contamina a produção das regras processuais trabalhistas que, por sua vez, deve absorver essa realidade e impor sua especialização em relação ao processo comum, como consequência mesma das peculiaridades do conflito individual de trabalho para, justamente, corrigir esse desequilíbrio.

Por essas razões é que os arts. 769 e 889 da CLT foram forjados. E o foram como uma espécie de vaso comunicante entre o sistema processual trabalhista e o comum, para servir de escudo protetivo do primeiro contra as indevidas importações de regras processuais do segundo, muitas vezes incompatíveis com a ideologia processual trabalhista.

A toda vista, a *ratio* dos dispositivos mencionados era a de, para além de reafirmar sua autonomia, evitar a inefetividade do direito processual do trabalho. Tal afirmação é confirmada por Mozart Victor Russomano que, ao discorrer sobre as origens do direito processual do trabalho, afirma que como ramo novo do direito processual, ele revelou, desde sua origem, acentuada tendência para abandonar o passado, *no que este possui de obsoleto e conservantista*. Prossegue afirmando que o direito processual do trabalho abriu novas perspectivas e *trouxe avanços em relação ao direito processual civil* que, por sua vez, acabava por seguindo os passos e absorvendo as inovações conquistadas pelo primeiro.[18]

---

12. CORDEIRO, Wolney de Macedo. *Execução no processo do trabalho*. 4. ed. Salvador: JusPodivm, 2017. p. 29.
13. BEDAQUE, José Roberto dos Santos. *Direito e processo*. 5. ed. São Paulo: Malheiros, 2009. p. 176. Advirta-se que não se está aqui a adotar uma visão instrumentalista do processo em detrimento do aspecto garantista que também lhe fundamento. Em verdade, acredita-se que o processo é uma garantia contra os arbítrios do poder estatal (garantismo processual), mas, ao mesmo tempo, é instrumento para realização do direito material (visão instrumentalista).
14. RUSSOMANO, Mozart Victor. *Direito processual do trabalho*. 2. ed. São Paulo: LTr, 1977. p. 40.
15. COSTA, Coqueijo. *Direito processual do trabalho*. 3. ed. Rio de Janeiro: Forense, 1986. p. 19.
16. *Idem. ib idem.*
17. OLEA, Manuel Alonso. *Derecho procesal del trabajo*. 3. ed. Madrid: Instituto de Estudios Politicos, 1976. p. 36.
18. RUSSOMANO, Mozart Victor. *Direito processual do trabalho*. 2. ed. São Paulo: LTr, 1977. p. 39.

A mesma percepção foi notada por Ada Pellegrini Grinover ao afirmar, naquela época, que o processo do trabalho se constitui no *germe da renovação* do processo civil comum, dando novo enfoque aos institutos fundamentais do processo, plasmando novos mecanismos, recriando instrumentos processuais, rompendo determinados esquemas processuais, elaborando e afirmando um novo sistema jurídico processual, qual veículo do novo direito material e das novas relações.[19]

Ocorre que esse ímpeto renovador que sempre caracterizou o direito processual do trabalho foi, nos últimos tempos, relegado ao oblívio. A situação se inverteu e, o que se vê, é a total inversão de valores, pois o direito processual civil contém atualmente dispositivos muito mais efetivos do que o próprio direito processual do trabalho.

O processo do trabalho, do ponto de vista normativo, é atávico, rígido e elemento de atraso na prestação jurisdicional. Já o processo civil, pelo menos no prisma normativo, tem se mostrado mais dinâmico, flexível e apto a oferecer uma prestação jurisdicional rápida e eficaz. Esse ambiente paradoxal faz com que seja necessária a releitura das regras de aplicação subsidiária.[20]

Resultado prático dessa inversão de valores é denunciado pelo Relatório Justiça em número de 2016, que aponta, na Justiça do Trabalho, uma taxa de congestionamento de 70% (setenta por cento) nos processos de execução. Ainda, a série histórica do período 2009 até 2015, aponta uma *constância* nos valores das taxas de congestionamento da fase de execução.[21] Ou seja, de 2009 até 2015, em razão da constância da taxa de congestionamento, percebe-se que a efetividade não tem melhorado, em razão de sua estagnação, visto que não foi oxigenado por novas reformas que o adaptassem à realidade circundante.

A doutrina moderna continua a bater nessa tecla, como se extrai das lições de Jorge Luiz Souto Maior, que recorre à interpretação histórica e teleológica da regra celetista, para admitir a aplicação do direito processual comum quando for mais efetiva:

> Ora, se o princípio é o da melhoria contínua da prestação jurisdicional, não se pode utilizar o argumento de que há previsão a respeito na CLT como forma de rechaçar algum avanço que tenha havido neste sentido no processo civil, **sob pena de se negar a própria intenção do legislador** ao fixar os critérios da aplicação subsidiária do processo civil. Notoriamente, o que se pretendeu (daí o aspecto teleológico da questão) foi impedir que a irrefletida e irrestrita aplicação das normas do processo civil evitasse a maior efetividade da prestação jurisdicional trabalhista que se buscava com a criação de um procedimento próprio na CLT (mais célere, mais simples, mais acessível). Trata-se, portanto, de uma regra de proteção, **que se justifica historicamente**. Não se pode, por óbvio, usar a regra de proteção do sistema como óbice ao seu avanço. Do contrário, pode-se ter por efeito um processo civil mais efetivo que o processo do trabalho, o que é inconcebível, já que o crédito trabalhista merece tratamento privilegiado no ordenamento jurídico como um todo.[22]

O que se quer dizer é que o direito processual civil que visa instrumentalizar uma relação de direito substancial firmada, em regra, entre pessoas em pé de igualdade, possui pontos de maior efetividade do que o direito processual do trabalho, que busca instrumentalizar uma relação de direito material entre desiguais e na qual uma das partes depende, quase sempre de forma urgente, da tutela célere e efetiva.

Logo, se no passado o art. 769 da CLT serviu como cláusula de barreira para disposições de um processo comum marcado pelo caráter liberal e individualista, os avanços dos últimos tempos no processo civil, visando a tutela célere e efetiva, impõem a releitura do citado art. 769 para, em lugar de fechamento do processo do trabalho para o processo civil, determinar sua abertura, a fim de que o processo do trabalho possa cumprir sua função de forma adequada. A tendência atual é que as disposições normativas do processo civil mais atuais ou adequadas prevaleçam em relação as do processo do trabalho. O próprio art. 769 não impediu que a jurisprudência admitisse a incidência do direito processual comum, a despeito de previsão expressa no processo do trabalho.[23]

Importante destacar os enunciados do II Fórum Nacional de Processo do Trabalho, realizado na cidade de Belo Horizonte, nos dias 26 e 27 de agosto de 2016, reconhecendo a aplicabilidade das normas de processo civil, desde que respeitado o requisito da compatibilidade.[24]

Como exemplo da maior efetividade do processo civil em relação ao processo do trabalho, pode-se mencionar, dentre outros exemplos:

i. o *protesto* da decisão judicial transitada em julgado que, no processo do trabalho, só poderá ocorrer depois

---

19. *Apud* COSTA, Coqueijo. *Direito processual do trabalho*. 3. ed. Rio de Janeiro: Forense, 1986. p. 21.
20. CORDEIRO, Wolney de Macedo. *Execução no processo do trabalho*. 4. ed. Salvador: JusPodivm, 2017. p. 26.
21. Justiça em números 2016: ano-base 2015. Conselho Nacional de Justiça. Brasília: CNJ, 2016. p. 190.
22. SOUTO MAIOR, Jorge Luiz. Reflexos das alterações do CPC no processo do trabalho. *Revista LTr*. v. 70, n. 8. São Paulo: LTr, 2006, p. 920-1.
23. LEITE, Carlos Henrique Bezerra. *Curso de direito processual do trabalho*. 12. ed. São Paulo: LTr, 2014. pp. 101 a 111; *apud* PEREIRA, Ricardo José Macedo de Brito. *Ação civil pública no processo do trabalho*. 2. ed. Salvador: JusPodivm, 2016. p. 29.
24. No II Fórum Nacional de Processo do Trabalho (cidade de Belo Horizonte) ficaram estabelecidos, dentre os vários enunciados, os seguintes, quanto ao respectivo tema: 1) CLT, art. 769. A autonomia do Direito Processual do Trabalho, respeitados os princípios, é compatível com a teoria do diálogo das fontes. Resultado: aprovado por maioria qualificada; 2) CLT, arts. 769 e 889. CPC. Diante da previsão de aplicação supletiva do CPC ao processo do trabalho (art. 15), **o requisito da compatibilidade, previsto nos arts. 769 e 889 da CLT, deve ser interpretado no sentido da máxima efetividade da jurisdição trabalhista**. Resultado: aprovado por maioria qualificada; 3) CLT, art. 769. CPC, art. 15. Na aplicação supletiva do CPC ao processo do trabalho, em caso de omissão parcial, o requisito da compatibilidade é mais relevante que o requisito da omissão, respeitados os princípios do processo do trabalho. Resultado: aprovado por maioria qualificada.

de transcorrido o prazo de quarenta e cinco dias a contar da citação do executado (art. 883-A da CLT[25]), enquanto no processo civil a decisão judicial transitada em julgado poderá ser levada a protesto, depois de transcorrido o prazo para pagamento voluntário de 15 dias (art. 517, *caput*, do CPC[26]);

ii. ainda em relação ao protesto, que no processo civil somente será cancelado desde que comprovada a satisfação integral da obrigação (art. 517, § 4º[27]). Já no processo do trabalho, basta a garantia do juízo e não a satisfação integral da obrigação (art. 883-A, parte final, da CLT);

iii. a multa de dez por cento prevista no art. 523, § 1º, do CPC, de aplicação incorretamente rechaçada pelo C. TST ao processo do trabalho[28];

iv. a não previsão para o processo do trabalho da figura do processo sincrético que, ao dispensar nova citação do devedor, melhor se coaduna com a efetividade processual;

v. a previsão expressa de honorários advocatícios na execução e no cumprimento de sentença no processo civil, que acaba por funcionar como forma de execução indireta e estímulo para o cumprimento da obrigação (art. 85, § 1º, do CPC[29]).

Tal situação é inconcebível e a jurisprudência precisa, urgentemente, enfrentar esse estado de coisas. Sem medo de errar, pode-se afirmar que a concepção original de subsidiariedade, manifestada pelo binômio compatibilidade/omissão, está ultrapassada, devendo os arts. 769 e 889 da CLT serem interpretados de modo a assegurar, o máximo possível, a concretude dos direitos trabalhistas, que são fundamentais. Essa a interpretação que melhor se coaduna com os valores constitucionais.

Nesse prisma, quando há uma modernização no processo civil, o seu reflexo na esfera trabalhista é medida que se impõe. Ora, não pode uma regra que, quando concebida, buscava proteger o trabalhador, tornar-se um estorvo na mesma tarefa de proteção do obreiro. A regra celetista, ao tempo em que foi editada, teve um nítido sentido de proteção ao empregado, já que à época as regras do processo comum eram por demais tecnicistas e burocratizantes, dentro de um paradigma processual incapaz de absorver em seu bojo as particularidades da relação material juslaboral, marcada pela desigualdade entre as partes.

Assim, impõem-se a aplicação das alterações processuais hodiernas ao processo do trabalho quando houver verdadeiro benefício à efetividade da jurisdição e à busca permanente da premissa principiológica constitucional da duração razoável do processo.[30]

Vale registrar, a título de curiosidade, que após a aprovação da Reforma Trabalhista, ainda tramitava na Câmara dos Deputados o Projeto de Lei n. 3146/2015, que teve origem no Senado Federal sob a forma do PLS n. 606. Referido projeto *"altera o Capítulo V do Título X da Consolidação das Leis do Trabalho (CLT), aprovada pelo Decreto-Lei n. 5.452, de 1º de maio de 1943, para disciplinar o cumprimento das sentenças e a execução de títulos extrajudiciais na justiça do trabalho"*.

É, pois, um projeto que, apesar das suas imperfeições, promove de fato uma reforma e *modernização real* da execução trabalhista, que passaria a ser mais efetiva, por exemplo, com a previsão da multa de 10% (dez por cento) sobre o débito e honorários advocatícios.

Atualmente, o PL, que já foi aprovado no Senado Federal, encontra-se na Câmara dos Deputados aguardando parecer da Comissão de Constituição e Justiça. No entanto, o Deputado Rogério Marinho, no dia 19.11.2017, requereu ao Plenário da Câmara dos Deputados o arquivamento das proposições do PL que visam alterar a Reforma Trabalhista (requerimento n. 7.805/2017). No dia 28.02.2018 o requerimento foi deferido parcialmente, fulminando, praticamente por completo, qualquer tentativa de modernização da execução trabalhista.

3.2. Honorários advocatícios na execução por aplicação supletiva do art. 85, § 1º, do CPC ao processo do trabalho – lacuna normativa

Como já dito linhas acima, o art. 85, § 1º, do CPC prevê que *"são devidos honorários advocatícios na reconvenção, no cumprimento de sentença, provisório ou definitivo, na execução, resistida ou não, e nos recursos interpostos, cumulativamente"*. Por sua vez, o art. 791-A, § 5º, da CLT, incluído pela Reforma Trabalhista, se limitou a dispor que *"São devidos honorários de sucumbência na reconvenção"*.

Do cotejo entre os dois dispositivos indaga-se: *trata-se de omissão deliberada do legislador reformista, ou seja, cuida-se de silêncio eloquente ou omissão despretensiosa a permitir a aplicação supletiva do processo comum?*

Pode-se argumentar que houve silêncio eloquente da CLT, o que impede a aplicação do CPC ao caso, ao argumento de

---

25. Art. 883-A da CLT. A decisão judicial transitada em julgado somente poderá ser levada a protesto, gerar inscrição do nome do executado em órgãos de proteção ao crédito ou no Banco Nacional de Devedores Trabalhistas (BNDT), nos termos da lei, *depois de transcorrido o prazo de quarenta e cinco dias a contar da citação do executado, se não houver garantia do juízo.* (Incluído pela Lei n. 13.467, de 2017)
26. Art. 517 do CPC. A decisão judicial transitada em julgado poderá ser levada a protesto, nos termos da lei, *depois de transcorrido o prazo para pagamento voluntário previsto no art. 523.*
27. Art. 517, § 4º, do CPC. A requerimento do executado, o protesto será cancelado por determinação do juiz, mediante ofício a ser expedido ao cartório, no prazo de 3 (três) dias, contado da data de protocolo do requerimento, *desde que comprovada a satisfação integral da obrigação.*
28. Eis o teor da tese firmada com efeito vinculante: "A multa coercitiva do artigo do art. 523, § 1º, do CPC (antigo art. 475-J do CPC de 1973) não é compatível com as normas vigentes da CLT por que se rege o processo do trabalho, ao qual não se aplica". (IRR-1786 24.2015.5.04.0000; Data de Julgamento: 21.08.2017, Redator Ministro: João Oreste Dalazen, Tribunal Pleno, Data de Publicação: DEJT 30.11.2017).
29. Art. 85, § 1º, do CPC. São devidos honorários advocatícios na reconvenção, *no cumprimento de sentença, provisório ou definitivo, na execução, resistida ou não,* e nos recursos interpostos, cumulativamente.
30. COSTA, Marcelo Freire Sampaio. *Reflexos da reforma do CPC no processo do trabalho*: princípio da subsidiariedade – leitura constitucional (conforme e sistemática). 2. ed. Rio de Janeiro: Forense, 2013. p. 28.

que quando a CLT quis tratar do tema, o fez de forma expressa no art. 791-A, § 5º, da CLT.

No entanto, a melhor interpretação é a entende que o art. 791-A da CLT regula apenas parcialmente a matéria dos honorários, de modo a atrair a aplicação supletiva do CPC (art. 15 do CPC c/c art. 889 da CLT), conforme se passa a demonstrar.

Não convence o argumento pelo qual quando a CLT quis tratar do tema, ela o fez de forma expressa. Basta imaginar outras situações nas quais, mesmo sem previsão expressa, serão cabíveis os honorários de sucumbência. É o caso, por exemplo, dos embargos à execução que, por possuírem natureza de ação, demanda a fixação de honorários advocatícios. Com efeito, mesmo sem previsão expressa na CLT é imperiosa a estipulação de honorários de sucumbência no caso.

Ademais, do fato de se mencionar uma hipótese – como fez o art. 791-A, § 5º, da CLT em relação à reconvenção – não se deduz a exclusão de todas as outras. Aqui cabe a parêmia *positivo unius non est exclusio alterius* (a especificação de uma hipótese não redunda em exclusão das demais).[31]

3.3. Honorários advocatícios na execução por aplicação supletiva do art. 85, § 1º, do CPC ao processo do trabalho – lacuna de efetividade ou como medida de desestímulo ao descumprimento do comando judicial

Ainda que se entenda não haver, no tocante aos honorários advocatícios, lacuna normativa na execução trabalhista, é preciso invocar os fundamentos que rechaçam a vetusta e ultrapassada interpretação dos arts. 769 e 889 da CLT, como exposto acima.

Como dito em linhas pretéritas, os arts. 769 e 889 da CLT foram concebidos, em sua origem, por dois principais motivos que, historicamente se justificavam: *i)* postura defensiva da autonomia do direito processual trabalhista, que buscava se firmar como ramo autônomo; *ii)* preservar os elementos pontuais de otimização do processo e evitar uma invasão do formalismo típico do direito comum.

Aqui, é preciso fazer o resgate de todo arcabouço argumentativo alinhavado no item 3.1. Certo é que a lei deve ser interpretada segundo seu aspecto teleológico. O intérprete deve buscar a *ratio legis* e chegar ao resultado interpretativo que melhor se coadune com a finalidade normativa. Os arts. 769 e 889 da CLT sempre procuraram tornar o processo do trabalho mais efetivo, célere e eficaz, já que a relação material tutelada envolve verbas alimentares.

No caso, é inegável que o cabimento dos honorários advocatícios de sucumbência na execução trabalhista funciona como medida de desestímulo ao descumprimento do comando judicial, tornando a execução mais efetiva, já que caso a quantia estabelecida em sentença não seja paga a tempo e modo a situação do devedor irá piorar.

Vê-se, assim, que a possibilidade de condenação em honorários advocatícios na execução e no cumprimento de sentença é típica medida de execução indireta (ou por coerção), pois é uma forma de indução do devedor ao cumprimento da obrigação.

3.4. Honorários advocatícios na execução em razão da necessidade de tratamento isonômico entre o empregado – em regra reclamante/credor – e a empresa – em regra, reclamada/devedora

Outro argumento que justifica a aplicação dos honorários advocatícios na fase executiva é a disparidade de tratamento que a lei estabelece entre o trabalhador sucumbente no processo de conhecimento e o devedor – regra geral, a parte mais forte da relação –, no processo de execução.

Explica-se. Se o reclamante – em regra, o trabalhador – sucumbe no processo cognitivo, será condenado em honorários de sucumbência. Por sua vez, se a Reclamada – em regra, a empresa – não cumpre voluntariamente a sentença exequenda, não sofrerá condenação em honorários na fase de execução. Resta evidente, como bem observa Cléber Lúcio de Almeida, que *"não se teve o mesmo rigor em relação àqueles que descumprem a legislação trabalhista, ainda que dolosamente"*.[32]

Observa-se que, por um lado, reconhece-se que o trabalhador sucumbente é condenado em honorários advocatícios. Mas, por outro, a empresa, condenada em ação trabalhista e que continua a descumprir deliberadamente o comando sentencial, parece ter tratamento menos gravoso do que uma afirmação feita pelo reclamante na petição inicial.

Por um lado, desestimula-se o ingresso ao Poder Judiciário ao prever a possibilidade da condenação em honorários advocatícios, mas, por outro, incentiva-se o descumprimento do comando sentencial por parte daquele que é devedor, pois a lei não impôs expressamente nenhuma medida capaz de tornar mais efetivo o processo executivo.

3.5. Honorários advocatícios na execução por aplicação da teoria do diálogo das fontes

Ainda que não se admita a interpretação histórica que desvenda a *ratio legis* dos arts. 769 e 889 da CLT, há o argumento da interpretação sistemática, mormente diante da chamada teoria do diálogo das fontes.

Invoca-se aqui as lições de Cláudia Lima Marques que, acertadamente, afirma que em alguns casos não se faz necessária a aplicação dos critérios tradicionais para solução de antinomias normativas (critérios hierárquico, cronológico e da especialidade). Isto porque, em determinadas situações, *além de não se verificar verdadeiras antinomias, há necessidade de harmonização entre as normas do ordenamento jurídico e não de sua exclusão*. Nesses casos, faz-se necessária a coordenação das diferentes normas para que ocorra o diálogo das fontes,

---

31. MAXIMILIANO, Carlos. *Hermenêutica e aplicação do direito*. Rio de Janeiro: Forense: 2006. p. 198.
32. ALMEIDA, Cléber Lúcio. A responsabilidade pela reparação de danos processuais na reforma trabalhista. In: HORTA, Denise Alves (Coord., et. al.). *Direito do trabalho e processo do trabalho*: reforma trabalhista principais alterações. São Paulo: LTr, 2018. p. 342.

possibilitando assim uma aplicação simultânea, coerente e coordenada das plúrimas fontes legislativas convergentes.[33]

Fazendo uma prospecção dos sentidos da palavra "diálogo", usada Erik Jayme, pai da teoria em comento, encontra-se três sentidos principais, segundo Cláudia Lima Marques[34]: plasticidade; influências e aproveitamento recíprocos; e harmonia. "Plasticidade", pois diálogo é contra a rigidez do "monólogo", é contra o discurso metodológico rígido tradicional (de um método superando outro, de uma lei revogando a outra, de uma fonte ou valor ser superior ao outro). Esta plasticidade é importante, no plano simbólico, para as jovens disciplinas welfaristas, a procura de autonomia, e para os grupos de hipervulneráveis, cujas leis protetivas muitas vezes nem conseguem "falar" e já as normas tradicionais "resolveram" suas causas, acabaram com suas pretensões, sem olhar ou escutar o que os direitos humanos impõem! O diálogo é um momento de plasticidade e de autonomia daqueles que, normalmente, não teriam sua "lógica", seus valores, suas pretensões, seus direitos respeitados e ouvidos.

Diálogo é sinônimo de convivência ou aproveitamento (influências) recíprocas, que quebra o tom autoritário dos paradigmas tradicionais, como lex *specialis, lex generalis, lex superior*. No "di-a-logos" há convivência de paradigmas. *Superam-se os muros e divisórias entre fontes, há porosidade e entrelaçamento, influências recíprocas e convivência de valores e lógicas.*

Cláudia Lima Marques fala em três tipos de "diálogos" de fontes: o primeiro tipo de diálogo é sempre sistemático e de coerência. "Diálogo", porque há influências recíprocas, porque há aplicação conjunta das duas normas ao mesmo tempo e ao mesmo caso (diálogo sistemático de coerência), por seus fundamentos comuns e a mesma coerência nos direitos fundamentais. O segundo tipo de diálogo é a aplicação simultânea, seja complementar, seja subsidiariamente das várias fontes (diálogo sistemático de complementaridade e subsidiariedade). E o último tipo de diálogo é o de 'adaptação', seja permitindo a opção voluntária das partes sobre a fonte prevalente (especialmente em matéria de convenções internacionais e leis modelos) ou mesmo permitindo uma opção por uma das leis em conflito abstrato (diálogo de coordenação e adaptação sistemática)

A teoria do diálogo das fontes, segundo seus teóricos, tem direta relação com os direitos fundamentais, pois põe em relevo o sistema de valores que estes representam e orienta a aplicação simultânea das regras de diferentes fontes para dar efetividade a estes valores.

Nesse sentido, tem razão Ben-Hur Claus quando leciona que os arts. 8º, 769 e 889 da CLT são normas de transporte, são normas de diálogo e que essas normas da CLT sempre conduziram ao Diálogo das Fontes no âmbito do Direito Processual do Trabalho: desde a autonomia científica da disciplina para a coordenação com o sistema geral de Direito.[35]

3.6. HONORÁRIOS ADVOCATÍCIOS NA EXECUÇÃO EM RAZÃO DA NECESSIDADE DE REMUNERAÇÃO DO TRABALHO PRESTADO PELO ADVOGADO

De acordo com o art. 878 da CLT, com redação dada pela Lei n. 13.467/2017, a execução será promovida pelas partes, permitida a execução de ofício pelo juiz ou pelo Presidente do Tribunal apenas nos casos em que as partes não estiverem representadas por advogado.

Extrai-se desse dispositivo que o advogado da parte vencedora terá que desempenhar e desenvolver um trabalho adicional para dar início e para acompanhar execução trabalhista, que muitas vezes despende mais tempo do que no próprio processo de conhecimento, sendo recomendável o arbitramento de honorários advocatícios.

Nessa linha, confira-se trecho do voto da Ministra Nancy Andrighi, no julgamento do Recurso Especial n. 978.545/MG:

> Outro argumento que se põe favoravelmente ao arbitramento de honorários na fase de cumprimento da sentença decorre do fato de que **a verba honorária fixada na fase de cognição leva em consideração apenas o trabalho realizado pelo advogado até então**. E nem poderia ser diferente, já que, naquele instante, sequer se sabe se o sucumbente irá cumprir espontaneamente a sentença ou se irá opor resistência. Contudo, esgotado *in albis* o prazo para cumprimento voluntário da sentença, **torna-se necessária a realização de atos tendentes à satisfação forçada do julgado, o que está a exigir atividade do advogado e, em consequência, nova condenação em honorários, como forma de remuneração do causídico em relação ao trabalho desenvolvido na etapa do cumprimento da sentença**. Do contrário, o advogado trabalhará sem ter assegurado o recebimento da respectiva contraprestação pelo serviço prestado, caracterizando ofensa ao art. 22 da Lei n. 8.906/1994 – Estatuto da Advocacia, que garante ao causídico a percepção dos honorários de sucumbência. (grifou-se)

Vê-se que a verba honorária fixada na fase de cognição leva em consideração apenas o trabalho realizado pelo advogado até então, sendo extremamente injusto com o advogado não haver condenação em verbas honorárias no cumprimento de sentença, já que será obrigado a prosseguir com o processo após a condenação, o que naturalmente lhe exigirá mais trabalho e que, por certo, deve ser recompensando.

Nessa trilha, como bem pontua Araken de Assis, a execução é atividade autônoma, relativamente à pretensão a condenar, e a necessidade de o advogado deduzir a pretensão a executar, elaborando peças técnicas próprias da sua atribuição.

---

33. MARQUES, Cláudia Lima. Diálogo entre o Código de Defesa do Consumidor e o novo Código Civil: do diálogo das fontes no combate às cláusulas abusivas. In: *Revista de direito do consumidor*. São Paulo: Revista dos Tribunais, 2003, n. 45. jan.-mar., p. 71.
34. MARQUES, Cláudia Lima; BENJAMIN, Antônio Herman. A teoria do diálogo das fontes e seu impacto no Brasil: uma homenagem a Erik Jayme. In: *Revista dos Tribunais*. São Paulo: Revista dos Tribunais, 2018, v. 115/2018, p. 21-40.
35. CLAUS, Ben-Hur Silveira. Comentários ao enunciado n. 2. In: FELICIANO, Guilherme Guimarães; MIZIARA, Raphael (Coord.). *Comentários aos enunciados da 2ª Jornada de Direito Material e Processual da ANAMATRA*. No prelo.

Eventual cumprimento que desatendesse semelhante despesa dificilmente se estimaria satisfatório e completo.[36]

Sob esse prisma, é bom advertir, parece inaplicável a fixação dos honorários advocatícios na execução iniciada e desenvolvida "ex officio", sob pena de enriquecimento ilícito do advogado. A *ratio* é a mesma para a execução dos créditos previdenciários, que também se desenvolve de ofício.

3.7. Honorários advocatícios na execução em razão da paridade de tratamento entre os advogados que atuam perante a jurisdição civil e a trabalhista

A inovação da reforma trabalhista representa o tratamento isonômico aos advogados que militam na seara trabalhista e outros advogados.

A única ressalva aqui se faz em relação a mínimo/máximo legal delimitado no art. 791-A, em 5% à 15%.

Isso porque o próprio código de processo civil atual determina que esta variação é 10% à 20% (art. 85 do NCPC). Ou seja, não há motivos para tratar advogados trabalhista de modo diverso.

Considera-se sim um grande avanço, contudo deveria o legislador ter mantido a isonomia também quanto ao valor devido a título de honorários sucumbencid

4. NOTAS CONCLUSIVAS

Ao longo desse breve estudo procurou-se demonstrar o cabimento dos honorários advocatícios no processo de execução trabalhista, como medida de promoção de uma tutela jurisdicionais mais efetiva, bem como por se tratar de solução que combate a indevida desigualdade provocada pela Lei nº 13.467/2017 entre os advogados que atuam na jurisdição civil e os que militam na jurisdição trabalhista.

Por certo, demonstrou-se que ainda que se vislumbre um silêncio eloquente ou proposital no artigo 791-A, § 5º – o que não parece adequado –, a defesa da inaplicabilidade dos honorários advocatícios na fase de execução sucumbe facilmente a outros tantos argumentos demonstrados ao longo do texto. Ou seja, demonstrou-se que mesmo que o silêncio do legislador tenha sido intencional, tal fato não é suficiente para afastar o cabimento dos honorários na fase de execução.

Concluiu-se, assim, percorrendo a mesma trincheira da doutrina mais moderna, que é imperiosa a releitura dos artigos 769 e 889 da CLT com a lupa constitucional, afastando-se assim a visão míope e vetusta que pretende enxergar os dispositivos referidos a partir de um viés que somente se justifica historicamente.

Além disso, viu-se que o pensamento que inadmite o cabimento dos honorários advocatícios no processo de execução descura da ratio legis que inspirou as cláusulas de proteção celetista, fechando os olhos para as evidentes lacunas normativa ou, quando menos, ontológica.

Por certo, pode-se afirmar também, ao fim e ao cabo, que os advocatícios na execução se justificam na lacuna de efetividade, pois sua presença é medida de estímulo ao descumprimento do comando judicial, o que também se fundamenta na aplicação da teoria do diálogo das fontes, de modo a conferir maior efetividade a tutela jurisdicional e prestigiar a duração razoável do processo que, por certo, também abarca a atividade executiva.

Outrossim, viu-se que os honorários advocatícios na execução se justificam em razão da necessidade de tratamento isonômico entre o empregado – em regra reclamante/credor – e a empresa – em regra, reclamada/devedora e, também.

Por fim, o cabimento dos honorários advocatícios na execução deve se dar em razão da necessidade de remuneração do trabalho prestado pelo advogado, bem como pela necessidade de tratamento paritário entre os advogados que atuam perante a jurisdição civil e a trabalhista.

5. REFERÊNCIAS BIBLIOGRÁFICAS

ALMEIDA, Cléber Lúcio. A responsabilidade pela reparação de danos processuais na reforma trabalhista. In: HORTA, Denise Alves (coord. et. al.) Direito do trabalho e processo do trabalho: reforma trabalhista principais alterações. São Paulo: LTr, 2018.

ASSIS, Araken de. Manual da execução. 19. ed. São Paulo: RT, 2017.

BEDAQUE, José Roberto dos Santos. Direito e processo. 5. ed. São Paulo: Malheiros, 2009.

BERNARDES, Felipe. Manual de processo do trabalho. Salvador: JusPodivm, 2018.

CLAUS, Ben-Hur Silveira. Comentários ao enunciado nº 2. In: FELICIANO, Guilherme Guimarães; MIZIARA, Raphael (Coord.). Comentários aos enunciados da 2ª Jornada de Direito Material e Processual da ANAMATRA. No prelo.

CORDEIRO, Wolney de Macedo. Execução no processo do trabalho. 4. ed. Salvador: JusPodivm, 2017.

COSTA, Coqueijo. Direito processual do trabalho. 3. ed. Rio de Janeiro: Forense, 1986.

COSTA, Marcelo Freire Sampaio. Reflexos da reforma do CPC no processo do trabalho: principio da subsidiariedade – leitura constitucional (conforme e sistemática). 2. ed. Rio de Janeiro: Forense, 2013.

DINIZ, Maria Helena. As lacunas no direito. 9. ed. São Paulo: Saraiva, 2009.

LEITE, Carlos Henrique Bezerra. Curso de direito processual do trabalho. 12. ed. São Paulo: LTr, 2014.

MARQUES, Cláudia Lima. Diálogo entre o Código de Defesa do Consumidor e o novo Código Civil: do diálogo das fontes no combate às cláusulas abusivas. In: Revista de direito do consumidor. n. 45. Jan-mar. São Paulo: RT, 2003.

MARQUES, Cláudia Lima; BENJAMIN, Antônio Herman. A teoria do diálogo das fontes e seu impacto no Brasil: uma homenagem a Erik Jayme. In: Revista dos Tribunais. vol. 115/2018. São Paulo: RT, 2018.

MAXIMILIANO, Carlos. Hermenêutica e aplicação do direito. Rio de Janeiro: Forense: 2006.

MIZIARA, Raphael; NAHAS, Thereza. Impactos da reforma trabalhista na jurisprudência do TST. São Paulo: RT, 2017.

OLEA, Manuel Alonso. Derecho procesal del trabajo. 3. ed. Madrid: Instituto de Estudios Politicos, 1976.

RUSSOMANO, Mozart Victor. Direito processual do trabalho. 2. ed. São Paulo: LTr, 1977.

SOUTO MAIOR, Jorge Luiz. Reflexos das alterações do CPC no processo do trabalho. Revista LTr. Vol. 70. n. 8. São Paulo: LTr, 2006.

---

36. ASSIS, Araken de. *Manual da execução*. 19. ed. São Paulo: Revista dos Tribunais, 2017. p. 820.

Custas Processuais e Depósito Recursal: Mudanças Promovidas pela Lei n. 13.467/2017

Thais de Souza Parentoni[1]

1. INTRODUÇÃO

As inovações trazidas pela Lei n. 13.467/2017 foram numerosas, assim como as críticas a ela direcionadas. As alterações, que entraram em vigor em 11 de novembro de 2017, provocaram mudanças profundas não só na forma como o Processo do Trabalho se desenvolve, mas no modo como diversos princípios constitucionais e infraconstitucionais se inserem na realidade trabalhista.

Dentre as modificações promovidas pela denominada Reforma Trabalhista estão as previsões referentes ao depósito recursal e às custas processuais, especificamente os arts. 789, 790, 844 e 899 da CLT.

O julgamento da pretensão manifestada em recurso está condicionado ao atendimento de certos requisitos e isso significa que os recursos no Processo do Trabalho somente terão o seu mérito analisado pelo juiz se atendidos os pressupostos de admissibilidade.

As custas processuais e o depósito recursal são pressupostos recursais classificados pela doutrina como objetivos, nos quais estão contidos o cabimento, a tempestividade, a regularidade de representação e o preparo.

Analisados quando da interposição de recursos na Justiça do Trabalho, o recolhimento do depósito recursal e o pagamento das custas processuais constituem pressupostos de admissibilidade relacionados com os encargos financeiros atinentes ao recurso. Esses institutos têm estreita relação com o princípio do acesso à justiça – direito fundamental essencial à dignidade da pessoa humana – pois podem prejudicar o ajuizamento de ações e dificultar o conhecimento de recursos.

Na Justiça do Trabalho têm fundamental importância, pois as partes, muitas vezes, não dispõem de recursos financeiros para proceder ao pagamento desses encargos e, consequentemente, pleiteiam a concessão do benefício da justiça gratuita.

Por essa razão, foram diversas as manifestações contrárias a alguns dos dispositivos da Lei n. 13.467/2017, que retiraram dos beneficiários da justiça gratuita, por exemplo, a isenção no pagamento de honorários periciais, honorários advocatícios de sucumbência e custas processuais, em ofensa direta ao princípio constitucional do acesso à justiça.

Algumas das mudanças introduzidas pela Reforma Trabalhista criam empecilhos para o ajuizamento de ações trabalhistas, com o declarado objetivo de diminuir o número de demandas perante a Justiça do Trabalho[2]. Instituem ônus pecuniários e geram graves riscos processuais aos demandantes.

Nesse sentido, ponderou o Procurador Geral da República, nos autos da ADI n. 5.766-DF, que:

> A legislação impugnada investe contra garantia fundamental da população trabalhadora socialmente mais vulnerável e alveja a tutela judicial de seus direitos econômicos e sociais trabalhistas, que integram o conteúdo mínimo existencial dos direitos fundamentais, na medida de sua indispensabilidade ao provimento das condições materiais mínimas de vida do trabalhador pobre.
>
> Ao impor maior restrição à gratuidade judiciária na Justiça do Trabalho, mesmo em comparação com a Justiça Comum, e ao desequilibrar a paridade de armas processuais entre os litigantes trabalhistas, as normas violam os princípios constitucionais da isonomia (art. 5º, caput), da ampla defesa (art. 5º, LV), do devido processo legal (art. 5º, LIV) e da inafastabilidade da jurisdição (art. 5º, XXXV).

Alguns dos dispositivos da Lei n. 13.467/2017 trazem dificuldades para que o trabalhador, em regra desfavorecido

---

1. Graduanda em Direito na Faculdade de Direito Milton Campos/MG. Membro do Grupo de Estudos em Processo do Trabalho da Faculdade de Direito Milton Campos. Estagiária no Tribunal do Trabalho da 3ª Região. Membro da Oficina de Estudos. Monitora de Direito Processual do Trabalho.
2. Conforme justificativas dos pareceres ao projeto de Lei n. 6.787, de 2016, da Câmara dos Deputados (PLC), e do PL n. 38, de 2017, do Senado Federal. Relatório da comissão especial destinada a proferir parecer ao PL n. 6.787/2016, da Câmara dos Deputados, p. 69. Parecer do relator do PLC n. 38/2017, do Senado Federal, Senador RICARDO FERRAÇO, p. 55. (BARROS, Rodrigo Janot Monteiro de. ADI n. 5.766. Disponível em:<http://www.stf.jus.br/portal/geral/verPdfPaginado.asp?id=13465868&tipo=TP&descricao=ADI%2F5766>. Acesso em: 15 de nov. 2017, p. 05.)

economicamente, assuma os riscos naturais da demanda trabalhista, impondo-lhe o uso dos créditos trabalhistas auferidos no processo, cuja natureza é sabidamente alimentar, em prejuízo de seu sustento próprio e de sua família.

Os direitos trabalhistas integram o conteúdo mínimo existencial dos direitos fundamentais, pois são indispensáveis à preservação das condições básicas de vida do trabalhador. Dessa forma, não se pode permitir que a Reforma Trabalhista crie um desequilíbrio processual de tal proporção que viole os princípios constitucionais da isonomia (art. 5º, caput), da ampla defesa (art. 5º, LV), do devido processo legal (art. 5º, LIV) e do acesso à justiça (art. 5º, XXXV).

2. CUSTAS PROCESSUAIS

A Lei n. 13.467/2017 alterou pontos importantes relativos ao pagamento das custas processuais. Dentre eles, citam-se os arts. 789 caput, 790 §§ 3º e 4º e 844, §§ 2º e 3º da CLT.

Pressuposto de admissibilidade dos recursos, a ausência do recolhimento das custas processuais resulta na sua deserção. No processo trabalhista a comprovação do pagamento deve ocorrer no prazo recursal (art. 789, § 1º da CLT), previsão não alterada pela Reforma. Diversamente, no processo civil, a comprovação deve se dar no ato de interposição do recurso (art. 1.007 do CPC/2015).

Nos termos do art. 790-A da Consolidação das Leis do Trabalho, serão isentos do pagamento das custas, além dos beneficiários da justiça gratuita, o Ministério Público do Trabalho, a União, os Estados, o Distrito Federal, os Municípios e as respectivas autarquias e fundações públicas federais, estaduais ou municipais que não explorem atividade econômica. Esse artigo também não sofreu alterações com a Reforma Trabalhista.

Acrescente-se, ainda, que não ocorre deserção de recurso da massa falida por falta de pagamento de custas ou de depósito do valor da condenação, conforme entendimento consubstanciado na Súmula n. 86 do TST. De outro lado, o benefício não alcança as empresas de economia mista e as empresas em liquidação extrajudicial (Súmulas ns. 86 e 170 do TST[3]).

Dentre as mudanças trazidas pela Reforma Trabalhista, apresenta evidente relevância a nova redação dada ao art. 789 caput da CLT que passa a prever:

> "Art. 789. Nos dissídios individuais e nos dissídios coletivos do trabalho, nas ações e procedimentos de competência da Justiça do Trabalho, bem como nas demandas propostas perante a Justiça Estadual, no exercício da jurisdição trabalhista, as custas relativas ao processo de conhecimento incidirão à base de 2% (dois por cento), observado o mínimo de R$ 10,64 (dez reais e sessenta e quatro centavos) e o máximo de quatro vezes o limite máximo dos benefícios do Regime Geral de Previdência Social, e serão calculadas:".

O dispositivo, alterado somente no caput, passa a estabelecer valor máximo para as custas processuais, correspondente a "quatro vezes o limite máximo dos benefícios do Regime Geral de Previdência Social". A manutenção dos incisos e parágrafos do art. 789 da CLT indica que os valores aferidos, segundo os critérios neles estipulados, sujeitar-se-ão ao teto legal fixado no caput do artigo.

O depósito recursal já contava com um teto máximo, anualmente atualizado pelo TST. Desta forma, pode-se dizer que a mudança beneficia a sistemática processual, pois confere equilíbrio entre as normas atinentes às custas processuais e ao depósito recursal. Contudo, destaca-se que a nova regra beneficia quase que exclusivamente o polo passivo das ações trabalhistas, ou seja, os empregadores, uma vez que os demandantes são, em sua maioria, beneficiados pela justiça gratuita.

Relevante pontuar que o artigo em análise se aplica somente às custas relativas ao processo de conhecimento. Assim, o novo teto não altera as custas devidas no processo de execução, cuja regulamentação é dada expressamente pelo art. 789-A da CLT, não alterado pela Reforma Trabalhista.

A Lei n. 13.467/2017 alterou, ainda, a redação original do § 3º do art. 790 e inseriu o § 4º, alterando a regência normativa do instituto da justiça gratuita nos seguintes termos:

> § 3º É facultado aos juízes, órgãos julgadores e presidentes dos tribunais do trabalho de qualquer instância conceder, a requerimento ou de ofício, o benefício da justiça gratuita, inclusive quanto a traslados e instrumentos, àqueles que perceberem salário igual ou inferior a 40% (quarenta por cento) do limite máximo dos benefícios do Regime Geral de Previdência Social.
>
> § 4º O benefício da justiça gratuita será concedido à parte que comprovar insuficiência de recursos para o pagamento das custas do processo.

Prevê a Constituição Federal, em seu art. 5º, LXXIV, que o Estado prestará assistência jurídica, integral e gratuita, aos que comprovarem insuficiência de recursos. Trata-se de uma exceção à onerosidade processual e representa o interesse público de garantir aos indivíduos economicamente vulneráveis o amplo acesso à justiça.

As alterações introduzidas pela Lei n. 13.467/2017, nos §§ 3º e 4º do art. 790 da CLT, limitaram a concessão da

---

3. Súmula n. 86 do TST: DESERÇÃO. MASSA FALIDA. EMPRESA EM LIQUIDAÇÃO EXTRAJUDICIAL. Não ocorre deserção de recurso da massa falida por falta de pagamento de custas ou de depósito do valor da condenação. Esse privilégio, todavia, não se aplica à empresa em liquidação extrajudicial.
Súmula n. 170 do TST: SOCIEDADE DE ECONOMIA MISTA. CUSTAS. Os privilégios e isenções no foro da Justiça do Trabalho não abrangem as sociedades de economia mista, ainda que gozassem desses benefícios anteriormente ao Decreto-Lei n. 779, de 21.08.1969.

justiça gratuita, de ofício, na Justiça do Trabalho somente àqueles que receberem salário igual ou inferior a 40% do limite máximo dos benefícios do Regime Geral da Previdência Social. Aos demais, será necessária a comprovação de insuficiência de recursos para arcar com o pagamento das custas do processo.

Cria-se assim, no Processo do Trabalho, exigência legal de comprovação da hipossuficiência e remete-se ao juiz a responsabilidade pela avaliação do preenchimento ou não dos pressupostos legais para a concessão do benefício.

A mudança analisada vai de encontro com à realidade processual do cível, na qual a regra é o deferimento do benefício da justiça gratuita, visto como direito processual das partes. Subsiste, na seara cível, a presunção de veracidade da declaração de insuficiência deduzida por pessoa natural, nos termos do § 3º do art. 99 do CPC.

A alteração dos §§ 3º e 4º do art. 790 da CLT mostra-se incompatível com o art. 5º, LXXIV da CR/1988 e segue em direção diametralmente oposta ao Código Processual Civil.

A gratuidade da justiça tratada anteriormente não engloba o depósito recursal, pois a redação do § 4º do art. 790 da CLT isenta a parte somente do pagamento das custas processuais. A isenção em relação ao depósito recursal encontra-se expressa no § 10 do art.899, o que será tratado oportunamente.

Modificado pelo texto da Lei n. 13.467/2017, o art. 844 da Consolidação das Leis do Trabalho altera a matéria relacionada ao recolhimento das custas processuais em seus §§ 2º e 3º, passando a prever:

> Art. 844 – O não-comparecimento do reclamante à audiência importa o arquivamento da reclamação, e o não-comparecimento do reclamado importa revelia, além de confissão quanto à matéria de fato.
>
> § 1º Ocorrendo motivo relevante, poderá o juiz suspender o julgamento, designando nova audiência.
>
> § 2º Na hipótese de ausência do reclamante, este será condenado ao pagamento das custas calculadas na forma do art. 789 desta Consolidação, ainda que beneficiário da justiça gratuita, salvo se comprovar, no prazo de quinze dias, que a ausência ocorreu por motivo legalmente justificável.
>
> § 3º O pagamento das custas a que se refere o § 2º é condição para a propositura de nova demanda.
>
> § 4º A revelia não produz o efeito mencionado no *caput* deste artigo se:
>
> I – havendo pluralidade de reclamados, algum deles contestar a ação;
>
> II – o litígio versar sobre direitos indisponíveis;
>
> III – a petição inicial não estiver acompanhada de instrumento que a lei considere indispensável à prova do ato;
>
> IV – as alegações de fato formuladas pelo reclamante forem inverossímeis ou estiverem em contradição com prova constante dos autos.
>
> § 5º Ainda que ausente o reclamado, presente o advogado na audiência, serão aceitos a contestação e os documentos eventualmente apresentados.

A redação do *caput* permaneceu inalterada e o parágrafo único do art. 844 foi convertido no § 1º, sofrendo alterações meramente formais. Cita-se, como exemplo, a expressão "*poderá o presidente suspender*" que foi substituída por "poderá o juiz suspender". É que, desde a Emenda Constitucional n. 24/1999 não há mais a figura do Juiz Presidente da Junta de Conciliação e Julgamento.

A Reforma manteve a declaração da revelia como resultado do não comparecimento da reclamada à audiência, bem como o arquivamento da demanda, com a extinção do processo sem resolução do mérito, diante do não comparecimento do reclamante.

Foram acrescidos, ao art. 844 da CLT, os §§ 2º, 3º, 4º e 5º, importantes modificações em relação à redação anterior do dispositivo.

A alteração substancial se deu na exigência do pagamento de custas em caso de arquivamento do processo por ausência do reclamante na audiência, ainda que beneficiário da justiça gratuita, salvo se comprovado, no prazo de 15 dias, que a ausência ocorreu por motivo legalmente justificável (§§ 2º e 3º do art. 844). O recolhimento das custas processuais, portanto, passa a ser condição para o reclamante que, injustificadamente faltou à audiência, ingressar com nova ação trabalhista.

Quanto à nova regra surgem diversos questionamentos que não foram esclarecidos pelo texto legal. Não se sabe, por exemplo, a partir de qual momento se daria o termo inicial do prazo de 15 dias previsto no § 2º. Seria necessária nova intimação judicial para a exigência do recolhimento das custas pelo reclamante?

A contagem, desse modo, se iniciaria a partir do momento em que o reclamante, pessoalmente, tomar ciência das consequências acarretadas pelo arquivamento a fim de que possa se justificar ou se desincumbir do ônus legalmente imposto com o pagamento das custas. Além disso, a expressão "motivo legalmente justificável" é aberta, exigindo do juiz a análise do caso concreto antes de decidir ou não pelo arquivamento. Presente o motivo justificável, poderá o magistrado adiar a audiência, utilizando-se de seus poderes de direção do processo.

Neste aspecto, alguns doutrinadores, com o objetivo de diminuir possível subjetividade da expressão, recorrem ao art. 473 da CLT, afirmando que as hipóteses ali previstas se enquadram no amplo conceito de ausência justificável.

A inovação promovida pela Reforma Trabalhista não se justifica, pois o legislador, ao inserir os §§ 2º e 3º no art. 844, procurou desestimular o ajuizamento de diversas ações pelo mesmo reclamante. O Direito Processual do Trabalho, entretanto, já dispõe do instituto da perempção, na forma dos arts. 732 e 844 *caput* da Consolidação das Leis do Trabalho, que não foram alterados pela Reforma Trabalhista, cujo objetivo é o mesmo. Assim, a Lei n. 13.467/2017 inclui na CLT mais um mecanismo que visa a impedir o ajuizamento de ações, em clara afronta ao princípio do acesso à justiça.

Por seu turno, também não prospera o argumento de que os §§ 2º e 3º contribuiriam para dar efetividade à cobrança das custas judiciais. Isso porque o art. 790, § 2º[4] da CLT já cuidava do pagamento das custas, inclusive de forma mais razoável e constitucional, pois regulamenta apenas a execução do valor e não a punição do devedor.

O pagamento das custas processuais é sim de suma importância, sobretudo para a manutenção da máquina judiciária. Todavia, a intenção de satisfazer o seu pagamento não pode se sobrepor aos princípios constitucionalmente assegurados.

A violação ao princípio constitucional de acesso à justiça é patente, pois exigir o recolhimento de custas como condição *sine qua non* para o ingresso de nova ação impede o exercício de ação pelo reclamante e coloca o interesse da União pelo recebimento das custas acima da garantia constitucional do direito de ação.

A situação de hipossuficiência financeira, característica dos litigantes da Justiça do Trabalho, evidencia-se ainda mais grave, pois o reclamante que, além de não justificar a ausência à audiência, não pagar as custas fixadas, ficará impedido de ingressar novamente na Justiça do Trabalho por tempo indeterminado. Não é por outra razão que o § 3º do art. 844 da CLT é objeto do inconformismo da doutrina, que considera inconstitucional a Lei n. 13.467/2017, por afronta aos incisos XXXV e LXXIV do art. 5º da CF/88.

Manoel Antonio Teixeira Filho destaca que o CPC/2015 contém disposição semelhante no § 2º de seu art. 486[5] e argumenta pela inconstitucionalidade das duas normas:

> Ambas as normas, a nosso ver, são inconstitucionais, por vedarem o exercício do direito de ação, assegurado pelo art. 5º, XXXV, da Constituição Federal. Se as custas não forem pagas, deverão ser objeto de execução nos mesmos autos em que se deu a ausência injustificada do autor, à audiência, É o que consta o art. 790, § 2º, da CLT: "No caso de não pagamento das custas, far-se-á a execução da respectiva importância, segundo o procedimento estabelecido no Capítulo V deste Título". O referido Capítulo V dispõe sobre *execução* (arts. 876 a 892).
>
> Não há, portanto, razão factual ou jurídica para obstar-se o exercício do direito constitucional de alguém invocar a prestação da tutela jurisdicional do Estado, seja no caso de direito colocado em estado de periclitância, seja no de o direito já haver sido violado, pelo simples fato de não haver pago as custas atinentes ao processo anterior, extinto sem resolução do mérito.[6]

A redação do § 3º do art. 844 da CLT confere ao pagamento das custas processuais caráter punitivo, afastando-o de seu objetivo principal, qual seja, o ressarcimento da máquina pública pela sua desnecessária utilização. Ademais, a referida penalidade aplica-se, inclusive, ao litigante beneficiário da Justiça Gratuita na Justiça do Trabalho, dando a ele tratamento diverso dos litigantes de outras áreas do direito.

A mudança precariza a situação do trabalhador que, muitas vezes em situação de hipossuficiência, procura o judiciário para ver satisfeita pretensão de natureza alimentar.

No mesmo sentido, é o entendimento de Mauricio Godinho Delgado e Gabriela Neves Delgado, em relação ao art. 844:

> O grave preceito introduzido na CLT consiste na apenação do beneficiário da Justiça Gratuita. Essa medida desponta como manifestamente agressora da Constituição da República, por ferir o art. 5º, LXXIV, da CF/1988, que assegura "assistência jurídica integral e gratuita aos que comprovarem insuficiência de recursos" – instituto da justiça gratuita. Conforme se sabe, não pode a lei acanhar ou excluir direto e garantias fundamentais assegurados enfaticamente pela Constituição da República.[7]

A Procuradoria Geral da República, no dia 25.08.2017, ajuizou perante o Supremo Tribunal Federal, Ação Direta de Inconstitucionalidade – ADI n. 5.766-DF – questionando o art. 1º da Lei n. 13.467/2017, que modificou, entre outros, o art. 844, § 2º, da CLT, ao fundamento de que restaram violados os arts. 1º, incisos III e IV; 3º, incisos I e III; 5º, *caput*, incisos XXXV e LXXIV da CF/1988. De acordo com o então Procurador Geral da República, Rodrigo Janot, "as normas impugnadas inviabilizam ao trabalhador economicamente desfavorecido assumir os riscos naturais da demanda trabalhista".[8]

O que o § 3º objetiva não é a quitação do valor devido a título de custas processuais, mas simplesmente a punição do autor faltante à audiência e, principalmente, criar uma forma de desestimular a todo custo o ajuizamento de novas ações trabalhistas em latente violação ao princípio do acesso a justiça.

---

4. No caso de não pagamento das custas, far-se-á a execução da respectiva importância, segundo o procedimento estabelecido no Capítulo V deste Título.
5. Art. 486 § 2º, CPC/2015: A petição inicial, todavia, não será despachada sem a prova do pagamento ou do depósito das custas e dos honorários de advogado.
6. TEIXEIRA FILHO, Manoel Antonio. O processo do trabalho e a reforma trabalhista: as alterações introduzidas no processo do trabalho pela Lei n. 13.467/2017. São Paulo: LTr, 2017. p. 163.
7. DELGADO, Mauricio Godinho; DELGADO, Gabriela. *A Reforma Trabalhista no Brasil*. São Paulo: LTr, 2017.
8. BARROS, Rodrigo Janot Monteiro de. *ADI n. 5.766*. Disponível em:<http://www.stf.jus.br/portal/geral/verPdfPaginado.asp?id=13465868&tipo=TP&descricao=ADI%2F5766>. Acesso em: 15 nov. 2017.

Nesse sentido, a Associação Nacional dos Magistrados da Justiça do Trabalho (Anamatra), na 2ª Jornada de Direito Material e Processual do trabalho, editou o enunciado de número 103, que trata da inconstitucionalidade da previsão contida no art. 844, § 2º e 3º da CLT, com a seguinte redação:

> 103 ACESSO À JUSTIÇA. ART, 844, § 2º E § 3º, DA CLT. INCONSTITUCIONALIDADE. Viola o princípio de acesso à justiça a exigência de cobrança de custas de processo arquivado como pressuposto de novo ajuizamento. O princípio do acesso à justiça é uma das razões da própria existência da justiça do trabalho, o que impede a aplicação dessas regras, inclusive sob pena de esvaziar o conceito de gratuidade da justiça.

3. DEPÓSITO RECURSAL

No tocante ao Depósito Recursal, a Lei n. 13.467/2017 alterou os §§ 4º, 5º, 9º, 10º e 11º do art. 899 da CLT.

> Art. 899 – Os recursos serão interpostos por simples petição e terão efeito meramente devolutivo, salvo as exceções previstas neste Título, permitida a execução provisória até a penhora.
>
> § 1º Sendo a condenação de valor até 10 (dez) vezes o salário-mínimo regional, nos dissídios individuais, só será admitido o recurso inclusive o extraordinário, mediante prévio depósito da respectiva importância. Transitada em julgado a decisão recorrida, ordenar-se-á o levantamento imediato da importância de depósito, em favor da parte vencedora, por simples despacho do juiz.
>
> § 2º Tratando-se de condenação de valor indeterminado, o depósito corresponderá ao que fôr arbitrado, para efeito de custas, pela Junta ou Juízo de Direito, até o limite de 10 (dez) vêzes o salário-mínimo da região.
>
> § 3º (Revogado pela Lei n. 7.033, de 05.10.1982)
>
> § 4º O depósito recursal será feito em conta vinculada ao juízo e corrigido com os mesmos índices da poupança.
>
> § 5º (Revogado).
>
> § 6º Quando o valor da condenação, ou o arbitrado para fins de custas, exceder o limite de 10 (dez) vezes o salário-mínimo da região, o depósito para fins de recursos será limitado a este valor
>
> § 7º No ato de interposição do agravo de instrumento, o depósito recursal corresponderá a 50% (cinquenta por cento) do valor do depósito do recurso ao qual se pretende destrancar.
>
> § 8º Quando o agravo de instrumento tem a finalidade de destrancar recurso de revista que se insurge contra decisão que contraria a jurisprudência uniforme do Tribunal Superior do Trabalho, consubstanciada nas suas súmulas ou em orientação jurisprudencial, não haverá obrigatoriedade de se efetuar o depósito referido no § 7º deste artigo.
>
> § 9º O valor do depósito recursal será reduzido pela metade para entidades sem fins lucrativos, empregadores domésticos, microempreendedores individuais, microempresas e empresas de pequeno porte.
>
> § 10º São isentos do depósito recursal os beneficiários da justiça gratuita, as entidades filantrópicas e as empresas em recuperação judicial.
>
> § 11º O depósito recursal poderá ser substituído por fiança bancária ou seguro garantia judicial.

O depósito recursal constitui pressuposto de admissibilidade de recursos nos dissídios individuais com condenação ao pagamento em pecúnia e seu objetivo é assegurar a satisfação do crédito reconhecido na decisão judicial. Ademais, a sua exigibilidade desestimula a interposição indiscriminada de recursos, principalmente aqueles com finalidade protelatória, além de dividir entre as partes os danos marginais decorrentes da duração do processo[9].

O depósito recursal é exigido na interposição dos recursos ordinário, de revista, extraordinário, agravo de instrumento aforado ante a não admissão do recurso de revista (art. 899 § 1º da CLT e item II da IN n. 3/1993) e agravo de petição – salvo se, na execução, o juízo se encontrar garantido pela penhora, pois, nesse caso, há perda de sua finalidade.

De outro lado, não é exigido na interposição de embargos de declaração, agravo regimental, agravo interno ou quando se tratar de decisão proferida em dissídio coletivo.

O valor do depósito recursal corresponde ao montante arbitrado na condenação até o limite fixado em lei. Essa quantia é atualizada anualmente (pelo TST, via de regra, no mês de julho), com vigência a partir de 1º de agosto e previsão no item VI da Instrução Normativa n. 3 do TST[10].

A Lei n. 13.467/2017 promoveu diversas mudanças atinentes ao instituto do depósito recursal, dentre elas a prevista no § 4º do art. 899, que agora determina o seu recolhimento em conta vinculada ao juízo e a correção dos valores com os mesmos índices da poupança.

Tradicionalmente, o depósito recursal era recolhido em conta do reclamante vinculada ao FGTS, sendo excluídos dessa destinação somente os recursos interpostos em causas que não envolvessem relação de trabalho submetida ao regime do Fundo de Garantia[11]. Acredita-se que, com a alteração no art. 899 da CLT, a Súmula n. 426 do TST deverá ser cancelada.

---

9. ALMEIDA, Cléber Lúcio de. *Direito Processual do Trabalho*. Belo Horizonte: Del Rey, 2012. p. 767.
10. VI – Os valores alusivos aos limites de depósito recursal serão reajustados anualmente pela variação acumulada do INPC do IBGE dos doze meses imediatamente anteriores, e serão calculados e publicados no Diário Eletrônico da Justiça do Trabalho por ato do Presidente do Tribunal Superior do Trabalho, tornando-se obrigatória a sua observância a partir do quinto dia seguinte ao da publicação.
11. Previsão da Súmula n. 426 do TST: DEPÓSITO RECURSAL. UTILIZAÇÃO DA GUIA GFIP. OBRIGATORIEDADE: Nos dissídios individuais o depósito recursal será efetivado mediante a utilização da Guia de Recolhimento do FGTS e Informações à Previdência Social – GFIP, nos

Ao estabelecer que não será mais depositado em conta vinculada do trabalhador, abre margem para que seu recolhimento seja exigido por parte deste último. Quanto ao § 5º, a sua revogação decorreu da nova redação do § 4º.

O § 9º do art. 899 da CLT trouxe a previsão de que o valor do depósito recursal deverá ser reduzido pela metade para entidades sem fins lucrativos, empregadores domésticos, microempreendedores individuais, microempresas e empresas de pequeno porte.

Considera-se a modificação pertinente, pois o texto reconhece as particularidades e realidades diversas vividas pelos demandados na Justiça do Trabalho. Dessa forma, o acesso à via recursal foi facilitado para os indivíduos que, em regra, não dispõem de recursos suficientes para pagar os altos valores exigidos a título de depósito recursal.

Se de um lado a mudança privilegia os reclamados que dispõem de menos recursos, garantindo-lhes a possibilidade de reexame, a nova previsão prejudica a celeridade e a efetividade do processo trabalhista, facilitando a interposição de recursos.

Na hipótese de litisconsórcio passivo, com condenação solidária das rés e no qual uma das demandadas se enquadre na previsão do § 9º, a outra reclamada poderia aproveitar-se do depósito recursal realizado? À luz da Súmula n. 128, III do TST[12], desde que a parte depositante não pleiteie a sua exclusão da lide, é possível o aproveitamento do valor já depositado, sendo necessária a garantia dos cinquenta por cento restantes.

A 2ª Jornada de Direito Material e Processual do Trabalho aprovou o Enunciado n. 118, que trata do § 9º nos seguintes termos:

> DEPOSITO RECURSAL. REDUÇÃO, PELA METADE, EM FAVOR DAS ENTIDADES SEM FINS LUCRATIVOS. APLICAÇÃO ÀS ENTIDADES SINDICAIS: O art. 899, § 9º, da CLT, introduzido pela Lei n. 13.467/2017, que reduz pela metade o valor de depósito recursal para as entidades sem fins lucrativos, aplica-se às entidades sindicais.

A tese apresentada na proposta do enunciado esclarece que o Código Civil prevê que as atividades exercidas pelas entidades sem fins lucrativos podem ser constituídas, entre outras, por meio de associações de classe ou de representação de categoria econômica ou profissional (entidades sindicais). Além disso, na seara tributária, elas são beneficiárias das concessões admitidas às entidades sem fins lucrativos. Dessa forma, deve-se admitir que as entidades sindicais, na qualidade de entidades sem fins lucrativos, façam jus à redução do valor exigido a título de depósito recursal previsto no § 9º do art. 899 da CLT.

O § 10 do referido artigo inova ao determinar que são isentos do depósito recursal os beneficiários da justiça gratuita, as entidades filantrópicas e as empresas em recuperação judicial, ampliando o entendimento anterior, consubstanciado na Súmula n. 86 do TST, que considerava isenta de custas e do depósito do valor da condenação somente a massa falida.

Permanecem dispensados do depósito para interposição de recurso a União, os Estados, Distrito Federal, Municípios e autarquias ou fundações de direito público federais, estaduais ou municipais, que não explorem atividade econômica, conforme previsto no Decreto-Lei n. 779/1969, uma vez que não foi alterado pela Lei n. 13.567/2017. Pelo mesmo motivo, são isentos os entes de direito público externo, a massa falida e a herança jacente assim considerados na Instrução Normativa n. 3 de 1993 do TST, com alterações introduzidas pela Resolução n. 190, de 11 de dezembro de 2013.

Nesses termos, caso o reclamado seja beneficiário da justiça gratuita não deverá arcar com o depósito recursal na hipótese de interposição de recurso, encerrando discussão doutrinária a respeito de sua obrigatoriedade.

Apesar de a maioria da doutrina considerar que o depósito recursal na justiça do trabalho estava abrangido pelos benefícios da justiça gratuita, com base na previsão do art. 3º, VII da Lei n. 1.060/1950[13], posteriormente revogado pelo CPC/2015 (art. 1.072, III) e disciplinado pelo art. 98 do códex processual, alguns estudiosos insistiam na discussão.

---

termos dos §§ 4º e 5º do art. 899 da CLT, admitido o depósito judicial, realizado na sede do juízo e à disposição deste, na hipótese de relação de trabalho não submetida ao regime do FGTS.

12. DEPÓSITO RECURSAL (incorporadas as Orientações Jurisprudenciais ns 139, 189 e 190 da SBDI-1) – Res. n. 129/2005, DJ ns. 20, 22 e 25.04.2005

  I – É ônus da parte recorrente efetuar o depósito legal, integralmente, em relação a cada novo recurso interposto, sob pena de deserção. Atingido o valor da condenação, nenhum depósito mais é exigido para qualquer recurso. (ex-Súmula n. 128 – alterada pela Res. n. 121/2003, DJ 21.11.2003, que incorporou a OJ n. 139 da SBDI-1 – inserida em 27.11.1998.)

  II – Garantido o juízo, na fase executória, a exigência de depósito para recorrer de qualquer decisão viola os incisos II e LV do art. 5º da CF/1988. Havendo, porém, elevação do valor do débito, exige-se a complementação da garantia do juízo. (ex-OJ n. 189 da SBDI-1 – inserida em 08.11.2000)

  III – Havendo condenação solidária de duas ou mais empresas, o depósito recursal efetuado por uma delas aproveita as demais, quando a empresa que efetuou o depósito não pleiteia sua exclusão da lide. (ex-OJ n. 190 da SBDI-1 – inserida em 08.11.2000)

13. Art. 3º. A assistência judiciária compreende as seguintes isenções: VII – dos depósitos previstos em lei para interposição de recurso, ajuizamento de ação e demais atos processuais inerentes ao exercício da ampla defesa e do contraditório.

A jurisprudência do TST[14], inclusive, exigia o depósito recursal dos beneficiários da justiça gratuita[15], por entender que tal benefício se limitava ao pagamento das custas processuais, não compreendendo o depósito recursal, porquanto este, na seara trabalhista, não tem natureza de taxa ou emolumento, mas de garantia do juízo. Com a Lei n. 13.467, contudo, a jurisprudência deve ser modificada.

Quanto à isenção das entidades filantrópicas, Mauricio Godinho e Gabriela Delgado fazem as seguintes considerações:

> Naturalmente que se torna necessário que tais entidades estejam certificadas com regularidade, cumprindo todos os requisitos para os benefícios fiscais e judiciais fixados na ordem jurídica. Tal certificação rege-se pelo disposto na Lei n 12.101, de 27.12.2009, com as atualizações posteriores. Não cumpridos os requisitos e exigências legais, desaparece a vantagem excludente conferida pela Lei da Reforma Trabalhista.[16]

Como mencionado na transcrição anterior, o juiz, em regra, deverá considerar as entidades filantrópicas isentas do pagamento do depósito recursal, desde que comprovem o cumprimento dos requisitos previstos no art. 3º da Lei n. 12.101/2009.

Parte da doutrina considera patente a possibilidade de os §§ 9º e 10 do art. 899 da CLT comprometerem a efetividade do processo judicial trabalhista. Isso porque o depósito recursal não constitui espécie de taxa de recurso, mas objetiva garantir a condenação prolatada cuja natureza da verba é alimentar. Por isso, inclusive, tem seu valor máximo limitado ao montante fixado na condenação.

De fato, as mudanças promovidas nos referidos artigos são contrárias aos princípios da celeridade, razoável duração do processo e da efetividade, pois acrescem à lei hipóteses que suprimem total e parcialmente a garantia do juízo como pressuposto de admissibilidade dos recursos trabalhistas.

Por fim, o § 11 do art. 899 permite a substituição do depósito recursal por fiança bancária ou seguro garantia judicial. Assim, o recorrente passa a ter a faculdade de optar pelo pagamento do depósito em pecúnia, por meio da fiança ou do seguro. A nova redação do art. 882 da CLT também permite que se garanta o juízo, para efeito de oferecimento de embargos à execução, mediante seguro garantia judicial.

Inicialmente, é notório que a mudança promovida pela Reforma Trabalhista afeta a celeridade do processo trabalhista. Se antes o depósito recursal ficava disponível na conta do trabalhador vinculada ao FGTS, hoje, sua liberação poderá depender de notificação à seguradora que ofereceu o seguro garantia judicial.

A mudança beneficia visivelmente os empregadores que arcam com vultuosas quantias na tentativa de reverter, nos tribunais, as decisões a eles desfavoráveis. Aos empregados, porém, a previsão do § 11 prejudica demasiadamente em função da ausência de controle sobre a duração da garantia e a sua liquidez.

Mauricio Godinho Delgado defende, nesse caso, a incidência da regra contida no art. 835, § 2º do CPC[17]. Ou seja, nas hipóteses em que a fiança bancária e o seguro garantia judicial substituírem o depósito recursal deverá haver acréscimo de trinta por cento sobre o valor devido. A previsão é, de fato, aplicável ao Direito Processual do Trabalho em face da omissão normativa (art. 769 da CLT) e em decorrência da supletividade contida no art. 15 do CPC.

Esse foi, inclusive, o entendimento consubstanciado no Enunciado n. 119 da 2ª Jornada de Direito Material e Processual do Trabalho, que entendeu ser devido o acréscimo de 30% quando o seguro garantia judicial for utilizado na fase de execução. Quanto à aplicação da previsão do art. 835, § 2º do CPC, no valor devido a título de depósito recursal nada foi dito.

A argumentação se fortalece diante da justificativa do projeto de Lei n. 6.787, ainda que a exigência do acréscimo de 30% tenha sido suprimida posteriormente:

> *Na medida em que a crise alcança vários setores da sociedade, é razoável uma medida que torne indisponível, como requisito de admissibilidade recursal, uma parcela do patrimônio das empresas. Considerando que, via de regra, a empresa é a parte recorrente em ações trabalhistas; é possível diminuir o ônus da interposição do recurso, mantendo na economia os valores que seriam objeto de depósito recursal.*
>
> *Para tanto, estamos propondo a inserção de um § 9º ao art. 899 na CLT, permitindo-se a substituição do depósito*

---

14. RECURSO DE REVISTA. 1.DESERÇÃO DO RECURSO ORDINÁRIO. BENEFÍCIOS DA ASSISTÊNCIA JUDICIÁRIA GRATUITA. EMPREGADOR. DEPÓSITO RECURSAL. GARANTIA DO JUÍZO. NÃO CONHECIMENTO. A jurisprudência desta colenda Corte Superior é no sentido de que o benefício da assistência judiciária gratuita extensível ao empregador não compreende o depósito recursal, que constitui garantia do juízo, à luz do art. 899, § 1º, da CLT e da Instrução Normativa n. 3/1993, I. Assim, ainda que concedido o benefício da justiça gratuita à reclamada, se não efetivado o depósito recursal, o recurso deve ser considerado deserto. Precedentes. Recurso de revista de que não se conhece. (...) (TST – RR: 209826320145040016, Relator: Guilherme Augusto Caputo Bastos, Data de Julgamento: 16.03.2016, 5ª Turma, Data de Publicação: DEJT 18.03.2016)
15. LIMA, Francisco Meton Marques de; LIMA, Francisco Péricles Rodrigues Marques de. *Reforma Trabalhista*: entenda ponto por ponto. 1. ed. São Paulo: LTr, 2017. p. 164.
16. DELGADO, Mauricio Godinho; DELGADO, Gabriela Neves. *A Reforma Trabalhista no Brasil*. São Paulo: LTr, 2017. p. 367.
17. Art. 835, § 2º, CPC: Para fins de substituição da penhora, equiparam-se a dinheiro a fiança bancária e o seguro garantia judicial, desde que em valor não inferior ao do débito constante da inicial, acrescido de trinta por cento.

recursal por fiança bancária ou seguro garantia judicial, que foram equiparados a dinheiro pelo art. 835, § 1º do Código de Processo Civil. (...)

Ressalte-se que as regras atuais para o depósito recursal são mantidas, apenas sendo acrescida nova possibilidade de garantia ao juízo, no caso, a fiança bancária ou o seguro garantia judicial. Ademais, a exigência de que o valor seja 30% superior ao do depósito recursal significa que um montante maior do crédito do reclamante será adimplido, independente de execução forçada.

Apesar de o enunciado da 2ª Jornada de Direito Material e Processual do Trabalho tratar somente da fase de execução, entende-se que o acréscimo de trinta por cento será devido sempre que a reclamada utilizar a fiança bancária e o seguro garantia judicial como substitutos do depósito recursal.

4. CONCLUSÃO

A Lei n. 13.467/2017 promoveu mudanças importantes relativas ao pagamento de custas judiciais e depósito recursal. Algumas das inovações são bem vindas, pois aperfeiçoam o procedimento trabalhista, adequando-o à realidade de seus litigantes. Como exemplo, cita-se a redução do valor exigido a título de depósito recursal para os empregadores domésticos.

Outras modificações, contudo, mostram-se manifestamente inconstitucionais. Nesse diapasão estão as críticas formuladas em face dos §§ 2º e 3º do art. 899 da CLT, cujas previsões são objeto da Ação Direta de Inconstitucionalidade, ADI 5.766-DF.

A Lei n. 13.467/2017 ainda é objeto de intensa polêmica e sua interpretação pode seguir caminhos variados. O tempo certamente será o instrumento moldador da sua aplicação. Exige-se, contudo, especial cuidado para que as diversas formas de interpretação, que os dispositivos da Reforma Trabalhista proporcionam, prezem sempre pela sua compatibilidade com os princípios assegurados na Constituição Federal de 1988, em especial a dignidade da pessoa humana, e o acesso à justiça.

5. REFERÊNCIAS BIBLIOGRÁFICAS

ALMEIDA, Cléber Lúcio de. *Direito Processual do Trabalho*. Belo Horizonte: Del Rey, 2012. p. 767.

BARROS, Rodrigo Janot Monteiro de. *ADI n. 5.766*. Disponível em:<http://www.stf.jus.br/portal/geral/verPdfPaginado.asp?id=13465868&tipo=TP&descricao=ADI%2F5766>. Acesso em: 15 nov. 2017, p. 05.)

DELGADO, Mauricio Godinho; DELGADO, Gabriela. *A Reforma Trabalhista no Brasil*. São Paulo: LTr, 2017.

LIMA, Francisco Meton Marques de; LIMA, Francisco Péricles Rodrigues Marques de. *Reforma Trabalhista*: entenda ponto por ponto. 1. ed. São Paulo: LTr, 2017.

TEIXEIRA FILHO, Manoel Antonio. *O processo do trabalho e a reforma trabalhista*: as alterações introduzidas no processo do trabalho pela Lei n. 13.467/2017. São Paulo: LTr, 2017.

Dano Processual e Litigância de Má-Fé sob a Perspectiva da Lei n. 13.467/2017

Luiza Otoni[1]

1. ASPECTOS INTRODUTÓRIOS

Gradativamente, nos últimos anos, com a superação histórica do jusnaturalismo e o insucesso do positivismo legalista, abriu-se passagem para uma ampla e necessária reflexão acerca do Direito, sua função social e sua interpretação, surgindo, assim, o chamado Pós-Positivismo.

O pós-positivismo é a designação provisória e genérica de um ideário difuso, no qual se incluem a definição das relações entre valores, princípios e regras, aspectos da chamada nova hermenêutica constitucional e a teoria dos direitos fundamentais, edificada sobre o fundamento da dignidade da pessoa humana[2].

Essa nova fase busca, progressivamente, promover o encontro da norma com a ética, da lei com o fato social, para encurtar a distância entre a norma codificada e a realidade de uma sociedade pluralista, complexa e dinâmica.

Para tanto, buscou-se a introdução e incorporação aos ordenamentos de ideais de justiça e valores sociais, materializados sobre a forma de princípios, superando a crença de que teriam uma dimensão puramente axiológica, ética, sem eficácia jurídica ou aplicabilidade direta e imediata, para incorporá-los de forma implícita ou explícita no ordenamento jurídico, reconhecendo sua força normativa no sentido de operarem como efetivos instrumentos de cumprimento da função social.

A partir da segunda metade do século passado, ao serem alçados à condição de direitos fundamentais, em inúmeras cartas constitucionais, os princípios ascenderam à condição de fonte primária de normatividade[3].

Nessa trajetória, o direito passou a ser considerado um sistema lógico que possibilita a coexistência harmônica de normas, valores e princípios que enunciam um fenômeno social, compondo, assim, um sistema aberto, permeável a valores jurídicos suprapositivos, no qual as ideias de justiça e de realização dos direitos fundamentais desempenham um papel basilar.

É dessa forma que os princípios jurídicos passam a servir de vetores do ordenamento jurídico, devendo ser observados, em qualquer circunstância, pelos aplicadores do Direito e, ao mesmo tempo em que representam valores sociais, dão unidade ao sistema jurídico e condicionam toda a interpretação e aplicação deste.

Os princípios instrumentais de interpretação constitucional constituem premissas conceituais, metodológicas ou finalísticas que devem anteceder, no processo intelectual do intérprete, a solução concreta da questão posta[4].

Simbolizam verdadeiros alicerces da norma, constituindo seu fundamento em essência para racionalizar a sua legitimação. São o sustentáculo de onde se extrai o norte a ser seguido por um ordenamento, seja em sentido lato – como é possível observar-se de princípios constitucionais em que todos devem obediência à lei –, seja em ramos específicos do direito, como o trabalhista – em que o princípio da proteção do trabalhador serve de pilar para a construção de todos os outros princípios dessa área do direito e de sua legislação não codificada.

Miguel Reale conceitua que "Os princípios são 'verdades fundantes' de um sistema de conhecimento, como tais admitidas, por serem evidentes ou por terem sido comprovadas, mas também por motivos de ordem prática de caráter operacional, isto é, como pressupostos exigidos pelas necessidades da pesquisa e da práxis"[5].

O art. 5º da Lei de Introdução às Normas do Direito Brasileiro – Decreto-Lei n. 4.657 de 1942 – também traz a

---

1. Especialista em Direito Processual Civil pela Faculdade de Direito Milton Campos. Especialista em Direito Administrativo pela Universidade Anhanguera/ LFG. Membro da Oficina de Estudos em Processo do Trabalho da Faculdade de Direito Milton Campos. Advogada. E-mail: <otoni.luiza@gmail.com>.
2. BARROSO, Luís Roberto; BARCELLOS, Ana Paula. *O começo da história*. A Nova interpretação constitucional e o papel dos princípios no Direito Brasileiro. R. Direito Administrativo. Rio de Janeiro, 232: 141-176, abr./jun. 2003.
3. MACIEL, José Fabio Rodrigues. *Teoria Geral do Direito: segurança, valor, hermenêutica, princípios, sistema*. São Paulo: Saraiva, 2004. p. 300.
4. BARROSO, Luís Roberto; BARCELLOS, Ana Paula. O começo da história. A Nova interpretação constitucional e o papel dos princípios no Direito Brasileiro. R. Direito Administrativo. Rio de Janeiro, 232: 141-176, abr./jun. 2003.
5. REALE, Miguel. *Lições de Direito*. 21. ed. São Paulo: Saraiva, 1994. p. 299.

definição de um princípio como sendo: "o do fim social da norma". Isso quer dizer que o princípio deve ser utilizado como a forma de integração da norma ao direito, ou seja, a aplicação de uma lei deve ser direcionada pela sua função social e com o objetivo de alcançar o bem comum.

Reconhecida a importância vital que assumem em nosso ordenamento jurídico, exige-se a obediência a alguns princípios balizadores para o bom exercício da Justiça a fim de que seja garantida uma prestação jurisdicional plena, satisfatória, eficaz e desincumbida de vícios.

De acordo com Humberto Theodoro Júnior, os princípios fundamentais norteadores da legislação processual são de duas ordens: os relativos ao processo e os relativos ao procedimento. São informativos do processo: o princípio do devido processo legal; inquisitivo e dispositivo; contraditório; duplo grau de jurisdição; boa-fé, lealdade processual e verdade real. São princípios informativos do procedimento: o princípio da oralidade; publicidade, economia processual e o da eventualidade ou da preclusão[6].

Pretende-se abordar aqui um dos princípios norteadores do processo judicial, que é o princípio da boa-fé, e as consequências de sua não observância.

2. O PRINCÍPIO DA BOA-FÉ

A noção de boa-fé (*bona fides*) foi cunhada primeiramente no Direito Romano, a partir do vocábulo *fides*, que tinha inicialmente um caráter moral e religioso. Vigorava como poder e como promessa, eis que representava o respeito à palavra dada, já que à época tudo se firmava verbalmente, o que levou, posteriormente, à ideia de ética. A *fides* era o ponto de partida para a confiança, que se manifestava de diversas formas, tais como a *fides patroni* (nas relações entre patronato e clientela, essa entendida como a classe intermediária entre os cidadãos inteiramente livres e os escravos) e a *fides populi romani* (na esfera das relações internacionais para fundamentar o poder político do Império Romano e no plano das relações internas como legitimação de poder e da força)[7].

No Brasil, a primeira manifestação de boa-fé realizou-se no Código Comercial de 1850 (art. 131), já revogado, como princípio interpretativo dos contratos comerciais. No entanto, a amplitude desse dispositivo não fora compreendida e reconhecida pela doutrina e jurisprudência, sendo a sua aplicação demasiadamente escassa.

Somente com a chegada do Código de Defesa do Consumidor, em 1990, é que a boa-fé foi efetivamente consagrada, contribuindo profundamente para as relações contratuais, como linha teleológica de interpretação (art. 4º, III)[8], e como cláusula geral (art. 51, IV)[9].

Com o Código Civil de 2002, a boa-fé atingiu o apogeu da sistemática jurídica brasileira, ao encontro da promulgação da Constituição Cidadã de 1988, que, consolidando o Estado Democrático Brasileiro, fundou uma democracia garantidora de todas as dimensões dos direitos fundamentais, estabelecendo, assim, a atuação do princípio da boa-fé, simultaneamente, como postulado ético inspirador da ordem jurídica e critério de aplicação das normas existentes.

Inicialmente, seu conceito somente se relacionava à intenção do sujeito de direito, mas desde os primórdios do Direito Romano, já se cogitava de uma boa-fé relacionada à conduta das partes, principalmente nas relações negociais e contratuais. Assim, com a evolução das normas codificadas, o conceito de boa-fé passou a ser subdividido em boa-fé subjetiva e boa-fé objetiva.

Em que pese a complexidade da definição, a boa-fé subjetiva, em apertada síntese, é um estado subjetivo, psicológico da pessoa, concretizado por uma intenção interna do agente em agir conforme a sua consciência de justiça e licitude de seus atos. A boa-fé objetiva, por sua vez, trata da conduta externada pelo agente, independente do fator subjetivo ou do estado anímico em que se encontra, exigindo-se em sua conduta um condicionamento a um comportamento adequado, ético e leal.

Desta maneira, o traço diferenciador entre a boa-fé subjetiva e a boa-fé objetiva é que nesta o elemento vontade cede espaço à comparação entre a atitude tomada pelos sujeitos e aquela que se poderia esperar de um homem médio. Por isso, afirmamos que a boa-fé que trataremos a seguir é a objetiva, porque não se funda no elemento da vontade dos sujeitos, mas sim na exteriorização desta.

Conforme já decidiu o Superior Tribunal de Justiça, a boa-fé objetiva apresenta-se como uma exigência de lealdade, modelo objetivo de conduta, arquétipo social pelo qual impõe o poder-dever de que cada pessoa ajuste a própria conduta a esse modelo, agindo como agiria uma pessoa honesta, escorreita e leal[10].

---

6. THEODORO JÚNIOR, Humberto. *Curso de Direito Processual Civil*. 32. ed. Rio de Janeiro: Forense, 2000. 1 v.
7. MARTINS, Flávio Alves. *A boa-fé objetiva e sua formalização do direito das obrigações brasileiro*. 2. ed. Rio de Janeiro: Lúmen Juris, 2001. p. 33.
8. Art. 4º – "A Política Nacional de Relações de Consumo tem por objetivo o atendimento das necessidades dos consumidores, o respeito a sua dignidade, saúde e segurança, a proteção de seus interesses econômicos, a melhoria da sua qualidade de vida, bem como a transparência e harmonia das relações de consumo, atendidos os seguintes princípios: III – harmonização dos interesses dos participantes das relações de consumo e compatibilização da proteção ao consumidor com a necessidade de desenvolvimento econômico e tecnológico, de modo a viabilizar os princípios nos quais se funda a ordem econômica (art. 170, da Constituição Federal), sempre com base na boa-fé e equilíbrio nas relações entre consumidores e fornecedores".
9. Art. 51 – "São nulas de pleno direito, entre outras, as cláusulas contratuais relativas ao fornecimento de produtos e serviços que: IV – estabeleçam obrigações consideradas iníquas, abusivas, que coloquem o consumidor em desvantagem exagerada, ou sejam incompatíveis com a boa-fé ou a eqüidade".
10. STJ, 3 Turma, REsp n. 803.481/GO, rel. Min. Nancy Andrighi, j. 28.06.2007, DJ 01.08.2007 p. 462.

3. A BOA-FÉ E LEALDADE PROCESSUAL

O processo é o instrumento público de jurisdição que, para além de ser um método estatal de solução de conflitos intersubjetivos de interesses, tem como objeto um bem ou uma utilidade da vida, ou seja, constitui-se num instrumento de efetividade do direito material posto – conquanto em tese possa haver processo sem direito material – traduzindo-se num importante mecanismo a serviço do Estado Democrático de Direito em que se constitui a República Federativa do Brasil (art. 1,*caput*, da Constituição Federal.).

É inegável que os sujeitos processuais, na instrução de uma demanda, atuam na defesa de interesses diametricamente opostos, colaborando com o juízo na medida em que essa colaboração lhes auxilie a se sagrar vitoriosos na demanda. Assim, assemelhando o processo a um jogo, é necessário que algumas regras sejam previamente estabelecidas para que os litigantes respeitem padrões mínimos de urbanidade e lealdade a fim de que sejam evitados exageros no exercício da ampla defesa.

Neste sentido, o processo deve-se orientar pela boa-fé objetiva, que é base do princípio da lealdade ou probidade processual, que se manifesta pela obrigação de que todos os envolvidos em uma relação processual devem dispor de padrões éticos de conduta, observando os preceitos de verdade, moralidade e probidade em todas as fases do procedimento, visando garantir o regular e isonômico andamento do feito.

Dessa maneira, todos os atos processuais devem ser praticados com respeito, cooperação e decoro entre as partes, sendo reprovável servir-se de mecanismos desleais, artifícios fraudulentos ou faltando com a verdade para se beneficiar do provimento jurisdicional.

Na busca constante pelo aprimoramento processual, pela primeira vez, o art. 5º do Código de Processo Civil (Lei n. 13.105 de 2015), que tem aplicação subsidiária ao processo trabalhista, preconiza de forma expressa, a boa-fé processual como princípio fundamental do processo, estabelecendo que: "Aquele que de qualquer forma participa do processo deve comportar-se de acordo com a boa-fé".

O dispositivo contempla, de forma genérica, o princípio da boa-fé processual com a previsão de que todos os sujeitos processuais envolvidos no processo – incluindo as partes, magistrados, auxiliares da justiça, membros do Ministério Público, advogados públicos ou privados, testemunhas e terceiros que intervêm no processo – devem adotar um comportamento de modo a respeitar a lealdade, honestidade e confiança: "trata-se de exigência atrelada ao exercício do contraditório, uma vez que a efetiva participação das partes, em paridade de tratamento e faculdades, só se exaure quando essa participação observa os princípios da cooperação e da boa-fé processual"[11].

A exigência de conduta de boa-fé independe da existência das reais intenções das partes, exigindo delas um modelo objetivo de conduta, protótipo social pelo qual impõe o poder-dever que cada pessoa ajuste sua própria conduta a esse protótipo, de modo que falar de princípio de boa-fé processual é o mesmo que boa-fé objetiva processual.

Reafirmando a ótica supra, Humberto Theodoro Junior leciona que a boa-fé objetiva "aparece no direito processual, sob a roupagem de uma cláusula geral, possuindo a norma que a veicula grande flexibilidade, cabendo ao juiz avaliar e determinar seus efeitos adequando-os às peculiaridades do caso concreto"[12].

Trata-se, portanto, de cláusula geral, ou norma de conduta geral processual, que impõe e proíbe condutas. A opção por uma cláusula geral de boa-fé é a mais correta. É que infinidade de situações que podem surgir ao longo do processo torna pouco eficaz qualquer enumeração legal exaustiva das hipóteses de comportamento desleal[13]. Daí ser correta a opção da legislação brasileira por uma norma geral que impõe o comportamento de acordo com a boa-fé. Em verdade, não seria necessária qualquer enumeração das condutas desleais: o art. 5º do CPC é bastante, exatamente por se tratar de uma cláusula geral[14].

A aplicação deste princípio nada mais é do que uma adequação ao Estado Constitucional e vem como experimento de democratização do processo a fim de se estipular um processo dialógico, com equilíbrio real, pressupondo absoluta lealdade entre as partes e o juízo, entre o juízo e as partes, com o propósito de que se aproximem da verdade, e não em um ambiente de guerra ou de batalha, para que então se alcance um "processo devido".

Fixadas essas premissas, tem-se que o devido processo legal, o contraditório adequadamente redimensionado e a boa-fé objetiva processual, são as principais colunas do arcabouço de sustentação do processo cooperativo, que exige dos sujeitos da relação jurídica processual – de todos os sujeitos – uma atuação em consonância com a boa-fé objetiva (princípio extraído de cláusula geral), que implica manejar conceitos como lealdade, razoabilidade, confiança, estabilidade, eticidade e segurança.

Cada vez que uma parte integrante do processo age de modo desleal ou temerariamente, desviando-se do rumo ético exigido, constitui-se uma infração, um "ilícito

---
11. DONIZETTI, Elpídio. *Novo Código de Processo Civil Comentado*. São Paulo: Atlas, 2015. p. 5.
12. THEODORO, Humberto Jr. *Curso de Direito Processual Civil* – Teoria do direito processual civil, processo de conhecimento e processo comum. 56. ed. rev. atual. e ampl. Rio de Janeiro: Forense, 2015. v. 1. cit., p. 80.
13. TARUFFO, Michele. "*General report* – abuse of procedural rights: comparative standarts os procedural fairness", p. 6; JUNOY, Joan Pico i. "El debido processo leal", cit., p. 370-371.
14. LIMA, Alcides de Mendonca. "Abuso de direito de demandar". *Revista de processo*, São Paulo, n. 19, p. 61, 1980.

processual", subsume-se a uma situação de litigância de má-fé, sujeitando seus infratores a sanções processuais como forma de repressão da conduta indesejada.

É pela valorização da boa-fé e pela condenação da má-fé que se prepara o ordenamento jurídico para combater a fraude de maneira que, descobertos o embuste e o ultraje ao preceito legal, seja cancelado o efeito antijurídico obtido, com astúcia, pelo defraudador, e restaurado o direito subjetivo por ele violado, a fim de que a verdade e a lei triunfem sobre a mentira e a injuricidade[15].

Havendo violação ou ameaça de violação à norma segundo a qual todos devem agir em consonância com a boa-fé objetiva, surge uma situação em que podem ser invocadas as chamadas figuras parcelares ou desdobramentos da boa-fé objetiva.

E é exatamente o fato de a invocação de tais figuras se dar, no mais das vezes, quando a boa-fé objetiva é violada ou se encontra ameaçada de violação, que faz com que elas também sejam conhecidas como funções reativas da boa-fé objetiva[16].

São elas (i) a vedação do *venire contra factum proprium* (vedação do comportamento contraditório de um indivíduo em uma relação jurídica), (ii) a *surrectio* (ampliação do conteúdo obrigacional de um direito), (iii) a supressio (redução do conteúdo obrigacional em decorrência de um longo período de tempo sem o exercício de um determinado direito) e (iv) o *tu quoque* (o sujeito que viola a norma não poderá se beneficiar desse ato, exigindo da outra parte que ela cumpra seus deveres e assuma as consequências resultantes).

Por conseguinte, o princípio da boa-fé no Código de Processo Civil foi amplamente discutido, dando origem, no Fórum Permanente de Processualistas Civis, aos Enunciados ns. 374 a 378, que merecem a transcrição a seguir:

> Enunciado n. 374. (art. 5º) O art. 5º prevê a boa-fé objetiva. (Grupo: Normas fundamentais)[17].
>
> Enunciado n. 375. (art. 5º) O órgão jurisdicional também deve comportar-se de acordo com a boa-fé objetiva. (Grupo: Normas fundamentais)[18].
>
> Enunciado n. 376. (art. 5º) A vedação do comportamento contraditório aplica-se ao órgão jurisdicional. (Grupo: Normas fundamentais)[19].
>
> Enunciado n. 377. (art. 5º) A boa-fé objetiva impede que o julgador profira, sem motivar a alteração, decisões diferentes sobre uma mesma questão de direito aplicável às situações de fato análogas, ainda que em processos distintos. (Grupo: Normas fundamentais)[20].
>
> Enunciado n. 378. (arts. 5º, 6º, 322, § 2º, e 489, § 3º) A boa fé processual orienta a interpretação da postulação e da sentença, permite a repreenda do abuso de direito processual e das condutas dolosas de todos os sujeitos processuais e veda seus comportamentos contraditórios. (Grupo: Normas fundamentais)[21].

Considerando essas digressões sobre o tema, é possível concluir que o Código de Processo Civil exalta a boa-fé objetiva com a implementação do modelo cooperativo, de forma a evitar balizas protelatórias e abusos processuais.

4. LITIGÂNCIA DE MÁ-FÉ E ABUSO DO DIREITO PROCESSUAL SOB A ÓTICA DO NOVO CÓDIGO DE PROCESSO CIVIL

Corolário da vida em sociedade é a presença de conflitos de interesses entre seus integrantes. Decorrente de diversos fatores sociais do reconhecimento e crescimento do Acesso à Justiça – usufruindo de prerrogativas da Constituição Federal e dos diversos documentos internacionais dos quais o Estado Brasileiro é signatário – houve, especialmente no final do século passado, uma erupção da litigiosidade no Brasil, que trouxe como consequência drástica o abarrotamento da máquina judiciária.

Nesta senda, o acesso à efetiva justiça enfrenta entraves do mais diversos, como custos, burocracia e morosidade, destacando-se, ainda, outro óbice: seu uso desvirtuado, por meio do abuso do direito de litigar, consistente em verdadeira contraversão do direito, utilizado de forma ilegítima[22].

Verifica-se, portanto, a ascensão de um fenômeno nocivo a essas grandes conquistas advindas do reconhecimento do acesso à justiça, o chamado abuso dos direitos processuais, que nada mais é do que o descomprometimento com os verdadeiros escopos da Jurisdição.

O atual Código Civil brasileiro, quando qualifica o abuso do direito como ato ilícito (art. 187), toma em consideração

---

15. JÚNIOR, Humberto Theodoro. *Fraude Contra Credores* – A Natureza da Sentença Pauliana. Belo Horizonte: Del Rey, 1996. p. 62.
16. "A função reativa é a utilização da boa-fé objetiva como exceção, ou seja, como defesa, em caso de ataque do outro contratante. Trata-se da possibilidade de defesa que a boa-fé objetiva possibilita em caso de ação judicial injustamente proposta por um dos contratantes" (SIMÃO, José Fernando. *A Boa-Fé e o Novo Código Civil* – Parte III. Disponível em: <http://www.professorsimao.com.br/artigos_simao_a_boa_fe_03.htm>). Acesso em: 8 ago. 2012.
17. Enunciados do Fórum Permanente de Processualistas Civis. Disponível em: <http://www.cpcnovo.com.br/wp-content/uploads/2016/06/FPPC-Carta-de-Sa%CC%83o-Paulo.pdf>. Acesso em: 25 abr. 2018.
18. Idem.
19. Idem.
20. Idem.
21. Idem.
22. Consoante ensina Maria Helena Diniz, o abuso constitui-se no uso de um "direito, poder ou coisa além do permitido ou extrapolando as limitações jurídicas, lesando alguém". Sob a aparência de um ato legal ou lícito, esconde-se a ilicitude no resultado, "por atentado ao princípio da boa-fé e aos bons costumes ou por desvio de finalidade socioeconômica para a qual o direito foi estabelecido. No ato abusivo há violação

justamente a conduta antifuncional, isto é, aquela que *in concreto* representa um desvio dos fins sociais, econômicos e éticos da lei. Enfim, reprime-se, na ordem material, o abuso do direito porque todo o ordenamento jurídico se acha comprometido, a um só tempo, com uma dupla perspectiva: a) em primeiro lugar, a própria ordem jurídica revela seus propósitos, suas metas, seu sistema; b) em segundo lugar, a ordem jurídica tem de relacionar-se com a perspectiva ética infestável do comportamento humano em sociedade[23].

Quem se vale do processo sem finalidade séria e legítima, com excessos, lesando injustamente a esfera jurídica de terceiros, com indevido apoio no direito de acesso à justiça, comete [...] abuso do direito de litigar, incidindo em ato ilícito[24].

O ilícito processual, além de, naturalmente, causar danos à parte antagônica na demanda judicial, concorre para a morosidade, seja por aumentar o número de demandas a serem julgadas, seja por criar incidentes protelatórios, que retardam ilegitimamente a trajetória processual. Assim, cuida-se de comportamento desfavorável à parte contrária, à sociedade como um todo e, por fim, ao Estado, que é encarregado do exercício da função jurisdicional, devendo prezar para que seja adequada, tempestiva e efetiva em seus resultados.

A Má-fé deriva do latim *malefatius*, sendo adotada no meio jurídico como qualificação jurídica da conduta, cabalmente repugnada e sancionada, do agente que age com o ânimo de prejudicar o adversário ou terceiro, de criar obstáculos ao exercício do seu direito ou a intenção manifesta de causar dano a outrem. De igual modo, a litigância de má-fé corresponde ao abuso do direito de ação ou de defesa pelos litigantes, consubstanciada na ação ou omissão deliberada da parte ou terceiro interveniente, com o intuito de prejudicar sujeito processual de posição antagónica, em manifesto desrespeito ao princípio da lealdade e da boa-fé, podendo ser praticado em qualquer fase processual (postulatória, instrutória, decisória ou recursal) e no âmbito das diversas espécies de processos, quais sejam, de conhecimento, execução e cautelar.

O Código de Processo Civil (Lei n. 13.105/2015) trouxe amplas alterações a respeito do tema da má-fé processual, a partir do art. 77, que prevê o comportamento ético como condição das relações em juízo, ao encontro do art. 139, que prevê o amplo poder do magistrado, como diretor do processo, de prevenir ou reprimir qualquer ato contrário a dignidade da justiça e indeferir postulações meramente protelatórias, de ofício ou a requerimento da parte interessada.

O tema da litigância de má-fé insere-se no capítulo que trata dos deveres das partes. Tais deveres poderiam ser reduzidos a uma única assertiva: dever de auxiliar o Estado-juiz no descobrimento da verdade e na efetivação das decisões judiciais, sem utilizar expedientes antiéticos. Assim é que incumbem às partes os deveres de expor os fatos em juízo conforme a verdade; proceder com lealdade e boa-fé; não formular pretensões nem deduzir defesa, quando cientes de que são destituídas de fundamento; não produzir provas nem praticar atos inúteis ou desnecessários à declaração ou defesa do direito; e cumprir com exatidão os provimentos executivos, provisórios ou definitivos, sem criar embaraços à efetivação[25].

Os arts. 80 e 81 do Código de Processo Civil representam a materialização do Princípio da Cooperação (estampado especificamente nos arts. 5º e 8º do mesmo diploma legal), que veio como um Direito Fundamental Processual, no qual cumpre ao magistrado o dever de auxiliar as partes, removendo obstáculos ao pleno exercício do direito de ação.

Optou o legislador processual por enumerar as hipóteses de ilícito processual caracterizadoras de litigância de má-fé, traçando diversos comportamentos processuais reprováveis e passíveis de sanção e de responsabilização.

O art. 80 estabelece a teoria da responsabilidade processual em razão da litigância de má-fé, ou seja, constitui a possibilidade do próprio juízo da demanda determinar a condenação da parte que litiga de má-fé em pagamento de indenização pelo seu ato processual abusivo, bem como em multa para indicar que sua atitude é reprovável do ponto de vista processual.

As posturas previstas no dispositivo legal são condutas objetivas, que têm como finalidade balizar o julgador na repressão de condutas antijurídicas, claramente contrárias aos interesses processuais e aos princípios constitucionais processuais, enaltecendo a boa-fé processual, com os decorrentes deveres de lealdade, probidade, veracidade, informação, transparência, urbanidade, respeito e cooperação.

Dessa forma, disciplina o art. 80 do Código de Processo Civil:

> Art. 80. Considera-se litigante de má-fé aquele que:
>
> I – deduzir pretensão ou defesa contra texto expresso de lei ou fato incontroverso;

---

da finalidade econômica ou social". A autora prossegue: "O abuso é manifesto, ou seja, o direito é exercido de forma ostensivamente ofensiva à justiça. [...]" (DINIZ, Maria Helena. *Código Civil anotado*. 15. ed. São Paulo: Saraiva, 2010. p. 209).

23. THEODORO, Humberto Jr. *Boa Fé e Processo* – Princípios Éticos na Repressão a Litigância de Má-Fé – Papel do Juiz – Academia Brasileira de Direito Processual Civil.
24. LEAL JÚNIOR, João Carlos; PICCHI NETO, Carlos. Acesso à justiça e abuso do direito de ação. *Revista Jurídica*, Porto Alegre, n. 465, p. 70, jul. 2016.
25. CÂMARA, Alexandre Freitas. *Lições de direito processual civil*. 25. ed. São Paulo: Atlas, 2014. p. 180.

II – alterar a verdade dos fatos;

III – usar do processo para conseguir objetivo ilegal;

IV – opuser resistência injustificada ao andamento do processo;

V – proceder de modo temerário em qualquer incidente ou ato do processo;

VI – provocar incidente manifestamente infundado;

VII – interpuser recurso com intuito manifestamente protelatório.

Há relevante divergência doutrinária relativa à natureza do rol de condutas apresentado pelo legislador neste artigo, se *numerus clausus* ou *numerus apertus*. Para quem defende tratar-se de rol exemplificativo, as hipóteses definidas pelo legislador não são capazes de prever todas as situações aptas a ensejar a má-fé (considerada termo aberto e indefinido), o que impediria o combate efetivo dos demais abusos de direito processual, deixando impunes condutas verdadeiramente ímprobas.

A seu turno, por se tratar de dispositivo sancionatório, os demais doutrinadores defendem a natureza taxativa do dispositivo – esse, inclusive, é o posicionamento manifestado pelo Superior Tribunal de Justiça, ao atestar que a condenação por litigância de má-fé pressupõe o enquadramento em algumas das previsões legais previstas no artigo[26].

Ao nosso sentir, o rol dos casos tipificadores de litigância de má-fé processual é *numerus clasus* (rol taxativo), com fundamento no entendimento doutrinário de que as normas impositivas de penalidades devem ser interpretadas restritivamente.

O inciso I do art. 80 do Código de Processo Civil, não obstante se resuma à verificação da má-fé na pretensão ou defesa contra texto expresso de lei ou fato incontroverso, é de se imaginar que as fronteiras da interpretação controvertida da lei ou dos fatos incontrovertidos não se restringem aos atos postulatórios em sentido estrito (inicial ou defesa), mas sim todo e qualquer ato da parte no curso do processo. Assim, o magistrado deverá atentar ao fato de a pretensão da parte estar filiada a sentidos implícitos da norma ou ordenamento jurídico, não cabendo, neste caso, a condenação por litigância de má-fé.

A litigância por fato incontroverso, por sua vez, consiste em uma manifestação da parte, contrária aquela anteriormente por ele narrada, ou narrada pela outra parte e por ela, na oportunidade, não controvertida. Igualmente, pode ser configurada na ocasião em que uma das partes se volta contra a reconstrução fática, já provada como correspondente à ocorrência dos fatos empíricos e, também, quando manifestar-se contrariamente a fato notório[27].

Ao seu turno, a Lide Temerária, prevista no inciso V, diz respeito à atuação precipitada, anormal, desmedida, audaz da parte, contrária à honradez, sinceridade e franqueza esperada no entremeio da relação processual. É aquela conduta repugnada pelo senso comum[28].

A litigância por incidente manifestamente protelatório, prevista no inciso VI, é espécie do gênero "resistência injustificada ao andamento do processo". Trata-se de incidente utilizado pela parte sem que haja razão de ser, ou seja, sem que haja razoável motivação e fundamento para o uso do incidente que podem ser incidentes processuais, recursos infundados ou ações incidentais. Ocorre que, para que essa demonstração seja feita, é necessária a comprovação de dolo da parte, em manifesto objetivo de lesar, sendo este o entendimento atual defendido pelo Superior Tribunal de Justiça[29].

---

26. DIREITO PROCESSUAL CIVIL. EMBARGOS DE DECLARAÇÃO. OMISSÃO, CONTRADIÇÃO, OBSCURIDADE OU ERRO MATERIAL. AUSÊNCIA. REEXAME DE FATOS E PROVAS. INADMISSIBILIDADE. SÚMULA N. 7/STJ. LITIGÂNCIA DE MÁ-FÉ. PARTE BENEFICIÁRIA DA ASSISTÊNCIA JUDICIÁRIA GRATUITA. REVOGAÇÃO DO BENEFÍCIO. DESCABIMENTO. 1. Ação ajuizada em 01.12.2014. Recurso especial interposto em 25.08.2016 e distribuído em 04.04.2017. 2. Os propósitos recursais são: a) a cassação do acórdão recorrido, por negativa de prestação jurisdicional; b) o afastamento da condenação por litigância de má-fé; c) a manutenção do benefício da assistência judiciária gratuita. 3. Ausente vício de omissão, contradição, obscuridade ou erro material a ser sanado, é de rigor a rejeição dos embargos de declaração. 4. É inviável, em sede de recurso especial, a análise acerca da caracterização da litigância de má-fé por alteração da verdade dos fatos, em razão do óbice veiculado pela Súmula n. 7/STJ. **5. As sanções aplicáveis ao litigante de má-fé são aquelas taxativamente previstas pelo legislador, não comportando interpretação extensiva.** 6. Assim, apesar de reprovável, a conduta desleal, ímproba, de uma parte beneficiária da assistência judiciária gratuita não acarreta, por si só, a revogação do benefício, atraindo, tão somente, a incidência das penas expressamente cominadas no texto legal. 7. A revogação do benefício da assistência judiciária gratuita – importante instrumento de democratização do acesso ao Poder Judiciário – pressupõe prova da inexistência ou do desaparecimento do estado de miserabilidade econômica, não estando atrelada à forma de atuação da parte no processo. 8. Nos termos do art. 98, § 4º, do CPC/2015, a concessão da gratuidade de justiça não isenta a parte beneficiária de, ao final do processo, pagar as penalidades que lhe foram impostas em decorrência da litigância de má-fé. 9. Recurso especial parcialmente conhecido e, nessa extensão, parcialmente provido. (REsp n. 1.663.193/SP, Rel. Ministra NANCY ANDRIGHI, TERCEIRA TURMA, julgado em 20.02.2018, DJe 23.02.2018). (g.n).
27. TJ-SP Câmara de Direito Privado, AI n. 2180342-84.2014.8.26.0000, rel. Des. Maury Bottesini, j. 09.01.2015, p. 09.01.2015
28. TRF 2, 7 T. Especializada, AC n. 201351170018202, rel. Des Federal José Antônio Neiva, j. 23.07.2014, p. 12.08.2014.
29. AGRAVO REGIMENTAL NO AGRAVO (ART. 544 DO CPC/1973) – SUBSCRIÇÃO DE AÇÕES – DECISÃO MONOCRÁTICA DA PRESIDÊNCIA DA SEGUNDA SEÇÃO QUE DEU PARCIAL PROVIMENTO AO RECURSO ESPECIAL INTERPOSTO PELA PARTE ADVERSA PARA AFASTAR A PENA POR LITIGÂNCIA DE MÁ-FÉ. INSURGÊNCIA DA AUTORA. 1. **O fato de o litigante ter feito uso de recurso previsto em lei não autoriza a imposição de pena por litigância de má-fé, que somente deve ser reconhecida após a demonstração do dolo da parte, inocorrente na hipótese.** 2. Agravo regimental desprovido. (AgRg no AREsp n. 328.749/SC, Rel. Ministro MARCO BUZZI, QUARTA TURMA, julgado em 05.12.2017, DJe 13.12.2017). (g.n).

Manifestado o alto grau de subjetivismo que se assenta sobre conceitos e noções genéricas, a caracterização de litigância de má-fé empreende uma atuação extremamente cautelosa do magistrado, que garanta o contraditório e seja fundamentalmente decidida – Princípio da Fundamentação trazido pelo art. 489 do Código de Processo Civil[30] – acerca do ato que legitimou a aplicação da litigância de má-fé.

Reconhecida a má-fé, o art. 81 do Código de Processo Civil prevê tripla responsabilização da parte que utiliza de artifício, impondo sanção de natureza punitiva e indenizatória ao sujeito processual responsável pelo ato, prevendo a aplicação, inclusive, de ofício pelo Magistrado, sem, contudo, afastar o contraditório, que é direito fundamental assegurado pelo art. 5º, inciso LV da Constituição Federal. Vejamos:

> Art. 81. De ofício ou a requerimento, o juiz condenará o litigante de má-fé a pagar multa, que deverá ser superior a um por cento e inferior a dez por cento do valor corrigido da causa, a indenizar a parte contrária pelos prejuízos que esta sofreu e a arcar com os honorários advocatícios e com todas as despesas que efetuou.
>
> § 1º Quando forem 2 (dois) ou mais os litigantes de má-fé, o juiz condenará cada um na proporção de seu respectivo interesse na causa ou solidariamente aqueles que se coligaram para lesar a parte contrária.
>
> § 2º Quando o valor da causa for irrisório ou inestimável, a multa poderá ser fixada em até 10 (dez) vezes o valor do salário-mínimo.
>
> § 3º O valor da indenização será fixado pelo juiz ou, caso não seja possível mensurá-lo, liquidado por arbitramento ou pelo procedimento comum, nos próprios autos.

É preciso cuidado na análise do *caput* do artigo ora mencionado, considerando-se a previsão de três diferentes espécies de condenação à parte que litigar de má-fé: (i) multa entre 1% e 10% do valor da causa, ou sendo o valor da causa irrisório ou inestimável até dez vezes o valor do salário mínimo; (ii) indenização pelos prejuízos causados a parte contrária, sendo que nesse caso é indispensável a existência de prova do dano; (iii) condenação nos honorários advocatícios e despesas, não se confundindo essa condenação com aquela gerada pela sucumbência, até porque a parte vencedora pode ser litigante de má-fé[31].

Vale destacar que o valor das sanções impostas ao litigante de má-fé reverterá em benefício da parte contrária, inteligência do art. 96 do Código de Processo Civil.

A sanção pecuniária, no Código de Processo Civil de 1973, deveria ser fixada em quantia não excedente a um por cento do valor da causa, sendo comum a fixação de valores irrisórios, o que de fato não coibia eficazmente a prática de litigância de má fé. A modificação legislativa alterou o patamar de fixação da multa que passa a ser superior a um por cento e inferior a dez por cento do valor corrigido da causa (art. 81, *caput*). Ademais, nos termos do § 2º do art. 81, "quando o valor da causa for irrisório ou inestimável, a multa poderá ser fixada em até 10 (dez) vezes o valor do salário-mínimo", ou seja, previu ainda, a fixação com base em outro parâmetro.

Importante mencionar que o Superior Tribunal de Justiça já se manifestou no sentido de que é desnecessária a comprovação de prejuízo efetivamente causado pela parte na conduta lesiva para que haja condenação ao pagamento de indenização por litigância de má-fé, já que a norma tem caráter reparatório (ou indenizatório), decorrendo de um ato ilícito processual[32].

Segundo o voto da Ministra Nancy Andrighi:

> De um lado, entendo que o dano processual não constitui pressuposto para a aplicação da multa a que alude o enunciado normativo do art. 81 do CPC/2015, mas tão somente para a indenização por perdas e danos, o que não se postulou na espécie. A multa aplicada reflete mera sanção processual, que não tem o objetivo de indenizar a parte adversa e, por esse mesmo motivo, não exige, para sua aplicação, a comprovação inequívoca da ocorrência de dano processual[33].

---

30. Enunciado 30.
    NECESSIDADE DE FUNDAMENTAÇÃO DAS DECISÕES.
    Aplica-se ao processo do trabalho o disposto nos incisos II e III do § 1º do art. 489 do CPC (desfundamentação da decisão mediante o uso inexplicado de conceitos jurídicos indeterminados e de motivação absolutamente genérica) por representarem hipóteses de ausência total de fundamentação.
31. NEVES, Daniel Amorim Assunpção. *Manual de Direito Processual Civil*. Volume único. 8. ed. Salvador: JusPodivm, 2016.
32. STJ. Corte Especial. EREsp n. 1.133.262-ES, Rel. Min. Luis Felipe Salomão, julgado em 03.06.2015 (Info 565).
33. EMENTA: DIREITO PROCESSUAL CIVIL. EMBARGOS DE DECLARAÇÃO. OMISSÃO, CONTRADIÇÃO, OBSCURIDADE OU ERRO MATERIAL. AUSÊNCIA. REEXAME DE FATOS E PROVAS. INADMISSIBILIDADE. SÚMULA N. 7/STJ. LITIGÂNCIA DE MÁ-FÉ. PARTE BENEFICIÁRIA DA ASSISTÊNCIA JUDICIÁRIA GRATUITA. REVOGAÇÃO DO BENEFÍCIO. DESCABIMENTO. 1. Ação ajuizada em 01.12.2014. Recurso especial interposto em 25.08.2016 e distribuído em 04.04.2017. 2. Os propósitos recursais são: a) a cassação do acórdão recorrido, por negativa de prestação jurisdicional; b) o afastamento da condenação por litigância de má-fé; c) a manutenção do benefício da assistência judiciária gratuita. 3. Ausente vício de omissão, contradição, obscuridade ou erro material a ser sanado, é de rigor a rejeição dos embargos de declaração. 4. É inviável, em sede de recurso especial, a análise acerca da caracterização da litigância de má-fé por alteração da verdade dos fatos, em razão do óbice veiculado pela Súmula n. 7/STJ. 5. As sanções aplicáveis ao litigante de má-fé são aquelas taxativamente previstas pelo legislador, não comportando interpretação extensiva. 6. Assim, apesar de reprovável, a conduta desleal, ímproba, de uma parte beneficiária da assistência judiciária gratuita não acarreta, por si só, a revogação do benefício, atraindo, tão somente, a incidência das penas expressamente cominadas no texto legal. 7. A revogação do benefício da assistência judiciária gratuita – importante instrumento de democratização do

Ressalte-se que a eventual "concessão de gratuidade não afasta o dever de o beneficiário pagar, ao final, as multas processuais que lhe sejam impostas" (art. 98, § 4º, do Código de Processo Civil), alcançando neste dispositivo a multa por litigância de má-fé. O mesmo raciocínio se aplica para a indenização fixada a título de perdas e danos em benefício da parte adversa que sofre os efeitos da litigância de má-fé. Neste sentido, é necessário perceber que o vitorioso na causa poda ser condenado em litigância de má-fé, caso incida em algum dos pressupostos legais.

O Superior Tribunal de Justiça, de igual modo, manifestou-se que "nos termos do art. 98, § 4º, do CPC/2015, a concessão da gratuidade de justiça não isenta a parte beneficiária de, ao final do processo, pagar as penalidades que lhe foram impostas em decorrência da litigância de má-fé"[34].

A litigância de má-fé, no entanto, não se confunde com o assédio processual. Em que pese as duas figuras sejam espécies do gênero dano processual, a litigância de má-fé pode se caracterizar com um único ato, enquanto que o assédio processual é uma conduta praticada ao longo do processo. Contudo, se a litigância de má-fé for praticada de forma reiterada poderá configurar assédio processual, que é uma espécie de dano moral, porém circunscrita a esfera judicial.

5. LITIGÂNCIA DE MÁ-FÉ NO DIREITO PROCESSUAL TRABALHISTA

O Direito Processual do Trabalho é ramo da ciência jurídica, constituído por um sistema de princípios, normas e instituições próprias, que tem por objetivo promover a pacificação justa dos conflitos decorrentes das relações jurídicas tuteladas pelo direito material do trabalho e regular o funcionamento dos órgãos que compõem a Justiça do Trabalho.

O Direito Material e o Direito Processual do Trabalho se complementam para a conservação da ordem jurídica trabalhista, sendo este a via de realização daquele. Assim, para a efetivação concreta do direito social do trabalho, de reconhecida natureza alimentar, é necessário que ele seja servido por um instrumento processual apto a lhe dar efetividade. Em outras palavras, é primordial que seja amparado por um processo que torne possível sua aplicação na forma e em tempo oportuno.

Sabe-se que o sistema processual laboral é ramo autônomo do Direito e possui, como tal, regras e princípios próprios. No entanto, admite-se que o Direito Processual do Trabalho dialogue com outros ramos do Direito, principalmente com o Direito Processual Civil.

A maior aproximação do processo do trabalho ao processo civil, no entanto, não pode desfigurar a principiologia do processo do trabalho, tampouco provocar retrocesso social à ciência processual trabalhista. Assim, as normas processuais comuns só deverão ser aplicadas se adaptadas às contingências do processo laboral, ou seja, se houver compatibilidade entre os dois sistemas processuais.

Tendo em vista o caráter alimentar da verba trabalhista, presume-se necessária a consciência de que os direitos perseguidos por ela reclamam tutela célere. O aceleramento do processo do trabalho, por conseguinte, é o principal meio para obtenção da tão perseguida efetividade processual.

Algumas condições colaboram para a morosidade do desenrolar do processo. Assoberbamento da máquina jurisdicional, ineficiência dos serviços cartoriais e a insuficiência de oficiais de justiça são apenas alguns aspectos que contribuem para tal cenário. Dificuldade de litigar em um país como o Brasil, em "eterno desenvolvimento".

As particularidades acima ressaltadas, todavia, não são a principal causa da demora na prestação jurisdicional no curso da execução trabalhista. A verdade é que os sustentáculos desse quadro são: a insolvência de fração dos devedores, a demasiada quantidade de manobras processuais permitidas em nosso processo, principalmente na fase de execução e na demora da prestação jurisdicional recursal presente no Tribunal Superior do Trabalho.

A boa-fé no Processo do Trabalho, aplicável tanto ao direito individual quanto ao direito coletivo, pressupõe uma posição de honestidade e honradez, alcançando todas as partes do processo – trabalhador, juiz, auxiliares da justiça –, ressaltando o valor ético do processo, alcançando todas as obrigações contratuais e todas as suas consequências.

Precisamente com vistas a difundir os instrumentos de combate à má-fé e às manobras processuais, a medida que reconhecidas como adversárias da celeridade e efetividade processual, é que já se aplicava, de forma tímida e subsidiária, a condenação por litigância de má-fé no processo do trabalho.

---

acesso ao Poder Judiciário – pressupõe prova da inexistência ou do desaparecimento do estado de miserabilidade econômica, não estando atrelada à forma de atuação da parte no processo. 8. Nos termos do art. 98, § 4º, do CPC/2015, a concessão da gratuidade de justiça não isenta a parte beneficiária de, ao final do processo, pagar as penalidades que lhe foram impostas em decorrência da litigância de má-fé. 9. Recurso especial parcialmente conhecido e, nessa extensão, parcialmente provido. (REsp n. 1.663.193/SP, Rel. Ministra NANCY ANDRIGHI, TERCEIRA TURMA, julgado em 20.02.2018, DJe 23.02.2018).

34. DIREITO PROCESSUAL CIVIL. EMBARGOS DE DECLARAÇÃO. OMISSÃO, CONTRADIÇÃO, OBSCURIDADE OU ERRO MATERIAL. AUSÊNCIA. REEXAME DE FATOS E PROVAS. INADMISSIBILIDADE. SÚMULA N. 7/STJ. LITIGÂNCIA DE MÁ-FÉ. PARTE BENEFICIÁRIA DA ASSISTÊNCIA JUDICIÁRIA GRATUITA. REVOGAÇÃO DO BENEFÍCIO. DESCABIMENTO. (...) 7. A revogação do benefício da assistência judiciária gratuita – importante instrumento de democratização do acesso ao Poder Judiciário – pressupõe prova da inexistência ou do desaparecimento do estado de miserabilidade econômica, não estando atrelada à forma de atuação da parte no processo. 8. Nos termos do art. 98, § 4º, do CPC/2015, a concessão da gratuidade de justiça não isenta a parte beneficiária de, ao final do processo, pagar as penalidades que lhe foram impostas em decorrência da litigância de má-fé. 9. Recurso especial parcialmente conhecido e, nessa extensão, parcialmente provido. (RESP n. 1.663.193/SP, Rel. Ministra NANCY ANDRIGHI, TERCEIRA TURMA, julgado em 20.02.2018, DJe 23.02.2018).

Não havia previsão expressa na Consolidação das Leis do Trabalho. Adotavam-se os parâmetros do Código de Processo Civil e, por aplicação do princípio da gratuidade e diante das características do processo do trabalho, evitava-se a condenação dos reclamantes em litigância de má-fé. Isso, por outro lado, fazia com que as estratégias processuais temerárias praticadas pelas reclamadas fossem, de certo modo, também perdoadas. É bastante comum, por exemplo, a apresentação de defesas com inúmeras preliminares de mérito sabidamente impróprias ou que contrariam expressamente a verdade constante dos próprios documentos que juntam aos autos ou, ainda, que são acompanhadas de documentos dolosamente fraudados e que são trazidos aos autos para ludibriar o juízo.

Insta transcrever o trecho de uma sentença proferida pelo Juiz Giani Gabriel Cardozo, da 1ª Vara do Trabalho de Gravataí/RS, (publicada em 17.10.2014, no processo n. 0000804-64.2013.5.04.0231), na qual fora imputada multa em decorrência da litigância de má-fé ao autor da ação.

> (...) Atitudes como esta demonstram o desrespeito do autor com o Poder Judiciário e merecem ser alvo de sanção, de forma a evitar que se repita.
>
> Dessa forma, aplico multa de 1% por litigância de má-fé (Art. 18, *caput*, CPC) e condeno o autor ao pagamento de indenização, na razão de 10% (Art. 18, § 2º, CPC), ambas calculadas sobre o valor da ação (R$ 70.000,00), valores que serão executados nesta ação e revertidas às reclamadas.
>
> (...) O autor declinou não ter condições de suportar custas processuais, mas por ter incorrido em litigância de má-fé não faz jus ao benefício da Justiça gratuita.
>
> É indevida a concessão dos benefícios da Justiça Gratuita ao litigante de má-fé, por absoluta incompatibilidade entre estes dois institutos. A gratuidade da Justiça está intimamente ligada à lealdade processual, de sorte que o seu beneficiário não está dispensado de agir eticamente, sob pena de a sociedade ter que arcar com os custos daquele que impulsiona a máquina judiciária obtendo vantagens indevidas. Rejeito. (...)

Vejamos a seguir algumas decisões proferidas pelo Tribunal Superior do Trabalho em que foram aplicadas multa de litigância de má-fé, com aplicação subsidiária do processo comum ao processo laboral.

> RECURSO DE REVISTA. ENQUADRAMENTO DO RECLAMANTE COMO TRABALHADOR DOMÉSTICO O apelo não se viabiliza, no particular, ante a ausência de sucumbência, tendo em vista que o Tribunal Regional considerou preclusa a discussão acerca da pretensão da reclamada de enquadrar o reclamante como trabalhador doméstico. Recurso de revista não conhecido. REAL SALÁRIO DO RECLAMANTE E RETIFICAÇÃO DA CTPS. Aresto inespecífico não autoriza o conhecimento do recurso, à luz da Súmula n. 296, I, do TST. Também não se cogita de ofensa direta e literal ao art. 5º, XXXVI e LIV, da Constituição Federal, ante a falta do necessário prequestionamento, nos moldes da Súmula n. 297 e da Orientação Jurisprudencial 62 da SBDI-1, ambas do TST, na medida em que o Colegiado Regional não apreciou a matéria, no particular, à luz desse preceito constitucional, nem mesmo em sede de embargos declaratórios. Por fim, não ficou evidenciada a denunciada ofensa aos arts. 4º, 444 e 818 da CLT e 333, II e III, do CPC, porquanto a v. decisão regional está lastreada nas provas colacionadas aos autos, pelas quais ficou atestada a inexistência de fraude, bom como o valor do salário no importe de R$ 790,00 (setecentos e noventa reais), logrando êxito a reclamada em comprovar suas alegações. Sendo assim, acolher a pretensão recursal, esposada nas razões de revista, importa o reexame do contexto fático-probatório em que se pautou o Tribunal Regional, ato defeso, neste momento processual, ante o que dispõe a Súmula n. 126 do TST. Recurso de revista não conhecido. MULTA POR EMBARGOS DECLARATÓRIOS CONSIDERADOS PROCRASTINATÓRIOS. Paradigma oriundo do STF não se presta ao fim colimado por falta de previsão legal (alínea -*a*-do art. 896 da CLT), bem como os julgados que não abordam as mesmas peculiaridades fáticas relatadas na v. decisão recorrida, como exige a Súmula n. 296, I, do TST. Incólumes também os arts. 5º, LV, da Constituição Federal e 538 do CPC, pois, da leitura da v. decisão que apreciou o recurso ordinário da reclamada, verifica-se que foram afastadas as alegações do reclamante suscitadas nos embargos declaratórios, referentes à existência de fraude e às provas constantes nos autos, sendo descabida a oposição desse recurso. Recurso de revista integralmente não conhecido. (RR – 24600-75.2009.5.03.0062, Relator Ministro: Horácio Raymundo de Senna Pires, Data de Julgamento: 28.11.2011, 3ª Turma, Data de Publicação: DEJT 02.12.2011). (g.n).
>
> AGRAVO DE INSTRUMENTO. RECURSO DE REVISTA. **LITIGÂNCIA DE MÁ-FÉ. Pretensão recursal cuja acolhida depende do reexame do conjunto probatório. Procedimento vedado nesta instância extraordinária (Incidência da Súmula n. 126 desta Corte). Violação literal de dispositivos de lei caracterizada.** Agravo de instrumento a que se nega provimento. (AIRR – 80740-77.2004.5.06.0012, Relator Ministro: Fernando Eizo Ono, Data de Julgamento: 04.06.2008, 4ª Turma, Data de Publicação: DJ 13.06.2008). (g.n).
>
> RECURSO DA RECLAMADA-RÉ LITIGÂNCIA DE MÁ-FÉ. PROCESSO DO TRABALHO. Não se aplica ao litigante de má-fé, no processo do trabalho, as perdas e danos do art. 16 do CPC, face à incompatibilidade com as normas processuais trabalhistas. **Entretanto são aplicáveis as regras do art. 18 do CPC**. Recurso ordinário a que se dá provimento. (ROAR – 488379-33.1998.5.03.5555, Relator Ministro: Ives Gandra Martins Filho, Data de Julgamento: 29.02.2000, Subseção II Especializada em Dissídios Individuais, Data de Publicação: DJ 07.04.2000) (g.n).
>
> LITIGÂNCIA DE MÁ-FÉ. PROCESSO DO TRABALHO. APLICABILIDADE. **O princípio da lealdade processual, com a consequente sanção pela conduta temerária ou protelatória da parte tem plena aplicação no processo do trabalho, que não é infenso às normas subsidiárias do CPC, que regulam a litigância**

de má-fé, a que se sujeitam indistintamente as partes, nos termos dos arts. 14 a 18 do referido diploma legal. Revista conhecida e não provida. (TST – RR: 3858233519975125555 385823-35.1997.5.12.5555, Relator: Antônio José de Barros Levenhagen, Data de Julgamento: 13.12.2000, 4ª Turma, Data de Publicação: DJ 09.02.2001. (g.n).

Em que pese a existência de aplicação da litigância de má-fé na matéria processual trabalhista, recorrendo-se de utilização subsidiária do direito comum para a sua fundamentação (CLT, art. 769[35]; CPC, art. 15[36]), somente a partir da Reforma Trabalhista (Lei n. 13.467 de 2017), diante da expansão do instituto ao inaugurar um capítulo que trata exclusivamente sobre o Dano Processual, é que a aplicação da litigância de má-fé ganha força no Direito Processual do Trabalho.

6. LITIGÂNCIA DE MÁ-FÉ E ABUSO PROCESSUAL – CONSEQUÊNCIAS APÓS A LEI N. 13.467/2017: REFORMA TRABALHISTA.

A Lei n. 13.467 de 13 de julho de 2017, conhecida como Reforma Trabalhista, a despeito de ser uma legislação esparsa, introduziu diversas normas no bojo da Consolidação das Leis do Trabalho, estabelecendo novas regras a serem inseridas no microssistema que compõe o direito material e processual do trabalho. Mais uma vez o legislador reformista promoveu o transporte para o processo do trabalho daquilo que literalmente já constava no art. 80 do CPC.

Não significa dizer que os deveres de lealdade e boa-fé só dirigirão o Processo do Trabalho após o aditamento legislativo feito pela Reforma Trabalhista. Esse novo aditamento legislativo simboliza apenas que, definitivamente, o assunto passa a ter regulamentação própria na Consolidação das Leis do Trabalho, embora que de modo incompleto, obrigando a aplicação supletiva do Código de Processo Civil, em especial no que se refere aos deveres processuais, e também quanto à configuração do ato atentatório a dignidade da justiça e ao uso moderado da linguagem nos autos e nas audiências (Código de Processo Civil, arts. 77[37] e 78[38]).

Neste sentido, a opção legislativa de criar capítulo específico para tratar da responsabilidade processual, se atendo única e exclusivamente a imposição de multas aos sujeitos processuais e testemunhas, sem dispor, de forma expressa, quanto aos deveres das partes e sujeitos do processo, mostra claramente a questionável opção do legislador em privilegiar um regime sancionatório da deslealdade processual.

Neste sentido, Cléber Lúcio de Almeida manifesta que a inclusão deste dispositivo e o silêncio do legislador deixam

---

35. Art. 769 – Nos casos omissos, o direito processual comum será fonte subsidiária do direito processual do trabalho, exceto naquilo em que for incompatível com as normas deste Título.
36. Art. 15 – Na ausência de normas que regulem processos eleitorais, trabalhistas ou administrativos, as disposições deste Código lhes serão aplicadas supletiva e subsidiariamente.
37. Art. 77. Além de outros previstos neste Código, são deveres das partes, de seus procuradores e de todos aqueles que de qualquer forma participem do processo:
    I – expor os fatos em juízo conforme a verdade;
    II – não formular pretensão ou de apresentar defesa quando cientes de que são destituídas de fundamento;
    III – não produzir provas e não praticar atos inúteis ou desnecessários à declaração ou à defesa do direito;
    IV – cumprir com exatidão as decisões jurisdicionais, de natureza provisória ou final, e não criar embaraços à sua efetivação;
    V – declinar, no primeiro momento que lhes couber falar nos autos, o endereço residencial ou profissional onde receberão intimações, atualizando essa informação sempre que ocorrer qualquer modificação temporária ou definitiva;
    VI – não praticar inovação ilegal no estado de fato de bem ou direito litigioso.
    § 1º Nas hipóteses dos incisos IV e VI, o juiz advertirá qualquer das pessoas mencionadas no *caput* de que sua conduta poderá ser punida como ato atentatório à dignidade da justiça.
    § 2º A violação ao disposto nos incisos IV e VI constitui ato atentatório à dignidade da justiça, devendo o juiz, sem prejuízo das sanções criminais, civis e processuais cabíveis, aplicar ao responsável multa de até vinte por cento do valor da causa, de acordo com a gravidade da conduta.
    § 3º Não sendo paga no prazo a ser fixado pelo juiz, a multa prevista no § 2º será inscrita como dívida ativa da União ou do Estado após o trânsito em julgado da decisão que a fixou, e sua execução observará o procedimento da execução fiscal, revertendo-se aos fundos previstos no art. 97.
    § 4º A multa estabelecida no § 2º poderá ser fixada independentemente da incidência das previstas nos arts. 523, § 1º, e 536, § 1º.
    § 5º Quando o valor da causa for irrisório ou inestimável, a multa prevista no § 2º poderá ser fixada em até 10 (dez) vezes o valor do salário-mínimo.
    § 6º Aos advogados públicos ou privados e aos membros da Defensoria Pública e do Ministério Público não se aplica o disposto nos §§ 2º a 5º, devendo eventual responsabilidade disciplinar ser apurada pelo respectivo órgão de classe ou corregedoria, ao qual o juiz oficiará.
    § 7º Reconhecida violação ao disposto no inciso VI, o juiz determinará o restabelecimento do estado anterior, podendo, ainda, proibir a parte de falar nos autos até a purgação do atentado, sem prejuízo da aplicação do § 2º.
    § 8º O representante judicial da parte não pode ser compelido a cumprir decisão em seu lugar.
38. Art. 78. É vedado às partes, a seus procuradores, aos juízes, aos membros do Ministério Público e da Defensoria Pública e a qualquer pessoa que participe do processo empregar expressões ofensivas nos escritos apresentados.
    § 1º Quando expressões ou condutas ofensivas forem manifestadas oral ou presencialmente, o juiz advertirá o ofensor de que não as deve usar ou repetir, sob pena de lhe ser cassada a palavra.
    § 2º De ofício ou a requerimento do ofendido, o juiz determinará que as expressões ofensivas sejam riscadas e, a requerimento do ofendido, determinará a expedição de certidão com inteiro teor das expressões ofensivas e a colocará à disposição da parte interessada.

claro o aspecto simbólico da reforma trabalhista, que nada mais é do que a manifesta tentativa de inibir o acesso à justiça, por meio de ameaça de punição[39].

A Reforma Trabalhista introduziu na Seção IV-A, ao Capítulo II do Título X, intitulado "Da Responsabilidade por Dano Processual", o art. 793-A, com a seguinte redação: "Responde por perdas e danos aquele que litigar de má-fé como reclamante, reclamada ou interveniente", reconhecendo expressamente o direito à ampla e adequada reparação por danos processuais.

Na sequência, o art. 793-B da CLT abarca as situações em que a parte litigante ou interveniente será considerada como litigante de má-fé. Nota-se que o preceito celetista reproduziu com fidelidade o rol trazido pelo art. 80 do Código de Processo Civil. Vejamos:

> Art. 793-B. Considera-se litigante de má-fé aquele que:
>
> I – deduzir pretensão ou defesa contra texto expresso de lei ou fato incontroverso
>
> II – alterar a verdade dos fatos;
>
> III – usar do processo para conseguir objetivo ilegal;
>
> IV – opuser resistência injustificada ao andamento do processo;
>
> V – proceder de modo temerário em qualquer incidente ou ato do processo;
>
> VI – provocar incidente manifestamente infundado;
>
> VII – interpuser recurso com intuito manifestamente protelatório.

A mesma discussão se estabelece acerca da natureza do rol apresentado pelo art. 793-B, se exemplificativo ou taxativo. Defendemos aqui o mesmo posicionamento já apresentado para o art. 80 do Código de Processo Civil, de que a natureza jurídica do rol é *numerus clausus* diante do caráter sancionatório do artigo.

O art. 793-C[40] revela a mesma timidez já evidenciada no texto do CPC, resistindo em romper com a lógica do processo como um bom negócio[41]. Neste dispositivo se materializa a tripla responsabilização legalmente imposta ao sujeito processual que agir com má-fé, na medida que abarca: 1) pagar multa – que deverá ser superior a 1% (um por cento) e inferior a 10% (dez por cento) do valor corrigido da causa; 2) indenizar os prejuízos que a parte contrária sofreu; e 3) arcar com honorários advocatícios e com todas as despesas processuais da parte adversa.

O valor da indenização será fixado pelo juiz ou, caso não seja possível mensurá-lo, liquidado por arbitramento ou pelo procedimento comum (que a CLT continua a chamar de artigos – art. 879, *caput*), nos próprios autos (CLT, art. 793-C, § 3º). Demais disso, quando forem dois ou mais litigantes de má-fé, o juiz condenará cada um na proporção de seu respectivo interesse na causa ou solidariamente aqueles que se coligaram para lesar a parte contrária (CLT, art. 793-C, § 1º). Vale destacar que "o valor das sanções impostas ao litigante de má-fé reverterá em benefício da parte contrária" (CPC, art. 96, parte inicial)[42].

Quanto a terceira forma sancionatória, que impõe ao litigante de má-fé arcar com os honorários advocatícios e com todas as despesas processuais que a parte contrária efetuou, tem-se que esta somente se dará quando todos os pedidos forem julgados improcedentes. Se houver litigância de má-fé, mas algum pedido foi acolhido, somente poderá ser imposta a parte a obrigação de pagar a multa cominada no art. 793-C[43].

A única diferença que existe entre as disposições acerca do tema de litigância de má-fé constantes na CLT e no CPC, diz respeito ao limite máximo do valor da indenização decorrente das condutas, nas hipóteses em que o valor da causa for irrisório ou inestimável. No primeiro diploma citado, o limite máximo é equivalente a duas vezes o valor do teto dos benefícios previdenciários enquanto no Código de Processo Civil o valor é de dez vezes o valor do salário mínimo.

---

39. ALMEIDA, Cléber Lúcio. A Responsabilidade pela Reparação de Danos Processuais na Reforma Trabalhista. In: *Direito do Trabalho e Direito Processual do Trabalho* – Reforma Trabalhista, principais alteraçcoes. HORTA, Denise Alves; FABIANO, Isabela Márcia de Alcântara; KOURY, Luiz Ronan; OLIVEIRA, Sebastião Geraldo. São Paulo: LTr, 2017. p. 344.

40. 'Art. 793-C. De ofício ou a requerimento, o juízo condenará o litigante de má-fé a pagar multa, que deverá ser superior a 1% (um por cento) e inferior a 10% (dez por cento) do valor corrigido da causa, a indenizar a parte contrária pelos prejuízos que esta sofreu e a arcar com os honorários advocatícios e com todas as despesas que efetuou.
    § 1º Quando forem dois ou mais os litigantes de má-fé, o juízo condenará cada um na proporção de seu respectivo interesse na causa ou solidariamente aqueles que se coligaram para lesar a parte contrária.
    § 2º Quando o valor da causa for irrisório ou inestimável, a multa poderá ser fixada em até duas vezes o limite máximo dos benefícios do Regime Geral de Previdência Social.
    § 3º O valor da indenização será fixado pelo juízo ou, caso não seja possível mensurá-lo, liquidado por arbitramento ou pelo procedimento comum, nos próprios autos.'

41. MAIOR, Jorge Luiz Souto. *Prática processual trabalhista*: possíveis efeitos da Lei n. 13.467/2017. Artigo publicado no blog Jorge Luiz Souto Maior. Disponível em: <https://www.jorgesoutomaior.com/blog/pratica-processual-trabalhista-possiveis-efeitos-da-lei-n-1346717>.

42. JÚNIOR, Antônio Umberto de Souza. Dano Processual e Reforma Trabalhista. MIESSA, Élisson. *A Reforma Trabalhista e seus Impactos*. Salvador: JusPodivm, 2017.

43. ALMEIDA, Cléber Lúcio. A Responsabilidade pela Reparação de Danos Processuais na Reforma Trabalhista. In: *Direito do Trabalho e Direito Processual do Trabalho* – Reforma Trabalhista, principais alteraçcoes. HORTA, Denise Alves; FABIANO, Isabela Márcia de Alcântara; KOURY, Luiz Ronan; OLIVEIRA, Sebastião Geraldo. São Paulo: LTr, 2017. p. 344.

Por fim, o art. 793-D da CLT é claro ao prever a aplicação de multa sancionatória à testemunha "que intencionalmente alterar a verdade dos fatos ou omitir fatos essenciais ao julgamento da causa".

Atente-se para a circunstância de que não há punição similar na seção do CPC, que serviu de parâmetro normativo para essa inovação introduzida na CLT. É dizer que não existe, na Seção II do CPC de 2015 ("Da Responsabilidade das Partes por Dano Processual"), que integra o Capítulo I do Título I do Livro II daquele diploma processual geral, sendo composta pelos arts. 79 até 81, abordando a responsabilidade das partes por dano processual, preceito legal que faça referência expressa a punição, mediante multa, a testemunha. Em suma, o novo art. 793-D da CLT, inserido pela Reforma Trabalhista foi além do próprio rigorismo já percebido no Código de Processo Civil.

Como as declarações das testemunhas no processo laboral possuem grande responsabilidade na formação do convencimento do julgador, a apreciação da aplicação de multa por litigância de má-fé deverá se pautar na manifesta intenção fraudulenta da testemunha em situações em que a mesma é flagrada alterando a verdade dos fatos ou omitindo pontos essenciais para o julgamento da causa[44] e não por mero descompasso sobre a percepção dos fatos ocorridos.

Logo, não será o simples descompasso entre o teor das declarações de uma testemunha e a convicção do julgador em torno dos fatos por ela referidos que permitirá a abertura do novo flanco de punição processual. Afinal, tal descompasso pode derivar, obviamente, de deliberada mentira, mas também pode resultar de má percepção sensorial do ocorrido, do esquecimento ou de perturbações da memória da testemunha. Assim, será necessária a confluência de dados da realidade que permitam ao juiz formar a certeza da deslealdade da conduta da testemunha[45].

Segundo exemplo trazido por Homero Batista, essa situação ocorre particularmente nos casos em que a mesma testemunha presta depoimentos conflitantes em dois processos distintos, sendo que na outra demanda ela pode ter sido arrolada como testemunha ou ter sido parte na demanda judicial[46].

O instrumento da acareação pode ser uma boa ferramenta para a descoberta da existência ou não da improbidade testemunhal (CPC, art. 461, inciso II e §§ 1 e 2 – aplicados supletivamente ao processo do trabalho [CLT, art. 769; CPC, art. 15]). Também eventual dilação probatória para a busca de elementos novos pode ser decisiva na construção da certeza da improbidade testemunhal ou da convicção de sua inexistência no caso concreto[47].

Há grande discussão acerca da redação conferida a este artigo, havendo sustentação de inconstitucionalidade por alguns doutrinadores, que afirmam que a verificação do elemento subjetivo (intencionalidade de alterar a verdade dos fatos ou omitir fatos essenciais) só cabe ao juízo criminal, "ex vi" do que dispõe o art. 114 da CF e do inciso XXXVII do art. 5 da CF, que impede o julgamento que não seja feito pelo juiz natural[48].

Essa é a corrente defendida por Jorge Luiz Souto Maior, que apresenta o argumento no artigo: "Prática processual trabalhista: possíveis efeitos da Lei n. 13.467/2017", publicado no dia 05.11.2017.

> O art. 793-D, na linha da ânsia punitiva já revelada por alguns setores da própria Justiça do Trabalho, promove ruptura visceral com a origem histórica e os pressupostos do direito e do processo do trabalho por constituir evidente tentativa de intimidação das testemunhas em uma lógica na qual, bem sabemos, não existe isenção. É evidente que as testemunhas, em uma ação trabalhista, não são isentas. As testemunhas que comparecem a pedido do reclamante, via de regra, já trabalharam na empresa demandada, com ela mantendo, portanto, relação que não se resume a questões econômicas, como bem sabemos. A relação de trabalho é também uma relação de troca de afetos, pelo próprio lugar que o trabalho ocupa na vida humana. Por sua vez, as testemunhas convidadas a depor pela demandada, em regra, são empregados que não detêm garantia alguma de manutenção no emprego, e seu depoimento, consequentemente, é carregado dessa dependência. Logo, intimidá-la com a possibilidade de multa ou, pior, aplicar tal penalidade, implicaria punir a testemunha por ato que extrapola as suas possibilidades. Não se está aqui, obviamente, defendendo a impunidade por falso testemunho, mas para isso já há previsão normativa que preserva o necessário devido processo legal, para que não se constitua um fator de autoritarismo aos juízes, que é, aliás, o que a Lei n. 13.437/2017 pretendeu realizar. Importante reconhecer que em uma relação de trato continuado, como é a relação de emprego, muitas vezes a perfeita reprodução oral dos fatos é uma tarefa bastante imprecisa e até por isso mesmo o dever da produção de prova documental recai sobre o empregador. Essa norma em

---

44. CHAVES, Clarissa Valadares. *Prova Testemunhal* – Algumas Reflexões à Luz do CPC/2015. O Direito processual do trabalho na perspectiva do código de processo civil e da reforma trabalhista – Atualizado de acordo com a MP n. 808, de 14 de novembro de 2017. São Paulo: LTr, 2017.
45. JÚNIOR, Antônio Umberto de Souza. Dano Processual e Reforma Trabalhista. In: MIESSA, Élisson. *A Reforma Trabalhista e seus Impactos*. Salvador: JusPodivm, 2017.
46. SILVA, Homero Batista Mateus da. *Comentários à Reforma Trabalhista* – Análise da Lei n. 13.467/2017 – Artigo por Artigo. São Paulo: RT, 2017. p. 148.
47. JÚNIOR, Antônio Umberto de Souza. Dano Processual e Reforma Trabalhista. In: MIESSA, Élisson. *A Reforma Trabalhista e seus Impactos*. Salvador: JusPodivm, 2017.
48. CASTELO, Jorge Pinheiro. Panorama Geral da Reforma Trabalhista – Aspectos de Direito Processual e Material. *Revista LTR*. v. 81, n. 12. p. 1.435, dez. 2017.

comento, além disso, contraria frontalmente o art. 5º, LIV, da Constituição Federal, que impede que alguém seja privado de seus bens sem o devido processo legal e o inciso LV do mesmo artigo, que garante o contraditório e a ampla defesa aos "acusados em geral". Logo, se a testemunha for acusada de mentir em juízo, terá que ter respeitado seu direito de defesa, antes de ser punida, dentro dos padrões legais estabelecidos[49].

Ocorre que, a multa trazida por esse artigo não se confunde com o tipo penal de "Falso Testemunho" previsto no art. 342 do Código Penal[50], por ser aquela uma multa sancionatória de improbidade testemunhal de natureza estritamente processual, dissociada de eventual repercussão penal.

A aplicação da multa sancionatória não impede que o juiz, caso entenda necessário, determine a expedição de ofício com cópia dos autos à autoridade competente (qual seja, Ministério Público Federal), para a devida apuração de possível crime de falso testemunho, haja vista tratar-se de esferas de apreciação jurisdicionais autônomas e independentes entre si.

Nota-se que a apenação da litigância de má-fé é instrumento adequado se usado com bom senso e racionalidade pelos julgadores. Quer dizer, a aplicação de sanção deve se pautar por critérios e situações objetivas e não de subjetivismo totalmente discricionário do julgador, sob pena de converter em instrumento de mero arbítrio.

Dessa forma, as alterações nas regras processuais propostas pela Lei n. 13.467/2017, precisam ser compreendidas e aplicadas à luz da atual noção do acesso à justiça como um direito fundamental, que é condição do próprio exercício dos direitos sociais. Esse é o referencial teórico que permitirá, também no âmbito processual, o uso das regras dessa legislação "contra ela mesma", constituindo racionalidade que preserve as peculiaridades do processo do trabalho e a proteção que o justifica.

Há de se pontuar que no primeiro dia de vigência da Reforma Trabalhista, o Magistrado José Cairo Junior, da 3 Vara do Trabalho de Ilhéus (BA), condenou um reclamante ao pagamento da multa de R$8.500,00 ao empregador, por considerar que houve litigância de má-fé nos pedidos do empregado na petição inicial, sob os seguintes argumentos extraídos da decisão:

> JORNADA DE TRABALHO
>
> 32. O reclamante, em seu depoimento, informou que "trabalhava das 07h00 às 12h00 e das13h00 às 16h00, de segunda a sexta-feira; que aos sábados trabalhava até às 11h00; que não passava desse horário; que não trabalhava aos domingos".
>
> 33. Ora, tais informações comprovam que o autor **alterou a verdade dos fatos**, pois em sua inicial diz que só gozava de 30 minutos de intervalo.
>
> 34. Isso implica indeferimento do pleito de horas extras e seus consectários, bem como do reconhecimento da litigância de má-fé, na forma prevista pelo art. 793-B, II, da CLT[51]. (g.n)

7. DANO PROCESSUAL PARA O ADVOGADO

Em que pese o art. 793-A da CLT, dizer que responderão por litigância de má-fé a parte litigante ou interveniente no processo, é preciso apontar que os advogados, no exercício da profissão, também podem responder pelos danos causados, por culpa ou dolo, que serão apurados em ação própria, sendo solidariamente responsáveis pelos danos processuais que concorrerem.

> Lei n. 8.906/1994 (Estatuto da OAB), Art. 32. O advogado é responsável pelos atos que, no exercício profissional, praticar com dolo ou culpa.
>
> Parágrafo único. Em caso de lide temerária, o advogado será solidariamente responsável com seu cliente, desde que coligado com este para lesar a parte contrária, o que será apurado em ação própria.

O art. 6º do Código de Ética e Disciplina da OAB veda a exposição em juízo de fatos deliberadamente falseados, que faltem com a verdade ou se estribem em má-fé.

> "O advogado deve ter o dever de não falsear, nem apresentar alegação grave, – que não tenha certeza nem conhecimento –, sobre matéria de fato ou depriment da parte litigante, sem que funde, ao menos em princípios de prova atendível, ou que o cliente a autorize por escrito".

Há de se registrar que tal hipótese é excepcional e somente deverá ser aplicada pelo magistrado diante de comprovação inequívoca de dolo, que se reveste o propósito desonesto da conduta do profissional a ser analisada.

---

49. MAIOR, Jorge Luiz Souto. *Prática processual trabalhista*: possíveis efeitos da Lei n. 13.467/2017. Artigo publicado no blog Jorge Luiz Souto Maior. Disponível em: <https://www.jorgesoutomaior.com/blog/pratica-processual-trabalhista-possiveis-efeitos-da-lei-n-1346717>.
50. Falso testemunho ou falsa perícia.
    Art. 342. Fazer afirmação falsa, ou negar ou calar a verdade como testemunha, perito, contador, tradutor ou intérprete em processo judicial, ou administrativo, inquérito policial, ou em juízo arbitral:
    Pena – reclusão, de 2 (dois) a 4 (quatro) anos, e multa.
    § 1º As penas aumentam-se de um sexto a um terço, se o crime é praticado mediante suborno ou se cometido com o fim de obter prova destinada a produzir efeito em processo penal, ou em processo civil em que for parte entidade da administração pública direta ou indireta.
    § 2º O fato deixa de ser punível se, antes da sentença no processo em que ocorreu o ilícito, o agente se retrata ou declara a verdade.
51. TRT 5ª Região. 3ª Vara do Trabalho de Ilheus. RTOrd 0000242-76.2017.5.05.0493. Publicada em 11 de Novembro de 2017.

Além do mais, de acordo com jurisprudência atual do Tribunal Superior do Trabalho, a apuração da responsabilidade do casuístico desafia ação própria, conforme se percebe dos seguintes precedentes jurisprudenciais:

> ADVOGADO. MULTA POR LITIGÂNCIA DE MÁ-FÉ. CONDENAÇÃO SOLIDÁRIA. VIOLAÇÃO DO ART. 32 E PARÁGRAFO ÚNICO DA LEI N. 8.906/1994. I – Delineada objetivamente na decisão rescindenda tese a propósito da possibilidade de os advogados serem condenados solidariamente com o seu constituinte pelo pagamento de multa por litigância de má-fé, na hipótese de lide temerária, sobressai a viabilidade do juízo rescindente pelo prisma do art. 32 e parágrafo único da Lei n. 8.906/1994, invocado expressamente tanto na inicial quanto nas razões recursais. II – Com efeito, o referido dispositivo é claríssimo ao preceituar que somente por meio de ação própria pode-se cogitar da condenação solidária do advogado com seu cliente, mediante comprovação de que, coligados, objetivavam lesar a parte contrária. III – Tendo por norte a literalidade do preceito legal, não há lugar para invocar-se o óbice da Súmula n. 83 desta Corte, de modo que a vulneração da norma da legislação extravagante se afigura incontrastável, em condições de autorizar o corte rescisório e por consequência afastar a condenação imposta aos advogados. IV – Recurso provido parcialmente. (RO – 272-85.2011.5.18.0000, Rel. Min. Antonio José de Barros Levenhagen, Subseção II Especializada em Dissídios Individuais, DEJT de 20.04.2017)

> RECURSO DE REVISTA DO RECLAMANTE – LITIGÂNCIA DE MÁ-FÉ – PENALIDADES – CONDENAÇÃO SOLIDÁRIA DO ADVOGADO – DESCABIMENTO. A previsão expressa no art. 32, parágrafo único, da Lei n. 8.906/1994 é a de que a conduta imprópria do advogado em juízo deve ser apurada em ação própria. A condenação do advogado às penalidades impostas ao litigante de má-fé deve observar o devido processo legal, sendo-lhe assegurados o contraditório e a ampla defesa em processo autônomo. Logo, ainda que evidenciada a conduta desleal, não tem cabimento a condenação solidária do causídico ao pagamento de multa e indenização por litigância de má-fé. Recurso de revista do reclamante conhecido e provido. (ARR – 3019-47.2011.5.18.0181, Rel. Min. Vieira de Mello Filho, 7ª Turma, DEJT de 05.06.2015)

É certo que a previsão expressa no parágrafo único do art. 32 da Lei n. 8.906/1994 é que a conduta temerária do advogado em juízo deve ser apurada em ação própria na Justiça Competente. Em se tratando, pois, de matéria que possui regência específica, não cabe ao juízo a imposição, de imediato, ao advogado que protagoniza litigância temerária, a responsabilidade pelo pagamento da multa correspondente.

8. CONCLUSÃO

As teorias que orientam o processo jurisdicional preconizam os valores éticos da justiça e solidariedade como norteadores da garantia do acesso à justiça (CF, art. 5º, XXXV) e do devido processo legal (CF, art. 5º, LIV). Ditos valores conferem à tutela jurisdicional o seu campo ético, a que há de se sujeitar todo o desenvolvimento do processo, servindo de orientação para o comportamento de todos os que atuam no cenário judicial de modo a torná-los solidários na realização da justiça.

A Lei n. 13.467/2017, conhecida de Reforma Trabalhista, trouxe várias mudanças tanto para o Direito Material quanto para o Direito Processual Trabalhista, dentre elas a criação de capítulo específico para tratar de responsabilidade processual e da aplicação de penas em decorrência da litigância de má-fé.

A Reforma, no entanto, esqueceu-se de dispor também de forma expressa quanto aos deveres das partes e sujeitos do processo, o que dificulta a aplicação das figuras definidoras de litigância de má-fé, devendo assim o intérprete continuar a se valer das normas processualistas civis, mais especificamente do art. 77 do Código de Processo Civil, para melhor aplicação do instituto.

Será preciso muita cautela e razoabilidade no trato e aplicação da matéria, não podendo se pautar no mero subjetivismo judicial, devendo ter como premissa que, as penalidades serão analisadas de forma restritiva.

9. REFERÊNCIAS BIBLIOGRÁFICAS

ALMEIDA, Cléber Lúcio. A Responsabilidade pela Reparação de Danos Processuais na Reforma Trabalhista. In: *Direito do Trabalho e Direito Processual do Trabalho* – Reforma Trabalhista, principais alterações. HORTA, Denise Alves; FABIANO, Isabela Márcia de Alcântara; KOURY, Luiz Ronan; OLIVEIRA, Sebastião Geraldo. São Paulo: LTr, 2017.

BARROSO, Luís Roberto; BARCELLOS, Ana Paula. O começo da história. A Nova interpretação constitucional e o papel dos princípios no Direito Brasileiro. *R. Direito Administrativo*. Rio de Janeiro, 232: 141-176, abr./jun. 2003.

CASTELO, Jorge Pinheiro. Panorama Geral da Reforma Trabalhista – Aspectos de Direito Processual e Material. *Revista LTr*. v. 81, n. 12. p. 1.435, dez. 2017.

CÂMARA, Alexandre Freitas. *Lições de direito processual civil*. 25. ed. São Paulo: Atlas, 2014. p. 180.

CHAVES, Clarissa Valadares. Prova Testemunhal – Algumas Reflexões à Luz do CPC/2015. *O Direito processual do trabalho na perspectiva do código de processo civil e da reforma trabalhista –* Atualizado de acordo com a MP n. 808, de 14 de novembro de 2017. São Paulo: LTr, 2017.

DELGADO, Mauricio Godinho. *A Reforma Trabalhista no Brasil*: com comentários a Lei n. 13.467/2017/ Mauricio Godinho Delgado, Gabriela Neves Delgado. São Paulo: LTr, 2017.

DONIZETTI, Elpídio. *Novo Código de Processo Civil Comentado*. São Paulo: Atlas, 2015. p. 5.

Enunciados do Fórum Permanente de Processualistas Civis. Disponível em: <http://www.cpcnovo.com.br/wp-content/uploads/2016/06/FPPC-Carta-de-Sa%CC%83o-Paulo.pdf>. Acesso em: 25 abr. 2018.

LEAL JÚNIOR, João Carlos; PICCHI NETO, Carlos. Acesso à justiça e abuso do direito de ação. *Revista Jurídica*, Porto Alegre, n. 465, p. 70, jul. 2016.

LIMA, Alcides de Mendonca. "Abuso de direito de demandar". *Revista de processo,* São Paulo, n. 19, p. 61, 1980.

MACIEL, José Fabio Rodrigues. *Teoria Geral do Direito:* segurança, valor, hermenêutica, princípios, sistema. São Paulo: Saraiva, 2004.

MAIOR, Jorge Luiz Souto. *Prática processual trabalhista:* possíveis efeitos da Lei n. 13.467/2017. Artigo publicado no blog Jorge Luiz Souto Maior. Disponível em: <https://www.jorgesoutomaior.com/blog/pratica-processual-trabalhista-possiveis-efeitos-da-lei-n-1346717>.

MAIOR, Jorge Luiz Souto; SEVERO, Valdete Solto. *O acesso à justiça sob a mira da reforma trabalhista* – ou como garantir o acesso a justiça diante da Reforma Trabalhista. São Pulo/Porto Alegre, 2017. Disponível em: <https://www.jorgesoutomaior.com/blog/o-acesso-a-justica-sob-a-mira-da-reforma-trabalhista--ou-como-garantir-o-acesso-a-justica-diante-da-reforma-trabalhista>.

MARTINS, Flávio Alves. *A boa-fé objetiva e sua formalização do direito das obrigações brasileiro.* 2. ed. Rio de Janeiro: Lúmen Juris, 2001. p. 33.

NEVES, Daniel Amorim Assunpcão. *Manual de Direito Processual Civil.* Volume único. 8. ed. Salvador: JusPodivm, 2016.

REALE, Miguel. *Lições de Direito.* 21. ed. São Paulo: Saraiva, 1994. p. 299.

SILVA, Homero Batista Mateus da. *Comentários à Reforma Trabalhista* – Análise da Lei n. 13.467/2017 – Artigo por Artigo. São Paulo: RT, 2017.

TARUFFO, Michele. "General report – abuse of procedural rights: comparative standarts os procedural fairness", p. 6; JUNOY, Joan Pico i. *"El debido processo leal"*, cit., p. 370-371.

THEODORO, Humberto Jr. *Boa Fé e Processo* – Princípios Éticos na Repressão a Litigância de Má-Fé – Papel do Juiz – Academia Brasileira de Direito Processual Civil.

THEODORO, Humberto Jr. *Curso de Direito Processual Civil* – Teoria do direito processual civil, processo de conhecimento e processo comum. 56. ed. rev. atual. e ampl. Rio de Janeiro: Forense, 2015. v. 1. cit.

THEODORO JÚNIOR, Humberto. *Fraude Contra Credores* – A Natureza da Sentença Pauliana. Belo Horizonte: Del Rey, 1996.

Reflexos da Reforma Trabalhista no Comportamento das Partes em Juízo à Luz das Vertentes da Boa-fé Objetiva

Antonio J. Capuzzi[1]

1. INTRODUÇÃO

O presente escrito visa abordar a aplicabilidade da boa-fé objetiva na seara do direito processual do trabalho, de modo a pautar as condutas de todos os que de alguma forma integram uma relação processual, mormente considerada a positivação na CLT da Seção IV-A ao Capítulo II, a normatizar a responsabilidade das partes em juízo por dano processual. Para tanto, será abordado o princípio processual da responsabilidade, bem como os desdobramentos inerentes à boa-fé em sua vertente objetiva, especialmente à luz das figuras civilistas do *venire contra factum proprium, tu quoque, surrectio e supressio*, delineando formas de aplicá-las ao processo.

2. BOA-FÉ OBJETIVA E ABUSO DO DIREITO – APLICAÇÃO AO DIREITO PROCESSUAL DO TRABALHO

O conceito de boa-fé objetiva relaciona-se diretamente com a conduta dos indivíduos em dado negócio jurídico, sendo originário do direito substancial civil. Não se perquire o *animus* de atuação daqueles que encetam determinado pacto, referente à boa-fé em sua vertente subjetiva, senão o modo de comportamento na relação com a parte contrária.

O ordenamento jurídico brasileiro orienta que, tanto nas relações de direito material, quanto nas de ordem processual, a observância ao princípio da boa-fé objetiva é dever dos indivíduos que as compõem.

Notadamente na seara processual, o Novo Código de Processo Civil é enfático ao conceber que todos os que de qualquer forma participem do processo, devem agir de acordo com a boa-fé (art. 5º[2]). Inegavelmente, o dispositivo consagra o dever de atuação sob o enfoque da boa-fé objetiva, sem qualquer relação com a análise da subjetividade intrínseca do indivíduo, eis que, sem embargo da dificuldade de aferição, caso essa não seja externada em condutas processuais, é irrelevante para a aplicação de censura pelo ordenamento jurídico.

Os tribunais reconhecem que a observância à conduta processual leal se vincula à observância de padrões relacionados a uma exigência normativa prévia (boa-fé objetiva), não se relacionando com o estado anímico da parte ao praticar determinado ato processual (boa-fé subjetiva)[3]. É dizer, independentemente do vínculo jurídico que une as partes, de ordem material ou processual, o agir de um não deve frustrar justas expectativas nutridas pela parte adversa[4], sob pena de vulneração da lisura no seio do processo, insculpida no art. 5º, do diploma processual civil citado.

Tanto isso é verdade que o Conselho da Justiça Federal já se manifestou, em seu Enunciado n. 26, da I Jornada de Direito Civil, no sentido de que a constatação da violação à boa-fé objetiva nas relações de direito material dispensa a comprovação do animus do sujeito, exigindo, tão somente, o comportamento probo dos pactuantes[5].

A análise do comportamento dos litigantes afere-se através de limites jurídicos e não jurídicos. O Código Civil juridiciza parâmetros para os limites lícitos das condutas das partes, ao dispor que incide em ato ilícito todo aquele que, exercendo um direito legítimo, suplanta os limites impostos pelo seu fim econômico ou social, pela boa-fé ou, ainda,

---

1. Mestrando em Direito do Trabalho e das Relações Sociais pelo Centro Universitário do Distrito Federal. Especialista em Direito e Processo do Trabalho. Pesquisador do Grupo de Pesquisa Direitos Humanos e Relações Sociais do Centro Universitário do Distrito Federal. Professor de Direito e Processo do Trabalho em cursos preparatórios para concursos públicos e pós-graduação. Coautor de livros e autor de artigos jurídicos. Advogado trabalhista. E-mail: antoniojcapuzzi@gmail.com
2. Art. 5º Aquele que de qualquer forma participa do processo deve comportar-se de acordo com a boa-fé.
3. TJ-MG – AC: 10342110133101001 MG, Relator: José Marcos Vieira, Data de Julgamento: 02.10.2013, Câmaras Cíveis / 16ª CÂMARA CÍVEL, Data de Publicação: 11.10.2013.
4. TJ-ES – APL: 00388324620148080024, Relator: WALACE PANDOLPHO KIFFER, Data de Julgamento: 04.09.2017, QUARTA CÂMARA CÍVEL, Data de Publicação: 20.09.2017.
5. "A cláusula geral contida no art. 422 do novo Código Civil impõe ao juiz interpretar e, quando necessário, suprir e corrigir o contrato segundo a boa-fé objetiva, entendida como a exigência de comportamento leal dos contratantes". Disponível em: <www.cjf.jus.br>. Acesso em: 31.05.2018.

pelos bons costumes (art. 187[6]). Certo é que a análise concreta de tais postulados se infere por meio de parâmetros não jurídicos, de apuração condicionada à variabilidade do comportamento humano na externalização das condutas[7], de modo a considerar a eticidade e a socialidade, nortes do Código Civil, as conexões sistemáticas deste com outros estatutos normativos, mormente a Consolidação das Leis do Trabalho, aliada aos fatores metajurídicos (não jurídicos) adrede referidos[8].

A partir da constatação de atos vulneradores da ordem processual, passível de ser reconhecido o abuso do direito processual, com as consequências daí decorrentes.

Não obstante, a construção da teoria do abuso do direito encontrou opositores como PLANIOL, COVIELLO, BARASSI, BAUDRY ET BARDE e DUGUIT, sob o argumento de que seria incompreensível que em um mesmo ato haja a presença de conduta conforme ao direito e contrária ao direito e que, em dado momento, haveria afronta às liberdades individuais do indivíduo no exercício daquele[9].

Lado outro, autores como JOSSERAND, SAVATIER e CÂMARA LEAL abraçaram a teoria, fornecendo, este último, decisiva explicação a fim de refutar o principal argumento oposicionista, no sentido que abusar do direito não significa fazer mau uso pelo simples fato de usá-lo, mas ao contrário, consiste no fato de usá-lo mal[10]. Ademais, sob o enfoque de que a teoria vulneraria liberdades individuais, o professor José Olímpio de Castro Filho foi cirúrgico ao contrapor referido fundamento ao preceituar que a teoria do abuso do direito se afina com o princípio da liberdade humana, quando o que realiza é nada mais do que a proteção do desvio do direito, protegendo o direito individual daquele contra o qual o abuso restou verificado[11].

No bojo da aceitação de tal teoria, validando o abuso do direito como conduta genérica passível de censura pelo condutor do processo, destacam-se três posicionamentos.

Para a primeira corrente de pensamento, denominada de subjetivista, o reconhecimento do abuso do direito estar-se-ia verificado desde que a intenção do agente restasse demonstrada. Independentemente de proveito mínimo para si ou, mesmo, nenhum proveito, o importante seria delinear o objetivo malicioso de prejudicar a outrem[12]. Em contraponto, há defensores do denominado viés objetivo, em que se exalta a concretude do abuso do direito sem a análise de qualquer intenção do sujeito de prejudicar a outrem, de modo que o ato praticado seria lícito desde que consentâneo com o ordenamento jurídico, despicienda a prova do propósito do modo de agir[13].

Adotando ambos os conceitos, o posicionamento – denominado de misto por Jorge Americano[14] –, une a verificação da intenção do agente cominada com a conduta contrária ao ordenamento jurídico analisada objetivamente. É dizer, ao adotar critério único para a validação ou não da conduta, se perderiam elementos importantes da verificação do agir da parte. Em tal medida, precisa é a lição do Professor Luiz Antonio da Costa Carvalho, aplicando a teoria ao processo civil, ao considerar que o abuso do direito consiste no exercício de pleito, podendo se verificar por meio de excessos intencionais ou involuntários, sob o aspecto doloso ou

---

6. Art. 187. Também comete ato ilícito o titular de um direito que, ao exercê-lo, excede manifestamente os limites impostos pelo seu fim econômico ou social, pela boa-fé ou pelos bons costumes.
7. Ensina Roberto Ferreira Shaan: *Não obstante, o próprio conjunto de normas positivas tem "claros" cujo preenchimento se dará com material de origem não jurídica. O conceito de "fins sociais" ou de "bem comum" é passível de enchimento com material eminentemente político e de variação equivalente à diferença existente entre os programas e a ideologia dos partidos políticos de direita e os de esquerda, pois ambos visão ao bem comum e aos fins sociais. A palavra "equidade" evoca emoção, bondade. As ideias de boa-fé, "bons costumes", "bom pai de família", têm conotação ética, e são variáveis do sul ao norte e do campo para a cidade. A "moral" tem conteúdo moral (e muito religioso). A "autonomia privada" não se desprende de sua origem econômica e filosófica; a "ordem pública" denota o intervencionismo econômico e social do Estado.* FERREIRA, Roberto Shaan. A influência de fatores metajurídicos no sistema de direito privado: modelo aberto externo. *Revista de informação legislativa*, v. 29, n. 114, p. 381-396, abr.-jun. 1992. Disponível em: <http://www2.senado.leg.br/bdsf/handle/id/176085>. Acesso em: 31.05.2018.
8. Nesse sentido é o Enunciado n. 27, da I Jornada de Direito Civil: "Na interpretação da cláusula geral da boa-fé, deve-se levar em conta o sistema do Código Civil e as conexões sistemáticas com outros estatutos normativos e fatores metajurídicos". Disponível em: <www.cjf.jus.br>. Acesso em: 31.05.2018.
9. Autores citados por CASTRO FILHO, José Olímpio de. *Abuso do Direito no Processo Civil*. 2. ed. Forense, 1960. p 22.
10. Idem. p. 22.
11. Idem. Ib idem. p. 24.
12. Idem. Ib idem. p. 24.
    Nesse sentido:
    MULTA POR LITIGÂNCIA DE MÁ-FÉ. VIOLAÇÃO AO PRINCÍPIO DA LEALDADE PROCESSUAL. INTENÇÃO TEMERÁRIA. COMPROVAÇÃO. Conforme reza a doutrina processualista, litigante de má-fé é aquela parte que, durante a regular instrução do processo, age de forma maliciosa, com dolo ou culpa, causando dano processual à parte contrária. Para que a parte seja condenada pela litigância de má-fé, é imperiosa a demonstração inequívoca do requisito subjetivo supramencionado, qual seja o dolo da parte manifestado por conduta intencionalmente maliciosa, violando o princípio da lealdade processual. Desta forma, ficando evidenciada a intenção temerária da parte autora, dado ter falseado a verdade dos fatos articulados na inicial, devida a condenação ao pagamento de multa por litigância de má-fé. (TRT 17ª R., RO 0000368-79.2015.5.17.0003, Rel. Desembargadora Wanda Lúcia Costa Leite França Decuzzi, DEJT 18.11.2015). (TRT-17 – RO: 00003687920155170003, Relator: Wanda Lúcia Costa Leite França Decuzzi. Data de Publicação: 18.11.2015) (grifei)
13. CASTRO FILHO, José Olímpio de. *Abuso do Direito no Processo Civil*. 2. ed. Forense, 1960. p. 24.
14. Idem. p. 28.

culposo, em prejuízo de outrem[15]. Emerge, com isso, uma responsabilidade processual de ordem objetiva de cognição subjetiva moderada, com a qual concordamos.

Certo é que, independente da teoria que se adote, é possível falar em abuso processual tanto no que tange ao conteúdo das alegações, como também no que diz respeito à forma como as partes atuam no processo. É o que se denomina de dever de veracidade e do cumprimento das regras do jogo[16].

2.1. Probidade processual sob o influxo da Reforma Trabalhista

A Lei n. 13.467/2017 inseriu no Capítulo II da CLT a Seção IV-A, tratando da responsabilidade das partes por dano processual no processo do trabalho. O objetivo foi munir o magistrado de ferramentas eficazes a coibir condutas processuais inconvenientes, impelindo um poder-dever punitivo ao representante do Estado face aos que não pautam seus comportamentos nos estritos limites da ética. Em última análise, a inserção legislativa persegue o intento de reprimir condutas contrárias à boa ordem processual de todos os que de alguma forma participam do liame processual (art. 5º, do NCPC).

É certo que a positivação da Seção IV-A na CLT conta com o parâmetro normativo de dispositivos consagrados no Novo Código de Processo Civil de 2015, bem como no antigo Código Buzaid de 1973. Em vista da lacuna normativa celetista acerca da temática, a jurisprudência do Colendo Tribunal Superior do Trabalho se posicionou favoravelmente à aplicação supletiva das disposições processuais comuns ao processo do trabalho, à luz do que dispõem os arts. 769, da CLT e 15, do NCPC[17].

Embora pacífica entre os juristas a aplicabilidade dos dizeres normativos do processo comum ao processo do trabalho, a atuação do legislador reformista ostenta singular importância no sentido de robustecer o entendimento já aceito com serenidade pela doutrina e jurisprudência. O conteúdo ético advindo do art. 793-B e incisos, da CLT[18], incluído pela Lei n. 13.467/17, impõe que todos os que participam do processo devem agir eticamente no curso processual, legitimado pelo influxo de que a função do processo é de pacificação social e segurança jurídica.

Lado outro, a jurisprudência é incisiva ao reputar que "a existência de norma específica não altera, contudo, a necessária exegese dos textos legais, nem pode implicar em interpretações que restrinjam o acesso à justiça ou aumentem o medo e o temor que os vulneráveis detêm de postular em juízo contra as violações de direito"[19], considerando que a má-fé nunca se presume, de modo a valorizar a boa-fé das partes, aliada ao direito de amplo acesso ao Judiciário juntamente com a garantia do direito de defesa.

A partir do descumprimento do dever de lealdade processual, aquele que for declarado litigante de má-fé deve responder frente à parte ex adversa pelas perdas e danos[20]

---

15. A doutrina do Professor José Olimpo se afina com o exposto:
    "Assim, transplantaram-se para o processo civil as noções de abuso, dolo, fraude, culpa para compor a figura da lide temerária, ou para focalizar os direitos, deveres, ônus ou encargos ou limites à atividade das partes, tudo visando ao mesmo objetivo de não permitir que o processo, instrumento para a realização do direito, se constituísse em elemento para prejudicar a outrem (teoria subjetivista), ou em elemento para o exercício do direito em desacordo com a sua finalidade social (teoria objetivista). Na realidade, é o processo civil campo muito mais vasto para o exercício abusivo do direito". Idem. Ib idem. p. 31.
16. SOUZA, Luiz Sergio Fernandes de. *Abuso de Direito Processual*: Uma teoria pragmática. São Paulo: Revista dos Tribunais, 2005. p. 114.
17. A título de exemplo, por todos:
    AGRAVO DE INSTRUMENTO. RECURSO DE REVISTA. LITIGÂNCIA DE MÁ-FÉ. MULTA. PROCESSO DO TRABALHO. APLICAÇÃO SUBSIDIÁRIA DO DIREITO PROCESSUAL COMUM. 1. Consoante o art. 769 da CLT, nas causas trabalhistas, permite-se a adoção supletiva de normas do processo comum desde que: a) a CLT seja omissa quanto à matéria; e b) não haja incompatibilidade com as normas e princípios do Processo do Trabalho. 2. As normas do Direito Processual Civil que regem a aplicação de multa por litigância de má-fé aplicam-se subsidiariamente ao Processo do Trabalho, tão cioso quanto aquele na preservação da probidade processual. 3. Sujeita-se à sanção da litigância de má fé a parte que provoca inocuamente a máquina judiciária através de processo já reproduzido anteriormente, patrocinado pelo mesmo escritório e pelo mesmo causídico. Decididamente não age em conformidade com os parâmetros de lealdade e boa-fé o litigante que provoca incidentes inúteis e/ou infundados. 4. Agravo de instrumento de que se conhece e a que se nega provimento. (TST – AIRR: 16559120105020481 1655-91.2010.5.02.0481, Relator: João Oreste Dalazen, Data de Julgamento: 04.09.2013, 4ª Turma. Data de Publicação: DEJT 13.09.2013)
18. Art. 793-B. Considera-se litigante de má-fé aquele que: (Incluído pela Lei n. 13.467, de 2017)
    I – deduzir pretensão ou defesa contra texto expresso de Lei ou fato incontroverso; (Incluído pela Lei n. 13.467, de 2017)
    II – alterar a verdade dos fatos; (Incluído pela Lei n. 13.467, de 2017)
    III – usar do processo para conseguir objetivo ilegal; (Incluído pela Lei n. 13.467, de 2017)
    IV – opuser resistência injustificada ao andamento do processo; (Incluído pela Lei n. 13.467, de 2017)
    V – proceder de modo temerário em qualquer incidente ou ato do processo; (Incluído pela Lei n. 13.467, de 2017)
    VI – provocar incidente manifestamente infundado; (Incluído pela Lei n. 13.467, de 2017)
    VII – interpuser recurso com intuito manifestamente protelatório. (Incluído pela Lei n. 13.467, de 2017)
19. TRT-1 – AP: 00000712820135010055 RJ, Relator: Sayonara Grillo Coutinho Leonardo da Silva, Sétima Turma, Data de Publicação: 17.05.2018.
20. A doutrina de Cristiane Drive Tavares Fagundes, aliada a outros diversos autores de renome nacional, é no sentido do cabimento de indenização por danos materiais e/ou morais decorrente de dano processual:
    "Quando se fala em dano processual, pode-se ter em mente aquela diminuição patrimonial ocorrida dentro do próprio processo, como, por exemplo, custas e honorários advocatícios, bem como aquela decorrente da atividade processual, mas externa ao processo. No que se refere

decorrentes de sua conduta (art. 793-A, da CLT, incluído pela Lei n. 13.467, de 2017[21]). Sem embargo, deverá pagar multa a ser revertida ao Estado, superior a 1% e inferior a 10% do valor corrigido da causa (art. 793-C, da CLT, incluído pela Lei n. 13.467, de 2017[22]) e arcar com o pagamento de honorários de advogado. A doutrina denominada o plexo de deveres de tríplice responsabilização imposta ao improbus litigator[23].

O conteúdo do dano processual dependerá do grau de ofensividade ostentado pela conduta do litigante de má-fé, eis que nem todo dano processual é ensejador de reparação por danos de ordem material e/ou moral, embora reprimido pela legislação por meio de multa revertida ao Estado. É o que ocorre, por exemplo, com a prática de condutas que afrontam a proibição do *venire contra factum proprium*, o *tu quoque*, a *supressio* ou a *surrectio*, facetas do princípio da boa-fé objetiva.

2.2. Princípio da responsabilidade nos sentidos amplo e estrito

O princípio da responsabilidade relaciona-se à atuação dos sujeitos no processo, podendo ser verificada sob duplo enfoque.

Abordando o conceito de forma ampla, o agir ao longo do trâmite processual deve se dar com fulcro na noção ampla de responsabilidade, no sentido de reparar danos causados a outrem, sendo exemplo o caso de reversão de tutela provisória concedida pelo Juízo e posteriormente revogada em sentença, como aduz o art. 302, inciso I, do NCPC[24]. Trata-se de invocação do sentido tradicional do termo[25].

Evidentemente, a pretensão de cumprimento provisório da decisão precária é faculdade do credor que deverá responder, independentemente de culpa[26], por sua atuação caso a decisão seja modificada ou revogada. É dizer, o dano deve ser demonstrado pela parte beneficiada com a revogação da tutela, eis que desta emerge o nexo de causalidade potencializador da danosidade.

Por outro lado, a responsabilidade em sentido estrito pode ser invocada como sinônimo de lealdade, entendida como o agir probo e idôneo, em observância às diretrizes éticas que norteiam a marcha processual. O agir em tal sentido abarca não somente as partes em sentido estrito, mas todos os que participam da lide, pois o art. 5º, do diploma processual civil citado, é claro ao dispor que aquele que de qualquer forma participa do processo deve proceder de acordo com a boa-fé.

E o agir pautado na ausência de boa-fé pode dar ensejo a moldurais fáticas como o venire contra factum proprium, tu quoque, supressio e surrectio que, conforme a doutrina, materializam a boa-fé em sua vertente objetiva[27]. A incidência dos conceitos ao campo da relação jurídica processual é inquestionável[28].

---

aos danos ocorridos em virtude do processo, mas externos a ele, entendemos que os mesmos podem ser de cunho moral (ou não patrimonial) e material (envolvendo os danos emergentes e os lucros cessantes). Não vislumbramos qualquer fundamentação jurídica plausível para que seja a indenização decorrente de prejuízo causado pela atividade processual limitada aos danos materiais suportados por uma das partes. (...) Aceitar que um dano – ainda que de cunho unicamente moral – fique sem a respectiva indenização é absurdo jurídico inaceitável, diante da amplitude concedida pela Constituição Brasileira à proteção da esfera patrimonial (material e moral) dos indivíduos". FAGUNDES, Cristiane Drive Tavares. *Responsabilidade objetiva por dano processual*. Rio de Janeiro: Lumen Juris, 2015. p. 94.

21. Art. 793-A. Responde por perdas e danos aquele que litigar de má-fé como reclamante, reclamado ou interveniente. (Incluído pela Lei n. 13.467, de 2017)
22. Art. 793-C. De ofício ou a requerimento, o juízo condenará o litigante de má-fé a pagar multa, que deverá ser superior a 1% (um por cento) e inferior a 10% (dez por cento) do valor corrigido da causa, a indenizar a parte contrária pelos prejuízos que esta sofreu e a arcar com os honorários advocatícios e com todas as despesas que efetuou. (Incluído pela Lei n. 13.467, de 2017)
23. SOUZA JÚNIOR, Antonio Umberto de; SOUZA, Fabiano Coelho de; MARANHÃO, Ney; AZEVEDO NETO, Platon Teixeira de. *Reforma Trabalhista. Análise comparativa e crítica da Lei n. 13.467/17 e da Medida Provisória n. 808/2017*. São Paulo. Rideel, 2018. p. 472.
24. Art. 302. Independentemente da reparação por dano processual, a parte responde pelo prejuízo que a efetivação da tutela de urgência causar à parte adversa, se: I – a sentença lhe for desfavorável;
25. SCARPINELLA, Cássio. *Curso Sistematizado de Direito Processual Civil*. Teoria geral. v. 1. 8. ed. 2014. pp. 1.011-1.013.
26. O Superior Tribunal de Justiça possui diversos precedentes neste sentido. Por todos, cita-se:
"(...) A satisfação de prestação fixada por meio de decisão judicial ainda não passada em julgado é medida processual facultativa a ser exercida, ou não, pelo credor-exequente. A ele compete avaliar o possível insucesso da pretensão ao fazer pedido de adiantamento do direito reconhecido em Juízo enquanto pendente recurso desprovido de efeito suspensivo. Desse modo, a Lei Processual salvaguarda ao credor o direito adjetivo à celeridade na satisfação da sua pretensão, ainda que o título judicial contenha eficácia provisória. Em contrapartida, decorre também de Lei a garantia ao devedor à reparação pelos danos que o exercício dessa faculdade processual lhe cause, caso ocorra final, o desfazimento do provimento judicial não definitivo, seja por reforma ou anulação. 2. A responsabilidade do credor que executa provisoriamente o título judicial é objetiva. Não há falar, no caso, em culpa, dolo ou má-fé. (...)" (REsp: 1.377.727 PR, Rel. Min. BENEDITO GONÇALVES, Primeira Turma, DJe 02.12.2014).
27. Nessa linha prevê o Enunciado n. 412, do CJF: "As diversas hipóteses de exercício inadmissível de uma situação jurídica subjetiva, tais como *supressio, tu quoque, surrectio e venire contra factum proprium*, são concreções da boa-fé objetiva". Disponível em: <www.cjf.jus.br>. Acesso em: 01.06.2018.
28. (...) *Venire contra factum proprium, surrectio, supressio e tu quoque*, são conceitos fundamentais intimamente ligados à boa-fé objetiva, e não é possível agir contraditoriamente no âmbito das relações jurídicas de direito privado, tampouco no campo da relação jurídica processual. 4. Recurso conhecido e desprovido. Correta a improcedência da demanda. Unânime. (TJ-ES – APL: 00388324620148080024, Relator: Walace Pandolpho Kiffer, Data de Julgamento: 04.09.2017, QUARTA CÂMARA CÍVEL, Data de Publicação: 20.09.2017)

2.2.1. Venire contra factum proprium

O princípio *venire contra factum proprium non potest* visa resguardar a manutenção de uma primeira conduta em detrimento de ato posterior que a contrarie. Detém raízes na teoria dos atos próprios, desenvolvida na doutrina espanhola, com o escopo de proteção da confiança e da segurança jurídica, norteadoras de todas as relações jurídicas. O liame de natureza processual, como é certo, não está isento de sua incidência.

Após a criação de expectativa por meio de conduta indicativa de comportamento futuro, a parte ex adversa vulnera a perspectiva visada com a prática de ato contrário, sendo de salutar importância destacar a doutrina do professor Ruy Rosado de Aguiar Júnior, ao pontuar que "para o reconhecimento da proibição é preciso que haja univocidade de comportamento do credor e real consciência do devedor quanto à conduta esperada"[29]. Com base na citada lição, a demonstração de comunhão entre a conduta de uma parte e a expectativa de outra é indispensável para que se reconheça a conduta paradoxal, sob pena de se atribuir àquele que providencie determinada ação que nem mesmo tinha conhecimento.

O jurista Anderson Schreiber ensina que para a incidência da teoria e seus desdobramentos, é necessária a prática de certa conduta pelo agente seguida da geração de legítima confiança em outrem na manutenção daquela. Ato contínuo, a prática de conduta contrária à primeira com a ocorrência ou possibilidade de geração de um dano concreto[30].

O Enunciado n. 362, do CJF[31] transparece lúcido que o objetivo primordial da figura em tela é a tutela da confiança. No bojo endoprocessual, há a possibilidade de se vislumbrar a censura a comportamento contraditório de uma das partes das mais diversas formas.

Interessante caso analisado pela 2ª Vara do Trabalho de Ituiutaba, município pertencente ao Estado de Minas Gerais, de jurisdição do Tribunal Regional do Trabalho da 3ª Região, exemplifica uma das diversas hipóteses passíveis de verificação do venire contra factum proprium no cotidiano forense laboral.

O trabalhador empregado de determinada empresa testemunhou em um processo descrevendo que não cumpria horário fixo, e que os horários de labor não eram fiscalizados. Relatou, ainda, que se ativava pela manhã para a realização de matérias jornalísticas, retornando para a residência às 10h30. Retornava às 13h30 e finalizava o expediente às 17h00. Não obstante, quando ajuizou reclamação trabalhista em face da mesma empresa, alegou que trabalhava das 7h40/8h às 18h/18h30min/20h, com uma hora intrajornada, sábados, domingos e feriados, quando selecionado para a realização de cobertura de matérias jornalísticas.

A magistrada atuante no caso concluiu que "o reclamante agiu de modo temerário ao postular horas extras neste caso, quando testemunhara, devidamente compromissado, em outra reclamação, ali afirmando coisa diametralmente oposta do que disse na peça de ingresso em relação ao controle de sua jornada e ao número de horas laboradas diariamente". Assim, condenou o reclamante a pagar à reclamada multa no valor de 1,5% do valor da causa[32].

Houve a interposição de Recurso Ordinário pelo autor no qual foi mantida a sentença prolatada pela Vara do Trabalho, sob o argumento de que "(...) a parte não pode em comportamento contraditório voltar atrás em seus próprios passos (depoimento), quando não é mais possível a retratação (proibição do venire contra factum proprium) do depoimento prestado anteriormente". Registrou que "beira às raias do absurdo, o autor alegar que mentiu a mando da reclamada no processo em que atuou como testemunha, sob o pretexto de que o fez para manutenção do emprego"[33].

2.2.2. Tu quoque

A figura do *tu quoque* veda que a violação a uma norma jurídica seja utilizada como benefício ao próprio violador da mesma. Simplesmente não se deve admitir que alguém possa agir contra o outro de maneira diversa da que agiria consigo próprio, sem que lhe seja imputado verdadeiro abuso do direito. É dizer, não se pode exigir um padrão de comportamento da parte adversa, se a própria não o observa.

Como ensina o professor Enoque Ribeiro dos Santos, em acórdão de sua relatoria, a expressão em tela "(...) representa a situação em que a pessoa que viola uma determinada regra jurídica não pode invocá-la a seu favor, sob pena de se ferir de morte o princípio da boa-fé objetiva[34].

No caso analisado pelo Tribunal Regional do Trabalho da 18ª Região, restou patente o objetivo da parte violadora de uma norma jurídica em pretender utilizar-se do próprio descumprimento para beneficiar-se.

O trabalhador relatou na inicial que laborava como motorista de caminhão, cumprindo jornada média diária de segunda-feira a domingo, das 6h00 às 22h00, sem intervalo

---

29. Citação extraída do acórdão do Recurso Ordinário 00080-2012-014-10-00-3 apreciado pelo TRT da 10ª Região – Relator: Desembargadora Heloisa Pinto Marques, Data de Julgamento: 19.09.2012, 3ª Turma, DEJT 19.10.2012.
30. SCHREIBER. Anderson. A proibição do comportamento contraditório. Tutela de confiança e venire contra factum proprium. Rio de Janeiro: Renovar, 2005. Página 124.
31. A vedação do comportamento contraditório (venire contra factum proprium) funda-se na proteção da confiança, tal como se extrai dos arts. 187 e 422 do Código Civil. Disponível em: <www.cjf.jus.br>. Acesso em: 01.06.2018.
32. Processo n. 0011381-94.2016.5.03.0176 (RTOrd) – sentença em 05.04.2017. Disponível em: <www.trt3.jus.br>. Acesso em: 01.05.2018.
33. TRT-3 – RO: 00113819420165030176 0011381-94.2016.5.03.0176, Relator: Convocado Antonio Carlos R. Filho, Segunda Turma.
34. TRT-1 – RO: 00010209120125010021 RJ, Relator: Enoque Ribeiro dos Santos, Quinta Turma, Data de Publicação: 12.12.2017.

intrajornada. Em contestação, a ré defendeu-se fundamentada na ausência de controle de jornada, pois o reclamante enquadrava-se na condição de trabalhador externo, à luz do que dispõe o art. 62, inciso I, da CLT. Houve condenação da reclamada em 1º grau, tendo em vista que a empresa não anexou aos autos os cartões de ponto, nos moldes do que dispõe a Súmula n. 338, item I, do Colendo TST.

Em grau de Recurso Ordinário, sustentou que por meio dos relatórios de viagens anexados (mapas, rotas e períodos de viagem) seria possível verificar os feriados laborados, bem como os dias laborados mensalmente. A Turma entendeu que tais documentos "(...) são inservíveis como meio de prova, uma vez que, além de unilaterais, podem ter sido apenas parcialmente juntados, conforme conveniência da ré, não correspondendo à realidade fática vivenciada pelo reclamante (...)", acrescido pelo fato de que somente um período do contrato de trabalho do trabalhador foi representado pela documentação.

Portanto, aplicou ao caso a regra *tu quoque*, disposta no art. 476, do Código Civil[35], considerando que a empresa, ao violar norma jurídica de controle da jornada que lhe é imposta pelo ordenamento jurídico, quis aproveitar-se da situação para eximir-se do pagamento correto das horas extraordinárias, anexando documentos elaborados unilateralmente para limitar o pagamento, especialmente em se considerando que a alegação primeira era de que o trabalhador desenvolvia atividade externa, sem qualquer controle de jornada. Com isso, manteve a decisão de 1ª instância[36].

2.2.3. Supressio

Prosseguindo na análise das vertentes ensejadores do cumprimento do princípio da boa-fé objetiva, a *supressio* se caracteriza pela supressão de um direito por meio de renúncia tácita do indivíduo que, por meio de sua conduta, enuncia que não mais agirá de determinado modo ou, ainda, pelo simples decurso do tempo. Trata-se da eliminação de um direito por meio da inércia qualificada da parte no exercício de direitos e/ou faculdades processuais, gerando no adversário uma legítima expectativa lastreada nas circunstâncias fáticas de que a pretensão não mais será exercida.

Um exemplo da incidência da figura nas relações processuais deu-se em paradigmático caso apreciado pelo Tribunal Regional do Trabalho da 24ª Região.

Constou em ata de audiência inicial requerimento por parte do autor para inquirição de testemunha por carta precatória. Após, foi designada audiência de instrução da qual foi intimado seu advogado, sem qualquer insurgência acerca de sua realização, bem como também não compareceu à audiência para que manifestasse interesse na manutenção da prova. A Vara do Trabalho decidiu que houve renúncia à produção de prova testemunhal pelo reclamante.

A partir da interposição de Recurso Ordinário sob a alegação de nulidade processual frente ao indeferimento de produção de prova testemunhal via carta precatória, o Regional entendeu que a partir do momento em que deferida a realização da prova testemunhal, incutiu-se nas partes a legítima confiança de que esta seria produzida. Dessa feita, não poderia se presumir a supressivo, ou seja, a renúncia ao direito de produzir a prova requerida e deferida pelo Juízo apenas pelo fato de a parte não ter comparecido em audiência, especialmente quando se considera que foi dispensado pelo Juízo o seu comparecimento na mesma.

Ademais, a Turma foi expressa ao mencionar que o encerramento da instrução poderia acontecer quando cumprida a carta, de forma que entendimento diverso "(...) impôs ao autor inaceitável cerceamento ao direito à prova que integra o núcleo essencial da garantia do contraditório e à ampla defesa previsto no inciso LV do art. 5º da Constituição Federal, conduzindo à nulidade do processo a partir da audiência de encerramento da instrução (...)". Determinou, assim, que após a devolução da carta precatória seja prolatada nova sentença[37].

2.2.4. Surrectio

A figura da *surrectio* tem por característica o surgimento de um direito por meio de condutas reiteradas ou, também, pelo decurso do tempo, em que se perfectibiliza a manutenção de certas realidades ou condições fáticas. Trata-se, por assim dizer, de fenômeno contrário à supressio, "(...) determinando a germinação de uma situação de vantagem para alguém em razão do não exercício do direito pelo seu titular"[38].

A Lei n. 13.467/2017, ao inserir o art. 11-A, §2º, na CLT, prevendo a possibilidade de o juiz do Trabalho pronunciar, de ofício, a prescrição intercorrente, contemplou a este declarar o surgimento do direito do executado (surrectio) em não ser mais compelido ao pagamento de dívida reconhecida pelo Judiciário. Após a fluência do prazo de 2 anos, contados da ciência pelo exequente de que deveria providenciar o cumprimento de determinação judicial no curso da execução, emerge para o executado a legítima expectativa de aquele não tem interesse em prosseguir com a cobrança, o que dá ensejo à pronúncia da prescrição intercorrente pelo magistrado[39].

---

35. Art. 476. Nos contratos bilaterais, nenhum dos contratantes, antes de cumprida a sua obrigação, pode exigir o implemento da do outro.
36. TRT-18 – RO: 00103122020175180129 GO 0010312-20.2017.5.18.0129, Relator: GERALDO RODRIGUES DO NASCIMENTO, Data de Julgamento: 31.07.2017, 1ª TURMA.
37. TRT-24 00247861320145240071, Relator: FRANCISCO DAS CHAGAS LIMA FILHO, 2ª TURMA, Data de Publicação: 06.09.2017.
38. Citação extraída de: TRT-2 – AP: 00306008819995020444 SP 00306008819995020444 A20, Relator: RICARDO ARTUR COSTA E TRIGUEIROS, Data de Julgamento: 01.10.2013, 4ª TURMA, Data de Publicação: 11.10.2013.
39. "Partindo-se da boa-fé objetiva chega-se a teoria da consolidação do direito alemão, que é norteada pela supressio e pela surrectio. A supressio (ou Verwinkung, na doutrina alemã) consiste na redução do conteúdo obrigacional pela inércia de uma das partes em exercer direitos ou

O instituto da prescrição também se relaciona diretamente com a vertente da supressio, na medida em que a ausência de buscar a pretensão condenatória pelos meios processuais adequados é passível de gerar na parte contrária a legítima expectativa de que a cobrança não mais se realizará. Embora haja obrigação natural no cumprimento de determinado pacto, esta sucumbe frente à preservação da segurança e da estabilidade jurídica das relações sociais, em vista da prorrogação no tempo de inércia daquele que deveria agir[40].

Na mesma linha, o abandono da causa pelo autor é comportamento que merece o reconhecimento da supressio cuja consequência é nada mais do que a renúncia ao direito para o seu titular a ponto de emergir para a parte adversa a expectativa legítima de confiança quanto a ausência de agir em sentido contrário[41].

Enfim, as figuras da supressio e surrectio são capazes de impingir nova conformação jurídica frente à realidade antes vivenciada, possibilitando a aquisição de um novo direito subjetivo à parte beneficiada pela inércia ou pelo agir da parte contrária.

3. CONCLUSÃO

À luz do exposto, conclui-se que o ordenamento jurídico brasileiro determina que, tanto nas relações de direito material, quanto nas de ordem processual, a observância ao princípio da boa-fé objetiva é dever dos indivíduos que as compõem. Referido modo leal de agir se vincula à observância de padrões relacionados a uma exigência normativa prévia (boa-fé objetiva), não se relacionando com o estado anímico da parte ao praticar determinado ato processual (boa-fé subjetiva).

Constatada a ocorrência de atos vulneradores da ordem processual, passível de ser reconhecido o abuso do direito processual, com as consequências daí decorrentes. E o agir pautado na ausência de boa-fé pode dar ensejo a molduras fáticas como o *venire contra factum proprium, tu quoque, supressio* e *surrectio* que, conforme a doutrina, materializam a boa-fé em sua vertente objetiva, sendo que a incidência dos conceitos ao campo da relação jurídica processual é inquestionável, conforme demonstrado a partir dos exemplos acima citados.

Dentro de tal contexto ético, a Lei n. 13.467/2017 inseriu no Capítulo II da CLT a Seção IV-A, tratando da responsabilidade das partes por dano processual no processo do trabalho, munindo o magistrado de ferramentas eficazes a coibir condutas processuais inconvenientes, impelindo um poder-dever punitivo ao representante do Estado face aos que não pautam seus comportamentos nos estritos limites da ética. Em última análise, a inserção legislativa persegue o intento de reprimir condutas contrárias à boa ordem processual de todos os que de alguma forma participam do liame processual (art. 5º, do NCPC).

4. REFERÊNCIAS BIBLIOGRÁFICAS

CASTRO FILHO, José Olímpio de. *Abuso do Direito no Processo Civil*. 2. ed. São Paulo: Forense, 1960.

FERREIRA, Roberto Shaan. A influência de fatores metajurídicos no sistema de direito privado: modelo aberto externo. *Revista de informação legislativa*. v. 29, n. 114, p. 381-396, abr.-jun. 1992.

SCARPINELLA, Cássio. *Curso Sistematizado de Direito Processual Civil*. Teoria geral. v. 1. 8. ed. São Paulo: Saraiva, 2014.

SCHREIBER. Anderson. *A proibição do comportamento contraditório*. Tutela de confiança e venire contra factum proprium. Rio de Janeiro: Renovar, 2005.

SOUZA, Luiz Sergio Fernandes de. *Abuso de Direito Processual*: Uma teoria pragmática. São Paulo: Revista dos Tribunais, 2005.

SOUZA JÚNIOR, Antonio Umberto de; SOUZA, Fabiano Coelho de; MARANHÃO, Ney; AZEVEDO NETO, Platon Teixeira de. *Reforma Trabalhista. Análise comparativa e crítica da Lei n. 13.467/17 e da Medida Provisória n. 808/2017*. São Paulo: Rideel, 2018.

THEODORO JÚNIOR, Humberto; NUNES, Dierle; BAHIA, Alexandre Melo Franco; PEDRO, Flávio Quinaud. *Novo CPC*. Fundamentos e Sistematização. 3. ed. São Paulo: Forense, 2016.

Disponível em: <www.senado.leg.br>.
Disponível em: <www.cjf.jus.br>.
Disponível em: <www.trt2.jus.br>.
Disponível em: <www.trt3.jus.br>.
Disponível em: <www.trt10.jus.br>.
Disponível em: <www.trt18.jus.br>.
Disponível em: <www.trt24.jus.br>.
Disponível em: <www.tst.jus.br>.
Disponível em: <www.stj.jus.br>.
Disponível em: <www.tj.df.jus.br>.
Disponível em: <www.tj.mg.jus.br>.
Disponível em: <www.tj.es.jus.br>.
Disponível em: <www.tj.ma.jus.br>.

---

faculdades, gerando, na outra, legítima expectativa. A faculdade ou direito consta efetivamente da relação entre as partes, todavia, a inércia qualificada de uma delas gera na outra a expectativa legítima (diante das circunstâncias) de que a faculdade ou direito não será exercido. Esta legítima expectativa traduz-se pela *surrectio*.

Aplicando-se à execução trabalhista, verifica-se que o exequente deixa de exigir (*supressio*), durante um certo tempo, uma o crédito da executada, criando uma situação estável. Assim, surge para a executada um quadro que autoriza a exigir (*surrectio*= conduta reiterada que gera direitos) que a situação assim permaneça. É a segurança jurídica.

A Verwinkung se expressa no direito processual trabalhista por meio da inércia que leva a prescrição intercorrente e se fundamenta nos princípios, presentes no direito brasileiro, da Boa-Fé Objetiva e da Segurança Jurídica.

É o caso dos autos. A reclamante manteve-se inerte na exigência de seus direitos por tempo juridicamente relevante e, assim, gerou na executada legítima expectativa de consolidação da situação". (TRT-2 – AP: 00306008819995020444 SP 00306008819995020444 A20, Relator: RICARDO ARTUR COSTA E TRIGUEIROS, Data de Julgamento: 01.10.2013, 4ª TURMA, Data de Publicação: 11.10.2013)

40. TJ-DF – APC: 20150110189652, Relator: CRUZ MACEDO, Data de Julgamento: 06.04.2016, 4ª Turma Cível, Data de Publicação: Publicado no DJE: 26.04.2016. p. 331.

41. TJ-MA – AC: 309922010 MA, Relator: PAULO SÉRGIO VELTEN PEREIRA, Data de Julgamento: 04.02.2011, SÃO LUIS.

A Indicação de Valores na Inicial Trabalhista e seu Reflexo no Acesso à Justiça

Luiz Ronan Neves Koury[1]
Neiva Schuvartz[2]

1. INTRODUÇÃO

A denominada reforma trabalhista, veiculada pela Lei n. 13.416, de 11 de novembro de 2017, alterou substancialmente a Consolidação das Leis do Trabalho (CLT), editada em 1943.

A referida alteração não ocorreu apenas do ponto de vista quantitativo, em relação ao número de artigos acrescentados ou modificados na CLT, mas, sobretudo, pela modificação operada na estrutura do procedimento trabalhista.

Alguns aspectos estruturantes deste procedimento, que o caracterizam, a exemplo da informalidade, celeridade e simplificação, especialmente por prestar reverência ao princípio maior do acesso à justiça, foram severamente afetados com a implantação da nova sistemática normativa.

Entre outras alterações, tem-se a fragilização da jurisdição e a dificuldade de acesso a ela, a supressão ou pelo menos a facultatividade da audiência em determinadas situações, maior dificuldade na propositura da ação, o ônus decorrente da sucumbência, a relativização da justiça gratuita, a previsão do incidente de desconsideração da personalidade jurídica e a redução da hipótese de iniciativa, de ofício, da execução, com um repertório de normas que representa grave retrocesso nos avanços e na posição de vanguarda ocupada historicamente pelo procedimento trabalhista.

Sem aprofundar em cada um desses temas, o que escapa aos objetivos deste trabalho, é necessário dizer apenas que quando se limita ou impede o livre exercício da jurisdição, como ocorre com a alteração operada no art. 8º da CLT, comete-se, de uma só vez, como ensina a melhor doutrina, ofensa à eficácia dos direitos fundamentais, aos princípios constitucionais e à própria evolução da jurisprudência.

É que quando se diz acesso à justiça, em seu sentido mais amplo, o pressuposto fundamental é de atuação de uma jurisdição independente, sem amarras, com plenitude para explicitar, de maneira mais justa possível, o verdadeiro significado do texto legal.

Em quadra importante de valorização dos precedentes, em que se incentiva a criação e a correta aplicação do direito na mais adequada interpretação da lei, com intensa proximidade com o sistema do *common law*, verifica-se a adoção de um caminho inverso com o objetivo de esvaziar o direito construído pela jurisprudência.

É indispensável – antes mesmo de tratar do instrumento de provocação da jurisdição e menção à dificuldade de acesso a ela, representado pela petição inicial – que se faça referência à limitação imposta à jurisdição, em seu indeclinável dever de aplicar a norma, inclusive na análise do conteúdo dos instrumentos de formalização da negociação coletiva, como os acordos e as convenções coletivas.

A inicial, na moldura imposta pela Lei n. 13.467/2017, tornou-se uma peça de difícil feitura, abandonando as características que a singularizam – e singularizam o procedimento trabalhista – que é exatamente a de se adequar ao sistema que supõe a capacidade postulatória das partes.

É que o procedimento trabalhista até então concebido representa um conjunto de normas que sempre procurou facilitar o exercício do *jus postulandi*, como a inicial verbal, a simplificação em sua forma, a possibilidade de recurso sem apresentação das razões e a execução de ofício, sem se descurar do não menos importante princípio da irrecorribilidade imediata das decisões interlocutórias.

O que se tem hoje é uma formalidade tal que, se seguida em sua literalidade e com excessivo rigor, inviabiliza a

---

1. Desembargador Aposentado do Tribunal Regional do Trabalho da 3ª Região. Mestre em Direito Constitucional pela UFMG. Professor de Direito Processual do Trabalho da Faculdade de Direito Milton Campos.
2. Mestre em Direito do Trabalho pela Faculdade de Direito da Universidade de Coimbra (diploma reconhecido pela Universidade de São Paulo-USP); especialista em Direito do Trabalho pela Faculdade Milton Campos; especialista em Negócios Internacionais pela Faculdade PUC Minas; graduada em Direito pelo Centro Universitário de Belo Horizonte e graduada em Psicologia pelo Centro Universitário Newton Paiva. Atualmente é Coordenadora do Curso de Pós-Graduação em Direito do Trabalho do Centro Universitário Newton Paiva. Atua como membro consultivo da Revista de iniciação científica Newton Paiva. É sócia – Calazans, Luz, Pereira & Schuvartz sociedade de Advogados. Lattes disponível em: <https://wwws.cnpq.br/cvlattesweb/PKG_MENU.menu?f_cod=57AE6E29B52A AFBE4A19DE2666DC037C>.

propositura de ações até mesmo por aqueles que têm domínio de cálculos e planilhas, exatamente pela inexistência de acesso aos documentos que permitam a sua feitura.

A mais sutil e contundente forma de não se permitir o acesso a uma jurisdição efetiva é, indiscutivelmente, utilizar da estratégia de fragilizar esta última e, ao invés de contrariar o princípio do acesso à justiça, de forma direta, criar requisitos na inicial de difícil cumprimento, dependendo da interpretação a ser adotada, para que não seja concretizado o direito à jurisdição.

Quando se tem no Código de Processo Civil (CPC), art. 4º, o elevado propósito de se chegar a uma decisão de mérito, o que por si só afasta a exigência de preenchimento de aspectos meramente formais, verifica-se que o legislador reformista também, neste passo, encontra-se na contramão da moderna processualística e dos princípios inscritos na Constituição Federal.

Dentre as inúmeras alterações introduzidas no texto legal mencionadas anteriormente, este estudo se limitará à análise daquelas que se encontram previstas nos §§ 1º e 3º do art. 840 da CLT. O objetivo é discorrer sobre as possibilidades interpretativas dessas modificações, com fulcro na doutrina e jurisprudência pátrias, notadamente no que se refere à indicação do valor dos pedidos. É que tais alterações podem acarretar, repetimos, importantes reflexos no que concerne ao acesso à justiça, garantido constitucionalmente.

2. ALTERAÇÕES PROMOVIDAS NO ART. 840, §§ 1º E 3º DA CLT

2.1. Indicação do valor dos pedidos (art. 840, §1º da CLT)

A questão mais relevante trazida pela Lei n. 13.467/2017, no que tange à formulação da petição inicial, consiste na alteração do §1º do art. 840 da CLT. Com efeito, a partir da vigência da referida Lei exige-se a dedução de um pedido certo, determinado e com a indicação de valores. Impende observar que esses requisitos da petição inicial eram exigidos apenas nas causas de rito sumaríssimo[3], pois, anteriormente à reforma, o §1º[4] do art. 840 da CLT estipulava, como requisitos principais, que a petição inicial deveria conter apenas uma breve exposição dos fatos e o pedido, entre outros requisitos, inclusive sem menção expressa ao valor da causa.

Essa disposição legal guardava consonância não apenas com o *jus postulandi*, mas também com a dificuldade enfrentada pelo reclamante para fixação do valor da causa, ainda que acompanhado de advogado, por não se encontrar na posse dos documentos necessários para que pudesse promover a sua apuração, levando-se em consideração que, na maioria das vezes, os documentos relativos ao contrato de trabalho se encontram com o empregador.

Na análise específica do art. 840, § 1º, da CLT, em sua redação atual, tem-se que o pedido deve ser certo, que é aquele formulado de forma expressa, não sendo admitidos pedidos implícitos, salvo as exceções previstas na lei[5]. Por sua vez, o pedido determinado está relacionado com a qualidade e a quantidade da pretensão deduzida na peça de ingresso. Assim, "o autor deve ser claro e preciso naquilo que espera obter da prestação jurisdicional"[6].

No que tange ao terceiro requisito do pedido, a norma legal determina que o autor indique os valores correspondentes ao pedido. Referida imposição é demasiadamente penosa para o empregado se se considerar que pode representar a antecipação da liquidação, pois, como dito anteriormente, ele não dispõe dos documentos necessários para cumprir essa exigência. O problema não reside apenas na dificuldade de acesso aos documentos, pois, na hipótese remota de o empregado se encontrar na posse deles, o cumprimento da exigência legal, dependendo da interpretação a ser dada, requer a realização de cálculos pormenorizados o que impõe a contratação de profissional especializado, sendo que o autor, na maioria das vezes, não dispõe de recursos para tanto.

É importante frisar que, apesar de a disposição legal determinar apenas a "indicação de valores", não se pode olvidar que a legislação reformista incluiu os honorários sucumbenciais. Neste contexto, o empregado/reclamante deverá ter cautela na formulação de suas pretensões, procurando indicar valores que, na medida do possível, correspondam aos pedidos apresentados.

A redação atribuída ao artigo multicitado, se se fizer uma leitura rigorosa, impõe um ônus maior ao postulante na esfera laboral do que na esfera cível, como se verá a seguir, na qual, a rigor, não há disparidade entre as partes.

Cumpre inicialmente dizer que no art. 319, do CPC, que trata dos requisitos da inicial, consta a necessidade de se atribuir valor à causa. Em consequência e seguindo a melhor doutrina sobre o tema, é certo que ao se proceder à leitura do art. 291/CPC, que trata do valor da causa, verifica-se que a importância a ela atribuída serve de critério para determinação do procedimento, base de cálculo para

---

3. Art. 852-B, inciso I da CLT: o pedido deverá ser certo ou determinado e indicará o valor correspondente.
4. Art. 840, § 1º da CLT redação anterior à reforma: Sendo escrita a reclamação deverá conter a designação do presidente da junta, ou do juiz de direito a quem for dirigida, a qualificação do reclamante e do reclamado, uma breve exposição dos fatos de que resulte o dissídio, o pedido, a data e a assinatura do reclamante ou de seu representante legal.
5. Neste sentido Humberto Theodoro Junior: "Entende-se por certo o pedido expresso, pois não se admite o pedido do autor apenas implícito, salvo apenas nas exceções definidas da própria lei" (THEODORO JUNIOR, Humberto. *Curso de direito processual civil*. 57. ed. Rio de Janeiro: Forense, 2016. v. I, p. 783.
6. THEODORO JUNIOR, Humberto. *Curso de direito processual civil*. v. I, p. 783.

recolhimento das custas e honorários advocatícios de sucumbência, dentre outras finalidades.

O importante é que conste o valor da causa para atender ao requisito legalmente exigido na estruturação da inicial, com os objetivos apontados anteriormente. Assim, quando o dispositivo legal prevê que a fixação do valor da causa ocorrerá independente de "conteúdo econômico imediatamente aferível" significa que não se exige uma antecipação da liquidação dos pedidos, uma vez que outras são as atribuições que a Lei lhe confere.

Não obstante, ainda na leitura do art. 319, do CPC, é importante registrar que o legislador procurou evitar que fosse indeferida a inicial nas hipóteses de dificuldade no preenchimento dos requisitos do inciso II, prevendo, de forma expressa, em seu § 3º, que as diligências determinadas evitariam que se tornasse "excessivamente oneroso o acesso à justiça".

Tal disposição está em absoluta consonância com o princípio processual constitucional do acesso à justiça (art. 5º, XXXV, da CF) e art. 3º do CPC, constante do título das normas fundamentais, o que significa que tem aplicação analógica ao processo do trabalho na parte em que dispõe sobre a necessidade de se evitar exigências que tornem extremamente penoso o acesso à justiça.

Nesse diapasão, exigir da parte a indicação precisa do valor do pedido torna extremamente difícil e impossibilita, de forma indireta, o acesso à justiça e, tudo isso, ao tempo em que a legislação ainda prevê o *jus postulandi*.

O Código de Processo Civil vigente dispõe, em art. 322[7], que o pedido deve ser certo, e o art. 324[8], mais adiante, estabelece que o pedido deve ser determinado, não exigindo expressamente a liquidação dos pedidos. E mais. O § 1º, incisos I a III do art. 324 do mesmo diploma legal determina que é lícito deduzir pedido genérico em diversas situações em que não é possível ao autor formular pedido certo e determinado.

A reforma trabalhista (Lei n. 13.467/2017) não traz a previsão da possibilidade de apresentação de pedidos genéricos. Nos processos trabalhistas, como se sabe, existem diversos pedidos que dependem fundamentalmente de documentos que estão na posse da empresa como, por exemplo, aqueles relativos ao pagamento de horas extras que foram corretamente registradas nos cartões de pontos, mas que não foram pagas e tampouco computadas ou compensadas em sua integralidade. É indispensável, neste caso, estar na posse dos registros de pontos, bem como os contracheques para a devida quantificação do pedido.

Desse modo, diante da omissão da legislação trabalhista, são plenamente aplicáveis, em caráter subsidiário, as exceções previstas no art. 324 do CPC, notadamente as contidas em seu § 1º, incisos II e III. Nesse sentido é o entendimento expendido por Barba[9].

Cumpre assinalar que alguns pedidos são passíveis de liquidação, como verbas rescisórias, depósitos no Fundo de Garantia por Tempo de Serviço-FGTS e índices de reajustes salariais determinados pelo sindicato da categoria. São pedidos simples e não dependem de documentos que estejam em poder da empresa e, tampouco, de um perito para calculá-los. Assim, são passíveis de liquidação imediata, mas representam a minoria das ações, pois as demandas mais expressivas exigem a elaboração de cálculos complexos.

O entendimento do Superior Tribunal de Justiça (STJ) é no sentido de relativizar a exigência de liquidação de pedidos sempre que requeiram cálculos complexos e que, portanto, não possam ser apurados previamente.[10]

Se na justiça comum a jurisprudência está relativizando a liquidação de pedidos cujos cálculos sejam complexos, esse mesmo entendimento deve ser estendido à Justiça do Trabalho, pois, como acima exposto, as dificuldades do empregado em promovê-la são muito maiores diante de sua hipossuficiência e da disparidade de condição econômica das partes.

Apesar do pouco tempo de vigência da reforma trabalhista, os tribunais já se manifestam no sentido de aplicação subsidiária do art. 324, § 1º do CPC, sendo que os pedidos podem ser genéricos quando o autor não tiver os documentos ou se tornar necessária a produção de prova pericial. A mesma decisão, contudo, determina que, em tais casos, a

---

7. Art. 322 CPC 2015: O pedido deve ser certo. § 1º Compreendem-se no principal os juros legais, a correção monetária e as verbas de sucumbência, inclusive os honorários advocatícios.§ 2º A interpretação do pedido considerará o conjunto da postulação e observará o princípio da boa-fé.
8. Art. 324 CPC 2015: O pedido deve ser determinado.§ 1º É lícito, porém, formular pedido genérico: I – nas ações universais, se o autor não puder individuar os bens demandados; II – quando não for possível determinar, desde logo, as consequências do ato ou do fato; III – quando a determinação do objeto ou do valor da condenação depender de ato que deva ser praticado pelo réu.
9. "Ora, se a liquidação do pedido depende necessariamente da juntada aos autos de documentos que se encontram na posse da parte adversa, como cartões de ponto e recibos de pagamento, a aplicação da exceção contida no art. 324, § 1º, III [13], do CPC, é manifesta. A autorização para pedidos genéricos nessas hipóteses é prevista na norma processual civil, e como a CLT não versa sobre as exceções ao pedido determinado, a aplicação da exceção do processo comum não encontra qualquer óbice" (BARBA FILHO, Roberto Dala. Pedidos na petição inicial trabalhista após a reforma. *Revista eletrônica [do] Tribunal Regional do Trabalho da 9ª Região*, Curitiba, v. 6, n. 61, p. 98-104, jul.-ago. 2017. p. 102. Disponível em: <https://hdl.handl e.net/20.500.121 78/111550>. Acesso em: 10 mar. 2018.
10. Ementa: processo civil e administrativo. Impugnação ao valor da causa. Conteúdo econômico impreciso. Pedido genérico possibilidade. 1. Acertada a decisão agravada que entendeu ser permitida a formulação de pedido genérico na impossibilidade imediata de mensuração do *quantum debeatur*, uma vez que o tribunal de origem concluiu se tratar de conteúdo econômico ilíquido e de difícil apuração prévia (BRASIL. Superior Tribunal de Justiça. Agravo Regimental no Recurso Especial n. 825.994/DF. 2. T. Rel. Min. Marco Campeli Marques, j. 02.03.2010. **Diário de Justiça de Eletrônico**, Brasília, 16 mar. 2010. Disponível em: <https://ww2.stj.jus.br/processo/pesquisa/?tip oPesquisa=tipoPesquisaNumeroRegistro&termo=200600293598&totalRegistrosPorPagina=40&aplicacao=processos.ea>. Acesso em: 22 abr. 2018).

parte deverá indicar um valor, que não será usado como limite para a execução, mas como base para o cálculo das custas e honorários de sucumbência.[11]

Aliás, neste mesmo sentido deve prevalecer a interpretação a ser dada ao art. 852-B, que trata da inicial no procedimento sumaríssimo e que, ao prever a indicação do valor correspondente, também deve ter a sua exigência relativizada.

Trata-se, na verdade, da necessidade de se estipular um valor o mais próximo possível do somatório dos pedidos quando isso for viável, mas que deve ter, em face da previsão legal, a interpretação de que se trata de um valor meramente estimativo, não servindo para limitar a apuração de eventuais valores perseguidos na execução, conforme se vê do entendimento adotado na Tese Prevalecente n. 16 do Tribunal Regional do Trabalho da 3ª Região.[12]

É inegável, como já mencionado, que existem aspectos de ordem prática que não permitem a aplicação do disposto no § 1º do art. 840 da CLT, de forma a exigir a exata especificação dos valores em todas as situações.

Nesse ponto, registre-se que o art. 491, I, II e § 1º do CPC autoriza a apresentação de pedido genérico e a prolação de sentença ilíquida, o que poderá ter aplicação ao processo do trabalho na hipótese de difícil liquidação dos pedidos.

Em suma, diante das questões acima mencionadas, observam-se inúmeras situações em que a liquidação prévia dos pedidos se revela materialmente impossível para o autor, seja pela falta dos documentos necessários, seja pela complexidade dos cálculos.

2.2. Aplicação do § 3º do art. 840 da CLT

A reforma trabalhista incluiu o § 3º[13] ao art. 840 da CLT, o qual estabelece que serão extintos sem resolução de mérito os pedidos que não atenderem aos requisitos previstos no § 1º do mesmo artigo.

A extinção dos pedidos sem resolução de mérito tem previsão no art. 330 do CPC, mas é importante destacar que o art. 321[14], do mesmo diploma adjetivo, prevê um prazo de 15 (quinze) dias para que a parte emende a inicial quando esta não preencher os requisitos legais.

Se na justiça comum – onde há teoricamente uma equivalência das partes – o legislador teve a preocupação de assegurar ao autor a possibilidade de emendar a inicial, muito mais cuidado deveria ter tido o legislador na esfera trabalhista, em consideração aos contornos da lide no que se refere às partes e ao seu objeto.

Evidencia-se, assim, que a legislação trabalhista é omissa nesse aspecto, mas nos termos do art. 1º da Instrução Normativa n. 39 do Tribunal Superior do Trabalho (TST)[15], que dispõe sobre a aplicabilidade subsidiária e supletiva do referido diploma legal, permite-se a aplicação do preceito acima referido (art. 321/CPC). Aliás, neste mesmo sentido, é o entendimento contido na Súmula n. 263 do TST, com redação adequada ao CPC vigente.

Cabe destacar que a concessão do prazo de 15 dias, nos termos do art. 321 do CPC, pode não resultar em benefício para o autor da reclamação trabalhista, uma vez que tal lapso temporal pode não eliminar as dificuldades na indicação do valor dos pedidos.

Como já foi mencionado, os óbices ao cumprimento da disposição legal em comento, caso seja aplicada de forma rigorosa, referem-se a uma eventual complexidade na elaboração dos cálculos ou, o que funciona como premissa em termos de dificuldade, a ausência de documentos que não permitam a sua realização.

---

11. Verifica-se da leitura da peça inicial que o autor não apresentou todos os pedidos com a indicação dos valores devidos, como determina a nova redação do art. 840 § 1º da CLT. Diante disso, defiro o prazo de 15 dias para que seja adequada a inicial, sob pena de extinção do processo, sem julgamento do mérito. Desde já fica autorizada, na forma do Art. 769 da CLT c/c Art. 324 § 1º, I a III do CPC/15, de aplicação subsidiária ao processo do trabalho, a possibilidade de a parte autora apresentar pedido genérico, quando não for possível sua liquidação, em vista de os documentos estarem em poder da ré ou sua apuração depender de prova pericial, hipótese em que o valor deverá ser indicado por estimativa. Neste caso, deve atentar a parte que o valor será utilizado para fins de honorários sucumbenciais e custas, se for o caso, não importando em limitação para fins de liquidação do cálculo (BRASIL. Tribunal Regional do Trabalho da 1ª Região. RTOrd n. 0101723-58.2017.5.01.0052. 52ª Vara do Trabalho. **Diário de Justiça Eletrônico**. Rio de Janeiro, 07 mar. 2018. Disponível em: <https://consultapje.trt1.jus.br/consultaprocesual/pages/consultas/Detalhaprocesso.seam?p_num_pje=1540085&p_grau_pje=1&popup=0&dt_autuacao=&cid=645374>. Acesso em: 25 mar. 2018).
12. RITO SUMARÍSSIMO. VALOR CORRESPONDENTE AOS PEDIDOS, INDICADO NA PETIÇÃO INICIAL (Art. 852-B, DA CLT). INEXISTÊNCIA DE LIMITAÇÃO, NA LIQUIDAÇÃO, A ESTE VALOR. No procedimento sumaríssimo, os valores indicados na petição inicial, conforme exigência do art. 852-B, I, da CLT, configuram estimativa para fins de definição do rito processual a ser seguido e não um limite para apuração das importâncias das parcelas objeto de condenação, em liquidação de sentença (BRASIL. Tribunal Regional do Trabalho da 3ª Região. **Tese jurídica prevalecente n. 16**. Belo Horizonte, 22 set. 2017. Disponível em: <http://as1.trt3.jus.br/bd-trt3/handle/11103/30685>. Acesso em: 22 abr. 2018).
13. § 3º do art. 840 da CLT: Os pedidos que não atendam ao disposto no § 1º deste artigo serão julgados extintos sem resolução do mérito.
14. Art. 321 do CPC 2015: O juiz, ao verificar que a petição inicial não preenche os requisitos dos arts. 319 e 320 ou que apresenta defeitos e irregularidades capazes de dificultar o julgamento de mérito, determinará que o autor, no prazo de 15 (quinze) dias, a emende ou a complete, indicando com precisão o que deve ser corrigido ou completado.
15. Art. 1º da Instrução Normativa n. do TST: Aplica-se o Código de Processo Civil, subsidiaria e supletivamente, ao Processo do Trabalho, em caso de omissão e desde que haja compatibilidade com as normas e princípios do Direito Processual do Trabalho, na forma dos arts. 769 e 889 da CLT e do art. 15 da Lei n. 13.105, de 17.03.2015 (BRASIL. Tribunal Superior do Trabalho. **Resolução n. 203, de 15 de março de 2016**. Edita a Instrução Normativa n. 39, que dispõe sobre as normas do Código de Processo Civil de 2015 aplicáveis e inaplicáveis ao Processo do Trabalho, de forma não exaustiva. Disponível em: <http://www.tst.jus.br/documents/10157/429ac88e-9b78-41e5-ae28-2a5f8a27f1fe>. Acesso em: 24 fev. 2018).

Se os pedidos forem extintos sem resolução de mérito, devido à ausência de sua liquidez, haverá flagrante violação constitucional, com o comprometimento do acesso à justiça, assegurado na Constituição vigente.

3. LIMITAÇÃO DO ACESSO À JUSTIÇA

O acesso à justiça tem atualmente um significado muito mais amplo do que o meramente formal, que trata exclusivamente do ingresso em juízo. Significa, sobretudo, a possibilidade da utilização dos instrumentos processuais disponíveis, com a mais absoluta observância do contraditório no sentido de que as alegações das partes deverão ser consideradas pelo juiz.

Quando o CPC altera a expressão legal "para propor uma ação" para "postular em juízo", com os consectários de interesse e legitimidade, dá um novo significado ao ato de estar em juízo, exatamente porque procura implementar o mandamento contido no princípio processual constitucional já referido e na norma fundamental de processo, conferindo maior amplitude ao acesso à justiça.

Para atingir esse desiderato é necessário que não sejam criados obstáculos ao acesso à jurisdição ou que, mais do que isso, não se criem formas de impedir esse acesso. A liquidação prévia e antecipada, como tem sido interpretada a previsão contida no art. 840, §1º, da CLT, com inegável rigor, representa a vedação do acesso inicial à jurisdição.

A reforma trabalhista modificou substancialmente o art. 840 da CLT, estabelecendo que o pedido deve ser certo e determinado, como já mencionado, com a indicação de valores, sob pena de extinção sem resolução de mérito. Ocorre que essa última imposição, como mencionado, pode dificultar o acesso à justiça, porquanto, como vimos anteriormente, é usual o autor da ação não dispor de todos os documentos necessários e tampouco de recursos financeiros para custear a elaboração de cálculos complexos.

De qualquer forma, os nossos tribunais têm procurado modular a aplicação dos preceitos legais contidos na reforma trabalhista. Veja-se, por exemplo, o teor da seguinte decisão[16], que é uma tradução da jurisprudência que vai se consolidando no sentido de superar os obstáculos impostos para o acesso à jurisdição.

4. CONCLUSÃO

A Lei n. 13.467/2017 alterou substancialmente a legislação trabalhista no que se refere aos seus aspectos estruturais, com intervenção na informalidade da inicial que tem que se ater à capacidade postulatória das partes, apenas facultando a realização de audiências em algumas situações, imprimindo maior formalidade ao procedimento e contribuindo para fragilização da jurisdição, com contrariedade ao princípio fundamental do acesso à justiça.

A propósito da jurisdição tem-se a tentativa de seu esvaziamento, com a alteração do art. 8º da CLT, representando o maior atentado perpetrado pela Reforma, pois se são criadas limitações à sua atuação, ainda que se garanta o acesso à justiça do ponto de vista formal, há um comprometimento evidente à sua efetividade.

Nesta ordem de ideias, tem-se o art. 840, §§ 1º e 3º da CLT que, dependendo da leitura a ser feita, representa bem esta escalada na criação de empecilhos formais para que o acesso à justiça não se concretize. Em outras palavras, ao invés de impedir este acesso de forma direta, o legislador cria exigências absurdas que, na prática, inviabilizam esta possibilidade.

Na comparação com o CPC fica evidente o absurdo da interpretação rigorosa e literal da previsão contida no art. 840, §§ 1º e 3º da CLT, representando verdadeira liquidação prévia, antecipada e extemporânea dos pedidos. É que o art. 319/CPC apenas exige o valor da causa como requisito da inicial para servir de parâmetro para a definição do procedimento, valor das custas e honorários de sucumbência ou mesmo quando se permite a apresentação de pedido genérico, na forma dos arts. 324, § 1º, incisos I a III, 330, II e 491, incisos I, II e § 1º do CPC, nas situações em que a sua liquidação prévia se mostre inviável.

Na comparação com o CPC, tem-se, ainda, o art. 321, que permite a concessão de prazo para eventual correção de vício da inicial, o que não foi repetido na Lei n. 13.467/2017, embora esteja previsto na Súmula n. 263/TST e Instrução Normativa n. 39/2016.

É certo, também, que no próprio procedimento sumaríssimo no processo do trabalho, em que se exige a liquidação dos valores na inicial, parcela da jurisprudência direciona-se para considerar o valor apontado na inicial como meramente estimativo e não o utiliza como limite para apuração dos haveres na execução, como se vê, por exemplo, do entendimento contido na Tese Prevalecente n. 16 do TRT da 3ª Região.

Cabe dizer, por fim, que se trata de garantir o acesso à jurisdição, a ser exercido de forma plena, sem limitações e

---

16. "Vistos etc. A redação do art. 840, § 1º, da CLT indica a necessidade genérica e aparentemente absoluta de indicação do valor dos pedidos na petição inicial, pelo que a Reforma Trabalhista reforça a tendência de aproximação recíproca entre o Direito Processual Civil e do Trabalho. Partindo-se dessa premissa, deve ter aplicabilidade, nos processos trabalhistas, o entendimento consolidado no âmbito do STJ (retratado em tópico anterior) a respeito da possibilidade de relativização da exigência de liquidação dos pedidos. De fato, além da inexatidão já demonstrada, mesmo em situações não incluídas no art. 324, § 1º, do CPC, pode ser muito dificultoso – ou até virtualmente impossível – para o autor liquidar os pedidos, como no caso em tela, sob pena de afronta ao princípio constitucional do acesso à justice [...]" (BRASIL. Tribunal Regional do Trabalho da 15ª Região. Processo n. 0012392-13.2017.5.115.0008. 1ª Vara do Trabalho de São Carlos. Diário de Justiça Eletrônico, Campinas, 31 jan. 2018. Disponível em: <https://pje.trt15.jus.br/consultaprocessual/page s/consultas/DetalhaProcesso.seam?p_num_pje=1819199&p_grau_pje=1&popup=0&dt_autuacao=&cid=10362>. Acesso em: 29 mar. 2018).

amarras, e que isso apenas poderá ocorrer caso não sejam formuladas exigências excessivamente formais e desnecessárias, que têm o firme propósito de dificultar o acesso à justiça, ainda que de forma indireta.

5. REFERÊNCIAS BIBLIOGRÁFICAS

BARBA FILHO, Roberto Dala. Pedidos na petição inicial trabalhista após a reforma. *Revista eletrônica [do] Tribunal Regional do Trabalho da 9ª Região*. Curitiba, v. 6, n. 61, p. 98-104, jul.--ago. 2017. Disponível em: <https://hdl.handle.net/20.500.12178/111550>. Acesso em: 10 mar. 2018.

BRASIL. Constituição (1988). Constituição da República Federativa do Brasil, de 05 de outubro de 1988. *Diário Oficial da União*. Brasília, 05 out. 1988. Disponível em: <http://www.planalto.gov.br/ccivil_03/constituicao/constituicao.htm>. Acesso em: 22 abr. 2018.

_____. Decreto-Lei n. 5.452, de 1º de maio de 1943. Aprova a Consolidação das Leis do Trabalho. *Diário Oficial da União*, Rio de Janeiro, 09 ago. 1943. Disponível em: <http://www.planalto.gov.br/ccivil_03/decreto-lei/Del5452.htm>. Acesso em: 22 abr. 2018.

BRASIL. Lei n. 13.105, de 16 de março de 2015. Código de Processo Civil. *Diário Oficial da União*, Brasília, 17 mar. 2015. Disponível em: <http://www.planalto.gov.br/ccivil_03/_ato2015-2018/2015/lei/l13105.htm>. Acesso em: 22 abr. 2018.

_____. Superior Tribunal de Justiça. Agravo Regimental no Recurso Especial n. 825.994/DF. 2. T. Rel. Min. Marco Campeli Marques, j. 02.03.2010. *Diário de Justiça de Eletrônico*, Brasília, 16 mar. 2010. Disponível em: <https://ww2.stj.jus.br/processo/pesquisa/?tipoPesquisa=tipoPesquisaNumeroRegistro&termo=200600293598&totalRegistrosPorPagina=40&aplicacao=processos.ea>. Acesso em: 22 abr. 2018.

_____. Tribunal Regional do Trabalho da 1ª Região. RTOrd n. 0101723-58.2017.5.01.0052. 52ª Vara do Trabalho. *Diário de Justiça Eletrônico*, Rio de Janeiro, 07 mar. 2018. Disponível em: <https://consultapje.trt1.jus.br/consultaprocessual/pages/consultas/DetalhaProcesso.seam?p_num_pje=1540085&p_grau_pje=1&popup=0&dt_autuacao=&cid=645374>. Acesso em: 25 mar. 2018.

_____. Tribunal Regional do Trabalho da 3ª Região. *Tese jurídica prevalecente n. 16*. Belo Horizonte, 22 set. 2017. Disponível em: <http://as1.trt3.jus.br/bd-trt3/han dle/11103/30685>. Acesso em: 22 abr. 2018.

_____. Tribunal Regional do Trabalho da 15ª Região. Processo n. 0012392-13.2017.5.115.0008. 1ª Vara do Trabalho de São Carlos. Diário de Justiça Eletrônico, Campinas, 31 jan. 2018. Disponível em: <https://pje.trt15.jus.br/consultaprocessual/pages/consultas/DetalhaProcesso.seam?p_num_pje=1819199&p_grau_pje=1&popup=0&dt_autuacao=&cid=10362>. Acesso em: 29 mar. 2018.

_____. Tribunal Superior do Trabalho. *Resolução n. 203, de 15 de março de 2016*. Edita a Instrução Normativa n. 39, que dispõe sobre as normas do Código de Processo Civil de 2015 aplicáveis e inaplicáveis ao Processo do Trabalho, de forma não exaustiva. Disponível em: <http://www.tst.jus.br/documents/10157/429ac88e-9b78-41e5-ae28-2a5f8a27f1fe>. Acesso em: 24 fev. 2018.

THEODORO JUNIOR, Humberto. *Curso de direito processual civil*. 57. ed. Rio de Janeiro: Forense, 2016. v. I.

A Indicação do Valor dos Pedidos nas Ações Sujeitas ao Rito Ordinário

Júlia Figueiredo Junqueira[1]

1. INTRODUÇÃO

O art. 840, § 1º, da CLT, na sua redação original, estabelecia que a petição inicial deveria conter, quando escrita, a designação do juízo, a qualificação das partes, uma breve exposição dos fatos, os pedidos, a data e a assinatura do reclamante ou de seu representante.

Já o art. 319 do CPC de 2015 define como requisitos da petição inicial a indicação do juízo ao qual é dirigida, a qualificação completa do autor e do réu, o fato e os fundamentos do pedido, com as suas especificações, o valor da causa, as provas a serem produzidas e a opção pela realização ou não da audiência de conciliação ou de mediação.

O menor número de requisitos da petição inicial trabalhista atende, além do princípio da simplificação das formas e procedimentos, à necessidade de facilitar o acesso à justiça e, ainda, coaduna-se com outra característica do direito processual do trabalho, qual seja, o *jus postulandi*. Com efeito, uma vez reconhecido o *jus postulandi*, é indispensável facilitar o exercício deste direito.

Em relação ao procedimento sumaríssimo, instituído na esfera trabalhista por meio da Lei n. 9.957 de 2000, foram acrescidos dois requisitos: A certeza ou determinação do pedido e a indicação do valor correspondente.

A Lei n. 13.467/2017, por meio da qual foi realizada a denominada "Reforma Trabalhista", conferiu nova redação ao art. 840, § 1º, da CLT, que passou a assim dispor:

> § 1º Sendo escrita, a reclamação deverá conter a designação do juízo, a qualificação das partes, a breve exposição dos fatos de que resulte o dissídio, o pedido, que deverá ser certo, determinado e com indicação de seu valor, a data e a assinatura do reclamante ou de seu representante.

Desse modo, a nova redação do referido artigo constituiu, como requisitos da petição inicial, além da certeza e determinação do pedido, que este venha acompanhado da indicação de seu valor.

Diante da nova exigência de se indicar o valor, surgiu um grande questionamento na doutrina a respeito da extensão desta expressão. Seria a real intenção do legislador exigir uma prévia liquidação de pedidos ou apenas uma mera estimativa? É o deslinde dessa esta exigência que será tratada em seguida.

2. O ACESSO À JUSTIÇA, A SIMPLIFICAÇÃO DAS FORMAS E PROCEDIMENTOS E A FACILITAÇÃO DO JULGAMENTO DO MÉRITO

A Constituição assegura, como direito fundamental, o acesso à justiça, como garantia, inclusive, de acesso aos direitos reconhecidos pela ordem jurídica (art. 5º, XXXV). Neste passo, o princípio do acesso à justiça se faz indispensável em todas as esferas do Direito, sendo primordial no âmbito trabalhista, uma vez que assegura ao reclamante a prestação jurisdicional e garante que ela se dê de modo menos oneroso a este, haja vista a hipossuficiência do trabalhador que figura na relação empregatícia.

Os professores Antônio Carlos de Araújo Cintra, Ada Pellegrini Grinover e Cândido Rangel Dinamarco (2009, p. 33) assim definem o acesso à justiça:

> Acesso à justiça não se identifica, pois, com a mera admissão ao processo, ou possibilidade de ingresso em juízo. Como se verá no texto, para que haja o efetivo acesso à justiça é indispensável que o maior número possível de pessoas seja admitido a demandar e a defender-se adequadamente (inclusive em processo criminal), sendo também condenáveis as restrições quanto a determinadas causas (pequeno valor, interesses difusos); mas, para a integralidade do acesso à justiça, é preciso isso e muito mais.

Para Cleber Lúcio de Almeida (2016, p. 70),

> (...) o acesso à justiça não se resume a mera possibilidade de comparecer perante um juiz ou tribunal do trabalho (acesso formal à justiça), o direito processual do

---

1. Graduanda em Direito pela Faculdade de Direito Milton Campos/MG. Membro da Oficina de Estudos Avançados IPCPT – As Interfaces Entre Processo Civil e o Processo do Trabalho e da Oficina de Estudos sobre a Reforma Trabalhista, ambos da Faculdade de Direito Milton Campos. Estagiária no Tribunal do Trabalho 3ª Região. Monitora de Direito Processual do Trabalho da FDMC.

trabalho procura assegurar às partes a possibilidade de participação, com liberdade e igualdade de condições, da formação do direito no caso concreto (acesso substancial à justiça).

O acesso à justiça deve ser assegurado às partes durante todo o curso do processo, tendo como finalidade a prestação jurisdicional efetiva e eficiente. Para tanto, "a problemática do acesso à Justiça não pode ser estudada nos acanhados limites do acesso aos órgãos judiciais já existentes. Não se trata de apenas possibilitar o acesso à Justiça enquanto instituição estatal e sim de viabilizar o acesso à ordem jurídica justa". (WATANABE, 1988 *apud* MINGATI; RICCI, p. 07)

O direito processual do trabalho também encontra-se amparado pelo princípio da simplicidade que, não obstante venha sendo mitigado com o passar dos anos, encontra-se mantido em sua estrutura. Isto porque, em se tratando de um processo que ainda prega a capacidade postulatória das partes, a possibilidade de recorrer por simples petição (art. 899 da CLT), além da execução de ofício e a valorização da oralidade, não só como função preparatória, mas também no que se refere à produção de documentação (SÜSSEKIND, 1944, p. 316), somente demonstra o quão necessário e básico é a simplificação no âmbito trabalhista.

No que se refere ao favorecimento do julgamento do mérito da demanda, o CPC traz, de forma expressa, em seu art. 4º, esta diretriz, ao dispor que as "partes têm o direito de obter em prazo razoável a solução integral do mérito, incluída a atividade satisfativa", o que é confirmado no direito processual do trabalho pela redução dos requisitos da petição inicial ao mínimo necessário e o aproveitamento dos atos já praticados, por intermédio da teoria das nulidades, que evitam que os atos processuais se percam somente pela não observância da sua forma (art. 796, *a*, da CLT)[2]. É necessário verificar se o ato processual cumpriu seu objetivo, que é conferir um efetivo provimento jurisdicional, o que tem relação direta com o princípio do acesso à justiça (ALMEIDA, 2016, p. 76-77).

3. A INDICAÇÃO DO VALOR DOS PEDIDOS E O PROCEDIMENTO SUMARÍSSIMO

O rito sumaríssimo foi instituído, no âmbito trabalhista, em 2000, com a promulgação da Lei n. 9.957, que introduziu na CLT a Seção II-A (Do Procedimento Sumaríssimo). Buscou-se, sobretudo, dar maior celeridade aos processos de menor complexidade, com a edição de normas que preveem redução de prazos, maior concentração dos atos em audiência e restrição de recursos. Passaram a ser enquadradas no procedimento sumaríssimo as ações cujo valor é de até quarenta salários mínimos, sendo, por conseguinte, necessária a indicação do valor dos pedidos na petição inicial.

Embora haja divergências entre os Tribunais Regionais do país, o TRT da 3ª Região, por meio da Tese Jurídica Prevalecente n. 16, entende que o valor indicado na petição inicial não limita o valor da condenação, sendo mera estimativa econômica das pretensões[3].

Diversamente, embora não no âmbito dos precedentes obrigatórios, o TST posicionou-se no sentido de que, nas ações submetidas ao procedimento sumaríssimo, o valor atribuído ao pedido na inicial limita o proveito econômico a ser deferido na sentença, salvo quanto ao valor da causa, haja vista a incidência dos juros e da correção monetária, conforme podemos verificar do seguinte julgado:

> RECURSO DE REVISTA. 1. PRELIMINAR DE NULIDADE POR NEGATIVA DE PRESTAÇÃO JURISDICIONAL. Expostos os fundamentos que conduziram ao convencimento do órgão julgador, com análise integral da matéria trazida à sua apreciação, consubstanciada está a efetiva prestação jurisdicional. Recurso de revista não conhecido. 2. LIMITES DA LIDE. CONDENAÇÃO EM VALORES SUPERIORES ÀQUELES ATRIBUÍDOS PELO RECLAMANTE AOS PEDIDOS. IMPOSSIBILIDADE. JULGAMENTO ULTRA PETITA. <u>Admite-se a condenação do Reclamado em montante superior ao valor da causa estipulado na petição inicial, pois a proibição de julgamento fora dos limites de lide visa restringir a decisão ao quanto consta do pedido e da causa de pedir, e não ao valor da causa, que objetiva, em especial, a fixação do rito processual.</u> Assim, o Juízo não fica adstrito ao valor da causa fixado pelo Reclamante. No caso dos autos, todavia, não se discute a possibilidade de limitação da condenação ao valor da causa, mas a possibilidade de limitação da condenação ao montante fixado pelo Reclamante a cada um dos pedidos, isoladamente. <u>Nessa hipótese, o valor atribuído pelo Reclamante a cada uma de suas pretensões integra o respectivo pedido e restringe o âmbito de atuação do magistrado.</u> Assim, a condenação no pagamento de valores que extrapolem aqueles atribuídos pelo Reclamante aos pedidos importa em julgamento ultra petita, diante da previsão do art. 460 do CPC de ser defeso ao juiz condenar o réu em quantidade superior ao que lhe foi demandado. Recurso de revista conhecido e desprovido. (TST, RR n. 1049001420045020034 104900-14.2004.5.02.0034, 6ª Turma, Rel. Min. Mauricio Godinho Delgado, DJ 25.05.2011 – grifos nossos).

Tal entendimento é explicado pelo fato de que os processos submetidos ao rito sumaríssimo gerarem inúmeras

---

2. Art. 796 da CLT – A nulidade não será pronunciada: a) quando for possível suprir-se a falta ou repetir-se o ato; b) quando arguida por quem lhe tiver dado causa.
3. **Tese Jurídica Prevalecente n. 16 – Rito sumaríssimo. Valor correspondente aos pedidos, indicado na petição inicial (art. 852-b, da CLT). Inexistência de limitação, na liquidação, a este valor.** No procedimento sumaríssimo, os valores indicados na petição inicial, conforme exigência do art. 852-B, I, da CLT, configuram estimativa para fins de definição do rito processual a ser seguido e não um limite para apuração das importâncias das parcelas objeto de condenação, em liquidação de sentença. (RA 207/2017, disponibilização: DEJT/TRT3/Cad. Jud. 21, 22 e 25.09.2017).

facilidades, razão de se procurar enquadrar as ações nesse procedimento, tal como a existência de uma pauta diferenciada, que gera uma prestação jurisdicional mais célere. Assim, de modo a coibir fraudes, posto que a cumulação de pedidos é uma faculdade no âmbito trabalhista, podendo assim o reclamante optar por fracionar seus direitos ao entrar com várias ações, necessária se faz a vinculação do valor dos pedidos.

Pontua-se que, contudo, na análise da Lei dos Juizados Especiais Cíveis e Criminais (Lei n. 9.099/1995), que inspirou a criação do procedimento sumaríssimo no processo do trabalho, verifica-se que há previsão expressa (art. 3º, § 3º)[4] de que a opção por tal procedimento importa em renúncia do crédito excedente ao limite estabelecido, qual seja, quarenta salários mínimos.

O mesmo artigo[5] exclui da competência do Juizado Especial as causas de natureza alimentar. Neste passo, é crível pensarmos que, por se tratar, em sua grande maioria, de verbas de natureza alimentar, e não havendo previsão expressa na CLT, incabível seria a renúncia de crédito trabalhista, tanto no procedimento sumaríssimo como no rito ordinário (ALMEIDA, 2016, p. 478).

4. INDICAÇÃO DO VALOR DOS PEDIDOS A PARTIR DA LEI N. 13.467/2017

Como visto, a CLT, em sua nova redação, acrescentou aos processos submetidos ao rito ordinário as exigências de que o pedido deve ser certo e determinado, devendo constar, da petição inicial, a indicação do seu valor. Cabe, então, analisar quais efeitos que esta alteração trará para os litigantes, advogados e magistrados trabalhistas.

Primeiramente, cumpre esclarecer que a justificativa para tal implemento no rito ordinário, segundo a exposição de motivos do Projeto de Lei n. 6.787/2016, foi a garantia da boa-fé processual, de modo que todos os envolvidos na lide teriam "pleno conhecimento do que está sendo proposto". Tal alteração visou a atender, primordialmente, o princípio da sucumbência (art. 791-A da CLT[6]), segundo o qual o autor é condenado ao pagamento de honorários ao advogado da parte contrária quanto às parcelas em que não tiver êxito (art. 791-A, § 3º da CLT[7]).

Inegável, porém, a dificuldade que os reclamantes encontrarão para formular seus pedidos com valores expressos, posto que a grande maioria não detém, no momento da elaboração da petição inicial, "elementos concretos e fidedignos, que os possibilitem definir esses valores" (FILHO, 2017, p. 131). Assim, o principal ponto a ser debatido deve ser a real intenção do legislador ao alterar o § 1º do art. 840 da CLT. Exigiria este uma prévia liquidação de pedidos ou apenas uma mera estimativa?

A se considerar que a delimitação de valores aos pedidos é mera referência, poder-se-á concluir que tal valor não limita a condenação, ou seja, se, em fase de liquidação, for apurado valor superior ao descrito na inicial, este não servirá de limite ao futuro proveito econômico, diferentemente do entendimento do TST quanto às ações sujeitas ao rito sumaríssimo.

Do mesmo modo, Souto Maior (2017) consigna que

> (...) o valor apresentado não delimita a condenação porque o juiz julga o pedido, na perspectiva de uma correspondência entre o fato e o direito. Concretamente, o juiz aplica o direito ao fato, embora vinculado ao pedido. Se o direito aplicado gera um resultado econômico superior ao valor indicado é o resultado preconizado pela decisão judicial, em conformidade com o direito, que deve prevalecer, ainda mais quando se esteja lidando com questões de ordem pública, como se dá, na maioria das situações, com o Direito do Trabalho.

Neste sentido, também é a concepção dos Desembargadores José Eduardo Resende Chaves Júnior e Marcelo José Ferlin D'Ambroso (2018):

> Logo, exigir que o advogado antecipe o valor do pedido, vale dizer, limitando-o como teto máximo do que se pode conseguir no processo, é de uma dupla violência: (i) com o trabalhador, que, prejudicado pelo empregador nos seus direitos, ainda terá de assumir o dever empresarial de documentar as relações de trabalho; e (ii) com o próprio advogado, cuja formação e dever processual é traduzir a narrativa fática para o processo — se alguma obrigação tivesse com números, certamente as faculdades ministrariam cadeiras de cálculos.

Importante salientar que diversas decisões dos Tribunais Regionais do país[8] têm sido neste sentido, haja vista o entendimento de que a imposição de liquidação dos pedidos na inicial obstaculiza o direito fundamental do acesso

---

4. § 3º A opção pelo procedimento previsto nesta Lei importará em renúncia ao crédito excedente ao limite estabelecido neste artigo, excetuada a hipótese de conciliação.
5. § 2º Ficam excluídas da competência do Juizado Especial as causas de natureza alimentar, falimentar, fiscal e de interesse da Fazenda Pública, e também as relativas a acidentes de trabalho, a resíduos e ao estado e capacidade das pessoas, ainda que de cunho patrimonial.
6. Art. 791-A da CLT. Ao advogado, ainda que atue em causa própria, serão devidos honorários de sucumbência, fixados entre o mínimo de 5% (cinco por cento) e o máximo de 15% (quinze por cento) sobre o valor que resultar da liquidação da sentença, do proveito econômico obtido ou, não sendo possível mensurá-lo, sobre o valor atualizado da causa.
7. Art. 791-A, § 3º, da CLT. Na hipótese de procedência parcial, o juízo arbitrará honorários de sucumbência recíproca, vedada a compensação entre os honorários.
8. TRT 15ª Região, Mandado de Segurança n. 0005412-40.2018.5.15.0000. Rel. Carlos Eduardo Oliveira Dias, DJ 08.03.2018.

à justiça, conforme podemos verificar pela ementa do seguinte Mandado de Segurança:

> AGRAVO REGIMENTAL. MANDADO DE SEGURANÇA. DETERMINAÇÃO DE EMENDA À PETIÇÃO INICIAL PARA ADEQUAÇÃO À NOVA REDAÇÃO AO ART. 840, § 1º, DA CLT. **DESNECESSIDADE DE LIQUIDAÇÃO PRÉVIA DOS PEDIDOS.** PARCELAS VINCENDAS. POSSIBILIDADE DE PEDIDO GENÉRICO. ILEGALIDADE DO ATO COATOR. DEFERIMENTO DE LIMINAR. A concessão de liminar em mandado de segurança tem como pressupostos a relevância dos fundamentos e a ameaça à eficácia do writ caso concedida a segurança apenas ao final, à luz do art. 7º, III, da Lei n. 12.016/2009. Preenchidos tais requisitos, é de reformar a decisão recorrida em que indeferida a liminar pedida na impetração. <u>Ordem judicial em que exigidos requisitos além daqueles previstos no art. 840, § 1º, da CLT</u>, com redação dada pela Lei n.13.467/2017, que a torna abusiva e destoa do caráter instrumental do processo do trabalho, o que autoriza a concessão de liminar para cassar o ato em que determinada a emenda à petição inicial. Pretensão relativa ao pagamento de parcelas vincendas que pode ser formulada de forma genérica para fins de arbitramento aproximado, cuja hipótese pode ser enquadrada nos incisos II e III, do art. 324 do CPC. (TRT 4ª Região, MS n. 0020054-24.2018.5.04.0000, SDI-I, Rel. Des. João Paulo Lucena, DJ 26.04.2018 – grifos nossos).

O provimento do Mandado de Segurança supracitado gerou a interposição de correição parcial com pedido liminar[9] de suspensão imediata da decisão proferida em Agravo Regimental que cassou o ato judicial que determinava a emenda da petição inicial, em face do acórdão acima referido, sob o fundamento de que a decisão seria contrária à boa ordem processual na medida que afronta o disposto no art. 840, § 1º, da CLT em sua nova redação.

Este não foi, contudo, o entendimento do d. corregedor, que julgou improcedente o pedido por considerar que a decisão

> (...) foi proferida nos estritos limites da competência jurisdicional do órgão colegiado, a quem compete aferir a presença ou não dos pressupostos legais autorizadores da concessão da tutela provisória, e no regular exercício da função jurisdicional, não sendo possível vislumbrar, portanto, ato atentatório à boa ordem processual de que trata a cabeça do art. 13 do RICGJT, a justificar a intervenção excepcional deste Corregedoria-Geral da Justiça do Trabalho.

Asseverou ainda que a decisão "encontra-se devidamente fundamentada e lastreada na interpretação da legislação processual, à luz da garantia fundamental do acesso à justiça" e que não seria possível "a partir dos elementos presentes nos autos, configurar a situação de dano irreparável a justificar a intervenção excepcional desta Corregedoria, com base no parágrafo único do art. 13 do RICGJT".

Há que se considerar, ainda, a proposta de Instrução Normativa apresentada no dia 16 de maio de 2018 pelo Presidente da Comissão de Regulamentação da Lei n. 13.467/2017, o Min. Aloysio Corrêa da Veiga. Em tal proposta, constam instruções de como deve se dar a aplicação das alterações da Lei n. 13.467/2017 no processo do trabalho.

Para tanto, o art. 12 da futura Instrução Normativa, disciplina que:

> **Art. 12** Os arts. 840 e 844, §§ 2º, 3º e 5º, da CLT, com as redações dadas pela Lei n. 13.467, de 13 de julho de 2017, não retroagirão, aplicando-se, exclusivamente, às ações ajuizadas a partir de 11 de novembro de 2017.
>
> § 1º Ressalvadas as situações jurídicas consolidadas, aplica-se o disposto no art. 843, § 3º, da CLT às audiências trabalhistas realizadas após 11 de novembro de 2017.
>
> § 2º Para fim do que dispõe o art. 840, §§ 1º e 2º, da CLT, o valor da causa será estimado, observando-se, no que couber, o disposto nos arts. 291 a 293 do Código de Processo Civil.
>
> § 3º Nos termos do art. 843, § 3º, e do art. 844, § 5º, da CLT, não se admite a cumulação das condições de advogado e preposto.

Verifica-se, portanto, que, ao dispor que o valor da causa será estimado, o TST, mesmo que de forma indireta, reforçou a tese de que a indicação de valores deve se dar de forma aproximada, não limitando, portanto, futuro proveito econômico.

Diversamente, se for considerado que a delimitação vincula o valor do futuro proveito econômico, necessário pensar em como a liquidação de pedidos repercutirá, na elaboração da petição inicial, na contestação e, posteriormente, na sentença.

Quanto à petição inicial, esta deveria trazer valores exatos, de modo a não gerar prejuízos ao reclamante, seja no caso de o valor devido ser maior do que o estipulado ou no caso de uma futura condenação em honorários de sucumbência.

No que diz respeito à contestação, por sua vez, lança-se o seguinte questionamento. Será que esta deverá não apenas impugnar os fatos, mas também os valores dos pedidos, sob pena de, por aplicação analógica do art. 341, *caput*, do CPC c/c art. 769 da CLT, acarretar a presunção de veracidade dos valores previstos na exordial? Se este for o entendimento da jurisprudência, deverá vir a exordial acompanhada de demonstrativo de cálculo? Louvável seria, mas não parece ser esta a vontade do legislador, posto que, desta forma, seria grande o ônus para ambas as partes, que

---

9. TST, Correição Parcial n. 1000296-53.2018.5.00.0000. Rel. Min. Lelio Bentes Corrêa, DJ 18.05.2018.

teriam que contratar peritos contábeis antes mesmo da fase de instrução, além de caracterizar-se um ato atentatório ao princípio da simplicidade.

No tocante à sentença, nota-se que o magistrado não está obrigado a seguir a "liquidação" realizada pelo reclamante, ou seja, embora a indicação do valor do pedido limite o valor da condenação, exceto quanto aos juros e multas, o valor da sentença não será necessariamente o estipulado na petição inicial.

Souza Júnior *et al.* (2017, p. 490), explica que o valor dos pedidos deve ser o mais aproximado possível, haja vista que:

> (...) o valor definido para determinado pedido não vincula o julgador, que poderá deferi-lo em montante inferior (julgamento citra petita), mas limita o valor máximo atendível, pois veda a lei ao julgamento ultra petita fora das hipóteses legalmente autorizadas (CPC, art. 492). Assim, a atribuição aleatória de valores aos pedidos deverá redundar em severos prejuízos ao reclamante quando a expressão monetária de seu crédito for superior àquela informada na inicial.

Verifica-se que a vontade do legislador foi atribuir ônus ao reclamante para o acesso à justiça e facilitar a situação da parte contrária, que já terá um limite de possíveis gastos, o que geraria um contingenciamento do processo trabalhista.

É preciso ressaltar, contudo, que em razão de a documentação de fatos relacionados ao contrato do trabalho permanecer, em regra, na posse do empregador, não raras vezes terá o reclamante dificuldade de atribuir valores aos pedidos por não ter acesso prévio a documentos imprescindíveis para a aferição da extensão monetária do seu direito, como nos casos de apuração de comissões devidas, que somente são calculadas por meio de uma perícia contábil, ou até mesmo de enquadramento nos graus de insalubridade, hipótese em que, como bem assevera Teixeira Filho (2017, p. 131), não há como o autor "definir, a priori, o valor correto do pedido, se a própria classificação do grau de insalubridade dependia de exame pericial".

Nas hipóteses em que tal impossibilidade decorra de ato do réu, como no caso das Participações nos Lucros e Resultados – PLR, ou ainda nos dissídios que versem a respeito da equiparação salarial, caso em que o reclamante deve indicar um paradigma que receba uma remuneração maior que a sua, poderia a futura ré fornecer os dados de pagamento dos seus empregados sem que houvesse uma reclamação trabalhista propriamente dita?

No que concerne a tais questionamentos, Teixeira Filho (2017, p. 132) expõe duas alternativas, quais sejam:

a) para que a petição inicial expresse, desde logo, o valor dos pedidos, incumbirá ao autor ingressar com pedido de tutela de urgência de natureza cautelar (CPC, art. 301) ou com ação de produção antecipada de prova (CLT, art. 381), fundando-se no art. 324, § 1º, III do CPC, assim redigido: "§ 1º É lícito, porém, formular pedidos genéricos: I – (...); III – quando a determinação do objeto ou do valor da condenação depender de ato a ser praticado pelo réu" (destacamos) Apresentados os documentos necessários, os pedidos deverão ser liquidados antes de serem postos na inicial;

b) para que o valor seja fixado após a apresentação da defesa, o autor deverá suscitar o incidente de exibição de documentos, regulado pelos arts. 396 a 404, do CPC; exibidos os documentos, o juiz concederá prazo para que o autor emende a petição inicial, no prazo de quinze dias, indicando o valor dos pedidos formulados (CPC, art. 321, *caput*), sob pena de indeferimento da petição inicial (ibidem, parágrafo único).

A primeira alternativa apresentada, no entanto, além de gerar inúmeros pedidos de tutela de urgência, que certamente abarrotarão as Varas do Trabalho de todo o país, causando uma certa morosidade ao recebimento, pelo reclamante, da tutela jurisdicional, ainda traz o problema da prescrição que, se configurada, gera a perda do direito de exigir de outrem o cumprimento das obrigações pleiteadas.

Além disso, tal alternativa apresenta um rigor inconciliável com o próprio processo do trabalho que, como já ressaltado, sempre prezou pela celeridade e simplicidade do processo, pena de perder o sentido de ter se tornado um ramo autônomo do direito, além de ser considerado uma afronta ao acesso à justiça.

Não obstante o CPC estabelecer, em seu art. 324[10], a possibilidade, em casos excepcionais, de formulação de pedidos genéricos, tal enquadramento é extremamente subjetivo, ficando a cargo de cada magistrado a interpretação de que o pedido pleiteado seja suscetível ou não de incidente de exibição de documentos. Ressalte-se ainda que o § 3º do art. 840 da CLT estipula que "os pedidos que não atendam ao disposto no § 1º deste artigo serão julgados extintos sem resolução de mérito". Ocorre que o Processo do Trabalho, em atenção ao diálogo de fontes com o CPC, aplica o disposto no art. 321 do CPC[11], de modo a conceder o prazo de quinze dias para que o autor emende a petição inicial.

Assim, em havendo pedidos sem a devida indicação do valor correlato, após o incidente de exibição de documentos,

---

10. Art. 324, § 1º, do CPC. É lícito, porém, formular pedido genérico: I – nas ações universais, se o autor não puder individuar os bens demandados; II – quando não for possível determinar, desde logo, as consequências do ato ou do fato; III – quando a determinação do objeto ou do valor da condenação depender de ato que deva ser praticado pelo réu.
11. Art. 321 do CPC. O juiz, ao verificar que a petição inicial não preenche os requisitos dos arts. 319 e 320 ou que apresenta defeitos e irregularidades capazes de dificultar o julgamento de mérito, determinará que o autor, no prazo de 15 (quinze) dias, a emende ou a complete, indicando com precisão o que deve ser corrigido ou completado. Parágrafo único. Se o autor não cumprir a diligência, o juiz indeferirá a petição inicial.

deverá ser aberto o prazo de 15 dias para que o autor emende a inicial. Se este não o fizer a tempo e modo, o indeferimento deverá ser parcial, ou seja, somente quanto aos pedidos ilíquidos, em atenção ao princípio da utilidade e do aproveitamento dos atos processuais, consubstanciado nos arts. 798 da CLT[12] e art. 281 do CPC[13], conforme explica Souza Júnior *et al* (2017, p. 492):

> (...) é importante frisar que o indeferimento da petição inicial trabalhista por iliquidez poderá ser total ou parcial (...) sendo comum a cumulação de pedidos na Justiça do Trabalho, a ausência de indicação de valor de apenas um ou alguns pleitos formulados não obstará o prosseguimento do processo em relação aos demais pedidos, salvo se houver conexão de prejudicialidade, ou seja, a menos que não seja possível analisar determinado pedido líquido sem apreciar, previamente, outro pedido que esteja indevidamente ilíquido.

Em suma, a doutrina e a jurisprudência deverão fixar parâmetros quanto ao significado da expressão "indicação do valor", o que, até a sua pacificação, poderá gerar uma enorme insegurança jurídica.

Por fim, e retomando o exemplo já citado, a nova redação da CLT cuidou dos casos de *jus postulandi* ao prever, no § 2º, que, "se verbal, a reclamação será reduzida a termo, em duas vias datadas e assinadas pelo escrivão ou secretário, observado, **no que couber**, o disposto no § 1º deste artigo" (grifos nossos). Ocorre que tal norma acabou por deixar lacunas, posto que, novamente, caberá a cada magistrado perquirir quais requisitos são passíveis, ou não, de serem exigidos, em se tratando de reclamação verbal.

Observa-se que a parte que atua sem advogado na Justiça do Trabalho, em regra, não se encontra em condições de liquidar todos os pedidos e a sua exigência traria óbice ao acesso à justiça. Ademais, o autor não pode ficar à mercê do atermador para liquidar os pedidos, vez que, como ele, este não é um profissional contábil, capaz de realizar todos os cálculos, muitas vezes complexos.

Importante ressaltar, contudo, que mesmo nas demandas ajuizadas por advogado, este não é o profissional adequado para a realização dos cálculos, vez que não possui obrigação legal e profissional de dominar técnicas contábeis, motivo pelo qual se entende que o requisito de indicação dos valores de modo a limitar a condenação somente poderá ser exigido se houver um auxílio do setor de cálculos das Varas do Trabalho.

Ademais, há que se esclarecer que a reforma trabalhista não alterou em nada a fase de liquidação, ou seja, posteriormente à prolação da sentença haverá um momento próprio para a elaboração dos cálculos, que contará, inclusive, com o respeito ao contraditório, argumento este que somente dá suporte à corrente que defende que a indicação da qual o § 1º do art. 840 da CLT trata não pode ser traduzida em liquidação e sim em mera estimativa de valores.

5. CONSIDERAÇÕES FINAIS

1) A indicação de valores aos pedidos na petição inicial que somente era exigida aos processos submetidos ao rito sumaríssimo, passou a ser aplicada aos processos do rito ordinário após a edição da Lei n. 13.467/2017.

2) Tal previsão legal gerou grande impasse a respeito do alcance da expressão "indicação de valor". De um lado, há aqueles que sustentam que se trata de mera estimativa de valores, e de outro, os que sustentam a exigência de uma liquidação prévia que limitaria a tutela jurisdicional a ser oferecida.

3) Os que sustentam a tese da liquidação prévia encontram soluções no próprio CPC, seja por meio do pedido de tutela de urgência de natureza cautelar, seja pela ação de produção antecipada de prova, ou até mesmo por incidente de exibição de documentos.

4) No entanto, no exame do art. 840 da CLT, em conjunto com os princípios constitucionais e trabalhistas, permite-se afirmar que não se trata de liquidação de pedidos. Isto porque não é possível renunciar a créditos trabalhistas, além de não caber ao trabalhador o dever empresarial de documentar a relação de trabalho e, nem mesmo ao seu advogado, dominar as técnicas contábeis.

6. REFERÊNCIAS BIBLIOGRÁFICAS

CARVALHO, Maximiliano. Petição Inicial Líquida. E Agora?. In: MIESSA, Élisson. CORREIA, Henrique (Orgs.) *A Reforma Trabalhista e seus impactos*. Salvador: JusPodivm, 2017.

CHAVES JR., José Eduardo Resende; D'AMBROSO, Marcelo José Ferlin. *Precificando o Direito*: a era do advogado e do juiz contadores. Disponível em: <https://www.conjur.com.br/2018-mar-26/opiniao-precificando-direito-advogado-juiz-contadores>. Acesso em: 17 maio 2018.

CINTRA, Antônio Carlos de Araújo. GRINOVER, Ada Pellegrini. DINAMARCO, Cândido Rangel. *Teoria geral do processo*. 20. ed. São Paulo: Malheiros Editores, 2009.

COMISSÃO de ministros entrega parecer sobre a Reforma Trabalhista à Presidência do TST. *Notícias do TST*, 16 de maio de 2018. Disponível em: <http://www.tst.jus.br/web/guest/noticias/-/asset_publisher/89Dk/content/comissao-de-ministros-entrega-parecer-sobre-a-reforma-trabalhista-a-presidencia-do-tst?inheritRedirect=false&redirect=http%3A%2F%2Fwww.tst.jus.br%2Fweb%2Fguest%2Fnoticias%3Fp_p_id%3D101_INSTANCE_89Dk%26p_p_lifecycle%3D0%26p_p_state%3Dnormal%26p_p_mode%3Dvie-

---

12. Art. 798 da CLT. A nulidade do ato não prejudicará senão os posteriores que dele dependam ou sejam consequência.
13. Art. 281 do CPC. Anulado o ato, consideram-se de nenhum efeito todos os subsequentes que dele dependam, todavia, a nulidade de uma parte do ato não prejudicará as outras que dela sejam independentes.

w%26p_p_col_id%3Dcolumn-2%26p_p_col_count%3D2%26_101_INSTANCE_89Dk_advancedSearch%3Dfalse%26_101_INSTANCE_89Dk_keywords%3D%26_101_INSTANCE_89Dk_delta%3D10%26p_r_p_564233524_resetCur%3Dfalse%26_101_INSTANCE_89Dk_cur%3D4%26_101_INSTANCE_89Dk_andOperator%3Dtrue>. Acesso em: 27 maio 2018.

MINGATI, Vinícius Secafen; RICCI, Milena Mara da Silva. *Conceito de acesso à justiça*: a efetividade do processo como garantia de acesso à uma ordem jurídica justa. Disponível em: <http://eventos.uenp.edu.br/sid/publicacao/artigos/1.pdf>. Acesso em: 19 maio 2018.

SOUTO MAIOR, Jorge Luiz. *Prática processual trabalhista*: possíveis efeitos da Lei n. 13.467/2017. Disponível em: <https://www.jorgesoutomaior.com/blog/pratica-processual-trabalhista-possiveis-efeitos-da-lei-n-1346717>. Acesso em: 17 maio 2018.

SOUZA JÚNIOR, Antônio Umberto de *et al*. *Reforma Trabalhista* – Análise Comparativa e Crítica da Lei n. 13.467/2017. 2. ed. São Paulo: Rideel, 2017.

TEIXEIRA FILHO, Manuel Antônio. *O Processo do Trabalho e a Reforma Trabalhista*: As alterações introduzidas no processo do trabalho pela Lei n. 13.467/2017. São Paulo: LTr, 2017.

Requisitos do Pedido na Petição Inicial Trabalhista: Alterações Promovidas pela Lei n. 13.467/2017

Taissa Pereira Silva da Costa[1]

1. INTRODUÇÃO

A Lei n. 13.467/2017 (Reforma Trabalhista), sancionada pelo Presidente da República em 13 de julho de 2017, traz alterações significativas quanto à petição inicial trabalhista, principalmente no que diz respeito aos requisitos do pedido. Observada a *vacatio legis* de 120 dias, estabelecida no art. 6º da Lei n. 13.467/2017, as modificações processuais entraram em vigor na data de 11 de novembro de 2017.

A respeito da petição inicial, as ações ajuizadas posteriormente ao período de *vacatio legis*, deverão observar os novos requisitos trazidos pela Reforma.

O princípio do isolamento dos atos processuais e a regra do *tempus regit actum* determinam, em respeito à segurança jurídica, que as aplicações das novas disposições só poderão ser exigidas nas ações propostas posteriormente à sua vigência. Por essa razão, não pode prevalecer o entendimento de se determinar, antes do término do período de *vacatio legis*, a emenda e adequação da inicial às novas regras sob o argumento de que a audiência e o julgamento ocorrerão quando a nova lei já estará em vigor.

Os requisitos da petição inicial trabalhista encontram-se disciplinados no art. 840, da Consolidação das Leis do Trabalho (CLT). A Lei n. 13.467/2017 inovou, quanto às ações que tramitam sob o rito ordinário, ao exigir que o pedido seja certo, determinado e com atribuição de seu valor.

Para o melhor estudo das alterações trazidas pelo legislador reformista, faz-se necessário estabelecer uma comparação com os requisitos da inicial previstos no CPC vigente, notadamente na parte que trata dos pedidos e o valor da causa.

Nesta mesma linha de raciocínio deve ser verificado se a previsão do pedido genérico, se interpretada com rigor a alteração prevista no art. 840 da CLT, tem a aplicação à inicial trabalhista.

E, ainda, foi inserida a previsão de extinção sem resolução do mérito para os pedidos que não atendam à referida exigência, passando, assim, o artigo a ter vigência com a seguinte redação:

Art. 840 – A reclamação poderá ser escrita ou verbal.

§ 1º Sendo escrita, a reclamação deverá conter a designação do juízo, a qualificação das partes, a breve exposição dos fatos de que resulte o dissídio, **o pedido, que deverá ser certo, determinado e com indicação de seu valor**, a data e a assinatura do reclamante ou de seu representante.

§ 2º Se verbal, a reclamação será reduzida a termo, em duas vias datadas e assinadas pelo escrivão ou secretário, observado, **no que couber**, o disposto no § 1º deste artigo.

§ 3º Os pedidos que não atendam ao disposto no § 1º deste artigo serão julgados extintos sem resolução do mérito (COSTA FILHO, 2018, p. 190-191, *grifo nosso*).

Anteriormente à Reforma não havia na Consolidação das Leis do Trabalho qualquer disposição a respeito do que deveria conter no pedido, exceto em se tratando de ações submetidas ao procedimento sumaríssimo, disciplinado no art. 852-A e seguintes. Neste caso, e apenas neste caso, os pedidos deveriam ser certos ou determinados, com a indicação dos valores correspondentes, conforme disposto no art. 852-B, I (COSTA FILHO, 2018, p. 192), o qual não sofreu qualquer alteração com a Reforma.

Resta saber se a alteração perpetrada pela nova disposição legal não vai de encontro aos princípios do processo do trabalho, estruturantes de seu procedimento. E, mais do que isso, se não afetam, de forma substancial, a possibilidade de acesso à justiça e ao processo justo.

Ocorre, contudo, que apesar de o dispositivo em análise (nova redação do art.840, CLT) encerrar a discussão anteriormente existente quanto aos parâmetros do pedido na petição inicial trabalhista, os quais se apresentavam omissos e genéricos em relação à suas especificações, faz-se necessária, todavia, a análise de sua aplicabilidade e a ponderação de sua extensão.

2. O PEDIDO NO PROCESSO CIVIL E NO PROCESSO DO TRABALHO

Inicialmente torna-se necessária a análise dos fundamentos do pedido como requisito da petição inicial

---

1. Graduanda pela Faculdade de Direito Milton Campos. Membro da Oficina de Estudos Avançados sobre "As Interfaces entre o Processo Civil e o Processo do Trabalho – IPCPT".

trabalhista, a sua natureza jurídica e suas especificidades no processo civil, bem como a sua aplicabilidade ao processo trabalhista.

O Código de Processo Civil prevê a determinação e certeza como requisitos do pedido, respectivamente em seus arts. 322 e 324.

Iniciou-se, desde então, a controvérsia sobre a aplicabilidade ou não dos novos institutos de processo civil subsidiariamente ao processo trabalhista. Com isso, o Tribunal Superior do Trabalho, por meio da Resolução n. 203, editou a Instrução Normativa n. 39/16, que dispõe sobre as normas do Código de Processo Civil aplicáveis e inaplicáveis ao Processo do Trabalho. Nesta oportunidade, no entanto, nada mencionou o Tribunal Superior sobre a (in) aplicabilidade dos arts. 322 e 324 do CPC. Na mesma ocasião, entretanto, o Tribunal deixou expresso que o art. 292, V do CPC, prevê que nas ações indenizatórias o valor da causa será o valor do pedido, inclusive quando fundada em dano moral, ou seja, aplicando-se ao processo do trabalho, em face da omissão e da compatibilidade, a necessidade de que conste da inicial o valor do pedido de danos morais.

A propósito do tema, tem-se o rito sumaríssimo, que foi introduzido na Justiça do Trabalho com a intenção de "dinamizar o processo do trabalho de forma a torná-lo mais célere e eficaz na solução dos conflitos trabalhistas" (BRASIL, 1998, p. 11), sendo aplicado nas ações de até 40 salários mínimos, consideradas como de pequena monta. Consoante o art. 852-B da CLT, para as ações submetidas ao rito sumaríssimo, haverá necessidade de pedido certo ou determinado com a indicação do valor correspondente. E, ainda, como consequência do descumprimento do referido dispositivo legal, previu o arquivamento do feito. Ambos os preceitos foram mantidos sem alteração na Reforma Trabalhista.

Percebe-se, com isso, a intenção do legislador de transportar normas do procedimento sumaríssimo ao procedimento ordinário, desrespeitando, contudo, princípios fundamentais do processo do trabalho em atenção às, diferenças e peculiaridades de cada tipo de ação submetida aos diferentes ritos.

2.1. Pedido mediato e imediato

"O pedido é pressuposto processual de existência da relação jurídica processual" (SCHIAVI, 2016, p.538), é o âmago da petição inicial, é o que se pede ao Poder Judiciário, tanto na esfera cível quanto na esfera trabalhista, e decorre logicamente dos fatos narrados.

É possível dividir o pedido em imediato e mediato. "O primeiro se refere ao pedido de prestação jurisdicional, é o que o autor deseja diretamente" (MARTINS, 2016, p. 345), a tomada de providência, que poderá ter natureza declaratória, constitutiva ou condenatória. Já o segundo é caracterizado como o bem da vida postulado, a entrega da coisa, o pagamento, a obrigação de fazer ou não fazer.

Essa diferença é relevante na medida em que, no âmbito civil, admite-se que o pedido mediato leve à indeterminação, nas hipóteses de pedido genérico previstas no art. 324, § 1º e incisos do CPC, ao contrário do pedido imediato, que deverá sempre ser determinado.

O pedido, a princípio, é o limite para a atuação jurisdicional, ou seja, o Juiz deverá decidir a partir dos pedidos formulados pelo autor, excepcionadas as hipóteses expressas em lei ou que não causem prejuízos a outra parte. Há doutrinadores, contudo, que entendem de forma contrária, em virtude dos princípios da extrapetição, informalidade e simplicidade do processo do trabalho, admitindo a possibilidade de o Juiz decidir fora e até mesmo além do pedido inicial, desde que não causem qualquer prejuízo à outra parte.

Quanto à extrapetição[2], no processo trabalhista, Renato Saraiva (2014, p. 25) ilustra a referida possibilidade nos casos de empregado que requeira a marcação do gozo de férias, o juiz poderá, mesmo sem pedido da parte, aplicar multa de 5% do valor do salário mínimo vigente no dia de descumprimento pelo empregador, pela previsão do art. 137, §2º, CLT; aplicação da multa prevista no art. 467, CLT ao empregador que não quita as verbas incontroversas na primeira assentada; autorização para conversão do pedido de reintegração em indenização, conforme exposto no art. 496, CLT. E, ainda, conforme Súmula n. 211 do TST, há a incorporação do conceito de pedidos implícitos nos casos dos juros de mora e correção monetária, que se incluem na liquidação.

Ainda sobre este tema, Miessa e Correa (2013, p. 25) acrescentam as hipóteses de anotação na Carteira de Trabalho e Previdência Social quando houver pedido de vínculo de emprego; quando no pedido de férias estiver ausente o pedido do 1/3 constitucional e, nos casos de horas extras, a concessão do adicional mínimo de 50%.

Há entendimento mais rígido sobre o assunto, como o de Mauro Schiavi (2016, p. 538), para quem "em razão do contraditório e da ampla defesa, o julgamento fora do pedido ou além dele, somente pode ser levado a efeito pelo Juiz do Trabalho quando a lei expressamente permitir ou então, não causar qualquer prejuízo ao reclamado".

Na Justiça do Trabalho, o magistrado tem uma atuação mais ativa do que apenas a de um condutor do processo, sendo que para ele há o dever de impulsionar o processo, atuando de forma a observar o princípio da proteção inerente ao processo do trabalho. Esta é mais uma justificativa para flexibilização e ampliação dos poderes do Juiz no processo do trabalho, positivado no art. 765 da CLT, que preceitua que "os Juízos e Tribunais do Trabalho terão ampla liberdade na direção do processo e velarão pelo andamento rápido das causas, podendo determinar qualquer diligência necessária ao esclarecimento delas". (COSTA FILHO, 2018, p. 183)

---

2. Autoriza o julgador a conceder mais ou diverso do pleiteado.

Ademais, quanto aos pedidos implícitos, o próprio Código de Processo Civil dispõe, em seu art. 322, § 1º, que "compreendem no principal os juros legais, a correção monetária e as verbas de sucumbência, inclusive os honorários advocatícios".

Quanto aos pedidos cumulados, pedidos alternativos e subsidiários, serão observadas as disposições dos arts. 325, 326 e 327 do Código de Processo Civil, com a consequente aplicação subsidiária por ausência de previsão na legislação processual trabalhista sobre o assunto.

2.2. Certeza e Determinação

"Pedido certo é pedido expresso" (MIRANDA, 1999, p.35), não se admitindo, portanto, o pedido implícito, exceto nos casos de previsão legal.

Quanto ao pedido determinado "é aquele delimitado em relação à qualidade e a quantidade e se contrapõe ao pedido genérico". (DIDIER, 2016, p. 575)

O requisito de certeza e determinação já estava presente no art. 852-B, CLT, que trata do rito sumaríssimo. A inovação é a extensão desses requisitos ao rito ordinário.

A consequência dos requisitos de certeza, determinação e da necessidade de indicação do valor correspondente ao pedido é a liquidação dos pedidos ou pelo menos uma aproximação dela, não se admitindo a possibilidade de a peça inaugural conter valores "a apurar", como costumeiramente praticado.

Em relação a esses requisitos do pedido, o Tribunal Regional do Trabalho da 3ª Região firmou a Tese Prevalecente n. 16, que interpreta a previsão legal no rito sumaríssimo, dizendo que "no procedimento sumaríssimo, os valores indicados na petição inicial [...] configuram estimativa para fins de definição do rito processual a ser seguido e não um limite para apuração das importâncias das parcelas objeto de condenação [...]", o que leva à conclusão de que, embora seja obrigatória a indicação de valores, eles não limitam a liquidação da sentença na fase própria.

A exigência de pedido certo e determinado nas relações trabalhistas justifica-se pelo fato de a Justiça Especializada tratar de direitos patrimoniais. Desta forma, o pedido que se apresenta em sua forma indeterminada pode dificultar a compreensão da lide e a oportunidade de defesa do réu, na opinião Schiavi (2016).

2.3. Pedido Genérico

Em contrapartida à exigência de determinação do pedido, o ordenamento jurídico brasileiro aceita a apresentação de pedidos genéricos, como uma exceção em alguns casos, como de "ações universais, se o autor não puder individualizar os bens demandados; quando não for possível determinar, desde logo, as consequências do ato ou do fato e quando a determinação do objeto ou do valor da condenação depender de ato que deva ser praticado pelo réu", na forma do art. 324, §1º, CPC.

Há posicionamento consolidado no Superior Tribunal de Justiça no sentido de que quando o pedido for de difícil mensuração pela complexidade dos cálculos, deverá ser permitido o pedido genérico, conforme se vê abaixo:

AGRAVO REGIMENTAL NO AGRAVO EM RECURSO ESPECIAL. VALOR DA CAUSA. PEDIDO GENÉRICO.

1. De acordo com o entendimento desta Corte, "a formulação de pedido genérico é admitida, na impossibilidade de imediata mensuração do quantum debeatur, como soem ser aqueles decorrentes de complexos cálculos contábeis, hipótese em que o valor da causa pode ser estimado pelo autor, em quantia simbólica e provisória, passível de posterior adequação ao valor apurado pela sentença ou no procedimento de liquidação. Precedentes. 2. No presente caso, o acórdão recorrido salienta a impossibilidade de imediata ponderação do efetivo conteúdo econômico decorrente da procedência da presente ação que dependem, necessariamente, de apuração em liquidação de sentença, por trazer discussão que envolve a fixação de base de cálculo de comissões de representação comercial, repetição de quantias pagas em excesso, indenização pelo fundo de comércio e clientela, entre outros. 3. Agravo regimental a que se nega provimento (STJ – REsp: 825994, Relator: Ministro MAURO CAMPBELL MARQUES, Data de Publicação: DJe 10.09.2009)

Importante reflexão na Justiça do Trabalho diz respeito aos casos em que o empregado, que não possui documentos relativos ao contrato de trabalho, faz pedidos de equiparação salarial, pagamento de PLR, apuração e pagamento de comissões, dentre outros. Nestas hipóteses mostra-se significativamente difícil a liquidação dos pedidos. Uma sugestão é a possibilidade de se admitir que tais pedidos possam ser feitos de forma genérica. Por outro lado, se assim não se entender, seria necessário exigir do reclamante a interposição de ação de exibição de documentos ou produção antecipada de prova.

Esta interpretação deve ser feita com cautela, visto que em razão da documentação ter origem do poder diretivo do empregador, há o risco de o pedido genérico tonar-se regra no processo do trabalho já que, em raríssimas ocasiões, o empregado estará na posse de documentos necessários para quantificar a extensão do seu direito. Como exemplo, tem-se que autor que sabe que tem direito ao pagamento de horas extraordinárias de trabalho, mas, por não ter o cartão de ponto em seu poder, ficará extremamente difícil quantificar a extensão do seu direito.

No entanto, na Justiça do Trabalho, em face da nova disposição legal, deve ser considerada como verdadeira necessidade a aplicação do pedido genérico, que atenderá a situação do empregado ao propor sua demanda pois, não contribuirá para o aumento demasiado de ações judiciais nem para a morosidade excessiva dos processos por atos processuais supérfluos.

3. JUSTIFICATIVAS DO PROJETO DE LEI N. 6.787/2016. OFENSA AOS PRINCÍPIOS DO PROCESSO DO TRABALHO

Muito defendida por inúmeros doutrinadores e por parte da jurisprudência, a liquidação dos pedidos, baseada no princípio da boa-fé processual que rege a relação entre as partes, é fundamental para o conhecimento pleno da lide proposta e seus reais impactos às partes e à sociedade, inclusive foi este o argumento abordado na justificativa do Projeto de Lei n. 6.787/2016, que deu origem a Lei n. 13.467/2017).

Importante mencionar que a modificação tratada no presente artigo não estava presente no projeto inicial sugerido pelo Presidente da República à época.

A modificação surgiu a partir da Emendas n. 316, do Deputado Paes Landim, com a inserção de um art. 840-A. O referido deputado argumenta no seguinte sentido:

> [...] a prévia liquidação dos pedidos proporcionará significativo aumento da celeridade da fase de execução judicial, pois uma vez já liquidados os pedidos, se evitará o transcorrer de anos de novas discussões processuais até que o reclamante passa efetivamente receber o seu crédito. A alteração visa padronizar o tratamento do tema vez que o Código de Processo Civil já prevê que o pedido deve ser certo e determinado. Como consequência, oportunizará relevante redução de processos em curso no judiciário, dada a redução do tempo de percurso de uma reclamação trabalhista desde sua distribuição até seu arquivamento. (BRASIL, 2017a)

No entanto, quanto ao argumento de celeridade e diminuição de processos no judiciário, importantes ponderações devem ser feitas.

Há que se notar, no que tange ao princípio da simplicidade que rege o processo trabalhista, que a inovação trazida pelo legislador está em divergência com o referido princípio, visto que a norma gerou mais requisitos e, consequentemente, uma "complexização" do processo do trabalho, conforme neologismo adotado por Teixeira Filho (2017).

Importante ponderação ainda deve ser feita quanto ao princípio da economia processual, que está relacionado com os princípios da celeridade e do *ius postulandi* da parte, pilares da Justiça do Trabalho, que sofrem grande ameaça quando da necessidade de se impor a liquidação dos pedidos a um reclamante desacompanhado de advogado, ferindo o princípio da simplicidade do processo do trabalho.

É que nestes casos, tendo em vista a possível deficiência técnica da parte demandante, não se conseguirá individualizar e atribuir valor aos pedidos formulados, o que, consequentemente, gerará grande número de intimações para emendar a inicial, ou seja, mais atos processuais que retardam o desfecho do processo, sendo que existe a fase própria de liquidação para esta providência. E, ainda, em uma perspectiva mais pessimista, havendo extinção do feito sem resolução do mérito, o empregado perde neste momento a oportunidade da resolução da sua demanda, o que viola o princípio do amplo acesso à justiça previsto da Constituição da República.

Extrai-se da norma que a intenção do legislador estava vinculada a uma inovação da Reforma, a qual compromete os princípios da simplicidade e informalidade e aproxima a Justiça do Trabalho cada vez mais da Justiça Comum.

A justificativa apresentada pelos deputados ainda corrobora com a utilização mais corriqueira do pedido genérico, o qual não sendo adotado, teria que se exigir que o empregado entrasse com ação de exibição de documentos ou produção antecipada de prova, o que, consequentemente, aumentaria o número de ações.

Neste sentido, é imperiosa a reflexão deste inovador dispositivo (art. 840, CLT) à luz dos princípios da igualdade ou isonomia e do acesso à justiça.

É sabido que na Justiça do Trabalho as partes são dotadas do *ius postulandi*, não se fazendo necessária a assistência por um advogado. Desta forma, a parte pode ajuizar ação trabalhista simplesmente redigindo-a e protocolando-a na Vara competente, bem como pode simplesmente comparecer no setor de atermação, onde sua reclamação trabalhista será reduzida a termo pelo serventuário da Justiça do Trabalho.

É notória a dificuldade na individualização e estimativa de valores de cada pedido formulado pela parte litigante quando exerce o *ius postulandi* e requer diretamente a prestação jurisdicional à Justiça do Trabalho.

Não haverá igualdade de tratamento às partes quando uma delas tem a sua ação extinta sem resolução de mérito pelo simples fato de não deter conhecimentos suficientes para apresentar a quantificação dos pedidos de uma demanda e proceder aos cálculos das verbas trabalhistas supostamente devidas.

Haverá, com isso, uma desproporcionalidade na aplicação da previsão legal, de forma que o legislador não ponderou este aspecto, ferindo o princípio da isonomia, do acesso à justiça e, ainda, o da simplicidade do processo do trabalho.

Faz-se necessária, em contrapartida ao que foi mencionado acima, a ponderação a respeito do § 2º do art.840, CLT, *in verbis*:

> § 2º Se verbal, a reclamação será reduzida a termo, em duas vias datadas e assinadas pelo escrivão ou secretário, **observado, no que couber, o disposto no § 1º deste artigo** (BRASIL, 2018, p.191, *grifo nosso*).

Note-se, eventualmente, ser possível uma relativização na aplicação das disposições contidas no § 1º do referido artigo, principalmente quanto aos requisitos do pedido (objeto de inovação com a Reforma Trabalhista) nos casos de ações trabalhistas que tenham a peça inaugural apresentada na forma verbal (que será reduzida a termo). Desta forma, sendo aplicado às reclamações orais, que são normalmente feitas pela parte no uso do *ius postulandi*, apenas o que for possível em relação aos requisitos do pedido contidos no § 1º.

O princípio da verdade real, que permeia o processo do trabalho, reforça a incidência desta flexibilização do §2º, visto que o que se objetiva com o processo do trabalho é a primazia da realidade sob a forma. Ou seja, não se justifica exigir do empregado formalismo excessivo que obstaculize seu acesso à justiça, sendo este o entendimento que se extrai do art. 765 da CLT.

4. NÃO INDICAÇÃO DO VALOR DO PEDIDO: INTIMAÇÃO PARA EMENDA – SÚMULA N. 263 TST

O § 3º foi acrescido ao art. 840 da CLT, o qual prevê que ação trabalhista que não atender aos requisitos contidos no § 1º do mesmo dispositivo, ou seja, certeza de determinação e indicação dos respectivos valores, serão julgados extintos sem resolução do mérito.

Interpretando gramaticalmente o referido dispositivo legal, extrai-se que haveria a extinção do feito sem que seja possibilitado ao reclamante a oportunidade de retificação da peça, com a sua emenda. No entanto, referida disposição estaria em desacordo com o art. 321, CPC Brasil (2015), que oportuniza ao autor o prazo de 15 (quinze) dias para emenda, medida que prestigia o princípio da cooperação.

Neste aspecto, conforme supracitado no item quanto à ofensa aos princípios fundamentais do processo do trabalho, a norma deverá ser compatibilizada à luz do princípio da proteção ao trabalhador e ser concedido ao autor o prazo para emenda a inicial, conforme art. 321, CPC. Este entendimento é reforçado pelo disposto na Súmula n. 263, do Tribunal Superior do Trabalho, com redação abaixo:

> PETIÇÃO INICIAL. INDEFERIMENTO. INSTRUÇÃO OBRIGATÓRIA DEFICIENTE (nova redação em decorrência do CPC de 2015) – Res. 208/2016, DEJT divulgado em 22, 25 e 26.04.2016
>
> Salvo nas hipóteses do art. 330 do CPC de 2015 (art. 295 do CPC de 1973), o indeferimento da petição inicial, por encontrar-se desacompanhada de documento indispensável à propositura da ação ou não preencher outro requisito legal, somente é cabível se, após intimada para suprir a irregularidade em 15 (quinze) dias, mediante indicação precisa do que deve ser corrigido ou completado, a parte não o fizer (art. 321 do CPC de 2015) (BRASIL, 2003).

Assim, as normas processuais trabalhistas devem ser lidas em conformidade com a Constituição, o que leva à conclusão de que se deve extrair a interpretação que mais privilegia o exercício do contraditório, ampla defesa e o acesso a ordem jurídica substancial e justa (acesso material à ordem jurídica, o que significa acesso a uma justiça eficaz, que entregue o bem da vida – por isso a primazia da decisão de mérito). Por tais razões, deve-se sempre aplicar ao processo do trabalho as normas que privilegiam a materialização da ordem jurídica efetiva.

5. A NOVA NORMA E SEUS EFEITOS

Antes da Lei n. 13.467/2017 não havia qualquer previsão expressa a respeito da necessidade de indicação de valores no rito ordinário. A inovação quanto à necessidade da indicação de valor dos pedidos neste rito tem fundamento no fato de que o valor da causa deverá ser resultante dos pedidos formulados na inicial, já que, inclusive, é o valor da causa que determina o rito a ser seguido no processo trabalhista (sumário, sumaríssimo ou ordinário).

E mais, a exigência da indicação de valor dos pedidos gera efeitos na sucumbência que, após a Reforma Trabalhista, tomou novos rumos, prevendo a possibilidade de pagamento de honorários advocatícios e, nos casos de procedência parcial, a sucumbência recíproca, vedada a compensação de honorários, conforme art. 791-A, CLT e seus parágrafos:

> Art. 791-A. Ao advogado, ainda que atue em causa própria, serão devidos honorários de sucumbência, fixados entre o mínimo de 5% (cinco por cento) e o máximo de 15% (quinze por cento) sobre o valor que resultar da liquidação da sentença, do proveito econômico obtido ou, não sendo possível mensurá-lo, sobre o valor atualizado da causa.
>
> § 1º Os honorários são devidos também nas ações contra a Fazenda Pública e nas ações em que a parte estiver assistida ou substituída pelo sindicato de sua categoria.
>
> § 2º Ao fixar os honorários, o juízo observará:
>
> I – o grau de zelo do profissional;
>
> II – o lugar de prestação do serviço;
>
> III – a natureza e a importância da causa;
>
> IV – o trabalho realizado pelo advogado e o tempo exigido para o seu serviço.
>
> § 3º Na hipótese de procedência parcial, o juízo arbitrará honorários de sucumbência recíproca, vedada a compensação entre os honorários.
>
> § 4º Vencido o beneficiário da justiça gratuita, desde que não tenha obtido em juízo, ainda que em outro processo, créditos capazes de suportar a despesa, as obrigações decorrentes de sua sucumbência ficarão sob condição suspensiva de exigibilidade e somente poderão ser executadas se, nos dois anos subsequentes ao trânsito em julgado da decisão que as certificou, o credor demonstrar que deixou de existir a situação de insuficiência de recursos que justificou a concessão de gratuidade, extinguindo-se, passado esse prazo, tais obrigações do beneficiário. (BRASIL, 2018, p.186)

Ainda em relação à sucumbência recíproca, lacuna existe, no entanto, em relação aos pedidos que tratam das obrigações de fazer ou não fazer. Nestes casos, não haverá individualização pecuniária e, assim, é questionável como se dará a sucumbência nesta hipótese. Por consequência, será construído, jurisprudencialmente, entendimento a respeito do assunto, podendo ocorrer posições e interpretações diferentes nos diversos tribunais, inicialmente gerando insegurança neste sentido.

Quanto aos pedidos em que esteja impossibilitado o autor de individualizá-los de imediato na inicial, seja por falta de documentos (que estejam sob posse do empregador, por exemplo) ou informações essenciais para a demanda, é possível a aplicação subsidiaria do Código de Processo Civil a respeito da produção antecipada de provas, conforme art. 381 e seguintes.

Outro ponto importante a ser ressaltado é que o valor indicado não vincula o julgador, que poderá acolhê-lo, mas atribuindo valor diverso, podendo ser inferior, mas nunca superior ao pleiteado pelo reclamante, pela vedação de decisão *ultra petita*, neste caso aplicando-se o art. 492, do CPC.

6. CONCLUSÃO

As mudanças promovidas pela nova redação do art. 840 da CLT, quais sejam os requisitos de certeza, determinação e indicação de valores do pedido na petição inicial trabalhista, bem como a previsão de extinção sem resolução do mérito dos pedidos que não atendam as novas regras, promoveu uma mudança repentina na inicial trabalhista.

A respeito dos requisitos supracitados, não havia previsão de aplicação ao processo trabalhista, exceto tratando-se do rito sumaríssimo, que deve ser um procedimento célere em razão das demandas de menor valor pecuniário.

A aplicação dos novos requisitos do pedido na seara trabalhista levou à aproximação do processo do trabalho ao processo civil, visto que este já previa as referidas disposições nas petições iniciais.

Os conceitos de certeza e determinação dos pedidos preveem um pedido expresso e delimitado, respectivamente. Surge, no entanto, a possibilidade da existência de pedido genérico por exceção à regra e, deverá ser usado quando se tratar de pedidos de difícil e imediata mensuração do valor devido e, ainda, nas hipóteses do art. 324, § 1º do CPC.

Os pedidos genéricos remetem a três hipóteses de possibilidade processual: a admissibilidade indiscriminada dos pedidos genéricos nos casos supracitados, a aplicabilidade subsidiária do CPC e a determinação de emenda da petição inicial no prazo de 15 dias ou ainda o ajuizamento de ação de produção antecipada de provas, também conforme disposições do CPC.

Desconsidera-se, no entanto, a imediata extinção do feito sem resolução do mérito sem que seja oportunizado à parte a oportunidade de sanar o vício do pedido, por não se adequar tanto ao processo civil quanto ao processo do trabalho. A possibilidade que se coaduna com a Justiça do Trabalho é a admissibilidade dos pedidos genéricos, tendo em vista os princípios de simplicidade, informalidade e economia de atos processuais que regem o processo do trabalho.

Quanto a delimitação e indicação de valor do pedido a tais requisitos não se vincula o julgador, sendo, no entanto, vedado no ordenamento jurídico brasileiro apenas a decisão *ultra petita*, podendo assim ao juiz acolhê-lo, mas atribuindo valor diverso, inclusive, na fase de liquidação, em que efetivamente serão mensurados o *quantum* dos valores devidos.

E mais, a exigência da indicação de valor dos pedidos gera efeitos na sucumbência que, após a Reforma Trabalhista, tomou novos rumos, prevendo a possibilidade de pagamento de honorários advocatícios e, nos casos de procedência parcial, a sucumbência recíproca, vedada a compensação de honorários, conforme art. 791-A, CLT e seus parágrafos.

Neste cenário, tendo em vista todo o exposto, as novas disposições contidas no art. 840 da CLT, por mais que possam ter a intenção de melhorar o fluxo das ações na Justiça do Trabalho, trouxeram incertezas e dificuldades na aplicação dos dispositivos no que se refere aos princípios e fundamentos do processo do trabalho, ocorrendo um dispêndio desnecessário de esforços no início do processo o que se mostra sem sentido, visto que ainda há a fase de liquidação para apuração dos valores devidos.

As novas disposições quanto ao pedido devem ser aplicadas de forma razoável e racional, levando sempre em consideração os princípios que permeiam o Processo do Trabalho a fim de ocorrer aplicação harmônica e de acordo com o objetivo e pressupostos do Processo do Trabalho, garantindo, com isso, mais amplo à justiça.

7. REFERÊNCIAS BIBLIOGRÁFICAS

BRASIL. *Código de processo civil*: Lei n. 13.105, de 16 de março de 2015. Brasília: Presidência da República, 2015. Disponível em: <http://www.planalto.gov.br/ccivil_03/_ato2015-2018/2015/lei/l13105.htm> Acesso em: 17 maio 2018.

BRASIL. Câmara dos Deputados. Projeto de Lei n. 4.693 de 26 de agosto de 1998. Acrescenta os arts. 852-A e seguintes à CLT, instituindo o procedimento sumaríssimo no processo trabalhista. *Diário Oficial da União* Poder Legislativo, Brasília, DF, 28 jul. 1998. p. 11. Disponível em: <http://www.camara.gov.br/proposicoesWeb/prop_mostrarintegra;jsessionid=3DB17C77C-CBDB75631FC416C1E697ACE.proposicoesWebExterno1?-codteor=1129067&filename=Dossie+-PL+4693/1998> Acesso em: 17 maio 2018.

BRASIL. Câmara dos Deputados. Projeto de Lei n. 6.787 de 23 de dezembro de 2016. Altera a Consolidação das Leis do Trabalho (CLT), aprovada pelo Decreto-Lei n. 5.452, de 1º de maio de 1943, e as Leis n.s 6.019, de 3 de janeiro de 1974, 8.036, de 11 de maio de 1990, e 8.212, de 24 de julho de 1991, a fim de adequar a legislação às novas relações de trabalho. Diário Oficial [da] República Federativa do Brasil Poder Legislativo, Brasília, DF, mar. 2017a. Disponível em: <http://www.camara.gov.br/proposicoesWeb/prop_mostrarintegra?codteor=1534189&filename=EMC+316/2017+PL678716+%3D%3E+PL+6787/2016> Acesso em: 17 maio 2018.

BRASIL. *Lei n.13.467, de 13 de julho de 2017*. Brasília: Presidência da República, 2017b. Disponível em: <http://www.planalto.gov.br/ccivil_03/_ato2015-2018/2017/lei/l13467.htm> Acesso em: 17 maio 2018.

BRASIL. *Superior Tribunal de Justiça*. Agravo Regimental no Agravo em Recurso Especial. n. 806.928. Transportes Translovato Ltda. *versus* Luiz Carlos Branco da Silva e Outro. Relator: Ministro Luis Felipe Salomão. *Diário da Justiça Eletrônico*. Brasília,

Acórdão de 01 de fev. 2016b. Disponível em: <https://ww2.stj.jus.br/processo/revista/documento/mediado/?componente=ATC&sequencial=56305751&num_registro=201502785728&data=20160201&tipo=5&formato=PDF> Acesso em: 17 maio 2018.

BRASIL. Tribunal Superior do Trabalho. Súmula n. 263. *Diário Eletrônico da Justiça do Trabalho*. Brasília, 21 nov. 2003. Disponível em: <http://www3.tst.jus.br/jurisprudencia/Sumulas_com_indice/Sumulas_Ind_251_300.html#SUM-263>. Acesso em: 17 maio 2018.

BRASIL. *Tribunal Superior do Trabalho*. Resolução n. 203 de março de 2016. Edita a Instrução Normativa n. 39 que dispõe sobre as normas do Código de Processo Civil de 2015 aplicáveis e inaplicáveis ao Processo do Trabalho, de forma não exaustiva. *Diário Eletrônico da Justiça do Trabalho*, Brasília, DF, 16 mar. 2016. Disponível em: <https://hdl.handle.net/20.500.12178/81692> Acesso em: 17 maio 2018.

MINAS GERAIS. *Tribunal Regional do trabalho da 3ª Região*. Tese Prevalecente n. 16. *Diário da Justiça do Trabalho*, Belo Horizonte, set. 2017. Disponível em: <http://as1.trt3.jus.br/bd-trt3/handle/11103/30685 > Acesso em: 17 maio 2018.

COSTA FILHO, Armando Casimiro Costa *et al*. *Consolidação das Leis do Trabalho*. 48. ed. São Paulo: LTr, 2018.

DELGADO, Mauricio Godinho; DELGADO, Gabriela Neves. *A reforma trabalhista no Brasil:* Com comentários à Lei n. 13.467/2017. São Paulo: LTr, 2017.

DIDIER Jr., Fredie. *Curso de Direito Processual Civil:* Introdução ao Direito Processual Civil: Parte Geral e Processo de Conhecimento. 18. ed. Salvador: JusPodivm, 2016.

MARTINS, Sérgio Pinto. *Direito Processual do Trabalho*. 38. ed. São Paulo: Atlas, 2016.

MIESSA, Élisson; CORREIA, Henrique (Org.). *Processo do trabalho*. Salvador: Juspodivm, 2013.

MIRANDA, Francisco Cavalcanti Pontes de. *Comentários ao Código de Processo Civil*. 3. ed. Rio de Janeiro: Forense, 1999.

SARAIVA, Renato. *Curso de Direito Processual do Trabalho*. 11. ed. Rio de Janeiro: Forense; São Paulo: Método, 2014.

SCHIAVI, Mauro. *Manual de Direito Processual do Trabalho*. 11. ed. São Paulo: LTr, 2016.

TEIXEIRA FILHO, Manoel Antonio. *O Processo do Trabalho e a Reforma Trabalhista; as alterações introduzidas no processo do trabalho pela Lei n. 13.467/2017*. São Paulo: LTr, 2017.

Audiência Trabalhista: Preposto e Revelia à Luz da Reforma (Lei n. 13.467/2017)

Lorena Luiza Oliveira Mayrink[1]

1. INTRODUÇÃO

A eficiência da justiça trabalhista, pautada em um processo célere e simples, para além de respeitar o princípio constitucional do contraditório[2] tem, através da audiência, a máxima concretização deste princípio devido ao seu cunho de bilateralidade e isonomia.

Na audiência concentram-se os principais procedimentos do processo do trabalho, motivo pelo qual a presença das partes é imprescindível a fim de garantir o efetivo contraditório cuja importância foi reforçada pelo art. 7º do CPC[3].

Quanto à necessidade da presença das partes em audiência foi dado tratamento legal pela CLT, em seu art. 843, preceituando que na "audiência de julgamento deverão estar presentes o reclamante e o reclamado, independentemente do comparecimento de seus representantes" (COSTA FILHO, 2017, p. 191). Ainda, o seu não comparecimento gera as consequências previstas no art. 844 da CLT – arquivamento no caso do reclamante e revelia no caso do reclamado.

O objetivo que se propõe adiante, respaldado no contexto da audiência trabalhista e sua relevância para o processo, é adentrar na análise das mudanças trazidas pela Lei n. 13.467/2017 aos arts. 843 e 844 da CLT, no que diz respeito ao tratamento dado ao reclamado.

A ideia trazida pelo legislador reformista, no que se refere à audiência, desfaz uma tradição que se assenta na imprescindibilidade da presença das partes em juízo e a importância do contato delas com o juiz. É que, como se sabe, a audiência é essencial ao procedimento trabalhista, fundado na oralidade, tornando-se pouco compatível com a sua estrutura a ideia de facultar ao juiz a sua realização, desfazendo-se da sua condição de imperativo legal.

O art. 843 da CLT teve o acréscimo do § 3º, que determina não ser necessário que o preposto seja empregado do réu. Aqui, o que se observa, é o acréscimo de uma benesse concedida ao empregador, pois este além de poder ser representado em juízo, não necessita que a sua representação se faça por empregado. A salutar e moralizadora construção pretoriana de política judiciária, cristalizada na Súmula n. 377 do TST, perde a sua razão de ser.

E, ao art. 844 da CLT, foram inseridos os §§ 1º ao 5º dos quais apenas o 4º e 5º serão abordados por serem relativos ao reclamado especificamente. Eles tratam, respectivamente, de quando não ocorrerão os efeitos da revelia e, quanto à obrigatoriedade do juiz em aceitar contestação e documentos apresentados pelo advogado do réu, ainda que este esteja ausente.

Neste último artigo, a grande alteração ficou por conta da ampliação de situações em que a revelia não surte efeitos, pois além das hipóteses previstas no §4º, é certo que o §5º autoriza uma abertura de interpretação dos efeitos da revelia, de forma nunca antes vista na análise do tema no campo do processo do trabalho.

2. AUDIÊNCIA – SUA VALORAÇÃO E CONTEXTUALIZAÇÃO

Antes de tratar dos pontos que se pretende discutir, trazidos pela Lei n. 13.467/2017, é necessária uma contextualização a respeito do tema audiência no processo do trabalho. Propõe-se, incialmente, insistir na sua importância e abordar o crescente desprestígio pelo legislador reformista a esse valioso item do procedimento. Ademais, é indispensável tal introdução por ser no âmbito da "audiência de julgamento" – assim chamada pelo art. 843 da CLT – em que se cabe falar dos assuntos que passarão a ser discutidos neste artigo, quais sejam: presposto, revelia e a apresentação de contestação e documentos.

O art. 843 da CLT é o primeiro dos dispositivos da Seção da Audiência de Julgamento[4]. Este artigo e os seguintes tratam da audiência no rito ordinário e sumaríssimo que

---

1. Graduada em Direito pela Faculdade de Direito Milton Campos. Membro da Oficina de Estudos Avançados IPCPT – As Interfaces Entre Processo Civil e o Processo do Trabalho da FDMC. Advogada.
2. CF, art. 5º, LV: "aos litigantes, em processo judicial ou administrativo, e aos acusados em geral são assegurados o contraditório e ampla defesa, com os meios e recursos a ela inerentes" (BRASIL, 1998).
3. CPC, art. 7º: "[...] competindo ao juiz zelar pelo efetivo contraditório" (BRASIL, 2015).
4. "Na verdade, seguindo à risca o sistema agasalhado pela CLT, a audiência seria de 'instrução e julgamento' (HORTA, 2018. p. 373).

dispõem, entre outras coisas, sobre a obrigatoriedade da presença das partes em audiência e que a audiência deve ser contínua. A realidade mostrou a necessidade do uso da exceção à continuidade da audiência prevista no art. 849 da CLT, tornando-se costume a sua divisão em três etapas: audiência inicial, de instrução e de julgamento. A audiência no rito sumaríssimo deve ser única como dispõe o art. 852-C, sendo na mesma audiência recebida a defesa e instruído o processo.

A audiência trabalhista é, sem sombra de dúvidas, o procedimento de maior relevância no processo do trabalho por se tratar da própria essência deste, confundindo-se com a história e a própria Justiça do Trabalho. É o momento em que se garante o princípio inquisitivo em sua plenitude, sendo primordial a sua execução de forma a possibilitar uma conciliação ou o mais próximo de uma decisão justa baseada na verdade real.

Os benefícios da audiência trabalhista para Mauro Schiavi (2018b, p. 582) são "visíveis e contundentes". Segundo o doutrinador o processo do trabalho por meio da audiência se torna mais democrático e humanizado, aumentando a possibilidade da interação das partes e advogados com o juiz, sendo mais efetiva a valoração da prova já que propicia ao magistrado melhor conhecimento da causa.

Para Manoel Antonio Teixeira Filho (2017b, p. 25) a audiência judicial é o momento em que princípios ficam visíveis e, da mesma forma, o momento em que os poderes diretivos dos juízes (especialmente trabalhistas) se intensificam, pois o magistrado fica em contato direto com as partes e terceiros.

Afirmar que a audiência é procedimento crucial no processo do trabalho tem respaldo nos próprios princípios específicos do processo trabalhista pois estes só serão realmente observados se ocorrida a audiência. "Suprimir a audiência significa afastar o contato direto do juiz com as partes e as testemunhas e das partes entre si, desvirtuando, portanto, o modelo de processo adotado pelo direito processual do trabalho" (ALMEIDA, 2016. p. 491).

É crescente o número de hipóteses na Reforma que vão suprimindo a essencialidade da audiência no procedimento trabalhista, ignorando que é fundamental para a aplicação das regras uma análise sistemática a fim de harmonizá-las com os princípios, não sendo diferente no processo do trabalho, devendo os dispositivos que se aplicam a este ramo do direito estarem sempre de acordo com os princípios do ordenamento jurídico a que este está submetido.

A Reforma Trabalhista (Lei n. 13.467/2017) acrescentou novos procedimentos ao Processo do Trabalho. Dois dos mais relevantes foram: da exceção de incompetência territorial e do processo[5] de jurisdição voluntária para homologação de acordo extrajudicial. Ao primeiro foi dedicado o art. 800 e, ao segundo, os arts. 855-B a 855-E, da CLT. Ambos exteriorizam a tentativa do legislador de desprestigiar a audiência, tirando seu caráter de obrigatoriedade uma vez que faculta ao juiz, em ambos os casos, a realização ou não de audiência caso assim entenda[6].

A exceção de incompetência relativa, antes da mudança trazida pela Reforma, era apresentada em audiência, seguida pela inquirição das partes, esclarecimento dos fatos e decisão do juiz prosseguindo na audiência ou acolhendo a exceção. Pautada na onerosidade e dificuldade do acesso à Justiça pelo reclamado, a Reforma Trabalhista em contramão ao princípio da concentração dos atos adotou o procedimento da exceção de incompetência territorial do processo civil, tratado anteriormente, com a Reforma Processual no art. 303 e 322 do CPC/73, inevitavelmente mais lento e burocrático.

Agora, caso queira arguir a exceção, o reclamado apresentará peça autônoma que, protocolizada, suspenderá o curso do processo até a decisão sobre a incompetência. Ao juiz é facultado a designação de audiência se necessária a produção de prova oral. Contudo, mesmo que seja faculdade do juiz, o prejuízo causado à parte pela não realização de audiência poderá gerar a nulidade do ato por cerceamento de defesa (SOUZA JÚNIOR et al, 2017. p. 403).

O processo de homologação de acordo extrajudicial foi criado com a intenção de diminuir o número de lides na seara trabalhista. Trata-se de um procedimento autônomo de jurisdição voluntária que determina a representação das partes por advogados distintos, apresentando petição conjunta que será analisada pelo juiz no prazo de 15 dias. O magistrado deverá ter cautela ao analisar os acordos, não sendo obrigado a homologá-los, como dispõe a Súmula n. 418 do TST[7]. Segundo a nova norma da CLT, se entender necessário, o juiz designará audiência para sanar dúvidas, que mesmo sendo uma opção dada a este, a doutrina entende, devido à praxe das lides simuladas (antevendo os abusos patronais que poderão ocorrer daqui por diante), que talvez seja essencial a designação de audiência em todos os casos de homologação de acordo extrajudicial.

A ausência de audiência para homologado de acordo afeta o principio da proteção na esfera processual pois é o momento em que o juiz analisa, em conjunto com as partes, as disposições e o caráter lesivo ou não de seus termos em relação ao empregado. Reforçando o seu caráter indispensável, Carlos Henrique Bezerra Leite (2018, p. 338) ensina que:

---

5. Como ensina Manoel Antonio Teixeira Filho (2017a. p. 186) não se trata de processo e sim de simples procedimento já que "o vocábulo processo signiífica o método ou técnica de que se utiliza o Estado para se solucionar o conflito de interesses ocorrentes entre os indivíduos" e "no procedimento de homologação nãoi há conflito, se não que convergência de interesses".

6. Mauricio Godinho (2017, p.51), sobre os novos incidentes, aponta também o prejuízo aos princípios constitucionais da celeridade, eficiência e efetividade da prestação jurisdicional.

7. TST, Súmula n. 418: "A homologação de acordo constitui faculdade do juiz, inexistindo direito líquido e certo tutelável pela via do mandado de segurança" (BRASIL, 2017).

Vale dizer, nesse novel procedimento de jurisdição voluntária na Justiça do Trabalho é imprescindível, a nosso sentir, a oitiva das partes em audiência, para que elas ratifiquem perante o Juiz os termos do acordo extrajudicial entabulado, evitando-se, assim, eventuais fraudes à Lei ou contra terceiros ou, ainda, as conhecidas lides simuladas.

Nesta linha de raciocínio manifestam-se os doutrinadores Antônio U. de Souza Jr, Fabiano C. de Souza, Ney Maranhão e Platon T. de Azevedo (2017, p. 447): "[...] parece-nos recomendável que o juiz designe audiência ou, ao menos, seguindo o estilo da rotina das Varas de família em todo o país, franqueie dentro de sua pauta diária um intervalo para colher a ratificação presencial do acordo extrajudicial".

Finalizadas as ideias iniciais, cabe agora examinar as modificações trazidas pela Lei n. 13.467/2017 (Reforma Trabalhista), com comentários em relação aos arts. 843 (inserção do § 3º) e 844 (inserção dos §§ 4º e 5º) da CLT.

3. PREPOSTO

Ao tratar dos princípios próprios da audiência trabalhista, o primeiro princípio assinalado por Mauro Schiavi (SHIAVI, 2018b, p.583) é o da presença obrigatória das partes. A presença da parte em audiência trata-se de uma exigência legal, como disposto nos art. 843, *caput* e 845, *caput*, da CLT[8]. Apenas as partes podem narrar os fatos que alegaram e expor a extensão do conflito, sendo certo que com o comparecimento e a participação destas em audiência, será possível garantir o contraditório real e a efetividade da jurisdição.

Prevê o § 1º do art. 843 da CLT ser "facultado ao empregador fazer-se substituir[9] pelo gerente, ou qualquer outro preposto que tenha conhecimento do fato" (COSTA FILHO, 2017, p. 191). Em coerência ao mencionado princípio da presença obrigatória das partes, vinculado ao contraditório e ampla defesa, o legislador deu a possibilidade ao empregador de fazer-se representar por gerente ou preposto, "tendo em vista que muitos empregadores não dispõem de tempo para comparecer a juízo, pois não podem se afastar de suas atividades econômicas sem graves transtornos administrativos" (TEIXEIRA FILHO, 2017b, p. 346).

O gerente ou preposto deve ter conhecimento dos fatos[10] e, quanto a esse ponto, para Manoel Antonio Teixeira Filho (2017a, p. 146) e Mauro Schiavi (2018b, p. 624) a norma não diz respeito à vivência ou presença do preposto quanto a esses fatos, bastando que ele tenha ciência das informações independentemente se prestadas por outrem. As declarações do preposto obrigam o preponente, logo "a escolha ruim feita pela reclamada prejudicaria ela mesma, que teria que arcar com as consequências da confissão, presumida ou expressa, do preposto inocente ou irreverente" (SILVA, 2017, p. 157).

A doutrina anterior entendia que o § 1º supracitado, em sua literalidade, nunca instituiu obrigação do preposto ser empregado do reclamado. Não obstante o sentido original do texto normativo destacado, o Tribunal Superior do Trabalho, mediante Súmula n. 377, passou a exigir o vínculo de emprego, salvo exceções previstas quanto ao doméstico e micro e pequeno empresário[11]. Dentre os precedentes usados como fundamento pelo TST citam-se:

[...] a preposição, instituto específico do processo do trabalho, há ser entendida dentro de limitações que não levem à exacerbações como as de comparecimento a Juízo, nessa condição, de pessoas estranhas e desvinculadas à empresa, dando margem ao surgimento de uma nova profissão, a de preposto. (Min. Almir Pazzianotto Pinto – Ac. 2757/89) (BRASIL, 1989b);

Na impossibilidade de que a representação se faça através de quem a Lei expressamente classifica como preposto ou seja o gerente, outro poderá substituí-lo, mas para tanto, é mister que o substituto tenha um mínimo das qualidades daquele, isto é, seja, ao menos, empregado e tenha conhecimento dos fatos (Min. C. A. Barata Silva – Ac. 1543/89) (BRASIL, 1989a);

[...] a experiência tem demonstrado a inconveniência do "preposto profissional", porque, quase sempre, sua atuação inviabiliza o objetivo primordial do processo trabalhista, ou seja, a conciliação. (Min. Milton de Moura França – Ac. 070/97) (BRASIL1 1997)

Acompanhando o posicionamento do TST quanto à necessidade do vínculo entre preposto e empresa, cabe uma síntese das razões reportadas e a menção a outros pontos levantados pela doutrina. São eles: a) indicação aleatória de determinadas pessoas cujo "depoimento pessoal seria em muitos casos pouco elucidativo" (NASCIMENTO, 2001, p. 323); b) indicação de prepostos profissionais treinados a

---

8. CLT, art. 843: "Na audiência de julgamento deverão estar presentes o reclamante e o reclamado, independentemente do comparecimento de seus representantes [...]" (COSTA FILHO, 2017, p. 191).
   CLT, art. 845: "O reclamante e o reclamado comparecerão à audiência acompanhados das suas testemunhas [...]"(COSTA FILHO, 2017, p. 191).
9. Segundo Manoel Antonio Teixeira Filho (2017a, p. 146) há uma incorreção quanto ao vocábulo *substituição* utilizado no texto da Lei tratando-se na verdade de *representação passiva*. Se fosse *substituição* efetivamente, o preposto viria a fazer parte do processo, o que notadamente não era a intenção do legislador que, no art. 841 da CLT, utilizou o vocábulo *representação* da forma correta. A *representação* permite a prática de todos os atos processuais em audiência e termina ao fim desta.
10. CLT, art. 843, §1º.
11. Oportuno citar o entendimento jurisprudencial pela flexibilização a exigência do preposto empregado quanto a grupos econômicos determinando que bastaria ser o preposto empregado de qualquer uma das empresas.

serem evasivos; c) intenção do legislador em impor o vínculo de emprego ao colocar o gerente antes do termo preposto no §1º do art. 843 da CLT e não o uso de "qualquer pessoa", tendo o preposto de ser empregado assim como o gerente; d) prejuízo à conciliação que é objetivo do processo do trabalho; e) obstáculo ao acesso à ordem jurídica justa (SOUTO MAIOR, 1998, citado por B SHIAVI, 2018 p. 629) e f) busca da verdade real (B SHIAVI, 2018, p. 117)[12].

A Lei n. 13.467/2017 incluiu, no art. 843 da CLT, o § 3º, que prevê: "O preposto a que se refere o § 1º deste artigo não precisa ser empregado da parte reclamada" (COSTA FILHO, 2017, p. 191).

Devido à novidade, fica certo ser desnecessário que o preposto do reclamado seja seu empregado, não se aplicando mais a restrição da Súmula n. 377 do TST (que entrou em conflito com o art. 843 da CLT e possivelmente será cancelada). Contrapondo-se aos argumentos expostos no parágrafo anterior, cabe salientar aqueles trazidos por Schiavi (2018a, p. 116) que sustentam entendimento da escusa do vínculo, quais sejam: a) falta de previsão legal; b) dificuldade ao acesso à justiça pelo empregador que não tiver empregado para representá-lo – prejuízo à ampla defesa e ao contraditório; c) possibilidade de pessoa que não seja empregada ter mais conhecimento dos fatos; e d) risco exclusivo do empregador em nomear preposto que não saiba dos fatos[13].

A Comissão Especial destinada a justificar o Projeto de Lei n. 6.787/2016, que alterou a Consolidação das Leis do Trabalho, quanto a inclusão do § 3º ao art. 843, assentou:

> [...] o fundamental na questão é que o preposto tenha conhecimento dos fatos tratados na reclamatória, independente de ser empregado ou não, já que, no cumprimento desse mandato, os atos praticados pelo preposto comprometerão o empregador. Assim estamos incluindo um § 3º no art. 843 para ressaltar que o preposto não precisa ser empregado da parte reclamada (BRASIL, 2017).

Mesmo que a declaração do preposto obrigue o preponente, no caso dos "prepostos profissionais", treinados para as circunstâncias mais complexas, o risco de prejuízo ao reclamado é quase inexistente, sendo prejudicial ao reclamante o não esclarecimento dos fatos. Eles são orientados a discorrer sobre fatos que não fazem parte do cotidiano, sendo ineficaz o poder inquisitivo do juiz a fim de alcançar a verdade.

A contumácia de presença em audiências por estes prepostos influenciam no andamento das instruções trabalhistas e, logicamente do processo, tratando-se de um prejuízo para a sociedade como um todo. A instituição da figura do preposto por si só já é uma benesse para o empregador pois este pode acompanhar todo o processo não substituindo momentaneamente o empregador.

Diferente é o caso do empregado ausente, que se faz substituir apenas para não arquivar o processo. Possibilitar ao reclamado a condição de ter preposto que não seja seu empregado é multiplicar um benefício já existente.

O preposto empregado é o mínimo que se pode exigir por uma questão ética e, se este não for, está inclusive ausente a legitimidade para substituir o empregador pois é o preposto que o representa em juízo, devendo ter o mínimo de vínculo com a empresa e um mínimo de responsabilidade com aquilo que esta sendo discutido.

4. REVELIA

No tocante à revelia, o princípio da presença das partes mencionado no item anterior deve ser mencionado novamente pois enquanto os arts. 843 e 845 da CLT se referem ao dever do comparecimento pessoal das partes em audiência, o art. 844 da mesma Consolidação, que será o foco daqui por diante, reforça esse dever ao estabelecer consequências pela ausência das partes à audiência.

Neste último dispositivo cabe debater dois pontos principais decorrentes da inserção dos §§ 4º e 5º pela Lei n. 13.467/2017: as hipóteses em que a revelia não produz efeito e o as consequências decorrentes da presença apenas do advogado do reclamado, em audiência, munido de contestação e documentos.

A doutrina trabalhista é obscura quanto à diferença entre a revelia no Processo Civil e no Processo do Trabalho, não sendo incomum que os autores considerem configurada a revelia no âmbito trabalhista com a ausência de contestação[14].

O Código de Processo Civil e a Consolidação das Leis do Trabalho tratam da revelia nos arts. 344 e 844, respectivamente. O CPC diz ser revel "o réu que não contestar a ação" (BRASIL, 2015), enquanto a CLT dispõe que "o não comparecimento do reclamado (à audiência) importa revelia" (COSTA FILHO, 2017, p. 191). Como pode ser extraído do tratamento legal, é revel no processo do trabalho o réu que não comparecer à audiência, não tendo relação alguma com a apresentação ou não da contestação. Tanto que, no caso do réu presente em audiência que não apresente defesa, será confesso mas não revel.

A diferença quanto ao ato de configuração da revelia se justifica pela necessidade no processo do trabalho, mais do que no processo civil, da presença das partes em audiência para que seja fomentada efetivamente uma possível conciliação e para que seja feita a colheita de provas pessoalmente pelo juiz a fim de que profira uma decisão mais justa.

---

12. O preposto empregado em geral tem mais conhecimento da realidade do contrato de trabalho.
13. O art. 843 § 1º dispõe que as declarações do preposto obrigam o preponente (COSTA FILHO, 2017, p. 191).
14. A resposta em si abrange não só a contestação, como também as exceções e reconvenção. Apenas a ausência de contestação geraria a revelia.

Ausentes ambas as partes não há que se falar em revelia, ocorrendo o arquivamento dos autos. No entanto, presente o autor e ausente o réu, verifica-se, em decorrência da concretização da revelia, a confissão quanto à matéria de fato, a possibilidade de julgamento antecipado do mérito nas hipóteses do art. 355 do CPC e a dispensa de intimações dos atos processuais (art. 346 do CPC), exceto nas decisões, cuja notificação do revel deve ser feita por via postal ou por edital (art. 852 da CLT). O reclamado, se inconformado, poderá interpor Recurso Ordinário contra decisão que o considerou revel que, se procedente, dará a este a oportunidade de apresentar defesa.

O art. 844 da CLT expressamente estabelece que a ausência do reclamado em audiência importa, além de revelia, em confissão quanto à matéria de fato[15]. Apesar de serem conceitos correlatos é certo que a revelia não se confunde com a confissão. Enquanto a revelia se caracteriza pela ausência imotivada do reclamado em audiência, a confissão, que neste caso é ficta[16], consiste na presunção de veracidade dos fatos alegados pelo reclamante na petição inicial. A confissão "não emana somente da revelia, senão também da ausência de depoimento do réu" (TEIXEIRA FILHO, 2017b, p. 287) uma vez que, ausente o réu à audiência em que foi intimado para prestar depoimento, este será confesso mas não revel[17].

A Lei n. 13.467/2017 inseriu, ao art. 844 da CLT, o parágrafo 5º dispondo que "ainda que ausente o reclamado, presente o advogado na audiência, serão aceitos a contestação e os documentos eventualmente apresentados" (COSTA FILHO, 2017, p. 191). Tal inserção está de acordo com o entendimento de parcela da doutrina que já acreditava, que a presença do advogado no prazo legal portando contestação, denotava ânimo de defesa devendo ser recebida a resposta com os documentos, declarando o réu apenas confesso. Para eles, permitir que o advogado junte defesa e documentos, nada mais é do que o respeito aos princípios da ampla defesa e do acesso das partes à ordem jurídica justa.

O que se conclui no entanto, seguindo a posição majoritária, é que este réu, cuja contestação e documentos foram apresentados pelo seu advogado, ainda é considerado revel e confesso quanto a matéria de fato não elidindo os efeitos da revelia[18]. Não há como entender de forma distinta já que o §5º do art. 844 está vinculado ao *caput* do mesmo artigo, que diz expressamente ser revel e confesso o réu ausente. Ainda, reforçando esta interpretação, cita-se o entendimento jurisprudencial fixado na Súmula n. 122 do TST, que determina que "a reclamada, ausente à audiência em que deveria apresentar defesa, é revel, ainda que presente seu advogado munido de procuração" (BRASIL, 2005).

Como se pode ver, os precedentes que deram origem à referida Súmula justificam o entendimento fixado:

[...] a Lei exige a presença da parte, independente da presença do seu representante [...]. Ademais, não há que se falar na possibilidade de o advogado substituir a parte no processo trabalhista, eis que este não se encontra dentre aqueles indicados para substituto do réu, na forma dos §§ 1º e 2º da art. 843 da CLT. (Min. Nelson Daiha – Ac. 2310/96) (BRASIL, 1996);

O referido preceito legal exige expressamente a presença da parte, independente da presença de seu procurador. [...] Entre as pessoas aptas a serem substitutas do réu, no processo trabalhista, não figuram os advogados, solicitadores e provisionados. (Min. Ermes Pedro Pedrassani – Ac. 1573/91) (BRASIL, 1991);

[...] o mero ânimo de defesa não é capaz de impedir a decretação da revelia, pois o advogado não substitui a parte e, mesmo que compareça a audiência portando procuração e defesa, resta desatendida a regra do art. 843, consolidado. (Min. José Ajuricaba da Costa e Silva – Ac. 1166/90) (BRASIL, 1990).

O advogado somente poderá apresentar defesa e documentos, que deverão ser aceitos pelo magistrado, não podendo intervir de outra forma já que o §5º determina a apresentação de contestação e documentos como atos que poderão ser praticados[19]. Ainda, segundo Antônio Humberto Souza Jr. *et al* (2017, p. 430) "pela excepcionalidade legal, parece razoável exigir que o advogado do réu faltoso esteja, por ocasião da audiência inicial, regularmente constituído, isto é, investido de procuração[20]". No caso, por ter inscrito advogado nos autos, o réu será notificado de todos os atos processuais e não apenas da sentença.

Ao reclamado importa a revelia e confissão existindo entretanto a possibilidade dos documentos juntados pelo seu advogado, e não apenas a contestação, ilidirem a confissão

---

15. Nos termos do art. 844 da CLT, se revel, há "confissão quanto a matéria de fato" (COSTA FILHO, 2017, p. 191) e, do art. 344 do CPC "presumir-se-ão verdadeiras as alegações de fato formuladas pelo autor" (BRASIL, 2015).
16. No presente caso, trata-se de confissão ficta e não real pois segundo Manoel Antonio Teixeira Filho (1999. p. 18) "não há uma declaração da parte, senão que, ao contrário, um silêncio, do qual se extrai a presunção de aceitação dos fatos narrados pelo adversário".
17. TST, Súmula n. 74: "I – Aplica-se a confissão à parte que, expressamente intimada com aquela cominação, não comparecer à audiência em prosseguimento, na qual deveria depor" (BRASIL, 2016).
18. Mauricio Godinho (2017, p. 346) diz ser claro que os óbices a incidência da confissão ficta inerente a revelia então no §4º do art. 844 da CLT. O § 5º não menciona neutralização dos efeitos da revelia.
19. Manoel Antonio Teixeira Filho (2017a, p. 171) diz ser inaceitável que o advogado do réu ausente requeira o depoimento pessoal do autor, tendo o juiz contudo a liberdade de fazê-lo caso ache necessário.
20. Manoel Antonio Teixeira Filho (2017a, p. 159) tem entendimento diverso, dizendo ser cabível, caso o advogado do reclamado ausente esteja sem procuração na audiência, o prazo de 15 dias (do art. 104, § 1º do CPC) para juntá-la ao processo sob pena de revelia.

ficta desde que o conteúdo probatório destes documentos gerem controvérsia quantos aos fatos alegados na petição inicial.

De acordo com o entendimento da jurisprudência consolidado na Súmula n. 74 do TST, a prova pré constituída pode elidir a confissão ficta, mas não é permitido que a parte confessa produza prova superveniente. Esta vedação afeta somente o confesso, cabendo ao juiz determinar a produção de provas que achar necessárias à resolução do feito.

Ao reclamado revel e confesso não se admite a produção de prova vez que, como esclarece Manoel Antonio Teixeira Filho (2017b, p. 302), não se provam fatos não alegados (o que ocorre na ausência de contestação) e não caberia prova em face das alegações sobre a matéria de fato da inicial por se tornarem incontroversas pela ausência de impugnação pela parte contrária.

Pode se concluir então que ao reclamado revel, que tenha apresentado contestação e documentos através de seu advogado, aproveitará os documentos juntados por ele para um possível afastamento da confissão ficta, mas este não poderá produzir prova superveniente já que é confesso quanto aos fatos na petição inicial cujos documentos não foram capazes de atingir. Entretanto, em decorrência da liberdade do juiz na direção do processo[21], caso entenda necessário para o esclarecimento dos fatos e construção do seu convencimento, utilizando por analogia o entendimento da Súmula n. 74 do TST, o magistrado poderá determinar a produção de outras provas embora essa questão seja controvertida.

Por intermédio da inserção do § 5º ao art. 844 da CLT é possível notar a tendência favorável ao empregador na Reforma Trabalhista. Conceder ao reclamado a possibilidade de ter sua contestação e documentos aceitos independentemente de sua presença em audiência intensifica a supressão da audiência e fere os princípios da presença obrigatória das partes, da conciliação, do inquisitivo e da busca pela verdade real.

Alguns doutrinadores como Mauro Schiavi (2018b, p. 622) acreditam que as consequências da ausência do reclamado são muito mais drásticas que os efeitos da ausência do autor, sendo favoráveis ao novo dispositivo.

O tratamento diferenciado dado às partes pelo art. 844 da CLT, contudo, não afronta o princípio da igualdade por existir uma real desproporção na relação autor-réu decorrente da hipossuficiência do empregado, sendo diferenciado o tratamento processual entre as partes, objetivando o equilíbrio[22]. "Esse tratamento legal diferenciado constitui a exteriorização do princípio de proteção" (LEITE, 2017, p. 109).

A Lei n. 13.467/2017 também inseriu, no art. 844 da CLT, o § 4º, que dispõe:

> Art. 844. ....
>
> § 4º A revelia não produz o efeito mencionado no *caput* deste artigo se:
>
> I – havendo pluralidade de reclamados, algum deles contestar a ação;
>
> II – o litígio versar sobre direitos indisponíveis;
>
> III – a petição inicial não estiver acompanhada de instrumento que a Lei considere indispensável à prova do ato;
>
> IV – as alegações de fato formuladas pelo reclamante forem inverossímeis ou estiverem em contradição com prova constante dos autos (COSTA FILHO, 2017, p. 191).

O legislador optou por regulamentar as hipóteses nas quais não ocorrem os efeitos da revelia (confissão quanto à matéria de fato) por meio de texto análogo ao do art. 345 do CPC, que já era adotado pela jurisprudência no processo do trabalho devido à permissão de aplicação de normas subsidiárias pelos arts. 769 da CLT e 15 do CPC.

O primeiro inciso deste § 4º trata da hipótese em que a contestação de um dos reclamados aproveita ao outro no que for compatível. Nesse ponto, a doutrina traz a diferença entre litisconsórcio unitário e simples, afirmando que a hipótese descrita se aplicaria apenas quanto ao unitário. Isto porque, como determinado pelo art. 117 do CPC[23], no litisconsórcio unitário, a decisão deve ser idêntica para todos, oferecendo os atos de um benefício aos demais enquanto no litisconsórcio simples a decisão poderia ser diferente para cada litisconsorte e, por isso, os atos praticados não beneficiam uns aos outros. Também ao grupo econômico os atos de uns aproveitam aos outros por ser um empregador único, como demonstrado na Súmula n. 119 do TST (SCHIAVI, 2018a, p. 121).

O segundo inciso diz não ter o efeito da confissão ficta[24] quando a demanda versar sobre direitos indisponíveis do reclamado. Logo, a confissão não interfere nesta análise por se tratar de direitos que o reclamado não pode renunciar.

O terceiro inciso versa sobre a ausência junto à petição inicial de documento que a Lei considera indispensável à comprovação dos atos nela expostos. Neste caso, o juiz deverá oportunizar à parte autora que supra a irregularidade em 15 dias sob pena do indeferimento da petição de ingresso, como determina a Súmula n. 263 do TST.

O quarto e último inciso traz uma dupla hipótese de neutralização dos efeitos da revelia: caso as alegações do reclamante forem inverossímeis ou se as alegações estiverem

---

21. O poder/ dever do magistrado na condução do processo está previsto na Súmula n. 74, III do TST em consonância com o art. 765 da CLT.
22. É o chamado Princípio do Protecionismo Temperado do Trabalhador (SCHIAVI. 2018b, p. 128).
23. CPC, art. 117: "Os litisconsortes serão considerados, em suas relações com a parte adversa, como litigantes distintos, exceto no litisconsórcio unitário, caso em que os atos e as omissões de um não prejudicarão os outros, mas os poderão beneficiar" (BRASIL, 2015).
24. CPC, art. 392: "Não vale como confissão a admissão, em juízo, de fatos relativos a direitos indisponíveis" (BRASIL, 2015).

em contradição com as provas nos autos. São inverossímeis "as alegações articuladas na inicial que estão fora da razoabilidade, ou são de difícil ocorrência, segundo os padrões médios da conduta" (SCHIAVI, 2018a, p. 122).

A revelia não produzir efeitos significa que não se presumirão verdadeiros os fatos alegados na inicial, ordenando o juiz que o autor especifique provas já que continuará com o este o ônus de provar os fatos alegados na petição inicial[25]. Além das hipóteses previstas no § 4º do art. 844 da CLT, também neutralizam os efeitos da revelia os casos em que a matéria for exclusivamente 'de direito', sempre que for indispensável prova técnica[26], nas matérias que devem ser analisadas de ofício pelo juiz como os pressupostos e as condições da ação, os fatos notórios que beneficiarem o réu (por não depender de prova), assim como os pedidos impossíveis pleiteados pelo reclamante.

Diferente dos casos em que o efeito da revelia é neutralizado são as hipóteses em que ela não ocorrerá. Primeiramente, não é revel o réu que não for regularmente notificado. Presume-se recebida a notificação em 48 horas, cabendo prova por parte do reclamado do seu não recebimento ou recebimento fora do prazo (Súmula n. 16 do TST). Provada tal irregularidade, ocorre a nulidade do ato.

Uma segunda hipótese é a do réu que comprovar mediante atestado médico a impossibilidade da presença em audiência (Súmula n. 122 do TST). Por último, ainda não será revel o réu que se ausenta da audiência designada pelo juiz nos casos de homologação de acordo extrajudicial (por não se tratar de litígio), conforme sustenta a doutrina[27].

5. CONCLUSÃO

É indiscutível a importância das audiências na Justiça do Trabalho. Por outro lado, salta aos olhos o desprestígio dado às mesmas pela Lei n. 13.467/2017 que, em casos como a exceção de incompetência relativa e a homologação de acordo extrajudicial trouxe apenas a faculdade na designação dessas sessões. Desta forma, percebe-se que a norma escrita afasta-se da essência do direito processual do trabalho, que exalta os princípios da oralidade, concentração dos atos e imediatidade em prol da efetividade da jurisdição trabalhista e da celeridade processual.

É evidente também a tendência de favorecimento do empregador na Reforma Trabalhista, notadamente com a inserção do § 3º no art. 843 da CLT, que ilide a necessidade de vínculo de emprego entre preposto e reclamado e a inserção do § 5º no art. 844, que determina a aceitação da contestação e documentos trazidos pelo advogado do réu ausente. Ambas as alterações fundamentam-se na tentativa de "equilibrar" as regras e as consequências aplicadas ao reclamante e reclamado, usando esta argumentação a favor das empresas de forma expressamente antagônica ao entendimento jurisprudencial até então vigente e ao princípio da proteção, o que trará prejuízos à parte vulnerável na relação trabalhista.

Desta forma, caberá aos juízes mitigar os efeitos que advirão das mudanças feitas pela Lei n. 13.467/2017, com a finalidade de garantir o princípio da proteção da parte mais vulnerável, ou seja, quanto ao presposto sem vínculo empregatício com a empresa, o magistrado precisará ter cautela quanto à valoração da prova oral e, principalmente, intensificar seu poder inquisitivo em busca de uma aproximação da verdade.

Quanto ao § 5º do art. 844 da CLT, é preciso uma interpretação mais aprofundada, chegando à conclusão de que o réu ausente em audiência, ainda que presente seu advogado com contestação e documentos, será revel e confesso quanto à matéria de fato, não podendo produzir prova superveniente, sendo que a confissão ficta poderá ser ilidida pelos documentos juntados.

Ainda com relação à revelia, a inserção do § 4º ao art. 844 da CLT não trouxe muitas novidade já que as hipóteses em que não ocorrerão os efeitos da revelia já estavam previstas no art. 345 do CPC e se aplicavam ao processo do trabalho.

6. REFERÊNCIAS BIBLIOGRÁFICAS

ALMEIDA, Cleber Lúcio de. *Direito Processual do Trabalho*. 6. ed. São Paulo: LTr, 2016.

BRASIL. *Código de processo civil*: Lei n. 13.105, de 16 de março de 2015. Brasília: Presidência da República, 2015. Disponível em: <http://www.planalto.gov.br/ccivil_03/_ato2015-2018/2015/lei/l13105.htm>. Acesso em: 22 abr. 2018.

BRASIL. Comissão Especial Destinada a Proferir Parecer ao Projeto de Lei n. 6.787, de 2016, do Poder Executivo, que "Altera o Decreto-Lei n. 5.452, de 1º de maio de 1943 – Consolidação das Leis do Trabalho, e a Lei n. 6.019, de 3 de janeiro de 1974, para dispor sobre eleições de representantes dos trabalhadores no local de trabalho e sobre trabalho temporário, e dá outras providências". Relator: Dep. Rogério Marinho, 2017. Disponível em: <http://www.camara.gov.br/proposicoesWeb/prop_mostrarintegra?codteor=1548298>. Acesso em: 22 abr. 2018.

BRASIL. *Constituição da República Federativa do Brasil de 1988*. Brasília: Presidência da República, 1988. Disponível em: <http://www.planalto.gov.br/ccivil_03/constituicao/constituicaocompilado.htm>. Acesso em: 22 abr. 2018.

BRASIL. Tribunal Superior do Trabalho. *ERR n. 48/1985 – AC.SDI – 1543/89*. Relator: Min. C. A. Barata Silva, 1989a. Diário da Justiça: 22 set. 1990.

BRASIL. Tribunal Superior do Trabalho. *ERR n. 324/1989 – AC.SDI – 1573/91*. Relator: Min. Ermes Pedro Pedrassani, 1991. Diário da Justiça: 27 set. 1991.

---

25. Aplica-se ao processo do trabalho o art. 348 do CPC: "Se o réu não contestar a ação, o juiz, verificando a inocorrência do efeito da revelia previsto no art. 344, ordenará que o autor especifique as provas que pretenda produzir, se ainda não as tiver indicado" (BRASIL, 2015).
26. Trata-se dos casos de insalubridade e periculosidade que sempre necessitarão de prova pericial para averiguar a existência do ambiente insalubre e/ou perigoso e seu grau, assim como é necessária prova técnica sobre Medicina e Segurança do Trabalho.
27. "[...] a ausência injustificada conduzirá à extinção do feito, com indeferimento da homologação" (SOUZA JÚNIOR et al, 2017, p. 447).

BRASIL. Tribunal Superior do Trabalho. *ERR n. 1606/1988 – AC.SEDI – 1166/90*. Relator: Min. José Ajuricaba da Costa e Silva, 1990. Diário da Justiça: 08 fev. 1991.

BRASIL. Tribunal Superior do Trabalho. *ERR n. 5190/1984 – AC.SEDI – 2757/89*. Relator: Min. Almir Pazzianotto Pinto, 1989b. Diário da Justiça: 06 abr. 1990.

BRASIL. Tribunal Superior do Trabalho. *ERR n. 94242/1993 – AC.SBDI1 – 2310/96*. Relator: Min. Nelson Daiha, 1996. Diário da Justiça: 13 dez. 1996.

BRASIL. Tribunal Superior do Trabalho. *ERR n. 127280/1994 – AC.SBDI-I –70/97*. Relator: Min. Milton de Moura França, 1989. Diário da Justiça: 18 abr. 1997.

BRASIL. Tribunal Superior do Trabalho. *Súmula n. 74*. Res. 208/2016. DEJT de 22.04.2016, p. 1; DEJT de 25.04.2016, p. 2; DEJT de 26.04.2016, p. 3. Disponível em: <http://www3.tst.jus.br/jurisprudencia/Sumulas_com_indice/Sumulas_Ind_51_100.html#SUM-74>. Acesso em: 22 abr. 2018.

BRASIL. Tribunal Superior do Trabalho. *Súmula n. 122*. Res. 129/2005. DJ de 20.04.2005, p. 1; DJ de 22.04.2005, p. 2; DJ de 25/04/2005, p. 3. Disponível em: <http://www3.tst.jus.br/jurisprudencia/Sumulas_com_indice/Sumulas_Ind_101_150.html#SUM-122>. Acesso em: 22 abr. 2018.

BRASIL. Tribunal Superior do Trabalho. *Súmula n. 418*. Res. 217/2017. DEJT de 20.04.2017, p. 1; DEJT de 24.04.2017, p. 2; DEJT de 25.04.2017, p. 3. Disponível em: <http://www3.tst.jus.br/jurisprudencia/Sumulas_com_indice/Sumulas_Ind_401_450.html#SUM-418>. Acesso em: 22 abr. 2018.

COSTA FILHO, Armando Casimiro et al. *Consolidação das Leis do Trabalho*. 48. ed. São Paulo: LTr, 2017.

DELGADO, Mauricio Godinho e DELGADO, Gabriela Neves. *A Reforma Trabalhista no Brasil*: com os comentários à Lei n. 13.467/2017. São Paulo: LTr, 2017.

HORTA, Denise Alves. Da representação das partes em audiência – ausência de qualquer dos litigantes e seus efeitos à luz das alterações trazidas pela Reforma Trabalhista de 2017. In: HORTA, Denise Alves *et al* (Coord.). *Direito do Trabalho e Processo do Trabalho*: Reforma Trabalhista: Principais Alterações – Atualizado de Acordo com a MP n. 808 de 14 de Novembro de 2017. São Paulo: LTr, 2018.

LEITE, Carlos Henrique Bezerra. *Curso de Direito Processual do Trabalho*. 15. ed. São Paulo: Saraiva, 2017.

LEITE, Carlos Henrique Bezerra. A nova jurisdição voluntária para homologação de auto-imposição extrajudicial na justiça do trabalho. In: DALLEGRAVE NETO, José Affonso; KAJOTA, Ernani (Coord.). *Reforma trabalhista ponto a ponto*: estudos em homenagem ao professor Luiz Eduardo Gunther. São Paulo: LTr, 2018.

NASCIMENTO, Amauri Mascaro. *Curso de Direito Processual do Trabalho*. 21. ed. São Paulo: Saraiva, 2001.

SCALÉRCIO, Marcos; MINTO, Túlio Martinez. *Prática de audiência trabalhista conforme o novo CPC*. 2. ed. São Paulo: LTr, 2017.

SCHIAVI, Mauro. *A Reforma Trabalhista e o Processo do Trabalho*: aspectos processuais da Lei n. 13.467/2017. 2. ed. São Paulo: LTr, 2018a.

_____. *Manual de Direito Processual do Trabalho*: de acordo com a Reforma Trabalhista. 13. ed. São Paulo: LTr, 2018b.

SILVA, Bruno Freire e; KEUNECKE, Manoella Rossi. *O Novo CPC e o processo do trabalho, II*: processo de conhecimento. São Paulo: LTr, 2017.

SILVA, Homero Batista Mateus da. *Comentários a Reforma Trabalhista*. São Paulo: Revista dos Tribunais, 2017.

SOUZA JÚNIOR, Antonio Umberto de *et al*. *Reforma Trabalhista Análise Comparativa e Crítica da Lei n. 13.467/2017*. São Paulo: Rideel, 2017.

TEIXEIRA FILHO, Manoel Antonio. *O Processo do Trabalho e a Reforma Trabalhista; as alterações introduzidas no processo do trabalho pela Lei n. 13.467/2017*. São Paulo: LTr, 2017a.

_____. *Manual da Audiência na Justiça do Trabalho*. 2. ed. São Paulo: LTr, 2017b.

_____. *Caderno de Processo Civil 11* – Depoimento Pessoal e Confissão. LTr, 1999.

Respostas do Reclamado no Processo de Conhecimento Trabalhista

Jorge Cavalcanti Boucinhas Filho[1]

1. INTRODUÇÃO

O processo do trabalho foi inicialmente desenvolvido sobre os pilares da simplicidade, oralidade e concentração dos atos em audiência. As discussões apresentadas perante as antigas Juntas de Conciliação e Julgamento e perante os tribunais do trabalho versavam, em sua maioria, sobre o cumprimento de obrigações de fazer, por parte do empregado, e de pagar por parte do empregador. Questões relacionadas com a lealdade, boa-fé, dever de sigilo, respeito a integridade física e a moral dos contratantes só entrava em evidência quando se discutia hipótese de justa causa para a cessação do contrato de trabalho, o que demandava um procedimento próprio, mais complexo, com maior possibilidade de produção de prova testemunhal em audiência.

Não é de se estranhar, portanto, que se tenha imaginado um modelo bastante simplório para a resposta do reclamado. Em sua redação original o art. 846 da Consolidação das Leis do Trabalho estatuía apenas que "Lida a reclamação, ou dispensada a leitura por ambas as partes, o reclamado terá vinte minutos para aduzir sua defesa." A Lei n. 9.022, de 05.04.1995, manteve essa sistemática embora tenha aperfeiçoado a distribuição topológica dos institutos em questão.

A falta de mudanças nas regras do processo do trabalho sempre foi atenuada pela flexibilidade do regime implantado. O legislador brasileiro, como é sabido, não optou por estabelecer uma codificação única exclusiva para o processo do trabalho, aos moldes do que fez Portugal. Tampouco instituiu um procedimento especial próprio para as lides trabalhistas dentro do seu Código de Processo. Ao redigir algumas diretrizes gerais acerca do Processo na Justiça do Trabalho na Consolidação das Leis do Trabalho e admitir a aplicação subsidiária do Processo Comum ao processo do trabalho (Art. 769) para sanar suas omissões, o modelo processual laboral brasileiro estabeleceu uma regra capaz de resistir ao tempo.

A despeito de poucas mudanças substanciais terem sido implementadas no processo do trabalho ao longo dos anos, a aplicação subsidiária do Código de Processo Civil foi, durante muito tempo, essencial para a não estagnação do processo do trabalho.

É por essa razão que o estudo de quaisquer dos institutos do processo do trabalho pressupõe uma análise de seus correspondentes no processo civil e da possibilidade de sua aplicação no processo do trabalho. Em relação às respostas do réu, o Código de Processo Civil de 2015 trouxe importantes mudanças que impactaram as respostas do reclamado no processo do trabalho. Não fosse isso o bastante, a Lei n. 13.467 mudou substancialmente as regras da própria CLT sobre algumas das modalidades de resposta do réu.

O presente estudo é fruto de uma análise dogmática e de uma revisão de diversos textos elaborados sobre o tema.

2. APLICAÇÃO DO CPC DE 1973 E DE 2015 AO PROCESSO DO TRABALHO E A FORMA DE APRESENTAÇÃO DAS RESPOSTAS DO RÉU

O Código de Processo Civil de 1973 permitia ao réu responder à pretensão do autor mediante apresentação de contestação, de exceção e de reconvenção (art. 207). Dispunha o art. 299 do Código de Processo Civil de 1973 que as diversas modalidades de resposta do réu deveriam ser apresentadas por escrito, em peças distintas, no prazo de quinze dias. As três medidas consistiam ônus processual do demandado e eram independentes, autônomas, cada uma destinada a um fim específico. Dizia-se que constituíam ônus porque nenhum réu era obrigado a apresentá-las. Se não o fizesse, porém, sujeitar-se-ia aos efeitos da revelia, a saber, reconhecimento da veracidade de todos os fatos narrados pelo autor, exceto aqueles em relação aos quais não for admissível a confissão; que não estejam acompanhados de documento imprescindível para sua prova ou que estiverem em contradição com a defesa ou forem ilididos por documento juntado aos autos. Eram autônomas e independentes porque o réu podia optar por manusear todas elas, nenhuma delas ou algumas delas, independentemente

---

1. Professor concursado e pesquisador no Núcleo de Estudos em Organizações e Pessoas (NEOP) da Fundação Getúlio Vargas (EAESP – FGV). Professor e coordenador em cursos de pós-graduação em Direito do Trabalho na Escola Superior de Advocacia. Mestre e doutor em Direito do Trabalho pela Universidade de São Paulo (USP). Pós-doutor em Direito do Trabalho pela Université de Nantes. Titular da Cadeira n. 21 da Academia Brasileira de Direito do Trabalho. Sócio-fundador do escritório Boucinhas Sociedade de Advogados.

da utilização de outra ou de seu resultado, não havendo nenhuma relação de dependência ou de prejudicialidade. Podia, por exemplo, apresentar apenas exceção, apenas reconvenção ou apenas contestação. Havia ainda a possibilidade de apresentar, em apartado, um pedido de impugnação do valor da causa.

A despeito de afirmar expressamente que a defesa podia ser apresentada oralmente em vinte minutos, a Consolidação das Leis do Trabalho limitava-se a afirmar que "Apresentada a exceção de incompetência, abrir-se-á vista dos autos ao exceto, por 24 (vinte e quatro) horas improrrogáveis, devendo a decisão ser proferida na primeira audiência ou sessão que se seguir." Poder-se-ia concluir, a partir da redação deste texto, que a exceção deveria ser entregue na forma redigida, pois do contrário não haveria razão para se dar vista dos autos ao autor. Ocorre, contudo, que uma exceção apresentada oralmente seria, certamente, reduzida a termo. O prazo em questão serviria, neste caso, para que ele se manifestasse sobre os fundamentos consignados em ata. Pensar que, em um procedimento que orienta a apresentação da defesa oralmente, a exceção precisaria ser apresentada por escrito, além de contrariar o princípio da oralidade que norteia o processo do trabalho, fere os princípios mais comezinhos do bom senso. A melhor solução, portanto, era e ainda é admitir as exceções em questão oralmente, no mesmo momento reservado para a dedução da defesa, ou recebe-la por escrito em peça distinta da defesa.

O texto consolidado nada fala sobre a reconvenção. Não se admitia a reconvenção no processo do trabalho por se entender que este procedimento provocaria demora na solução da lide já que instauraria uma nova ação no mesmo processo, tornando necessário o adiamento da audiência para que o reconvindo apresentasse sua defesa aos pedidos do reconvinte. Contrariaria assim a celeridade, um dos princípios vetores do processo laboral. Com o progressivo aumento de complexidade das matérias postas em discussão na justiça especializada, consagrou-se o entendimento de que a reconvenção é perfeitamente compatível com o processo do trabalho. Por uma questão de coerência sistêmica admitia-se a possibilidade de ela ser apresentada oralmente, em audiência, após o fracasso da primeira tentativa de conciliação. Em outras palavras, da mesma forma e no mesmo prazo consagrado para a entrega da defesa.

Essa sistemática de apresentação das diferentes formas de resposta do réu em peças apartadas, própria do CPC de 1973, mas que também havia sido exportada para o processo do trabalho, merecia críticas. A despeito de permitir uma melhor organização dos argumentos e das postulações, ela gerava, em muitos casos, uma repetição desnecessária de argumentos. Com significativa regularidade a causa de pedir da contestação e da reconvenção era a mesma o que resultava em repetições e gasto de papel, quando este era essencial para o arquivamento do processo.

O Código de Processo de 2015 inovou, de forma bastante racional, ao concentrar as respostas do réu em uma única peça. Doravante não há mais no processo civil um número plural de peças apartadas para adequar o valor da causa, formular pedidos em face do autor e discutir incompetência relativa. O art. 337, II, de 2015 estatuiu que o réu deverá discutir incompetência absoluta e relativa na contestação, antes de discutir o mérito, eliminando, com isso, a exceção de incompetência relativa. O art. 146 eliminou o formalismo próprio das exceções de impedimento e suspeição ao asseverar que a parte alegará o impedimento ou a suspeição, em petição específica dirigida ao juiz do processo, apresentada dentro de 15 (quinze) dias, a contar do conhecimento do fato, na qual indicará o fundamento da recusa, podendo instruí-la com documentos em que se fundar a alegação e com rol de testemunhas. Por fim, embora tenha preservado o antigo nome reconvenção, ao invés de substituí-lo por pedido contraposto, como havia sido feito no art. 31 da Lei n. 9.099, o art. 343 do CPC de 1973 deixou claro que o pedido formulado pelo réu em face do autor deverá ser formulado na própria reconvenção e não mais em peça apartada. A nova sistemática acerca da coisa julgada, estabelecida nos §§ 1º e 2º do art. 503 do CPC de 2015), acabou com a possibilidade de ação declaratória incidental como modalidade de resposta do réu. Questões como a nomeação a autoria (arts. 338 e 339 do CPC de 2015), denunciação da lide (arts. 126 e 131 do CPC 2015), chamamento ao processo (art. 131 do CPC de 2015), impugnação do valor da causa (art. 337, III do CPC), impugnação ao benefício da justiça gratuita pleiteado pelo autor (art. 337, XIII do CPC de 2015) e reconvenção passaram a ser discutidos como matéria própria da contestação.

Agiu bem o legislador ao concentrar as discussões passíveis de apresentação pelo réu ou pelo reclamado numa única peça processual. Evita-se, com isso, que o processo seja suspenso para discussões que muitas vezes se mostram periféricas e de menor importância ou complexidade.[2]

Nem todas essas inovações são aplicáveis ao processo do trabalho. O advento da Lei n. 13.467 evidenciou que a despeito do movimento feito pelo processo Civil no sentido de extinguir algumas formas de resposta do réu autônomas, incorporando-as a contestação, as exceções ainda subsistirão no processo do trabalho em peça apartada. O mesmo não pode ser dito a respeito da reconvenção. O silêncio da Consolidação das Leis do Trabalho atrai a aplicação do Código de Processo Civil e do regime em vigor no processo civil acerca do tema. Atualmente esse regime prescreve a apresentação da reconvenção dentro da peça contestatória.

3. A MANUTENÇÃO DA POSSIBILIDADE DE APRESENTAÇÃO DE RESPOSTAS DO RÉU ORALMENTE

Não obstante a literalidade da Consolidação das Leis do Trabalho ainda consagre a defesa oral, em apenas vinte

---
2. SILVA, Bruno Freire; KEUNECKE, Manoella Rossi. *O novo CPC e o processo do trabalho, II: processo de conhecimento*. São Paulo: LTr, 2017. p. 49.

minutos, como a regra geral, a praxe forense consagrou, com grande acerto diante das circunstâncias, a possibilidade de entrega das respostas do réu, em peças apartadas, como no passado, ou em peça única, como após o advento do CPC de 2015, por escrito. Há que se reconhecer que a regra do art. 847 da CLT há muito não se mostra adequada. Ela foi pensada em uma época em que as matérias discutidas nas reclamações eram simples e, em regra, estritamente patrimoniais; os pedidos para impugnar eram poucos e as pautas dos juízes não eram tão grandes. Hoje, o número de pedidos usualmente formulados em reclamações trabalhistas é muito elevado e não raro o rol correspondente esgota o alfabeto; e as matérias muito mais complexas, o que inviabilizaria a elaboração de defesa oralmente sob as penas da regra da impugnação especificada, segundo a qual cabe ao réu manifestar-se precisamente sobre os fatos narrados na petição inicial, presumindo-se verdadeiros os fatos não impugnados[3].

Segundo Manoel Antonio TEIXEIRA FILHO, o generalizado abandono do processo oral decorria, em boa medida, das circunstâncias impostas pela realidade forense. Em sua opinião, os juízes do trabalho, sem terem condições físicas para dar vazão à maré-montante de ações que deságuam nos órgãos da Justiça do Trabalho e conscientes de que devem se empenhar na solução negociada do conflito, encontraram no fracionamento da audiência uma fórmula de tentar reduzir essa massa pletórica de demandas. E para que pudesse ser introduzido nas pautas das chamadas "iniciais" um elevado número de audiências, os juízes se puseram a admitir respostas escritas, lançando de lado o texto legal[4].

Os redatores da Lei n. 13.467 poderiam ter acabado com a possibilidade de apresentação de defesa oralmente. Optou, contudo, por mantê-la como regra geral do ponto de vista normativo, muito embora seja uma hipótese absolutamente residual na prática, admitindo a apresentação de defesa eletrônica como exceção, não obstante seja ela a hipótese mais comum no dia a dia forense. Essa é a conclusão que se extrai da manutenção do art. 847 com a redação atribuída pela Lei n. 9.022 e com a inclusão de seu novo parágrafo único:

> Art. 847 – Não havendo acordo, o reclamado terá vinte minutos para aduzir sua defesa, após a leitura da reclamação, quando esta não for dispensada por ambas as partes.
>
> Parágrafo único. A parte poderá apresentar defesa escrita pelo sistema de processo judicial eletrônico até a audiência.

No regime em que contestação, exceção e reconvenção eram apresentadas em peças apartadas, fazia sentido discutir se os vinte minutos a que se refere o art. 847 da CLT seriam somente para apresentação da contestação ou se teriam que ser utilizados também para dedução de eventual exceção e reconvenção. Defendíamos, diante do silêncio do texto legal, a segunda conclusão. Entendíamos não ser razoável outorgar a parte, sem previsão legal, sessenta minutos para oferta de suas respostas, em um procedimento que deve sempre ser pautado pela celeridade. Essa conclusão se afirma, doravante, ainda mais evidente. Se reconvenção e contestação, usualmente as mais longas respostas do réu, deverão ser apresentadas em peça escrita única, não há outra exegese possível a não ser a de que o prazo de vinte minutos indicado no art. 847 da CLT é para todas as formas de resposta do réu e não apenas para a defesa *stricto senso*, a contestação.

A Lei n. 13.467 modificou de forma sutil, mas bastante relevante a sistemática de apresentação da defesa no processo judicial eletrônico anteriormente regulamentada pela Resolução n. 136 do Conselho Superior da Justiça do Trabalho (CSJT), que previa o encaminhamento da contestação "antes da realização da audiência". Como bem observa Manoel Antonio Teixeira Filho, a resolução

> permitia aos juízes estabelecer, por exemplo, que a contestação deveria ser encaminhada até cinco ou dez dias antes da data designada para a realização da audiência. Agora, por força do estatuído no parágrafo único do art. 847, da CLT, esse procedimento não poderá mais ser imposto pelo magistrado, pois a norma legal assegura o direito de o réu apresentar a contestação até o momento da realização da audiência. Eventual imposição, pelo magistrado, ensejará a que o réu alegue nulidade processual (CLT, art. 794). Ficará ao exclusivo arbítrio do réu, conseguintemente, decidir se oferecerá a contestação antes da audiência ou até o momento de realização desta. Sai de cena, portanto, o advérbio antes, e entra em a preposição até para alívio ou gáudio dos réus.[5]

Deste modo, é forçoso reconhecer que a defesa poderá ser apresentada eletronicamente até antes de apregoada a audiência.

Diante da existência de dispositivo expresso versando sobre o momento de apresentação da defesa no processo do trabalho, não se há que falar em aplicação subsidiária do art. 335 do Código de Processo Civil de 2015.

---

3. Consoante disposto nos incisos do art. 302 do Código de Processo Civil, esta cominação de confissão ficta acerca dos fatos não impugnados não se aplica quando não for admissível, a seu respeito, a confissão; se a petição inicial não estiver acompanhada do instrumento público que a lei considerar da substância do ato; se estiverem em contradição com a defesa, considerada em seu conjunto (inteligência do artigo) e quando a parte estiver assistida por advogado dativo, ao curador especial ou quando for o órgão do Ministério Público.
4. TEIXEIRA FILHO, Manoel Antonio. *Curso de direito processual do trabalho*. São Paulo: LTr, 2009. v. II, p. 747.
5. TEIXEIRA FIILHO, Manoel Antonio. *O processo do trabalho e a reforma trabalhista*: as alterações introduzidas no processo do trabalho pela Lei n. 13.467/2017. São Paulo: LTr, 2017. p. 172.

4. DEFESA STRICTO SENSO (CONTESTAÇÃO)

Como muito bem salientou Coqueijo Costa, há um aparente paralelismo entre o direito de ação e o direito de defesa, na medida em que ambos são direitos públicos subjetivos, autônomos e abstratos, apresentando, por conseguinte, a mesma natureza[6]. Assim como o autor ao deduzir a sua pretensão em juízo, o réu ao defender-se reclama do ente estatal respectivo uma providência ou prestação jurisdicional. É na contestação que ele se insurge contra a inicial demonstrando a improcedência do feito. É por meio dela que lhe será concedida a oportunidade de impugnar a pretensão aduzida na inicial. Como se demonstrará a seguir, a falta de oferta de exceção ou reconvenção acarreta consequências bem menos danosas para o réu do que a falta de contestação, o que torna forçoso reconhecer que esta ocupa papel de destaque entre as modalidades de resposta do réu.

A finalidade da contestação é permitir ao réu que se oponha aos fatos e pretensões deduzidas pelo autor de forma direta, atacando o direito material em que se funda a lide, ou indireta, oferecendo objeção ao próprio processo. A contestação destina-se ainda a delimitar o campo da prova. Como os fatos que não forem impugnados na contestação presumem-se verdadeiros, salvo se verificada alguma ou algumas das exceções previstas no art. 341 do CPC de 2015[7], se o réu deixar de impugnar algum fato alegado pelo autor, tal fato se tornará incontroverso, razão pela qual o juiz não deverá permitir que o réu produza prova a respeito.

O princípio da eventualidade restou novamente consagrado no art. 336 do Código de Processo Civil de 2015, que estatui que "Incumbe ao réu alegar, na contestação, toda matéria de defesa, expondo as razões de fato e de direito com que impugna o pedido do autor e especificando as provas que pretende produzir." Essa necessidade de apresentação de todos os argumentos de defesa em um único momento resulta em contradições aparentes. É o caso do reclamado que afirma, como tese principal, que o reclamante jamais trabalhou em horas extras e, sucessivamente, que nada lhe será devido posto que ocupara cargo de confiança e, ainda sucessivamente, que se alguma hora extra foi feita foi paga sob outra rubrica, e, em último caso, que se alguma hora extra foi feita e não foi quitada, as anteriores a cinco anos do ajuizamento da ação estão prescritas.

Não fosse a aplicação do princípio da eventualidade, teríamos uma dentre duas hipóteses desagradáveis. Ou o reclamado teria que escolher apenas uma de suas teses defensivas ou o processo seria continuamente reaberto para novas discussões cada vez que a anterior fosse superada.

O art. 336 também consagra a exigência de especificação das provas a serem produzidas. A finalidade da instituição deste requisito é forçar as partes a contribuir com a outorga da prestação jurisdicional pelo juiz antecipando quais meios probatórios se pretende utilizar no dado processo. Como, porém, instituiu-se uma praxe de, ao invés de indicar precisamente a prova que pretende produzir, a parte transcrever um despacho genérico com os dizeres "protesta provar por todos os meios de prova em direito admitidos", a utilidade do requisito em questão acabou sendo reduzida e sua relevância colocada em cheque. Não obstante esteja elencado expressamente entre os requisitos da petição inicial e também da contestação, seria certamente considerado excesso de formalismo indeferir as provas por não terem sido especificadas detalhadamente na petição inicial e na contestação.

No processo do trabalho, em particular, pode-se justificar a falta de rigor na especificação das provas a serem produzidas com o princípio da concentração dos atos em audiência. Como a maioria das provas será realizada na audiência, o requerimento oral feito ao magistrado supriria a falta de especificação nas peças processuais, quando apresentadas por escrito.

Como o novo regramento instituído pelo Código de Processo Civil de 2015 a contestação não é espaço apenas para a elaboração de pedidos. Além de eventuais pleitos de condenação por litigância de má-fé e compensação, que sempre puderam ser objeto de discussão nessa peça processual, doravante é possível alterar as dimensões da lide, ampliando os limites objetivos da lide. Isto por que a reconvenção, responsável por essa ampliação, é um dos itens da peça contestatória.

Os limites subjetivos da lide poderão, eventualmente, ser ampliados mediante apresentação de reconvenção e estes mediante apresentação de alguma modalidade de intervenção de terceiros.

4.1. Defesa contra o processo (preliminares)

Para demandar em juízo, o autor deve atender a determinados requisitos exigidos pelas leis processuais. Quando não o faz permite ao réu iniciar sua defesa insurgindo-se contra as irregularidades daí advindas suscitando alguma ou algumas das preliminares enumeradas no art. 337 do CPC do CPC de 2015, a saber, inexistência ou nulidade da citação; incompetência absoluta e relativa; incorreção do valor da causa; inépcia da petição inicial; perempção; litispendência; coisa julgada; conexão; incapacidade da parte, defeito

---

6. COSTA, Coqueijo. *Direito judiciário do trabalho*. Rio de Janeiro: Forense, 1978. p. 243/244.
7. Art. 341. Incumbe também ao réu manifestar-se precisamente sobre as alegações de fato constantes da petição inicial, presumindo-se verdadeiras as não impugnadas, salvo se:
   I – não for admissível, a seu respeito, a confissão;
   II – a petição inicial não estiver acompanhada de instrumento que a lei considerar da substância do ato;
   III – estiverem em contradição com a defesa, considerada em seu conjunto.
   Parágrafo único. O ônus da impugnação especificada dos fatos não se aplica ao defensor público, ao advogado dativo e ao curador especial.

de representação ou falta de autorização; convenção de arbitragem; ausência de legitimidade ou de interesse processual; falta de caução ou de outra prestação, que a lei exige como preliminar e indevida concessão do benefício da gratuidade de justiça. Estas questões recebem o nome de preliminares justamente por antecederem, topologicamente, à impugnação do mérito e consistem no que se convencionou chamar *Defesa contra o processo*. Todas estas matérias, salvo a convenção de arbitragem, deverão ser conhecidas de ofício pelo juiz (Art. 301, § 4º do CPC). Por meio delas o réu impede ou dilata a decisão quanto ao mérito.

A defesa contra o processo será chamada *direta* quando buscar a declaração de sua nulidade ou de carência de ação, como no caso de reconhecimento de ilegitimidade de parte, impossibilidade jurídica do pedido e falta de interesse de agir, bem como na hipótese de verificação de litispendência ou de coisa julgada. Será considerada *indireta* quando apenas buscar a paralisação do processo, mantendo inabalados os elementos da relação processual, como nas hipóteses de incompetência absoluta e relativa, inépcia da petição inicial e defeito de representação, ou a correção de algum aspecto formal da peça, como no caso da incorreção do valor da causa ou da indevida concessão do benefício de gratuidade de justiça.

Em se tratando de defesa direta contra o processo, o acatamento da preliminar leva o juiz à extinção do processo sem resolução do mérito e, por conseguinte, sem ocorrência de coisa julgada material, facultando-se à parte ajuizar nova ação após sanar o vício. Todavia, quando o juiz acolher a alegação de peremção, litispendência ou coisa julgada, a parte não mais poderá intentar nova ação, por se tratarem de vícios insanáveis para ajuizamento de nova lide.

Nos casos de defesa indireta contra o processo a solução não será a imediata extinção do feito sem resolução do mérito, mas uma diligência para corrigir a irregularidade apontada. Em se tratando, por exemplo, de incompetência, absoluta ou relativa, os autos serão remetidos ao juízo competente. Em se tratando de inépcia ou de defeito de representação o juiz deverá, antes de indeferir a petição inicial, determinar, sempre que a irregularidade puder ser corrigida e assim que constatar a falhar, que o autor a emende ou complete, no prazo de 15 (quinze) dias, indicando com precisão o que deve ser corrigido ou completado (inteligência do art. 321 do CPC de 2015). No regime do Código anterior o prazo em questão era de 10 dias.

No processo do trabalho, contudo, diante da ausência do chamado despacho saneador os juízes muitas vezes só se deparam com este tipo de irregularidade no momento de prolação da sentença ou, no que se refere ao defeito de representação, por ocasião da análise dos requisitos de admissibilidade de eventual recurso. Na primeira hipótese avençada a solução acaba sendo a rejeição da inépcia, com argumentos nem sempre adequados, como se verá a seguir, ou a extinção do pedido sem resolução do mérito, e, na segunda hipótese, o não conhecimento do recurso sem que se conceda à parte prazo para correção do defeito de representação.

4.1.1. Inexistência ou nulidade de citação

A citação consiste no ato pelo qual o estado-juiz comunica ao réu sobre a existência de uma ação ajuizada em face dele, permitindo-lhe vir à juízo integrar a relação processual e apresentar sua resposta. A sua importância emerge do fato de que sem citação válida não se permite a formação da relação processual nem tampouco a observância dos princípios do contraditório e da ampla defesa.

O art. 337, I fala em inexistência ou nulidade de citação. Ter-se-á a primeira hipótese quando a citação não houver sido realizada e a segunda quando o ato de comunicação inicial foi realizado em desconformidade com o que determina a lei. Como na fase de conhecimento do processo do trabalho a citação não precisa ser pessoal, somente se verificará esta última hipótese quando a citação for dirigida a endereço diverso daquele do réu. Se o endereço for o correto pouco importará se a correspondência com a contra-fé será recebida por gestor autorizado a agir em nome da empresa, empregado sem estes poderes, cliente ou trabalhador de empresa prestadora de serviços. A citação será considerada válida para todos os efeitos. Eventual equívoco no endereçamento da notificação, que provocaria nulidade na citação, será suprida pelo comparecimento espontâneo (Art. 239, § 1º do CPC de 2015 e art. 214, § 2º do CPC de 1973).

No processo do trabalho a jurisprudência há muito vem adotando a prática de também realizar a citação do réu residente ou estabelecido em localidade sujeito à competência de outro juízo pelo correio, com aviso de recebimento, sem precisar, portanto, do instrumento formal da carta-precatória. Esta prática, bastante interessante sob a ótica dos princípios da economia processual e da simplicidade, foi incorporada posteriormente à legislação processual civil pela Lei n. 8.952/1994 que conferiu nova redação ao art. 222 do Código de Processo Civil 1973.

Nos termos da Súmula n. 16 do Tribunal Superior do Trabalho, *presume-se recebida a notificação 48 (quarenta e oito) horas depois de sua postagem. O seu não-recebimento ou a entrega após o decurso desse prazo constitui ônus de prova do destinatário.*

4.1.2. Incompetência absoluta e relativa

No processo do trabalho a incompetência absoluta restará caracterizada quando a petição inicial for endereçada a juízo que não tenha competência material ou hierárquica para apreciar a demanda proposta. A primeira hipótese restará caracterizada quando a ação for ajuizada na justiça do Trabalho fora das hipóteses previstas não art. 114 da Constituição Federal, como, por exemplo, quando não se tratar de ações oriundas da relação de trabalho; ou que envolva o exercício do direito de greve; discuta a representação sindical, entre sindicatos, entre sindicatos e trabalhadores, e entre sindicatos e empregadores; quando se tratar de uma ação de indenização por dano moral ou patrimonial que não decorra da relação de trabalho; ou quando se tratar de ação relativa à penalidade administrativa imposta aos empregadores pelos órgãos da Super-Receita. Haverá incompetência hierárquica quando, por exemplo, se ajuizar em primeira instância uma ação de competência originária dos Tribunais, como, nos exemplos mais comuns no processo do trabalho, mandado de segurança, ação rescisória e dissídio coletivo.

O Código de Processo Civil de 2015 estabeleceu que as duas modalidades de incompetência, tanto a absoluta quando a relativa, sejam alegadas como preliminar de contestação. Esclareceu ainda que a incompetência absoluta deve ser declarada de ofício, permanecendo a relativa sujeita à preclusão, caso não argüida no momento oportuno, com a conseqüente prorrogação do juízo relativamente incompetente. Acolhida a preliminar com este fundamento, os autos deverão ser remetidos ao juízo competente.

O Código de Processo Civil de 2015 também estabelece que a contestação que apresentar preliminar de incompetência absoluta ou relativa poderá ser protocolada no foro de domicílio do réu, devendo este fato ser imediatamente comunicado ao juiz da causa, preferencialmente por meio eletrônico (Art. 340 do CPC de 2015).

O Processo do Trabalho, lamentavelmente, não fará uso dessas e de outras regras relacionadas com a alegação da incompetência relativa em preliminar de defesa, posto que apresenta regra própria esculpida no art. 799 e seguintes do processo do trabalho. O art. 799 estabelece, com clareza solar, que "as causas da jurisdição da Justiça do Trabalho, somente podem ser opostas, com suspensão do feito, as exceções de suspeição ou incompetência". A manutenção dessa regra mesmo após a ampla reforma implementada pela Lei n. 13.467 de 2017, que alterou diversos preceitos processuais da Consolidação das Leis do Trabalho, evidencia o desejo do legislador de manter a apresentação da exceção de incompetência relativa em petição separada da contestação. Essa conclusão é reformada pela alteração do 800 da CLT que mudou o regramento do instituto da Exceção de incompetência territorial. Sobre ele discorrer-se-á no momento apropriado, ainda neste texto.

4.1.3. Inépcia da petição inicial

Nos termos do art. 330, § 1º do Código de Processo Civil de 2015, a petição será considerada inepta quando lhe faltar pedido ou causa de pedir; o pedido for indeterminado, ressalvadas as hipóteses legais em que se permite o pedido genérico; da narração dos fatos não decorrer logicamente a conclusão; ou contiver pedidos incompatíveis entre si. Verificada alguma destas hipóteses, o juiz deverá indeferi-la ou determinar a sua emenda por ocasião da prolação do despacho saneador, antes, portanto, da determinação de citação do réu.

No processo do trabalho, contudo, não se tem previsão legal de um despacho saneador. Em razão disso os juízes do trabalho, na maioria das Varas, somente têm contato com a petição inicial no momento da audiência, ou alguns minutos antes, e com a defesa após resultar infrutífera a primeira tentativa obrigatória de conciliação. Nos poucos instantes de que dispõe para analisar as matérias argüidas nas duas peças dedicam-se, em sua maioria, a analisar os fatos narrados para inteirar-se dos limites da controvérsia, evitando com isso sejam deferidas provas desnecessárias ou indeferidas provas necessárias. As questões processuais em geral têm a sua análise adiada para o momento da prolação da sentença.

O problema gerado por esta situação decorre da observação de que somente analisar as preliminares por ocasião da prolação da sentença significa fazê-lo após o encerramento da instrução processual. E, neste momento, acolher uma preliminar de inépcia que conduza a extinção do feito implicaria em tornar sem efeito toda a prova produzida nos autos e fazer necessária a sua repetição, caso proposta nova ação após a correção da irregularidade. A esta altura será sempre mais conveniente encontrar um argumento para afastar a preliminar e julgar desde logo o mérito do feito.

Não obstante esta seja seguramente a melhor solução para o processo singularmente considerado, ela seguramente é a pior para o sistema processual como um todo, pois acaba estimulando a falta de capricho e de atenção na redação das petições iniciais, dificultando com isso a elaboração da contestação pela parte contrária, e a compreensão do juiz para fixação dos pontos que serão objeto de prova e posterior julgamento da lide.

Não fosse isto o bastante, alguns argumentos comumente utilizados para rejeitar a preliminar ora estudada, como o de que o processo do trabalho é pautado pela simplicidade e informalidade, o de que o equívoco foi corrigido no depoimento pessoal ou ao longo da instrução probatória, ou o de que se a parte teve condições de produzir defesa, não há razão para se falar em inépcia da petição inicial, são verdadeiramente inadmissíveis.

Uma excessiva apologia aos princípios da simplicidade e da informalidade pode acabar tornando o processo do trabalho um diálogo em que as partes não conseguem se comunicar, em face das irregularidades verificadas nas peças de cada uma delas. Afinal em se admitindo que os princípios da simplicidade e da informalidade justificam a rejeição das preliminares de inépcia da petição inicial, poder-se-ia sustentar também que eles dão suporte à flexibilização do rigor na aplicação do princípio da impugnação específica, pelo menos quando o réu fizer uso do seu *jus postulandi* ou for micro ou pequena empresa, e com isso as duas partes teriam argumentos para justificar a sua falta de esmero na redação das peças processuais. O efeito a longo prazo seria nefasto para o sistema processual, como demonstrado anteriormente.

Tampouco é razoável a assertiva de que eventual omissão, como por exemplo, a indicação do nome do paradigma ou alguma forma de erro material existente na petição inicial teria sido corrida no depoimento pessoal do autor, justificando-se assim a rejeição da inépcia. A petição inicial e as respostas do réu compreendem a chamada fase postulatória do processo. O depoimento pessoal do autor, a fase dita instrutória. Não é admissível que um erro verificado na fase inicial do processo seja corrigido na subseqüente, posto que, a rigor, esta somente poderia começar se estivesse tudo adequado com a anterior.

É preciso, por outro lado, reconhecer que o fundamento de que "a inicial possibilitou a elaboração de defesa", muito utilizado para rejeição de inépcias, mostra-se incompatível com o princípio da eventualidade que instiga os reclamados a apresentar defesa ainda que o pedido da inicial não esteja adequadamente formulado, consubstanciado no art. 300 do Código de Processo Civil. Ora, se o réu precisa apresentar defesa impugnando todos os fatos e fundamentos apresentados pelo autor, sob pena de serem considerados verdadeiros os fatos que não forem especificadamente atacados ele não poderá apresentar alegações em momento posterior. É natural, portanto, que ele impugne até mesmo pedidos absolutamente ineptos. A simples verificação desta impugnação não pode ser utilizada como fundamento para afastar a inépcia.

4.1.4. Perempção

A perempção, na forma do CPC de 1973, correspondia à perda do direito de ação por não haver o autor comprovado o depósito das custas e honorários advocatícios da ação ajuizada anteriormente ou por haver dado causa, por três vezes, à extinção do processo por abandonar a causa por mais de 30 (trinta) dias, não promovendo não promovendo os atos e diligências que lhe competiam.

Perempta a ação civil o autor não poderá ajuíza a mesma ação, reconvir com fundamento idêntico ao da demanda perempta, apresentar pedido em contestação de ação dúplice. Poderá, entretanto, defender-se em outro feito alegando o direito material vez que a perempção não atinge este, mas apenas a possibilidade de perquiri-lo em juízo.

Há muito prevalece na jurisprudência o entendimento de que a perempção prevista no Código de Processo Civil não seria aplicável ao processo do trabalho por criar óbice para que o empregado, presumivelmente hipossuficiente, tivesse acesso à jurisdição. Há, entretanto, uma hipótese na CLT, desde a sua redação original, que vem sendo tratada pela doutrina como perempção trabalhista que, a despeito de algumas alegações de inconstitucionalidade, é regularmente aplicada pela jurisprudência. Trata-se da hipótese do art. 732 da Consolidação das Leis do Trabalho que estatui que aquele que por 2 (duas) vezes seguidas der causa ao arquivamento da reclamação perderá, pelo prazo de 6 (seis) meses, o direito de reclamar perante a Justiça do Trabalho.

A Lei n. 13.467 inovou quanto a este tema acrescentando dois parágrafos ao art. 844 da CLT, por meio do qual impôs ao reclamante que não comparece à audiência e não justifica a sua ausência, o pagamento das custas da primeira ação, como condição processual para propor a segunda:

> Art. 844. (...)
>
> § 2º Na hipótese de ausência do reclamante, este será condenado ao pagamento das custas calculadas na forma do art. 789 desta Consolidação, ainda que beneficiário da justiça gratuita, salvo se comprovar, no prazo de quinze dias, que a ausência ocorreu por motivo legalmente justificável.
>
> § 3º O pagamento das custas a que se refere o § 2º é condição para a propositura de nova demanda.

A forma de compatibilizar os dois institutos é aplicar a regra do art. 732, § 2º da CLT, quando o empregado justificar a ausência e a do § 2º do 844 da CLT quando ele não a justificar.

4.1.5. Litispendência e coisa julgada

Nos termos do art. 337, § 1º do CPC de 2015 verifica-se a litispendência ou a coisa julgada, quando se reproduz ação anteriormente ajuizada. O § 2º do mesmo artigo esclarece que uma ação é idêntica a outra quando possui as mesmas partes, a mesma causa de pedir e o mesmo pedido. Haverá litispendência, quando se repete ação, que está em curso (337, § 3º do CPC de 2015) e coisa julgada, quando se repete ação que já foi decidida por decisão transitada em julgado (337, § 4º do CPC de 2015).

A ideia subjacente à litispendência é impedir a tramitação simultânea de duas ações versando sobre o mesmo assunto, o que, além de representar um gasto público injustificável, poderia levar a situações conflitantes. A coisa julgada também tem esse objetivo, além, é claro, de valorizar a segurança jurídica. Esse valor jamais seria obtido caso se admitisse a proposição de sucessivas ações até que a parte obtivesse o resultado almejado.

A aplicação das regras do processo civil acerca da litispendência e da coisa julgada ao processo do trabalho é inquestionável e bastante salutar.

4.1.6. Conexão

O Código de Processo Civil de 1973 relacionava conexão e continência como preliminares processuais e esclarecia a diferença entre os dois institutos. Dizia que duas ações seriam conexas quando lhes fosse comum o objeto ou a causa de pedir, e que haveria continência sempre que houvesse identidade quanto às partes e à causa de pedir, mas o objeto de uma, por ser mais amplo, abrangesse o das outras. As duas figuras tinham por principal efeito modificar a competência em razão do valor, que não existe no processo do trabalho, e do território. Reconhecendo a existência delas o juiz deveria, de ofício ou a requerimento de qualquer das partes, ordenar a reunião de ações propostas em separado, a fim de que fossem decididas simultaneamente. Correndo em separado ações conexas perante juízes que têm a mesma competência territorial, considerava-se prevento aquele que houvesse despachado em primeiro lugar.

O CPC de 2015 define conexão no seu art. 55 que dispõe, em seu *caput*, que "Reputam-se conexas 2 (duas) ou mais ações quando lhes for comum o pedido ou a causa de pedir" e que determina, em seu § 1º, que os processos de ações conexas sejam reunidos para decisão conjunta, salvo se um deles já houver sido sentenciado. E define continência no seu art. 56, que dispõe que "Dá-se a continência entre 2 (duas) ou mais ações quando houver identidade quanto às partes e à causa de pedir, mas o pedido de uma, por ser mais amplo, abrange o das demais".

Curiosamente faz menção a apenas o primeiro destes institutos como preliminar processual. A melhor exegese para esta questão é compreender que no art. 337 tratou-se conexão como o gênero do qual seriam espécies a conexão *stricto senso* e a continência.

4.1.7. Incapacidade da parte, defeito de representação ou falta de autorização

Verificada irregularidade no tocante a capacidade do autor ou sua representação, de direito material ou processual, o juiz deverá estipular prazo razoável para que a parte sane o seu defeito. Somente se o despacho em questão não for cumprido é que o juiz decretará a nulidade do processo. Justamente por ter efeito meramente dilatório, esta preliminar é de pouca serventia no processo do trabalho. Em verdade o réu poderá obter um resultado melhor se, ao perceber defeito na representação do autor, silenciar para que ele não seja corrigido em primeira instância, quando isso é possível, argüindo a questão apenas em contra-razões de recurso ordinário, quando a correção já não mais será possível e, por esta razão, o recurso não será conhecido.

4.1.8. Convenção de arbitragem

A convenção de arbitragem corresponde, nos termos do art. 3º da Lei de Arbitragem, ao conjunto formado pela cláusula compromissória e pelo compromisso arbitral. O intuito desta preliminar é esclarecer para o juízo que a demanda não pode ser submetida à jurisdição estatal por haverem as partes optado por solução privada.

No passado era uma cláusula de preliminar fadada ao insucesso, pois no processo do trabalho não se reconhecia validade às cláusulas que impeçam o acesso do empregado ao poder judiciário. Justificava-se esse resistência à arbitragem com afirmações de que em razão a subordinação própria da relação de emprego o empregado não se insurgiria contra esta cláusula no momento da formação do contrato mesmo se a reputasse extremamente prejudicial aos seus interesses.

A Lei n. 13.467 instaurou um novo modelo de tutela do trabalhador. A arbitragem doravante é expressamente admitida para os trabalhadores que recebam remuneração mensal correspondente ao dobro do limite máximo estabelecido para os benefícios do Regime Geral de Previdência Social[8].

4.1.9. Carência de ação

Chamava-se, à época do Código Buzaid, a ausência de uma ou mais condições da ação (legitimidade das partes, possibilidade jurídica do pedido, interesse de agir) de carência de ação.

O Código de 2015 optou por retirar à menção à possibilidade jurídica do pedido como uma das condições da ação, no que agiu muito acertadamente, haja vista que ela era objeto de críticas de diversas ordens, referindo-se doravante apenas a legitimidade das partes e interesse processual, expressão mais adequada do que interesse de agir.

A ilegitimidade de parte é verificada quando não houver a adequada individualização daquele a quem pertence o interesse de agir e daquele perante o qual esse interesse deve ser manifestado. Durante muito tempo argüiu-se, em contestação, a ilegitimidade de parte por ausência de existência de vínculo de emprego. Esta, entretanto, não é uma questão processual preliminar, mas sim uma matéria de mérito que só poderá ser afirmada ou negada após a instrução probatória que sucede o reconhecimento da legitimidade das partes para integrar a relação jurídica processual. Em outras palavras, se o autor se diz empregado do réu, este será parte legítima para integrar a lide onde se tentará provar este vínculo de emprego. Hipótese real de ilegitimidade de parte no processo do trabalho é a verificada quando há ajuizamento de ação em face de pessoa diversa daquela para a qual o autor prestou o serviço como, por exemplo, quando se cita uma empresa homônima da verdadeira empregadora do autor.

Tem-se falta de interesse processual quando o provimento buscado não for necessário nem útil para quem o está perquirindo. Um bom exemplo de carência de ação por este fundamento diz respeito ao ajuizamento de inquérito judicial para apuração de falta grava de empregado integrante de Comissão Interna para Prevenção de Acidentes. Não obstante detenha estabilidade no emprego, o empregado em questão pode ser dispensado por ato unilateral do empregador, cabendo-lhe, posteriormente, postular reintegração para retornar às suas atividades. Sendo desnecessário e inútil para o fim que se busca com ele, eventual inquérito judicial para apuração de falta grave deverá ser extinto sem resolução do mérito por carência de ação.

A preliminar de carência de ação por impossibilidade jurídica do pedido era utilizada, à época da vigência do Código

---

8. Conforme Art. 507-A da CLT, inserido pela Lei n. 13.467. Nos contratos individuais de trabalho cuja remuneração seja superior a duas vezes o limite máximo estabelecido para os benefícios do Regime Geral de Previdência Social, poderá ser pactuada cláusula compromissória de arbitragem, desde que por iniciativa do empregado ou mediante a sua concordância expressa, nos termos previstos na Lei n. 9.307, de 23 de setembro de 1996.

anterior, quando existisse, no ordenamento jurídico, um veto à formulação de determinados pedidos. A falta de amparo legal para o acolhimento de um ou mais pedidos levava à rejeição do pedido e consequente extinção do processo sem esolução do mérito. Extinção do feito sem análise meritória por carência de ação haverá apenas se o pedido encontrar óbice expresso na legislação. O exemplo de impossibilidade jurídica do pedido no processo do trabalho mais utilizado era o da postulação de reconhecimento de vínculo entre autor e União, Estado-membro, Município ou Distrito Federal, sem prévia aprovação em concurso público, após a Constituição Federal de 1988. O pleito em questão não poderia sequer ser apreciado justamente por ser expressamente proibido por dispositivo constitucional expresso.

Essa questão doravante não deverá ser tratada como preliminar e sim enfrentada durante a análise do mérito da ação.

4.1.10. Falta de caução ou de outra prestação que a lei exige como preliminar

No processo do trabalho o autor normalmente é a parte mais fraca, o empregado presumivelmente hipossuficiente. Por esta razão não se considera razoável a exigência de caução para que o reclamante postule determinada medida, ainda que de natureza cautelar, o que torna esta defesa processual dificilmente verificável no dia-a-dia da Justiça Especializada.

4.1.11. Ausência de submissão da demanda à tentativa de conciliação perante Comissão de Conciliação Prévia

O art. 625-D da Consolidação das Leis do Trabalho estatui que qualquer demanda de natureza trabalhista será submetida à Comissão de Conciliação Prévia se, na localidade da prestação de serviços, ela houver sido instituída no âmbito da empresa ou da categoria. Com base neste preceito era comum, alguns anos atrás, os reclamados apresentarem uma preliminar para extinção do feito por ausência de submissão da demanda à tentativa de conciliação extrajudicial.

A jurisprudência inclinou-se, desde um primeiro momento, a considerar este preceito inconstitucional por contrariar o princípio da inafastabilidade do Judiciário, esculpido nos termos do art. 5º, XXXV, da Constituição Federal. O Tribunal Regional do Trabalho da 2ª Região, por exemplo, consolidou entendimento nesse sentido, por intermédio de sua Súmula n. 2. Em 13.05.2009, o STF deferiu parcialmente medida cautelar nas ADIs ns. 2.139 e 2.160 para dar ao art. 625-D da CLT interpretação conforme a Constituição, reconhecendo a facultatividade da submissão da demanda á Comissão de Conciliação Prévia. A partir deste momento a preliminar em questão caiu em desuso.

4.1.12. Fatos que resultam na suspensão do processo

Não obstante a lei não elenque essas hipóteses no art. 337 do Código de Processo Civil de 2015, o art. 313 do mesmo estatuto enumera uma série de situações que tem po efeito a suspensão do processo, constituindo, por conseguinte hipótese de defesa indireta contra o processo. São elas a morte ou perda da capacidade processual de qualquer das partes, de seu representante legal ou de seu procurador; a convenção das partes; a arguição de impedimento ou de suspeição; a admissão de incidente de resolução de demandas repetitivas; e quanto a sentença de mérito depender do julgamento de outra causa ou da declaração de existência ou de inexistência de relação jurídica que constitua o objeto principal de outro processo pendente ou tiver de ser proferida somente após a verificação de determinado fato ou a produção de certa prova, requisitada a outro juízo; por motivo de força maior; quando se discutir em juízo questão decorrente de acidentes e fatos da navegação de competência do Tribunal Marítimo; quando o advogado responsável pelo processo constituir o único patrono da causa e tornar-se pai.

Como todas as hipóteses mencionadas têm o condão de suspender o feito, constituindo um incidente processual e não uma discussão de mérito é evidente que o melhor local para argui-las na contestação é em preliminar de mérito.

4.2. Defesa contra o mérito

A chamada *defesa contra o mérito* consiste no ataque ou resistência à pretensão do autor. Ela pode ser *direta*, ao se dirigir contra o pedido (ex. negação dos fatos expostos na exordial); ou *indireta*, ao apresentar fato novo, de modo a demonstrar alteração fático jurídica do direito apontado pelo autor (ex. satisfação prestacional, prescrição ou decadência). O que não se admite é defesa genérica, com negativa geral e inespecífica. A defesa deve ser exaustiva, contestar todo o direito do autor com o qual não concorde, parcela por parcela, analisando e eventualmente impugnando todos os valores envolvidos, de forma clara e fundamentada. Tudo aquilo que não for especificamente impugnado pelo réu será presumido verdadeiro, salvo se não for admissível, a seu respeito, a confissão; se a petição inicial não estiver acompanhada do instrumento público que a lei considerar da substância do ato ou se estiverem em contradição com a defesa, considerada em seu conjunto[9]. Esta regra, conhecida como ônus da impugnação especificada, não se aplica ao advogado dativo, ao defensor público e ao curador especial e ao curador especial (Inteligência do art. 341, parágrafo único do CPC de 2015).

Outro postulado basilar para a elaboração das contestações é o já mencionado princípio da eventualidade que consiste basicamente na necessidade de a parte argüir toda a

---

9. Art. 341 do CPC de 2015. Incumbe também ao réu manifestar-se precisamente sobre as alegações de fato constantes da petição inicial, presumindo-se verdadeiras as não impugnadas, salvo se:
    I – não for admissível, a seu respeito, a confissão;
    II – a petição inicial não estiver acompanhada de instrumento que a lei considerar da substância do ato;
    III – estiverem em contradição com a defesa, considerada em seu conjunto.

matéria de defesa no momento em que lhe for assegurada a primeira oportunidade de falar nos autos. Esta exigência que se faz ao réu, está umbilicalmente relacionada com a idéia de preclusão e destina-se a evitar o retorno a fases já ultrapassadas do procedimento e impedir a apresentação de novas alegações e requerimentos relativos ao mesmo fato, segundo as circunstâncias de cada momento.

Passada a oportunidade inicial o réu só poderá deduzir novas alegações quando relativas a direito superveniente, quando competir ao juiz conhecer delas de ofício, e quando por expressa autorização legal puderem ser formuladas em qualquer tempo e juízo. Esta regra foi esculpa no art. 342 Código de Processo Civil de 2015 e repete a regra que havia no art. 303 do Código de Processo Civil de 1973.

A compensação poderá ser alegada como matéria de defesa, exigindo-se, para tanto, que a dívida do autor para com o réu seja líquida, certa e exigível e que ela seja de natureza trabalhista. O art. 767 da CLT expressamente estatui que "A compensação, ou retenção, só poderá ser arguida como matéria de defesa."

4.3. Reconvenção

Como a reconvenção não é prevista na CLT, e o seu cabimento no processo do trabalho é fruto da aplicação subsidiária do processo comum, também nele a reconvenção não deverá mais ser apresentada em petição própria, mas dentro da própria contestação.

Consiste em uma ação do réu em face do autor nos autos do processo instaurado pela petição inicial distribuída por este. Também deve observar os requisitos dos arts. 319 do CPC de 2015 e 840 da CLT, inclusive no tocante à atribuição de valor da causa. Apresentada reconvenção, esta implicará em uma condenação em custas independente daquela correspondente à ação principal.

Houve, durante muito tempo, resistência da jurisprudência em admitir a reconvenção no processo do trabalho. Entendia-se, em um primeiro momento, que este procedimento provocaria demora na solução da lide, já que instauraria uma nova ação no mesmo processo, tornando necessário o adiamento da audiência para que o reconvindo apresentasse sua defesa aos pedidos do reconvinte. Com o progressivo aumento de complexidade das matérias postas em discussão no processo do trabalho consagrou-se o entendimento de que a reconvenção é perfeitamente compatível com o processo do trabalho. Há, contudo, divergências acerca do prazo que deverá ser concedido ao reconvinte para apresentar sua defesa à reconvenção. Alguns autores entendem que ele é de no máximo 15 dias, por aplicação supletiva do CPC, e outros que ele é de no mínimo cinco dias, por ser este o prazo no qual deverá ser designada a audiência de prosseguimento. A maioria das Varas adota esta segunda solução recebendo a defesa à reconvenção na audiência seguinte.

Algumas figuras criadas recentemente no direito do trabalho, como a cláusula de não concorrência e a cláusula de permanência após curso de formação profissional custeado pelo empregador, são comumente objeto de reconvenção quando o empregado reclama seus direitos. Pedidos de reparação por danos causados pelo empregado ao empregador, de forma dolosa ou culposa, mas com previsão contratual de reparação, também não raro fundamentam ações reconvencionais no processo do trabalho. Outro pleito relativamente comum em reconvenções é o de condenação do autor no pagamento em dobro de parcelas postuladas que já haviam sido quitadas, com fundamento no art. 940 do Código Civil de 2002 (equivalente ao 1.531 do estatuto anterior). A SDI-I do Tribunal Superior do Trabalho, no entanto, decidiu, no início de dezembro de 2010, que o art. 940 do novo Código Civil (art. 1.531 do Código de 1916) não é aplicável subsidiariamente nas relações de emprego (SDI, RR – 187900-45.2002.5.02.0465, Relator Min. Lélio Bentes, publicado em 10.12.2010).

5. EXCEÇÃO DE INCOMPETÊNCIA RELATIVA

A discussão da incompetência relativa como preliminar de defesa e não mais como uma exceção a ser apresentada em apartado merece os elogios já apresentados. A ideia de concentração dos diversos fundamentos e técnicas defensivas em uma única peça processual é bastante louvável. Não socorre, contudo, quanto a este tema, o processo do trabalho, dado que este apresenta regra própria esculpida no art. 799 e seguintes do processo do trabalho. Foi o que entendeu o Tribunal Superior do Trabalho logo nos primeiros meses de vigência do CPC de 2015:

> RECURSO DE REVISTA INTERPOSTO PELAS RECLAMADAS (CENTRO OESTE COMÉRCIO DE CARTÕES LTDA. E OUTRA). I. O art. 799 da CLT dispõe que "nas causas da jurisdição da Justiça do Trabalho, somente podem ser opostas, com suspensão do feito, as exceções de suspeição ou incompetência." Como se observa o referido dispositivo legal é claro ao mencionar a suspensão do feito em caso de apresentação de exceção de incompetência. Dessa forma, suspenso o feito até que a questão relativa à competência seja julgada, o momento oportuno para a apresentação da contestação é após o julgamento da referida exceção. II. Nesse contexto, a decisão regional, em que se declarou as Reclamadas revéis e confessas quanto à matéria fática, por entender que elas deveriam ter obrigatoriamente apresentado a contestação na mesma ocasião em que apresentada a exceção de incompetência, caracteriza cerceamento de defesa e viola o art. 5º, LV, da CF/1988. III. Recurso de revista de que se conhece, por violação do art. 5º, LV, da CF/1988, e a que se dá provimento. (TST, RR – 467-63.2010.5.04.0852, rel. Des. Convocada Cilene Ferreira Amaro Santos, Data de julgamento 23.09.2015, 4ª Turma, Data de Publicação: DEJT 25.09.2015)

Essa conclusão se torna ainda mais premente na medida em que a Lei n. 13.467 de 2017 alterou diversos preceitos processuais da Consolidação das Leis do Trabalho e não apenas manteve o art. 799 da Consolidação das Leis do Trabalho, como ainda alterou o art. 800, mudando o regramento do instituto da Exceção de incompetência territorial, que doravante é tratado da seguinte forma:

> Art. 800. Apresentada exceção de incompetência territorial no prazo de cinco dias a contar da notificação, antes da audiência e em peça que sinalize a existência desta exceção, seguir-se-á o procedimento estabelecido neste artigo.
>
> § 1º Protocolada a petição, será suspenso o processo e não se realizará a audiência a que se refere o art. 843 desta Consolidação até que se decida a exceção.
>
> § 2º Os autos serão imediatamente conclusos ao juiz, que intimará o reclamante e, se existentes, os litisconsortes, para manifestação no prazo comum de cinco dias.
>
> § 3º Se entender necessária a produção de prova oral, o juízo designará audiência, garantindo o direito de o excipiente e de suas testemunhas serem ouvidos, por carta precatória, no juízo que este houver indicado como competente.
>
> § 4º Decidida a exceção de incompetência territorial, o processo retomará seu curso, com a designação de audiência, a apresentação de defesa e a instrução processual perante o juízo competente."

6. EXCEÇÃO DE IMPEDIMENTO E DE SUSPEIÇÃO

Como destacado no item anteriormente, a despeito de a arguição de impedimento ou suspeição do magistrado, no regime do novo Código de Processo Civil não ser mais objetivo de discussão em uma resposta do réu própria, mas em petição que poderá ser apresentada em qualquer momento, por meio de petição simples, o legislador achou por bem manter as exceções para o processo do trabalho. A manutenção do art. 799 com a redação que lhe fora atribuída pelo Decreto-lei n. 8.737 de 1946, a despeito da ampla reforma implementada em 2017, é o principal indicativo disso.

As exceções consistem em modalidades de defesa indireta contra o processo porquanto discutem questões processuais que, caso acolhidas, não resultam na extinção do feito sem resolução do mérito e sim na remessa dos autos do juízo territorialmente incompetente para o juízo competente ou na substituição do juiz tido como impedido ou suspeito por um colega sobre o qual não recaia a pecha da parcialidade. O CPC de 1973 previa três hipóteses de exceção, a de impedimento, a de suspeição e a de incompetência relativa. A CLT, elaborada sob a égide do CPC de 1939, prevê apenas duas hipóteses, quais sejam, a de incompetência relativa e a de suspeição, muito embora inclua entre as hipóteses desta o parentesco por consaguinidade ou afinidade até terceiro grau civil. Vinha se admitindo, entretanto, por aplicação subsidiária do CPC, a utilização da exceção de incompetência relativa por suspeição nas hipóteses do art. 135 do CPC de 1973 também no processo do trabalho.

A despeito de a forma de apresentação da discussão no processo do trabalho não ser mais idêntica a do processo civil, não há razão para não se aplicar o rol de hipóteses de suspeição e impedimento dos arts. 144 e 145 do CPC de 2015 ao Processo do Trabalho.

A exceção de incompetência relativa em geral só poderá ser apresentada pelo réu. Não seria razoável admitir que o autor se insurgisse contra o juízo estabelecido a partir da indicação feita por ele no endereçamento da petição inicial. Esta regra, contudo, comporta exceções muito pontuais. Imagine-se, por exemplo, a situação do autor que mesmo após a EC n. 45 ingressou com ação na Justiça Comum para discutir reparação civil em decorrência de acidente de trabalho. Reconhecida, de ofício ou por impugnação da parte contrária, a incompetência desta e remetido os autos para a Justiça do Trabalho a ação é distribuída para o foro do local da contratação ou do domicílio do réu e não para o foro do local da prestação de serviços. Neste caso, também o autor poderia ingressar com a exceção de incompetência relativa. Para que não se falasse em preclusão o ideal seria que essa manifestação viesse aos autos na primeira oportunidade que tivesse para se manifestar e, por aplicação analógica do art. 800 da CLT, no prazo de cinco dias, contado do fato que ocasionou a incompetência, qual seja a distribuição do feito para juízo incompetente da justiça especializada. Nesta hipótese não seria prudente aguardar e nem razoável exigir que a parte aguardasse a audiência para somente durante ela apresentar a exceção em questão. Sobretudo agora, com a implantação da sistemática do art. 800 da CLT.

A exceção de impedimento será cabível sempre que verificada uma das hipóteses do art. 144 do CPC de 2015, quais sejam 1) haver o juiz intervindo como mandatário da parte, oficiou como perito, funcionou como membro do Ministério Público ou prestou depoimento como testemunha; haver o magistrado conhecido o processo em outro grau de jurisdição, tendo proferido decisão; estar postulando no feito, como defensor público, advogado ou membro do Ministério Público, seu cônjuge ou companheiro, ou qualquer parente, consanguíneo ou afim, em linha reta ou colateral, até o terceiro grau, inclusive; quando o próprio magistrado for parte no processo, ou o for seu cônjuge ou companheiro, ou parente, consanguíneo ou afim, em linha reta ou colateral, até o terceiro grau, inclusive; quando o magistrado for sócio ou membro de direção ou de administração de pessoa jurídica parte no processo; quando ele for herdeiro presuntivo, donatário ou empregador de qualquer das partes; quando figurar como parte instituição de ensino com a qual tenha relação de emprego ou decorrente de contrato de prestação de serviços; em que figure como parte cliente do escritório de advocacia de seu cônjuge, companheiro ou parente, consanguíneo ou afim, em linha reta ou colateral, até o terceiro grau, inclusive, mesmo que patrocinado por advogado de outro escritório; quando promover ação contra a parte ou seu advogado.

O dever de abstenção do juiz impedido é absoluto podendo, a sua inobservância, justificar manifestação das partes em momento posterior ao prazo legal estipulado para a exceção ou até mesmo o ajuizamento posterior de ação rescisória. Diz-se, por esta razão, que não há preclusão quanto ao impedimento.

O juiz poderá ser reputado suspeito, justificando assim o ajuizamento da exceção correspondente, quando for amigo íntimo ou inimigo de qualquer das partes ou de seus advogados; quando receber presentes de pessoas que tiverem interesse na causa antes ou depois de iniciado o processo, que aconselhar alguma das partes acerca do objeto da causa ou que subministrar meios para atender às despesas do litígio; quando qualquer das partes for sua credora ou devedora, de seu cônjuge ou companheiro ou de parentes destes, em linha reta até o terceiro grau, inclusive; quando for interessado no julgamento do processo em favor de qualquer das partes. O juiz poderá ainda de declarar-se suspeito por motivo íntimo. Como nas hipóteses de suspeição o dever de abstenção do juízo é apenas relativo, se o réu deixar de apresentar a exceção correspondente no momento oportuno, formar-se-á, contra ele, a preclusão temporal. Com isso não poderá ele argüir futuramente suspeição com fundamento em motivo preexistente à audiência onde a exceção deveria ter sido apresentada.

Também não haverá declaração de suspeição quando houver sido provocada por quem a alega e quando a parte que a alega houver praticado ato que signifique manifesta aceitação do arguido.

A petição da exceção de suspeição deverá ser fundamentada (art. 146 do CPC de 2015, art. 307 do CPC de 1973). Entregue, em audiência a petição, devidamente fundamentada e instruída com os documentos em que se baseia, a parte deverá esperar, antes de mais nada a análise do magistrado acerca de seu próprio impedimento ou suspeição. Se reconhecer o impedimento ou a suspeição ao receber a petição, o juiz ordenará imediatamente a remessa dos autos a seu substituto legal. Caso discorde da alegação determinará a autuação em apartado da petição e, no prazo de 15 (quinze) dias, apresentará suas razões, acompanhadas de documentos e de rol de testemunhas, se houver, ordenando a remessa do incidente ao tribunal (Art. 146, § 1º).

Distribuído o incidente, caberá ao relator decidir se o incidente deverá ser recebido sem efeito suspensivo, hipótese em que o processo voltará a correr, ou com efeito suspensivo, paralisando-se o processo até julgamento do incidente (Art. 146, § 2º, I e II).

Enquanto não for declarado o efeito em que é recebido o incidente ou quando este for recebido com efeito suspensivo, eventual pedido de tutela de urgência deverá ser requerida ao substituto legal (Art. 146, § 3º).

Caso a exceção de suspeição vier a ser acolhida, o tribunal condenará o juiz nas custas e remeterá os autos ao seu substituto legal, podendo o juiz recorrer da decisão. (Art. 146, § 5º), fixará o momento a partir do qual o juiz não poderia ter atuado e decretará a nulidade dos atos praticados pelo juiz quando já presente o motivo de impedimento ou de suspeição (Art. 146, §§ 6º e 7º).

Entendemos preferível a aplicação do regramento do Código de Processo Civil acerca da incompetência e suspeição em detrimento do regramento dos arts. 801 e 802 da Consolidação das Leis do Trabalho[10] porque ele foi pensado num momento em que os órgãos de primeira instância da Justiça do Trabalho ainda eram colegiados chamados de Junta de Conciliação e Julgamento. A despeito de toda a reforma implementada, o legislador não enfrentou as questões atinentes a esse tema, por descuido e não por opção legislativa. Essa é a única conclusão possível quando se percebe que apesar de ter a oportunidade de adequar a terminologia da lei ele manteve a nomenclatura "presidente ou vogal".

Manoel Antonio Teixeira Filho defende que se o réu, ao ser citado, ficar ciente do impedimento do juiz, tanto poderá aguardar a audiência, para apresentar a pertinente exceção, como antecipar-se a esse momento, oferecendo desde logo a exceção. Com essa diligência evitaria, por exemplo, que o juiz impedido pratique, antes da audiência, certos atos processuais relevantes, capazes de exercer influência na sua vida ou no seu patrimônio, como, por exemplo, antecipação da tutela[11]. Esta hipótese, contudo, é de difícil verificação na prática porquanto em cada Vara do Trabalho funcionam, ou pelo menos deveriam

---

10. Art. 801 – O juiz, presidente ou vogal, é obrigado a dar-se por suspeito, e pode ser recusado, por algum dos seguintes motivos, em relação à pessoa dos litigantes:

    a) inimizade pessoal;

    b) amizade íntima;

    c) parentesco por consanguinidade ou afinidade até o terceiro grau civil;

    d) interesse particular na causa.

    Parágrafo único – Se o recusante houver praticado algum ato pelo qual haja consentido na pessoa do juiz, não mais poderá alegar exceção de suspeição, salvo sobrevindo novo motivo. A suspeição não será também admitida, se do processo constar que o recusante deixou de alegá-la anteriormente, quando já a conhecia, ou que, depois de conhecida, aceitou o juiz recusado ou, finalmente, se procurou de propósito o motivo de que ela se originou.

    Art. 802 – Apresentada a exceção de suspeição, o juiz ou Tribunal designará audiência dentro de 48 (quarenta e oito) horas, para instrução e julgamento da exceção.

    § 1º – Nas Juntas de Conciliação e Julgamento e nos Tribunais Regionais, julgada procedente a exceção de suspeição, será logo convocado para a mesma audiência ou sessão, ou para a seguinte, o suplente do membro suspeito, o qual continuará a funcionar no feito até decisão final. Proceder-se-á da mesma maneira quando algum dos membros se declarar suspeito.

    § 2º – Se se tratar de suspeição de Juiz de Direito, será este substituído na forma da organização judiciária local.

11. *Op cit*, p. 758.

funcionar, dois juízes. Um titular, conhecido previamente por todos, e um substituto que na maioria das vezes é designado provisoriamente e que se sujeita a uma espécie de rodízio. Para que a medida sugerida pelo renomado processualista paranaense fosse possível, o réu precisaria identificar o juiz titular e saber com segurança qual juiz substituto atuaria junto àquela Vara naquele ato, o que normalmente não é possível. Quando o for é razoável que o juiz que receba a exceção de impedimento ou de suspeição reconheça, se for o caso, a sua parcialidade e providencia a sua substituição. Se a hipótese for de incompetência relativa penso que o mais adequado seria aguardar a audiência podendo o juiz relativamente incompetente deferir, fundamentadamente, a medida tendente a salvaguardar o direito do autor, a qual se sujeitaria futuramente ao crivo do juízo competente.

Não se pode olvidar também a possibilidade de a incompetência ou suspeição surgir após a audiência. Neste caso a parte deverá argui-la no prazo de quinze dias após ter conhecimento do fato (Art. 146 do CPC de 2015 e art. 305 do CPC de 1973).

Embora sejam evidentemente prejudicadas por eventual acordo feito na abertura da audiência, as matérias arguíveis em exceção de incompetência não são transacionáveis por serem de índole eminentemente processual. Por esta razão não há, quanto as exceções, obrigatoriedade de o juiz formular propostas tendentes à conciliação.

O Novo Procedimento da Exceção de Incompetência Territorial no Processo do Trabalho

Carolina Silva Silvino Assunção[1]

1. O ACESSO À JUSTIÇA E A COMPETÊNCIA TERRITORIAL

Como forma de alcançar a pacificação social, os Estados avocaram o encargo e o monopólio de definir o direito concretamente aplicável às situações litigiosas postas à análise, bem como o de realizar esse mesmo direito se a parte recalcitrante recusar-se a cumprir espontaneamente o comando concreto da norma jurídica.

Para cumprir essa função criou-se a jurisdição, que é o exercício de parcela da soberania do Estado com a finalidade de fazer prevalecer a regra jurídica concreta sobre o litígio estabelecido entre indivíduos.

Em razão da necessidade de se organizar a atuação do Poder Judiciário de forma a otimizar a prestação dos serviços, estipulou-se o critério da competência, que visa a distribuir, entre os vários órgãos, as atribuições relativas ao desempenho da jurisdição (THEODORO JÚNIOR, 2011, p. 169).

A distribuição da competência, que é realizada por normas constitucionais, leis processuais e normas de organização judiciária, classifica-se consoante os seguintes critérios: (i) competência interna e internacional; (ii) competência em razão do valor da causa; (iii) competência em razão da matéria; (iv) competência funcional e (v) competência territorial.

Segundo Humberto Theodoro Júnior, denomina-se competência territorial a que é atribuída aos diversos órgãos jurisdicionais, levando em conta a divisão do território nacional em circunscrições judiciárias (THEODORO JÚNIOR, 2011, p. 185)[2]. Além de ser ferramenta essencial à racionalização da prestação do serviço judiciário por permitir maior eficiência e especialização de cada órgão no julgamento de determinados tipos de causa, a competência territorial é tema indispensável para se verificar a efetividade do direito fundamental do acesso à justiça (art. 5º, XXXV CR/1988).

Os critérios de distribuição da competência territorial no processo do trabalho estão elencados no art. 651 da CLT, que estabelece como premissa o processamento e julgamento da ação trabalhista no juízo da localidade em que o empregado prestou serviços ao empregador. Observa-se que, diferentemente do Código de Processo Civil, que estabeleceu, como regra geral, critério subjetivo (local do domicílio do réu – art. 46 CPC), o legislador celetista adotou critério objetivo de fixação da competência territorial, com o claro propósito protecionista de assegurar ao trabalhador maior acessibilidade à Justiça do Trabalho para resguardar seus direitos.

Segundo João Oreste Dalazen, a adoção, como regra geral, do critério de se considerar competente a vara do local da prestação dos serviços visou facilitar ao empregado a produção de prova (sobretudo, pericial e testemunhal) dos fatos controvertidos e evitar-lhe despesas com locomoção. O escopo da lei foi facilitar ao litigante economicamente mais débil e vulnerável o ingresso em juízo em condições mais favoráveis para a defesa de sus direitos, independentemente da posição processual que assumir. Levou em conta o legislador que, em tese, é mais fácil ao empregado recolher as provas no local onde ele trabalha ou trabalhou. (DALAZEN, 2017, p. 90)

É certo que a intenção do legislador foi alcançada à época da edição da Consolidação das Leis do Trabalho, porquanto adequada ao contexto social do país da década de quarenta, época na qual ainda não havia se intensificado a migração de trabalhadores no território nacional, fato que se acentuou a partir da segunda metade do século XX. Naquele tempo, devido ao estágio de desenvolvimento dos meios de comunicação e de transporte, não se vislumbrava grande fluxo no deslocamento de pessoas com a única finalidade de obter trabalho, de maneira que, normalmente, procurava-se emprego nas proximidades de seu domicílio.

---

1. Mestranda em direito do trabalho e das relações sociais pelo Centro Universitário do Distrito Federal (UDF). Pós-graduanda em Direito do Trabalho pela Fundação Getúlio Vargas (FGV). Especialista em Direito e Processo do Trabalho pela Faculdade de Direito Milton Campos (FDMC). Membro do Grupo de Estudos As Interfaces entre o Processo Civil e o Processo do Trabalho da FDMC. Professora do curso de pós-graduação da Faculdade de Direito Milton Campos (FDMC). Advogada.
2. Como o objetivo do presente ensaio é analisar o novo procedimento de exceção de incompetência em razão do lugar, analisar-se-á tão somente a competência territorial.

A partir da intensificação da industrialização e do crescimento econômico, o país vivenciou não só grande fluxo migratório para grandes centros, mas também o deslocamento de trabalhadores para o desempenho de atividades temporárias, tais como o labor nas agriculturas de larga escala e na construção de grandes obras de infraestrutura.

A migração de trabalhadores para locais distantes de sua residência nos quais conseguem obter trabalho e contratação, mediante contratos de prazo determinado, dificulta seu acesso à justiça e a exigibilidade de direitos trabalhistas descumpridos (DE CASTRO, 2014. p. 332).

Segundo Raphael Miziara,

> "(...) o acolhimento literal do foro da prestação de serviços, acaba, muitas vezes, por impossibilitar o trabalhador a ajuizar a reclamação trabalhista, tendo em vista sua carência de recursos financeiros, o que, redundará, inexoravelmente, na sua inaptidão para ajuizar a ação.
>
> Basta imaginar a situação na qual um trabalhador do setor canavieiro do Estado do Piauí que, após trabalhar durante o período de safra do Estado de Minas Gerais, retorna a sua terra natal e pretenda ingressar em juízo buscando a tutela jurisdicional para a satisfação de horas extras não pagas.
>
> Exigir que o referido empregado se desloque ao local da prestação de serviços para o ingresso em juízo é o mesmo que lhe negar tal acesso, face ao manifesto obstáculo criado pela ausência de recursos financeiros do Reclamante, aliado ao alto custo de deslocamento e estada no local da prestação dos serviços." (MIZIARA, 2016, p. 192)

O atual contexto social e econômico da sociedade brasileira exigiu dos operadores do direito verdadeira releitura da norma celetista a fim de adequá-la à visão constitucionalista do Direito Processual do Trabalho, que exige a concretização dos preceitos constitucionais como forma de afirmação de uma sociedade justa e democrática.

Cientes da nova realidade brasileira – notadamente marcada pelo grande fluxo de deslocamento de trabalhadores de regiões áridas e com escassez de postos de trabalho para polos da agroindústria e de grande desenvolvimento econômico e, a par da necessidade de se atender à *mens legis* e do dever do operador do direito de identificar os obstáculos a serem transpostos para a efetiva materialização do direito fundamental do acesso à justiça – os Tribunais do Trabalho passaram a flexibilizar a norma prevista no art. 651 da CLT de forma a permitir o ajuizamento da ação no foro do domicílio do trabalhador quando existente a possibilidade de compatibilizar o acesso à justiça da parte hipossuficiente com o direito ao exercício da ampla defesa do empregador.

Nesse sentido a decisão recentemente proferida pela 7ª Turma do c. TST, que declarou como competente o foro de Mossoró/RN, local do domicílio do reclamante, em detrimento do foro do local da prestação dos serviços (Macaé/RJ), em razão de a reclamada ser empresa de grande porte e que tem atuação em diversos pontos do país e que, portanto, tem facilidades de locomoção o que, consequentemente, lhe permite o amplo exercício do contraditório e ampla defesa. Entendeu o órgão julgador que o art. 5º, § 1º da CR/1988 impõe uma série de deveres ao Estado, não só no âmbito legislativo, mas também no judiciário, no sentido de adotar interpretações que viabilizem, na máxima extensão, o amplo e irrestrito acesso aos seus órgãos, bem como a própria obtenção de julgamentos substancialmente justos[3].

---

3. EXCEÇÃO DE INCOMPETÊNCIA EM RAZÃO DO LUGAR. AJUIZAMENTO DA RECLAMAÇÃO TRABALHISTA NO FORO DO DOMICÍLIO DO AUTOR, CONTRATAÇÃO E PRESTAÇÃO DE SERVIÇOS EM LOCALIDADE DISTINTA. VIOLAÇÃO DO ART. 5º, XXXV, DA CF. 1. Caso em que o trabalhador propôs a ação trabalhista no foro de seu domicílio (Mossoró/RN), local diverso daquele em que foi contratado e prestou serviços (Macaé-RJ). O Tribunal Regional do Trabalho retificou a decisão do d. juízo monocrático em que acolhida a exceção de incompetência em razão do lugar e determinada a remessa dos autos à Vara do Trabalho de Macaé-RJ, local da prestação dos serviços. Considerou que a manutenção da decisão recorrida "obstaculizaria o seu acesso à Justiça, em razão da notória despesa com locomoção, estadia, além dos demais gastos acessórios, bem assim, do tempo despendido no trajeto", razão pela qual mostra-se "razoável e proporcional aceitar-se o foro do domicílio do autor como competente para apreciar esta demanda." Aduziu, por fim, que a análise do contrato social da reclamada revela tratar-se de "de empresa cujo capital social de uma de suas sócias (Paragon Holding SCS 2 Limited) corresponde a R$ 6.125.000,00 (seis milhões e cento e vinte e cinco mil reais), o que revela ser ela a detentora de maiores condições de demandar em local diverso de sua sede." 2. De acordo com o art. 5º, XXXV, da CF, a garantia constitucional de amplo acesso à Justiça encerra direito fundamental gravado com eficácia imediata (CF, art. 5º, § 1º), que impõe uma série de deveres ao Estado nos âmbitos legislativo (com a produção de normas legais de conteúdo procedimental que facilitem o exercício pleno desse direito), executivo (com a melhor estruturação das defensorias públicas) e judiciário (com a adoção de interpretações que viabilizem, na máxima extensão, não apenas o acesso amplo e irrestrito a seus órgãos, mas a própria obtenção de julgamentos substancialmente justos). 3. De acordo com o art. 651 da CLT, a competência territorial dos órgãos de primeiro grau da Justiça do Trabalho é definida pelo local da prestação de serviços, ainda que a contratação tenha se processado em local diverso. Ainda que preveja critérios adicionais (§§ 1º a 3º do art. 651 da CLT), a CLT não parece autorizar a propositura da ação no foro em que domiciliado o trabalhador, no qual não foi contratado ou em que não prestou serviços. 4. No caso dos autos, a eleição de qualquer dos juízos envolvidos imporia a um dos litigantes ônus diversos, especialmente de natureza econômica, restando configurada a aparente colisão de princípios: de um lado, o do amplo acesso à Justiça (CF, art. 5º, XXXV) e, de outro, o do contraditório e da ampla defesa (CF, art. 5º, XXXVI). 5. Superado o debate acerca da eficácia normativa dos princípios jurídicos, especialmente os de matiz constitucional, ao Poder Judiciário incumbe interpretar a ordem jurídica à luz do Texto Constitucional, afastando a eficácia das normas infraconstitucionais sempre que de sua aplicação – fundada no critério hermenêutico literal – decorram resultados contrários ao próprio sentido das normas fundamentais do sistema, com a consagração de sacrifícios excessivos e desproporcionais a um dos litigantes. Essa é a hipótese dos autos, em que o trabalhador, que foi contratado e prestou serviços em Macaé (RJ), propôs a ação no juízo de seu domicílio Mossoró (RN), em face de empresa que tem em seu quadro social outra empresa detentora de expressivo capital social. A jurisprudência desta Corte tem flexibilizado o rigor do art. 651 da CLT,

A discussão acerca do foro competente para processar e julgar a ação trabalhista desafia a interposição da exceção de incompetência territorial.

A redação original da Consolidação das Leis do Trabalho exigia que as empresas se locomovessem ao órgão indicado como competente pelo trabalhador mesmo quando pretendessem arguir a exceção de competência territorial. Em razão da necessidade de se deslocarem, alegavam prejuízo ao seu direito, também constitucional, de acesso à justiça e exercício substancial do direito de defesa em razão de, muitas vezes, o ajuizamento da ação ocorrer em local muito distante de sua sede, inviabilizando o comparecimento em juízo em razão dos altos custos.

A Lei n. 13.467/2017, também conhecida como reforma trabalhista, veio trazer novo procedimento da exceção de incompetência territorial para satisfazer o interesse de grandes empresas que recrutam trabalhadores nas mais diversas regiões do país e que constantemente são demandadas nos domicílios atuais de seus ex-empregados.

A alteração legislativa já desperta elogios e críticas da comunidade jurídica. Para que se possa ter a correta dimensão das implicações que a Lei n. 13.467/2017 trouxe ao procedimento de exceção de incompetência territorial, necessário se faz, primeiramente, analisar como era disciplinada a matéria na redação original da Consolidação das Leis do Trabalho.

2. O PROCEDIMENTO DE EXCEÇÃO DE INCOMPETÊNCIA TERRITORIAL NA REDAÇÃO ORIGINAL CLT/1943

A Consolidação das Leis do Trabalho disciplinava o procedimento de exceção territorial nos arts. 799 e 800, sendo que esse último tinha redação sucinta. Em razão da insuficiente regulamentação na norma celetista, o Direito Processual do Trabalho se valia, de forma subsidiária, das normas do processo civil comum (art. 769 CLT).

O advento do Código de Processo Civil de 2015 trouxe diversas reflexões acerca da compatibilidade das normas processuais comuns ao processo do trabalho, principalmente no que diz respeito à possibilidade de apresentação da exceção no bojo da contestação (art. 337, II CPC) e a faculdade de apresentá-la no domicílio do réu (art. 340 CPC). Apesar de a maioria da doutrina ter se posicionado favoravelmente à aplicação do art. 337, II CPC ao processo do trabalho e contrariamente à norma do art. 340 CPC[4], certo é que as novidades legislativas do CPC/2015 não alteraram substancialmente a sistemática de verificação da competência territorial no processo do trabalho.

Consoante o antigo procedimento previsto na CLT, apresentada a exceção, que se dava na primeira oportunidade de a reclamada se manifestar nos autos, qual seja, na audiência (art. 843), o juízo suspendia o feito e abria prazo de 24 horas improrrogáveis para o exceto se manifestar, proferindo decisão na primeira sessão ou audiência subsequente.

A despeito da norma prevista no art. 799, § 1º CLT, os juízos, em prestígio aos princípios da instrumentalidade das formas, celeridade, concentração dos atos processuais, informalidade e, amparados nas normas dos art. 337, II CPC e art. 794 CLT, já admitiam a apresentação da exceção no bojo da peça de defesa. No cotidiano das varas trabalhistas, ademais, não raras vezes, as exceções territoriais eram decididas na mesma audiência em que apresentadas, desde que oportunizado o contraditório às partes e presentes elementos suficientes para a convicção do juízo acerca do efetivo local da prestação dos serviços[5].

Verifica-se, no entanto, que a antiga redação do art. 800, apesar de sintética, não impedia que os magistrados, com amparo no art. 765 CLT, ao analisar a necessidade de maiores elementos para a aferição da competência territorial, designassem audiência de instrução para a produção de prova testemunhal.

A decisão proferida na exceção de incompetência territorial era considerada de natureza interlocutória, sendo, em regra, irrecorrível de imediato (art. 799, § 2ª c/c art. 893, § 1º da CLT). As exceções ficavam a cargo do disposto na Súmula n. 214 do TST, que permitia a interposição de recurso ordinário quando o acolhimento da exceção de incompetência territorial importasse em remessa dos autos para Tribunal Regional distinto daquele a que era vinculado o juízo excepcionado e do art. 799, § 2º da CLT, que trata das decisões que põem fim ao feito na Justiça do Trabalho.

Observa-se, portanto, que o procedimento da exceção de incompetência previsto na redação original da

---

nas situações em que a empresa demandada atua em localidades diversas no país. Do acórdão regional extrai-se a premissa de que a Reclamada possui em seu quadro social pelo menos uma outra empresa, o que sugere não apenas a existência de grupo econômico, mas também a possibilidade, não elidida pelos registros fáticos inscritos na decisão recorrida, de que atue em outra(s) localidade(s). A rigor, a análise do contrato social da empresa demonstra que opera em atividades de apoio à extração de petróleo e gás natural, com sede em Macaé e filiais nos Estados do Espírito Santo e Sergipe (Contrato social, cláusula 2ª). Nesse contexto, irrecusável a incidência da diretriz jurisprudencial consonante com o amplo acesso à Justiça, sem que se possa cogitar da imposição de ônus desproporcionais à empresa. (...)Não há, portanto, razão jurídica, lógica ou ética que autorize o afastamento da competência do juízo de Mossoró (RN), preservando-se o direito fundamental de acesso à Justiça (CF, art. 5º, XXXV) e o sagrado direito de defesa (CF, art. 5º, LV). Recurso de revista não conhecido. **Processo:** RR-368-69.2014.5.21.0014 **Data de Julgamento:** 08.02.2017, Relator Ministro: Douglas Alencar Rodrigues, 7ª Turma, Data de Publicação: DEJT 17.02.2017.

4. O Código de Processo Civil de 1973 já previa no art. 305, parágrafo único, ainda que de forma menos detalhada, a possibilidade de a petição de exceção de incompetência territorial ser protocolizada no domicílio do réu. A jurisprudência e doutrina trabalhista já se firmava majoritariamente, desde o CPC/1973, no sentido da incompatibilidade da norma com o processo do trabalho.

5. Na grande maioria das vezes, a controvérsia era solucionada pela simples oitiva do reclamante e do preposto da reclamada acerca da prestação de serviços na localidade em algum período do contrato de trabalho.

Consolidação das Leis do Trabalho exigia que a empresa reclamada se deslocasse ao juízo eleito pelo trabalhador como o competente para apreciar a demanda, mesmo que pretendesse alegar sua incompetência territorial, independentemente de a ação ter sido ajuizada em local distante de sua sede ou filiais.

3. O NOVO PROCEDIMENTO DE EXCEÇÃO DE INCOMPETÊNCIA TERRITORIAL IMPLEMENTADO PELA LEI N. 13.467/2017

A Lei n. 13.467/2017 altera significativamente o procedimento de exceção de incompetência no âmbito da Justiça do Trabalho. Ao alterar o *caput* do art. 800 e introduzir quatro parágrafos em sua redação, o legislador traz uma nova sistemática de processamento da referida exceção.

Eis a nova redação do *caput* do art. 800:

> *Apresentada exceção de incompetência territorial no prazo de cinco dias a contar da notificação, antes da audiência e em peça que sinalize a existência desta exceção, seguir-se-á o procedimento estabelecido neste artigo.*

Em uma primeira análise, chega-se a cogitar que o novo procedimento será aplicado apenas caso a reclamada opte por apresentar exceção em peça apartada nos cincos dias subsequentes à notificação. A aparente faculdade, no entanto, não existe, haja vista ser a competência territorial de natureza relativa, o que atrai a regra prevista no *caput* do art. 795 da CLT que, insta salientar, não sofreu alterações. Em virtude de trazer o texto legal a oportunidade de manifestação antes da audiência, a reclamada terá, assim, o prazo de cinco dias contatos da citação[6] para apresentar a exceção perante o juízo, sob pena de preclusão.

A nova redação do referido artigo põe fim à regra geral até então estabelecida que, amparada no princípio da concentração dos atos processuais (art. 845 CLT), determinava a apresentação de todas as formas de defesa em audiência. Verifica-se, portanto, a fragmentação da oportunidade de pronunciamento da reclamada nos autos, alteração que demonstra clara aproximação do processo trabalhista às regras que norteiam o processo comum.

Quanto à forma de apresentação, observa-se que o § 1º do art. 799, ao determinar que as demais exceções sejam apresentadas com a defesa, deixa claro que a exceção de incompetência deve ser apresentada em petição apartada. Como já destacado, no entanto, a jurisprudência, amparada nos princípios da simplicidade, informalidade e instrumentalidade dos atos processuais (art. 794 CLT), já admitia que ela fosse apresentada no bojo da contestação.

Por não se apresentar como nulidade insanável e, considerando que o art. 799 não sofreu alterações, pensamos que permanecerá a faculdade de apresentação da exceção juntamente com a contestação, desde que a reclamada protocolize a defesa nos cinco dias seguintes ao recebimento da citação postal.

É necessário observar, contudo, que em razão da inserção do § 3º ao art. 841, não mais poderá o reclamante desistir da ação, sem o consentimento da reclamada, a partir do oferecimento da contestação, ainda que essa tenha sido feita de forma eletrônica[7]. Dessa forma, caso a reclamada opte pela concentração de toda a defesa em apenas uma peça processual e a protocolize dentro do prazo determinado pelo *caput* do art. 800, não poderá o reclamante, a partir do protocolo eletrônico do documento, desistir da ação sem o consentimento da parte adversa.

A alteração merece atenção haja vista ter ocorrido expressiva redução do prazo para o exercício do direito potestativo de desistência da ação que, mesmo com o advento do processo eletrônico, poderia ser praticado até a audiência, momento adequado para a apresentação da defesa da reclamada (art. 847 CLT c/c art. 485, § 4º CPC).

Protocolada a exceção, seja ou não em peça apartada, será suspenso o processo e não se realizará audiência até que se decida o incidente (art. 800, § 1º CLT).

Verifica-se que a norma faz menção apenas à audiência do rito ordinário (art. 843 CLT), quedando-se silente quanto à suspensão da audiência una do rito sumaríssimo (art. 852-C CLT).

A ausência de menção ao rito sumaríssimo já faz ressoar entre os operadores do direito a possibilidade de inaplicabilidade do novo procedimento de exceção de incompetência territorial a esse rito especial em virtude da norma específica prevista no art. 852-C CLT determinar a realização de audiência una, preceito que não se mostra compatível com o novo § 3º do art. 800 da CLT.

É certo que a inovação legislativa ainda será objeto de profundas discussões. A ausência de menção à audiência do rito sumaríssimo no § 1º do art. 800 da CLT poderá ser considerada como silêncio eloquente do legislador ou apenas descuido técnico. De toda forma, recomenda-se cautela aos procuradores nos processos regidos sob o referido rito com fins de se evitar a preclusão.

Prosseguindo a análise das novas regras procedimentais, observa-se que tão logo seja suspenso o processo serão os autos conclusos ao juiz, que procederá à intimação do reclamante e de eventuais litisconsortes para apresentação de manifestação no prazo comum de cinco dias (art. 800, § 2º CLT).

Verifica-se que a apresentação da exceção de incompetência territorial já se apresentava como uma das poucas hipóteses de suspensão do processo do trabalho (art. 799

---

6. Ressalte-se que o *caput* do art. 841 não foi alterado, de forma que acreditamos que o teor da Súmula n. 16 do c. TST não será alterado, porquanto compatível com as mudanças perpetradas no processo do trabalho.
7. Art. 841, § 3º: Oferecida a contestação, ainda que eletronicamente, o reclamante não poderá, sem o consentimento do reclamado, desistir da ação.

CLT). Todavia, conforme já ressaltado, os juízes do trabalho, quando possível, em reverência ao princípio da concentração dos atos processuais, decidiam a exceção de incompetência em razão do lugar na própria audiência, desde que devidamente oportunizado o contraditório.

Com a alteração da redação do art. 800 não mais subsistirá a possibilidade de concentrar em uma só audiência a decisão interlocutória da exceção e os atos instrutórios, sendo o processo necessariamente suspenso até a decisão da exceção arguida.

Ademais, observa-se também alteração relevante no prazo para manifestação do exceto, que antes era de vinte e quatro horas. A partir do fim da *vacatio legis* da reforma trabalhista, o exceto e demais litisconsortes porventura existentes terão cinco dias para se manifestarem, prazo esse que será contado em dias úteis por força da nova redação do art. 775 da CLT[8].

Após a apresentação e a análise das manifestações, caso o juízo entenda necessária a produção de prova oral, designará audiência para esse propósito, garantindo ao excipiente e às suas testemunhas o direito de serem ouvidos por carta precatória no juízo que for indicado como competente (art. 800, § 3º CLT).

Pontue-se que o referido parágrafo deve ser interpretado em consonância com o art. 765 da CLT, que confere ao Juiz do Trabalho amplos poderes de direção do processo. Verifica-se assim, que as partes não têm direito líquido e certo à oitiva de prova testemunhal, vez que essa modalidade de prova apenas será produzida caso o juízo entenda ser essencial ao deslinde da controvérsia[9]. Caso o magistrado não se convença acerca do local da prestação dos serviços pela análise das alegações e documentos anexados à exceção e à manifestação, deverá garantir ao excipiente e às suas testemunhas a oitiva por carta precatória.

Deve-se registrar que já ressoa na doutrina posicionamentos divergentes quanto à necessidade de expedição de carta precatória.

Parte da comunidade jurídica sustenta que os poderes conferidos ao magistrado pelo art. 765 da CLT podem ser utilizados para determinação de audiência de conciliação, que impõe a presença das partes, em detrimento da expedição de carta precatória.

Para tal seguimento de pensamento, a audiência com a presença conjunta de ambas as partes permite ao magistrado perquirir com maior segurança acerca dos fatos essenciais para o estabelecimento do foro competente para apreciação da demanda. A possibilidade de solucionar depoimentos contraditórios pela acareação resta prejudicada pela expedição de carta precatória.

Apesar da importância dos fundamentos trazidos por tal posicionamento, os quais respeitamos, entendemos que o ato de não garantir ao excipiente e às suas testemunhas a oitiva por carta precatória configura *error in procedendo* apto a ensejar ajuizamento de correição parcial.

Os amplos poderes do magistrado de direção do processo, conferidos pela dicção do art. 765 da CLT, encontram limites nas normas constitucionais e infraconstitucionais que constituem direitos subjetivos às partes. O § 3º do art. 800 da CLT é clarividente em conferir ao excipiente o direito de ser ouvido por carta precatória no juízo que indicar como o competente, o que, em prestígio e em reverência aos princípios da legalidade e da segurança jurídica, deve ser observado.

Não há dúvidas de que a nova regra afetará a celeridade dos processos, visto que a oitiva por carta precatória depende da disponibilidade das pautas das Varas, que se encontram atualmente congestionadas em razão do crescimento vertiginoso das demandas trabalhistas e da ausência de crédito orçamentário para investimentos e reposição de servidores.

Segundo João Oreste Dalazen,

> "Como se percebe, o novo art. 800 e parágrafos da CLT traça um rito absolutamente desnecessário, que conspira contra a razoável duração do processo trabalhista. A arguição da incompetência territorial no bojo da própria contestação, ainda que com suspensão da instrução do processo principal, não comprometeria a defesa e propiciaria ganho notável de eficiência e rapidez ao processo trabalhista." (2017, p. 101)

Por outro lado, não se pode deixar de considerar que a alteração legislativa, que em muito se aproxima da norma processual civil (art. 340 CPC), harmoniza-se com as normas que visam a implementação do devido processo constitucional (art. 1º CPC c/c art. 15 CPC e art. 769 CLT).

Segundo Homero Batista:

> "(...) É nesse contexto que a reforma trabalhista importa do processo civil, pela primeira vez, a permissão para a apresentação de exceção de incompetência territorial sem que o réu precise se deslocar até o local do ajuizamento da ação para, somente ali, indicar que a prestação dos serviços ocorrera em outra Comarca. O ônus desse deslocamento é muito alto em alguns casos, em nosso país continental e, de fato, inviabiliza o direito de defesa." (2017; p. 149/150)

O novo procedimento assegura às empresas de pequeno porte que têm atuação pontual, em apenas uma localidade do país, o efetivo acesso à jurisdição e o pleno exercício da ampla defesa e do contraditório (art. 5º, XXXV CR/1988 c/c art. 7º CPC e art. 769 CLT).

---

8. Art. 775: Os prazos estabelecidos neste Título serão contados em dias úteis, com exclusão do dia do começo e inclusão do dia do vencimento.
9. Art.800, § 3º: *Se entender necessária a produção de prova oral, o juízo designará audiência*, garantindo o direito de o excipiente e de suas testemunhas serem ouvidos, por carta precatória, no juízo que este houve indicado como competente. (grifos nossos)

Não se pode olvidar que as micro e pequenas empresas têm, no Brasil, papel fundamental pois são as responsáveis por 43,5% dos postos de trabalho do país[10]. Tais empresas, apesar de serem verdadeira força motriz da nossa economia, não dispõem de recursos suficientes para o custeio do deslocamento e da hospedagem do preposto e das testemunhas para os diversos rincões do país.

É certo também que situações em que se verifica o ajuizamento de ação no domicílio de ex-empregado de micro e pequenas empresas são excepcionais. No entanto, em razão do avanço dos meios de locomoção que proporcionam maior mobilidade à população, verifica-se a ocorrência de alguns casos:

> (...)No recurso de revista, a reclamada alega que tanto a contratação como a prestação de serviços ocorreu em Brasília/DF, sendo o foro desta localidade competente para o julgamento da ação trabalhista, nos termos do art. 651 da CLT. Sustenta que sua defesa foi prejudicada com o ajuizamento da ação em São Raimundo Nonato/PI, uma vez que a reclamada é empresa de pequeno porte que não possui sequer filial em outra cidade. Aponta violação dos arts. 651, caput e § 3º, da CLT; 344 do CPC de 2015 e 5º, LV, XXXV, XXXVII e LIII, da CF (...)Observa-se, na hipótese, que houve má aplicação do art. 5º, XXXV, da CF pelo Tribunal Regional, uma vez que a reclamada foi prejudicada no seu direito de defesa, tanto que fora declarada a sua revelia. Ademais, consignou o regional que a ação foi ajuizada em local diverso da contratação e da prestação de serviço, além de não ter registrado o âmbito de atuação da empresa reclamada. Assim, o entendimento do Tribunal Regional diverge do entendimento firmado por esta Corte(.....) (RR.209-92.2015.5.22.0102. Relator Ministro Hugo Carlos Scheurmann. 1ª Turma. Publicação DEJT 14.08.2017).
>
> *AGRAVO DE INSTRUMENTO. RECURSO DE REVISTA. RITO SUMARÍSSIMO. COMPETÊNCIA EM RAZÃO DO LUGAR. LOCAL DA PRESTAÇÃO DOS SERVIÇOS DISTINTO DO DOMICÍLIO DO EMPREGADO. No caso concreto dos autos é certo que o reclamante trabalhou para a reclamada em local diverso (SP) daquele do ajuizamento da reclamação trabalhista (CE). Considerada esta premissa em confronto com os critérios objetivos para o ajuizamento da ação trabalhista previstos no § 3º do art. 651 da CLT (local da contratação ou da prestação de serviços), não há viabilidade de aforamento da reclamação trabalhista em local diverso. Nesse sentido, aliás, julgados desta Corte, inclusive da SBDI-2 em Conflito de Competência. O devido processo legal tem em vista permitir às partes em litígio exercerem amplamente seus direitos de acesso à justiça, ao contraditório e à defesa. As regras específicas de competência trabalhista em razão do lugar visam e devem beneficiar, antes de tudo, o tratamento processual isonômico, sem retirar dos litigantes (empregado e empresa) a possibilidade efetiva de acesso à justiça e de defesa dos seus interesses. Assim, não se pode admitir, tão só pela hipossuficiência do empregado, em desatenção, v.g., à hipossuficiência do empregador reconhecida no caso concreto (item 9 da decisão regional), que o processo seja irregular, dispendioso e injusto para a empresa sem lhe assegurar paridade de condições e plenitude de defesa. Desse modo, não se pode dar ampla faculdade ao empregado de sempre eleger o foro de seu domicílio para ajuizar a demanda quando a regra do art. 651 da CLT não lhe for mais favorável, porque a observância aos princípios da proteção do trabalhador deve ser ponderada com o também direito do empregador de acesso à Justiça. Sob esta ótica não se constata a violação do art. 5º, LV e XXXV, da Constituição Federal. Precedentes. Agravo de instrumento conhecido e não provido. (AIRR 62-91.2013.5.07.00225. Relator Ministro Alexandre Agra Belmonte. 3ª Turma. Publicação DEJT 21.10.2014.*

Para tais situações, observa-se que é salutar a nova redação do art. 800, pois permitirá a oitiva do excipiente e de suas testemunhas, por carta precatória, no juízo que este houver indicado como competente.

Em razão de o poder-dever do magistrado de velar pelo rápido andamento do processo lhe exigir postura proativa no sentido de evitar atos processuais desnecessários e protelatórios, acredita-se que a oitiva por carta precatória será medida excepcional que somente será autorizada pelo juízo quando os documentos anexados à exceção e à manifestação do exceto não forem suficientes para formar seu convencimento.

Conforme já adiantado, a oitiva de testemunha se dará a critério do juiz, não tendo a parte direito líquido e certo e não se caracterizando a negativa do magistrado como ato de cerceamento de defesa, porquanto a redação do § 3º do art. 800 da CLT é clara ao estabelecer a oitiva como faculdade do juízo. É necessário registrar, contudo, que a decisão da exceção de incompetência deve ser devidamente fundamentada pelo magistrado em observância ao art. 489 CPC/2015 e art. 3º, IX da Instrução Normativa n. 39/2016.

Não há dúvidas de que o novo procedimento demandará maiores cuidados com a prova documental a ser anexada na exceção de incompetência. Em razão de a oitiva de testemunhas figurar como faculdade do juízo (art. 800, § 3º CLT), os documentos passam a ter papel de destaque e podem se mostrar fundamentais para o acolhimento da exceção de incompetência apresentada.

Por meio da análise do contrato social da empresa, que evidenciará o porte da sociedade, seu capital, o objeto social e a existência de filiais, terá o julgador elementos suficientes para aferir se o caso em análise se enquadra nas

---

10. Dados retirados de pesquisa do Sebrae. Disponível em: <https://m.sebrae.com.br/Sebrae/Portal%20Sebrae/Estudos%20e%20Pesquisas/Participacao%20das%20micro%20e%20pequenas%20empresas.pdf>. Acesso em: 20 ago. 2017.

hipóteses já firmadas na jurisprudência de flexibilização da regra prevista no art. 651 da CLT ou se é o caso de declarar incompetência territorial e remeter os autos ao juízo do local da prestação dos serviços.

Cumpre ressaltar que a preocupação quanto ao desprestígio do princípio basilar do processo do trabalho pela desconcentração dos atos processuais tende a se minimizar com a implementação de todas as etapas do processo eletrônico. A partir da implementação de recursos tecnológicos de recepção de som e imagem, poderá a oitiva do excipiente e de suas testemunhas ocorrer por meio de videoconferência, tal como preconiza o art. 453, § 1º do CPC. A utilização dos meios telemáticos permitirá que todas as provas sejam colhidas em um mesmo ato, preservando a celeridade e observando o efetivo contraditório das partes.

É certo que a presença física à audiência, ato que tem especial relevância no Direito Processual do Trabalho, traz indiscutíveis benefícios ao processo, tanto em termos de facilidades à conciliação quanto para a percepção do juízo acerca dos fatos controvertidos do litígio. É necessário, contudo, adequarmos à nova realidade, que exige que o Poder Judiciário preste serviço célere e eficiente, o que demanda desburocratização dos procedimentos pela utilização das tecnologias.

Em razão de o novo procedimento implicar em desconcentração dos atos processuais, o que repercute substancialmente no princípio da celeridade – que é muito caro ao Direito Processual do Trabalho em razão da natureza do crédito alimentar – é importante que a reclamada seja prudente na sua instauração, que deve ser feita somente quando fundada em controvérsia e argumentos relevantes. Deve a parte, portanto, ter cautela pois, caso o magistrado evidencie conduta meramente protelatória da reclamada, contrária à boa-fé processual (art. 5º CPC), aplicará, de ofício, multa por litigância de má fé, com fundamento nos art. 80, VI CPC e art. 793-B, VI CLT.

Salienta-se, por fim, que a reforma trabalhista não alterou a redação do art. 799 de forma que a decisão sobre a exceção de incompetência territorial continua com natureza de decisão interlocutória, sendo, portanto, em regra, irrecorrível de imediato (art. 799, § 2ª c/c art. 893, § 1º da CLT). Observa-se, assim, que a exceção prevista na Súmula n. 214, c, do TST continua sendo pertinente e aplicável quando se verificar acolhimento da exceção de incompetência territorial com a remessa dos autos para Tribunal Regional distinto daquele a que se vincula o juízo excepcionado.

A partir de 11.11.2017, o novo procedimento de exceção deverá ser aplicado a todas as ações que tiverem a notificação da reclamada expedida a partir dessa data em razão da adoção da regra do *tempus regit actum* e da teoria do isolamento dos atos processuais.

A par das inovações introduzidas pela reforma trabalhista, observa-se que a regra de distribuição de competência territorial não sofreu alterações de forma que, consequentemente, todo o avanço jurisprudencial no sentido de flexibilizar a regra contida no art. 651 da CLT, com o objetivo de prestar reverência ao texto constitucional, permanece inalterado, devendo ser aplicado quando se verificar a possibilidade de garantir efetivo acesso à justiça ao reclamante com preservação do direito de ampla defesa e contraditório da reclamada.

A nova regra de procedimento para a exceção da incompetência territorial, portanto, não afetará a releitura constitucional do art. 651 da CLT, já cristalizada pela jurisprudência.

O que o novo procedimento permitirá é a possibilidade de a reclamada se insurgir acerca do foro escolhido sem a necessidade de se deslocar e de despender recursos financeiros.

No entanto, é preciso registrar que, caso a exceção de incompetência territorial não for acolhida, será necessário que a reclamada compareça ao juízo que se declarou competente para apresentar defesa e produzir provas.

Observa-se assim que o novo procedimento não põe fim aos custos de deslocamento da reclamada, porquanto estes persistirão caso o juízo não acolha a exceção por aplicar a releitura constitucional do art. 651 da CLT, admitindo como foro competente o do domicílio do trabalhador.

4. CONCLUSÃO

A competência territorial, além de ser fundamental para a racionalização da prestação do serviço judiciário, é matéria processual que se correlaciona diretamente com o direito fundamental de acesso à justiça (art. 5º, XXXV CR/1988). A Consolidação das Leis do Trabalho adotou, como regra geral, critério objetivo de fixação de competência com vistas a assegurar amplo acesso pelo trabalhador ao Judiciário Trabalhista.

As alterações econômicas e sociais vivenciadas pelo país exigiram dos operadores do direito processual do trabalho releitura da norma contida no art. 651 da CLT, sob a ótica do devido processo constitucional, de forma a flexibilizar a regra de distribuição de competência a fim de garantir o efetivo acesso à jurisdição a todos os empregados, inclusive àqueles que são arregimentados e se deslocam para prestarem trabalhos temporários ou sazonais.

A discussão acerca do foro competente para processar e julgar e julgar a ação trabalhista desafia a interposição da exceção de incompetência territorial. A redação original da CLT exigia que os empregadores se deslocassem para o foro indicado como competente pelo empregado, mesmo que pretendessem arguir a exceção em razão do lugar.

A Lei n. 13.467/2017, também conhecida como reforma trabalhista, trouxe novo procedimento da exceção de incompetência territorial para satisfazer o interesse das empresas que constantemente são demandadas nos domicílios atuais de seus ex-empregados.

As alterações perpetradas pela reforma certamente afetarão a celeridade dos processos em razão da necessidade de se manter a suspensão processual enquanto não ouvido o excipiente e suas testemunhas por carta precatória. Por outro lado, as alterações, que em muito se aproximam da norma processual comum, materializam princípios constitucionais e asseguram, principalmente aos pequenos empresários, o efetivo acesso à jurisdição e o pleno exercício da ampla defesa e do contraditório (art. 5º, XXXV CR/1988 c/c art. 7º CPC e art. 769 CLT).

Verifica-se a importância do papel e da percepção do magistrado na análise do caso concreto para que se evite a perda da celeridade no processo trabalhista. Por ser a oitiva do excipiente e de suas testemunhas faculdade do juízo, o magistrado deve autorizar a produção da prova apenas em casos excepcionais, nos quais não restar a controvérsia dirimida pelas provas documentais que necessariamente devem acompanhar o incidente de exceção.

Não há dúvidas de que o novo procedimento demandará dos procuradores maiores cuidados com a prova documental a ser anexada na exceção de incompetência. Em razão de a oitiva de testemunhas figurar como faculdade do juízo (art. 800, § 3º CLT), os documentos passam a ter papel de destaque e podem se mostrar fundamentais para o acolhimento da exceção de incompetência apresentada.

Em razão de o novo procedimento afetar substancialmente a celeridade processual, devem as reclamadas, em observância aos princípios da boa-fé processual e da colaboração, ajuizar a exceção de incompetência territorial somente quando respaldadas em controvérsias e argumentos relevantes. O ajuizamento da exceção com intuito meramente protelatório implicará em multa por litigância de má-fé (art. 80, VI CPC e art. 793-B, VI CLT).

A preocupação quanto à perda de celeridade do processo do trabalho pela implementação do novo incidente de exceção de incompetência territorial tende a se minimizar, ou até mesmo se extinguir, com a implementação de todas as etapas do processo eletrônico, que permitirão a oitiva do excipiente e de suas testemunhas por meio de vídeo conferência.

Por fim, observa-se que a regra de distribuição de competência territorial não sofreu alterações, de forma que, consequentemente, todo o avanço e construção jurisprudencial no sentido de flexibilizar a regra contida no art. 651 da CLT, com fins de prestar reverência ao texto constitucional, permanecem inalterados.

A nova regra de procedimento para a exceção da incompetência territorial, caso bem aplicada, servirá como importante instrumento para a efetivação dos direitos processuais constitucionais.

5. REFERÊNCIAS BIBLIOGRÁFICAS

CASTRO, Maria do Perpetuo Socorro Wanderley de. O deslocamento de trabalhadores e a postulação de seus direitos na justiça do trabalho. In: *Estudos Aprofundados da Magistratura do Trabalho*. MIESSA, Élisson; CORREIA, Henrique (Org.). 1. ed. Salvador: JusPodivm, 2014. v. 2.

DALAZEN, Jõao Oreste. *Lições de direito e processo do trabalho*. São Paulo: LTr, 2017.

KIPPEL, Bruno. A nova defesa do reclamado: análise das principais alterações promovidas pelo novo CPC e sua aplicação ao processo do trabalho. In: *O Novo Código de Processo Civil e seus Reflexos no Processo do Trabalho*. MIESSA, Élisson (Org.). 1. ed. Salvador: JusPodivm, 2015.

MIZIARA, Raphael. Reflexões sobre a distribuição da competência territorial no processo do trabalho e seus incidentes: breves diálogos com o novo código de processo civil e a legislação extravagante. In: *Processo do trabalho atual*: aplicação dos enunciados do Fórum Nacional e da instrução normativa do TST. COLNAGO, Lorena de Mello Rezende; NAHAS, Thereza Christina (Org.). São Paulo: Revista dos Tribunais, 2016.

SCHIAVI, Mauro. *Manual de direito processual do trabalho*. 12. ed. De acordo com o Novo CPC. São Paulo: LTr, 2017

SILVA, Homero Batista Mateus da. *Comentários à Reforma Trabalhista*. Análise da Lei n. 13.467/2017 – Artigo por artigo. São Paulo: Revista dos Tribunais, 2017.

THEODO JÚNIOR, Humberto. *Curso de Direito Processual Civil* – Teoria geral do direito processual civil e processo de conhecimento. 52. ed. Rio de Janeiro: Forense, 2011.

O Processo do Trabalho, as Horas Extras e a Reforma Trabalhista: Análises a Partir da Súmula n. 338 do Tribunal Superior do Trabalho

Valdete Souto Severo[1]
Cláudio Jannotti da Rocha[2]

1. INTRODUÇÃO

Existe uma considerável confusão e muita lacuna na compreensão na distribuição do ônus processual e no dever de prova no que diz respeito as horas extras no âmbito do processo do trabalho, tanto pela jurisprudência quanto pela doutrina, principalmente a partir da sistemática imposta pela Súmula n. 338 do TST.

Ao que nos parece, até a presente data não compreendemos adequadamente o correto sistema probatório no processo do trabalho, já que negligenciamos os deveres de produção prévia de prova documental que gravam a conduta do empregador e que necessariamente vinculam automaticamente a dialética e a cognição processual. Tratam-se de deveres que, fixados por normas de direito material, tem direta relação com o processo, porque acabam por determinar o tipo de prova a ser admitido e como o tema será debatido em juízo.

No que diz respeito as horas extras, para o presente trabalho destaca-se a Súmula n. 338 do TST, tendo ela a seguinte redação:

> Súmula n. 338 do TST. JORNADA DE TRABALHO. REGISTRO. ÔNUS DA PROVA (incorporadas as Orientações Jurisprudenciais n.s 234 e 306 da SBDI-1) – Res. 129/2005, DJ 20, 22 e 25.04.2005. I – É ônus do empregador que conta com mais de 10 (dez) empregados o registro da jornada de trabalho na forma do art. 74, § 2º, da CLT. A não-apresentação injustificada dos controles de frequência gera presunção relativa de veracidade da jornada de trabalho, a qual pode ser elidida por prova em contrário. (ex-Súmula n. 338 – alterada pela Res. 121/2003, DJ 21.11.2003). II – A presunção de veracidade da jornada de trabalho, ainda que prevista em instrumento normativo, pode ser elidida por prova em contrário. (ex-OJ n. 234 da SBDI-1 – inserida em 20.06.2001). III – Os cartões de ponto que demonstram horários de entrada e saída uniformes são inválidos como meio de prova, invertendo-se o ônus da prova, relativo às horas extras, que passa a ser do empregador, prevalecendo a jornada da inicial se dele não se desincumbir. (ex-OJ n. 306 da SBDI-1- DJ 11.08.2003). (BRASIL. Tribunal Superior do Trabalho. 2014a)

O processo do trabalho é a relação social entre capital e trabalho submetida à avaliação do Estado, portanto um instrumento, que deve obedecer as regras do jogo, nos exatos termos lecionados por Piero Calamandrei (2002, p. 191-200). Pressupõe, tal como ocorre no âmbito das normas materiais, regras inspiradas pelo princípio da proteção. A desigualdade substancial reconhecida e de certo modo estimulada pelo Estado, tem de ser em alguma medida "compensada", minimizada, no âmbito processual, sob pena de comprometer o "caráter democrático" do processo. Aliás, o próprio Estado Democrático de Direito impõe o direito das partes apresentarem suas alegações e exige que tenham o direito de produzirem provas na medida das suas respectivas aptidões e disponibilidades. A dialética e a cognição processual necessariamente devem estar inseridas dentro desta perspectiva democrática, sob pena do processo caracterizar-se em um instrumento manipulador

---

1. Doutora em Direito pela USP. Mestre em Direito pela Pontifícia Universidade Católica do Rio Grande do Sul (PUC RS). Juíza do Trabalho Titular da 4ª Vara do Trabalho de Porto Alegre – TRT 4ª Região. Professora, Coordenadora e Diretora da FEMARGS – Fundação da Escola da Magistratura do Trabalho do RS. Membro do Grupo de Pesquisa Trabalho e Capital/USP. Membro da Rede Nacional de Grupos de Pesquisas e Estudos em Direito do Trabalho e da Seguridade Social (RENAPEDTS). Membro da Associação e Juízes pela Democracia (AJD).
2. Doutor e Mestre em Direito pela Faculdade Mineira de Direito da Pontifícia Universidade Católica de Minas Gerais (PUC Minas). Professor Adjunto da Universidade Federal do Espírito Santo (UFES). Professor Titular do Centro Universitário do Distrito Federal (UDF), em Brasília-DF, e de seu Mestrado em Direito das Relações Sociais e Trabalhistas. É pesquisador do Grupo de Pesquisa: Constitucionalismo, Direito do Trabalho e Processo, do UDF com registro no Diretório dos Grupos de Pesquisa do CNPq. Membro da Rede Nacional de Grupos de Pesquisas e Estudos em Direito do Trabalho e da Seguridade Social (RENAPEDTS). Membro do Instituto de Ciências Jurídicas e Sociais (ICJS). Pesquisador. Autor de livros e artigos publicados no Brasil e no Exterior. Advogado.

de verdade e até mesmo autocrático. Justamente este olhar encontra-se institucionalizado na Carta Magna de 1988, quando diz que é um direito de todos, portanto muito embora o processo seja um instrumento, ele também corresponde a um direito material, inclusive alçado com direito fundamental – art. 5º, LXXVIII da CR/88.

Em outras palavras, as regras processuais trabalhistas, assim como os direitos materiais, também precisam ser inspiradas na proteção, assim como o rio corre para o mar, sob pena de comporem uma farsa ou até mesmo um anacronismo jurídico, já que o processo estará tutelando os direitos materiais de maneira distinta da qual eles exigem, fazem parte e encontram-se inseridos: princípio da proteção. Se o processo existe e serve para efetivar o direito material positivado, o acessório obrigatoriamente deve seguir o principal. Um processo inspirado pela noção de igualdade, como ocorre(ia) com o processo civil, implicaria a absoluta impossibilidade de acesso a uma versão mais aproximada dos fatos, fechando os olhos para a realidade fática. E isso porque é o empregador quem tem a exclusiva possibilidade de documentar o que ocorre durante a relação de emprego, justamente em face do poder que exerce durante o vínculo empregatício.

É reconhecendo essa circunstância, que a CLT estabelece, em pelo menos três oportunidades, a determinação para que o empregador documente a relação de emprego. Há determinação de que o "contrato" seja registrado na CTPS do trabalhador (art. 29), na hipótese de mais de dez trabalhadores de que a jornada seja devidamente anotada e controlada (art. 74) e de que o salário seja pago mediante recibo (art. 464). Há também determinação de que seja escrito o "pedido" de demissão e o termo de quitação das verbas resilitórias. Portanto, cuida-se de documentar o pagamento do salário e o tempo à disposição: os parâmetros de troca dessa relação social.

Dentre esses deveres de documentação atribuídos ao empregador pela própria ordem jurídica, o que será aqui discutido é exatamente aquele de que trata (de modo equivocado) a Súmula n. 338 do TST: o de manter registro escrito do horário de trabalho.

O art. 74, § 2º, da CLT, dispõe que:

> Para os estabelecimentos de mais de dez trabalhadores **será obrigat**ória a anotação da hora de entrada e de saída, em registro manual, mecânico ou eletrônico, conforme instruções a serem expedidas pelo Ministério do Trabalho, devendo haver pré-assinalação do período de repouso. (grifo nosso)

Trata-se de uma obrigação obrigação, cuja função é obviamente viabilizar o controle do tempo colocado à disposição durante a relação de trabalho e tão logo permitir ao empregador otimizar a jornada de trabalho que o empregado encontra-se submetido e ao mesmo tempo controlar o poder diretivo do empregado e manter o meio ambiente de trabalho saudável e seguro, devendo assim ser considerado um direito-dever do empregador. Portanto, não se trata de norma acerca de ônus da prova e sim de uma imposição legal que tem que ser cumprido já que regulamenta o que há de mais importante na vida de uma pessoa: a sua liberdade. A jornada de trabalho tem como pano de fundo a venda de liberdade do trabalhador para em troca receber o seu salário, sendo que quando o empregador "compra" esta liberdade do empregado, na verdade esta comprando a transferência da sua mão de obra durante um espectro temporal do dia e não necessariamente a sua pessoa e muito menos a sua dignidade, e por isso está submetido aos tempos e limites impostos pela lei. Sendo assim, caso não observe as imposições legais não pode se resumir a mera presunção, que inclusive admite prova em contrário.

O que se pouco percebe é que como pano de fundo, a jornada de trabalho legitima e oferta forma para a subordinação, já que esta se opera naquela, dentro e por meio dela, e por isso deve ser considerada como o epicentro do contrato de trabalho e até mesmo do vínculo empregatício, porquanto tudo que nele ocorre é justamente na jornada de trabalho.

A dificuldade em lidar com questões relativas à prova está, em larga medida, vinculada a essa má compreensão dos deveres de prova, conforme ficará demonstrado no capítulo seguinte.

2. A RAZÃO DE SER DOS DEVERES DE PROVA: OU DE POR QUE IMPOR A DOCUMENTAÇÃO DAS QUESTÕES MAIS RELEVANTES DA RELAÇÃO SOCIAL DE TRABALHO

Ao fixar obrigações como aquela prevista no art. 74, a CLT estabelece a possibilidade de o trabalhador ter instrumentos para verificar a medida da troca: o tempo de vida que pôs à disposição do empregador ao longo do curso de uma relação de trabalho e a remuneração respectiva. Mas, o que é mais importante, dá ao trabalhador também o meio necessário para que o direito à limitação e ao correto pagamento da jornada possa ser realmente exercido e respeitado. Não há outro modo de concretamente "congelar" os horários de trabalho realizados, para torná-los aferíveis numa futura demanda trabalhista. Em síntese: permite-se que o empregado venda a sua liberdade e que o empregador compre-a, devendo este último respeitar as determinações impostas pela lei, não podem exigir do empregado que ele trabalhe do limite legal, nem trabalho para ao qual não tenha sido contratado, sob as penas da lei. Portanto, trata-se de um direito de ordem material que automaticamente vai desaguar na dialética processual.

O tempo de trabalho, a medida da troca, é algo insuscetível de ser lembrado pelo trabalhador ou por seus colegas de trabalho, com a precisão que o processo racional iluminista pretende. Basta um exercício simples. Tentar recordar o horário exato em que iniciou e no qual concluiu determinada atividade há dois ou três dias é uma tarefa praticamente impossível. Quando pretendemos ter essa informação, via de regra precisamos recorrer a anotações. A memória humana tem limites que não podem ser desconsiderados. A continuidade da relação de trabalho e suas circunstâncias, sempre versáteis, mutáveis, geram essa impossibilidade real. Recordar os horários, o que foi dito, onde determinado documento estava guardado, senão impossível, é tarefa muito difícil, até mesmo porque durante a jornada o empregado está concentrado e preocupado em desenvolver e realizar seu trabalho nos moldes determinados e exigidos pelo empregador e não com o controle racional e memorial da sua jornada.

Soma-se a isso, o fato de que nossa memória retém aquilo que considera importante. Não temos condições de "arquivar" tudo, por isso selecionamos fatos, figuras e sentimentos. Essa é a razão pela qual a prova oral é necessariamente frágil. Mesmo a mais bem intencionada testemunha pode confundir-se, esquecer-se ou reter memória que não se coaduna com o que ocorreu na realidade. Justamente este contexto é a premissa e a fonte material do art. 74 da CLT, já que o legislador reconhecendo esta incapacidade humana, obrigou o empregador a fazer o controle da jornada de trabalho.

A legislação trabalhista reconhece essa limitação que decorre das próprias características da relação de trabalho e da continuidade que a informa. Por isso, determina ao empregador a obrigação de manter registrados os horários de trabalho. Com isso, promove a proteção do trabalhador durante a relação de trabalho e após o seu término, ao lhe permitir demonstrar em juízo as horas de vida que colocou à disposição durante a relação social de trabalho, caso haja discussão judicial sobre a matéria.

O primeiro aspecto que precisa ser salientado é justamente esse: a exigência de manutenção de controle escrito do horário de trabalho tem caráter pedagógico e social, atuando durante o desenrolar do vínculo de emprego. Também tem caráter assecuratório, garantindo ao trabalhador a forma como eventual prova posterior do horário de trabalho deverá ser produzida diante do Estado. E isso em razão do reconhecimento de que: ou a jornada é registrada ou não haverá como "recuperá-la" posteriormente, em âmbito processual.

Trata-se de uma garantia que atinge tanto a esfera material quanto a processual. Aliás, a garantia processual só ganha relevância em razão da garantia material que promove. A exigência de produção prévia dessa "prova documental" tem sua importância justamente naquilo que ela viabiliza antes mesmo de iniciar o processo e ainda quando esse processo sequer vier a existir. Folgas, férias, descansos, adicional de assiduidade, acidente de trabalho, doenças profissionais: praticamente todas as questões relativas ao vínculo de emprego dependem de um correto registro do horário de trabalho. Atrasos e faltas, muitas vezes apontados como o motivo para a despedida, só podem ser observados pelo empregador mediante cotejo dos registros de horário de trabalho. Até mesmo porque controlar a jornada de trabalho vai muito além de controlar os movimentos do empregado durante o tempo que ele trabalha, afinal é controlar a própria vida do trabalhador, já que quanto mais ele fica na empresa, menos vida social ele tem e vice-versa, sendo faces da mesma moeda.

Do mesmo modo, uma doença profissional ocasionada pelo esforço repetitivo poderá ser demonstrada também pelo excesso de trabalho, devidamente documentado nos registros de horário. A discussão acerca da ocorrência ou não de um acidente durante a atividade laboral também terá nos registros escritos do tempo de trabalho o melhor meio de comprovação do local em que ocorreu. A medida e a razão do pagamento do adicional de assiduidade previsto em várias normas coletivas está igualmente nos registros dos horários de trabalho. O mesmo ocorre em relação ao controle das folgas, a fim de garantir a fruição do repouso aos domingos ou a observância da quantidade de tempo necessária à consecução de determinada tarefa.

Muitos outros exemplos poderiam ser lembrados. Se não houver efetivo controle do tempo de trabalho, os direitos trabalhistas terão seu exercício obstado ou dificultado durante a relação de trabalho. Portanto, mesmo quando da relação social de trabalho não resultar um processo trabalhista, o controle escrito do tempo de trabalho revela-se fundamental à proteção efetiva do trabalhador. Isso porque o tempo colocado à disposição é a medida da troca. Não controlá-lo é admitir a quebra do suposto sinalagma que informa a relação social de trabalho.

Utilizamos propositadamente a expressão "suposto sinalagma", porque a partir de tudo o que já foi estudado estamos habilitados a perceber que não existe verdadeira correspondência na troca que se opera na relação de trabalho assalariado. O valor pago pelo tempo de trabalho não corresponde ao que efetivamente é entregue pelo trabalhador durante a jornada, basta observar-se a teoria da mais valia, e por isso é uma troca com troco, para o empregador, é "lógico". Aliás, é justamente essa discrepância que gera mais-valor e que, por consequência, torna tão atraente a própria exploração do trabalho. Ainda assim, o registro e controle do tempo de trabalho é a medida da troca.

Já há um tanto de trabalho não remunerado no tempo computado à disposição. Existe ainda a diferença objetiva entre o que se troca nessa relação. O fato de que o trabalhador vende na relação de trabalho sua própria força de trabalho e, portanto, a si mesmo (MARX, 1982, p. 160), determina de um lado a subordinação do trabalhador e de outro o poder social do empregador. A supressão desse poder social destruiria a própria noção de relação de trabalho assalariado. Trata-se de elemento de dominação, puro e simples, facilitado pela separação do trabalhador dos meios de produção e impulsionado pela existência de um excedente de força de trabalho e pela necessidade de trabalhar (MELHADO, 2007, p. 108).

A limitação desse poder social é uma das razões da criação das normas propriamente trabalhistas. É igualmente a razão pela qual a doutrina constitucional reconhece a necessidade de intervenção na vontade, elemento que distingue o Direito do Trabalho (ABRANTES, 2005, p. 136). É ainda o motivo pelo qual as normas trabalhistas fixam deveres de conduta ao empregador. Deveres cujas consequências extrapolam o âmbito material para invadir também a esfera processual.

Esse é o outro aspecto da proteção que a norma do art. 74 da CLT promove. Constitui condição de possibilidade para um processo justo e eficaz, direito fundamental que por sua importância está inclusive expressamente previsto no art. 5º, LXXVIII da Constituição. Portanto, sob a perspectiva da sociedade do capital é indispensável que o Estado garanta um processo em que a melhor versão dos fatos possa ser apurada, prevenindo ou recompondo, ainda que parcialmente, o dano sofrido pela parte.

3. O CONTEÚDO DA NORMA DO ART. 74 DA CLT: DEVER FUNDAMENTAL E SUAS CONSEQUÊNCIAS MATERIAIS E PROCESSUAIS

O art. 74 da CLT não reproduz regra estritamente processual, e sim híbrida. Trata da relação material de trabalho, embora efetivamente fixe obrigação cuja consequência será verificada quando da judicialização do conflito. Metaforicamente, pode-se pensar que enquanto o direito material é a panela, o processo é a sua tampa, um dependendo do outro para sua plena efetivação. O material depende do processual, para caso não seja obedecido pode ser judicializado; e o processo depende do material para a sua instrumentalização, comprovação e democratização. Dispõe acerca de obrigação que atribui ao empregador antes mesmo do início do processo e em situações que, muitas vezes, sequer virão a ser objeto de demandas trabalhistas.

Quando refere-se a esse dispositivo legal, Arnaldo Süssekind (2005, p. 829-830) admite que a norma tem por objetivo "a comprovação do tempo" em que os trabalhadores permanecem à disposição do empregador. Refere expressamente tratar-se de obrigação imposta ao comprador da força de trabalho, cujo desrespeito implicará infringência à "norma de ordem pública", mas reconhece como consequência apenas sanções administrativas, e não jurídicas como deve ser. Chega a mencionar a relação do dever de controle com a produção da prova, mas apenas para referir que a sua não-apresentação dificultaria a prova de prestação de serviços extraordinários pelo empregado e encontra aí a justificativa para a Súmula n. 338 do TST. Alice Monteiro de Barros (2006, p. 660-1), por exemplo, limita-se a reproduzir a Súmula n. 338 do TST, referindo que o aludido dispositivo trata de ônus da prova.

Essa confusão é comum entre aqueles que escrevem sobre a matéria. O art. 74 da CLT é norma de direito material, mas não há como negar sua incidência sobre questões processuais. O problema é conseguir equacionar essa relação sem confundir dever e ônus, reconhecendo a função que a regra desempenha no vínculo de trabalho, seja durante a sua execução, seja em momento de posterior discussão judicial.

Na realidade, três posições podem ser defendidas em relação ao art. 74 da CLT: a) de que estabelece um dever de produção de documento, cujo efeito processual é justamente atribuir ao empregador a incumbência da prévia produção de prova documental; b) de que estabelece uma faculdade do empregador que, por se tratar de norma de direito material, não gera efeitos processuais; c) de que fixa um ônus de prova em relação à jornada, atribuindo-o ao empregador.

Das três possibilidades, a última é a que mais contraria não apenas os limites semânticos do dispositivo, como sua topografia e função dentro do sistema que a CLT estabelece. A norma não se refere à relação processual. Trata de circunstância relativa à execução de relação de trabalho que pode jamais vir a ser judicializada. Aliás, caso se referisse ao ônus da prova, seria contrária ao art. 818 da CLT, porque não é o empregador quem alega a existência de horas extras.

A segunda opção esbarra na literalidade do dispositivo. A CLT determina seja **obrigação** do empregador a manutenção dos registros. Não trata, portanto, de mera faculdade. Retomando, aqui, o que já foi dito acerca da norma jurídica, sob a perspectiva do Constitucionalismo Contemporâneo, parte-se do pressuposto de que norma é "produto da interpretação de um texto". Não se resume, portanto, ao que está escrito. Por outro lado, porém, parte exatamente do que está escrito e, por isso mesmo, não há como interpretar fugindo completamente do que dispõe a regra. Em outras palavras, ao intérprete não é facultado "pular" a regra e ir direto ao princípio ou criar uma nova regra, desconectada do texto legal. Então, se por um lado o texto não esgota o conteúdo da norma, por outro, ele determina os limites da interpretação (STRECK, 2011, p. 581).

Por fim, esbarra, também, na circunstância de que justamente por tratar de questão material que independe da existência de processo, não faz sentido pensar-se em atribuição de mera faculdade ao empregador. Não há qualquer utilidade em estabelecer que o empregador (com mais de dez trabalhadores subordinados) *pode* manter registro escrito do horário de trabalho dos seus empregados. E por isso mesmo a norma não fixa faculdade, mas sim **obrigação**.

Além disso, restaria injustificável a sanção administrativa que a própria CLT prevê em caso de descumprimento da obrigação de manutenção dos registros. E também não haveria falar em qualquer consequência processual. A não observância de uma faculdade material não gera sanções materiais ou processuais, nem mesmo sob a perspectiva da distribuição do ônus probatório.

A literalidade do texto legal, que se revela sempre suficiente para a defesa de interpretações restritivas dos direitos trabalhistas, aqui parece não ser sequer percebida pelos aplicadores do Direito do Trabalho. Em vez de reconhecer o que a CLT expressamente determina e a partir daí analisar as consequências jurídicas da inobservância de um dever legal, é mais fácil examinar o dispositivo como se ele dispusesse sobre ônus probatório. Como tentarei demonstrar, essa confusão de conceitos jurídicos tem consequências práticas extremamente relevantes.

A regra do art. 74 da CLT revela uma característica que também transparece em outras normas trabalhistas. É, ao mesmo tempo, norma coletiva, destinada a um grupo de pelo menos dez empregados, e individual, porque se refere a cada trabalhador. É norma de direito material e também norma processual, já que o *dever* ali inscrito tem consequências no processo.

Nesse aspecto, o Direito do Trabalho rompe com dicotomias próprias do direito comum, revelando sua natureza dialética. Embora persistam as diferenças entre normas processuais e materiais, ambas estão intimamente conectadas.

À época em que editada a CLT, prevalecia com extrema tranquilidade na doutrina e na jurisprudência a noção de que normas materiais não se confundem com normas processuais; pertencem a mundos distintos. Do mesmo modo, regras do "processo de conhecimento" não dialogavam com as do "processo de execução" ou mesmo com as do "processo cautelar". O Código de Processo Civil então vigente tratava de tais normas em três livros distintos.

A CLT compilou em um único texto normas materiais e processuais, assecuratórias e satisfativas. Dispôs expressamente que o processo trabalhista inicia com a petição endereçada ao Estado-Juiz e só termina com a efetiva entrega do "bem da vida". Portanto, rejeitou a separação civilista pela qual os institutos precisavam sempre ser "catalogados" (SILVA, 2002b, p. 11). Por isso, se não ultrapassa, ao menos desafia a racionalidade processual moderna que "concebe o direito como uma ciência explicativa, não uma ciência da compreensão", partindo de uma visão compartimentada (SILVA, 2003, p. 269).

A Constituição de 1988 prestigiou essa nova racionalidade, já presente na CLT desde 1943. A construção de um Estado Social pressupõe a atribuição de função diferente ao Poder Judiciário. Se o que realmente importa é dar efetividade aos direitos reconhecidos como indispensáveis à concretização do projeto de sociedade contido na Constituição, a separação absoluta entre normas processuais ou materiais perde relevância. Na verdade, a alteração em nossa percepção acerca do processo, abandonando dogmas que servem apenas à cientifização e ao distanciamento entre Direito e realidade, é condição para a compreensão de temas como o do dever de registrar o horário de trabalho.

As normas fundamentais trabalhistas devem ser aplicadas / interpretadas de sorte a concretizar o princípio que as fundamenta. Cada obrigação ou dever que grava a conduta do empregador, tem inspiração direta no *princípio de proteção*. Mais do que a literalidade do art. 74 da CLT, é a função que ele exerce na concretização dos direitos fundamentais trabalhistas que precisa ser percebida, revelada e preservada quando da sua aplicação aos casos concretos.

Entretanto, o exame da doutrina e da jurisprudência revelam um silêncio ensurdecedor diante do tema. É urgente, portanto, examiná-lo com mais vagar, a fim de afastar-se o "senso comum teórico" (WARAT, 2006), em que se propõe a leitura das normas de modo desconectado com a razão de ser (com o que *está no princípio*) do Direito e do Processo do Trabalho.

A norma do art. 74 da CLT é composta pela regra, observada inclusive a sua literalidade, e pelo princípio da proteção, que justifica sua existência. Portanto, sua aplicação, tanto no âmbito da relação material quanto em um eventual litígio trabalhista, depende da compreensão de que o dever de anotar o horário de trabalho é corolário da proteção ao trabalhador. Disso se extrai, também, que a norma do art. 74 da CLT tem ainda função pedagógica e atua como condição de possibilidade para o exercício e a posterior discussão judicial de vários direitos trabalhistas, inclusive não diretamente relacionados ao tempo de trabalho.

Neste estudo, para além da importância material de que o registro do horário de trabalho se reveste, me deterei em examinar as questões processuais a ele relacionadas, que existem exatamente para resguardar essa importância.

4. AS CATEGORIAS DO ÔNUS E DO DEVER DE PRODUÇÃO DE PROVA DOCUMENTAL: UMA DISTINÇÃO NECESSÁRIA

A compreensão processual acerca do art. 74 da CLT, em função da redação da Súmula n. 338 do TST, vem comprometendo não apenas a produção da prova nos processos trabalhistas, mas sobretudo a própria existência material dos registros. Compromete, por consequência, toda a proteção que o controle escrito do horário de trabalho promove durante a relação material.

A compreensão de que esse dispositivo contém regra sobre ônus da prova vem justificando a oitiva de testemunhas para demonstrar horário de trabalho. Como decorrência lógica, estimula empregadores a não mais manterem os registros escritos. Justifica também "técnicas" de inversão de ônus da prova ou de "distribuição dinâmica", que são absolutamente desnecessárias no processo do trabalho.

A CLT dá uma lição ao direito comum acerca de ônus da prova. Fixa-o em regra extremamente simples, em seu art. 818, cuja redação atual é: a "prova das alegações incumbe à parte que as fizer". Essa diretriz que serve para resolver qualquer questão relativa ao ônus probatório no contexto de uma relação de trabalho judicializada, será substituída, caso entre em vigor a Lei n. 13.467/2017 (reforma trabalhista) recentemente aprovada. Embora não comprometa o raciocínio que venho aqui desenvolvendo, é preciso observar que essa alteração revela com ainda mais força o desconhecimento acerca da fórmula adotada pela legislação trabalhista, para resolver a questão relativa à produção da prova que, diga-se de passagem, é muito mais eficiente e atual do que aquela prevista no CPC.

A CLT estabelece um sistema de deveres fundamentais do empregador, que precisam ser exigidos no processo antes mesmo que se adentre à questão do ônus de prova. Para melhor compreender o que aqui se sustenta, é preciso fazer a distinção entre ônus de prova e dever de produção de prova. Essa me parece a chave para dissipar as confusões produzidas pela doutrina e sobretudo pela jurisprudência consolidada na Súmula n. 338 do TST, e combater seus efeitos sociais extremamente nocivos.

A palavra ônus significa carga, peso. Não se confunde com obrigação ou dever. A verificação do ônus ocorre no âmbito processual e implica justamente a atribuição de comprovar ao Juiz as alegações. Por isso mesmo, é atribuído à "parte no processo". E a parte que detém um ônus "não está obrigada a desincumbir-se do encargo, como se o adversário tivesse sobre isso um direito". Trata-se de um instituto jurídico típico do direito moderno burguês. O Juiz não pode se eximir de decidir, ainda que não possua provas suficientes para seu convencimento. A distribuição do ônus de prova entre os litigantes permite que se atribua a um deles "as consequências de tal insuficiência probatória" (SILVA, 2002a, p. 342-3). Portanto, a noção de ônus da prova surge da necessidade de resolver os casos em que o Juiz não sabe como julgar (*non liquet*).

Nas palavras de Pontes de Miranda (1996, p. 253):

> A diferença entre dever e ônus está em que (a) o dever é em relação a alguém, ainda que seja a sociedade; há relação jurídica entre dois sujeitos, um dos quais é o que deve: a satisfação é do interesse do sujeito ativo; ao passo que (b) o ônus é em relação a si mesmo; não há relação entre sujeitos; satisfazer é do interesse do próprio onerado. Não há sujeição do onerado; ele escolhe entre satisfazer, ou não ter a tutela do próprio interesse.

Portanto, ônus é um conceito jurídico intimamente ligado ao processo, à pretensão à tutela jurídica. Pode até não se resumir à esfera processual, como defendem alguns, mas encontra ali o seu ambiente, porque é esse o momento em que há o convencimento do Estado, detentor do monopólio da jurisdição. Quem tem interesse em provar, em âmbito judicial ou extrajudicial, detém o ônus da prova. É nesse sentido que Pontes afirma que "não se pode pensar em dever de prova, porque não existe tal dever, quer perante a outra pessoa, quer perante o Juiz" (MIRANDA, 1996, p. 253).

Realmente, no âmbito da relação material existente entre as partes, esteja ela judicializada ou não, quando se trata de saber a quem incumbe demonstrar (provar) um fato alegado, é de ônus que se está a tratar. E aí a categoria dos deveres não encontra lugar. O ônus da prova existe para resolver um problema processual: o de sustentar o dogma da completude do ordenamento jurídico e, por consequência, da existência de uma resposta a ser encontrada pelo Juiz, quando do exame do litígio. Existe, portanto, para resolver "casos difíceis", para auxiliar a resolução do caso concreto, em razão da premissa racional de que o Juiz não poderá se abster de "resolver" a lide.

É nesse sentido que o ônus da prova existe sobretudo para regular a "consequência de se não haver produzido prova". Ou seja, serve para resolver o dilema da situação processual em que não haja prova suficiente para o convencimento do Juiz. O Estado, justamente porque detém o monopólio da jurisdição, não pode se negar a oferecer uma resposta ao conflito social que aprecia. Portanto, "se falta prova, é que se tem de pensar em se determinar a quem se carga a prova". Então, a questão acerca do ônus da prova diz justamente com a determinação sobre quem irá sofrer "as consequências de se não haver provado" (MIRANDA,1996, p. 271).

Ora, o raciocínio de Pontes de Miranda é perfeitamente compatível com a tecnologia dos direitos trabalhistas. A CLT impõe deveres de documentação. Logo, apenas após a verificação acerca do cumprimento de tais deveres, chegar-se-á ao momento em que é preciso verificar se falta prova de algum fato. E, então, haverá a distribuição (ou a atribuição) do ônus àquele que alegou.

Disso se extrai que a atribuição do encargo de demonstrar ao Juiz a verossimilhança de suas alegações tem íntima relação com os deveres de conduta que se atribuem às partes, antes mesmo de iniciada a demanda. Apenas quando superada a verificação acerca do dever de documentação e de exibição de documentos, por exemplo, haverá necessidade de distribuir o ônus probatório, em âmbito processual. Logo, para o desenrolar da técnica processual trabalhista, enquanto há dever, não há ônus. O ônus só assumirá importância, no âmbito do processo, quando ultrapassada a fase de verificação do cumprimento ou não do dever legal.

A obrigação ou dever de conduta é estabelecida pelo Estado para viabilizar o convívio social e reproduzir um modelo de sociedade. Habita tanto a esfera das relações materiais, quanto a dos deveres processuais. Toda vez que o Estado impõe ao sujeito a realização ou a abstenção de um ato, sob pena de sofrer determinada consequência, impõe-lhe uma obrigação. Do mesmo modo, as partes podem atribuir-se respectivamente obrigações em razão de um contrato ou de uma relação social de trabalho. Durante o processo, existem deveres de conduta exigíveis pelo Estado que, desrespeitados, geram sanções.

O Estado não pune quem tem ônus de prova e dele não se desincumbe. O pressuposto é o de que as partes em litígio num processo tem interesse em demonstrar a veracidade de suas versões, portanto cada uma delas fará o possível em relação à prova de suas alegações. Pune-se, porém, a parte que tendo dever de agir de determinado modo, não o faça. Basta pensarmos nos deveres de conduta instituídos no Código de Processo Civil, dentre os quais o de dizer a verdade e não ocultar documentos do processo. A não observância desses deveres gera sanções decorrentes da litigância de má-fé, como, por exemplo, o pagamento de multa e de indenização. Portanto, quem tem o dever de agir e não age, está sujeito à coerção. Quem tem ônus, poderá permanecer inerte e daí não advirá coerção alguma. Arcará, porém, com as consequências do seu agir. É por isso que no âmbito processual não existe o dever de provar, mas existem deveres processuais ligados à prova. Os deveres, ainda que se constituam e sejam exigíveis no âmbito material, tem consequências que poderão invadir a esfera processual.

No âmbito do Direito do Trabalho, ao dever de produzir determinado documento, previsto em norma de direito material, corresponde o dever processual de exibi-lo em juízo. Trata-se de um outro modo de dizer a mesma coisa: a parte que tem o dever de exibir acaba produzindo a prova. Entretanto, a distinção feita por Pontes de Miranda evidencia uma compreensão que compartilho: o dever de produzir o documento, durante a relação de trabalho, e de exibi-lo em juízo, em caso de controvérsia, não se confunde com o ônus probatório, que será aferido apenas após superada essa etapa inicial da fase instrutória.

Trata-se de um mesmo dever, com consequências materiais e processuais. Exatamente por isso o art. 400 do CPC prevê que ao decidir o pedido o Juiz *admitirá a verdade do fato* que por meio de documento se pretendia provar. A consequência da não-exibição não é, portanto, a confissão ficta, mas a imposição de uma penalidade ainda mais grave: a admissão da veracidade das alegações contrárias à parte gravada com o dever de produção e exibição da prova.

O Juiz, decidindo a partir da distribuição do ônus da prova, poderá conceder ou negar o direito ainda que não esteja convencido da prova produzida pela parte "beneficiada" pelo resultado da decisão. Por isso, a CLT estabelece que a prova das alegações incumbe à parte que as fizer. Porque é exatamente essa a regra geral sobre o ônus e a contrapartida estabelecida pelo direito processual é a possibilidade de o Juiz presumir a inexistência ou a existência de determinado fato, em razão da inércia da parte a quem pertence o ônus da prova.

Quando se trata de dever, porém, já não se está mais diante de mera faculdade, justamente porque ao dever corresponde – em contraposição – um direito da parte adversa da relação social. Por isso, sua inobservância gera sanção, seja de natureza cível, penal ou trabalhista.

O problema da interpretação/aplicação do art. 74 da CLT deve ser examinado, portanto, a partir de dois aspectos. Inicialmente, em razão da função dos deveres no âmbito material e no âmbito processual. Em seguida, a partir das consequências que o reconhecimento de um dever fundamental ligado à prova tem em relação ao ônus probatório.

No âmbito material, os deveres figuram como limites e, ao mesmo tempo, como condição de possibilidade do exercício dos direitos. Mesmo sob a lógica do capital, uma sociedade que garanta direitos, mas não imponha deveres, não consegue realizar seu projeto de justiça. A categoria dos deveres nasce junto com a noção moderna de direitos subjetivos, tem imbricação com a racionalidade moderna. O sujeito de direitos é o indivíduo que, estando sozinho no mundo (sem o apoio das forças míticas e dos dogmas medievais), é responsável por sua própria sorte. Por isso, autores comprometidos com tal racionalidade referem que o homem, exercendo sua liberdade, deve assumir deveres relacionados aos seus pares (KANT, 2009, p. 192), que "a moralidade do indivíduo consiste em que ele cumpra os deveres de sua posição social" (HEGEL, 2008, p. 88), que a responsabilidade perante os pares e as "gerações futuras" deve ser o limitador da liberdade individual (RALWS, 2000) ou que o direito de liberdade corresponde à responsabilidade, ao cumprimento de determinados deveres (HABERMAS, 1997). Então, mesmo (ou principalmente) sob a perspectiva liberal, aos direitos correspondem deveres exigíveis pelo Estado e sujeitos a sanções por descumprimento.

Sob a perspectiva do Direito, portanto, a categoria dos deveres fundamentais não pode ser negligenciada. Tanto assim que a evolução possível, no âmbito do que é jurídico, com o reconhecimento da fundamentalidade dos direitos sociais, vem emprestando ainda maior relevância à observância dos deveres (fundamentais) que lhes correspondem e que justificam o reconhecimento de sua exigibilidade não apenas na relação entre Estado e cidadão, mas sobretudo nas relações sociais privadas (NABAIS, 2007, p. 198-246).

Em nenhum outro ramo do Direito emerge com maior nitidez a necessidade de que os deveres sejam observados, a fim de que os respectivos direitos possam efetivamente ser exercidos. Essa é, inclusive, a razão pela qual as primeiras teorizações sobre a existência de deveres diretamente exigíveis da parte surgem no Direito do Trabalho.

É justamente no Direito do Trabalho que se desenvolve a chamada teoria da eficácia direta ou horizontal dos direitos fundamentais nas relações privadas (SARLET, 2000, p. 121-2). O Juiz do Trabalho Hans Carls Nipperdey apoiou sua tese acerca da necessidade de exigir diretamente dos particulares o cumprimento de deveres fundamentais no fato de que em algumas relações sociais privadas, como aquela que se estabelece entre capital e trabalho, habita um poder que deve ter, como resposta a sua possibilidade de determinação dos moldes da relação, um dever direto de realização dos direitos fundamentais da outra parte. Portanto, os deveres fundamentais atuam como condição de possibilidade dos direitos fundamentais e devem ser exigidos diretamente dos particulares. A principal preocupação dessa doutrina, que evidentemente não questiona a ordem posta, é impedir a "proteção insuficiente", um conceito construído para se referir às situações em que o ordenamento jurídico garante determinada proteção que, na prática, revela-se mera retórica (CANOTILHO, 1993, p. 497).

No caso específico do Brasil, a eficácia imediata dos direitos fundamentais está estabelecida no art. 5º, § 1º, da Constituição, e deve ser exigida inclusive nas relações entre particulares. Embora haja diferença entre o que se pode exigir do Estado e aquilo que é exigível diretamente dos particulares, há uma "simultânea e interdependente eficácia dos direitos fundamentais" (SARLET, 2007, p. 111-144). Pois bem, o reconhecimento de uma eficácia direta dos direitos fundamentais, gerando deveres nas relações privadas, implica (ou deveria implicar) a superação da dicotomia público x privado (FACCHINI NETO, 2006, p.13-62), tal como o Direito do Trabalho parece propor, desde a sua gênese. É exatamente na realidade das relações entre capital e trabalho que surgem os primeiros casos, nos quais se reconhece a necessidade de exigir diretamente do particular a realização de um direito fundamental.

É nesse ambiente que os deveres ligados à prova se inscrevem. Aqui os âmbitos material e processual se imbricam sem se confundir: o sistema de provas trabalhista pressupõe o reconhecimento de deveres fundamentais diretamente exigíveis do empregador.

5. AS CONSEQUÊNCIAS PROCESSUAIS DO DESCUMPRIMENTO DO DEVER CONTIDO NO ART. 74 DA CLT

A doutrina trabalhista não controverte acerca da existência de deveres fundamentais que gravam a conduta do empregador. Porém, em razão de uma lógica que distancia o direito material do processo, os desconecta do âmbito processual, tornando-se meras recomendações sem efeito jurídico-processual, quando se trata da análise do dever de prova da jornada.

O art. 74 da CLT, embora regra de direito material, especifica o *tipo de prova* legalmente aceitável para o efeito de comprovação da jornada realizada pelo empregado. Estabelece um dever ao empregador, cujo não cumprimento tem por consequência sanções legais. Nesse caso, assim como no caso da norma relativa à documentação do pagamento de salário, as consequências do descumprimento são tanto materiais quanto processuais. No âmbito material, o empregador pode sofrer sanções administrativas em razão de não possuir registros escritos do horário de trabalho de seus empregados. No âmbito processual, também há previsão expressa de consequência legal para o descumprimento do dever imposto pela norma trabalhista. Embora essa previsão não esteja no texto da CLT – assim como não está ali a previsão de sanção ao litigante de má-fé – consta de cláusula geral plenamente compatível com o processo do trabalho. Cláusula que, aliás, nem precisaria ser expressa, na medida em que a sanção decorre justamente da natureza de *dever legal*, que a manutenção e a consequente exibição dos registros de horário assume no sistema trabalhista.

O art. 442 do Código de Processo Civil diz expressamente que a prova testemunhal é como regra sempre admissível, e o art. 443 apresenta exceção a essa regra, ao dispor que o juiz "**indeferirá a inquirição de testemunhas sobre fatos**" que "só por documento ou por exame pericial puderem ser provados".

O indeferimento da oitiva de testemunhas é a sanção que o ordenamento jurídico impõe à parte que, tendo dever de documentar determinado fato e por consequência de exibir o documento em juízo, não o faz. O dever de pré-constituir a prova implica, necessariamente, a sua exibição em juízo, sob pena de perda de sua própria razão de ser. A jornada é justamente o tipo de fato que só por documento pode ser provado, quando o empregador contar com mais de dez trabalhadores a ele subordinados. Isso por determinação expressa do art. 74 da CLT. A penalidade aqui, segundo Pontes de Miranda (1996, p. 422), é a completa negação da eficácia probatória aos testemunhos sobre a jornada: "A prova testemunhal não é de admitir-se; por maior que fosse o número de testemunhas, nenhuma eficácia probatória teria o que elas declarassem. Quando para algum ato se exige determinada forma, não entra ele, sem isso, no mundo jurídico: não existe."

É interessante observar que o Tribunal Superior do Trabalho aceita tranquilamente a aplicação do art. 443 do CPC (antigo art. 400) ao processo do trabalho nas hipóteses em que se exige perícia para a comprovação de um fato ou discute-se salário, mas nega sua aplicação – mais do que isso, silencia sobre ela – quando o assunto é a jornada. A observância ou não de um dever fundamental ligado à prova em nada interfere na distribuição do ônus. Aqui, a categoria dos deveres fundamentais invade a esfera processual, mas exige um raciocínio que não se confunde com aquele relativo à distribuição da carga probatória.

Ao iniciar a fase da produção de provas, o Juiz do Trabalho deve investigar se o empregador, a quem se atribuem deveres ligados à prova (de documentar a jornada, o pagamento de salário, o fornecimento de equipamentos de proteção e, portanto, a própria relação de emprego), os cumpriu devidamente. A verificação do cumprimento do dever legal, pelo Estado, se dá previamente em âmbito administrativo (mediante fiscalização) e posteriormente em ambiente processual (mediante exigência de exibição do documento). Caso o dever não tenha sido observado, ao Juiz cumprirá aplicar as respectivas sanções: admitir como verdadeira a versão contida na petição inicial e indeferir eventual prova testemunhal. Apenas após o empregador haver demonstrado ao Juiz que cumpriu seu dever legal, assumirá relevância a distribuição do ônus probatório.

Um exemplo torna tudo mais claro. Quando o trabalhador pleiteia o pagamento de horas extras, está alegando e, portanto, conforme a regra do art. 818 da CLT, é seu o ônus da prova dessas alegações, mesmo considerando a nova redação que lhe foi dada pela Lei n. 13.467/2017, e que nada mais é do que a imitação pura e simples da redação do CPC (Ao autor incumbe a prova das dos fatos constitutivos do seu direito). Entretanto, a CLT incumbe ao empregador, que possui o poder social e a possibilidade de documentar a relação de emprego, o dever de produção prévia da prova da jornada (art. 74), quando possuir mais de dez empregados. Em razão disso, o Juiz, antes mesmo de "distribuir" o ônus da prova, irá inicialmente verificar se o empregador trouxe aos autos os registros. Perceba-se bem: nesse momento, o Juiz não está perquirindo ônus da prova; está verificando o cumprimento de um dever legal.

Disso se extrai, ainda, que as alterações realizadas no art. 818 não alterarão a racionalidade da CLT. Ao contrário, considerando a predileção de muitos intérpretes da área trabalhista pelo uso do CPC, talvez até auxilie na sua observância. O § 1º do novo art. 818 refere que "diante de peculiaridades da causa relacionadas à impossibilidade ou à excessiva dificuldade de cumprir o encargo nos termos deste artigo ou à maior facilidade de obtenção da prova do fato contrário, poderá o juízo atribuir o ônus da prova de modo diverso, desde que o faça por decisão fundamentada, caso em que deverá dar à parte a oportunidade de se desincumbir do ônus que lhe foi atribuído". O empregador, cujo dever de documentação segue incólume, terá de demonstrar o cumprimento dos direitos trabalhistas por prova documental que, caso não apresentada, seguirá atraindo a aplicação subsidiária das normas do CPC, notadamente daquelas inscritas nos art. 400 e 443[3]. Então, caso não se desincumba de seus deveres, haverá a admissão dos fatos alegados pela parte contrária como corretos. E o juiz segue proibido de produzir prova testemunhal sobre fatos que apenas por documento ou perícia possam ser demonstrados (art. 443 do CPC).

A redação dada ao § 2º incluído no art. 818 também deve ser aplicada em consonância com o poder geral de condução do processo pelo juiz, que, portanto, definirá a necessidade de adiamento da audiência e, ao possibilitar a prova dos fatos terá que atentar para aquele admitido pelo direito. Se o Direito impede a prova por meio de testemunhas (art. 443 do CPC), não poderá o juiz admiti-la. Na linha dialética e otimista que deve nos orientar, temos aí mais uma chance importante para o cancelamento da nefasta Súmula n. 338 do TST e, enfim, o reconhecimento da importância dos deveres de prova que gravam a figura do empregador.

Se o empregador tiver cumprido seu dever legal, exibindo os registros em juízo, o trabalhador deverá ter deles ciência. Havendo sua concordância com os horários documentados, a prova se restringirá à demonstração de que a jornada registrada não foi integralmente paga, porque não consta nos recibos de salário, cujo dever de exibição o empregador também detém. Havendo a discordância do trabalhador com a documentação produzida pela empresa, passar-se-á à fase de distribuição do ônus da prova. O que ocorre, então, é a impugnação de um documento, cuja prova da falsidade será incumbência do trabalhador. De outra parte, se o empregador não cumprir seu dever legal, deixando de trazer aos autos verdadeiros registros de horário, ele sofrerá as sanções correspondentes. Por consequência, não haverá necessidade ou utilidade na produção de outra prova acerca da jornada. Haverá, isso sim, proibição legal expressa de oitava de testemunhas sobre esse fato. E não haverá mais controvérsia. Assim, sempre que o Juiz chegar ao ponto de ter de distribuir ônus probatório, a prova caberá à parte que alegou.

Temos na fase probatória do processo momentos distintos. Primeiro, afere-se o cumprimento dos deveres ligados à prova, aplicando-se as sanções pertinentes. Apenas quando ultrapassada essa fase, haverá a necessidade de distribuição de ônus. Logo, raras serão as hipóteses em que o Juiz precisará "inverter o ônus" ou invocar razões de outra ordem (como a facilidade na produção ou na guarda), para distribuir de modo diferente a prova. Porém, não é essa a compreensão refletida na práxis trabalhista. Os Juízes do Trabalho seguem colhendo prova testemunhal acerca da jornada, quando a empresa com mais de dez empregados não apresenta os registros escritos do horário de trabalho. O fazem em razão do entendimento contido na Súmula n. 338 do TST.

Antes de tratar da questão específica da Súmula n. 338 do TST, que torna letra morta o dever contido no art. 74 da CLT, e confunde dever e ônus, prestando um grande desserviço à dogmática jurídica e à prática da relação social de trabalho, é preciso uma breve referência sobre a função que as súmulas desempenham no Direito.

6. AS SÚMULAS E A CRISTALIZAÇÃO DO DIREITO: DO JUIZ "BOCA DA LEI" AO JUIZ "BOCA DA SÚMULA"

Como já nos referimos, apesar da dicção expressa dos arts. 74 da CLT e dos arts. 400 e 443 do CPC, a maioria da jurisprudência segue aplicando o entendimento da Súmula n. 338. Ouvem-se testemunhas que muito raramente são isentas, na medida em que via de regra ou são ex-empregadas (convidadas a depor pelo trabalhador) ou são atuais empregadas (convidadas pelo empregador). Em ambos os casos estão irremediavelmente afetadas pela luta de classes, em cujo cenário se reconhecem como representantes do capital ou do trabalho, e assim continua-se enxugando gelo e não atenta-se para a verdadeira problemática: o empregador ter o dever de apresentar os cartões de ponto do reclamante e seus respectivos registros que lhe são impostos pela lei.

Na verdade, o que se depreende da Súmula n. 338 do TST, é a própria retirada da efetividade do art. 74 da CLT, já que o permite o empregador deixar de realizar o controle

---

3. O art. 611-A inserido pela mesma Lei n. 13.467/2017, quando refere que o negociado irá prevalecer sobre o legislado, inclusive no que tange a "modalidade de registro de jornada de trabalho" (X), também terá de ser compatibilizado com a obrigação prevista no art. 74, plenamente vigente. Logo, o resultado de uma negociação entre as partes acerca dessa matéria deverá necessariamente observar os parâmetros legais da própria legislação trabalhista, sob pena de nulidade, na forma do art. 9º da CLT, cujo conteúdo também não foi alterado pelo desmanche promovido pela Lei n. 13.467.

da jornada e os devidos registros acerca dela, podendo na judicialização, produzir durante a instrução processual provas que comprovem suas alegações. Daí pensa-se: não preciso cumprir a Lei (art. 74 da CLT), afinal o TST (Súmula n. 338) permite eu produzir provas no processo que comprovem minhas alegações. E assim, aos poucos, quase que de maneira imperceptível vai retirando-se a força do Direito do Trabalho.

As decisões nas quais a regra do art. 443 do CPC (antigo 400) é aplicada, para o efeito de indeferir prova testemunhal, reconhecendo o horário de trabalho descrito na petição inicial, são via de regra anuladas, sob o argumento de "cerceamento de defesa". É exemplo disso:

> NULIDADE PROCESSUAL. CERCEAMENTO DE DEFESA CONFIGURADO. INDEFERIMENTO DE PRODUÇÃO DE PROVA TESTEMUNHAL. Cabe assegurar às partes todos os meios de prova em direito admitidos, inclusive oral, para demonstração de suas alegações no que tange à jornada de trabalho, pois "A não-apresentação injustificada dos controles de frequência gera presunção relativa de veracidade da jornada de trabalho, a qual pode ser elidida por prova em contrário.", conforme orienta a Súmula n. 338, inciso I, do TST. (BRASIL. Tribunal Regional do Trabalho da 4ª Região, 2014).

Nesse caso específico, a empregadora – empresa com bem mais de dez empregados – não apresentou os registros de horário da empregada, ao argumento de que os psicólogos eram dispensados de marcação por sua própria vontade e pela necessidade do serviço. A decisão menciona que o preposto, ouvido em audiência, referiu que a reclamante trabalhava das 8h30min às 17h30min, "demonstrando, portanto, que era possível o controle da jornada". No Acórdão, há o reconhecimento expresso de que "é de ordem pública a natureza jurídica de todo o sistema de normas previsto no Capítulo II denominado Da Duração do Trabalho". Como consequência, "não podem as partes contratantes, na seara trabalhista, escolherem se irão adotar, ou não, o controle de horário".

Aqui está um ponto extremamente importante da discussão. Admitir a possibilidade de "produção de prova em contrário", quando o empregador não cumpre seu dever de documentação implica exatamente isso: admitir que as partes podem escolher se irão ou não cumprir as normas impositivas contidas na legislação trabalhista.

Na decisão em exame, admite-se, também, que a exigibilidade de marcação do cartão ponto tem como único pressuposto a possibilidade de controle do horário de trabalho. Então, a empregadora, "por sua livre escolha, e em que pese o poder de mando e disciplina que a Lei lhe assegura, *abriu mão da prova preconstituí*da consubstanciada nos cartões ponto, não lhe socorrendo a alegação de que tal ocorreu por vontade do autor" (grifo meu). E a Relatora conclui: "Não havendo razão de ordem lógica e jurídica para o descumprimento do que determina o art. 74 da CLT, não deve ser admitida a prova testemunhal".

Ainda assim, em vista dos termos da Súmula n. 338 do TST, que, segundo a mesma decisão, "confere amplitude máxima ao direito de defesa e adota, implicitamente, a técnica processual da inversão do ônus da prova", a Relatora, fazendo expressamente constar "ressalvado meu entendimento acerca do tema", adota a orientação jurisprudencial, por questão de "disciplina judiciária". Em razão disso, declara a nulidade por cerceamento de defesa e determina o retorno dos autos para audição das testemunhas. No Acórdão admite-se que a súmula, da forma como redigida, "alcança resultado não querido, pois incentiva o descumprimento da lei".

Essa decisão impressiona pela possibilidade que nos confere, de perceber a força da ideologia no discurso jurídico. O Juiz, mesmo ciente de que contraria a Lei (material e processual), *rende-se* à orientação sumulada, por "disciplina". A sociedade da disciplina coloca a obediência acima do raciocínio, da capacidade de indignação e mesmo da *vontade de Constituição*, que é indispensável para que o projeto social (que essa mesma disciplina propugna) se torne realidade.

Ora, se a súmula – que constitui entendimento reiterado sobre norma jurídica e, nesse caso específico, sequer tem caráter vinculante – está dispondo de modo absolutamente contrário às normas materiais (art. 74 da CLT) e processuais (art. 400 e 443 do CPC), qual a função do Juiz do Trabalho senão afastá-la, sob pena de estar promovendo verdadeiro boicote ao Direito do Trabalho?

Trata-se do que Streck (2013) denuncia, em texto recente, referindo-se à Súmula do STJ:

> As súmulas brasileiras são uma espécie de "jabuticaba". Só existem por aqui. As suas similares portuguesas, chamadas de "assentos", foram declaradas inconstitucionais já em 1996 (Acórdão do TC 743/96). (...)
>
> Lamentavelmente, parece que a dogmática jurídica pretende construir enunciados assertóricos que "abarcam, de antemão, todas as possíveis hipóteses de aplicação. São respostas a priori, oferecidas antes das perguntas. Isto é, as súmulas são uma espécie de "antecipação do sentido", uma "tutela antecipatória das palavras" ou, ainda, uma "atribuição de sentido inaudita altera parte...!" (...)
>
> Em tempos em que se diz por aí que o Judiciário não é ativista, este parece ser um bom exemplo de como se faz ativismo dizendo que não se está fazendo. Ora, há limites semânticos no dispositivo que estabelece o tipo penal da corrupção de menores. O STJ não poderia fazer uma interpretação *in mala partem*".

As Súmulas, tanto no TST quanto no STJ ou no STF, estão determinando uma nova forma de legislar, sem qualquer filtro democrático, fato que atinge inclusive o próprio Estado Democrático de Direito, já que viola a própria repartição e distribuição de poderes – art. 2º da CR/88. Supostamente interpretam o ordenamento jurídico, mas o fazem, como é o caso da Súmula n. 338 do TST, em franca contrariedade ao texto expresso de lei. Quando essa interpretação – no caso do Direito do Trabalho – é diametralmente contrária ao princípio da proteção e ao que dispõe a legislação vigente, a súmula é, como bem observa Streck, ilegal e inconstitucional. Ademais, a elaboração de Súmulas retira ainda que maneira velada a efividade também do art. 765 da CLT, que destina ampla liberdade ao Juiz na condução do processo, bem como do art. 852-D da CLT, que determina do o juiz liberdade de excluir/indeferir as provas que julgar excessivas, impertinentes ou protelatórias, visando à celeridade do processo.

No caso da jornada, como em outros tantos – basta lembrar o exemplo da Súmula n. 331 do TST –, essa manifesta inconstitucionalidade é obscurecida pela necessidade de obediência (disciplina). Exatamente por isso, os argumentos jurídicos utilizados para a aceitação de produção de prova testemunhal não se sustentam. Eles não são a verdadeira razão pela qual os juízes seguem colhendo prova oral em hipóteses nas quais a Lei determina a produção de documento. Apenas dissimulam o que efetivamente conduz à negação do ordenamento jurídico: a sujeição a um controle panóptico, cuja função última é a eterna (re)produção do modo de organização social atualmente existente.

Súmulas são orientações jurisprudenciais. Por consequência, devem retratar o modo de *interpretação* das normas jurídicas em determinado contexto histórico e social, e aí encontram seu limite. Não regulamentam nem legislam, ou, ao menos, não deveriam ter a pretensão de fazê-lo. Entretanto, não parece mais possível sustentar esse conceito de súmula, diante da alteração constitucional perpetrada pela Emenda 45, que introduziu em nosso sistema jurídico as súmulas vinculantes.

Como observa Rafael Marques, a alteração constitucional que introduz as súmulas vinculantes acaba com a dialética no Direito, na medida em que impede interpretações, engessando a compreensão dos institutos (MARQUES, 2013, p. 132). Na realidade, penso que qualquer espécie de súmula tem esse caráter destrutivo do raciocínio dialético que os intérpretes do Direito deveriam ter. Se a norma é o resultado da atribuição de sentido ao texto de lei, um sentido necessariamente informado pelo princípio instituidor e atrelado à construção histórica da regra, não deveria haver espaço para cristalizações. As súmulas são exatamente isso: cristalizações que desconsideram o caso concreto, as circunstâncias que o circundam e a finalidade do Direito.

Nesse sentido escreve Lenio Streck, acrescentando que "o sonho de aprisionar a razão em conceito é deveras tentador". Entretanto, impossível de ser realizado. Por isso mesmo, tanto o atrelamento do juiz à letra da lei, quanto a pretensa superação desse paradigma através de uma *legislação* judiciária sob a forma de súmulas resulta "equivocada visão acerca do sentido do que seja o positivismo jurídico" (STRECK, 2014, p. 78).

No âmbito das relações de trabalho isso é claro. As mais de 400 súmulas do TST criaram uma legislação paralela e em larga medida frontalmente contrária ao que diz a Constituição ou a CLT, permitindo jornadas de 12h, neutralizando o dever de documentação do vínculo, autorizando terceirização. Inclusive, pode-se até mesmo pensar que também fortaleceu e deu força para a Reforma Trabalhista, tônica fortemente e constantemente utilizada pelos autores da Reforma. Todo poder, então, está concentrado nas mãos do Judiciário, dizem alguns. Trata-se de um engano. O Poder Judiciário, em realidade, está sendo morto de dentro para fora, consumindo suas próprias entranhas. O poder que a EC 45 e agora o CPC dão às súmulas, chancelando, portanto, essa autogestão do Poder Judiciário, que tem permissão legal para produzir uma legislação paralela e aplicá-la como lhe convier, é também o seu veneno. Isso porque o fortalecimento se dá apenas em relação às decisões de cúpula, notadamente o STF e o TST, em âmbito trabalhista, sem qualquer cunho democrático e representatividade para tal. Enquanto as decisões de nossos Ministros tornam-se lei, a possibilidade de criação do Direito a partir dos fatos, especialmente no primeiro grau de jurisdição, em que o Juiz tem contato com as partes, torna-se cada vez mais difícil.

A disciplina judiciária imposta pelo CPC dá a medida da gravidade do problema que estou aqui enunciando. Basta pensar nos exemplos do art. 332, que autoriza o juiz a "independentemente da citação do réu, julgará liminarmente improcedente o pedido que contrariar: I – enunciado de súmula do Supremo Tribunal Federal ou do Superior Tribunal de Justiça; (...) IV – enunciado de súmula de tribunal de justiça sobre direito local". Ou então o art. 489 que considera não fundamentada a sentença que "VI – deixar de seguir enunciado de súmula, jurisprudência ou precedente invocado pela parte, sem demonstrar a existência de distinção no caso em julgamento ou a superação do entendimento". O art. 926 que determina a uniformização de jurisprudência, ou o 927 que determina que "os juízes e os tribunais observarão: I – as decisões do Supremo Tribunal Federal em controle concentrado de constitucionalidade".

Esse esvaziamento da função do juiz de primeiro grau não tem efeito negativo apenas para o juiz ou seu jurisdicionado, afeta diretamente a democracia e, portanto, o Estado Social e Democrático de Direito. A democracia pressupõe não apenas liberdade de pensamento e atuação, mas especialmente condições de vida que permitam exercer essa liberdade.

É certo que a instituição de um pacto entre as características inerentes ao capital (produção de miséria, concentração de renda, esgotamento de recursos naturais) e a necessidade de sobrevivência desse sistema (e do próprio ambiente em que vivemos), que resulta no reconhecimento da necessidade de garantia de direitos sociais, produz demandas. Tais demandas, na lógica de organização social que adotamos, dependem de um Poder Judiciário forte e eficaz. A existência mesma da Justiça do Trabalho no Brasil decorre do reconhecimento da necessidade de garantir, através de um judiciário forte e independente, direitos que na realidade da vida a classe destituída de poder econômico e político não consegue exercer.

Como refere Mario Elffman: "os juízes do trabalho são, na maioria das vezes, a única e a última oportunidade de obtenção da tutela" dos direitos fundamentais sociais do trabalho. Portanto, "não devem nem podem ser indiferentes àquela verdade" de que não há democracia enquanto os direitos trabalhistas não forem respeitados. Precisam saber diferenciar imparcialidade de neutralidade e assumir compromisso com a função que exercem: de atuar para a realização dos direitos do trabalhador. (ELFFMAN, 2014)

Sem uma magistratura independente, que tenha condições de determinar que uma instituição financeira não cobre juros extorsivos, que um político influente não abuse de seu poder nem promova atos de corrupção, entre tantos outros exemplos que poderiam ser aqui referidos, não há democracia. Por consequência, não há liberdade. Essa é a importância da compreensão da ilegalidade da Súmula n. 338 do TST frente às disposições legais que expressam a necessária proteção à relação entre capital e trabalho.

A norma geral e abstrata criada para aplicação futura não constitui interpretação reiterada de decisões judiciais no mesmo sentido. Constitui espécie de regra jurídica que padece de pelo menos três problemas graves. Pode estar desconectada do princípio instituidor e, desse modo, ser inconstitucional. É exemplo a Súmula n. 331 do TST, quando estabelece critérios para a terceirização que são contrários à legislação vigente, e a própria Súmula n. 338 do TST, como a seguir examinarei. Além disso, trata-se de regra produzida ao largo do filtro democrático, porque editada pelo Poder Judiciário, sem o amadurecimento da matéria, sequer em âmbito jurisprudencial, menos ainda em âmbito social, fato que se torna ainda mais grave com a determinação do atual CPC, para que também os tribunais regionais sumulem matérias. Por fim, consubstancia pretensão do Poder Judiciário em uniformizar de cima para baixo as decisões judiciais, dificultando enormemente a verdadeira função do Juiz: decidir a partir e com atenção ao caso concreto, de forma a concretizar os valores da Constituição, provocando mudança efetiva no mundo dos fatos.

A Súmula n. 338 do TST sintetiza os três problemas. É um dos tantos exemplos da dificuldade que temos em compreender o sistema de deveres estabelecido pela legislação trabalhista e sua importância para a efetivação do direito à limitação e controle efetivo da jornada. É emblemática para fazer perceber a função que o Poder Judiciário por vezes assume, de usurpador do direito do trabalhador. Refere, em seu item I, que "é ônus do empregador que conta com mais de 10 (dez) empregados o registro da jornada de trabalho na forma do art. 74, § 2º, da CLT". Nesse tópico, parece mesmo limitar-se à reprodução da previsão legal. Entretanto, a troca de uma só palavra faz com que tudo se altere. Em lugar de obrigação, a redação da súmula refere-se a ônus. Portanto, estimula a confusão que a partir dela se estabelece na doutrina e na jurisprudência, entre dever e ônus de prova.

Em sua segunda parte, o mesmo item I da orientação em exame parece revelar uma evolução no exame da matéria, quando aduz que a "não-apresentação injustificada dos controles de frequência gera presunção relativa de veracidade da jornada de trabalho, a qual pode ser elidida por prova em contrário". O item III também menciona que "os cartões de ponto que demonstram horários de entrada e saída uniformes são inválidos como meio de prova, invertendo-se o ônus da prova, relativo às horas extras, que passa a ser do empregador, prevalecendo a jornada da inicial se dele não se desincumbir".

O pressuposto básico das afirmações contidas na súmula é o de que a não-apresentação dos registros gera *presunção* relativa passível de ser "elidida por prova em contrário". Presunção é a relação lógica e racional que o Juiz estabelece entre o fato conhecido e o fato desconhecido. Serve para suprir lacuna verificada quando do exame do caso concreto. Tanto assim que o art. 212 do Código Civil menciona que o fato jurídico pode ser provado, inclusive, mediante presunção, ressalvando apenas as hipóteses em que a tal fato se impõe *forma especial*. Desse dispositivo se extrai a noção de que a presunção simples constitui meio de prova nas hipóteses em que a Lei não determina a espécie de prova pela qual deva se revelar determinado fato.

É exatamente por essa razão que o art. 230 do Código Civil dispõe expressamente que as presunções simples *n*ão se admitem nos casos em que a Lei exclui a prova testemunhal. Em tais casos, o que se tem é um dever legal de agir, cujo descumprimento gera sanção, como já referi. No atual CPC, o art. 374 dispõe que não dependem de prova os fatos "em cujo favor milita presunção legal de existência ou veracidade". A denominada "presunção legal" é justamente essa consequência imposta pelo ordenamento jurídico, de admissão da tese adversa, que não admite prova em contrário (MIRANDA, 1996, p. 277).

O equívoco da Súmula n. 338 do TST está, portanto, na confusão intencional que faz entre dever e ônus e na conclusão equivocada que gera a partir disso: a de que é possível produzir prova oral da jornada, mesmo quando a empresa com mais de dez empregados simplesmente não exibe os registros de horário em juízo. É interessante perceber como doutrina e jurisprudência moldaram-se a essa compreensão equivocada e a reproduzem sem maiores reflexões. Mesmo sob a perspectiva da racionalidade liberal, todas as premissas até aqui examinadas permitem a compreensão de que o art. 74 da CLT encerra um dever de produção prévia de prova. Precisamos, então, reconhecer as consequências da compreensão destrutiva contida na Súmula n. 338 do TST.

7. CONTRADITÓRIO, AMPLA DEFESA E PROVA TESTEMUNHAL: A "ASTÚCIA DA RAZÃO CONSERVADORA" E O DEVER DE PROVA DA JORNADA

O sistema diferenciado concebido pela CLT não se limita às disposições materiais acerca de um dever de documentação cujo objetivo certamente tem estreita relação com o âmbito processual. No processo do trabalho, o ônus probatório só deve ser investigado, quando superada a questão dos deveres fundamentais atribuídos ao empregador. Exatamente por isso a regra acerca do ônus da prova, em sua simplicidade, é suficiente para resolver questões relativas ao encargo probatório.

Recordo aqui as lições de Ovídio Baptista, quando se refere à "astúcia da razão conservadora" e à "cegueira propositada do discurso dominante" (SILVA, 2004). O art. 818 é suficiente em si, mas parece que poucos conseguem perceber isso. Sua redação atual é simples justamente porque o ônus (que sempre caberá a quem alegar) só será perquirido após superadas as questões relativas aos deveres de produção de prova, que recaem sobre a figura do empregador. Por isso, é possível afirmar que sequer seria necessária a aplicação subsidiária do art. 443 do CPC ao processo do trabalho. Mesmo a nova redação que lhe é atribuída pela Lei n. 13.467/2017 em nada altera essa compreensão, como já referi.

A existência de normas de direito material estabelecendo deveres de produção de documentos já indica a necessidade de reconhecer efeitos processuais à eventual desobediência da parte. Não haveria razão diversa para que se impusesse ao empregador deveres de documentação da própria relação, do salário e da jornada, que não a compreensão de que esses documentos são o meio admissível de prova, em âmbito material ou processual.

A mudança no olhar do aplicador do Direito do Trabalho, uma vez observadas as regras da CLT, especialmente quando fixam dever de produção prévia de prova documental, é importante. Permite superar definitivamente a discussão acerca da necessidade de "inversão do ônus da prova". Ao contrário, atribui-se ao empregador a consequência por sua deliberada omissão e, com isso, o recado é claro e extrapola o âmbito jurídico: a observância da limitação do tempo de trabalho – com todas as regras que a compõem – é indispensável, seja sob a perspectiva estritamente econômica, seja sob a perspectiva social.

Daí a fragilidade dos argumentos jurídicos que sustentam o discurso oficial. A principal razão jurídica invocada para a oitiva de testemunhas, mesmo quando o empregador falha em seu dever de produção prévia da documentação do horário de trabalho, é o "cerceamento de defesa". Com efeito, a Constituição de 1988 garante o direito fundamental à ampla defesa e ao contraditório. O reconhece, inclusive, "aos acusados em geral", e não apenas aos litigantes de um processo judicial ou administrativo.

A ampla defesa e o contraditório compõem a noção de "devido processo legal". Entretanto, há uma convergência da doutrina e da jurisprudência, sobretudo a partir da segunda metade do século XX, com o fenômeno da "constitucionalização do processo", de que a noção de devido processo legal não se resume a isso. Deve ser examinada sob o ponto de vista da realização da pretensão de direito material. Inclui, portanto, o direito a "um processo sem dilações indevidas" (CANOTILHO, 2000, p. 493), que confira tutela tempestiva e eficaz.

Nesse passo, não há mais falar em direito a um procedimento ordinário de cognição plenária, que se protraia no tempo e permita ao Juiz alcançar a *certeza* traduzida pela *descoberta da vontade da lei*. Se essa foi, em algum momento, a leitura do conteúdo desse princípio constitucional, ela não mais se justifica. O Juiz não é oráculo da Lei nem a "voz do TST". Essas afirmações, embora possam parecer ultrapassadas, tem de ser insistentemente repetidas. Decisões como aquela que analisei, em que o Juiz declara abertamente ter percebido que a súmula do TST contraria o texto legal, mas ainda assim a aplica, pressupõe tal racionalidade.

Em tais casos, que se repetem com extrema frequência, o Juiz se reconhece e atua como mero *oráculo*. Como uma voz que repete, autonomamente, a compreensão cristalizada em súmula, pelo órgão de cúpula do Poder Judiciário Trabalhista. Ora, o Juiz tem compromisso com o processo desde o seu ajuizamento. Ao deferir ou indeferir uma prova, está decidindo em favor de uma parte e necessariamente contra a outra.

A oitiva de testemunhas do empregador que não atendeu ao dever do art. 74 da CLT é o deferimento, à demandada, de uma dilação probatória que compromete não apenas o tempo de andamento do processo, mas também a própria efetividade da tutela. O que é pior, compromete o discurso social que rege as relações de trabalho, mesmo sob a perspectiva estritamente liberal.

O testemunho dos colegas de trabalho não conseguirá, por óbvio, reproduzir exatamente o momento em que o trabalhador iniciou e encerrou a sua jornada em cada um dos dias do *contrato*. Haverá, no máximo, referências aproximativas, quando não houver de fato declarações "construídas" para compor a "farsa" no momento da audiência. E isso não decorre necessariamente de uma vontade de mentir ao Juiz ou de intenção obscura do empregador. Decorre do fato singelo de que é humanamente impossível lembrar os horários exatos de realização do trabalho, sobretudo daquele que não é realizado pelo indivíduo de quem se exige tal prodigiosa memória.

Sequer é razoável presumir que o empregado realize suas tarefas laborais prestando atenção aos horários praticados por seus colegas de serviço. Imagine-se, então, exigir desse empregado que relembre tais horários, dois, três ou cinco anos depois, para então os declarar ao Juiz em audiência. É evidente que a prova testemunhal, sobretudo em relação à jornada, é uma prova falha. Essa é a razão pela qual o ordenamento jurídico, através da regra do art. 74 da CLT, exige a prévia documentação dos horários de trabalho. É também a razão pela qual a desobediência a esse dever legal deve implicar, como penalidade, o acolhimento da tese contrária.

Em tal caso, não se está a desprestigiar a busca da "verdade real". A verdade é uma questão amplamente discutida em âmbito filosófico, e com consequências jurídicas que estão intimamente ligadas à racionalidade moderna. É justamente o dogma da completude do ordenamento jurídico o que determina, quando da construção da racionalidade jurídica moderna, a noção de que o processo é o caminho para atingir a verdade contida no texto de lei.

A dificuldade em perceber ou aceitar isso, esta intimamente ligada à compreensão do processo como um conjunto de atos destinados a permitir ao Juiz alcançar a *verdade*. Essa compreensão remete a Francesco Carnelutti, cuja definição de lide é justamente a de conflito de interesses qualificado por uma pretensão resistida (CARNELUTTI, 1942. p. 34). Sob tal perspectiva, a lide só se estabelece no processo de conhecimento, em que uma parte busca do Poder Judiciário, que seu interesse prevaleça sobre o da outra parte.

A função processual consistiria em compor esse litígio. Essa redução do conceito de lide ao de *interese calificado por uma pretensión resistida*" é o pressuposto teórico que justifica a compreensão do mérito como o exame da matéria de fundo, que confere ao Juiz a *certeza*, ao final de um processo *declaratório*. Trata-se de uma concepção matemática do processo, como se ele reproduzisse a mesma "fórmula matemática" das ciências exatas: se os passos forem seguidos corretamente, ao final a *verdade* se revelará.

A alteração nas estruturas de poder e na forma de (re)produção social, engendrada pela burguesia como algo revolucionário, gerou a necessidade de que, na sequência imediata dos fatos, o pensamento conservador prevalecesse. Era preciso construir uma nova concepção de sociedade e é nesse ambiente que o Direito positivo se consolida. Esse pensamento conservador que naturaliza a realidade que ele próprio elabora (a realidade do capital e do Direito como instrumento de consolidação da relação de trocas), é exatamente o que dá ao Juiz a "tranquilidade de consciência, que lhe permite a ilusão de manter-se irresponsável".

Os dois principais compromissos ideológicos que exsurgem dessa compreensão do Direito e da própria função do Poder Judiciário são: "a ideia de que o juiz somente deve respeito à lei" (ou à súmula), sendo-lhe vedado decidir as causas segundo sua posição política, e a "tirania exercida pela economia sobre o resto". Daí a facilidade de produzir decisões que se fundamentam em súmulas, mesmo quando elas contrariam frontalmente o ordenamento jurídico. O Juiz assume com passividade a função de mero desvelador da "vontade da lei" (Chiovenda) ou da "vontade da súmula", produzindo o sonhado juízo de certeza" (SILVA, 2004, pp. 17-27).

É exemplo disso o fato de que comumente ouvimos a mídia, as partes ou mesmo o Tribunal, referirem-se à sentença do Juiz, dizendo: "estava errada a decisão" ou "o Juiz acertou". É por isso que existe tamanha resistência a decisões que indeferem a produção de determinadas provas ou abreviam o andamento do feito. Tais decisões estão *comprometendo* essa possibilidade de atingir a *verdade*.

A noção de que se atribui às partes a iniciativa de instauração e impulso do processo é decorrência disso (THEODORO JUNIOR, 1998, p. 27). O princípio dispositivo, em sua versão clássica, implica a compreensão de que à parte compete instar o Poder Judiciário a resolver o conflito de interesses verificado no mundo dos fatos e só a ela interessa o desenrolar do procedimento. O interesse para agir até hoje se caracteriza, seguindo esse referencial, pela necessidade que a parte tenha de provocar o Estado a decidir um conflito de interesses materiais.

Ora, o mérito envolve tudo o quanto se define a partir do processo. O interesse de agir não se resume à obtenção de declaração (certeza) a propósito da matéria de fundo. Examinar o mérito da demanda implica exercer cognição: conhecer e decidir a propósito da matéria que lhe é submetida, o que ocorre também durante o curso do processo, inclusive na fase de cumprimento da sentença. Disso tudo se extrai a necessidade de que os princípios do contraditório e da ampla defesa sejam examinados à luz da *razão* de ser do processo, qual seja, conferir eficácia à tutela jurisdicional de direitos.

Não se trata, portanto, de negar a existência da verdade – seja na realidade da vida ou no âmbito de um processo judicial – mas de reconhecê-la como "verdade existencial", verdade que se constrói na existência e que não corresponde necessariamente à realidade.

No âmbito do Direito, embora a noção positivista de verdade como subsunção tenha pretensamente sido superada pelo que se denomina neoconstitucionalismo, este salto para a compreensão de uma verdade existencial não ocorreu. Ao contrário, o abandono da "busca da verdade real" gestou uma doutrina e uma prática jurídica descomprometida com qualquer tentativa de reconstrução dos fatos vivenciados pelas partes.

Esse é o dado de fato, o problema real, que o CPC de 2015 parece querer enfrentar: a dissociação entre o conteúdo das decisões judiciais e o comprometimento com a busca da melhor versão dos fatos e com a aplicação do ordenamento jurídico vigente. O resultado da positivação de normas de "disciplina judiciária", como os já referidos arts. 332 e 927 do CPC, ou a obediência a súmulas contrárias à legislação vigente, como é o caso da 338, não apenas deixam de enfrentar e resolver o problema, como também o aguçam, pois estimulam a existência de uma espécie de legislação paralela. Em vez de seguir a lei, seja ela qual for, o juiz é estimulado a seguir a súmula, permanecendo sob a mesma lógica da aplicação subsuntiva, e, pois, desconectada não apenas da construção democrática das normas jurídicas, mas sobretudo do que está *no princípio mesmo* de determinado ramo do Direito.

O que está em discussão, portanto, para além da verdade possível, é o caráter pedagógico que se deve atribuir à decisão judicial, cujo resultado, para além da regulação do caso concreto, é sempre também um recado social. No âmbito das relações de trabalho, a cada sentença trabalhista, o Poder Judiciário também indica às partes, e à sociedade em geral, sua compreensão acerca da necessidade ou não de observância das normas trabalhistas regularmente editadas.

No exemplo aqui enfrentado, a regra do art. 74 da CLT, ao ser aplicada ao caso concreto, deve ser "contaminada" pelo princípio da proteção que a inspira e justifica. Sua compreensão pressupõe o reconhecimento da categoria de deveres fundamentais e de sua importância para a consolidação do projeto social contido na Constituição de 1988. Não é diferente com o processo. Enquanto instrumento de realização do direito material, a norma processual precisa ser compreendida e aplicada em consonância com o princípio que justifica a existência mesma das regras materiais. Por isso, sob a ótica constitucional, não há falar em plena disponibilidade da demanda, pelas partes. Não há falar em inércia absoluta do Juiz. Não há pensar em um Juiz que se limite a declarar a "vontade" previamente estabelecida por um entendimento sumulado.

O *contraditório*, ao qual Ovídio Baptista da Silva atribui o nome de "princípio da bilateralidade da audiência", corresponde ao direito da parte de ver suas alegações deduzidas em Juízo, sem que isso implique, necessariamente, a postergação do exame da matéria de fato, o deferimento de prova desnecessária ou a inércia judicial no decorrer do feito (SILVA, 2003). A doutrina processual reconhece até mesmo a possibilidade de contraditório *diferido*, em que a decisão do Juiz é proferida antes mesmo de ouvir a parte contrária, ou *eventual*.

É interessante observar a crescente preocupação com o estudo do princípio do contraditório de modo comprometido com a efetividade do processo. Cândido Rangel Dinamarco é exemplo disso. Assevera que o princípio do contraditório está diretamente relacionado à necessidade de instrumentalidade, de sorte que o processo deve atender aos preceitos constitucionais e favorecer a efetiva participação dos sujeitos interessados. Com isso, distancia-se do conceito de contraditório como mero direito a produzir prova (DINAMARCO, 2002, p. 159-62).

Por sua vez, a *ampla defesa* deve ser compreendida como o direito de conhecer as alegações da parte contrária e delas defender-se. Como bem esclarece Mitidiero, embora a ampla defesa determine, na lógica das relações processuais vigentes, a cognição plena e exauriente da matéria como regra geral, não impede o Legislador ou mesmo o Juiz de promoverem "cortes de cognição para a organização do processo" (SARLET; MARINONI; MITIDIERO, 2012, p. 654). Esses cortes são mesmo necessários, como no caso das tutelas de urgência e evidência ou das demandas cautelares, e envolvem tanto a profundidade com que o Juiz produz a prova, quanto as matérias em relação às quais é permitida a produção de prova.

O direito de produzir prova no processo não é, portanto, ilimitado. Ao contrário, encontra limites no tipo de cognição adotado para o procedimento, na existência ou não de controvérsia em relação ao fato e na existência de vedação legal à sua produção. Há proibição expressa, por exemplo, de produção de prova por meios ilícitos. O ordenamento jurídico também dispensa a prova de fatos "públicos e notórios". A própria realização de perícia, considerada prova indispensável para a aferição de condições insalubres ou perigosas de trabalho, pode ser dispensada em determinadas circunstâncias, sem que isso implique nulidade.

A jurisprudência trabalhista não tem dificuldades em aceitar o indeferimento de provas inúteis, apesar da determinação expressa nesse sentido (art. 370 do CPC):

> Caberá ao juiz, de ofício ou a requerimento da parte, determinar as provas necessárias à instrução do processo, indeferindo as diligências inúteis ou meramente protelatórias.

Ora, a produção de uma prova nem sempre aproxima o Juiz da melhor solução e muitas vezes implica quebra do próprio sistema jurídico. O caso da jornada (ou poderia ser do salário) é um bom exemplo. O indeferimento da prova inútil, que é exatamente do que se trata quando a empresa não apresenta os documentos com os quais deveria provar o horário do trabalhador, pressupõe o entendimento de que não há verdade a ser alcançada no processo. Como afirma Ovídio Baptista da Silva (2004, p. 28):

> Sabemos, embora nem todos tenham disposição de confessá-lo, que o direito é uma ciência da cultura, que labora com verdades contingentes, situando-se muito distante da matemática e muito próximo das ciências históricas; que o direito, afinal, é uma ciência da compreensão, não uma ciência explicativa, que o juiz, ao contrário do que desejava Chiovenda, tem sim vontade e que o ato jurisdicional é necessariamente discricionário.

Partindo dessa compreensão, há preservação do contraditório e da ampla defesa quando o Juiz, mesmo sem a oitiva de testemunhas, decide o feito com base na versão apresentada na petição inicial, em função de uma sanção legal expressamente prevista.

No processo do trabalho, caso a empresa não compareça à audiência, torna-se revel e confessa. Tratando-se de audiência una, isso implicará o impedimento da produção de provas e o acolhimento integral da versão contida na petição inicial. Essa norma, amplamente aceita e aplicada no cotidiano das lides trabalhistas, traz efeito similar àquele previsto nos arts. 400 e 443, do CPC, cuja aplicabilidade ao processo do trabalho também não é controvertida.

Além disso, o indeferimento de prova, nesse caso, tem importante conteúdo social. Indica ao empregador a necessidade de observância dos deveres de documentação contidos na CLT. Dá a medida da gravidade do descumprimento do ordenamento jurídico trabalhista, algo fundamental para a preservação da exploração do trabalho pelo capital sob limites de razoabilidade e suportabilidade.

O que está por trás da racionalidade expressada na Súmula n. 338 do TST é a resistência em aceitar juízos de verossimilhança, decisões que não sejam baseadas na certeza. Entretanto, como já referi, existem dois problemas aqui. O primeiro: a oitiva de testemunhas em nada garante a maior aproximação do Juiz à verdade. O segundo: não há verdade, enquanto reprodução de uma realidade pré-existente, a ser descoberta (SILVA, 2003, p. 269). Isso permite perceber que a tutela imediata e eficaz dos direitos não se contrapõe à noção de segurança jurídica. Em realidade, confirma-se o princípio do devido processo legal, quando se distribui o tempo necessário para a atividade probatória, atendendo às diretrizes normativas e às limitações que elas impõem.

O direito ao contraditório não equivale à cognição exaustiva, na exata medida em que o sistema convive em harmonia com inúmeras espécies de demandas sumárias, bem como admite formas de contraditório diferido e eventual. Por sua vez, o direito à ampla defesa deve conviver com o dever de atuar com lealdade e boa-fé, eximindo-se da prática de atos que pretendam a procrastinação indevida do feito, tal como a oitiva desnecessária de testemunhas.

Por fim, não há falar em devido processo legal, quando o ônus do tempo é distribuído de modo desigual entre as partes, onerando em demasia justamente o litigante que desde logo demonstra a verossimilhança de suas alegações. É o que ocorre quando, pela ausência de documentação – meio eleito como o único apto a demonstrar o horário de trabalho cumprido durante o período de execução do vínculo – o empregador descumpre seu dever legal e ainda pretende a audição de testemunhas.

Ao contrário do que comumente se pensa, o indeferimento da prova testemunhal nessas hipóteses constitui expressão de segurança jurídica. Quando instrui um processo em que há discussão acerca da jornada, o Juiz do Trabalho está vinculado à norma do art. 74 da CLT, que institui um dever legal de ordem material, diretamente relacionado ao processo. Se o processo não for efetivo, não há segurança na ordem jurídica. O resultado é a derrogação, ainda que tácita, do direito material a que corresponde. Esse Direito, mesmo comprometido com o capital, é também, ao mesmo tempo, o único espaço que a racionalidade burguesa *cede* a conquistas parciais, mas importantes, da classe trabalhadora.

A mensagem social outorgada às empresas, cada vez que um Juiz do Trabalho aplica a Súmula n. 338, é a de que não há mais necessidade de manter registro escrito da jornada. Portanto, cria-se uma situação de desvantagem para todos os empregadores que, em obediência à norma do art. 74 da CLT, seguem mantendo registros escritos dos horários de trabalho de seus empregados.

Ao contrário, prestigiar a norma do art. 74 da CLT, exigindo a observância do dever legal ali contido, implica conferir segurança jurídica às partes e aos terceiros que, atuando no mundo das relações de trabalho, procuram observar os deveres de conduta que lhe são impostos pelo ordenamento jurídico, e que são colocados em situação de manifesta desigualdade diante de empregadores (via de regra grandes empregadores) que simplesmente descumprem a legislação trabalhista e sonegam o direito ao pagamento das horas suplementares. Horas extraordinárias que, diga-se de passagem, já deviam ter sido proibidas pela ordem jurídica vigente, para que fosse real o limite ali inscrito, de 8h de trabalho por dia, consagrado mundialmente, pelo menos desde a Convenção n. 01 da OIT em 1919, como o máximo tolerável de tempo de vida passível de ser "vendido" ao empregador.

8. CONCLUSÃO

Inobstante o novo teor do art. 818 da CLT, através da Reforma Trabalhista, entende-se que pouco ou nada alterou de verdade, já que não se priorizou o conceito de ônus da prova e o da pretensão deduziza, fechando os olhos para a verdadeira realidade que deve nortear o processo do trabalho: a aptidão da prova e sua real disponiblidade. Deixa-se de criar e constituir um verdadeira vínculo entre o direito material e o processual, capaz de tornar a norma material cumprida a tempo e modo, sob pena de na judicialização ter-se uma efetividade dela, para permitir que o empregador a descumpra, sabendo que mais tarde no processo poderá produzir prova no lugar da sua obrigação material, e assim caminhamos para o Estado Poitético e não para o Ético.

A Súmula n. 338 do TST é apenas um exemplo do distanciamento entre o que diz o ordenamento jurídico e o que dele fazemos na prática judiciária. A questão fundamental é que essa prática acaba por determinar o que efetivamente vale para as relações sociais. Se é o Poder Judiciário que, em última instância, decide acerca da correção ou não dos atos dos empregados e empregadores na relação social de trabalho, de nada valerá o dever contido no art. 74 da CLT ou a sanção prevista no art. 443 do CPC. Prevalecerá o entendimento da Súmula n. 338 do TST.

A consequência já é e será cada vez mais a sonegação dos documentos que permitem a aferição da medida da troca entre capital e tempo de vida, quando judicializado o conflito. E, claro, a pretensão, cada vez mais recorrente, de produção de prova oral. O afastamento do juiz da realidade vivida entre as partes, que daí certamente decorrerá, nem será o mais grave. Grave será a permissão, que é corolário do uso dessa orientação jurisprudencial, para a exploração de trabalho, inclusive em jornada extraordinária, sem a devida contraprestação. Isso porque bastará em eventual futuro litígio trabalhista levar para a sala de audiência, um, dois ou quem sabe três trabalhadores da empresa, todos eles sem qualquer garantia contra a despedida, para que digam ao juiz que determinado colega de trabalho não realizava jornada extraordinária, e as horas extras exigidas e não documentadas, como determina a norma trabalhista, não serão passíveis de cobrança por meio do processo judicial.

A necessidade de superação desse entendimento repousa não apenas na circunstância de que contraria normas expressas, como também no fato de que existem obstáculos cada vez maiores para que o juiz ser livre, nos termos do art. 765 da CLT, bem como possa decidir em sentido diverso daquele sinalizado pela Súmula, notadamente no CPC atual e na alteração promovida pela Lei 13.015/2014, quando altera o art. 896 da CLT.

9. REFERÊNCIAS BIBLIOGRÁFICAS

ABRANTES, José João. *Contrato de trabalho e direitos fundamentais*. Coimbra: Coimbra Editora, 2005.

ALEXY, Robert. *Teoria dos direitos fundamentais*. São Paulo: Malheiros, 2008.

BARROS, Alice Monteiro de. *Curso de direito do trabalho*. 2. ed. São Paulo: LTr, 2006.

BRASIL. *Constituição da República Federativa do Brasil de 1988*. Disponível em: <http://www.planalto .gov.br/ccivil_03/Constituicao/Constituicao.htm>. Acesso em: 26 jun. 2014.

BRASIL. Decreto-Lei n. 5.452, de 1º de maio de 1943. Aprova a Consolidação das Leis do Traba-lho. Disponível em: <http://www.planal to.gov.br/ccivil_03/Decreto-Lei/Del5452.htm>. Acesso em: 26 jun. 2014.

BRASIL. Lei n. 7.855, de 24 de outubro de 1989. Altera a Consolidação das Leis do Trabalho, atua-liza os valores das multas trabalhistas, amplia sua aplicação, institui o Programa de Desenvolvi-mento do Sistema Federal de Inspeção do Trabalho e dá outras providências.Disponível em: <http://www.planal to.gov.br/ccivil_03/leis/L7855.htm>. Acesso em: 26 jun. 2017.

BRASIL. Lei n. 13.105, de 16 de março de 2015. Código de Processo Civil. Disponível em: <http://www.planalto.gov.br/CCIVIL_03/_Ato2015-2018/2015/Lei/L1 3105.htm>. Acesso em: 26 jun. 2017.

BRASIL. Tribunal Regional do Trabalho da 2ª Região. Recurso Ordinário 2710200505202005 SP 02710-2005-052-02-00-5. Relator: Odette Silveira Moraes, Data de Julgamento: 11 nov. 2009, 2ª TURMA. Data de Publicação: 01 dez. 2009. Disponível em: <http://www.jusbr asil.com.br/topicos/375833/prova-inutil>. Acesso em: 17 jul. 2014.

BRASIL. Tribunal Regional do Trabalho da 4ª Região. Recurso Ordinário 0000698-32.2012.5.04.0007. Data: 04 jun. 2014a. Origem: 7ª Vara do Trabalho de Porto Alegre. Redator: Iris Lima de Moraes. Disponível em: <http://www.trt4.jus.br/portal/portal/trt4/consulta s/consulta_rapida/ConsultaProcessualWindow?svc=co nsultaBean&nroprocesso=0000698=32-2012.5.04.0007.&operationdoProcesso&action=2&intervalo=90>. Acesso em: 11 jul. 2014.

BRASIL. Tribunal Regional do Trabalho da 10ª Região. Recurso Ordinário 6201101410006 DF 00006-2011-014-10-00-6. Relator: Juiz Paulo Henrique Blair, Data de Julgamento: 29 fev. 2012, 1ª Turma. Data de Publicação: 09 mar. 2012 no DEJT. Disponível em:<http://trt-10.jusbrasil.com.br/jurisprudencia/2 4363424/recurso-ordinario-ro-6201101410006-df-00006-2011-014-10-00-6-ro-trt-10>. Acesso em: 13 jul. 2014.

BRASIL. Tribunal Superior do Trabalho. Instrução normativa 39/2016. Dispõe sobre as normas do Código de Processo Civil de 2015 aplicáveis e inaplicáveis ao Processo do Trabalho, de forma não exaustiva. Disponível em: <http://www.tst.jus.br/documents/10157/429ac88e-9b78-41e5-ae28-2a5f8a27f1fe>. Acesso em: 26 jun. 2017.

BRASIL. Tribunal Superior do Trabalho. Orientação jurispurdencial 278. ADICIONAL DE INSALUBRIDADE. PERÍCIA. LOCAL DE TRABALHO DESATIVADO. DJ 11 ago. 2003. Disponível em: <http://www3.tst.j us.br/jurisprudencia/OJ_SDI_1/n_s1_261.htm>. Acesso em: 26 jun. 2017.

BRASIL. Tribunal Superior do Trabalho. Recurso de Revista 71-23.2012.5.19.0003. Relator Desembargador Convocado: João Pedro Silvestrin. Data de Julgamento: 18 jun. 2014. 8ª Turma. Data de Publicação: DEJT 24 jun. 2014a. Disponível em: <http://aplicacao5 .tst.jus.br/consultaunificada2/inteiroTeor.do?action=printInteiroTeor&format=html&highlight=true&numeroFormatado=RR%20-%20 71-23.2012.5.19.0003&base=acordao&rowid=AAANGhAA+AAANWmAAT&dataPublicacao=24/06/2014&localPublicacao=DEJT&query=>. Acesso em: 27 jun. 2014.

BRASIL. Tribunal Superior do Trabalho. Súmula n. 338. JORNADA DE TRABALHO. REGISTRO. ÔNUS DA PROVA. Disponível em: <http://www3. tst.jus.br/jurisprudencia/Sumulas_com_indice/Sumulas_Ind_301_350.html#SUM-338>. Acesso em: 26 jun 2014b.

CANARIS, Claus-Wilhelm. *Direitos fundamentais e direito privado*. Coimbra: Almedina, 2. reimpressão, 2009.

CALAMANDREI, Piero. *O processo como jogo*. Trad. Roberto Del Claro. Revista Gênesis. Curitiba, n. 23, p. 191-290, 2002.

CANOTILHO, J.J. Gomes. *Direito constitucional*. 6. ed. Coimbra: Almedina, 1993.

CARNELUTTI, Francesco. *Instituciones del nuevo proceso civil italiano*. Barcelona: Bosch, 1942.

DINAMARCO, Cândido Rangel. *A instrumentalidade do processo*. 10. ed. São Paulo: Malheiros, 2002.

ELFFMAN, Mario. *Questões e questionamentos sobre a justiça do trabalho*. Porto Alegre: HS Editora, 2014.

FACCHINI NETO, Eugênio. Reflexões Histórico-evolutivas sobre a constitucionalização do direito privado. In: SARLET, Ingo Wolfgang (Org.). *Constituição, direitos fundamentais e direito privado*. 2. ed. Porto Alegre: Livraria do Advogado, 2006.

FOUCAULT, Michel. *Vigiar e punir*. Rio de Janeiro: Vozes, 1997.

HABERMAS, Jürgen. *Direito e democracia entre facticidade e validade*. Rio de Janeiro: Tempo Brasileiro, 1997.

HEGEL, Georg Wilhelm Friedrich. *A razão na história*. 3. ed. São Paulo: Centauro, 2008.

KANT, Immanuel. *A paz perpétua e outros opúsculos*. São Paulo: Edições 70, 2009.

KROST, Oscar. *Crítica à sistemática da dispensa por justa causa no Brasil*: afronta aos princípios constitucionais da presunção de inocência, da função social do contrato e da continuidade da relação de emprego. Justiça do Trabalho. Porto Alegre v. 27, n. 322, p. 46-58, out. 2010. o site indicado não estava mais acessível.

MARQUES, Rafael da Silva. *Provocações e direito, direito do trabalho e processo do trabalho*. Porto Alegre: Sulina, 2013.

MARINONI, Luiz Guilherme; MITIDIERO, Daniel. *Curso de direito constitucional*. São Paulo: Revista dos Tribunais, 2012.

MARX, Karl. *Para a crítica da economia política*. São Paulo: Abril Cultural, 1982.

MELHADO, Reginaldo. *Poder e sujeição*. São Paulo: LTr, 2007.

NABAIS, José Casalta. *Por Uma liberdade com responsabilidade: estudos sobre direitos e deveres fundamentais*. Coimbra: Coimbra Editora, 2007.

PACHUKANIS, E.B. *Teoria geral do direito e marxismo*. São Paulo: Editora Acadêmica, 1988.

MIRANDA, Francisco Cavalcanti Pontes de. *Comentários ao código de processo civil*.: arts. 282 a 443. Rio de Janeiro: Forense, 1996. Tomo IV.

_____ Cavalcanti Pontes de. *Tratado de direito privado*. Parte Geral. São Paulo: Bookseller, 2000. Tomo V.

PAULA, Carlos Alberto Reis de. *A especificidade do ônus da prova no processo do trabalho*. 2. ed. São Paulo: LTr, 2010.

RALWS, John. *O liberalismo político*: elementos básicos. São Paulo: Ática, 2000.

RUSSOMANO, Mozart Victor. *Comentários à consolidação das leis do trabalho*. 7. ed. Arts. 1 a 128. Rio de Janeiro: José Konfino, 1966. v. 1.

SARLET, Ingo Wolfgang (Org.). *A constituição concretizada: construindo pontes com o público e o privado*. Porto Alegre: Livraria do Advogado, 2000.

SARLET, Ingo Wolfgang. *A influência dos direitos fundamentais no direito privado: o caso brasileiro*. In: MONTEIRO, Antonio Pinto. NEUNER, Jorg. SARLET, Ingo (Orgs.). Direitos fundamentais e direito privado: uma perspectiva de direito comparado. Coimbra: Almedina, 2007.

SARLET, Ingo Wolfgang; MARINONI, Luiz Guilherme; MITIDIERO, Daniel. *Curso de direito constitucional*. São Paulo: Revista dos Tribunais, 2012.

SILVA, Ovídio A. Baptista da. *Curso de processo civil: processo de conhecimento*. 6. ed. São Paulo: Revista dos Tribunais, 2002a. v. 1.

_____. *Da sentença liminar à nulidade da sentença*. Rio de Janeiro: Forense, 2002b.

_____. *Jurisdição e execução na tradição romano-canônica*. 2. ed. São Paulo: Revista dos Tribunais, 1997.

_____. *Processo e ideologia*. Rio de Janeiro: Forense, 2004a.

_____. Tendências do direito processual contemporâneo. *Revista da Academia Brasileira de Direito Constitucional*. Curitiba: Academia Brasileira de Direito Constitucional, n.5, 2004b.

_____. *Sentença e coisa julgada*. Rio de Janeiro: Forense, 2003.

STEIN, Ernildo. *Sobre a verdade*: lições preliminares ao § 44 de ser e tempo. Ijuí: Unijuí, 2006.

STEINMETZ, Wilson Antônio. *Colisão de direitos fundamentais e princípio da proporcionalida-de*. Porto Alegre: Livraria do Advogado, 2001.

STRECK, Lenio Luiz; ABBOUD, Georges. *O que é isto: o precedente judicial e as Súmulas Vinculantes?* 2. ed. Porto Alegre: Livraria do Advogado, 2014. (Coleção o que é)

STRECK, Lenio Luiz. Súmula Não Vinculante 500 do STJ é inconstitucional e illegal. *Revista Consultor Jurídico*, 8 nov. 2013. Disponível em: <http://www.conjur.com.br/2013-nov-08/lenio-streck-sumula-na o-vinculante-500-supremo-inconstitucional-ilegal>. Acesso em: 11 jul. 2014.

STRECK, Lenio Luiz. *Verdade e consenso: constituição, hermenêutica e teorias discursivas*. 4. ed. São Paulo: Saraiva, 2011.

SÜSSEKIND, Arnaldo; MARANHÃO, Délio; VIANNA, Segadas; TEIXEIRA, Lima. *Instituições de direito do trabalho*. 22. ed. São Paulo: LTr, 2005. v. 2.

TARUFFO, Michele. *La semplice verità: il giudice e la costruzione dei fatti*. Bari: Laterza, 2009.

TESHEINER, José Maria Rosa. *Elementos para uma teoria geral do processo*. São Paulo. Saraiva,1993.

THEODORO JUNIOR, Humberto. *Curso de direito processual civil*. 23. ed. Rio de Janeiro: Forense, 1998. v. 1.

WARAT, Luiz Alberto. *Introdução geral ao direito: a epistemologia jurídica da modernidade*. Porto Alegre: Sergio Fabris, 2006. v. 2.

Ação Civil Pública Contra o fim da Obrigatoriedade de Recolhimento do Imposto Sindical

Leonardo Tibo Barbosa Lima [1]

1. INTRODUÇÃO

A Lei n. 13.467/2017 alterou os arts. 545, 578, 579, 582, 583, 587 e 602, e revogou os arts. 601 e 604 da CLT, promovendo modificações no instituto do imposto sindical de impacto profundo na receita de sindicatos, federações, confederações e centrais.

A reação das entidades sindicais tem sido intensa e travada basicamente em duas esferas, a primeira no STF, por meio de ações diretas de inconstitucionalidade (v. g., ADIs 5.794, 5.810, 5.811, 5.813, 5.815 e 5.850), e a segunda, na Justiça do Trabalho de primeira instância, mediante Ações Civis Públicas, normalmente com pedido liminar de determinação de recolhimento das contribuições sindicais (por exemplo, as ACP's 0001183-34.2017.5.12.0007, 0010044-53.2018.5.03.0062 e 0010112-97.2018.5.18.0122).

Os fundamentos dessas ações têm em comum a inconstitucionalidade formal da Lei n. 13.467/2017.

O meio escolhido no STF não desperta maiores debates, haja vista que a ADI é mesmo a ação adequada para a pretensão de declaração de inconstitucionalidade de Lei federal. O mesmo não ocorre em relação à Ação Civil Pública, que tem requisitos específicos previstos em Lei especial (Lei n. 7.347/1985), fato que tem gerado toda sorte de decisões, desde a extinção por inadequação da via eleita até o deferimento de liminar, garantindo o desconto e repasse das contribuições sindicais.

O objetivo do artigo é, pois, examinar o cabimento da Ação Civil Pública para obtenção de tutela de obrigação de desconto e repasse do imposto sindical. A abordagem será feita na perspectiva do Direito Processual, de maneira que o mérito relativo ao imposto sindical só será examinado de passagem.

O artigo tem início com a apresentação de uma síntese das alterações promovidas pela Lei n. 13.467/2017 em relação ao imposto sindical, com aproveitamento de exame que consta de capítulo em obra coletiva de nossa autoria (BERNARDES e outros, 2018). Em seguida, tece breves comentários sobre a argumentação de inconstitucionalidade das modificações, avança examinando o cabimento da ação civil pública para tutela da pretensão de desconto e repasse do imposto sindical e encerra, concluindo pelo não cabimento da Ação Civil Pública, mas sim de ação trabalhista ordinária, para a tutela da pretensão citada.

2. ALTERAÇÕES PROMOVIDAS PELA LEI N. 13.467/2017 NO IMPOSTO SINDICAL

Em que pese o fato de os sindicatos possuírem natureza de entidades associativas de natureza privada, são regidos por normas de direito coletivo do trabalho, o que lhes confere certas prerrogativas, entre as quais se destaca a atribuição de representar toda a categoria, independentemente de filiação dos respectivos membros (art. 513, "a", da CLT). Outra prerrogativa é a de instituir e cobrar contribuições sindicais, de natureza parafiscal, de todos os membros da categoria, sejam filiados ou não (arts. 578 a 610 da CLT).

Isso é fruto da história do sindicalismo brasileiro, que é marcada pelo corporativismo, ideologia que vê no sindicato uma extensão do *corpo* do Estado e acaba permitindo a interferência deste naquele.

A Convenção 98 da OIT (ratificada pelo Decreto n. 33.196, de 29.6.53) caminha em sentido oposto, visando conferir a garantia da liberdade de organização interna dos sindicatos. Por isso é que o clamor pelo fim dessa espécie de contribuição sempre foi forte.

O sindicato possui ao menos outras três espécies de receitas contributivas, além da contribuição ou imposto sindical: a) *contribuição associativa* ou *mensalidade* (art. 548, "b", da CLT), de natureza não tributária, com fato gerador previsto no estatuto da entidade; b) *contribuição assistencial* (art. 513, "e", da CLT), que também não possui natureza tributária e tem fato gerador previsto nas negociações coletivas, com a finalidade de repor as despesas da negociação; e c) *contribuição confederativa* (art. 8º, IV, da CF), que não possui natureza tributária, tem fato gerador previsto em deliberação da assembleia geral e tem por fim custear as atividades não essenciais das entidades que compõem o sistema confederativo (sindicatos, federações e confederações).

---

1. Doutor em Direito Privado e Mestre em Direito do Trabalho pela PUC/MG. Especialista em Direito Público pela UGF/RJ. Juiz do Trabalho substituto do TRT da 3ª Região.

Em comum, essas demais receitas possuem a característica de somente serem exigidas dos membros filiados às entidades sindicais (Súmula Vinculante n. 43 do STF e OJ 17, da SDC, do TST).

A contribuição sindical ou imposto sindical, diferentemente, destina-se ao custeio das atividades típicas do sindicato e é devida por todos que participam da respectiva categoria (art. 579 da CLT), econômica ou profissional, independentemente de filiação, porque os benefícios da negociação coletiva não ficam restritos aos filiados. Ela é devida uma vez ao ano, sendo que a *profissional* corresponde a 1/30 do salário pago no mês de fevereiro ao empregado, a ser descontado em março (art. 582, § 2º, *b*, da CLT), e, a *patronal*, a uma importância proporcional ao capital social da empresa (art. 580 da CLT). O recolhimento efetuado fora do prazo enseja a imposição de multa de 10% nos 30 primeiros meses, adicional de 2% por mês subsequente de atraso, de juros de mora de 1% e correção monetária (art. 600 da CLT).

A Lei n. 13.467/2017 promoveu alterações significativas no imposto sindical, as quais estão demonstradas no seguinte quadro comparativo:

Redação anterior	Nova redação
Art. 545. Os empregadores ficam obrigados a descontar na folha de pagamento dos seus empregados, desde que por eles devidamente autorizados, as contribuições devidas ao Sindicato, quando por este notificados, salvo quanto à contribuição sindical, cujo desconto independe dessas formalidades. Parágrafo único. O recolhimento à entidade sindical beneficiária do importe descontado deverá ser feito até o décimo dia subsequente ao do desconto, sob pena de juros de mora no valor de 10% (dez por cento) sobre o montante retido, sem prejuízo da multa prevista no art. 553 e das cominações penais relativas à apropriação indébita.	Art. 545. Os empregadores ficam obrigados a descontar da folha de pagamento dos seus empregados, desde que devidamente autorizados, as contribuições devidas ao sindicato, quando por este notificados. (...)
Art. 578. As contribuições devidas aos Sindicatos pelos que participem das categorias econômicas ou profissionais ou das profissões liberais representadas pelas referidas entidades serão, sob a denominação do "imposto sindical", pagas, recolhidas e aplicadas na forma estabelecida neste Capítulo.	Art. 578. As contribuições devidas aos Sindicatos pelos participantes das categorias econômicas ou profissionais ou das profissões liberais representadas pelas referidas entidades serão, sob a denominação de contribuição sindical, pagas, recolhidas e aplicadas na forma estabelecida neste Capítulo, desde que prévia e expressamente autorizadas. (NR)
Art. 579. A contribuição sindical é devida por todos aqueles que participarem de uma determinada categoria econômica ou profissional, ou de uma profissão liberal, em favor do sindicato representativo da mesma categoria ou profissão ou, inexistindo este, na conformidade do disposto no art. 591.	Art. 579. O desconto da contribuição sindical está condicionado à autorização prévia e expressa dos que participarem de uma determinada categoria econômica ou profissional, ou de uma profissão liberal, em favor do sindicato representativo da mesma categoria profissional ou inexistindo este, na conformidade do disposto no art. 591 desta Consolidação. (NR)
Art. 582. Os empregadores são obrigados a descontar, da folha de pagamento de seus empregados relativa ao mês de março de cada ano, a contribuição sindical por estes devida aos respectivos sindicatos. § 1º Considera-se um dia de trabalho, para efeito de determinação da importância a que alude o item I do Art. 580, o equivalente: a) a uma jornada normal de trabalho, se o pagamento ao empregado for feito por unidade de tempo; b) a 1/30 (um trinta avos) da quantia percebida no mês anterior, se a remuneração for paga por tarefa, empreitada ou comissão. § 2º Quando o salário for pago em utilidades, ou nos casos em que o empregado receba, habitualmente, gorjetas, a contribuição sindical corresponderá a 1/30 (um trinta avos) da importância que tiver servido de base, no mês de janeiro, para a contribuição do empregado à Previdência Social.	Art. 582. Os empregadores são obrigados a descontar, da folha de pagamento de seus empregados relativa ao mês de março de cada ano, a contribuição sindical dos empregados que autorizam prévia e expressamente o seu recolhimento aos respectivos sindicatos. (...) (...)

Redação anterior	Nova redação
Art. 583. O recolhimento da contribuição sindical referente aos empregados e trabalhadores avulsos será efetuado no mês de abril de cada ano, e o relativo aos agentes ou trabalhadores autônomos e profissionais liberais realizar-se-á no mês de fevereiro. § 1º. O recolhimento obedecerá ao sistema de guias, de acordo com as instruções expedidas pelo Ministro do Trabalho. § 2º. O comprovante de depósito da contribuição sindical será remetido ao respectivo Sindicato; na falta deste, à correspondente entidade sindical de grau superior, e, se for o caso, ao Ministério do Trabalho.	Art. 583. O recolhimento da contribuição sindical referente aos empregados e trabalhadores avulsos será efetuado no mês de abril de cada ano, e o relativo aos agentes ou trabalhadores autônomos e profissionais liberais realizar-se-á no mês de fevereiro, observada a exigência de autorização prévia e expressa prevista no art. 579 desta Consolidação. (...) (...)
Art. 587. O recolhimento da contribuição sindical dos empregadores efetuar-se-á no mês de janeiro de cada ano, ou, para os que venham a estabelecer-se após aquele mês, na ocasião em que requeiram às repartições o registro ou a licença para o exercício da respectiva atividade.	Art. 587. Os empregadores que optarem pelo recolhimento da contribuição sindical deverão faze-lo no mês de janeiro de cada ano, ou, para os que venham a se estabelecer após o referido mês, na ocasião em que requererem às repartições o registro ou a licença para o exercício da respectiva atividade. NR
Art. 601. No ato da admissão de qualquer empregado, dele exigirá o empregador a apresentação da prova de quitação do imposto sindical.	Art. 601 (revogado)
Art. 602. Os empregados que não estiverem trabalhando no mês destinado ao desconto do imposto sindical serão descontados no primeiro mês subsequente ao do reinício do trabalho. Parágrafo único. De igual forma se procederá com os empregados que forem admitidos depois daquela data e que não tenham trabalhado anteriormente nem apresentado a respectiva quitação.	Art. 602. Os empregados que não estiverem trabalhando no mês destinado ao desconto da contribuição sindical e que venham a autorizar prévia e expressamente o recolhimento serão descontados no primeiro mês subsequente ao do reinício do trabalho. (...)
Art. 604. Os agentes ou trabalhadores autônomos ou profissionais liberais são obrigados a prestar aos encarregados da fiscalização os esclarecimentos que lhes forem solicitados, inclusive exibição de quitação do imposto sindical.	Art. 604 (revogado)

Com efeito, apesar de não extinguir o imposto sindical, a nova Lei restringiu sua incidência, limitando sua cobrança apenas aos membros da categoria que autorizarem o respectivo desconto, de forma prévia e expressa (arts. 545, 578 e 579 da CLT). Dessa forma, autorizado o desconto, o membro da categoria ficará sujeito ao imposto sindical, nos moldes tradicionais da legislação.

A exigência da autorização prévia e expressa também foi firmada em relação aos empregadores (art. 587 da CLT), aos empregados avulsos e aos trabalhadores autônomos (art. 583 da CLT).

Em vista disso, o empregador não tem mais a obrigação de exigir do empregado, por ocasião da admissão, a apresentação de prova de quitação do imposto sindical (foram revogados o art. 601 e o parágrafo único, do art. 602, da CLT, que faziam essa exigência). De igual forma, os trabalhadores autônomos não mais estão obrigados a prestar esclarecimentos aos fiscais que lhes exigirem comprovantes de quitação do imposto sindical (o art. 604 da CLT foi revogado).

3. PRINCIPAIS ARGUMENTOS DE MÉRITO CONTRA AS ALTERAÇÕES DA LEI N. 13.467/2017

Muito embora o objeto deste artigo esteja restrito à perspectiva processual do tema, vale tecer breves comentários sobre a fundamentação de mérito, pois ela também será necessária para a investigação do cabimento da Ação Civil Pública.

Em regra, as entidades sindicais têm ajuizado Ação Civil Pública pleiteando, como tutela definitiva, a determinação para que o empregador cumpra obrigação de realizar o desconto, o cálculo e o repasse da contribuição sindical tributária incidente sobre a remuneração no mês de março dos anos de competência. Para tanto, argumentam que a Lei n. 13.467/17, relativamente às alterações promovidas nos arts. 545, 578, 579, 582, 583, 587, 602, e às revogações dos arts. 601 e 604, da CLT, são inconstitucionais por ofensa ao art. 146, III, "a" e "b", da CF.

Como tutela provisória antecipada de urgência, as entidades sindicais têm pedido que o empregador cumpra obrigação de realizar o desconto, o cálculo e o repasse da contribuição sindical tributária incidente sobre a remuneração no mês de março das competências vencidas e vincendas.

No mérito, os argumentos estão calcados na inconstitucionalidade das alterações e revogações realizadas pela Lei n. 13.467/2017.

Com efeito, a natureza tributária (parafiscal) do imposto sindical está fartamente reconhecida na jurisprudência do STF (v. g., MS 28465, MI 144, RE 146.733), do TST (veja-se RR 33300-28.2008.5.03.0045) e do STJ (RMS 38.416), razão pela qual a alteração do fato gerador (que deixou de decorrer do *pertencimento a uma categoria*, para se transformar em *autorização prévia de quem pertencer a uma categoria*) só poderia ter sido realizada por Lei Complementar (art. 146, III, "a" e "b", da CF). Os indícios de inconstitucionalidade formal, portanto, são evidentemente fortes.

Além disso, a Lei n. 13.467/2017, que tem natureza de Lei ordinária, tornou o imposto sindical facultativo, o que não é compatível com a própria natureza das espécies tributárias, porque "tributo é toda prestação pecuniária *compulsória*, em moeda ou cujo valor nela se possa exprimir, que não constitua sanção de ato ilícito, instituída em Lei e cobrada mediante atividade administrativa plenamente vinculada." (art. 3º do CTN, grifou-se).

O tema é bem explicado na decisão interlocutória proferida pelo MM. Juiz do Trabalho, Dr. Radson Rangel Ferreira Duarte, nos autos do processo 0010112-97.2018.5.18.0122:

> Não se nega que a União poderia simplesmente afirmar: não existe mais o tributo "contribuição sindical".
>
> Mas, essa opção política deveria ser manejada pelo veículo correto, seja uma emenda constitucional (a meu ver, o veículo correto, à medida que exclui do texto constitucional um de seus tributos) ou, pelo menos, por meio de Lei complementar.
>
> Mas, jamais, por meio de uma Lei ordinária, como é o caso da Lei n. 13.467/2017.
>
> Ora, a Lei n. 13.467/2017 veio dizer que uma espécie tributária não é compulsória, mas sim facultativa (pode se imaginar se fizesse isso em relação ao imposto de renda, por exemplo...), inovando o conceito de tributo estabelecido no texto do Código Tributário Nacional. Ao inovar o conceito de tributo, mencionada alteração legal agiu em descompasso do que estabelece a Constituição Federal, que exige, no mínimo, Lei (e aqui não firmo compromisso complementar, senão emenda constitucional hermenêutico nesse particular, pois, segundo penso, numa leitura inicial, parece-me realmente ser necessário alterar o próprio texto constitucional pois se trata de um tributo previsto no texto magno).

Observa-se, pois, que há manifesto vício de natureza formal em relação às modificações produzidas pela Lei n. 13.467/2017 no instituto do imposto sindical, capaz de eivá-la de inconstitucionalidade "chapada" ou de fácil identificação, a ponto de superar a presunção geral de constitucionalidade de que gozam todas as leis.

Não obstante, a pretensão decorrente desse fato precisa ser transformada em demanda, por meio do direito de ação, pelo que se exige a demonstração dos sujeitos da relação jurídica, da causa de pedir e do pedido.

É bem de se ver que há muito a teoria processual abandonou a sistemática de classificação das ações, de maneira que qualquer demanda pode ser veiculada em uma ação comum ou ordinária. Todavia, há ações cujo procedimento especialmente criado para determinados tipos de demanda, como é o caso do Mandado de Segurança (Lei n. 12.016/2009) e da Ação Civil Pública (Lei n. 7.347/1985). É dizer, para fazer uso do procedimento especial dessas ações, a demanda deve estar adequada aos respectivos requisitos.

A adequação entre a pretensão em comento e a Lei n. 7.347/1985 será examinado no tópico seguinte.

4. AÇÃO CIVIL PÚBLICA COMO TUTELA PARA A PRETENSÃO DE DESCONTO E REPASSE DO IMPOSTO SINDICAL

A ação civil pública é uma espécie de *dissídio metaindividual*, destinada a tutelar direitos difusos, coletivos (art. 1º, IV, da Lei n. 7.347/1985) e individuais homogêneos, sendo possível fazer pedido condenatório de pagamento pecuniário ou de cumprimento de obrigação de fazer ou de não fazer (art. 3º da Lei n. 7.347/1985).

As características dos direitos metaindividuais são definidas pelo art. 81 do CDC e pelo art. 21 da LMS (Lei n. 12.016/2009), a partir de diferenças subjetivas (substituídos) e objetivas (origem).

A classificação é feita da seguinte forma: a) *interesses ou direitos difusos*, assim entendidos os transindividuais, de natureza indivisível, de que sejam titulares pessoas indeterminadas e ligadas por circunstâncias de fato; b) *interesses ou direitos coletivos*, assim entendidos os transindividuais, de natureza indivisível, de que seja titular grupo, categoria ou classe de pessoas ligadas entre si ou com a parte contrária por uma relação jurídica base; e c) *interesses ou direitos individuais homogêneos*, assim entendidos os decorrentes de origem comum.

Para a maior parte da doutrina, não há diferença relevante entre os termos *interesse* e *direito*, os quais foram utilizados como sinônimos pelo legislador.

Por sua vez, a *relação jurídica base*, que caracteriza o direito coletivo, é a que une pessoas em torno de um grupo, categoria ou classe, como o estatuto de uma entidade sindical ou o contrato de trabalho, por exemplo.

Entre os direitos difusos, coletivos e individuais homogêneos, o art. 1º da Lei n. 7.347/1985 apresenta rol exemplificativo, mencionando direitos decorrentes de danos morais e patrimoniais causados ao meio ambiente, ao consumidor, a bens e direitos de valor artístico, estético, histórico, turístico e paisagístico, por infração da ordem econômica e à ordem urbanística.

Todavia, no parágrafo único do referido artigo, o legislador vedou o uso da Ação Civil Pública para veicular pretensões que envolvam tributos, contribuições previdenciárias, Fundo de Garantia por Tempo de Serviço ou outros fundos de natureza institucional, cujos beneficiários possam ser individualmente determinados:

> Art. 1º Regem-se pelas disposições desta Lei, sem prejuízo da ação popular, as ações de responsabilidade por danos morais e patrimoniais causados: (Redação dada pela Lei n. 12.529, de 2011).
>
> I – ao meio-ambiente;
>
> II – ao consumidor;
>
> III – a bens e direitos de valor artístico, estético, histórico, turístico e paisagístico;
>
> IV – a qualquer outro interesse difuso ou coletivo. (Incluído pela Lei n. 8.078 de 1990)
>
> V – por infração da ordem econômica; (Redação dada pela Lei n. 12.529, de 2011).
>
> VI – à ordem urbanística. (Incluído pela Medida provisória n. 2.180-35, de 2001)
>
> VII – à honra e à dignidade de grupos raciais, étnicos ou religiosos. (Incluído pela Lei n. 12.966, de 2014)
>
> VIII – ao patrimônio público e social. (Incluído pela Lei n. 13.004, de 2014)
>
> Parágrafo único. *Não será cabível ação civil pública para veicular pretensões que envolvam tributos*, contribuições previdenciárias, o Fundo de Garantia do Tempo de Serviço – FGTS ou outros fundos de natureza institucional cujos beneficiários podem ser individualmente determinados. (Incluído pela Medida provisória n. 2.180-35, de 2001) (Grifei)

Esse parágrafo foi incluído pela Medida Provisória n. 2.180-35/01, entre outros motivos, no caso do FGTS, para evitar um conflito de interesses entre o substituto processual e os substituídos. Já a vedação sobre a matéria tributária visa impedir que o efeito *erga omnes* da sentença proferida em Ação Civil Pública transforme-se em equivalente ao do controle concentrado de constitucionalidade, o que usurparia a competência exclusiva do STF.

No caso em apreço, a pretensão das entidades sindicais envolve justamente o exame de matéria tributária, o que é vedado em sede de Ação Civil Pública.

Outra questão processual que dificulta o cabimento da ACP na hipótese em comento é a *legitimidade ativa*.

A legitimidade ativa para ajuizamento de um dissídio metaindividual é *extraordinária* (para atuar em nome próprio, na defesa de direito alheio) ou *autônoma* (para atuar em nome próprio, da defesa de direito difuso), razão pela qual o substituto processual só será reconhecido como tal por Lei (art. 18 do CPC de 2015).

Os substitutos processuais são os descritos no art. 82 do CDC e no art. 5º da Lei n. 7.437/1985, quais sejam: a) Ministério Público; b) União, Estados, DF e Municípios; c) Autarquias, fundações públicas, empresas públicas e sociedades de economia mista; d) Defensoria Pública; e) Sindicatos; e f) Associações constituídas há mais de um ano, cujos estatutos incluam, entre suas finalidades, a defesa das pretensões que serão objeto de demanda.

Por um lado, é certo que o STF já interpretou que a legitimidade extraordinária conferida pelo art. 8º, III, da CF, aos sindicatos para atuarem como substituto processual, na defesa dos interesses coletivos e individuais homogêneos da categoria, é ampla (RE 182.543-0-SP, RE 202.063-0-PR, MI 347-5-SC, RE-AGR 213.974, AI-AGR-ED 630.886, AI-AGR453.031, AI-AGR 422.148 e RE n. 210.029/RS), o que motivou o cancelamento da Súmula n. 310 do TST, por meio da Resolução n. 119/2003, que exigira a apresentação de rol de substituídos.

Todavia, por outro lado, o caso em exame não é de legitimidade extraordinária, mas sim de legitimidade *ordinária*, porque o imposto sindical é direito de titularidade das entidades sindicais, de maneira que estas vêm a juízo pleitear *direito próprio em nome próprio*. Não fosse assim, haveria manifesto conflito de interesses entre as entidades sindicais e as categorias que elas representam.

A *legitimidade passiva* também é uma questão processual que desperta polêmica.

Na Ação Civil Pública, a legitimidade passiva recai sobre o responsável pela violação dos direitos difusos, coletivos e individuais homogêneos, bem assim sobre aquele que tinha o dever jurídico de evitar a lesão:

> "Já em relação à legitimidade passiva, o entendimento se firma no sentido de que qualquer pessoa, física ou jurídica, de direito público ou privado poderá atuar como ré ou corré. Legitimado passivo para atuar na demanda é todo o 'causador da lesão (...) ou aquele que tinha o dever jurídico de evita-la. Em complemento, diz-se que as regras processuais atinentes ao litisconsórcio também se aplicam, seja o necessário ou facultativo nos termos do art. 47 do CPC." (STÜMER; STÜMER, 2016, p. 92).

Com efeito, o sujeito passivo da obrigação tributária e, portanto, titular do direito do qual é objeto a pretensão resistida, são todos os indivíduos que participam da categoria. São eles, em tese, que deveriam constar do polo passivo da ação e não o empregador, cuja responsabilidade é apenas de realizar o desconto e o repasse do tributo.

É bem verdade que o empregador é o responsável pelo cumprimento da obrigação tributária, o que o torna parte legítima a figurar no polo passivo de uma eventual ação ordinária. Todavia, é preciso considerar que a Lei n. 13.467/2017 garante ao contribuinte (membro da categoria) o direito de só sofrer desconto relativo ao imposto sindical mediante sua autorização prévia e expressa, o que lhe confere direito líquido e certo defensável por meio de mandado de segurança. Fica claro que a eficácia da sentença na ação ordinária que busca o retorno da natureza compulsória da contribuição sindical depende da participação dos contribuintes, o que torna o litisconsórcio passivo necessário (art. 114 do CPC). Isso evitaria uma enxurrada de mandados de segurança, inclusive.

Ademais, vale lembrar que, no caso da categoria profissional, o empregador apenas realiza o desconto e o repasse da contribuição sindical, isto é, o custeio é feito pelo contribuinte, de maneira que não seria inesperado que o empregador, figurando como réu único, seja na ação civil pública, seja na ação ordinária, simplesmente optasse pela revelia, o que certamente lhe traria menos despesas do que insistir no litígio. Poderia, ainda, o réu, aceitar um "acordo", pelo qual se comprometeria a fazer o desconto e o repasse. Essas situações tornam evidente a natureza necessária do litisconsórcio passivo.

Por fim, é preciso dizer que a Ação Civil Pública só se compatibiliza com o controle *incidental* de inconstitucionalidade, pelo que não admite pedido declaratório de inconstitucionalidade, mas apenas condenatório, com fundamento na inconstitucionalidade. Nesse sentido é a jurisprudência do STF:

> "O Supremo Tribunal Federal tem reconhecido a legitimidade da utilização da ação civil pública como instrumento idôneo de fiscalização incidental de constitucionalidade, pela via difusa, de quaisquer leis ou atos do Poder Público, mesmo quando contestados em face da Constituição da República, desde que, nesse processo coletivo, a controvérsia constitucional, longe de identificar-se como objeto único da demanda, qualifique-se como simples questão prejudicial, indispensável à resolução do litígio principal." (Rcl 1.733)

Por tudo quanto foi dito, fica claro que a pretensão das entidades sindicais em relação ao empregador, quanto ao desconto e repasse do imposto sindical, não é compatível com a Ação Civil Pública. Fica evidenciada a inadequação da via eleita, porque a ACP não versa sobre direitos difusos, coletivos ou individuais homogêneos, mas sim sobre direitos individuais da parte autora, em relação aos quais as pretensões ou se voltam contra os sujeitos passivos da obrigação tributária (membros da categoria) ou contra a União, que é o ente federativo responsável pela edição da Lei que, em tese, violou os direitos da parte autora.

No nosso sentir, a demanda deve ser veiculada por meio de ação trabalhista, movida pelas entidades sindicais contra o empregador e todos os membros da categoria, por força de litisconsórcio necessário. Isso evitaria, inclusive, que os membros da categoria eventualmente impetrassem mandado de segurança contra eventuais liminares concedidas ou ajuizassem ações individuais contra o empregador e as entidades sindicais, pleiteando tutela inibitória para impedir o desconto e o repasse do imposto sindical, com base na Lei n. 13.467/2017, que tem presunção de constitucionalidade. Caso isso acontecesse, seria grande o risco de haver conflitos de decisões, sem contar o número expressivo de processos que seriam ajuizados, de forma pulverizada, sobre o mesmo tema, congestionando ainda mais a Justiça do Trabalho.

Os problemas advindos de um litisconsórcio passivo multitudinário poderiam ser amenizados por meio de procedimento pré-determinado pelo juízo, por exemplo, determinando a citação dos réus por meio de edital a ser afixado nos locais de trabalho, estabelecendo prazo para manifestação por escrito dos interessados e dispensando a realização de audiências, seja inicial, seja de instrução, tendo em vista que a matéria não demanda dilação probatória.

Além disso, em se tratando de matéria de direito, a eventual revelia de alguns dos contribuintes não afetaria o julgamento do mérito, considerando também que a contestação de apenas um deles já seria suficiente para obstar os efeitos da revelia (art. 844, §4º, da CLT).

Em todo o caso, não se pode prescindir da intimação do Ministério Público do Trabalho (art. 83, II, da LC n. 75/93).

5. CONCLUSÃO

No atual estágio da teoria do direito processual, qualquer demanda pode ser veiculada em uma ação comum ou ordinária. Mas a Ação Civil Pública possui procedimento destinado a tutelar especificamente os direitos metaindividuais, razão pela qual a demanda deve estar adequada aos requisitos da Lei n. 7.347/1985.

A pretensão que objetiva a continuidade no desconto e recolhimento das contribuições sindicais, calcada em argumentação de inconstitucionalidade das modificações realizadas pela Lei n. 13.467/2017 no instituto do imposto sindical, não se adequa à via da Ação Civil Pública, porque as entidades sindicais vão a juízo pleitear direito próprio (individual heterogêneo) em nome próprio, em uma relação jurídica que envolve matéria tributária.

Considerando as características citadas, a demanda deve ser veiculada por meio de ação trabalhista, movida pelas entidades sindicais contra o empregador e todos os membros da categoria, aquele por ser o responsável pelo cumprimento da obrigação tributária e estes, por serem os sujeitos passíveis dessa obrigação. Em se tratando de ação trabalhista, não haveria empecilho para a declaração de inconstitucionalidade das modificações realizadas pela Lei n. 13.467/2017 no instituto do imposto sindical.

6. REFERÊNCIAS BIBLIOGRÁFICAS

BERNARDES, Simone Soares; SCALÉRCIO, Marcos; LIMA, Leonardo Tibo Barbosa Lima. *Reforma Trabalhista*. Teses interpretativas. Salvador: JusPodivm, 2018.

DELGADO, Mauricio Godinho; DELGADO, Gabriela Neves. *A reforma trabalhista no Brasil* – com os comentários à Lei n. 13.467/2017. São Paulo, LTr, 2017.

HORTA, Denise Alves; FABIANO, Isabela Márcia de Alcântara; KOURY, Luiz Ronan Neves; OLIVEIRA, Sebastião Geraldo de (Coord.). *Direito do Trabalho e Processo do Trabalho. Reforma Trabalhista.* Principais alterações. Atualizado de acordo com a MP n; 808 de 14 de novembro de 2017. São Paulo: LTr, 2018.

LIMA, Francisco Meton Marques de. *Reforma Trabalhista.* Entenda ponto por ponto. São Paulo: LTr, 2017.

LIMA, Leonardo Tibo Barbosa. *Centrais Sindicais.* Legitimidade de atuação e perspectivas. São Paulo: LTr, 2010.

_____. *Lições de Direito Processual do Trabalho.* Teoria e Prática. 4. ed. São Paulo: LTr, 2017.

NAHAS, Thereza; MIZIARA, Raphael. *Impactos da Reforma Trabalhista na jurisprudência do TST.* São Paulo: Revista dos Tribunais, 2017.

OLIVEIRA, Cínthia Machado; PINHEIRO, Iuri; MIZARIA, Raphael (Org.). *Reforma trabalhista e os novos direitos material e processual do trabalho.* Porto Alegre: Verbo Jurídico, 2017.

SALES, Cleber Martins; BRITO, Marcelo Palma de; AZEVEDO NETO, Platon Teixeira de; FONSECA, Rodrigo Dias da (Coord.). *Reforma Trabalhista Comentada: Lei n. 13.467/2017:* análise de todos os artigos. Florianópolis: Empório do Direito, 2017.

SCHIAVI, Mauro. *A reforma trabalhista e o processo do trabalho.* Aspectos processuais da Lei n. 13.467/2017. São Paulo: LTr, 2017.

SILVA, Homero Batista Mateus da. *Comentários à reforma trabalhista.* Análise da Lei n. 13.467/2017 artigo por artigo. São Paulo: Revista dos Tribunais, 2017.

SOUZA JÚNIOR, Antônio Umberto; SOUZA, Fabiano Coelho de; MARANHÃO, Ney; AZEVEDO NETO, Platon Teixeira. *Reforma Trabalhista* – análise comparativa e a crítica da Lei n. 13.467/2017. São Paulo: Rideel, 2017.

STÜMER, Gilbero; STÜMER, Juliano Gianechini Fernandes. *A ação civil pública no processo do trabalho.* São Paulo: LTr, 2016.

TEIXEIRA FILHO, Manoel Antonio. *O processo do trabalho e a reforma trabalhista.* As alterações introduzidas no processo do trabalho pela Lei n. 13.467/2017. São Paulo: LTr, 2017.

Processo de Jurisdição Voluntária: a Homologação de Acordo Extrajudicial

Aline Braga de Castro[1]

1. INTRODUÇÃO

A Lei n. 13.467/2017, intitulada Reforma Trabalhista, acrescentou o Capítulo III-A ao Título X da Consolidação das Leis do Trabalho, introduzindo os arts. 855-B a 855-E, que tratam do processo de jurisdição voluntária para homologação de acordo extrajudicial.

Com a inserção do referido procedimento o art. 652 da CLT[2] foi modificado para acrescentar, à competência das Varas do Trabalho, a homologação de acordo extrajudicial (alínea f). Como consequência da transferência da competência de homologação dos acordos para o Poder Judiciário, a Lei reformadora suprimiu o procedimento de homologação das verbas rescisórias dos contratos com período superior a um ano, que se operava frente aos sindicatos profissionais (art. 477, § 1º da CLT).

Os artigos que incluíram o processo de jurisdição voluntária não possuem correspondentes na redação original da CLT razão pela qual é necessário analisar a nova competência da Justiça do Trabalho, as peculiaridades do procedimento de jurisdição voluntária bem como a atuação do magistrado diante do requerimento de homologação de acordo extrajudicial.

2. JURISDIÇÃO VOLUNTÁRIA. FINALIDADE DA CRIAÇÃO DOS DISPOSITIVOS LEGAIS. AUSÊNCIA DE PREVISÃO NA REDAÇÃO ORIGINAL DA CLT

Jurisdição é o poder/dever do Estado de prestar a tutela jurisdicional a todo aquele que tenha uma pretensão resistida, cabendo ao Estado eliminar o conflito de interesses. Classicamente distingue-se a Jurisdição Contenciosa da Jurisdição Voluntária, sendo esta considerada como administração pública de interesses privados, visto que não existe conflito de interesses a ser solucionado.

A previsão da chamada jurisdição voluntária institui nova competência aos juízes do trabalho, que deverão decidir quanto à homologação ou não do acordo extrajudicial celebrado entre empregado e empregador.

O intuito do legislador, ao criar o procedimento de jurisdição voluntária, foi reduzir o número de ações trabalhistas e garantir maior segurança jurídica.[3] No entanto, os novos dispositivos legais carecem de adequada interpretação já que podem criar diversas situações de embaraço na prática trabalhista.

---

1. Pós-graduanda em Direito Cível pela OAB/MG. Graduada pela Faculdade de Direito Milton Campos. Membro do Grupo de Estudos "As Interfaces entre o Processo Civil e o Processo do Trabalho da FDMC". Advogada.
2. Art. 652. Compete às Varas do Trabalho: f) decidir quanto à homologação de acordo extrajudicial em matéria de competência da Justiça do Trabalho.
3. Segundo o Deputado Rogério Marinho no Relatório Substitutivo do projeto de lei: Como já mencionado, uma de nossas preocupações é a de reduzir a litigiosidade das relações trabalhistas, e a forma pela qual estamos buscando implementar esse intento é o estímulo à conciliação extrajudicial. Se houver uma composição prévia entre as partes, reduz-se sensivelmente o ingresso de ações na Justiça do Trabalho. Essa iniciativa, todavia, não pode se contrapor ao princípio constitucional do livre acesso à Justiça. Em outras palavras, não há como restringir o acesso ao Judiciário mediante acordos individuais celebrados extrajudicialmente no momento da rescisão contratual. Tentou-se, em determinado momento, condicionar o ingresso a ação judicial à tentativa prévia de conciliação entre as partes, por intermédio das Comissões de Conciliação Prévia (CCP). Mesmo diante da tentativa de caracterizar a tentativa prévia de conciliação na CCP como um requisito processual, o STF entendeu que essa exigência era inconstitucional por contrariar o princípio da liberdade de acesso ao Judiciário. Do mesmo modo, sofre grande resistência a ideia de se conceder eficácia liberatória ao termo de rescisão homologado pelas partes, em relação às parcelas homologadas e discriminadas no recibo. Assim, estamos, por intermédio da nova redação sugerida à alínea "f" do art. 652 da CLT, conferindo competência ao Juiz do Trabalho para decidir quanto à homologação de acordo extrajudicial em matéria de competência da Justiça do Trabalho. Em complemento, estamos incorporando um Título III-A ao Capítulo X da CLT para disciplinar o processo de jurisdição voluntária para homologação de acordo extrajudicial. Esse ato dependerá de iniciativa conjunta dos interessados, com assistência obrigatória de advogado. Ouvido o Juiz, se a transação não visar a objetivo proibido por lei, o Juiz homologará a rescisão. A petição suspende o prazo prescricional, que voltará a correr no dia útil seguinte ao trânsito em julgado da decisão denegatória do acordo. Esperamos que, ao trazer expressamente para a Lei a previsão de uma sistemática para homologar judicialmente as rescisões trabalhistas, conseguiremos a almejada segurança jurídica para esses instrumentos rescisórios, reduzindo, consequentemente, o número de ações trabalhistas e o custo judicial.

Segundo o relatório substitutivo do Projeto de Lei a nova competência dada ao Juiz do Trabalho visa a diminuir os litígios na esfera trabalhista e, por consequência, o número de ações trabalhistas. No entanto, os artigos que tratam do procedimento de Jurisdição Voluntária, diferentemente do mencionado no Relatório Substitutivo[4] não o sistematizam, nem sequer mencionam critérios legais ou específicos necessários para a homologação ou não do acordo.

Na leitura dos artigos que tratam do procedimento de Jurisdição Voluntária é possível notar que caberá aos advogados, ao elaborarem as petições, e aos magistrados, ao analisarem os requisitos formais e materiais do acordo, estabelecerem a sistemática da homologação dos acordos.

Inicialmente, o empregado, ao término do contrato de trabalho, independente da modalidade de rescisão, poderá não firmar acordo extrajudicial e postular em juízo a integralidade das verbas que lhe são devidas. Se o empregador pagar apenas uma parte das verbas o empregado irá ajuizar ação trabalhista para receber o restante. Importante destacar que não se pode exigir do empregado que conste ressalva no termo de rescisão contratual (Teixeira Filho, 187, 2017).

O empregado também poderá celebrar o acordo extrajudicial com o empregador e submeter esse à apreciação do magistrado que poderá homologá-lo ou não[5], hipótese em que o empregado deverá ajuizar ação para receber as verbas devidas. É possível verificar que a criação do procedimento não irá de imediato provocar redução no número de ações trabalhistas, mas ao contrário, haverá um aumento no número de ações visto que será através do título judicial que as partes irão obter a quitação plena, com eficácia liberatória das verbas trabalhistas consignadas no termo.

Em outras palavras, a mencionada segurança jurídica buscada ao criar o procedimento da jurisdição voluntária só pode ser alcançada através da via judicial. Mesmo que empregado e empregador requeiram somente a homologação do acordo será necessário movimentar a máquina estatal para obter o pronunciamento judicial.

Antes da Reforma Trabalhista não existia dispositivo legal na CLT tratando do processo de jurisdição voluntária. No entanto, para alguns autores, como Mauro Schiavi (SCHIAVI, 65, 2017), já existia a jurisdição voluntária nas hipóteses de requerimento de alvarás judiciais para saque do FGTS e homologação de pedidos de demissão de empregados estáveis. O Enunciado n. 63 da 1ª Jornada de Direito Material e Processual do Trabalho do Tribunal Superior do Trabalho corrobora esse entendimento.[6]

Além disso, Mauro Schiavi, em sua obra, já reconhecia a possibilidade de homologação de acordo extrajudicial ao mencionar que o art. 515, III, do CPC prevê a hipótese de homologação da autocomposição extrajudicial de qualquer natureza. Segundo o autor, diante da EC n.45/04, que disciplina a competência da Justiça do Trabalho para conhecer das controvérsias decorrentes da relação de trabalho, foi conferida à Justiça Especializada a competência para homologar homologar acordo extrajudicial envolvendo matéria trabalhista. Para tanto, o magistrado deve ter cautela ao homologar essas transações e somente em casos excepcionais homologar acordo extrajudicial com eficácia liberatória geral. (SCHIAVI, 2016, 45)

Os artigos, que acrescentaram à competência da Justiça do Trabalho o procedimento de jurisdição voluntária, sem norma correspondente na redação original da CLT, podem caracterizar a institucionalização de uma prática rechaçada pelos magistrados em razão de, não raras vezes, se verificar a utilização desvirtuada do procedimento com vistas a violar preceitos legais de proteção da indisponibilidade mínima dos direitos trabalhistas[7]. Tal comportamento, denominado pela doutrina de "lide simulada", caracteriza-se pela celebração de acordo com o objetivo de obter o título judicial e, consequentemente, a segurança jurídica da coisa julgada.

Quando os magistrados verificavam o conluio das partes, em detrimento dos preceitos do Direito Material e Processual do Trabalho, deixavam de homologar o suposto acordo. Esse entendimento deverá ser mantido nas homologações de acordos extrajudiciais de modo a coibir o objetivo de obter a eficácia liberatória e geral em relação às verbas do contrato de trabalho.

O processo judicial brasileiro tem evoluído e cada vez mais tem privilegiado a conciliação, a mediação e a arbitragem como formas de solução adequada de conflitos e também para evitar a instauração de um processo judicial. O legislador, inclusive, apontou esses procedimentos no elencou essas formas no art. 3º e seus parágrafos do CPC.

---

4. "Esperamos que, ao trazer expressamente para a Lei a previsão de uma sistemática para homologar judicialmente as rescisões trabalhistas",
5. A homologação de acordo é uma faculdade do magistrado (Súmula n. 418, TST).
6. 63. COMPETÊNCIA DA JUSTIÇA DO TRABALHO. PROCEDIMENTO DE JURISDIÇÃO VOLUNTÁRIA. LIBERAÇÃO DO FGTS E PAGAMENTO DO SEGURO-DESEMPREGO. Compete à Justiça do Trabalho, em procedimento de jurisdição voluntária, apreciar pedido de expedição de alvará para liberação do FGTS e de ordem judicial para pagamento do seguro-desemprego, ainda que figurem como interessados os dependentes de ex-empregado falecido.
7. RECURSO ORDINÁRIO NÃO HOMOLOGAÇÃO DE ACORDO. LIDE SIMULADA. A conciliação é uma das formas mais democráticas, eficientes e céleres de terminar com o conflito, motivo pelo qual encontra respaldo na legislação trabalhista e é incentivada pelo Poder Judiciário. Não há, contudo, de se permitir que a conciliação se submeta ao enfraquecimento do direito do trabalho, de forma ser essencial o respeito à norma jurídica e à boa fé, impedindo que lides simuladas mitiguem os direitos do trabalhador e utilizem o Poder Judiciário para referendar acordos nem sempre lícitos. Ressalta-se que a homologação de acordo é faculdade do juiz, e nos termos do artigo 129 do CPC, convencendo-se o magistrado "que autor e réu serviram do processo para praticar ato simulado ou conseguir fim proibido em lei, o juiz proferirá sentença que obste aos objetivos das partes"(TRT-2 - RO: 00032652620135020017 SP 00032652620135020017 A28, Relator: MARCELO FREIRE GONÇALVES, Data de Julgamento: 18.06.2015, 12ª TURMA, Data de Publicação: 26.06.2015)

A conciliação sempre foi utilizada na Justiça do Trabalho. O art. 764 da CLT contempla o princípio da conciliação, sendo dever dos juízes e tribunais propor uma solução conciliatória dos conflitos. Cabe ao magistrado verificar se no acordo foram observadas as normas de proteção ao trabalhador, podendo recusar a sua homologação quando constatada a renúncia de direitos pelo empregado, na forma do art 723, parágrafo único CPC.

A vedação até então existente, quanto ao acordo realizado extrajudicialmente pelas partes, ocorria em virtude da natureza dos direitos tutelados, irrenunciáveis, uma vez que o empregado é a parte técnica e processualmente hipossuficiente na relação processual.

Importante ressaltar que os princípios que regem a relação do trabalho, tais como os princípios da proteção da irrenunciabilidade de direitos, distinguem substancialmente o tratamento processual existente na CLT quando comparado ao CPC. O que a CLT visa, por meio dos artigos e princípios, é resguardar os direitos do trabalhador, ou seja, em uma relação privada regida pelas normas do CPC, com exceção dos direitos indisponíveis, os demais podem ser objeto de acordo, cabendo ao magistrado conferir se atende às normas processuais e à ordem jurídica vigente.

Em contrapartida, ao magistrado do trabalho não cabe apenas homologar um acordo e determinar a extinção do processo, pois deve zelar pela efetividade dos direitos e coibir a abusividade por parte do empregador. Nesse sentido, o magistrado pode recusar a homologação do acordo, conforme redação da Súmula n. 418, do TST.

Essas distinções tornam-se essenciais para demonstrar que a inserção de uma nova competência para a Justiça do Trabalho realça a importância de se ter um magistrado atento e comprometido com os preceitos do Direito Material e Processual do Trabalho, de maneira a não se tornar um mero homologador de rescisões trabalhistas.

3. PROCEDIMENTO DE HOMOLOGAÇÃO DO ACORDO EXTRAJUDICIAL

Diante das inovações trazidas é necessário analisar o procedimento criado nos arts. 855-B a 855-E. O art. 855-B, inicialmente, elenca a necessidade de representação das partes por advogados distintos, e, obviamente, de escritórios distintos, conforme sistematização adotada no ordenamento processual nos art. 229 e 144, § 3º CPC, no processo de homologação do acordo extrajudicial. Nesse aspecto, temos a inserção de uma exceção ao *ius postulandi* na Justiça do Trabalho, apesar de não constar qualquer alteração na redação do art. 791, da CLT.

O princípio do acesso a justiça tem um tratamento diferenciado no Direito Processual do Trabalho, pois esse ramo, como instrumento do Direito Material do Trabalho, visando a garantir o efetivo acesso a justiça, permite, no artigo 791, da CLT, que empregado e empregador postulem na Justiça do Trabalho sem a assistência de advogado. O *ius postulandi*, nos termos da Súmula n. 425[8], do TST, só não será admitido na ação rescisória, na ação cautelar, no mandado de segurança e nos recursos de competência do Tribunal Superior do Trabalho.

O art. 855-B, introduzido pela reforma, cria mais uma exceção ao *ius postulandi*, pois exige expressamente que as partes estejam assistidas por advogados distintos. Nesse aspecto necessário se faz analisar dois pontos. O primeiro é a onerosidade criada para as partes em se exigir a assistência por advogado e, em segundo lugar, ao retirar do Sindicato a atribuição de homologação das rescisões dos contratos de trabalho para empregados com mais de um ano de contrato (art.477, § 1º, da CLT).

Diante da ausência de homologação das verbas rescisórias pelo Sindicato, o empregado deverá acreditar na boa fé do empregador ao proceder aos cálculos e pagamento das verbas rescisórias e na adoção das providência das demais diligências.

A partir do advento da reforma, o empregador deverá proceder à anotação na Carteira de Trabalho e Previdência Social (CTPS), comunicar a dispensa aos órgãos competentes e realizar o pagamento das verbas rescisórias no prazo e na forma estabelecidos na lei. A mera anotação da extinção do contrato será documento hábil para requerer o benefício do seguro-desemprego e a movimentação da conta vinculada no Fundo de Garantia do Tempo de Serviço (FGTS), nas hipóteses legais, desde que a referida comunicação da dispensa do empregado aos órgãos competentes tenha sido realizada.

Importante mencionar que o Sindicato poderá representar judicialmente o empregado no pedido de homologação do acordo extrajudicial ou lhe dar assistência, conforme artigo 855-B, §2, da CLT.

O segundo ponto que se contrapõe ao primeiro é que, apesar da onerosidade criada para as partes, em especial, para o empregado, parte hipossuficiente no contrato de trabalho, é certo que, como o advogado é um técnico a ser constituído pela parte, cabe a ele verificar se todos os valores ofertados ao empregado correspondem ao que lhe é devido.

Nesse passo, é importante dizer que o advogado, segundo o art. 133 da Constituição Federal, indispensável à administração da justiça e que exerce um múnus público, deve atuar de forma a resguardar e lutar pelos direitos da parte que o contratou. Diante da inovação legislativa verifica-se que o papel do Sindicato, de conferir a exatidão no pagamento das verbas rescisórias do empregado, passa a ser de responsabilidade do advogado que for contratado pelo trabalhador.

---

8. JUS POSTULANDI NA JUSTIÇA DO TRABALHO. ALCANCE (Res. 165/2010, DEJT divulgado em 30.04.2010 e 03 e 04.05.2010). O *jus postulandi* das partes, estabelecido no art. 791 da CLT, limita-se às Varas do Trabalho e aos Tribunais Regionais do Trabalho, não alcançando a ação rescisória, a ação cautelar, o mandado de segurança e os recursos de competência do Tribunal Superior do Trabalho.

Cabe ao advogado atuar de maneira ética, recusando a contratação pela parte que o procura apenas para assine a petição, formalizando o acordo. Ao ser procurado pelo empregado ou pelo empregador o advogado deve analisar a relação de emprego existente e verificar se ocorreram, no curso do contrato, as violações a direitos ou se o valor ofertado à parte, a título de acordo, realmente condiz com o que lhe é devido. Nesse caso, o advogado deverá zelar pelos interesses da parte e auxiliar na celebração do acordo de forma que seja observada a ordem jurídica vigente.

O advogado deverá verificar se a importância apresentada ao empregado, a título de quitação, corresponde ao que lhe é devido ou se o empregador visa apenas à constituição de um título judicial, com a declaração da quitação integral das verbas rescisórias e contratuais. O advogado deve velar pela garantia da satisfação dos direitos do empregado, não permitindo que o empregador, em conduta abusiva, se aproveite da necessidade econômica do empregado para lhe pagar importância ínfima e aquém do que realmente lhe é devido. Bem como não poderá admitir a sua celebração caso o acordo viole, por exemplo, preceito de ordem pública.

Em suma, espera-se das partes, dos advogados e do juiz uma atuação pautada nos princípios da boa fé e da cooperação, conforme arts. 5º e 6º do CPC, de modo a assegurar que o acordo extrajudicial entabulado entre as partes esteja em conformidade com o que é devido ao empregado e que não se trata de uma forma de desvirtuar a devida quitação das verbas rescisórias e/ou contratuais.

O art. 855-C não retira do empregador o dever de pagar as verbas rescisórias no prazo previsto no art.477, § 6º, da CLT e nem o exime da multa administrativa por atraso no pagamento da rescisão trabalhista e da multa em favor do empregado, conforme §8º, do mesmo artigo.

Conforme preceitua Manoel Antonio Teixeira Filho (189, 2017):

> O que talvez possa ocorrer na prática é de o pagamento ser realizado na data da assinatura do acordo, pelas partes, quando já excedidos os prazos legais. Neste caso: a) o juiz poderá homologar o acordo; b) mas o empregador se sujeitará a multa administrativa prevista no § 8º, do art. 477, da CLT.

A possibilidade de celebrar acordo extrajudicial não retira do empregador o dever de pagar as verbas rescisórias no prazo legal, podendo a multa ser aplicada mesmo com a homologação do acordo extrajudicial. Só não haverá incidência de multa caso o empregado se recuse a receber as quantias que lhe são devidas, hipótese em que o empregador deverá ajuizar ação de Consignação em Pagamento em virtude do prazo para ilidir a multa, devendo depositar os valores devidos ao empregado e entregar as guias na secretaria.

Inicialmente, é necessário refletir acerca do objetivo do legislador ao inserir os arts. 855-B a 885-E na CLT, visto que a justificativa é a redução no número de ações trabalhistas e a segurança jurídica. No entanto, com a retirada da homologação das rescisões trabalhistas pelo Sindicato, a tendência é de que o empregado recorra à Justiça do Trabalho com o objetivo de receber aquilo que não foi pago no momento da rescisão do contrato de trabalho. Claramente, haverá um acréscimo no número de ações trabalhistas visto que o juiz irá substituir o sindicato de maneira a conferir a exatidão no cálculo e pagamento das verbas rescisórias, ou seja, a Justiça do Trabalho irá administrar as rescisões dos contratos de trabalho.

O processo de jurisdição voluntária tem procedimento próprio. A petição conjunta requerendo a homologação de acordo extrajudicial está sujeita à distribuição (art. 783, da CLT) e deve ser protocolizada na localidade onde o empregado prestou serviços ao empregador, seguindo a regra geral do art. 651, da CLT, conforme Enunciado n. 125 da 2ª Jornada de Direito Material e Processual do Trabalho.[9]

Na proposta do Enunciado n. 125, Élisson Miessa apresenta a justificativa para inaplicabilidade da eleição de foro, pois segundo o autor a apresentação de petição conjunta afasta qualquer possibilidade de requerimento de exceção de incompetência. Além disso, já é sedimentado na Justiça do Trabalho que a cláusula de eleição de foro não é aplicável ao processo do trabalho, especialmente em razão da desigualdade entre empregado e empregador (Instrução Normativa n. 39/2016, art. 2º, I). Em consequência, o autor sugere a aplicação do artigo 63, § 3º, do CPC de modo que se o juiz verificar que a petição foi protocolizada em foro diferente do previsto no art. 651 da CLT, como maneira de atender a eventual cláusula de eleição de foro, deverá, de ofício, reputar ineficaz a cláusula e remeter os autos para o juízo competente.

Após a apresentação da petição, nos termos do art. 855-D, a contar da distribuição, o juiz, em 15 dias, analisará o acordo e, se entender necessário, designará a audiência para ouvir os interessados e proferirá sentença fundamentando a homologação ou não do acordo, sob pena de ofensa aos arts. 93, IX, CF/88, 489, CPC e 832 CLT. Sabe-se que a realidade das Varas inviabiliza a observância do prazo de 15 dias, além do mais o referido prazo não é preclusivo, pois se trata de prazo impróprio.

Se o juiz tiver dúvidas ou entender necessário poderá designar audiência. O artigo faculta ao magistrado a designação

---

9. PROCESSO DE JURISDIÇÃO VOLUNTÁRIA. HOMOLOGAÇÃO DE ACORDO EXTRAJUDICIAL. COMPETÊNCIA TERRITORIAL.
   I - A COMPETÊNCIA TERRITORIAL DO PROCESSO DE JURISDIÇÃO VOLUNTÁRIA PARA HOMOLOGAÇÃO DE ACORDO EXTRAJUDICIAL SEGUE A SISTEMÁTICA DO ART. 651 DA CLT.
   II – APLICA-SE ANALOGICAMENTE O ART.63, §3, DO CPC, PERMITINDO QUE O JUIZ REPUTE INEFICAZ DE OFÍCIO A ELEIÇÃO DE FORO DIFERENTE DO ESTABELECIDO NO ART. 651 DA CLT, REMETENDO OS AUTOS PARA O JUÍZO NATURAL E TERRITORIALMENTE COMPETENTE.

de audiência e, como forma de verificar o cumprimento dos requisitos formais e materiais do acordo, poderá elaborar um despacho padrão designando audiência em todos os pedidos de homologação de acordo extrajudicial.

Na audiência, no entanto, é vedada a oitiva de testemunhas por se tratar de um procedimento de jurisdição voluntária. Nesse sentido, Manoel Antonio Teixeira Filho (190, 2017):

> A inquirição de testemunhas é incompatível com a natureza desse procedimento e poderia fazer, em concreto, com que ficasse desrespeitado o prazo máximo de quinze dias para a emissão de sentença (CLT, art. 855D). Basta imaginar-se a possibilidade de a parte requerer a inquirição de testemunhas mediante carta precatória. Pelas mesmas razões, não será admissível perícia.

Sanadas as dúvidas, o magistrado deverá proferir sentença, momento em que se espera do juiz uma atuação pautada nos princípios da busca da verdade real e do impulso oficial e, mesmo em se tratando de um processo de jurisdição voluntária, o juiz não poderá se afastar de seus deveres e de ser efetivamente justo. A sentença envolve um juízo de valor, apreciação dos elementos dos autos e, sobretudo, exposição da livre convicção motivada do magistrado (SILVA, 167, 2017).

A mudança legislativa, ao criar nova competência funcional às Varas do Trabalho, reforça a importância da atuação do juiz do trabalho que, ao dirigir o processo, deve buscar a verdade (art. 765 da CLT e art. 139, do CPC). Ao receber a petição requerendo a homologação do acordo extrajudicial o magistrado não pode simplesmente realizar uma cognição sumária – como se espera – mas deverá perquirir, através da designação de audiência, se o acordo atende aos requisitos legais e se não é utilizado como meio para fraudar o cumprimento de direitos.

Nesse sentido, o juiz deverá examinar se a vontade das partes está isenta de vícios, se não está ocorrendo preterição a preceito de norma imperativa, se não está havendo renúncia ao irrenunciável e se não é desproporcional aos direitos devidos. (SCHIAVI, 146, 2017)

A nova competência atribuída aos Juízes do Trabalho reforça o seu dever de verificar se os requisitos de uma transação foram preenchidos a fim de que possam homologar ou não o acordo extrajudicial. Para isso o magistrado deverá analisar conjuntamente se foram preenchidos os requisitos do art. 840, do CC; se não há afronta ao art. 9º, da CLT e ao art. 166, VI, do CC e se existem vícios de consentimento, em observância ao art. 764, da CLT.

O magistrado deverá verificar se o acordo envolve concessões mútuas – o que é distinto de renúncia unilateral de direitos, bem como se o acordo não visa fraudar norma imperativa, repito, desvirtuar, impedir ou fraudar a aplicação dos direitos previstos na CLT.

Os dispositivos introduzidos na CLT não elencam hipóteses que ensejam a recusa a homologação do acordo, cabendo aos magistrados no caso concreto a verificação. Em audiência pública realizada pelo Conselho Superior do Trabalho, o subprocurador Manoel Jorge apresentou três parâmetros que devem ser observados pelo juiz do Trabalho quando da apreciação de processos: a comprovação de pagamento de verbas rescisórias, dada a sua natureza incontroversa; a proibição de cláusulas de quitação geral e irrestrita do contrato de trabalho e a proibição de homologação de acordos firmados por empresas que tenham sido acionadas pelo MPT pela prática de lide simulada.

A jurisprudência será construída aos poucos e de acordo com o entendimento e critérios adotados para cada magistrado. Inicialmente seria interessante a criação de parâmetros básicos para a homologação ou não dos acordos, como, por exemplo, o preenchimento de requisitos formais relativos à assistência por advogados distintos, ou a verificação, na audiência, se a realidade das partes é compatível com o retratado na petição, quando envolver direito indisponível, direitos da personalidade ou matéria de ordem pública.

Além disso, deve verificar se as partes possuem capacidade para celebrar o acordo (art. 104, I, CC), se o objeto é lícito, ou seja, se não é a hipóteses de direitos não patrimoniais (art. 841, CC), se há observância ao prazo e a multa dos artigo 477, §6 e §8, da CLT; forma prescrita ou não vedada (art. 104, III, do CC), ausência de dolo, coação, erro essencial, estado de perigo e demais vícios do negócio jurídico (art. 849, CC). (BEBBER, p. 265, 2017)

Júlio César Bebber (p. 266, 2017) ainda menciona que o acordo firmado no curso do contrato de trabalho padece de vício presumido de consentimento e que a dúvida sobre a relação jurídica ou o direito também podem ensejar a recusa para homologação do acordo, já que o envolve concessões e não renúncia de direitos.

Caso seja constatada qualquer afronta aos artigos mencionados, o juiz poderá recusar a homologação do acordo, em conformidade com os artigos 719 e seguintes do CPC, bem como nos princípios da razoabilidade e proporcionalidade, já que as partes não têm direito líquido e certo à homologação do acordo. Nesse sentido, são os enunciados da 2ª Jornada de Direito material e processual do trabalho.[10]

---

10. Enunciado n. 110 – JURISDIÇÃO VOLUNTÁRIA. ACORDO EXTRAJUDICIAL. RECUSA À HOMOLOGAÇÃO
    O juiz pode recusar a homologação do acordo, nos termos propostos, em decisão fundamentada.
    Enunciado n. 123 – HOMOLOGAÇÃO DE ACORDO EXTRAJUDICIAL
    I – A faculdade prevista no Capítulo III-A do Título X da CLT não alcança as matérias de ordem pública;
    II. O acordo extrajudicial só será homologado em juízo se estiverem presentes, em concreto, os requisitos previstos nos arts. 840 a 850 do Código Civil para a transação;

Não se pode admitir uma submissão incondicional do empregado à vontade unilateral do empregador acerca da renúncia a direitos e da aceitação das condições por este estabelecidas. O magistrado não fica adstrito à observância de critérios de legalidade estrita, podendo adotar no caso a solução que entender a mais conveniente em observância à ordem jurídica vigente (art. 723, parágrafo único, CPC).

Se o magistrado verificar que há violação a direitos indisponíveis – ofensa ao princípio da irrenunciabilidade e desrespeito a preceitos de ordem pública, ou seja, não se tratando de efetiva transação ou em situações como parcelamento de verbas rescisórias, sem a inclusão das multas dos arts. 477, § 8º e 467, da CLT, o não pagamento integral das verbas rescisórias, ajuste feito sem o reconhecimento de vínculo empregatício, não recolhimento do FGTS – não deverá homologar o acordo (MAIOR, 2017).

No processo n. 0000012-35.2018.5.21.0014, que tramita na 4ª Vara do Trabalho de Mossoró/RN, a homologação foi recusada. Segundo o magistrado, ao fundamentar a sentença, apesar de preenchidos os requisitos processuais, restou ausente concessão mútua – requisito da transação. Além do mais no acordo buscava-se apenas a quitação ampla e irrestrita do contrato de trabalho.

Nesse aspecto, é necessário analisar que, em que pese a vedação a celebração de acordo em relação aos direitos indisponíveis, é certo que na prática isso ocorre, conforme crítica formulada por Luciano Athayde:

> E, a essa atura, levanta um questionamento inquietador: tanto se questiona a negociação coletiva, prestigiada pela reforma, e a possibilidade de acordos extrajudiciais que ela institui, mas e os acordos judiciais celebrados perante o juiz, não negociam direitos indisponíveis? *"Qual é o fundamento teórico do direito do trabalho para dizer que isso não é possível?"*, questiona. De acordo com Luciano Athayde, a ideia do acordo extrajudicial é a deslocalização. *"O que faço perante o juiz posso fazer fora da Justiça e procurar o juiz depois para homologação, se achar necessário"*, afirma, acrescentando que isso costuma funcionar em outros países, onde as bases culturais são bem diferentes das nossas.

É preciso analisar os efeitos da homologação do acordo extrajudicial ou da sua recusa. Na primeira hipótese o juiz, entendendo presentes os requisitos para a transação e, não havendo violações a direitos, deverá homologar o acordo e conferir, a essa quitação integral, eficácia liberatória em relação às parcelas nela especificadas, conforme arts. 507-B,

da CLT[11] 452-A, § 7º, da CLT. O magistrado pode homologar parcialmente o acordo, sendo os valores homologados deduzidos em eventual ação.

Haverá a fixação de custas de 2% sobre o valor do acordo conforme arts. 789, 831 e 832, da CLT, bem como a determinação dos recolhimentos, de acordo com a natureza jurídica da parcela, a título de INSS e Imposto de Renda. Caso o acordo não seja cumprido a parte deve requerer a sua execução, já que o juiz não pode mais atuar de ofício (art. 878, CLT).

Os artigos não mencionam se é cabível a interposição de recurso caso o acordo não seja homologado. É certo que, por se tratar de decisão terminativa do feito em 1º grau, o recurso cabível é o recurso ordinário (art. 893, *caput* c/c art. 895, *caput*, I, da CLT). (DELGADO E DELGADO, 351, 2017). Por não se tratar de sentença condenatória, não se pode exigir do empregador o depósito recursal.

Além disso, ao analisar o recurso, não pode o Tribunal determinar o retorno dos autos para que o juiz homologue o acordo, conforme enunciado n. 124 da 2ª Jornada de Direito Material e Processual do Trabalho.[12]

A decisão que homologa o acordo produz a coisa julgada material, logo será cabível ação rescisória se preenchidos os requisitos do art. 966, do CPC. Interpretando a Súmula n. 259, do TST, infere-se que não é cabível ação anulatória (art. 966,§4, CPC), aplicando-se ao acordo extrajudicial a mesma condição prevista para o termo de conciliação judicial.

O art. 855-E encerra o Capítulo III-A da CLT, dispondo que a petição de homologação do acordo suspende o prazo prescricional quanto aos direitos nela especificados. Portanto, caso o acordo não seja homologado, o prazo prescricional é retomado após o trânsito em julgado. Em relação aos direitos não especificados no acordo o prazo prescricional flui normalmente.

Segundo DA SILVA (167, 2017), a suspensão do prazo prescricional não tem quase aspecto prático, visto que a maioria dos acordos serão protocolizados poucos dias após o término do contrato de trabalho.

4. CONCLUSÃO

A criação do processo de jurisdição voluntária pautado nos argumentos de redução de demandas judiciais e no aumento da segurança jurídica permite que empregado e empregador submetam ao magistrado a apreciação do acordo extrajudicial.

III – Não será homologado em juízo o acordo extrajudicial que imponha ao trabalhador condições meramente potestativas, ou que contrarie o dever geral de boa-fé objetiva (art. 122 e 422 do Código Civil).

11. O termo previsto no artigo 507B, da CLT confere quitação anual e eficácia liberatória quanto as obrigações nele especificadas, sendo submetido à apreciação do Sindicato.

12. Enunciado 124 – HOMOLOGAÇÃO DE ACORDO EXTRAJUDICIAL. RECURSO. ANÁLISE PELO TRIBUNAL.
No caso de recurso da decisão que não homologar de forma fundamentada o acordo extrajudicial, o tribunal não poderá retornar o processo para que o juiz de primeiro grau o homologue.

O legislador positivou o que antes era vedado no ordenamento jurídico e, diante da criação do novo procedimento e de nova competência à Justiça do Trabalho, torna-se necessário reforçar a observância dos preceitos próprios do Direito Material e Processual do Trabalho de modo a aplicar o novo instituto sem permitir a violação ou fraude a direitos.

As alterações legislativas impõem às partes, advogados e magistrados uma atuação diferente, pois não existe litígio e sim um acordo pactuado entre empregado e empregador. No entanto, é preciso assegurar que este acordo não vise apenas a constituição de um título judicial que confere quitação e eficácia liberatória às verbas nele dispostas, em prejuízo de uma das partes.

É preciso velar pelo efetivo cumprimento e pagamento das verbas rescisórias e contratuais devidas ao empregado, já que o empregador, agindo de má fé, poderá usar a necessidade econômica atual do empregado para oferecer quantia inferior a que é devida, com pagamento imediato.

Agindo as partes com boa-fé, o novo instituto pode assegurar o pagamento das importâncias devidas ao empregado, com economia de custos, tempo e atos processuais.

5. REFERÊNCIAS BIBLIOGRÁFICAS

ATHAYDE, Luciano. Disponível em: <https://portal.trt3.jus.br/internet/imprensa/noticias-juridicas/juiz-luciano-athayde-homologacao-de-acordo-extrajudicial-termos-de-quitacao-anual>. Acesso em: 15 out. 2017.

CARVALHO, Ricardo Wagner Rodrigues de. Homologação de acordo extrajudicial pela justiça do trabalho em matéria de sua competência. Processo de jurisdição voluntária. In: HORTA, Denise Alves; FABIANO, Isabela Márcia de Alcântara; KOURY, Luiz Ronan Neves; OLIVEIRA, Sebastião Geraldo (Coords.). *Direito do Trabalho e Processo do Trabalho* – Reforma Trabalhista Principais Alterações. São Paulo: LTr. 2018.

BEBBER, Julio Cesar. *Reforma Trabalhista*: Homologação de Acordo Extrajudicial. Reforma Trabalhista: visão, compreensão e crítica. In: Guilherme Guimarães Feliciano, Marco Aurélio Marsiglia Treviso, Saulo Tarcísio de Carvalho Fontes (Orgs.). São Paulo: LTr, 2017.

DELGADO, Mauricio Godinho. DELGADO, Gabriela Neves. *A reforma trabalhista no Brasil*: com os comentários a Lei n. 13.467/2017. São Paulo: LTr, 2017.

Enunciados da 1ª Jornada de Direito Material e Processual do Trabalho. Disponível em: <https://angelotto.jusbrasil.com.br/noticias/147964524/enunciados-aprovados-na-1-jornada-de-direito-material-e-processual-na-justica-do-trabalho>. Acesso em: 08 nov. 2017.

Enunciados da 2ª Jornada de Direito Material e Processual do Trabalho. Disponível em: <http://www.jornadanacional.com.br/listagem-enunciados-aprovados-vis1.asp>. Acesso em: 01 nov. 2017.

Jurisdição Voluntária Trabalhista – Notícias MPT. Disponível em: <http://portal.mpt.mp.br/wps/portal/portal_mpt/mpt/ompt/crj/noticias/b10d7904-a572-447e-a9c7-7244266954dd/!ut/p/z0/jcw7D4IwGIXhv6IDY_MVUloY0cEAwUtcahdTCmJRW8D-Gy78XTVyN08mbnDwggIMw8qYb6bQ18jz2TtD9ckPSxWy-L84hmDCc0StI8XuN05UMG4vdhFHTb9yIBoaxx9cMBv3TO-w3byGTW0HjbWaaXl1cOljysWY4JkyAJECKuRjBVDLCAkoD-QOSVW9zWAo5kUDopPuiLQ5WOCjBPwrAf9L6k6ifN6T6Q-v3XmGx/>. Acesso em: 24 nov. 2017.

LIMA, Francisco Meton Marques de. LIMA, Francisco Péricles Rodrigues Marques de. *Reforma Trabalhista*: entenda ponto por ponto. 1. ed. São Paulo: LTr, 2017.

MAIOR, Jorge Souto. *Prática Processual trabalhistas* – possíveis efeitos da Lei n. 13.467. Disponível em: <http://www.jorgesoutomaior.com/blog/pratica-processual-trabalhista-possiveis-efeitos-da-lei-n-1346717>. Acesso em: 08 nov. 2017.

Relatório do Substitutivo do Projeto de Lei n. 6.787, de 2016, do Poder Executivo, que "altera o Decreto-Lei n. 5.452. Disponível em: <http://www.camara.gov.br/proposicoesWeb/prop_mostrarintegra?codteor=1548298>. Acesso em: 02 nov. 2017.

Rio Grande do Norte. 4ª Vara do Trabalho de Mossoró. Processo n.0000012-35.2018.5.21.0014. AUTOR: DANILO ANDRADE DE MESQUITA, CPF: 093.134.384-45. REU: BROK FRESH FRUIT COMERCIAL LTDA. Distribuído em 15 de Janeiro de 2018. Disponível em: <https://pje.trt21.jus.br/consultaprocessual/pages/consultas/DetalhaProcesso.seam?p_num_pje=175170&p_grau_pje=1&p_seq=0000012&p_dig_cnj=35&p_ano_cnj=2018&p_vara=0014&cid=81332>. Acesso em: 05 fev. 2018.

São Paulo. Tribunal Regional do Trabalho da 2ª Região. PROCESSO 0003265-26.2013.5.02.0017. RECURSO ORDINÁRIO EM RITO SUMARÍSSIMO DA 17ª VT DE SÃO PAULO. RECORRENTE: ADEILSON QUIRINO DOS SANTOS e DISTRIBEL IMPORTAÇÃO E COMÉRCIO LTDA. – ME. Distribuído em 18.12.2013. Disponível em: <https://trt-2.jusbrasil.com.br/jurisprudencia/311943580/recurso-ordinario-em-rito-sumarissimo-ro-32652620135020017-sp-00032652620135020017-a28>. Acesso em: 15 jan. 2018.

SCHIAVI, Mauro. *A reforma trabalhista e o processo do trabalho*: aspectos processuais da Lei n.13.467/2017. 1. ed. São Paulo: LTr, 2017.

_____. *Manual de direito processual do trabalho de acordo com o Novo CPC*. 10. ed. São Paulo: LTr, 2016.

SILVA, Homero Batista Mateus da. *Comentários à Reforma Trabalhista. Análise da Lei n. 13.467/2017* – Artigo por artigo. São Paulo: Revista dos Tribunais, 2017.

TEIXEIRA FILHO, Manoel Antonio. *O processo do trabalho e a reforma trabalhista*: as alterações introduzidas no processo do trabalho pela Lei n. 13.467/2017. São Paulo: LTr, 2017.

Tutela Executiva Trabalhista Após a Lei n. 13.467/2017: Ponderações sobre a Nova Redação do art. 878 da CLT

Clarissa Valadares Chaves[1]

1. ASPECTOS INTRODUTÓRIOS

No contexto do Estado Liberal, cujo anseio era a busca por segurança jurídica, a afirmação do direito processual como ciência, apartado da relação jurídica de direito material que lhe é subjacente, trouxe a superação da ideia de processo como mero procedimento, elevando-o ao patamar de relação jurídica autônoma e independente.

O devido processo legal veio como espécie de garantia negativa[2] de respeito e observância das liberdades individuais. Além de ser reconhecido como relação jurídica autônoma, ganhou status de garantidor das liberdades individuais.

Marcado pelo referencial teórico do processualista polonês Oskar Büllow, o processo converteu-se em abstrata relação jurídica, obedecendo a pressupostos próprios de existência e validade. A ação deixou de ser compreendida como apêndice do direito material, passando a representar direito público subjetivo autônomo de ir a juízo e lograr uma sentença (CASTRO, 2018, p. 1292).

Conforme elucida Ítalo Menezes de Castro (2018, p. 1.292),

> a processualística desenvolvida na Europa no século XIX assumiu a tarefa de elevar o direito processual civil a ramo autônomo, mediante o entendimento do processo como uma relação jurídica complexa e mediante uma descomposição desta relação proteica em inúmeras situações jurídicas mais simples (pretensões, faculdades, imunidades, poderes, deveres, sujeições, funções, ônus processuais etc.) (...) Com isto, a atividade intelectual dos processualistas cingiu-se a aventuras cerebrinas no mundo lógico das normas (...)

Tal contexto histórico-teórico foi, sem dúvidas, de inegável importância para o progresso dos estudos no campo processual, permitindo-se o desenvolvimento de teorias e institutos próprios, firmando-se como ciência, tendo apenas como ponto negativo o excesso conceitual e de abstratividade.

A noção de processo, como instrumento apto a possibilitar a entrega da prestação jurisdicional efetiva, tomou contornos mais concretos com a eclosão do Estado Social. O paradigma doutrinário naquele momento, marcado pelas lições de estudiosos como o italiano Giuseppe Chiovenda, passou a conceber o processo como ciência capaz de "dar, na medida da possibilidade prática, a quem possui determinado direito, tudo aquilo e exatamente aquilo que tem direito de obter"[3]. (CASTRO, 2018, p. 1.293)

A ação, então, passou a ser compreendida não somente como mecanismo de provocação da jurisdição (como pensado à época do Estado Liberal Clássico), mas sim como instrumento necessário para dar concretude à pretensão de direito material.

A mudança de paradigma, concebendo-se como ideal um processo jurisdicional democrático, resulta na ressignificação do Estado[4], alinhada aos princípios constitucionais, aos direitos fundamentais e à participação cidadã (ESPINDOLA e CUNHA, 2011, p. 89).

A ideia de efetividade do processo é alicerçada, hoje, no direito fundamental de acesso à justiça (art. 5º, inciso XXXV), consistindo

> não apenas o direito de provocar a atuação do Estado, mas também e principalmente o de obter, em prazo adequado, uma decisão justa e com o potencial de atuar eficazmente no plano dos fatos (ZAVASCKI, 2005, p. 66).

Apesar da autonomia científica que possui, não há como negar que o direito processual é instrumento do direito

---

1. Especialista em Direito do Trabalho e Processo do Trabalho pela Faculdade de Direito Milton Campos/MG e em Direito do Trabalho pela UCAM – Universidade Cândido Mendes/RJ. Membro do Grupo de Estudos IPCPT – Interfaces do Processo Civil com o Processo do Trabalho, da FDMC/MG. Advogada.
2. (...) os direitos fundamentais, na concepção liberal-burguesa, eram compreendidos como direitos de defesa do particular contra interferências do Estado em sua propriedade e liberdade. E nada mais. Eram, assim, concebidos apenas como um não agir do Estado, ou seja, direitos de proteção negativos. E o processo civil, por sua vez, que começou a ser teorizado no século XIX, sofreu influência direta do paradigma liberal-racionalista que marcou aquela época (ESPINDOLA e CUNHA, 2011, p. 85).
3. "(...) dar, en cuanto sea posible prácticamente, a quien tiene um derecho, todo aquello y exactamente aquello que tiene derecho a conseguir".
4. Estado Democrático de Direito.

material correspondente, criando atualmente vários mecanismos para tornar realidade essa efetivação.

O direito processual do trabalho, na mesma linha anteriormente mencionada é também uma via de efetivação do direito.. Fundado no princípio da simplicidade, o procedimento proposto pela Consolidação das Leis do Trabalho, desde a sua concepção, apresentava-se como eficaz instrumento de concretização de direitos sociais, em consonância com o pretendido crédito alimentar decorrente de sua violação. Muito antes da Constituição de 1988 e dos Códigos de Processo Civil de 1973[5] e 2015[6], portanto, o procedimento trabalhista já se mostrava como meio adequado[7] de promoção da tutela jurisdicional.

A entrega de resultado ao jurisdicionado, a tempo e modo, é o desdobramento que se espera do processo como caminho para tanto. A execução, como parte desse itinerário, é o momento em que de fato se procurará entregar o bem da vida desejado, tratando-se, pois, do ponto fulcral de toda a atuação do Estado-Juiz[8].

Ângela Araújo da Silveira Espindola e Guilherme Cardoso Antunes da Cunha (2011, p. 89) elucidam que

> as garantias constitucionais processuais (ou direitos fundamentais processuais) asseguram um mecanismo adequado ao tratamento dos conflitos ou à sua prevenção, sendo garantias de meio e de resultado, pois estão diretamente relacionadas não apenas aos instrumentos processuais adequados, como também a um resultado efetivo. Não se trata, evidentemente, de direito ao resultado favorável, tampouco apenas de exercício do direito de acesso ao judiciário ou direito de petição. É direito à efetividade da jurisdição por meio de um processo jurisdicional democrático.

No âmbito do direito processual civil prevalecia uma jurisdição inerte, cuja provocação das partes fazia-se imprescindível para o impulso do processo. Com o CPC de 2015, vários foram os avanços normativos no sentido de se aumentar os poderes do Juiz como condutor do processo, a exemplo do art. 139, observando-se, inclusive, grande semelhança com a processualística laboral. No que concerne ao início da fase executória, entretanto, ainda remanesceu prevalente a dispositividade do processo, ou seja, a dependência da provocação das partes, como se extrai do art. 523 do CPC[9].

O processo do trabalho sempre se diferenciou do processo comum pela simplicidade procedimental[10] e pelo amplo poder conferido ao Juiz na condução do processo (art. 765, da CLT), inclusive na fase executiva (art. 878, da CLT). Com o advento da Lei n. 13.467/2017, contudo, procurou o legislador alterar essa perspectiva na tentativa de se limitar a atuação de ofício do magistrado na fase de execução.

A redação original do art. 878 da CLT insculpia, como corolário do princípio inquisitivo[11], o princípio da ampla atuação jurisdicional executiva, *in verbis*:

> Art. 878 – A execução poderá ser promovida por qualquer interessado, ou *ex officio* pelo próprio Juiz ou Presidente ou Tribunal competente, nos termos do artigo anterior.
>
> Parágrafo único – Quando se tratar de decisão dos Tribunais Regionais, a execução poderá ser promovida pela Procuradoria da Justiça do Trabalho.

A esse respeito, Wolney de Macedo Cordeiro (2017, p. 53) pondera:

> É relevante observar que essa característica típica da execução trabalhista se reveste de verdadeiro caráter principiológico de estrutura conceitual da disciplina

---

5. Segundo esclarece Luciano Athayde Chaves (2007, p. 37 e ss.), "a discussão em torno da efetividade das tutelas jurisdicionais assumiu grande centralidade, a partir dos movimentos de reforma do Código de Processo Civil, iniciados nos anos 1990. Forte na percepção de que havia um déficit instrumental, decorrente da separação mais radical entre processos de conhecimento e de execução, buscou a Lei n. 11.232/2005 romper com essa tradição, deslocando os procedimentos de efetivação da tutela para a fase de conhecimento, dispensando-se, inclusive, nova citação para deflagração dos atos de satisfação do bem jurídico constante da sentença".
6. Apesar da suficiência do texto consolidado quanto ao procedimento executivo, são inegáveis os avanços trazidos CPC de 2015 no procedimento de execução, à exemplo do detalhamento da fase expropriatória.
7. Por adequado deve se inferir que se trata da entrega de resultado ao jurisdicionado em tempo e modo. Conforme assevera Lais Vieira Cardoso (2018, p. 1305), para que o Estado-Juiz cumpra sua função pacificadora de conflitos, não basta o acesso à justiça, mais que isso, é imprescindível que a prestação ocorra de forma célere, garantindo a efetiva reparação da lesão.
8. O art. 4º do CPC/15, confirmando a tendência de concepção de um processo constitucional, preconizou como normal processual fundamental o direito das partes de obterem, em prazo razoável, a solução integral do mérito, *incluída a atividade satisfativa*.
9. Art. 523. No caso de condenação em quantia certa, ou já fixada em liquidação, e no caso de decisão sobre parcela incontroversa, *o cumprimento definitivo da sentença far-se-á a requerimento do exequente*, sendo o executado intimado para pagar o débito, no prazo de 15 (quinze) dias, acrescido de custas, se houver.
10. Nesse sentido, Mauro Schiavi (2017, p. 26) dispõe acerca do princípio da informalidade: "significa que o sistema processual trabalhista é menos burocrático, mais simples e mais ágil que o sistema do processo comum, com linguagem mais acessível ao cidadão não versado em direito, bem como a prática de atos processuais ocorre de forma mais simples e objetiva, propiciando maior participação das partes, celeridade no procedimento e maiores possibilidades de acesso à justiça ao trabalhador mais simples"
11. Dizer que o processo é inquisitivo pode trazer a ideia de que o processo não admite a participação das partes, afastando seu caráter colaborativo, mas Mauro Schiavi esclarece (2017, p. 35): "(...) não se trata o processo do trabalho de um procedimento inquisitivo, instaurado de ofício pelo juiz e movimentado sem ampla possibilidade de discussão da causa pelas partes. Ao contrário, trata-se de procedimento nitidamente contraditório, com ampla participação das partes, não sendo possível ao magistrado instaurá-lo de ofício. Não obstante, uma vez instaurado o processo pelas partes, a participação do Juiz do Trabalho na relação jurídico-processual é mais ativa".

jurídica. A postura verdadeiramente inquisitorial do Juiz do Trabalho, principalmente enquanto condutor da tutela executiva, não se apresenta como mera particularidade da norma positivada, mas sim numa estrutura conceitual indelevelmente vinculada ao aspecto tuitivo do processo do trabalho. Essa fundamentalidade encontra-se expressamente prevista no texto constitucional, na medida em que o art. 114, VIII, determina a execução de ofício das contribuições sociais incidente sobre as condenações laborais.

A novel redação do art. 878 limitou o início da fase executiva por iniciativa do magistrado apenas à hipótese de *jus postulandi,* isto é, somente no caso de a parte exequente não estar representada por advogado:

> art. 878. A execução será promovida pelas partes, permitida a execução de ofício pelo juiz ou pelo Presidente do Tribunal apenas nos casos em que as partes não estiverem representadas por advogado.

Além da limitação da atuação oficiosa do Juiz, é pertinente notar, ainda, a revogação do parágrafo único, que possibilitava o início da execução pelo membro do MPT quando a execução se processasse no Tribunal. Percebe-se, ainda mais, um reforço da vontade do legislador de construir uma estrutura procedimental fundada na autonomia das partes, o que vai de encontro a todo o caminhar evolutivo do processo, inclusive, do processo civil, como se pôde observar com o CPC de 2015.

Com relação à restrição do texto celetista no aspecto, passa-se a se analisar a sua incongruência teleológica e sistemática sob o ponto de vista da Constituição Federal de 1988, do Código de Processo Civil de 2015 e do próprio diploma consolidado, estabelecendo-se, não obstante, eventuais caminhos interpretativos.

2. NOVA REDAÇÃO DO ART. 878 DA CLT – INCONGRUÊNCIA TELEOLÓGICA E SISTEMÁTICA

2.1. Constituição Federal de 1988

A incompatibilidade da novel redação do art. 878 da CLT com a Constituição Federal de 1988 é vislumbrada, inicialmente, pela afronta ao direito fundamental do acesso à justiça (art. 5º, inciso XXXV) e ao consectário princípio da efetividade.

É flagrante que a limitação à atuação oficiosa do Juiz, tão própria ao processo do trabalho, representa inefetividade da tutela jurisdicional, configurando-se, inclusive, afronta ao princípio da vedação ao retrocesso social (art. 7º, *caput*, CR/88).

Não é demais lembrar que tanto o princípio da efetividade quanto o princípio da vedação ao retrocesso social, este consoante a interpretação mais hodierna da Constituição[12], estão compreendidos no rol do art. 60, § 4º como cláusulas pétreas, impassíveis de qualquer limitação.

Houve, ademais, desrespeito ao princípio da isonomia (art. 5º, *caput*, CR/88). A diferenciação de tratamento imposta para o exequente assistido por advogado e aquele que exerce o *jus postulandi* não se justifica por esse único fato.

Durante a tramitação do projeto n. 6.787/2016 (que se transformou na Lei n. 13.467/2017) na Câmara dos Deputados, o relator, Deputado Rogério Marinho (PSDB/RN), justificou que

> o objetivo da proposta de alteração do art. 878 da CLT visa manter a execução de ofício apenas para os casos em que as partes estejam desassistidas de advogado. A razão é que a execução de ofício foi formulada justamente com base nas situações em que o trabalhador empregado busca a Justiça Trabalhista sem patrocínio de quem tenha preparo técnico e capacidade postulatória para tanto. Estando a parte assistida de advogado, não há necessidade de execução de ofício promovida pelo próprio Juiz do Trabalho, o que, inclusive *mantém sua imprescindível imparcialidade e atende ao princípio dispositivo apregoado pela ciência do direito processual, impedindo grave desequilíbrio na relação jurídica processual trabalhista.* (2017)

Analogicamente veja-se a Lei n. 9.099/95, que também atribui capacidade postulatória à parte. O escopo do permissivo legal, assim como o *jus postulandi,* é a ampliação do acesso à justiça, não havendo na referida lei, contudo, qualquer diferenciação procedimental quando a parte esteja ou não representada por advogado.

Na Lei n. 13.467/2017, como se pôde observar pela justificativa do legislador durante a votação do projeto, pretendeu-se assegurar a imparcialidade do juiz. Aparentemente não há motivo para se chegar à conclusão de que a representação por advogado por si só ensejaria a parcialidade do julgador, principalmente por ser a fase executiva um momento em que o direito já está acertado. Falta congruência lógica para tal raciocínio, levando-se à conclusão de que se trata de opção legislativa arbitrária, despida de qualquer motivação jurídica.

---

12. Segundo Ingo Wolfgang Sarlet e Tiago Fensterseifer (2013, p. 288), a proibição ao retrocesso "(...) diz respeito mais especificamente a uma garantia de proteção dos direitos fundamentais (e da própria dignidade da pessoa humana) contra a atuação do legislador, tanto no âmbito constitucional quanto – e de modo especial – infraconstitucional (quando estão em causa medidas legislativas que impliquem supressão ou restrição no plano das garantias e dos níveis de tutela dos direitos já existentes), mas também proteção em face da atuação da administração pública. A proibição de retrocesso, de acordo com o entendimento consolidado na doutrina, consiste em um princípio constitucional implícito, tendo como fundamento constitucional, entre outros, o princípio do Estado (Democrático e Social) de Direito, o princípio da dignidade da pessoa humana, o princípio da máxima eficácia e efetividade das normas definidoras de direitos fundamentais, o princípio da segurança jurídica e seus desdobramentos, o dever de progressividade em matéria de direitos sociais, econômicos, culturais e ambientais".

Ainda na toada da violação a isonomia, Ítalo Menezes de Castro (2018, p. 1294) de forma pertinente pontua que a diferenciação procedimental afronta, ademais, o art. 133 da CR/88. Salienta que além de ser discriminatória[13] à participação do patrono no processo, haja vista que sozinho o exequente teria o apoio de um juiz mais ativo, a previsão ainda abre brechas para negociações premeditadas com o objetivo de se aproveitar da benesse concedida àquele que exerce o *jus postulandi*. Explica:

> (...) à luz desse regramento, nada impediria que o trabalhador se fizesse representar por advogado durante toda a fase de conhecimento do processo e, chegado o momento da execução, ajustasse de forma consensual com seu causídico a revogação dos poderes para atuação em juízo (cláusula *ad judicia*), sem prejuízo da manutenção da atuação do patrono na análise e acompanhamento do feito e na redação e preparação de requerimentos em nome do credor. Assim, o trabalhador contaria com a atuação oficiosa do juiz, ao mesmo tempo também que manteria a assistência técnica em sua retaguarda.

A nova redação dada ao art. 878 da CLT, destarte, vai de encontro aos princípios fundamentais da isonomia, do acesso da justiça, da efetividade e da própria eficiência da prestação do serviço judiciário, podendo-se questionar, aliás, a sua constitucionalidade.

2.2. Dispositivos do Código de Processo Civil aplicáveis ao processo do trabalho

O art. 769 da CLT[14], pensado num contexto vanguardista, de consolidação de um processo condizente com sua premissa social, previu, como critérios da aplicação do direito comum ao processo do trabalho, a ausência de norma celetista e a compatibilidade com a base ideológica laboral. A intenção inicial do legislador, portanto, foi de que o processo comum, notadamente o processo civil, só fosse aplicado ao processo do trabalho em caráter excepcional.

Conforme salienta Wolney de Macedo Cordeiro (2017, p. 28), a estrutura normativa das regras de subsidiariedade foi edificada no âmbito de uma postura defensiva da autonomia do direito processual trabalhista e de um processo mais eficaz para a materialização das garantias do direito material respectivo. O legislador buscou, em síntese, instituir os elementos pontuais de otimização do processo do trabalho, evitando uma invasão do formalismo típico do direito comum.

A ideia de um direito processual do trabalho puro, entretanto, passou a não mais fazer sentido diante da modernização do direito processual civil, a partir de 1994, ainda no texto do Código de 1973. O sincretismo processual e a adoção de um procedimento menos rígido e isento de formalidades excessivas foram alguns pontos de destaque que passaram a possibilitar a aproximação dos sistemas processuais, até então antagônicos.

A ebulição de tais mudanças teve seu ápice com o Código de 2015, que instalou um novo paradigma no campo processual. O art. 15 do novo código, ao tratar do diálogo entre os ramos processuais especializados, passou a prever, além do critério da subsidiariedade, o critério da supletividade. Sob o ponto de vista do direito processual do trabalho, parece ter havido um reconhecimento externo da necessidade de interação dos subsistemas processuais (CORDEIRO, 2017, p. 30), na medida em que esta conjugação os torna mais efetivos.

A supletividade da aplicação de uma norma do processo comum ao processo laboral traduz o que Wonley de Macedo Cordeiro (2017, p. 42) denomina da hipótese de regulamentação concorrencial, ou seja, embora a legislação processual trabalhista regule integral e sistemicamente a matéria, a norma de direito processual civil se apresenta mais apta a promover uma prestação jurisdicional rápida e efetiva.

No exercício da função jurisdicional, desse modo, o juiz possui o poder-dever geral de cautela[15], incumbindo-lhe realizar a atividade satisfativa pretendida pelo ordenamento processual. O princípio fundamental da primazia da decisão de mérito em que se alicerça o CPC (art. 6º)[16], em consonância com a base principiológica processual constitucional, ratifica tal dever geral de conduta do magistrado.

O CPC de 2015 explicitou vários momentos do processo em que o juiz deve se pautar pela adoção de medidas que levem a este fim, as quais Daniel Neves Amorim Assunção (2017, p. 215) enumera:

> A concretização do princípio é encontrada em diversas passagens do Novo Código de Processo Civil, que dá especial ênfase à oportunidade concedida às partes do saneamento de vícios que impeçam o julgamento do mérito (arts. 139, IX, e 319, §§ 1º, 2º, 3º, do Novo CPC), inclusive no ambiente recursal (arts. 932, parágrafo único; art. 1.007, §§ 2º e 4º do Novo CPC), quando o vício formal pode ser desprezado se não for reputado grave (art. 1.029, § 3º do Novo CPC).

O poder-dever geral de cautela, articulado com o princípio da primazia da decisão de mérito, desponta em necessária atuação mais proativa do juiz. A positivação, no CPC de 2015, de dispositivos rompendo com o paradigma do juiz inerte, atuando em colaboração com os sujeitos do

---

13. Discriminatória no sentido de não trazer respaldo para que fosse dado tratamento diferenciado à questão – o que muitas vezes é de fato necessário.
14. Nesse ponto, vale ressaltar que a supressão pelo legislador reformista do requisito da compatibilidade, no art. 8º da CLT, em nada deve alterar a postura do intérprete da norma, que deve considera-lo sistematizado com o restante do ordenamento jurídico.
15. Enunciado n. 31 do Fórum Permanente de Processualistas Civis: "O poder geral de cautela está mantido no NCPC".
16. Art. 6º Todos os sujeitos do processo devem cooperar entre si para que se obtenha, em tempo razoável, decisão de mérito justa e efetiva.

processo (art. 6º, CPC) foi, inclusive, ponto extremamente elogiado pela doutrina processualista civil.

Nessa esteira, dentre alguns artigos que atraem aplicação subsidiária/supletiva, destacam-se: o art. 139, IV[17], que expressa a essência do poder-dever geral de cautela do juiz na execução; o art. 773[18], em que se imprime ampla liberdade ao magistrado na determinação das medidas executórias para satisfação da obrigação de dar; o art. 782[19], que, ressalvadas as reservas legais, confere ao magistrado iniciativa na adoção das medidas expropriatórias; o art. 806[20], em que o juiz poderá fixar multa diária em razão da mora na entrega de coisa certa, detendo igual prerrogativa no caso de obrigação de fazer e não fazer fundada em título extrajudicial (art. 814[21]).

Considerando-se a evolução do processo civil no aspecto, ramo que originalmente era caracterizado por atuação jurisdicional mais inerte, a limitação imposta no art. 878 da CLT representa alarmante retrocesso à eficácia da tutela juslaboral.

Nessa perspectiva, o reforço da afirmação de convivência dos subsistemas se faz de extrema importância, notadamente nesse momento de modificações estruturais e procedimentais em todo o direito e processo do trabalho. Nesse período, a hermenêutica deverá ser a aliada do intérprete e aplicador do direito, sob pena de perda da identidade juslaboral.

2.3. Consolidação das Leis do Trabalho

A falta de conformidade, adequação, correspondência e identidade da nova redação do art. 878 da CLT com a estrutura do processo do trabalho é patente.

A atuação ativa do juiz como condutor do processo (art. 765 da CLT) é alicerçada nas razões sociais que precederam a consolidação do diploma celetista. Consoante pontua Rosemary de Oliveira Pires e Arnaldo Afonso Barbosa (2017, p. 18),

Desde a sua entrada em vigor, em 1943, a CLT se destacou por sua estrutura híbrida, contendo regras de Direito do Trabalho – individual e coletivo – e de Direito Processual do Trabalho. Em outros termos, enquanto outros ramos do Direito, como o Direito Civil e o Direito Penal, possuíam dois códigos distintos – um para direito material e o outro para direito processual –, no âmbito justrabalhista, todo o regramento estava contido num único diploma legal, a CLT, já denunciando o nítido interesse do legislador na simplificação de suas normas, facilitando o acesso do empregado à Justiça do Trabalho, a fim de acelerar a cumprimento executivo das sentenças ali proferidas. Em paralelo a essa simplificação normativa, foi estruturada uma Justiça especial para atender com especificidade esse tipo de relação material e dar-lhe proteção adequada no âmbito da tutela jurisdicional.

Apesar da falta de harmonia ser sistêmica, alguns aspectos pontuais destacam-se haja vista a curiosa diferenciação de procedimentos prevista pelo legislador reformista.

2.3.1. Execução de ofício x Impulso oficial

É importante notar que ao modificar a redação do art. 878 o legislador apenas limitou que o início da fase executória se processasse de ofício[22], nada dizendo sobre o impulso oficial no curso do processo (art. 765, CLT), permanecendo este, destarte, inalterado.

Segundo Daniel Amorim Assumpção Neves (2017, p. 83),

a inércia da jurisdição diz respeito tão somente ao ato de iniciar o processo porque, uma vez provocada pelo interessado com a propositura da demanda, a jurisdição já não mais será inerte, pelo contrário, passará a caminhar independentemente de provocação, exatamente como determina o art. 2º do Novo CPC. Uma vez provocada a jurisdição, aplica-se a regra do impulso oficial, de maneira que o desenvolvimento do processo estará garantido (...).

---

17. Art. 139. "O juiz dirigirá o processo conforme as disposições deste Código, incumbindo-lhe: (...) IV – determinar todas as medidas indutivas, coercitivas, mandamentais ou sub-rogatórias necessárias para assegurar o cumprimento de ordem judicial, inclusive nas ações que tenham por objeto prestação pecuniária."
18. "Art. 773. O juiz poderá, de ofício ou a requerimento, determinar as medidas necessárias ao cumprimento da ordem de entrega de documentos e dados. Parágrafo único. Quando, em decorrência do disposto neste artigo, o juízo receber dados sigilosos para os fins da execução, o juiz adotará as medidas necessárias para assegurar a confidencialidade".
19. "Art. 782. Não dispondo a Lei de modo diverso, o juiz determinará os atos executivos, e o oficial de justiça os cumprirá. § 1º O oficial de justiça poderá cumprir os atos executivos determinados pelo juiz também nas comarcas contíguas, de fácil comunicação, e nas que se situem na mesma região metropolitana. § 2º Sempre que, para efetivar a execução, for necessário o emprego de força policial, o juiz requisitará. § 3º A requerimento da parte, o juiz pode determinar a inclusão do nome do executado em cadastros de inadimplentes. § 4º A inscrição será cancelada imediatamente se for efetuado o pagamento, se for garantida a execução ou se a execução for extinta por qualquer outro motivo. § 5º O disposto nos §§ 3º e 4º aplica-se à execução definitiva de título judicial".
20. "Art. 806. O devedor de obrigação de entrega de coisa certa, constante de título executivo extrajudicial, será citado para, em 15 (quinze) dias, satisfazer a obrigação. § 1º Ao despachar a inicial, o juiz poderá fixar multa por dia de atraso no cumprimento da obrigação, ficando o respectivo valor sujeito a alteração, caso se revele insuficiente ou excessivo. § 2º Do mandado de citação constará ordem para imissão na posse ou busca e apreensão, conforme se tratar de bem imóvel ou móvel, cujo cumprimento se dará de imediato, se o executado não satisfizer a obrigação no prazo que lhe foi designado".
21. "Art. 814. Na execução de obrigação de fazer ou de não fazer fundada em título extrajudicial, ao despachar a inicial, o juiz fixará multa por período de atraso no cumprimento da obrigação e a data a partir da qual será devida. Parágrafo único. Se o valor da multa estiver previsto no título e for excessivo, o juiz poderá reduzi-lo".
22. Quando a parte exequente estiver representada por advogado.

A partir dessa premissa infere-se que apenas o início da fase de execução propriamente dita está condicionado a provocação do exequente, não dependendo a prática dos demais atos de sucessivos requerimentos da parte.

Nessa esteira, pode-se concluir que a citação do executado (art. 880, CLT), a penhora de bens (art. 883, CLT), o registro da penhora e avaliação (art. 7º, IV e V da Lei n. 6.830) e os atos necessários à expropriação dos bens (art. 888 da CLT c/c art. 523, § 3º, CPC) podem ser feitos de ofício (CASTRO, 2018, p. 1.290), não havendo qualquer modificação no aspecto.

2.3.2. Execução de ofício das contribuições previdenciárias (art. 876, parágrafo único)

A execução de ofício pelo juiz do trabalho do crédito fazendário, relativamente às contribuições sociais decorrentes das decisões que proferir, está prevista no art. 114, inciso VIII da Constituição Federal e já é pacífica desde a EC 20/98.

O art. 876 da CLT, em seu texto original, já ratificava essa mesma premissa e, após a Lei n. 13.467/2017, apenas passou a restringir a natureza das decisões que ensejam a execução de ofício das contribuições sociais na Justiça do Trabalho[23], seguindo o posicionamento que já vinha sendo adotado pelo TST, conforme se extrai da Súmula n. 368, item I[24], e pelo STF, consoante a Súmula Vinculante n. 53[25].

Deve-se atentar, entretanto, que o crédito previdenciário tem notório caráter acessório em relação ao crédito trabalhista principal, conforme se extrai do precedente representativo da Súmula Vinculante n. 53 do STF:

> "(...) o requisito primordial de toda execução é a existência de um título, judicial ou extrajudicial. No caso da contribuição social atrelada ao salário objeto da condenação, é fácil perceber que o título que a corporifica é a própria sentença cuja execução, uma vez que contém o comando para o pagamento do salário, envolve o cumprimento do dever legal de retenção das parcelas devidas ao sistema previdenciário. De outro lado, *entender possível a execução de contribuição social desvinculada de qualquer condenação ou transação seria consentir em uma execução sem título executivo*(...)". (RE 569056, Relator Ministro Menezes Direito, Tribunal Pleno, julgamento em 11.9.2008, DJe de 12.12.2008)

A manutenção da execução de ofício de crédito acessório em detrimento da execução de ofício do crédito principal parece ser, destarte, um tanto quanto incoerente.

2.3.3. Declaração de ofício da prescrição intercorrente (art. 11-A, § 2º)

A utilização da prescrição intercorrente no processo laboral sempre foi alvo de grande cizânia doutrinária e jurisprudencial[26] e, na tentativa de pacificar a controvérsia, a Lei n. 13.146/2017 inseriu na CLT a possibilidade de seu pronunciamento pelo juiz, inclusive, de ofício.

Conforme salienta Homero Batista Mateus da Silva (2017, p. 20),

> a pronúncia de ofício da prescrição pelo magistrado foi inserida em reforma no processo civil, confirmada pelo CPC de 2015 (arts. 332, § 1º, e 487, II), mas encontrou resistência à aplicação em sede trabalhista, por não estar claro se o ato do magistrado seria cabível em relações assimétricas, como a laboral, a consumerista ou a locatícia.

Além da questionável compatibilidade do instituto com as bases materiais e processuais do direito do trabalho, a atribuição ao magistrado para que o faça de ofício, quando não pode dar início à fase executória, parece ser, no mínimo, tendenciosa, em prejuízo do exequente, que normalmente é o empregado.

Tal qual argumenta Homero Batista Mateus da Silva (2017, p. 119), a interpretação gramatical do art. 878 e do art. 11-A da CLT), corre o risco de "premiar o caloteiro e de incentivar as rotas de fuga: basta que o devedor consiga se esquivar por dois anos que obterá, como recompensa, o perdão da dívida"e, completa: "Nenhuma interpretação jurídica deveria ser levada adiante sem a noção da realidade e sem noção das bases teóricas sobre as quais se assenta o arcabouço processual".

3. ASPECTOS PRÁTICOS E NOVOS CAMINHOS INTERPRETATIVOS

A incongruência teleológica e sistêmica da nova redação do art. 878 não se restringe ao âmbito constitucional e infraconstitucional.

---

23. "A Justiça do Trabalho executará, de ofício, as contribuições sociais previstas na alínea *a* do inciso I e no inciso II do *caput* do art. 195 da Constituição Federal, e seus acréscimos legais, relativas ao objeto da condenação constante das *sentenças que proferir e dos acordos que homologar*". (art. 876, parágrafo único, CLT) A redação anterior, ao se referir a "decisão" genericamente, deixava dúvidas se haveria competência da Justiça do Trabalho também para a execução de ofício das contribuições sociais decorrentes de decisão meramente declaratória, que reconhece, por exemplo, o vínculo de emprego.
24. Súmula n. 368, item I: "A Justiça do Trabalho é competente para determinar o recolhimento das contribuições fiscais. A competência da Justiça do Trabalho, quanto à execução das contribuições previdenciárias, limita-se às sentenças condenatórias em pecúnia que proferir e aos valores, objeto de acordo homologado, que integrem o salário de contribuição. (ex-OJ n. 141 da SBDI-1 – inserida em 27.11.1998)".
25. "A competência da Justiça do Trabalho prevista no art. 114, VIII, da Constituição Federal alcança a execução de ofício das contribuições previdenciárias relativas ao objeto da condenação constante das sentenças que proferir e acordos por ela homologados".
26. O TST entendia pela incompatibilidade do instituto, conforme se extrai da Súmula n. 114, ao passo que o STF a admitia, consoante a Súmula n. 327.

O Pacto Internacional sobre Direitos Civis e Políticos, em seu art. 3º[27], prevê como direito humano a garantia de acesso efetivo dos cidadãos aos tribunais, assim como o cumprimento das respectivas decisões.

Na mesma linha, a Declaração Americana dos Direitos e Deveres do Homem além da garantia do acesso à justiça, por meio de um processo célere, assegura a proteção contra atos de autoridade que violem, em seu prejuízo, direito fundamental constitucionalmente assegurado[28].

Diante de flagrante violação de *direitos humanos fundamentais* caberá ao intérprete criar novos caminhos para aplicação da norma celetista, sob pena de aniquilação de um sistema sólido, alicerçado em valores fundamentais internacionalmente edificados ao longo da evolução do Direito e da sociedade.

Como já mencionado, o direito processual do trabalho deve criar as condições aptas a assegurar a máxima efetividade possível do direito do trabalho. "O direito processual do trabalho serve ao direito do trabalho e, este, à dignidade da pessoa humana. Com isto, o direito processual do trabalho serve à dignidade humana". (ALMEIDA, 2016, p. 69)

Nessa esteira, utilizando-se de uma interpretação teleológica e sistemática, é certo que o juiz deve continuar a, de ofício, dar início à fase executória, mesmo quando a parte esteja representada por advogado. Como corroborado anteriormente, não é razoável que um diploma infralegal limite direitos humanos fundamentais[29].

A estrutura procedimental juslaboral garante a ampla atuação do julgador (art. 765 da CLT). Não faz sentido entender que a proatividade do juiz esteja adstrita a fase de conhecimento, quando é justamente na execução que ocorrerá a entrega da prestação jurisdicional. Na fase executória, com muito mais razão, faz-se necessário o comportamento dinâmico do magistrado.

Na eventualidade de se entender pela aplicação do dispositivo legal já referido, apenas a título de enfrentamento da questão, é certo que a parte poderá demonstrar seu interesse em ter a tutela executiva a qualquer tempo e por qualquer meio, seja por mera petição, na petição inicial ou, até mesmo, verbalmente.

Argumentando nesse sentido, Laís Vieira Cardoso (2018, p. 1311) sustenta que

> Em atendimento à efetividade, à economia e a celeridade, o pedido para que a execução se processe, nos casos em que o juiz não interpretar o art. 878 da CLT de forma sistemática, prosseguindo de ofício com a execução como autoriza o novo artigo, pode ser feito até mesmo verbalmente, ao final da parte instrutória nas audiências, ou constar nas razões finais, inclusive ser requerido na petição inicial, pois não há vedação legal para tanto.

Caso se entenda, ainda, pela aplicação da nova redação em sua literalidade, esta deverá ocorrer apenas para os processos iniciados após a entrada em vigor da Lei n. 13.467/2017. Como a Lei nada previu acerca da aplicação temporal das modificações por ela introduzidas, a interpretação que se apresenta mais razoável, privilegiando a segurança jurídica e a vedação à decisão surpresa, é de que se restrinja às relações processuais constituídas após o dia 11.11.2017, não se aplicando aos processos em curso nesta data.

4. PONDERAÇÕES CONCLUSIVAS

O direito processual do trabalho, como via de efetivação do direito material do trabalho, deve ser analisado em sua conformação. Nessa toada, deve ser instrumento eficaz de concretização de direitos sociais e estar em consonância com o pretendido crédito alimentar decorrente de sua violação.

O processo do trabalho sempre teve como característica distintiva a simplicidade procedimental[30] e o amplo poder conferido ao juiz na condução do processo (art. 765, da CLT), inclusive na fase executiva (art. 878, da CLT).

---

27. "(...) Os Estados Partes do presente Pacto comprometem-se a: a) Garantir que toda pessoa, cujos direitos e liberdades reconhecidos no presente Pacto tenham sido violados possa de um recurso efetivo, mesmo que a violência tenha sido perpetra por pessoas que agiam no exercício de funções oficiais; b) Garantir que toda pessoa que interpuser tal recurso terá seu direito determinado pela competente autoridade judicial, administrativa ou legislativa ou por qualquer outra autoridade competente prevista no ordenamento jurídico do Estado em questão; e a desenvolver as possibilidades de recurso judicial; c) Garantir o cumprimento, pelas autoridades competentes, de qualquer decisão que julgar procedente tal recurso".
28. "Toda pessoa pode recorrer aos tribunais para fazer respeitar os seus direitos. Deve poder contar, outrossim, com processo simples e breve, mediante o qual a justiça a proteja contra atos de autoridade que violem, em seu prejuízo, qualquer dos direitos fundamentais consagrados constitucionalmente". (art. 18)
29. Este foi, inclusive, o posicionamento adotado pela Anamatra nos Enunciados ns. 113 e 115 na 2ª Jornada de direito material e processual do trabalho, cujo tema foi a reforma trabalhista. Confira-se. Enunciado n. 113: "Execução de ofício e art. 878 da CLT em razão das garantias constitucionais da efetividade (CF, art. 5º, XXXV), da razoável duração do processo (CF, art. 5º, LXXVIII) e em face da determinação constitucional da execução de ofício das contribuições previdenciárias, parcelas estas acessórias das obrigações trabalhistas (CF, art. 114, VIII), o art. 878 da CLT deve ser interpretado conforme a Constituição, de modo a permitir a execução de ofício dos créditos trabalhistas, ainda que a parte esteja assistida por advogado".
Enunciado n. 115: "Execução de ofício. Inexistência de nulidade a teor do art. 794 da CLT, não há nulidade processual quando o juízo realiza a execução de ofício, porque inexistente manifesto prejuízo processual".
30. Nesse sentido, Mauro Schiavi (2017, p. 26) ensina acerca do princípio da informalidade: "significa que o sistema processual trabalhista é menos burocrático, mais simples e mais ágil que o sistema do processo comum, com linguagem mais acessível ao cidadão não versado em direito, bem como a prática de atos processuais ocorre de forma mais simples e objetiva, propiciando maior participação das partes, celeridade no procedimento e maiores possibilidades de acesso à justiça ao trabalhador mais simples"

A Lei n. 13.467/2017, no entanto, procurou alterar esse paradigma, na tentativa de limitar a atuação de ofício, do magistrado, ao modificar a redação do art. 878 da CLT.

A execução do título judicial constituído na fase de conhecimento podia, conforme o texto original do artigo, ocorrer de ofício pelo juiz, independentemente de a parte estar ou não representada por advogado.

A nova redação diferencia o procedimento quando a parte está representada por advogado, passando a não mais admitir a iniciativa do julgador na instauração da fase executória. Nessa toada, a modificação, se levada à literalidade pelo interprete, certamente representará um retrocesso na eficácia do processo.

Além de levar a ineficácia do processo, contrariando o princípio fundamental do acesso da justiça, a opção legislativa dispensa tratamento discriminatório ao causídico, ferindo o art. 133 da CR/88 e, por conseguinte, o princípio da isonomia.

Até mesmo o processo civil, que originalmente era caracterizado por uma atuação jurisdicional mais inerte, evoluiu muito acerca da ampliação dos poderes do juiz no processo, visando uma prestação jurisdicional célere e efetiva.

Na perspectiva do próprio texto celetista, a falta de congruência do art. 878 é teleológica (não se harmoniza com os objetivos do processo do trabalho) e sistêmica (não guarda sintonia com a estrutura do procedimento trabalhista), haja vista a curiosa diferenciação de procedimentos previstos pelo legislador reformista, em que se tem a iniciativa do juiz em alguns pontos e em outros não, quais sejam: a manutenção do impulso oficial; a execução de ofício das contribuições sociais e o pronunciamento de ofício da prescrição intercorrente.

Nessa esteira, interpretando-se teleológica e sistematicamente o novo dispositivo, não há dúvida de que o juiz poderá dar prosseguimento à execução, de ofício, ainda que a parte esteja representada por advogado.

Na eventualidade de se entender pela aplicação do dispositivo, é certo que a parte poderá demonstrar seu interesse em ter a tutela executiva a qualquer tempo e por qualquer meio, seja por mera petição, na petição inicial ou, ainda, verbalmente, devendo, por fim, restringir-se às relações processuais constituídas após a entrada em vigor da legislação reformista.

5. REFERÊNCIAS BIBLIOGRÁFICAS

ALMEIDA, C. L. D. *Direito processual do trabalho*. 6. ed. São Paulo: LTr, 2016.

CARDOSO, L. V. O fim da execução de ofício do processo do trabalho e possíveis conflitos hermeneuticos, de interpretação e integração em um panorama sistemático normativo. In: MIESSA, E.; CORREIA, H. *A Reforma Trabalhista e seus Impactos*. Salvador: Juspodivm, 2018.

CASTRO, Í. M. D. A duvidosa constitucionalidade do "fim" da execução de ofício do crédito trabalhista. In: CORREIA, H.; MIESSA, E. *A Reforma Trabalhista e seus impactos*. Salvador: Juspodivm, 2018.

CHAVES, L. A. *A recente reforma no processo comum e seus reflexos no direito judiciário do trabalho*. 3. ed. São Paulo: LTr, 2007.

CORDEIRO, W. D. M. *Execução no processo do trabalho*. 4. ed. Salvador: JusPodivm, 2017.

ESPINDOLA, A. A. D. S.; CUNHA, G. C. A. D. O processo, os direitos fundamentais e a transição do estado liberal clássico para o estado contemporâneo. *Revista de Estudos Constitucionais, Hermenêutica e Teoria do Direito* (RECHTD). São Leopoldo, RS, p. 84-94, jan.-jun. 2011.

MARINHO, D. R., 2017. Disponivel em: <http://www.camara.gov.br/proposicoesWeb/prop_mostrarintegra?-codteor=1536187&filename=EMC+490/2017+PL678716+%-3D%3E+PL+6787/2016>. Acesso em: 17 fev. 2018.

NEVES, D. A. A. *Manual de Direito Processual Civil*. 9. ed. Salvador: JusPodivm, 2017.

PIRES, R. D. O.; BARBOSA, A. A. O Princípio da Proteção no Processo do Trabalho à luz do CPC de 2015 e da CLT após a Reforma Trabalhista. In: KOURY, L. R. N.; ALMEIDA, W. G. R. D.; ASSUNÇÃO, C. S. S. *O Direito Processual do Trabalho na perspectiva do Código de Processo Civil e da Reforma Trabalhista* – Atualizado de acordo com a MP n. 808. São Paulo: LTr, 2017. p. 18-26.

SARLET, I. W.; FENSTERSEIFER, T. *Direito constitucional ambiental*: Constituição, direitos fundamentais, e proteção do ambiente. 3. ed. São Paulo: RT, 2013.

SCHIAVI, M. *A reforma trabalhista e o processo do trabalho*. São Paulo: LTr, 2017.

SILVA, H. B. M. D. *Comentários à Reforma Trabalhista*. 1. ed. São Paulo: RT, 2017.

ZAVASCKI, T. A. *Antecipação da tutela*. 4. ed. São Paulo: Saraiva, 2005.

A Regulamentação da Desconsideração da Personalidade Jurídica na CLT

Luiz Ronan Neves Koury[1]

1. INTRODUÇÃO

A previsão do incidente de desconsideração da personalidade jurídica no Código de Processo Civil foi bem recebida pelos processualistas civis ao argumento de que o instituto se ressentia de uma regulamentação procedimental para sua aplicação.

Embora valorizando a construção da teoria da desconsideração da personalidade jurídica no âmbito do direito material, com origem na jurisprudência e, posteriormente, a sua positivação em alguns diplomas legais, os processualistas argumentavam que a ausência de um procedimento legal para sua utilização trazia inegável insegurança jurídica.

Sustentavam que cada juiz fixava um procedimento próprio e, com isso, promoviam verdadeiro atentado aos princípios do devido processo legal, contraditório e ampla defesa.

A par de todo esse regozijo com a implementação de um procedimento legal relativo à teoria da desconsideração da personalidade jurídica, os operadores jurídicos do direito processual do trabalho, em sua maioria, receberam com ressalvas a novidade trazida pelo Código de Processo Civil.

Inicialmente porque, de uma forma geral, não havia qualquer dificuldade na aplicação do referido instituto na seara trabalhista, bastando, para tanto, que se garantisse o contraditório, aspecto que lhe preservava a indispensável eficácia.

Em segundo lugar, porque a principiologia do processo do trabalho não se compatibiliza com formalidades, como a instauração de incidente, suspensão do processo e necessidade de requerimento das partes, dentre outros, que são absolutamente avessos à ideia de celeridade e efetividade inerente à processualística trabalhista.

Como consequência parte da doutrina se posicionou pela incompatibilidade de sua aplicação ao direito processual do trabalho em razão da evidente desarmonia com o espírito da norma processual trabalhista, havendo até mesmo posições que defendiam a sua aplicação com adaptações ao procedimento trabalhista, como a possibilidade da iniciativa do juiz na fase de execução, como é o caso da própria Instrução Normativa n. 39 do TST.

O fato é que grande parte da produção doutrinária sobre o tema se prendeu à verificação da compatibilidade ou não da norma forânea com o processo do trabalho, questionando com frequência a sua congruência com os princípios do processo do trabalho, em especial a simplificação procedimental das formas.

Após a controvérsia resultante de sua previsão no Código de Processo Civil e possibilidade ou não de aplicação ao processo do trabalho vem à lume a Lei n. 13.467 de 13.07.2017 que, em seu art. 855-A, prevê o Incidente de Desconsideração da Personalidade Jurídica, com a aplicação da normatização prevista nos arts. 133 a 137 do CPC ao processo do trabalho.

Também em parte da nova regulamentação celetista foram adotadas as disposições contidas na Instrução Normativa n. 39/TST, que já previa a aplicação do referido incidente no processo do trabalho, quanto à natureza da decisão que acolhe ou rejeita o incidente, o recurso cabível e a possibilidade de concessão da tutela de urgência de natureza cautelar, apenas não fazendo referência à sua instauração de ofício pelo juiz (CLT, art. 878), que consta da referida Instrução.

É claro que com essa iniciativa legislativa boa parte dos argumentos até então apresentados perdem a sua razão de ser porque centrados na compatibilidade de sua aplicação, aspecto já superado pela existência de previsão expressa sobre o tema na própria CLT.

O que se faz necessário agora é verificar em que medida e extensão a norma deve ser aplicada, considerando as peculiaridades do processo do trabalho, mas principalmente revisitando certos temas do direito material, ainda que de forma superficial, como a pessoa jurídica, a sua desconsideração e o papel do procedimento no contexto maior representado pela necessidade de se dar efetividade à execução trabalhista.

---

1. Desembargador Aposentado. 2º Vice-Presidente do Tribunal Regional do Trabalho da 3ª Região. Mestre em Direito Constitucional pela UFMG. Professor de Direito Processual do Trabalho da Faculdade de Direito Milton Campos.

Ao que parece é no direito material que podemos encontrar fundamento para interpretação da norma agora existente na CLT, ou seja, a criação de pessoa jurídica e a sua desconsideração, como forma de evitar que seja utilizada como escudo para fraudes e o inadimplemento das dívidas.

A engenhosidade da doutrina da desconsideração da personalidade jurídica não pode se encontrar limitada em seus objetivos pela existência de formalidades que impeçam que seja atingida a sua finalidade.

Se no processo civil havia a necessidade de um procedimento para aplicação do importante instituto da desconsideração da personalidade jurídica, no processo do trabalho, em que impera a informalidade e simplicidade das formas, a sua implantação tem um efeito contrário, de impedir que se atinja, com a celeridade necessária, a efetividade da execução.

Mais uma vez vale lembrar que o procedimento, a despeito de sua importância como fator de segurança jurídica, não pode ser considerado um fim em si mesmo ou ter relevância maior do que o direito perseguido.

O que se pretende neste trabalho é criar itinerários, com esteio no espírito e principiologia da legislação processual trabalhista, que permitam que o objetivo da importante teoria da desconsideração da personalidade jurídica seja atingido, sem que isso implique em qualquer opção contrária ao texto legal.

É exatamente com base na constitucionalização de que se reveste o processo, em qualquer de seus ramos, que se deve encontrar uma saída para, sem contrariar os ditames legais, autorizar uma interpretação compatível com os princípios e premências da execução trabalhista.

2. PESSOA JURÍDICA – DESCONSIDERAÇÃO DA PESSOA JURÍDICA

A criação da pessoa jurídica pelo direito, como sustentado na doutrina, teve por objetivo incrementar o empreendedorismo, porquanto se apresenta como uma forma de atuação nos negócios, sem comprometer o patrimônio individual.

Fábio Konder Camparato afirma que a criação de pessoa jurídica é uma técnica utilizada pelo direito para que alguns objetivos sejam atingidos, ou seja, a autonomia patrimonial com a supressão de responsabilidades individuais.[2]

Afirma o autor, em monografia sobre o tema mencionado, que: "(...) O gênero próximo da pessoa jurídica, como se demonstrará, é o sujeito de direito, e a diferença específica deve ser localizada em relação aos demais sujeitos de direito (pessoa física, nascituro, condomínio, massa falida...). Assim, o ponto de partida para a construção do conceito de pessoa jurídica é a constatação de que se trata de um tipo de sujeito de direito.[3]

Desse modo, a ficção representada pela pessoa jurídica é a de um sujeito de direito, com direitos e obrigações, que se responsabiliza no universo jurídico e material pelas transações que realiza e pelas relações em que se vê enredado.

Quando esse sujeito de direito não cumpre com as suas obrigações tem-se também a previsão de uma outra ficção jurídica representada pela desconsideração de sua personalidade, realizada episodicamente, apenas em determinado caso concreto, como forma de fazer face às obrigações e dívidas assumidas e não cumpridas.

A origem da teoria da desconsideração da personalidade jurídica é atribuída a um julgamento ocorrido nos Estados Unidos em 1809, em que se analisou a pessoa jurídica em conjunto com seus sócios bem como um litígio na Inglaterra, em 1897, sem que se aprofundasse na análise do tema, o que somente ocorreu posteriormente na Alemanha.[4]

É atribuída ao jurista alemão Rolf Serick, na década de 1950, a sistematização da desconsideração da personalidade jurídica, tendo como parâmetro a chamada, na Alemanha, penetração da pessoa jurídica, concluindo pela sua sujeição a derrogações ou mesmo ao caráter relativo da autonomia da pessoa jurídica.[5]

No Brasil a doutrina do *disregard of legal entity* trilhou um longo caminho até ser aceita. Atribui-se a Rubens Requião, em célebre conferência na Universidade Federal do Paraná, na década de 60, a sua abordagem pioneira e a defesa de sua aplicação ao nosso sistema jurídico.[6]

Atualmente, a teoria da desconsideração da personalidade jurídica tem previsão no art. 50 do Código Civil; art. 28 do Código de Defesa do Consumidor; art. 4º da Lei n. 9.605/1998 (Lei de Proteção do Meio Ambiente) e o art. 34 da Lei n. 12.529/2012 (Lei do Direito da Concorrência).

De uma forma geral, existem duas vertentes no tratamento do tema para justificar a desconsideração da personalidade jurídica. A primeira delas, a teoria maior ou subjetiva, representada pelo desvio de finalidade da pessoa jurídica, confusão patrimonial ou fraude em sua atuação (art. 50 do Código Civil). A segunda, representada pela

---

2. COMPARATO, Fábio Konder. O Poder de Controle na Sociedade Anônima. São Paulo: Revista dos Tribunais, 1976. p. 290. In: TEODORO, Viviane Rosália. *A Teoria da Desconsideração da Personalidade Jurídica e o Novo Código de Processo Civil*. São Paulo: Revista dos Tribunais. ano 42. v. 268. Jun. 2017. p. 119.
3. TEODORO, Viviane Rosália, ob. citada, p. 119.
4. TEODORO, Viviane Rosália, ob. citada, p. 122.
5. TEODORO, Viviane Rosália, ob. citada, p. 122.
6. GAMA, Guilherme Calmon Nogueira da. *Incidente da Desconsideração da Personalidade Jurídica*. São Paulo: Revista dos Tribunais, Repro. ano 41, 262. dez. 2016. p. 62-63.

teoria menor ou objetiva, que apenas justifica a sua aplicação pela inadimplência da pessoa jurídica (art. 28, *caput*, e §5 do Código de Defesa do Consumidor).

Fixadas resumidamente as bases teóricas, o histórico e a origem da pessoa jurídica e a sua desconsideração, importa para o nosso estudo que o instituto cumpra a finalidade para a qual foi criado, qual seja, garantir o cumprimento da obrigação fixada no título judicial e não o de punir o sócio, responsável subsidiário.

Trata-se, como assevera determinado segmento da doutrina, da universalização da jurisdição, de sua preservação, muito mais do que a finalidade punitiva ou lesiva até porque a desconsideração da personalidade jurídica apenas se verifica em um determinado caso concreto e não de forma permanente.

Mozart Vilela Andrade Júnior esclarece que o objetivo da desconsideração é potencializar a eficácia da norma jurídica, que se vê subtraída pelo abuso da personalidade jurídica. Aduz que em se tratando de "desconsideração da personalidade jurídica para fins de responsabilidade o enfoque não consiste em punir a atividade lesiva, mas em universalizar e revigorar a tutela jurisdicional executiva para proteger o credor fraudado e por que não? a própria jurisdição".[7]

É por isso que, antes de ingressar no exame do procedimento fixado no CPC, encampado pela CLT, em seu art. 855-A, é importante ter sempre presente, na sua interpretação e aplicação, que o objetivo da desconsideração da personalidade jurídica é tornar efetiva a jurisdição como técnica jurídica para garantir o cumprimento das obrigações reconhecidas judicialmente.

É necessário, sem contrariar a lei, adotar interpretação que melhor atenda à finalidade da multicitada teoria da desconsideração da pessoa jurídica que também se fundamenta em importantes princípios constitucionais, representados pelo acesso à justiça e o seu corolário, igualmente relevante, do prazo razoável de duração do processo.

Referidos princípios processuais constitucionais conjugados com a própria principiologia do processo do trabalho, que se amolda à previsão constitucional, como a proteção, celeridade e simplicidade das formas, justificam que se procure dar ao procedimento um sentido que atenda ao verdadeiro objetivo para o qual foi criada a teoria da desconsideração da personalidade jurídica.

3. INCIDENTE DE DESCONSIDERAÇÃO DA PERSONALIDADE JURÍDICA

A primeira questão que se coloca no exame da matéria é desvendar o verdadeiro significado do incidente, qualquer incidente, em termos processuais e quais as suas consequências para o processo ou mesmo para solução da questão principal.

Em sua etimologia, incidente deriva do latim *incidere*, que significa interromper, com o sentido equivalente a acidente.

Refere-se a questões incidentes no curso do processo, vinculadas a outra, tida como questão principal. Guarda similitude com o incidente de falsidade documental, por exemplo, eis que solucionado no próprio processo.[8]

O incidente de desconsideração da personalidade jurídica, da mesma forma que o incidente de falsidade, previsto no art. 390 do CPC/13, e agora nos arts. 430/433 do CPC atual, aplicado ao processo do trabalho, não exige forma rígida para sua aplicação, podendo se sujeitar à sistemática processual/procedimental trabalhista.

Até porque a resolução de questões incidentais, solucionadas no bojo do processo, sem a necessidade de ação independente e específica, significa que o fundamental, sem prejuízo da forma que pode ser adaptada, é a solução a ser encontrada para propiciar o desfecho da questão principal.

Desse modo, antes de qualquer análise sobre a forma de aplicação das principais questões trazidas pelos artigos do CPC, mencionados no *caput* do art. 855-A, cabe alertar que a referência existente na Lei é à aplicação, de uma forma geral, do incidente de desconsideração da personalidade jurídica ao processo do trabalho, sem que isso deva ocorrer de forma literal e rígida.

Cumpre aqui citar a lição de Ben-Hur Silveira Claus, que resume a questão ao dizer que "a técnica da desconsideração da personalidade jurídica da sociedade conformar-se-á necessariamente às características hermenêuticas estruturais do subsistema jurídico no qual será aplicada".[9]

Se o legislador considerasse indispensável a instauração do incidente de desconsideração da personalidade jurídica, nos moldes do CPC e com a observância rígida de suas normas, teria feito referência expressa ao art. 795, § 4º do mesmo CPC que, de forma peremptória, exige a instauração do incidente para desconsideração da personalidade jurídica.

Assim não o fazendo autoriza que se desconsidere a personalidade jurídica sem que se observe, de forma literal, a previsão existente no CPC ou mesmo a rigidez formal nele estabelecida.

Além do mais, é o próprio CPC que minimiza a observância do incidente para desconsideração da personalidade jurídica quando permite que este pedido seja apresentado

---

7. JÚNIOR, Mozart Vilela Andrade. *A Desconsideração da Personalidade Jurídica para fins de responsabilidade:* uma visão dualista do *Disregard Doctrine*. São Paulo: Revista dos Tribunais, Repro. ano 41. v. 252. fev. 2016. p. 66.
8. SILVA, De Plácido e. Vocabulário Jurídico Conciso; De Plácido e Silva, atualizadores Nagib Slaibi Filho e Gláucia Carvalho. 2. ed. Rio de Janeiro: Forense, 2010. p. 426.
9. CLAUS, Ben-Hur Silveira. O incidente de desconsideração da personalidade previsto no CPC/2015 e o Direito Processual do Trabalho. In: DALLEGRAVE NETO, José Affonso; GOULART, Rodrigo Fortunato (Coords.). *Novo CPC e o Processo do Trabalho*. São Paulo: LTr, 2016. p. 89.

na inicial (art. 134, § 2º). Neste sentido é a opinião de Daniel Amorim Assumpção Neves ao dizer que a criação de um incidente processual não será sempre necessária, desde que requerido na petição inicial, hipótese em que serão citados a pessoa jurídica e o sócio.[10]

Na sequência, passa-se à análise das mais importantes matérias previstas nos arts. 133 a 137, com impacto no processo do trabalho, tendo como norte a perspectiva anteriormente mencionada no tocante à aplicação das normas de cunho procedimental.

A instauração do incidente, como consta do *caput* do art. 133 do CPC, com a exigência de que deve ser proposto pela parte ou o Ministério Público, encontra maior amplitude e adequação na seara trabalhista com o art. 878 da CLT, que permite a execução de ofício nas hipóteses em que as partes estiverem sem advogado, conforme consta de sua nova redação.

Cabe registrar que essa limitação do art. 878 da CLT diz respeito apenas à promoção da execução, não impedindo que o juiz, por força do art. 765 da CLT, que lhe autoriza a ampla direção do processo e o dever que tem de garantir o rápido desfecho das causas, determine as diligências necessárias para, no seu curso, dar efetividade à execução.

No mesmo sentido cabe citar os ensinamentos de Ben-Hur Silveira Claus, esclarecendo que neste aspecto é notável a harmonia que se estabelece entre os arts. 878, *caput*, e 765, ambos da CLT.[11]

Quando nada, ainda que não existisse norma específica na legislação processual trabalhista conferindo esse dever ao magistrado, os princípios processuais constitucionais do acesso à justiça e o prazo razoável de duração do processo aliados ao art. 4º do CPC, de que as partes têm direito de obter a atividade satisfativa, seriam mais do que suficientes para justificar uma atuação mais incisiva do juiz.

Até mesmo porque o que está em jogo, em última análise, é a proteção ao trabalho realizado e os créditos alimentares dele decorrentes, o que se inscreve como fundamento constitucional e norma de ordem pública (arts. 1º, IV, e 7º da CF), o que também autoriza a atuação judicial independente de provocação.

Se essa autorização legal se justifica na fase de conhecimento, com muito mais razão ela se torna indispensável na execução, em que está em jogo a própria eficácia da jurisdição. Talvez aí a razão pela qual no art. 6º, *caput*, da Instrução Normativa 39/TST, consta a previsão da execução instaurada, de ofício, pelo juiz do trabalho.

Além do mais, como se pode verificar da própria doutrina processual civil, há posição favorável, ainda que minoritária, sobre a viabilidade de sua instauração de ofício quando se trata de questão envolvendo relação de consumo, que tem absoluta similitude com a relação de trabalho.

Guilherme Calmon Nogueira da Gama, com argumentos que seguramente se enquadram na seara trabalhista, esclarece que, no âmbito das relações de consumo, o magistrado poderá aplicar a desconsideração da personalidade jurídica por se tratar de medida mais benéfica ao consumidor, o que não pode ocorrer nas relações "paritárias", de crédito/débito, que denomina de relações civis, a exigir expressa provocação.[12]

No mesmo sentido a posição adotada por José Tadeu Neves Xavier ao defender que a proteção ao consumidor tem previsão constitucional (art. 5º, XXXII) e na própria regulamentação da Ordem Econômica (art. 179, V). Assim, como norma de ordem pública e de interesse social (art. 1º do Código de Defesa do Consumidor – CDC), permite que o magistrado atue de ofício na desconsideração da pessoa jurídica, até mesmo porque o art. 28 do CDC autoriza que assim seja feito.[13]

A terceira questão a ser considerada, depois de serem tratadas a forma de aplicação do incidente no processo do trabalho e a possibilidade de sua instauração independente de provocação mas de ofício pelo magistrado, é a relacionada com a suspensão do processo prevista de forma imperativa no art. 134, § 3º do CPC.

O primeiro argumento a afastar as sua aplicação ao processo do trabalho é o mesmo utilizado em relação aos temas anteriores no que se refere à ausência de compatibilidade com a principiologia do processo do trabalho e com os vários princípios constitucionais em relação aos quais os primeiros se encontram adequados.

A rigor, pode-se dizer que referida norma é a que guarda maior dificuldade para aplicação na seara trabalhista, exatamente pelo que de negativo representa a suspensão do processo na perspectiva da celeridade e simplificação das formas, características inerentes ao procedimento trabalhista.

Na doutrina processual civil há o questionamento se rigorosamente é uma hipótese de suspensão do processo, o que significa a sua paralisação integral, ou se não se trata de uma suspensão parcial ou imprópria e, portanto, inadequada.

José Tadeu Neves Xavier, citando José Miguel Garcia Medina, diz que este se mostra crítico em relação à opção adotada pelo legislador, pois a suspensão deveria se ater à questão do incidente e não a todo processo. O mesmo autor, citando Alexandre Freitas Câmara, informa que este afirma tratar-se de suspensão imprópria, sendo vedada

---

10. NEVES, Daniel Amorim Assumpção. *Novo Código de Processo Civil* – Lei n. 3.105/2015. 2. ed. rev. atual. e simpl. Rio de Janeiro: Forense; São Paulo: Método – 2105. p. 144.
11. CLAUS, Ben-Hur Silveira, ob. cit., p 88.
12. GAMA, Guilherme Calmon Nogueira da. p. 69.
13. XAVIER, José Tadeu Neves. A processualização da desconsideração da personalidade jurídica. *Revista de Processo*. v. 259, ano 41. São Paulo: Revista dos Tribunais, 2016.

apenas a prática de certos atos que não integram o procedimento do incidente. [14]

Alexandre Freitas Câmara chega a dizer "ora, se o incidente de desconsideração da personalidade jurídica implicasse mesmo a suspensão do processo, ter-se-ia um paradoxo: o processo ficaria suspenso até a resolução do incidente mas, de outro lado, não se poderia resolver o incidente porque o processo estaria suspenso". [15]

Trata-se, como se vê da posição dos processualistas civis, de uma suspensão relativizada, sem a possibilidade de englobar todo o processo, o que fragiliza a necessidade de sua observância como procedimento a ser seguido com a instauração do incidente.

Se os próprios processualistas civis questionam se a previsão legal teria os efeitos de uma verdadeira suspensão, com efeito de suspender a prática de outros atos processuais, o que representaria um atraso para o bom andamento do processo, é certo que impor tal exigência ao processo do trabalho torna expressivo o absurdo em termos procedimentais.

Élisson Miessa cita boa parte da doutrina processual trabalhista para demonstrar a incompatibilidade da aplicação da norma ao processo do trabalho, com base no princípio da concentração dos atos processuais e que apenas as exceções de suspeição (impedimento) ou incompetência podem ser opostas com suspensão do feito, concordando com a adoção da posição apenas na fase de conhecimento.[16]

A condição para suspensão do processo é a instauração do incidente e, como esse não é exigido no processo do trabalho nos mesmos moldes de sua previsão no processo civil como restou demonstrado, é perfeitamente possível a não suspensão do processo pela ausência de seu pressuposto.

Além de todos os argumentos apresentados é certo que a simples suspensão do processo e a própria instauração do incidente que lhe serve de requisito desatende ao objetivo maior da teoria da desconsideração da personalidade jurídica que, muito mais do que representar punição para o sócio, é não permitir que, sob o escudo da pessoa jurídica, iniquidades sejam perpetradas com o desvirtuamento da ficção jurídica criada, que teve por objetivo exatamente favorecer o cumprimento das obrigações previstas nas relações jurídicas e comerciais.

Como não se exige a instauração do incidente nos moldes do processo civil não há que se falar em suspensão do processo, o que não impede, ainda que existisse, a concessão de tutela de urgência de natureza cautelar, que tem pressupostos específicos. Nesse passo cabe lembrar que o Fórum de Permanente de Processualistas Civis editou o Enunciado n. 31, que confirma a sobrevivência do poder geral de cautela no CPC vigente.

O prazo de 15 dias, como já se defendeu na doutrina, pode ser reduzido para 5, pois é este o prazo comum no processo do trabalho e mais compatível com a sistemática processual trabalhista.

A redução é uma consequência da necessária adaptação que deve ser feita para desconsideração da personalidade jurídica no campo processual trabalhista, uma vez que não se admite a rigidez na aplicação do incidente processual civil ao processo do trabalho.

Quanto à natureza da decisão prolatada e o recurso cabível, o art. 855-A repetiu os incisos I a III do art. 6º da Instrução Normativa n. 39/TST, registrando-se a desnecessidade de garantia da execução para interposição de agravo de petição, o que representa um verdadeiro contrassenso porque contraria aspecto fundamental de efetividade da execução trabalhista.

A garantia do juízo, como antecipação de futura execução, é a forma engenhosa que se encontrou para que seja dada maior efetividade à execução e para desestimular a protelação no desfecho dos processos, o que agora não mais prevalecerá pelo que restou positivado.

À guisa de conclusão pode-se dizer que o incidente de desconsideração da personalidade jurídica previsto no CPC não se impõe, em sua literalidade, como exigência procedimental no processo do trabalho, onde cabe apenas observar, com rigor, o contraditório, prévio ou diferido, garantindo-se a mais ampla produção probatória ao sócio ou à empresa executados.

É este aliás o procedimento que sempre foi adotado no processo do trabalho, com resultados exitosos no sentido de concretizar os nobres objetivos da tradicional teoria da desconsideração da pessoa jurídica.

4. CONSIDERAÇÕES FINAIS

Embora o incidente de desconsideração da pessoa jurídica tenha sido bem recebido pelos processualistas civis, por trazer segurança na aplicação da referida teoria, os operadores do processo do trabalho, em sua maioria, tiveram fundadas ressalvas quanto à sua aplicação ao processo do trabalho.

É que, a rigor, contraria a principiologia processual trabalhista, calcada na celeridade, efetividade e simplificação das formas, bem como até mesmo vai de encontro aos fundamentos e princípios constitucionais, a exemplo do valor social do trabalho, do acesso à justiça e do tempo razoável de duração do processo.

A questão relativa à compatibilidade acabou por restar superada com o art. 855-A da Lei n. 13.467 de 13.07.2017 que, de forma expressa, prevê a aplicação do incidente de desconsideração da pessoa jurídica ao processo do trabalho

---

14. XAVIER, José Tadeu Neves, ob. cit., p. 178 e 179.
15. XAVIER, José Tadeu Neves, ob. cit., p. 178
16. MIESSA, Élisson. Incidente de Desconsideração da Personalidade Jurídica: forma de Aplicação no Direito Processual do Trabalho. In: Revista do Tribunal Superior do Trabalho. ano 82. n. 3. jul.-set. 2016. p. 124.

em compasso com a previsão contida na Instrução Normativa n. 39/TST, além de consagrar as demais disposições previstas na referida Instrução Normativa relativas ao tema, salvo a sua instauração de ofício.

O desafio que se apresenta é em que medida se deve ter a aplicação do incidente de desconsideração da pessoa jurídica ao processo do trabalho de tal forma que não represente empecilho à concretização do valor maior representado pelos objetivos da teoria da desconsideração da pessoa jurídica, construídos no direito material, como forma de evitar a inadimplência fraudulenta e descumprimento das obrigações assumidas.

Trata-se, como se vê da construção a respeito da teoria mencionada, de preservação da própria eficácia da jurisdição no cumprimento de seu elevado papel de garantir a efetividade da tutela executiva bem como o cumprimento da obrigação constante do título judicial.

O que se verifica é que o incidente, como facilitador para solução da questão principal, não deve perder de vista a razão de sua existência. Desse modo, a exigência de aplicação do incidente de desconsideração da pessoa jurídica ao processo do trabalho não deve se ater à literalidade e rigidez formal da norma prevista no CPC, mas se adequar à estrutura e espírito da legislação processual trabalhista.

Assim é que deve observar, na sua aplicação, as características desse subsistema processual bem como de que a atenuação da rigidez em sua aplicação é garantida pelo próprio legislador ao não se referir expressamente ao art. 795, §4º do CPC, que impõe obrigatoriamente a instauração do incidente para desconsideração da pessoa jurídica, e adotar a opção contida no 134, § 2º, que dispensa a sua instauração quando o pedido já consta da inicial.

Dentre as medidas que causam impacto na instauração do incidente de desconsideração da pessoa jurídica ao processo ao trabalho coloca-se, em primeiro lugar, a exigência de requerimento da parte.

Essa exigência é facilmente superada não só porque já se admite a instauração, de ofício, do incidente nas relações de consumo como também porque a leitura conjugada dos arts. 765 e 878 da CLT e do art. 6º da Instrução Normativa n. 39/TST permite que assim seja feito.

A limitação agora prevista no art. 878/CLT, de que a execução só poderá ser promovida de ofício se a parte estiver sem advogado, em nada altera a conclusão anterior, porquanto se refere a instauração da execução e não a incidente ou desconsideração da personalidade jurídica realizada em seu curso.

Como o incidente não é instaurado nos moldes da previsão contida no Código de Processo Civil, pressuposto para suspensão do processo, é certo que esta não se justifica no processo do trabalho, em que a desconsideração da personalidade jurídica deve seguir rito próprio e compatível com o espírito da norma processual trabalhista.

Com os mesmos argumentos utilizados anteriormente, pode-se reduzir o prazo para manifestação do sócio ou pessoa jurídica em 5 dias, tempo que também guarda compatibilidade com a sistemática procedimental trabalhista.

Cabe dizer, por fim, que assegurado o contraditório com toda a sua plenitude, seja prévio ou diferido, permitindo-se a ampla produção probatória, não há porque alterar o procedimento da desconsideração da pessoa jurídica no processo do trabalho em razão sua eficácia já demonstrada para concretizar os objetivos da referida teoria, sendo certo que também não foi essa a intenção da Lei n. 13.467/2017, como restou demonstrado neste trabalho.

A Prescrição Intercorrente na Reforma Trabalhista Introduzida pela Lei n. 13.467/2017

Ben-Hur Silveira Claus[1]

"[...] nenhum outro crédito deve ter, em sua execução judicial, preferência, garantia ou rito processual que supere os do crédito público, à exceção de alguns créditos trabalhistas." (item 4 da Exposição de Motivos n. 223 da Lei n. 6.830/1980)

1. INTRODUÇÃO

O presente estudo tem por objetivo enfrentar o tema da prescrição intercorrente prevista no art. 11-A da CLT e sua aplicação à execução trabalhista. O preceito foi introduzido na Consolidação das Leis do Trabalho pela Lei n. 13.467/2017 (Reforma Trabalhista) e apresenta a seguinte redação:

> "Art. 11-A. Ocorre a prescrição intercorrente no processo do trabalho no prazo de dois anos.
>
> § 1º. A fluência do prazo prescricional intercorrente inicia-se quando o exequente deixa de cumprir determinação judicial no curso da execução.
>
> § 2º. A declaração da prescrição intercorrente pode ser requerida ou declarada de ofício em qualquer grau de jurisdição."

Parece adequado iniciar o presente estudo pelo exame da atual jurisprudência do Tribunal Superior do Trabalho sobre o tema da prescrição intercorrente e sobre as perspectivas da jurisprudência diante da introdução da prescrição intercorrente na execução trabalhista no direito positivo do trabalho.

2. A ATUAL JURISPRUDÊNCIA DO TST SOBRE A PRESCRIÇÃO INTERCORRENTE NA EXECUÇÃO

No período anterior à denominada Reforma Trabalhista, o Tribunal Superior do Trabalho pacificou sua jurisprudência no sentido de que a prescrição intercorrente é inaplicável à execução trabalhista. A Súmula n. 114 do TST sintetiza esse posicionamento. Aprovada no ano de 1980, a Súmula n. 114 do TST tem a seguinte redação: "PRESCRIÇÃO INTERCORRENTE. É inaplicável na Justiça do Trabalho a prescrição intercorrente".

Em que pese a possibilidade de arguição de prescrição intercorrente estivesse prevista no art. 884, § 1º, da CLT[2], o Tribunal Superior do Trabalho construiu sua jurisprudência na perspectiva de afirmar a inaplicabilidade da prescrição intercorrente à execução trabalhista. Mesmo quando a paralisação da execução decorre da inércia do exequente, ainda assim a jurisprudência do TST acabou por afirmar, mais recentemente, ser inaplicável a prescrição intercorrente ao processo do trabalho na fase de execução (TST-RR-20400-07.1995.5.02.0074, Relator Ministro João Oreste Dalazen, DEJT 27.02.2015).

De outra parte, a atual jurisprudência do Tribunal Superior do Trabalho reputa insubsistente a distinção algumas vezes estabelecida entre prescrição intercorrente e prescrição da ação executiva, sob o fundamento de que essa distinção "... traz subjacente a superada ideia de bipartição entre ação de conhecimento e ação de execução, que já não existia no Processo do Trabalho, caracterizado por uma relação processual única, mesmo antes das reformas do CPC, que implicaram a consolidação do chamado processo sincrético, identificado pela união de tutelas cognitivas e executivas" (TST-RR-72600-08.1989.5.02.0007, 2ª Turma, Rel. Min. José Roberto Freire Pimenta, DEJT 13.03.2015).

Fundada na possibilidade de o juiz promover a execução de ofício por força da previsão do art. 878, *caput*, da CLT, a jurisprudência do TST foi estruturada axiologicamente sobre uma concepção *substancialista* do Direito do Trabalho, com o evidente propósito de consagrar ao crédito trabalhista a hierarquia própria a sua condição de crédito representativo de direito fundamental previsto no art. 7º da Constituição Federal, dotado do superprivilégio legal previsto no art. 186 do Código Tributário Nacional. Para *André Araújo Molina*, o TST realizou uma metainterpretação da

---

1. Juiz do Trabalho do Tribunal Regional do Trabalho da 4ª Região (RS). Mestre em Direito.
2. "Art. 884. Garantida a execução ou penhorados os bens, terá o executado cinco dias para apresentar embargos, cabendo igual prazo ao exequente para impugnação.

    § 1º. A matéria de defesa será restrita às alegações de cumprimento da decisão ou do acordo, quitação ou prescrição da dívida."

jurisprudência para os casos em que a execução ficava parada em razão de omissão de ato do juízo ou da prática de ato da defesa. Essa interpretação conduzia ao afastamento da prescrição intercorrente, já que a paralisação do processo não era causada pela omissão do exequente.[3]

A concepção *substancialista* que conforma a jurisprudência do Tribunal Superior do Trabalho sobre o tema revela-se evidente quando se observa que o TST admite Recurso de Revista contra a decisão regional que acolhe a arguição de prescrição intercorrente. Essa concepção *substancialista* torna-se ainda mais evidente quando o estudo da jurisprudência do TST revela que o tribunal admite o Recurso de Revista sob fundamento de violação a três distintos dispositivos da Constituição Federal. Em outras palavras, o TST reputa caracterizada ofensa direta e literal a três dispositivos da Constituição Federal quando o Tribunal Regional do Trabalho declara prescrição intercorrente na execução.

Como é sabido, o cabimento de Recurso de Revista na fase de execução está restrito à hipótese de violação literal e direta de norma da Constituição Federal. Com efeito, a teor do art. 896, § 2º, da CLT, não cabe Recurso de Revista das decisões proferidas em execução de sentença, "... salvo na hipótese de ofensa direta e literal de norma da Constituição Federal."[4]

A pesquisa realizada na jurisprudência revela que o Tribunal Superior do Trabalho admite Recurso Revista nessa hipótese tanto sob fundamento de violação ao art. 5º, XXXVI, da Constituição Federal (coisa julgada) quanto sob fundamento de violação ao art. 5º, XXXV, da Constituição Federal (cláusula da inafastabilidade da jurisdição); bem como sob fundamento de violação ao art. 7º, XXIX, da Constituição Federal (prescrição bienal e quinquenal).

As ementas a seguir sintetizam a concepção *substancialista* da jurisprudência do Tribunal Superior do Trabalho acerca da matéria, na medida em que revelam que o TST admite o recurso de revista por:

a) ofensa ao inciso XXXVI do art. 5º da Constituição Federal (coisa julgada):

"RECURSO DE EMBARGOS INTERPOSTO SOB A ÉGIDE DA LEI N. 11.496/2007. EXECUÇÃO. PRESCRIÇÃO INTERCORRENTE. ALEGAÇÃO DE AFRONTA À COISA JULGADA. Afronta o art. 5º, XXXVI, da Constituição da República decisão por meio da qual se extingue a execução com resolução do mérito, em virtude da incidência da prescrição intercorrente, uma vez que tal conduta impede indevidamente a produção dos efeitos materiais da coisa julgada, tornando sem efeitos concretos o título judicial transitado em julgado. Recurso de embargos conhecido e provido." (E-RR - 4900-08.1989.5.10.0002, Relator Ministro Lelio Bentes Corrêa, SBDI- 1, DEJT 29.06.2012);

b) ofensa ao inciso XXXV do art. 5º da Constituição Federal (cláusula da inafastabilidade da jurisdição):

"RECURSO DE REVISTA INTERPOSTO NA VIGÊNCIA DA Lei N. 13.015/2014. FASE DE EXECUÇÃO. INÉRCIA DO EXEQUENTE. JUSTIÇA DO TRABALHO. PRESCRIÇÃO INTERCORRENTE. INAPLICABILIDADE. Art. 5º, XXXV, DA CONSTITUIÇÃO FEDERAL. 1. A jurisprudência do Tribunal Superior do Trabalho consolidou o entendimento de que não se aplica a prescrição intercorrente na Justiça do Trabalho, sob pena de ineficácia da coisa julgada material. Precedentes. 2. A diretriz perfilhada na Súmula n. 114 do TST também incide no caso de paralisação do processo decorrente de inércia do exequente. Ressalva de entendimento pessoal do Relator. 3. Viola o art. 5º, XXXV, da Constituição Federal acórdão regional que mantém a declaração de prescrição intercorrente, ante a inércia do Exequente. 4. Recurso de revista do Exequente de que se conhece a que se dá provimento para afastar a prescrição intercorrente e determinar a remessa dos autos à Vara do Trabalho de origem, para que prossiga na execução." (RR-162700-04.1997.5.03.0103, Relator Ministro João Oreste Dalazen, 4ª Turma, DEJT 17.06.2016);

c) ofensa ao inciso XXIX do art. 7º da Constituição Federal (prescrição bienal e quinquenal):

"RECURSO DE REVISTA. FASE DE EXECUÇÃO. INÉRCIA DO EXEQUENTE. JUSTIÇA DO TRABALHO. PRESCRIÇÃO INTERCORRENTE. INAPLICABILIDADE SÚMULA N. 114 DO TRIBUNAL SUPERIOR DO TRABALHO. 1. A jurisprudência do Tribunal Superior do Trabalho consolidou o entendimento de que não se aplica a prescrição intercorrente na Justiça do Trabalho. 2. A diretriz perfilhada na Súmula n. 114 do TST também incide no caso de paralisação do processo decorrente de inércia do exequente. Ressalva de entendimento pessoal do Relator. 3. O art. 7º, XXIX, da Constituição Federal prevê a contagem da prescrição bienal e quinquenal na Justiça do Trabalho em relação à data de extinção da relação de trabalho e do ajuizamento da ação, *não durante seu trâmite*. 4. Viola o art. 7º, XXIX, da Constituição Federal acórdão regional que mantém a declaração de prescrição intercorrente, ante a inércia do Exequente. 5. Recurso de revista de que se conhece e a que se dá provimento para afastar a prescrição intercorrente e determinar a remessa dos autos à Vara do Trabalho de origem, para que prossiga na execução (RR-20400-07.1995.5.02.0074, Relator Ministro João Oreste Dalazen, DEJT 27.02.2015).

No primeiro julgado, o TST reputou violado o art. 5º, XXXVI, da Constituição Federal por entender que a declaração de prescrição intercorrente pelo Tribunal Regional esvazia a coisa julgada material estabelecida no título

---

3. A prescrição intercorrente na execução trabalhista. *Revista Jurídica Luso-Brasileira*. ano 3 (2017). n. 2. p. 124.
4. "Art. 896. Cabe Recurso de Revista....
§ 2º. Das decisões proferidas pelos Tribunais Regionais do Trabalho ou por suas Turma, em execução de sentença, inclusive em processo incidente de embargos de terceiro, não caberá Recurso de Revista, salvo na hipótese de ofensa direta e literal de norma da Constituição Federal."

executivo judicial em execução; para reproduzir os termos da ementa, porque a pronúncia da prescrição intercorrente pelo Tribunal Regional "... impede indevidamente a produção dos efeitos materiais da coisa julgada, tornando sem efeitos concretos o título judicial transitado em julgado."

No segundo julgado, o TST reputou violado o art. 5º, XXXV, da Constituição Federal por entender que a declaração de prescrição intercorrente pelo Tribunal Regional não se aplica na Justiça do Trabalho, "sob pena de ineficácia da coisa julgada material".

É questionável a conclusão pela ocorrência de ofensa direta e literal aos dois preceitos constitucionais em questão; a ofensa poderia ser considerada apenas reflexa (indireta). Merece registro o fato de que o TST não admite prescrição intercorrente mesmo na hipótese de inércia do exequente. O fato de o relator ter registrado entendimento pessoal em sentido contrário confirma ser majoritário no Tribunal o entendimento de que não se aplica prescrição intercorrente ainda que a paralisação da execução decorra da inércia do exequente. Tanto o primeiro julgado quanto o segundo julgado têm por propósito evitar a ineficácia da coisa julgada material que a declaração da prescrição intercorrente acarretaria em termos concretos. Daí a razão por que reputo *substancialista* a concepção da atual jurisprudência do Tribunal Superior do Trabalho acerca da matéria, na medida em que a conclusão pela ocorrência de ofensa direta e literal dos incisos XXXVI e XXXV revelar-se-ia controvertida em face da tradição da teoria constitucional. A jurisprudência do TST supera o entendimento estrito de que a ofensa aos referidos preceitos constitucionais seria apenas reflexa (indireta), para divisar ofensa direta e literal à *substância* dos incisos XXXVI e XXXV do art. 5º da Constituição Federal quando a decisão regional declara prescrição intercorrente na execução trabalhista.

No terceiro julgado, o TST reputou violado o art. 7º, XXIX, da Constituição Federal por entender que não se pode extrair deste preceito constitucional a existência de prescrição intercorrente. Na fundamentação do julgado, está assentado que a previsão do preceito da Constituição Federal não trata de prescrição durante o trâmite do processo. Isso porque tanto a prescrição bienal quanto a prescrição quinquenal vinculam-se tão-somente à data da extinção do contrato de trabalho e à data da propositura da demanda. Vale transcrever esta parte da ementa: "3. O art. 7º, XXIX, da Constituição Federal prevê a contagem da prescrição bienal e quinquenal na Justiça do Trabalho em relação à data de extinção da relação de trabalho e do ajuizamento da ação, *não durante seu trâmite*" (grifei).

Em outro acórdão em que o TST reputou violado o inciso XXIX do art. 7º da Constituição Federal, da lavra do Min. José Roberto Freire Pimenta, essa fundamentação foi mais especificamente detalhada, tendo o Tribunal assentado que o instituto da prescrição trabalhista tem como fonte normativa principal a própria Constituição Federal. Na ocasião, afirmou-se: "... esta Corte assentou o entendimento de que não se aplica ao processo trabalhista a prescrição intercorrente, porquanto o instituto da prescrição no Direito do Trabalho possui como fonte principal o art. 7º, inciso XXIX, da Constituição Federal, do qual, absolutamente, não se extrai nem se deduz a incidência da prescrição intercorrente" (TST-RR-72600-08.1989.5.02.0007, 2ª Turma, Rel. Min. José Roberto Freire Pimenta, DEJT 13.03.2015).

Se nos dois julgados anteriores o intérprete depara-se com dúvida razoável acerca do controvertido problema da caracterização de ofensa direta e literal a norma constitucional, no terceiro julgado e no último julgado mencionado parece mais razoável divisar violação direta e literal a preceito constitucional, sobretudo quando o Tribunal afirma que o instituto da prescrição no Direito do Trabalho tem como fonte principal o art. 7º, inciso XXIX, da Constituição Federal.

Se o entendimento que se extrai desses dois últimos julgados permanecer subsistente no âmbito do TST mesmo após a revogação da faculdade de o magistrado promover a execução de ofício pela Lei n. 13.467/2017, que confere nova redação ao art. 878 da CLT, é razoável admitir que a jurisdição trabalhista poderá vir a declarar a inconstitucionalidade do art. 11-A da CLT, em razão do entendimento de que o art. 11-A da CLT violaria o preceito constitucional do art. 7º, inciso XXIX, da Constituição Federal, na medida em que do preceito constitucional não se extrai interpretação acerca de existência prescrição intercorrente no Direito do Trabalho, conforme a atual jurisprudência do Tribunal Superior do Trabalho. Entretanto, é necessário refletir sobre a eventual opção pela declaração incidental de inconstitucionalidade do preceito do art. 11-A da CLT, na medida em que uma reação previsível seria o recurso das entidades patronais ao controle concentrado de constitucionalidade acerca do preceito em questão mediante Ação Direta de Constitucional do art. 11-A, situação na qual a tendência natural do Supremo Tribunal Federal seria a de referendar sua jurisprudência, corroborando a diretriz hermenêutica da Súmula n. 372, na qual o STF afirma que "o direito trabalhista admite a prescrição intercorrente".[5]

A jurisprudência do TST acerca do tema da prescrição intercorrente foi construída sob o pressuposto de que o juiz estava autorizado a promover a execução de ofício, a teor do art. 878, *caput*, da CLT, na redação anterior à Lei n. 13.467/2017. A denominada Reforma Trabalhista pretendeu retirar esse poder de iniciativa do magistrado, alterando a redação do dispositivo legal em questão. Com a alteração da redação do art. 878 da CLT, a Reforma Trabalhista pretendeu limitar a iniciativa do juiz para promover a execução à hipótese em que as partes não estão representadas por advogado. Essa hipótese é exceção; em regra, as partes têm advogado constituído nos autos do processo.

---

5. Súmula n. 327 do STF: "PRESCRIÇÃO INTERCORRENTE. O direito trabalhista admite a prescrição intercorrente" (1963).

Resta saber se o TST vai manter a diretriz de sua jurisprudência acerca da prescrição intercorrente após a modificação introduzida na redação do art. 878 da CLT pela Lei n. 13.467/2017 e após a introdução de previsão expressa de prescrição intercorrente na execução trabalhista pelo art. 11-A da CLT reformada. Isso porque a jurisprudência do Tribunal foi estruturada sob a vigência da redação anterior do art. 878 da CLT, preceito revogado pela legislação que introduziu a denominada Reforma Trabalhista na CLT. Para *Manoel Antonio Teixeira Filho*, a superveniência do art. 11-A da CLT reformada deverá implicar o cancelamento da Súmula n. 114 do TST.[6]

Outro aspecto sobre o qual a comunidade jurídica aguarda pelo posicionamento do TST diz respeito ao itinerário procedimental a ser observado na aplicação da prescrição intercorrente introduzida pelo art. 11-A da CLT reformada. Neste particular, cumpre registrar que a Instrução Normativa n. 39/2016 do TST definira posição pela não aplicação dos arts. 921 e 924 do CPC de 2015 ao processo do trabalho, fazendo-o de forma coerente com a jurisprudência que se uniformizara na Súmula n. 114 do TST – "É inaplicável na Justiça do Trabalho a prescrição intercorrente". Porém, é necessário registrar o elemento cronológico de que esse posicionamento foi adotado pelo TST antes do advento da Reforma Trabalhista. Com a superveniência da Reforma Trabalhista instituída pela Lei n. 13.467/2017, foi alterada a redação do art. 878 da CLT e foi introduzida a prescrição intercorrente na execução pela redação do art. 11-A, o que torna atual a questão de definir o procedimento a ser observado para a pronúncia da prescrição intercorrente.

3. A PRESCRIÇÃO INTERCORRENTE NA LEI DE EXECUTIVOS FISCAIS

A previsão de incidência da Lei de Executivos Fiscais na execução trabalhista, estabelecida no art. 889 da CLT[7], recomenda o estudo do tema da prescrição intercorrente no âmbito dos executivos fiscais, a fim de melhor compreender o alcance do art. 11-A da CLT, preceito introduzido pela denominada Reforma Trabalhista, instituída pela Lei n. 13.467/2017.

Nada obstante a jurisprudência uniformizada do TST tenha assentado na Súmula n. 114 o entendimento de que a prescrição intercorrente não se aplica ao processo do trabalho, não se desconhece o fato de que setores consideráveis da magistratura do trabalho, acompanhados da doutrina trabalhista majoritária, vinham sustentando a aplicabilidade da prescrição intercorrente na execução, fazendo-o mediante a adoção do itinerário procedimental estabelecido no art. 40 da Lei n. 6.830/1980, sob a invocação da aplicação da Lei de Executivos Fiscais à execução trabalhista, a teor do art. 889 da CLT.

Na redação originária do art. 40 da Lei n. 6.830/1980 havia apenas três (3) parágrafos. Não havia o § 4º, que viria a ser introduzido pela Lei n. 11.051/2004.

A redação originária do art. 40 da LEF era a seguinte:

> "Art. 40. O juiz suspenderá o curso da execução, enquanto não for localizado o devedor ou encontrados bens sobre os quais possa recair a penhora, e, nesses casos, não correrá o prazo de prescrição.
>
> § 1º. Suspenso o curso da execução será aberta vista dos autos ao representante judicial da Fazenda Pública.
>
> § 2º. Decorrido o prazo máximo de 1 (um) ano, sem que seja localizado o devedor ou encontrados bens penhoráveis, o Juiz ordenará o arquivamento dos autos.
>
> § 3º. Encontrados que sejam, a qualquer tempo, o devedor ou os bens, serão desarquivados os autos para prosseguimento da execução" (sublinhei).

A interpretação gramatical da redação originária do art. 40 da Lei n. 6.830/1980 dava margem ao entendimento de que o direito à exigibilidade da obrigação tributária tornar-se-ia imprescritível na hipótese de não localização do devedor ou de bens penhoráveis. Isso porque o § 3º do art. 40 da LEF previa o desarquivamento dos autos para prosseguimento da execução quando encontrados, a qualquer tempo, o devedor ou bens a penhorar. A locução "a qualquer tempo" induzia ao entendimento pela imprescritibilidade do direito a exigir a obrigação tributária, pois sugeria que a execução fiscal poderia ser retomada no futuro sem nenhum limite temporal; encontrado o devedor ou localizados bens a penhorar, a referida locução sugeria a possibilidade de ser retomada a execução fiscal no futuro, indefinidamente. Essa interpretação, contudo, não se conforma à norma de ordem pública do art. 202, parágrafo único, do Código Civil, preceito segundo o qual "a prescrição interrompida recomeça a correr da data do ato que a interrompeu, ou do último ato para a interromper."

A regra é a prescritibilidade das pretensões. A imprescritibilidade é exceção. A Constituição Federal estabelece algumas hipóteses de imprescritibilidade: a) crime de racismo (CF, art. 5º, XLII); b) crime de ação armada contra a ordem constitucional e o Estado Democrático (CF, art. 5º, XLIV); c) ação de ressarcimento por prejuízos causados ao erário (CF, art. 37, § 5º). São hipóteses excepcionais expressamente previstas no direito positivo. As ações declaratórias também são imprescritíveis, por construção doutrinária. As ações condenatórias estão sujeitas à prescrição. As ações reclamatórias trabalhistas são espécie do gênero das ações condenatórias.

Na doutrina, a interpretação pela imprescritibilidade do direito à obrigação tributária foi desde logo rejeitada.

---

6. *O processo do trabalho e a reforma trabalhista*. São Paulo: LTr, 2017. p. 39.
7. "Art. 889. Aos trâmites e incidentes do processo da execução são aplicáveis, naquilo que não contravierem ao presente Título, os preceitos que regem o processo dos executivos fiscais para a cobrança judicial da dívida ativa da Fazenda Pública Federal."

Humberto Theodoro Júnior, ao comentar o art. 40 da Lei n. 6.830/1980, foi categórico sobre o tema, assentando "... a necessidade de evitar-se a interpretação literal, pois essa acabaria provocando a aberração de criar-se direito obrigacional imprescritível em favor da Fazenda Pública"[8].

A tese da imprescritibilidade também foi rejeitada pela jurisprudência. O Supremo Tribunal Federal assentou no particular: "A interpretação dada, pelo acórdão recorrido, ao art. 40 da Lei n. 6.830/80, recusando a suspensão da prescrição por prazo indefinido, é a única susceptível de torná-lo compatível com a norma do art. 174, parágrafo único, do Cód. Tributário Nacional, a cujas disposições gerais é reconhecida a hierarquia da Lei complementar" (STF, RE 106.217-SP, Rel. Min. Octávio Galotti, ac. de 9-9-1986, RTJ 119:328).

O Superior Tribunal de Justiça também recusou a tese da imprescritibilidade da ação relativa à obrigação tributária, rejeitando o entendimento a que a interpretação gramatical do § 3º do art. 40 da Lei de Executivos Fiscais poderia conduzir o intérprete desavisado: "O art. 40 da Lei n. 6.830/1980 é silente quanto ao prazo máximo da suspensão do curso da execução. Todavia, cumpre afastar interpretação que a identifique à imprescritibilidade. Analogicamente, considerar-se-á o prazo de um ano" (STJ, 2ª T., REsp 6.783-RS, Rel. Min. Vicente Cernicchiaro, ac. de 17.12.1990, DJU 04.03.1991).

Na solução do conflito entre o art. 174 do CTN e o art. 40 da LEF, a jurisprudência do STJ conferiu prevalência ao preceito do Código Tributário Nacional, em detrimento à literalidade do art. 40 da Lei n. 6.830/1980, consolidando a diretriz hermenêutica antes referida, segundo a qual o sistema tributário não se compatibiliza com a noção de imprescritibilidade. Em acórdão do ano de 2003, a matéria em questão foi solucionada neste sentido: "4. Os casos de interrupção do prazo prescricional estão previstos no art. 174 do CTN, nele não incluídos os do art. 40, da Lei n. 6.830/1980. Há de ser sempre lembrado que o art. 174, do CTN tem natureza de Lei Complementar. 5. O art. 40, da Lei n. 6.830/1980, nos termos em que admitido em nosso ordenamento jurídico, não tem prevalência. Sua aplicação há de sofrer os limites impostos pelo art. 174, do CTN. 6. Repugna aos princípios informadores do nosso sistema tributário a prescrição indefinida. Após o decurso de determinado tempo sem promoção da parte interessada, deve-se estabilizar o conflito, pela via da prescrição, impondo segurança jurídica aos litigantes" (STJ, 1ª T., REsp 388.000/SP, Rel. Min. José Delgado, ac. de 21.02.2003, RJTAMG 85:386).

No ano de 2004 e na linha da orientação que se consolidara na jurisprudência, a Lei n. 11.051/2004 alterou a redação originária da Lei n. 6.830/1980, para introduzir o § 4º no art. 40 da LEF, positivando previsão de aplicação de prescrição intercorrente nos executivos fiscais de forma expressa. E essa aplicação ocorre de ofício. Para tanto, basta que tenha ocorrido o arquivamento provisório dos autos e, após, que tenha decorrido o prazo prescricional quinquenal aplicável à execução fiscal.

Com o acréscimo do § 4º introduzido pela Lei n. 11.051/2004, a redação do art. 40 da Lei n. 6.830/1980 passou a ser a seguinte:

> "Art. 40. O juiz suspenderá o curso da execução, enquanto não for localizado o devedor ou encontrados bens sobre os quais possa recair a penhora, e, nesses casos, não correrá o prazo de prescrição.
>
> § 1º. Suspenso o curso da execução será aberta vista dos autos ao representante judicial da Fazenda Pública.
>
> § 2º. Decorrido o prazo máximo de 1 (um) ano, sem que seja localizado o devedor ou encontrados bens penhoráveis, o Juiz ordenará o arquivamento dos autos.
>
> § 3º. Encontrados que sejam, a qualquer tempo, o devedor ou os bens, serão desarquivados os autos para prosseguimento da execução.
>
> § 4º. Se da decisão que ordenar o arquivamento tiver decorrido o prazo prescricional, o juiz, depois de ouvida a Fazenda Pública, poderá, de ofício, reconhecer a prescrição intercorrente e decretá-la de imediato."

Trata-se de inovação legislativa significativa. Comentando o preceito, *Humberto Theodoro Júnior* registra que as dificuldades encontradas pela jurisprudência na aplicação do art. 40 da LEF foram superadas pela Lei n. 11.051/2004, que acrescentou o § 4º. Comentando o novo preceito, o jurista mineiro registrou que, "... uma vez arquivados os autos e transcorrido o prazo prescricional, o juiz ficará autorizado a decretar a prescrição intercorrente, de ofício".[9]

A jurisprudência do STJ confirmou a interpretação de *Humberto Theodoro Júnior* acerca do alcance do § 4º do art. 40 da Lei n. 6.830/1980: "O atual § 4º do art. 40 da LEF, acrescentado pela Lei n. 11.051, de 29.12.2004 (art. 6º), viabiliza a decretação da prescrição intercorrente por iniciativa judicial, com a única condição de ser previamente ouvida a Fazenda Pública, permitindo-lhe arguir eventuais causas suspensivas ou interruptivas do prazo prescricional. Tratando-se de norma de natureza processual, tem aplicação imediata, alcançando inclusive os processos em curso". (STJ-1ª T., REsp 735.220, Min. Teori Zavascki, j. 03.03.2005, DJU 16.05.2005).

A Súmula n. 314 do STJ sintetiza a atual jurisprudência acerca da prescrição intercorrente no âmbito dos executivos fiscais, ao estabelecer que: "Em execução fiscal, não localizados bens penhoráveis, suspende-se o processo por um ano, findo o qual se inicia o prazo da prescrição quinquenal intercorrente." Essa súmula foi aprovada no final do ano de 2005 e publicada no início do ano de 2006.

---

8. *Lei de Execução Fiscal*. São Paulo: Saraiva, 2009. p. 229.
9. *Lei de Execução Fiscal*. São Paulo: Saraiva, 2009. p. 230.

A maior novidade a acrescentar à Súmula n. 314 do STJ é, na observação de *Humberto Theodoro Junior*, a autorização legal conferida ao juiz para declarar a prescrição intercorrente de ofício, com fundamento no § 4º do art. 40 da Lei n. 6.830/1980, preceito introduzido na Lei de Executivos Fiscais pela Lei n. 11.051/2004.

Como se viu, tanto a doutrina quanto a jurisprudência rejeitaram a tese da imprescritibilidade no âmbito da execução fiscal. Não há dúvida de que a formulação doutrinária e jurisprudencial sobre a matéria serviu de subsídio à legislação que viria alterar a redação originária do art. 40 da Lei n. 6.830/1980, mediante a introdução do § 4º, inserido pela Lei n. 11.051/2004, para positivar a aplicabilidade da prescrição intercorrente nos executivos fiscais de forma induvidosa, inclusive de ofício.

Há um outro elemento cronológico importante para a compreensão do tema. Esse elemento cronológico sobrevém cinco (5) anos após o advento da Lei n. 11.051/2004, que acrescentou o § 4º ao art. 40 da LEF. Trata-se do advento da Lei n. 11.960/2009, que acrescentou o § 5º ao art. 40 da Lei n. 6.830/1980. Nessa lei, o legislador corrobora a opção pela aplicação da prescrição intercorrente na execução fiscal, estabelecendo hipótese em que a declaração da prescrição intercorrente pode ser realizada sem a prévia intimação da Fazenda Pública. A redação do § 5º do art. 40 da Lei n. 6.830/1980 foi dada pela Lei n. 11.960/2009 e é a seguinte: "§ 5º. A manifestação prévia da Fazenda Pública prevista no § 4º deste artigo será dispensada no caso de cobranças judiciais cujo valor seja inferior ao mínimo fixado por ato do Ministro de Estado da Fazenda."

Vale dizer, a superveniência da Lei n. 11.960/2009 opera como fator de reiteração da opção do legislador pela aplicação de prescrição intercorrente na execução fiscal, restando definitivamente insubsistente a tese da imprescritibilidade a que poderia conduzir a interpretação literal do § 3º do art. 40 da LEF.

A doutrina resume assim a aplicação da prescrição intercorrente na execução fiscal: "Como acontece em qualquer processo, na execução fiscal, o despacho que ordena a citação interrompe a prescrição, e a efetivação do ato citatório faz com que os efeitos interruptivos retroajam até a data da propositura da demanda (interpretação sistemática da LEF (art. 8º, § 2º), do CTN (art. 174, parágrafo único), do CPC (art. 240, § 1º) e do CC (art. 202, I). Tal interrupção não se dá indefinidamente e, nos casos de não localização do executado ou de bens penhoráveis, obedece regras próprias para a execução fiscal. Nessas circunstâncias, passado um ano da suspensão da execução nessas hipóteses (§ 1º) e persistindo o insucesso na localização do executado ou de bens penhoráveis, deve haver a remessa dos autos ao arquivo (§ 2º), fato que deflagra o prazo prescricional anteriormente interrompido (§ 4º)."¹⁰

Por fim, cumpre registrar que requerimentos infrutíferos quanto à localização de bens à penhora não têm o condão de interromper o curso do prazo da prescrição intercorrente iniciado com o arquivamento provisório da execução fiscal. É o que afirma a doutrina de *Ari Pedro Lorenzetti*: "... são irrelevantes as buscas ou quaisquer outros atos promovidos pela Fazenda Pública durante o período, a menos que sejam encontrados bens penhoráveis. Todavia, por mais atos que a Fazenda Pública pratique após o arquivamento, se não obtiver êxito, não conseguirá obstar a liberação do executado".¹¹

A jurisprudência orienta-se no mesmo sentido: "Os requerimentos de bloqueios de bens, negativamente respondidos, não têm o condão de suspender ou interromper o prazo prescricional. Antes, comprovam que a exequente não logrou êxito no seu mister de localizar bens penhoráveis do devedor". (STJ-2ª T., REsp 1.305.755, Min. Castro Meira, j. 3.5.12, DJU 10.05.2012).

Por derradeiro, cumpre observar que a legislação fiscal abandona o modelo anterior de prescrição intercorrente, no qual se reputava relevante a conduta subjetiva do exequente no processo, para redefinir a prescrição intercorrente sob uma perspectiva objetiva, na qual interessam apenas dois (2) elementos objetivos – a inexistência de bens para penhorar e o decurso do tempo. A lição é de *André Araújo Molina*. Para o jurista, o modelo adotou uma perspectiva objetiva, independentemente do elemento subjetivo da inércia do exequente, para considerar apenas os critérios objetivos da inexistência de bens e da passagem do tempo, ainda que o exequente demonstre real interesse (frustrado) nas diligências para a busca de bens penhoráveis.¹²

Em outras palavras, já não mais se exige tenha o exequente incorrido em conduta negligente caracterizadora de inércia processual injustificada para se ter por iniciada a fluência do prazo prescricional intercorrente na execução fiscal. Esse elemento subjetivo é definitivamente abandonado pelo legislador tanto na edição da Lei n. 11.051/2004 quanto na edição Lei n. 11.960/2009, as quais acrescentaram ao art. 40 da Lei n. 6.830/80 os §§ 4º e 5º, respectivamente.

Afirma-se, por isso, que a prescrição intercorrente na execução fiscal assumiu perspectiva objetiva: mesmo que a conduta subjetiva do exequente não possa ser identificada como conduta negligente caracterizadora de inércia processual injustificada, a inexistência de bens para penhorar é o fato objetivo que faz disparar a fluência do prazo prescricional intercorrente na execução fiscal, desde já tenha ocorrido o arquivamento provisório dos autos (Lei n. 6.830/80, art. 40, § 4º). A adoção dessa perspectiva objetiva é confirmada no enunciado da Súmula n. 314 do STJ: "Em execução fiscal, não localizados bens penhoráveis,

---

10. NEGRÃO, Theotonio e outros. *Novo Código de Processo Civil e legislação processual em vigor*. 47. ed. São Paulo: Saraiva, 2016. p. 1351.
11. *A prescrição e a decadência na Justiça do Trabalho*. São Paulo: LTr, 2009. p. 303.
12. A prescrição intercorrente na execução trabalhista. *Revista Jurídica Luso-Brasileira*. ano 3, n. 2, p. 143, 2017.

suspende-se o processo por um ano, findo o qual se inicia o prazo da prescrição quinquenal intercorrente." O fato de o exequente fazer sucessivos requerimentos infrutíferos não interrompe a fluência do prazo da prescrição intercorrente na execução fiscal.

O prazo de prescrição intercorrente que começa a fluir, nos executivos fiscais, após o arquivamento provisório dos autos, somente é interrompido quando a penhora de bens ocorre e se logra promover a satisfação da execução mediante a alienação judicial do bem penhorado. Vale dizer, na execução fiscal, ainda que a Fazenda Pública faça requerimentos ao juízo com a finalidade de se fazer realizar a penhora de bens, essa pró-atividade processual não tem eficácia jurídica para fazer interromper o curso do prazo da prescrição intercorrente se a penhora não for exitosa.

Essa digressão é necessária porque parece que a Reforma Trabalhista instituída pela Lei n. 13.467/2017 não adotou a mera perspectiva objetiva de prescrição intercorrente imposta aos executivos fiscais pelas Leis ns. 11.051/2004 e 11.960/2009. A Reforma Trabalhista, ao introduzir a prescrição intercorrente na execução de forma expressa, adotou o modelo de prescrição intercorrente no qual se toma em consideração a conduta subjetiva do exequente que permanece inerte mesmo após instado pelo juízo a promover a execução. É o que indica o § 1º do art. 11-A da CLT, ao estabelecer que "a fluência do prazo prescricional intercorrente inicia-se quando o exequente deixa de cumprir determinação judicial no curso da execução". Voltaremos a essa questão depois de examinar o tratamento que o Código de Processo Civil 2015 conferiu ao tema da prescrição intercorrente.

4. A PRESCRIÇÃO INTERCORRENTE NO CPC DE 2015

A prescrição intercorrente na execução no CPC de 2015 tem regência legal semelhante àquela adotada nos executivos fiscais, sobretudo depois das explicitações trazidas à execução fiscal com o advento das Leis n. 11.051/2004 e 11.960/2009, revelando que o tema da prescrição intercorrente recebeu disciplina semelhante nesses dois diplomas legais.

O CPC disciplina a prescrição intercorrente nos seguintes termos:

"Art. 921. Suspende-se a execução:

[...]

III – quando o executado não possuir bens penhoráveis;

[...]

§ 1º Na hipótese do inciso III, o juiz suspenderá a execução pelo prazo de 1 (um) ano, durante o qual se suspenderá a prescrição.

§ 2. Decorrido o prazo máximo de 1 (um) ano sem que seja localizado o executado ou que sejam encontrados bens penhoráveis, o juiz ordenará o arquivamento dos autos.

§ 3º Os autos serão desarquivados para prosseguimento da execução se a qualquer tempo forem encontrados bens penhoráveis.

§ 4º Decorrido o prazo de que trata o § 1º sem manifestação do exequente, começa a correr o prazo de prescrição intercorrente.

§ 5º O juiz, depois de ouvidas as partes, no prazo de 15 (quinze) dias, poderá, de ofício, reconhecer a prescrição de que trata o § 4º e extinguir o processo.

[...]

Art. 924. Extingue-se a execução quando:

[...]

V – ocorrer a prescrição intercorrente."

O art. 924, V, do CPC estabelece que a prescrição intercorrente é causa extintiva da execução. A previsão legal é suficiente para afastar interpretação em favor da tese imprescritibilidade da execução no processo civil. Se a interpretação isolada do § 3º do art. 921 pode conduzir o intérprete desavisado à tese da imprescritibilidade, a interpretação sistemática dos arts. 921 e 924 do CPC revela a insubsistência da ideia de imprescritibilidade. Se a prescrição intercorrente pode ser declarada (CPC, art. 921, § 5º), a interpretação que se impõe, para harmonizar os preceitos em questão, é aquela segundo a qual a locução "a qualquer tempo" há de que compreendida no sentido de que o desarquivamento dos autos previsto no § 3º do art. 921 do CPC é possível *enquanto não consumada a prescrição*. É dizer, o desarquivamento dos autos será possível *se o prazo prescricional não tiver transcorrido por inteiro*. A leitura seria então: o desarquivamento dos autos será possível a qualquer tempo *desde que não consumada a prescrição*.

Os §§ 1º e 2º do art. 921 do CPC fixam o arquivamento provisório como marco inicial para a retomada da contagem do prazo prescricional na execução civil, a exemplo do que ocorre no âmbito dos executivos fiscais (Lei n. 6.830/1980, art. 40, §§ 2º e 4º).

Esse arquivamento provisório dos autos deve ocorrer um ano após a suspensão da execução.

A suspensão da execução ocorre quando o executado não possuir bens penhoráveis (CPC, art. 921, III), tal qual ocorre nos executivos fiscais (Lei n. 6.830/1980, art. 40, *caput*). O prazo de suspensão da execução é de um (1) ano (CPC, art. 921, § 1º). Durante esse prazo de um (1) ano de suspensão da execução, a prescrição estará suspensa (CPC, art. 921, § 1º). Entretanto, decorrido esse prazo de um (1) ano, sem que sejam encontrados bens penhoráveis, o juiz ordenará o arquivamento provisório dos autos (CPC, art. 921, § 2º), data a partir da qual terá início o curso do prazo prescricional intercorrente na execução civil. E o § 5º do art. 921 do CPC prevê que o juiz poderá reconhecer a prescrição intercorrente de ofício e extinguir o processo, depois de ouvidas as partes. Trata-se de disciplina legal semelhante à adotada na Lei de Executivos Fiscais (Lei n. 6.830/1980, art. 40, § 4º). As partes são ouvidas apenas para indicar eventual causa de suspensão ou interrupção da prescrição e não para requerer novas diligências de penhora. Isso porque o prazo prescricional já estará consumado, salvo a caracterização de causa de suspensão ou interrupção da prescrição.

Assim como ocorre no âmbito dos executivos fiscais (Lei n. 6.830/1980, art. 40, § 3º), somente se forem encontrados bens penhoráveis do executado é que a execução civil terá prosseguimento (CPC, art. art. 921, § 3º). Daí a percepção de que também o CPC adota a perspectiva objetiva para a aplicação da prescrição intercorrente.

A previsão do § 3º do art. 921 do CPC é de que "Os autos serão desarquivados para prosseguimento da execução se a qualquer tempo forem encontrados bens penhoráveis." Conforme já afirmado, a locução "se a qualquer tempo forem encontrados bens penhoráveis" deve ser interpretada de forma sistemática com os demais preceitos dos arts. 921 e 924 do CPC, de modo a evitar que a interpretação literal e isolada dessa locução conduza à tese da imprescritibilidade da execução. Trata-se de conferir à matéria no CPC a mesma interpretação sistemática que a doutrina e a jurisprudência outorgam ao § 3º do art. 40 da LEF, conformando a exegese da locução "a qualquer tempo" aos demais preceitos legais incidentes, de modo a submeter a interpretação dessa locução à supremacia da diretriz hermenêutica da prescritibilidade do direito a exigir pretensão relativa à obrigação de natureza civil.

Desta forma, assim compreendida a questão em razão da interpretação sistemática a ser observada na execução civil, a retomada da execução pode ser feita a qualquer tempo, *mas desde que antes da consumação do prazo da prescrição intercorrente*. Para a retomada da execução civil, o exequente deve indicar bens à penhora. Mas não basta a mera indicação; a simples apresentação de petição não interrompe a prescrição intercorrente que começou a correr quando do arquivamento provisório dos autos. É necessário que a penhora seja realizada de fato, de modo que a execução civil tenha efetivo prosseguimento, com a alienação do bem penhorado e a satisfação da execução.

É ilustrativa a doutrina de *André Araújo Molina* no particular: "Com o arquivamento provisório e reinício da contagem do prazo para a prescrição, a existência de pedidos reiterados, ainda que diligências inúteis tenham sido realizadas, não suspendem ou interrompem o prazo da prescrição que voltou a correr, sendo decisivo que o exequente encontre novos bens e instigue o juiz para a realização da penhora e alienação (art. 40 da Lei n. 6.830 de 1980 c/c 921, § 3º, do CPC de 2015), extinguindo-se a execução pelo pagamento ou pela transação (art. 924, II e III, do CPC de 2015), antes da consumação do prazo de prescrição".[13]

Na execução fiscal, somente a efetivação da penhora interrompe o curso do prazo prescricional intercorrente iniciado com o arquivamento provisório dos autos. Na execução civil ocorre o mesmo. Assim, requerimentos infrutíferos de penhora de bens não interrompem o curso prescricional já iniciado, seja na execução fiscal, seja na execução civil.

5. A PRESCRIÇÃO INTERCORRENTE NA EXECUÇÃO TRABALHISTA – ASPECTOS GERAIS

Antes do advento da denominada Reforma Trabalhista, instituída pela Lei n. 13.467/2017, embora a doutrina majoritária manifestasse, com fundamento na previsão do art. 884, § 1º, da CLT[14], posicionamento a favor da aplicabilidade da prescrição intercorrente à execução trabalhista (*Mozart Victor Russomano, Valentin Carrion, Wilson de Souza Campos Batalha, Alice Monteiro de Barros, Amauri Mascaro Nascimento, Francisco Antonio de Oliveira, Manoel Antonio Teixeira Filho, Carlos Henrique Bezerra Leite, Sérgio Pinto Martins, Amador Paes de Almeida, Júlio César Bebber, Vitor Salino de Moura Eça, Rodolfo Pamplona Filho e Mauro Schiavi*), a jurisprudência do Tribunal Superior do Trabalho orientava-se em sentido contrário na Súmula n. 114. O enunciado da Súmula n. 114 do TST é no sentido de que "É inaplicável na Justiça do Trabalho a prescrição intercorrente". A Súmula n. 114 do TST foi aprovada no ano de 1980.

A Lei n. 13.467/2017 acrescentou à CLT o art. 11-A, disciplinando a aplicação da prescrição intercorrente na execução trabalhista. A redação do preceito é a seguinte:

> "Art. 11-A. Ocorre a prescrição intercorrente no processo do trabalho no prazo de dois anos.
>
> § 1º. A fluência do prazo prescricional intercorrente inicia-se quando o exequente deixa de cumprir determinação judicial no curso da execução.
>
> § 2º. A declaração da prescrição intercorrente pode ser requerida ou declarada de ofício em qualquer grau de jurisdição."

Em que pese não se desconheça a ponderação de retrocesso social em relação à orientação estabelecida na Súmula n. 114 do TST acerca da matéria da prescrição intercorrente na execução trabalhista, o primado da legalidade (CF, art. 5º, II) impõe a observância da nova legislação, já que parece de difícil sustentação a tese da inconstitucionalidade do art. 11-A da CLT reformada. Afirma-se que parece de difícil sustentação a tese da inconstitucionalidade do art. 11-A da CLT reformada porque se imagina que essa interpretação não teria acolhida no âmbito nos Tribunais Superiores e no âmbito dos Tribunais Regionais do Trabalho, seja em face da literalidade do art. 11-A da CLT reformada, seja em face da previsão do § 1º do art. 884 da CLT; seja em face da jurisprudência do Supremo Tribunal Federal (S-372-STF).

---

13. A prescrição intercorrente na execução trabalhista. *Revista Jurídica Luso-Brasileira*. ano 3, n. 2, p. 143, 2017.
14. "Art. 884. Garantida a execução ou penhorados os bens, terá o executado cinco dias para apresentar embargos, cabendo igual prazo ao exequente para impugnação.
    § 1º. A matéria de defesa será restrita às alegações de cumprimento da decisão ou do acordo, quitação ou prescrição da dívida."

Aliás, o legislador pretendeu positivar a diretriz da Súmula n. 372 do STF no art. 11-A da CLT.

É preciso tentar compreender o alcance do novo dispositivo legal.

O prazo de dois (2) anos é um elemento objetivo. Esse prazo está previsto no *caput* do art. 11-A da CLT reformada, de forma expressa. O prazo de dois (2) anos aplica-se quando a ação reclamatória trabalhista foi proposta após a extinção do contrato de trabalho. Entretanto, quando o contrato de trabalho estiver em curso, o prazo será de cinco (5) anos, de forma a fazer valer o prazo prescricional quinquenal estabelecido na Constituição Federal (art. 7º, XXIX) e na CLT (art. 11), conclusão que decorre da hermenêutica imposta pelo método sistemático de interpretação do ordenamento jurídico.

Maior celeuma também não deve gerar a previsão de declaração de ofício da prescrição intercorrente na execução trabalhista, seja porque a literalidade do preceito assim o estabelece (CLT, art. 11-A, § 2º), seja porque a declaração da prescrição intercorrente de ofício tornou-se regra legal tanto nos executivos fiscais (Lei n. 6.830/1980, art. 40, § 4º) quanto na execução cível (CPC, art. 921, § 5º). O sistema jurídico nacional registra uma tendência legislativa no sentido do pronunciamento da prescrição de ofício. A Lei n. 11.280/2006 introduziu o § 5º no art. 219 do CPC de 1973, para estabelecer que "O juiz pronunciará, de ofício, a prescrição." Essa tendência orienta também o CPC de 2015. O CPC vigente prevê que haverá resolução do mérito quando o juiz "... decidir, de ofício ou a requerimento, sobre a ocorrência de decadência ou de prescrição" (CPC, art. 487, II).

Cumpre enfrentar agora o alcance da previsão legal do § 1º do art. 11-A da CLT. Trata-se do preceito que enseja maior controvérsia. O preceito está assim redigido: "§ 1º. A fluência do prazo prescricional intercorrente inicia-se quando o exequente deixa de cumprir determinação judicial no curso da execução."

O preceito legal prevê a existência de um fato que determina o início da fluência do prazo prescricional intercorrente na execução trabalhista. Esse fato é o *descumprimento de determinação judicial pelo exequente*. Significa dizer que o art. 11-A, § 1º, da CLT encerra um *requisito normativo adicional* em relação à regência legal do tema estabelecida na LEF e no CPC para a prescrição intercorrente, pois prevê que uma específica determinação judicial tenha sido estabelecida pelo juízo da execução e que essa determinação não tenha sido cumprida pelo exequente.

Na LEF e no CPC, não há tal previsão; de tal modo que a fluência do prazo de prescrição intercorrente inicia-se com o fato objetivo do arquivamento provisório dos autos tanto nos executivos fiscais (Lei n. 6.830/1980, art. 40, § 4º) quanto na execução civil (CPC, art. 921, §§ 2º e 4º). Esse arquivamento provisório decorre da inexistência de bens. Em outras palavras, nos executivos fiscais e na execução civil não há previsão legal para a realização de um *novo ato* pelo qual o juízo insta o exequente a cumprir determinada ordem judicial, de tal modo que a fluência do prazo prescricional tem início – imediata e automaticamente – com o arquivamento provisório dos autos. Esse fato objetivo – o arquivamento provisório dos autos – é suficiente para, isoladamente, fazer disparar a fluência do prazo prescricional intercorrente tanto no âmbito da execução fiscal quanto no âmbito da execução civil.

Se a opção do legislador fosse atribuir à inexistência de bens causa eficiente para a declaração de prescrição intercorrente na execução trabalhista, assim teria o legislador estabelecido de forma expressa, tal qual fizeram tanto o legislador da Lei de Executivos Fiscais quanto o legislador do CPC de 2015. A pertinente observação é destacada por *Antonio Umberto de Souza Júnior, Fabiano Coelho de Souza, Ney Maranhão e Platon Teixeira de Azevedo Neto*[15]. Os autores destacam que é inequívoca a opção do legislador da Lei de Executivos Fiscais e do legislador do CPC de 2015 de atribuir à inexistência de bens causa eficiente à declaração de prescrição intercorrente nos executivos fiscais e na execução civil. Os juristas fazem remissão às respectivas previsões legais (Lei n. 6.830/1980, art. 40, *caput* e § 4º; CPC, art. 921, III e §§ 1º, 4º e 5º), preceitos nos quais se identifica a opção feita nos referidos diplomas legais: a opção de atribuir à inexistência causa eficiente à fluência do prazo prescricional intercorrente nos executivos fiscais e na execução civil.

Na execução trabalhista, contudo, a disciplina da matéria é diversa, porquanto o legislador introduziu na CLT o *requisito normativo adicional* de que tenha havido o *descumprimento, pelo exequente, de uma específica determinação judicial*, para que então – e só daí então – se tenha por iniciada a fluência do prazo prescricional intercorrente de dois (2) anos[16]. O problema está em saber de que espécie de determinação judicial cuida o legislador no § 1º do art. 11-A da CLT.

Parece razoável presumir que se trata de determinação judicial para o exequente impulsionar a execução. Essa presunção apresenta-se em consonância com a denominada interpretação autêntica, na medida que, na justificativa do preceito em estudo, o legislador consignou: "[...] o marco inicial deste prazo ocorre somente quando o próprio

---

15. *Reforma Trabalhista* – análise comparativa e crítica da Lei n. 13.467/2017. São Paulo: Rideel, 2017. p. 41.
16. Antonio Umberto de Souza Júnior, Fabiano Coelho de Souza, Ney Maranhão e Platon Teixeira de Azevedo Neto observam que, diversamente do que ocorre nos executivos fiscais e na execução civil, o legislador reformador da CLT não adotou a inexistência de bens como causa eficiente à declaração da prescrição intercorrente na execução trabalhista: "Não foi o caso, porém, do legislador celetista. Como a prescrição aqui versada é causa de extinção de pretensões executivas, impõe-se sempre exegese cautelosa e restritiva." (*Reforma Trabalhista* – análise comparativa e crítica da Lei n. 13.467/2017. São Paulo: Rideel, 2017. p. 41)

exequente deixar de cumprir *alguma determinação do juízo para prosseguir com o processo.*"

Vejamos algumas espécies de determinação judicial de que se pode cogitar.

A primeira hipótese é a de apresentação de artigos de liquidação pelo exequente[17]. Diante da previsão de execução de ofício existente na redação originária do art. 878, *caput*, da CLT, a jurisprudência do TST foi construída na perspectiva de que não se poderia cogitar de prescrição intercorrente, na medida em que se compreendia ser incumbência do juízo promover a execução de ofício, não podendo o exequente ser prejudicado pela inércia estatal ou por medidas protelatórias adotadas pelo executado, consoante se recolhe dos precedentes que conduziram à edição da Súmula n. 114 do TST. Entretanto, como o juízo da execução não pode substituir a parte exequente na apresentação de artigos de liquidação diante da necessidade de alegar e provar fatos novos nessa modalidade de liquidação de sentença, a jurisprudência do TST identificou nessa situação hipótese para realizar uma *distinção* – no âmbito da aplicação da Súmula n. 114 do TST – quando a necessidade de apresentação de artigos de liquidação impunha a necessária iniciativa do exequente, admitindo então que nessa particular situação a inércia injustificada do exequente teria o efeito de fazer iniciar a fluência do prazo prescricional intercorrente, pois, do contrário, o processo ficaria indefinidamente pendente de solução.[18]

Certamente, a determinação judicial para que o exequente apresente artigos de liquidação é uma hipótese em que se tem por preenchido o suporte fático da norma em estudo quando o exequente permanecer inerte diante da determinação judicial para impulsionar a execução. A previsão legal, contudo, parece abranger outras hipóteses de descumprimento de determinação judicial. Essa interpretação decorre do enunciado genérico da locução empregada pelo legislador no preceito em exame – "quando o exequente deixa de cumprir determinação judicial no curso da execução".

Antonio Umberto de Souza Júnior, Fabiano Coelho de Souza, Ney Maranhão e *Platon Teixeira de Azevedo Neto* identificam as seguintes situações, em que a inércia injustificada do exequente pode acarretar o pronunciamento da prescrição intercorrente: "[...] na execução de obrigação de fazer consistente na anotação da CTPS sem que esta seja depositada em juízo ou na hipótese de ordem de reintegração em que o empregado na se apresente ou, ainda, em execução a ser precedida de liquidação por artigos (procedimento comum, na dicção do Código de Processo Civil) não ofertados pelo credor"[19]. Os juristas argumentam que, nessas situações, a execução não poderá ser realizada sem uma atitude do exequente, para concluir que é essa inércia que permite a incidência da prescrição intercorrente.

Mauro Schiavi cita os seguintes exemplos de determinação judicial prevista no art. 11-A da CLT: "indicação de bens do devedor, informações necessárias para o registro da penhora, instauração do incidente de desconsideração da personalidade jurídica etc.".[20]

Têm razão *Antonio Umberto de Souza Júnior, Fabiano Coelho de Souza, Ney Maranhão* e *Platon Teixeira de Azevedo Neto* quando afirmam que o desafio hermenêutico está em procurar saber se, na interpretação do § 1º do art. 11-A da CLT, trata-se de uma determinação judicial de qualquer teor ou se a contagem do prazo prescricional deverá restringir-se a atos a cargo do credor sem os quais a execução fique paralisada.[21]

Nesse primeiro momento de reflexões acerca da Lei n. 13.467/2017, há interpretações diversas. Partindo da literalidade do art. 11-A da CLT, há quem afirme que *qualquer ordem judicial* para o exequente impulsionar a execução pode ser considerada a determinação judicial que faz disparar o prazo prescricional intercorrente de dois (2) anos previsto no dispositivo legal em estudo. É o caso de *Thereza Nahas*. A jurista deixa implícita sua conclusão nesse sentido, ao mencionar que o art. 11-A da CLT autorizaria "intimação do credor para cumprimento de providência *de qualquer natureza*"[22]. *Thereza Nahas* exemplifica com a indicação de endereço do executado e com a indicação de bens à penhora, pelo exequente.[23]

E há quem, afastando-se da interpretação literal, afirme que "[...] somente há prescrição quando o titular do direito não aja em situações em que somente ele possa atuar", para concluir que, na interpretação do art. 11-A da CLT, "[...] não será qualquer determinação que poderá conduzir a execução à extinção sem satisfação do crédito pela via da prescrição intercorrente, mas apenas as ordens para providências a cargo exclusivo do credor, injustificadas não atendidas." Esse é o posicionamento adotado por *Antonio Umberto de Souza Júnior, Fabiano Coelho de Souza, Ney Maranhão* e *Platon Teixeira de Azevedo Neto*.[24]

---

17. A liquidação por cálculos pode continuar determinada de ofício pelo juízo da execução, pois nessa modalidade de liquidação de sentença não há necessidade de alegar e provar fato novo.
18. TST-SBDI1 – ERR 0693039-80.2005.10.0004 – Rel. Min. João Oreste Dalazen – DJE 08.05.2009. No mesmo sentido, TST-SBDI2 – RO 0000014-17.2014.5.02.0000 – Rel. Min. Douglas Alencar Rodrigues – DEJT 06.000003.2015.
19. *Reforma Trabalhista* – análise comparativa e crítica da Lei n. 13.467/2017. São Paulo: Rideel, 2017. p. 39.
20. *A reforma trabalhista e o processo do trabalho.* São Paulo: LTr, 2017. p. 76.
21. *Reforma Trabalhista* – análise comparativa e crítica da Lei n. 13.467/2017. São Paulo: Rideel, 2017. p. 40.
22. *Novo Direito do Trabalho* – institutos fundamentais – impactos da reforma trabalhista. São Paulo: Revista dos Tribunais, 2017. p. 36.
23. *Novo Direito do Trabalho* – institutos fundamentais – impactos da reforma trabalhista. São Paulo: Revista dos Tribunais, 2017. p. 36.
24. *Reforma Trabalhista* – análise comparativa e crítica da Lei n. 13.467/2017. São Paulo: Rideel, 2017. p. 41.

Conquanto o preceito legal em estudo possa ser compreendido como uma espécie de cláusula geral em face do formulação genérica de seu enunciado, não parece razoável admitir que o juízo da execução possa invocar o preceito do § 1º do art. 11-A da CLT para se desvencilhar do dever funcional previsto no art. 765 da CLT, de determinar "qualquer diligência necessária" a assegurar o resultado útil do processo, para transferir para o exequente a incumbência de realizar desde as primeiras pesquisas de bens à penhora, sobretudo quando é o juízo da execução que tem acesso aos sistemas informatizados de pesquisa patrimonial eletrônica capazes de promover a constrição de patrimônio necessária à satisfação da dívida trabalhista.

Uma tal interpretação contrariaria – além do princípio da proteção (CLT, art. 9º[25]) – tanto a norma de sobredireito do art. 765 da CLT[26] quanto a norma do art. 139, IV, do CPC[27], aplicável ao processo do trabalho (CLT, art. 769; CPC, art. 15; Instrução Normativa n. 39/2016 do TST, art. 3º, III[28]), acarretando maltrato também ao princípio de direito administrativo da eficiência da administração pública (CF, art. 37, *caput*[29]; CPC, art. 8º[30]).

Cumpre observar que o art. 139, IV, do CPC estabelece ser incumbência do magistrado determinar todas as medidas necessárias ao cumprimento das decisões judiciais. Essa incumbência do magistrado aplica-se também na execução por quantia, aspecto em relação ao qual é de se registrar que o novo tratamento da matéria no CPC de 2015 denota a superação do paradigma restritivo que orientava o CPC revogado. O novo paradigma visa à efetividade da execução de crédito, inserindo-se numa clara perspectiva de ruptura com o modelo anterior, que ficara identificado pela marca da ineficácia da execução de crédito. O preceito do 139, IV, do CPC "(...) pode ser considerado um adequado *desdobramento supletivo e subsidiário* do comando contido no art. 765 CLT, na medida em que complementa e reforça a expressão 'qualquer diligência' a que o dispositivo consolidado faz menção", conforme a produtiva observação de *Manoel Carlos Toledo Filho*[31].

De outra parte, não se deve cogitar de fluência do prazo de prescrição intercorrente antes de terem sido esgotadas – pelo juízo da execução, de ofício, – as demais providências necessárias à satisfação da execução, entre as quais figuram – além da pesquisa patrimonial eletrônica de bens – tanto o redirecionamento da execução contra os sócios da sociedade executada quanto a pesquisa acerca de existência de grupo econômico, caso não encontrados bens da sociedade executada; o protesto extrajudicial da sentença; a inscrição do nome do executado em cadastro de inadimplentes; a indisponibilidade de bens via Central Nacional de Indisponibilidade de Bens – CNIB, dentre outras providências.

A questão mais polêmica acerca da definição do conteúdo da *determinação judicial*, prevista no § 1º do art. 11-A da CLT, reside na possibilidade de se entender que essa determinação judicial seja para o exequente realizar a indicação de bens do devedor à penhora, com a consequente fluência do prazo prescricional intercorrente, caso o credor não logre cumprir de forma positiva tal indicação de bens.

A reflexão sobre o tema impõe considerar que a prescrição intercorrente é instituto que tem por característica básica a inércia voluntária do titular do direito de ação diante de situação em que apenas ele pode fazer impulsionar a execução. De outra parte, é necessário observar que a Lei evoluiu na perspectiva da boa-fé objetiva e passou a atribuir ao executado o dever processual de indicar bens à penhora (CPC, art. 774, IV), sob pena de incorrer em conduta atentatória à dignidade da justiça, sancionável mediante multa (CPC, art. 744, parágrafo único). É da jurisprudência cível, na interpretação do preceito em questão, o entendimento de que "A norma estabelece objetivamente que a simples inércia do executado configura ato atentatório à dignidade da justiça, de modo que, aos devedores duas condutas poderiam ser tomadas: indicar os bens, conforme determinado, ou justificar a impossibilidade de fazê-lo".[32]

---

25. "Art. 9º. Serão nulos de pleno direito os atos praticados com o objetivo de desvirtuar, impedir ou fraudar a aplicação dos preceitos contidos na presente Consolidação."
26. "Art. 765. Os juízes e Tribunais do Trabalho terão ampla liberdade na direção do processo e velarão pelo andamento rápido das causas, podendo determinar qualquer diligência necessária ao esclarecimento delas."
27. "Art. 139. O juiz dirigirá o processo conforme as disposições deste Código, incumbindo-lhe:
    IV – determinar todas as medidas indutivas, coercitivas, mandamentais ou sub-rogatórias necessárias para assegurar o cumprimento de ordem judicial, inclusive nas ações que tenham por objeto prestação pecuniária;".
28. "Art. 3º. Sem prejuízo de outros, aplicam-se ao Processo do Trabalho, em face de omissão e compatibilidade, os preceitos do Código de Processo Civil que regulam os seguintes temas:
    ...
    III – art. 139, exceto a parte final do inciso V (poderes, deveres e responsabilidades do juiz);".
29. "Art. 37. A administração pública direta e indireta de qualquer dos Poderes da União, dos Estados, do Distrito Federal e dos Municípios obedecerá aos princípios da legalidade, impessoalidade, moralidade, publicidade e eficiência e, também, ao seguinte:...".
30. "Art. 8º. Ao aplicar o ordenamento jurídico, o juiz atenderá aos fins sociais e às exigências do bem comum, resguardando e promovendo a dignidade da pessoa humana, e observando a proporcionalidade, a razoabilidade, a legalidade, a publicidade e a eficiência."
31. OLIVEIRA SILVA, José Antônio Ribeiro de (Coord.). *Comentários ao novo CPC e sua aplicação ao Processo do Trabalho*. v. 1. São Paulo: LTr, 2016. p. 200.
32. JTJ 330/127: AI 7.220.969-1. In: NEGRÃO, Theotonio e outros. *Código de Processo Civil e legislação processual em vigor*. 47. ed. São Paulo: Saraiva, 2016. pp. 705.

Na medida em que o sistema de direito brasileiro encontra-se estruturado sob uma racionalidade segundo a qual os meios eletrônicos de pesquisa patrimonial e os meios eletrônicos para a consequente constrição de bens estão confiados ao Poder Judiciário, não parece razoável reconhecer prescrição intercorrente na execução trabalhista quando o Estado-juiz não obtém êxito na localização de bens do executado, transferindo-se ao exequente hipossuficiente o dever de localização de bens para penhorar, sobretudo quando a boa-fé objetiva fez o sistema de direito evoluir na perspectiva de atribuir ao executado o dever processual de indicar bens à penhora (CPC, art. 774, IV).

6. A PRESCRIÇÃO INTERCORRENTE NA EXECUÇÃO TRABALHISTA – ASPECTOS ESPECÍFICOS: A QUESTÃO DA EXECUÇÃO DE OFÍCIO

A Reforma Trabalhista pretendeu articular a introdução da prescrição intercorrente com a eliminação da execução de ofício. O propósito teria sido o de retirar eficiência da jurisdição trabalhista, nada obstante a Administração Pública seja regida pelo princípio da eficiência (CF, art. 37, *caput*; CPC, art. 8º). A Lei n. 13.467/2017 contraria o princípio da eficiência na Justiça do Trabalho. A Reforma Trabalhista é uma espécie de punição à eficiência da Justiça do Trabalho, o ramo mais eficiente da jurisdição brasileira. A Reforma Trabalhista objetiva uma jurisdição menos eficiente, na contramão do projeto constitucional de construção de um aparato judiciário eficiente.

O impulso do processo do trabalho pelo magistrado é uma característica histórica do sistema processual do trabalho no Brasil. Daí afirmar-se que a execução de ofício é um dos princípios do Direito Processual do Trabalho. A acertada observação é de *Homero Batista Mateus da Silva*[33]. Eliminar a execução de ofício significa descaracterizar um dos elementos essenciais do direito processual do trabalho. Não é só o aspecto conceitual da autonomia científica do processo do trabalho que resta mutilado, a Reforma foi pragmática na realização do desiderato de enfraquecer o direito processual do trabalho na prática, suprimindo uma das principais virtudes do procedimento trabalhista. Entretanto, foi mantida a possibilidade de execução de ofício do crédito previdenciário. O crédito principal não pode ser executado de ofício (o crédito trabalhista), enquanto que o crédito acessório (crédito previdenciário) pode ser executado de ofício (CLT, art. 876, parágrafo único[34]). É um contrassenso. Não é racional que no mesmo processo se possa executar de ofício o crédito previdenciário acessório e não se possa executar de ofício o crédito trabalhista principal, sobretudo quando se considera que o crédito trabalhista serve de base de cálculo às contribuições previdenciárias. Trata-se de uma alteração legislativa ilógica.

Me parece que a maioria dos magistrados do trabalho não vai acatar essa mutilação do processo do trabalho. Isso porque continua vigente a norma de sobredireito processual do art. 765 da CLT, a qual atribui ao juiz o dever de velar pela rápida solução da causa. Essa mesma norma legal atribui ao magistrado a incumbência de "determinar qualquer diligência necessária". A interpretação desse preceito da CLT deve ser realizada em conformidade com a Constituição Federal. A Constituição estabelece que os cidadãos têm direito à razoável duração do processo (CF, art. 5º, LXXVIII). A interpretação do art. 765 da CLT conforma-se à previsão constitucional apenas quando se assegura às partes a rápida solução da causa em concreto. Daí por que não parece conforme à Constituição a interpretação de que a execução trabalhista seja realizada apenas se houver iniciativa do exequente. De outra parte, o novo Código de Processo Civil atribui ao juiz a incumbência de adotar todas as medidas necessárias ao cumprimento das determinações judiciais (CPC, art. 139, IV), evidenciando que a sociedade quer pronto cumprimento das decisões judiciais.

O processo do trabalho apresenta particularidades que motivam a atuação de ofício do juiz do trabalho na execução. Entre essas particularidades está a natureza alimentar do crédito trabalhista. A estatura jurídica conferida ao crédito trabalhista na ordem de classificação dos créditos no direito brasileiro levou a Superior Tribunal de Justiça a qualificar o crédito trabalhista como crédito *necessarium vitae*[35]. Posicionado no ápice da classificação de créditos na ordem jurídica nacional (CTN, art. 186), o superprivilégio legal do crédito trabalhista constitui uma expressão pela qual se manifesta o primado da dignidade da pessoa humana no sistema de Direito brasileiro. Trata-se de um tipo de crédito especial, ao qual a ordem jurídica confere primazia ainda quando em cotejo com o crédito fiscal, cuja característica é expressar o superior interesse público que o Estado tem na arrecadação de tributos necessária à consecução da vida em sociedade (CTN, art. 186). Em resumo, a ordem jurídica brasileira confere primazia ao crédito trabalhista no cotejo com o crédito fiscal.

Observo que a Lei n. 6.830/80 representou importante passo na desburocratização do processo[36], ao prever que o despacho do juiz que deferir a inicial importa em ordem para citação, penhora, arresto, registro da penhora ou do

---

33. *Comentários à Reforma Trabalhista*. São Paulo: Revista dos Tribunais, 2017. p. 169.
34. "Art. 876....
    Parágrafo único. A Justiça do Trabalho executará, de ofício, as contribuições sociais previstas na alínea *a* do inciso I e no inciso II do *caput* do art. 195 da Constituição Federal, e seus acréscimos legais, relativas ao objeto da condenação constante das sentenças que proferir e dos acordos que homologar."
35. STJ. 1ª Turma. REsp n. 442.325. Relator Min. Luiz Fux. DJU 25.11.2002, p. 207.
36. ALBUQUERQUE, Marcos Cavalcanti de. *Lei de Execução Fiscal*. São Paulo: Madras, 2003. p. 30.

arresto, independentemente do pagamento de despesas, e avaliação dos bens. Trata-se do art. 7º da Lei n. 6.830/1980[37]. Deferida a petição inicial – e a regra é o deferimento –, os atos necessários à execução fiscal são realizados automaticamente, de ofício. Salvo a rara hipótese de indeferimento da petição inicial, basta o ajuizamento da ação para que todos os atos necessários à execução fiscal sejam realizados de ofício. A norma visa à concreta realização do crédito fiscal, cuja satisfação atende ao interesse público de prover as políticas de Estado. A simplificação procedimental justifica-se diante do privilégio legal que o crédito fiscal ostenta na ordem jurídica nacional (CTN, art. 186[38]). É intuitiva a conclusão de que ao crédito trabalhista deve ser assegurada sua execução de ofício, à semelhança do que ocorre nos executivos fiscais, na medida em que a ordem jurídica posiciona o crédito trabalhista acima do crédito fiscal na classificação dos créditos, conferindo-lhe o superprivilégio legal que levou o Superior Tribunal de Justiça a identificá-lo como crédito necessário à vida.

Tem razão *Platon Teixeira de Azevedo Neto* quando pondera que a Reforma Trabalhista também contraria os arts. 4º e 6º do CPC[39], de aplicação supletiva no processo do trabalho (CLT, art. 769; CPC, art. 15). O art. 4º do CPC é contrariado porque se trata de norma que estabelece o direito de as partes de obterem solução integral do mérito em prazo razoável, *incluída a atividade satisfativa*. O art. 6º é contrariado porque estabelece que todos os sujeitos do processo devem cooperar para obter-se uma decisão justa e *efetiva*. Esses dispositivos integram as normas fundamentais do novo CPC, conformando a teoria geral do processo civil.

A aparente antinomia de normas de mesma hierarquia deve ser resolvida por uma interpretação sistemática e por uma hermenêutica principiológica. O acertado magistério é de *Platon Teixeira de Azevedo Neto*[40]. Acrescento que a teoria do diálogo das fontes pode ser útil à conformação da interpretação sistemática postulada por *Azevedo Neto*, na medida em que o recurso à norma de ordem pública do art. 186 do Código Tributário Nacional pode permitir conformar interpretação sistemática no sentido de conferir dimensão também processual à primazia do crédito *necessarium vitae*, sobretudo se os juristas trabalharem com interpretação conforme à Constituição, na perspectiva da razoável duração do processo e da eficiência da atividade estatal judicial.

Por derradeiro, uma ponderação de matiz consequencialista. O impulso da execução de ofício pelo juiz do trabalho não acarretará nulidade processual. A nulidade processual caracteriza-se quando o ato processual acarretar manifesto prejuízo para a parte. A norma está prevista no art. 794 da CLT[41]. O prejuízo de que se cogita aqui é prejuízo de natureza processual. O prejuízo de natureza processual caracteriza-se apenas quando o exercício de determinada faculdade processual da parte lhe for negado pelo juízo. Na medida em que se assegure ao executado – como, aliás, ordinariamente é mesmo assegurado – a faculdade processual de opor embargos à execução após a realização da penhora, não se poderá cogitar de nulidade processual, porquanto nessa situação não caracterizar-se-á o manifesto prejuízo processual de que trata o art. 794 da CLT. Isso porque a faculdade processual do executado é a de se opor à execução mediante a apresentação dos embargos previstos no art. 884 da CLT. Assegurado ao executado o exercício da faculdade processual prevista no art. 884 da CLT, já não mais se poderá cogitar de nulidade processual em decorrência do fato de a execução ter sido impulsionada de ofício diante da ausência de prejuízo processual. E, ainda que se pudesse cogitar de nulidade processual, eventual nulidade processual restaria convalidada por ter sido assegurado ao executado o exercício do contraditório na execução, como, aliás, é da experiência ordinária do foro. Incide, aqui, a teoria teleológica das nulidades processuais: se a finalidade foi alcançada, o ato é considerado válido, mesmo que o itinerário processual observado não seja exatamente aquele prescrito em lei.

7. A PRESCRIÇÃO INTERCORRENTE NA EXECUÇÃO TRABALHISTA – ASPECTOS ESPECÍFICOS: A PRESCRIÇÃO INTERCORRENTE NÃO RETROAGE

No caso de nova hipótese de prescrição instituída por Lei superveniente, a fluência do prazo prescricional somente pode ter início a partir da vigência da nova lei. É lição clássica que a instituição de novo prazo prescricional não pode ter efeito retroativo. Mais do que isso: o novo lapso prescricional somente pode ser contado para frente – é a

---

37. "Art. 7º. O despacho do Juiz que deferir a inicial importa em ordem para:

    I – citação, pelas sucessivas modalidades previstas no art. 8º;

    II – penhora, se não for paga a dívida, nem garantida a execução, por meio de depósito ou fiança;

    III – arresto, se o executado não tiver domicílio ou dele se ocultar;

    IV – registro da penhora ou do arresto, independentemente do pagamento de custas ou outras despesas, observado o disposto no art. 14; e

    V – avaliação dos bens penhorados ou arrestados."

38. "Art. 186. O crédito tributário prefere a qualquer outro, seja qual for a sua natureza o tempo de sua constituição, ressalvados os créditos decorrentes da legislação do trabalho ou do acidente do trabalho."

39. SOUZA JÚNIOR, Antonio Umberto de; SOUZA, Fabiano Coelho de; MARANHÃO, Ney; AZEVEDO NETO, Platon Teixeira de. *Reforma Trabalhista* – análise comparativa e crítica da Lei n. 13.467/2017. São Paulo: Ridel, 2017. p. 455.

40. Idem.

41. "Art. 794. Nos processos sujeitos à apreciação da Justiça do Trabalho só haverá nulidade quando resultar dos atos inquinados manifesto prejuízo às partes litigantes."

partir da vigência da nova Lei que pode ter início a fluência do prazo prescricional fixado na Lei que estabelece a nova hipótese de prescrição. A lição decorre do postulado da segurança jurídica.

Assim sendo, na hipótese da prescrição intercorrente instituída pelo art. 11-A da CLT reformada, a fluência do prazo prescricional somente pode ter início a partir da vigência da Reforma Trabalhista. Portanto, não poderá o magistrado, a pretexto de aplicar a nova lei, procurar processos parados há dois anos e declarar a prescrição intercorrente de forma retroativa. Isso porque se trata de nova hipótese de prescrição, situação em que os respectivos efeitos projetam-se – necessária e exclusivamente – para o futuro; nessa hipótese não se pode atribuir efeito retroativo à lei, sob pena de maltrato ao postulado da segurança jurídica. A lição doutrinária é de *Homero Batista Mateus Silva*. O autor invoca o magistério em que Pontes de Miranda afirma que esse tipo de situação – Lei que institui nova hipótese de prescrição – equivale à criação de uma nova modalidade de prescrição sobre a pretensão deduzida pela parte. Logo, o novo prazo prescricional somente tem aplicação a partir da criação da nova hipótese de prescrição instituída, sem possibilidade de operar efeito retroativo; e com início da contagem do prazo apenas para o futuro, a partir da vigência da Lei instituidora da nova modalidade de prescrição criada pelo legislador[42]. Essa diretriz hermenêutica é confirmada na obra clássica de *Carlos Maximiliano*: "Prescrição. Submetem-se à exegese estrita as normas que introduzem casos especiais de prescrição, porque esta limita o gozo de direito".[43]

Mesmo aqueles magistrados que aplicavam a prescrição intercorrente na execução trabalhista antes do advento da Lei n. 13.467/2017, fazendo-o mediante a aplicação do art. 40 da Lei de Executivos Fiscais, com fundamento na previsão do art. 889 da CLT, devem considerar que a Lei n. 13.467/2017 instituiu nova hipótese de prescrição, a ser aplicada a partir da vigência da Lei e sem caráter retroativo, de modo a evitar seja o exequente surpreendido por prematura declaração de prescrição intercorrente da execução, quando a jurisprudência uniformizada na Súmula n. 114 do TST afirmava não ser aplicável a prescrição intercorrente na Justiça do Trabalho.

Essa mesma diretriz hermenêutica foi adotada no CPC de 2015 no que diz respeito à prescrição intercorrente na execução. No art. 921 do CPC, o novo diploma processual civil explicitou a aplicabilidade da prescrição intercorrente à execução civil. O CPC de 1973 não havia explicitado a aplicabilidade da prescrição intercorrente na execução. Nos estudos em que são comparados ambos os códigos, a doutrina é pacífica ao afirmar que o CPC de 1973 não tinha dispositivo equivalente aos §§ 1º, 2º, 3º, 4º e 5º do inciso III do art. 921 do CPC de 2015.

No art. 1.056 do CPC de 2015, o legislador houve por bem inserir norma de direito intertemporal destinada a promover segurança jurídica na aplicação da prescrição intercorrente na execução civil. É interessante observar – sob a perspectiva da tópica – que se trata de norma integrante das Disposições Finais e Transitórias do CPC de 2015. Tendo explicitado a hipótese de aplicação de prescrição intercorrente na execução civil no art. 921, o legislador do CPC de 2015 adotou a cautela de definir o termo inicial do prazo prescricional em questão, com o evidente propósito de evitar surpresa ao exequente e com a finalidade de promover segurança jurídica na aplicação da nova norma, ciente de que a instituição de nova hipótese de prescrição reclamava dispositivo definidor do termo inicial do prazo prescricional explicitado no art. 921 do CPC.

A norma de direito intertemporal em questão tem a seguinte redação: "Art. 1.056. Considerar-se-á como termo inicial do prazo da prescrição prevista no art. 924, inciso V, inclusive para as execuções em curso, a data de vigência deste Código".

É interessante reiterar que o CPC de 1973 não tinha norma explícita acerca de prescrição intercorrente na execução. Nada obstante o silêncio do CPC de 1973, a doutrina e a jurisprudência enfrentaram o tema mediante interpretação sistemática e sempre concluíram pela aplicabilidade da prescrição intercorrente na execução, apesar da omissão do Código revogado acerca da matéria. O fato de a doutrina e a jurisprudência terem concluído pela aplicabilidade da prescrição intercorrente na execução civil não dispensou o legislador do CPC de 2015 da cautela de definir, para promover segurança jurídica, que a prescrição intercorrente na execução, explicitada no art. 921 do CPC, somente tem sua fluência a partir da data de vigência do CPC de 2015.

O mesmo raciocínio jurídico é válido para a aplicação da prescrição intercorrente na execução trabalhista. A exemplo da previsão do art. 1.056 do CPC, no caso de prescrição intercorrente na execução trabalhista somente se pode cogitar do início da fluência do prazo prescricional a partir da vigência da Lei n. 13.467/2017. Significa dizer que não se pode aplicar o art. 11-A da CLT reformada de forma retroativa; mais do que isso, é só a partir da vigência da Lei n. 13.467/2017 que se pode cogitar do início da fluência do prazo prescricional de dois (2) anos estabelecido no art. 11-A da CLT. Recorrendo à fórmula adotada na redação do art. 1.056 do CPC, poder-se-á enunciar a regra de que o termo inicial do prazo de prescrição prevista no art. 11-A da CLT reformada, inclusive para as execuções em curso, não poderá ocorrer senão depois da data de vigência da Lei n. 13.467/2017.

A fórmula adotada pelo legislador na redação do art. 1.056 do CPC tem a virtude de promover segurança jurídica ao definir que o termo inicial do novo prazo prescricional somente pode começar a fluir depois da vigência da Lei que instituiu a nova modalidade de prescrição no sistema jurídico, o que significa dizer que não há

---

42. *Comentários à Reforma Trabalhista*. São Paulo: Revista dos Tribunais, 2017. p. 203-204.
43. *Hermenêutica e Aplicação do Direito*. 20. ed. 3. tiragem. Rio de Janeiro: Forense, 2014. p. 190.

possibilidade de aplicação retroativa do novo prazo prescricional instituído.

Contudo, é preciso ponderar que essa fórmula apresenta-se incompleta – insuficiente – para disciplinar a adequada aplicação da prescrição intercorrente na execução trabalhista, na medida em que o art. 11-A da CLT reformada exige a conformação do *elemento adicional* do descumprimento de uma específica determinação judicial pelo exequente, para que somente após esse descumprimento tenha início a fluência do prazo prescricional bienal (CLT, art. 11-A, § 1º). Na regência do CPC de 2015, não se exige a conformação desse *elemento adicional*, bastando o fato objetivo do arquivamento provisório dos autos para que tenha início a fluência do prazo prescricional intercorrente (CPC, art. 921, §§ 1º, 2º e 3º). Na regência da Lei dos Executivos Fiscais, também não se exige a conformação desse *elemento adicional*, bastando o fato objetivo do arquivamento provisório dos autos para que tenha início a fluência do prazo prescricional intercorrente (Lei n. 6.830/1980, art. 40, §§ 2º e 4º). Na execução trabalhista, a prescrição intercorrente tem regência legal distinta daquela prevista na LEF e no CPC.

O legislador reformista da CLT, ciente de que fragilizava a tutela do crédito trabalhista ao instituir a prescrição intercorrente na execução trabalhista quando a jurisprudência uniformizada na Súmula n. 114 do TST excluía essa modalidade de prescrição, houve por bem, presumivelmente para estabelecer alguma compensação, adotar perspectiva distinta da perspectiva objetiva que foi adotada nos executivos fiscais e na execução civil, ao estabelecer como *requisito normativo adicional* para a fluência do prazo prescricional o descumprimento, pelo exequente, de determinação judicial no curso da execução.

8. EM FAVOR DA APLICAÇÃO COMBINADA DA LEF E DO ART. 11-A DA CLT

A aplicação do art. 40 da Lei de Executivos Fiscais à prescrição intercorrente na execução trabalhista é defendida tanto por *Francisco Meton Marques de Lima* e *Francisco Péricles Rodrigues Marques de Lima*[44] quanto por *André Araújo Molina*[45]. *Manoel Antonio Teixeira Filho* também defende essa aplicação[46]. *Raphael Miziara* segue o mesmo caminho, ponderando que a aplicação da LEF à execução trabalhista não dispensa adaptações necessárias[47]. Para *Mauro Schiavi*, o itinerário procedimental da LEF também seria aplicável à prescrição intercorrente. Embora faça menção ao procedimento instituído no art. 921 do CPC de 2015, o itinerário procedimental que o jurista entende aplicável é o mesmo previsto na Lei n. 6.830/1980[48]. Isso decorre da similitude que se registra na LEF e no CPC na disciplina do tema da prescrição intercorrente.

Para *Francisco Meton Marques de Lima* e *Francisco Péricles Rodrigues Marques de Lima* essa aplicação tem natureza subsidiária. Embora os juristas não o explicitem, presume-se que estão a trabalhar com a previsão do art. 889 da CLT, quando afirmam que se deve aplicar o rito do art. 40 da LEF na execução trabalhista para efeito de incidência da prescrição intercorrente, com exceção do prazo, que é de dois anos. Os juristas explicam o itinerário procedimental a ser obervado: "Então, primeiro se suspende a execução por um ano. Não sendo encontrado o devedor ou bens penhoráveis, inicia-se a contagem do prazo para a prescrição intercorrente"[49]. Embora tenham escrito já na vigência do art. 11-A da CLT, os referidos juristas não abordam o papel adicional que poderia estar reservado à norma do § 1º do art. 11-A da CLT reformada para o equacionamento do tema.

André Araújo Molina escreveu sobre o tema prescrição intercorrente na execução *antes* da Reforma Trabalhista e sustentou, na ocasião, que se aplicam, além do art. 40 da LEF, o art. 202, parágrafo único, do Código Civil, o art. 844, § 1º, da CLT e o art. 924, V, do CPC, tendo concluído, à época, que o procedimento seria então o seguinte: "1) não localizados bens do devedor, deve o magistrado determinar a suspensão da execução pelo prazo de 1 (um) ano; 2) havendo persistência na situação de não encontrar bens penhoráveis, o passo seguinte é a remessa dos autos ao arquivo provisório; 3) esgotado o prazo de prescrição de 2 ou 5 anos (conforme o caso), deverá o juiz intimar o exequente para se manifestar se ocorreu alguma das causas suspensivas; 4) ao final, pronunciar a prescrição intercorrente da pretensão"[50]. Como destacado, no artigo pesquisado, o jurista não tinha conhecimento do teor que viria ser atribuído pela Lei n. 13.467/2017 ao art. 11-A da CLT reformada, de modo que suas ponderações tiveram em consideração a legislação vigente à época da publicação do artigo.

---

44. *Reforma trabalhista – entenda por ponto*. São Paulo: LTr, 2017. p. 28.
45. *A prescrição intercorrente na execução trabalhista*. Revista Jurídica Luso-Brasileira. ano 3, n. 2, p. 143, 2017.
46. *O processo do trabalho e a reforma trabalhista*. São Paulo: LTr, 2017. p. 38: "... consideramos aplicável ao processo do trabalho a disposição encartada no art. 40 da Lei n. 6.830/1980, segundo a qual o juiz suspenderá o curso da execução: a) enquanto não for localizado o devedor; ou b) não forem encontrados bens sobre os quais possa recair a penhora (*caput*); decorrido o prazo de um ano, sem que o devedor tenha sido localizado ou os bens encontrados, determinará o arquivamento dos autos (§ 2º)".
47. *A tutela da confiança e a prescrição intercorrente na execução trabalhista: o equívoco da instrução normativa n. 39 do TST*. Revista eletrônica do Tribunal Regional do Trabalho da 9ª Região. Curitiba: PR. v. 5, n. 50, p. 204-222, maio 2016.
48. *A reforma trabalhista e o processo do trabalho*. São Paulo: LTr, 2017. p. 77: "... quando o executado não possuir bens penhoráveis, ou não for localizado, pensamos que as providências preliminares do art. 921 do CPC (suspensão da execução por um ano, sem manifestação do exequente) devem ser aplicadas pela Justiça do Trabalho antes do início da fluência do prazo prescricional."
49. *Reforma trabalhista – entenda por ponto*. São Paulo: LTr, 2017. p. 28.
50. *A prescrição intercorrente na execução trabalhista*. Revista Jurídica Luso-Brasileira. ano 3, n. 2, p. 142, 2017.

Entendo que a declaração da prescrição intercorrente na execução trabalhista deve obedecer – combinadamente – tanto à previsão do art. 11-A, § 1º, da CLT quanto ao itinerário procedimental previsto no art. 40 da LEF, por força da previsão do art. 889 da CLT, dispositivo que manda aplicar na execução trabalhista os preceitos que regem os executivos fiscais naquilo que não contravierem ao Título do Processo Judiciário do Trabalho (arts. 763 a 910 da CLT). Assim entendo porque o art. 11-A da CLT mostra-se sintético e genérico, apresentando-se incompleto para disciplinar o complexo tema da prescrição intercorrente na execução trabalhista, como se conclui ao cotejar a regência legal do tema na CLT, na LEF e no CPC.

Além de apresentar-se fundada na previsão do art. 889 da CLT, essa interpretação em favor da aplicação combinada da LEF e do art. 11-A, § 1º, da CLT é consentânea com a norma de direito material do art. 186 do CTN, que posiciona o crédito trabalhista no ápice da ordem de classificação de créditos no sistema de direito do país, colocando-se, essa interpretação, outrossim, na perspectiva da teoria do diálogo das fontes formais de direito que tratam da prescrição intercorrente no ordenamento jurídico nacional, de modo a evitar que créditos classificados em posição jurídica inferior tenham tutela jurídica superior àquela conferida ao crédito trabalhista no que diz respeito ao tema da prescrição intercorrente na execução.

Assim, por força da aplicação do art. 40 da LEF à execução trabalhista (CLT, art. 889), a declaração de prescrição intercorrente na fase de execução da sentença trabalhista também deve ser *antecedida* do arquivamento provisório dos autos.[51]

E, antes do arquivamento provisório dos autos, o juiz deverá, para observar o itinerário procedimental previsto no art. 40 da LEF, de aplicação supletiva à execução trabalhista, suspender o curso da execução se não for localizado o devedor ou encontrados bens para a penhora (Lei n. 6.830/1980, art. 40, *caput*) e intimar o exequente da suspensão da execução (Lei n. 6.830/1980, art. 40, § 1º).

Somente depois do decurso do prazo de um (1) ano sem que tenha sido localizado o devedor ou encontrados bens penhoráveis é que o juiz determinará o arquivamento provisório dos autos na execução fiscal (Lei n. 6.830/1980, art. 40, § 2º). Durante esse prazo de um (1) ano, a execução ficará suspensa e o prazo prescricional ficará igualmente suspenso (Lei n. 6.830/1980, art. 40, *caput*; CPC, art. 921, § 1º).

É depois desse período de um (1) ano que ocorre o arquivamento provisório dos autos. E é somente a partir do arquivamento provisório dos autos que se pode cogitar da fluência do prazo prescricional intercorrente de dois (2) anos previsto no art. 11-A da CLT; mas apenas *após* a ocorrência de específica determinação judicial para que o exequente cumpra ordem judicial para impulsionar a execução. Sem essa determinação judicial, expressamente prevista no art. 11-A, § 1º, da CLT reformada, não se pode cogitar do início da fluência do prazo de prescrição intercorrente de dois (2) anos previsto no preceito legal em estudo. Isso porque o dispositivo legal de regência estabelece que o termo inicial desse prazo prescricional ocorre somente "quando o exequente deixa de cumprir determinação judicial no curso da execução" (CLT, art. 11-A, § 1º).

Para que a fluência do prazo prescricional tenha início é necessário, portanto, que *antes* ocorra uma determinação judicial para que o exequente impulsione a execução e que essa determinação judicial não seja cumprida pelo exequente. É a partir daí que poderá ter início o prazo prescricional intercorrente na execução trabalhista. Antes disso, não. Do contrário, a se entender que a prescrição teria início automático com o arquivamento provisório dos autos, não teria sentido a previsão do legislador, que estabeleceu, no art. 11-A, § 1º, da CLT, a exigência de descumprimento de específica ordem judicial, pelo exequente, para que então tivesse início o curso do prazo prescricional intercorrente – "§ 1º A fluência do prazo prescricional inicia-se quando o exequente deixa de cumprir determinação judicial no curso da execução" – grifei.

Essa interpretação apresenta-se em conformidade também com a denominada interpretação autêntica. Na justificativa do preceito em estudo, o legislador consignou: "[...] o marco inicial deste prazo ocorre *somente* quando o próprio exequente deixar de cumprir alguma determinação do juízo para prosseguir com o processo."

Outra interpretação possível seria a de se entender que não se aplica ao credor trabalhista a disciplina do art. 40 da LEF no que diz respeito à prescrição intercorrente, aplicando-se tão-somente o art. 11-A da CLT reformada, de modo que bastaria então uma – única e isolada – determinação judicial descumprida pelo exequente para que a fluência do prazo de prescrição intercorrente de dois (2) anos tivesse início, sem necessidade de prévia suspensão da execução por um ano (Lei n. 6.830/1980, art. 40, *caput*); e sem necessidade de prévio arquivamento provisório dos autos (Lei n. 6.830/1980, art. 40, § 2º) – arquivamento provisório esse realizado depois de um ano de suspensão da execução.

Essa interpretação não parece adequada do ponto de vista sistemático porque, em afronta substancial à norma de ordem pública do art. 186 do CTN, colocaria o credor trabalhista em posição desvantajosa em relação ao credor fiscal, incidindo numa verdadeira contradição axiológico-sistemática no ordenamento jurídico nacional. Essa interpretação teria como consequência autorizar a declaração de prescrição intercorrente de ofício depois de dois (2) anos

---

51. A exceção é a hipótese de necessidade de apresentação de artigos de liquidação pelo exequente, uma vez que essa providência é antecedente lógico do arquivamento provisório dos autos; e sem a apresentação de artigos de liquidação pelo exequente o processo não pode prosseguir. Nesse caso específico, caracteriza-se situação que a doutrina identifica sob a denominação de prescrição da pretensão executiva.

na execução trabalhista, enquanto que o credor fiscal teria, pelo menos, seis (6) anos para promover a execução tributária (um ano de suspensão da execução; mais cinco anos, depois de realizado o arquivamento provisório dos autos). O mesmo raciocínio vale para cotejar a prescrição intercorrente do crédito trabalhista com a prescrição intercorrente do crédito quirografário na execução civil. O credor quirografário, a exemplo do credor fiscal, contará com a suspensão da execução por um (1) ano e, depois, com o arquivamento provisório dos autos durante o prazo de prescrição da respectiva pretensão, sendo que é a partir desse último – o arquivamento provisório dos autos – que se contará o prazo prescricional intercorrente para o credor quirografário. Vale dizer, o credor quirografário também teria tratamento vantajoso em relação ao credor trabalhista.

A propósito da relação de coerência axiológica que o ordenamento jurídico impõe entre direito material e direito processual no sistema de direito, vem a propósito recordar a lição que se recolhe do item 4 da Exposição de Motivos n. 223 da Lei n. 6.830/1980 e que serve de fundamento à proposta adotada no presente artigo para a resolução da questão em estudo: "[...] nenhum outro crédito deve ter, em sua execução judicial, preferência, garantia ou rito processual que supere os do crédito público, à exceção de alguns créditos trabalhistas".

Poder-se-ia pretender afastar a aplicação do art. 40 da LEF à execução trabalhista no tema da prescrição intercorrente sob o argumento de que a CLT não é omissa, na medida em que a matéria foi disciplinada no art. 11-A da CLT reformada. Entretanto, essa não parece ser a melhor solução, porquanto o art. 11-A da CLT apresenta-se extremamente sintético quando comparado com a disciplina adotada no art. 40 da LEF para o tema da prescrição intercorrente. O mesmo ocorre quando o art. 11-A da CLT é comparado com o art. 921 do CPC.

Admitido o entendimento de que se aplica a Lei de Executivos Fiscais à prescrição intercorrente na execução trabalhista, cumpre retornar à crucial questão da oportunidade em que a determinação judicial prevista no art. 11-A da CLT pode ser ordenada pelo juiz. A questão é crucial porque é a partir do descumprimento dessa determinação judicial que tem início a fluência do prazo prescricional intercorrente na execução trabalhista, a teor do § 1º do art. 11-A da CLT.

Penso que a determinação judicial em questão *não pode ser anterior ao arquivamento provisório dos autos*, sob pena de se conferir ao crédito fiscal e ao crédito quirografário tutela jurídica superior àquela assegurada ao crédito trabalhista, em afronta à norma de ordem pública do art. 186 do CTN. Assim, penso que essa determinação deva ser ordenada ou na mesma oportunidade da decisão em que o juiz do trabalho determina o arquivamento provisório dos autos; ou em momento posterior a esse arquivamento provisório; mas nunca antes do arquivamento provisório dos autos. Essa decisão deve explicitar, para promover segurança jurídica, que o prazo prescricional intercorrente terá curso caso não cumprida a determinação judicial ordenada com fundamento no art. 11-A, § 1º, da CLT, de modo que o exequente tenha consciência de que lhe incumbe diligenciar para cumprir a determinação judicial, de modo a evitar a consumação da prescrição intercorrente, sob pena de extinção de sua execução com julgamento de mérito. Para tanto, a intimação respectiva deve ser feita tanto ao procurador quanto ao exequente; quanto a esse último, pessoalmente.

9. A NECESSIDADE DE INTIMAR TAMBÉM A PARTE EXEQUENTE PESSOALMENTE

Tanto na doutrina quanto na jurisprudência prevalece o entendimento de que a parte exequente deve ser intimada pessoalmente, para que tenha fluência o prazo prescricional, medida que se revela consentânea com o instituto da prescrição intercorrente, na medida que a pronúncia da prescrição tem como consequência a extinção do processo com resolução do mérito. Essa providência deve ser adotada pelo juízo trabalhista quando esse último der cumprimento à norma do art. 11-A da CLT.

Comecemos pela doutrina. Para *Manoel Antonio Teixeira Filho*, a intimação também da parte é indispensável para que tenha curso a prescrição intercorrente: "Mesmo nos casos em que a norma legal autoriza o juiz a agir de ofício será indispensável a intimação da parte para que a prescrição intercorrente se constitua. Essa prévia intimação, que figura como requisito ou pressuposto da *praescriptio*, se destina a atribuir segurança jurídica à parte, uma vez que terá ciência de que praticar determinado ato, no prazo previsto em Lei ou assinado pelo juiz, sob pena de o seu direito de estar em juízo ser fulminado pelo termo prescricional."[52]

Mauro Schiavi também sustenta a necessidade de que tanto o advogado quanto o exequente sejam intimados para cumprir a determinação judicial: "... pensamos cumprir ao magistrado, antes de reconhecer a prescrição intimar o exequente, por seu advogado e, sucessivamente, pessoalmente, para que pratique o ato processual adequado ao prosseguimento da execução, sob consequência de se iniciar o prazo prescricional."[53]

A mesma posição é adotada por *Raphael Miziara*. Para o jurista, a intimação pessoal do exequente é indispensável[54]. A jurisprudência pesquisada por *Raphael Miziara* confirma que

---

52. *O processo do trabalho e a reforma trabalhista*. São Paulo: LTr, 2017. p. 39.
53. *A reforma trabalhista e o processo do trabalho*. São Paulo: LTr, 2017. p. 77.
54. A tutela da confiança e a prescrição intercorrente na execução trabalhista: o equívoco da instrução normativa n. 39 do TST. *Revista eletrônica do Tribunal Regional do Trabalho da 9ª Região*. Curitiba: PR. v. 5, n. 50, p. 204-222, maio 2016.

essa posição é adotada também no âmbito do Superior Tribunal de Justiça: "[...] De acordo com precedentes do Superior Tribunal de Justiça, a prescrição intercorrente só poderá ser reconhecida no processo executivo se, após a intimação pessoal da parte exequente para dar andamento ao feito, a mesma permanece inerte (AgRg no AREsp 131.359-GO, relator Ministro Marco Buzzi, 4ª Turma, julgado em 20 de novembro de 2014, DJe 26 de novembro de 2014). Na hipótese, não tendo havido intimação pessoal da parte exequente para dar andamento ao feito, não há falar em prescrição" (AgRg no REsp 1.245.41-MT, relator Ministro Luis Felipe Salomão, 4ª Turma, julgado em 08.08.2015, DJe 31.08.2015).

10. CONSUMADO O PRAZO PRESCRICIONAL, NÃO CABE NOVA DILIGÊNCIA PARA PENHORA

Se o prazo prescricional intercorrente de dois (2) consumar-se, o juiz poderá então decretar a prescrição e extinguir o processo com julgamento do mérito. Entretanto, o exequente poderá impedir a consumação desse prazo prescricional, indicando bens à penhora que levem à efetiva constrição do patrimônio de executado; e pode fazê-lo a qualquer tempo (Lei n. 6.830/1980, art. 40, § 3º) enquanto não consumado o prazo prescricional de dois (2) anos previsto no art. 11-A da CLT. Mas vale repetir, deverá fazê-lo antes de terminado o prazo prescricional intercorrente. Consumado o prazo prescricional intercorrente de dois (2) anos, novo requerimento de penhora de bens não terá o condão de desconstituir a prescrição já consumada, cujo efeito é o de extinguir o processo com julgamento de mérito (CPC, art. 924, V). A doutrina de *André Araújo Molina* é precisa: "Consumada a prescrição, é evidente que a intimação do exequente não é para dar seguimento à fase de execução, com requerimento de novas diligências, mas apenas para que exercite o contraditório substancial, precisamente indicando alguma causa suspensiva da prescrição intercorrente".[55]

11. CONCLUSÃO

A Súmula n. 114 do TST foi aprovada em 1980 e adota o entendimento de que a prescrição intercorrente é inaplicável na Justiça do Trabalho.

A jurisprudência do TST acerca do tema da prescrição intercorrente foi construída sob o pressuposto de que o juiz estava autorizado a promover a execução de ofício, a teor do art. 878, *caput*, da CLT, na redação anterior à Lei n. 13.467/2017.

Resta saber se o TST vai manter a diretriz de sua jurisprudência acerca da prescrição intercorrente após a modificação introduzida na redação do art. 878 da CLT pela Lei n. 13.467/2017 e após a introdução de previsão expressa de prescrição intercorrente na execução trabalhista pelo art. 11-A da CLT reformada. Isso porque a jurisprudência do Tribunal foi estruturada sob a vigência da redação anterior do art. 878 da CLT, preceito revogado pela legislação que introduziu a denominada Reforma Trabalhista na CLT.

É necessário refletir sobre a eventual opção pela declaração incidental de inconstitucionalidade do preceito do art. 11-A da CLT, na medida em que uma reação previsível seria o recurso das entidades patronais ao controle concentrado de constitucionalidade acerca do preceito em questão mediante Ação Direta de Constitucional do art. 11-A, situação na qual a tendência natural do Supremo Tribunal Federal seria a de referendar sua jurisprudência, corroborando a diretriz hermenêutica da Súmula n. 372, na qual o STF afirma que "o direito trabalhista admite a prescrição intercorrente".

O prazo de prescrição intercorrente começa a fluir, nos executivos fiscais, após o arquivamento provisório dos autos e somente é interrompido quando a penhora de bens ocorre e se logra promover a satisfação da execução mediante a alienação judicial do bem penhorado. Vale dizer, na execução fiscal, ainda que a Fazenda Pública faça requerimentos ao juízo com a finalidade de se fazer realizar a penhora de bens, essa pró-atividade processual não tem eficácia jurídica para fazer interromper o curso do prazo da prescrição intercorrente se a penhora não for exitosa.

Essa digressão é necessária porque parece que a Reforma Trabalhista instituída pela Lei n. 13.467/2017 não abraçou a mera perspectiva objetivista de prescrição intercorrente adotada nos executivos fiscais pelas Leis n. 11.051/2004 e n. 11.960/2009. A Reforma Trabalhista, ao introduzir a prescrição intercorrente na execução de forma expressa, adotou o modelo de prescrição intercorrente no qual se toma em consideração a conduta subjetiva do exequente que permanece inerte mesmo após instado pelo juízo a promover a execução. É o que indica o § 1º do art. 11-A da CLT, ao estabelecer que "a fluência do prazo prescricional intercorrente inicia-se quando o exequente deixa de cumprir determinação judicial no curso da execução".

A prescrição intercorrente na execução no CPC de 2015 tem regência legal semelhante àquela adotada nos executivos fiscais, sobretudo depois das explicitações trazidas à execução fiscal com o advento das Leis n. 11.051/2004 e 11.960/2009, revelando que o tema da prescrição intercorrente recebeu disciplina semelhante nesses dois diplomas legais.

Assim como ocorre no âmbito dos executivos fiscais (Lei n. 6.830/1980, art. 40, § 3º), somente se forem encontrados bens penhoráveis do executado é que a execução civil terá prosseguimento (CPC, art. art. 921, § 3º). A previsão do § 3º do art. 921 do CPC é de que "Os autos serão desarquivados para prosseguimento da execução se a qualquer tempo forem encontrados bens penhoráveis." A locução "se a qualquer tempo forem encontrados bens penhoráveis" deve ser interpretada de forma sistemática com os demais preceitos dos arts. 921 e 924 do CPC, de modo

---
55. A prescrição intercorrente na execução trabalhista. *Revista Jurídica Luso-Brasileira*. ano 3, n. 2, p. 143, 2017.

a evitar que a interpretação literal e isolada dessa locução conduza à tese da imprescritibilidade da execução. Trata-se conformar a exegese da locução "a qualquer tempo" aos demais preceitos legais incidentes, de modo a submeter a interpretação dessa locução à supremacia da diretriz hermenêutica da prescritibilidade do direito a exigir pretensão relativa à obrigação de natureza civil.

Na execução trabalhista, contudo, a disciplina da matéria é diversa, porquanto o legislador introduziu na CLT o *requisito normativo adicional* de que tenha havido o *descumprimento, pelo exequente, de uma específica determinação judicial*, para que então – e só daí então – se tenha por iniciada a fluência do prazo prescricional intercorrente de dois (2) anos.

Na medida em que o sistema de direito brasileiro encontra-se estruturado sob uma racionalidade segundo a qual os meios eletrônicos de pesquisa patrimonial e os meios eletrônicos para a consequente constrição de bens estão confiados ao Poder Judiciário, não parece razoável reconhecer prescrição intercorrente na execução trabalhista quando o Estado-juiz não obtém êxito na localização de bens do executado, transferindo-se ao exequente hipossuficiente o dever de localização de bens para penhorar, sobretudo quando a boa-fé objetiva fez o sistema de direito evoluir na perspectiva de atribuir ao executado o dever processual de indicar bens à penhora (CPC, art. 774, IV).

O impulso da execução de ofício pelo juiz do trabalho não acarretará nulidade processual. A nulidade processual caracteriza-se quando o ato processual acarretar manifesto prejuízo para a parte. A norma está prevista no art. 794 da CLT. O prejuízo de que se cogita aqui é prejuízo de natureza processual. O prejuízo de natureza processual caracteriza-se apenas quando o exercício de determinada faculdade processual da parte lhe for negado pelo juízo. Na medida em que se assegure ao executado a faculdade processual de opor embargos à execução após a realização da penhora, não se poderá cogitar de nulidade processual, porquanto nesta situação não estará caracterizado o manifesto prejuízo processual de que trata o art. 794 da CLT. Isso porque a faculdade processual do executado é a de se opor à execução mediante a apresentação dos embargos previstos no art. 884 da CLT. Assegurado ao executado o exercício da faculdade processual prevista no art. 884 da CLT, já não mais se poderá cogitar de nulidade processual em decorrência do fato de a execução ter sido impulsionada de ofício. E, ainda que se pudesse cogitar de nulidade processual, eventual nulidade processual restaria convalidada por ter sido assegurado ao executado o exercício do contraditório na execução.

Na hipótese da prescrição intercorrente instituída pelo art. 11-A da CLT reformada, a fluência do prazo prescricional somente pode ter início a partir da vigência da Reforma Trabalhista. Portanto, não poderá o magistrado, a pretexto de aplicar a nova lei, procurar processos parados há dois anos e declarar a prescrição intercorrente de forma retroativa. Isso porque se trata de nova hipótese de prescrição, situação em que os respectivos efeitos projetam-se – necessária e exclusivamente – para o futuro; nessa hipótese não se pode atribuir efeito retroativo à lei, sob pena de maltrato ao postulado da segurança jurídica.

A declaração da prescrição intercorrente na execução trabalhista deve obedecer – combinadamente – tanto à previsão do art. 11-A, § 1º, da CLT quanto ao itinerário procedimental previsto no art. 40 da LEF, por força da previsão do art. 889 da CLT, dispositivo que manda aplicar na execução trabalhista os preceitos que regem os executivos fiscais naquilo que não contravierem ao Título do Processo Judiciário do Trabalho (arts. 763 a 910 da CLT).

Admitido o entendimento de que se aplica a Lei de Executivos Fiscais à prescrição intercorrente na execução trabalhista, cumpre retornar à crucial questão da oportunidade em que a determinação judicial prevista no art. 11-A da CLT pode ser ordenada pelo juiz.

A determinação judicial em questão *não pode ser anterior ao arquivamento provisório dos autos*, sob pena de se conferir ao crédito fiscal e ao crédito quirografário tutela jurídica superior àquela assegurada ao crédito trabalhista, em afronta à norma de ordem pública do art. 186 do CTN. Assim, penso que essa determinação deva ser ordenada ou na mesma oportunidade da decisão em que o juiz do trabalho determina o arquivamento provisório dos autos; ou em momento posterior a esse arquivamento provisório; mas nunca antes do arquivamento provisório dos autos. Essa decisão deve explicitar, para promover segurança jurídica, que o prazo prescricional intercorrente terá curso caso não cumprida a determinação judicial ordenada com fundamento no art. 11-A, § 1º, da CLT, de modo que o exequente tenha consciência de que lhe incumbe diligenciar para cumprir a determinação judicial, de modo a evitar a consumação da prescrição intercorrente, sob pena de extinção de sua execução com julgamento de mérito. Para tanto, a intimação respectiva deve ser feita tanto ao procurador quanto ao exequente; quanto a esse último, pessoalmente.

Se o prazo prescricional intercorrente de dois (2) consumar-se, o juiz poderá então decretar a prescrição e extinguir o processo com julgamento do mérito. Entretanto, o exequente poderá impedir a consumação desse prazo prescricional, indicando bens à penhora que levem à efetiva constrição do patrimônio de executado; e pode fazê-lo a qualquer tempo (Lei n. 6.830/1980, art. 40, § 3º) enquanto não consumado o prazo prescricional de dois (2) anos previsto no art. 11-A da CLT. Mas vale repetir, deverá fazê-lo antes de terminado o prazo prescricional intercorrente. Consumado o prazo prescricional intercorrente de dois (2) anos, novo requerimento de penhora de bens não terá o condão de desconstituir a prescrição já consumada, cujo efeito é o de extinguir o processo com julgamento de mérito (CPC, art. 924, V).

12. REFERÊNCIAS BIBLIOGRÁFICAS

ALBUQUERQUE, Marcos Cavalcanti. *Lei de Execução Fiscal*. São Paulo: Madras, 2003.

LORENZETTI, Ari Pedro. *A prescrição e a decadência na Justiça do Trabalho*. São Paulo: LTr, 2009.

MARQUES DE LIMA, Francisco Meton; MARQUES DE LIMA, Francisco Péricles Rodrigues. *Reforma trabalhista* – entenda por ponto. São Paulo: LTr, 2017.

MIZIARA, Raphael. A tutela da confiança e a prescrição intercorrente na execução trabalhista: o equívoco da instrução normativa n. 39 do TST. *Revista eletrônica do Tribunal Regional do Trabalho da 9ª Região*. Curitiba: PR, v. 5, n. 50, p. 204-222, maio 2016.

MOLINA, André Araújo. A prescrição intercorrente na execução trabalhista. *Revista Jurídica Luso-Brasileira*. n. 2, p. 124, ano. 3, 2017.

NAHAS, Thereza. *Novo Direito do Trabalho* – institutos fundamentais – impactos da reforma trabalhista. São Paulo: Revista dos Tribunais, 2017.

NEGRÃO, Theotônio e outros. *Novo Código de Processo Civil e legislação processual em vigor*. 47. ed. São Paulo: Saraiva, 2016.

SCHIAVI, Mauro. *A reforma trabalhista e o processo do trabalho*. São Paulo: LTr, 2017.

SILVA, Homero Batista Mateus da. *Comentários à Reforma Trabalhista*. São Paulo: Revista dos Tribunais, 2017.

SOUZA JÚNIOR, Antonio Umberto; SOUZA, Fabiano Coelho de; MARANHÃO, Ney; AZEVEDO NETO, Platon Teixeira de. *Reforma Trabalhista* – análise comparativa e crítica da Lei n. 13.467/2017. São Paulo: Rideel, 2017.

TEIXEIRA FILHO, Manoel Antonio. *O processo do trabalho e a reforma trabalhista*. São Paulo: LTr, 2017.

TEODORO JÚNIOR, Humberto. *Lei de Execução Fiscal*. São Paulo: Saraiva, 2009.

TOLEDO FILHO, Manoel Carlos; OLIVEIRA SILVA, José Antônio Ribeiro de (Coord.). *Comentários ao novo CPC e sua aplicação ao Processo do Trabalho*. v. I. São Paulo: LTr, 2016.

A Prescrição Intercorrente no Processo do Trabalho: Aspectos Controvertidos

Ricardo Wagner Rodrigues de Carvalho[1]
Nathalia da Silva França de Oliveira[2]

1. CONSIDERAÇÕES INICIAIS

Sempre alvo de controvérsias, a aplicação da prescrição intercorrente no processo do trabalho agora possui disposição expressa no art. 11-A da CLT[3], inserido pela Lei n. 13.467/2017, com vigência a partir de 11.11.2017, impondo reconhecer a sua incidência na fase de execução dos processos trabalhistas.

Assim, definida a relação jurídica no processo de conhecimento, na fase de cumprimento de sentença ou execução, deverá o vencedor promover todas as diligências necessárias para ver o seu direito satisfeito, de modo permanente, sob pena de ver configurada a prescrição, que é a perda da pretensão executiva, em razão da inércia do interessado.

Aliás, a recusa da aplicação da prescrição intercorrente no processo do trabalho sempre teve como fundamento a possibilidade de impulso oficial do processo, na forma do art. 878 da CLT, em sua antiga redação, o que impossibilitaria o reconhecimento da inércia do titular do direito. Com a nova redação do art. 878, da CLT c.c art. 11-A da CLT abre-se espaço para aplicação da prescrição intercorrente no processo do trabalho, além de harmonizá-la com o disposto no art. 884 da CLT que inclui a prescrição da dívida como uma das matérias arguíveis em sede de embargos à execução.

Não obstante, pretende-se com o presente artigo, demonstrar que a aplicação do instituto epigrafado ainda encontra-se cercada de incertezas, fruto da precipitação do legislador em proceder as modificações sem melhor prever as implicações das modificações perpetradas.

Com efeito, no âmbito do processo civil, a prescrição intercorrente não estava prevista no CPC de 1973, mas a jurisprudência se consolidou no sentido de permitir a sua ocorrência na execução cível, com o fim de evitar a eternização das obrigações.[4]

Atualmente, é aplicável às execuções cíveis o art. 921 do NCPC, que determina, quando o executado não possuir bens penhoráveis, a decretação da suspensão da execução pelo prazo fixo de um ano, dentro do qual permanecerá também suspensa a prescrição. A suspensão, depois de ultrapassado um ano, implicará o arquivamento dos autos, podendo ser desarquivado a qualquer momento, caso se encontre bens penhoráveis.[5]

No entanto, transcorrido um ano de suspensão do processo, inicia-se o curso da prescrição intercorrente, a qual ocorrerá no prazo correspondente à obrigação exequenda.[6]

Ao final do referido prazo, o juiz ouvirá as partes, com prazo de quinze dias, e se não houver comprovação de motivo para suspensão ou interrupção, a prescrição será decretada de ofício, extinguindo-se o processo.[7]

Como sobredito, no contexto trabalhista, a aplicação do instituto da prescrição intercorrente sempre foi objeto de controvérsia jurisprudencial e doutrinária, existindo manifesta insegurança jurídica no aspecto. A título de exemplo, a Súmula n. 33 do Tribunal Regional do Trabalho da 18ª

---

1. Professor de Direito do Trabalho da Faculdade de Direito Milton Campos. Mestre em Direito do Trabalho pela PUC-MG; Assessor de Desembargador do TRT 3ª Região.
2. Aluna do 7º período de graduação do curso de Direito da Faculdade de Direito Milton Campos
3. Art. 11-A. Ocorre a prescrição intercorrente no processo do trabalho no prazo de dois anos. (Incluído pela Lei n. 13.467, de 2017) (Vigência)
   § 1º A fluência do prazo prescricional intercorrente inicia-se quando o exequente deixa de cumprir determinação judicial no curso da execução. (Incluído pela Lei n. 13.467, de 2017) (Vigência)
   § 2º A declaração da prescrição intercorrente pode ser requerida ou declarada de ofício em qualquer grau de jurisdição. (Incluído pela Lei n. 13.467, de 2017) (Vigência)
4. THEODORO JUNIOR, Humberto. *Curso de Direito Processual Civil vol. III* – Teoria geral do direito processual civil, processo de conhecimento e procedimento comum. 47. ed. rev., atual. e ampl. p. 492. Rio de Janeiro: Forense, 2016.
5. Idem.
6. Idem.
7. Ibidem.

Região (Goiás) autorizava a aplicação da prescrição intercorrente, enquanto a Súmula n. 63 do Tribunal Regional do Trabalho da 3ª Região (Minas Gerais) negava a sua aplicabilidade no processo do trabalho.

No processo do trabalho, a única referência ao instituto encontrava-se no art. 884, § 1º, da CLT, ao permitir a arguição da prescrição como matéria de defesa no processo de execução.

Entretanto, repita-se, a dissensão acerca da aplicabilidade do referido instituto decorria do exame do art. 878 da CLT, que, em sua redação original, permitia a promoção da execução por provocação das partes, bem como por iniciativa do juiz, em decorrência do princípio do impulso oficial.

Desse modo, a divergência cingia na compatibilidade entre a prescrição intercorrente, que decorre da inércia do interessado na fase de execução, com as normas que regiam a execução trabalhista, mormente em razão da autorização conferida ao julgador em promover a execução.

Em 1963, o Supremo Tribunal Federal, autorizado pelo art. 101, inc. III, al. "a", da Constituição de 1946, dispositivo que lhe outorgava competência para julgar matéria infraconstitucional, interpretando o art. 878 da CLT, consolidou o entendimento no sentido de que a prescrição intercorrente poderia ser aplicável no processo trabalhista (Súmula n. 327), uma vez que o referido dispositivo celetista previa apenas a faculdade de o julgador dar início à fase de execução, subsistindo o dever da parte de empreender as diligências cabíveis. [8]

Segundo tal entendimento, quedando-se inerte o interessado, poderia sofrer os efeitos da prescrição, consagrando-se o princípio da paz social e a estabilidade das relações jurídicas.[9]

Posteriormente, com a alteração de dispositivos da Constituição de 1946 por meio da Emenda Constitucional n. 16 de 1965, as decisões proferidas pelo Tribunal Superior do Trabalho somente poderiam ser objeto de recurso ao Supremo Tribunal Federal quando contrárias à Constituição (art. 122, §1º, da Constituição de 1946), o que não era o caso do instituto da prescrição intercorrente, já que a presente discussão versava sobre matéria infraconstitucional.

Isso contribuiu para a cristalização do entendimento do TST no sentido de que a prescrição intercorrente não era aplicável nos processos trabalhistas, tendo em vista o princípio do impulso oficial (Súmula n. 114, TST). [10]

Como se vê, a jurisprudência era fortemente segmentada, existindo aqueles que categoricamente validavam o reconhecimento da prescrição na fase de execução trabalhista, enquanto outros se opunham a tal disposição, por verificarem indiscutível incompatibilidade com a norma justrabalhista. Mesmo depois da consolidação do entendimento, por meio da Súmula n. 114, do TST, a divergência se manteve no âmbito dos Tribunais Regionais.

Com o advento da Lei n. 13.467/2017, a Consolidação das Leis do Trabalho sofreu significativa alteração em diversos institutos, dentre eles, a prescrição.

Ao prever expressamente a possibilidade de a prescrição intercorrente ser reconhecida na execução trabalhista, a Lei n. 13.467, de 13 de julho de 2017 pôs fim à imprecisão jurídica relativamente à aplocação prescrição intercorrente no processo do trabalho. Entretanto, remanescem questionamentos de ordem prática que certamente acarretarão dificuldades ao operador do direito.

2. PRESCRIÇÃO INTERCORRENTE

De acordo com o art. 189 do Código Civil, surge a pretensão de reparação no momento que há descumprimento de um direito.

O transcurso do tempo, somado à inércia do titular do direito, influencia o exercício da pretensão, porquanto, em razão da estabilidade das relações e da paz social, as vinculações jurídicas não devem se prolongar "ad eternum".[11] Essa ingerência do tempo se revela por meio do instituto da prescrição (art. 189, CC/02).

Por outro lado, o art. 202 do Código Civil prevê hipóteses de interrupção da prescrição. Caso haja comportamento ativo do credor no intuito de ver sua pretensão satisfeita, a contagem do prazo prescricional retorna ao seu início, sendo eliminado o período já transcorrido.

Especialmente no caso de interrupção em processo judicial de conhecimento, a distribuição da ação tem como consequência a interrupção da prescrição (art. 11, § 3º, da CLT), recomeçando-se a contagem do último ato do processo para interrompê-la (parágrafo único do art. 202,

---

8. MIESSA, Élisson. A Prescrição Intercorrente no Processo do Trabalho após a Lei n. 13.467/2017. In: *Revista Eletrônica – Reforma Trabalhista* III, v. 7, n. 63, Paraná. Anais eletrônicos. Paraná: TRT da 9ª Região, 2017. Disponível em: <http://www.mflip.com.br/pub/escolajudicial/?numero=63&edicao=10505 >. Acesso em: 28 mar. 2018.
9. BRASIL. Supremo Tribunal Federal (Primeira Turma). RECURSO EXTRAORDINÁRIO: RE -. 22632/ DF .Relator: Ministro Ribeiro da Costa. Pesquisa de Jurisprudência. Acórdãos. Decisão: 0.04.1953. Disponível em: <http://redir.stf.jus.br/paginadorpub/paginador.jsp?docTP=AC&docID=123935> Acesso em: 29 mar. 2018.
    BRASIL. Supremo Tribunal Federal (Primeira Turma). AGRAVO DE INSTRUMENTO: AI 14744/ DF. Relator: Ministro Luiz Galloti. Pesquisa de Jurisprudência. Acórdãos. Decisão: 07.05.1951.Disponível em: <http://redir.stf.jus.br/paginadorpub/paginador.jsp?docTP=AC&docID=2296 > Acesso em: 29 mar. 2018.
10. MIESSA, Élisson. A Prescrição Intercorrente no Processo do Trabalho após a Lei n. 13.467/2017. In: *Revista Eletrônica – Reforma Trabalhista* III, v. 7, n. 63, Paraná. Anais eletrônicos. Paraná: TRT da 9ª Região, 2017. Disponível em: <http://www.mflip.com.br/pub/escolajudicial/?numero=63&edicao=10505 >. Acesso em: 28 mar. 2018.
11. GONÇALVES, Carlos Roberto. *Direito Civil Brasileiro* – Volume I – Parte Geral. 11. ed. São Paulo: Saraiva, 2013. p. 512.

CC/2002), abarcando apenas os pedidos idênticos (Súmula n. 268 do TST).

Desse modo, a prescrição não corre no curso do processo judicial de conhecimento, já que o impulso oficial autoriza a prática de atos pelo magistrado, independentemente de provocação da parte, sendo que a sua inatividade pode, no pior dos casos, ensejar a extinção do processo sem resolução do mérito, por abandono da causa.

Não obstante, a inércia do credor na fase de satisfação do direito (execução) pode acarretar a fluência do prazo prescricional, incidindo assim a denominada prescrição intercorrente.

Acerca da prescrição intercorrente, preleciona Humberto Theodoro Junior, a partir dos ensinamentos do Professor Caio Mário da Silva Pereira:

> Justifica-se a prescrição intercorrente com o argumento de que a eternização da execução é incompatível com a garantia constitucional de duração razoável do processo e de observância de tramitação conducente à rápida solução dos litígios (CF, art. 5º, LXXVIII). Tampouco, se pode admitir que a inércia do exequente, qualquer que seja sua causa, redunde em tornar imprescritível uma obrigação patrimonial. O sistema de prescrição, adotado por nosso ordenamento jurídico, é incompatível com pretensões obrigacionais imprescritíveis. Nem mesmo se subordina a prescrição civil a algum tipo de culpa por parte do credor na determinação da inércia no exercício da pretensão. A prescrição, salvo os casos legais de suspensão ou interrupção, flui objetivamente, pelo simples decurso do tempo.[12]

Por meio da Reforma Trabalhista (Lei n. 13.467/2017), foi inserido o art. 11-A na CLT, dispondo que ocorre a prescrição intercorrente no processo do trabalho no prazo de dois anos, iniciando-se a fluência do prazo prescricional intercorrente quando o exequente deixa de cumprir determinação judicial no curso da execução.

O mencionado dispositivo tem a seguinte redação:

> Art. 11-A. Ocorre a prescrição intercorrente no processo do trabalho no prazo de dois anos. (Incluído pela Lei n. 13.467, de 2017) (Vigência)
>
> § 1º A fluência do prazo prescricional intercorrente inicia-se quando o exequente deixa de cumprir determinação judicial no curso da execução. (Incluído pela Lei n. 13.467, de 2017) (Vigência)
>
> § 2º A declaração da prescrição intercorrente pode ser requerida ou declarada de ofício em qualquer grau de jurisdição. (Incluído pela Lei n. 13.467, de 2017) (Vigência)[13]

Considerando a previsão expressa na legislação trabalhista de aplicação do instituto, não há como prevalecer o entendimento contido na Súmula n. 114 do TST, que negava a aplicação da prescrição intercorrente no processo do trabalho, sendo necessária a sua modificação, como, aliás, foi proposta pela Comissão de Jurisprudência e Precedentes Normativos do TST.[14]

Há de se observar, entretanto, a possibilidade de o credor encontrar-se sem advogado constituído nos autos. Nesta hipótese, como o Juiz poderá iniciar a execução de ofício (art. 878 da CLT), diante do entendimento prevalecente nos tribunais, interpretação possível seria afastar a aplicação da prescrição intercorrente, nesta hipótese.

De outro lado, remanescem dúvidas acerca do prazo prescricional, do direito intertemporal no aspecto, bem como o procedimento aplicável no reconhecimento da prescrição intercorrente, questões que passaremos a analisar nos tópicos subsequentes.

3. DO PRAZO PRESCRICIONAL APLICÁVEL

Optou o Constituinte, de modo inusual, alçar a matéria relacionada a prescrição trabalhista ao *status* constitucional, dispondo que, observados dois anos do término do contrato de trabalho, as verbas resultantes das relações de trabalho incide o prazo prescricional de 5 anos (art. 7º, XXIX, CR/88).

Para Mauro Schiavi (*apud* MIESSA, 2017), o Legislador Constituinte incluiu o prazo prescricional no repertório de direitos sociais dos trabalhadores no intuito de estabelecê-lo como uma garantia ao trabalhador, ficando vedada sua redução pelo Legislador Ordinário.[15]

Nessa perspectiva, quando se discute a aplicação da prescrição intercorrente na fase de execução, atentar-se para o prazo prescricional da ação é de suma importância, tendo em vista que, consoante o entendimento jurisprudencial pacífico no Supremo Tribunal Federal, a execução prescreve no mesmo prazo da ação (Súmula n. 150, STF).

Considerando que a Reforma Trabalhista previu um prazo único de dois anos para a consumação da prescrição intercorrente, acabou por desprestigiar os contratos de

---

12. THEODORO JUNIOR, Humberto. *Curso de Direito Processual Civil vol. III* – Teoria geral do direito processual civil, processo de conhecimento e procedimento comum. 47. ed. rev., atual. e ampl. Rio de Janeiro: Forense, 2016. p. 491.
13. BRASIL. Consolidação das Leis do Trabalho. Decreto-Lei n. 5.442, de 01 mai. 1943. Disponível em: <http://www.planalto.gov.br/ccivil_03/decretolei/Del5452.htm> Acesso em: 28 mar. 2018.
14. A proposta de modificação da Súmula n. 114 do TST, assim como de outras Súmulas e Orientações Jurisprudenciais foi suspensa, até que aquela Corte enfrente a arguição de inconstitucionalidade do art. 702, "f", inserido na CLT pela Lei n. 13.467/2017 e que estabelece requisitos para alteração da jurisprudência consolidada no âmbito do Tribunal Superior do Trabalho
15. MIESSA, Élisson. A Prescrição Intercorrente no Processo do Trabalho após a Lei n. 13.467/2017. In: *Revista Eletrônica* – Reforma Trabalhista III, v. 7, n. 63, Paraná. Anais eletrônicos. Paraná: TRT da 9ª Região, 2017. Disponível em: <http://www.mflip.com.br/pub/escolajudicial/?numero=63&edicao=10505 >. Acesso em: 28 mar. 2018.

trabalho vigentes, aos quais se aplica apenas o prazo prescricional de cinco anos, conforme comando constitucional.

Assim, concordamos com Élisson Miessa de que tal dispositivo é inconstitucional ao limitar a prescrição ao período de dois anos[16], pois atingirá, também, os processos em que os autores se encontram com contratos de trabalho ainda vigentes.

Assim definido, o legislador reformista deveria ter atentado para o parâmetro temporal na aferição do prazo prescricional aplicável, em sintonia com o art. 7º, XXIX, da Constituição, uma vez que a inércia do credor na fase de execução tem como consequência a retomada do prazo prescricional, consoante elucidado pelo ilustre professor Miessa:

> "É importante destacar que a diferença do prazo (2 ou 5 anos) leva em conta se o contrato de trabalho estava ou não em vigor na data do ajuizamento da ação, sendo indiferente a alteração no curso do processo. Isso ocorre porque, na realidade, a prescrição intercorrente não tem um novo prazo prescricional, mas simplesmente reinicia o prazo prescricional existente para o ajuizamento da ação de conhecimento. É que nos termos do art. 202 do CC: "a prescrição interrompida recomeça a correr da data do ato que a interrompeu, ou do último ato do processo para a interromper". Assim, interrompida a prescrição com o ajuizamento da ação, no curso do processo como regra não corre a prescrição. No entanto, ficando o processo paralisado por ato exclusivo do exequente, reinicia a contagem da prescrição, observando exatamente o prazo prescricional da data do ajuizamento da ação, ou seja, 2 ou 5 anos." [17]

Tendo isso em mente, o prazo prescricional da execução a ser aplicado dependerá se o contrato de trabalho estiver em curso na data na propositura da ação. Importante destacar que a propositura da ação e não o início da execução deverá ser considerado para definição do prazo a ser aplicado. Caso já tenha ocorrido o término do contrato de trabalho no momento da propositura da demanda, o prazo prescricional será de dois anos; do contrário o prazo será de cinco anos.

Nessa quadra, o art. 11-A, da CLT padece de irremediável inconstitucionalidade, na medida em que estabeleceu prazo único e divergente do comando constitucional.

4. PROCEDIMENTO

De acordo com o art. 11-A da CLT, caso o exequente deixe de cumprir determinação judicial no curso da execução, o prazo da prescrição intercorrente terá o seu termo inicial.

Embora o legislador tenha genericamente estabelecido que o descumprimento de ordem judicial acarreta o início do prazo prescricional, a nosso ver, faz-se necessário esclarecer as peculiaridades e natureza da determinação judicial, a fim de se evitar arbitrariedades.

O mencionado dispositivo não prevê o procedimento que levaria ao reconhecimento da prescrição intercorrente, havendo quem argumente[18] que o mero descumprimento de ordem judicial pelo exequente acarretaria o início do curso da prescrição intercorrente. "*Data venia*", não entendemos ser essa a melhor interpretação.

Isso porque a norma que regula as execuções fiscais (Lei n. 6.830/1980) e a norma processual civil (CPC/15) preveem procedimentos a serem observados pelo magistrado antes de a prescrição ter o seu efetivo curso. Ambas dispõem, em suma, que, verificado acontecimento processual apto a desencadear o curso da prescrição, como a frustração da execução, por exemplo, há suspensão do processo pelo prazo de um ano, findo o qual sem que haja manifestação do exequente há o início da fluência do curso da execução.

Ao cotejar o dispositivo celetista e o disposto nas normas supramencionadas, nota-se que, embora tratando de idêntico instituto, o rito previsto na CLT, segundo a interpretação literal, é manifestamente mais prejudicial ao credor trabalhista do que os credores de dívidas de outra natureza.

É importante recordar que o princípio da proteção, vértice interpretativo das normas trabalhistas, inclusive processuais, decorre da desigualdade existente entre as partes, conforme leciona Bezerra Leite:

> "*A desigualdade econômica, o desequilíbrio para a produção de provas, a ausência de um sistema de proteção contra a despedida imotivada, o desemprego estrutural e o desnível social e cultural entre empregado e empregador; certamente, são realidades trasladadas para o processo do trabalho, sendo, portanto, imprescindível a existência de um princípio de proteção ao trabalhador, que é destinatário de direitos humanos sociais e fundamentais. Na verdade, o princípio da proteção visa salvaguardar direitos sociais,*

---

16. "Nesse contexto, para os contratos ainda não extintos na data do ajuizamento da ação a prescrição intercorrente deve ser de 5 anos, sendo inconstitucional, nesse aspecto, a limitação estabelecida no art. 11-A da CLT." (MIESSA, Élisson. A Prescrição Intercorrente no Processo do Trabalho após a Lei n. 13.467/2017. In: *Revista Eletrônica* – Reforma Trabalhista III, v. 7, n. 63, Paraná. Anais eletrônicos. Paraná: TRT da 9ª Região, 2017. Disponível em: <http://www.mflip.com.br/pub/escolajudicial/?numero=63&edicao=10505>. Acesso em: 28 mar. 2018.)
17. Idem.
18. Miessa entende que, caso descumprida a diligência imposta ao exequente, há o início do curso da prescrição, não sendo necessária a prévia suspensão da execução. (MIESSA, Élisson. A Prescrição Intercorrente no Processo do Trabalho após a Lei n. 13.467/2017. In: *Revista Eletrônica* – Reforma Trabalhista III, v. 7, n. 63, Paraná. Anais eletrônicos. Paraná: TRT da 9ª Região, 2017. Disponível em: <http://www.mflip.com.br/pub/escolajudicial/?numero=63&edicao=10505 >. Acesso em: 28 mar. 2018.

cujos titulares são juridicamente fracos e, por isso, dependem da intervenção do Estado-Juiz para o 'restabelecimento' dos postulados da liberdade e da igualdade material entre as partes da relação jurídica processual." [19]

A disparidade de tratamento, que se revela injusta por provocar trato desigual entre aqueles que se encontram em situação semelhante, pode ser reparada com a aplicação supletiva da Lei n. 6.830/1980 e do CPC/2015, com base no princípio da proteção.

Do contrário, à luz do referido princípio, caso o art. 11-A da CLT seja interpretado de modo literal haverá a forte vulneração da proteção ao trabalhador. De outro lado, não há óbice á aplicação das normas da Lei n. 6.830/1980 e do CPC/15, uma vez que se torna evidente a existência de lacuna axiológica, nas disposições da CLT que regulamentam a aplicação da prescrição intercorrente.

Conforme preleciona Maria Helena Diniz (*apud* Carlos Henrique Bezerra Leite, 2017)[20], entende-se por lacuna axiológica a ausência de norma justa, isto é, existe um preceito normativo e, sendo ele aplicado, a solução do litígio será manifestamente injusta.

Nesse passo, constatada a existência de lacuna axiológica é autorizada a integração da norma, que consiste no "fenômeno que mantém a plenitude da ordem jurídica, ainda que inexistente norma jurídica específica a ser utilizada diante de determinado caso concreto a ser decidido." [21]

No âmbito do processo trabalhista, a integração é plenamente possível, conforme autoriza o art. 889 da CLT, no âmbito da execução, e art. 769 da CLT, na fase de conhecimento.

Conforme dito acima, é aplicável a Lei n. 6.830/1980 (Lei de Execução Fiscal) às execuções trabalhistas, conforme determinação do art. 889 da CLT, em caso de lacuna ou omissão normativa, assim como o Código de Processo Civil de 2015 é aplicável supletiva e subsidiariamente ao processo trabalhista, desde que haja compatibilidade com os valores, princípios e regras do Direito Processual do Trabalho, conforme dispõe o art. 769, da CLT.[22]

Na Lei de Execução fiscal, consta a previsão da ocorrência da prescrição intercorrente, com o seguinte rito:

> Art. 40 – O Juiz suspenderá o curso da execução, enquanto não for localizado o devedor ou encontrados bens sobre os quais possa recair a penhora, e, nesses casos, não correrá o prazo de prescrição.
>
> § 1º – Suspenso o curso da execução, será aberta vista dos autos ao representante judicial da Fazenda Pública.
>
> § 2º – Decorrido o prazo máximo de 1 (um) ano, sem que seja localizado o devedor ou encontrados bens penhoráveis, o Juiz ordenará o arquivamento dos autos.
>
> § 3º – Encontrados que sejam, a qualquer tempo, o devedor ou os bens, serão desarquivados os autos para prosseguimento da execução.
>
> § 4º Se da decisão que ordenar o arquivamento tiver decorrido o prazo prescricional, o juiz, depois de ouvida a Fazenda Pública, poderá, de ofício, reconhecer a prescrição intercorrente e decretá-la de imediato (Incluído pela Lei n. 11.051, de 2004) extinguir o processo.[23]

Com semelhantes disposições, no CPC/15 há a previsão da prescrição intercorrente, "*verbatim*":

> Art. 921. Suspende-se a execução:
>
> (...)
>
> III – quando o executado não possuir bens penhoráveis;
>
> § 1º Na hipótese do inciso III, o juiz suspenderá a execução pelo prazo de 1 (um) ano, durante o qual se suspenderá a prescrição.
>
> § 2º Decorrido o prazo máximo de 1 (um) ano sem que seja localizado o executado ou que sejam encontrados bens penhoráveis, o juiz ordenará o arquivamento dos autos.
>
> § 3º Os autos serão desarquivados para prosseguimento da execução se a qualquer tempo forem encontrados bens penhoráveis.
>
> § 4º Decorrido o prazo de que trata o § 1º sem manifestação do exequente, começa a correr o prazo de prescrição intercorrente.
>
> § 5º O juiz, depois de ouvidas as partes, no prazo de 15 (quinze) dias, poderá, de ofício, reconhecer a prescrição de que trata o § 4º e art. 40 – O Juiz suspenderá o curso da execução, enquanto não for localizado o devedor ou encontrados bens sobre os quais possa recair a penhora, e, nesses casos, não correrá o prazo de prescrição.[24]

Como se vê, no que tange ao procedimento, ambas preveem ritos análogos. Sendo assim, considerando a alteração promovida pela Lei n. 13.467/2017 no sentido de autorizar a ocorrência da prescrição intercorrente no processo do trabalho, os dispositivos legais supramencionados são indiscutivelmente aplicáveis aos processos trabalhistas, uma vez que compatíveis com as normas e princípios do processo do trabalho. Vamos além, entendemos que a aplicação dos preceitos constantes dos diplomas normativos acima transcritos são de observância obrigatória.

---

19. LEITE, Carlos Henrique Bezerra. *Curso de Direito Processual do Trabalho*. 15. ed. São Paulo: Saraiva, 2017.
20. Idem
21. LEITE, Carlos Henrique Bezerra. *Curso de Direito Processual do Trabalho*. 15. ed. São Paulo: Saraiva, 2017. p. 68.
22. LEITE, Carlos Henrique Bezerra. *Curso de Direito Processual do Trabalho*. 15. ed. São Paulo: Saraiva, 2017. p. 68.
23. BRASIL. Lei de Execução Fiscal. Lei n. 6.830, de 22 set. 1980. Disponível em: <http://www.planalto.gov.br/ccivil_03/leis/l6830.htm> Acesso em: 28 mar. 2018.
24. BRASIL. Código de Processo Civil. Lei n. 13.105, de 16 mar. 2015. Disponível em: <http://www.planalto.gov.br/ccivil_03/_ato2015-2018/2015/lei/l13105.htm> Acesso em: 28 mar. 2018.

A título de demonstração da aplicação subsidiária da Lei n. 6.830/80, colacionamos alguns julgados do TRT da 18ª Região, o qual, antes mesmo da alteração promovida pela Reforma Trabalhista, consolidou sua jurisprudência no sentido de autorizar a ocorrência da prescrição intercorrente no âmbito do processo trabalhista:

> PRESCRIÇÃO INTERCORRENTE. DECLARAÇÃO DE OFÍCIO. NECESSIDADE DE INTIMAÇÃO PRÉVIA DA PARTE CREDORA. "Art. 40 da Lei n. 6.830/80 – O Juiz suspenderá o curso da execução, enquanto não for localizado o devedor ou encontrados bens sobre os quais possa recair a penhora, e, nesses casos, não correrá o prazo de prescrição. § 1º – Suspenso o curso da execução, será aberta vista dos autos ao representante judicial da Fazenda Pública. § 2º – Decorrido o prazo máximo de 1 (um) ano, sem que seja localizado o devedor ou encontrados bens penhoráveis, o Juiz ordenará o arquivamento dos autos. § 3º – Encontrados que sejam, a qualquer tempo, o devedor ou os bens, serão desarquivados os autos para prosseguimento da execução. § 4º – Se da decisão que ordenar o arquivamento tiver decorrido o prazo prescricional, o juiz, depois de ouvida a Fazenda Pública, poderá, de ofício, reconhecer a prescrição intercorrente e decretá-la de imediato".[25]
>
> PRESCRIÇÃO INTERCORRENTE. INTIMAÇÃO DO EXEQUENTE. NECESSIDADE. A Lei de execuções fiscais exige que, decorrido o prazo da prescrição, o juiz da execução ouça a Fazenda Pública como condição para que possa ser decretada, de ofício, a prescrição intercorrente (§ 4º do art. 40 da Lei n. 6.830/1980). Se a Fazenda Pública deve ser ouvida depois de corrido o prazo de prescrição, com maior razão deverá ser ouvido o credor trabalhista, porque o crédito dele é superprivilegiado e se sobrepõe a qualquer outro.[26]

Não restam dúvidas, portanto, de que meros despachos ou decisões interlocutórias não têm o condão de dar início ao curso do prazo prescricional, antes de observado o rito processual definido na Lei de Executivos Fiscais e no Código de Processo Civil.

5. DIREITO INTERTEMPORAL

Tendo em vista que o reconhecimento da prescrição pelo magistrado se trata de decisão de mérito, isto é, o instituto da prescrição tem natureza de direito material, deve observar o disposto no art. 6º da Lei de Introdução às Normas do Direito Brasileiro, que dispõe que "a Lei em vigor terá efeito imediato e geral, respeitados o ato jurídico perfeito, o direito adquirido e a coisa julgada."[27]

Acerca do direito intertemporal da prescrição intercorrente, no âmbito do processo civil, dispõe o art. 1.056, do CPC:

> Art. 1.056. Considerar-se-á como termo inicial do prazo da prescrição prevista no art. 924, inciso V, inclusive para as execuções em curso, a data de vigência deste Código.[28]

Assim como Miessa, entendemos que o referido dispositivo pode aplicado analogicamente no processo do trabalho, no tocante ao art. 11-A, do CPC, ficando estabelecido que, nas execuções que estejam tramitando da Justiça do Trabalho, o prazo da prescrição intercorrente só pode ter início após a vigência da Lei n. 13.467/2017.[29]

6. CONCLUSÃO

Diante da alteração promovida na Consolidação das Leis do Trabalho, realizada pela Lei n. 13.467/2017 (Reforma Trabalhista), o instituto da prescrição intercorrente, não obstante as dificuldades e restrições acima delineadas, é passível de aplicação nas execuções de competência da Justiça do Trabalho.

Consta no novo dispositivo celetista (art. 11-A da CLT) o prazo de dois anos para a consumação da prescrição intercorrente.

Entretanto, considerando que Constituição da República de 1988 alçou os prazos prescricionais dos direitos trabalhistas ao rol de Direito Fundamentais Sociais, estabelecendo a ocorrência da prescrição em cinco anos, respeitados dois anos do término do contrato, a legislação infraconstitucional deve ser interpretada sob o prisma da Lei Maior, o que acarreta a conclusão de que o prazo da prescrição intercorrente dos contratos de trabalho em vigor à época da propositura da ação deve ser de cinco anos, e não de dois anos. (MIESSA, 2017).

Por outro lado, caso o contrato de trabalho não se encontre em curso à época do ajuizamento da ação trabalhista, o prazo será de dois anos, tal como dispõe o art. 11-A, da CLT. (MIESSA, 2017).

---

25. BRASIL. Tribunal Regional do Trabalho (18ª Região). AGRAVO DE PETIÇÃO: AP – 0094900-59.2001.5.18.0051. Relator: Desembargadora Iara Teixeira Rios. Pesquisa de Jurisprudência. Acórdãos. Decisão: 27.03.2015. Disponível em <https://sistemas2.trt18.jus.br/solr/pesquisa?q=id:2-555373> Acesso em: 29 mar. 2018.
26. BRASIL. Tribunal Regional do Trabalho (18ª Região). AGRAVO DE PETIÇÃO: AP – 0000811-07.2011.5.18.0241. Relator: Desembargador Mário Sérgio Bottazzo. Pesquisa de Jurisprudência. Acórdãos. Decisão: 27.03.2015. Disponível em <https://sistemas2.trt18.jus.br/solr/pesquisa?q=id:2-574030> Acesso em: 29 mar. 2018.
27. Idem.
28. BRASIL. Código de Processo Civil. Lei n. 13.105, de 16 mar. 2015. Disponível em: <http://www.planalto.gov.br/ccivil_03/_ato2015-2018/2015/lei/l13105.htm> Acesso em: 28 mar. 2018
29. MIESSA, Élisson. A Prescrição Intercorrente no Processo do Trabalho após a Lei n. 13.467/2017. In: *Revista Eletrônica* – Reforma Trabalhista III, v. 7, n. 63, Paraná. Anais eletrônicos. Paraná: TRT da 9ª Região, 2017. Disponível em: <http://www.mflip.com.br/pub/escolajudicial/?numero=63&edicao=10505 >. Acesso em: 28 mar. 2018.

Estabelece o referido dispositivo que caso o exequente descumpra determinação judicial no curso da execução, o prazo prescricional intercorrente tem o seu início.

Entendemos que apenas o descumprimento de ato de responsabilidade exclusiva do exequente pode dar início à fluência do curso da prescrição intercorrente, além do que a intimação da parte deve conter a sinalização de que a inobservância de tal ordem poderá acarretar o início do curso da prescrição intercorrente, a fim de evitar decisões surpresa, além de assegurar o contraditório. (MIESSA, 2017)

De outro lado, haja vista a atual compatibilidade com as normas trabalhistas, concluímos que as hipóteses ensejadoras da prescrição intercorrente (não localização de bens passíveis de penhora e não localização do devedor), assim como procedimento adequado ao reconhecimento da prescrição intercorrente (com preliminar suspensão do processo), previstos no Código de Processo Civil e na Lei de Execução Fiscal, são aplicáveis às execuções trabalhistas, não havendo que se falar em início do prazo prescricional quando da prolação de mero despacho ou decisão interlocutória, sem observância das disposições constantes na Lei n. 6.830/90 e no CPC.

Por derradeiro, acerca do direito intertemporal, concluímos pela aplicação, por analogia, do art. 1.056 do CPC, ficando estabelecido que, nas execuções em curso, o prazo da prescrição intercorrente só pode ter início após a vigência da Lei n. 13.467/2017. (MIESSA, 2017).

7. REFERÊNCIAS BIBLIOGRÁFICAS

BRASIL. Supremo Tribunal Federal (Primeira Turma). RECURSO EXTRAORDINÁRIO: RE -. 22632/DF .Relator: Ministro Ribeiro da Costa. Pesquisa de Jurisprudência. Acórdãos. Decisão: 20.04.1953. Disponível em: <http://redir.stf.jus.br/paginadorpub/paginador.jsp?docTP=AC&docID=123935>. Acesso em: 29 mar. 2018.

BRASIL. Supremo Tribunal Federal (Primeira Turma). AGRAVO DE INSTRUMENTO: AI 14744/DF .Relator: Ministro Luiz Galloti. Pesquisa de Jurisprudência. Acórdãos. Decisão: 07.05.1951. Disponível em: <http://redir.stf.jus.br/paginadorpub/paginador.jsp?docTP=AC&docID=2296 >. Acesso em: 29 mar. 2018.

BRASIL. Tribunal Regional do Trabalho (18ª Região). AGRAVO DE PETIÇÃO: AP – 0094900-59.2001.5.18.0051. Relator: Desembargadora Iara Teixeira Rios. Pesquisa de Jurisprudência. Acórdãos. Decisão: 27.03.2015. Disponível em: <https://sistemas2.trt18.jus.br/solr/pesquisa?q=id:2-555373>. Acesso em: 29 mar. 2018.

BRASIL. Tribunal Regional do Trabalho (18ª Região). AGRAVO DE PETIÇÃO: AP – 0000811-07.2011.5.18.0241. Relator: Desembargador Mário Sérgio Bottazzo. Pesquisa de Jurisprudência. Acórdãos. Decisão: 27.03.2015. Disponível em: <https://sistemas2.trt18.jus.br/solr/pesquisa?q=id:2-574030>. Acesso em: 29 mar. 2018.

BRASIL. Consolidação das Leis do Trabalho. Decreto-Lei n. 5.442, de 01 maio 1943. Disponível em: <http://www.planalto.gov.br/ccivil_03/decretolei/Del5452.htm>. Acesso em: 28 mar. 2018.

BRASIL. Constituição da República Federativa do Brasil, de 5 de outubro de 1988. Disponível em: <http://www.planalto.gov.br/ccivil_03/constituicao/constituicaocompilado.htm>. Acesso em: 28 mar. 2018.

BRASIL. Lei de Execução Fiscal. Lei n. 6.830, de 22 set. 1980. Disponível em: <http://www.planalto.gov.br/ccivil_03/leis/l6830.htm>. Acesso em: 28 mar. 2018.

BRASIL. Código de Processo Civil. Lei n. 13.105, de 16 mar. 2015. Disponível em: <http://www.planalto.gov.br/ccivil_03/_ato2015-2018/2015/lei/l13105.htm>. Acesso em: 28 mar. 2018

CASSAR, Vólia Bomfim. *Direito do trabalho*. 14. ed. rev., atual. e ampl. Rio de Janeiro: Forense; São Paulo: MÉTODO, 2017. p. 1.216-1.217.

GONÇALVES, Carlos Roberto. *Direito Civil Brasileiro* – Volume I – Parte Geral. 11. ed. São Paulo: Saraiva, 2013. p. 512.

LEITE, Carlos Henrique Bezerra. *Curso de Direito Processual do Trabalho*. 15. ed. São Paulo: Saraiva, 2017.

MIESSA, Élisson. A Prescrição Intercorrente no Processo do Trabalho após a Lei n. 13.467/2017. In: *Revista Eletrônica* – Reforma Trabalhista III, v. 7, n. 63, Paraná. Anais eletrônicos. Paraná: TRT da 9ª Região, 2017. Disponível em: <http://www.mflip.com.br/pub/escolajudicial/?numero=63&edicao=10505 >. Acesso em: 28 mar. 2018.

THEODORO JUNIOR, Humberto. *Curso de Direito Processual Civil vol. III* – Teoria geral do direito processual civil, processo de conhecimento e procedimento comum. 47. ed. rev., atual. e ampl. Rio de Janeiro: Forense, 2016.

O Instituto da Prescrição Intercorrente no Processo do Trabalho Após a Reforma Trabalhista Promovida pela Lei n. 13.467/2017

Debora Penido Resende[1]

1. INTRODUÇÃO

O ordenamento jurídico fixa lapso temporal dentro do qual o direito subjetivo pode ser exigido. Exigir um direito é buscar, pela via judicial, o seu cumprimento e o nome atribuído à possibilidade de se exigir o cumprimento de um direito subjetivo é "pretensão".

Em virtude de haver prazo determinado pela Lei dentro do qual o direito pode ser exigido, ao seu final, a pretensão tem sua eficácia encoberta e esse fenômeno é chamado de "prescrição".

A prescrição é, portanto, a perda, pelo decurso do tempo, do exercício da pretensão atribuída pela Lei ao titular para exigir pelas vias judiciais o cumprimento de determinado direito.

Há, ainda, a possibilidade de a prescrição ocorrer depois de instaurada a relação jurídica processual, denominada intercorrente, ou seja, fluindo no curso do processo.

A Reforma Trabalhista, promovida pela Lei n. 13.467/2017, inseriu o art. 11-A na Consolidação das Leis do Trabalho (CLT) prevendo, expressamente, a aplicabilidade da prescrição intercorrente ao processo trabalhista.

A pronúncia da prescrição intercorrente sempre acarretou discussão doutrinária e jurisprudencial no âmbito laboral, principalmente em virtude dos entendimentos opostos firmados pelo Tribunal Superior do Trabalho (TST) e o Supremo Tribunal Federal (STF).

Apesar de o dispositivo em análise pôr um fim à discussão anteriormente existente quanto à pronúncia da prescrição intercorrente no processo laboral, é demasiadamente sintético, um tanto genérico e incompleto para disciplinar um tema tão complexo, sendo, necessário, portanto, ponderar a extensão da sua aplicabilidade.

Diante disso, em virtude do prazo previsto no art. 11-A da CLT para que seja pronunciada a prescrição intercorrente, analisa-se a sua compatibilidade com o disposto no art. 7º, inciso XXIX da Constituição Federal.

Verifica-se, ainda, o superprivilégio legal atribuído aos créditos trabalhistas e, dessa forma, realiza-se uma interpretação sistêmica de modo a estabelecer o procedimento a ser percorrido para que a prescrição intercorrente seja pronunciada. Tudo isso para evitar que créditos que possuam classificação jurídica não privilegiada detenham tutela jurisdicional superior àquela conferida ao crédito trabalhista quanto ao instituto da prescrição intercorrente.

Por fim, analisa-se a possibilidade de o juiz, de ofício, pronunciar a prescrição intercorrente no processo do trabalho.

2. POSICIONAMENTO DO TRIBUNAL SUPERIOR DO TRABALHO E DO SUPREMO TRIBUNAL FEDERAL QUANTO À PRESCRIÇÃO INTERCORRENTE NO PROCESSO DO TRABALHO

Anteriormente à entrada em vigor da Lei n. 13.467/2017, que propiciou a Reforma Trabalhista, o TST já havia firmado posição no sentido de não ser aplicável a prescrição intercorrente ao processo do trabalho, consubstanciando seu entendimento na Súmula n. 114, *in verbis*: "PRESCRIÇÃO INTERCORRENTE. É inaplicável na Justiça do Trabalho a prescrição intercorrente".

O fundamento adotado pelo TST é o de que a execução trabalhista prescindia de iniciativa do interessado, vez que poderia se desenvolver por impulso oficial do juiz, sendo a inquisitoriedade uma de suas principais características em virtude do que dispunha o art. 878, *caput* da CLT antes da entrada em vigor da Lei que promoveu a Reforma Trabalhista. Nesse contexto, havia se formado o entendimento de que, ainda que a fase de execução se mantivesse paralisada por inércia do exequente, inaplicável seria a prescrição intercorrente.

Outra argumentação que sustentava a inaplicabilidade da prescrição intercorrente no processo do trabalho era o da impossibilidade impossibilidade de se atribuir apenas ao credor, com exclusividade, os ônus e a responsabilidade pela eventual morosidade na satisfação de seus créditos trabalhistas, precipuamente porque o executado tem o dever

---

[1]. Graduada pela Faculdade de Direito Milton Campos. Membro dos Grupos de Estudos "As Interfaces entre o Processo Civil e o Processo do Trabalho" e GERT (Grupo de Estudos sobre a Reforma Trabalhista) da Faculdade de Direito Milton Campos. Advogada.

de cooperação de forma a, inclusive, indicar bens aptos a satisfazer a obrigação.

Ademais, o entendimento firmado pelo TST quanto à prescrição intercorrente no processo laboral era de que não se poderia determinar atuação judicial em desfavor dos direitos trabalhistas, vez que, se assim o fizesse, acarretaria a não observância de diversos direitos fundamentais, tais como o da valorização do trabalho e emprego, o da norma mais favorável, a submissão da propriedade à sua função social, bem como o próprio princípio da proteção[2].

Verifica-se, portanto, que a jurisprudência do TST foi construída axiologicamente sob uma perspectiva substancialista do Direito do Trabalho, objetivando elevar o crédito trabalhista à sua posição hierárquica própria, por se tratar de um crédito representativo dos direitos fundamentais previstos no art. 7º da Constituição Federal, sendo dotado de privilégio legal, conforme estabelece o art. 186 do Código Tributário Nacional (CLAUS, 2017, p. 2).

Como se sabe, o Recurso de Revista na fase de execução restringe-se à hipótese de violação direta e literal de norma da Constituição Federal (art. 896, §2º da CLT), sendo que a concepção substancialista na qual a jurisprudência do TST se pauta leva em consideração – quando se admitia Recurso de Revista, em face de decisão de Tribunal Regional do Trabalho que declarava a prescrição intercorrente na fase de execução – ao fundamento de ofensa direta e literal aos incisos XXXV e XXXVI do art. 5º da CF e o inciso XXIX do art. 7º da CF, que tratam da cláusula da inafastabilidade da jurisdição, coisa julgada e prescrição bienal e quinquenal, respectivamente (CLAUS, 2017, p. 3)[3].

Outro ponto que merece destaque e que demonstra ser firme e atual o posicionamento do TST quanto à inaplicabilidade da prescrição intercorrente no processo do trabalho diz respeito à aplicação subsidiária do direito processual comum ao processo do trabalho.

Em virtude da cláusula de barreira, representada pelo art. 769 da CLT, estabelecer que nos casos omissos o direito processual comum será fonte subsidiária do direito processual do trabalho naquilo que for compatível com o direito laboral, com a entrada em vigor do CPC de 2015, o Pleno do TST aprovou a Instrução Normativa n. 39/2016, que dispôs sobre quais as normas do CPC/15 seriam aplicáveis e inaplicáveis ao processo do trabalho.

Nesse aspecto, o art. 2º, VIII da IN n. 39/2016 afastou, expressamente, a aplicação do art. 924, V do CPC/15 – que prevê a pronúncia da prescrição intercorrente no processo civil – ao processo do trabalho, confirmando o posicionamento consubstanciado na Súmula n. 114 do TST.

---

2. AGRAVO DE INSTRUMENTO. RECURSO DE REVISTA. EXECUÇÃO. PROCESSO SOB A ÉGIDE DA Lei N. 13.015/2014. 1. PRESCRIÇÃO INTERCORRENTE. SÚMULA n. 114/TST. 2. DECADÊNCIA. 3. GRUPO ECONÔMICO. RESPONSABILIDADE SOLIDÁRIA. 4. MULTA POR EMBARGOS DE DECLARAÇÃO. Segundo a jurisprudência predominante no TST (Súmula n. 114), é inaplicável a prescrição intercorrente na Justiça do Trabalho, na medida em que a CLT prevê o impulso oficial do processo em fase de execução, não se podendo imputar à parte responsabilidade pela frustração da execução. A jurisprudência firmou-se quanto à incompatibilidade do art. 219, § 5º, do CPC/1973 – art. 332, § 1º, do CPC/2015 (com alterações) – com a ordem justrabalhista (arts. 8º e 769, CLT). É que, ao determinar a atuação judicial em franco desfavor dos direitos sociais laboratórios, a novel regra adjetiva civilista entra em choque com vários princípios constitucionais, como o da valorização do trabalho e do emprego, o da norma mais favorável e o da submissão da propriedade à sua função socioambiental, além do próprio princípio da proteção. Acresça-se que, se o Estado, com todo o seu poder e força, não consegue dar efetividade às suas decisões, torna-se inaceitável que o Estado-Juiz apene a vítima, o credor hipossuficiente, aduzindo que ele não conseguiu indicar meios e conferir efetividade à decisão judicial. Assim, não há falar em violação direta dos dispositivos constitucionais invocados (5º, XXXVI, e 7º, XXIX, da CF), o que obsta o conhecimento do apelo nos termos da Súmula n. 266 desta Corte. Julgados. Agravo de instrumento desprovido. (Processo: AIRR – 21800-22.2005.5.02.0069 Data de Julgamento: 16.11.2016, Relator Ministro: Mauricio Godinho Delgado, 3ª Turma, Data de Publicação: DEJT 18.11.2016). (destaquei)
3. RECURSO DE REVISTA INTERPOSTO NA VIGÊNCIA DA Lei N. 13.015/2014. FASE DE EXECUÇÃO. INÉRCIA DO EXEQUENTE. JUSTIÇA DO TRABALHO. PRESCRIÇÃO INTERCORRENTE. INAPLICABILIDADE. Art. 5º, XXXV, DA CONSTITUIÇÃO FEDERAL. 1. A jurisprudência do Tribunal Superior do Trabalho consolidou o entendimento de que não se aplica a prescrição intercorrente na Justiça do Trabalho, sob pena de ineficácia da coisa julgada material. Precedentes. 2. A diretriz perfilhada na Súmula nº 114 do TST também incide no caso de paralisação do processo decorrente de inércia do exequente. Ressalva de entendimento pessoal do Relator. 3. Viola o art. 5º, XXXV, da Constituição Federal acórdão regional que mantém a declaração de prescrição intercorrente, ante a inércia do Exequente. 4. Recurso de revista do Exequente de que se conhece a que se dá provimento para afastar a prescrição intercorrente e determinar a remessa dos autos à Vara do Trabalho de origem, para que prossiga na execução. (RR-162700-04.1997.5.03.0103. Relator Ministro João Oreste Dalazen. 4ª Turma. DEJT 17.06.2016) (destaquei)
    RECURSO DE REVISTA. EXECUÇÃO. PRESCRIÇÃO INTERCORRENTE. FASE DE EXECUÇÃO DE SENTENÇA. AFRONTA À COISA JULGADA. A pronúncia da prescrição intercorrente dos créditos na fase de execução de título executivo judicial equivale declarar a ineficácia da sentença transitada em julgado. Essa decisão importa em afronta a coisa julgada, consequentemente em violação ao art. 5º, inc. XXXVI da Constituição da República. (RR-170900-58.1998.5.18.0002. Relator Ministro João Batista Brito Pereira. 5ª Turma. DEJT 11.10.2017) (destaquei)
    I – AGRAVO DE INSTRUMENTO. RECURSO DE REVISTA INTERPOSTO SOB A ÉGIDE DAS LEIS NS. 13.015/2014 E 13.105/2015. PROVIMENTO. EXECUÇÃO. PRESCRIÇÃO INTERCORRENTE. INAPLICABILIDADE NA JUSTIÇA DO TRABALHO. Diante de potencial violação do art. 7º, XXIX, da Constituição Federal, merece processamento o recurso de revista. Agravo de instrumento conhecido e provido. II – RECURSO DE REVISTA INTERPOSTO SOB A ÉGIDE DAS LEIS NS. 13.015/2014 E 13.105/2015. EXECUÇÃO. PRESCRIÇÃO INTERCORRENTE. INAPLICABILIDADE NA JUSTIÇA DO TRABALHO. Iniciada a fase de execução, não há prescrição possível, decaindo o pilar erigido sobre o art. 7º, XXIX, da Carta Magna, sede constitucional última da prescrição para o caso. Recurso de revista conhecido e provido. (RR-185400-75.1998.5.20.0002. Relator Ministro Alberto Luiz Bresciani de Fontan Pereira. 3ª Turma. DEJT 10.11.2017) (destaquei)

O STF também sedimentou entendimento sobre a matéria por meio da Súmula n. 327, assim dispondo: "O direito trabalhista admite a prescrição intercorrente".

Para melhor compreensão dos fundamentos que originaram o entendimento sumulado pelo Supremo Tribunal Federal, recorreu-se aos precedentes jurisprudenciais que justificavam a aplicabilidade da prescrição intercorrente ao processo laboral.

Pelos precedentes analisados, verificou-se que o Supremo Tribunal Federal firmou entendimento, calcando-se, em síntese, nos seguintes argumentos: a) o processo não pode ficar infinitamente parado no tempo quando pendente de ato exclusivo do exequente; b) o processo que permanece sem andamento pelo prazo prescricional é atingido pela prescrição; c) o fato de o juiz possuir a faculdade de promover a execução de ofício não obsta a fluência da prescrição, por se tratar de apenas uma faculdade do magistrado e não de uma obrigação (art. 878, CLT)[4].

Outro fundamento utilizado pela parte da doutrina que defende a aplicabilidade da prescrição intercorrente ao processo do trabalho, calcando-se também no entendimento sumulado do STF, diz respeito ao art. 884, § 1º da CLT, que dispõe que "a matéria de defesa será restrita às alegações de cumprimento da decisão ou do acordo, quitação ou prescrição da dívida", argumentando que a prescrição acima referida somente teria lugar se fosse a intercorrente, vez que a prescrição própria da pretensão deve ser arguida antes do trânsito em julgado da sentença (SCHIAVI, p. 75, 2017).

Ocorre, contudo, que a Súmula n. 327 do STF foi elaborada na década de 60, sendo aprovada em 13.12.1963 quando a Corte ainda analisava questões infraconstitucionais em sede de Recurso Extraordinário. No entanto, após a CF de 1988, as matérias infraconstitucionais passaram à competência dos demais tribunais superiores, incumbindo ao STF analisar as inconstitucionalidades das normas e não as suas eventuais ilegalidades. Diante disso, após a CF/88, as questões infraconstitucionais, no que tange à matéria trabalhista, passaram a ser de competência do TST e, por isso, majoritariamente se entendia conforme a Súmula n. 114, de modo a não se aplicar a prescrição intercorrente no processo do trabalho.

De toda forma, apesar de os entendimentos dos tribunais serem conflitantes, era possível fazer uma leitura conjunta dos verbetes, levando em consideração ambas as fundamentações, de forma a se observar o estabelecido no art. 878 da CLT, principal fundamento adotado pelo TST ao entender pela inaplicabilidade da prescrição intercorrente ao processo laboral, em virtude do princípio inquisitivo, bem como o argumento utilizado pelo STF ao defender a aplicabilidade da prescrição intercorrente ao processo do trabalho quando o exequente permanece inerte no momento que deveria praticar atos necessários para o desenvolvimento processual e que somente por ele poderia ser praticado.

Diante disso, a leitura que deveria ser feita, ao observar ambos os entendimentos, é de que o magistrado deverá impulsionar de ofício a execução trabalhista, sendo incabível a declaração da prescrição intercorrente quando pendente de ato seu. Todavia, se a execução ficar paralisada em razão de ato exclusivo da parte, a sua inércia deverá ser apenada pela prescrição intercorrente, como se tivesse abandonado o processo.

Nesse sentido o entendimento de Homero Batista Mateus da Silva (2015, p. 262):

> Então, uma solução intermediária propõe que as duas súmulas sejam lidas sob a mesma premissa. A redação da Súmula n. 114 do TST passaria a ser: 'É inaplicável na Justiça do Trabalho a prescrição intercorrente, supondo-se que a providência seja concorrente', ao passo que a Súmula n. 327 do STF ficaria assim: 'O direito trabalhista admite a prescrição intercorrente, supondo que a providência seja exclusiva da parte'. Afinal, foram realmente essas as premissas sobre as quais as súmulas se assentaram em suas origens, mas por falta de maior clareza, a redação dos verbetes ficou incompleta, gerando a ambiguidade. Conclui-se, sem medo de errar, que ambas as súmulas trazem a mesma mensagem, mas representam um raro caso de discórdia na aparência e concórdia no subterrâneo.

Dessa forma, somente nos casos em que se verificasse a inatividade processual em virtude de ausência de ato que coubesse exclusivamente ao exequente, somado ao decurso razoável de tempo, é que se seria possível a aplicabilidade da prescrição intercorrente ao processo do trabalho, mas, tão somente, nessa hipótese excepcional.

Por conseguinte, a aplicação da prescrição intercorrente ao processo do trabalho somente deveria ocorrer se a parte interessada abandonasse seus direitos, não os reivindicasse e se mantivesse inerte injustificadamente (SILVA, 2015, p. 257). Nesse sentido o Enunciado 82 do Fórum Nacional de Processo do Trabalho[5].

---

4. A Súmula n. 327 do STF é de 13.12.1963 e seus precedentes são: RE 30.390 – Publicação: DJ 27.10.1965; RE 53.881 – Publicações: DJ 17.10.1963 RTJ 30/32; RE 52.902 – Publicações: DJ 19.07.1963 RTJ 29/329; 50.177 – Publicação: DJ 20/08/1962; RE 32.697 – Publicações: DJ 23.07.1959 RTJ 10/94; RE 30.990 – Publicação DJ 05.07.1958; RE 22.632 EI – Publicação: DJ 08.11.1956; AI 14.744 – Publicação: DJ 14.06.1951.
5. Fórum Nacional de Processo do Trabalho – Enunciado 82: CLT, Art. 884, § 1º; NCPC, Art. 921, III, §§ 1º A 5º. PRESCRIÇÃO INTERCORRENTE. POSSIBILIDADE EVENTUAL NA EXECUÇÃO TRABALHISTA. A prescrição intercorrente (CLT, art. 884, § 1º) somente será reconhecida, nas execuções trabalhistas, nas hipóteses em que a paralisação do processo for imputável exclusivamente ao exequente, não se aplicando às situações de desconhecimento do paradeiro do executado ou de bens deste para garantia da execução (NCPC, art. 921, III, §§ 1º a 5º).

De todo modo, importante frisar que apesar da plausibilidade da aplicação conjunta da Súmula n. 114 do TST com a Súmula n. 327 do STF, não era este o entendimento que prevalecia no âmbito trabalhista, vez que majoritariamente se aplicava o entendimento consubstanciado na Súmula n. 114 do TST.

3. O MOMENTO DE APLICAÇÃO DA PRESCRIÇÃO INTERCORRENTE NO PROCESSO DO TRABALHO

A fase processual que poderia ocorrer a prescrição intercorrente, caso aplicável ao processo do trabalho, apresentava divergência doutrinária, vez que para Homero Batista Mateus da Silva (2017, p. 108) e Raphael Miziara (2016, p. 211) havia distinção entre prescrição intercorrente e prescrição da pretensão executiva, entendendo que intercorrente é a prescrição que ocorre em qualquer paralisação processual por mais de dois anos ao passo que a prescrição da pretensão executiva se aperfeiçoaria se a parte ficasse inerte para promover a abertura do processo de execução.

Para Mauro Schiavi (2017, p. 74) a prescrição intercorrente e prescrição da execução são expressões sinônimas, de forma que se houver inércia do autor na fase de conhecimento o Juiz do Trabalho deve extinguir a relação jurídica do processo sem resolução de mérito, não sendo cabível o reconhecimento da prescrição intercorrente na aludida fase cognitiva.

O entendimento mais adequado, principalmente em virtude dos arts. 732 e 844 da CLT bem como o art. 485 do CPC é o de que a prescrição intercorrente somente seria cabível após o ajuizamento da ação trabalhista e depois do trânsito em julgado da sentença, ou seja, apenas no curso da execução, pois se o autor não promover os atos do processo na fase de conhecimento, o pronunciamento jurisdicional deverá acarretar a extinção do processo sem resolução do mérito. A redação do art. 11-A, § 1º da CLT corrobora essa interpretação.

Ademais, antes mesmo da Reforma Trabalhista o Tribunal Superior do Trabalho já se posicionava no sentido de que não existe distinção entre a prescrição intercorrente e a prescrição da pretensão executiva, de forma a corroborar o raciocínio de que a prescrição intercorrente somente poderia ocorrer na fase executiva[6].

Em virtude do referido posicionamento, a análise da prescrição intercorrente no processo de trabalho será realizada sob a ótica de sua aplicação somente à fase de execução.

4. ALTERAÇÕES ADVINDAS DA REFORMA TRABALHISTA

Antes de adentrar na análise quanto à aplicabilidade da prescrição intercorrente ao processo do trabalho é necessário mencionar a alteração na redação do art. 878 da CLT, impactando diretamente na fase de execução do processo laboral.

O art. 878 da CLT, antes da Lei n. 13.467/2017, estabelecia a possibilidade de o juiz do trabalho promover, de ofício, a execução trabalhista. Isso se dava, principalmente, em virtude do aspecto social que envolve a satisfação do crédito trabalhista, bem como a hipossuficiência do trabalhador e a existência do *jus postulandi* no processo do trabalho.

Com a Reforma Trabalhista o art. 878 da CLT foi alterado de modo a restringir a execução, de ofício, pelo juiz apenas quando as partes estejam se valendo do *jus postulandi*, suprimindo uma das características essenciais do procedimento trabalhista.

Ocorre, contudo, que é inerente à função jurisdicional fazer com que os comandos judiciais sejam efetivados, de forma que o juiz tem o dever de fazer com as que as suas decisões sejam cumpridas, objetivando a entrega do bem da vida que pertence ao credor. Deve o magistrado, portanto, valer-se de meios típicos e atípicos a fim de garantir a eficácia da execução em prazo razoável (SCHIAVI, 2017, p. 116).

A possibilidade de o magistrado impulsionar de ofício a execução, representava uma das peculiaridades do processo do trabalho, materializando a celeridade e a consequente efetividade do processo laboral, sendo um dos princípios do direito processual do trabalho. O impulso oficial chegou a ser, inclusive, contemplado no CPC de 2015, demonstrando uma evolução processual ao majorar os poderes do juiz na condução da execução, conforme se verifica dos arts. 773, 782, 806, 814, 830 etc., inclusive, de aplicação subsidiária ao processo do trabalho.

A redação atribuída ao art. 878 da CLT não se coaduna com o constitucionalismo dirigente, que determina as ações futuras do Estado a fim de dar maior alcance aos direitos sociais e diminuir as desigualdades. Ademais, o novo comando não observa o princípio da vedação ao retrocesso social que, em tema de direitos fundamentais de caráter social, impede que sejam desconstituídas conquistas já alcançadas pela sociedade e pelo cidadão (art. 26 do Pacto de San José da Costa Rica).

Insta mencionar, ainda, a evidente contradição do legislador em limitar a execução, de ofício, da parcela principal, representada pelo crédito trabalhista, e manter esta possibilidade de execução da parcela acessória, traduzida pelos créditos previdenciários. É ilógico que, no mesmo processo, haja a execução de ofício do crédito previdenciário, que é acessório, repito, enquanto que o crédito trabalhista principal não pode ser executado de ofício, principalmente porque aquele serve de base de cálculo para se chegar aos valores relativos às contribuições previdenciárias (CLAUS, 2017, p. 23).

---

6. "(...). Por corolário lógico que a prescrição mencionada não constitui aquela da pretensão condenatória da fase cognitiva do processo, mas sim a <u>prescrição da pretensão executiva</u>, após a formação do título, <u>conhecida como prescrição intercorrente</u> (...)" (TST. RO 71-79.2016.5.23.0000. Subseção II Especializada em Dissídios Individuais. Rel. Min. Douglas Alencar Rodrigues. DJe 10.11.2017) (grifei)

Por fim, deve prevalecer o entendimento de que o juiz continuará impulsionando a execução de ofício, forte no art. 756 da CLT, independentemente de a parte estar ou não acompanhada de advogado, vez que o impulso oficial não acarreta a nulidade processual. Isso porque, segundo o art. 794 da CLT[7] somente haverá nulidade quando o ato processual acarretar manifesto prejuízo às partes litigantes, sendo certo que o fato de o juiz fazer com o que comando exequendo seja cumprido não pode servir de argumento para se reconhecer a nulidade processual.

4.1. Aplicabilidade da prescrição intercorrente ao processo laboral

A Lei n. 13.467/2017, ao realizar a Reforma Trabalhista, incluiu preceito novo no Título I da Consolidação das Leis do Trabalho, inserindo o art. 11-A, fazendo referência expressa à prescrição intercorrente no processo do trabalho. Vejamos:

> Art. 11-A. Ocorre a prescrição intercorrente no processo do trabalho no prazo de dois anos.
>
> § 1º A fluência do prazo prescricional intercorrente inicia-se quando o exequente deixa de cumprir determinação judicial no curso da execução.
>
> § 2º A declaração da prescrição intercorrente pode ser requerida ou declarada de ofício em qualquer grau de jurisdição.

Iniciando a análise do mais novo dispositivo incluído pela Reforma Trabalhista à CLT, verifica-se que o seu *caput* encerra a discussão atinente à aplicação da prescrição intercorrente ao processo laboral, restando por evidente que ao processo do trabalho é aplicável a prescrição intercorrente.

Como se sabe, a prescrição é instituto de direito material de maneira que os atos e fatos são regidos pela Lei em vigor ao tempo de sua ocorrência. É certo que antes da entrada em vigor da Lei n. 13.467/2017 era inaplicável a prescrição intercorrente ao processo do trabalho, portanto, não será possível aplicar a nova Lei de forma retroativa para declarar a prescrição intercorrente aos processos que já estavam parados.

A interpretação que deve ser feita é de que houve a criação de uma nova hipótese de prescrição sobre a pretensão deduzida pela parte e, dessa forma, somente tem lugar após a sua previsão na lei. O referido raciocínio deve ser adotado ainda pelos os que entendiam pela aplicabilidade da prescrição intercorrente ao processo laboral, pois a aplicavam por fundamentos diversos, eis que inexistia a referida previsão na CLT (CLAUS, 2017, p. 26).

Dessa forma, a prescrição intercorrente estabelecida pelo art. 11-A da CLT somente terá início de fluência a partir da vigência da Lei n. 13.467/2017 (CLAUS, 2017, p. 26). E, nesse aspecto, ressalta-se que a referida Lei foi publicada em 14 de julho de 2017, possuindo 120 dias de *vacatio legis*, iniciando, portanto, sua vigência em 11 de novembro de 2017[8].

De toda forma, oportuno demonstrar o entendimento de ser correta a pacificação da matéria quanto à incidência da prescrição intercorrente ao processo do trabalho.

Apesar de o Tribunal Superior do Trabalho ter consubstanciado sua jurisprudência no sentido da inaplicabilidade da prescrição intercorrente ao processo do trabalho, de modo a ser esse o posicionamento, até então, majoritário no âmbito trabalhista, é certo que o referido entendimento fugia à regra da prescritibilidade das pretensões.

Entende-se que o executado não pode ser, por lapso indefinido no tempo, apenado por não possuir condições de adimplir o débito. A matéria da prescrição intercorrente, contudo, deve ser analisada com absoluta acuidade para que o referido instituto não se torne meio para que o executado se beneficie do tempo para extinguir obrigação constituída pelo Poder Judiciário.

Diante disso, deve o Estado-juiz observar toda uma trajetória procedimental, bem como esgotar todas as providências necessárias para que ocorra a satisfação do título executivo, em virtude, principalmente, do princípio da eficiência (art. 8º CPC).

Dessa forma, se o exequente abandona o feito de modo a não cumprir diligências relativas a atos essencialmente pessoais, de maneira que a sua não atuação torne inviável o fluxo dos autos, cabe ao Estado pacificar o conflito, vez que o executado não pode ser eternamente objeto da persecução executiva.

O ordenamento jurídico pátrio, por outro lado, não pode desprestigiar o título executivo, de forma que, apesar da necessidade de existência do instituto da prescrição intercorrente na execução trabalhista, deve-se observar uma série de regras e procedimentos para que ela seja pronunciada de modo a se esgotar a possibilidade de se obter a satisfação executiva.

4.2. Prazo de pronúncia da prescrição intercorrente

Em atenção às mudanças advindas da Reforma Trabalhista é indispensável tecer considerações, iniciando a análise em relação ao prazo de dois anos previsto no *caput* do art. 11-A da CLT.

---

7. Art. 794, CLT – Nos processos sujeitos à apreciação da Justiça do Trabalho só haverá nulidade quando resultar dos atos inquinados manifesto prejuízo às partes litigantes.
8. Aplica-se ao caso o estabelecido no art. 8º, § 1º da LC n. 95/1998 que dispõe: "A contagem do prazo para entrada em vigor das leis que estabeleçam período de vacância far-se-á com a inclusão da data da publicação e do último dia do prazo, entrando em vigor no dia subsequente à sua consumação integral". Dessa forma, o prazo de 120 dias se finda em 10 de novembro de 2017, iniciando a vigência da Reforma Trabalhista em 11 de novembro de 2017 (SILVA, 2017, p.)

Por ser a prescrição instituto de direito material, como já mencionado, a compatibilidade a ser perseguida é do direito material do trabalho, cuja aplicação na esfera trabalhista está condicionada às condições estabelecidas no art. 8º da CLT. E, apesar de a redação do art. 8º, p. único da CLT ter sido alterada pela reforma realizada pela Lei n. 13.467/2017, de modo que restou suprimida a parte que mencionava que o direito comum somente seria aplicável ao direito do trabalho subsidiariamente "naquilo em que não for incompatível com os princípios fundamentais deste"[9], entende-se que a referida supressão não tem o condão de obstar a interpretação conforme o arcabouço principiológico pelo qual o direito do trabalho se funda, principalmente em virtude da natureza de subsistência dos referidos direitos.

Diante disso, o fato de a Lei assim não mais prever, ao utilizar o direito comum como fonte subsidiária do direito do trabalho, toda a construção principiológica inerente ao direito laboral deve ser observada, até porque o art. 769 da CLT se encontra em plena vigência.

O art. 189 do Código Civil, que é compatível com o Direito do Trabalho, estabelece que "violado o direito, nasce para o titular a pretensão, a qual se extingue, pela prescrição (...)". Diante de tal premissa, conclui-se que a prescrição incide sobre a pretensão de se exigir um crédito e não sobre o crédito em si.[10]

O prazo, portanto, para a prescrição intercorrente deve ser o mesmo prazo para se exigir o crédito. Assim sendo, imperioso se faz observar o art. 7º, inciso XXIX da CF, que assim dispõe:

> Art. 7º São direitos dos trabalhadores urbanos e rurais, além de outros que visem à melhoria de sua condição social:
>
> XXIX – ação, quanto aos créditos resultantes das relações de trabalho, com prazo prescricional de cinco anos para os trabalhadores urbanos e rurais, até o limite de dois anos após a extinção do contrato de trabalho; (destaquei)

Como se pode verificar, a Constituição Federal estabelece o prazo prescricional de cinco anos, devendo a previsão do art. 11-A da CLT compatibilizar-se com o disposto constitucionalmente.

O art. 7º, inciso XXIX da CF não prevê dois prazos prescricionais. Indubitável a sua redação ao estabelecer o prazo prescricional de cinco anos. O que ocorre é a fixação de um lapso de dois anos após o término do contrato de trabalho para que o trabalhador possa pleitear judicialmente direitos não observados ao longo da relação empregatícia, considerando o prazo prescricional de cinco anos (MAIOR, 2017).

Há doutrinadores, como Vólia Bomfim Cassar e Leonardo Dias Borges (2017, p. 1218), que defendem que o prazo de prescrição intercorrente de dois anos deve ser aplicado somente para os contratos de trabalho extintos, sustentando que o julgador deve aplicar a prescrição intercorrente quinquenal para os contratos vigentes. Entende-se, contudo, que a interpretação mais adequada com a ordem constitucional seria a aplicabilidade da prescrição intercorrente quinquenal, inclusive para os contratos extintos, vez que depois de ajuizada a ação trabalhista, observado o prazo bienal após a extinção do contrato de trabalho, o único prazo prescricional que se observa, inclusive para os contratos que não estejam mais em vigor, é o de cinco anos.

Isso porque o lapso bienal trabalhista deve incidir somente no processo de conhecimento, com o propósito de extinguir toda a pretensão, nas situações em que o contrato de trabalho tenha sido extinto há mais de dois anos antes de ajuizada a ação trabalhista. Se já houve no processo uma condenação judicial ou até mesmo um acordo, é porque esse aspecto já foi superado na demanda (DELGADO; DELGADO, 2017, p. 311).

O STF, inclusive, já deixou claro que o prazo prescricional trabalhista é de cinco anos quando, principalmente, do julgamento do Recurso Extraordinário com Agravo (ARE 709212), com repercussão geral reconhecida, que tratou da prescrição para a cobrança do FGTS. No referido julgamento ficou evidente que o Plenário do STF reconhece que o inciso XXIX do art. 7º da Constituição fixa a prescrição quinquenal para os créditos resultantes das relações de trabalho, não fazendo distinção quanto a contratos de trabalho extintos ou não e sequer mencionando o lapso bienal como possível prazo prescricional. E, por esse motivo, firmou o entendimento de que o FGTS deve se sujeitar à prescrição trabalhista de cinco anos[11].

Em virtude disso, considerando que o prazo da prescrição intercorrente é o mesmo prazo para se exigir o crédito; considerando que a prescrição intercorrente é aplicável somente na fase de execução; considerando que na fase de execução o prazo bienal para ajuizamento da

---

9. Redação dada pela Lei n. 13.467/2017: "§ 1º O direito comum será fonte subsidiária do direito do trabalho".
10. Partindo desse raciocínio lógico, como a prescrição não extingue a pretensão, tampouco o direito, o titular ainda pode exercê-lo, apesar de não poder exigi-lo. Dessa forma, o credor pode pretender o cumprimento da obrigação amigavelmente e o devedor, apesar de não poder ser judicialmente compelido a cumpri-lo, pode e deve cumpri-lo, por questões éticas (DONIZETTI; QUINTELLA, 2017, p. 208).
11. DIREITO DO TRABALHO. FUNDO DE GARANTIA POR TEMPO DE SERVIÇO (FGTS). COBRANÇA DE VALORES NÃO PAGOS. PRAZO PRESCRICIONAL. Art. 7º, XXIX, DA CONSTITUIÇÃO. RELEVÂNCIA SOCIAL, ECONÔMICA E JURÍDICA DA MATÉRIA. REPERCUSSÃO GERAL RECONHECIDA. (STF. ARE 709212. Plenário. DJe 13.11.2014).
    Recurso extraordinário. Direito do Trabalho. Fundo de Garantia por Tempo de Serviço (FGTS). Cobrança de valores não pagos. Prazo prescricional. Prescrição quinquenal. Art. 7º, XXIX, da Constituição. Superação de entendimento anterior sobre prescrição trintenária. Inconstitucionalidade dos arts. 23, § 5º, da Lei n. 8.036/1990 e 55 do Regulamento do FGTS aprovado pelo Decreto n. 99.684/1990. Segurança jurídica. Necessidade de modulação dos efeitos da decisão. Art. 27 da Lei n. 9.868/1999. Declaração de inconstitucionalidade com efeitos ex nunc. Recurso extraordinário a que se nega provimento. (STF. RE 522897 – RN. Plenário. DJe 16.03.2017). (destaquei)

ação trabalhista já foi superado e que a Constituição Federal estabelece prazo quinquenal para se exigir os créditos resultantes das relações de trabalho, é certo concluir pela inconstitucionalidade do art. 11-A da CLT ao estabelecer prazo prescricional intercorrente de apenas dois anos.

Devido ao raciocínio aqui traçado, apesar de a Reforma Trabalhista ter pacificado a aplicabilidade da prescrição intercorrente no processo do trabalho, o prazo previsto no art. 11-A, *caput* da CLT não deve ser aplicado, devendo-se sustentar, inclusive, a tese de inconstitucionalidade do prazo prescricional intercorrente previsto, vez que não se coaduna com o comando constitucional.

Ademais, para aqueles que não conseguem vislumbrar que o prazo de dois anos para se reconhecer a prescrição intercorrente afronta o texto constitucional, indubitável reconhecer a interpretação do direito deve ser sistemática, de forma que seus dispositivos devem ser interpretados de forma interligada, evitando-se a análise isolada de seus institutos.

Os créditos trabalhistas possuem garantias que superam, inclusive, os do crédito público, justamente em virtude de sua natureza, tendo em vista o seu caráter de subsistência, sendo a forma que o trabalhador possui de exercer sua cidadania e o meio pelo qual tem acesso, principalmente, aos direitos sociais.

O aqui mencionado é corroborado pelo disposto no art. 899 da CLT[12] que estabelece que no processo de execução trabalhista são aplicáveis os preceitos que regem o processo dos executivos fiscais para cobrança judicial da dívida ativa da Fazenda Pública Federal. E, em virtude disso, imperativa a aplicação, na omissão da CLT, dos ditames da Lei n. 6.830/1980 à execução trabalhista.

Quando da edição da Lei de Executivos Fiscais, no item 4 da Exposição de Motivos n. 223, consignou-se que "nenhum outro crédito deve ter, em sua execução judicial, preferência, garantia ou rito processual que supere os do crédito público, à exceção de alguns créditos trabalhistas" (CLAUS, 2017, p. 1). No mesmo sentido o art. 186 do Código Tributário Nacional[13].

Verifica-se, portanto, que o crédito trabalhista se encontra em um patamar de superprivilégio, de forma a gozar de garantias que superam, inclusive, as do crédito público em sua execução judicial.

No que tange à exigibilidade do crédito público, o art. 174 do CTN estabelece que o prazo prescricional na execução fiscal é quinquenal. No mesmo sentido é o entendimento majoritário do Superior Tribunal de Justiça consubstanciado na Súmula n. 314, *in verbis*: "Em execução fiscal, não localizados bens penhoráveis, suspende-se o processo por um ano, findo o qual se inicia o prazo da prescrição quinquenal intercorrente".

Diante disso, o fato de o prazo da prescrição intercorrente na execução fiscal ser de cinco anos e que os créditos trabalhistas possuem superprivilégio, bem como o disposto no art. 7º, XXIX da CF, apenas corrobora o raciocínio de que a melhor hermenêutica imposta pelo método sistemático de interpretação do ordenamento jurídico, a ser feita quanto à prescrição intercorrente no processo do trabalho, deveria ser a da prevalência do prazo de cinco anos.

4.3. Início da fluência do prazo prescricional intercorrente

Como se verificou, a jurisprudência do Tribunal Superior do Trabalho no atinente a prescrição intercorrente, formou-se, precipuamente, sob o pressuposto de que o juiz deveria promover a execução de ofício, nos termos do art. 878, *caput* da CLT. Ocorre que, com o advento da Lei n. 13.467/2017, nova redação foi atribuída ao referido dispositivo de forma a limitar a execução de ofício pelo magistrado apenas aos casos em que as partes não estiverem representadas por advogado. Não obstante, o § 1º do art. 11-A da CLT, estabelece que o prazo da prescrição intercorrente se inicia quando o exequente deixa de cumprir determinação no curso da execução.

Em um primeiro momento, ao analisar, singelamente, o § 1º do novo dispositivo, há certa tendência de se acreditar que o legislador apenas positivou o entendimento que já havia se sedimento quando da leitura em conjunto das Súmulas n. 114 do TST e 327 do STF. Contudo, necessário se faz tecer algumas considerações.

Como já mencionado, por força do art. 889 da CLT, à execução trabalhista se aplica a Lei n. 6.830/1980 e, em virtude disso, entende-se por afastada a aplicação subsidiária do Código de Processo Civil no que tange ao procedimento a ser seguido quando da declaração da prescrição intercorrente, vez que a CLT, prioritariamente faz referência expressa à aplicação da Lei de Executivos Fiscais no que tange aos trâmites da execução trabalhista.

Por conseguinte e, principalmente, por todos os fundamentos já explicitados quanto ao tratamento que deve ser dado ao crédito trabalhista, deve-se interpretar o art. 11-A, § 1º da CLT conjuntamente com o que estabelece a Lei n. 6.830/1980. Ademais, a leitura em conjunto se faz imperativa ao se realizar a interpretação na perspectiva do diálogo das fontes formais do direito que tratam da prescrição intercorrente no ordenamento jurídico pátrio, em virtude do que dispõe o art. 186 do CTN, que eleva o crédito trabalhista ao ápice na ordem classificatória de créditos, de forma a evitar que créditos classificados em posição jurídica inferior desfrutem de tutela jurídica superior (CLAUS, 2017,

---

12. Art. 889, CLT – Aos trâmites e incidentes do processo da execução são aplicáveis, naquilo em que não contravenirem ao presente Título, os preceitos que regem o processo dos executivos fiscais para a cobrança judicial da dívida ativa da Fazenda Pública Federal.
13. Art. 186, CTN – O crédito tributário prefere a qualquer outro, seja qual for sua natureza ou o tempo de sua constituição, ressalvados os créditos decorrentes da legislação do trabalho ou do acidente de trabalho.

p. 30). O art. 100, § 1º da CF respalda o entendimento aqui mencionado.

Por esses motivos, além de se observar o art. 11-A, § 1º da CLT, deve-se, ainda, verificar o itinerário procedimental estabelecido no art. 40 da Lei n. 6.830/1980, naquilo que for compatível com a execução trabalhista, conforme estabelece o art. 889 da CLT. Até porque, o art. 11-A da CLT se mostra sucinto e demasiadamente genérico, apresentando-se incompleto para disciplinar o complexo tema da prescrição intercorrente na execução trabalhista (CLAUS, 2017, p. 30).

De aplicação supletiva à execução trabalhista, estabelece o art. 40 da Lei de Executivos Fiscais:

> Art. 40 – O Juiz suspenderá o curso da execução, enquanto não for localizado o devedor ou encontrados bens sobre os quais possa recair a penhora, e, nesses casos, não correrá o prazo de prescrição.
>
> § 1º – Suspenso o curso da execução, será aberta vista dos autos ao representante judicial da Fazenda Pública.
>
> § 2º – Decorrido o prazo máximo de 1 (um) ano, sem que seja localizado o devedor ou encontrados bens penhoráveis, o Juiz ordenará o arquivamento dos autos.
>
> § 3º – Encontrados que sejam, a qualquer tempo, o devedor ou os bens, serão desarquivados os autos para prosseguimento da execução.
>
> § 4º Se da decisão que ordenar o arquivamento tiver decorrido o prazo prescricional, o juiz, depois de ouvida a Fazenda Pública, poderá, de ofício, reconhecer a prescrição intercorrente e decretá-la de imediato.
>
> § 5º A manifestação prévia da Fazenda Pública prevista no § 4º deste artigo será dispensada no caso de cobranças judiciais cujo valor seja inferior ao mínimo fixado por ato do Ministro de Estado da Fazenda.

Dessa forma, observando o itinerário procedimental fixado no supramencionado artigo, o juiz deverá suspender o curso da execução enquanto não for localizado o devedor ou encontrados bens sobre os quais possa recair a penhora, devendo, ainda, intimar o exequente da suspensão da execução.

Decorrido o prazo de um ano após a suspensão da execução, sem que tenha sido localizado o devedor ou encontrados bens passíveis de penhora, o juiz deverá arquivar provisoriamente os autos. Somente após o arquivamento provisório é que será possível o início da fluência do prazo prescricional intercorrente, mas, somente depois de o exequente deixar de cumprir determinação judicial para impulsionar a execução.

No que tange ao descumprimento da determinação judicial que poderia ensejar o início da fluência do prazo prescricional intercorrente, mostra-se evidente que se trata de determinação judicial relativa a ato estritamente pessoal do exequente, de modo que a ausência de sua atuação torne por inviável o fluxo do processo.

Como já mencionado, apesar de a reforma trabalhista ter alterado a redação do art. 878 da CLT, de forma a limitar a execução de ofício pelo magistrado apenas aos casos em que as partes não estiverem representadas por advogado, deve-se observar a interpretação lógica, sistemática e teleológica dos preceitos estabelecidos no ordenamento jurídico, de modo que independentemente de a parte estar representada ou não por advogado, deve ser assegurado a execução de ofício dos créditos trabalhistas.

Por conseguinte, não se deve considerar o início de fluência do prazo prescricional intercorrente antes de o juiz da execução, de ofício, esgotar todas as providências necessárias para que ocorra a satisfação da execução, como a pesquisa patrimonial eletrônica de bens, o redirecionamento da execução em face dos sócios da sociedade, quando não for encontrados bens da sociedade executada, realizar pesquisa atinente a existência de grupo econômico, realizar o protesto extrajudicial da sentença, inscrever o nome do executado nos cadastros de inadimplentes, promover a indisponibilidade de bens por meio da Central Nacional de Indisponibilidade de Bens (CNIB) etc. (CLAUS, 2017, p. 22).

Deve-se destacar, ainda, que majoritariamente na doutrina e jurisprudência se reconhece a necessidade de o exequente ser pessoalmente intimado para que haja início da fluência do prazo prescricional intercorrente, vez que, ao se pronunciar a prescrição, o processo é extinto com resolução do mérito[14].

---

14. PROCESSUAL CIVIL. EXECUÇÃO DE TÍTULO JUDICIAL. PRESCRIÇÃO INTERCORRENTE RECONHECIDA. DESÍDIA DO EXEQUENTE. INTIMAÇÃO PESSOAL. NECESSIDADE DE REEXAME DE PROVAS. IMPOSSIBILIDADE. INCIDÊNCIA DA SÚMULA n. 7/STJ. DIVERGÊNCIA PRETORIANA. INVIABILIDADE.

1. "A prescrição intercorrente ocorre no curso do processo e em razão da conduta do autor que, ao não prosseguir com o andamento regular ao feito, se queda inerte, deixando de atuar para que a demanda caminhe em direção ao fim colimado" (AgInt no AREsp 1.083.358/RS, Rel. Ministro Luis Felipe Salomão, Quarta Turma, DJe 04.09.2017).

2. O Tribunal de origem, ao analisar a matéria, concluiu pela ocorrência da prescrição intercorrente por reconhecer a inércia da parte exequente. Dessa forma, desconstituir tal premissa requer, necessariamente, o reexame de fatos e provas, o que é vedado ao STJ, por esbarrar no óbice da Súmula n. 7/STJ.

3. <u>Nos termos da jurisprudência do STJ, para o reconhecimento da prescrição intercorrente, são imprescindíveis a intimação pessoal da parte para dar prosseguimento ao feito e a sua posterior inércia em cumprir a ordem contida no ato intimatório</u>. Precedentes: AgInt no REsp 1350303/MG, Rel. Ministro Antonio Carlos Ferreira, Quarta Turma, DJe 10.02.2017; AgInt no AREsp n. 787.216/SP, Relator Ministro Marco Buzzi, Quarta Turma, DJe 23.08.2016; AgRg no AREsp n. 785.287/MT, Relator Ministro Moura Ribeiro, Terceira Turma, DJe 18.10.2016.

4. *In casu*, o acórdão recorrido consignou expressamente que "a alegação de que para ser declarada a prescrição intercorrente deve ocorrer a intimação pessoal para dar andamento ao feito, não pode prosperar, na medida em que a inventariante da Sucessão é a própria procuradora que atuava no feito durante o andamento processual. Assim, não pode, agora, alegar que não restou intimada dos atos processuais" (fl. 61, e-STJ).

Observando, inclusive, o alicerce principiológico e constitucional, não seria possível se cogitar do início da fluência do prazo prescricional intercorrente sem a prévia intimação do exequente, através de advogado constituído nos autos e, sucessivamente, pessoalmente, em virtude dos direitos fundamentais de acesso à justiça, à tutela executiva e à cooperação processual previstos respectivamente no art. 5º, inciso XXXV da CF e art. 6º do CPC (SCHIAVI, 2017, p. 77).

Ademais, a interpretação gramatical dos arts. 878 e 11-A da CLT restaria por beneficiar o devedor contumaz, além de incentivar as rotas de fuga, vez que bastaria que o devedor se esquivasse de alguma providência ou diligência que teria, como recompensa, a inexigibilidade da dívida constituída, não sendo isso o que se espera do ordenamento jurídico. A interpretação jurídica deve observar a realidade, bem como as bases teóricas em que o arcabouço processual se assenta (SILVA, 2017, p. 109).

4.4. Pronúncia de ofício da prescrição intercorrente

Para se analisar a possibilidade de se reconhecer, de ofício, a prescrição intercorrente, deve-se, necessariamente, partir do pressuposto de que o instituto da prescrição é único, de modo que o raciocínio a ser traçado quando da prescrição intercorrente – pronunciada na fase de execução – deve ser o mesmo traçado na prescrição ordinária – pronunciada na fase de conhecimento.

Partindo dessa perspectiva, importante mencionar que, no processo do trabalho, a pronúncia da prescrição atinentes às parcelas trabalhistas pode ser arguida na fase ordinária, conforme entendimento majoritário consubstanciado na Súmula n. 153 do TST, não cabendo, nesta seara, a prescrição de ofício pelo juiz, vez que incompatível com o próprio direito do trabalho.

A possibilidade de se reconhecer de ofício a prescrição traz a necessidade de, oportunamente, mencionar que os direitos trabalhistas são visceralmente irrenunciáveis; são indisponíveis, constituindo a prescrição uma espécie de exceção ao referido princípio.

Dessa forma, é indubitável, que a prescrição no âmbito das relações laborais, empresta uma restrição à eficácia de direitos fundamentais e, como restrição, necessário se faz ser compreendida e aplicada restritivamente. "Isso porque retira do trabalhador a possibilidade (que se revela única em um sistema de monopólio da jurisdição) de fazer valer a ordem constitucional vigente" (MAIOR, 2017).

Ademais, não há compatibilidade da pronúncia da prescrição de ofício com as normas, princípios e funções do direito do trabalho. Por ser a prescrição instituto de direito material a compatibilidade a ser perseguida é com o direito material do trabalho, considerando todo o seu arcabouço principiológico. A função teleológica do direito do trabalho não condiz com a prescrição de ofício, vez que se trata de instituto totalmente contrário ao princípio da proteção do trabalhador.

De mais a mais, a prescrição pode ser renunciada e, por essa razão, deve o juiz atuar imparcialmente, não podendo arguir algo renunciável pela parte.

Dessa maneira, uma vez incompatível com o direito laboral a pronúncia, de ofício, da prescrição ordinária é, por conseguinte, lógico, vez que se trata do mesmo instituto, a incompatibilidade da pronúncia, de ofício, da prescrição intercorrente, de modo a beneficiar, automaticamente, o executado, em evidente desprestígio, inclusive, do efeito do trânsito em julgado da decisão.

Por fim, insta mencionar que antes de se pronunciar a prescrição intercorrente, imperioso que o juiz intime o exequente para que este exercite o contraditório, dando-lhe oportunidade para indicar, por exemplo, alguma causa suspensiva da prescrição intercorrente, nos termos do art. 10 do CPC, aplicável ao processo do trabalho.

5. CONCLUSÃO

Como se verificou, a aplicação da prescrição intercorrente ao processo laboral sempre foi controvertida, acertada, dessa forma, a inclusão do art. 11-A na CLT para, expressamente, prever sua aplicação.

O prazo, contudo, previsto no art. 11-A, *caput* da CLT, para que a prescrição intercorrente seja pronunciada, não se coaduna com o constitucionalmente estabelecido, vez que o prazo prescricional aplicável ao processo do trabalho, depois de ajuizada ação trabalhista, é o quinquenal, devendo este ser o prazo a ser observado.

Desta forma, por interpretação sistemática, indubitável a conclusão de que o prazo aplicável à prescrição intercorrente é o de cinco anos, devendo, ainda, ser observado todo o procedimento previsto no art. 40 da Lei n. 6.830/1980 conjuntamente com o art. 11-A, § 2º da CLT, de modo a respeitar o superprivilégio legal que os créditos trabalhistas possuem, evitando que créditos classificados em posição jurídica inferior possuam tutela jurisdicional superior àquela conferida ao crédito trabalhista no que tange ao instituto da prescrição intercorrente.

No que se refere à pronúncia da prescrição, é certo que o referido instituto, no âmbito das relações laborais, representa uma restrição à eficácia de direitos fundamentais e,

---

5. É inarredável a revisão do conjunto probatório dos autos para afastar as premissas fáticas estabelecidas pelo acórdão recorrido, o que esbarra no óbice da Súmula n. 7/STJ.

6. É inviável o conhecimento do Recurso Especial em relação ao dissídio jurisprudencial quando a comprovação deste reclama consideração sobre a situação fática própria de cada julgamento, por força da Súmula n. 7/STJ.

7. Recurso Especial não conhecido. (REsp 1694685/RS. Data de Julgamento: 10.10.2017. Relator Ministro: Herman Benjamin. Segunda Turma. Data de Publicação: DJe 23.10.2017). (destaquei)

dessa forma, necessário se faz ser compreendido e aplicado restritivamente. Dessa forma, a pronúncia de ofício da prescrição intercorrente não se coaduna com a função teleológica do direito do trabalho, devendo, portanto, não ser aplicada ao seu respectivo processo.

Diante disso, verifica-se que, apesar de ter sido necessária a pacificação da matéria quanto a incidência da prescrição intercorrente ao processo do trabalho, as mudanças perpetradas pela Lei n. 13.467/2017 devem ser aplicadas com cautela, de modo a observar, principalmente, os preceitos constitucionalmente estabelecidos.

6. REFERÊNCIAS BIBLIOGRÁFICAS

BRASIL. *Código Civil*, 2002. Disponível em: <http://www.planalto.gov.br/CCivil_03/leis/2002/L10406.htm>. Acesso em: 15 nov. 2017.

BRASIL. *Consolidação das Leis do Trabalho*, 1943. Disponível em: <http://www.planalto.gov.br/ccivil_03/decreto-lei/Del5452.htm>. Acesso em: 11 nov. 2017.

BRASIL. *Constituição da República Federativa do Brasil*, 1988. Disponível em: <http://www.planalto.gov.br/ccivil_03/Constituicao/Constituicao.htm>. Acesso em: 16 nov. 2017.

BRASIL. *Enunciados Aprovados no Fórum Nacional de Processo do Trabalho*, 2016. Disponível em: <http://www.trt3.jus.br/acs/documentos/14%20-%20FNPT-FINAL%20-%20enunciados%20aprovados%20e%20revisados.pdf>. Acesso em: 10 fev. 2018.

BRASIL. Tribunal Superior do Trabalho. *O que é CNDT*. Disponível em: <http://www.tst.jus.br/o-que-e-cndt>. Acesso em: 22 nov. 2017.

CASSAR, Vólia Bomfim; BORGES, Leonardo Dias. *Comentários à Reforma Trabalhista*: Lei n. 13.467, de 13 de julho de 2017. Rio de Janeiro: Forense; São Paulo: Método, 2017.

CLAUS, Ben-Hur Silveira. *A prescrição intercorrente na execução trabalhista depois da Reforma Trabalhista introduzida pela Lei n. 13.467/2017*. Artigo disponibilizado com exclusividade no Seminário Reforma Trabalhista promovido pela Escola Judicial do Tribunal do Trabalho da 3ª Região e pela Amatra3, realizado nos dias 28 e 29 de setembro de 2017, em Belo Horizonte/MG.

COELHO, Anna Maria de Toledo; COELHO, Luciano Augusto de Toledo. A aplicação da prescrição intercorrente no processo do trabalho. *Revista eletrônica do Tribunal Regional do Trabalho da 9ª Região*. Curitiba-PR, v. 3, n. 34, p. 63-71, 2014. Disponível em: <https://juslaboris.tst.jus.br/bitstream/handle/1939/86045/2014_rev_trt09_v03_n034.pdf?sequence=4&isAllowed=y>. Acesso em: 17 nov. 2017.

COMISSÃO INTERAMERICANA DE DIREITOS HUMANOS. *Convenção Americana sobre os Direitos Humanos*, assinada na Conferência especializada interamericana sobre direitos humanos, San José, Costa Rica, em 22 de novembro de 1969. Disponível em: <https://www.cidh.oas.org/basicos/portugues/c.convencao_americana.htm>. Acesso em: 11 fev. 2018.

DELGADO, Mauricio Godinho. *Curso de Direito do Trabalho*. 15. ed. São Paulo: LTr, 2016.

_____; DELGADO, Gabriela Neves. *A reforma trabalhista no Brasil:* Com comentários à Lei n. 13.467/2017. São Paulo: LTr, 2017.

MAIOR, Jorge Luiz Souto. *O acesso à justiça sob a mira da reforma trabalhista* – ou como garantir o acesso à justiça diante da reforma trabalhista, 2017. Disponível em: <http://www.jorgesoutomaior.com/blog/o-acesso-a-justica-sob-a-mira-da-reforma--trabalhista-ou-como-garantir-o-acesso-a-justica-diante-da-reforma-trabalhista>. Acesso em: 18 nov. 2017.

MARTINS, Sérgio Pinto. *Direito do Trabalho*. 31. ed. São Paulo: Atlas, 2015.

MIZIARA, Raphael. A tutela da confiança e a prescrição intercorrente na execução trabalhista: o equívoco da Instrução normativa n. 39 do TST. *Revista eletrônica do Tribunal Regional do Trabalho da 9ª Região*. Curitiba-PR, v. 5, n. 50, p. 204-222, 2016. Disponível em: <https://juslaboris.tst.jus.br/bitstream/handle/1939/94321/2016_rev_trt09_v005_n050.pdf?sequence=4&isAllowed=y>. Acesso em: 17 nov. 2017.

SCHIAVI, Mauro. *A Reforma Trabalhista e o processo do trabalho*: Aspectos processuais da Lei n. 13.467/2017. 1. ed. São Paulo: LTr, 2017.

SILVA, Homero Batista Mateus da. Curso de direito do trabalho aplicado. v. 10. *Execução trabalhista*. 2. ed. São Paulo: RT, 2015.

_____ *Comentários à Reforma Trabalhista*. São Paulo: RT, 2017.

A Responsabilidade do Sócio Retirante

Raphael Miziara[1]
Iuri Pinheiro[2]

1. CONTEXTUALIZAÇÃO

A pessoa jurídica é uma ficção legal que não se confunde com a pessoa física dos sócios, conforme já se enunciava no próprio Código Civil de 1916 (art. 20). Ainda que tal regra não tenha sido reproduzida literalmente no Código Civil de 2002, o espírito da referida norma prevaleceu na atual legislação, como se pode inferir da leitura dos arts. 45 e 985[3], conforme leciona Ítalo Menezes[4].

O ordenamento jurídico brasileiro, contudo, prevê algumas hipóteses, nas quais o patrimônio pessoal dos sócios é chamado a responder pelas obrigações contraídas pela pessoa jurídica. Trata-se da responsabilidade patrimonial secundária (art. 790, II e VII, do CPC[5]).

Além da hipótese de responsabilidade dos sócios pelas dívidas da sociedade, a ordem jurídica estipula a responsabilidade, limitada no tempo, de ex-sócios pelas dívidas da sociedade.

Sobre o tema, estabelece o Código Civil que até dois anos depois de averbada a modificação do contrato, responde o cedente solidariamente com o cessionário, perante a sociedade e terceiros, pelas obrigações que tinha como sócio (art. 1.003, parágrafo único, do CC).

Por sua vez, o art. 1.032 da Lei Adjetiva Civil vaticina que a retirada, exclusão ou morte do sócio, não o exime, ou a seus herdeiros, da responsabilidade pelas obrigações sociais anteriores, até dois anos após averbada a resolução da sociedade; nem nos dois primeiros casos, pelas posteriores e em igual prazo, enquanto não se requerer a averbação.

Doutrina e jurisprudência, até a edição da Reforma, divergiam acerca do tema da compatibilidade dos dispositivos do Código Civil que limitam a responsabilidade do sócio retirante a dois anos com os princípios que norteiam o direito material e processual do trabalho.

Alguns defendiam a tese de que a responsabilidade do sócio retirante persistia para fins trabalhistas, mesmo após dois anos, pois, se o sócio retirante estava na sociedade à época da prestação do serviço e usufruiu da mão de obra do trabalhador, seria justo que seu patrimônio respondesse pelos débitos trabalhistas.

Ainda, para essa vertente, os dispositivos civilistas seriam incompatíveis com os princípios da proteção, da natureza alimentar e da irrenunciabilidade do crédito trabalhista. Nesse prumo, o limite temporal para a responsabilização do antigo sócio não estaria limitado pelas disposições previstas no Código Civil, em especial, ao prazo de dois anos disposto no parágrafo único, do art. 1.003. Nesse sentido: TST-RR-122300-71.2006.5.15.0143, relator Ministro Alexandre de Souza Agra Belmonte, Data de Julgamento: 02.10.2013, 3ª Turma, Data de Publicação: 04.10.2013[6].

---

1. Mestrando em direito do trabalho e das relações sociais pela UDF. Professor em cursos de graduação e pós-graduação em Direito. Advogado. Consultor jurídico. Membro da ANNEP – Associação Norte Nordeste de Professores de Processo e da ABDPro – Associação Brasileira de Direito Processual. Editor do site <http://www.ostrabalhistas.com.br> e autor de diversos livros e artigos na área juslaboral.
2. Juiz do Trabalho no TRT da 3ª Região. Foi Juiz do Trabalho no TRT da 15ª Região. Foi Analista Judiciário no TST e nos TRTs da 2ª e 7ª Regiões, ocupando funções de confiança em gabinetes de juízes, desembargadores e Ministro do TST. Foi Técnico Judiciário no TRT da 9ª Região. Especialista em Direito e Processo do Trabalho e em Direito Público. Professor de cursos preparatórios para carreiras jurídicas, da Pós-Graduação da PUC Minas e da Escola da AMATRA9. Palestrante e escritor de livros e artigos na área juslaboral.
3. Art. 45. Começa a existência legal das pessoas jurídicas de direito privado com a inscrição do ato constitutivo no respectivo registro, precedida, quando necessário, de autorização ou aprovação do Poder Executivo, averbando-se no registro todas as alterações por que passar o ato constitutivo.
Parágrafo único. Decai em três anos o direito de anular a constituição das pessoas jurídicas de direito privado, por defeito do ato respectivo, contado o prazo da publicação de sua inscrição no registro.
Art. 985. A sociedade adquire personalidade jurídica com a inscrição, no registro próprio e na forma da lei, dos seus atos constitutivos (arts. 45 e 1.150).
4. CASTRO, I. M. A responsabilidade do sócio retirante por débitos trabalhistas. *Revista de Direito do Trabalho* (São Paulo), v. 179, p. 41-62, n. 2017.
5. Art. 790. São sujeitos à execução os bens: II – do sócio, nos termos da lei; VII – do responsável, nos casos de desconsideração da personalidade jurídica.
6. SCHIAVI, Mauro. *Execução no processo do trabalho*. 8. ed. São Paulo: LTr, 2016. p. 193-196.

Por outro lado, havia o entendimento pautado pela aplicação integral do art. 1.003 do Código Civil ao direito do trabalho, em razão da omissão celetista e da compatibilidade normativa pela concretização do primado da segurança jurídica. Logo, para os defensores dessa corrente, o sócio retirante deveria ser responsabilizado caso se constatasse que a dívida com o empregado existia à época em que este ex-sócio pertencia à sociedade. Nesse sentido: TST-RR-23700-23.2007.5.05.0025 Data de Julgamento: 22.02.2017, Relator Ministro: Cláudio Mascarenhas Brandão, 7ª Turma, Data de Publicação: DEJT 06.03.2017 e TST-AIRR-118700-41.2005.5.04.0383 Data de Julgamento: 10.12.2014, Relator Ministro: Mauricio Godinho Delgado, 3ª Turma, Data de Publicação: DEJT 12.12.2014.

Essa segunda corrente ainda defendia que a responsabilidade seria subsidiária, ou seja, o ex-sócio somente responderia com seus bens caso constatada a impossibilidade de satisfação do débito pela sociedade e pelos atuais sócios. Não obstante, ressalvava-se que em casos de fraude ou de notória insolvência da empresa ao tempo da retirada, a responsabilidade do sócio retirante deveria persistir mesmo que ultrapassado o prazo de dois anos[7].

Esse, aliás, era nosso posicionamento, já que não se mostra razoável conceber uma dívida perpétua, sendo medida conspiratória à pacificação social e causadora de profundo desequilíbrio e intranquilidade sociais. Nesse contexto, Ítalo Menezes pontua que, a prevalecer o entendimento da ausência de limitação temporal para responsabilidade do sócio retirante, este teria que acompanhar pelo resto de sua vida a atividade das sociedades que, algum dia, tenha feito parte, maculando o Princípio da Segurança Jurídica (art. 5º, XXXVI, da CF/1988), direito fundamental de notável importância também para os direitos sociais[8].

A reforma trabalhista coloca fim ao debate e passa a prever que o sócio retirante responde *subsidiariamente* pelas obrigações trabalhistas da sociedade, relativas ao período em que figurou como sócio, mas somente em ações ajuizadas *até dois anos depois de averbada a modificação do contrato*:

> Art. 10-A. *O sócio retirante responde subsidiariamente pelas obrigações trabalhistas da sociedade relativas ao período em que figurou como sócio, somente em ações ajuizadas até dois anos depois de averbada a modificação do contrato, observada a seguinte ordem de preferência:*
>
> *I – a empresa devedora;*
>
> *II – os sócios atuais; e*
>
> *III – os sócios retirantes.*

> *Parágrafo único. O sócio retirante responderá solidariamente com os demais quando ficar comprovada fraude na alteração societária decorrente da modificação do contrato.*

Como constou do próprio relatório do PL n. 6.787/2016, o período em que o sócio retirante pode ser alcançado – dois anos – teve prazo extraído da legislação civil e empresarial em vigor no País, além de também ser este o prazo prescricional para o ajuizamento de reclamação trabalhistas.

A despeito da intenção de viabilizar essa coincidência de marco temporal, devemos advertir que, na espécie, não estamos a tratar de prazo prescricional, mas sim decadencial. Isso porque, de acordo com o critério científico distintivo de prescrição e decadência formulado por Agnelo Amorim[9], os direitos potestativos ensejam prazos decadenciais enquanto direitos subjetivos fazem surgir prazos prescricionais.

Nesse contexto, cumpre rememorar que direitos potestativos são aqueles em que o seu titular pode influenciar a esfera jurídica de outrem pela sua simples vontade, enquanto os direitos subjetivos revelam pretensões decorrentes de violações de direitos, fazendo surgir a "actio nata" como início de um prazo prescricional.

Considerando que a responsabilidade do sócio retirante se inicia pela simples retirada da sociedade, inexistindo qualquer violação de direito, e atento ao fato de que não é necessário provar qualquer culpa do ex-sócio, emergindo a responsabilidade pelo simples ajuizamento da ação dentro do prazo legal, estamos a tratar de um direito potestativo e, assim, de prazo decadencial.

Além disso, até o advento da Reforma Trabalhista, a temática era tratada apenas no Código Civil e não foi fixada no regramento geral de prescrição dos arts. 205 e 206 do Código Civil, o que também faz enquadrar o prazo como decadencial, já que o atual código reuniu de forma expressa os prazos prescricionais em compartimento específico, na conformidade da doutrina civilista, citando-se, por todos, Carlos Roberto Gonçalves[10].

Por fim, o argumento de que o prazo seria prescricional porque se trata de prazo para ajuizamento de ação não nos parece adequado porque o critério definidor passa pela natureza do direito envolvido como exposto acima. Aliás, justamente por isso é que a doutrina é remansosa no sentido de que os prazos para ajuizamento de mandado de segurança e ação rescisória são decadenciais.

Importante registrar que essa questão teórica tem relevante efeito prático, uma vez que os prazos decadenciais não se suspendem nem se interrompem, na conformidade do art. 207 do Código Civil. Desse modo, caso ajuizada

---

7. SCHIAVI, Mauro. *Execução no processo do trabalho.* 8. ed. São Paulo: LTr, 2016. p. 193-196.
8. CASTRO, I. M. A responsabilidade do sócio retirante por débitos trabalhistas. *Revista de Direito do Trabalho* (São Paulo), v. 179, p. 41-62, n. 2017.
9. Disponível em: <http://www.direitocontemporaneo.com/wp-content/uploads/2014/02/prescricao-agnelo1.pdf>.
10. GONÇALVES, Carlos Roberto. *Direito civil brasileiro.* v. I: parte geral. 9. ed. São Paulo: Saraiva, 2011. p. 533-534.

uma reclamação trabalhista próxima ao fim do prazo de dois anos e superado este durante o transcurso da reclamação trabalhista, a eventual extinção do processo sem resolução do mérito faria sepultar eventual responsabilidade do ex-sócio, já que quando do novo ajuizamento o prazo já teria se esvaído.

2. O ALCANCE DA RESPONSABILIDADE DO SÓCIO RETIRANTE

Fixada a premissa de que o sócio retirante possui responsabilidade para os créditos trabalhistas, devemos reforçar a previsão do "caput" do art. 10-A, no sentido de que a responsabilidade do sócio retirante é subsidiária.

Considerando a ordem de preferência estabelecida pela Reforma Trabalhista, podemos afirmar que a sociedade possui responsabilidade primária, os sócios atuais possuem responsabilidade secundária os ex-sócios possuem responsabilidade terciária.

Importante esclarecer que a ordem de preferência para se reivindicar a responsabilidade secundária ou terciária não equivale à necessidade de se esgotar os meios de execução em face do devedor principal, já que para se alegar benefício de ordem se exige a indicação de bens livres e desembaraçados do devedor de classe anterior, na conformidade do art. 4º, § 3º, da Lei n. 6.830/1980, aplicável subsidiariamente por força do art. 889 da CLT, diante da existência de lacuna celetista mesmo com a Reforma Trabalhista.

Assim, é suficiente o mero inadimplemento de devedor de classe anterior para que se possa redirecionar a execução em face do devedor de classe subsequente. Havendo, assim, a citação para pagamento e este não ocorrendo, já tem a mora e, assim, se mostra apto partir para execução da classe subsequente, ainda que por meio do incidente de desconsideração da personalidade jurídica previsto nos arts. 133 e seguintes do Código de Processo Civil, agora enunciado como obrigatório pelo art. 855-A da CLT[11], mas sem prejuízo de eventual concessão de tutela provisória que venha a constritar bens a título acautelatório, na conformidade da Instrução Normativa n. 39/2016.

Importante destacar, ainda, que a lei não criou benefício de ordem entre sócios retirantes e eventuais responsáveis subsidiários assim declarados no título executivo, de modo que não pode o sócio retirante, com responsabilidade derivada da lei, exigir que primeiro se execute o responsável subsidiário, assim como não pode o responsável subsidiário exigir que primeiro se atinjam os ex-sócios.

Isso decorre do fato de que a responsabilidade do devedor subsidiário comporta benefício de ordem para com o devedor principal e não com devedores de responsabilidades derivadas. Nesse sentido, aliás, já se encontra pacificada a jurisprudência do C. TST, citando-se, por todos, o RR – 72-63.2012.5.03.0064, Relator Ministro: Hugo Carlos Scheuermann, Data de Julgamento: 07.06.2017, 1ª Turma, Data de Publicação: DEJT 09.06.2017.

Afasta-se a regra geral da responsabilidade subsidiária caso reste comprovada fraude na alteração societária decorrente da modificação do contrato. Nesse caso, o sócio retirante responderá solidariamente com os demais, por força do parágrafo único do art. 10-A da CLT, em consonância com a matiz do art. 942 do Código Civil.

A responsabilidade é restrita às obrigações relativas ao período no qual o sócio retirante figurou como sócio, conforme expressamente reconhecido na Reforma.

Uma questão que não ficou clara é sobre a responsabilidade do ex-sócio por dívidas contraídas antes do seu ingresso na sociedade. Imagine-se a hipótese de alguém que passa a fazer parte de sociedade já existente e depois dela se retira.

Cumpre rememorar a disposição do art. 10-A, que prevê a responsabilidade por *"obrigações trabalhistas da sociedade relativas ao período em que figurou como sócio"*. A interpretação literal do dispositivo conduziria à impossibilidade de responsabilização do ex-sócio pelas dívidas anteriores ao seu ingresso.

Contudo, entendemos que, ao ingressar na sociedade, o sócio assume os ativos e passivos existentes, de modo que as obrigações trabalhistas anteriores também fazem parte responsabilidade.

3. A POLÊMICA EM RELAÇÃO AO MARCO FINAL DA RESPONSABILIDADE TERCIÁRIA

Mesmo em relações às obrigações relativas ao período no qual o sócio retirante figurou como sócio, para que ele responda, é preciso que a ação seja ajuizada em até dois anos depois de averbada a modificação do contrato que instrumentalizou sua saída da sociedade.

O termo inicial do biênio (a data de averbação da saída do sócio) não gerava maiores dificuldades antes da Reforma de 2017, e permanece claro depois dela. Contudo, o termo final desses dois anos sempre foi alvo de grande controvérsia.

---

11. Conquanto fuja ao objeto deste trabalho, registra-se a forte crítica em adotar o incidente de desconsideração da personalidade jurídica ao processo trabalhista, visto que, nesta esfera da Justiça, o redirecionamento em face dos sócios e ex-sócios se dá, em regra, pelo mero inadimplemento (teoria objetiva ou menos da desconsideração – art. 28, § 5º, do CDC) e o incidente provoca a suspensão do processo para que o sócio possa produzir ampla atividade probatória sobre a sua responsabilidade e só depois do trânsito em julgado dessa temática é que a execução volta a correr, expediente esse desnecessário quando se está a falar de uma responsabilidade que se opera pelo mero inadimplemento, diversamente da regra da Justiça comum que exige abuso da personalidade jurídica através de elementos subjetivos que caracterizem desvio de finalidade ou confusão patrimonial. Por isso, no processo do trabalho, nos parece que seria razoável exigir apenas a citação. A Instrução Normativa n. 39/2016 do TST atenua esse cenário ao permitir a concessão de tutela provisória.

A primeira posição doutrinária era capitaneada por Homero Batista, para quem, antes da Reforma de 2017, a penhora era o ato jurídico apto a viabilizar a responsabilização do ex-sócio, se praticado dentro do biênio civilista. Se o ato constritivo acontecesse depois do prazo, o sócio retirante não seria responsável[12]. A segunda corrente afirmava que o ato processual que evitaria o transcurso do biênio seria a integração do ex-sócio ao processo, de modo que se a desconsideração da personalidade jurídica só ocorresse na fase de execução (a regra antes do art. 133 do CPC/2015), a citação do sócio para pagamento que exoneraria o credor do decurso do prazo dos artigos 1.003 e 1.032 do Código Civil.

Ambas as teses buscavam a prestigiar a segurança jurídica, evitando que se estabeleça um ônus muito grande ao sócio que se retira. Todavia, nenhuma das duas teses refletia o sentido adequado da norma civilista porque esvaziaram por completo a eficácia dos artigos 1.003, parágrafo único, 1.032 do Código Civil, e, agora, do art. 10-A da CLT, já que só o transcurso da fase de conhecimento seria suficiente para superar esse prazo de 2 anos e não se pode conceber que a lei contenha palavras inúteis.

A lei, aparentemente, fixou o marco final como sendo o ajuizamento da ação em face da sociedade, mas, se a examinarmos com atenção, ainda remanesceu uma "brecha" para se entender que o marco final seria para ajuizamento da ação em face do ex-sócio. Com efeito, a norma menciona que o sócio retirante responde subsidiariamente "em ações ajuizadas até dois anos depois de averbada a modificação do contrato[...]", sem enunciar que está a tratar de ação ajuizada apenas em face da sociedade.

Até o advento do CPC de 2015, não haveria qualquer dúvida em uma norma com esta redação, visto que a jurisprudência trabalhista se inclinava no sentido de que não havia interesse de agir para incluir os sócios na fase de conhecimento porque poderiam ser demandados em execução. Sucede que legislação em vigor trouxe a possibilidade ser suscitado o incidente de desconsideração da personalidade jurídica já na fase de conhecimento (art. 134 do CPC). Assim, poder-se-ia argumentar no sentido de que para alcançar os ex-sócios seria necessário os incluir no polo passivo com o ajuizamento da ação.

Tendemos a acreditar, contudo, que essa não seria a interpretação que melhor se afina com a teleologia juslaboral porque equivaleria a impor um ônus demasiado pela parte hipossuficiente da relação jurídica, sob a ótica do princípio da norma mais favorável na vertente "in dubio pro operário", já que estamos a falar de norma de direito material (responsabilidade por obrigações).

Não se olvide, ainda, que o ex-sócio já tem prévia ciência de que, por força de lei, possui responsabilidade pelas dívidas anteriores pelo prazo de até dois anos entre a averbação de sua saída e o ajuizamento de ações, razão pela qual é razoável lhe exigir o acompanhamento de ações que sejam ajuizadas em face da sociedade de que fez parte.

Ainda que não mais faça parte da sociedade, a existência legal da responsabilidade lhe traz interesse jurídico, inclusive, em obter certidões de distribuição de feitos trabalhistas, sendo certo que nos dias atuais muitos tribunais permitem essa consulta de modo "on line", por meio do CNPJ da pessoa jurídica.

Em arremate, a redação da norma poderia ter trazido essa leitura mais restritiva ao direito do credor trabalhista e não o fez, sendo recomendável pelas regras de hermenêutica não fazer distinção restritiva quando o legislador não excepcionou.

Entendemos, portanto, que o ajuizamento da ação trabalhista em face da sociedade é medida suficiente para conservar o direito de eventual responsabilização do ex-sócio.

4. A RESPONSABILIDADE DO SÓCIO RETIRANTE NO CASO DE FRAUDE

Vimos que, na esteira do parágrafo único do art. 10-A da CLT, a responsabilidade do sócio retirante é solidária nos casos de fraude.

A Reforma, contudo, foi omissa no tocante ao prazo de responsabilidade nos casos de fraude. Nesse caso, indaga-se: *o sócio retirante fraudador responde solidariamente pelas obrigações trabalhistas, relativas ao período em que figurou como sócio, somente em ações ajuizadas até dois anos depois de averbada a modificação do contrato? Ou, nos casos de fraude, não haveria limitação temporal para o ajuizamento da ação?*

Entendemos que a Lei, ao mencionar "até dois anos depois de *averbada* a modificação do contrato" pressupõe a *regular* averbação. Com efeito, *nemo auditur propriam turpitudinem allegans* (ninguém pode se valer da própria torpeza). Se a averbação teve o intuito de fraudar, entendemos que a responsabilidade do sócio retirante deve persistir por prazo superior a dois anos.

Nesse sentido, aliás, já se manifestava Mauro Schiavi[13]:

> *Não obstante, em casos de fraude ou de notória insolvência da empresa ao tempo da retirada, a responsabilidade do sócio retirante deve persistir por prazo superior a dois anos. Por outro lado, a experiência nos tem demonstrado que muitos sócios deixam a sociedade quando ela tem dívidas trabalhistas ou está prestes a sofrer execuções trabalhistas que possam levá-las à insolvência. Em razão disso, pensamos que o sócio retirante, pelo princípio da boa-fé objetiva que deve nortear os negócios jurídicos, ao*

---

12. SILVA. Homero Batista Mateus da. *Curso de Direito do Trabalho Aplicado.* v. 10: execuções trabalhistas. 2. ed. São Paulo: Revista dos Tribunais, 2015. p. 57.
13. SCHIAVI, Mauro. *Execução no processo do trabalho.* 5. ed. São Paulo: LTr, 2013. p. 169-170.

sair da sociedade, deve retirar certidões que comprovem a inexistência de dívidas trabalhistas à época da saída, ou que, mesmo elas existentes, a sociedade tem patrimônio suficientes para quitá-las. Caso contrário, a responsabilidade do sócio retirante persistirá mesmo após dois anos contados da data da saída.

Como observado por Italo Menezes[14], o Superior Tribunal de Justiça já endossou essa tese:

> *DIREITO EMPRESARIAL E PROCESSUAL CIVIL. DESCONSIDERAÇÃO INVERSA DA PERSONALIDADE JURÍDICA. REEXAME DE FATOS E PROVAS. IMPOSSIBILIDADE. SÚMULA N. 7/STJ. NEGATIVA DE PRESTAÇÃO JURISDICIONAL. NÃO OCORRÊNCIA. [...] 2.- Tendo o Tribunal de origem afirmado a existência de atos caracterizadores de abuso da personalidade jurídica da empresa, não há como, em sede de recurso especial, afirmar-se o contrário. Incidência da Súmula n. 7/STJ. 3.- O artigo 1.032 do Código Civil de 2002 trata da ultratividade da responsabilidade do sócio tem pelas obrigações da sociedade em situações ordinárias. Na hipótese não se cuida de uma responsabilidade ordinária, mas de responsabilidade extraordinária, fundada na existência de abuso de direito, tanto assim que aplicada a teoria da desconsideração da personalidade jurídica, razão por que o referido dispositivo não tem incidência. [...] (STJ – REsp 1.269.897/SP, Rel. Ministro SIDNEI BENETI, TERCEIRA TURMA, julgado em 05/03/2013, DJe 02.04.2013).*

E, se até mesmo o Tribunal Superior que cuida de relações simétricas já afastou o limite temporal no caso de fraude, com muito mais razão este afastamento deve ser realizado em uma relação, em regra, desigual, como é a trabalhista.

Logo, a responsabilidade passa a compreender todo o tempo em que esteve a viger o contrato de trabalho, e não apenas aquele em que o sócio integrava a sociedade.

5. CONCLUSÃO

Entendemos ser louvável a previsão expressa de que se aplica a limitação temporal de responsabilidade para débitos trabalhistas pelos sócios retirantes, mas se lamenta que a lei tenha deixado lacunas a serem sanadas pelos debates acadêmicos e pela jurisprudência, como eventual confronto de responsabilidade entre a tomadora de serviços e o sócio retirante, a delimitação mais precisa do marco final da responsabilidade e a existência, ou não, de prazo para os casos de fraude.

---

14. CASTRO, I. M. A responsabilidade do sócio retirante por débitos trabalhistas. *Revista de Direito do Trabalho* (São Paulo), v. 179, p. 41-62, n. 2017.

O Protesto de Decisão Judicial Trabalhista Transitada em Julgado, a Reforma Trabalhista e a Busca Pela Máxima Efetividade da Tutela Jurisdicional

Isabela Márcia de Alcântara Fabiano[1]

1. INTRODUÇÃO

Este estudo aborda e investiga o tratamento dado pela Lei n. 13.467/2017, apelidada de Reforma Trabalhista, ao protesto de decisão judicial transitada em julgado na Justiça do Trabalho.

Os seus objetivos são compreender o instituto e tentar extrair desse meio coercitivo indireto o seu potencial máximo para a transformação da realidade fática em busca da satisfação do crédito trabalhista.

Para tanto, em observância ao princípio da supremacia da Constituição, antes da análise do tópico central do trabalho, são relembradas as consequências provocadas pelo fenômeno da constitucionalização do direito que, juntamente com os seus dois ícones (normatização de princípios e redimensionamento da tutela dos direitos fundamentais), influenciaram o Direito do Trabalho e, por conseguinte, o Processo do Trabalho – de viés instrumental substancial.

Em seguida, faz-se breve exposição da evolução legislativa do protesto. São apresentados o seu conceito, procedimento e efeitos jurídicos nos termos das Leis n. 9.492/1997 e n. 11.101/2005.

O tratamento dado à matéria pela doutrina e jurisprudência brasileiras é explorado antes e depois da vigência do art. 517 do Código de Processo Civil de 2015 (CPC/2015).

Posteriormente, é descrita a previsão do mecanismo, introduzido no art. 883-A da Consolidação das Leis do Trabalho (CLT), por força da Reforma Trabalhista, para posterior cotejo com o teor e o espírito da norma processual civil correspondente, que apregoa o direito à tutela executiva fundamental.

São apontadas as boas práticas observadas em alguns tribunais brasileiros e relacionadas as (in)coerências da regulação do instituto na esfera trabalhista, para, em considerações finais, concluir-se pela necessidade do bom uso e aproveitamento desse meio coercitivo indireto, com todas as vantagens que lhe são inerentes, já que o protesto pode influenciar na vontade do devedor diante das consequências que provoca, quais sejam: a publicidade do inadimplemento, a constituição em mora, a imputação de responsabilidade aos coobrigados, a inserção do nome do devedor em cadastro de maus pagadores, o risco de recuperação judicial e até mesmo de falência da sociedade empresária.

Enfim, quer-se demonstrar que o caráter persuasivo/suasório do protesto é proporcional na tentativa de garantir máxima efetividade à tutela jurisdicional, sobretudo de natureza trabalhista, que constitui crédito superprivilegiado, com qualidade de *necessarium vitae,* que está incorporado em decisão judicial sujeitas à autoridade da coisa julgada.

2. A CONSTITUCIONALIZAÇÃO DO DIREITO E O REDIMENSIONAMENTO DA TUTELA DOS DIREITOS FUNDAMENTAIS TRABALHISTAS

As Constituições assumem relevante papel na persecução de segurança e estabilidade para um povo, porquanto, em sua acepção formal, são documentos enunciadores de direitos e de garantias formulados com a intenção de durar no tempo e no espaço.

Dependendo da sua classificação quanto à estabilidade (rígidas, flexíveis ou semirrígidas), elas podem perpetuar instituições consideradas nucleares para determinado ordenamento jurídico, impondo o cumprimento de rijos procedimentos especiais para eventual alteração em seu texto, ou facilitar sua renovação via processo legislativo igualmente exigível para a elaboração de leis ordinárias. Finalmente, as Constituições podem ser mescladas as duas hipóteses narradas para a operacionalização de reforma constitucional.

Embora o tratamento dogmático tradicional imponha que as mudanças constitucionais devam seguir as formalidades dispostas no corpo da própria Norma Fundamental

---

[1]. Mestre em Direito do Trabalho pela PUC-Minas. Especialista em Direito do Trabalho e Processo do Trabalho pelo IEC PUC-Minas. Bacharel em Direito pela UFMG. Professora de Processo do Trabalho nos Cursos de Especialização em Processo e em Direito do Trabalho do IEC PUC-Minas e no MBA em Direito do Trabalho e Processo do Trabalho do Centro Universitário Newton Paiva. Servidora concursada do TRT/MG. Formadora da Escola Judicial do TRT/MG. Coordenadora e revisora de obras jurídicas coletivas e articulista.

quando ali previstas, não há dúvidas de que as mutações de fato cada vez mais frequentes em uma civilização pós-moderna, marcada por conflitos massificados e repetitivos, demandam do sistema jurídico maior agilidade e, igualmente, eficiência social.

Em razão disso e considerando as monstruosas arbitrariedades cometidas pela Alemanha nazista e pela Itália fascista durante a Segunda Grande Guerra, sob o fundamento de que suas condutas e opções políticas de extermínio estavam legitimadas por norma positivista pura, dissociada de conteúdo axiológico, é que a dogmática constitucionalista tradicional, a partir de 1945, sofreu fortes questionamentos. A necessidade premente de redemocratizar a Europa impunha a reaproximação do direito com a ética e com a moral.[2]

Luís Roberto Barroso aponta como baliza filosófica do novo constitucionalismo o movimento pós-positivista, fundado na convergência do jusnaturalismo e do positivismo naquilo que os dois têm de melhor a oferecer. No particular, acentua com propriedade:

> O pós-positivismo busca ir além da legalidade estrita, mas não despreza o direito posto; procura empreender uma leitura moral do Direito, mas sem recorrer a categorias metafísicas. A interpretação e aplicação do ordenamento jurídico hão de ser inspiradas por uma teoria de justiça, mas não podem comportar voluntarismos ou personalismos, sobretudo os judiciais.[3]

Dois ícones do pós-positivismo são a normatização dos princípios e o amadurecimento da teoria dos direitos fundamentais. Ambos contribuem, sobremaneira, para o reconhecimento de força normativa à Constituição, considerada a Lei Fundamental de uma nação, que, em seu teor, por meio de princípios explícitos ou implícitos, trará a síntese dos valores considerados essenciais para aquele ordenamento jurídico.

De acordo com a nova dogmática constitucional, os princípios não enunciam meras normas programáticas, carentes de eficácia imediata; não têm função interpretativa subsidiária, nem representam promessas vazias, inatingíveis, porque metafísicas. Pelo contrário, eles galgaram o *status* de mandados de otimização e, na sistemática constitucional, passaram a ocupar preeminência, já que sua densidade jurídica é suficiente para fins de irradiação, harmonização e correta interpretação de todo o sistema jurídico vigente.

Na condição de alicerces do edifício normativo, os princípios orientam o exegeta na compreensão das disposições constitucionais e infraconstitucionais, colaborando para a unidade e a harmonia do sistema jurídico como um todo. Eles possuem dimensão operativa, na medida em que condicionam a validade dos atos praticados pelas três funções estatais à correta interpretação e aplicação das normas vigentes conforme os valores constitucionais.

A normatização dos princípios se expandiu na seara constitucional e produziu efeitos nos demais ramos jurídicos, o que é salutar ante a definição da racionalidade jurídico-axiológica que orientará a ordem jurídica. Por isso, a exaltação de princípios nos direitos material e processual é muito bem-vinda, principalmente quando estão em análise relações jurídicas essencialmente assimétricas e desiguais, como as decorrentes do contrato de trabalho.

Sobre os direitos fundamentais – outro símbolo do pós-positivismo –, o amadurecimento[4] de teoria específica ao tema tem por escopo garantir convivência digna, livre e igual para todos os seres humanos com amparo em previsão normativa.

E não se esgota aí.

Uma das principais derivações do neoconstitucionalismo – além do reconhecimento da força normativa à Constituição, que deixou de ser vista e tratada como documento político, sem força jurídica, ou como carta cujo objeto estava restrito à formação e à conformação do Estado – é a colocação da Lei Fundamental realmente em nível supremo na pirâmide normativa, e não mais apenas em nível retórico, como antes.

Desse modo, valendo-se da teoria pura do direito desenvolvida por Hans Kelsen[5], conclui-se que, se a norma inferior encontra seu substrato na norma superior, é inarredável que a carga axiológica priorizada pela norma constitucional refletirá em todo o edifício jurídico, sendo dever do hermeneuta zelar pela supremacia da Norma Fundamental e harmonia do sistema jurídico.

Feitas essas breves anotações, o neoconstitucionalismo e a constitucionalização dos direitos traduzem enorme progresso no aperfeiçoamento da tutela de direitos fundamentais trabalhistas, cuja vulneração reiterada e massificada há de ser combatida com eficiência, seja nos liames firmados entre o indivíduo e o Estado, seja nos ajustes celebrados entre particulares dentro e fora das relações de emprego.

---

2. Ressalte-se que, no Brasil, esse fenômeno só ocorreu tardiamente com a Constituição de 1988.
3. BARROSO, Luís Roberto. Neoconstitucionalismo e constitucionalização do direito: o triunfo tardio do direito constitucional no Brasil. In: *Revista do Tribunal de Contas do Estado de Minas Gerais*. ano XXV, v. 65, n. 4, 2007, p. 22.
4. Os direitos fundamentais já eram reconhecidos no jusnaturalismo e no positivismo. No entanto, foi no pós-positivismo que assumiram papel central no sistema jurídico.
5. Embora Hans Kelsen seja apontado como um dos expoentes do positivismo, sua teoria pura do direito acabou oferecendo subsídios para o desenvolvimento do fenômeno da constitucionalização do direito, tão difundido pelo movimento pós-positivista.

3. A EVOLUÇÃO DO PROCESSO EM PROL DA EFETIVIDADE DOS DIREITOS FUNDAMENTAIS TRABALHISTAS: O PROTESTO INSERIDO NESSE CONTEXTO

Piero Calamandrei, durante o discurso *"Processo e Giustizia"*, que abriu o Congresso Internacional de Processo Civil, realizado na cidade italiana de Florença, durante os dias 30 de setembro a 3 de outubro de 1950, organizado pela Associação Italiana de Estudiosos do Processo Civil, fez duras críticas ao "abstracionismo, dogmatismo e panlogismo"[6], que orientavam a dogmática processual tradicional. Na oportunidade, alertou:

> [...] O pecado mais grave da ciência processual destes últimos cinquenta anos tem sido, no meu entender, precisamente este: ter separado o processo de sua finalidade social; ter estudado o processo como um território fechado, como um mundo por si mesmo, ter pensado que se podia criar em torno do mesmo uma espécie de soberbo isolamento separando-o cada vez de maneira mais profunda de todos os vínculos com o direito substancial, de todos os contatos com os problemas de substância; da justiça, em suma.[7] (tradução livre)

O discurso de Calamandrei no denominado "Movimento Florença" deixa claro que a cisão entre o direito processual e o direito substantivo não deve ser instigada. Ao contrário. A construção de uma ciência processual deve fortalecer a busca pela verdade e justiça no momento de decidir, judicialmente, o direito material.

Merece transcrição o posicionamento de Proto Pisani, citado por Luiz Guilherme Marinoni:

> Se o processo pode ser visto como instrumento, é absurdo pensar em neutralidade do processo em relação ao direito material e à realidade social. O processo não pode ser indiferente a tudo isso. Nesse sentido, é correto dizer que "nunca houve autonomia do processo, mas sim uma relação de interdependência entre o direito processual e o direito material."[8]

Para José Roberto Freire Pimenta e Lorena Vasconcelos Porto, o processo

> [...] continua sendo autônomo em relação ao direito material. Mas deixou de ser neutro e indiferente em relação ao mesmo, com ele mantendo uma relação de instrumentalidade de mão dupla: os direitos subjetivos só existem realmente se houver a predisposição e a utilização de meios processuais para sua concretização coativa nos casos de inadimplemento e, por outro lado, os instrumentos processuais só terão sentido e utilidade prática se a ordem jurídica consagrar direitos subjetivos materiais dignos de fruição por seus titulares.[9]

Nesse cenário, entre processo e direito material há uma ligação essencial que os completa e reforça a necessidade de o primeiro operacionalizar a concretização do segundo mediante a produção de resultado justo e efetivo, sob pena de inutilidade do direito substancialmente contido na norma.

O direito material não dispensa a acionalidade qualificada, portanto. E esta não se restringe ao exercício do direito subjetivo de ação; espraia-se por todo o processo, em qualquer fase.

Como o direito à máxima efetividade da tutela jurisdicional é desdobramento lógico do princípio do acesso à ordem jurídica justa, uma vez que o Poder Judiciário, quando provocado, há de assegurar resultados úteis e concretos, no menor tempo possível, em favor daquele que tem razão – seja em respeito ao credor, seja para a manutenção da segurança jurídica, seja para a garantia de própria credibilidade da função estatal –, o protesto de decisão judicial transitada em julgado há de ser prestigiado no cotidiano forense, pois se enquadra no conjunto de medidas coercitivas indiretas hábeis a assegurar tal desiderato.

4. PROTESTO: BREVES NOTAS SOBRE A SUA EVOLUÇÃO HISTÓRICA E LEGISLATIVA

A evolução histórica do protesto apresenta pontos de contato com o desenvolvimento do título de crédito, pois o surgimento e o crescimento do comércio demandaram, para a constante negociação de produtos e riquezas, confiança entre os envolvidos e a representação, mediante documentos, do direito do portador desse título de exigir a cobrança de seu crédito em face daquele que dele se beneficiou antecipadamente.

Foi em razão desse cenário que nasceram os títulos de crédito que configuram "papéis em que estavam incorporados os direitos do credor contra o devedor"[10].

---

6. No Dicionário Eletrônico Houaiss da Língua Portuguesa, panlogismo é definido como "pressuposição teórica compartilhada por certas doutrinas, tais como o leibnizianismo ou esp.[sic] o hegelianismo, segundo as quais o mundo é inteiramente cognoscível pelo saber humano, em decorrência da organização intrinsecamente racional da realidade objetiva".
7. No original: "Il peccato più grave della scienza processuale di quest'ultimo cinquantennio è stato secondo me proprio questo: di aver separato il processo dal suo scopo sociale; di aver studiato il processo come un territorio chiuso, come un mondo a sé, di aver creduto di poter creare intorno ad esso una specie di superbo isolamento staccandolo sempre più profondamente da tutti i legami col diritto sostanziale, da tutti i contatti coi problemi di sostanza; dalla giustizia insomma". (CALAMANDREI, Piero. Processo e giustizia. In: *Studi sul processo civile*. Padova: CEDAM, 1957. p. 08-09)
8. PISANI, Andrea Proto. Appunti sulla giustizia civile. Bari: Cacucci, 1982, p. 11. *Apud* MARINONI, Luiz Guilherme. *Técnica processual e tutela dos direitos*. São Paulo: Revista dos Tribunais, 2004. p. 191-192.
9. PIMENTA, José Roberto Freire; PORTO, Lorena Vasconcelos. Instrumentalismo substancial e tutela jurisdicional civil e trabalhista: uma abordagem histórico-jurídica. *Revista do Tribunal Regional do Trabalho 3ª Região, Belo Horizonte*. v. 43, n. 73, jan.-jun. 2006, p. 119.
10. MARTINS, Fran. *Títulos de crédito: letra de câmbio e nota promissória*. 10. ed. Rio de Janeiro: Forense, 1995, v. 1, p. 04.

De acordo com Fran Martins, o florescimento das negociações, na Idade Média, nas cidades marítimas italianas, impulsionou a diversidade de moedas trazidas por comerciantes de várias partes do mundo, havendo a necessidade de operações de câmbio ou trocas de moedas.

Como os mercadores tinham receio de retornar às suas cidades com vultosas quantias, passaram a depositá-las nas mãos de banqueiros que, por sua vez, começaram a emitir um documento no qual declaravam que, no local nele designado, pagariam idêntico valor àquele depositado. O próprio banqueiro fazia o pagamento ou um de seus correspondentes no lugar indicado para o resgate.

Além da mencionada declaração, o banqueiro enviava uma carta (*lettera di pagamento* ou *lettera di cambio*) ao seu correspondente. Essa correspondência é que deu origem à letra de câmbio por conter uma ordem de pagamento.

Com o passar dos tempos, no entanto, o banqueiro passou a entregar a aludida carta diretamente ao depositante, com a finalidade de garantir-lhe, futuramente, o levantamento do dinheiro, em outra praça, diversa daquela onde o negócio fora realizado.

E o protesto foi constituído como meio destinado a provar a falta ou recusa do aceite ou do pagamento da letra de câmbio.

No Brasil, a primeira regulamentação do protesto se deu mediante o Código Comercial de 1850, limitando-o à letra de câmbio.

Posteriormente, foi editado o Decreto n. 2.044 de 1908, que dispôs sobre o protesto em nota promissória e revogou as disposições do Código Comercial no tocante ao protesto de letra de câmbio.

Por força da Lei Uniforme de Genebra – LUG –, mediante o Decreto-Lei n. 57.663 de 1966, alguns dispositivos do Decreto n. 2.044 foram revogados, mas outros permaneceram em vigor em face de ressalvas opostas à LUG pelo governo brasileiro.

A Lei n. 7.357 de 1985 passou a regular o protesto de cheque, além de dispor sobre a duplicata mercantil em virtude de alterações promovidas nos arts. 13 e 14 da Lei n. 5.474 de 1968.

A Lei n. 6.690 de 1979, que até então regulamentava o cancelamento do protesto, foi revogada pela Lei n. 9.492 de 1997, denominada "Lei de Protesto Cambial e de Outros Documentos de Dívida", em vigor e parcialmente modificada pela Lei n. 12.767/2012.

Nos termos do art. 1º da Lei n. 9.492/1997, ainda vigente, o protesto constitui "[...] ato formal e solene pelo qual se prova a inadimplência e o descumprimento de obrigação originada em títulos e outros documentos de dívida".

5. PROTESTO: ANOTAÇÕES SUCINTAS SOBRE O SEU PROCEDIMENTO E EFEITOS JURÍDICOS

O procedimento do protesto pode ser sintetizado da seguinte forma: 1) requerimento de apontamento; 2) recepção; 3) apontamento; 4) intimação do devedor; 5) registro do protesto – etapa, porém, que não existirá se houver o pagamento da dívida constante do título ou o proferimento de ordem judicial determinando a sustação do protesto.

Abaixo, são feitas anotações sucintas sobre as fases procedimentais do protesto, balizando-se nos ensinamentos de Oliveira e Barbosa[11].

Trata-se o requerimento de apontamento de ato formal em que o apresentante (credor) faz um requerimento, por escrito, à autoridade cartorária, requerendo o registro do protesto. O requerimento é objeto de protocolo. É fornecido ao apresentante recibo do qual constam as características essenciais do título.

A recepção consiste no ato pelo qual a autoridade cartorária procede ao juízo de admissibilidade do pedido, que investiga se os dados pessoais e o endereço do devedor foram fornecidos pelo apresentante; se os requisitos legais do título que se pretende protestar estão satisfeitos; se o título foi apresentado na localidade indicada.

Como o devedor precisa tomar ciência do requerimento de protesto feito pelo apresentante, o Tabelião de Protesto expede a intimação do primeiro, no endereço fornecido pelo segundo, considerando-se cumprido o ato comunicatório quando comprovada a sua entrega no destino indicado (art. 14, *caput*, da Lei n. 9.492/1997).

Para garantir o êxito da intimação, esta pode ser feita por portador do próprio tabelião, ou por qualquer outro meio, contanto que o recebimento fique assegurado e comprovado mediante protocolo, aviso de recepção (AR) ou documento equivalente (art. 14, §1º, da Lei n. 9.492/1997).

Caso a pessoa indicada para aceitar ou pagar for desconhecida, sua localização for incerta ou ignorada, ou se ela for residente ou domiciliada fora da competência territorial do Tabelionato, ou, ainda, caso ninguém se disponha a receber a intimação no endereço fornecido pelo apresentante, a intimação será feita por edital, afixado no Tabelionato de Protesto e publicado pela imprensa local onde houver jornal de circulação diária (art. 15, *caput* e §1º, da Lei 9492/1997).

Por força do art. 12 do multicitado diploma legal, o protesto será registrado dentro de três dias úteis contados do protocolo do título ou documento de dívida, sendo que, na contagem desse prazo, exclui-se o dia do protocolo e inclui-se o do vencimento.

Promovida regularmente a intimação, o devedor tem a faculdade de pagar o débito descrito no título, aceitá-lo ou

---

11. OLIVEIRA, Eversio Donizete de; BARBOSA, Magno Luiz. *Manual prático do protesto extrajudicial sob o prisma da Lei n. 9.492, de 10 de setembro de 1997*: comentários à Lei 9.492/97 jurisprudência, legislação e prática. 2. ed. rev. e atual. São Paulo: Lemos e Cruz, 2009.

requerer determinação judicial com vistas a conseguir a sustação do protesto.

Em detrimento do devedor que se mantiver inerte será realizado o registro do protesto.

Considerando a redação do art. 2º da Lei n. 9.492/1997, cujo teor determina que os serviços concernentes ao protesto são garantidores da autenticidade, publicidade, segurança e eficácia dos atos jurídicos, entende-se que os efeitos mais comuns do instituto são comprovar e dar publicidade à inadimplência do devedor, constituindo-o em mora e assegurando, em proveito do credor, a responsabilização dos coobrigados pela dívida.

Os títulos protestados ainda podem embasar pedidos de recuperação judicial e falência do empresário e da sociedade empresária (arts. 51, VIII e 94, §3º, ambos da Lei n. 11.101/2005).

A par disso, na dicção do art. 29 da Lei n. 9.492/1997, os cartórios de protesto fornecerão às entidades representativas da indústria e do comércio ou àquelas vinculadas à proteção do crédito, quando solicitada, certidão diária, em forma de relação, dos protestos tirados e dos cancelamentos efetuados, com a nota de se cuidar de informação reservada, da qual não se poderá dar publicidade pela imprensa, nem mesmo parcialmente.

6. PROTESTO: NATUREZA JURÍDICA

Conhecido um pouco mais o instituto em epígrafe, não há dúvidas de que o protesto é uma medida que impacta negativamente os interesses do devedor, pois, mediante ato solene e formal, a sua credibilidade e idoneidade sofrem abalo perante a sociedade como um todo em função da comprovação e da publicidade da sua dívida, agravadas pela inserção do seu nome em cadastro de maus pagadores e até mesmo possibilidade de quebra.

Por isso, o expediente encerra meio alternativo de cumprimento de obrigação e, também, medida coercitiva indireta, pois o constrangimento que é impingido ao devedor tem o propósito de interferir em sua vontade e modificar o seu comportamento. Daí o cunho suasório do protesto.

Em face dos infortúnios provocados, o inadimplente, muitas vezes, vê-se compelido ao pagamento do valor devido, para a respectiva recuperação de sua honra e boa fama no mercado, tendo em vista que a confiança, o compromisso, a pontualidade, a solvabilidade, o crédito e o adimplemento são valores importantes para o êxito das suas atividades.

No âmbito empresarial, exemplificativamente, o protesto acarreta restrições à celebração de contratos de mútuo, financiamentos para concessão de capital de giro, emissão de cheques da sociedade e outras operações, além de inviabilizar a concretização de negociações futuras com terceiros.

Na esfera individual, a falta de crédito impede, muitas vezes, o consumo de bens mediante parcelamento – prática que é muito utilizada pelos cidadãos brasileiros[12]. Paralelamente, há as limitações impostas para obtenção de empréstimo bancário etc.

O alcance e as repercussões decorrentes do protesto são expressivos.

Pires e Pires chegaram a afirmar que "o Cartório de Protesto representa a guilhotina do regime capitalista".[13]

De acordo com Rubem Garcia, citado por Pires e Pires,

> Mais que um instrumento para marcar a impontualidade, o protesto passou a ter uma conotação de cobrança extrajudicial, de execução forçada. Houve uma proliferação de serviços de proteção ao crédito e outros serviços informativos paralelos com a única finalidade de cadastrar e redistribuir os dados sobre os pagadores impontuais.[14]

Não obstante as críticas e até mesmo excessos dirigidos em face do instituto, construídos e apresentados, sobretudo, para tentar evitar e ou abrandar o rigor desse meio executório indireto, emerge cristalino que os seus efeitos potencializam a chance de pagamento, a ponto de a legislação ter sido objeto de constantes alterações para incluir no rol de títulos protestáveis não apenas os de cunho cambial (v.g. letras de câmbio, cheques), mais os títulos em geral e outros documentos de dívida.

7. PROTESTO DE DECISÕES JUDICIAIS TRANSITADAS EM JULGADO ANTES DO CPC/2015: EVOLUÇÃO DOUTRINÁRIA E JURISPRUDENCIAL

Em que pese o silêncio do Código de Processo Civil de 1973 e de suas sucessivas reformas setorizadas, a doutrina e os tribunais brasileiros, paulatinamente, foram desconstruindo o dogma de que o protesto era privativo dos títulos cambiais.

---

12. De acordo com estudos feitos pelo Instituto de Pesquisa Econômica Aplicada (IPEA), publicado em setembro de 2017 e intitulado "Impactos Macroeconômicos da Expansão do Crédito no Brasil: o período 2001-2011", nesse interregno, ocorreu, no Brasil, forte processo de aprofundamento do crédito privado, que passou de 27,2% para 51,6% do Produto Interno Bruto (PIB). Entre os fatores que contribuíram para a elevação do crédito, destacaram-se: i) a adoção do crédito consignado; ii) as alterações na legislação do crédito para automóveis; e iii) as alterações na legislação do crédito imobiliário. Esses fatos demonstraram como a concessão de crédito é importante para os brasileiros, que ocupam posição de destaque no ranking mundial do consumo.
13. PIRES, José Paulo Leal Ferreira; PIRES, Ieda Maria Ferreira. *Comentários à nova Lei de protesto cambial e de documentos de dívida*. São Paulo: Malheiros, 1998, p. 65.
14. GARCIA, Rubem apud PIRES, José Paulo Leal Ferreira; PIRES, Ieda Maria Ferreira. *Comentários à nova Lei de protesto cambial e de documentos de dívida*. São Paulo: Malheiros, 1998, p. 65.

Carlos Henrique Abrão, em 1999, apresentou um conceito para o instituto que abarcava as decisões judiciais:

> Típico ato formal e de natureza solene, destinado a servir de meio probatório na configuração do inadimplemento, reveste-se o protesto de qualidades próprias, as quais denotam o relacionamento com uma determinada obrigação sem a consequente responsabilidade a ela satisfeita. Priorizado na situação de ato extrajudicial, de espírito público, sempre na esfera formal que delineia sua concretização, o ato notarial tem uma eficácia que gera efeitos nas circunstâncias do padrão obrigacional, ou seja, o limite temporal estabelecido, quando determinado, restou desatendido[15].

Na jurisprudência, foram elaborados precedentes relevantes no âmbito do Superior Tribunal de Justiça e, também, do Tribunal Regional do Trabalho de Minas Gerais, citados em julgamentos posteriores.

Arrimados tanto na definição mais extensiva do protesto, constante do art. 1º da Lei n. 9.492/197, quanto na interpretação contextualizada do expediente e na intersecção entre os regimes jurídicos do Direito Público e do Direito Privado – necessária para assegurar a máxima efetividade às normas constitucionais –, esses julgados declararam, expressamente, o cabimento do instituto no tocante às certidões de dívida ativa e decisões judiciais transitadas em julgado nos idos de 2009 e 2010, respectivamente:

> EMENTA: RECURSO ESPECIAL. PROTESTO DE SENTENÇA CONDENATÓRIA, TRANSITADA EM JULGADO. POSSIBILIDADE. EXIGÊNCIA DE QUE REPRESENTE OBRIGAÇÃO PECUNIÁRIA LÍQUIDA, CERTA E EXIGÍVEL. 1. O protesto comprova o inadimplemento. Funciona, por isso, como poderoso instrumento a serviço do credor, pois alerta o devedor para cumprir sua obrigação. 2. O protesto é devido sempre que a obrigação estampada no título é líquida, certa e exigível. 3. Sentença condenatória transitada em julgado, é título representativo de dívida – tanto quanto qualquer título de crédito. 4. É possível o protesto da sentença condenatória, transitada em julgado, que represente obrigação pecuniária líquida, certa e exigível. 5. Quem não cumpre espontaneamente a decisão judicial não pode reclamar porque a respectiva sentença foi levada a protesto (REsp 750805/RS, Rel. Ministro HUMBERTO GOMES DE BARROS, TERCEIRA TURMA, DJe 16.06.2009).[16]

> EMENTA: PROTESTO EXTRAJUDICIAL – Lei N. 9.492/1997 – TÍTULO EXECUTIVO CONSUBSTANCIADO EM SENTENÇA TRÂNSITA EM JULGADO – POSSIBILIDADE. "Historicamente, o instituto de protesto de títulos sempre esteve atrelado a fatos tidos como relevantes para as relações cambiais, como quando para comprovar a falta ou recusa de aceite ou de pagamento de título de crédito, objetivando a proteção dos direitos cambiários do portador. Atualmente, o instituto é contemplado pelo art. 1º da Lei n. 9.492/1997 como "ato formal e solene pelo qual se prova a inadimplência e o descumprimento de obrigação originada em títulos e outros documentos de dívida". Mais do que consignar a definição de protesto, o dispositivo promoveu uma verdadeira revolução ao ampliar profundamente o seu objeto, com a inserção dos documentos de dívida no rol dos títulos protestáveis, possibilitando o alcance de todas as situações jurídicas originadas em documentos que representem dívida em dinheiro. Assim sendo, com o advento da Lei Federal n. 9.492/1997, surge a possibilidade do protesto das sentenças judiciais." Aliás, muito comum o seguinte cenário se materializar: o credor é declarado vencedor na demanda, a condenação transita em julgado e posteriormente o credor – então exequente – inicia a fase de cumprimento de sentença apenas para descobrir que o executado ou não tem bens ou é muito hábil em omiti-los. É bem verdade que alguns instrumentos (como a modernização do procedimento de cumprimento, a utilização do Bacen-Jud, entre outros), e até mesmo as alterações no CPC tem ocasionado melhoria no retorno da execução, mas a triste verdade é que o uso de alguns artifícios (alguns jurídicos, outros anti-éticos, e alguns até ilegais), pode protelar, e até frustrar por completo, a pretensão executiva. Sendo infrutífero o resultado das vias normais de execução, é não só possível, mas necessário à parte se valer de meios indiretos para forçar o adimplemento da obrigação. "Em uma época em que juristas e parlamentares concentram esforços acerca de uma reforma que possibilite a reabilitação do processo judicial sob o prisma do binômio efetividade e celeridade, o protesto extrajudicial de títulos preconizado pela Lei n. 9.492/1997 se confirma, induvidosamente, como um dos maiores meios de composição dos conflitos de interesse e de alternativa à formação de lides sob a égide do Poder Jurisdicional Estatal". (TRT da 3.ª Região; Processo: 0165700-41.2007.5.03.0077 AP; Data de Publicação: 23.11.2009; Órgão Julgador: Quarta Turma; Relator: Júlio Bernardo do Carmo)[17]

> EMENTA: PROTESTO EXTRAJUDICIAL. TÍTULO JUDICIAL TRABALHISTA EM EXECUÇÃO. A Lei 9.492/97 não restringe o protesto extrajudicial em face do devedor, reconhecido como tal em título judicial, já tendo sido, inclusive, celebrado convênio entre este Eg. TRT e os tabeliães de protesto do Estado de Minas Gerais visando à implementação de protestos decorrentes de decisões proferidas pela Justiça do Trabalho da 3ª Região, com expressa permissão para a inclusão de nomes de devedores em listas de proteção ao crédito. A medida constitui importante instrumento de coerção indireta do executado ao pagamento da dívida, em face

---

15. ABRÃO, Carlos Henrique. *Do protesto*. São Paulo: Leud, 1999. p. 15.
16. Disponível em:<https://ww2.stj.jus.br/processo/revista/documento/mediado/?componente=ATC&sequencial=3708726&num_registro=20050808450&data=20090616&tipo=5&formato=PDF>. Acesso em: 26 março 2018.
17. Disponível em: <https://as1.trt3.jus.br/juris/detalhe.htm?conversationId=3012>. Acesso em: 26 março 2018.

da publicidade de que se reveste e da sua repercussão nas relações sociais, civis e comerciais do devedor. Agravo de petição provido para determinar o protesto extrajudicial do título, verificada a tentativa frustrada de localização do devedor e de bens passíveis de penhora. (AP 01676-2004-077-03-00-1 – Sétima Turma – TRT-MG – Juiz Relator: Juiz Convocado Jesse Claudio Franco de Alencar – Publicado em 04.03.2010).[18]

A natureza bifronte do protesto foi reconhecida, porque, simultaneamente, ele comprova a inadimplência do devedor, constituindo-o em mora, e traduz meio alternativo para o cumprimento da obrigação.

Em 22 de outubro de 2013, no julgamento do Agravo Regimental no Agravo em Recurso Especial n. 291.608 – RS, o Superior Tribunal de Justiça confirmou a tese jurídica constante dos precedentes anteriores:

> EMENTA: AGRAVO REGIMENTAL NO AGRAVO EM RECURSO ESPECIAL. PROTESTO DE SENTENÇA CONDENATÓRIA TRANSITADA EM JULGADO. POSSIBILIDADE. 1. A jurisprudência desta Corte é assente no sentido de ser possível o protesto da sentença condenatória, transitada em julgado, que represente obrigação pecuniária líquida, certa e exigível. 2. Agravo regimental não provido. (AgRg no AREsp n. 291.608. RELATOR : MINISTRO RICARDO VILLAS BÔAS CUEVA. AGRAVANTE : ALEXANDRE VERZA E OUTRO. AGRAVADO : OLÍVIO CARBONERA).[19]

Os tribunais pátrios caminharam bem, e tais avanços foram incorporados pelo CPC/2015.

8. PROTESTO: TRATAMENTO LEGAL DADO PELO CPC/2015

Positivando entendimentos já disseminados pela doutrina e, mormente, pela jurisprudência brasileira, o legislador previu, textualmente, a possibilidade de protesto de decisões judiciais transitadas em julgados no art. 517 do CPC/2015.

> Art. 517. A decisão judicial transitada em julgado poderá ser levada a protesto, nos termos da lei, depois de transcorrido o prazo para pagamento voluntário previsto no art. 523.
>
> § 1º Para efetivar o protesto, incumbe ao exequente apresentar certidão de teor da decisão.
>
> § 2º A certidão de teor da decisão deverá ser fornecida no prazo de 3 (três) dias e indicará o nome e a qualificação do exequente e do executado, o número do processo, o valor da dívida e a data de decurso do prazo para pagamento voluntário.
>
> § 3º O executado que tiver proposto ação rescisória para impugnar a decisão exequenda pode requerer, a suas expensas e sob sua responsabilidade, a anotação da propositura da ação à margem do título protestado.
>
> § 4º A requerimento do executado, o protesto será cancelado por determinação do juiz, mediante ofício a ser expedido ao cartório, no prazo de 3 (três) dias, contado da data de protocolo do requerimento, desde que comprovada a satisfação integral da obrigação.

Além do requisito da coisa julgada, foi fixado um marco para o exercício dessa faculdade: o transcurso, sem êxito, do prazo de 15 dias contados da intimação do devedor para o pagamento voluntário da obrigação constante do título executivo judicial sujeito a cumprimento definitivo da sentença.

A interpretação sistêmica das disposições contidas no *caput* e no §3º do art. 523 do CPC/2015 evidencia que o protesto não depende da expedição de mandado de penhora e avaliação. Ele pode, inclusive, antecipar a determinação desse ato constritivo.

Essa saída é alvissareira, pois o tempo de tramitação da fase executória, inúmeras vezes, tende a se prolongar em demasia e, não raras vezes, o devedor se aproveita das demoras natural e patológica do processo para dissipar ou transferir ilicitamente o seu patrimônio mediante oneração ou alienação fraudulentas, ou se oculta, escondendo os seus bens sem deixar qualquer vestígio, ou promove a dissolução irregular da empresa, fechando as portas, sem quitar as suas dívidas.

Nessa esteira, o legislador, no CPC/2015, percebeu a necessidade de admitir, expressamente, a utilização, a tempo e modo, desse mecanismo que é útil e eficiente para garantir a satisfação do crédito.

9. A BOA PRÁTICA REALIZADA PELO TRIBUNAL DE JUSTIÇA DO RIO DE JANEIRO

Merece destaque a boa prática realizada pelo Tribunal de Justiça do Rio de Janeiro, que, visando a dar mais efetividade ao art. 517 do CPC/2015, disponibiliza, no portal de serviços do seu *site*, requerimento de certidão de protesto que pode ser formulado pela parte (no caso dos Juizados Cíveis) ou por advogados (nas demais competências), tanto para processos físicos quanto para processos eletrônicos[20].

Esgotado o prazo de 15 dias para o cumprimento espontâneo da obrigação constante do título executivo judicial transitado em julgado, caso o devedor insista em não pagar a quantia devida, o requerimento de certidão de

---

18. Disponível em: <https://as1.trt3.jus.br/juris/detalhe.htm?conversationId=3012>. Acesso em: 26 mar. 2018.
19. Disponível em: <https://ww2.stj.jus.br/processo/revista/documento/mediado/?componente=ATC&sequencial=31509215&num_registro=201300252140&data=20131028&tipo=5&formato=PDF>. Acesso em: 26 mar. 2018.
20. Para mais informações, vide o endereço eletrônico disponível em: <http://www.tjrj.jus.br/documents/10136/33017/requerimento-certidao--protesto.pdf>. Acesso em: 27 mar. 2018.

protesto poderá ser formulado, eletronicamente, pelo interessado, sem custos, cabendo ao magistrado avaliar se há coincidência entre os dados preenchidos no documento e os constantes do título executivo judicial.

Em caso afirmativo, a certidão de protesto é encaminhada eletronicamente pelo juízo para a Central de Remessa de Arquivos do Instituto de Estudos de Protesto de Títulos do Brasil[21], que possui várias seções nos estados do país. Este, a seu turno, direciona a certidão para o cartório competente.

A partir de então, o respectivo tabelionato de protestos intima o devedor para o pagamento em 03 dias úteis nos termos da Lei n. 9.492/1997.

Havendo a quitação, o cartório emite certidão em favor do devedor, para comprovar o cumprimento da obrigação e deposita o montante pago em conta à disposição do juízo.

Não havendo o pagamento, o cartório faz o registro do protesto com a inclusão do nome do devedor no cadastro de maus pagadores do Instituto de Estudos de Protesto de Títulos do Brasil, cujo acesso é gratuito, eletrônico, amplo e irrestrito.

Também são enviadas, pelo cartório, comunicações eletrônicas sobre os títulos protestados para a Serasa, Serviço de Proteção ao Crédito – tudo nos termos do art. 29 da Lei n. 9.492/1997.

Na falta de pagamento, a execução retoma o seu curso normal na respectiva Vara, cujo juízo determinará a realização de atos materiais forçados, contra a vontade do devedor, com vistas a garantir a satisfação do crédito.

10. PROTESTO: TRATAMENTO LEGAL DADO PELA LEI N. 13.467/2017 (REFORMA TRABALHISTA)

Por força da Lei n. 13.467/2017, foi incluído o art. 883-A na CLT:

> Art. 883-A. A decisão judicial transitada em julgado somente poderá ser levada a protesto, gerar inscrição do nome do executado em órgãos de proteção ao crédito ou no Banco Nacional de Devedores Trabalhistas (BNDT), nos termos da lei, depois de transcorrido o prazo de quarenta e cinco dias a contar da citação do executado, se não houver garantia do juízo. (grifos acrescidos)

Da simples leitura do dispositivo, constata-se a imediata preocupação do legislador reformador – na contramão das evoluções constitucional e processual brasileiras –, em criar mais obstáculos para a utilização do mecanismo nas lides trabalhistas.

Com efeito, ele se valeu, na redação do preceito legal, do advérbio "somente" – que significa "unicamente, apenas, só"[22]; simultaneamente às condições de imutabilidade e indiscutibilidade da decisão de mérito (que são comuns ao processo civil), o legislador estendeu, de forma substancial, o prazo para a utilização do protesto na Justiça Especializada Trabalhista.

Os 15 dias previstos no art. 517 do CPC/2015 transformaram-se, espantosamente, em 45 dias no processo do trabalho, não obstante os créditos trabalhistas sejam superprivilegiados em relação aos demais e tenham a qualidade de *necessarium vitae*.

O Deputado Rogério Marinho apresentou a seguinte justificativa para a inclusão do art. 883-A na CLT:

> Com esse dispositivo, instituímos um prazo de sessenta dias[23], contados da citação do executado, para que o seu nome possa ser inscrito em órgãos de proteção ao crédito ou no Banco Nacional de Devedores Trabalhistas. Há que se ter em mente que a preocupação fundamental na execução trabalhista deve ser a satisfação da dívida. Contudo, caso o executado venha a ter o seu nome negativado, terá uma restrição automática de acesso a qualquer tipo de crédito, gerando um contrassenso, visto que ele não terá como honrar sua dívida. A proposta confere ao executado um prazo razoável para que consiga os créditos necessários à satisfação da dívida. Não honrando o compromisso nesse prazo, aí sim poderão ser efetivadas as medidas necessárias para a inscrição do seu nome.[24]

Ocorre que a tentativa do parlamentar de sustentar um discurso pautado em interesses meramente econômicos revela-se equivocada, pois coloca no protagonismo das relações de emprego o dono dos meios de produção que não cumpre as suas obrigações contratuais e os seus deveres legais.

Esse raciocínio está fadado a duras críticas, pois, a rigor, resta evidente que a essência do Direito do Trabalho foi artificialmente invertida pela Reforma, a fim de tutelar os interesses do tomador de serviços inadimplente no lugar do (ex)empregado hipossuficiente.

Como é cediço, na Constituição, a dignidade da pessoa humana e os valores sociais do trabalho e da livre iniciativa são fundamentos da República Federativa do Brasil (art. 1º, III e IV, da CR/1988), e o direito à propriedade deverá atender à função social (art. 5º, XXIII, da CR/1988).

---

21. Extrai-se do respectivo site: "O Instituto de Estudos de Protesto de Títulos do Brasil – IEPTB – é a entidade de classe representante dos Cartórios de Protestos do Brasil que tem por finalidade efetuar pesquisas, estudos e desenvolver aprimoramentos para a atividade do protesto, com o intuito de melhor atender o público usuário.". Disponível em: <http://www.pesquisaprotesto.com.br/#>. Acesso em: 26 mar. 2018.
22. AULETE. Disponível em: <http://www.aulete.com.br/somente>. Acesso em: 27 mar. 2018.
23. A ideia original era ainda pior!
24. Disponível em: <http://www.camara.gov.br/proposicoesWeb/prop_mostrarintegra;jsessionid=A38DC4506554423E02DE5C5720BD7A01.proposicoesWebExterno1?codteor=1548298&filename=Tramitacao-PL+6787/2016>. Acesso em: 27 mar. 2018.

Paralelamente, o paradigma processual de efetividade da prestação jurisdicional foi arbitrariamente desvirtuado, visando à proteção dos interesses do executado com evidente prejuízo ao exequente, à segurança jurídica, à ética, ao bom senso e à razoabilidade.

A justificativa dada pelo Deputado, além de falaciosa, promove a ruptura do sistema processual como um todo. Independentemente da gênese do conflito de interesses (cível ou trabalhista), o que se quer e espera do Poder Judiciário é o oferecimento de decisão de mérito satisfativa e útil para todos os jurisdicionados ameaçados ou lesados em seus direitos, sem distinções infundadas entre eles.

11. A BOA PRÁTICA REALIZADA PELO TRIBUNAL REGIONAL DO TRABALHO DE MINAS GERAIS ANTES MESMO DA VIGÊNCIA DO CPC/2015

Em 28.09.2009 – ou seja, 06 anos antes da publicação do CPC/2015 –, foi firmado convênio pelo Tribunal Regional do Trabalho de Minas Gerais e o Instituto de Estudos de Protestos de Títulos do Brasil – Seção Minas Gerais, o Sindicato dos Notários e Registradores do Estado de Minas Gerais e a Associação dos Tabeliães de Protesto do Estado de Minas Gerais, cujo objetivo era firmar cooperação técnica entre as partes, a fim de garantir a efetivação de protesto de crédito trabalhista, custas processuais e honorários periciais que constituíam títulos executivos judiciais.

Àquela época, as condições para o pedido formal de protesto emitido pelo juiz via mandado eletrônico eram: a) exaurir todas as tentativas executórias contra a empresa devedora e seus sócios, inclusive através de ferramentas disponíveis (BACEN JUD, RENAJUD, INFOJUD) e b) o crédito trabalhista ser líquido e certo.

Em linhas gerais, o procedimento se desenvolvia da seguinte forma: o pedido formal do protesto dava-se por mandado do juiz, mediante certificação digital. A expedição era eletrônica. O mandado era acompanhado de certidão de crédito judicial para fins de protesto, que continha o nome, CPF e CI do exequente; o nome, CPF/CNPJ dos devedores principais, solidários e subsidiários; os dados do processo; os valores devidos (crédito trabalhista, custas, honorários periciais, se existissem); a praça de pagamento etc. O tabelião recebia o valor constante da certidão, mais taxas, emolumentos e demais despesas em caso de pagamento pelo devedor. O montante devido ao credor era disponibilizado à respectiva Vara do Trabalho ou à instituição bancária autorizada pelo juízo no primeiro dia útil seguinte ao pagamento.

O prazo de validade do citado convênio era de 5 anos.[25]

Não obstante a sua rescisão, no caso de expedição de certidão para a efetivação do protesto no âmbito do Regional mineiro, do documento devem constar: a Vara do Trabalho apresentante; o nome completo, número de CPF e endereço completo (rua, número, complemento, bairro, cidade, Estado e CEP) dos credores; nome completo, número de CPF/CNPJ e endereço completo (rua, número, complemento, bairro, cidade, Estado e CEP) dos devedores principais e subsidiários (se houver); o valor total da dívida, com discriminação dos valores do crédito trabalhista, das custas processuais e dos honorários periciais (se houver); dados do processo (número, Vara, data da homologação de acordo, da sentença e/ou dos acórdãos e da data do trânsito em julgado); praça de pagamento.

Sobre a responsabilidade pelo pagamento dos encargos decorrentes do protesto, a Lei Estadual n. 19.971/2011, referente ao Estado de Minas Gerais, em seu art. 13, textualmente preconiza: "Os valores devidos pelos registros de penhora e de protesto decorrente de ordem judicial serão pagos, na execução trabalhista, ao final, pelo executado, de acordo com os valores vigentes à época do pagamento."

E, mesmo que seja expedida determinação judicial de cancelamento do protesto em razão da extinção da execução, em virtude do pagamento do débito, compete ao executado resgatar os títulos da dívida e os instrumentos de protesto mediante o pagamento direto das taxas e emolumentos devidos ao Tabelionato de Protesto competente.

Com certeza, boas práticas destinadas a impulsionar a efetividade da prestação jurisdicional continuarão a ser tomadas pelo Regional mineiro e tantos outros.

12. CONSIDERAÇÕES FINAIS

O tratamento discriminatório e infundado dado pela Lei n. 13.467/2017 ao protesto de decisões judiciais transitadas em julgado na Justiça do Trabalho é visivelmente negativo para o credor trabalhista e contradiz os princípios de unidade e supremacia da Constituição, que prevê fórmulas democráticas, inclusivas e de isonomia substancial.

Se isso não bastasse, a escolha predominante feita pela Reforma Trabalhista ofende o processo civilizatório e afronta a garantia constitucional de conceder máxima efetividade às normas fundamentais e à tutela jurisdicional – corolário do postulado do acesso à ordem jurídica justa.

Com esteio nos valores que orientam o Estado Democrático de Direito e a própria Norma Fundamental brasileira, o magistrado trabalhista pode optar, dentro do inegável contexto de constitucionalização do direito, de unidade e de coerência da ciência processual como um todo, pela declaração, em controle difuso, de inconstitucionalidade do art. 883-A da CLT, quando este cria "prazo de carência" de 45 dias para a utilização do protesto. Se isso ocorrer no âmbito de tribunais, deve ser observada a cláusula de reserva de plenário contida no art. 97 da Constituição da República de 1988.

Outra alternativa é eleger o texto legal mais compatível com os enunciados prestigiados pela Constituição da

---

25. Disponível em: <https://portal.trt3.jus.br/internet/imprensa/noticias-institucionais/importadas-2009-2010/convenio-vai-garantir-efetivacao-de--protesto-de-credito-trabalhista-28-09-2009-17-02-acs.>. Acesso em: 10 jun. 2011.

República e com a função social da Justiça do Trabalho em interpretação conforme a Norma Fundamental.

O magistrado pode, em respeito ao princípio de vedação ao retrocesso social, socorrer-se do diálogo das fontes entre o processo civil e o processo do trabalho, porquanto os meios de integração são admitidos pela CLT em seus arts. 769 e 889 e pelo art. 15 do CPC/2015.

Desde que as "normas processuais emprestadas" sejam compatíveis com os princípios do processo do trabalho (como ocorre nesta matéria), é permitida tanto a aplicação subsidiária de normas do processo comum em caso de vazio legislativo no processo do trabalho quanto a aplicação supletiva na hipótese de as normas processuais trabalhistas padecerem de omissões ontológica e ou axiológicas.

Como explanado, a autonomia reconhecida aos ramos jurídicos não autoriza o isolamento das disciplinas, nem mesmo em homenagem ao princípio da especialidade, pois, a rigor, o que se sobrepõe é a busca pela máxima efetividade dos direitos fundamentais.

E, para isso, é indispensável o correto uso das técnicas processuais, de modo que os respectivos preceitos tenham função útil.

Logo, eventuais normas de processo do trabalho que se revelarem sem a devida eficácia social ou até mesmo desatualizadas e sem sintonia com as necessidades atuais de tutela e satisfação do crédito exequendo podem e devem ser complementadas, em cada caso concreto, por outras, mais aperfeiçoadas e eficientes – como é o caso do art. 517 do CPC em relação ao art. 883-A da CLT.

Há de ser extraído o melhor da exegese aplicada pelos operadores do direito no tocante ao protesto, pois, se a execução admite atos materiais ainda mais drásticos, como a efetiva expropriação de bens do patrimônio do devedor mediante adjudicação, alienação e apropriação de frutos e rendimentos de empresa ou de estabelecimentos e de outros bens (art. 825 do CPC/2015 c/c arts. 769 e 889 da CLT), o protesto não pode servir apenas e tão somente como simples *ultimatum* em fase avançada da execução, tendo em vista que o instituto, inicialmente, sequer provoca a perda de propriedade do devedor.

O que existe é uma restrição à confiabilidade e credibilidade do devedor no mercado por causa da comprovação de seu inadimplemento, o que poderá impedi-lo de fazer novas negociações e de adquirir novos bens. Essa é a força suasória do protesto, que deve ser prestigiada.

Ele se apresenta como meio proporcional ao fim almejado, uma vez que a medida é adequada e necessária em virtude do inadimplemento do devedor. Os ônus e os benefícios advindos desse mecanismo se equilibram, sobretudo porque o protesto depende do trânsito em julgado da decisão – condição temporal suficiente para afastar eventual arguição de "proibição de excesso".

Ainda que o devedor alegue que a execução deva ser promovida pelo meio menos gravoso, compete ao juízo esclarecer, ao examinar tal requerimento, que o princípio da não prejudicialidade do devedor não é absoluto, devendo ser sopesado com o estado de preeminência jurídica do credor frente ao devedor, cabendo a este último indicar, então, qual seria o modo menos lesivo aos seus interesses, porém mais eficiente, para o sucesso da execução, sob pena de manutenção dos atos executórios já determinados (parágrafo único do art. 805 do CPC c/c arts. 769 e 889 da CLT).

Finalmente, as experiências praticadas com sucesso por outros órgãos judiciários devem ser disseminadas em uma rede de colaboração e de cooperação institucionais[26], para que o instituto não se torne inócuo e para que a sua eficácia não seja esvaziada[27], pois um mecanismo tão relevante não pode ser desperdiçado pela simples preferência do exegeta à interpretação literal e preconceituosa da norma em detrimento do credor trabalhista.

Que, ao lado das ferramentas eletrônicas do BACENJUD, RENAJUD, INFOJUD, SERASAJUD[28] etc., ganhe vulto o

---

26. A título meramente ilustrativamente, citam-se os convênios firmados pelo TRT/SP, TRT/SC e TRT/MT com o Instituto de Estudos de Protesto de Títulos do Brasil – IEPTB e suas seções. Para mais informações, vide <http://www.trtsp.jus.br/consultas/28-transparencia/convenios-estabelecidos/217-instituto-de-protesto-de-titulos-de-sao-paulo>,<http://www.portaldori.com.br/2017/04/18/cartorios-catarinenses-firmam-convenio-com-trtsc-para-agilizar-recebimento-de-debitos-trabalhistas-pelo-cidadao/>, <http://www.pontonacurva.com.br/ambiental/ieptb-mt-e-trt-mt-firmam-convenio-para-protesto-de-sentencas/1992>. Acesso em: 27 mar. 2018.

27. Márcia Thaise Lima Cruz, no trabalho intitulado "O protesto de título executivo judicial trabalhista e a efetividade da prestação jurisdicional", elaborado como requisito parcial para aprovação em Curso de Especialização em Processo do IEC PUC-Minas, sob a orientação da autora deste artigo, visitou, em fevereiro de 2014, o cartório partidor distribuidor de protesto de belo horizonte – MG, localizado na Rua Guajajaras, 329 Lojas 09 e 10, Bairro Centro, da capital mineira. Na oportunidade, foram levantadas informações relativas ao protesto de títulos executivos judiciais e o respectivo pagamento no ano de 2013. Segundo dados fornecidos pelo mencionado cartório, em 2013 foram realizados, aproximadamente, 15.000 (quinze mil) protestos de títulos executivos judiciais cíveis e trabalhistas. Somente em cerca de 1% (um por cento) deles, o pagamento teria sido realizado de modo a impedir o protesto. Questionada acerca dos referidos dados, a gerente operacional do cartório distribuidor declarou, àquela época, que o instituto era "completamente ineficaz", porque empregado após o esgotamento dos demais atos materiais executórios. De acordo com a entrevistada, na esfera trabalhista, o devedor, que é o sujeito do protesto, não possui mais patrimônio quando a medida é tomada, tendo, em grande parte dos casos, promovido a dissolução irregular da sociedade. Pode-se concluir que, exatamente em razão desses inconvenientes e riscos, o CPC/2015 não condicionou o uso do protesto a requisitos temporais excessivamente longos, admitindo-o antes mesmo da expedição do mandado de penhora e avaliação. E isso deve ser repensado na área trabalhista, pois a realidade também exige tal releitura do art. 883-A da CLT.

28. Para conferir mais efetividade ao art. 782, §3º do CPC, de aplicação subsidiária ao processo do trabalho (arts. 769 e 889 da CLT) nos títulos executivos extrajudiciais, e ao art. 883-A da CLT, foi criado o SERASAJUD. Segundo explicações extraídas do site do Conselho Nacional de

PROTESTOJUD em tempo hábil e útil também na Justiça do Trabalho.

13. REFERÊNCIAS BIBLIOGRÁFICAS

ABRÃO, Carlos Henrique, *Do protesto*, São Paulo: Leud, 1999.

AFONSO, Maria do Carmo de Toledo. *Protesto de títulos e outros documentos de dívidas*. Belo Horizonte: O Lutador, 2006.

ALMEIDA, Amador Paes de. *Protesto, sustação e cancelamento de títulos*. São Paulo: Sugestões Literárias, 1976.

BARROSO, Luís Roberto. *Interpretação e aplicação da Constituição*. 5. ed. rev. atual. e ampl. São Paulo: Saraiva, 2003.

_____. Neoconstitucionalismo e constitucionalização do direito: o triunfo tardio do direito constitucional no Brasil. In: *Revista do Tribunal de Contas do Estado de Minas Gerais*. ano XXV, v. 65, n. 4, p. 22-28, 2007.

BELMIRO, Celso. *O protesto das decisões judiciais no novo CPC*. Palestra proferida na Escola da Magistratura do Rio de Janeiro. Disponível em: <http://www.emerj.tjrj.jus.br/paginas/eventosgravados/2016/o-protesto-das-decisoes-judiciais-no-novo-cpc/o-protesto-das-decisoes-judiciais-no-novo-cpc.html>. Acesso em: 26 mar. 2018.

BRASIL. Comissão Especial destinada a proferir parecer ao Projeto de Lei n. 6.787, de 2016, do Poder Executivo, que "Altera o Decreto-Lei n. 5.452, de 1º de maio de 1943 – Consolidação das Leis do Trabalho, e a Lei n. 6.019, de 3 de janeiro de 1974, para dispor sobre eleições de representantes dos trabalhadores no local de trabalho e sobre trabalho temporário, e dá outras providências". Disponível em: <http://www.camara.gov.br/proposicoesWeb/prop_mostrarintegra;jsessionid=A38DC4506554423E02DE5C5720BD7A01.proposicoesWebExterno1?codteor=1548298&filename=Tramitacao-PL+6787/2016>. Acesso em: 27 mar. 2018.

BRASIL. *Conselho Nacional de Justiça*. SERASAJUD. Disponível em: <http://www.cnj.jus.br/sistemas/serasajud>. Acesso em: 27 mar. 2018.

BRASIL. *Instituto de Estudos de Protesto de Títulos do Brasil* – IEPTB. Disponível em: <http://www.pesquisaprotesto.com.br/#>. Acesso em: 26 mar. 2018.

BRASIL. Instituto de Pesquisa Econômica Aplicada. *Impactos Macroeconômicos da Expansão do Crédito no Brasil*: o período 2001-2011. Disponível em: <http://www.ipea.gov.br/portal/images/stories/PDFs/TDs/td_2333.pdf>. Acesso em: 26 mar. 2018.

BRASIL. *Superior Tribunal de Justiça*. Agravo Regimental no Agravo em Recurso Especial 291.608 – RS. Disponível em: <https://ww2.stj.jus.br/processo/revista/documento/mediado/?componente=ITA&sequencial=1276640&num_registro=201300252140&data=20131028&formato=PDF>. Acesso em: 26 mar. 2018.

BRASIL. Superior Tribunal de Justiça. Recurso Especial n. 1.126.515 – PR (2009/0042064-8). Disponível em: <https://ww2.stj.jus.br/processo/revista/documento/mediado/?componente=ATC&sequencial=3255899&num_registro=200900420648&data=20131216&tipo=51&formato=PDF>. Acesso em: 26 mar. 2018.

BRASIL. Tribunal de Justiça do Rio de Janeiro. Manual do Usuário Requerimento de Certidão de Protesto. Disponível em: <http://www.tjrj.jus.br/documents/10136/33017/requerimento-certidao-protesto.pdf>.Acesso em: 27 mar. 2018.

BRASIL. Tribunal Regional do Trabalho de Minas Gerais. Agravo de Petição 0165700-41.2007.5.03.0077. Disponível em: <https://as1.trt3.jus.br/juris/detalhe.htm?conversationId=3012>. Acesso em: 26 mar. 2018.

BRASIL. Tribunal Regional do Trabalho de Minas Gerais. Agravo de Petição 01676-2004-077-03-00-1. Disponível em: <https://as1.trt3.jus.br/juris/detalhe.htm?conversationId=3012>. Acesso em: 26 mar. 2018.

BRASIL. Tribunal Regional do Trabalho de Minas Gerais. Convênio vai garantir efetivação de protesto de crédito trabalhista. Disponível em: <https://portal.trt3.jus.br/internet/imprensa/noticias-institucionais/importadas-2009-2010/convenio-vai-garantir-efetivacao-de-protesto-de-credito-trabalhista-28-09-2009-17-02-acs.>. Acesso em: 10 jun. 2011.

BRASIL. Tribunal Regional do Trabalho de Santa Catarina. Disponível em: <http://www.portaldori.com.br/2017/04/18/cartorios-catarinenses-firmam-convenio-com-trtsc-para-agilizar-recebimento-de-debitos-trabalhistas-pelo-cidadao/>. Acesso em: 27 mar. 2018.

BRASIL. Tribunal Regional do Trabalho de São Paulo. Disponível em: <http://www.trtsp.jus.br/consultas/28-transparencia/convenios-estabelecidos/217-instituto-de-protesto-de-titulos-de-sao-paulo>. Acesso em: 27 mar. 2018.

BRUXEL, Charles da Costa. *Reforma trabalhista*: a inconstitucionalidade do prazo extravagante de carência para protesto ou negativação do devedor trabalhista (art. 883-A da CLT). Disponível em: <https://jus.com.br/artigos/63091/reforma-trabalhista-a-inconstitucionalidade-do-prazo-extravagante-de-carencia-para-protesto-ou-negativacao-do-devedor-trabalhista-art-883-a-da-clt>. Acesso em: 27 mar. 2018.

CALAMANDREI, Piero. Processo e giustizia. In: *Studi sul processo civile*. Padova: CEDAM, 1957. p. 03-20.

CRUZ, Márcia Thaise Lima. O protesto de título executivo judicial trabalhista e a efetividade da prestação jurisdicional. 2014. Monografia. (Aperfeiçoamento/Especialização em Especialização em Direito Processual) – Instituto de Educação Continuada – IEC PUCMinas. Orientadora: Isabela Márcia de Alcântara Fabiano.

DAROLD, Ermínio A. *Protesto cambial*. 3. ed. rev. e atual. Curitiba: Juruá, 2004.

Dicionário Aulete. Disponível em: <http://www.aulete.com.br>. Acesso em: 27 mar. 2018.

Dicionário Eletrônico Houaiss da Língua Portuguesa. Disponível em: <https://houaiss.uol.com.br/>. Acesso em: 09 set. 2010.

FABIANO, Isabela Márcia de Alcântara. Curso de execução trabalhista: teoria e prática. Apostila elaborada para o curso de execução trabalhista promovido pelo Tribunal Regional do Trabalho da 3ª Região para a capacitação de seus técnicos e analistas judiciários. Belo Horizonte: Gráfica do Tribunal Regional do Trabalho da 3ª Região, 2011.

Justiça, o "[...] sistema serve para facilitar a tramitação dos ofícios entre os tribunais e a Serasa Experian, através da troca eletrônica de dados, utilizando a certificação digital para mais segurança." Não há mais solicitações enviadas em papel, apenas eletrônicas. Disponível em: <http://www.cnj.jus.br/sistemas/serasajud>. Acesso em: 27 mar. 2018.

FABIANO, Isabela Márcia de Alcântara. *Execução civil*. Belo Horizonte: Atualizar, 2012.

_____. *Mecanismos processuais para a solução de conflitos trabalhistas cumulados, massificados e repetitivos*. 213f. Dissertação (Mestrado) – Pontifícia Universidade Católica de Minas Gerais, 2011.

FAVA, Marcos Neves. *Execução trabalhista efetiva*. São Paulo: LTr, 2009.

GUERRA, Marcelo Lima. *Direitos fundamentais e a proteção do credor na execução civil*. São Paulo: Revista dos Tribunais, 2003.

IEPTB-MT e TRT-MT firmam convênio para protesto de sentenças. Disponível em: <http://www.pontonacurva.com.br/ambiental/ieptb-mt-e-trt-mt-firmam-convenio-para-protesto-de-sentencas/1992>. Acesso em: 27 mar. 2018.

MARINONI, Luiz Guilherme. *Técnica processual e tutela dos direitos*. São Paulo: Revista dos Tribunais, 2004.

MARTINS, Fran. *Títulos de crédito*: letra de câmbio e nota promissória. 10. ed. Rio de Janeiro: Forense, 1995, vol. I.

NUNES, Dierle. Novo CPC, o SerasaJud e meios coercitivos de execução. Disponível em: <http://justificando.cartacapital.com.br/2015/09/09/novo-cpc-o-serasajud-e-meios-coercitivos-de-execucao/>. Acesso em: 26 mar. 2018.

OLIVEIRA, Edison Josué Campos de. *Protesto de títulos e seu cancelamento*. 4. ed. ampl. e rev. São Paulo: Revista dos Tribunais, 1976.

OLIVEIRA, Eversio Donizete de; BARBOSA, Magno Luiz. *Manual prático do protesto extrajudicial sob o prisma da Lei n. 9.492, de 10 de setembro de 1997*: comentários à Lei n. 9.492/1997 jurisprudência, legislação e prática. 2. ed. rev. e atual. São Paulo: Lemos e Cruz, 2009.

PALERMO, Alfredo. *O protesto cambial*: sustação, cancelamento. São Paulo: Pró-Livro, 1976.

_____. *Protesto de títulos*: sustação e cancelamento: legislação, doutrina, jurisprudência, prática forense. 2. ed. São Paulo: Hemus, 1986.

PARIZATTO, João Roberto. *Nova Lei de protesto de títulos de crédito*: doutrina, legislação, jurisprudência, prática. São Paulo: LED, 1998.

_____. *Protesto de títulos de crédito*. 4. ed. Leme (SP): EDIPA, 2004.

PIMENTA, José Roberto Freire; PORTO, Lorena Vasconcelos. Instrumentalismo substancial e tutela jurisdicional civil e trabalhista: uma abordagem histórico-jurídica. *Revista do Tribunal Regional do Trabalho 3ª Região*. Belo Horizonte, v. 43, n. 73, p. 85-122.

PINHO, Themistocles; VAZ, Ubirayr Ferreira. *Protesto de títulos e outros documentos de dívida*: princípios, fundamentos e execução. Rio de Janeiro: Freitas Bastos, 2007.

PIRES, José Paulo Leal Ferreira; PIRES, Ieda Maria Ferreira. *Comentários à nova Lei de protesto cambial e de documentos de dívida*. São Paulo: Malheiros, 1998.

SCHIAVI, Mauro. *A reforma trabalhista e o processo do trabalho*. São Paulo: LTr, 2017.

_____. *Manual de direito processual do trabalho*: de acordo com o novo CPC. 10. ed. São Paulo: LTr, 2016.

SILVA, Homero Batista Mateus da. *Comentários à reforma trabalhista*. São Paulo: Revista dos Tribunais, 2017

TUTIKIAN, Cláudia Fonseca. O protesto da sentença cível no tabelionato de protesto. *Revista IOB de Direito Civil e Processual Civil*. Porto Alegre, v.8, n.43, p. 122-125, set.-out. 2006.

O Recurso de Revista de Acordo com a Reforma Trabalhista

João Humberto Cesário[1]

1. NOTAS INTRODUTÓRIAS E GENERALIDADES DO CABIMENTO

Consoante adverte Osiris Rocha, *"o recurso de revista, por ser de âmbito restrito (tem por finalidade uniformizar a jurisprudência e a interpretação das leis), é um recurso difícil que, em geral, vai pôr à prova a capacidade profissional do advogado"* [2].

Ocorre que tal recurso possui natureza extraordinária, se prestando somente para atacar acórdãos que tenham afrontado fontes formais heterônomas (Constituição, Lei Federal, Lei Estadual e Sentença Normativa) ou autônomas (Convenção Coletiva, Acordo Coletivo de Trabalho e Regulamento de Empresa) do direito, sendo vedada a sua veiculação para a reapreciação de fatos e provas (Súmula n. 126 do TST). Assim é que a revista, em virtude do seu caráter excepcional, deve preencher uma série de formalidades de complexo atendimento para ser conhecida.

De acordo com o art. 896, alíneas 'a', 'b' e 'c' da CLT, cabe recurso de revista para turma do Tribunal Superior do Trabalho das decisões proferidas em grau de recurso ordinário, em dissídio individual, pelos Tribunais Regionais do Trabalho, quando:

– Derem ao mesmo dispositivo de Lei federal interpretação diversa da que lhe houver dado outro Tribunal Regional do Trabalho, no seu pleno ou turma, ou a Seção de Dissídios Individuais do Tribunal Superior do Trabalho, ou contrariarem súmula de jurisprudência uniforme dessa Corte ou Súmula Vinculante do Supremo Tribunal Federal;

– Derem ao mesmo dispositivo de Lei estadual, convenção coletiva de trabalho, acordo coletivo, sentença normativa ou regulamento empresarial de observância obrigatória em área territorial que exceda a jurisdição do Tribunal Regional prolator da decisão recorrida, interpretação divergente, na forma do item anterior;

– Proferidas com violação literal de disposição de Lei federal ou afronta direta e literal à Constituição Federal.

Como resta claro, portanto, a revista apenas se presta à hostilização de acórdãos dos Regionais que decidam sobre recurso ordinário em dissídios individuais, colocando em debate unicamente questões de direito (não ligadas a fatos ou provas), sendo o seu conhecimento a princípio[3] atribuído à competência das diversas turmas que compõem o Tribunal Superior do Trabalho.

É um verdadeiro truísmo, com efeito, a impropriedade do uso do recurso de revista para enfrentar acórdãos proferidos em ações da competência originária dos Regionais, como, por exemplo, dissídios coletivos, ações rescisórias, mandados de segurança e que tais, que deverão ser desafiados por via de recurso ordinário. Note-se, a propósito, que a OJ 152 da SDI II do TST esclarece que a interposição de recurso de revista de decisão definitiva de Tribunal Regional do Trabalho em ação rescisória ou em mandado de segurança, com fundamento em violação legal e divergência jurisprudencial e remissão expressa ao art. 896 da CLT, configura erro grosseiro, insuscetível de autorizar o seu recebimento como recurso ordinário, em face do disposto no art. 895, "b", da CLT. No mesmo diapasão, outrossim, a Súmula n. 218 do

---

1. Doutorando em Função Social do Direito pela Faculdade Autônoma de Direito de São Paulo. Mestre em Direito Agroambiental pela Universidade Federal de Mato Grosso. Juiz do Trabalho no TRT da 23ª Região. Autor de livros jurídicos. Coordenador Acadêmico da Pós-graduação em Direito e Processo do Trabalho da Escola Superior da Magistratura Trabalhista de Mato Grosso nos biênios 2011 a 2013 e 2013 a 2015. Membro do Comitê Executivo do Fórum de Assuntos Fundiários do Conselho Nacional de Justiça de 2013 a 2014. Professor das disciplinas Teoria Geral do Processo, Direito Processual Civil, Direito Processual do Trabalho e Direito Ambiental do Trabalho. Tem atuado ultimamente como professor visitante na Escola Nacional de Formação e Aperfeiçoamento de Magistrados do Trabalho (ENAMAT) e nas Escolas Judiciais dos TRTs da 3ª, 5ª, 6ª, 7ª, 9ª, 14ª, 15ª, 18ª e 23ª Regiões. Endereços eletrônicos: <www.facebook.com/prof.joaohumbertocesario>; <www.facebook.com/prof.joaohumbertocesarioII> e <instagram.com/joaohumbertocesario>.
2. ROCHA, Osiris. Recurso ordinário, embargos declaratórios, recurso de revista, embargos infringentes, agravo de instrumento, recurso extraordinário e recurso ordinário constitucional. In: BARROS, Alice Monteiro de (Org.). *Compêndio de direito processual do trabalho*: obra em memória de Celso Agrícola Barbi. São Paulo: LTr, 1998. p. 487.
3. Dissemos a princípio, pois, como veremos adiante, a cabeça do art. 896-C da CLT estabelece que quando houver multiplicidade de recursos de revista fundados em idêntica questão de direito, a questão poderá ser afetada à Seção Especializada em Dissídios Individuais ou ao Tribunal Pleno.

TST estabelece ser incabível recurso de revista interposto de acórdão regional prolatado em agravo de instrumento. Além disso, nos termos da Súmula n. 126 do TST é incabível o recurso de revista para reexame de fatos e provas.

Insta pontuar que, regra geral, das decisões proferidas pelos Tribunais Regionais do Trabalho ou por suas turmas, em execução de sentença, inclusive em processo incidente de embargos de terceiro, não caberá recurso de revista, salvo na hipótese de ofensa direta e literal de norma da Constituição Federal (§ 2º do art. 896 da CLT). Nesse sentido, a Súmula n. 266 do TST estatui que a admissibilidade do recurso de revista interposto de acórdão proferido em agravo de petição, na liquidação de sentença ou em processo incidente na execução, inclusive os embargos de terceiro, depende de demonstração inequívoca de violência direta à Constituição Federal. Como exceção ao mencionado regramento geral, porém, vale notar que o § 10 do art. 896 da CLT diz caber recurso de revista por violação à Lei federal, por divergência jurisprudencial e por ofensa à Constituição Federal nas execuções fiscais e nas controvérsias da fase de execução que envolvam a Certidão Negativa de Débitos Trabalhistas (CNDT), criada pela Lei no 12.440-2011 (vide o art. 642-A da CLT).

De igual tom, nas causas sujeitas ao procedimento sumaríssimo, somente será admitido recurso de revista por contrariedade a 'súmula' de jurisprudência uniforme do Tribunal Superior do Trabalho ou a súmula vinculante do Supremo Tribunal Federal e por violação direta da Constituição Federal. (§ 9º do art. 896 da CLT). Aliás, o TST se mostra tão comprometido com tal baliza, que a sua Súmula n. 442 estabelece, sem titubear, que nas causas sujeitas ao procedimento sumaríssimo, a admissibilidade de recurso de revista está limitada à demonstração de violação direta a dispositivo da Constituição Federal ou contrariedade a 'súmula' do Tribunal Superior do Trabalho, não se admitindo o recurso por contrariedade a 'orientação jurisprudencial' deste tribunal, ante a ausência de previsão no art. 896, § 9º, da CLT.

2. PRAZO E PREPARO

O prazo para a interposição de recurso de revista, seguindo a regra geral do art. 6º da Lei n. 5.584/1970, é de oito dias, contados da publicação do acórdão. Já em relação ao preparo, algumas observações mais detalhadas necessitam vir à tona no presente momento. Observe-se, primeiramente, o que a Súmula n. 25 do TST dispõe quanto às custas:

> SÚMULA n. 25. CUSTAS PROCESSUAIS. INVERSÃO DO ÔNUS DA SUCUMBÊNCIA. I – A parte vencedora na primeira instância, se vencida na segunda, está obrigada, independentemente de intimação, a pagar as custas fixadas na sentença originária, das quais ficara isenta a parte então vencida; II – No caso de inversão do ônus da sucumbência em segundo grau, sem acréscimo ou atualização do valor das custas e se estas já foram devidamente recolhidas, descabe um novo pagamento pela parte vencida, ao recorrer. Deverá ao final, se sucumbente, reembolsar a quantia; III – Não caracteriza deserção a hipótese em que, acrescido o valor da condenação, não houve fixação ou cálculo do valor devido a título de custas e tampouco intimação da parte para o preparo do recurso, devendo ser as custas pagas ao final; IV – O reembolso das custas à parte vencedora faz-se necessário mesmo na hipótese em que a parte vencida for pessoa isenta do seu pagamento, nos termos do art. 790-A, parágrafo único, da CLT.

Tanto no caso do item I, quanto do item II da Súmula n. 23 do TST, o verbete sumular em questão está tratando de hipóteses de inversão do ônus da sucumbência. A diferença fundamental é que enquanto no item I o litigante a princípio derrotado havia sido isentado do pagamento de custas, no item II o vencido, por não ter sido isentado, recolheu as custas para recorrer ao segundo grau de jurisdição.

Na primeira das hipóteses, com efeito, a parte vencedora na primeira instância, se vencida na segunda, estará obrigada, independentemente de intimação, a pagar as custas fixadas na sentença originária, se quiser recorrer de revista. Já no segundo caso, se houver a inversão do ônus da sucumbência em segundo grau, porém sem acréscimo ou atualização do valor das custas, uma vez tendo sido elas devidamente recolhidas, descaberá um novo pagamento pela parte vencida ao recorrer de revista, sendo certo, porém, que se ela for sucumbente ao final de tudo, deverá reembolsar a quantia àquele que procedeu o depósito[4].

O item III, de sua vez, regula a seguinte situação. Imagine-se que um empregador foi parcialmente sucumbente no primeiro grau. Diante da parcial sucumbência, ambas as partes, ou seja, empregado e empregador, recorrem ordinariamente, sendo as custas, diante do disposto no 789, § 1º, da CLT, recolhidas pelo último (empregador). No caso, se ao julgar ambos os recursos ordinários, o TRT desprover o do empregador e der provimento ao do empregado, irá majorar o valor da condenação, quando, então, o empregador terá interesse em suscitar a revista perante turma do TST. Se tal ocorrer, relativamente ao preparo das custas, teremos uma das seguintes situações. Na primeira delas, o TRT além de não fixar ou calcular o valor devido a título de custas, tampouco intima a parte para o preparo do recurso de revista. Nesse caso, o interessado poderá recorrer ao TST, sem que o recolhimento de custas provoque a deserção da revista interposta (sendo as custas pagas ao final). Por outro lado, se as custas acrescidas forem calculadas ou fixadas, o interessado deverá complementá-las ao recorrer para o TST, sob pena de deserção, mormente se a tanto tiver sido instado. Vale notar que naqueles Regionais que prolatam acórdãos líquidos, essa segunda hipótese é a mais comum.

---

4. Vide, na mesma linha e, inclusive, com esclarecedora exemplificação, a magistral lição de MIESSA, Élisson. *Manual dos recursos trabalhistas – teoria e prática*. 2 ed. rev., atual. e ampl. Salvador: JusPodivm, 2017. p. 147 e 148.

Finalmente, o item IV da multicitada Súmula n. 25 esclarece que se uma parte, para chegar ao TST por via de revista, necessitar em algum momento recolher as custas, a parte contrária, em sendo sucumbente ao final de tudo, deverá reembolsar o recorrente-vencedor das custas recolhidas, ainda que o reembolsante seja uma pessoa jurídica de direito público, como, por exemplo, a União, os Estados, o Distrito Federal, os Municípios e respectivas autarquias e fundações públicas federais, estaduais ou municipais que não explorem atividade econômica. Tal se dá em virtude do confronto entre o inciso I e o parágrafo único, parte final, do art. 790-A da CLT, que, à toda evidência, diferencia a isenção do pagamento de custas, do reembolso das despesas judiciais realizadas pela parte vencedora.

Já quanto ao depósito recursal, comprovável dentro do prazo para a interposição do recurso (art. 7º da Lei n. 5.584/1970), importa deixar claro que o recorrente deverá depositá-lo integralmente ou até o limite da condenação, já que o item I da Súmula n. 128 do TST é inequívoco ao estatuir que é ônus da parte recorrente efetuar o depósito legal, integralmente, em relação a cada novo recurso interposto, sob pena de deserção, sendo certo, todavia, que uma vez atingido o valor da condenação, nenhum depósito mais é exigido para qualquer recurso.

3. TIPOS DE RECURSOS DE REVISTA (POR DIVERGÊNCIA E POR VIOLAÇÃO) E RESPECTIVAS ESPECIFICIDADES DO CABIMENTO

3.1. Introdução

O recurso de revista, por ser de índole extraordinária, se funda na necessidade de uniformização do pensamento jurídico, para que assim o Tribunal Superior do Trabalho, enxergado imediatamente como uma corte de precedentes e apenas mediatamente como uma corte de justiça, padronize a interpretação do direito e densifique os princípios constitucionais da isonomia e da segurança no âmbito da jurisdição trabalhista.

Ele pode ser de duas espécies, quais sejam, o recurso de revista por divergência interpretativa da Lei (das fontes formais heterônomas e autônomas do direito) ou por violação da Lei (violação literal de disposição de Lei federal ou afronta direta e literal à Constituição da República). Temos nas alíneas 'a' e 'b' do art. 896 da CLT, assim, o chamado 'recurso de revista por divergência'. Já na alínea 'c' do mesmo art. 896 da CLT, temos o chamado 'recurso de revista por violação'. Diante da complexidade do cabimento da revista, procederemos, doravante, um estudo mais minudente sobre cada um desses modelos.

3.2. Recurso de Revista por Divergência Especificidades da Interposição

Como já vimos, segundo o art. 896 da CLT, cabe Recurso de Revista para Turma do Tribunal Superior do Trabalho das decisões proferidas em grau de recurso ordinário, em dissídio individual, pelos Tribunais Regionais do Trabalho, quando: a) derem ao mesmo dispositivo de Lei federal interpretação diversa da que lhe houver dado outro Tribunal Regional do Trabalho, no seu pleno ou turma, ou a Seção de Dissídios Individuais do Tribunal Superior do Trabalho, ou contrariarem súmula de jurisprudência uniforme dessa Corte ou súmula vinculante do Supremo Tribunal Federal; b) derem ao mesmo dispositivo de Lei estadual, convenção coletiva de trabalho, acordo coletivo, sentença normativa ou regulamento empresarial de observância obrigatória em área territorial que exceda a jurisdição do tribunal regional prolator da decisão recorrida, interpretação divergente, na forma do item anterior.

Uma primeira indagação sobre o tema, é qual o sentido que devemos emprestar, no dispositivo legal em tela, à expressão 'Lei federal'. Transcrevemos, para uma adequada visualização do assunto, algumas palavras do professor Mauricio Godinho Delgado, as quais podem ser tomadas como premissa para o enfrentamento da matéria:

> *Lei, em acepção lata (Lei em sentido material), constitui-se em toda regra de Direito geral, abstrata, impessoal, obrigatória, oriunda de autoridade competente e expressa em fórmula escrita (contrapondo-se, assim, ao costume).*
>
> *Em acepção estrita (Lei em sentido formal), é regra jurídica geral, abstrata, impessoal, obrigatória emanada do Poder Legislativo, sancionada e promulgada pelo Chefe do Poder Executivo. É a Lei em sentido material aprovada segundo o rito institucional específico fixado na Carta Magna.*
>
> *São tipos de lei, em sentido material e formal: Lei complementar e Lei ordinária. No conceito de Lei em sentido material, entretanto, incluem-se, além dos tipos acima, as medidas provisórias, leis delegadas e até mesmo os decretos do Poder Executivo.*[5]

Uma vez reproduzida a lição do mestre mineiro, podemos concluir que não tendo o art. 896, 'a', da CLT feito qualquer distinção sobre o que se deva entender pela expressão 'Lei federal', a sua exegese haverá de ser a mais ampla possível, para nela inserirmos tanto a Lei em acepção lata (em sentido material) quanto estrita (em sentido formal). Desafiam, assim, a interposição de recurso de revista, as decisões que divergirem entre si na interpretação de Lei complementar, Lei ordinária, medidas provisórias etc.

Outrossim, quanto ao disposto no art. 896, 'b', da CLT, parece-nos digno de nota apenas que serão quase que absolutamente cerebrinas as hipóteses em que leis estaduais servirão de arrimo para decisões trabalhistas, haja vista que os ramos jurídicos de uso mais comum no âmbito da Justiça do Trabalho, como o Direito do Trabalho, o Direito Civil, o Processo do Trabalho e o Processo Civil, estão todos inseridos na competência legislativa da União (art. 22, I, da

---

5. DELGADO, Mauricio Godinho. *Curso de direito do trabalho*. 2. ed. São Paulo: LTr, 2003. p. 151 e 152.

CRFB). Como se não bastasse, somente no Estado de São Paulo, no qual existem dois TRTs (2ª Região e 15ª Região), é que seria possível que Lei estadual extrapolasse a abrangência de um único Regional.

Por outro lado, em relação à 'origem das interpretações diversas', há de se ficar claro que ao contrário do que ocorria no passado (antes da vigência da Lei n. 9.756/1998), quando a revista era possível em face de decisões de oriundas de um mesmo TRT, tal possibilidade é repelida no presente. Com efeito, após a alteração legislativa em questão, a OJ n. 111 da SBDI I do TST, passou a dizer que não é servível ao conhecimento de recurso de revista aresto oriundo de mesmo Tribunal Regional do Trabalho, salvo se o recurso houver sido interposto anteriormente à vigência da Lei n. 9.756/1998.

Na sequência, algumas palavras merecem ser ditas quanto à 'atualidade da jurisprudência apta a ensejar a revista'. Sobre a matéria, sobreleva salientar, antes de tudo, que nos termos do § 7º do art. 896 da CLT, a divergência apta a ensejar o recurso de revista deve ser atual, não se considerando como tal a ultrapassada por súmula do Tribunal Superior do Trabalho ou do Supremo Tribunal Federal, ou superada por iterativa e notória jurisprudência do Tribunal Superior do Trabalho. Confirmando tal regra, a Súmula n. 333 do TST estabelece que não ensejam recurso de revista decisões superadas por iterativa, notória e atual jurisprudência do Tribunal Superior do Trabalho[6].

De outro quadrante, relativamente à 'especificidade jurídica e fática da divergência justificadora da revista', os itens I e II da Súmula n. 296 do TST esclarecem, respectivamente, que a divergência jurisprudencial ensejadora da admissibilidade, do prosseguimento e do conhecimento do recurso há de ser específica, revelando a existência de teses diversas na interpretação de um mesmo dispositivo legal, embora idênticos os fatos que as ensejaram, não ofendendo o art. 896 da CLT decisão de Turma que, examinando premissas concretas de especificidade da divergência colacionada no apelo revisional, conclui pelo conhecimento ou desconhecimento do recurso. Segue-se, acerca da especificidade, dois interessantes julgados da SBDI I do TST (embora não necessariamente concordemos com as suas conclusões de fundo):

> RECURSO DE EMBARGOS. AÇÃO COLETIVA. RECLAMAÇÃO TRABALHISTA. LITISPENDÊNCIA. DISSENSO JURISPRUDENCIAL. NÃO CONFIGURAÇÃO. ARESTO PARADIGMA QUE TRATA DE AÇÃO CIVIL PÚBLICA. Na hipótese em que, no acórdão embargado, foi consignada a litispendência entre a ação individual, na qual se pleiteava a observância de acordo coletivo de trabalho, no que tange à alternância de promoções por antiguidade e merecimento, e a ação coletiva proposta pelo sindicato como substituto processual da categoria profissional, com o mesmo objetivo, mostra-se inespecífico o aresto colacionado, que trata da configuração da litispendência entre ação individual e ação civil pública. Com esse entendimento, a SDBI-I, por maioria, não conheceu dos embargos. Ressaltou-se, no caso, que, embora haja tendência da Subseção a equiparar a ação coletiva e a ação civil pública em questões de substituição processual, ainda remanesce controvertida a possibilidade de se aplicar os critérios previstos no Código de Defesa do Consumidor a ambas as ações. Vencidos os Ministros Augusto César Leite de Carvalho, Luiz Philippe Vieira de Mello Filho, José Roberto Freire Pimenta e Delaíde Miranda Arantes, que conheciam dos embargos ao fundamento de, quanto aos critérios para a verificação da litispendência, não haver distinção ontológica entre a ação civil pública e a ação coletiva que inviabilize o exame da especificidade da divergência jurisprudencial.[7]
>
> ESTABILIDADE PROVISÓRIA EM RAZÃO DE ACIDENTE DE TRABALHO NO CURSO DE CONTRATO POR PRAZO DETERMINADO. ARESTOS QUE TRATAM DA ESTABILIDADE PROVISÓRIA DURANTE CONTRATO DE EXPERIÊNCIA. DIVERGÊNCIA JURISPRUDENCIAL. NÃO CONFIGURAÇÃO. DISPOSITIVOS DE LEI DISTINTOS. Tendo em conta que a configuração de divergência jurisprudencial específica pressupõe a existência de teses diversas acerca da interpretação de um mesmo dispositivo legal (Súmula n. 296, I, do TST), a SBDI-I, por maioria, não conheceu de embargos na hipótese em que, para confrontar decisão da Segunda Turma que dera provimento a recurso de revista para restabelecer a sentença que julgara improcedente o pedido de estabilidade provisória em razão de acidente de trabalho no curso de contrato por prazo determinado regido pela Lei n. 6.019/74, o embargante colacionou arestos que versavam sobre estabilidade provisória durante contrato de experiência previsto no art. 443 da CLT. Vencidos os Ministros Horácio Raymundo de Senna Pires, José Roberto Freire Pimenta, Delaíde Miranda Arantes e Luiz Philippe Vieira de Mello Filho, os quais vislumbravam a existência de divergência jurisprudencial específica pois, ainda que o contrato temporário e o contrato de experiência estejam previstos em dispositivos de Lei distintos, a questão central, tanto da decisão recorrida quanto dos arestos colacionados, diz respeito ao trabalhador que sofre acidente no curso de contrato com data de extinção previamente ajustada, existindo, portanto, identidade de situação fática apta a ensejar o conhecimento do recurso.[8]

---

6. Sobre o tema da atualidade, iteratividade e notoriedade da jurisprudência apta a ensejar a revista, merecem reprodução, por serem pertinentes e esclarecedoras, as palavras de MIESSA, Élisson. Op. cit. p. 340: "A definição de divergência atual é feita por exclusão, no sentido de que não se considera como tal a ultrapassada por súmula do TST ou do STF, ou superada por iterativa e notória jurisprudência do Tribunal Superior do Trabalho (CLT, art. 896, § 7º). Portanto, se a decisão contraria súmula do TST ou do STF, ela não é atual. No que tange à decisão superada por entendimento iterativo (reiterado, repetido) e notório (conhecido por todos), objetivamente, existirá quando ele estiver consubstanciado em orientação jurisprudencial do TST. Noutras palavras, havendo OJ, a divergência não é atual. (...) Ademais, embora não seja pacífico, tem-se entendido que também será iterativo e notório o entendimento não divergente entre as turmas do TST e entre essas e a SBDI".
7. TST-E-EDRR-15400-16.2002.5.01.0007, SBDI-I, rel. Min. Brito Pereira, 29.11.2012. Informativo n. 32 do TST. Disponível em <http://tinyurl.com/cd9jzwo>. Acesso em: 12 fev. 2017.
8. TST-E-RR-34600-17.2001.5.17.0001, SBDI-I, rel. Min. Augusto César Leite de Carvalho, 24.5.2012. Informativo n. 10 do TST. Disponível em: <http://tinyurl.com/bovwzgr>. Acesso em: 12.02.2017.

Além de específica, a jurisprudência divergente, ensejadora da revista, também haverá de ser abrangente. Justamente por isso, a Súmula n. 23 do TST esclarece, quanto à 'abrangência', que não se conhece de recurso de revista ou de embargos, se a decisão recorrida resolver determinado item do pedido por diversos fundamentos e a jurisprudência transcrita não abranger a todos. Quanto ao mencionado aspecto, uma dúvida que sempre vem à tona, é se o aresto trazido para confronto com a decisão atacada necessita ser único. A resposta é negativa, vez que o TST admite, na admissibilidade do recurso de revista, que a decisão objurgada seja confrontada com mais de um julgado paradigma, a fim de que a exigência da abrangência seja satisfeita.

Finalmente, não podemos olvidar sobre o recurso de revista por divergência, que a 'comprovação da existência de interpretações diversas' deverá respeitar algumas formalidades. Sobre o tema o § 8º do art. 896 da CLT estabelece que quando o recurso fundar-se em dissenso de julgados, incumbe ao recorrente o ônus de produzir prova da divergência jurisprudencial, mediante certidão, cópia ou citação do repositório de jurisprudência, oficial ou credenciado, inclusive em mídia eletrônica, em que houver sido publicada a decisão divergente, ou ainda pela reprodução de julgado disponível na internet, com indicação da respectiva fonte, mencionando, em qualquer caso, as circunstâncias que identifiquem ou assemelhem os casos confrontados. Adensando tal exigência, temos a Súmula n. 337 do TST, com o seguinte conteúdo:

> SÚMULA n. 337. COMPROVAÇÃO DE DIVERGÊNCIA JURISPRUDENCIAL. RECURSOS DE REVISTA E DE EMBARGOS. I – Para comprovação da divergência justificadora do recurso, é necessário que o recorrente: a) Junte certidão ou cópia autenticada do acórdão paradigma ou cite a fonte oficial ou o repositório autorizado em que foi publicado; e b) Transcreva, nas razões recursais, as ementas e/ou trechos dos acórdãos trazidos à configuração do dissídio, demonstrando o conflito de teses que justifique o conhecimento do recurso, ainda que os acórdãos já se encontrem nos autos ou venham a ser juntados com o recurso. II – A concessão de registro de publicação como repositório autorizado de jurisprudência do TST torna válidas todas as suas edições anteriores. III – A mera indicação da data de publicação, em fonte oficial, de aresto paradigma é inválida para comprovação de divergência jurisprudencial, nos termos do item I, "a", desta súmula, quando a parte pretende demonstrar o conflito de teses mediante a transcrição de trechos que integram a fundamentação do acórdão divergente, uma vez que só se publicam o dispositivo e a ementa dos acórdãos; IV – É válida para a comprovação da divergência jurisprudencial justificadora do recurso a indicação de aresto extraído de repositório oficial na internet, desde que o recorrente: a) transcreva o trecho divergente; b) aponte o sítio de onde foi extraído; e c) decline o número do processo, o órgão prolator do acórdão e a data da respectiva publicação no Diário Eletrônico da Justiça do Trabalho; V – A existência do código de autenticidade na cópia, em formato pdf, do inteiro teor do aresto paradigma, juntada aos autos, torna-a equivalente ao documento original e também supre a ausência de indicação da fonte oficial de publicação.

Merece destaque, assim, que não basta ao recorrente comprovar a existência de divergência justificadora do recurso (pela juntada aos autos de certidão ou cópia autenticada do acórdão paradigma ou citação da fonte oficial ou o repositório autorizado em que foi publicado), sendo ainda imperioso, para que a sua revista seja conhecida, que ele transcreva nas razões recursais, analiticamente, as ementas e/ou trechos dos acórdãos (objurgado e paradigma) que demonstrem o conflito de teses, até mesmo porque, como enfatizado anteriormente, a divergência jurisprudencial ensejadora da admissibilidade, do prosseguimento e do conhecimento do recurso há de ser específica, revelando a existência de teses diversas na interpretação de um mesmo dispositivo legal (S. 296, I, do TST).

3.2. Recurso de Revista por Violação: Especificidades da Interposição

Consoante já visto fartamente, a alínea 'c' do art. 896 da CLT estabelece que desafiam recurso de revista as decisões proferidas com violação literal de disposição de Lei federal ou afronta direta e literal à Constituição Federal. Aqui, como se entrevê, não há de se cogitar, pelo menos a princípio, da existência de divergência jurisprudencial entre tribunais diversos, mas somente da ocorrência de violação literal de disposição de Lei federal ou afronta direta e literal à Constituição da República. Por isso é que agora saímos do 'recurso de revista por divergência' e adentramos no 'recurso de revista por violação'. Logo, as dificuldades formais de indicação do dissenso forense restam superadas na maioria dos casos, o que não quer dizer que o recorrente, na confecção do recurso, possa abdicar do uso de técnica processual mais refinada.

Ocorre que, nesse segundo tipo de recurso de revista, a sua admissibilidade tem como pressuposto a indicação expressa do dispositivo de Lei ou da Constituição tido como violado (S. 221 do TST), o que não significa dizer, é bom que se frise, que a invocação expressa no recurso de revista dos preceitos legais ou constitucionais tidos como violados exija do interessado a utilização das expressões 'contrariar', 'ferir', 'violar etc. (OJ n. 257 da SBDI I do TST).

Há de se notar quanto ao tema, que não são incomuns afirmações de que decisões que deram razoável interpretação a um determinado preceito legal, ainda que ela não seja a melhor, não abrem margem à interposição de recurso de revista[9]. Em tal sentido, aliás, ainda hoje existe a Súmula n. 400 do STF, de resto não cancelada, que embora tratando

---

9. O próprio autor do presente artigo, diga-se de passagem, já sustentou o mencionado ponto de vista. Vide, a propósito, CESÁRIO, João Humberto. *Provas e recursos no processo do trabalho*. São Paulo: LTr, 2010. p. 237.

do recurso extraordinário, labora nesse viés. Cremos, todavia, que tal ponto de vista deva ser enxergado com parcimônia, pois, afinal, uma interpretação de determinado dispositivo, ainda que razoável, poderá sim malferir o texto legal quando não for a melhor. Não é por outra razão que o TST, evoluindo na análise do tema, cancelou o antigo item II da sua Súmula n. 221, que dizia justamente que a interpretação razoável de preceito de lei, ainda que não fosse a melhor, não dava ensejo à admissibilidade ou ao conhecimento de recurso de revista com base na alínea "c" do art. 896 da CLT. Nesses casos, com efeito, poderemos ter excepcionalmente a necessidade de comprovação da existência de dissídios jurisprudenciais acerca da interpretação de um mesmo preceito, a fim de que o TST possa fixar o *standard* prevalecente.

Há de se ter em mente, em que pese o quanto antes dissemos, que o maltrato à dicção constitucional capaz de estribar a revista será o direto e não o reflexo. Com efeito, não será lícito ao interessado ventilar, como fundamento do recurso em tela, ofensa a preceitos constitucionais genéricos, como, *v.g.*, os princípios da legalidade, do devido processo legal ou do contraditório, que, no mais das vezes, clamam pela análise do regramento infraconstitucional. Ventilado argumento de tal jaez, a revista será conhecida, no máximo e com boa vontade, no arrimo de possível ultraje à Lei federal, mas jamais por injúria direta à Constituição. Aqui, embora tratando do recurso extraordinário e não propriamente da revista, a Súmula n. 636 do STF, com base em lógica idêntica à do nosso raciocínio, aduz que não cabe recurso extraordinário por contrariedade ao princípio constitucional da legalidade, quando a sua verificação pressuponha rever a interpretação dada a normas infraconstitucionais pela decisão recorrida.

Dito tudo isso, podemos agora trazer, como exemplos de interposição de recurso de revista por violação, algumas situações, a saber: a) intento de redução ou de aumento de indenização por danos materiais e/ou morais, com indicação de maltrato aos arts. 944 do CC e 5º, V, da CRFB; b) alegação de nulidade de negativa de prestação jurisdicional, com remissão expressa de malferimento aos arts. 832 da CLT, 489 do CPC e 93, IX da CRFB (S. 459 do TST); c) insurgência contra a incidência da multa do art. 523, § 1º, do CPC em face de violação ao art. 880 da CLT[10].

Sobre a possibilidade de aumento ou de redução do valor arbitrado a título de danos civis, algumas palavras merecem ser alinhavadas com mais vagar. Ocorre que, consoante dissemos um pouco mais atrás, o maltrato à dicção constitucional, capaz de justificar a revista será o direto e não o reflexo, não sendo lícito ao interessado ventilar, como fundamento dos recursos de revista ou extraordinário, ofensa a preceitos constitucionais genéricos. Sem embargo da manutenção dessa acertada linha jurisprudencial, entretanto, o Tribunal Superior do Trabalho vem conferindo conhecimento a recurso de revista arrimado em ofensa direta ao princípio da proporcionalidade previsto no art. 5º, V e X, da CRFB (e também no art. 944, *caput*, do CC, é bom que se diga), de modo a se pronunciar sobre a redução ou a majoração de indenização arbitrada a título de indenização por danos materiais e/ou morais. Há de se indagar, assim, se tal comportamento estaria correto.

No nosso ponto de vista, o posicionamento em questão é acertado, na medida em que na hipótese não há que se cogitar da ocorrência de mera ofensa reflexa à Magna Carta, mas sim de malferimento direto ao postulado constitucional da proporcionalidade, que determina, com tintas fortes, que a indenização seja proporcional ao agravo. Como se não bastasse, ainda que não admitíssemos ofensa à Constituição, a violação, *ad argumentandum*, justificar-se-ia na ofensa ao art. 944, *caput*, do Código Civil. Assim, as instâncias ordinárias, guiadas pelo vetor constitucional e infraconstitucional da proporcionalidade, deverão estabelecer por arbitramento racional a exata extensão da compensação devida àquele que suporta um dano causado por outrem à sua intimidade, vida privada, honra ou imagem, sob pena de verem os seus vereditos corrigidos no âmbito da recorribilidade extraordinária. Em tais casos, com efeito, serão pelo menos dois os elementos lineadores de um arbitramento equânime, materializados na agressividade do dano praticado e na capacidade econômica do ofensor, de forma que o montante indenizatório seja capaz de satisfazer aos anseios de preservação do regramento constitucional fundamental, além de destinar uma admoestação pedagógica para quem o suporta. Tomem-se, abaixo, duas decisões do TST que tocam no tema:

> *AGRAVO DE INSTRUMENTO EM RECURSO DE REVISTA. DANO MORAL. MORTE DO EMPREGADO DECORRENTE DA DOENÇA PROFISSIONAL (SILICOSE). VALOR DA CONDENAÇÃO. MAJORAÇÃO. Demonstrada aparente violação do art. 944 do Código Civil, deve ser provido o agravo de instrumento, para determinar o processamento do recurso de revista. RECURSO DE REVISTA. DANO MORAL. MORTE DO EMPREGADO DECORRENTE DA DOENÇA PROFISSIONAL (SILICOSE). VALOR DA CONDENAÇÃO. MAJORAÇÃO. Como decorre do acórdão*

---

10. Embora tenhamos alinhavado aqui o exemplo em questão, chegamos a imaginar, em um primeiro momento, que o TST faria o *overruling* na matéria, já que a partir do CPC/2015 passamos a ter um elemento de ordem jurídica, consubstanciado no art. 139, IV, parte final, do CPC/15, que justificaria a mudança do ponto de vista da mais alta corte trabalhista, que, assim, deveria superar a sua antiga e conservadora jurisprudência sobre o tema. Para que o leitor conheça maiores detalhes do nosso pensamento acerca do assunto, sugerimos a leitura de CESÁRIO, João Humberto. *As principais modificações do novo CPC e os seus impactos no processo do trabalho*. Cuiabá: Pináculo, 2016. p. 377 a 389. Há de se ressaltar, todavia, que mesmo após o advento do novo CPC, o TST, lamentavelmente, reafirmou, por maioria, com voto divergente prevalecente da lavra do ministro João Oreste Dalazen, a sua visão conservadora sobre o assunto (vide, acerca do afirmado, o julgamento ocorrido no IRR – 1786-24.2015.5.04.0000, cujo acórdão foi publicado em 30.11.2017 – Disponível em: <https://tinyurl.com/y6v4wakg>. Acesso em: 04 mar. 2018).

regional, incontroverso no feito que o pai do autor, ex-empregado da reclamada, passou a perceber auxílio-doença em 26.05.1977, vindo a se aposentar por invalidez em 01.09.1979, falecendo treze anos depois, no dia 02.10.1992, quando tinha 53 anos de idade, de doença profissional, em decorrência do trabalho exercido na reclamada. Ao impor a condenação, o Magistrado deve se ater ao grau de culpa da reclamada, a extensão das lesões, a situação econômica das partes, a necessidade de se imprimir caráter pedagógico à pena e de se evitar o enriquecimento injustificado do ofendido. Tais aspectos não foram observados pelo TRT, principalmente levando-se em consideração a extensão do dano, que culminou com a morte do ex-empregado, por complicações advindas da doença profissional adquirida. Evidenciada a violação ao art. 944 do Código Civil, em face da desproporcionalidade entre o dano e a reparação, majora-se o valor fixado para R$100.000,00. Recurso de revista de que se conhece e a que se dá provimento.[11]

ACIDENTE DE TRABALHO. DANOS MORAIS E MATERIAIS. RAZOABILIDADE E PROPORCIONALIDADE DO VALOR DA INDENIZAÇÃO. CONHECIMENTO DE RECURSO DE REVISTA POR VIOLAÇÃO DO Art. 944, "CAPUT", DO CC. POSSIBILIDADE. É possível o conhecimento de recurso de Acidente de trabalho. Danos morais e materiais. Razoabilidade e proporcionalidade do valor da indenização. Conhecimento de recurso de revista por violação do art. 944, "caput", do CC. Possibilidade revista por violação direta do art. 944, "caput", do CC, para se discutir a razoabilidade e a proporcionalidade na fixação do valor da indenização por danos morais e materiais decorrentes de acidente de trabalho, especialmente por serem mínimas as chances de identidade fática entre o aresto paradigma e a decisão recorrida, apta a ensejar o conhecimento do recurso por divergência jurisprudencial. Com base nesse entendimento, a SBDI-I, por unanimidade, conheceu dos embargos, por divergência jurisprudencial, e, no mérito, por maioria, deu-lhes provimento para, fixada a premissa de que o art. 944, do CC permite a análise dos critérios de valoração da indenização por dano moral decorrente de acidente de trabalho, determinar o retorno dos autos à Turma para que examine a apontada violação como entender de direito. Vencidos os Ministros Ives Gandra Martins Filho e João Oreste Dalazen.[12]

Vale ressaltar, porém, que o Tribunal Superior do Trabalho não poderá, quando da análise de recurso de revista dessa ordem, revolver a matéria fática a fim de se pronunciar sobre a ocorrência ou não do dano discutido, pois essa matéria, como é palmar, se circunscreve ao âmbito da recorribilidade ordinária, sendo incabível o recurso de revista ou de embargos para reexame de fatos e provas (S. 126 do TST). Há de se ficar claro, portanto, que nesses contextos a atividade do TST deverá ser desempenhada com os olhos voltados para o quadro fático-probatório definido na instância ordinária, ficando a sua tarefa circunscrita, dessarte, à pura e simples dosagem razoável e proporcional da indenização[13].

4. PREQUESTIONAMENTO

Como já assentado mais atrás, os jurisconsultos advertem que a revista é um recurso difícil que, em geral, vai pôr à prova a capacidade profissional do advogado. Antedito vaticínio é absolutamente realístico. Promover o conhecimento de um recurso de revista, de fato, não é tarefa fácil. Como já exaustivamente visto, diante da sua natureza extraordinária, tal remédio somente se presta à discussão estreita de matérias juridicamente delimitadas, não sendo palco para a ampla disputa fática e probatória da recorribilidade ordinária. Para explicitar o epicentro do debate, nessa medida, não será raro que o advogado tenha que, previamente, prequestionar a matéria a ser debatida, fazendo-o por via de embargos de declaração, colimando que o Regional se manifeste, concretamente, sobre o tema de direito a ser discutido.

Tal necessidade é pacífica nos Tribunais. No âmbito do STF, tratando do recurso extraordinário, existe a Súmula n. 356, a dizer que o ponto omisso da decisão, sobre o qual não foram opostos embargos declaratórios, não pode ser

---

11. TST-RR-67000-51.2008.5.03.0091. 7ª T., rel. Min. Pedro Paulo Manus, 02.04.2013. Disponível em: <http://tinyurl.com/d8hvfhq>. Acesso em: 12 fev. 2017.
12. TST-E-RR-217700-54.2007.5.08.0117, SBDI-I, rel. Min. Augusto César Leite de Carvalho, 22.11.2012. Informativo n. 31 do TST. Disponível em <http://tinyurl.com/crj3omk>. Acesso em: 12 fev. 2017.
13. Parece-nos importante, aqui, transcrever a brilhante lição de MARINONI, Luiz Guilherme; ARENHART, Sérgio Cruz; MITIDIERO, Daniel. *Curso de processo civil: tutela dos direitos mediante procedimento comum.* v. 2. São Paulo: Revista dos Tribunais, 2015. p. 545 e 546, que embora tratando dos recursos especial e extraordinário, calha justa para a boa compreensão do quanto afirmamos: *"Refere o art. 1.029 que o recurso extraordinário e o recurso especial, nos casos previstos na Constituição Federal, serão interpostos perante o presidente ou o vice-presidente do tribunal recorrido, em petições distintas que conterão: I – a exposição do fato e do direito; II – a demonstração do cabimento do recurso interposto; III – as razões do pedido de reforma ou de invalidação da decisão recorrida. (...) Isso quer dizer que em recurso extraordinário e em recurso especial a parte não apenas pode, mas na verdade tem o ônus de caracterizar os fatos do caso – ou melhor, de delinear o caso em todos os seus aspectos fático-jurídicos (art. 1.029, I). Daí que é tecnicamente incorreto afirmar que não se pode conhecer de fatos em recurso extraordinário e em recurso especial: o Supremo Tribunal Federal e o Superior Tribunal de Justiça podem conhecer de fatos, porque do contrário não teriam como conhecer do próprio caso levado à consideração mediante recurso extraordinário e recurso especial. O material que pode ser trabalhado em recurso extraordinário e em recurso especial, portanto, é composto de fatos e de direito – até mesmo porque fato e direito se interpenetram no processo de delimitação do caso, interpretação e aplicação do direito. O que não é possível é rediscutir a existência ou inexistência dos fatos em recurso extraordinário e em recurso especial (Súmula n. 279 do STF, e Súmula n. 7 do STJ). (...) Consequentemente, o Supremo Tribunal Federal e o Superior Tribunal de Justiça não podem considerar existente fato considerado inexistente ou considerar inexistente fato considerado existente pela decisão recorrida. Essa perspectiva teórica explica a razão pela qual, por exemplo, é possível obter do Superior Tribunal de Justiça pronúncia voltada ao adequado dimensionamento da reparação de danos civis, notadamente de danos morais. Em situações dessa ordem, discute-se o caso em todos os seus aspectos, mas não se interfere na conformação do caso outorgada pela decisão recorrida".*

objeto de recurso extraordinário, por faltar o requisito do prequestionamento. Seguindo a mesma trilha, o TST possui a Súmula n. 184, a advertir que ocorrerá preclusão se não forem opostos embargos declaratórios para suprir omissão apontada em recurso de revista ou de embargos.

Prequestionamento, no dizer dos professores Fredie Didier Jr. e Leonardo Carneiro da Cunha, é *"o enfrentamento, pelo tribunal recorrido no acórdão impugnado, da questão de direito que é objeto do recurso excepcional"*[14]. Outrossim, segundo a jurisprudência do Tribunal Superior do Trabalho, prequestionar *"significa obter a definição precisa da matéria ou questão, nos seus exatos contornos fático-jurídicos, evidenciadores de explícita tese de direito a ser reexaminada pela instância extraordinária, razão pela qual constitui ônus da parte debater no juízo a quo a matéria que pretende ver reexaminada em razão de recurso de natureza extraordinária (revista e/ou embargos), sob pena de seu não conhecimento pelo juízo ad quem, ante o óbice da falta de prequestionamento"*[15].

Com efeito, a admissibilidade da revista fica jungida à necessidade de explicitação prévia do tema jurídico que a justificará, não se satisfazendo, no mais das vezes, com um pronunciamento tácito ou subentendido. Podemos afirmar, portanto, que o prequestionamento é um pressuposto imprescindível à cognição do recurso de índole extraordinária. Não é por outra razão que o § 1º-A do art. 896 da CLT estabelece que sob pena de não conhecimento, é ônus da parte ao interpor recurso de revista a) indicar o trecho da decisão recorrida que consubstancia o prequestionamento da controvérsia objeto do recurso de revista; b) indicar, de forma explícita e fundamentada, contrariedade a dispositivo de lei, súmula ou orientação jurisprudencial do Tribunal Superior do Trabalho que conflite com a decisão regional; c) expor as razões do pedido de reforma, impugnando todos os fundamentos jurídicos da decisão recorrida, inclusive mediante demonstração analítica de cada dispositivo de lei, da Constituição Federal, de súmula ou orientação jurisprudencial cuja contrariedade aponte; d) transcrever na peça recursal, no caso de suscitar preliminar de nulidade de julgado por negativa de prestação jurisdicional, o trecho dos embargos declaratórios em que foi pedido o pronunciamento do tribunal sobre questão veiculada no recurso ordinário e o trecho da decisão regional que rejeitou os embargos quanto ao pedido, para cotejo e verificação, de plano, da ocorrência da omissão. Nessa linha, o art. 932, III, parte final, do CPC, é firme ao estatuir que o relator não deve conhecer recurso que não tenha impugnado especificamente os fundamentos da decisão recorrida.

Na prática, com efeito, ocorrerá uma das seguintes hipóteses: a) ou o acórdão a ser impugnado traz nas razões de decidir, com clareza, a matéria a ser debatida; b) ou, caso contrário, uma vez sendo omissa a decisão hostilizável, a parte interessada no recurso deverá instigar a corte a se manifestar sobre o tema, pela via dos embargos de declaração. Temos, por isso, a Súmula n. 297 do TST, vazada em três itens. Pelo primeiro deles, se diz prequestionada a matéria ou a questão, quando na decisão impugnada haja sido adotada, explicitamente, tese a respeito. Nessa hipótese, obviamente, é desnecessário o avivamento de embargos de declaração, sendo imperioso, todavia, que para tanto haja no acórdão, de maneira clara, elementos que levem à conclusão de que o Regional adotou uma tese contrária à Lei ou à súmula (OJ n. 256 da SBDI I do TST). Há de se ficar claro, entretanto, que havendo tese explícita sobre a matéria na decisão recorrida, será desnecessário que dela conste referência expressa ao dispositivo legal insultado (OJ 118 da SDI-I do TST). Já o segundo item da Súmula n. 297 do TST, que rege o tema quando o acórdão regional objurgável for omisso, estabelece que incumbe à parte interessada, desde que a matéria haja sido invocada no recurso principal (no recurso ordinário, portanto), opor embargos declaratórios objetivando o pronunciamento sobre o tema, sob pena de preclusão. Finalmente, o terceiro item da Súmula n. 297 do TST estatui que se considera prequestionada a questão jurídica invocada no recurso principal sobre a qual se omite o tribunal de pronunciar tese, não obstante opostos embargos de declaração, quando, então, temos aquilo que a doutrina denomina como prequestionamento ficto.

Pode-se concluir, de tudo o quanto foi dito até aqui, que no mais das vezes (regra geral) a violação justificadora da revista nasce na sentença de primeiro grau, devendo ser eriçada no recurso ordinário, para que sobre ela o TRT se manifeste no acórdão. Não se manifestando o Regional sobre o tema, haverá omissão na decisão colegiada, de modo a justificar o aviamento dos embargos de declaração com finalidade prequestinatória, abrindo-se ensanchas, a partir daí, à interposição da revista. Cumpre ressaltar, no pertinente do antedito aspecto, que segundo a OJ n. 151 da SBDI I do TST, a decisão regional que simplesmente adota os fundamentos da decisão de primeiro grau não preenche a exigência do prequestionamento. É importante anotar finalmente, no entanto, que se a violação nascer no próprio acórdão a ser atacado, o requisito do prequestionamento na prática já estará atendido, sendo admissível a interposição direta do recurso de revista (inteligência da OJ n. 119 da SBDI I do TST).

5. PROCESSAMENTO DO RECURSO DE REVISTA

5.1. Introdução

Dividiremos a exposição do processamento do recurso de revista em quatro partes, a saber: a) processamento no Regional; b) processamento no TST; c) processamento no caso de necessidade de instauração de incidente prévio de uniformização de jurisprudência (frisamos, sobre tal assunto, que acerca dele apresentaremos apenas uma breve

---

14. DIDIER JR., Fredie; CUNHA, Leonardo Carneiro da. *Curso de direito processual civil*. v. 3. 13. ed. reform. Salvador: JusPodivm, 2016. p. 310.
15. TST-ERR-62/2002-900-03-00.9, SBDI I, Rel. Ministro Milton Moura França. DJU 02.02.2007.

notícia histórica, haja vista que os §§ 3º a 6º do art. 896 da CLT, que disciplinavam a matéria, foram revogados pela reforma trabalhista – Lei n. 13.467/2017); d) processamento de recursos de revista repetitivos.

5.2. Processamento do Recurso de Revista no Tribunal Regional do Trabalho

Consoante o art. 896, § 1º, da CLT, o recurso de revista, dotado de efeito apenas devolutivo, será interposto perante o Presidente do Tribunal Regional do Trabalho, que, por decisão fundamentada, poderá recebê-lo ou denegá-lo. A petição da sua veiculação, como já visto no estudo do prequestionamento, deverá preencher os requisitos do § 1º-A do art. 896 da CLT, sendo imperioso, portanto, o atendimento do princípio da dialeticidade.

Por óbvio, se o presidente do TRT denegar seguimento ao recurso de revista, por não entender como presentes os pressupostos intrínsecos e/ou extrínsecos de admissibilidade, a sua decisão desafiará a interposição de agravo de instrumento (art. 897, b, da CLT). Parece-nos, ademais, que depois do cancelamento da OJ 377 da SDI I do TST, serão cabíveis até mesmo embargos de declaração contra decisão de admissibilidade de revista, quando essa última, eivada de manifesto equívoco no exame dos pressupostos extrínsecos do recurso interposto, trancá-lo equivocadamente (inteligência do art. 897-A, caput, parte final, da CLT).

Sobre a questão dos embargos declaração, aliás, não é demasiado pontuar que se houver omissão no juízo de admissibilidade do recurso de revista quanto a um ou mais temas, é ônus da parte interpor embargos de declaração para o órgão prolator da decisão embargada supri-la (CPC, art. 1024, § 2º), sob pena de preclusão (art. 1º, § 1º, da IN 40-2016 do TST). Há de se ficar claro, além disso, que incorre em nulidade a decisão regional que se abstiver de exercer controle de admissibilidade sobre qualquer tema objeto de recurso de revista, não obstante interpostos embargos de declaração (CF/88, art. 93, inciso IX e § 1º do art. 489 do CPC de 2015 – art. 1º, § 2º, da IN 40-2016 do TST). Como se não bastasse, na hipótese anterior, sem prejuízo da nulidade, a recusa do presidente do Tribunal Regional do Trabalho a emitir juízo de admissibilidade sobre qualquer tema equivale à decisão denegatória, sendo ônus da parte, assim, após a intimação da decisão dos embargos de declaração, impugná-la mediante agravo de instrumento (CLT, art. 896, § 12), sob pena de preclusão (art. 1º, § 3º, da IN 40-2016 do TST). Nessa última situação, indo o caso para o TST (uma vez interposto o agravo de instrumento), faculta-se ao Ministro Relator, por decisão irrecorrível, determinar a restituição do agravo de instrumento ao Presidente do Tribunal Regional do Trabalho de origem para que complemente o juízo de admissibilidade, desde que interpostos embargos de declaração (art. 1º, § 4º, da IN 40-2016 do TST).

Sobre o trancamento apenas parcial da revista interposta, algumas palavras merecem ainda ser escritas. Ocorre que ao tempo de vigência da Súmula n. 285 do TST, o agitamento do agravo de instrumento era no caso despiciendo, já que o apelo de qualquer modo subia ao TST, onde ficava automaticamente exposto a novo juízo de admissibilidade. Entretanto, o fato é que o mencionado verbete sumular foi cancelado pela resolução 204-2016 (divulgada no DEJT em 17, 18 e 21.03.2016), sendo a matéria atualmente regida pelo art. 1º, caput, da IN 40-2016 do TST, que estabelece que quando admitido apenas parcialmente o recurso de revista, constitui ônus da parte impugnar, mediante agravo de instrumento, o capítulo denegatório da decisão, sob pena de preclusão.

Finalmente, satisfeitos os pressupostos de admissão, o presidente dará vistas ao recorrido para contrarrazões, pelo prazo de oito dias (art. 6º da Lei n. 5.584/1970), podendo esse último, no aludido interregno, recorrer adesivamente (S. 283 do TST), ficando a eventual revista adesiva igualmente sujeita a contrarrazões. Cumpridas tais balizas, o feito é remetido ao Tribunal Superior do Trabalho.

5.3. Processamento do Recurso de Revista no Tribunal Superior do Trabalho

Recebido os autos no TST, o primeiro passo será o de distribuí-los (art. 930 do CPC). Distribuídos, os autos serão imediatamente conclusos ao relator, que, depois de elaborar o voto, restitui-los-á, com relatório, à secretaria (art. 931 do CPC), incumbindo-lhe, unipessoalmente, conforme a situação, valer-se das possibilidades conferidas pelos incisos III, IV e V do art. 932 do CPC c/c o § 14 do art. 896 da CLT (este último inserido na CLT por ocasião da reforma trabalhista – Lei n. 13.467/2017). Nos casos de prolatação de decisão monocrática, evidentemente, caberá agravo dirigido à Turma, a ser interposto no prazo de oito dias (arts. 896, § 12, da CLT).

Atento à necessidade de reprimir a jurisprudência defensiva dos tribunais, o § 11 do art. 896 da CLT estabelece que quando o recurso tempestivo contiver defeito formal que não se repute grave, o Tribunal Superior do Trabalho poderá desconsiderar o vício ou mandar saná-lo, julgando o mérito. Quanto à intervenção do Ministério Público, a sustentação oral dos advogados e a forma de votação dos Ministros, remetemos o leitor ao Regimento Interno do TST.

5.4. Processamento no caso de Necessidade de Instauração Incidente Prévio de Uniformização de Jurisprudência

Como já salientamos mais atrás, sobre o tema em epígrafe traremos apenas uma breve notícia histórica, haja vista que os §§ 3º a 6º do art. 896 da CLT, que disciplinavam a matéria, foram revogados pela reforma trabalhista – Lei n. 13.467/2017.

Pois bem. Segundo dizia o § 3º do art. 896 da CLT, os Tribunais Regionais do Trabalho procederiam, obrigatoriamente, à uniformização de sua jurisprudência e aplicariam nas causas da competência da Justiça do Trabalho, no que coubesse, o incidente de uniformização de jurisprudência previsto nos termos do Capítulo I do Título IX do Livro I da Lei n. 5.869, de 11 de janeiro de 1973 (Código de Processo Civil). Acerca do assunto, o art. 2º da IN 40-2016 do TST estabelecia que após a vigência do Código de Processo Civil de 2015, subsistia o Incidente de Uniformização de Jurisprudência da CLT (art. 896, §§ 3º, 4º, 5º e 6º), observado o procedimento previsto no regimento interno do Tribunal Regional do Trabalho.

Outrossim, uma vez resolvido o incidente em questão, o § 6º do art. 896 da CLT asseverava que após o julgamento unicamente a súmula regional ou a tese jurídica prevalecente no Tribunal Regional do Trabalho e não conflitante com súmula ou orientação jurisprudencial do Tribunal Superior do Trabalho serviria como paradigma para viabilizar o conhecimento do recurso de revista, por divergência.

Isso equivalia a dizer, segundo prelecionava Manoel Antonio Teixeira Filho, que uma vez *"resolvido (...) o incidente de uniformização de jurisprudência, somente poderão [poderiam] ser indicados como elementos paradigmáticos para o exame da admissibilidade do recurso de revista, no TST, a súmula regional ou a tese jurídica predominante no Tribunal Regional, desde que uma e outra não conflitem [conflitassem] com súmula ou orientação jurisprudencial do TST"*[16].

Como já frisado, contudo, a reforma trabalhista (Lei n. 13.467/2017), de maneira inexplicável, revogou todas as disposições celetistas de regência da matéria. Parece-nos, assim, que pelo menos por ora não há mais que se falar no processamento da revista na hipótese de instauração de incidente prévio de uniformização de jurisprudência. É imperioso destacar, todavia, que tal fato de modo algum inibirá os Regionais de adotarem mecanismos regimentais de uniformização das suas jurisprudências.

5.5. Processamento de Recursos de Revista Repetitivos

Atenta ao fenômeno da litigiosidade de massa, a Lei 13.015/2014 introduziu na CLT algumas disposições para o enfrentamento do problema. Na primeira delas, o art. 896-B estabelece, basicamente, que se aplicam ao recurso de revista, no que couber, as normas do Código de Processo Civil relativas ao julgamento dos recursos extraordinário e especial repetitivos. Na sequência, embora já tenhamos visto que a competência funcional para o conhecimento de recurso de revista pertence às turmas do TST (inteligência do art. 896, *caput,* da CLT), o fato é que o art. 896-C da CLT ressalva que quando houver multiplicidade de recursos de revista fundados em idêntica questão de direito, a questão poderá ser afetada à Seção Especializada em Dissídios Individuais[17] ou ao Tribunal Pleno, por decisão da maioria simples de seus membros, mediante requerimento de um dos Ministros que compõem a Seção Especializada, considerando a relevância da matéria ou a existência de entendimentos divergentes entre os Ministros dessa Seção ou das Turmas do Tribunal. Estão delineados nesses dois preceitos, com efeito, o microssistema legal que regerá a resolução dos recursos de revista e de embargos que versarem sobre matéria repetitiva.

Percebe-se, de tudo o quanto se disse até agora, que são quatro os requisitos, não necessariamente cumuláveis, para a afetação da revista ao Tribunal Pleno ou à Seção Especializada em Dissídios Individuais, quais sejam: a) a multiplicidade de recursos; b) a idêntica questão de direito; c) a relevância da matéria; d) ou a existência de entendimentos divergentes entre os Ministros da Seção Especializada ou das Turmas do Tribunal.

A multiplicidade, regra geral, é imperiosa, haja vista que no caso estamos a tratar, como já pontuamos, da litigiosidade de massa. A idêntica questão de direito se funda na constatação de que no âmbito da recorribilidade extraordinária enfrentamos apenas matéria jurídica e não questões propriamente fáticas (S. 126 do TST). De sua vez, a divergência é exigível, pois, se ela inexistisse, não haveria motivo palpável que justificaria a preocupação para com a unificação do pensamento do tribunal, a ser realizada em nome da segurança jurídica e da isonomia. Vale anotar, contudo, que a relevância da matéria poderá se configurar independentemente da existência de múltiplos processos com tema idêntico. Tangenciado o tema, o art. 20 da IN 38-2015 esclarece, por exemplo, que quando o julgamento dos embargos à SBDI-1 envolver relevante questão de direito, com grande repercussão social, sem repetição em múltiplos processos, mas a respeito da qual seja conveniente a prevenção ou a composição de divergência entre as turmas ou os demais órgãos fracionários do Tribunal Superior do Trabalho, poderá a SBDI-1, por iniciativa de um de seus membros e após a aprovação da maioria de seus integrantes, afetar o seu julgamento ao Tribunal Pleno.

No pertinente ao processamento, os recursos de revista repetitivos têm a regência ditada pelo art. 896-C da CLT, bem como pelas disposições da IN 38-2015 do Tribunal Superior

---

16. TEIXEIRA FILHO, Manoel Antonio. *Comentários à Lei n. 13.015/2014.* São Paulo: LTr, 2014. p. 35.
17. Talvez seja importante esclarecer que a Seção Especializada em Dissídios Individuais é composta por 21 ministros e, de acordo com o Regimento Interno do TST, é dividida em duas Subseções (SBDI I e SBDI II). A primeira delas conta com 14 ministros (neles incluídos o presidente, o vice-presidente e o corregedor-geral da Justiça do Trabalho) e a segunda com 10 ministros (neles igualmente incluídos o presidente, o vice-presidente e o corregedor-geral da Justiça do Trabalho). A SBDI I julga, principalmente, embargos contra decisões divergentes das Turmas, ou destas em relação à própria SBDI I, a Súmula ou a Orientação Jurisprudencial. A SBDI II julga ações rescisórias contra suas decisões, da SBDI I e das Turmas do TST e recursos ordinários em ações rescisórias julgadas por Tribunais Regionais do Trabalho. Outrossim, compete à SDI, em sua composição plena, julgar, por exemplo, os processos cuja votação aponte para divergência entre as duas subseções quanto a aplicação de dispositivo de Lei federal ou da Constituição da República. Tais informações, citadas aqui livremente, foram extraídas do sítio eletrônico do Tribunal Superior do Trabalho (Disponível em: <http://www.tst.jus.br/>).

do Trabalho. O rito em questão começa por uma 'proposta de afetação'. O requerimento de afetação, a princípio, deverá ser apresentado por um dos Ministros da Subseção de Dissídios Individuais I, sendo formulado por escrito diretamente ao Presidente da SBDI-1 ou, oralmente, em questão preliminar suscitada quando do julgamento de processo incluído na pauta de julgamentos da Subseção (art. 896-C, *caput*, da CLT c/c art. 2º, § 1º, da IN 38-2015 do TST). De forma concorrente, quando a turma do Tribunal Superior do Trabalho entender necessária a adoção do procedimento de julgamento de recursos de revista repetitivos, seu presidente deverá submeter ao presidente da Subseção de Dissídios Individuais I a proposta de afetação do recurso de revista, para os efeitos dos arts. 896-B e 896-C da CLT (art. 2º, § 2º, da IN 38-2015 do TST). Em ambas as hipóteses, o requerimento indicará um ou mais recursos de revista ou de embargos representativos da controvérsia para julgamento (arts. 2º, § 1º, da IN 38-2015 do TST e 896-C, § 1º, da CLT).

Uma vez recebida a proposta de afetação, o presidente da Subseção a submeterá ao colegiado, se formulada por escrito, no prazo máximo de 30 dias de seu recebimento, ou de imediato, se suscitada em questão preliminar, quando do julgamento de determinado processo pela SBDI-1 (§ 3º, do art. 2º, da IN 38-2015 do TST)[18]. Uma vez debatida a aludida proposta (não se admitindo, é bom que se frise, sustentação oral no caso – § 4º, do art. 2º, da IN 38-2015 do TST), ela será acolhida por maioria simples (maioria simples, evidentemente, é aquela formada por metade mais um dos votos), nos termos do art. 896-C, *caput*, da CLT, quando, então, o colegiado também decidirá se a questão será analisada pela própria SBDI I ou pelo Tribunal Pleno (art. 2º, § 3º, I, da IN 38-2015 do TST). Uma boa indagação quanto ao assunto, é o que justificará a afetação à SBDI I ou ao Tribunal Pleno, já que a Lei não carrega consigo a resposta almejada. Segundo a professora Juliane Facó, *"em se tratando de matéria relevante, recomenda-se que o julgamento seja submetido ao Tribunal Pleno, em face da substancialidade de sua composição. Por outro lado, se a matéria for objeto de divergência interna no âmbito do TST (entre os ministros da SDI ou das turmas), a apreciação do incidente compete à Subseção Especializada em Dissídios Individuais"*[19]. Além disso, é claro, caso haja discussão que potencialmente conduza à declaração de inconstitucionalidade de Lei ou ato normativo do poder público, a afetação deverá ser feita ao Tribunal Pleno, diante da cláusula constitucional de reserva de plenário (art. 97 da CRFB e S.V. n. 10 do STF)[20]. Por outro lado, se rejeitada a proposta, os autos serão devolvidos ao órgão julgador respectivo, para que o julgamento do recurso prossiga regularmente (art. 2º, § 3º, IV, da IN 38-2015 do TST). Diversamente, no caso de acolhimento da proposta de afetação, o processo será distribuído a um relator e a um revisor do órgão jurisdicional correspondente (SBDI I ou Tribunal Pleno, conforme o caso – § 6º do art. 896-C da CLT), para sua tramitação nos termos do art. 896-C da CLT (art. 2º, § 3º, III, da IN 38-2015 do TST). Nessa circunstância, ou seja, no caso de acolhimento da proposta, a desistência da ação ou do recurso não impedirá a análise da questão objeto de julgamento de recursos repetitivos (art. 2º, § 3º, II, da IN 38-2015 do TST). Tal regramento, à toda evidência se funda na inteligência do parágrafo único do art. 998 do CPC, demonstrando, eloquentemente, aquilo que afirmamos alhures, quando dissemos que as cortes de vértice são imediatamente cortes de precedentes e apenas mediatamente cortes de justiça.

Vale anotar, de outro tanto, que o presidente da turma ou da Seção Especializada que afetar processo para julgamento sob o rito dos recursos repetitivos deverá expedir comunicação aos demais presidentes de turma ou de Seção Especializada, que poderão afetar outros processos sobre a questão para julgamento conjunto, a fim de conferir ao órgão julgador visão global da questão (art. 896-C, § 2º, da CLT c/c art. 3º da IN 38-2015 do TST). Insta pontuar que somente poderão ser afetados recursos representativos da controvérsia que sejam admissíveis e que, a critério do relator do incidente de julgamento dos recursos repetitivos, contenham abrangente argumentação e discussão a respeito da questão a ser decidida (art. 4º, *caput*, da IN 38-2015 do TST), sendo indiscutível, porém, que o relator desse incidente não fica vinculado às propostas de afetação de que trata o art. 3º da IN 38-2015 do TST, podendo recusá-las por desatenderem aos requisitos previstos no *caput* do art. 4º e, ainda, selecionar outros recursos representativos da controvérsia. Como se vê, a ideia central dos recursos aptos à afetação, é que eles contenham abrangente argumentação e discussão a respeito da questão a ser decidida. Tal exigência colima, adiantando desde já o que deveríamos dizer mais à frente, que ao decidir o colegiado desafie inúmeros argumentos, todos sofisticados e requintados, a fim de que o precedente formado vincule os juízos de base e os jurisdicionados não apenas em respeito à autoridade jurisdicional do órgão prolator, mas, principalmente, em virtude da qualidade da decisão tomada.

---

18. Note-se que os §§ 5º e 6º do art. 2º, da IN 38-2015 do TST estabelecem, respectivamente, que a critério do presidente da Subseção, as propostas de afetação formuladas por escrito por um dos Ministros da Subseção de Dissídios Individuais I ou pelo Presidente de Turma do Tribunal Superior do Trabalho poderão ser apreciadas pela SBDI I por meio eletrônico, do que serão as partes cientificadas pelo Diário da Justiça, sendo certo, todavia, que caso surja alguma divergência entre os integrantes do colegiado durante o julgamento eletrônico, este ficará imediatamente suspenso, devendo a proposta de afetação ser apreciada em sessão presencial.

19. FACÓ, Juliane Dias. *Recursos de revista repetitivos*: consolidação do precedente judicial obrigatório no ordenamento trabalhista. São Paulo: LTr, 2016. p. 129.

20. Note-se, por relevante, que o § 13 do art. 896-C da CLT esclarece que caso a questão afetada e julgada sob o rito dos recursos repetitivos também contenha questão constitucional, a decisão proferida pelo Tribunal Pleno não obstará o conhecimento de eventuais recursos extraordinários sobre a questão constitucional.

Já de outro aspecto, o art. 5º da IN 38-2015 do TST estatui que uma vez selecionados os recursos, o relator, na Subseção Especializada em Dissídios Individuais ou no Tribunal Pleno, constatada a presença do pressuposto do *caput* do art. 896-C da CLT, proferirá 'decisão de afetação', sempre fundamentada, na qual: a) identificará com precisão a questão a ser submetida a julgamento; b) poderá determinar a suspensão dos recursos de revista ou de embargos de que trata o § 5º do art. 896-C da CLT[21]; c) poderá solicitar aos Tribunais Regionais do Trabalho informações a respeito da controvérsia, a serem prestadas no prazo de 15 (quinze) dias, e requisitar aos Presidentes ou Vice-Presidentes dos Tribunais Regionais do Trabalho a remessa de até dois recursos de revista representativos da controvérsia (§§ 4º e 7º do art. 896-C da CLT)[22]; d) concederá o prazo de 15 (quinze) dias para a manifestação escrita das pessoas, órgãos ou entidades interessados na controvérsia, que poderão ser admitidos como *amici curiae* (§ 8º do art. 896-C da CLT); e) informará aos demais Ministros sobre a decisão de afetação (§ 10 do art. 896-C da CLT); f) poderá conceder vista ao Ministério Público e às partes, nos termos e para os efeitos do § 9º do art. 896-C da CLT.

Após, nos termos dos arts. 896-C, § 3º, da CLT e 6º da IN 38-2015 do TST, o presidente do Tribunal Superior do Trabalho oficiará os Presidentes dos Tribunais Regionais do Trabalho, com cópia da decisão de afetação, para que suspendam os recursos de revista interpostos em casos idênticos aos afetados como recursos repetitivos e ainda não encaminhados a este Tribunal, bem como os recursos ordinários interpostos contra as sentenças proferidas em casos idênticos aos afetados como recursos repetitivos, até o pronunciamento definitivo do Tribunal Superior do Trabalho. Uma excelente pergunta é se também os processos em curso no primeiro grau de jurisdição haveriam de ser suspensos. A resposta, ao que nos parece, é positiva, já que o art. 14, III, da IN 38-2015 do TST a tanto sinaliza, ao dizer que uma vez publicado o acórdão paradigma, os processos porventura suspensos em *'primeiro'* e segundo graus de jurisdição retornarão o curso para julgamento e aplicação da tese firmada pelo Tribunal Superior do Trabalho. Acreditamos, todavia, que como o artigo 356 do CPC/15 admite a prolatação de decisões parciais de mérito, a suspensão deverá ficar restrita ao tema em discussão no TST.

Em qualquer hipótese, todavia, o art. 9º da IN 38-2015 do TST dispõe que as partes deverão ser intimadas da decisão de suspensão de seu processo, a ser proferida pelo respectivo relator. De qualquer sorte, o § 1º do aludido artigo estabelece que a parte poderá requerer o prosseguimento de seu processo se demonstrar a intempestividade do recurso nele interposto ou a existência de distinção entre a questão de direito a ser decidida no seu processo e aquela a ser julgada sob o rito dos recursos repetitivos, sendo tal requerimento, nos termos do que dispõe o § 2º do mencionado art. 9º, dirigido: a) ao juiz, se o processo sobrestado estiver em primeiro grau (eis aqui mais um indicativo claro do cabimento do sobrestamento também em primeiro grau); b) ao relator, se o processo sobrestado estiver no tribunal de origem; c) ao relator do acórdão recorrido, se for sobrestado recurso de revista no tribunal de origem; d) ao relator, no Tribunal Superior do Trabalho, do recurso de revista ou de embargos cujo processamento houver sido sobrestado. Na sequência, aduz o § 3º do art. 9º da IN 38-2015 do TST que a outra parte deverá ser ouvida sobre o requerimento, no prazo de cinco dias. Com efeito, se for reconhecida a distinção no caso, o § 4º do art. 9º da IN 38-2015 do TST esclarece, basicamente, que o feito terá prosseguimento. Finalmente, o § 5º do multicitado art. 9º da IN 38-2015 do TST deixa claro que a decisão que resolver o requerimento de prosseguimento é irrecorrível de imediato, nos termos do art. 893, § 1º, da CLT.

Uma vez analisada a proposta de afetação, sendo ela acatada e, via de consequência, prolatada a decisão de afetação, com a posterior tomada das providências preliminares antes estudadas, passaremos à 'fase instrutória'. Descortinando o seu rito, o art. 10 da IN 38-2015 do TST estabelece que para instruir o procedimento, pode o relator fixar data para, em audiência pública, ouvir depoimentos de pessoas com experiência e conhecimento na matéria, sempre que entender necessário o esclarecimento de questões ou circunstâncias de fato subjacentes à controvérsia objeto do incidente de recursos repetitivos. Além disso, consoante dispõe o § 1º do art. 10, o relator poderá também admitir, tanto na audiência pública quanto no curso do procedimento, a manifestação, como *amici curiae*, de pessoas, órgãos ou entidades com interesse na controvérsia, considerando a relevância da matéria e assegurando o contraditório e a isonomia de tratamento (art. 896-C, § 8º, da CLT), porém, como esclarece o § 2º do art. 10, a manifestação somente será admitida até a inclusão do processo em pauta. Tais disposições possuem

---

21. Parece-nos, em que pese a adoção da expressão 'poderá', que a determinação da suspensão dos recursos de revista ou de embargos é muito mais impositiva que facultativa. Vale, a respeito, a transcrição do escólio do professor e ministro do TST BRANDÃO, Cláudio. *Reforma do sistema recursal trabalhista*: comentários à Lei n. 13.015/2014 – de acordo com o CPC/2015 INs n. 39 e 40 do TST e EC n. 92/2016. 2. ed. São Paulo: LTr, 2016. p. 353: *"Apesar de o legislador haver utilizado a expressão 'poderá', indicativa de faculdade, repise-se, não há razão para que se mantenha a tramitação dos recursos de revista ou de embargos cuja matéria seja idêntica àquela discutida no recurso afetado como repetitivo, principalmente quando se leva em consideração a segurança jurídica e a necessidade de uniformização das teses jurídicas, premissas da nova Lei o do CPC. Se o incidente foi acolhido, o sobrestamento deve ser determinado"*.
22. Saliente-se que os arts. 7º e 8º da IN 38-2015 do TST, estabelecem, respectivamente, que caberá ao presidente do tribunal de origem, caso receba a requisição, admitir até dois recursos representativos da controvérsia, os quais serão encaminhados ao Tribunal Superior do Trabalho. Se, contudo, após receber os recursos de revista selecionados pelo presidente ou vice-presidente do Tribunal Regional do Trabalho, não se proceder à sua afetação, o relator, no Tribunal Superior do Trabalho, comunicará o fato ao presidente ou vice-presidente que os houver enviado, para que seja revogada a decisão de suspensão referida no art. 896-C, § 4º, da CLT.

inspiração abertamente democrática, sendo, portanto, absolutamente saudáveis, até mesmo porque a decisão que será tomada vinculará toda a sociedade. Assim, nada mais correto do que a questão, por transcender em muito o mero interesse subjetivo de alguns poucos litigantes, ser amplamente discutida em contraditório, de modo a que todos aqueles que suportarão os efeitos do decidido, possam influenciar concretamente na formação da compreensão do tribunal.

Outrossim, nos termos do art. 11 da IN 38-2015 do TST, os recursos afetados deverão ser julgados no prazo de um ano e terão preferência sobre os demais feitos (§ 10 do art. 986-C da CLT). Na hipótese de não ocorrer o julgamento no prazo de um ano a contar da publicação da decisão de afetação, o § 1º do mencionado art. 11 da IN 38-2015 do TST explica que cessam automaticamente, em todo o território nacional, a afetação e a suspensão dos processos, que retomarão seu curso normal. Nada obstante, o § 2º do aludido art. 11 permite a formulação de outra proposta de afetação de processos representativos da controvérsia para instauração e julgamento de recursos repetitivos para ser apreciada e decidida.

É importante destacar, que em virtude do seu caráter modelar, o conteúdo do acórdão paradigma, de acordo com o art. 12 da IN 38-2015 do TST, abrangerá a análise de todos os fundamentos da tese jurídica discutida, favoráveis ou contrários, sendo vedado ao órgão colegiado decidir, para os fins vinculativos do art. 896-C da CLT, questão não delimitada na decisão de afetação. Isso demonstra, de modo contundente, que o procedimento de análise de recursos de revista repetitivos deverá ser todo permeado pelas noções de contraditório robustecido e fundamentação minudente. Com os olhos pousados na disposição em comento, aliás, o art. 15, V, da IN 39-2016 do TST estabelece que a decisão que aplica a tese jurídica firmada em precedente não precisa enfrentar os fundamentos já analisados na decisão paradigma, sendo suficiente, para fins de atendimento das exigências constantes no art. 489, § 1º, do CPC, a correlação fática e jurídica entre o caso concreto e aquele apreciado no incidente de solução concentrada.

Por outra vertente, o § 11 do art. 896-C da CLT explica que uma vez publicado o acórdão do Tribunal Superior do Trabalho, os recursos de revista sobrestados na origem tomarão um dos seguintes caminhos[23]: a) terão seguimento denegado na hipótese de o acórdão recorrido coincidir com a orientação a respeito da matéria no Tribunal Superior do Trabalho; ou b) serão novamente examinados pelo tribunal de origem na hipótese de o acórdão recorrido divergir da orientação do Tribunal Superior do Trabalho a respeito da matéria, quando, então, teremos em tela o chamado efeito recursal regressivo. Nesse último caso, estabelecem os § 2º e 3º do art. 15 da IN 38-2015 do TST, respectivamente, que uma vez realizado o juízo de retratação, com alteração do acórdão divergente, o tribunal de origem, se for o caso, decidirá as demais questões ainda não decididas, cujo enfrentamento se tornou necessário em decorrência da alteração, sendo certo que quando for alterado o acórdão divergente e o recurso anteriormente interposto versar sobre outras questões, o presidente ou vice-presidente do Tribunal Regional, independentemente de ratificação do recurso, procederá a novo juízo de admissibilidade, retomando o processo o seu curso normal. Além disso, o § 12 do art. 896-C da CLT esclarece que na hipótese de ser mantida a decisão divergente pelo tribunal de origem, o que somente ocorrerá se o órgão que proferiu o acórdão recorrido demonstrar a existência de distinção por se tratar de caso particularizado por hipótese fática distinta ou questão jurídica não examinada a impor solução diversa (art. 15, *caput*, da IN 38-2015 do TST), far-se-á novo exame de admissibilidade do recurso de revista, retomando o processo igualmente o seu curso normal (art. 896-C, § 12, da CLT c/c o parágrafo único do art. 15 da IN 38-2015 do TST).

Vale assentar que nos termos do art. 926 do CPC, os tribunais devem uniformizar sua jurisprudência e mantê-la estável, íntegra e coerente. Estabilidade da jurisprudência, todavia, não significa imutabilidade. Assim, atentos a essa última afirmação, tanto o § 17 do art. 896-C da CLT, quanto o art. 17 da IN 38-2015 esclarecem que caberá revisão da decisão firmada em julgamento de recursos repetitivos quando se alterar a situação econômica, social ou jurídica, caso em que será respeitada a segurança jurídica das relações firmadas sob a égide da decisão anterior, podendo o Tribunal Superior do Trabalho modular os efeitos da decisão que atenha alterado. No que tange ao tema, fomentando a participação democrática da sociedade e a proteção da confiança, os §§ 2º, 3º e 4º do art. 927 do CPC estabelecem que: a) a alteração de tese jurídica adotada em enunciado de súmula ou em julgamento de casos repetitivos poderá ser precedida de audiências públicas e da participação de

---

23. Na linha do art. 896-C, § 11, da CLT, o art. 14 da IN 38-2015 do TST estabelece o seguinte: Art. 14. Publicado o acórdão paradigma: I – o presidente ou vice-presidente do Tribunal de origem negará seguimento aos recursos de revista sobrestados na origem, se o acórdão recorrido coincidir com a orientação do Tribunal Superior do Trabalho; II – o órgão que proferiu o acórdão recorrido, na origem, reexaminará o processo de competência originária ou o recurso anteriormente julgado, na hipótese de o acórdão recorrido contrariar a orientação do Tribunal Superior do Trabalho; III – os processos porventura suspensos em primeiro e segundo graus de jurisdição retomarão o curso para julgamento e aplicação da tese firmada pelo Tribunal Superior do Trabalho. Além disso, almejando evitar a prolatação de decisões desnecessárias, o art. 16 da IN 38-2015 do TST estimula a desistência de ação ajuizada no primeiro grau, quando o interessado notar, de antemão, que uma vez decidida a questão no TST, passará a litigar contra o entendimento formado na corte de vértice. Tome-se a redação do mencionado preceito: Art. 16. A parte poderá desistir da ação em curso no primeiro grau de jurisdição, antes de proferida a sentença, se a questão nela discutida for idêntica à resolvida pelo recurso representativo da controvérsia. § 1º Se a desistência ocorrer antes de oferecida a defesa, a parte, se for o caso, ficará dispensada do pagamento de custas e de honorários de advogado. § 2º A desistência apresentada nos termos do caput deste artigo independe de consentimento do reclamado, ainda que apresentada contestação.

pessoas, órgãos ou entidades que possam contribuir para a rediscussão da tese; b) na hipótese de alteração de jurisprudência dominante do Supremo Tribunal Federal e dos tribunais superiores ou daquela oriunda de julgamento de casos repetitivos, pode haver modulação dos efeitos da alteração no interesse social e no da segurança jurídica; c) a modificação de enunciado de súmula, de jurisprudência pacificada ou de tese adotada em julgamento de casos repetitivos observará a necessidade de fundamentação adequada e específica, considerando os princípios da segurança jurídica, da proteção da confiança e da isonomia.

Finalmente, não custa destacar que em honra ao princípio constitucional da publicidade (arts. 5º, LX e 93, IX, da CRFB), o § 5º do art. 927 do CPC impõe que os tribunais deem publicidade a seus precedentes, organizando-os por questão jurídica decidida e divulgando-os, preferencialmente, na rede mundial de computadores. Adensando a disposição em questão, a cabeça do art. 21 da IN 38-2015 do TST, bem como o seu parágrafo único, dispõem, respectivamente, que o Tribunal Superior do Trabalho deverá manter e dar publicidade às questões de direito objeto dos recursos repetitivos já julgados, pendentes de julgamento ou já reputadas sem relevância, bem como daquelas objeto das decisões proferidas por sua composição plenária, nos termos do § 13 do art. 896 da CLT e do art. 20 da própria IN 38-2015, sendo certo, ainda, que as decisões, organizadas por questão jurídica julgada, serão divulgadas, preferencialmente, na rede mundial de computadores e constarão do Banco Nacional de Jurisprudência Uniformizadora – BANJUR, instituído pelo art. 7º da Instrução Normativa n. 37/2015.

6. A TRANSCENDÊNCIA NO RECURSO DE REVISTA

Ainda quanto ao recurso de revista, uma última questão merece ser abordada, mormente após o advento da reforma trabalhista (Lei n. 13.467/2017). Cuida-se da regra inserta no art. 896-A da CLT, a dizer que o Tribunal Superior do Trabalho examinará previamente se a causa oferece transcendência com relação aos reflexos gerais de natureza econômica, política, social ou jurídica.

Mencionado regramento foi inserido na Consolidação por força da Medida Provisória n. 2.226 de 04.09.2001 (Diário Oficial da União de 05.09.2001), que no seu art. 2º (da MP) encarregava o TST de regulamentar, no seu Regimento Interno, o processamento da transcendência do recurso de revista, assegurada a apreciação em sessão pública, com direito a sustentação oral e fundamentação da decisão. Diante da sua intrigante inércia de aproximadamente uma década e meia, todavia, o TST lamentavelmente abriu as portas para que o legislador reformista tratasse do assunto ao seu livre talante.

Com efeito, o Parlamento, por ocasião da reforma trabalhista, houve por bem em assentar, no novel § 1º do prefalado art. 896-A da CLT, que são indicadores de transcendência, entre outros, os seguintes pontos: a) econômica, o elevado valor da causa; b) política, o desrespeito da instância recorrida à jurisprudência sumulada do Tribunal Superior do Trabalho ou do Supremo Tribunal Federal; c) social, a postulação, por reclamante-recorrente, de direito social constitucionalmente assegurado; d) jurídica, a existência de questão nova em torno da interpretação da legislação trabalhista.

Consoante se pode ver, até mesmo com relativa facilidade, os indicativos da transcendência quedaram-se demasiadamente vagos por um lado, e excessivamente alargados por outro ângulo. Somente à guisa breve reflexão, cumpre-nos indagar: a) o que é elevado valor da causa? b) em qual ação trabalhista não está em disputa a postulação, por reclamante-recorrente, de direito social constitucionalmente assegurado?

Percebe-se, à toda evidência, que as perguntas são muitas e as respostas legislativas inexistem. Espera-se, assim, que o TST se debruce com energia sobre o assunto, vez que a interposição excessivamente aberta da revista, em casos sem repercussão, consubstancia-se em iniludível entrave ao postulado constitucional-fundamental da razoável duração do processo.

Até agora, entretanto, o fato concreto é que o TST tratou timidamente do assunto, se limitando a praticamente reproduzir, nos arts. 246 a 249 do seu Regimento Interno, com algumas poucas exceções, aquilo que já foi dito pelo legislador no corpo da consolidação.

De verdadeiramente relevante, pode-se destacar apenas o conteúdo do art. 246 do antedito Regimento Interno, que enfrentando a questão da intertemporalidade, esclarece que as normas relativas ao exame da transcendência dos recursos de revista, previstas no art. 896-A da CLT, somente incidirão naqueles interpostos contra decisões proferidas pelos Tribunais Regionais do Trabalho publicadas a partir de 11.11.2017, data da vigência da Lei n. 13.467/2017.

No mais, o Regimento Interno, no máximo corroborando o que já se encontra delineado nos §§ 2º a 6º do art. 896 da CLT, estabelece que poderá o relator, monocraticamente, denegar seguimento ao recurso de revista que não demonstrar transcendência, cabendo agravo apenas das decisões em que não reconhecida a transcendência pelo relator, sendo facultada a sustentação oral ao recorrente, durante 5 (cinco) minutos em sessão, e ao recorrido, apenas no caso de divergência entre os componentes da Turma quanto à transcendência da matéria. Nesse último caso, uma vez mantido o voto do relator quanto ao não reconhecimento da transcendência do recurso, será lavrado acórdão com fundamentação sucinta, que constituirá decisão irrecorrível no âmbito do Tribunal.

Vale destacar, outrossim, que o juízo de admissibilidade do recurso de revista exercido pela Presidência dos Tribunais Regionais do Trabalho limitar-se-á à análise dos pressupostos intrínsecos e extrínsecos do apelo, não abrangendo o critério da transcendência das questões nele veiculadas. Além disso, será irrecorrível a decisão monocrática do relator que, em agravo de instrumento em recurso de revista, considerar ausente a transcendência da matéria.

Finalmente, o art. 249 do Regimento Interno do TST, em disposição elogiável, estabelece que o Tribunal Superior do Trabalho organizará banco de dados em que constarão os temas a respeito dos quais houver sido reconhecida a transcendência.

7. BREVES CONCLUSÕES

Como advertido ao início da explanação, o recurso de revista é demasiadamente formal e complexo, exigindo máxima habilidade do causídico que, interpondo-o, queira vê-lo conhecido pelo juízo natural para a sua cognição (turmas do TST em regra e, por exceção, a SBDI I ou mesmo o Tribunal Pleno do TST).

Quanto à reforma trabalhista, o maior desafio para todos nós que atuamos na jurisdição trabalhistas, seja como advogados ou como magistrados, será o aclaramento das questões que envolvem o processamento da transcendência no recurso de revista.

Que estejamos à altura dessa hercúlea tarefa.

8. REFERÊNCIAS BIBLIOGRÁFICAS

BRANDÃO, Cláudio. *Reforma do sistema recursal trabalhista*: comentários à Lei n. 13.015/2014 – de acordo com o CPC/2015 INs n. 39 e 40 do TST e EC n. 92/2016. 2. ed. São Paulo: LTr, 2016.

CESÁRIO, João Humberto. *As principais modificações do novo CPC e os seus impactos no processo do trabalho*. Cuiabá: Pináculo, 2016.

_____. *Provas e recursos no processo do trabalho*. São Paulo: LTr, 2010, p. 237.

DELGADO, Mauricio Godinho. *Curso de direito do trabalho*. 2. ed. São Paulo: LTr, 2003.

DIDIER JR., Fredie; CUNHA, Leonardo Carneiro da. *Curso de direito processual civil*. v. 3. 13. ed. reform. Salvador: JusPodivm, 2016.

FACÓ, Juliane Dias. *Recursos de revista repetitivos*: consolidação do precedente judicial obrigatório no ordenamento trabalhista. São Paulo: LTr, 2016.

MARINONI, Luiz Guilherme; ARENHART, Sérgio Cruz; MITIDIERO, Daniel. *Curso de processo civil*: tutela dos direitos mediante procedimento comum. v. 2. São Paulo: Revista dos Tribunais, 2015.

MIESSA, Élisson. *Manual dos recursos trabalhistas* – teoria e prática. 2. ed. rev., atual. e ampl. Salvador: JusPodivm, 2017.

ROCHA, Osiris. Recurso ordinário, embargos declaratórios, recurso de revista, embargos infringentes, agravo de instrumento, recurso extraordinário e recurso ordinário constitucional. In: BARROS, Alice Monteiro de (Org.). *Compêndio de direito processual do trabalho*: obra em memória de Celso Agrícola Barbi. São Paulo: LTr, 1998.

TEIXEIRA FILHO, Manoel Antonio. *Comentários à Lei n. 13.015/2014*. São Paulo: LTr, 2014.

9. SÍTIO ELETRÔNICO PESQUISADO

Disponível em: <www.tst.jus.br>. (sítio eletrônico do Tribunal Superior do Trabalho).

Recurso de Revista – Alterações Decorrentes da Reforma Trabalhista (Lei n. 13.467/2017)

Rafael Drumond Pires Viana[1]

1. INTRODUÇÃO

O recurso de revista, assim como o recurso especial (dirigido ao STJ) e o recurso extraordinário (interposto perante o STF), é um recurso de natureza extraordinária. Isso significa que o seu objetivo primordial é a uniformização na interpretação das leis e a garantia da sua higidez. Não se confunde, dessa forma, com os demais recursos de natureza ordinária, que se prestam a corrigir qualquer injustiça na decisão atacada.

A teor do art. 896 da CLT, a competência para processar e julgar o recurso de revista é do TST, que não exerce o papel de 3ª instância. Com efeito, a revista não se destina ao reexame de fatos e provas, conforme o disposto na Súmula n. 126 do TST[2], devendo a turma julgadora partir das premissas adotadas pelo Tribunal Regional do Trabalho quanto à matéria de fato.

Nesse sentido Mauro Schiavi (2016, p. 933) conceitua o recurso de revista da seguinte forma:

> Podemos conceituar o Recurso de Revista como sendo um recurso de natureza extraordinária, cabível em face de acórdãos proferidos pelos Tribunais Regionais do Trabalho em dissídios individuais, tendo por objetivo uniformizar a interpretação das legislações estadual, federal e constitucional (tanto material como processual) no âmbito da competência da Justiça do Trabalho, bem como resguardar a aplicabilidade de tais instrumentos normativos.

Trata-se, assim, de um recurso extremamente técnico, com requisitos objetivos e subjetivos de conhecimento. Em virtude dessa complexidade, é um ato privativo de advogado (Súmula n. 425 do TST), destoando da regra geral do *ius postulandi* no processo do trabalho.

A Lei n. 13.467/2017 reformou a norma que trata do recurso de revista, acrescentando o inciso IV no art. 896, § 1º-A, da CLT. Em suma, de acordo com o referido dispositivo, quando for suscitada preliminar de nulidade do julgado por negativa de prestação jurisdicional, será ônus da parte transcrever no corpo da peça recursal o trecho dos embargos de declaração em que requereu o pronunciamento do TRT sobre questão veiculada no recurso ordinário e o trecho da decisão que não reconheceu a existência de omissão.

Ademais, foram revogados os §§ 3º a 6º, que dispunham sobre uniformização de jurisprudência e incluído o § 14, que estabelece hipóteses em que o relator, monocraticamente, poderá denegar seguimento ao recurso.

No mais, a principal alteração na dinâmica da revista pelo legislador da reforma foi a regulamentação da transcendência, de modo que o art. 896-A foi acrescido de seis parágrafos, os quais dispõem sobre os indicadores e as decisões do TST acerca da demonstração, ou não, desse requisito de admissibilidade recursal.

Antes de aprofundar no estudo destas alterações, no entanto, é necessário analisar os requisitos do recurso de revista, a fim de que, partindo de uma visão geral deste remédio processual, possam ser analisadas as modificações.

2. REQUISITOS DO RECURSO DE REVISTA

2.1. Pressupostos Objetivos

O primeiro pressuposto objetivo do recurso de revista é a regularidade formal. Haja vista a tecnicidade e complexidade deste ato processual, o recurso não pode ser interposto por simples petição, mas sim com petição acompanhada das razões nos termos da previsão legal.

Em segundo lugar, tem-se o preparo, que engloba o pagamento de custas e o depósito recursal, que é o dobro do exigido para o recurso ordinário, observado o limite máximo do valor da condenação. Cabe ressaltar que, quanto ao depósito recursal, em virtude de alteração no art. 899, § 4º, da CLT, esse será feito em conta vinculada ao juízo, e não mais vinculada ao empregado, corrigido pelos mesmos índices da poupança. Demais disso, os §§ 9º e 11 do referido artigo instituíram, respectivamente, a redução em 50% do depósito recursal para entidades sem fins lucrativos,

---

1. Graduado em Direito pela Faculdade de Direito Milton Campos. Membro do Grupo de Estudos As Interfaces Entre o Processo Civil e o Processo do Trabalho da FDMC. Advogado.
2. Súmula n. 126 do TST: Incabível Recurso de Revista ou de embargos (arts. 896 e 894, "b", da CLT) para reexame de fatos e provas.

empregadores domésticos, Micro Empreendedores Individuais, microempresas e Empresas de Pequeno Porte, bem como a substituição do depósito recursal por fiança bancária ou seguro garantia judicial e a isenção para atividades filantrópicas.

A decisão que desafia a interposição de recurso de revista, excetuando-se as hipóteses previstas na Súmula n. 266 do TST[3], é o acórdão proferido por um TRT, em grau de recurso ordinário e em dissídio individual. Depreende-se disso que o julgamento de outros recursos pelos regionais, como o agravo de instrumento, não é recorrível por meio de recurso de revista[4]. Os dissídios coletivos, por sua vez, sendo de competência originária da 2ª instância, são apreciados pelo TST por meio de recurso ordinário.

Um dos pressupostos objetivos de mais difícil demonstração é o cabimento por uma das hipóteses das alíneas a, b ou c do art. 896 da CLT. Assim, o recurso poderá ser acolhido – dentre outras possibilidades e, ressalvado o cabimento restrito do recurso de revista nas causas sujeitas ao rito sumaríssimo (art. 896, § 9º, da CLT) e na execução (art. 896, § 2º, da CLT) – pela interpretação diversa de Lei federal por outro regional ou pelo TST; por contrariedade à súmula de jurisprudência uniforme do TST ou súmula vinculante do STF; por interpretação divergente de negociação coletiva que extrapole o âmbito de um Regional; por violação literal à dispositivo de Lei federal ou a CR/88.

Por fim, é igualmente árduo o preenchimento dos requisitos do art. 896, § 1º-A, da CLT, que dispõe sobre o prequestionamento e sua demonstração. Com efeito, cabe ao recorrente transcrever o trecho da decisão recorrida que consubstancia o prequestionamento, comprovando a sua contrariedade à interpretação de outro tribunal, à dispositivo de lei, ou à súmula do TST, por exemplo. Deverá, ainda, expor as razões de reforma, impugnando todos os fundamentos do acórdão.

Com a entrada em vigor da Lei n. 13.467/2017, foi incluído o inciso IV no art. 896 da CLT, acrescendo-se mais uma hipótese em que deverá ser comprovado o prequestionamento. Trata-se da situação em que é suscitada nulidade do julgado por negativa de prestação jurisdicional, que será estudada posteriormente.

2.2. Pressupostos Subjetivos

Os pressupostos subjetivos do recurso de revista são a legitimidade e o interesse. A legitimidade de interposição é ampla, podendo figurar como recorrentes as partes do processo, o terceiro interessado e o Ministério Público, quando atuar como fiscal do ordenamento jurídico ou como parte. O interesse recursal surge da sucumbência, isto é, quando não se obtém tudo o que se pretendia no julgamento do recurso impugnado.

3. ARGUIÇÃO DE NEGATIVA DE PRESTAÇÃO JURISDICIONAL

Como visto, o recurso de revista tem a função de uniformizar a jurisprudência dos Tribunais Trabalhistas e impedir a violação à dispositivo legal ou à CR/88. Não raro, o recurso de revista vale-se de violação aos arts. 93, IX, da CR/88 e 489 do CPC para ser admitido. Nestes casos, discute-se a negativa de prestação jurisdicional quando a decisão de um regional não analisa determinado tema, premissa fática imprescindível para viabilizar a tese jurídica da parte.

Antes disso, no entanto, quando um acórdão de um Regional é omisso, cabe à parte sucumbente neste aspecto opor embargos de declaração para que o TRT se pronuncie sobre a matéria de fato, sob pena de preclusão[5], e para que seja configurado o prequestionamento. Com isso, ainda que o regional, ao julgar os aclaratórios, insista na omissão, considera-se prequestionada a matéria[6].

A partir da entrada em vigor da Lei n. 13.467/2017, por meio do acréscimo do inciso IV ao § 1º do art. 896 da CLT, a discussão sobre a negativa de prestação jurisdicional no recurso de revista deverá ser levada ao TST por meio de preliminar, na qual o recorrente deverá transcrever na peça o trecho dos embargos declaratórios em foi pedido o pronunciamento do tribunal sobre questão veiculada no recurso ordinário e o trecho da decisão que insistiu em não suprir a omissão. Trata-se, assim, de mais um pressuposto de admissibilidade da revista que se não observado, resultará no não acolhimento da preliminar.

Mauricio Godinho Delgado e Gabriela Neves Delgado asseveraram que a nova regra resultou da observância da jurisprudência do TST, já que, mesmo antes da reforma trabalhista, a jurisprudência predominante, especialmente na SDI-1, era de que a transcrição dos já referidos trechos no caso de preliminar de nulidade do julgado por negativa de prestação jurisdicional representavam um dos pressupostos da revista (2017, p. 263).

4. REVOGAÇÃO DOS DISPOSITIVOS SOBRE UNIFORMIZAÇÃO DE JURISPRUDÊNCIA PELOS TRTS

Conforme já mencionado, a reforma trabalhista revogou os §§ 3º a 6º, do art. 896 da CLT. Os referidos parágrafos

---

3. Súmula n. 266 do TST: A admissibilidade do recurso de revista interposto de acórdão proferido em agravo de petição, na liquidação de sentença ou em processo incidente na execução, inclusive os embargos de terceiro, depende da demonstração inequívoca de violência direta à Constituição Federal.
4. Súmula n. 218 do TST: É incabível recurso de revista interposto de acórdão regional prolatado em agravo de instrumento.
5. Súmula n. 184 do TST: Ocorre preclusão se não forem opostos embargos de declaração para suprir omissão apontada em recurso de revista ou embargos.
6. Súmula n. 297 do TST, TST III: Considera-se prequestionada a questão jurídica invocada no recurso principal sobre a qual se omite o Tribunal de pronunciar a tese, não obstante opostos embargos de declaração.

haviam sido inseridos no diploma normativo pela Lei n. 13.015/2014 e tratavam do procedimento de uniformização de jurisprudência dos TRTs por ato do relator de recurso de revista no TST ou por presidente de TRT, notadamente quando houvesse divergência interna nos tribunais. À época, a justificativa do legislador era que de a uniformização da jurisprudência dos regionais facilitaria o trabalho do TST de dar a última palavra sobre a interpretação de leis envolvendo relações de trabalho, como leciona Mauro Schiavi (2016, p. 961):

> Nesse aspecto, determina a Lei que os Tribunais procedam à uniformização de sua jurisprudência interna, tendo por objetivo facilitar o julgamento dos recursos de revista, e impulsionar tendência contemporânea do Tribunal Superior do Trabalho de unificar a jurisprudência majoritária entre Tribunais Trabalhista e, por exceção, nos dissídios individuais trabalhistas.

O legislador reformista, por sua vez, buscou retirar dos Tribunais Regionais a competência para uniformizar a sua própria jurisprudência. Aliado a este fato, o procedimento de criação e alteração de súmulas e enunciados de jurisprudências dos tribunais trabalhistas tornou-se mais difícil, conforme se observa dos acréscimos da alínea "f" e § 3º do art. 702 da CLT, que valem a pena serem reproduzidos:

> Art. 702 – Ao Tribunal Pleno compete:
>
> I – em única instância:
>
> f) estabelecer ou alterar súmulas e outros enunciados de jurisprudência uniforme, pelo voto de pelo menos dois terços de seus membros, caso a mesma matéria já tenha sido decidida de forma idêntica por unanimidade em, no mínimo, dois terços das turmas em pelo menos dez sessões diferentes em cada uma delas, podendo, ainda, por maioria de dois terços de seus membros, restringir os efeitos daquela declaração ou decidir que ela só tenha eficácia a partir de sua publicação no Diário Oficial;
>
> § 3º As sessões de julgamento sobre estabelecimento ou alteração de súmulas e outros enunciados de jurisprudência deverão ser públicas, divulgadas com, no mínimo, trinta dias de antecedência, e deverão possibilitar a sustentação oral pelo Procurador-Geral do Trabalho, pelo Conselho Federal da Ordem dos Advogados do Brasil, pelo Advogado-Geral da União e por confederações sindicais ou entidades de classe de âmbito nacional.

Notadamente, o objetivo do legislador reformista foi de dificultar a elaboração de súmulas e enunciados de jurisprudência uniforme pelos Tribunais Trabalhistas. Isso se deu de duas formas. A primeira, e que como já ressaltado, foi a tentativa de retirar a competência dos Regionais para uniformizar sua jurisprudência, tanto por medida do relator do recurso de revista no TST, quanto por ato do presidente do Tribunal Regional. Já a segunda, foi o estabelecimento de condições procedimentais extremamente difíceis, do ponto de vista do rigor formal, para uniformizar a jurisprudência.

Ocorre que a uniformização de jurisprudência por parte dos Regionais era de suma importância para a garantia da segurança jurídica. Não raro, percebem-se casos que tratam da mesma matéria, muitas vezes envolvendo o mesmo reclamado e que não são julgados da mesma forma por turmas de um mesmo TRT. Como explicar isso ao jurisdicionado? Ademais, consoante já restou demonstrado neste estudo, os requisitos do recurso de revista são de difícil constatação e demonstração. A consequência disso é que as partes podem ficar à mercê do entendimento isolado de uma turma apenas porque a matéria em discussão não admite a revista.

Cabe ressaltar, ainda, que na dinâmica da Lei n. 13.015/2014, sem as alterações trazidas pela reforma trabalhista, o fato de um Tribunal Regional uniformizar a sua jurisprudência sobre determinada questão não impedia que decisões proferidas após a uniformização fossem revistas, por exemplo, com a adoção de novo posicionamento do TST a respeito do tema em debate.

Assim, o objetivo do legislador reformista fez com que os dispositivos celetistas sobre a uniformização de jurisprudência dos regionais fossem revogados. Todavia, temos que a uniformização de jurisprudência dos Tribunais Regionais continuará sendo possível, agora por meio do Incidente de Resolução de Demandas Repetitivas previsto no CPC.

Como se sabe, a teor dos arts. 15 do CPC e 769 da CLT, o processo civil é aplicável ao processo do trabalho quando este for omisso, o que passou a ser o caso. Mas não é só isso. O principal motivo para que os arts. 976 a 987 do CPC sejam aplicados ao processo do trabalho é a aplicação do Princípio da Segurança Jurídica e, sobretudo, para garantir que um jurisdicionado, cujo caso não contenha os requisitos de admissibilidade do recurso de revista, não fique dependendo da sorte para que seu recurso ordinário seja julgado em determinada turma a fim de obter um resultado favorável.

No mesmo sentido é o entendimento de Mauricio Godinho Delgado e Gabriela Neves Delgado (2017, p. 363), senão vejamos:

> Com a revogação efetuada, a uniformização da jurisprudência nos TRTs continua possível, é claro. Porém, deverá ser feita apenas mediante a aprovação de súmulas ou por meio de incidentes de resolução de demandas repetitivas (arts. 976 a 987 do CPC-2015, combinados com art. 15 do mesmo Código de Processo Civil, além de art. 769 da CLT).
>
> Tal uniformização não mais poderá ocorrer, entretanto, por intermédio da fórmula instituída pela Lei n. 13.015/2015 no interior dos §§ 3º até 6º do art. 896 da CLT. Essa fórmula legal foi revogada.
>
> No mais, com a revogação dos §§ 3º a 6º da CLT, surge uma dúvida de direito intertemporal: o que fazer com os incidentes de uniformização de jurisprudência instaurados nos termos dos referidos dispositivos antes da entrada em vigor da Lei n. 13.467/2017? Neste ponto, tem-se que a

melhor solução foi a seguinte, construída pelos autores Antonio Umberto de Souza Júnior, Fabiano Coelho de Souza, Ney Maranhão e Platon Teixeira de Azevedo Neto (2017, p. 479):

> Temos que tais incidentes deverão ser concluídos conforme determinado pelo Presidente do TRT ou pelo Ministro Relator do TST. É que, como visto, remanesce o dever do tribunal de uniformizar sua jurisprudência e mantê-la estável, íntegra e coerente (CPC, art. 926), o que justifica a conclusão dos incidentes. Não bastasse, o incidente deve ser processado e julgado pela teoria do isolamento dos atos processuais, de modo que a norma processual não retroagirá e será aplicável imediatamente aos processos em curso, respeitados os atos processuais praticados e as situações jurídicas consolidadas sob a vigência da norma revogada (CPC, art. 14).

Realmente, o processamento dos procedimentos de uniformização de jurisprudência nos Regionais, iniciados antes da reforma, não poderia ocorrer de forma distinta, mas sim de acordo com a Lei anterior. É que, como muito bem esclarecido pelos autores acima citados, o ato processual começou antes da entrada em vigor da Lei n. 13.467/2017 e deverá ser finalizado de acordo com a mesma legislação sobre a qual se iniciou na medida em que a norma processual não retroage.

5. PODERES DO RELATOR

Antes da entrada em vigor da Lei n. 13.467/2017, o art. 932 do CPC, que trata dos poderes do relator, era aplicado sem restrições ao processo do trabalho. Até então, segundo o referido artigo, o relator poderia não só não conhecer o recurso, como negar segmento ao apelo por meio de decisão monocrática, dentre outras decisões previstas no dispositivo legal. Por meio da Súmula n. 435[7], editada antes da reforma trabalhista, o TST entendeu ser aplicável o art. 932 do CPC ao processo do trabalho, o que ocorria, evidentemente, também no julgamento dos recursos de revista.

A reforma trabalhista acresceu o § 14 no art. 896 da CLT, que passou a indicar as possibilidades em que o ministro relator do recurso de revista poderá decidi-lo monocraticamente para denegar-lhe seguimento, limitado, contudo, às hipóteses de intempestividade, deserção, irregularidade de representação ou de ausência de qualquer outro pressuposto extrínseco ou intrínseco de admissibilidade. Assim, restringiram-se sobremaneira os poderes do relator no recurso de revista. Todavia, resta saber se, mesmo após o acréscimo do § 14 no art. 896 da CLT, o art. 932 do CPC continua sendo aplicável a processo do trabalho.

Antonio Umberto de Souza Júnior, Fabiano Coelho de Souza, Ney Maranhão e Platon Teixeira de Azevedo Neto defendem que o art. 932 do CPC ainda é aplicável ao processo do trabalho, mas agora de forma subsidiária. E mais, analisando a inclusão do § 14 no art. 896 da CLT, os referidos autores entendem que a alteração legislativa foi inócua na medida em que, ao fim e ao cabo, por mais que o CPC seja aplicado de forma acessória, os poderes do relator continuarão a ser amplos, conforme se observa (2017, p. 481 e 483).:

> Evidentemente, a nova regra celetista que confere a competência monocrática (incompleta) para denegar o seguimento do recurso de revista, continua atual a aludida súmula (S. 435 do TST), com a diferença que a incidência do art. 932 do CPC, para autorizar o provimento ou desprovimento monocrático do recurso pelo relator, passa a ser supletiva e não mais subsidiária, pois a omissão persiste, embora parcialmente, hipótese expressamente permitida pelo art. 15 do CPC.
>
> (...)
>
> Pelo exposto, a restritividade do texto contido na regra do § 14 do art. 896 da CLT é juridicamente inócua, haja vista que os poderes mais amplos do relator, estabelecidos no art. 932 do CPC de 2015, aplicado supletivamente ao processo do trabalho, complementarão o leque de possibilidades de autuação monocrática do relator que poderá não só negar seguimento aos recursos de revista quando ausentes pressupostos extrínsecos ou intrínsecos como também negar ou dar-lhes provimento.

Tem-se que a aplicação supletiva do art. 932 do CPC ao processo do trabalho, consoante entendem os referidos autores, está correta e, além dos motivos já destacados, o princípio da celeridade também a autoriza. É que, empregando o aludio dispositivo legal, o ministro relator, além das hipóteses previstas no § 14 do art. 896 da CLT, poderá negar ou dar provimento ao recurso de acordo com entendimentos já pacificados do Judiciário, a ponto de terem sido criadas súmulas pelo STF e terem sido proferidos acórdãos (também pelo STF) em julgamento de recursos repetitivos, por exemplo. Assim, não haveria a necessidade do julgamento ser estendido a toda a turma julgadora. Por outro lado, sempre haverá a possibilidade do recorrente ou recorrido interpor agravo interno, desafiando a decisão do relator, em observância à ampla defesa e devido processo legal.

Demais disso, com a inclusão do § 14 no art. 896 da CLT, é necessário analisar a sua relação com § 11 do mesmo artigo e outros dispositivos processuais civis. Com efeito, o § 14 do art. 896 da CLT estabelece que o relator do recurso de revista poderá denegar monocraticamente seguimento ao recurso quando for intempestivo, deserto, contiver irregularidade de representação ou estiver ausente qualquer pressuposto intrínseco ou extrínseco de validade. Já o art. 896, § 11, da CLT, por sua vez, dispõe que, excetuando o caso em que o

---

7. Súmula n. 435 do TST: Aplica-se subsidiariamente ao processo do trabalho o art. 932 do CPC de 2015 (art. 557 do CPC de 1973).

recurso de revista for intempestivo, o TST poderá desconsiderar defeito formal que não se repute grave, desconsiderando-o ou mandando saná-lo para julgar o mérito.

Exemplo disso é a ausência ou insuficiência do preparo na interposição do recurso de revista. Quanto a isso, entendemos que o entendimento do TST, consubstanciado na OJ n. 140 da SDI-1[8] deverá permanecer o mesmo após a reforma trabalhista. De acordo com a referida orientação jurisprudencial, em caso de recolhimento insuficiente de custas ou depósito recursal, aplica-se o art. 1.007, § 2º, do CPC (que está no mesmo sentido do art. 896, § 11, da CLT), de modo que deverá ser concedido um prazo de 5 dias para que o recorrente complemente o valor das custas (art. 10 da IN n. 39/16 TST). Com isso, apenas o recorrente que é intimado a completar o preparo recursal e se não o faz, poderá ter o seu recurso inadmitido por deserção.

6. TRANSCENDÊNCIA

A transcendência foi incorporada como requisito do recurso de revista por meio da MP n. 2.226/01. Nos termos do art. 896-A, acrescido à CLT por meio da aludida Medida Provisória, os indicadores da transcendência são os reflexos de natureza econômica, política, social ou jurídica para além do proveito das partes.

À época, a justificativa era de que a transcendência consubstancia um dos principais objetivos dos tribunais superiores, que é de julgar questões cujo teor econômico político, social ou jurídico ultrapasse o interesse dos litigantes. Objetivou-se, assim, a segurança jurídica a fim de que fosse aplicado um direito uniforme no país.

De acordo com o § 2º da MP n. 2.226/01, o TST deveria regulamentar o processamento da transcendência em seu Regimento Interno, sendo assegurada a apreciação em sessão pública, com direito à sustentação oral e fundamentação do voto. Ocorre que até a entrada em vigor da Lei n. 13.467/2017, o Tribunal Superior do Trabalho não havia regulamentado o processamento da transcendência em seu Regimento Interno. Por conta disso, antes da reforma não era exigido do recorrente a demonstração de transcendência para a admissibilidade do recurso de revista.

Diante da inércia do TST, o legislador reformista não só estabeleceu o procedimento da demonstração de transcendência (art. 896-A, §§ 2º e 3º, da CLT), como também definiu quais são os seus indicadores (art. 896-A, § 1º, da CLT), revogando o § 2º da MP n. 2.226/01.Ainda assim, talvez seja necessário o detalhamento dos indicadores mencionados na Lei até para que não haja dificuldade em sua alegação ou mesmo o seu exame em razão da forma evasiva da previsão legal.

Antes de analisar as alterações na dinâmica da transcendência pela reforma trabalhista, é indispensável estudar se há necessidade do instituto para o processo do trabalho, ainda mais tendo em vista a realidade atual, na qual a transcendência começa a ser aplicada.

6.1. (Des)necessidade da Transcendência para o Processo do Trabalho

Na linha do que já foi dito, quando da edição da MP n. 2.226/01, entendeu-se que um dos mais relevantes propósitos dos tribunais superiores era o de julgar causas que transcendam o interesse das partes. Em função também da necessidade de diminuir o volume de processos do TST, aumentando a celeridade de seus julgamentos.

Nesse sentido é o entendimento de Mauro Schiavi (2017, p. 109), conforme se observa:

> *O Recurso de Revista, conforme já mencionamos, tem natureza extraordinária e objetivos diversos da justiça da decisão ou reapreciação do quadro probatório já discutido em segundo grau. Desse modo, a criação da transcendência não obsta o acesso à Justiça do Trabalho. Além disso, o duplo grau de jurisdição não tem assento constitucional, cumprindo à Lei estabelecer os pressupostos e requisitos dos recursos.*
>
> *Diante da grande quantidade de Recursos de Revista que chegam ao Tribunal Superior do Trabalho diariamente, o requisito da transcendência passa a ser um poderoso aliado para racionalização dos serviços junto ao TST e melhoria da qualidade dos serviços prestados.*

Não foi levado em conta, todavia, o papel do TST, como tribunal superior, de unificar o entendimento acerca da aplicação das leis nacionais. Explica-se. Como o requisito da transcendência faz com que o mérito de um número menor de recursos seja julgado pelo TST, uma vez que nem todas as ações transcendem o interesse dos litigantes, o TST terá menos oportunidades de dar a última palavra sobre a legislação trabalhista nacional. Desta forma, com a aplicação da transcendência, resta violado o direito do jurisdicionado, que foi vítima de uma incorreta aplicação legal em julgamento de recurso ordinário, obter a revisão do julgado por meio de recurso de revista.

Neste contexto e tratando especificamente sobre a transcendência, cabe destacar a seguinte crítica da parte de (*apud* Mauro Schiavi, 2017, p.111):

> De nossa parte, pensamos que, não obstante o esforço de se restringir a admissibilidade da revista, o requisito da transcendência acabará criando novos obstáculos à celeridade processual, pois, à evidência: estimulará sobremaneira a discussão da 'matéria de fundo

---

8. OJ n. 140 do TST, SDI-1: Em caso de recolhimento insuficiente das custas processuais ou do depósito recursal, somente haverá deserção do recurso se, concedido o prazo de 5 (cinco) dias previsto no § 2º do art. 1.007 do CPC de 2015, o recorrente não complementar e comprovar o valor devido.

que ofereça transcendência'; o aumento de sustentações orais no TST; o que exigirá a diminuição dos processos em pauta, a proliferação de aditamentos ao recurso de revista para a supressão do não preenchimento de pressuposto extrínseco do recurso etc.

Este entendimento também é sustentado pela comparação com o recurso extraordinário e o recurso especial, que também são dirigidos para tribunais superiores. Como se sabe, por meio da EC 45/04, a repercussão geral foi acrescida como requisito do recurso extraordinário. E, é possível afirmar, que a repercussão geral também é uma transcendência do interesse das partes, mas que contém relevância constitucional. Ocorre que, na dinâmica do recurso extraordinário, a repercussão geral se justifica por envolver direitos e garantias fundamentais, dentre outros direitos constitucionais que, quando interpretados de determinada forma, têm maior probabilidade de influenciar a coletividade. Ademais, o STF é a mais alta corte brasileira, justificando a preocupação maior com a quantidade de processos que lá são julgados.

Noutra via, o legislador teve a oportunidade de acrescentar ao recurso especial o pressuposto semelhante à transcendência e não o fez. Isso decorre do fato de o STJ, assim como o TST, ter como função primordial a unificação da interpretação da legislação infraconstitucional, não justificando a presença de um requisito que dificulte esta atuação.

Manoel Antonio Teixeira Filho coaduna com este entendimento, tendo lecionado o seguinte (*apud* Mauro Schiavi, 2017, p. 111):

> (...) ela (a transcendência) equipara, impropriamente, o TST ao STF; preocupa-se, unicamente, com o TST, não com os jurisdicionados; dota o TST de um autoritarismo sobre os demais órgãos da jurisdição trabalhista; impede a evolução da jurisprudência; dificulta a uniformização da jurisprudência nacional; pode conduzir, na prática, a uma discriminação entre iguais; concede ao TST o poder de dizer às pessoas o que é importante e o que não é importante para elas.

A aplicação da transcendência, portanto, além de dificultar a atuação do TST, no sentido de padronizar a interpretação da legislação trabalhista, prejudicará a segurança jurídica. Em um contexto em que a reforma trabalhista acabou com a uniformização de jurisprudência por parte dos tribunais regionais, esperava-se que o Tribunal Superior do Trabalho tivesse maior autonomia para unificar a interpretação da legislação trabalhista, o que restou dificultado não só pelo maior empecilho em criar súmulas e enunciados de jurisprudência uniforme, como também pela aplicação da transcendência.

6.2. Regulamentação da Transcendência

Em que pesem as críticas acima sobre a desnecessidade da transcendência para o processo do trabalho, a regulamentação do instituto pela reforma trabalhista passou pelo crivo do devido processo legislativo e está de acordo com os princípios constitucionais e processuais de uma forma geral. Assim, os §§ 1º a 6º do art. 896-A da CLT serão efetivamente adotados e, por isso, devem ser analisados pormenorizadamente.

Com efeito, o legislador reformista não alterou a CLT de modo a deixar claro se a transcendência deve ser comprovada pelo recorrente ou pode ser reconhecida de ofício pelo TST. A dúvida existe porque o *caput* do art. 896-A estabelece que "O Tribunal Superior do Trabalho, no recurso de revista, examinará previamente se a causa oferece transcendência (...)".

A interpretação literal levaria a crer que não há necessidade de comprovação de transcendência por parte do recorrente. Neste aspecto, entretanto, diante do propósito de diminuir o número de recursos e facilitar o trabalho dos ministros do TST com que a transcendência foi inserida no processo do trabalho, temos que se trata de um pressuposto de admissibilidade do recurso de revista que deve ser demonstrado pelo recorrente.

O Tribunal Superior do Trabalho, no entanto, alterou a redação do art. 247 do seu Regimento Interno para prever que a Corte Superior analisará de ofício se causa posta à análise oferece transcendência quanto aos aspectos de natureza econômica, política, social ou jurídica.

6.2.1. Indicadores de Transcendência

O § 1º do art. 896-A da CLT dispõe acerca dos indicadores da transcendência utilizando a expressão "entre outros". A nosso ver, a melhor justificativa para o uso dessa expressão foi a dada por Mauricio Godinho Delgado e Gabriela Neves Delgado (2017, p. 366):

> A expressão "entre outros" evidencia, claramente, que um conjunto de aspectos devem ser considerados pelo TST com respeito aos indicadores de transcendência, ao invés do simples sentido literal das expressões linguísticas contidas no § 11 e seus incisos do art. 896-A da Consolidação das Leis do Trabalho. Ademais, a interpretação lógico-racional, sistemática e teleológica do instituto jurídico conduziria também a essa conclusão.

Seguindo a ordem dos incisos do § 1º do art. 896-A da CLT, a transcendência econômica é perceptível pelo elevado valor da causa. A partir da reforma trabalhista, a indicação do valor da causa passou a ser um dos requisitos da petição inicial, fazendo com que a análise do elevado valor seja construída pela jurisprudência, vez que o legislador não fixou um critério objetivo. Quanto às ações ajuizadas antes da reforma, que deverão ser maioria por bastante tempo, acredita-se que a transcendência econômica será analisada pela possibilidade de alto valor da condenação, também por critérios jurisprudenciais.

Incumbe ressaltar que o elevado valor da causa não pode ser tomado apenas do ponto de vista do reclamado, ainda mais quando se trata de uma empresa de grande porte. O pressuposto da transcendência econômica também deve ser reconhecido em favor do trabalhador recorrente que, embora seja autor de uma ação sem grande repercussão financeira para o reclamado, possa ser significativa de acordo com a sua renda.

O segundo indicador, a transcendência política, é configurado quando o acórdão que julgou o recurso ordinário desrespeita jurisprudência sumulada do TST ou do STF. Quanto a isso, concordamos com o entendimento dos autores Antonio Umberto de Souza Júnior, Fabiano Coelho de Souza, Ney Maranhão e Platon Teixeira de Azevedo Neto (2017, p. 486), que defendem a ampliação da transcendência política da seguinte forma, na medida em que a interpretação literal da norma seria bastante restrita:

> Na realidade, a relevância neste caso, não poderá ficar restrita às súmulas do TST ou do STF, devendo compreender Orientações Jurisprudenciais do TST, bem como outros precedentes a serem analisados pelos juízes e tribunais, em conformidade com o art. 927 do CPC de 2015: a) as decisões do STF em controle concentrado de constitucionalidade; b) os enunciados de súmula vinculante; c) os acórdãos em incidente de assunção de competência ou de resolução de demandas repetitivas e em julgamento de recursos extraordinário, de revista e embargos repetitivos; d) a orientação do plenário ou do órgão especial ao qual estiverem vinculados.

Involuntariamente, sempre que um recurso de revista preencher pressuposto de admissibilidade das letras a) ou b) do art. 896 da CLT por interpretação diversa à súmula do TST ou súmula vinculante do STF, a transcendência também estará demonstrada, notadamente na modalidade política.

Em terceiro lugar, quanto à transcendência social, prevalece na doutrina, a exemplo dos autores Mauricio Godinho Delgado e Gabriela Neves Delgado (2017, p. 367), que se trata da postulação por recorrente-reclamante de direito social constitucionalmente assegurado. Todavia, tem-se que também é possível a configuração de direito social constitucionalmente assegurado por parte de empresas, a exemplo das ações que envolvem a função social da empresa e danos morais.

Por fim, a transcendência jurídica se faz presente quando existir questão nova em torno da interpretação da legislação trabalhista. Importante destacar que o legislador utilizou a expressão "interpretação da legislação trabalhista", de modo que não apenas a legislação nova, mas também uma nova abordagem jurídica por parte da 1ª e 2ª instâncias justifica este indicador de transcendência.

6.2.2. Procedimento de Exame da Transcendência

Os §§ 2º a 6º do art. 896-A da CLT tratam do procedimento de exame da transcendência que, nos termos do § 6º, será feito exclusivamente pelo TST, limitando o juízo de admissibilidade do recurso de revista por parte dos TRTs à análise dos demais pressupostos intrínsecos e extrínsecos do apelo.

Distribuído o recurso de revista para o TST, o relator poderá conhecê-lo e levá-lo a julgamento para a turma ou, monocraticamente, denegar seguimento ao recurso que não demonstrar transcendência. Nesta última hipótese, caberá agravo interno limitado ao requisito da transcendência, cabendo sustentação oral pelo prazo de 5 minutos. Evidentemente, essa possibilidade de sustentação oral deverá ser mantida se o relator, não obstante não tenha decidido monocraticamente pelo não conhecimento do recurso (em função da não demonstração de transcendência), antecipa seu voto na sessão de julgamento pela não transcendência.

Caso a turma julgadora mantenha o entendimento do relator – seja julgando agravo interno ou acompanhando o voto do relator que decide pela não demonstração da transcendência – o acórdão será considerado, salvo o cabimento de embargos de declaração, como decisão irrecorrível no âmbito do TST, a teor do art. 896-A, § 4º, da CLT. Com isso, só restaria submeter a questão ao STF, via recurso extraordinário. Acerca do tema, Antonio Umberto de Souza Júnior, Fabiano Coelho de Souza, Ney Maranhão e Platon Teixeira de Azevedo Neto (2017, p. 847) lecionam que o recurso extraordinário seria possível mas, na prática, não teria resultado positivo, consoante se nota:

> Em tese, seria cabível recurso extraordinário contra decisão da turma que nega a transcendência do recurso de revista, por se tratar de decisão de última instância no âmbito da Justiça do Trabalho. No entanto, na prática este recurso estará fadado ao insucesso. É que o STF, ao analisar o Tema 181 da Tabela de Repercussão Geral ('Pressupostos de admissibilidade de recursos da competência de outros Tribunais') negou a existência de repercussão geral acerca dos pressupostos de admissibilidade de recursos de instâncias inferiores, o que inclui o TST, haja vista que tal matéria não está regulamentada pela CF (...).

No mais, o art. 896-A, § 5º da CLT é bastante controverso. A referida norma trata da situação em que o recorrente tem o seguimento do recurso de revista negado por um TRT e interpõe agravo de instrumento para destrancá-lo. Ressalta-se aqui que, como visto, ao presidente do TRT está vedada a análise da transcendência do recurso de revista, ficando restrito à avaliação dos demais pressupostos intrínsecos e extrínsecos de validade.

De acordo com a nova redação da CLT, é irrecorrível a decisão monocrática do ministro relator que, em agravo de instrumento em recurso de revista, considerar ausente a transcendência da matéria. Deste texto se infere que o relator só fará a análise da transcendência quando, contrariando o presidente do TRT, julgar presentes todos os outros demais pressupostos intrínsecos e extrínsecos de validade do recurso de revista.

Esta opção legislativa não faz o menor sentido quando comparada ao § 4º do art. 896 da CLT. Nesta situação, conforme já foi examinado, a irrecorribilidade da não configuração da transcendência será considerada apenas após a submissão da questão a toda a turma julgadora, sendo permitido ao advogado sustentar oralmente sobre o tema por 5 minutos. Ao contrário, na hipótese do § 5º do mesmo artigo, a não transcendência será irrecorrível após ser analisada somente uma vez (decisão monocrática do relator), já que a negativa de seguimento do recurso de revista pelo presidente do regional não tem relação com a transcendência, que está fora de sua alçada.

Com isso, em uma interpretação sistemática, acredita-se que o art. 896-A, § 5º da CLT não será aplicado por estar na contramão do art. 10 do CPC, norma fundamental do processo, segundo o qual o juiz não pode, em grau algum de jurisdição, extinguir o processo sem dar à parte oportunidade de se manifestar. Contrariou-se, também, a regra da recorribilidade das decisões monocráticas, que sempre podem ser revistas pelo órgão colegiado, conforme o disposto no art. 1.021 do CPC. Logo, no nosso entendimento, será cabível agravo interno contra a decisão do ministro relator que, em agravo de instrumento em recurso de revista, considerar ausente a transcendência da matéria, muito embora seja expressa a disposição em contrário do art. 896-A, § 5º da CLT.

7. CONCLUSÃO

Ainda que as principais alterações no recurso de revista tenham ocorrido através da Lei n. 13.015/2014, a Lei n. 13.467/2017, intitulada reforma trabalhista, alterou bastante a dinâmica do remédio processual, pois a maior parte das críticas à reforma no que se refere ao recurso de revista, são negativas. No entanto, destoando desta regra, cabe destacar a inclusão do inciso IV no § 1º do art. 896 da CLT.

A necessidade de transcrição na peça recursal do trecho dos embargos declaratórios em que foi pedido o pronunciamento do TRT sobre questão veiculada no recurso ordinário e o trecho da decisão do regional que rejeitou os embargos de declaração não reconhecendo a omissão, notadamente quando suscitada preliminar de nulidade do julgado por negativa de prestação jurisdicional, deve-se à atenção do legislador à jurisprudência do TST. Desta forma, o trabalho dos ministros é facilitado, o que favorece a celeridade no julgamento das causas.

Por outro lado, a inclusão do § 14 no art. 896 da CLT restringiu sobremaneira os poderes do ministro relator do recurso de revista. E, como visto, a mudança é completamente inócua já que, quando necessário, o art. 932 do CPC deverá ser aplicado para ampliar os poderes do relator, voltando, ao fim e ao cabo, a mesma realidade antes da reforma.

Como a Lei n. 13.015/2014 já havia estabelecido demasiados e complexos requisitos de admissibilidade para o recurso de revista, o legislador reformista andou mal ao, nada obstante, dispor sobre a transcendência, que passa a ser aplicada. A atual redação do art. 896 da CLT, como um todo, determina uma série de requisitos para o recurso de revista que vão contra a lógica do processo do trabalho, criando empecilhos para a celeridade processual.

Desta forma, é possível afirmar que não foram respeitados os princípios de Direito Processual do Trabalho no tocante à simplicidade e à informalidade. Nessa linha, o acesso do trabalhador à Justiça do Trabalho deve ser facilitado e sem excessivo rigor técnico, o que, todavia, não foi observado ao estabelecerem inúmeros requisitos para a revista. Fazendo um paralelo, sem considerar a dificuldade de demonstração, o recurso de revista apresenta mais pressupostos de admissibilidade que os recursos extraordinário e especial, que também são dirigidos a tribunais superiores, o que confirma a dissonância com os princípios já referidos do processo do trabalho.

8. REFERÊNCIAS BIBLIOGRÁFICAS

BEZERRA LEITE, Carlos Henrique. *Curso de Direito Processual do Trabalho*. 15. ed. São Paulo: Saraiva, 2017.

DELGADO, Mauricio Godinho; DELGADO, Gabriela Neves. *A Reforma Trabalhista no Brasil com Comentários à Lei n. 13.467/2017*. São Paulo: LTr, 2017.

SCHIAVI, Mauro. *A Reforma Trabalhista e o Processo do trabalho*. São Paulo: LTr, 2017.

_____. *Manual de Direito Processual do Trabalho*. São Paulo: LTr, 2016.

SOUZA JÚNIOR, Antonio Umberto de; SOUZA, Fabiano Coelho de; MARANHÃO, Ney; AZEVEDO NETO, Planton Teixeira de. *Reforma Trabalhista Análise Comparativa e Crítica da Lei n. 13.467/2017*. São Paulo: Rideel, 2017.

TEIXEIRA FILHO, Manoel Antonio. *Curso de Direito Processual do Trabalho*. São Paulo: LTr, 2009.

O Critério da Transcendência como Requisito para o Processamento do Recurso de Revista

Patrícia Ferreira Muzzi[1]

1. INTRODUÇÃO

As inovações legislativas apresentadas à seara trabalhista pela Lei n.13.467 de 2017 vêm sendo matéria de inúmeros debates e incertezas, especialmente aos juristas e aplicadores do direito.

Dentro desse contexto, a inclusão de um novo pressuposto recursal para a admissibilidade do Recurso de Revista é uma das diversas matérias que causou impacto direto à prática trabalhista.

O termo "transcendência", constante do art. 896-A da CLT e recentemente regulamentado pelas regras consignadas nos §§ 1º a 5º, por si só, causa uma série de dúvidas ante à extrema subjetividade da palavra.

Conforme se verifica a partir do conceito literal extraído do Dicionário Aurélio[2], sua definição remete a noções de superioridade, importância e demais ideias um tanto quanto intangíveis:

> **Transcendente.** [Do lat. *transcendente.*] Adj. 2 g. 1. Que transcende; muito elevado; superior, sublime, excelso: *virtudes transcendentes.* 2. Que transcende do sujeito para algo fora dele. 3. Que transcende os limites da experiência possível; metafísico. [Sin. (nesta acepç..): *transcendental.*] 4. *Filos.* Que se eleva além de um limite ou de um nível dado. 5. *Filos.* Que não resulta do jogo natural de uma certa classe de seres ou de ações, mas que supõe a intervenção de um princípio que lhe é superior. [Opõe-se a *imanente* (2). 6. Que ultrapassa a nossa capacidade de conhecer. 7. *Filos.* Que é de natureza diversa da de uma dada classe de fenômenos.

Diante disso, a inserção da referida expressão como um novo requisito para o processamento de um recurso de natureza extraordinária merece ser avaliada com a devida atenção, observando-se as motivações que culminaram nessa inovação legal, a forma que deve ser interpretado dentro dos princípios de hermenêutica jus-trabalhista bem como seus impactos práticos.

Certo é que o Recurso de Revista é uma modalidade recursal eminentemente técnica, cujo objetivo principal é a uniformização da jurisprudência dos tribunais trabalhistas. Assim, em razão da excepcionalidade que lhe é característica, não é uma forma de recurso que abranja uma universidade de temas ou insurgências. O objetivo da uniformização jurisprudencial deve ser inequívoco sendo inadmissíveis reanálises de fatos e provas nessa instância recursal[3].

Entretanto, apesar do caráter excepcional do recurso, o Ministro Ives Gandra da Silva Martins Filho manifestou-se no sentido de que os recursos estavam sendo interpostos indiscriminadamente, o que comprometia a celeridade processual bem como a segurança jurídica, princípios valorosos do Direito Processual do Trabalho.

Diante do elevado volume de recursos recebidos pela Colenda Corte, o requisito da Transcendência, que já havia sido objeto da Medida Provisória n. 2.226 de 2001, retornou aos debates quando se vislumbrou uma Reforma Trabalhista, já que seria uma forma de "racionalizar e simplificar o julgamento dos recursos que chegam ao TST, viabilizando o exercício da função de guardião maior da legislação trabalhista que a Corte deve cumprir, por imposição constitucional"[4].

O novo requisito recursal ingressou no ordenamento jurídico sofrendo diretas comparações ao instituto já existente no âmbito do processo civil, qual seja: a Repercussão Geral.

É que tanto o pressuposto recursal do Recurso de Revista quanto o pressuposto recursal do Recurso Extraordinário representam uma exigência de que a matéria recursal

---

1. Graduada em Direito na Faculdade de Direito Milton Campos/MG, Advogada Trabalhista no Escritório Carvalho & Furtado Advogados, Membro da Oficina de Estudos Avançados "As Interfaces entre o Processo Civil e o Processo do Trabalho" – IPCPT.
2. FERREIRA, Aurélio Buarque de Holanda. *Novo dicionário aurélio.* Rio de Janeiro: Nova Fronteira, 1499.
3. Súmula n. 126 do TST
   RECURSO. CABIMENTO (mantida) – Res. 121/2003, DJ 19, 20 e 21.11.2003
   Incabível o recurso de revista ou de embargos (arts. 896 e 894, "b", da CLT) para reexame de fatos e provas.
4. MARTINS FILHO, Ives Gandra da Silva. Critérios de Transcendência no Recurso de Revista – Projeto de Lei n. 3.267/2000. In: *Revista LTr.* v. 65, n. 8, p 912.

ultrapasse o simples interesse das partes. São conceitos jurídicos indeterminados que conferem ao Supremo Tribunal Federal e ao Tribunal Superior do Trabalho a atribuição de traçar seus contornos.

Semelhantemente, ambos os requisitos são interpretados de forma qualitativa, referindo-se à importância para a sistematização e desenvolvimento do Direito, e quantitativa, referindo-se ao número de pessoas atingidas pela decisão.

A sistemática processual desenvolvida para o trâmite dos recursos no STF, contudo, difere da empregada na *novel* legislação processual trabalhista, uma vez que a Repercussão Geral passou a integrar o conteúdo do rito dos recursos repetitivos garantindo, inclusive, a participação de terceiros, o que não aconteceu no âmbito do Recurso de Revista, o que será melhor explorado.

Ressalte-se nessas primeiras linhas que o requisito recursal da Transcendência destoa das noções de informalidade inerentes ao direito processual do trabalho, por representar uma nova barreira ao processamento de uma modalidade recursal. Essa inovação pode causar comprometimento à garantia da efetiva tutela jurisdicional, o que merece estudo e reflexão.

2. PERSPECTIVA HISTÓRICA

A exigência de uma extensão abrangente aos julgamentos das Cortes Supremas, ultrapassando-se a subjetividade das partes de um processo, foi introduzida ao ordenamento jurídico brasileiro através da alteração do art. 119 da Constituição Federal de 1967, a partir da EC n. 1 de 1969, quando a *relevância* passou a ser tida como um dos requisitos para a apreciação do Recurso Extraordinário.

A Carta Magna passou a contemplar o comando segundo o qual o Supremo Tribunal Federal deveria indicar, em seu Regimento Interno, as causas cuja natureza, espécie ou valor pecuniário justificassem a apreciação do Recurso Extraordinário (interposto contra decisão que contrariasse dispositivo da Constituição ou negasse vigência de tratado ou Lei federal ou quando conferisse à Lei federal interpretação divergente da que lhe tenha dado outro Tribunal ou o próprio Supremo Tribunal Federal).

Assim, visando cumprir o comando constitucional e elencar as referidas causas[5], a Suprema Corte alterou o art.308 de seu Regimento Interno, que passou a contemplar hipóteses que não seriam objeto de apreciação via Recurso Extraordinário.

Ocorre que, além dos critérios de natureza, espécie ou valor pecuniário, mencionou-se na norma regimental, pela primeira vez, a "relevância da questão federal" como um novo balizador para a apreciação dos Recursos Extraordinários.

Em abril de 1977, observando-se o critério que já havia sido adotado pela Suprema Corte, o artigo constitucional sofreu a inclusão do termo "relevância da questão federal" como critério para admissibilidade recursal.

Nesse contexto, em busca de uma maior elucidação diante ao novo requisito constitucional de cunho indefinido, o Regimento Interno do STF de 1980, após a Emenda Regimental n. 2, trouxe uma breve definição para a nova expressão:

> Art. 327.Ao Supremo Tribunal Federal, em sessão de Conselho, compete privativamente o exame da arguição de relevância da questão federal. § 1º <u>Entende-se relevante a questão federal que, pelos reflexos na ordem jurídica, e considerados os aspectos morais, econômicos, políticos ou sociais da causa, exigir a apreciação do recurso extraordinário pelo Tribunal</u>. § 2º Do despacho que indeferir o processamento da arguição de relevância cabe agravo de instrumento (grifos nossos)

Nesse sentido, a relevância foi interpretada como uma questão ligada à importância que teria a matéria recursal à sociedade em geral e não apenas para as partes em litígio. Assim, a alteração normativa buscava, enfim, limitar o subjetivismo contido nas vagas alegações em torno da interpretação da lei.

A partir de então, igualmente regulamentado pelo próprio STF em seu regimento, foi instaurada na sistemática procedimental do Recurso Extraordinário a Arguição de Relevância, na qual o Recorrente, em causas diferentes das elencadas no art.325 do RISTF[6], deveria comprovar a existência da relevância federal para, após aprovado pela Sessão

---

5. Art. 308 — Salvo nos casos de ofensa à Constituição ou relevância da questão federal, não caberá o recurso extraordinário, a que alude o seu art. 119, parágrafo único, das decisões proferidas: ER 3 I — nos processos por crime ou contravenção a que sejam cominadas penas de multa, prisão simples ou detenção, isoladas, alternadas ou acumuladas, bem como as medidas de segurança com eles relacionadas; II — nos habeas corpus, quando não trancarem a ação penal, não lhe impedirem a instauração ou a renovação, nem declararem a extinção da punibilidade; III — nos mandados de segurança, quando não julgarem o mérito; IV — nos litígios decorrentes: a) de acidente do trabalho; b) das relações de trabalho mencionadas no art. 110 da Constituição; e) da previdência social; d) da relação estatutária de serviço público, quando não for discutido o direito à Constituição ou subsistência da própria relação jurídica fundamental; V — nas ações possessórias, nas de consignação em pagamento, nas relativas à locação, nos procedimentos sumaríssimos e nos processos cautelares; VI — nas execuções por título judicial; VII — sobre extinção do processo, sem julgamento do mérito, quando não obstarem a que o autor intente de novo a ação; VIII — nas causas cujo valor, declarado na petição inicial, ainda que para efeitos fiscais, ou determinado pelo juiz, se aquele for inexato ou desobediente aos critérios legais, não exceda de 100 vezes o maior salário mínimo vigente no País, na data do seu ajuizamento, quando uniformes as decisões das instâncias ordinárias; e de 50, quando entre elas tenha havido divergência, ou se trate de ação sujeita a instância única.
6. Art. 325. Nas hipóteses das alíneas *a* e *d* do inciso III do art. 119 da Constituição Federal, cabe recurso extraordinário: i – nos casos de ofensa à Constituição Federal; ii – nos casos de divergência com a Súmula do Supremo Tribunal Federal; iii – nos processos por crime a que seja cominada pena de reclusão; iv – nas revisões criminais dos processos de que trata o inciso anterior; v – nas ações relativas à nacionalidade e aos direitos políticos; Emenda Regimental 2, de 4 de dezembro de 1985 — 178 — vi – nos mandados de segurança julgados originalmente

de Conselho do STF, analisarem-se os demais pressupostos de admissibilidade do recurso.

Apesar do específico regramento destinado à Arguição de Relevância, esse procedimento foi alvo de críticas, já que, para alguns, representava um filtro discricionário aos processos analisados pelo STF[7].

Com o advento da Constituição Federal de 1988, a Arguição de Relevância foi substituída pela "Repercussão Geral das Questões Constitucionais", termo adicionado ao texto constitucional pela EC n. 45 de 2004[8].

Os institutos da Arguição de Relevância e a Repercussão Geral, apesar de semelhantes, não se confundem, como esclarece Osmar Mendes Paixão Cortês:

> A "arguição" inseria-se num sistema onde a regra seria o não exame pelo Supremo Tribunal Federal (§ 1º do art. 119), nas hipóteses das alíneas "a" (violação) e "d" (divergência). Na atual "repercussão", cria-se apenas um pré-requisito (a demonstração da repercussão geral das questões constitucionais), sem nenhuma disposição no sentido de que serão apreciadas e sem referência a uma ou outra alínea específica[9].

No mesmo período, pouco antes da aprovação da EC n. 45 de 2004, a transcendência foi inserida no ordenamento trabalhista por meio da Medida Provisória n. 2.226, contudo, dependia da adequada regulamentação para que fosse aplicada, dispondo o seguinte:

> Art. 1º – A Consolidação das Leis do Trabalho, aprovada pelo Decreto-Lei n. 5452, de 01 de maio de 1943, passa a vigorar acrescida do seguinte dispositivo :
>
> "Art. 896 -A – O Tribunal Superior do Trabalho, no recurso de revista, examinará previamente se a causa oferece transcendência com relação aos reflexos gerais de natureza econômica, política, social ou jurídica." (NR)
>
> Art. 2º – O Tribunal Superior do Trabalho regulamentará, em seu regimento interno, o processamento da transcendência do recurso de revista, assegurada a apreciação da transcendência em sessão pública, com direito a sustentação oral e fundamentação da decisão.

Assim, para a efetiva aplicação no processo trabalhista, ainda se exigia que o TST, em seu regimento interno, dispusesse sobre o processamento da Transcendência do Recurso de Revista.

Diferentemente do que previa a norma supracitada, referida regulamentação não foi inserida no âmbito regimental do TST, mas promovida pela Lei n. 13.467 de 2017, a Reforma Trabalhista, que trouxe nos §§ 1º a 6º do art. 896-A da CLT as regras atinentes ao requisito da Transcendência.

Ainda, para não haver dúvidas sobre a imediata aplicabilidade do pressuposto recursal, o artigo 5º da mencionada Lei revogou expressamente[10] o art. 2º da Medida Provisória, que condicionava a instituição da Transcendência a uma regulamentação própria.

Assim, a partir da efetiva implementação do pressuposto da Transcendência, passaram a coexistir os dois requisitos como filtros processuais de Recursos Extraordinários no ordenamento jurídico brasileiro: Transcendência (Recurso de Revista) e Repercussão Geral (Recurso Extraordinário).

3. TRANSCENDÊNCIA X REPERCUSSÃO GERAL

A Repercussão geral pode ser interpretada como uma questão jurídica constitucional que diga respeito a um grande agrupamento de pessoas ou a um largo segmento social, em que se avalia assunto constitucional controvertido, decisões contrárias às já proferidas pelo STF; que diga respeito a garantias constitucionais, princípios federativos e outros valores conectados a texto constitucional que se "aloje" sob um conceito que vislumbra o alcance do interesse coletivo.

De maneira semelhante, o requisito da Transcendência para o recurso de revista deve ser entendido a partir de um critério lógico, metajurídico e político: demonstrando-se

---

por Tribunal Federal ou Estadual, em matéria de mérito; vii – nas ações populares; viii – nas ações relativas ao exercício de mandato eletivo federal, estadual ou municipal, bem como às garantias da magistratura; ix – nas ações relativas ao estado das pessoas, em matéria de mérito; x – nas ações rescisórias, quando julgadas procedentes em questão de direito material; xi – em todos os demais feitos, quando reconhecida a relevância da questão federal.

7. CÔRTES, Osmar Mendes Paixão. Transcendência x Repercussão Geral. In: *Revista LTr Legislação Trabalhista*. v. 81, set. 2017, n. 09, p. 1.075. São Paulo: LTr.
8. Art. 102. Compete ao Supremo Tribunal Federal, precipuamente, a guarda da Constituição, cabendo-lhe:

   III – julgar, mediante recurso extraordinário, as causas decididas em única ou última instância, quando a decisão recorrida:

   a) contrariar dispositivo desta Constituição;

   b) declarar a inconstitucionalidade de tratado ou Lei federal;

   c) julgar válida Lei ou ato de governo local contestado em face desta Constituição.

   d) julgar válida Lei local contestada em face de Lei federal. (Incluída pela Emenda Constitucional n. 45, de 2004)

   (...)

   § 3º No recurso extraordinário o recorrente deverá demonstrar a repercussão geral das questões constitucionais discutidas no caso, nos termos da lei, a fim de que o Tribunal examine a admissão do recurso, somente podendo recusá-lo pela manifestação de dois terços de seus membros. (Incluída pela Emenda Constitucional n. 45, de 2004)
9. CÔRTES, Osmar Mendes Paixão. Transcendência x Repercussão Geral. In: *Revista LTr Legislação Trabalhista*. . v. 81, set. 2017, n. 09. São Paulo: LTr p. 1.075.
10. Art. 5º Revogam-se:

    III – o art. 2º da Medida Provisória n. 2.226, de 4 de setembro de 2001.

que o tema abordado no recurso é relevante para manutenção da ordem e da segurança do sistema jurídico nacional. Em outras palavras: a questão suscitada deve ser juridicamente relevante, em tema de discussões teóricas, a ponto de trazer efeitos de ordem sociopolítica[11].

Além dos conceitos demonstrarem o interesse comum de se limitar a postulação recursal por meio de um "filtro" das questões de maior relevância social, inegável que o contexto para a inserção de ambas as expressões foi a busca da redução do número de processos em trâmite perante os Tribunais Superiores, visando a consequente celeridade processual.

Contudo, diferentemente da Transcendência, cuja regulamentação recente e regramento restrito ecoam incertezas, a Repercussão Geral, a partir de sua implementação no processamento dos Recursos Extraordinários, teve de percorrer um árduo caminho ao longo dos anos, por meio da jurisprudência da Corte Suprema e da legislação especial, para que atingisse as finalidades a ela atribuídas.

No âmbito do Supremo Tribunal Federal, o requisito que fora idealizado como um filtro de recursos tornou-se essencial ao rito dos recursos repetitivos. Uma vez afetado ao nível repetitivo – verificada a reincidência do tema em diversos recursos – o STF aplica ao recurso a suspensão e comunicação para, ao final, definir se a questão a ele atinente representa ou não um tema de Repercussão Geral.

Osmar Mendes Paixão Côrtes esclarece essa evolução atingida pela Corte Suprema, que estabeleceu um rito específico para a avaliação da Repercussão Geral:

> A aplicação, hoje, da repercussão geral pelo Supremo Tribunal Federal, alinhada e aperfeiçoada pelo Novo CPC, confirma que, uma vez firmada a tese, orienta e vincula as instâncias inferiores, devendo, inclusive, os Tribunais inferiores, ao exercerem o juízo de admissibilidade dos recursos extraordinários, indeferir o processamento dos que tiverem a tese da repercussão geral negada pela Suprema Corte (art. 1.030, I, *a*, do CPC).
>
> Vale dizer, o STF firma a tese da ocorrência (inocorrência) de repercussão geral e a aplicação do entendimento passa a ser imposta aos demais órgãos do Poder Judiciário. A decisão originária sobre a repercussão é colegiada (ainda que virtual), mas a aplicação do "precedente" firmado em repercussão é delegada e pode ser objeto inclusive de decisões monocráticas[12].

Importante destacar que, reconhecendo que a decisão que negou a existência de repercussão geral extrapola o interesse das partes no recurso, é possível a admissão pelo Supremo Tribunal Federal de manifestação de terceiros[13].

Para que a decisão esteja o mais próximo possível da correção, a Lei corretamente permite a intervenção no processo do *amicus curiae,* como forma de levar aos julgadores todos os conhecimentos técnico-jurídicos necessários para a prolação de uma decisão de qualidade[14].

A transcendência, por outro lado, ainda não observa o alcance supramencionado. Aos Tribunais Regionais Trabalhistas, todavia, não é permitido o indeferimento do Recurso de Revista por ausência de Transcendência da questão impugnada por meio do primeiro juízo de admissibilidade. Além do mais, inexiste previsão de participação de terceiros ou suspensão de processos durante o período em que estiver pendente a apreciação da transcendência pelo TST.

A sistemática que percorrerá o Recurso de Revista para a averiguação do *novel* requisito recursal bem como os critérios de transcendência foram elencados nos novos parágrafos acrescidos ao art. 896-A da CLT:

> Art.896-A – O Tribunal Superior do Trabalho, no recurso de revista, examinará previamente se a causa oferece transcendência com relação aos reflexos gerais de natureza econômica, política, social ou jurídica. (Incluído pela Medida Provisória n. 2.226, de 4.9.2001)
>
> § 1º São indicadores de transcendência, entre outros: (Incluído pela Lei n. 13.467, de 2017)
>
> I – econômica, o elevado valor da causa; (Incluído pela Lei n. 13.467, de 2017)
>
> II – política, o desrespeito da instância recorrida à jurisprudência sumulada do Tribunal Superior do Trabalho ou do Supremo Tribunal Federal; (Incluído pela Lei n. 13.467, de 2017)
>
> III – social, a postulação, por reclamante-recorrente, de direito social constitucionalmente assegurado; (Incluído pela Lei n. 13.467, de 2017)
>
> IV – jurídica, a existência de questão nova em torno da interpretação da legislação trabalhista. (Incluído pela Lei n. 13.467, de 2017)
>
> § 2º Poderá o relator, monocraticamente, denegar seguimento ao recurso de revista que não demonstrar transcendência, cabendo agravo desta decisão para o colegiado. (Incluído pela Lei n. 13.467, de 2017)
>
> § 3º Em relação ao recurso que o relator considerou não ter transcendência, o recorrente poderá realizar sustentação oral sobre a questão da transcendência, durante cinco minutos em sessão. (Incluído pela Lei n. 13.467, de 2017)

---

11. ZANGRANDO, Carlos. *O Pressuposto da "Transcendência" para o Recurso de Revista.* Suplemento Trabalhista. São Paulo: LTr Sup. Trab. 013/18, 2018. ano 54, p. 75.
12. CÔRTES, Osmar Mendes Paixão. Transcendência x Repercussão Geral. In: *Revista LTr Legislação Trabalhista.* v. 81, set. 2017, n. 09. São Paulo: LTr. p. 1079.
13. NEVES, Daniel Amorim Assumpção. *Manual de direito processual civil* – Volume único. 8. ed. Salvador: JusPodivm, 2016. p. 1.626.
14. NEVES, Daniel Amorim Assumpção. *Manual de direito processual civil* – Volume único. 8. ed. Salvador: JusPodivm, 2016. p. 1.626.

§ 4º Mantido o voto do relator quanto à não transcendência do recurso, será lavrado acórdão com fundamentação sucinta, que constituirá decisão irrecorrível no âmbito do tribunal. (Incluído pela Lei n. 13.467, de 2017)

§ 5º É irrecorrível a decisão monocrática do relator que, em agravo de instrumento em recurso de revista, considerar ausente a transcendência da matéria. (Incluído pela Lei n. 13.467, de 2017)

§ 6º O juízo de admissibilidade do recurso de revista exercido pela Presidência dos Tribunais Regionais do Trabalho limita-se à análise dos pressupostos intrínsecos e extrínsecos do apelo, não abrangendo o critério da transcendência das questões nele veiculadas. (Incluído pela Lei n. 13.467, de 2017)

Conforme entendimento do Ministro Ives Gandra da Silva Martins Filho[15], a inovação legislativa trouxe uma solução à subjetividade excessiva atrelada ao termo Transcendência. A densificação do art. 896-A da CLT teria estabelecido *parâmetros mais objetivos* para a identificação da existência do requisito no Recurso de Revista.

Assim, o legislador optou por classificar em quatro áreas os temas cuja relevância atenderia ao requisito recursal, sendo elas: Transcendência econômica, Transcendência política, Transcendência social e Transcendência jurídica.

As causas de valores elevados foram abarcadas pelo inciso I do § 1º do art. 896-A, CLT, como em casos de elevadas condenações que poderiam comprometer a produtividade ou a própria existência de uma empresa, o que representaria a Transcendência econômica.

O desrespeito da instância recorrida à jurisprudência sumulada do Tribunal Superior do Trabalho ou do Supremo Tribunal Federal foi classificado como Transcendência política.

Compreende-se a *transcendência política* levando em conta que a existência de Cortes Superiores atende a uma *exigência de ordem política* no âmbito de um Estado Federado: a *garantia de respeito,* pelas diversas unidades da Federação, àquele que é o *direito comum do Estado Federado*. Para tanto, o recurso de revista tem, como objetivo precípuo, a *uniformização da jurisprudência* entre os Tribunais Regionais do Trabalho[16].

O critério social seria a demanda trabalhista que envolva a interpretação de *direito social constitucionalmente assegurado,* principalmente os direitos elencados no art. 7º da Constituição Federal

Por fim, a transcendência classificada como jurídica representaria, juntamente com a Transcendência política, a função basilar de um recurso de natureza extraordinária, qual seja: uniformização da jurisprudência. Segundo esse parâmetro estabelecido no inciso IV, deverá ser objeto de apreciação pelo TST o recurso que versar sobre questão que a Sessão de Dissídios Individuais ainda não tenha fixado a interpretação da lei.

Nessa toada, em 22 de março de 2018, foi publicado o primeiro despacho denegando seguimento a Recurso de Revista em razão da ausência do pressuposto da transcendência, manifestando-se o Ministro Breno Medeiros da seguinte forma:

> Na presente hipótese, verifico que o agravo de instrumento em recurso de revista não versa sobre nenhuma matéria daquelas passíveis de reconhecimento transcendência com relação aos reflexos gerais de natureza econômica, política, social ou jurídica.
>
> Com efeito, não se trata de causa: a) que ostente elevado valor (transcendência econômica), na medida em que o valor da condenação atinge R$15.000,00 (fls. 563 e 605); b) cuja decisão proferida pelo e. TRT esteja em descompasso com a jurisprudência sumulada deste Tribunal Superior do Trabalho ou do Supremo Tribunal Federal (transcendência política); c) que verse sobre matéria inédita, ou seja, questão nova em torno da interpretação da legislação trabalhista (transcendência jurídica), na medida em que o tema relativo aos danos morais por assaltos já foi objeto de diversas decisões no âmbito desta Corte Superior ou d) cuja pretensão recursal obreira diga respeito a direito social assegurado na Constituição Federal, com plausibilidade na alegada ofensa a dispositivo nela contido (transcendência social), uma vez que se trata de recurso da parte reclamada.
>
> Assim, não verificada qualquer das hipóteses previstas no art. 896-A da CLT, com fulcro nos seus §§ 2º e 5º c/c art. 247, §§ 2º e 5º, do Regimento Interno desta Corte, nego seguimento ao agravo de instrumento, determinando a baixa imediata dos autos à origem, independentemente da interposição de recurso (Processo n. TST-AIRR-1689-69.2016.5.13.0022)

Conforme se verifica do conteúdo decisório, o julgador utilizou-se dos parâmetros instituídos na Consolidação das Leis Trabalhistas e reafirmados no Regimento Interno da Corte[17] para denegar seguimento ao Agravo de Instrumento que, por sua vez, buscava o destrancamento e o processamento de Recurso de Revista interposto.

---

15. MARTINS FILHO, Ives Gandra da Silva. O Critérios de Transcendência do Recurso de Revista. In: *Revista LTr Legislação Trabalhista.* v. 82, jan. 2018, n. 01. São Paulo: LTr. p. 15.
16. MARTINS FILHO, Ives Gandra da Silva. O Critérios de Transcendência do Recurso de Revista. In: *Revista LTr Legislação Trabalhista.* v. 82, jan. 2018, n. 01. São Paulo: LTr. p.16.
17. Art. 246. As normas relativas ao exame da transcendência dos recursos de revista, previstas no art. 896-A da CLT, somente incidirão naqueles interpostos contra decisões proferidas pelos Tribunais Regionais do Trabalho publicadas a partir de 11.11.2017, data da vigência da Lei n. 13.467/2017.

A classificação acima descrita, cujo propósito foi atenuar a subjetividade da expressão *transcendência*, também é um fator diferenciador diante da Repercussão Geral presente no Recurso Extraordinário.

Ao não delimitar a Repercussão Geral no ponto de vista econômico, jurídico, político ou social, a Constituição Federal e o Código de Processo Civil fixaram maior liberdade ao Supremo Tribunal Federal se comparado aos limites estabelecidos para exame da transcendência pelo Tribunal Superior do Trabalho.

4. A TRANSCENDÊNCIA E OS PRINCÍPIOS DO DIREITO PROCESSUAL TRABALHISTA

O Direito Processual moderno busca permitir o acesso à Justiça, tanto de forma quantitativa quanto qualitativa. Assim, a informalidade, simplicidade e desburocratização é desejada sempre de modo a garantir as premissas básicas da ampla defesa e do contraditório, características essenciais que dão guarida ao próprio processo.

Incrivelmente, no caso do Recurso de Revista, a ideia do informalismo – que outrora esteve na base do processo do trabalho – foi aparentemente esquecida e substituída por uma enorme sequência de requisitos formais. A implementação de requisitos serviu, inegavelmente, como uma formação de barreiras para o conhecimento do mérito do recurso, culminando em efeitos prejudiciais aos jurisdicionados.

Em atendimento ao princípio da simplicidade, as normas de matéria processual trabalhista deveriam privilegiar a facilitação do acesso do trabalhador ao Judiciário, bem como ao trâmite processual simplificado, possibilitando ao jurisdicionado a satisfação dos direitos, especialmente por abarcar, muitas das vezes, pleitos de parcelas de natureza alimentar.

Os excessos de formalismo e da burocracia devem ser eliminados na medida em que a busca da efetiva prestação jurisdicional e do acesso à ordem jurídica justa devem ser uma constante. Assim, o processo moderno deve, na maior medida possível, exercer de forma efetiva sua função de instrumento criado para viabilizar o alcance, com justiça e paridade de armas, da prestação jurisdicional.

O Código de Processo Civil abarca em seu art. 3º o direito à Tutela Jurisdicional como uma extensão infraconstitucional do direito ao acesso à justiça, determinando que *não se excluirá da apreciação jurisdicional ameaça ou lesão a direito*.

Ao proibir a justiça de mão própria e afirmar que a "Lei não excluirá da apreciação do Poder Judiciário lesão ou ameaça a direito" (art.5º, XXXV, CRFB), nossa Constituição afirma a existência de *direito à tutela jurisdicional adequada e efetiva*. Nesse particular, como já observamos, o Código de 2015 limita-se a repeti-la. Obviamente, a proibição da autotutela só pode acarretar o dever do Estado Constitucional de prestar *tutela jurisdicional idônea aos direitos*. Pensar de forma diversa significa *esvaziar* não só o direito à *tutela jurisdicional* (plano do direito processual), mas também o próprio direito material, isto é, o *direito à tutela do direito* (plano do direito material). É por essa razão que o direito à tutela jurisdicional constitui direito à "proteção jurídica efetiva"[18]

A Constituição Federal de 1988 atribuiu ao processo a função afirmativa para garantir aos jurisdicionados a efetiva tutela jurisdicional. Essa função foi expressamente assumida pelo Código de Processo Civil de 2015, que reforçou a ideia da *constitucionalização do processo*, deixando essa de ser um simples anseio da doutrina para converter-se uma

---

Art. 247. A aplicação do art. 896-A da CLT, que trata da transcendência do recurso de revista, observará o disposto neste Regimento, devendo o Tribunal Superior do Trabalho, no recurso de revista, examinar previamente de ofício, se a causa oferece transcendência com relação aos reflexos gerais de natureza econômica, política, social ou jurídica.

§ 1º São indicadores de transcendência, entre outros:

I – econômica, o elevado valor da causa;

II – política, o desrespeito da instância recorrida à jurisprudência sumulada do Tribunal Superior do Trabalho ou do Supremo Tribunal Federal;

III – social, a postulação, por reclamante-recorrente, de direito social constitucionalmente assegurado;

IV – jurídica, a existência de questão nova em torno da interpretação da legislação trabalhista.

§ 2º Poderá o relator, monocraticamente, denegar seguimento ao recurso de revista que não demonstrar transcendência.

§ 3º Caberá agravo apenas das decisões em que não reconhecida a transcendência pelo relator, sendo facultada a sustentação oral ao recorrente, durante 5 (cinco) minutos em sessão, e ao recorrido, apenas no caso de divergência entre os componentes da Turma quanto à transcendência da matéria.

§ 4º Mantido o voto do relator quanto ao não reconhecimento da transcendência do recurso, será lavrado acórdão com fundamentação sucinta, que constituirá decisão irrecorrível no âmbito do Tribunal.

§ 5º O juízo de admissibilidade do recurso de revista exercido pela Presidência dos Tribunais Regionais do Trabalho limita-se à análise dos pressupostos intrínsecos e extrínsecos do apelo, não abrangendo o critério da transcendência das questões nele veiculadas.

Art. 248. É irrecorrível a decisão monocrática do relator que, em agravo de instrumento em recurso de revista, considerar ausente a transcendência da matéria.

Art. 249. O Tribunal Superior do Trabalho organizará banco de dados em que constarão os temas a respeito dos quais houver sido reconhecida a transcendência."

18. MARINONI, Luiz Guilherme; MITIDIERO, Daniel. *Comentários ao código de processo civil: arts. 1º ao 69*. v. 1. São Paulo: Revista dos Tribunais, 2016. p. 487, p.109.

realidade normativa incontestável. Nesse sentido acentua Manoel Antonio Teixeira Filho[19]:

> O processo, para além de ser um método estatal de solução de conflitos intersubjetivos de interesses, tendo como objeto um bem ou um utilidade da vida, ou seja, de consistir num instrumento de efetividade do direito material – conquanto, em tese, possa haver processo sem direito material – traduz-se num importante mecanismo a serviço do Estado Democrático de Direito em que se constitui a República Federativa do Brasil (CF, art. 1º, *caput*). Com efeito, sendo o Estado, detentor monopolístico da atividade jurisdicional, ele tem não só o *poder*, mas o correspondente *dever* de solucionar os conflitos de interesses ocorrentes no âmbito da sociedade, sejam individuais, sejam coletivos.

Partindo-se da garantia constitucional supracitada, os parâmetros estabelecidos à Transcendência limitam às partes a possibilidade de se valer de uma determinada modalidade recursal, o que representa evidente afronta aos princípios da isonomia de tratamento das partes no processo (CF, art. 5º, *caput*) bem como restrição ao acesso ao Poder Judiciário (CF, art. 5º, XXXV).

A Transcendência também é questionada por boa parte da doutrina, que considera que o pressuposto consubstancia um requisito recursal específico muito genérico, vago, impreciso, cuja interpretação fica a livre critério do Tribunal Superior do Trabalho. Ainda há um receio que o TST denegue seguimento ao recurso de revista por um critério essencialmente subjetivo (a despeito da tentativa do legislador ao enumerar algumas hipóteses), ferindo os ideários do Estado Democrático de Direito, que é a prestação jurisdicional de forma justa, razoável e transparente[20].

Nesse sentido, questiona Carlos Henrique Bezerra Leite[21] a efetividade e a função do novo instituto:

> Ora, será que nossos operadores jurídicos (salvo honrosas exceções, que "transcendem" a presente observação) estão preparados para, com a mera formação dogmática, formalista e tecnicista oferecida pelas Faculdades de "Legislação" de nosso país, analisar, com base científica, se dada causa gera reflexos de natureza econômica, política ou social? A "visão de mundo" dos eminentes Ministros do TST corresponderá aos anseios da justiça social? A posição apolítica e de neutralidade dos juízes defendida por parcela considerável da magistratura pátria permitirá uma investigação adequada do novel pressuposto de relevância política, econômica e social? Será que o critério da transcendência vai implicar a resolução justa dos conflitos ou apenas a extinção formal dos processos?

As questões suscitadas refletem o justo receio presente entre os juristas diante à inovação legislativa. Questiona-se a medida adotada pelo legislador com o intuito precípuo de reduzir o volume de processos na instância extraordinária será um limitador da efetiva prestação jurisdicional, afinal não se deve pensar na efetividade jurisdicional apenas sob o prisma da celeridade.

Além do mais, a efetividade da alteração legal é indagada, pois a inclusão de novo pressuposto recursal representará apenas a diminuição de recursos conhecidos pelo segundo juízo de admissibilidade recursal, o que não implica, necessariamente, na redução da interposição de recursos.

5. CONCLUSÃO

A relevância e complexidade do tema justificaram a elaboração do presente trabalho. Buscou-se avaliar as peculiaridades que circundam o novo requisito processual regulamentado pela Lei n. 13.467 de 2017, a Transcendência.

Assim, apontado o contexto histórico que justificou a criação e a implementação do termo como um novo requisito recursal, passou-se a analisar comparativamente a Repercussão Geral como pressuposto do Recurso Extraordinário e a Transcendência como um pressuposto do Recurso de Revista.

Termos cujos conceitos demonstram elevada abstração e subjetivismo foram incorporados ao Direito Processual para filtrar os processos que serão analisados pelas Cortes Superiores.

Contudo, quando aferida a Repercussão Geral no Recurso Extraordinário, vislumbra-se uma seleção dos recursos repetitivos sendo permitida a partição de terceiros e até mesmo a suspensão de processos para a análise minuciosa da matéria. A Transcendência, por outro lado, funciona como uma forma de filtro discricionário/individual e não como um instrumento objetivo de racionalização da prestação jurisdicional.

A implementação de um novo requisito para o processamento de recurso diverge expressamente das noções de informalidade que permeiam as demais normas jus-trabalhista.

Além do mais, o novo pressuposto restringe o acesso à prestação jurisdicional, tornando ainda mais difícil que a Corte Superior desta Especializada aprecie a matéria impugnada pela via recursal, que, muitas das vezes, envolve parcelas de natureza alimentar.

Nesse contexto a conclusão obtida nos remete ao discutido no tópico anterior do presente artigo, a interferência legal através da Reforma Trabalhista se mostra como uma tentativa para a redução do volume de recursos de natureza

---

19. TEIXEIRA FILHO, Manoel Antonio. *Comentários ao novo código de processo civil sob a perspectiva do processo do trabalho*: Lei n. 13.105. São Paulo: LTr, 2015. 16 mar. 2015, p. 20.
20. PEREIRA, Leone. *Manual de processo do trabalho*. 4. ed. São Paulo: Saraiva, 2017. p. 819.
21. LEITE, Carlos Henrique Bezerra. *Curso de direito processual do trabalho*. 15. ed. São Paulo: Saraiva, 2017. p. 1109.

extraordinária privilegiando a celeridade processual frente à efetiva tutela jurisdicional, utilizando-se de formalismo exacerbado em contramão à tendência do Direito Processual Moderno.

6. REFERÊNCIAS BIBLIOGRÁFICAS

BRASIL. Lei n. 13.105, de 16 de março de 2015. *Dispõe sobre o Novo Código de Processo Civil*. Acesso em: 15 mar. 2017.

BRASIL. Decreto Lei n. 5.454 de 10 de maio de 1943. *Aprova a Consolidação das Leis do Trabalho*. Disponível em: <http://www.planalto.gov.br/ccivil_03/decreto-lei/Del5452.htm>. Acesso em: 15 mar. 2017.

BRASIL. *Constituição da República Federativa do Brasil de 1988*. Disponível em: <http://www.planalto.gov.br/ccivil_03/constituicao/constituicaocompilado.htm>. Acesso em: 15 mar. 2017.

BRASIL. Lei n. 13.467, de 14 de julho de 2017. *Altera a Consolidação das Leis do Trabalho (CLT), aprovada pelo Decreto-Lei no 5.452, de 1º de maio de 1943, e as Leis ns. 6.019, de 3 de janeiro de 1974, 8.036, de 11 de maio de 1990, e 8.212, de 24 de julho de 1991, a fim de adequar a legislação às novas relações de trabalho*. Acesso em: 01 jun. 2018.

CÔRTES, Osmar Mendes Paixão. Transcendência x Repercussão Geral. In: *Revista LTr Legislação Trabalhista*. São Paulo: LTr. v. 81, n. 09, p. 1.075, set. 2017.

FERREIRA, Aurélio Buarque De Holanda. *Novo dicionário aurélio*. Rio de Janeiro: Nova Fronteira, 1499.

LEITE, Carlos Henrique Bezerra. *Curso de direito processual do trabalho*. 15. ed. São Paulo: Saraiva, 2017.

MARINONI, Luiz Guilherme; MITIDIERO, Daniel. *Comentários ao código de processo civil*: arts. 1º ao 69. São Paulo: Revista dos Tribunais, 2016. v. 1. p. 487. p.109.

MARTINS FILHO, Ives Gandra da Silva. Critérios de Transcendência no Recurso de Revista. Projeto de Lei n. 3.267/2000. In: *Revista LTr*. v. 65, n. 8.

_____. O Critérios de Transcendência do Recurso de Revista. In: *Revista LTr Legislação Trabalhista*. São Paulo: LTr. v. 82, n. 01, jan. 2018.

NEVES, Daniel Amorim Assumpção. *Manual de direito processual civil* – Volume único. 8. ed. Salvador: JusPodivm, 2016.

PEREIRA, Leone. *Manual de processo do trabalho*. 4. ed. São Paulo: Saraiva, 2017.

TEIXEIRA FILHO, Manoel Antonio. *Comentários ao novo código de processo civil sob a perspectiva do processo do trabalho*: Lei n. 13.105, 16 de março de 2015. São Paulo: LTr, 2015.

ZANGRANDO, Carlos. O Pressuposto da "Transcendência" para o Recurso de Revista. Suplemento Trabalhista. São Paulo: *LTr Sup. Trab.* 013/182018. ano 54.

7. WEBSITES

Disponível em: <http://www.tst.jus.br>.

Transcendência no Recurso de Revista

Élisson Miessa[1]

1. INTRODUÇÃO

Um dos grandes impactos que a Lei n. 13.467/2017 (Reforma Trabalhista) provocará na seara processual trabalhista consiste nas alterações realizadas no art. 896-A da CLT, que disciplina o pressuposto recursal da transcendência, exigido no recurso de revista.

De acordo com o *caput* do dispositivo, o recurso de revista apenas poderá ser analisado pelo tribunal se tiver transcendência em relação aos reflexos gerais de natureza econômica, política, social ou jurídica, o que quer dizer que o recurso não poderá causar impactos apenas às partes, devendo ultrapassar os interesses da relação processual.

Apesar desse requisito já ser previsto na CLT mesmo antes da vigência da Lei n. 13.467/2017 (Reforma Trabalhista) ele não era exigido, uma vez que não havia nenhuma regulamentação no tocante ao seus requisitos e ao procedimento de sua verificação pelo TST e Tribunais Regionais do Trabalho.

Em razão dessa lacuna, as modificações da referida Lei ao art. 896-A da CLT tiveram como objetivo regular a disciplina da transcendência para que ela seja considerada como mais um pressuposto específico de admissibilidade dos recursos de revista interpostos no TST.

No presente artigo, analisaremos a disciplina referente ao pressuposto recursal da transcendência prevista no art. 896-A da CLT e buscaremos compatibilizar os §§ 5º e 6º do dispositivo. Além de realizarmos um estudo teórico sobre o tema, também buscaremos procedimentalizar a transcendência no âmbito trabalhista, sistematizando como ocorrerá sua aplicação nessa seara, principalmente no tocante ao juízo em que será realizada sua análise.

2. GENERALIDADES

O recurso de revista será analisado se oferecer transcendência com relação aos reflexos gerais de natureza econômica, política, social ou jurídica (CLT, art. 896-A).

Isso significa que a causa não pode produzir reflexos apenas para as partes, mas ultrapassar (transcender) aquela relação processual.

Vê-se que o art. 896-A da CLT conjuga os aspectos de relevância econômica, política, social ou jurídica com a transcendência, ou seja, com a necessidade de que o processo ultrapasse os interesses das partes da relação jurídica.

Aproxima-se da repercussão geral exigida no recurso extraordinário para o STF (NCPC, art. 1.035, § 1º[2]), **sendo um pressuposto intrínseco do recurso de revista, devendo ser o último analisado pelo C. TST.**

Justifica-se essa exigência, porque o recurso de revista não possui como finalidade direta a correção de possíveis injustiças das decisões, devendo haver a demonstração de que o tema em discussão extrapola o interesse das partes.[3]

O requisito da transcendência tem como objetivo, portanto, racionalizar a admissibilidade dos recursos de revistas interpostos perante o TST e, consequentemente, agilizar o julgamento dos processos julgados pelo Tribunal, pois impede que recursos que possuam relevância limitada aos polos da relação jurídica sejam apreciados.[4]

Antes da vigência da Lei n. 13.467/2017, entendia-se que o dispositivo dependia de regulamentação pelo TST, não sendo auto aplicável (art. 2º da Medida Provisória n. 2.226/2001).

O C. TST, por sua vez, não expediu nenhuma regulamentação sobre matéria, principalmente diante da inexistência

---

1. Procurador do Trabalho. Professor de Direito Processual do Trabalho do curso CERS online. Autor e coordenador de obras relacionados à seara trabalhista, dentre elas, "CLT comparada", "Súmulas e Orientações Jurisprudenciais do TST comentadas e organizadas por assunto", "Manual dos recursos trabalhistas" e "Impactos do Novo CPC nas Súmulas e Orientações Jurisprudenciais do TST", publicadas pela editora JusPodivm.
2. Art. 1.035. O Supremo Tribunal Federal, em decisão irrecorrível, não conhecerá do recurso extraordinário quando a questão constitucional nele versada não tiver repercussão geral, nos termos deste artigo.
   § 1º Para efeito de repercussão geral, será considerada a existência ou não de questões relevantes do ponto de vista econômico, político, social ou jurídico que ultrapassem os interesses subjetivos do processo.
   (...)
3. BEBBER, Júlio César. *Recursos no processo do trabalho.* 4. ed. São Paulo: LTr, 2014. p. 325.
4. Nesse mesmo sentido: SCHIAVI, Mauro. *Recursos no Processo do Trabalho.* São Paulo: LTr, 2012. p. 207.

de consenso quanto ao alcance da transcendência e sobre o seu processamento. Neste último ponto, divergia-se, por exemplo, se a turma recursal seria responsável por declarar a transcendência e se essa decisão poderia ser alterada posteriormente pelo plenário ou por seção especializada. Além disso, diante da repercussão nacional da matéria, questionava-se se todos os recursos de revista deveriam ser dirigidos ao plenário, o que tornaria inviável o julgamento, diante do grande número de recursos de revista interpostos.[5]

No entanto, como a Lei n. 13.467/2017 acrescentou os §§ 1º a 6º ao art. 896-A da CLT, regulamentando os indicadores da transcendência (§ 1º), bem como o procedimento de sua verificação (§§ 2º a 5º), ele passa a ser aplicável aos recursos de revista, não dependendo mais de regulamentação pelo C. TST.

Isso não obsta que o C. TST expeça Instrução Normativa definindo outros aspectos da transcendência, inclusive alguns pontos de difícil interpretação, como é o caso do § 5º, do art. 896-A, da CLT.

Por fim, destacamos que, antes da Lei n. 13.467/2017, já se encontrava em tramitação o Projeto de Lei n. 3.267/2000[6], o qual trazia critérios diversos para a caracterização da transcendência aplicada ao recurso de revista.

3. REPERCUSSÃO GERAL

A Repercussão geral é um pressuposto específico para a interposição do Recurso Extraordinário no STF.

Esse pressuposto aparentemente se assemelha à transcendência exigida para a interposição do Recurso de Revista no processo do trabalho, uma vez que afasta a Corte Suprema do julgamento de demandas de menor significância. Diante dessa possível semelhança, nesse tópico, iremos abordar as características principais da repercussão geral.

Antes, porém, já fazemos a observação de que o STJ, Corte incumbida de dar a palavra final sobre a norma infraconstitucional, tal como o TST, não tem pressuposto equivalente, o que significa que, na seara laboral, a discussão infraconstitucional deverá ultrapassar o âmbito das partes envolvidas e a discussão constitucional passará por dois "filtros", a transcendência no TST e a repercussão geral do STF, podendo ser idênticos em alguns casos.

A repercussão geral foi incluída no ordenamento pela EC n. 45/04, a qual acrescentou o § 2º no art. 102 da CF/88, passando a estabelecer que:

> No recurso extraordinário o recorrente deverá demonstrar a repercussão geral das questões constitucionais discutidas no caso, nos termos da lei, a fim de que o Tribunal examine a admissão do recurso, somente podendo recusá-lo pela manifestação de dois terços de seus membros.

Sua regulamentação, atualmente, vem disposta no art. 1.035 do Novo CPC, o qual descreve que haverá repercussão geral quando a questão constitucional se mostrar relevante "do ponto de vista econômico, político, social ou jurídico que ultrapassem os interesses subjetivos do processo" (NCPC, art.1.035, § 1º).

Exige-se, pois, a conjugação da relevância e da transcendência. Relevância quando ligado a aspecto econômico, político, social ou jurídico. E a transcendência quando impõe que a decisão ultrapasse (transcenda) os interesses dos sujeitos da causa.

De qualquer modo, a repercussão geral, tanto em seu aspecto de relevância como no de transcendência, representa um conceito legal indeterminado a ser preenchido em cada caso concreto.

Assim, incumbe ao recorrente demonstrar a existência da repercussão geral no recurso extraordinário. Se não houver no recurso o levantamento da repercussão geral, falta-lhe um pressuposto recursal ligado à regularidade formal, de modo que o próprio vice-presidente do C. TST poderá não admiti-lo. Agora, existindo alegação da repercussão geral, a efetiva apreciação da sua existência é de competência exclusiva do Supremo Tribunal Federal (NCPC, art. 1.035, § 2º).[7]

Ademais, o E. STF somente analisará esse pressuposto depois de se verificar a presença de todos os demais pressupostos, noutras palavras, é sempre o último pressuposto a ser analisado (STF-RI, art. 323, *caput*).

Para se considerar que a questão não tem repercussão geral, há necessidade de um quórum qualificado de 2/3 dos membros do Supremo Tribunal, o que significa que a turma não pode deixar de conhecer o recurso por ausência desse

---

5. SILVA, Homero Batista Mateus da. *CLT comentada*. 14. ed. São Paulo: Revista dos Tribunais, 2016. p. 477.
6. De acordo com o Projeto de Lei, seriam incluídos os §§ 1º a 3º ao art. 896-A da CLT:
   § 1º Considera-se transcendência: I – jurídica, o desrespeito patente aos direitos humanos fundamentais ou aos interesses coletivos indisponíveis, com comprometimento da segurança e estabilidade das relações jurídicas; II – política, o desrespeito notório ao princípio federativo ou à harmonia dos Poderes constituídos; III – social, a existência de situação extraordinária de discriminação, de comprometimento do mercado de trabalho ou de perturbação notável à harmonia entre capital e trabalho; IV – econômica, a ressonância de vulto da causa em relação a entidade de direito público ou economia mista, ou a grave repercussão da questão na política econômica nacional, no segmento produtivo ou no desenvolvimento regular da atividade empresarial. § 2º O Tribunal, ao apreciar recurso oposto contra decisão que contrarie a sua Jurisprudência relativa à questão transcendente, salvo o caso de intempestividade, dará prazo para que a parte recorrente supra o não-preenchimento de pressuposto extrínseco do recurso. §3º O Tribunal não conhecerá de recurso fundado em aspecto processual da causa, salvo com apoio em disposição constitucional direta e literalmente violada, quando o tema de fundo estiver pacificado em sua jurisprudência no sentido da decisão proferida pelo tribunal inferior.
7. DIDIER JR., Fredie; CUNHA, Leonardo Carneiro da. *Curso de direito processual civil*: meios de impugnação às decisões judiciais e Processo nos Tribunais. v. 3. 13. ed. Salvador: JusPodivm, 2016. p. 364.

pressuposto, mas tão somente o plenário, já que, tendo a Corte Suprema 11 ministros, é exigindo pelo menos 8 votos para se negar a existência da repercussão geral, enquanto cada turma do STF é composta de 5 ministros (STF-RI, art. 4º).

Por outro lado, ante a exigência do referido quórum qualificado, existindo 4 votos favoráveis à existência da repercussão geral, desnecessário o encaminhamento para o plenário do STF decidir acerca da repercussão, vez que faltarão apenas 7 votos, os quais são insuficientes para afastar a repercussão geral. Nesse caso, existirá a repercussão geral.

Reconhecida ou não a existência da repercussão geral, a decisão será irrecorrível (NCPC, art. 1.035, *caput*), admitindo-se no máximo os embargos de declaração.

A partir das regras gerais da repercussão geral exigida no Recurso extraordinário ao STF, é possível identificar diferenças com relação à transcendência constante no art. 896-A, da CLT, alterado pela Lei nº 13.467/2017.

4. INDICADORES DA TRANSCENDÊNCIA

Conforme mencionado no tópico anterior, a repercussão geral exige a conjugação de dois critérios:

- **relevância**: é verificado sob os aspectos econômico, político, social ou jurídico;
- **transcendência**: exige que a discussão ultrapasse o interesses das partes da relação processual.

O art. 896, § 1º-A, da CLT, por sua vez, misturou os institutos da relevância e da transcendência, considerando que os aspectos econômico, político, social e jurídico, dentre outros, representam critérios indicadores de transcendência. Dá a impressão equivocada de que, mesmo que o processo não ultrapasse o interesse das partes da relação processual, o recurso será admitido.

No entanto, pensamos que o recurso de revista deverá ter tanto relevância (ligada a aspectos econômico, político, social e jurídico) como transcendência, devendo nesse último caso exigir que a discussão ultrapasse os interesses das partes.

Ademais, embora a Lei n. 13.467/2017 tenha conceituado cada um dos aspectos mencionados, acreditamos que ainda carecem de definição clara e precisa, razão pela qual deverão ser definidos a partir dos casos concretos pelo TST.

Cumpre destacar ainda que o art. 896-A, § 1º, da CLT indica que seu rol é exemplificativo, fato evidenciado pela própria literalidade do dispositivo, ao mencionar que "são indicadores de transcendência, **entre outros**" (grifo nosso). Esse dispositivo, porém, deve ser vem interpretado, vez que outros critérios somente podem ser utilizados para conhecer o recurso de revista e nunca para denegá-lo, sob pena de inviabilizar o acesso à Corte Trabalhista, permitindo que a transcendência tenha aspectos muito mais limitativos do que a repercussão geral, que é limitada aos aspectos econômicos, políticos, sociais ou jurídicos.

De qualquer maneira, não é necessário que estejam presentes cumulativamente todos os indicativos (econômico, político, social e jurídico) para que a relevância ("transcendência") seja verificada no recurso de revista, bastando a presença de algum deles.

A seguir, passamos à análise de cada um dos critérios estabelecidos no art. 896-A, § 1º, da CLT.

4.1. Critério Econômico

De acordo com o art. 896-A, § 1º, I, da CLT o critério econômico que indica haver transcendência corresponde ao elevado valor da causa.

Esse critério, no entanto, não nos parece o mais indicado, por duas principais razões.

A primeira, pelo fato de que, no momento de interposição do recurso de revista, o mais correto não seria a análise do valor da causa (atribuído na petição inicial pelo reclamante), mas sim do valor da condenação.

A segunda razão decorre da limitação da análise dos recursos de revistas que atinjam valores exorbitantes, em regra, atribuídos a grandes agentes econômicos. Se utilizado apenas esse critério, recursos de revista que não sejam relacionados a valores expressivos não serão conhecidos pelo TST.

Cabe consignar que a previsão do art. 896-A, § 1º, I, da CLT continua a representar um conceito jurídico indeterminado, pois não traz critérios objetivos para a determinação do que consiste o "elevado valor da causa". A definição exata caberá, portanto, ao C. TST a partir do caso concreto.

Diante disso, é necessário que se considere que, mesmo que a condenação estabeleça valores considerados mais baixos, ele poderá trazer grandes prejuízos ao funcionamento de determinadas empresas ou mesmo aos trabalhadores, razão pela qual, essa análise dependerá do contexto em que interposto o recurso de revista.

4.2. Critério político

Como critério de indicação da relevância política, o art. 896-A, 1º, II, da CLT estabelece o "desrespeito da instância recorrida à jurisprudência sumulada do Tribunal Superior do Trabalho ou do Supremo Tribunal Federal".

A definição constante no dispositivo celetista, contudo, não nos parece uma conceituação de possível relevância no âmbito político, mas sim no âmbito jurídico, já que ligada à jurisprudência consolidada do tribunal. Acreditamos, assim, que a constatação da relevância política exige o estabelecimento de critérios mais amplos e que influenciem de alguma forma possíveis políticas adotadas em âmbito governamental, seja na esfera social seja na esfera econômica[8], como é o caso, por exemplo, de ações civis públicas

---

8. Esse critério era o proposto por MARTINS, Sergio Pinto. *Comentários à CLT*. 17. ed. São Paulo: Atlas, 2013. p. 1012.

que visem à implementação de políticas públicas por determinado ente da federação.

4.3. Critério social

O indicador social corresponde à "postulação, por reclamante-recorrente, de direito social constitucionalmente assegurado" (CLT, art. 896-A, § 1º, III).

Os direitos sociais constitucionalmente assegurados são previstos no Capítulo II do Título II da Constituição Federal (arts. 6º a 11), além dos inseridos título VIII que versa sobre a ordem social (arts. 193 a 232).

Assim, tratando-se de discussão atinente a qualquer desses direitos, será visualizado o critério social, configurando-se a transcendência do recurso de revista interposto.

Nesse aspecto, embora a Lei n. 13.467/2017 tenha adotado um conceito amplo, esqueceu-se que o recurso de revista também tem como foco a legislação infraconstitucional, que trata de diversos direitos sociais, o que irá impor a análise da transcendência, nesse particular, com base no critério jurídico.

Aliás, ao excluir a reclamada da possibilidade de demonstrar a transcendência pelo critério social, acaba declarando que a empresa não tem função social, violando o art. 170, III, da CF.

4.4. Critério jurídico

Como indicador de relevância jurídica, o art. 896-A, § 1º, IV, da CLT destaca a existência de questão nova em torno a interpretação da legislação trabalhista.

Entende-se por legislação trabalhista as normas decorrentes da Constituição Federal, de Emenda Constitucional, da Lei complementar, ordinária, ou delegada, de medida provisória e de decreto-lei, sendo irrelevante se a norma é de direito material ou de direito processual. Incluem-se ainda os tratados de direitos humanos ratificados pelo Brasil.

O dispositivo não exige que a legislação trabalhista seja considerada nova, mas sim que haja a indicação de nova questão no tocante à sua interpretação.

5. ANÁLISE DA TRANSCENDÊNCIA PELO RELATOR

A análise da existência ou não da transcendência é exclusiva do TST, vedando sua verificação pelo juízo *a quo* (CLT, art. 896, § 6º).

Nesse contexto, o art. 896-A, § 2º, da CLT declina que o relator, monocraticamente, poderá denegar seguimento ao recurso de revista que não demonstrar transcendência, cabendo agravo da decisão ao colegiado.

Percebe-se que, diferentemente da repercussão geral do recurso extraordinário para o STF, que é negada apenas pelo órgão colegiado com quórum qualificado de 2/3 dos membros do Supremo Tribunal, a transcendência no recurso de revista é bem mais restritiva, sendo analisada e denegada, monocraticamente, pelo relator.

Trata-se de dispositivo que busca compatibilizar-se com o art. 896, § 14 da CLT, introduzido pela Lei n. 13.467/2017, o qual autoriza a denegação do recurso pelo relator quando não presente pressuposto intrínseco, no caso, a transcendência.

Cabe destacar que, se tratando de pressuposto intrínseco, ele é insanável, não se aplicando o art. 932, parágrafo único do CPC, de modo que o recurso de revista poderá ser denegado de plano, não havendo necessidade de conceder ao recorrente prazo para sua regularização.[9]

6. RECURSO DA DECISÃO DO RELATOR

O relator, ao proferir decisão monocrática, atua com mera delegação de poder, "mantendo-se com o órgão competência para decidir. Essa é a regra básica de delegação: é mantida a competência de revisão do órgão que delegou a um determinado sujeito (no caso o relator) a função inicial de apreciação da matéria".[10]

Assim, para manter a substância do tribunal (órgão colegiado) e a competência do colegiado, a decisão monocrática do relator está sujeita ao **agravo interno**, a fim de levar essa decisão ao conhecimento do órgão colegiado.

7. SUSTENTAÇÃO ORAL NO AGRAVO

Interposto o agravo da decisão monocrática que denegou seguimento ao recurso de revista por ausência de transcendência, no julgamento do agravo o recorrente poderá realizar sustentação oral sobre a questão da transcendência durante 5 minutos em sessão (CLT, art. 896, § 3º).

O dispositivo celetista é claro ao afirmar que, na sustentação oral, apenas poderá ser levantada a questão da transcendência, não sendo possível a alegação de outras matérias referentes aos demais pressupostos recursais ou mesmo em relação ao mérito.

Observa-se que o agravo interno, nesse aspecto, difere do agravo interposto no processo civil, pois neste, a sustentação oral apenas é cabível no agravo interno interposto contra decisão de relator que extinguir a ação rescisória, o mandado de segurança ou a reclamação (NCPC, art. 937, § 3º).

8. FUNDAMENTAÇÃO DO AGRAVO NÃO PROVIDO

O art. 896, § 4º, da CLT estabelece que "mantido o voto do relator quanto à não transcendência do recurso, será lavrado acórdão com fundamentação sucinta (...)".

Na realidade, o dispositivo deve ser interpretado como mantido o posicionamento do relator e não necessariamente o voto do relator como diz, inadequadamente,

---

9. Vide os comentários do art. 896, § 14, da CLT.
10. NEVES, Daniel Amorim Assumpção. *Manual de direito processual civil*. 8. ed. Salvador: JusPodivm, 2016. p. 1.580.

o texto legal, já que seu voto pode ser mantido, mas os demais integrantes da turma podem dar provimento ao agravo e alterar o posicionamento adotado anteriormente pelo relator.

Ademais, embora o legislador tenha descrito que, mantido o posicionamento, será lavrado acórdão com fundamentação sucinta, esse dispositivo não autoriza o relator do agravo a proferir decisão sem fundamentação, sob pena de violar os arts. 832 da CLT, 489, § 1º, do CPC e 93, IX, da CF.

Aplica-se, ainda, o art. 1.021, § 3º, do CPC que veda o relator de "limitar-se à reprodução dos fundamentos da decisão agravada para julgar improcedente o agravo interno". É que esse dispositivo está ligado ao processo democrático, sendo, pois, compatível com o processo do trabalho.

Não podemos deixar de dizer que a análise da transcendência é eminentemente subjetiva, de modo que a adequada fundamentação cumpre o efeito externo da motivação, que serve como forma de controle público da legitimidade das decisões judiciais[11] e da imparcialidade do julgador.

Portanto, fundamentação sucinta quer dizer concisa e não ausência de fundamentação.

9. IRRECORRIBILIDADE DO AGRAVO NÃO PROVIDO

O art. 896, § 4º, da CLT estabelece, ainda, que a decisão que não dá provimento ao agravo, mantendo o entendimento da decisão monocrática, "constituirá decisão irrecorrível no âmbito do tribunal".

Impede, portanto, a interposição dos embargos de divergência para a SDI.

Esse dispositivo, porém, não obsta a interposição dos embargos de declaração, vez que todas as decisões, inclusive a em análise, estão sujeitas aos embargos. Do mesmo modo, caberá recurso extraordinário para o STF, desde que presentes seus pressupostos.

10. DECISÃO DO RELATOR EM AGRAVO DE INSTRUMENTO

O art. 896-A, § 5º, da CLT declina que é irrecorrível a decisão monocrática do relator que, em agravo de instrumento em recurso de revista, considerar ausente a transcendência da matéria.

Vê-se, de plano, que esse dispositivo quebra a sistemática de que a decisão monocrática é suscetível de agravo, conferindo ao relator a palavra final.

Ademais, esse dispositivo é de difícil compreensão, quando analisado sistematicamente com o § 6º, que impede a análise da transcendência pelo juízo *a quo*. Melhor explicando.

No processo do trabalho, o agravo de instrumento é cabível apenas para impugnar decisão negativa do juízo *a quo* (CLT, art. 897, "b").

No caso do Recurso de Revista, o primeiro juízo de admissibilidade (juízo *a quo*) é realizado pelo Presidente ou vice-Presidente do TRT, de modo que não estando presentes os pressupostos recursais, proferirá juízo de admissibilidade negativo, denegando processamento (seguimento) ao recurso de revista.

Nessa hipótese, viabiliza a interposição do agravo de instrumento, o qual atacará a decisão denegatória, especificamente quanto ao(s) pressuposto(s) não identificado(s) pelo juízo *a quo*.

Desse modo, se o recurso for trancado, por exemplo, em razão de intempestividade, o agravante apenas poderá agravar quanto a esse pressuposto recursal.

O agravo de instrumento do recurso de revista será julgado pela turma do TST (órgão que seria competente para conhecer o recurso cuja interposição foi denegada – CLT, art. 897, § 4º). Assim, esse agravo de instrumento será analisado pelo relator da turma.

Como o agravo é limitado ao pressuposto não identificado na origem (no nosso exemplo a intempestividade), o relator apenas poderá proferir decisão no agravo de instrumento referente a esse pressuposto. Caso dê provimento ao agravo, destrancará o recurso e passará à análise do recurso de revista propriamente dito, podendo analisar outros pressupostos recursais e seu mérito.

Agora indaga-se: se o agravo de instrumento busca demonstrar a presença do pressuposto não identificado pelo juízo *a quo* e se este juízo não pode analisar a transcendência (§ 6º), quando haverá agravo de instrumento destinado a comprovar que está presente a transcendência da matéria como anuncia o § 5º do art. 896-A?

Com o objetivo de tentar interpretar de forma lógica e sistemática tais parágrafo, pensamos que o presidente ou vice-presidente do TRT (juízo *a quo*) deve verificar se o recorrente apresentou a transcendência no recurso de revista. Se não houver no recurso o levantamento da transcendência, falta-lhe um pressuposto recursal ligado à regularidade formal, de modo que o próprio juízo *a quo* poderá não admiti-lo. Agora, existindo a alegação da transcendência, a efetiva apreciação da sua existência é de competência exclusiva do Tribunal Superior do Trabalho. Aplica-se, pois, analogicamente, o art. 1.035, § 2º, do CPC.[12]

Nesse caso, o que poderá ser questionado é se o pressuposto da transcendência deve ser levantado em tópico específico ou não.

Usando novamente de forma analógica a repercussão geral, na época do CPC/73 o art. art. 543-A, § 2º exigia que

---

11. ASSIS, Araken de. *Processo Civil Brasileiro, volume I*: parte geral: fundamentação e distribuição de conflitos. São Paulo: Revista dos Tribunais, 2015. p. 443.
12. CPC, art. 1.035. § 2º O recorrente deverá demonstrar a existência de repercussão geral para apreciação exclusiva pelo Supremo Tribunal Federal.

sua existência deveria ser demonstrada pelo recorrente em preliminar do recurso. Impunha-se, portanto, um tópico específico em preliminar para demonstração da repercussão.

No CPC/15, não houve reprodução de que a repercussão geral fosse abordada em preliminar do recurso, dispondo o art. 1.035, § 2º, que "o recorrente deverá demonstrar a existência de repercussão geral para apreciação exclusiva pelo Supremo Tribunal Federal". Pelo novel código permite-se que a repercussão geral seja demonstrada nas próprias razões recursais, não havendo exigência expressa de alegação da repercussão geral em tópico específico de preliminar de mérito. Nesse sentido, inclusive, dispõe o enunciado n. 224 do Fórum Permanente de Processualistas Civis, *in verbis*:

> a existência de repercussão geral terá de ser demonstrada de forma fundamentada, sendo dispensável sua alegação em preliminar ou em tópico específico.

No recurso de revista, acreditamos que a CLT acompanhou essa sistemática, pois não exige que a manifestação da transcendência seja realizada em tópico específico, bastando que haja sua demonstração nas razões recursais. Mas é preciso ficar claro: incumbe ao recorrente apresentar que a matéria discutida tem transcendência.

Desse modo, caso o recorrente não apresente a transcendência no recurso de revista, o presidente ou vice-presidente do TRT poderá negar seguimento ao recurso pela ausência de regularidade formal do recurso. Observa-se que, nesse caso, o juízo *a quo* não estabelecerá que não há transcendência no recurso, mas sim que descumpriu um requisito de admissibilidade relacionado à regularidade formal.[13]

Nessa hipótese caberá o agravo de instrumento, tal como previsto no art. 896-A, § 5º, da CLT.

11. ANÁLISE DA TRANSCENDÊNCIA PELO PRESIDENTE DO TRT

O art. 896, § 6º, da CLT impede que o presidente do TRT (juízo *a quo*) possa analisar "o critério da transcendência das questões nele veiculadas". Reserva, pois, de forma exclusiva ao TST a análise da transcendência.

No entanto, como visto no tópico anterior, é necessário que haja o levantamento no recurso de revista de que possui transcendência. Caso não seja apresentada e fundamentada a transcendência, o recurso de revista poderá ser denegado pelo juízo *a quo* (presidente ou vice-presidente do TRT), vez que se trata de pressuposto ligado à regularidade formal do recurso. O juízo *a quo* estará limitado a verificar se o recorrente apresentou e fundamentou a transcendência.

Não haverá, nesse momento, análise se o recurso oferece transcendência propriamente dita, ou seja, se o recurso ultrapassa ou não os interesses subjetivos da relação jurídica processual e se possui ou não relevância econômica, política, social ou jurídica, nos termos do art. 896-A, § 6º, da CLT. Esta verificação apenas poderá ser realizada pelo relator ou pela própria turma do TST.

12. CONCLUSÃO

A Lei n. 13.467/17 (Reforma Trabalhista) acrescentou os §§ 1º a 6º ao artigo 896-A da CLT, passando a regular os critérios e o procedimento para a análise da transcendência, de modo que sua exigência como pressuposto recursal dos recursos de revista não mais depende de disciplina do TST.

Apesar de o art. 896-A da CLT ter misturado os institutos da relevância e da transcendência, pensamos que ambos devem ser analisados cumulativamente para que o recurso de revista seja admitido no âmbito do TST, assim como ocorre na repercussão geral exigida nos Recursos extraordinários ao STF.

O art. 896-A, § 1º, da CLT refere-se aos critérios indicadores da transcendência, quais sejam, econômico, político, social e jurídico, trazendo a conceituação de cada um deles. Acreditamos, contudo, que os critérios estabelecidos serão melhor definidos a partir do julgamento de casos concretos pelo TST.

A análise da transcendência é realizada exclusivamente pelo TST, podendo o relator, monocraticamente, denegar seguimento ao recurso que não demonstrar esse pressuposto intrínseco do recurso de revista (CLT, art. 896, § 2º).

Sendo a decisão monocrática pelo não seguimento do recurso, caberá agravo interno da decisão ao colegiado. Nesse caso, o recorrente poderá realizar sustentação oral exclusivamente sobre a questão da transcendência durante 5 minutos em sessão (CLT, art. 896, § 3º).

Mantido o voto do relator quanto à não transcendência do recurso de revista, será lavrado acórdão com fundamentação sucinta. Essa decisão será considerada como irrecorrível no âmbito do TST, não cabendo a interposição de embargos de divergência à SDI (CLT, art. 896, § 4º).

A partir da interpretação sistemática do art. 896, §§ 4º e 5º, da CLT, acreditamos que o presidente ou vice-presidente do TRT poderá verificar se o recorrente apresentou o requisito da transcendência no recurso de revista, analisando-o sob o aspecto da regularidade formal. Não havendo sequer a indicação da transcendência, o recurso poderá ser não admitido, sendo cabível o agravo de instrumento para que o TST analise a transcendência propriamente dita.

---

13. DIDIER JR., Fredie; CUNHA, Leonardo Carneiro da. *Curso de direito processual civil*: meios de impugnação às decisões judiciais e processo nos Tribunais. 14. ed. Salvador: JusPodivm, 2017. v. 3. p. 417.

A Celeuma da Correção Monetária dos Créditos Trabalhistas

Carolina Silva Silvino Assunção[1]
Maria Júlia Bravieira Carvalho[2]

1. INTRODUÇÃO

A Lei n. 13.467, de 13 de julho de 2017, definiu, de forma expressa, a correção monetária por meio da Taxa Referencial (TR), tanto no que se refere às multas trabalhistas (art. 634, § 2º da CLT) quanto no que tange aos créditos trabalhistas em geral (art. 879, § 7º da CLT).

Com o objetivo de identificar a conformidade da TR com os preceitos fundamentais do Direito do Trabalho e com os princípios constitucionais, será analisada a jurisprudência do Tribunal Superior do Trabalho (TST) e do Supremo Tribunal Federal (STF). Especial atenção será dada à aplicação do Índice Nacional de Preços ao Consumidor Amplo Especial (IPCA-E) como fator de correção dos créditos trabalhistas em razão da sua maior conformidade com princípio constitucional de acesso substancial à justiça.

Primeiramente, serão feitas considerações acerca da correção monetária, tratando de modo específico da TR e do IPCA-E. Após, analisar-se-á a jurisprudência dos tribunais acerca do índice a ser aplicado nos créditos trabalhistas. Ao final, será feita uma análise crítica, pautada nos princípios constitucionais, das modificações introduzidas pela Lei n. 13.467/2017 no que concerne à questão.

2. OS ÍNDICES DE CORREÇÃO MONETÁRIA: TR E IPCA-E

A correção monetária, diferentemente dos juros – que representam a indenização mínima cabível para as inadimplências em dinheiro[3] – tem por finalidade atualizar o valor da moeda, tendo em vista o tempo em que o credor ficou impossibilitado de ter acesso a seus valores e a inflação acumulada no período.

Considerando a natureza jurídica de recomposição das perdas decorrentes da inflação, o legislador, pautando-se no princípio da restituição integral, estabeleceu, como regra, a data do vencimento da obrigação como marco inicial da correção monetária[4]. O termo final, por sua vez, concretiza-se apenas com o efetivo pagamento dos valores devidos[5].

Em resposta às crises inflacionárias vivenciadas pelo país na década de 90, foi editada a Lei n. 8.177/1991 que, no seu art. 39, assim dispôs:

> Art. 39. Os débitos trabalhistas de qualquer natureza, quando não satisfeitos pelo empregador nas épocas próprias assim definidas em lei, acordo ou convenção coletiva, sentença normativa ou cláusula contratual sofrerão juros de mora equivalentes à TRD acumulada no

---

1. Mestranda em Direito das Relações Sociais e Trabalhistas pelo Centro Universitário do Distrito Federal (UDF). Pós-graduanda em Direito do Trabalho pela Fundação Getúlio Vargas (FGV). Especialista em Direito Material e Processual do Trabalho pela Faculdade Milton Campos. Membro da Oficina de Estudos Avançados "Interfaces entre o Processo Civil e o Processo do Trabalho" (IPCPT) da FDMC/MG. Professora do curso de pós-graduação da Faculdade de Direito Milton Campos. Advogada inscrita na OAB/MG.
2. Mestranda em Direito nas Relações Econômicas e Sociais pela Faculdade Milton Campos. Pós- graduanda em Direito Empresarial pela Fundação Getúlio Vargas (FGV). Membro das Oficinas de Estudos Avançados "As interfaces entre o Processo Civil e o Processo do Trabalho" (IPCPT) e GERT (Grupo de Estudos sobre a Reforma Trabalhista) da Faculdade de Direito Milton Campos. Advogada inscrita na OAB/MG.
3. DALLEGRAVE NETO, José Afonso. *Responsabilidade Civil no Direito do Trabalho*. 6. ed. São Paulo: LTr, 2017. p. 672.
4. A correção monetária relativa ao *quantum* estabelecido a título de danos morais se dá a partir da data da decisão de arbitramento ou de alteração do valor. O Tribunal Superior do Trabalho, através da Súmula 439, pacificou entendimento no sentido de que a constituição do devedor em mora, nestes casos, só se opera a partir da decisão condenatória.
5. Salienta-se que o pagamento de quantias a título de depósito recursal não tem o condão de obstar o cômputo dos juros e da correção monetária, porquanto se trata de mera garantia de juízo e não pagamento efetivo da condenação. Neste sentido é o posicionamento do TST: JUROS E CORREÇÃO MONETÁRIA. DEPÓSITOS RECURSAIS. RESPONSABILIDADE DA RECLAMADA. A garantia da execução por meio de depósitos recursais não exime a responsabilidade do empregador pelos juros e correção monetária incidentes sobre esses valores, porquanto significam, garantia do juízo recursal e não pagamento ao obreiro do crédito pleiteado perante a Justiça do Trabalho e reconhecido. (TST - RR: 363199900715406 363/1999-007-15-40.6, Relator: Carlos Alberto Reis de Paula, Data de Julgamento: 06.06.2007, 3ª Turma, Data de Publicação: DJ 29.06.2007)

período compreendido entre a data de vencimento da obrigação e o seu efetivo pagamento.

§1º Aos débitos trabalhistas constantes de condenação pela Justiça do Trabalho ou decorrentes dos acordos feitos em reclamatória trabalhista, quando não cumpridos nas condições homologadas ou constantes do termo de conciliação, serão acrescidos, nos juros de mora previstos no *caput*, juros de um por cento ao mês, contados do ajuizamento da reclamatória e aplicados *pro rata die*, ainda que não explicitados na sentença ou no termo de conciliação.

A Taxa Referencial (TR), antes denominada Taxa Referencial Diária (TRD), criada numa tentativa de controlar a inflação durante o governo Collor, tinha como objetivo servir de referência para a taxa de juros no país. Atualmente, é utilizada como fator de correção monetária do FGTS e como índice que compõe a taxa básica de juros da poupança, um dos investimentos de menor retorno financeiro no mercado[6].

Muito embora o *caput* do art. 39 utilize a nomenclatura "juros de mora equivalentes à TRD", como bem esclarece José Afonso Dallegrave Neto[7], a jurisprudência do TST reconheceu que o verdadeiro sentido da norma era promover a correção monetária dos valores. O referido entendimento foi consubstanciado na OJ n. 300 da SDI-I do TST:

> EXECUÇÃO TRABALHISTA. CORREÇÃO MONETÁRIA. JUROS. LEI N. 8.177/1991, ART. 39, E LEI N. 10.192/2001, ART. 15 (nova redação) – DJ 20.04.2005.
>
> Não viola norma constitucional (art. 5º, II e XXXVI) a determinação de aplicação da TRD, como fator de correção monetária dos débitos trabalhistas, cumulada com juros de mora, previstos no art. 39 da Lei n. 8.177/1991 e convalidado pelo art. 15 da Lei n. 10.192/2001.

Esse índice de correção monetária, eleito pela Lei n. 8.177/1991, foi, durante um largo período, aplicado às decisões e liquidações da Justiça do Trabalho sem maiores questionamentos. Ocorre que advogados e magistrados verificaram que a Taxa Referencial não acompanhava os altos índices inflacionários que corroíam os valores atribuídos às condenações.

Conforme pontua Maria Cristina Diniz Caixeta,

> não obstante a preocupação de assegurar a paridade dos créditos judiciais com a preservação do poder de compra, à época os altos índices inflacionários corroíam diariamente a moeda, pulverizando as dívidas que não estivessem indexadas a algum índice de correção monetária.

Naquele momento, sinalizava-se para a impropriedade da utilização de um índice destinado à remuneração de investimentos financeiros para correção de créditos trabalhistas, pois, revisitando a linha do tempo, tem-se que a TRD surge não para ser um indexador, mas para ser apenas um sinalizador de expectativas inflacionárias para o mercado financeiro, sendo previsível que, em algum momento, a TRD deixaria de refletir a elevação de preços, bem como a elevação do custo de vida para configurar-se como mero instrumento de política financeira, não havendo nenhuma razão plausível no sentido de mantê-la como indexador trabalhista[8].

Georgenor de Sousa Franco Filho[9] ressalta que o Supremo Tribunal Federal, em 1992, já havia reconhecido a impropriedade de utilização da TR como índice de correção monetária. Segundo a decisão da Suprema Corte, a TR não poderia ser considerada como tal por não refletir a "variação do poder aquisitivo da moeda".

> Ação direta de inconstitucionalidade. Se a Lei alcançar os efeitos futuros de contratos celebrados anteriormente a ela, será essa Lei retroativa (retoratividade mínima) porque vai interferir na causa, que é um ato ou fato ocorrido no passado. O disposto no art. 5º, XXXVI, da Constituição Federal se aplica a toda e qualquer Lei infraconstitucional, sem qualquer distinção entre Lei de direito público e Lei de direito privado, ou entre Lei de ordem pública e Lei dispositiva. Precedente do STF. Ocorrência, no caso, de violação de direito adquirido. <u>A taxa referencial (TR) não é índice de correção monetária, pois, refletindo as variações do custo primário da captação dos depósitos a prazo fixo, não constituiu índice que reflita a variação do poder aquisitivo da moeda.</u> Por isso, não há necessidade de se examinar a questão de saber se as normas que alteram índice de correção monetária se aplicam imediatamente, alcançando, pois, as prestações futuras de contratos celebrados no passado, sem violarem o disposto no art. 5º, XXXVI, da Carta Magna. Também ofendem o ato jurídico perfeito os dispositivos impugnados que alteram o critério de reajuste das prestações nos contratos já celebrados pelo sistema do Plano de Equivalência Salarial por Categoria Profissional (PES/CP). Ação direta de inconstitucionalidade julgada procedente, para declarar a inconstitucionalidade dos art. 18, *caput*, e §§ 1º e 4º; 20; 21 e parágrafo único; 23 e parágrafos; e 24 e parágrafos, todos da Lei n. 8.177, de maio de 1991. (ADI n. 493 – DF de 25.06.1992. Rel: Min. Moreira Alves)

---

6. CAIXETA, Maria Cristina Diniz. A correção monetária do débito trabalhista após a reforma. In: HORTA, Denise Alves; FABIANO, Isabela Márcia de Alcântara; KOURY, Luiz Ronan Neves; OLIVEIRA, Sebastião Geraldo de (Coord.). *Direito do trabalho e processo do trabalho* – reforma trabalhista – principais alterações. São Paulo: LTr, 2018. p. 406.
7. DALLEGRAVE NETO, José Afonso. *Op. cit.*; p. 672.
8. CAIXETA, Maria Cristina Diniz. A correção monetária do débito trabalhista após a reforma. In: HORTA, Denise Alves; FABIANO, Isabela Márcia de Alcântara; KOURY, Luiz Ronan Neves; OLIVEIRA, Sebastião Geraldo de (Coord.). *Direito do trabalho e processo do trabalho* – reforma trabalhista – principais alterações. São Paulo: LTr, 2018. p. 407.
9. FRANCO FILHO, Georgenor de Sousa. *Curso de Direito do Trabalho*. 4. ed. São Paulo: LTr, 2018. p. 428.

Por não se mostrar como fator adequado à recomposição das perdas impostas pela inflação, os magistrados passaram a determinar a aplicação do Índice Nacional de Preços ao Consumidor Amplo Especial (IPCA-E).

O IPCA-E, índice divulgado trimestralmente[10], tem como objetivo medir a inflação de um conjunto de produtos e serviços consumidos, ordinariamente, pelas famílias brasileiras cujo rendimento total mensal figure entre 1 e 40 salários mínimos[11]. Inegavelmente, este fator de indexação, ao considerar a perda do valor da moeda em relação a bens e serviços normalmente consumidos pela classe trabalhadora, traduz de forma mais fidedigna as oscilações e a corrosão dos créditos.

Note-se que a utilização do IPCA-E – índice que reflete genuinamente a queda no poder de consumo – como fator de atualização dos créditos trabalhistas reconhecidos em juízo ratifica o princípio constitucional do acesso à justiça no que diz respeito à sua vertente substancialista. Isso porque não basta que se promova o mero acesso formal aos órgãos do Poder Judiciário. O intuito da ordem constitucional é que o acesso à justiça tenha a aptidão de gerar resultados justos e efetivos. Desse modo, por meio da correção monetária, o que se deve buscar é justamente a reparação integral, assegurando, de fato, a integralidade do direito de propriedade do credor.

Jorge Luiz Souto Maior pontua a necessidade de não se perder de vista que o processo deve afigurar como instrumento para a efetivação dos direitos materiais:

> A busca da efetividade do processo compõe-se não só da busca da celeridade, mas, e principalmente, do reforço da ideia de que os atos processuais devem ser eficazes para produzir resultados no mundo real. Para tanto, deve o processo estar apto a reproduzir essa realidade e impedir que qualquer rigorismo formalista obstrua tanto a investigação da realidade quanto a presteza dos provimentos, ou seja, sua utilidade.[12]

Apesar de a utilização do IPCA-E se mostrar mais adequada à efetiva recomposição de créditos, e, portanto, mais consentânea com os princípios constitucionais, que exigem que o processo seja efetivo instrumento de concretização dos direitos sociais fundamentais, o debate acerca do índice aplicável aos créditos trabalhistas apenas se acentuou após decisão do pleno do Tribunal Superior do Trabalho, em 2015.

3. A CORREÇÃO MONETÁRIA NOS CRÉDITOS TRABALHISTAS – JURISPRUDÊNCIA DOS TRIBUNAIS SUPERIORES

O índice de correção monetária utilizado nos processos trabalhistas foi objeto de controvérsias em razão de julgamentos proferidos no âmbito do Supremo Tribunal Federal (STF) e do Tribunal Superior do Trabalho (TST). Tradicionalmente, conforme já exposto, por força do art. 39 da Lei n. 8.177/1991, utilizava-se a TR como índice de correção monetária.

Ocorre que, em 2012, uma empregada do município de Gravataí/RS interpôs Recurso de Revista em face do município para discutir qual índice de correção monetária deveria ser aplicado aos créditos trabalhistas reconhecidos em juízo. Na oportunidade, a 7ª Turma do TST admitiu o recurso por violação ao art. 100, § 12 da Constituição da República[13] e, ato contínuo, suscitou o incidente de inconstitucionalidade da expressão "equivalente à TRD" contida no *caput* do art. 39 da Lei n. 8.177/1991.[14]

Em 2015, ao julgar o incidente de declaração de inconstitucionalidade, o pleno[15] do TST buscou extrair a *ratio decidendi* da decisão do STF quando da análise da ADI n. 4.357, para aplicá-la, por analogia, ao *caput* do art. 39 da Lei n. 8.177/1991.

Naquela oportunidade, a Suprema Corte declarou a inconstitucionalidade da expressão "*índice oficial da remuneração básica da caderneta de poupança*" inserta no § 12 do art. 100 da Constituição da República, decisão que foi reafirmada quando do julgamento das ADI 4.372, 4.400, 4.425 e da fixação de Tese de Repercussão Geral no RE n. 870.947.[16]

---

10. Conforme disposto no art. 1º, § 2º da Lei n. 8.981, de 20 de janeiro de 1995.
    "§ 2º O IPCA – Série Especial será apurado a partir do período de apuração iniciado em 16 de dezembro de 1994 e divulgado trimestralmente pela Fundação Instituto Brasileiro de Geografia e Estatística (FIBGE)."
11. BRASIL. Índice *Nacional de Preços ao Consumidor Amplo 15 – IPCA – 15*. Disponível em: <https://www.ibge.gov.br/estatisticas-novoportal/economicas/precos-e-custos/9260-indice-nacional-de-precos-ao-consumidor-amplo-15.html?=&t=o-que-e>. Acesso em: 02 abr. 18.
12. MAIOR, Jorge Luiz Souto. *Curso de Direito do Trabalho*: direito processual do trabalho. v. 4. São Paulo: LTr, 2009. p. 47.
13. Art. 100. Os pagamentos devidos pelas Fazendas Públicas Federal, Estaduais, Distrital e Municipais, em virtude de sentença judiciária, far-se-ão exclusivamente na ordem cronológica de apresentação dos precatórios e à conta dos créditos respectivos, proibida a designação de casos ou de pessoas nas dotações orçamentárias e nos créditos adicionais abertos para este fim. [...]
    § 12. A partir da promulgação desta Emenda Constitucional, a atualização de valores de requisitórios, após sua expedição, até o efetivo pagamento, independentemente de sua natureza, será feita pelo índice oficial de remuneração básica da caderneta de poupança, e, para fins de compensação da mora, incidirão juros simples no mesmo percentual de juros incidentes sobre a caderneta de poupança, ficando excluída a incidência de juros compensatórios. [...]
14. Processo: AIRR - 479-60.2011.5.04.0231 **Data de Julgamento:** 30.10.2012, **Relator Ministro:** Pedro Paulo Manus, 7ª Turma, **Data de Publicação: DEJT** 09.11.2012.
15. Observa-se que a cláusula de reserva de plenário prevista no art. 97 da Constituição da República foi devidamente observada pelo Tribunal Superior do Trabalho.
16. RE 870947. Tese fixada: "O art. 1º-F da Lei n. 9.494/1997, com a redação dada pela Lei n. 11.960/2009, na parte em que disciplina a atualização monetária das condenações impostas à Fazenda Pública segundo a remuneração oficial da caderneta de poupança, revela-se inconstitucional ao impor restrição desproporcional ao direito de propriedade (CRFB, art. 5º, XXII), uma vez que não se qualifica como medida adequada a capturar a variação de preços da economia, sendo inidônea a promover os fins a que se destina."

O TST, ao assim proceder, buscou assegurar "o direito à incidência do índice que reflita a variação integral da 'corrosão inflacionária'". Na oportunidade, assim decidiu o Pleno do TST:

> ARGUIÇÃO DE INCONSTITUCIONALIDADE. EXPRESSÃO "EQUIVALENTES À TRD" CONTIDA NO ART. 39 DA LEI N. 8.177/1991. *RATIO DECIDENDI* DEFINIDA PELO SUPREMO TRIBUNAL FEDERAL. **INTERPRETAÇÃO CONFORME A CONSTITUIÇÃO. DECLARAÇÃO DE INCONSTITUCIONALIDADE POR ARRASTAMENTO, POR ATRAÇÃO,** CONSEQUÊNCIA, DECORRENTE OU REVERBERAÇÃO NORMATIVA. INTERPETAÇÃO CONFORME A CONSTITUIÇÃO. MODULAÇÃO DE EFEITOS AUTORIZADA PELA INTEGRAÇÃO ANALÓGICA PREVISTA NO ART. 896-C, § 17, DA CLT, INTRODUZIDO PELA LEI N. 13.015/2014. RESPEITO AO ATO JURÍDICO PERFEITO. Na decisão proferida pelo Supremo Tribunal Federal nas ADIs ns. 4.357, 4.372, 4.400 e 4.425, foi declarada inconstitucional a expressão "índice oficial da remuneração básica da caderneta de poupança", constante do § 12 do art. 100 da Constituição Federal. Mais recentemente e na mesma linha, desta feita por meio da decisão proferida nos autos da Ação Cautelar n. 3764 MC/DF, em 24.03.2015, o entendimento foi reafirmado pela Suprema Corte, e fulminou a aplicação da TR como índice de correção monetária. <u>A ratio decidendi desses julgamentos pode ser assim resumida: a atualização monetária incidente sobre obrigações expressas em pecúnia constitui direito subjetivo do credor e deve refletir a exata recomposição do poder aquisitivo decorrente da inflação do período em que apurado, sob pena de violar o direito fundamental de propriedade, protegido no art. 5º, XXII, a coisa julgada (art. 5º, XXXVI), a isonomia (art. 5º, caput), o princípio da separação dos Poderes (art. 2º) e o postulado da proporcionalidade, além da eficácia e efetividade do título judicial, a vedação ao enriquecimento ilícito do devedor.</u> Diante desse panorama, inevitável reconhecer que a expressão "equivalentes à TRD", contida no art. 39 da Lei n. 8.177/1991, também é inconstitucional, pois impede que se restabeleça o direito à recomposição integral do crédito reconhecido pela sentença transitada em julgado. O reparo, portanto, dessa iníqua situação se impõe e com urgência, na medida em que, ao **permanecer essa regra, a cada dia o trabalhador amargará perdas crescentes resultantes da utilização de índice de atualização monetária do seu crédito que não reflete a variação da taxa inflacionária.** A solução para a questão emana do próprio Supremo Tribunal Federal e recai sobre a declaração de Inconstitucionalidade por Arrastamento (ou por Atração, Consequência, Decorrente, Reverberação Normativa), caracterizada quando a declaração de inconstitucionalidade de uma norma impugnada se estende aos dispositivos normativos que apresentam com ela relação de conexão ou de interdependência. A técnica já foi utilizada pela Corte Maior, em inúmeros casos e, especificamente na discussão em exame, em relação à regra contida no art. 1º-F da Lei n. 9.494/1997, a partir do reconhecimento de que os fundamentos da *ratio decidendi* principal também se encontravam presentes para proclamar o mesmo "atentado constitucional" em relação a este dispositivo que, na essência, continha o mesmo vício. A consequência da declaração da inconstitucionalidade pretendida poderá acarretar, por sua vez, novo debate jurídico, consistente em definir o índice a ser aplicável e, também, o efeito repristinatório de distintas normas jurídicas, considerando haverem sido diversas as leis que, ao longo da história, regularam o tema. Porém, a simples declaração de que as normas anteriores seriam restabelecidas, de pronto, com a retirada do mundo jurídico da Lei inconstitucional, ainda que possível, não permitiria encontrar a solução, diante da extinção da unidade de referência de cuja variação do valor nominal se obtinha a definição do fator de reajuste, além de, de igual modo, haver sido assegurado no comando do STF a indicação do índice que reflete a variação plena da inflação. Nessa mesma linha de argumentação e como solução que atenda à vontade do legislador e evite a caracterização do "vazio normativo", pode ser adotada a técnica de interpretação conforme a Constituição para o texto remanescente do dispositivo impugnado, que mantém o direito à atualização monetária dos créditos trabalhistas. Pretende-se, pois, expungir do texto legal a expressão que atenta contra a Constituição e, uma vez mantida a regra que define direito à atualização monetária (o restante do art. 39), **interpretá-la em consonância com as diretrizes fixadas na Carta, para assegurar o direito à incidência do índice que reflita a variação integral da "corrosão inflacionária", dentre os diversos existentes (IPC, IGP, IGP-M, ICV, INPC e IPCA, por exemplo), acolhendo-se o IPCA-E, tal como definido pela Corte Maior.** Mas isso também não basta. Definido o novo índice de correção, consentâneo com os princípios constitucionais que levaram à declaração de inconstitucionalidade do parâmetro anterior, ainda será necessária a modulação dos efeitos dessa decisão, autorizada esta Corte por integração analógica do art. 896-C, § 17, da CLT, introduzido pela Lei n. 13.015/2014, a fim de que se preservem as situações jurídicas consolidadas resultantes dos pagamentos efetuados nos processos judiciais em virtude dos quais foi adimplida a obrigação, sobretudo em decorrência da proteção ao ato jurídico perfeito, resguardado desde o art. 5º, XXXVI, da Constituição, até o art. 6º da Lei de Introdução ao Direito Brasileiro – LIDB. Em conclusão: declara-se a inconstitucionalidade por arrastamento da expressão "equivalentes à TRD", contida no *caput* do art. 39 da Lei n. 8.177/1991; adota-se a técnica de interpretação conforme a Constituição para o texto remanescente do dispositivo impugnado, a preservar o direito à atualização monetária dos créditos trabalhistas; define-se a variação do Índice de Preços ao Consumidor Amplo Especial (IPCA-E) como fator de atualização a ser utilizado na tabela de atualização monetária dos débitos trabalhistas na Justiça do Trabalho; e atribui-se efeito modulatório à decisão, que deverá prevalecer a partir de 30 de junho de 2009 (data de vigência da Lei n. 11.960/2009, que acresceu o artigo 1º-F à Lei n. 9.494/1997, declarado inconstitucional pelo STF, com o registro de que essa data corresponde à adotada no Ato de 16/04/2015, da Presidência deste Tribunal, que alterou o ATO.TST.GDGSET.GP.N. 188, de 22.04.2010, publicado no BI no 16, de 23.04.2010, que estabelece critérios para o reconhecimento administrativo, apuração de valores e pagamento

de dívidas de exercícios anteriores – passivos – a magistrados e servidores do Tribunal Superior do Trabalho), observada, porém, a preservação das situações jurídicas consolidadas resultantes dos pagamentos efetuados nos processos judiciais em virtude dos quais foi adimplida a obrigação, em respeito à proteção ao ato jurídico perfeito, também protegido constitucionalmente (art. 5º, XXXVI). PROCESSO n. TST-ArgInc-479-60.2011.5.04.0231. Ministro Relator: Cláudio Brandão. Pleno do TST. Publicado no DEJT: 14.08.2015 (grifos nossos)

Verifica-se, portanto que, baseando-se na decisão da Suprema Corte, o TST declarou a norma do art. 39 da Lei n. 8.177/1991 inconstitucional por arrastamento, adotou a técnica de interpretação conforme à Constituição para o texto remanescente – de forma a garantir o direito à correção monetária – e aplicou ao caso concreto pendente de julgamento o índice IPCA-E, considerado mais adequado à recomposição de valores.

Ato contínuo, determinou o Pleno que o Conselho Superior da Justiça do Trabalho (CSJT) retificasse sua tabela de atualização monetária de forma instituir o IPCA-E.

Federações patronais, inconformadas com a decisão, ajuizaram diversas reclamações perante o STF a fim de discutir a legalidade da alteração da tabela do CSJT. O STF, em decisão monocrática proferida pelo Ministro Toffoli[17], decidiu que o TST extrapolou sua competência ao editar, após decisão com efeitos meramente *inter partes*, tabela aplicável a todos os casos submetidos à Justiça do Trabalho.

A referida decisão monocrática, no entanto, foi substituída por julgamento colegiado por meio do qual foi considerada improcedente a reclamação em razão de o ato questionado não guardar pertinência com a decisão proferida em sede de ADI. Observa-se, pois, que não existe, atualmente, decisão da Suprema Corte no sentido de vetar a utilização do IPCA-E na tabela do CSJT.

Ressalte-se, contudo, que, em se tratando de correção monetária dos saldos das contas vinculadas ao Fundo de Garantia do Tempo de Serviço (FGTS), aplica-se ainda a TR. É que, nos termos da decisão proferida pelo Superior Tribunal de Justiça (STJ), "a remuneração das contas vinculadas ao FGTS tem disciplina própria, ditada por lei, que estabelece a TR como forma de atualização monetária, sendo vedado, portanto, ao Poder Judiciário substituir o mencionado índice." [18]

Há de se salientar, todavia, conforme pontuam Mauricio Godinho Delgado e Gabriela Neves Delgado, que o debate existente na ordem jurídica, inclusive no tocante aos créditos

---

17. Reclamação n. 22.102/RS.
18. PROCESSUAL CIVIL E ADMINISTRATIVO. RECURSO ESPECIAL REPRESENTATIVO DE CONTROVÉRSIA. TEMA 731. ART. 1.036 DO CPC/2015. FUNDO DE GARANTIA DO TEMPO DE SERVIÇO – FGTS. SUBSTITUIÇÃO DA TAXA REFERENCIAL (TR) COMO FATOR DE CORREÇÃO MONETÁRIA DOS VALORES DEPOSITADOS POR ÍNDICE QUE MELHOR REPONHA AS PERDAS DECORRENTES DO PROCESSO INFLACIONÁRIO. IMPOSSIBILIDADE. FGTS QUE NÃO OSTENTA NATUREZA CONTRATUAL. REGRAMENTO ESTABELECIDO PELO ART. 17 DA LEI N. 8.177/1991 COMBINADO COM OS ARTS. 2º E 7º DA LEI N. 8.660/1993.
1. Para os fins de aplicação do art. 1.036 do CPC/2015, é mister delimitar o âmbito da tese a ser sufragada neste recurso especial representativo de controvérsia: discute-se a possibilidade, ou não, de a TR ser substituída como índice de correção monetária dos saldos das contas vinculadas ao Fundo de Garantia do Tempo de Serviço – FGTS.
2. O recorrente assevera que "[...] a TR deixou de refletir, a partir de 1999, as taxas de inflação do mercado financeiro, e, por conseguinte, o FGTS também deixou de remunerar corretamente os depósitos vinculados a cada trabalhador" (fl. 507). Defende a aplicação do INPC ou IPCA ou, ainda, de outro índice que melhor reponha as perdas decorrentes da inflação.
3. Por seu turno, o recorrido alega que a Lei obriga a aplicação da TR como fator de correção de monetária, na medida em que o FGTS não tem natureza contratual, tendo em vista que decorre de Lei todo o seu disciplinamento, inclusive a correção monetária que lhe remunera.
4. A evolução legislativa respeitante às regras de correção monetária dos depósitos vinculados ao FGTS está delineada da seguinte forma:
(i) o art. 3º da Lei n. 5.107/1966 previra que a correção monetária das contas fundiárias respeitaria a legislação específica;
(ii) posteriormente, a Lei n. 5.107/1966 foi alterada pelo Decreto-Lei n. 20/1966, e o art. 3º supra passou a prever que os depósitos estariam sujeitos à correção monetária na forma e pelos critérios adotados pelo Sistema Financeiro da Habitação e capitalizariam juros segundo o disposto no art. 4º;
(iii) em 1989, foi editada a Lei n. 7.839, que passou a disciplinar o FGTS e previu, em seu art. 11, que a correção monetária observaria os parâmetros fixados para atualização dos saldos de depósitos de poupança;
(iv) a Lei n. 8.036/1990, ainda em vigor, dispõe, em seu art. 13, a correção monetária dos depósitos vinculados ao FGTS com parâmetro nos índices de atualização da caderneta de poupança;
(v) a Lei n. 8.177/1991 estabeleceu regras de desindexação da economia, vindo a estipular, em seu art. 17, que os saldos das contas do FGTS deveriam ser remunerados, e não mais corrigidos, pela taxa aplicável à remuneração básica da poupança; e
(vi) a partir da edição da Lei n. 8.660/1993, precisamente em seus arts. 2º e 7º, a Taxa Referencial.
5. O FGTS não tem natureza contratual, na medida em que decorre de Lei todo o seu disciplinamento. Precedentes RE 248.188, Relator Ministro Ilmar Galvão, Tribunal Pleno, DJ 01.06.2001; e RE 226.855/RS, Relator Ministro Moreira Alves, Tribunal Pleno, DJ 13.10.2000.
6. É vedado ao Poder Judiciário substituir índice de correção monetária estabelecido em lei. Precedentes: RE 442634 AgR, Relator Ministro Gilmar Mendes, Segunda Turma, DJ 30.11.2007; e RE 200.844 AgR, Relator: Ministro Celso de Mello, Segunda Turma, DJ 16.08.2002.
7. O FGTS é fundo de natureza financeira e que ostenta característica de multiplicidade, pois, além de servir de indenização aos trabalhadores, possui a finalidade de fomentar políticas públicas, conforme dispõe o art. 6º da Lei n. 8.036/1990.
TESE PARA FINS DO Art. 1.036 DO CPC/2015
8. A remuneração das contas vinculadas ao FGTS tem disciplina própria, ditada por lei, que estabelece a TR como forma de atualização monetária, sendo vedado, portanto, ao Poder Judiciário substituir o mencionado índice.
9. Recurso especial não provido. Acórdão submetido à sistemática do artigo 1.036 do CPC/2015.
REsp n. 1.614.874. SC (2016/0189302-7). Relator: Min. Benedito Gonçalves. DJe: 15.05.2018.

em favor e/ou contrários ao próprio Estado, diz respeito à inconsistência técnica, econômica e jurídica da TR como fator de atualização monetária, uma vez que se trata, manifestamente, de fórmula incapaz de espelhar ou sequer acompanhar os mais respeitados fatores de índices oficiais de preços existentes no país[19].

4. A REFORMA TRABALHISTA E A CORREÇÃO MONETÁRIA

A Lei n. 13.467, de 13 de julho de 2017, modificou profundamente a Consolidação das Leis do Trabalho (CLT). Destacam-se aqui a inserção dos §§ 2º ao art. 634 e 7º ao art. 879 que estabelecem, de forma expressa, a aplicação da TR como índice de correção monetária nos processos trabalhistas.

Dessa forma, seguindo os preceitos da nova lei, a TR servirá como índice de correção das multas trabalhistas e dos créditos decorrentes de condenações judiciais.

> Art. 634 [...]
>
> § 2º Os valores das multas administrativas expressos em moeda corrente serão reajustados anualmente pela Taxa Referencial (TR), divulgada pelo Banco Central do Brasil, ou pelo índice que vier a substituí-lo.
>
> Art. 879 [...]
>
> § 7º A atualização dos créditos decorrentes de condenação judicial será feita pela Taxa Referencial (TR), divulgada pelo Banco Central do Brasil, conforme a Lei n. 8.177, de 1º de março de 1991.

Ressalta Homero Batista da Silva[20], ao tratar do § 2º do art. 634 da CLT, que

> há grande celeuma em torno do uso da Taxa Referencial porquanto seus índices têm sido historicamente muito baixos e em alguns meses têm zerado. Em célebre julgamento no Plenário do TST – que rechaçou o uso da TR, mas que depois veio a ser desautorizado em decisão liminar do STF – alguns Ministros chegaram a fundamentar seu voto justamente pelo fato de que correção monetária que nada corrige deveria ser considerada inconstitucional. A fim de não deixar portas abertas, a reforma de 2017 cravou a TR tanto aqui neste dispositivo de correção monetária das multas trabalhistas quanto no art. 879, § 7º, para a atualização dos débitos trabalhistas em geral.

Note-se que a opção do legislador por determinar a atualização monetária por meio da TR vai de encontro ao entendimento jurisprudencial até então aplicado. Nas palavras de Mauro Schiavi, essa indexação "contraria de forma injusta o crescente entendimento jurisprudencial, inclusive do TST, em aplicar outros índices que atualizam de forma mais adequada os créditos trabalhistas, como o IPCA"[21].

A opção adotada pelo legislador reformista mostra-se como verdadeiro entrave social, contrariando princípios e preceitos constitucionais. Viola o princípio da vedação ao retrocesso social e ofende o disposto no *caput* do art. 7º e no art. 1º, IV, da Constituição da República de 1988, pois tem como efeito indireto a desvalorização do valor do trabalho humano.

Nesse sentido preceituam Mauricio Godinho Delgado e Gabriela Neves Delgado que "[...] a escolha feita pela Lei da Reforma Trabalhista, ao simplesmente reiterar a regra da aplicação da TR como índice de atualização monetária, evidencia desapreço ao valor trabalho e aos créditos trabalhistas apurados no âmbito da Justiça do Trabalho.[22]"

Ressalte-se que o Direito Processual, ramo jurídico que desde o surgimento e consolidação do Estado Liberal é reconhecido como ferramenta de segurança jurídica e de concretização das liberdades individuais, ganhou diferentes contornos ao longo do desenvolvimento do constitucionalismo moderno, erigindo-se em instrumento de efetivação da democracia no âmbito do Estado Democrático de Direito.

Sob a ótica da visão pós-positivista do direito, não basta assegurar aos indivíduos o mero acesso formal à jurisdição. O serviço judicial prestado pelo Estado deve ser eficiente e eficaz e deve se mostrar como verdadeiro instrumento a serviço do direito material que visa tutelar[23].

Conforme pontuam Mauro Cappelletti e Bryant Garth,

> A expressão "acesso à Justiça" é reconhecidamente de difícil definição, mas serve para determinar duas finalidades básicas do sistema jurídico – o sistema pelo qual as pessoas podem reivindicar seus direitos e/ou resolver seus litígios sob os auspícios do Estado. Primeiro, o sistema deve ser igualmente acessível a todos; segundo, ele deve produzir resultados que sejam individual e socialmente justos.[24]

Nessa perspectiva, o Direito Processual do Trabalho assume papel ainda mais relevante em razão do direito material que tutela. Por visar o Direito do Trabalho a concretização de direitos fundamentais humanos que o Estado brasileiro defende e reconhece tanto no plano interno quanto em

---

19. DELGADO, Mauricio Godinho; DELGADO, Gabriela Neves. *A reforma trabalhista no Brasil*: com os comentários à Lei n. 13.467/2017. 2. ed. São Paulo: LTr, 2018. p. 392.
20. SILVA, Homero Batista Mateus da. *Comentários à Reforma Trabalhista*: Análise da Lei 13.467/2017 - artigo por artigo. São Paulo: Revista dos Tribunais, 2017. p. 78.
21. SCHIAVI, Mauro. *A reforma trabalhista no processo do trabalho*. São Paulo: LTr, 2017. p. 115.
22. DELGADO, Mauricio Godinho; DELGADO, Gabriela Neves. *A reforma trabalhista no Brasil*: com os comentários à Lei n. 13.467/2017. São Paulo: LTr, 2017. p. 357.
23. PIMENTA, José Roberto Freire; FARIA, Fernanda Nigri. A importância da efetividade do processo para a concretização dos direitos fundamentais trabalhistas. In: FARIA, Fernanda Nigri ... [et al.] (Coord.) *Direito do trabalho e direito processual do trabalho*: Estudos avançados. São Paulo: LTr, 2017. p. 97.
24. CAPPELLETTI, Mauro; GARTH Bryant. *Acesso à Justiça*. Trad. Ellen Gracie Northfleet. Porto Alegre: Sérgio Antônio Fabris, 1988. p. 08.

compromissos internacionais[25], o processo do trabalho afigura-se como direito instrumental por excelência de materialização de uma ordem jurídica justa, digna e democrática.

Para que a prestação jurisdicional trabalhista, portanto, seja realmente efetiva e cumpra seu papel de pacificação da sociedade e de garantidora do patamar civilizatório mínimo de dignidade dos trabalhadores, é necessário que o credor trabalhista receba os direitos reconhecidos em juízo de forma integral, com a devida atualização monetária, afastando, assim, qualquer prejuízo decorrente do inadimplemento.

Com a entrada em vigor da Lei n. 13.467/2017, notadamente no que tange à correção monetária, a jurisdição trabalhista como garantidora de direitos teve, inegavelmente, seu papel reduzido. Isso porque pretendeu a nova legislação a não mais permitir a utilização do IPCA-E, índice apto a refletir com maior veracidade a perda do valor monetário em razão da inflação. Ao revés, objetivou o legislador, em clara desconformidade à evolução jurisprudencial, que conferiu avanços ao comando constitucional da necessidade de incessante valorização do trabalho humano, a aplicação da TR, taxa com índices historicamente baixos e, por vezes, zerados.

É certo, porém, que o dispositivo legal está longe de colocar fim às discussões acerca da adequabilidade dos índices de correção.

No tocante à correção monetária, o legislador foi bastante ousado ao inserir no corpo da CLT um índice utilizado pela autoridade monetária que pode ser retirado a qualquer momento do ordenamento jurídico. Na verdade, o § 7º é um ato de desespero da reforma trabalhista de 2017, pois sua presença na CLT em nada altera a discussão sobre sua constitucionalidade e tampouco se fazia necessária, haja vista que o art. 39 da Lei n. 8.177/1991, ora citada pelo art. 879, é expresso quanto ao cabimento da taxa referencial ao processo do trabalho. A discussão nunca foi a posição topográfica da taxa referencial – se dentro da CLT ou no bojo da legislação extravagante: a discussão acalorada diz respeito ao conteúdo da taxa referencial, primeiramente para saber se ela incentivava a usura, por admitir juros sobre juros (o que foi tolerado, conforme se aprende na OJ 300 da SDI), e, depois, para saber se o processo do trabalho poderia conviver com um índice de correção monetária zerado, quer dizer, se o índice podia ser zero, como ocorreu em vários meses e vários anos. Foi isso que gerou reação jurisprudencial, que desaguou em conhecida decisão de inconstitucionalidade do Plenário do TST (processo 479-60.2011.5.04.0231), parcialmente suspensa por decisão liminar em Reclamação Constitucional (Reclamação 22.012, agosto de 2015). Ora, o debate prosseguirá independentemente da vontade do legislador de 2017.[26]

É importante ressaltar, contudo, que a partir da entrada em vigor da Lei reformadora, não é mais possível a manutenção do IPCA-E como índice referencial da tabela do CSJT[27], já que ato normativo secundário, editado pelo Poder Judiciário, deve estar em conformidade com a legislação ordinária, confeccionada de acordo com a observância ao devido processo legislativo.

Entretanto, não se pode olvidar que, considerando a decisão proferida na ADI 4.357/DF pelo STF – que declarou a inconstitucionalidade de utilização da TR como índice de correção monetária de precatórios por ofensa direta ao direito de propriedade – conclui-se que em controle difuso podem, e devem, os magistrados, pautados nos mesmos fundamentos apontados nas decisões proferidas pela Suprema Corte e pelo Pleno do Tribunal Superior do Trabalho, declarar a inconstitucionalidade dos dispositivos da CLT que impõem a aplicação da TR.

Observa-se ainda que a decisão proferida pelo Pleno do TST, nos autos do processo AigInc 479-60.2011.5.04.0231, configura-se como precedente obrigatório, que deve ser seguido por todas as instâncias, conforme se extrai da interpretação dada ao art. 927, V, do Código de Processo Civil no art. 15, I, e, da Instrução Normativa n. 39/16.

É necessário ressaltar que, em razão de o STF ter modulado os efeitos da decisão proferida na ADI 4.357/DF, o controle difuso exercido pelos magistrados deve considerar a aplicação do IPCA-E apenas a partir de 25.03.15, data da publicação da decisão do STF. Antes, porém, entendemos ser legítima a utilização da TR.

Em razão dos efeitos da coisa julgada, havendo decisão transitada em julgado na qual a TR seja considerada índice adequado para a correção monetária, este deve ser mantido. Há também a necessidade de manutenção da taxa referencial como fator de correção monetária caso a obrigação já tenha sido extinta em razão de pagamento ou quando se observa ausência de manifestação da parte do no momento processual oportuno, operando-se a preclusão.

É preciso salientar, no entanto, que caso o magistrado não especifique na decisão, prolatada anteriormente a 25.03.2015, qual o índice aplicável à correção monetária, pode a parte invocar a aplicação do IPCA-E na liquidação da sentença, momento adequado à realização dos cálculos, sem que isso implique em violação à coisa julgada.

---

25. SOUZA, Luciana Cristina de. O direito processual civil e do trabalho no estado democrático brasileiro: compromisso processual com a efetividade da constituição cidadã. In: KOURY, Luiz Ronan Neves; ALMEIDA, Wânia Guimarães Rabêllo de; ASSUNÇÃO, Carolina Silva Silvino. (Coord.) *O Direito Processual do Trabalho na perspectiva do Código de Processo Civil e da Reforma Trabalhista*: atualizado de acordo com a MP n. 808 de 14 de novembro de 2017. São Paulo: LTr, 2017. p. 13.
26. SILVA, Homero Batista Mateus da. *Comentários à Reforma Trabalhista*: Análise da Lei 13.467/2017 - artigo por artigo. São Paulo: Revista dos Tribunais, 2017. p. 109.
27. Não se nega a possibilidade de o Conselho Superior da Justiça do Trabalho editar instruções aos demais órgãos do Poder Judiciário trabalhista, como forma de orientar a atuação dos magistrados, bem como fornecer ferramentas para a facilitação dos cálculos contábeis de atualização das condenações. O que se defende é a impossibilidade de manutenção do IPCA-E como único índice de atualização monetária, em clara desconformidade com a nova legislação ordinária.

É que, conforme apontam Mauricio Godinho Delgado e Gabriela Neves Delgado, a jurisprudência do país, inclusive a do STF, já se manifestou no sentido da clarividente inadequação da TR como índice de correção monetária em razão de não se adequar aos princípios constitucionais de direito de propriedade do credor, da necessária efetividade da tutela jurisdicional e da absoluta necessidade de adequação e proporcionalidade dos meios e fins utilizados à perseguição do direito.[28]

Verifica-se que a insistência do legislador em editar texto normativo que já teve seu conteúdo declarado inconstitucional não tem o condão de torná-lo compatível com a Constituição da República de 1988. Trata-se de Lei que já nasceu em dissonância com a matriz constitucional ("Lei nasceu morta") e que, portanto, não produzirá qualquer efeito na ordem jurídica.

Com isso, dada a inconstitucionalidade já declarada do conteúdo trazido pela Reforma Trabalhista, não há que se falar em qualquer efeito dela decorrente no sentido de aplicação da TR como índice de correção monetária.

Desse modo, mantemos aqui o posicionamento de que, a partir de 25.03.2015, é legítima a aplicação do IPCA-E como fator de correção monetária. Fato que se mantém mesmo após a entrada em vigor da Lei n. 13.467/2017, uma vez que uma norma cujo conteúdo já tinha sido, previamente, considerado inconstitucional não está apta a gerar efeitos.

5. CONSIDERAÇÕES FINAIS

A TR não se presta como índice de correção dos créditos trabalhistas reconhecidos em juízo porquanto não é capaz de recompor os efeitos deletérios da inflação.

O índice IPCA-E mostra-se como o mais adequado à reparação integral do credor trabalhista, pois recompõe a moeda em parâmetros mais condizentes com as perdas sofridas pelo decurso do tempo.

A positivação da Taxa Referencial, promovida pela Lei n. 13.467/2017, apesar de impedir a normatização *contra legem* pelo Conselho Superior da Justiça do Trabalho, não impede que os juízes, no exercício do controle difuso de constitucionalidade, declarem o novo § 7º do art. 879 da CLT inconstitucional pelos mesmos fundamentos apontados pelo Supremo Tribunal Federal quando do julgamento da ADI 4.357/DF.

Em razão da modulação dos efeitos promovida pelo STF quando do julgamento da Ação Direta de Inconstitucionalidade, devem os magistrados considerar a aplicação do IPCA-E apenas a partir de 25.03.15.

Por se encontrar em total desconformidade com a matriz constitucional, notadamente no que diz respeito à necessidade de valorização do trabalho humano, à garantia do direito de propriedade e ao direito de acesso substancial à justiça, o art. 879, § 7º da CLT não produz qualquer efeito na ordem jurídica, porquanto é norma cujo conteúdo já tinha sido previamente considerado inconstitucional, não estando apta a gerar efeitos.

6. REFERÊNCIAS BIBLIOGRÁFICAS

CAIXETA, Maria Cristina Diniz. A correção monetária do débito trabalhista após a reforma. In: HORTA, Denise Alves; FABIANO, Isabela Márcia de Alcântara; KOURY, Luiz Ronan Neves; OLIVEIRA, Sebastião Geraldo de (Coord.). *Direito do trabalho e processo do trabalho – reforma trabalhista – principais alterações*. São Paulo: LTr, 2018.

CAPPELLETTI, Mauro; GARTH Bryant. *Acesso à Justiça*. Trad. Ellen Gracie Northfleet. Porto Alegre: Sérgio Antônio Fabris, 1988.

DALLEGRAVE NETO, José Afonso. *Responsabilidade Civil no Direito do Trabalho*. 6. ed. São Paulo: LTr, 2017.

DELGADO, Mauricio Godinho; DELGADO, Gabriela Neves. *A reforma trabalhista no Brasil*: com os comentários à Lei n. 13.467/2017. São Paulo: LTr, 2017.

_____. *A reforma trabalhista no Brasil*: com os comentários à Lei n. 13.467/2017. 2. ed. São Paulo: LTr, 2018.

FRANCO FILHO, Georgenor de Sousa. *Curso de Direito do Trabalho*. 4. ed. São Paulo: LTr, 2018. p. 428.

MAIOR, Jorge Luiz Souto. *Curso de Direito do Trabalho*: direito processual do trabalho. v. 4. São Paulo: LTr, 2009. p. 47.

PIMENTA, José Roberto Freire; FARIA, Fernanda Nigri. A importância da efetividade do processo para a concretização dos direitos fundamentais trabalhistas. In: FARIA, Fernanda Nigri... [et al.] (Coord.) *Direito do trabalho e direito processual do trabalho*: Estudos avançados. São Paulo: LTr, 2017.

SCHIAVI, Mauro. *A reforma trabalhista no processo do trabalho*. São Paulo: LTr, 2017.

SILVA, Homero Batista Mateus da. *Comentários à Reforma Trabalhista*: Análise da Lei 13.467/2017 – artigo por artigo. São Paulo: Revista dos Tribunais, 2017.

SOUZA, Luciana Cristina de. O direito processual civil e do trabalho no estado democrático brasileiro: compromisso processual com a efetividade da constituição cidadã. In: KOURY, Luiz Ronan Neves; ALMEIDA, Wânia Guimarães Rabêllo de; ASSUNÇÃO, Carolina Silva Silvino. (Coord.) *O Direito Processual do Trabalho na perspectiva do Código de Processo Civil e da Reforma Trabalhista*: atualizado de acordo com a MP n. 808 de 14 de novembro de 2017. São Paulo: LTr, 2017.

---

28. DELGADO, Mauricio Godinho; DELGADO, Gabriela Neves. *A reforma trabalhista no Brasil*: com os comentários à Lei n. 13.467/2017. São Paulo: LTr, 2017. p. 357.

Comentários à Instrução Normativa n. 41 do Tribunal Superior do Trabalho

ART. 1º A APLICAÇÃO DAS NORMAS PROCESSUAIS PREVISTAS NA CONSOLIDAÇÃO DAS LEIS DO TRABALHO, ALTERADAS PELA LEI N. 13.467, DE 13 DE JULHO DE 2017, COM EFICÁCIA A PARTIR DE 11 DE NOVEMBRO DE 2017, É IMEDIATA, SEM ATINGIR, NO ENTANTO, SITUAÇÕES PRETÉRITAS INICIADAS OU CONSOLIDADAS SOB A ÉGIDE DA LEI REVOGADA

Por Natália Xavier[1]

A Lei n. 13.467/2017 não contém regras de transição para sua aplicação, nada dispondo sobre direito intertemporal, aspecto que levou à edição da Instrução Normativa n. 41 do TST. Por meio desse instrumento, a Corte Superior Trabalhista se posicionou quanto à aplicação das normas processuais inseridas e/ou alteradas pela Reforma Trabalhista, com a finalidade de proporcionar maior segurança aos demais órgãos do Poder Judiciário e ao próprio jurisdicionado.

O art. 1º da Instrução Normativa teve como objetivo regular a aplicação no tempo das normas celetistas de natureza processual. São consideradas normas de natureza processual: prazos processuais, prescrição intercorrente, litisconsórcio necessário, fixação de custas processuais, deferimento de justiça gratuita, honorários sucumbenciais na perícia, honorários de sucumbência, aplicação de multa por litigância de má-fé, exceção de incompetência, ônus da prova, representação por preposto, incidente de desconsideração da personalidade jurídica, homologação de acordo extrajudicial, execução impulsionada pelas partes, índice de atualização monetária, procedimento de inclusão no BNDT, novos requisitos para interposição do recurso de revista, transcendência, pagamento do depósito recursal e procedimento para uniformização de jurisprudência.

Ao contrário do que ocorre com as normas de direito material, em que se verifica grande controvérsia sobre a aplicação da nova legislação, sustentando alguns que sua aplicação imediata implicaria em retroatividade da norma e ofensa ao ato jurídico perfeito (art. 5º, XXXVI, CR/88), na Instrução Normativa, pelo que se extrai de seus considerandos, se fez uma clara opção em se dedicar apenas às normas processuais, esclarecendo que terão aplicação a partir da entrada em vigor da Lei n. 13.467/2017, a saber, em 11 de novembro de 2017. Ressalva, no entanto, que referidas normas não atingirão situações pretéritas iniciadas ou consolidadas antes da vigência da referida lei.

A título de exemplo têm-se as normas relativas aos prazos recursais. Aqueles iniciados antes de 11 de novembro de 2017 devem ser contados em dias corridos, nos termos do até então vigente art. 775, *caput*, da CLT (ainda que o prazo finde após 11.11.2017). Não obstante, prazos iniciados após a entrada em vigor da Reforma Trabalhista devem ser contados em dias úteis, nos termos da nova redação do art. 775, *caput* da CLT, que assim dispõe: *"Os prazos estabelecidos neste Título serão contados em dias úteis, com exclusão do dia do começo e inclusão do dia do vencimento"*.

Neste sentido, a Instrução Normativa está em consonância com o art. 14 do Código de Processo Civil de 2015, que dispõe que: *"A norma processual não retroagirá e será aplicável imediatamente aos processos em curso, respeitados os atos processuais praticados e as situações jurídicas consolidadas sob a vigência da norma revogada"*, aplicável à seara trabalhista por força do art. 769 da CLT e 15 do CPC. Ademais, a regulamentação em comento preserva o direito adquirido e o ato jurídico perfeito, em observância ao art. 5º, XXXVI, da Constituição e 6º da Lei de Introdução às Normas do Direito Brasileiro.

---

1. Mestranda em Direito Privado pela Pontifícia Universidade Católica de Minas Gerais (Bolsista FAPEMIG). Especialista em Direito do Trabalho pela Universidade Cândido Mendes/RJ (2015). Graduada em Direito pela Faculdade de Direito Milton Campos (2013). Membro do Grupo de Pesquisa e de Estudos Retrabalhando o Direito – RED. Membro da Oficina de Estudos Avançados 'As interfaces entre o Processo Civil e o Processo do Trabalho' – IPCPT. Advogada.

ART. 2º O FLUXO DA PRESCRIÇÃO INTERCORRENTE CONTA-SE A PARTIR DO DESCUMPRIMENTO DA DETERMINAÇÃO JUDICIAL A QUE ALUDE O § 1º DO ART. 11-A DA CLT, DESDE QUE FEITA APÓS 11 DE NOVEMBRO DE 2017

Por Débora Penido Resende[2]

O art. 2º da Instrução Normativa n. 41/2018 dispõe que "o fluxo da prescrição intercorrente conta-se a partir do descumprimento da determinação judicial a que alude o § 1º do art. 11-A da CLT, desde que feita após 11 de novembro de 2017 (Lei n. 13.467/2017)".

O § 1º do art. 11-A da CLT assim estabelece:

> Art. 11-A. Ocorre a prescrição intercorrente no processo do trabalho no prazo de dois anos.
>
> § 1º A fluência do prazo prescricional intercorrente inicia-se quando o exequente deixa de cumprir determinação judicial no curso da execução.
>
> § 2º A declaração da prescrição intercorrente pode ser requerida ou declarada de ofício em qualquer grau de jurisdição.

A Instrução Normativa, como se sabe, não tem efeito vinculante, sem a necessidade de sua observância obrigatória por parte dos juízes e Tribunais regionais, sinalizando, contudo, o posicionamento do TST quanto a interpretação das normas processuais previstas na Lei n.13.467/2017, além de influenciar expressivamente nas decisões.

Verifica-se que o TST reconheceu, em virtude da alteração legislativa, que o entendimento consubstanciado na Súmula n. 114 restou superado de modo que o cancelamento do referido Verbete é medida que se impõe. Ademais, a própria IN n. 41/2018, em seu art. 21, revogou expressamente o art. 2º, VIII, da IN n. 39/2016, que previa a inaplicabilidade ao processo do trabalho dos arts. 921, §§ 4º e 5º e 924, V do CPC, que tratam da prescrição intercorrente.

Segundo o entendimento do TST o início da fluência da prescrição intercorrente somente ocorrerá após a vigência da Lei n. 13.467/2017, observando-se a sistemática adotada no direito processual civil, que adotou a Teoria do Isolamento dos Atos Processuais, esculpida no art. 14 do CPC. Referida interpretação visa a observar as regras atinentes ao direito intertemporal, a exemplo da irretroatividade da norma, além de garantir a segurança jurídica aos jurisdicionados para que não se surpreendam com a pronúncia da prescrição intercorrente em período anterior à vigência da Lei n. 13.467/2017.

É importante ressaltar, como consta na Instrução Normativa n. 41/2018, que o procedimento adotado na Lei somente deverá ocorrer após a entrada em vigor das alterações legislativas no que se refere a intimação e contagem do prazo.

A referida IN 41/18, contudo, deveria esclarecer quanto à aplicação da Lei de Executivos Fiscais, em se tratando da execução de créditos de natureza previdenciária, porquanto há o risco de se ter, no mesmo processo, dois procedimentos diferentes. Diante da referida omissão, a Corregedoria Geral da Justiça do Trabalho (CGJT), com o intuito de harmonizar o procedimento a ser adotado pelos juízes na condução das execuções, elaborou a Recomendação n. 3/18 em que traça o procedimento a ser seguido quando da pronúncia da prescrição intercorrente.

Quanto ao § 2º do art. 11-A da CLT, observa-se que a declaração de ofício e a apreciação do requerimento da parte deve considerar a fluência do prazo tão somente a partir de 11 de novembro de 2017, data do início da vigência da Lei n. 13.467/2017 e, ainda assim, desde que o exequente tenha sido intimado para a prática de determinado ato processual e não tenha atendido à intimação. Nesse sentido é a diretriz interpretativa da CGJT, exarada na Recomendação n. 03/18, que deve ser interpretada em conjunto com a Instrução Normativa 41/18.

ART. 3º A OBRIGAÇÃO DE FORMAR O LITISCONSÓRCIO NECESSÁRIO A QUE SE REFERE O ART. 611-A, § 5º, DA CLT DAR-SE-Á NOS PROCESSOS INICIADOS A PARTIR DE 11 DE NOVEMBRO DE 2017

Por Luiz Ronan Neves Koury[3]

O art. 611-A, § 5º da CLT determina que, nas ações em que se discute a anulação de cláusulas dos instrumentos coletivos, os sindicatos deverão participar como litisconsortes necessários.

Não há dúvida quanto à necessidade de participação dos sindicatos nas ações coletivas em que se discute a nulidade de cláusula de convenção ou acordo coletivos subscritos por eles, uma vez que terá direta repercussão nas condições de trabalho dos integrantes da categoria representada.

Nas ações individuais, há uma dificuldade prática em que os sindicatos subscritores de convenção coletiva e acordo coletivo de trabalho participem, como litisconsortes necessários, porquanto grande parte das reclamações trabalhistas versam sobre essa matéria, o que torna impossível a participação dos sindicatos em todas elas.

Pode-se entender ainda que se torna desnecessária essa participação quando o objeto da ação é apenas a não aplicação da cláusula, sem que isso represente a sua exclusão do

---

2. Graduada pela Faculdade de Direito Milton Campos. Membro dos Grupos de Estudos "As Interfaces entre o Processo Civil e o Processo do Trabalho" e GERT (Grupo de Estudos sobre a Reforma Trabalhista) da Faculdade de Direito Milton Campos. Advogada.
3. Desembargador Aposentado do Tribunal Regional do Trabalho da 3ª Região. Mestre em Direito Constitucional pela UFMG. Professor de Direito Processual do Trabalho da Faculdade de Direito Milton Campos.

instrumento coletivo. Ou então, como entendem alguns, a dispensa da presença do sindicato se justificaria pela ausência de repercussão na sua esfera jurídica.

De qualquer modo, entendendo pela participação ou não do sindicato em ações individuais ou coletivas, é certo que tal procedimento apenas deverá ser imposto nos processos iniciados a partir de 11 de novembro de 2017.

ART. 4º O ART. 789, *CAPUT*, DA CLT APLICA-SE NAS DECISÕES QUE FIXEM CUSTAS, PROFERIDAS A PARTIR DA ENTRADA EM VIGOR DA LEI N. 13.467/2017

Por Thais de Souza Parentoni[4]

Dispõe o art. 789, *caput*, cuja redação foi atribuída pela Lei n. 13.467/2017:

> Art. 789. Nos dissídios individuais e nos dissídios coletivos do trabalho, nas ações e procedimentos de competência da Justiça do Trabalho, bem como nas demandas propostas perante a Justiça Estadual, no exercício da jurisdição trabalhista, as custas relativas ao processo de conhecimento incidirão à base de 2% (dois por cento), observado o mínimo de R$ 10,64 (dez reais e sessenta e quatro centavos) e o máximo de quatro vezes o limite máximo dos benefícios do Regime Geral de Previdência Social, e serão calculadas:
>
> I – quando houver acordo ou condenação, sobre o respectivo valor;
>
> II – quando houver extinção do processo, sem julgamento do mérito, ou julgado totalmente improcedente o pedido, sobre o valor da causa;
>
> III – no caso de procedência do pedido formulado em ação declaratória e em ação constitutiva, sobre o valor da causa;
>
> IV – quando o valor for indeterminado, sobre o que o juiz fixar.

O art. 789 da CLT, alterado somente no *caput* pela Lei n. 13.467/1207, passa a estabelecer valor máximo para as custas processuais, correspondente a "quatro vezes o limite máximo dos benefícios do Regime Geral de Previdência Social". A manutenção dos incisos e parágrafos do art. 789 da CLT indica que os critérios neles estipulados sujeitar-se-ão ao teto legal fixado no *caput* do artigo.

O Tribunal Superior do Trabalho optou, na Instrução Normativa n. 41/18, em relação a este tema, por aplicar a teoria do isolamento dos atos processuais, esculpida no art. 14 do CPC[5], segundo o qual a Lei processual nova há de ser aplicada aos feitos em curso, vedada a sua retroatividade por imposição constitucional (art. 5º, XXXVI). Dessa forma, o limite do *caput* do art. 789 será aplicado às decisões proferidas após a vigência da Lei n. 13.467/2017, ainda que a ação judicial tenha sido ajuizada antes de 11 de novembro de 2017, critério especificamente utilizado neste artigo da IN 41/18.

ART. 5º O ART. 790-B, *CAPUT* E §§ 1º A 4º, DA CLT, NÃO SE APLICA AOS PROCESSOS INICIADOS ANTES DE 11 DE NOVEMBRO DE 2017

Por Carolina Silva Silvino Assunção[6]

O art. 790-B, com a nova redação atribuída pela Lei n. 13.467/2017, assim dispõe:

> Art. 790-B. A responsabilidade pelo pagamento dos honorários periciais é da parte sucumbente na pretensão objeto da perícia, ainda que beneficiária da justiça gratuita.
>
> § 1º Ao fixar o valor dos honorários periciais, o juízo deverá respeitar o limite máximo estabelecido pelo Conselho Superior da Justiça do Trabalho.
>
> § 2º O juízo poderá deferir parcelamento dos honorários periciais.
>
> § 3º O juízo não poderá exigir adiantamento de valores para realização de perícias.
>
> § 4º Somente no caso em que o beneficiário da justiça gratuita não tenha obtido em juízo créditos capazes de suportar a despesa referida no *caput*, ainda que em outro processo, a União responderá pelo encargo.

O legislador reformista optou por caminho diverso do escolhido quando da elaboração do Código de Processo Civil de 2015, que trouxe livro específico, intitulado "Das disposições finais e transitórias", com o intuito de regulamentar a aplicação do direito intertemporal.

Na oportunidade, previu-se no art. 1.047 que "as disposições de direito probatório adotadas neste código aplicam-se apenas às provas requeridas ou determinadas de ofício a partir da data de início da sua vigência". Observa-se assim que, ao regular o direito transitório no processo comum, notadamente no que diz respeito ao direito probatório – momento processual em que se observa a realização da prova pericial, optou o legislador por adotar a regra do *tempus regit actum* e a teoria do isolamento dos atos

---

4. Graduanda em Direito na Faculdade de Direito Milton Campos/MG. Membro do Grupo de Estudos em Processo do Trabalho da Faculdade de Direito Milton Campos. Estagiária no Tribunal do Trabalho da 3ª Região. Monitora de Direito Processual do Trabalho.

5. Art. 14 do CPC: A norma processual não retroagirá e será aplicável imediatamente aos processos em curso, respeitados os atos processuais praticados e as situações jurídicas consolidadas sob a vigência da norma revogada.

6. Mestranda em Direito das Relações Sociais e Trabalhistas pelo Centro Universitário do Distrito Federal (UDF). Pós-graduanda em Direito do Trabalho pela Fundação Getúlio Vargas (FGV). Especialista em Direito Material e Processual do Trabalho pela Faculdade Milton Campos. Membro da Oficina de Estudos Avançados "Interfaces entre o Processo Civil e o Processo do Trabalho" (IPCPT) da FDMC/MG. Professora do curso de pós-graduação da Faculdade de Direito Milton Campos. Advogada inscrita na OAB/MG.

processuais de maneira a aplicar aos atos a Lei vigente no momento de sua prática.

É certo que o momento processual em que se define a condenação e, consequentemente, a sucumbência pericial (art. 790-B *caput*) é na prolação da sentença de forma que, considerando o comando constitucional previsto no art. 5º, XXXVI, o art. 6º da LINDB e os art. 14 e 1046 do CPC/15, deveria ser considerada, para fins de imputação de responsabilidade, a norma vigente no momento da prolação da sentença.

Não se pode olvidar, contudo, que a aplicação da sucumbência pericial ao beneficiário da justiça gratuita, que quando do ajuizamento da ação não contava com esse ônus para a análise do risco da demanda, traria relevantes consequências no que diz respeito à violação dos princípios da segurança jurídica, da preservação da confiança e da boa-fé objetiva, além de atentar contra os princípios da razoabilidade e proporcionalidade.

Dessa forma, visando não frustrar as legítimas expectativas dos jurisdicionados, o Tribunal Superior do Trabalho realizou um juízo de ponderação entre os valores jurídicos envolvidos e optou, acertadamente, em aplicar as inovações relativas à responsabilidade pelas despesas processuais apenas para os processos ajuizados após o fim da *vacatio legis* da Lei n. 13.467/2014.

ART. 6º NA JUSTIÇA DO TRABALHO, A CONDENAÇÃO EM HONORÁRIOS ADVOCATÍCIOS SUCUMBENCIAIS, PREVISTA NO ART. 791-A, E PARÁGRAFOS, DA CLT, SERÁ APLICÁVEL APENAS ÀS AÇÕES PROPOSTAS APÓS 11 DE NOVEMBRO DE 2017 (LEI N. 13.467/2017). NAS AÇÕES PROPOSTAS ANTERIORMENTE, SUBSISTEM AS DIRETRIZES DO ART. 14 DA LEI N. 5.584/1970 E DAS SÚMULAS NS. 219 E 329 DO TST

Por Rafael Dias Medeiros[7]

O Pleno do Tribunal Superior do Trabalho aprovou em 21 de junho de 2018 a Instrução Normativa n. 41/2018, que se refere às normas de direito processual relativas à Lei n. 13.467/2017, denominada reforma trabalhista. O documento aprovado pelo plenário foi resultado do trabalho elaborado pela comissão composta de nove Ministros do TST, buscando conferir segurança jurídica ao sistema processual trabalhista.

A Instrução Normativa n. 41/18, objetivando sanar algumas incertezas quanto à aplicação de alguns institutos processuais, seguiu a diretriz de assegurar aos jurisdicionados *o direito adquirido processual, o ato jurídico processual perfeito e a coisa julgada*, conforme elencado na exposição de motivos do referido documento.

Levou em consideração que a parte postulante, no momento do ajuizamento da ação trabalhista, não poderia prever o ônus processual decorrente do risco da demanda.

Em consonância com princípios da confiança e boa-fé objetiva, o Tribunal Superior do Trabalho resolveu aplicar as alterações promovidas pela Lei n. 13.467/2017 apenas aos processos iniciados após 11.11.2017, conforme sustentado em artigo publicado nesta obra.

Cabe frisar que a referida Instrução Normativa não tem natureza vinculante haja vista que não se exige sua observância, obrigatoriamente, pelos magistrados de primeiro e segundo graus. Há de se destacar, contudo, que os dispositivos elencados na norma sinalizam como, no Tribunal Superior do Trabalho, deverão ser tratadas as questões processuais introduzidas pela Lei n. 13.467/2017.

ART. 7º OS ARTS. 793-A, 793-B E 793-C, § 1º, DA CLT TÊM APLICAÇÃO AUTÔNOMA E IMEDIATA

ART. 8º A CONDENAÇÃO DE QUE TRATA O ART. 793-C, *CAPUT*, DA CLT, APLICA-SE APENAS ÀS AÇÕES AJUIZADAS A PARTIR DE 11 DE NOVEMBRO DE 2017 (LEI N. 13.467/2017)

ART. 9º O ART. 793-C, §§ 2º E 3º, DA CLT TEM APLICAÇÃO APENAS NAS AÇÕES AJUIZADAS A PARTIR DE 11 DE NOVEMBRO DE 2017 (LEI N. 13.467/2017)

ART. 10. O DISPOSTO NO *CAPUT* DO ART. 793-D SERÁ APLICÁVEL ÀS AÇÕES AJUIZADAS A PARTIR DE 11 DE NOVEMBRO DE 2017 (LEI N. 13.467/2017)

Por Luiza Otoni[8]

As teorias que orientam o processo jurisdicional preconizam os valores éticos da justiça e solidariedade como norteadores da garantia do acesso à justiça (CF, art. 5º, XXXV) e do devido processo legal (CF, art. 5º, LIV). Ditos valores conferem à tutela jurisdicional o seu campo ético, a que há de se sujeitar todo o desenvolvimento do processo, servindo de orientação para o comportamento de todos os que atuam no cenário judicial de modo a torná-los solidários na realização da justiça.

Os deveres das partes e intervenientes do processo, pelo que se verifica, estão pautados nos princípios da boa-fé objetiva, aplicável tanto ao direito individual quanto ao direito coletivo do trabalho, que se manifesta pela obrigação de que todos os envolvidos na relação processual – empregador, empregado, juiz, terceiros intervenientes e auxiliares da justiça – devem dispor de padrões éticos de conduta, observando os preceitos de moralidade, verdade e probidade em todas as fases do procedimento, visando garantir o regular e isonômico andamento do feito.

---

7. Mestrando em Direito Público pela Universidade Fumec. Pós- graduado em Direito do Trabalho e Processual do Trabalho. Advogado
8. Especialista em Direito Processual Civil pela Faculdade de Direito Milton Campos. Especialista em Direito Administrativo pela Universidade Anhanguera/ LFG. Membro do Grupo de Estudos em Processo do Trabalho da Faculdade de Direito Milton Campos. Advogada.

O ilícito processual, além de, naturalmente, causar danos à parte antagônica na demanda judicial, concorre para a morosidade, seja por aumentar o número de demandas a serem julgadas, seja por criar incidentes protelatórios, que retardam ilegitimamente a trajetória processual. Assim, cuida-se de comportamento desfavorável à parte contrária, à sociedade como um todo e, por fim, ao Estado, que é encarregado do exercício da função jurisdicional, devendo prezar para que seja adequada, tempestiva e efetiva em seus resultados.

Precisamente com vistas a difundir os instrumentos de combate à má-fé e às manobras processuais, a medida que reconhecidas como adversárias da celeridade e efetividade processual, é que já se aplicava, de forma tímida e subsidiária, a condenação por litigância de má-fé no processo do trabalho.

Em que pese a existência de aplicação da litigância de má-fé na matéria processual trabalhista, recorrendo-se de utilização subsidiária do direito comum para a sua fundamentação (CLT, art. 769; CPC, art. 15), somente a partir da Reforma Trabalhista (Lei n. 13.467 de 2017), diante da expansão do instituto ao inaugurar um capítulo que trata exclusivamente sobre o Dano Processual, é que a aplicação da litigância de má-fé ganha força no Direito Processual do Trabalho.

A Reforma Trabalhista introduziu na Seção IV-A, do Capítulo II do Título X, intitulado "Da Responsabilidade por Dano Processual", o art. 793-A, com a seguinte redação: *"Responde por perdas e danos aquele que litigar de má-fé como reclamante, reclamada ou interveniente"*, reconhecendo expressamente o direito à ampla e adequada reparação por danos processuais na seara laboral.

Na sequência, o art. 793-B da CLT, abarca as situações em que a parte litigante ou interveniente será considerada como litigante de má-fé. Nota-se que o preceito celetista reproduziu com fidelidade o rol trazido pelo art. 80 do Código de Processo Civil.

No art. 793-C, *caput*, da CLT materializam-se três penalidades impostas ao sujeito processual que agir com má-fé na medida em que abarca: 1) pagar multa – que deverá ser superior a 1% (um por cento) e inferior a 10% (dez por cento) do valor corrigido da causa; 2) indenizar os prejuízos que a parte contrária sofreu; e 3) arcar com honorários advocatícios e com todas as despesas processuais da parte adversa.

O parágrafo primeiro do referido artigo prevê que na iminência de haver dois ou mais litigantes de má-fé, o juiz condenará cada um na proporção de seu respectivo interesse na causa ou solidariamente aqueles que se coligaram para lesar a parte contrária (CLT, art. 793-C, § 1º) e nada mais justo do que dividir a responsabilidade pelo ilícito a quem lhe deu causa ou concorreu para a sua prática.

A única diferença que existe entre as disposições acerca do tema de litigância de má-fé constantes na CLT e no CPC, diz respeito ao limite máximo do valor da indenização decorrente das condutas, nas hipóteses em que o valor da causa for irrisório ou inestimável. No primeiro diploma citado, o limite máximo é equivalente a duas vezes o valor do teto dos benefícios previdenciários (CLT, art. 793-C, § 2º), enquanto no Código de Processo Civil o valor é de dez vezes o valor do salário mínimo.

O valor da indenização será fixado pelo juiz ou, caso não seja possível mensurá-lo, liquidado por arbitramento ou pelo procedimento comum (que a CLT continua a chamar de artigos" – art. 879, *caput*), nos próprios autos (CLT, art. 793-C, § 3º).

O art. 793-D, por sua vez, trata do tema litigância de má-fé inserido pela Reforma Trabalhista (art. 793-D da CLT), alvo de grande questionamento pela doutrina, prevê a aplicação de multa sancionatória à testemunha "que intencionalmente alterar a verdade dos fatos ou omitir fatos essenciais ao julgamento da causa".

Nota-se que a apenação da litigância de má-fé é instrumento adequado se usado com bom senso e racionalidade pelos julgadores. Quer dizer, a aplicação de sanção deve se pautar por critérios e situações objetivas e não de subjetivismo totalmente discricionário do julgador, sob pena de converter em instrumento de mero arbítrio.

Fruto do trabalho da Comissão de Regulamentação da Lei da Reforma Trabalhista, o Pleno do Tribunal Superior do Trabalho aprovou recentemente a Instrução Normativa n. 41, editada, por meio da Resolução n. 221, de 21 de junho de 2018, para regular a aplicabilidade intertemporal da Lei n. 13.467/2017 no que diz respeito a matéria processual.

Indiscutivelmente, ao tratar do art. 793, em suas várias letras, a IN n. 41/18 fixou critérios diversos, determinando nos casos do art. 7º a sua aplicação autônoma e imediata e, nos arts. 8º, 9º e 10, que tratam do mesmo tema, a necessidade de se observar o ajuizamento das ações a partir de 11 de novembro de 2017.

Na prática, essa distinção pode trazer alguma dificuldade na aplicação das normas mencionadas, sendo certo que a fixação de um critério temporal único seria mais razoável.

O art. 7º da Instrução Normativa n. 41/18 prevê que os arts. 793-A, 793-B e 793-C, § 1º, da CLT, têm aplicação autônoma e imediata. Na realidade, tais artigos não simbolizam propriamente uma novidade no ordenamento jurídico brasileiro, tendo em vista que tais penalidades já se encontravam previstas no Código de Processo Civil (arts. 79 a 81 do CPC), adotado supletiva e subsidiariamente no Direito Processual do Trabalho.

O Tribunal Superior do Trabalho decidiu também, nos arts. 8º, 9º e 10 da mesma Instrução Normativa, que é aplicável o artigo 793-C, *caput*, §§ 2º e 3º, e D, da CLT, apenas às ações ajuizadas a partir de 11 de novembro de 2017 (Lei n. 13.467/2017).

Ocorre que, por se tratar de uma sanção eminentemente processual, jamais poderia estar vinculada ao momento de propositura da ação judicial e, ainda, ao obstacularizar a imposição das sanções e da multa à testemunha, resta quase que prejudicada a apenação a uma conduta de má-fé.

Pode-se perceber que a Instrução Normativa não seguiu uma sistematização adotando só um critério de utilização do direito intertemporal no que diz respeito ao Direito Processual do Trabalho. Observa-se que, em casos em que não traria o elemento surpresa para a parte, o TST adotou a "Teoria do Isolamento dos Atos Processuais" prevista nos arts. 14 e 1.046 do Código de Processo Civil e, nas demais oportunidades, aplicou um elemento de ponderação para harmonizar os novos artigos da Lei n. 13.467 de 2017 com os princípios da segurança jurídica, da proteção da confiança e da previsibilidade dos riscos da demanda às partes litigantes.

ART. 11. A EXCEÇÃO DE INCOMPETÊNCIA TERRITORIAL, DISCIPLINADA NO ART. 800 DA CLT, É IMEDIATAMENTE APLICÁVEL AOS PROCESSOS TRABALHISTAS EM CURSO, DESDE QUE O RECEBIMENTO DA NOTIFICAÇÃO SEJA POSTERIOR A 11 DE NOVEMBRO DE 2017 (LEI N. 13.467/2017)

Por Carolina Silva Silvino Assunção[9]

O legislador reformista optou por caminho diverso ao escolhido quando da elaboração do Código de Processo Civil de 2015, que trouxe livro específico, intitulado "Das disposições finais e transitórias", com o intuito de regulamentar a aplicação do direito intertemporal.

Na oportunidade, previu-se no art. 1.046 que "ao entrar em vigor este Código, suas disposições se aplicarão desde logo aos processos pendentes, ficando revogada a Lei n. 5.869, de 11 de janeiro de 1973" e no art. 14 "a norma processual não retroagirá e será aplicável imediatamente aos processos em curso, respeitados os atos processuais praticados e as situações jurídicas consolidadas sob a vigência da norma revogada". Observa-se assim que, ao regular o direito transitório no processo comum, optou o legislador por adotar a regra do *tempus regit actum* e a teoria do isolamento dos atos processuais de maneira a aplicar aos atos a Lei vigente no momento de sua prática.

É no momento da notificação da reclamada que se inicia o direito de alegar a exceção de incompetência territorial, que deve ser apresentada no prazo de cinco dias, em peça apartada.

O Tribunal Superior do Trabalho, ao interpretar a norma de direito processual aplicável à hipótese, adotou a regra de isolamento dos atos processuais prevista no processo comum para, acertadamente, aplicar as alterações promovidas pela Lei n. 13.467/2017, no que diz respeito ao novo procedimento, a todas as ações que tiverem a notificação da reclamada expedida a partir de 11.11.2017. Salienta-se, por fim, que este foi o posicionamento adotado no artigo "O novo procedimento da exceção de incompetência territorial no processo do trabalho", que compõe esta obra.

ART. 12. OS ARTS. 840 E 844, §§ 2º, 3º E 5º, DA CLT, COM AS REDAÇÕES DADAS PELA LEI N. 13.467, DE 13 DE JULHO DE 2017, NÃO RETROAGIRÃO, APLICANDO-SE, EXCLUSIVAMENTE, ÀS AÇÕES AJUIZADAS A PARTIR DE 11 DE NOVEMBRO DE 2017

§ 1º APLICA-SE O DISPOSTO NO ART. 843, § 3º, DA CLT SOMENTE ÀS AUDIÊNCIAS TRABALHISTAS REALIZADAS APÓS 11 DE NOVEMBRO DE 2017

§ 2º PARA FIM DO QUE DISPÕE O ART. 840, §§ 1º E 2º, DA CLT, O VALOR DA CAUSA SERÁ ESTIMADO, OBSERVANDO-SE, NO QUE COUBER, O DISPOSTO NOS ARTS. 291 A 293 DO CÓDIGO DE PROCESSO CIVIL

§ 3º NOS TERMOS DO ART. 843, § 3º, E DO ART. 844, § 5º, DA CLT, NÃO SE ADMITE A CUMULAÇÃO DAS CONDIÇÕES DE ADVOGADO E PREPOSTO

Por Lorena Luiza Oliveira Mayrink[10]

Com o advento da Reforma Trabalhista ocorreram profundas modificações trazidas pelo legislador ao Direito Processual do Trabalho, sem que houvesse qualquer disposição sobre o momento de incidência da nova lei. Em regra o Direito Processual brasileiro adota a teoria do isolamento dos atos processuais na qual cada ato deve ser visto em separado para determinar qual o direito aplicável. O Código de Processo Civil adota a teoria anterior como regra geral processual na forma prevista no art. 14 c/c art. 1.046, que preveem que as normas processuais se aplicam de imediato aos processos em curso, respeitando os atos praticados e as situações consolidadas sob a vigência da Lei anterior.

As alterações operadas no art. 840 da CLT no tocante ao pedido, em especial à determinação e indicação de valores, apenas deverá ser exigida das ações ajuizadas após 11.11.2017. Tal entendimento evita a sua aplicação imediata, como tem ocorrido em alguns casos, com o consequente indeferimento da inicial.

Além disso, nas ações propostas após a vigência da Lei n. 13.467/2017, os valores atribuídos aos pedidos poderão ser feitos por estimativa, aproximando-se, na medida do possível, daquele que seria o valor exato. Nesse aspecto, o Tribunal Superior do Trabalho sinaliza a superação do entendimento em relação ao anteriormente adotado no tocante

---

9. Mestranda em Direito das Relações Sociais e Trabalhistas pelo Centro Universitário do Distrito Federal (UDF). Pós-graduanda em Direito do Trabalho pela Fundação Getúlio Vargas (FGV). Especialista em Direito Material e Processual do Trabalho pela Faculdade Milton Campos. Membro da Oficina de Estudos Avançados "Interfaces entre o Processo Civil e o Processo do Trabalho" (IPCPT) da FDMC/MG. Professora do curso de pós-graduação da Faculdade de Direito Milton Campos. Advogada inscrita na OAB/MG.

10. Graduada em Direito pela Faculdade de Direito Milton Campos. Membro do Grupo de Estudos IPCPT – As Interfaces Entre Processo Civil e o Processo do Trabalho da FDMC. Advogada.

à quantificação dos pedidos no rito sumaríssimo, na mesma linha da Tese Prevalecente n. 17 do TRT da 3ª Região.

No que diz respeito ao art. 844, § 2º e § 3º, da CLT, especificamente quanto ao pagamento das custas por arquivamento da ação, no que se refere aos beneficiários da justiça gratuita, não incide a exigência de justificação para ações ajuizadas anteriormente a 11.11.2017, inclusive para a propositura de nova ação.

A respeito da aplicação do disposto no art. 844 § 5º da CLT, se fossemos seguir a diretriz do CPC, seria aplicada a regra vigente no momento da apresentação da defesa, que ocorre na audiência. O TST, contudo, a fim de manter a proteção da confiança e a segurança jurídica preferiu não adotar nesta hipótese a teoria do isolamento dos atos processuais, estipulando que a regra a ser adotada é a da data do ajuizamento da ação.

Além da importância da IN n. 41 à harmonia e homogeneidade acerca das questões de direito intertemporal, o entendimento do Tribunal Superior do Trabalho resguarda também neste aspecto o autor da demanda trabalhista.

No § 1º do art. 12 da IN n. 41 o TST opta por seguir a regra geral, adotando a teoria do isolamento dos atos processuais, determinando que a nova norma mencionada no § 3º do art. 843 – que determina que o preposto não precisa ser empregado da reclamada – será aplicada às audiências trabalhistas realizadas a partir de 11 de novembro de 2017.

Ainda, em conformidade ao estipulado no art. 3º do Regulamento Geral do Estatuto da Advocacia, o TST, por meio do § 3º do art. 12, reforçou a vedação de cumular as condições preposto e advogado.

ART. 13. A PARTIR DA VIGÊNCIA DA LEI N. 13.467/2017, A INICIATIVA DO JUIZ NA EXECUÇÃO DE QUE TRATA O ART. 878 DA CLT E NO INCIDENTE DE DESCONSIDERAÇÃO DA PERSONALIDADE JURÍDICA A QUE ALUDE O ART. 855-A DA CLT FICARÁ LIMITADA AOS CASOS EM QUE AS PARTES NÃO ESTIVEREM REPRESENTADAS POR ADVOGADO

Por Clarissa Valadares Chaves[11]

O presente artigo cuidou de dois sensíveis aspectos relacionados à atuação oficiosa do juiz do trabalho, quais sejam: o prosseguimento da fase executória e a instauração do incidente de desconsideração da personalidade jurídica.

No primeiro caso, o TST apenas repetiu a nova redação do art. 878 da CLT, entendendo que ao juiz só será permitido dar início à fase de execução quando a parte não estiver representada por advogado, ou seja, estiver exercendo o *jus postulandi*. Sem adentrar na constitucionalidade do dispositivo em face do amplo acesso à justiça previsto na Constituição, percebe-se que a questão ainda não está muito clara, porquanto não há definição quanto ao momento de manifestação da parte na execução para autorizar o juiz a dar continuidade aos atos executórios.

Interpretando-se sistematicamente e teleologicamente o dispositivo, infere-se que a parte poderá demonstrar seu interesse em ter a tutela executiva a qualquer tempo e por qualquer meio, seja por mera petição, na petição inicial ou, até mesmo, verbalmente.

O segundo aspecto trazido pelo TST, adotando certa simetria com a previsão do art. 878, foi de possibilitar ao juiz a instauração do Incidente de Desconsideração da Personalidade Jurídica de ofício, apenas se a parte não estiver representada por advogado. O art. 855-A da CLT remete à aplicação do instituto processual civil disposto nos art. 133 do CPC, o qual determina que "o incidente de desconsideração da personalidade jurídica será instaurado a pedido da parte ou do Ministério Público, quando lhe couber intervir no processo.

Quanto a este último aspecto, não se pode esquecer que, em se tratando de execução trabalhista, é extremamente relevante a adoção do impulso oficial para lhe dar efetividade. Se este encontra amparo na fase de conhecimento, por força do art. 765 da CLT e art. 2º do CPC/15, com muito mais razão tem aplicação à execução, no curso dela, independente da presença de advogado como seu desdobramento, a exemplo da desconsideração da personalidade jurídica.

Por fim, nota-se que, com respaldo na segurança jurídica das partes e na estabilidade das relações processuais, as modificações reformistas com suas respectivas interpretações devem ser aplicadas apenas para processos iniciados a partir da vigência da Lei n. 13.467, ou seja, ações ajuizadas após o dia 11 de novembro de 2017 (art. 1º da IN 41/TST).

ART. 14. A REGRA INSCRITA NO ART. 879, § 2º, DA CLT, QUANTO AO DEVER DE O JUIZ CONCEDER PRAZO COMUM DE OITO DIAS PARA IMPUGNAÇÃO FUNDAMENTADA DA CONTA DE LIQUIDAÇÃO, NÃO SE APLICA À LIQUIDAÇÃO DE JULGADO INICIADA ANTES DE 11 DE NOVEMBRO DE 2017

Por Natália Xavier[12]

O art. 14 da Instrução Normativa trata de questão atinente à aplicação de norma de natureza processual no tempo, a saber, prazo para impugnação aos cálculos de liquidação.

---

11. Especialista em Direito do Trabalho e Processo do Trabalho pela Faculdade de Direito Milton Campos/MG e em Direito do Trabalho pela UCAM – Universidade Cândido Mendes/RJ. Membro do Grupo de Estudos IPCPT – Interfaces do Processo Civil com o Processo do Trabalho, da FDMC/MG. Advogada.
12. Mestranda em Direito Privado pela Pontifícia Universidade Católica de Minas Gerais (Bolsista FAPEMIG). Especialista em Direito do Trabalho pela Universidade Cândido Mendes/RJ (2015). Graduada em Direito pela Faculdade de Direito Milton Campos (2013). Membro do Grupo de Pesquisa e de Estudos Retrabalhando o Direito – RED. Membro da Oficina de Estudos Avançados 'As interfaces entre o Processo Civil e o Processo do Trabalho' – IPCPT. Advogada.

Não obstante a regra geral contida no art. 1º da Instrução Normativa dispor sobre a aplicação imediata de normas dessa natureza, entendeu-se por bem elucidar a aplicação desse dispositivo – art. 879, § 2º da CLT, que assim dispõe:

> § 2º. *Elaborada a conta e tornada líquida, o juízo deverá abrir às partes prazo comum de oito dias para impugnação fundamentada com a indicação dos itens e valores objeto da discordância, sob pena de preclusão.*

Nos termos do art.14, o dever legal do julgador conceder prazo comum para as partes impugnarem os cálculos de liquidação somente será aplicável às liquidações iniciadas após a entrada em vigor da Lei n. 13.467/2017, ainda que o processo tenha se originado anteriormente.

Nesse sentido, tem-se que o marco para aplicação do novo dispositivo celetista não é a data da propositura da ação, mas a de início da fase de liquidação, que deve ser posterior à 11 de novembro de 2017.

ART. 15. O PRAZO PREVISTO NO ART. 883-A DA CLT, PARA AS MEDIDAS DE EXECUÇÃO INDIRETA NELE ESPECIFICADAS, APLICA-SE SOMENTE ÀS EXECUÇÕES INICIADAS A PARTIR DE 11 DE NOVEMBRO DE 2017

Por Júlia Figueiredo Junqueira[13]

O art. 883-A, incluído na legislação trabalhista pela Lei n. 13.467/2017, assim dispõe:

> Art. 883-A. A decisão judicial transitada em julgado somente poderá ser levada a protesto, gerar inscrição do nome do executado em órgãos de proteção ao crédito ou no Banco Nacional de Devedores Trabalhistas (BNDT), nos termos da lei, depois de transcorrido **o prazo de quarenta e cinco dias** a contar da citação do executado, se não houver garantia do juízo.

A Instrução Normativa em análise apenas disciplina a respeito do prazo previsto no art. 883-A da CLT, não se preocupando com a efetividade ou não das medidas nele especificadas, haja vista que institutos como o do "protesto" e da "inscrição do nome do executado em órgãos de proteção ao crédito" ou "no Banco Nacional de Devedores Trabalhistas" já existiam na ordem jurídica, passando apenas a serem normatizados no âmbito trabalhista após a inclusão do referido artigo na CLT.

A Instrução Normativa n. 39/2016, contudo, em seu art. 17, disciplina que:

> Sem prejuízo da inclusão do devedor no Banco Nacional de Devedores Trabalhistas (CLT, art. 642-A), aplicam-se à execução trabalhista as normas dos arts. 495, 517 e 782, §§ 3º, 4º e 5º do CPC, que tratam respectivamente da hipoteca judiciária, do protesto de decisão judicial e da inclusão do nome do executado em cadastros de inadimplentes.

Os art. 517 e 523 do CPC disciplinam que a decisão judicial transitada em julgado poderá ser levada a protesto após transcorrido o prazo para pagamento voluntário, que é de 15 dias.

Como o art. 883-A da CLT disciplina um prazo de 45 dias para que se possa levar a protesto a decisão judicial transitada em julgado, de forma acertada, a IN n. 41/2018 estabeleceu que somente será aplicado o novo prazo às execuções iniciadas a partir de 11 de novembro de 2017.

ART. 16. O ART. 884, § 6º, DA CLT APLICA-SE ÀS ENTIDADES FILANTRÓPICAS E SEUS DIRETORES, EM PROCESSOS COM EXECUÇÕES INICIADAS A PARTIR DE 11 DE NOVEMBRO DE 2017

Por Thais de Souza Parentoni[14]

Dispõe o art. 884, §6º, com redação atribuída pela Lei n. 13.467/17:

> Art. 884. § 6º A exigência da garantia ou penhora não se aplica às entidades filantrópicas e/ou àqueles que compõem ou compuseram a diretoria dessas instituições.

A inclusão do § 6º no art. 884 possibilita que as entidades filantrópicas e seus diretores apresentem seus embargos à execução sem que garantam a execução em dinheiro ou outro bem. Essa vantagem também é aplicada a essas entidades em relação ao depósito recursal diante da inserção do § 10 no art. 899 da CLT que passou a prever que: "*são isentos do depósito recursal os beneficiários da justiça gratuita, as entidades filantrópicas e as empresas em recuperação judicial*".

Na Instrução Normativa n. 41/18, o TST considerou que a dispensa da garantia ou da penhora aplica-se somente aos processos iniciados a partir de 11 de novembro de 2017. Assim, o tribunal optou por preservar a unidade da fase executória, pois ainda que os embargos à execução não tenham sido apresentados, caso iniciada a execução, as entidades filantrópicas e aqueles que compõem ou compuseram a sua diretoria deverão garantir a execução.

Apesar de adotar, na maior parte da Instrução Normativa n. 41/18, a teoria do isolamento dos atos processuais, no artigo em análise o Tribunal Superior do Trabalho aplicou o sistema de fases processuais, segundo o qual o processo é constituído de fases autônomas, regidas pela Lei vigente do

---

13. Graduanda em Direito pela Faculdade de Direito Milton Campos/MG. Membro da Oficina de Estudos Avançados IPCPT – As Interfaces Entre Processo Civil e o Processo do Trabalho e da Oficina de Estudos sobre a Reforma Trabalhista, ambos da Faculdade de Direito Milton Campos. Estagiária no Tribunal do Trabalho 3ª Região. Monitora de Direito Processual do Trabalho da FDMC

14. Graduanda em Direito na Faculdade de Direito Milton Campos/MG. Membro do Grupo de Estudos em Processo do Trabalho da Faculdade de Direito Milton Campos. Estagiária no Tribunal do Trabalho da 3ª Região. Monitora de Direito Processual do Trabalho.

seu início. Defende-se que a alternância entre as teorias do isolamentos dos atos processuais e do sistema de fases processuais pode representar uma dificuldade em sua aplicação prática de forma que o ideal seria a opção por apenas uma delas.

ART. 17. O INCIDENTE DE DESCONSIDERAÇÃO DA PERSONALIDADE JURÍDICA, REGULADO PELO CPC (ARTS. 133 A 137), APLICA-SE AO PROCESSO DO TRABALHO, COM AS INOVAÇÕES TRAZIDAS PELA LEI N. 13.467/2017

Por Maria Júlia Bravieira Carvalho[15]

A Lei n. 13.467/2017 acresceu a Seção IV, intitulada Do Incidente de Desconsideração da Personalidade Jurídica, ao Capítulo III da CLT, que trata dos Dissídios Individuais.

O TST, quando da edição da Instrução Normativa n. 39/16, que dispôs sobre as normas do CPC aplicáveis ou não ao processo do trabalho, já havia se posicionado no sentido de admitir a aplicação do incidente de desconsideração da personalidade jurídica nos termos do CPC/15. Inclusive, o art. 855-A, nos moldes em que é apresentado, é a reprodução[16] do art. 6º da IN n. 39/16.

Ressalte-se que esse posicionamento do TST é fortemente criticado pela doutrina trabalhista, mesmo diante das ressalvas contidas no art. 855-A, ressaltando a incompatibilidade do incidente de desconsideração da personalidade jurídica com os preceitos e princípios do processo do trabalho, sobretudo diante das "diferentes premissas que norteiam a cobrança do crédito trabalhista da cobrança dos créditos comerciais e oriundos das relações civis em geral[17]." (SILVA, 2017, p. 103). Convém acrescer, contudo, que é difícil, diante de dispositivo legal expresso e do posicionamento do Tribunal Superior do Trabalho, defender a não aplicação do art. 855-A, CLT.

ART. 18. O DEVER DE OS TRIBUNAIS REGIONAIS DO TRABALHO UNIFORMIZAREM A SUA JURISPRUDÊNCIA FAZ INCIDIR, SUBSIDIARIAMENTE AO PROCESSO DO TRABALHO, O ART. 926 DO CPC, POR MEIO DO QUAL OS TRIBUNAIS DEVERÃO MANTER SUA JURISPRUDÊNCIA ÍNTEGRA, ESTÁVEL E COERENTE

§ 1º OS INCIDENTES DE UNIFORMIZAÇÃO DE JURISPRUDÊNCIA SUSCITADOS OU INICIADOS ANTES DA VIGÊNCIA DA LEI N. 13.467/2017, NO ÂMBITO DOS TRIBUNAIS REGIONAIS DO TRABALHO OU POR INICIATIVA DE DECISÃO DO TRIBUNAL SUPERIOR DO TRABALHO, DEVERÃO OBSERVAR E SERÃO CONCLUÍDOS SOB A ÉGIDE DA LEGISLAÇÃO VIGENTE AO TEMPO DA INTERPOSIÇÃO DO RECURSO, SEGUNDO O DISPOSTO NOS RESPECTIVOS REGIMENTOS INTERNOS

§ 2º AOS RECURSOS DE REVISTA E DE AGRAVO DE INSTRUMENTO NO ÂMBITO DO TRIBUNAL SUPERIOR DO TRABALHO, CONCLUSOS AOS RELATORES E AINDA NÃO JULGADOS ATÉ A EDIÇÃO DA LEI N. 13.467/2017, NÃO SE APLICAM AS DISPOSIÇÕES CONTIDAS NOS §§ 3º A 6º DO ARTIGO 896 DA CONSOLIDAÇÃO DAS LEIS DO TRABALHO

§ 3º AS TESES JURÍDICAS PREVALECENTES E OS ENUNCIADOS DE SÚMULAS DECORRENTES DO JULGAMENTO DOS INCIDENTES DE UNIFORMIZAÇÃO DE JURISPRUDÊNCIA SUSCITADOS OU INICIADOS ANTERIORMENTE À EDIÇÃO DA LEI N. 13.467/2017, NO ÂMBITO DOS TRIBUNAIS REGIONAIS DO TRABALHO, CONSERVAM SUA NATUREZA VINCULANTE À LUZ DOS ARTS. 926, §§ 1º E 2º, E 927, III E V, DO CPC

Por Natália Xavier[18]

O art. 18 da Instrução Normativa 41/18 traz questão de suma importância, a saber, o procedimento de Uniformização de Jurisprudência nos Tribunais Regionais do Trabalho, cuja aplicação, apesar de extremamente necessária, foi consideravelmente alterada pela Lei. n. 13.467/2017.

Inicialmente, cumpre ressaltar que até o advento da Reforma Trabalhista o Incidente de Uniformização de Jurisprudência – IUJ, era regulado pelo art. 896, §§ 3º a 6º, introduzidos pela Lei n. 13.015/2014, que entrou em vigor

---

15. Mestranda em Direito nas Relações Econômicas e Sociais pela Faculdade Milton Campos. Pós- graduanda em Direito Empresarial pela Fundação Getúlio Vargas (FGV). Membro dos Grupos de Estudos "As interfaces entre o Processo Civil e o Processo do Trabalho" e GERT (Grupo de Estudos sobre a Reforma Trabalhista) da Faculdade de Direito Milton Campos. Advogada
16. Art. 6º Aplica-se ao Processo do Trabalho o incidente de desconsideração da personalidade jurídica regulado no Código de Processo Civil (arts. 133 a 137), assegurada a iniciativa também do juiz do trabalho na fase de execução (CLT, art. 878).
    § 1º Da decisão interlocutória que acolher ou rejeitar o incidente:
    I – na fase de cognição, não cabe recurso de imediato, na forma do art. 893, § 1º da CLT;
    II – na fase de execução, cabe agravo de petição, independentemente de garantia do juízo;
    III – cabe agravo interno se proferida pelo Relator, em incidente instaurado originariamente no tribunal (CPC, art. 932, inciso VI).
    § 2º A instauração do incidente suspenderá o processo, sem prejuízo de concessão da tutela de urgência de natureza cautelar de que trata o art. 301 do CPC.
17. SILVA, Homero Batista Mateus da. *Comentários à Reforma Trabalhista*: Análise da Lei n. 13.467/2017 – artigo por artigo. São Paulo: Revista dos Tribunais, 2017.
18. Mestranda em Direito Privado pela Pontifícia Universidade Católica de Minas Gerais (Bolsista FAPEMIG). Especialista em Direito do Trabalho pela Universidade Cândido Mendes/RJ (2015). Graduada em Direito pela Faculdade de Direito Milton Campos (2013). Membro do Grupo de Pesquisa e de Estudos Retrabalhando o Direito – RED. Membro da Oficina de Estudos Avançados 'As interfaces entre o Processo Civil e o Processo do Trabalho' – IPCPT. Advogada.

em 20 de setembro de 2014. Referidos dispositivos passaram a ser amplamente utilizados pelos Regionais Trabalhistas, atrelados ao determinado em seus Regimentos Internos.

O procedimento outrora estabelecido foi revogado pela Reforma Trabalhista, que colocou termo ao IUJ tal como conhecido. Nessa toada, com base na *novel* legislação, o procedimento para Uniformização de Jurisprudência passou a ser regulado pelo art. 702, I, f, da CLT, e seus §§ 3º e 4º, que exigem a cumulação de requisitos extremamente rígidos para Uniformização de Jurisprudência.

Atrelado ao cenário legislativo exposto, o Código de Processo Civil de 2015, aplicável à seara trabalhista neste aspecto (pois compatível), passou a privilegiar o Sistema de Precedentes, dispondo, em seu art. 926, que os Tribunais deverão manter a sua jurisprudência íntegra, estável e coerente.

Nesse sentido, providencial se fez a manifestação do c. TST por meio do *caput* do art. 18, pois consagrou o entendimento de que o supracitado art. 926 do CPC é aplicável ao Processo do Trabalho e que, independentemente das alterações legislativas, os Tribunais têm o dever legal de manter sua jurisprudência uniforme.

Nos termos do § 1º, os IUJ suscitados ou iniciados, antes de 11 de novembro de 2017 no âmbito dos Tribunais Regionais ou por decisão do TST, serão concluídos conforme o procedimento disposto na legislação vigente ao tempo da interposição do Recurso. Nesse sentido, ainda hoje, após o advento da Reforma Trabalhista, novas Súmulas poderão ser editadas nos termos do procedimento previsto nos Regimentos Internos dos Tribunais Regionais do Trabalho e nos §§ 3º e seguintes do art. 896 da CLT.

O § 2º, por sua vez, dispõe que os Recursos de Revista e Agravo de Instrumento já conclusos aos Relatores no âmbito do c. TST, mas ainda não analisados/julgados, não seguirão os trâmites legais previstos no art. 896, §§ 3º e seguintes da CLT. Nesse ponto, omitiu a Instrução Normativa acerca da aplicação da nova redação do famigerado art. 702, I, "f" da CLT, provavelmente ante a pendente Arguição de Inconstitucionalidade (*Arguição de inconstitucionalidade. Art. 702, I, "f", e §§ 3º e 4º, da CLT, suscitada na sessão de julgamento realizada em 22.03.2018, e TST-ERR-696-25.2012.5.05.0463, SBDI-I, rel. Min. Márcio Eurico Vitral Amaro, 24.05.2018. Remessa dos Autor ao Tribunal Pleno (*Cf. Informativo TST n. 174)*.

O § 3º esclarece que todas as Teses Prevalecentes e Súmulas editadas pelos Tribunais Regionais decorrentes do IUJ previsto no art. 896, §§ 3º e seguintes da CLT continuam em vigor, preservando sua natureza vinculante, nos termos dos arts. 926, §§ 1º e 2º, e 927, III e V, do CPC, o que garante a estabilização da jurisprudência até então consolidada e a consequente segurança jurídica dos jurisdicionados.

ART. 19. O EXAME DA TRANSCENDÊNCIA SEGUIRÁ A REGRA ESTABELECIDA NO ART. 246 DO REGIMENTO INTERNO DO TRIBUNAL SUPERIOR DO TRABALHO, INCIDINDO APENAS SOBRE OS ACÓRDÃOS PROFERIDOS PELOS TRIBUNAIS REGIONAIS DO TRABALHO PUBLICADOS A PARTIR DE 11 DE NOVEMBRO DE 2017, EXCLUÍDAS AS DECISÕES EM EMBARGOS DE DECLARAÇÃO.

Por Patrícia Ferreira Muzzi[19]

O requisito da transcendência para o processamento do recurso de revista foi abordado na Instrução Normativa n. 41/18 para esclarecer as questões atinentes à intertemporalidade de aplicação da *novel* legislação trabalhista quanto ao tema.

Sabe-se que o termo transcendência inserido na CLT, apesar de ser anterior ao advento da Lei n. 13.467/2017, carecia de regulamentação específica para sua aplicabilidade.

Assim, os Recursos de Revistas interpostos antes da vigência da Lei da Reforma Trabalhista não observavam o requisito da Transcendência, já que inexistiam regramentos sobre o procedimento específico para sua aferição ou parâmetros mais objetivos a fim de nortearem os recorrentes.

Nesse contexto, em observância ao princípio da segurança jurídica, o Regimento Interno do TST, aprovado pela Resolução Administrativa n.1937, estabeleceu que as normas relativas ao exame da Transcendência dos Recursos de Revista, previstas no art. 896-A da CLT, somente incidiriam naqueles interpostos contra decisões proferidas pelos Tribunais Regionais do Trabalho publicadas a partir de 11.11.2017, data de vigência da Lei n. 13.467/2017.

Corroborando ao que foi estabelecido no RITST, a Instrução Normativa em análise limitou a exigência do requisito da Transcendência aos Recursos de Revista interpostos contra acórdãos proferidos na vigência da nova lei, à exceção das decisões de embargos de declaração.

O que se observa com a redação do artigo 19 da Instrução Normativa n. 41/2018 é a manifestação do que já previsto na CLT, em seu art. 915, segundo o qual não serão atingidos os recursos interpostos com apoio em dispositivos alterados.

Não se pode admitir, assim, que os jurisdicionados sejam surpreendidos com o não conhecimento de recurso anterior à regulamentação da Transcendência, ou seja, em outras palavras, tal requisito não pode ser exigido dos Recursos de Revista interpostos dos acórdãos publicados antes da vigência da Lei n. 13.467/2017.

ART. 20. AS DISPOSIÇÕES CONTIDAS NOS §§ 4º, 9º, 10 E 11 DO ART. 899 DA CLT, COM A REDAÇÃO DADA PELA LEI N. 13.467/2017, SERÃO OBSERVADAS

---

19. Graduada em Direito na Faculdade de Direito Milton Campos/MG, Advogada Trabalhista no Escritório Carvalho & Furtado Advogados, Membro da Oficina de Estudos Avançados "As Interfaces entre o Processo Civil e o Processo do Trabalho" – IPCPT.

PARA OS RECURSOS INTERPOSTOS CONTRA AS DECISÕES PROFERIDAS A PARTIR DE 11 DE NOVEMBRO DE 2017.

Por Maria Júlia Bravieira Carvalho[20]

As alterações introduzidas pela Lei n. 13.467/2017, no tocante ao art. 899 da CLT, tratam do depósito recursal. Dentre os vários propósitos desse depósito, destacam-se o intuito de garantir a solvência mínima do devedor, coibindo a interposição meramente protelatória. Não se pode negar que a reforma trouxe maior facilidade na interposição de recursos no que se refere à exigência de seu preparo.

Assim dispõem os §§ 4º, 9º, 10 e 11 do art. 899 da CLT:

> Art. 899 – Os recursos serão interpostos por simples petição e terão efeito meramente devolutivo, salvo as exceções previstas neste Título, permitida a execução provisória até a penhora.
>
> [...]
>
> § 4º O depósito recursal será feito em conta vinculada ao juízo e corrigido com os mesmos índices da poupança.
>
> [...]
>
> § 9º O valor do depósito recursal será reduzido pela metade para entidades sem fins lucrativos, empregadores domésticos, microempreendedores individuais, microempresas e empresas de pequeno porte.
>
> § 10. São isentos do depósito recursal os beneficiários da justiça gratuita, as entidades filantrópicas e as empresas em recuperação judicial.
>
> § 11. O depósito recursal poderá ser substituído por fiança bancária ou seguro garantia judicial.

A reforma trabalhista instituiu, por meio do § 4º, que o índice de correção monetária aplicado à poupança também fosse estendido ao depósito recursal. Muito embora a questão já se encontrasse pacificada na jurisprudência, ressalta-se aqui a importância da sua previsão expressa em dispositivo de lei.

As alterações que geraram maiores efeitos práticos são, sem dúvidas, aquelas constantes dos demais parágrafos. A CLT passou a admitir hipóteses nas quais o valor do depósito seria reduzido pela metade e até mesmo isenção completa para algumas partes. É relevante mencionar que, em se tratando de exceção, as condições previstas nos §§ 9º e 10 não atingem outros momentos processuais, como a exigência de depósito prévio na ação rescisória (art. 836, CLT) e o depósito garantidor dos embargos à execução (art. 884, CLT).

É certo que a ausência de disposições acerca do direito intertemporal na Lei n. 13.467/2017 gerou dúvidas quanto ao momento para aplicação dos dispositivos. Em se tratando de matéria de direito processual, em regra, a Lei nova produz efeitos imediatos atingindo os processos em curso, respeitando, porém, os atos processuais realizadas sob a égide da Lei anterior.

A este propósito, deve ser citado o art. 1.046 do CPC/15, que prescreve que "ao entrar em vigor este Código, suas disposições se aplicarão desde logo aos processos pendentes, ficando revogada a Lei n. 5.869, de 11 de janeiro de 1973."

Note-se que o TST, neste caso, posiciona-se no sentido de aplicar a norma acima mencionada, que prestigia a teoria do isolamento dos atos processuais.

ART. 21. ESTA INSTRUÇÃO NORMATIVA ENTRARÁ EM VIGOR NA DATA DA SUA PUBLICAÇÃO. FICAM REVOGADOS OS ARTS. 2º, VIII, E 6º DA INSTRUÇÃO NORMATIVA N. 39/2016 DO TST

Por Carolina Silva Silvino Assunção[21]

No último artigo da Instrução Normativa n. 41/18 há referência à data de sua publicação, que é 22 de junho de 2018, quando entraram em vigor as suas disposições.

Neste artigo há expressa revogação dos arts. 2º, VIII e 6º da Instrução Normativa, que tratam, respectivamente, da prescrição intercorrente e do Incidente de Desconsideração da Personalidade Jurídica.

No primeiro dos artigos supramencionados, coerente com a normatização da Lei n. 13.467/2017, a prescrição intercorrente passa a ser adotada no processo do trabalho, encerrando antiga e intensa polêmica a respeito da sua existência.

Quanto ao Incidente de Desconsideração da Personalidade Jurídica, a sua instauração, de ofício, restou vedada na execução, adotando-se entendimento diverso do expendido na Instrução Normativa anterior, motivado pela alteração verificada no art. 878 da CLT.

---

20. Mestranda em Direito nas Relações Econômicas e Sociais pela Faculdade Milton Campos. Pós- graduanda em Direito Empresarial pela Fundação Getúlio Vargas (FGV). Membro das Oficinas de Estudos Avançados "As interfaces entre o Processo Civil e o Processo do Trabalho" (IPCPT) e GERT (Grupo de Estudos sobre a Reforma Trabalhista) da Faculdade de Direito Milton Campos. Advogada inscrita na OAB/MG.

21. Mestranda em direito do trabalho e das relações sociais pelo Centro Universitário do Distrito Federal (UDF). Pós-graduanda em Direito do Trabalho pela Fundação Getúlio Vargas (FGV). Especialista em Direito e Processo do Trabalho pela Faculdade de Direito Milton Campos (FDMC). Membro do Grupo de Estudos As Interfaces entre o Processo Civil e o Processo do Trabalho da FDMC. Professora do curso de pós-graduação da Faculdade de Direito Milton Campos (FDMC). Advogada.